Diccionario
de
Sinónimos
MAGISTER
con Antónimos y Parónimos

Redacción
Prof. Silvia Palomar
Prof. Silvia Tombesi

Todos los derechos reservados
© CULTURAL LIBRERA AMERICANA S.A.
   Buenos Aires - Rep. Argentina

Presente edición:
© **LATINBOOKS INTERNATIONAL S.A.**
   Montevideo - Rep. O. del Uruguay
Impreso en PANAMERICANA FORMAS E IMPRESOS S.A.
Bogotá D.C. - Rep. de Colombia

ISBN: 9974-7860-9-6
Edición 2006

Diccionario Magister de sinónimos : Con antónimos y parónimos / Silvia Tombesi y
   Silvia Palomar. -- Montevideo, Rep. Oriental del Uruguay : © Latinbooks
   International S.A., 2006.
   256 p. : il. ; 14 x 20 cm.

   ISBN 9974-7860-9-6

   1. DICCIONARIO DE LA LENGUA ESPAÑOLA. 2. DICCIONARIO DE
   SINÓNIMOS. 3. DICCIONARIO DE ANTÓNIMOS. 4. DICCIONARIO DE
   PARÓNIMOS. I. Tombesi, Silvia, colab. II. Palomar, Silvia, colab.
   CDD R 806.0-5

Diccionario

de
Sinónimos
MAGISTER

con Antónimos y Parónimos

A modo de presentación

Presentamos nuestro **Diccionario de Sinónimos, Antónimos y Parónimos** con la seguridad de acercarle al lector, y en especial a los alumnos que cursan estudios primarios o secundarios, un valioso instrumento para enriquecer y ampliar su vocabulario y lograr así un mejor dominio del lenguaje, el más poderoso de los medios de comunicación con que cuenta el hombre.

Como ya es sabido, el mundo actual se encuentra plagado por las imágenes que provienen del cine, la televisión, el video y los videoclips, la publicidad e incluso, la "red de redes" Internet, que invaden todos los ámbitos y están presentes en nuestra vida cotidiana. Por esta razón hemos aprendido a reconocer sus códigos y a emplearlos con naturalidad.

Paralelamente, observamos con preocupación cómo se ha ido abandonando el hábito de la lectura, con la lógica consecuencia de un empobrecimiento del vocabulario y de la capacidad de expresión a través del lenguaje.

Creemos, sin embargo, que se ha tomado conciencia de esta situación, y padres, profesores y maestros saben de la necesidad de revertirla. No se trata de cambiar un sistema (el de la imagen) por otro (el del código lingüístico) sino de complementarlos y procurar una competencia cada vez más eficaz en el segundo, recuperando para nuestros chicos el maravilloso mundo de la palabra. De ahí nuestro orgullo al presentar esta obra, que esperamos se convierta en un atractivo material que colabore con los objetivos que acabamos de mencionar.

Pero para poder aprovecharla en todas sus posibilidades, nos parece útil considerar ciertas cuestiones. La primera: ¿qué es un diccionario de sinónimos? o mejor ¿qué son sinónimos, antónimos y parónimos?

Los **sinónimos** son palabras que, si bien distintas en su forma, presentan significados *parecidos*. Cuidado: parecidos, no iguales, porque no existen palabras con significado idéntico, sino que algunas de ellas se relacionan entre sí porque aluden a un mismo campo de significación. Pero siempre, siempre, presentan matices diferentes.

También es fundamental recordar, para hacer un buen uso de los sinónimos, que las palabras no se presentan aisladas, sino que entre todas forman el texto. El conjunto de las que acompañan a cada una de las palabras del texto se llama *contexto*. La palabra tiene significación no sólo por ella misma, sino por el que adquiere a partir de su relación con el contexto en que se encuentra.

Es necesario tener en cuenta este aspecto, porque así se evitarán errores y se podrá elegir el equivalente más adecuado para aquella palabra que queremos reemplazar por otra en un texto (los sinónimos son imprescindibles para lograr un escrito sin repeticiones de palabras, más claro y "comunicativo") o para elegir el vocablo apropiado en cada caso.

Y por último, no olvidemos que los sinónimos no se reducen a una palabra que equivale a otra palabra. A veces una palabra puede tener por sinónimo una frase o expresión, o al revés.

Los **antónimos** expresan la idea contraria. Esto es, manifiestan el significado opuesto de una palabra o expresión a la que se oponen. Nos ayudan a establecer mejor los campos de significación para cada palabra y la serie de sus sinónimos, aclarando aún más su significado. Con este sentido se incluyen aquí.

Los **parónimos** son palabras de significado diferente, pero cuyas formas son parecidas. En nuestro diccionario el criterio que se siguió al elegirlos fue atender a similitudes fonéticas entre palabras (en su mayoría se consignan *homófonos*) ya que permiten remitir a otra dificultad que aparece en el uso de nuestro idioma: la ortografía.

Instrucciones para el uso de este diccionario

Los términos aparecen por orden alfabético, y a continuación, separados por comas, figuran las series de sinónimos. Con doble barra se separan los distintos campos de significación, ya que a veces la misma palabra alude a más de uno. Después de los sinónimos las abreviaturas **Ant.** y **Par.** anteceden las series correspondientes de antónimos y parónimos.

Consignamos la doble terminación (masculina y femenina) de los adjetivos que la poseen; p. ej.: **armonioso-sa**. Los verbos que pueden conjugarse como pronominales aparecen indicados con el pronombre -se unido con guión al vocablo de entrada si el significado es básicamente el mismo; p. ej.: **independizar-se**. Si la forma pronominal del verbo cambia de significado, los sinónimos, antónimos y parónimos se consignan a continuación de una doble barra y el pronombre **-se**; p. ej.: **rendir**, producir, (…).// **-se**, claudicar (…). El mismo criterio se utiliza cuando el plural de un vocablo adquiere una significación específica (p. ej.: **sobra** y **sobras**); en estos casos, luego de la doble barra se consignará **-s** o **-es**, según la terminación de dicho plural.

Creemos que la selección del contenido, en que se pretendió considerar la mayor cantidad y calidad posible de voces de entrada y series de sinónimos y antónimos, para ofrecer un material completo y valioso, la diagramación de ese material a dos columnas para una ágil consulta y el cuidado general con que ha sido concebido y elaborado, convierten a nuestro diccionario en una obra verdaderamente didáctica que damos a conocer con auténtica satisfacción.

abacería, comercio, tienda, colmado.

abacial, monacal, monástico, abadengo, conventual.

ábaco, contador, tablero, bolillero, tanteador, numerador.// Columna, capitel, coronamiento.

abad, superior, prior, rector.

abadía, abadiato, monasterio, convento, cartuja, priorato, cenobio.

abajadero, cuesta, pendiente, bajada, rampa.

abajo, bajo, debajo.

abalanzar, equilibrar, igualar.// **-se,** arremeter, embestir, acometer. **Ant.** Retroceder.

abalear, separar, escoger.// Balear, tirotear, disparar.

abalizar, señalar, señalizar, marcar.

abalorio, cuentecilla, cuenta, canutillo, oropel, quincalla, lentejuela.

abanderado-da, portaestandarte.// Defensor, paladín.

abanderar, proteger, cobijar, amparar.// Registrar, matricular.// Alistar, enganchar.// Acaudillar.

abandonado-da, solo, desvalido, indefenso, desamparado, desatenido.// Negligente, descuidado.// Desaliñado, sucio, desaseado. **Ant.** Aseado.

abandonar, desatender, entregar. **Ant.** Amparar, proteger, asistir.// Desertar, largarse, marcharse. **Ant.** Permanecer, quedarse.

abandono, renuncia, cesión, abandonamiento.// Desamparo, desvalimiento. **Ant.** Amparo.// Negligencia, desidia, dejadez, descuido. **Ant.** Cuidado, esmero.

abanicar, ventilar, soplar, airear.

abanico, abano, abanillo, aventador, ventilador.

abaratamiento, rebaja, desvalorización.

abaratar, rebajar, desvalorizar, devaluar. **Ant.** Encarecer.// Despreciar. **Ant.** Valorar.

abarcar, rodear, abrazar, ceñir. **Ant.** Soltar.// Comprender, englobar, contener./ Incluir, incorporar. **Ant.** Excluir.

abarquillado-da, combado, alabeado, corvo, curvado.

abarquillamiento, curvatura, alabeo, comba.

abarquillar, curvar.

abarracar, acampar, vivaquear.

abarraganarse, amancebarse.

abarrotar, atestar, llenar, colmar. **Ant.** Vaciar.

abastecer, proveer, suministrar, surtir, aprovisionar, avituallar, dotar, equipar.

abastecedor-ra, proveedor, suministrador.

abastecimiento, provisión, surtimiento, suministro, aprovisionamiento. **Ant.** Carencia, consumición.

abasto, suministro, provisión.

abatatado-da, aturdido, avergonzado.

abate, eclesiástico, presbítero, clérigo.

abatido-da, decaído, desalentado, agotado, extenuado, descorazonado.// Ruin, abyecto, miserable.

abatimiento, desaliento, descorazonamiento, descaecimiento, postración, agotamiento, cansancio, agobio. **Ant.** Ánimo, exaltación.// Humillación, abyección.

abatir, derribar, derrocar, hundir.// Humillar, rebajar, avergonzar.// Desanimar, desalentar.

abdicación, cesión, renuncia, abandono, resignación, deposición. **Ant.** Ocupación, adhesión.

abdicar, resignar, dimitir, renunciar, traspasar, desistir, declinar.

abdomen, vientre, barriga, panza, intestinos, tripa, cavidad, epigastrio.

abdominal, ventral, intestinal.

abecedario, alfabeto, abecé, silabario, catón, cartilla.

aberración, desvío, extravío, desviación, perversión. **Ant.** Rectitud.// Error, equivocación, disparate, engaño. **Ant.** Corrección, certidumbre.

aberrar, desviarse, desencaminarse.// Errar, engañarse, equivocarse.

abertura, boca, hendidura, agujero, boquete, orificio, hueco. **Ant.** Oclusión, cerramiento, obturación, clausura, cierre.

abiertamente, francamente, sinceramente, claramente, lealmente, directamente. **Ant.** Ocultamente, clandestinamente.

abierto-ta, raso, llano, desembarazado.// Sincero, franco, claro. **Ant.** Mentiroso.// Agrietado, rajado, hendido, roto.

abigarrado-da, sobrecargado, detonante, chillón, estridente. **Ant.** Sencillo.// Confuso, mezclado, heterogéneo.

abigarramiento, estridencia, heterogeneidad.// Embrollo, lío.

abigarrar, enmarañar, trastornar, desarreglar, turbar, confundir.

abismado-da, absorto, meditabundo, callado, silencioso.

abismal, hondo, profundo, insondable.

abismar, hundir, sumergir, sumir.// **-se,** ensimismarse, confundirse, abatirse.

abismo, precipicio, sima, despeñadero, depresión, oquedad. **Ant.** Cumbre, altura.// Piélago, inmensidad, infierno. **Ant.** Cielo.

abjuración, retractación, renuncia, traición, perjurio. **Ant.** lealtad, fidelidad.

ablación, mutilación, extirpación, amputación, separación.

ablandamiento, reblandecimiento.

ablandar-se, reblandecer, madurar, suavizar, templar, mullir, dulcificar. **Ant.** Endurecerse.// Enternecer, aplacar. **Ant.** Enfadarse.

ablución, lavatorio, baño.// Purificación, depuración.

abnegación, renuncia, sacrificio, altruismo, desinterés. **Ant.** Interés, egoísmo.

abnegado-da, sacrificado, generoso, desprendido, altruista, filántropo.

abnegar, ceder, sacrificar, renunciar.

abocetado-da, esbozado, apuntado, insinuado, incompleto.

abocetar, esbozar, bosquejar, diseñar, delinear.

abochornado-da, avergonzado, confundido, turbado.

abochornar, avergonzar, turbar, ruborizar, confundir, humillar, ridiculizar, ofender.

abofetear, cachetear, zurrar, sopapear.// Humillar, maltratar.

abogacía, derecho, jurisprudencia.

abogado-da, jurista, jurisconsulto, letrado.// Picapleitos, leguleyo.

abogar, defender, patrocinar, auxiliar.

abolengo, estirpe, prosapia, linaje, alcurnia, ascendencia. *Ant.* Plebeyez.

abolición, derogación, anulación, supresión, abrogación. *Ant.* Validez.

abolido-da, suprimido, anulado, derogado. *Ant.* Vigente, autorizado.

abolir, derogar, suprimir, abrogar, anular, cancelar, rescindir, prohibir. *Ant.* Aprobar, nombrar, autorizar.

abollado-da, aplastado, deformado, hundido.

abolladura, aplastamiento, hundimiento.

abollar, hundir, aplastar, deformar.

abombado-da, atontado, alelado.// Combado, alabeado, curvado.

abombar-se, aturdir, atolondrar, turbar.// Inflar, combar.

abominable, aborrecible, execrable, detestable, odioso. *Ant.* Amable, apreciable, querible.

abominación, execración, odio.

abominar, detestar, execrar, odiar.// Reprobar, maldecir, repudiar.

abonado-da, avalado, acreditado, garantizado, suscripto.

abonar, fertilizar, fecundizar, estercolar. *Ant.* Empobrecer.// Pagar, costear, remunerar. *Ant.* Deber, acreditar, adeudar.// **-se,** suscribirse.

abono, fertilizante, estiércol, humus, nitrato, superfosfato.// Garantía, fianza. *Ant.* Desconfianza.// Aval.// Suscripción, inscripción.// Pago. Cobro, cargo.

abordaje, choque, encuentro, acometida.// Accidente, avería.

abordar, chocar, encontrar.// Emprender, acometer, afrontar. *Ant.* Desistir, abandonar.

aborigen, autóctono, indígena, nativo, originario, natural, oriundo, vernáculo. *Ant.* Extraño, extranjero, foráneo.

aborrascarse, encapotarse, nublarse, oscurecerse.// Conmoverse, irritarse.

aborrecer, abominar, detestar, odiar, despreciar, execrar. *Ant.* Amar, querer, apreciar.

aborrecible, despreciable, abominable.

aborrecimiento, odio, aversión, desprecio. *Ant.* Aprecio, estimación.

abortado-da, malogrado.

abortar, malparir, malograr, fracasar, frustrar. *Ant.* Lograr.

aborto, fracaso, frustración. *Ant.* Logro, fruto, fructificación.// Engendro, monstruo.

abotagado-da, hinchado.// Entontecido.

abotagamiento, hinchazón, inflamación.

abotagarse, abotargarse, inflamarse. *Ant.* Deshincharse, descongestionarse.

abotonar, abrochar, ceñir, prender. *Ant.* Desabrochar, soltar.

abovedado-da, curvo, arqueado. *Ant.* Recto, derecho.

abra, ensenada, bahía, caleta, golfo.// Paso, desfiladero. *Par.* Abra.

abrasado-da, quemado, incinerado, escaldado. *Par.* Abrazado.

abrasar, quemar, incendiar, achicharrar, chamuscar. *Ant.* Helar, congelar, enfriar. *Par.* Abrazar.

abrasivo, pulimentador, alisador.

abrazar, contornear, rodear.// Comprender, abarcar.// Ceñir, estrechar. *Ant.* Soltar. *Par.* Abrasar.

abrazo, apretón, saludo. *Par.* Abraso.

abrevadero, aguadero, aguaje.

abrevar, beber, remojar.// Saciar.

abreviado-da, escaso, breve, corto, condensado, sucinto.// *Ant.* Ampliado.

abreviar, compendiar, resumir, reducir, aligerar, disminuir, apurar. *Ant.* Ampliar, detallar, aumentar, alargar.

abreviatura, parquedad, concisión.// Sigla, cifra.

abrigar, arropar, tapar, cubrir, arrebujar. *Ant.* Desarroparse, destaparse.// Amparar, proteger.

abrigo, capa.// Resguardo, protección, reparo, auxilio, refugio, asilo. *Ant.* Desamparo.

abrillantador-ra, pulidor, lustrador.

abrillantar, lustrar, pulir, bruñir pulimentar. *Ant.* Deslucir, empañar.// Valorizar.

abrir, inaugurar, estrenar, principiar. *Ant.* Acabar, cerrar, clausurar.// Hendir, agrietar, destapar, desobstruir.// **-se,** reventar, extender, desplegarse.// Confesarse.

abrochar, abotonar, atar, unir. *Ant.* Desabrochar.

abrogar, abolir, anular, revocar, invalidar.

absceso, postema, úlcera, hinchanzón, flemón.

ábside, bóveda, cúpula, domo, cripta, ábsida.

absolución, indulto, perdón, indulgencia, liberación, remisión. *Ant.* Condena, castigo, penitencia.

absolutismo, despotismo, totalitarismo, omnipotencia, extremismo.

absoluto-ta, autoritario, despótico, tirano, dictatorial, imperioso, dominante. *Ant.* Democrático, liberal.// Incondicional, categórico. *Ant.* Relativo.

absolver, perdonar, liberar, indultar, amnistiar, eximir, exculpar, sobreseer.

absorbente, dominante, totalitario, cautivante, fascinante.

absorber, tragar, embeber, sorber, chupar.// Captar, comprender, digerir.// Atraer, cautivar. *Ant.* Rechazar, repeler.

absorción, permeabilidad, imbibición, capilaridad, empapamiento. *Ant.* Secreción.

absorto-ta, pensativo, ensimismado, abstraído, concentrado, meditabundo.// Pasmado, cautivado, encantado.

abstemio-mia, sobrio, temperante, moderado, antialcohólico, enófobo. *Ant.* Borracho, intemperante, ebrio.

abstención, inhibición, renuncia, contención, privación.// Abstinencia, ayuno, dieta. *Ant.* Incontención, abuso.

abstenerse, refrenarse, contenerse.// Ayunar.

abstracción, ensimismamiento, enajenación, distracción, embelesamiento. *Ant.* Atención.

abstracto-ta, neutro, genérico, indeterminado, vago, impreciso, indefinido, indiferenciado. *Ant.* Concreto, figurativo, preciso.

abstraer, separar, aislar, excluir, eliminar, alejar.// **-se,** ensimismarse, reconcentrarse, embelesarse.

abstraído-da, ensimismado, absorto, abismado, distraído, meditabundo, reconcentrado.// Retirado, separado, aislado.

abstruso-sa, difícil, complicado, esotérico, oscuro, incomprensible, profundo. *Ant.* Claro, evidente, fácil.

absurdo, despropósito, incoherencia, incongruencia, extravagancia. *Ant.* Lógica, sensatez.// **-da,** irrazonable, inadmisible, disparatado. *Ant.* Lógico, coherente.

abuchear, silbar, escarnecer, reprobar, censurar, criticar. *Ant.* Elogiar, aprobar, aplaudir.

abucheo, silba, rechifla, desaprobación.

abulia, apatía, dejadez, abandono, indiferencia, desidia, desinterés. *Ant.* Actividad, interés.

abúlico-ca, indiferente, desinteresado, desganado, apático, perezoso. *Ant.* Activo, interesado, diligente, dinámico.

abultado-da, gordo, grueso, voluminoso. *Ant.* Delgado, enjuto.// Desmesurado, exagerado, imponente, exuberante. *Ant.* Discreto.

abultar, acrecentar, agrandar, engordar, hinchar, dilatar, aumentar. *Ant.* Adelgazar, deshinchar, reducir.// Exagerar, ponderar, encarecer.

abundancia, riqueza, fertilidad, frondosidad, exuberancia, prodigalidad, opulencia, fecundidad, lujuria. *Ant.* Escasez, pobreza, insuficiencia, falta.

abundante, copioso, rico, opulento, numeroso, exuberante, excesivo, desbordante. *Ant.* Escaso, pobre, insuficiente.

abundar, rebosar, colmar, sobrar. *Ant.* Escasear, faltar.

aburguesado-da, cómodo.// Adinerado.

aburrido-da, tedioso, soporífero, insulso, adormecedor. *Ant.* Divertido, animado, entretenido.

aburrir-se, fastidiar, hartar, cansar, disgustar, hastiar, cargar, saturar. *Ant.* Divertir, entretener, animar, alegrar, distraer.

abusar, atropellar, oprimir, excederse, maltratar, propasarse, forzar, seducir, violar. *Ant.* Honrar, respetar.// Embaucar, engañar, engatusar, falsificar, adulterar.

abusivo-va, excesivo, desmedido, exagerado, inmoderado, inicuo, ilegal, opresivo. *Ant.* Moderado, limitado.

abuso, exceso, atropello, demasía, extralimitación, desconsideración. *Ant.* Moderación, justeza, sobriedad.

abyección, bajeza, envilecimiento, humillación, degradación, ignominia, vileza, servilismo . *Ant.* Nobleza, dignidad.

abyecto-ta, despreciable, ignominioso, vil, rastrero, servil, ruin. *Ant.* Noble, digno, respetable, encomiable, íntegro.

acá, aquí, cerca. *Ant.* Allí, allá, lejos.

acabado-da, terminado, concluido, finiquitado, perfecto. *Ant.* Incompleto, imperfecto.// Consumido, gastado, agotado, viejo, arruinado. *Ant.* Nuevo, lozano.

acabamiento, terminación, conclusión, cumplimiento. *Ant.* Apertura, imperfección.// Destrucción, liquidación, muerte, fin, consunción.

acabar, concluir, terminar, finalizar. *Ant.* Comenzar, empezar, iniciar.// Cumplir, coronar. *Ant.* Malograr.// Morir, desaparecer. *Ant.* Nacer.

acábose, ruina, desastre, destrucción, desenlace.

academia, colegio, escuela, instituto.// Corporación, agrupación.

academicismo, erudición.

académico-ca, universitario, escolar, docto, erudito, graduado.// Puro, correcto, clásico, culto. *Ant.* Incorrecto, desordenado.

acaecer, suceder, ocurrir, acontecer, sobrevenir.

acaecimiento, suceso, acontecimiento, hecho, sucedido.

acallar, aplacar, calmar, contener, sosegar, atenuar, aliviar. *Ant.* Excitar, agitar, incitar, enardecer.

acalorado-da, agitado, entusiasmado, ferviente, enardecido, violento, exaltado. *Ant.* Insensible, frío, sereno.

acalorar, inflamar, encender, calentar, sofocar. *Ant.* Enfriar, helar.// Animar, estimular, alentar, enardecer. *Ant.* Tranquilizar, sosegar, reprimir.

acampar, acantonar, vivaquear, radicarse, establecerse. *Ant.* Ir, marcharse, errar.

acanalado-da, estriado, surcado, corrugado.

acanaladura, estría, ranura.

acanallado-da, denigrado, bribón, despreciable.

acanallarse, envilecerse, corromperse. *Ant.* Mejorarse, ennoblecerse.

acantilado, declive, despeñadero, barranco, talud //-da, escarpado, abrupto, vertical. *Ant.* Plano, liso.

acantonamiento, emplazamiento, acuartelamiento.

acantonarse, acampar, acuartelar, vivaquear. *Ant.* Desplazarse.

acaparador-ra, monopolizador, atesorador, especulador.// Egoísta.

acaparamiento, acopio, monopolio.

acaparar, acopiar, acumular.

acaramelado-da, dulce, dulzón, azucarado, empalagoso.// Enamorado, tierno, galante, solícito, tierno.

acaramelar, azucarar, endulzar.// -se, enamorarse.

acariciador-ra, suave, tierno, grato.

acariciar, rozar, manosear.// Mimar, arrullar, agasajar. *Ant.* Herir, maltratar.

acarrear, transportar, llevar, conducir, trasladar, cargar.// Ocasionar.

acarreo, transporte.

acartonamiento, momificación, estiramiento, apergaminamiento.

acartonarse, apergaminarse, amojamarse, momificarse.

acaso, azar, casualidad, suerte, fortuna. *Ant.* Seguridad.// Tal vez, quizá.

acatamiento, sumisión, obediencia, acato, sometimiento.

acatar, aceptar, respetar, reverenciar, observar, venerar, subordinar. *Ant.* Desobedecer, rebelarse.

acatarrarse, resfriarse.

acaudalado-da, rico, poderoso, opulento, adinerado, pudiente, millonario, magnate, potentado. *Ant.* Pobre, mísero.

acaudalar, atesorar, acumular, enriquecer.

acaudillar, guiar, conducir, dirigir, mandar, encabezar, capitanear.

acceder, consentir, convenir, conformarse, ceder, aceptar,

permitir, autorizar, conceder. *Ant.* Oponerse, rechazar, negarse.// llegar, entrar, alcanzar, ocupar.

accesible, alcanzable, abordable. *Ant.* Inaccesible, inasequible.// Posible, viable, practicable.// Penetrable, transitable// Claro, franco, llano, comprensible.

accésit, recompensa, compensación, lauro, galardón.

acceso, entrada, camino, llegada, ingreso. *Ant.* Salida.// Vía, carretera, camino.// Indisposición, ataque, arrebato.

accesorio-ria, anexo, complementario, adjunto, adicional, secundario, episódico, suplementario. *Ant.* Esencial, fundamental, principal.// -rio, apéndice, anexo.// Complemento, repuesto.// -s, enseres, utensilios.

accidentado-da, montañoso, desigual, irregular, escarpado, abrupto, peñascoso. *Ant.* Llano, suave, liso.// Herido, desmayado, víctima, caído.// Agitado, dificíl, peliagudo, borrascoso.

accidental, fortuito, impensado, casual, provisional, eventual, circunstancial, ocasional. *Ant.* sospechado, previsto, esencial, perdurable.

accidentar-se, lastimarse, herirse.

accidente, incidente, suceso.// Choque, contratiempo, peripecia, revés, daño, perjuicio.// Indisposición, patatús, soponcio, desmayo.

acción, acto, hecho, obra, ejecución, tarea.// Título, valor, parte, bono.// Postura, actitud, ademán.// Operación, movimiento, maniobra.// Actividad, energía, ardor, celo, entusiasmo. *Ant.* Inactividad, inercia.// Combate, choque, pelea, encuentro.

accionar, actuar, gesticular, mover, agitar.

accionista, socio, asociado, interesado, rentista, copartícipe, bolsista.

acechanza, acecho. *Par.* Asechanza.

acechar, vigilar, atisbar, avizorar, espiar, fisgar, escudriñar. *Par.* Asechar.

acecho, espionaje, expectación, inspección, atisbo, vigilancia. *Par.* Asecho.

acecinado-da, momificado, apergaminado, acartonado, seco, avellanado, marchito. *Par.* Asesinado.

acecinar, curar, ahumar, salar, secar, amojamar. *Par.* Asesinar.

acedar, acidular, agriar.// Digustar, enfadar, molestar, desasonar. *Par.* Asedar.

acedia, acidez.// Desabrimiento.

acedo-da, áspero, avinagrado, agrio, ácido.// Desapacible, irritable, ceñudo. *Par.* Asedo.

acefalía, anarquía, desorden.

acéfalo-la, decapitado, descabezado.// Anárquico.

aceitar, engrasar, lubricar, untar. *Ant.* Desengrasar.//Sobornar.

aceite, óleo.

aceitoso-sa, graso, oleaginoso, untuoso.

aceitera, alcuza.

aceituna, oliva.

aceitunado-da, verdoso, cetrino, oliváceo.

aceleración, rapidez, prontitud, celeridad, apresuramiento, prisa. *Ant.* Lentitud.

acelerar, precipitar, avivar, apresurar, activar, apremiar. *Ant.* Retrasar, demorar, retardar.

acendrado-da, delicado, purificado, puro, depurado, inmaculado, limpio, impoluto, genuino. *Ant.* Impuro.

acendrar, purificar, limpiar, depurar.//Embellecer.

acento, entonación, tono, dejo, acentuación.

acentuado-da, marcado, señalado, aumentado, subrayado. *Ant.* Inadvertido.

acentuar, recalcar, marcar, apoyar, insistir, subrayar.// Enfatizar, resaltar, aumentar, abultar.

acepción, significado, significación, sentido, designación, alcance.

aceptación, aplauso, aprobación, admisión, beneplácito, boga, difusión. *Ant.* Desaprobación.

aceptar, reconocer, tomar, admitir, confesar, recibir.// Obligarse, comprometerse, someterse. *Ant.* Rechazar, desechar.

acequia, canal, zanja.

acera, borde, orilla, margen, costado.

acerado-ba, agudo, afilado, punzante, duro, resistente.// Incisivo, mordaz, penetrante, ofensivo, agresivo. **Ant.** Inofensivo, blando.

acerar, aguzar, afilar, endurecer.// Fortalecer.

acerbidad, acritud.// Dureza, crueldad.

acerbo-ba, áspero, desapacible, amargo, agrio, ácido.// Cruel, riguroso, doloroso, rudo, duro, severo. **Ant.** Dulce, azucarado, suave. **Par.** Acervo.

acerca de, referente a, con respecto a.

acercamiento, aproximación.

acercar-se, aproximar, arrimar, avecinar, juntar, pegar, adosar. **Ant.** Alejar.

acero, espada, hoja, arma blanca, estoque.// Ánimo, brío, denuedo.

acérrimo-ma, agrio, acre.// Vigoroso, tenaz, implacable, vehemente, fuerte, obstinado.

acertado-da, oportuno, conveniente, apropiado, apto, adecuado. **Ant.** Inoportuno.

acertar, atinar, solucionar.// Encontrar, deducir, presentir. **Ant.** Equivocar, errar, confundir.

acertijo, adivinanza, charada, enigma.

acervo, montón, maza, cúmulo, acumulación, aglomeración, conjunto, conglomerado, patrimonio. **Par.** Acerbo.

acezar, jadear. **Par.** Asesar.

achacar-se, imputar, atribuir, aplicar, apostrofar, asignar, señalar.// Humillar, apocar.

achacoso, doliente, enfermizo, enclenque. **Ant.** Sano, saludable.

achaque, dolencia, indisposición, malestar

achatar, achaflanar, enromar, alisar, redondear.

achicado-da, apocado, confuso, empequeñecido, atemorizado, avergonzado. **Ant.** Envalentonado.

achicar, empequeñecer, rebajar, reducir, disminuir, acortar, amenguar, encoger, mermar, abreviar. **Ant.** Aumentar, agrandar.//Humillar, apocar, arredrar. **Ant.** Envalentonar.

achicharrar-se, quemar, asar, tostar, chamuscar, incinerar.// Molestar, importunar.

achispado-da, borracho, alegre, ebrio.

achisparse, emborracharse.

achubascarse, nublarse, oscurecerse, encapotarse.

aciago-ga, desdichado, funesto, nefasto, fatídico, adverso, malaventurado, desventurado, malhadado, desafortunado, infortunado, impío, cruel. **Ant.** Feliz, afortunado.

acíbar, áloe.// Amargura.

acibarar, amargar.// Mortificar, afligir, disgustar.

acicalado-da, compuesto, relamido, atildado, adornado, maquillado, ataviado, aseado, pulcro. **Ant.** Sucio, desarreglado, desaliñado.

acicalar-se, pulir, bruñir, limpiar.// Adornar, ataviar, aderezar, componer, arreglar, afinar.

acicate, espuela, aguijón.// Estímulo, incentivo, aliciente, acuciamiento.

acidez, acerbidad, acrimonia, amargor. **Ant.** Dulzor, suavidad.

acidia, desidia, laxitud, negligencia, pereza.

ácido-da, agrio, acre, acedo, acídulo, acidulado, picante, avinagrado.// Áspero. **Ant.** Dulce, meloso.

acierto, acertamiento, puntería, adivinación. **Ant.** Desacierto.// Habilidad, destreza, precisión.// Cordura, prudencia, tino, tiento, tacto, discreción.// Suerte, fortuna, éxito, casualidad, azar.

aclamación, aplauso, clamor, ovación. **Ant.** Censura, burla.

aclamar, vitorear, glorificar, loar, ensalzar, aplaudir, engrandecer, alabar, magnificar, saludar. **Ant.** Silbar, protestar.// Proclamar.

aclaración, justificación, explicación, demostración, ilustración, esclarecimiento. **Ant.** Oscuridad, equívoco, confusión.

aclarar, disipar, despejar, clarificar, diluir, escampar. **Ant.** Nublar.// Espaciar, enralecer.// Desovillar, dilucidar, manifestar, explicar, desembrollar, desenmarañar, descubrir, demostrar. **Ant.** Embrollar, complicar.

aclaratorio-ria, esclarecedor, explicativo.

aclimatación, aclimatamiento, adaptación, arraigo. **Ant.** Desacostumbramiento, desarraigo.

aclimatar, habituar, acostumbrar, acomodar, adaptar, naturalizar, arraigar, familiarizar. **Ant.** Desarraigar.

acné, erupción, grano.

acobardar-se, atemorizar, acoquinar, espantar, intimidar, desanimar, abatir, achicar. **Ant.** Envalentonar.// Desalentar. **Ant.** Animar.

acodar, sostener, apoyar, apuntalar. **Ant.** Soltar.

acoger, cobijar, recibir, refugiar, asilar, amparar, proteger, socorrer, favorecer, atender, guarecer. **Ant.** Abandonar.// Aceptar. **Ant.** Rechazar.

acogida, recibimiento, hospitalidad, admisión.// Protección, amparo. **Ant.** Desamparo.

acogotar, matar, herir.// Vencer, intimidar.

acolchado-da, mullido, tapizado, blando, forrado. **Ant.** Endurecido.

acolchar, almohadillar, mullir, revestir, tapizar, cubrir. **Ant.** Endurecer.

acólito, sacristán, clérigo, asistente, monaguillo.// Compinche, colega, cómplice. **Ant.** Adversario, enemigo.

acollarar-se, uncir, guarnecer, atar, unir, enjaezar. **Ant.** Soltar.

acometedor-ra, emprendedor, decidido, arrojado, impetuoso, violento. **Ant.** Apocado, cobarde.

acometer, embestir, arremeter, hostigar, asaltar. **Ant.** Defender.// Emprender, comenzar. **Ant.** Desistir.

acometida, ataque, arremetida, embestida. **Ant.** Defensa.

acometividad, agresividad, violencia. **Ant.** Pasividad, defensa.

acomodado-da, apropiado, conveniente, apto, oportuno, arreglado, adecuado. **Ant.** Inadecuado, inoportuno.// Rico, pudiente. **Ant.** Pobre, miserable.

acomodamiento, composición, conciliación, arreglo, convenio, ajuste, acuerdo, transacción.

acomodar-se, arreglar, componer, ordenar, colocar. **Ant.** Desacomodar, desarreglar.// Adaptar.// Consentir, transigir, conciliar. **Ant.** Discrepar.

acomodaticio-cia, acomodadizo, dúctil, elástico, complaciente, transigente. **Ant.** Intransigente, rígido.

acomodo, empleo, cargo, ocupación, colocación, puesto.// Conveniencia, ventaja, beneficio.// Arreglo, acuerdo. **Ant.** Desacuerdo.

acompañamiento, escolta, cortejo, séquito, comitiva.// Armonía, contrapunto.

acompañar, escoltar, seguir, traer, llevar, asistir, custodiar, proteger, ayudar. **Ant.** Apartar, abandonar.

acompasado-da, regulado, medido, rítmico, pautado, rimado. **Ant.** Desacompasado, irregular.

acompasar, acomodar, equilibrar, medir, regular, sincronizar.

acomplejado-da, retraído, disminuido. **Ant.** Desenvuelto, equilibrado.

acomplejarse, disminuirse, retraerse, inhibirse. **Ant.** Agrandarse, superarse.

acondicionado-da, adaptado, adecuado, preparado, arreglado.

acondicionamiento, arreglo, preparación, adecuación.

acondicionar-se, preparar, arreglar, adecuar, adaptar. **Ant.** Desarreglar.

acongojado-da, triste, angustiado, afligido. **Ant.** Alegre, animado.

acongojar-se, afligir, apenar, apesadumbrar, atribular, entristecer, desconsolar, angustiar, abrumar.

aconsejado-da, cuerdo, avisado, avispado, prevenido.

aconsejar, advertir, avisar, sugerir, exhortar, asesorar, orientar, adiestrar.

acontecer, suceder, ocurrir, acaecer, sobrevenir, surgir, cumplirse, verificarse, realizarse.

acontecimiento, acaecimiento, suceso, hecho, coyuntura, caso, evento, sucedido, incidente, trance, peripecia.

acopiar, reunir, acumular, amontonar, juntar, almacenar, acaparar, aglomerar, atesorar. **Ant.** Esparcir, desprenderse.

acopio, provisión, depósito, aglomeración, acumulación, almacenamiento, acaparamiento. **Ant.** Escasez, carencia.

acoplamiento, unión, entrelazamiento, conexión, soldadura, engranaje.

acoplar, apegar, reunir, aproximar, pegar, soldar, aparear, unir, juntar, agrupar, conectar. **Ant.** Desacoplar, desunir.

acoquinamiento, amilanamiento, acobardamiento, timidez.

acoquinar-se, atemorizar, intimidar.

acorazado-da, fortificado, blindado, resistente.

acorazar, blindar, fortificar, reforzar, proteger, revestir, endurecer.

acordar, determinar, resolver, decidir.// Pactar, conciliar. **Ant.** Disentir.// **-se,** recordar, evocar. **Ant.** Olvidar.

acorde, conforme, coherente. **Ant.** Disconforme.// Arpegio, melodía, cadencia.

acordonar, cercar, envolver, encerrar, rodear, ceñir, ajustar. **Ant.** Soltar.

acorralamiento, encierro.// Arrinconamiento, rodeo.

acorralar, arredilar, embotellar, arrinconar. **Ant.** Soltar, liberar.// Acobardar, intimidar. **Ant.** Envalentonar.

acortamiento, disminución, merma, achique, corte, simplificación, encogimiento. **Ant.** Ampliación, aumento.

acortar, abreviar, disminuir, compendiar, mutilar, cortar, simplificar, reducir, mermar, aminorar, achicar, encoger. **Ant.** Agrandar, aumentar, ampliar.

acosamiento, acoso, persecución.

acosar, perseguir, hostigar, importunar, apurar, fatigar, molestar, enojar, inquietar, solicitar, vejar, amenazar. **Ant.** Abandonar, tranquilizar.

acoso, acosamiento, persecución.

acostar-se, echar, extender, tender, yacer. **Ant.** Enderezar.// Acercar, arrimar, aproximar. **Ant.** Alejar.// Ladear, inclinar.

acostumbrado-da, familiarizado, habituado, ducho. **Ant.** Insólito, desacostumbrado.

acostumbrar-se, habituar, avezar, familiarizar, preparar, aclimatar, adiestrar. **Ant.** Desacostumbrar.

acotación, señal, nota, acotamiento, aclaración, apostilla, co-mentario, explicación, glosa.// Demarcación, deslindamiento.

acotar, fijar, señalar, anotar, establecer, aclarar.// Limitar, amojonar, cercar, deslindar.

ácrata, anarquista, nihilista, revolucionario.

acre, picante, irritante, agrio, ácido, acerbo, corrosivo. **Ant.** Dulce.// Mordaz, incisivo. **Ant.** Amable.

acrecentamiento, aumento, auge, crecimiento, amplificación. **Ant.** Disminución.// Progreso.

acrecentar, aumentar, engrandecer, desarrollar, agrandar, extender. **Ant.** Disminuir.// Progresar, enaltecer.

acreditado-da, reputado, afamado, celebrado, conocido, famoso, consagrado, prestigioso. **Ant.** Desprestigiado.

acreditar, atestiguar, testimoniar, garantizar.// Prestigiar. **Ant.** Desprestigiar.

acreedor-ra, merecedor, digno. **Ant.** Indigno.// Fiador. **Ant.** Deudor.

acribillar, herir, agujerear, balear.// Molestar.

acrimonia, acidez, acritud.// Sarcasmo, ironía.

acrisolado-da, depurado, acendrado, purificado.

acrisolar, aclarar, purificar, depurar, refinar.

acrobacia, pirueta, contorsión, gimnasia.

acróbata, gimnasta, contorsionista, saltimbanqui.

acrobático-ca, funambulesco, ágil, ligero.

acromático-ca, incoloro.

acrópolis, ciudadela, fortificación.

acta, certificación, relato, relación, acuerdo.

actitud, disposición, intención, conducta.// Postura, gesto, talante, compostura, porte, aspecto.

activar, excitar, avivar, acelerar, mover, apresurar, precipitar, apremiar, agilizar.

actividad, eficacia, prontitud, solicitud, presteza, celeridad, agilidad, acción, movimiento. **Ant.** Pasividad, quietud.// Trabajo, profesión, oficio, ocupación, labor, tarea.

activista, agitador, revolucionario.

activo-va, diligente, ágil, ligero, dinámico, emprendedor, trabajador, eficiente. **Ant.** Pasivo, indolente.

activo, haber.

acto, acción, hecho, actuación, maniobra, suceso.// Jornada, cuadro, parte, período, episodio, tanda.// Ceremonia, fiesta.

actor-triz, comediante, histrión, cómico, trágico, artista, intérprete, farandulero, farsante, figurante.//**-ra,** Demandante, querellante, acusador, litigante.

actuación, acción, intervención, actividad, trabajo, función. **Ant.** Pasividad, inacción.

actual, presente, vigente, contemporáneo, existente, coetáneo. **Ant.** Pasado, terminado, antiguo.

actualidad, presente, sazón, oportunidad, ahora, boga, moda. **Ant.** Pasado.

actuar, proceder, hacer, conducir, portarse, ejercer, ejecutar, realizar, representar, elaborar, dirigir, trabajar, conducirse, desenvolverse.

acuarela, aguada.

acuario, pecera.

acuartelamiento, acantonamiento.

acuartelar, alojar, acantonar, instalar, estacionar, recluir, acampar.

acuático-ca, marino, oceánico, náutico, acuoso, húmedo, ribereño, fluvial.

acuatizar, amarar, descender.

acucia, premura, urgencia.

acuciar, incitar, excitar, aguijonear, aguijar, espolear, pinchar, estimular, angustiar, apurar. **Ant.** Aplacar, calmar.

acucioso-sa, vehemente, apasionado.// Activo, rápido.

acuchillado-da, adiestrado, curtido, versado.// Hendido, rajado, cortado.

acuchillar, apuñalar, matar, asesinar, herir.

acudir, asistir, ir, llegar, presentarse. **Ant.** Ausentarse.// Auxiliar, socorrer. **Ant.** Abandonar.

acueducto, canal.

acuerdo, resolución, determinación, conformidad, dictamen, opinión. **Ant.** Divergencia.// Pacto, convenio, tratado, compromiso, contrato.

acuidad, finura, penetración, agudeza, sutileza.

acumulación, amontonamiento, montón, almacenamiento, acopio.

acumulador, batería.

acumular, juntar, amontonar, apilar, hacinar, almacenar, aglomerar, acopiar, reunir.

acunar, mecer, balancear.

acuñar, estampar, imprimir, sellar, grabar, troquelar, embutir.

acuoso-sa, líquido, húmedo, mojado, empapado, acuático. **Ant.** Seco.

acurrucarse, ovillarse, apretarse, recogerse, encogerse.

acusación, inculpación, incriminación, imputación, delación, denuncia, crítica, censura, queja. **Ant.** Defensa, exculpación.

acusado-da, reo, procesado, incriminado.// Difamado, atacado, denigrado.// Acentuado, evidente.

acusador-ra, fiscal.// Delator, denunciante, acusón, soplón.// Detractor, maldiciente.

acusar, imputar, incriminar, vituperar, inculpar, increpar, achacar. **Ant.** Defender, disculpar.// Denunciar, delatar.// Indicar, manifestar.

acusón-na, soplón.

acústica, sonoridad, sonido.

acústico-ca, sonoro, auditivo, sonorizado, vibrante.

adagio, proverbio, sentencia, máxima, refrán, apotegma, dicho, aforismo, axioma.// Lento, pausado.

adalid, caudillo, cabeza, jefe, conductor, dirigente, líder.

adaptación, aclimatación, conformación, habituación. **Ant.** Desajuste, desacomodo.

adaptar-se, acomodar, aplicar, apropiar, ajustar, conformar, acondicionar, arreglar. **Ant.** Desacomodar, inadecuar.

adarga, escudo, broquel, rodela.

adarme, poco, migaja, insignificancia, pequeñez, mezquindad, nimiedad.

adecentar

adecentar, limpiar, ordenar, arreglar, asear.
adecuado-da, apropiado, oportuno, conveniente, ajustado, correcto, acertado.
adecuar-se, proporcionar, acomodar, adaptar, apropiar, ajustar, arreglar, igualar, acondicionar. **Ant.** Desarreglar.
adefesio, esperpento, espartajo, hazmerreír. **Ant.** Elegancia.// Extravagancia, disparate, dislate, ridiculez, despropósito. **Ant.** Mesura.
adelantado-da, precoz, aventajado. **Ant.** Tardío.// Atrevido, imprudente, osado, audaz.// Jefe, capitán, gobernador.
adelantamiento, anticipación, anticipo, adelantado.
adelantar-se, avanzar, mejorar, progresar. **Ant.** Retroceder, atrasar.// Medrar, aventajar, exceder, perfeccionar.
adelanto, anticipio, ventaja, anticipación. **Ant.** Retroceso, decadencia.
adelgazamiento, enflaquecimiento, desmejoramiento. **Ant.** Engrosamiento.// Afinamiento.
adelgazar-se, enflaquecer, enmagrecer, demacrar, descarnar, esmirriar. **Ant.** Engordar.// Afinar, purificar, depurar.
ademán, gesto, actitud, seña, gesticulación, visajes, expresión.
además, asimismo, igualmente, por otra parte, por lo tanto, amén, también.
adentrar, entrar, penetrar.// **-se,** comprenetrarse, imbuirse, entender.
adentro, dentro, interiormente, en el interior de.
adepto-ta, iniciado, adicto, simpatizante, correligionario, acólito, sectario, seguidor, discípulo.
aderezado-da, arreglado, acicalado, compuesto. **Ant.** Desa-seado.// Condimentado, sazonado.
aderezar, componer, adornar, hermosear, ataviar, embellecer, acicalar. **Ant.** Desarreglar, desasear.// Condimentar, guisar, sazonar, adobar, aliñar.
aderezo, atavío, adorno, ornato.// Preparación, arreglo.// Condimento, adobo, salsa.
adeudar, deber, cargar.// Empeñarse, endeudarse, comprometerse.
adherencia, unión, adhesión, pegadura, aglutinación, encoladura.
adherente, anexo, unido, adjunto.// Adepto.
adherir, pegar, soldar, encolar, fijar, unir, incorporar. **Ant.** Despegar.// **-se,** afiliar, asociar, abrazar. **Ant.** Desligarse.
adhesión, apego, afecto, fidelidad, devoción, amistad, lealtad, incorporación.// Entusiasmo, apoyo.// Confirmación, aprobación.
adhesivo-va, aglutinante, pegajoso, mucilaginoso.
adición, aditamento, añadidura, suplemento, anexo, añadido, accesorio, adjunto, apéndice. **Par.** Adicción.
adicional, accesorio, suplementario, complementario. **Ant.** Esencial.
adicionar, aumentar, agregar, incrementar, sumar. **Ant.** Restar.
adicto-ta, adepto, partidario, sectario, secuaz, simpatizante, afecto, amigo, incondicional, fiel, apegado, unido. **Ant.** Desleal.
adiestramiento, instrucción, preparación, aleccionamiento, enseñanza.
adiestrar, enseñar, instruir, aleccionar, guiar, encaminar, ejercitar, amaestrar, entrenar, enderezar. **Ant.** Entorpecer.
adinerado-da, rico, opulento.
adiós, despedida.
adiposidad, gordura, obesidad.
adiposo-sa, gordo, obeso.
aditamento, añadidura, adhesión, incorporación, complemento, apéndice, aposición.
adivinación, augurio, pronóstico, vaticinio, predicción, presentimiento.// Oráculo, horóscopo.// Adivinanza, acertijo.
adivinar, predecir, pronosticar, augurar, agorar, presentir, presagiar, interpretar, prever, acertar, vaticinar, profetizar. **Ant.** Errar.
adivino-na, astrólogo, mago, brujo, hechicero, agorero, vaticinador, vidente, arúspice, vate.
adjetivo, calificativo, epíteto, atributo.

adjudicación, otorgamiento, cesión, entrega, asignación, transferencia. **Ant.** Denegación.
adjudicar, conferir, ceder, otorgar, atribuir, repartir, distribuir. **Ant.** Quitar.// **-se,** apropiarse, quedarse, arrogarse.
adjunción, añadidura, agregación.
adjuntar, acompañar, remitir, añadir.
adjunto-ta, unido, pegado, adherente.// Acompañante, acólito, socio.
adminículo, objeto, utensilio, aparato.
administración, gestión, gobierno, distribución, régimen, dirección.// Oficina, delegación, despacho.
administrador-ra, gobernador, rector, dirigente, gerente, apoderado, empresario, supervisor, procurador, director.
administrar, gobernar, regir, manejar, conducir, dirigir, disponer, vigilar, cuidar.// Aplicar, otorgar.// Proveer, suministrar.
administrativo-va, empleado, funcionario, representante, burocrático.
admirable, estimable, notable, apreciable, excelente, asombroso, sorprendente, maravilloso, extraordinario, deslumbrante, portentoso, inaudito, asombroso. **Ant.** Despreciable, insignificante.
admirar, aprobar, elogiar, ensalzar, loar. **Ant.** Despreciar.// Maravillar, pasmar, sorprender, cautivar, fascinar, extasiar, encandilar.
admisible, aceptable, verosímil, válido.
admisión, acceso, entrada, ingreso, recibimiento, aceptación, tolerancia. **Ant.** Expulsión.
admitir, recibir, acoger, tomar.// Tolerar, consentir, permitir. **Ant.** Rechazar.
admonición, advertencia, exhortación, regaño, reprimenda, apercibimiento, reconvención. **Ant.** Elogio.
adobado-da, guisado, condimentado, sazonado, aderezado.
adobar, condimentar, sazonar, salpimentar, guisar, aderezar, conservar.// Arreglar, componer.
adobe, ladrillo.
adobo, salsa, aderezo, condimento.
adocenado-da, vulgar, trivial, común, ramplón, sencillo, zafio, corriente.
adoctrinar, aleccionar, instruir, educar, amaestrar.
adolecer, sufrir, padecer, penar, soportar, tolerar.
adolescencia, pubertad, mocedad, juventud, pubescencia.
adolescente, joven, mozo, púber, muchacho, chico, imberbe, mancebo.
adondequiera, a cualquier parte.
adonis, apolíneo, hermoso, bello.
adopción, admisión, acogimiento, amparo, patrocinio, aceptación. **Ant.** Rechazo, abandono.
adoptar, prohijar, ahijar, apadrinar. **Ant.** Desamparar.// Tomar, elegir, admitir, aprobar, seguir, abrazar.
adoptivo-va, prohijado, protegido, adoptado.
adoquín, torpe, ignorante, rudo.
adoquinar, pavimentar, empedrar.
adorable, admirable, venerable, encantador, amable. **Ant.** Despreciable.
adoración, amor, pasión, cariño, devoción, idolatría, exaltación, éxtasis.
adorar, venerar, reverenciar, honrar.// Amar, estimar, querer, apreciar. **Ant.** Despreciar, aborrecer.
adormecer-se, amodorrar, aletargar, adormilar.// Acallar, calmar, mitigar.// Insensibilizar, anestesiar, hipnotizar. **Ant.** Avivar, despertar.
adormecimiento, amodorramiento, letargo, sueño.
adornado-da, elegante, atildado, emperifollado, engalanado. **Ant.** Descuidado.
adornar-se, ornar, engalanar, ataviar, hermosear, embellecer, decorar, aderezar. **Ant.** Estropear.// Honrar, enaltecer, ennoblecer.
adorno, aderezo, atavío, ornato, ornamento, gala, paramento, afeite, acicalamiento.
adosar, yuxtaponer, arrimar, pegar, unir, juntar, acercar.

adquirir, lograr, alcanzar, obtener, conseguir, ganar, comprar, procurarse, tomar, conquistar. **Ant.** Perder, vender.

adquisición, compra, provecho, ganancia, lucro, ventaja.

adrede, intencionadamente, a propósito.

adscribir, atribuir, arrogar, aplicar, asignar.

adsorción, concentración, condensación, densidad.

aduana, resguardo, reconocimiento, registro.

aduanero, vista, inspector.

aducir, alegar, aportar, añadir, agregar, razonar, argumentar, invocar.

adueñarse, apoderarse, apropiarse, conquistar, usurpar, enseñorearse.

adulación, lisonja, alabanza, zalamería, halago, agasajo, mimo, encomio. **Ant.** Reprobación.

adular, lisonjear, halagar, requebrar, mimar, encomiar, alabar. **Ant.** Criticar.

adulteración, engaño, falsificación, falseamiento. **Ant.** Purificación.

adulterar, falsificar, mixtificar, sofisticar, falsear, viciar.

adulterino-na, bastardo, ilegítimo.

adulterio, infidelidad, amancebamiento. **Ant.** Fidelidad.

adúltero-ra, infiel, amancebado.// Falsificado, corrompido. **Ant.** Puro.

adulto-ta, cumplido, maduro, crecido, grande, experimentado.

adustez, severidad, rigor, malhumor.

adusto-ta, austero, serio, severo, seco, arisco, hosco, huraño, esquivo, desabrido, insociable, agrio. **Ant.** Amable, cariñoso, sociable.

advenedizo-za, entremetido, importuno, intruso, inoportuno, forastero, nuevo.

advenimiento, llegada.

advenir, venir, llegar.// Ocurrir, suceder, acontecer.

adversario-ria, antagonista, contrario, enemigo, contendiente, contrincante, rival, competidor. **Ant.** Partidario.

adversidad, infelicidad, infortunio, desdicha, desgracia, revés, contrariedad, desventura, desastre, contratiempo. **Ant.** Dicha, felicidad.

adverso-sa, contrario, enemigo, desfavorable, hostil. **Ant.** Amigo, favorable.// Aciago, fatal, lamentable.

advertencia, aviso, consejo, opinión, indicación, prevención.// Amonestación, reconvención.

advertido-da, despierto, vivo, despabilado. **Ant.** Ignorante.// Aconsejado.

advertir, observar, señalar, indicar, notar, prevenir, informar, avisar, enseñar, instruir, aconsejar, aleccionar. **Ant.** Ignorar.

adyacente, contiguo, anexo, junto, unido, cercano, vecino, lindante, pegado, yuxtapuesto.

aéreo-a, sutil, vaporoso, volátil, leve. **Ant.** Sólido, pesado, corpóreo.

aerolito, meteorito, bólido.

aeronáutica, aerotecnia, aviación.

aeronave, aeroplano, avión.

aeropuerto, aeródromo, aeroparque, estación.

aerosol, vaporizador.

aerostato, globo, dirigible.

afabilidad, atención, amabilidad, gentileza, cortesía, dulzura, sencillez, benevolencia, cordialidad, sociabilidad, humanidad.

afable, amable, suave, atento, cariñoso, cordial, dulce, abordable, acogedor, afectuoso, benévolo, apacible.

afamado-da, reputado, renombrado, acreditado, considerado, prestigioso, famoso, popular, célebre.

afamar, prestigiar, enaltecer.

afán, ansia, anhelo, deseo, apasionamiento, aspiración, ambición, codicia. **Ant.** Abandono.// Trabajo, actividad. **Ant.** Apatía, desgano, inercia.

afanar-se, trabajar, despachar, abreviar, esforzarse, empeñarse, ajetrearse, agitarse. **Ant.** Desinteresarse, holgazanear.

afanoso-sa, trabajador, diligente, esforzado. **Ant.** Desganado, abandonado.// Penoso, trabajoso. **Ant.** Fácil.

afear-se, desarreglar, desfavorecer, estropear. **Ant.** Arreglar, mejorar.

afección, apego, inclinación, afición, simpatía, cariño, afecto, amistad, ternura.// Alteración, enfermedad, dolencia, indisposición.

afectación, fingimiento, estudio, doblez, disimulo, ficción, falsedad, artificio.// Presunción, petulancia, ostentación, extravagancia, pedantería, amaneramiento. **Ant.** Sencillez, naturalidad, humildad.

afectado-da, amanerado, rebuscado, cursi. **Ant.** Sencillo, natural.// Aquejado, afligido.

afectar, fingir, aparentar, simular.// Ostentar, vanagloriarse, jactarse.// Impresionar, tocar, afligir, conmover, interesar.// Perjudicar.

afectivo-va, cariñoso, sensible.

afecto, apego, amistad, cariño, afición, apasionamiento, amor, interés, atracción, simpatía.

afectuoso-sa, cariñoso, afable, cordial, amistoso, amable, amoroso, acogedor. **Ant.** Frío, insensible, antipático, hostil.

afeitar-se, adornar, hermosear, acicalar, componer.// Rasurar, rapar, desbarbar.

afeite, aderezo, adorno, cosmético, tocado.

afelpado-da, velludo, aterciopelado, peludo, velloso, blando, suave.

afeminación, afectación, afeminamiento, debilidad. **Ant.** Virilidad.

afeminado-da, delicado, marica, amaricanado, homosexual. **Ant.** Viril, varonil.

afeminar-se, amaricanar, debilitar. **Ant.** Fortalecer, endurecer.

aféresis, metaplasmo, supresión.

aferrar, asir, agarrar, asegurar, afianzar, atrapar.// -se, obstinarse, entercarse. **Ant.** Ceder.

afianzar, agarrar, asir, asegurar, aferrar, sujetar, atar.// Apuntalar, consolidar, afirmar, reforzar, fortalecer. **Ant.** Debilitar.

afición, inclinación, apego, propensión, afecto, cariño, gusto, amor, devoción. **Ant.** Despego.// Ahínco, entusiasmo, afán.// Pasatiempo, distracción.

aficionado-da, inclinado, apegado, admirador.

aficionar-se, encariñarse, prendarse, acostumbrarse, aquerenciarse. **Ant.** Despegarse, alejarse, desilusionarse.

afijo, partícula, prefijo, sufijo.

afilado-da, cortante, tajante, punzante, puntiagudo. **Ant.** Romo.

afilador, amolador.

afilar, amolar, aguzar, afinar.

afiliado-da, adepto, adicto, sectario, partidario, acólito, correligionario, prosélito, asociado, socio.

afiliar, asociar, unir, juntar, incorporar, congregar.// -se, adherirse.

afiligranado-da, adornado, labrado, repujado.

afiligranar, adornar, acicalar, perfeccionar.

afinación, ajuste, temple, consonancia, entonación, armonía.

afinar, acabar, perfeccionar, mejorar, completar, pulimentar.// Armonizar, entonar, templar, ajustar.

afincarse, establecerse, fijarse, estacionarse, localizarse.

afinidad, analogía, semejanza, relación, similitud, correlación, parecido. **Ant.** Desemejanza.// Simpatía, atracción.// Parentesco.

afirmación, aseveración, aserto, asentimiento. **Ant.** Negativa.

afirmar, afianzar, asegurar, consolidar, fortificar, sostener.// Aseverar, atestiguar, asentir. **Ant.** Negar, disentir.

afirmativo-va, positivo, cierto.

aflautado-da, agudo, chillón.

aflicción, dolor, pena, tristeza, desconsuelo, desazón, tribulación, desolación, congoja, agustia, amargura, sufrimiento, tormento, mortificación, pesadumbre, pesar, abatimiento, sinsabor. **Ant.** Alegría, gozo.

aflictivo-va, penoso, doloroso. **Ant.** Alegre.

afligido-da, inconsolable, quejoso, contrito, triste, apenado, angustiado, atribulado. **Ant.** Contento, alegre.

afligir-se, abatir, acongojar, amargar, angustiar, apenar, apesadumbrar, desconsolar, afectar, atormentar, entristecer, mortificar. **Ant.** Consolar, alegrar.

aflojamiento, laxitud, relajamiento. *Ant.* Contracción.

aflojar, ceder, soltar, desapretar, flaquear, entregar, perder, disminuir, desatar, debilitar. *Ant.* Contraer, endurecer, apretar.

aflorar, asomar, orillar, aparecer, asomar, brotar, mostrarse.

afluencia, aglomeración, concurrencia, muchedumbre, profusión, cantidad. *Ant.* Escasez, falta.// Confluencia, desagüe.

afluente, confluente, tributario. *Ant.* Principal.

afluir, acudir, concurrir, confluir, llegar, reunirse, concentrarse. *Ant.* Faltar.// Desaguar, verter, desembocar.

afonía, ronquera, disfonía, carraspera.// Mudez, mutismo.

afónico-ca, ronco.// Mudo, silencioso.

aforar, estimar, valuar, justipreciar, apreciar, medir, tasar, calcular.

aforismo, sentencia, precepto, máxima, proverbio; apotegma, pensamiento.

aforo, capacidad, cabida, volumen.

afortunado-da, dichoso, venturoso, feliz, fausto, próspero, agraciado, contento. *Ant.* Desgraciado, infortunado.

afrenta, ultraje, ignominia, vejación, agravio, insulto, injuria, ofensa, desprecio, burla, mofa, vilipendio, escarnio, deshonra, infamia.

afrentar, denostar, zaherir, infamar, desacreditar, vilipendiar, escarnecer. *Ant.* Ensalzar, enaltecer, alabar.

afrentoso-sa, vergonzoso, oprobioso, ultrajante, denigrante. *Ant.* Honroso.

afrodisíaco-ca, excitante, estimulante.

afrontar, enfrentar, arrostrar, desafiar, oponer, carear.

afuera, exterior, fachada.// **-s,** extramuros, inmediaciones, arrabal. *Ant.* Centro.

agachar, inclinar, bajar, encoger, doblar, arrodillar. *Ant.* Levantarse, alzarse.

agallas, branquias, amídgalas.// Valentía, ánimo, coraje, valor, esfuerzo. *Ant.* Cobardía.

ágape, comida, convite, banquete, comilona.

agarrada, pelea, discusión, riña.

agarradera, asidero, asa, mango.// **-s,** recomendación, influencia, amparo.

agarradero, asidero, mango, asa.// Amparo, recurso, protección. *Ant.* Desamparo.

agarrado-da, interesado, avaro, miserable, mezquino, roñoso, tacaño.// Asido, amarrado, prendido, sujeto. *Ant.* Suelto.

agarrar, aprehender, apresar, asir, atrapar, coger, conseguir, pillar, tomar, sujetar, prender, aferrar. *Ant.* Soltar, desatar.

agarrotado-da, paralizado, tieso.// Ajusticiado, estrangulado.// Atascado.

agarrotamiento, contracción, endurecimiento.

agasajar, halagar, lisonjear, obsequiar, regalar, festejar, mimar, homenajear. *Ant.* Despreciar, desairar.

agasajo, regalo, atención, homenaje. *Ant.* Desatención.

agazapar, agarrar, prender.// **-se,** acurrucarse, esconderse, ocultarse, agacharse.

agencia, diligencia, solicitud, empeño, eficacia.// Oficina, despacho, administración, sucursal, representación, gestoría.

agenciar, procurar, buscar, solicitar, diligenciar, disponer, organizar.// Conseguir, lograr, obtener, adquirir.

agenda, memorándum, diario, libreta, cuaderno.

agente, funcionario, oficial, comisionado, emisario, mandatario, intermediario, corredor, gestor, comisionista.// Policía, guardia.

agigantado-da, enorme, descomunal, colosal.

agigantar-se, agrandar, exagerar, aumentar. *Ant.* Empequeñecer, disminuir.

ágil, vivo, suave, rápido, alerta, activo, desembarazado, diligente, listo. *Ant.* Pesado, lento.

agilidad, velocidad, prontitud, diligencia, viveza, ligereza, soltura. *Ant.* Lentitud, pesadez, torpeza.

agio, especulación, usura, lucro, interés, abuso.

agiotista, especulador, acaparador.

agitación, inquietud, intranquilidad, turbación, perturbación, alteración.

agitado-da, tembloroso, trémulo, conmovido, intranquilo, convulso, desasosegado, excitado, nervioso. *Ant.* Sereno, tranquilo.

agitador-ra, reformador, perturbador, revolucionario, amotinador, rebelde, sedicioso, propagandista, faccioso. *Ant.* Pacificador.

agitar, sacudir, remover, blandir, encrespar.// Turbar, perturbar, inquietar, conmover, intranquilizar. *Ant.* Serenar, tranquilizar.// **-se,** temblar, latir.

aglomeración, amontonamiento, acopio, hacinamiento, acumulación. *Ant.* Aislamiento.

aglomerado-da, conglomerado, comprimido.

aglomerar, amontonar, juntar, apilar, acumular, acopiar, reunir.// **-se,** apelotonarse, arracimarse, agolparse. *Ant.* Separarse, esparcirse.

aglutinación, unión, ligazón, agregación.

aglutinar-se, conglomerar, juntar, reunir, trabar, pegar. *Ant.* Separar.

agnación, consanguinidad, parentesco, afinidad.

agnado-da, consanguíneo, pariente, vinculado, afín. *Ant.* Extraño, alejado.

agobiar-se, abrumar, cansar, molestar, fastidiar, aburrir, hastiar, importunar, agotar, oprimir, sofocar. *Ant.* Animar, entretener, despreocupar.

agobio, pena, abatimiento, pesadumbre, sofocación, fatiga, molestia, preocupación, angustia. *Ant.* despreocupación.

agolpar-se, hacinar, amontonar, acumular, apilar, agrupar. *Ant.* Separar, desunir.

agonía, angustia, congoja, pena, aflicción, dolor, pesar.// Muerte, expiración, debilitamiento.// Lucha.

agonizante, moribundo, expirante, falleciente. *Ant.* Floreciente, rozagante.

agonizar, extinguirse, terminarse, acabar, perecer, morir, fallecer. *Ant.* Renacer, vivir, florecer.

agorar, pronosticar, predecir, vaticinar.

agorero-ra, adivinador, adivino, pronosticador, augur, profeta.// Pesimista, fatídico, infausto, sombrío. *Ant.* Optimista, alegre.

agostar-se, secar, marchitar, consumir, acabar, abrasar, extinguir. *Ant.* Fortalecer, vigorizar.

agotado-da, exhausto, cansado, extenuado. *Ant.* Descansado, fuerte, vigoroso.// Vacío.

agotador-ra, destructor, aplastante, extenuante.

agotar-se, consumir, acabar, gastar, secar, apurar, extinguirse. *Ant.* Fortalecer.// Achicar, desaguar. *Ant.* Llenar.

agraciado-da, gracioso, agradable, garboso, gallardo.// Hermoso, bello. *Ant.* Feo, defectuoso.// Premiado, favorecido. *Ant.* Desafortunado, castigado.

agraciar, embellecer, hermosear.// Premiar, laurear, favorecer.

agradable, ameno, delicioso, apacible, placentero, sabroso, satisfactorio, interesante, cautivante. *Ant.* Desagradable, antipático.

agradar, satisfacer, deleitar, placer, alegrar, encantar, embelesar, arrebatar, regocijar, complacer, atraer, cautivar. *Ant.* Desagradar.

agradecer, corresponder, pagar, devolver, reconocer. *Ant.* Desconocer, olvidar.

agradecimiento, gratitud, reconocimiento, remuneración. *Ant.* Ingratitud, desagradecimiento.

agrado, voluntad, gusto, placer, gracia, complacencia, alegría, deleite, atractivo. *Ant.* Disgusto, desagrado, descontento, repulsión.

agrandar, ampliar, acrecentar, aumentar, ensanchar, engrandecer, desarrollar, dilatar. *Ant.* Empequeñecer, disminuir.

agranujado-da, envilecido, delincuente, encanallado.// Granuloso, irregular.

agrario-ria, campesino.

agravamiento, agravación, empeoramiento, decadencia, agotamiento. *Ant.* Mejoramiento, mejoría, atenuación, aumento.

agravar, recargar, aumentar, gravar, cargar, encarecer. *Ant.* Descargar.// Empeorar, recrudecer, decaer, desmejorar, degradar, declinar. *Ant.* Mejorar, aliviar, recuperar.

agraviar, dañar, perjudicar, injuriar, ofender, insultar, calumniar, ultrajar, deshonrar, zaherir. **Ant.** Honrar, desagraviar.// Perjudicar.

agravio, ofensa, afrenta, injuria, insulto, deshonra, ultraje, calumnia, deshonor, difamación. **Ant.** Desagravio, reparación, homenaje.// Perjuicio, daño, detrimento.

agraz, agrio, amargo. **Ant.** Dulce, suave.// Amargura, disgusto, sinsabor. **Ant.** Facilidad.

agredir, arremeter, embestir, atacar, acometer, asaltar, golpear, herir, ofender. **Ant.** Preservar, resguardar, defender, ayudar.

agregación, incorporación, aditamento, añadidura, yuxtaposición, complemento. **Ant.** Disociación, separación.

agregado, agregación, conglomerado, mezcla.// **-da,** añadido, superpuesto, adjunto. **Ant.** Separado, alejado.

agregar-se, acoplar, adicionar, anexar, añadir, aumentar, juntar, sumar, unir. **Ant.** Separar, restar, quitar.

agremiación, gremio, reunión, liga, sindicato, confederación, federación, asociación.

agremiar-se, asociar, reunir, sindicar, afiliar. **Ant.** Separar, desunir.

agresión, acometida, asalto, ataque, embestida, provocación, ofensa.

agresivo-va, pendenciero, insultante, mordaz, provocador, cáustico, punzante. **Ant.** Amistoso.

agresor-ra, pendenciero, acometedor, atacante, bravucón. **Ant.** Defensor.

agreste, campesino, áspero, inculto, rústico, salvaje, silvestre, grosero. **Ant.** Civilizado, urbano.

agriado-da, ácido, acidulado, avinagrado, acre. **Ant.** Dulce, edulcorado.// Alterado, deteriorado.

agriar, acedar, acidular. **Ant.** Endulzar.// Irritar, malhumorar, exasperar. **Ant.** Tranquilizar, serenar.// **-se,** estropearse.

agrícola, agrario, rural, bucólico.

agricultor, cultivador, labrador, rústico, labriego, campesino.

agricultura, agronomía, labranza, laboreo, cultivo.

agridulce, acidulado.// Dulzón.

agrietado-da, fisurado, rajado.

agrietar-se, hender, rajar, abrir, cuartear, resquebrajar. **Ant.** Unir, obturar.

agrimensor-ra, topógrafo.

agrio-gria, acedo, acerbo, ácido, acre, áspero, desabrido.// Desagradable, insociable, descortés, intolerable. **Ant.** Amable, sociable.

agro, campo, tierra.

agropecuario-ria, rural.

agrumar, coagular, espesar, solidificar.

agrupación, reunión, asociación, sociedad, compañía.

agrupar-se, juntar, reunir, aglutinar, apiñar, congregar, asociar, concentrar. **Ant.** Dispersar, desunir, separar.

agua, líquido, fluido, humor, acuosidad.

aguacero, lluvia, chaparrón, chubasco, turbión.

aguada, acuarela.

aguado-da, húmedo, mojado, empapado.

aguafiestas, gruñón, ceñudo, regañón, malhumorado, pesimista. **Ant.** Amable, alegre.

aguafuerte, lámina, estampa, grabado, litografía, huecograbado.

aguamanil, aguamanos.

aguantar, resistir, sobrellevar, tolerar, sufrir, soportar.// Frenar, sujetar.// Sostener, mantener, sustentar.// **-se,** contenerse, conformarse, resignarse. **Ant.** Rebelarse, reaccionar.

aguante, resistencia, vigor, fuerza, firmeza. **Ant.** Debilidad.// Tolerancia, paciencia, flema, imperturbabilidad. **Ant.** Rebeldía, intolerancia.

aguar, diluir, disolver, rebajar, humedecer, hidratar, desleír, licuar.// **Ant.** Deshidratar, espesar.// Entorpecer, frustrar, interrumpir, turbar.

aguardar, esperar, creer, confiar. **Ant.** Desconfiar.// Esperar. **Ant.** Irse.// Diferir, retrasar, prorrogar, demorar. **Ant.** Anticipar.

aguardentoso-sa, ronco, áspero, cavernoso. **Ant.** Claro, agradable.

aguaviento, llovizna, chaparrón.

agudeza, gracia, ingenio, ocurrencia, perspicacia, sagacidad, viveza.// Talento. **Ant.** Simpleza, necedad, torpeza.// Chiste.

agudo-da, aguzado, puntiagudo, afilado. **Ant.** Romo.// Aflautado, atiplado. **Ant.** Grave.// Sagaz, oportuno, ingenioso, intuitivo, sutil.

agudizar, agravar, empeorar. **Ant.** Mejorar, sanar.// Aguzar, afilar.

agüero, augurio, anuncio, presagio, señal, vaticinio.

aguerrido-da, belicoso, beligerante. **Ant.** Pacífico.// Fogueado, veterano, acostumbrado, habituado, ejercitado, ducho, experimentado, avezado. **Ant.** Inexperto, novato.

aguijada, vara, pincho, punta.// Acicate, estímulo, aliciente. **Ant.** Desánimo.

aguijar, aguijonear, espolear, punzar, pinchar, picar, avivar.// Estimular, animar. **Ant.** Desanimar, disuadir.

aguijón, espina, púa, punta.// Acicate, estímulo, incentivo, aliciente, inquietud, tormento, apremio.

aguijonear, picar, pinchar, punzar, aguijar.// Estimular, incitar, avivar, provocar. **Ant.** Tranquilizar, desanimar.

aguileño-ña, corvo, ganchudo, afilado, encorvado. **Ant.** Recto, respingado, chato.

aguinaldo, recompensa, gratificación, regalo.

aguja, alfiler, punzón, púa, pincho.// Minutero, manecilla.// Desvío, riel.

agujerear, taladrar, perforar, atravesar, traspasar, trepanar, barrenar. **Ant.** Cerrar.

agujero, cavidad, hueco, boquete, hoyo, taladro, bache, abertura.

agusanado-da, podrido, putrefacto, corrompido. **Ant.** Sano.

agusanar-se, podrir, estropear, corromper, descomponer.

aguzado-da, afilado, puntiagudo, agudo.

aguzar, afilar, agudizar.// Avivar, incitar, excitar.

aherrojamiento, encadenamiento, encarcelamiento.

aherrojar, encadenar, oprimir, esclavizar, sujetar, tiranizar. **Ant.** Liberar.

aherrumbarse, enmohecerse, herrumbarse.

ahí, aquí, allí, allá.

ahijado-da, protegido, adoptado, acogido, adoptivo.

ahijar, adoptar, proteger, acoger, apadrinar. **Ant.** Abandonar, desamparar.// Procrear, engendrar.

ahilar-se, desmayarse, marchitarse, secarse. **Ant.** Fortalecerse.

ahincado-da, eficaz, vehemente, esforzado, voluntarioso.

ahincar, instar, impulsar, apresurar. **Ant.** Desistir.

ahínco, empeño, ardor, tesón, ansia, fervor, entusiasmo, firmeza, vehemencia. **Ant.** Abulia.

ahitarse, hartarse, llenarse, saciarse, hastiarse, atiborrarse.

ahíto-ta, saciado, harto, lleno, repleto, atiborrado. **Ant.** Famélico, hambriento, vacío.// Cansado, fastidiado, aburrido.

ahogado-da, sofocado, ahogado.

ahogar, asfixiar, estrangular, ahorcar, sofocar, acogotar.// Oprimir, afligir, apurar, abrumar, urgir. **Ant.** Liberar, aflojar.// Zambullir, sumergir, inundar.

ahogo, ahogamiento, asfixia, sofocación, estrangulación.// Opresión, aprieto, apremio, urgencia, apuro, agobio. **Ant.** Desahogo, calma.// Miseria, estrechez, pobreza. **Ant.** Abundancia, riqueza.

ahondar, cavar, excavar, penetrar, escabar. **Ant.** Emerger, aflorar.// Profundizar, investigar, desarrollar.

ahora, hoy, actualmente, entretanto, en este momento. **Ant.** Después.

ahorcado-da, estrangulado, colgado, asfixiado, suspendido, ajusticiado.

ahorcar, estrangular, colgar, ajusticiar, acogotar, ejecutar.

ahorrar, economizar, reservar, guardar, restringir, limitar. **Ant.** Gastar, despilfarrar.

ahorro, economía, sobriedad, modestia, reserva, prudencia, previsión. **Ant.** Despilfarro, dilapidación, derroche.

ahuecar, ensanchar, mullir, esponjar, vaciar. **Ant.** Ceñir, apretar.// Vanagloriarse, engreírse, envanecerse, pavonearse.// Irse, marcharse. **Ant.** Quedarse.

ahumado-da, tiznado, sahumado, acecinado.

ahumar, enegrecer, acecinar, sahumar.

ahusado-da, fusiforme, afilado, adelgazado.

ahuyentar, espantar, alejar, expulsar, atemorizar.

airado-da, colérico, encolerizado, enfadado, enfurecido, furioso, iracundo, enojado, encrespado. **Ant.** Tranquilo, calmo.

airar, irritar, enfadar, encolerizar, enfurecer, exasperar. **Ant.** Tranquilizar.

aire, éter, atmósfera.// Apariencia, porte, figura, aspecto, cara.// Canto, melodía, música, tonada, aria.

airear, ventilar, orear, ventear, abanicar. // Publicar, divulgar. **Ant.** Callar, silenciar.

airoso-sa, garboso, apuesto, arrogante, gallardo, triunfante, elegante, donoso, esbelto. **Ant.** Desgarbado, feo.

aislado-da, separado, desierto, solo, solitario, incomunicado, retraído, abandonado,. **Ant.** Acompañado, frecuentado.

aislar, separar, incomunicar, alejar, apartar, recluir, desterrar, confinar, deportar.// **-se,** recogerse, retraerse, retirarse. **Ant.** Incomunicarse.

ajado-da, marchito, arrugado, viejo, descolorido.

ajar, maltratar, deslucir, estropear, manosear, deteriorar, sobar, desgastar. **Ant.** Remozar, rejuvenecer.

ajeno-na, impropio, extraño, exótico, improcedente. **Ant.** Propio.// Diferente, distinto.

ajetreado-da, agitado, zarandeado.// Trabajado, baqueteado. **Ant.** Inexperto.

ajetrear-se, fatigar, cansar, atarear, trajinar, trabajar. **Ant.** Descansar.

ajetreo, movimiento, agitación, fatiga, trajín, jaleo, traqueteo. **Ant.** Descanso.

ají, pimiento, morrón.

ajorca, pulsera, argolla, brazalete, brazal, manilla.

ajuar, menaje, moblaje, equipo, mobiliario, equipaje, indumentaria.

ajustado-da, justo, cabal, recto, medido.// Ceñido, estrecho, apretado.

ajustar, acomodar, amoldar, acoplar, conformar, moldear.// Convenir, pactar, arreglar, concordar.// Liquidar, saldar, pagar.

ajuste, conciliación, pacto, trato, arreglo, acuerdo, contrato.// Exactitud, precisión.

ajusticiar, ejecutar, matar, fusilar.

ala, aleta, alón, élitro.// Hilera, fila.// Franco.

alabanza, cumplido, panegírico, apología, aplauso, felicitación, elogio, encomio. **Ant.** Censura, crítica.

alabastrino-na, transparente, translúcido.

alabastro, mármol.

alabeado-da, curvo, combo, arqueado, abarquillado, torcido. **Ant.** Recto.

alabear-se, arquear, combar, curvar.

alabeo, curva, arqueamiento, comba, torsión, torcedura.

alacena, armario, despensa.

alacrán, escorpión.

alacridad, vivacidad.

alado-da, ligero, veloz, rápido, ágil.

alamar, presilla.

alambicado-da, afectado, rebuscado, refinado, sofisticado.

alambicar, destilar, sublimar.// Sutilizar, examinar, considerar, estudiar.

alambique, destilador.

alameda, paseo, arboleda.

alarde, jactancia, ostentación, gala, pavoneo. **Ant.** Modestia.

alardear, alabarse, glorificarse, jactarse, pavonearse, vanagloriarse, ufanarse, engreírse. **Ant.** Disminuirse, disculparse.

alargado-da, prolongado.

alargar-se, aumentar, estirar, dilatar, prolongar. **Ant.** Acortar, disminuir.// Prorrogar, demorar.

alarido, chillido, bramido, grito, gruñido.

alarife, arquitecto, constructor.

alarma, rebato.// Inquietud, sobresalto, susto, temor, intranquilidad, terror.

alarmar-se, espantar, asustar, amedrentar, sobresaltar, intranquilizar, inquietar. **Ant.** Tranquilizar, calmar.

alazán-na, canela, rojizo, anaranjado.

alba, aurora, amanecer, alborada, crepúsculo, madrugada. **Ant.** Ocaso, poniente.

albañal, cloaca, vertedero, colector, desagüe, sumidero.

albañil, estuquista, revocador, obrero.

albañilería, obra, construcción, mampostería, yesería.

albarda, aparejo, basto, cincha.

albedrío, libertad, arbitrio, voluntad, independencia, autodeterminación. **Ant.** Predestinación.// Gala, capricho, gusto.

alberca, estanque, pozo, charca, acequia, aljibe.

albergar-se, aposentar, hospedar, alojar, asilar, acoger, amparar, cobijar, guarecer. **Ant.** Abandonar, desalojar, expulsar.

albergue, hospedaje, posada, hostería, refugio, mesón, cobijo, residencia, hostal, alojamiento, asilo, amparo. **Ant.** Desamparo.

albino-na, blanquecino.

albo-ba, blanco, claro, luminoso. **Ant.** Oscuro.// Puro, inmaculado.

albor, blancura, albura, blancor.// Amanecer, alba, alborada. **Ant.** Negrura.// Comienzo, principio. **Ant.** Fin.// Niñez, infancia. **Ant.** Vejez, senectud.

alborada, alba, aurora, amanecer, albor.

alborear, clarear, amanecer. **Ant.** anochecer, atardecer.

albornoz, capa, capote, manto.

alborotado-da, precipitado, atolondrado, irreflexivo, aturdido, ligero. **Ant.** Juicioso, tranquilo.

alborotar, escandalizar, gritar, perturbar. **Ant.** Tranquilizar.// **-se,** enfurecerse, encolerizarse.

alboroto, altercado, pelotera, riña, tremolina, pendencia, reyerta, trifulca, batahola, jaleo, gresca, baraúnda.// Sobresalto, zozobra, inquietud. **Ant.** Tranquilidad, calma.

alborozado-da, alegre, entusiasmado, regocijado, animado, festivo. **Ant.** Triste.

alborozo, júbilo, regocijo, alegría, satisfacción, placer, gozo.

albricias, júbilo, satisfacción, regocijo.// Regalo, obsequio.// Noticia nueva.

albufera, laguna, lago, charca, marisma.

álbum, libro, cuaderno.

albur, contingencia, azar, suerte, fortuna, riesgo, casualidad.

albura, blancura, albor.

alcabala, tributo, impuesto, gabela, contribución, carga.

alcabalero, cobrador, recaudador.

alcachofa, alcaucil.

alcahueta, celestina, encubridora, chismosa, enredadora, intermediaria.

alcahuete, delator, encubridor, soplón, mediador, tercero, rufián.

alcahuetear, mediar, comadrear, encubrir.

alcahuetería, chisme, triquiñuela, engaño.// Proxenetismo, rufianería.

alcalde, guardián, vigilante, carcelero, custodio.

alcalde, juez, corregidor, magistrado, regidor, intendente.

alcaldía, ayuntamiento.

álcali, base, óxido.

alcalolde, estupefaciente, hipnótico, anestésico, calmante, narcótico, droga.

alcance, persecución, seguimiento.// Distancia.// Resonancia, trascendencia, efecto, gravedad.

alcancía, hucha.

alcantarilla, albañal, sumidero, cloaca, canalón, vertedero, desagüe.

alcanzar, atrapar, coger, aprehender, pillar. **Ant.** Dejar.// Comprender, entender, descubrir, investigar, resolver.// Sobrepasar, aventajar.

alcázar, fortaleza, castillo, palacio.

alce, ciervo, venado, reno.

alcoba, aposento, dormitorio, gabinete, cámara.

alcohol, vino, bebida, mosto.

alcohólico-ca, ebrio, borracho.

alcoholismo, dipsomanía, embriaguez, borrachera.

alcoholizar-se, embriagar, emborrachar.

alcornoque, ignorante, torpe, bruto. **Ant.** Inteligente, capaz.

alcurnia, abolengo, linaje, estirpe, cuna, ascendencia, prosapia, origen, casta. **Ant.** Plebeyez.

aldaba, llamador, picaporte.

aldea, pueblecito, lugar, caserío, burgo, villorrio, población.

aldeano-na, campesino, labriego, rústico, lugareño, pueblerino.

aleación, fusión, mezcla, compuesto, fundición, combinación, amalgama. **Ant.** Desintegración.

alear-se, mezclar, fusionar, fundir, ligar, amalgamar, combinar. **Ant.** Desintegrar.

aleatorio-ria, fortuito, casual. **Ant.** Seguro.

aleccionar, instruir, adiestrar, amaestrar, ejercitar, enseñar, adoctrinar.

aledaño-ña, vecino, limítrofe, lindante, contiguo, próximo, inmediato, adyacente. **Ant.** Alejado.// **-s,** alrededores, confín, límite.

alegar, argüir, fundamentar, exponer, pretextar, aducir, explicar. **Ant.** Omitir.

alegato, defensa, exposición, escrito, discurso, disculpa, fundamento.

alegoría, símbolo, figura, emblema, insignia, signo, señal.// Apólogo, fábula, parábola, ficción.

alegórico-ca, simbólico, figurativo, metafórico.

alegrar, divertir, animar, alborozar, complacer, deleitar.// -se, congratularse, satisfacerse, refocilarse. **Ant.** Enfadarse, entristecerse.

alegre, contento, animado, alborozado, risueño, divertido, entretenido, jocoso, bromista, chistoso. **Ant.** Triste, pesimista, afligido.

alegría, júbilo, risa, diversión, gusto, contentamiento, contento, alborozo, gozo, entusiasmo. **Ant.** Tristeza, pesar, pesimismo.

alejado-da, distante, separado, alejado.

alejamiento, separación, distanciamiento, distancia. **Ant.** Acercamiento, aproximación.

alejar-se, retirar, desviar, apartar, desplazar, excluir, distanciar. **Ant.** acercar, aproximar.

alelado-da, confundido, aturdido, desconcertado, atontado, estupefacto. **Ant.** Listo.

alelar-se, atontar, aturdir, ofuscar, pasmar.

aleluya, alegría, júbilo, regocijo, entusiasmo, exaltación. **Ant.** Tristeza, pesar.

alentar, reanimar, confortar, animar, incitar, estimular, exhortar, enfervorizar, azuzar. **Ant.** Desanimar, desalentar.

alergia, intolerancia, reacción.

alero, ala, cornisa, saliente.

alerta, vigilancia, precaución, alarma.// Listo, preparado, atento, dispuesto. **Ant.** Distraído, desprevenido.

aleta, ala, remo, membrana.

aletargado-da, adormecido, amodorrado, narcotizado, entumecido. **Ant.** Animado, despierto.

aletargar-se, amodorrar, narcotizar, adormecer, hipnotizar.

aletear, revolotear, agitar.

alevosía, traición, deslealtad, perfidia, infidelidad, infamia, engaño. **Ant.** Lealtad, fidelidad, nobleza.

alevoso-sa, traidor, infiel, pérfido, desleal, falso, disimulado. **Ant.** Leal, fiel, noble.

alfabetizar, enseñar, instruir, educar.

alfabeto, abecedario.

alfanje, cimitarra, sable.

alfarería, cerámica.

alfarero, ceramista.

alféizar, vuelta, derrame.

alfeñique, delgado, delicado, flojo, débil, raquítico, enclenque, flaco.

alférez, lugarteniente, abanderado, oficial, enseña.

alfiler, broche, aguja, prendedor, imperdible.

alfombra, tapiz, tapete, cubierta, estera.

alfombrar, tapizar.

alforja, bolsa, árganas, talego, saco.

algarabía, confusión, algazara, griterío, lío, enredo, vocerío, estrépito, jolgorio. **Ant.** Tranquilidad, quietud.

algarada, motín, tumulto, alboroto, revuelta, asonada, levantamiento.

algazara, algarabía, vocerío, griterío, bullicio, alboroto.

álgido-da, glacial, frío, frígido, congelado./ Intenso, culminante, grave, crítico, trascendental. **Ant.** Intrascendente.

algodonar, rellenar, forrar, mullir.

algoritmo, cifra, guarismo.

alguacil, funcionario, polizonte, vigilante, guardia, policía.

alguien, alguno, cualquiera.

alhaja, joya, presea, adorno.

alhajar-se, adornar, embellecer, acicalar, enjoyar.

aliado-da, amigo, coligado, unido, confederado, adepto. **Ant.** Enemigo, contrario.

alianza, pacto, unión, acuerdo, asociación, coalición, liga, confederación. **Ant.** Enemistad.// Matrimonio, parentesco, casamiento, afinidad, lazo.

aliar, reunir, acortar, pactar, coincidir, fraternizar.// -se, asociarse, comprometerse. **Ant.** Separarse, desunirse.

alias, apodo, sobrenombre, mote, seudónimo.

alicaído-da, abatido, desalentado, mustio, débil, desalineado, melancólico, decaído. **Ant.** Animado, vivaz.

alicates, tenacillas, pinzas, tenazas.

aliciente, estímulo, acicate, incentivo, atractivo, encanto. **Ant.** Impedimento.

alícuota, proporcional.

alienado-da, enajenado, demente, desequilibrado, loco, ido, chiflado, orate. **Ant.** Cuerdo.

alienar-se, enloquecer.// Enajenar, vender, transferir.

alienígeno, extraño, forastero, extranjero, foráneo. **Ant.** Nativo.

aliento, exhalación, olfato, emanación, hálito, resuello, soplo.// Ánimo, esfuerzo, valor, denuedo, vigor, impulso. **Ant.** Desánimo.

aligerar, acelerar, apresurar, activar, apurar.// Aliviar, consolar, templar, moderar, suavizar.

aligero-ra, alado.// Ligero, veloz, rápido.

alimaña, bicho, sabandija.

alimentar-se, nutrir, cebar, sustentar, mantener, fomentar, sostener. **Ant.** Desnutrir, ayunar.// Proveer, avituallar, suministrar, aprovisionar, abastecer.

alimenticio-cia, nutritivo, sustancioso, vigorizante, reconstituyente.

alimento, sostén, comida, manutención, manjar, sustento.// -s, comestibles, víveres, abastecimientos.

alineación, alineamiento, formación, fila, columna.

alinear-se, enfilar, ordenar, formar, reunir, colocar, rectificar. **Ant.** Desordenar.

aliñar, adobar, condimentar, aderezar.// Acicalar, adornar, componer.

aliño, condimento, aderezo, adobo.// Aseo, limpieza, pulcritud, compostura, adorno.

alisar, aplanar, allanar, pulir, pulimentar, igualar.// Lustrar, tersar, satinar, desbastar, barnizar.

alistar-se, enrolar, afiliar, matricular, inscribir, listar, registrar, reclutar.// Disponer, preparar, prevenir, aparejar, aprontar.

aliteración, paronomasia, repetición, semejanza.

aliviar, mitigar, lenificar, atenuar, aligerar, templar, consolar, disminuir, moderar.// -se, curarse, sanar, mejorar. **Ant.** Agravar, enfermar.

alivio, descanso, mejoría, consuelo, mitigación, desahogo, confortación.

aljibe, cisterna, tanque, pozo.

allá, allí, a lo lejos. **Ant.** Acá, cerca, aquí.

allanamiento, inspección, irrupción, registro.

allanar, nivelar, aplanar, igualar, arrasar.// Facilitar, permitir, simplificar.// -se, avenirse, adaptarse.

allegado-da, pariente, familiar.// Próximo, cercano. **Ant.** Lejano.

allegar-se, arrimar, aproximar, añadir, agregar. **Ant.** Alejar.

allende, allá, lejos, al otro lado. **Ant.** Aquende, aquí.

allí, allá, en aquel lugar. **Ant.** Acá, cerca.

alma, espíritu, esencia, aliento, substancia, ánima, interior, intimidad.

almacén, depósito, taller, tienda, comercio, factoría, proveeduría, mercado, arsenal.

almacenamiento, acumulación, acopio, provisión, acaparamiento, reserva.

almacenar, apiñar, juntar, acumular, guardar, amontonar, aglomerar, acaparar, reunir, acopiar, abarrotar, depositar. **Ant.** Repartir.

almacenero-ra, tendero, comerciante.

almáciga, semillero, invernadero.

almanaque, calendario, efemérides, anuario.

almeja, telina.

almena, parapeto, coronamiento.

almendrado-da, amigdalado.

almíbar, jarabe, azúcar, dulce.

almibarado-da, dulce, meloso, azucarado, empalagoso. **Ant.** Amargo, agrario.// Amable, halagüeño, pegajoso.

almibarar, engatusar, embaucar.// Endulzar, acaramelar. **Ant.** Amargar.

almidón, apresto.

almidonado-da, duro, tieso, planchado.// Estirado, orgulloso. **Ant.** Humilde, sencillo.

almidonar, desarrugar, abrillantar.

almirez, mortero.

almizclar, perfumar, aromatizar, aderezar.

almohada, cojín, cabezal, respaldo, cabecera.

almohadillado-da, acolchado.

almoneda, licitación, subasta, puja, compraventa, tasación.

almorrana, hemorroide.

almorzar, comer, nutrirse, alimentarse.

almuerzo, comida, refrigerio, alimento.

alocado-da, informal, tarambana, impulsivo, impetuoso, atolondrado, precipitado. **Ant.** Juicioso, sensato, sereno.

alocución, discurso, razonamiento, arenga, perorata, sermón, plática.

alojamiento, hospedaje, albergue, posada, residencia, estancia, aposento, habitación, domicilio, morada, vivienda.

alojar, albergar, hospedar, instalar, aposentar, colocar, cobijar, meter, introducir, abrigar.// **-se,** residir, vivir, morar.

alopecia, calivicie, peladera.

alpargata, sandalia, abarca, chanclo, zapatilla.

alpinismo, montañismo.

alpinista, escalador, montañista, excursionista.

alpino-na, montañoso, escarpado, silvestre.

alquería, granja, quinta, finca, cortijo.

alquilar, arrendar, rentar, contratar, ceder, transferir.

alquiler, arriendo, arrendamiento, cesión, traspaso, contrato, locación.

alquimia, crisopeya, magia, ocultismo, nigromancia.

alquimista, químico, mago, nigromante.

alquitrán, brea, betún.

alquitranar, calafatear, embetunar.

alrededor, cerca de, entorno, a la redonda.// **-es,** contornos, inmediaciones, afueras, aledaños, arrabales, suburbios, cercanías, proximidades, periferia, extramuros. **Ant.** Lejanía.

alta, admisión, inscripción, ingreso, aceptación. **Ant.** Baja, expulsión.// Restablecimiento, cura.

altanería, soberbia, vanidad, presunción, orgullo, desdén, desprecio, arrogancia, envanecimiento, altivez. **Ant.** Humildad, sencillez.

altanero-ra, arrogante, altivo, orgulloso, desdeñoso, soberbio. **Ant.** Humilde.

altar, ara, sagrario.

altavoz, amplificador, megáfono, altoparlante.

alterable, cambiante, mudable, variable. **Ant.** Constante, inmodificable.// Irascible, furioso, violento, colérico. **Ant.** Tranquilo, pacífico.

alteración, cambio, mudanza, modificación, adulteración. **Ant.** Invariabilidad, permanencia, fijeza.// Motín, revolución.// Sobresalto, inquietud.

alterado-da, desfigurado, descompuesto, nervioso, perturbado. **Ant.** Tranquilo, sereno.// Revuelto, desordenado. **Ant.** Desordenado.// Adulterado, falsificado.

alterar, variar, mudar, cambiar, modificar, truncar, tergiversar.// Trastrocar, perturbar, alborotar, turbar, trastornar, conturbar. **Ant.** Tranquilizar.// **-se,** agitarse, encresparse, irritarse, enojarse.

altercado, pelea, disputa, bronca, gresca, escándalo, controversia. **Ant.** Calma, tranquilidad.

altercar, reñir, disputar, discutir, porfiar, contender, pelear. **Ant.** Pacificar, tranquilizar.

alternación, cambio, alternancia.// Turno, repetición.

alternar, permutar, reemplazar, cambiar, trocar, turnar.// Tratar, frecuentar, convivir. **Ant.** Aislarse.

alternativa, elección, disyuntiva, opción, dilema.// Azar, vicisitud, altibajo.

alternativo-va, alterno, rotativo, variable.// Electivo, facultativo. **Ant.** Obligatorio.

alteza, excelencia, excelsitud, sublimidad, elevación, magnificiencia.

altibajos, azares, alternativas, vicisitudes, casualidades.// Desigualdades, accidentes.

altillo, altozano, cerrillo, loma, montículo.// Desván.

altiplanicie, meseta, llanura, sabana, páramo, desierto.

altisonante, aparatoso, enfático, pedante. **Ant.** Sencillo, natural.

altitud, elevación, altura. **Ant.** Valle, llanura, planicie.

altivez, altanería, orgullo, desprecio, desdén, envanecimiento, engreimiento, soberbia, arrogancia, suficiencia. **Ant.** Humildad.

altivo-va, orgulloso, altanero, soberbio, arrogante, despreciativo, desdeñoso, imperioso. **Ant.** Humilde, sencillo.

alto, meseta, loma, cerro, elevación.// Parada, descanso.// **-ta,** subido, elevado, crecido, levantado, aumentado. **Ant.** Bajo.// Costoso, caro.// Dominante, encumbrado, encarado, eminente, aventajado.

altozano, cerro, altillo, loma, colina, otero.

altruismo, filantropía, benevolencia, humanidad, caridad, generosidad. **Ant.** Egoísmo, indiferencia, tacañería.

altruista, desinteresado, dadivoso, filántropo, abnegado, generoso. **Ant.** Miserable, tacaño, egoísta.

altura, altitud, elevación, eminencia. **Ant.** Profundidad.// Cúspide, cumbre, cima, pico, monte, montaña.// Estatura, talla.// **-s,** cielo.

alubia, judía.

alucinación, ceguera, ofuscamiento, ofuscación, espejismo, deslumbramiento.

alucinante, deslumbrante, fantástico.

alucinar, embaucar, engañar, deslumbrar, cegar, seducir, hechizar.// **-se,** desvariar, confundirse, ilusionarse. **Ant.** Aclararse.

alud, derrumbamiento, avalancha, desprendimiento, desbordamiento, desplome.

aludir, citar, insinuar, referirse, ocuparse, personalizar, sugerir, apuntar, mencionar. **Ant.** Omitir.

alumbrado, iluminación, lumbre.

alumbrar, encender, iluminar, desentenebrecer, aclarar. **Ant.** Apagar, oscurecer.// Enseñar, ilustrar, instruir.// Parir.

alumno-na, discípulo, estudiante, colegial, educando, escolar.

alunado-da, maniático, loco.

alunizaje, descenso, bajada.

alunizar, bajar, descender, alunar.

alusión, mención, referencia, indicación, cita, insinuación, indirecta.

alusivo-va, referente, atinente, insinuante, concerniente, relativo.

aluvión, avalancha, inundación, desbordamiento.// Muchedumbre, multitud.

alveolo, cavidad, celdilla, hueco.

alza, elevación, encarecimiento, aumento, subida, puja, acrecentamiento. **Ant.** Disminución.

alzada, talla, estatura, altura.

alzamiento, rebelión, motín, pronunciamiento, sublevación, sedición, insurrección, levantamiento, tumulto.

alzar, elevar, levantar, subir, acrecentar, encaramar, encumbrar, encarecer, empinar. *Ant.* Bajar, descender.// **-se,** rebelarse, amotinarse, sublevarse.

ama, dueña, patrona, propietaria, señora.// Criada, aya, nodriza.

amabilidad, cortesía, gentileza, afabilidad, atención, cordialidad, afecto, amenidad, agrado, urbanidad, simpatía, cariño, benevolencia. *Ant.* Frialdad, descortesía.

amable, atento, afable, complaciente, sociable, encantador, afectuoso, cortés, agradable, tratable, cariñoso, cordial, urbano. *Ant.* Desagradable, descortés, grosero.

amado-da, adorado, querido, idolatrado, caro, dilecto, preferido. *Ant.* Odiado, despreciado, detestado.

amador, galán, amante, cortejador, enamorado, galanteador.

amaestrado-da, adiestrado, amansado.

amaestrar, adiestrar, aleccionar, enseñar, ejercitar, amansar, entrenar, domar.

amagar, conminar, amenazar, bravear, intimidar.// **-se,** ocultarse, agacharse, esconderse.

amago, señal, síntoma, indicio.// Intimidación, bravata, jactancia.

amainar, ceder, aflojar, moderar, calmar, disminuir, escampar, arriar. *Ant.* Aumentar, empeorar, encresparse.

amalgama, mezcla, combinación, conjunto, unión, reunión.

amalgamar, unir, mezclar, combinar, amasar, juntar, misturar, confundir, separar. *Ant.* Separar, desunir.

amamantar, criar, nutrir, lactar.

amancebado-da, unido, juntado, adúltero, abarraganado.

amancebamiento, concubinato, convivencia, adulterio.

amancebarse, abarraganarse, unirse, juntarse, ligarse, cohabitar. *Ant.* Separarse, casarse.

amanecer, alba, aurora, amanecida, alborada.// Alborear, aclarar, despuntar. *Ant.* Oscurecer, atardecer, anochecer.

amanerado-da, remilgado, afeminado, afectado, pretencioso, estudiado, rebuscado. *Ant.* Simple, sencillo.

amanerarse, remilgarse, estudiarse. *Ant.* Simplificarse.

amansado-da, domesticado, sumiso, domado, desbravado. *Ant.* Rebelde.

amansar, domesticar, domar, mitigar, desembravecer, dulcificar, suavizar, tranquilizar, aplacar, ablandar, aquietar. *Ant.* Levantar, rebelar, excitar, enfurecer.

amante, galán, querido, afectuoso, caluroso, enamorado, tierno, entusiasta, apasionado. *Ant.* Frío, arisco, desagradable.

amanuense, escribiente, secretario, copista.

amañar, arreglar, componer, lograr.// **-se,** acomodarse, conseguir. *Ant.* Fracasar.

amapola, ababol, adormidera.

amar, adorar, querer, apreciar, idolatrar, estimar. *Ant.* Odiar, aborrecer, desdeñar.

amargar, acibarar, acidular, agriar.// Apenar, entristecer, afligir, atormentar.

amargo-ga, ácido, acibarado, agrio, acre, áspero. *Ant.* Dulce.// Triste, aflictivo, penoso, doloroso.

amargura, amargor.// Aflicción, disgusto, sinsabor, tristeza, pena, dolor, sufrimiento, tribulación, tormento, pesadumbre. *Ant.* Alegría, contento.

amarillo-lla, oro, limón, amarillento, pálido, rubio, ocre, ambarino, dorado.

amarra, cuerda, atadura, cable, cadena, cordaje.// Apoyo, protección.

amarradero, embarcadero, desembarcadero, muelle, atracadero.// Poste, argolla.

amarrar, unir, atar, ligar, enlazar, afianzar, asegurar, encadenar. *Ant.* Soltar, desligar.

amartelado-da, enamorado, acaramelado.

amartelarse, enamorarse, encapricharse, derretirse, prendarse. *Ant.* Desilusionarse.

amasar, mezclar, unir, formar, amalgamar.

amasijo, masa, amasadura.// Mezcla, unión, embrollo, revoltijo.

amazona, cazadora, guerrera, caballista.

ambages, rodeos, circunloquios, perífrasis, ambigüedades, equívocos, sutilezas. *Ant.* Precisión, claridad.

ámbar, resina, cárabe.

ambarino-na, amarillento, pálido, translúcido.

ambición, ansia, anhelo, apetencia, codicia, deseo, aspiración, pretensión, esperanza.

ambicionar, codiciar, anhelar, aspirar, ansiar, pretender, apetecer, desear. *Ant.* Desinteresarse, despreciar.

ambicioso-sa, egoísta, pretencioso, codicioso, anheloso, insidioso, envidioso, insaciable.

ambidextro-tra, hábil, diestro.

ambiente, circundante, próximo, vecino, cercano. *Ant.* Alejado.// Clima, atmósfera, aire, circunstancia, contorno, estado, condición.

ambigüedad, oscuridad, doble sentido, anfibología, equívoco, rodeo, indeterminación, imprecisión. *Ant.* Exactitud, precisión.

ambiguo-gua, incierto, equívoco, confuso, anfibológico, oscuro, impreciso, turbio. *Ant.* Claro, neto, preciso.

ámbito, espacio, contorno, perímetro, órbita.

ambos, el uno y el otro, los dos.

ambrosía, licor, elixir, manjar, exquisitez, néctar, delicia.

ambulancia, asistencia, auxilio.// Camión, camioneta.

ambulante, nómada, inestable, transhumante, ambulativo, vagabundo. *Ant.* Fijo, estable.

ameba, protozoo.

amedrentar-se, intimidar, atemorizar, espantar, acobardar, asustar, abatir, atolondrar, apocar, amilanar, arredrar.

amén, conformidad, aquiescencia.// Final, término.// Así sea.

amenaza, conminación, advertencia, amago, provocación, intimidación, reto, peligro, aviso.

amenazar, intimidar, provocar, conminar, amagar, advertir, avisar, atemorizar, retar, desafiar.

amenguar, disminuir, empequeñecer, menoscabar, aminorar, mermar.// Deshonrar, infamar, menoscabar, baldonar, denigrar. *Ant.* Honrar, elogiar.

amenidad, atractivo, diversión, gracia, deleite, encanto, variedad, ingenio, afabilidad, jovialidad, humorismo, garbo. *Ant.* Desabrimiento, aburrimiento.

amenizar, distraer, entretener, divertir, atraer, deleitar, encantar, alegrar, solazar. *Ant.* Aburrir.

ameno-na, divertido, grato, agradable, entretenido, deleitoso, delicioso, encantador, deleitable, gracioso, atractivo, placentero.

americana, chaqueta, cazadora.

ametrallar, acribillar, disparar.

amigo-ga, camarada, seguidor, partidario, inseparable, aficionado, inclinado, adicto, devoto, compañero, querido, amante. *Ant.* Enemigo, adversario.

amigar-se, unir, reconciliar, amistar.

amígdala, glándula.

amigdalitis, angina, faringitis.

amilanado-da, atemorizado, acobardado.

amilanar-se, atemorizar, desalentar, acobardar, intimidar, abatir, amedrentar, achicar, arredrar, desanimar.

aminorar, reducir, achicar.

amistad, amor, afecto, devoción, gusto, apego, afición, aprecio, ternura, inclinación, cariño, propensión, compañerismo, camaradería, simpatía. *Ant.* Enemistad, hostilidad, antagonismo.

amistoso-sa, amigable, amigo, devoto, leal, partidario, encariñado. *Ant.* Adverso, contrario, hostil.

amistar-se, amigar, reconciliar.

amnesia, olvido.

amnistía, perdón, indulto, olvido, remisión, gracia, absolución, clemencia, indulgencia. *Ant.* Castigo, irrevocabilidad.

amnistiar, perdonar, absolver, indultar.

amo, patrón, dueño, poseedor, señor, titular. *Ant.* Criado, sirviente.

amodorrado-da, aletargado, adormecido. *Ant.* Vivo, despierto.

amodorramiento, modorra, sopor, letargo, somnolencia, aletargamiento, adormecimiento, somnolencia, aturdimiento, lasitud. *Ant.* Animación, viveza, insomnio.

amodorrarse, aletargarse, adormecerse, dormirse.

amojamarse, acecinarse.

amojamado, flaco, esquelético, acartonado, momificado. *Ant.* Fresco, lozano, grueso.

amojonar, definir, limitar, cerrar, fijar, restringir, estacar, deslindar, acotar, cercar.

amolar, aburrir, molestar, enojar, faistidiar, cansar, hastiar, incomodar.// Aguzar, afilar.

amoldar, acomodar, conformar, ajustar, adaptar. *Ant.* Desacomodar.// -se, allanarse, sujetarse, someterse, avenirse, habituarse, acostumbrarse. *Ant.* Rebelarse.

amonestación, sanción, regaño, reproche, admonición, aviso, sermón, reprimenda, reprensión, advertencia, exhortación, censura. *Ant.* Elogio, alabanza.

amonestar, avisar, incitar, corregir, aconsejar, exhortar, sermonear, sancionar, apercibir, regañar, reprender. *Ant.* Elogiar.

amontonamiento, montón, hacinamiento.

amontonar-se, juntar, amasar, apilar, acopiar, almacenar, guardar, agrupar, acumular, reunir, mezclar, hacinar, aglomerar, recoger, coleccionar. *Ant.* Separar, disgregar.

amor, afecto, ternura, cariño, amistad, estimación, devoción, inclinación, preferencia, apego, querer, llama. *Ant.* Odio, desamor, indiferencia.

amoral, indecente, despreocupado.

amoratado-da, violáceo, lívido, morado, cárdeno, tumefacto, acardenalado.

amordazar, silenciar, acallar.

amorfo-fa, deforme, irregular, defectuoso, impreciso, anormal.

amorío, enamoramiento, devaneo, idilio, flirt.

amoroso-sa, tierno, afectuoso, apasionado, suave, cariñoso, agradable, amable. *Ant.* Hosco, hostil, odioso.

amortajar, cubrir, embalsamar.

amortiguador, muelle, elástico.

amortiguar, aminorar, apagar, moderar, atemperar, apaciguar, suspender, calmar, atenuar, mitigar, aplacar, ahogar, amenguar, debilitar. *Ant.* Avivar, excitar, fortalecer.

amortización, pago, rendición.

amortizar, pagar, liquidar, recuperar, saldar, desembolsar. *Ant.* Deber, adeudar.

amoscado-da, receloso, enfadado.

amoscarse, enfadarse, picarse, irritarse, enojarse, encolerizarse.

amostazar-se, enfadar, enojar, irritar.

amotinado-da, rebelde, revoltoso.

amotinar, sublevar, insurreccionar, levantar, alzar, revolucionar, incitar, soliviantar, alborotar. *Ant.* Calmar, apaciguar.

amparar-se, proteger, favorecer, defender, abrigar, patrocinar, acoger, cobijar, resguardar, guarecer. *Ant.* Abandonar, desatender.

amparo, auxilio, ayuda, protección, patrocinio, socorro, favor, apoyo. *Ant.* Abandono, desamparo.// Pensión, beca.// Asilo, refugio, reparo.

ampliación, engrandecimiento, ensanche, desarrollo, amplificación. *Ant.* Reducción, achicamiento.

ampliar, aumentar, desarrollar, extender, amplificar, dilatar, ensanchar, expandir, engrandecer. *Ant.* Achicar, disminuir, angostar, limitar.

amplificación, desarrollo, acrecentamiento, aumento. *Ant.* Reducción.

amplificar, ampliar, aumentar, acrecentar, desarrollar, extender, engrandecer, exagerar. *Ant.* Disminuir, achicar, reducir.

amplio-plia, ancho, grande, extenso, dilatado, espacioso, anchuroso, vasto. *Ant.* Angosto, chico.// Copioso, desarrollado, abundante, completo.

amplitud, anchura, extensión, espaciosidad, dilatación, vastedad, desarrollo. *Ant.* Estrechez.

ampo, blancura, albura, resplandor. *Ant.* Oscuridad, negrura.

ampolla, vejiga, burbuja, bolsa, vesícula.// Recipiente.

ampuloso-sa, pomposo, redundante, exagerado, enfático, pretencioso, grave, retórico, afectado, prosopopéyico. *Ant.* Simple, sencillo, breve.

amputación, ablación, mutilación, corte, cercenamiento.

amputar, truncar, cercenar, separar, cortar, segar, decapitar.

amueblar, amoblar, ornamentar, adornar, vestir, decorar, dotar.

amuleto, talismán, fetiche, mascota, símbolo, ídolo.

amurallar, cercar, murar, rodear, defender, atrincherar, fortificar. *Ant.* Abandonar, desarmar.

amustiar, marchitar, secar, estropear.// -se, languidecer.// Entristecer.

anacoluto, inconsecuencia.

anacoreta, ermitaño, cenobita, asceta, solitario, eremita, penitente. *Ant.* Sociable.

anacrónico-ca, extemporáneo, desplazado, anticuado, improcedente. *Ant.* Actual.

anacronismo, antigüedad, inexactitud. *Ant.* Actualidad, vigencia.

anagrama, inversión, acertijo.

anal, rectal, fecal.

anales, memorias, comentarios, crónicas, fastos, relación, historia.

analfabetismo, incultura, ignorancia.

analfabeto, iletrado, ignorante, inculto, lego. *Ant.* Letrado, culto, instruido, alfabetizado.

análisis, descomposición, estudio, investigación, examen, exploración.

analogía, semejanza, similitud, correspondencia, conveniencia, aproximación, equivalencia, correlación. *Ant.* Diferencia, discrepancia.

análogo-ga, parecido, similar, semejante. *Ant.* Diferente, diverso.

anaquel, estante, alacena, armario.

anaranjado-da, azafranado.

anarquía, desorden, desgobierno, desconcierto. *Ant.* Orden, gobierno.

anárquico-ca, ácrata, desordenado, desorganizado. *Ant.* Ordenado.

anarquista, libertario, ácrata, revolucionario.

anatema, execración, reprobación, maldición, imprecación.

anatematizar, maldecir, condenar, estigmatizar. *Ant.* Elogiar, alabar, salvar.

anatómico-ca, físico, morfológico, somático.

anca, cadera, grupa, nalga.

ancho-cha, amplio, espacioso, vasto, desplegado, desenvuelto, anchuroso, dilatado, extenso, extendido, desparramado, estirado. *Ant.* Estrecho, angosto.// Anchura.// Libre, desembarazado.// Ufano, satisfecho, orondo.

anchura, ancho, extensión, espacio, capacidad. *Ant.* Angostura, delgadez.

anchuroso-sa, dilatado, amplio, desembarazado. *Ant.* Angosto.

ancianidad, senectud, vejez, decrepitud. *Ant.* Juventud.

anciano-na, viejo, vetusto, senil. *Ant.* Joven, lozano.

ancla, áncora.

ancladero, fondeadero, amarradero.

anclaje, fondeo, varadura.

anclar, ancorar, fondear.

áncora, ancla.

andadas, señales, pistas.

andador-ra, caminante, andariego, ambulante. *Ant.* Sedentario.

andamio, tablado, armazón, andamiaje.

andana, serie, hilera, fila.// Estante, anaquel.

andanada, salva, descarga, ráfaga, acometida.// Reprimenda, reprensión, reconvención. *Ant.* Elogio, alabanza.

andanza, viaje, correría, aventura, caminata.

andar, marchar, avanzar, recorrer, ir, caminar, circular. *Ant.* Pararse, detenerse, inmovilizarse.// Estar, hallarse.// Funcionar, operar.

andariego, andador.

andas, angarillas, parihuelas, camilla, palanquín, árguenas.

andén, plataforma, acera, muelle, apeadero.

andorga, vientre.

andrajo, harapo, colgajo, trapo, jirón, guiñapo.

andrajoso-sa, astroso, harapiento, desastrado, desalineado, zaparrastroso, desarropado. **Ant.** Cuidado, elegante, aseado.

andrógino, bisexual, hermafrodita.

anécdota, suceso, cuento, relato, incidente, hecho, acontecimiento, chiste.

anegar, inundar, sumergir, encharcar, ahogar.// Molestar.

anemia, empobrecimiento, desnutrición. **Ant.** Vigor, fortaleza.

anémico-ca, pálido, desnutrido, extenuado, lánguido. **Ant.** Fuerte, saludable.

anestesia, narcosis, adormecimiento, sopor, letargo, sueño, insensibilidad. **Ant.** Sensibilidad, sensibilización.

anestesiar, adormecer, narcotizar, atontar, aletargar, sedar. **Ant.** Avivar, despertar.

anestésico-ca, sedante, tranquilizante.

anexar, anexionar, incorporar, agregar, unir, vincular, adherir, acoplar, juntar, englobar, asociar, adjuntar. **Ant.** Separar, desunir.

anexión, incorporación, unión, agregación, acopiamiento. **Ant.** Separación, desunión.

anexo-xa, unido, adjunto, cercano, próximo. **Ant.** Separado, lejano.// Rama, sucursal.

anfibología, ambigüedad, oscuridad.

anfibológico-ca, ambiguo, equívoco.

anfiteatro, hemiciclo, gradería.

anfitrión-na, invitante, convidante.

ánfora, cántaro.

anfractuosidad, desigualdad, vuelta, aspereza, irregularidad.

anfractuoso-sa, desigual, quebrado, irregular, desparejo. **Ant.** Llano.

angarillas, andas.

ángel, querubín, serafín.

angelical, candoroso, inmaculado, inocente, puro. **Ant.** Diabólico, astuto, infernal, impuro.

ángelus, atardecer, crepúsculo, anochecer.// Oración, toque, campana.

angina, inflamación, laringitis.

angostarse, estrecharse, encajonarse. **Ant.** Ampliarse.

angosto-ta, estrecho, ajustado, ahogado, ceñido, reducido, apretado. **Ant.** Ancho.

angostura, estrechez, pasaje, desfiladero, cañón, callejón, embocadero. **Ant.** Anchura, espaciosidad, amplitud.

angular, anguloso, esquinado.

ángulo, esquina, rincón, recoveco.

angustia, aflicción, padecimiento, tristeza, pena, congoja, ansiedad, inquietud, tormento, desconsuelo, desesperación. **Ant.** Tranquilidad, sosiego.// Náuseas, arcadas, vómitos.

angustioso-sa, afligente, triste, acongojado, penoso, apremiante. **Ant.** Tranquilizante.

angustiar-se, acongojar, afligir, atormentar, intranquilizar, obsesionar, apremiar. **Ant.** Calmar, tranquilizar, serenar.

anhelar, ansiar, ambicionar, codiciar, desear, apetecer, esperar. **Ant.** Despreciar, desdeñar.// Respirar.

anhelo, afán, ansia, apetencia, deseo, esperanza, aspiración, vehemencia, codicia, ambición. **Ant.** Desprecio, indiferencia.

anidar, habitar, alojarse, residir, morar, vivir, establecerse. **Ant.** Vagar, vagabundear.// Abrigar, guardar.

anilina, tinte, tintura, colorante.

anillo, aro, sortija, argolla, eslabón.

ánima, alma, aliento, mente.

animación, agitación, excitación, alegría, diversión, algazara, bullicio, vida, movimiento. **Ant.** Tranquilidad, aburrimiento.

animado-da, movido, divertido, concurrido, agitado. **Ant.** Sosegado, tranquilo, aburrido.// Resuelto, valiente, decidido, osado. **Ant.** Tímido, cobarde.

animadversión, odio, antipatía, malquerencia, tirria, prevención, rencor, animosidad, ojeriza, desafecto, enemistad, resentimiento. **Ant.** Amor, simpatía.

animal, bestia, bruto, fiera, alimaña.// Ignorante, grosero, torpe, imbécil.

animalada, necedad, estupidez, brutalidad, grosería.

animar, incitar, espolear, aguijonear, empujar, exhortar, impulsar. **Ant.** Acobardar.// Alegrar, divertir, avivar. **Ant.** Entristecer, aburrir.// Vivificar, alentar, reanimar, confortar.

anímico-ca, espiritual, psíquico. **Ant.** Corporal.

ánimo, aliento, brío, espíritu, alma, voluntad.// Decisión, esfuerzo, atrevimiento, acometividad. **Ant.** Desaliento.

animosidad, animadversión, odio, antipatía.

animoso-sa, valeroso, enérgico, esforzado, valiente, resuelto, denodado. **Ant.** Tímido, cobarde, apocado, indeciso.

aniquilación, destrucción, demolición, devastación, ruina, arrasamiento, desmoronamiento, exterminio. **Ant.** Conservación.

aniquilar, destruir, exterminar, suprimir, arrasar, arruinar, asolar, eliminar, devastar. **Ant.** Conservar, construir, mantener.

aniversario, cumpleaños, conmemoración, onomástico.

ano, culo, orificio.

anochecer, oscurecer, atardecer, crepúsculo, ocaso. **Ant.** Amanecer, clarear.

anodino-na, soso, insípido, insignificante, ineficaz.

anomalía, anormalidad, rareza, extravagancia, extrañeza, singularidad. **Ant.** Normalidad.

anómalo-la, singular, desigual, irregular, ridículo, extravagante, desusado, raro, excéntrico. **Ant.** Común, frecuente, normal.

anonadado-da, abatido, aniquilado.

anonadamiento, abatimiento, decaimiento, hundimiento, destrucción, postración, ruina, aniquilamiento.

anonadar-se, abatir, confundir, pasmar, descorazonar. **Ant.** Animar.// Destruir, arruinar, aniquilar. **Ant.** Levantar.

anonimato, desconocimiento.

anónimo-ma, desconocido, ignorado, incógnito, secreto. **Ant.** Conocido.// Anónimo, carta, misiva.

anormal, anómalo, raro, extravagante, extraño, inaudito, prodigioso, irregular, insólito. **Ant.** Normal, frecuente.// Defectuoso, deforme.

anormalidad, irregularidad, anomalía, aberración, trastorno, rareza. **Ant.** Regularidad.

anotación, apunte, nota, comentario, glosa, acotación, interpretación.

anotar, escribir, apuntar, asentar.// Interpretar, glosar, explicar.// Registrar, matricular, inscribir. **Ant.** Borrar.

anquilosado-da, paralítico, impedido, atrofiado, seco, rígido, fosilizado. **Ant.** Dinámico, cativo.

anquilosar, atrofiar, paralizar, estancar, detener, inmovilizar, secar.// -se, fosilizarse. **Ant.** Activar, movilizar, desentumecer.

anquilosis, parálisis, paralización, atrofia, inmovilidad, inercia. **Ant.** Actividad, movilidad.

ánsar, ganso, oca.

ansia, deseo, angustia, congoja, desasosiego, ansiedad, inquietud, intranquilidad, zozobra. **Ant.** Serenidad.

ansiar, desear, codiciar, aspirar, querer, apetecer, anhelar. **Ant.** Desdeñar, despreciar.

ansiedad, inquietud, angustia, zozobra. **Ant.** Serenidad, calma.

ansioso-sa, impaciente, ávido, deseoso, anheloso. **Ant.** Desinteresado.

antagonismo, rivalidad, oposición, contrariedad. **Ant.** Amistad, semejanza.

antagonista, rival, contrario, opuesto. **Ant.** Amigo, semejante, compañero.

antaño, antiguamente, antes, en otro tiempo.

antártico-ca, meridional, austral.

antecámara, recibimiento, antesala, vestíbulo.

antecedente, preexistente, anterior, precedente. **Ant.** Posterior.// Preferencia, dato, circunstancia, noticia.// -s, currículum.

antecesor-ra, predecesor, anterior, precursor, ascendiente. *Ant.* Sucesor, descendiente.

antediluviano-na, antiquísimo, prehistórico, antediluvial, remoto. *Ant.* Actual.

antelación, anticipación, prioridad. *Ant.* Posterioridad.

antemano, previamente, anticipadamente.

anteojos, gafas, lentes, espejuelos, antiparras, gemelos.

antepasado-da, antecesor, predecesor, progenitor.

antepecho, parapeto, baranda, pretil, reparo.

anteponer, distinguir, preferir. *Ant.* Posponer.// Aventajar, mejorar.

anteproyecto, plan, preliminares, avance.

anterior, antecedente, antecesor, precedente, preliminar, previo, primero. *Ant.* Posterior.// Lejano, remoto. *Ant.* Actual.

antes, antiguamente, anteriormente, primeramente. *Ant.* Después.

anticipación, antelación, adelanto.

anticipado-da, adelantado, anterior, prematuro. *Ant.* Retrasado.

anticipar-se, adelantar, avanzar, sobrepujar, aventajar, madrugar. *Ant.* Retrasar.// Prestar.

anticipo, adelanto, anticipación, avance, adelantamiento, antelación. *Ant.* Retroceso.

anticuado-da, antiguo, anacrónico, retrasado, rancio, envejecido. *Ant.* Actual.

anticuar, añejar, apolillar, envejecer. *Ant.* Modernizar.

antídoto, contraveneno, antitóxico, preservativo. *Ant.* Venenoso.

antiestético-ca, desagradable, feo. *Ant.* Hermoso, bello.

antifaz, máscara.

antigualla, antigüedad, anacronismo.

antigüedad, ancianidad, vetustez, vejez, veteranía, ranciedad. *Ant.* Modernidad.

antiguo-gua, viejo, remoto, añejo, vetusto, anciano, arcaico, pasado, primitivo, lejano, inmemorial, desusado, veterano, decano, rancio. *Ant.* Actual, reciente.

antinatural, artificial. *Ant.* Natural.

antinomia, contradicción, antítesis, oposición. *Ant.* Coincidencia.

antipatía, odio, desagrado, repugnancia, tirria, aversión, hostilidad, rencor, animadversión, inquina. *Ant.* Simpatía, atracción.

antipático-ca, odioso, aborrecible, repelente, repulsivo, inaguantable. *Ant.* Simpático, amable.

antipirético-ca, antifebril.

antípoda, opuesto, contrario. *Ant.* Semejante, igual.

antisepsia, desinfección, esterilización.

antítesis, oposición, contrario, contraposición.

antitético-ca, contrario, opuesto, antagónico.

antojadizo-za, veleidoso, caprichoso, volubre, versátil, mudable.

antojarse, encapricharse, imaginarse, representar, pensar.

antojo, deseo, agrado, fantasía, capricho, voluntad, arbitrariedad.

antología, selección, colección, florilegio, compendio, compilación.

antónimo, contrario, opuesto. *Ant.* Sinónimo.

antonomasia, (por), por ejemplo.

ántrax, tumor, forúnculo.

antro, cueva, refugio, guarida, madriguera, caverna, gruta, escondrijo.

antropófago, caníbal.

antropoide, antropomorfo, cuadrumano.

anual, ánuo, periódico.

anualidad, importe, renta.

anuario, almanaque, calendario.

anudar, atar, amarrar, ligar, juntar, unir. *Ant.* Soltar.

anuencia, aprobación, asentimiento, venia, consentimiento.

anulación, invalidación, abolición, revocación.

anular, invalidar, abolir, revocar, inutilizar, abrogar, derogar.// Incapacitar.

anunciación, revelación.

anunciar-se, comunicar, publicar, revelar, divulgar, proclamar, participar, manifestar, descubrir.// Predecir, presagiar.

anuncio, noticia, aviso, proclama.// Vaticinio, pronóstico, presagio.

anverso, cara, faz, portada, frente. *Ant.* Reverso, envés.

anzuelo, arpón, gancho, garfio.// Señuelo, atractivo.// Engaño, trampa.

añadido, añadidura, postizo.// **-da,** agregado, pegado.

añadidura, adición, aumento, acrecentamiento, agregación, ampliación.

añadir, agregar, sumar, ampliar, amplificar, aumentar, completar, incorporar, juntar, anexar. *Ant.* Quitar.

añejo-ja, antiguo, rancio, envejecido. *Ant.* Actual, moderno.

añicos, fragmentos, pedazos, trozos.

añil, índigo, azul.

añoranza, nostalgia, recuerdo. *Ant.* Olvido.

añorar, recordar, rememorar, evocar. *Ant.* Olvidar.

añoso-sa, longevo, anciano, viejo.

apabullar-se, aplastar, hundir, anonadar, abrumar. *Ant.* Alentar, sosegar, tranquilizar.

apacentar, pacer, pastar, pastorear.// Educar, instruir.

apache, bandido, ladrón, chulo, compadrito.

apacibilidad, tranquilidad.

apacible, calmo, tranquilo, sereno, sosegado, reposado, manso, bonachón, afable, quieto, suave. *Ant.* Nervioso, intranquilo, turbulento.

apaciguamiento, aquietamiento.

apaciguar-se, tranquilizar, aquietar, sosegar, amansar, pacificar, serenar, contener, dulcificar.

apadrinar, prohijar, proteger, legitimar, adoptar. *Ant.* Desproteger.

apagado-da, tenue, débil, extinto, mortecino. *Ant.* Vivo, fuerte, encendido.

apagar, extinguir, sofocar, mitigar, asfixiar, ahogar. *Ant.* Encender, animar.

apagón, corte, interrupción.

apaisado-da, alargado, horizontal.

apalabrar, comprometer, concertar, convenir, conciliar.

apaleamiento, paliza.

apalear, golpear, castigar, aporrear.

apandillar, acaudillar, reclutar.

apañado-da, hábil, diestro, mañoso. *Ant.* Torpe.

apañarse, arreglarse, componérselas, espabilarse.

apaño, arreglo, acuerdo, connivencia. *Ant.* Desacuerdo.// Compostura, reparación. *Ant.* Desarreglo.

aparador, escaparate, estantería, cristalero, armario.

aparato, atuendo, fasto, solemnidad, exageración, pompa, ostentación.// Instrumento, máquina.

aparatoso-sa, espectacular, ostentoso, exagerado, solemne. *Ant.* Sencillo, simple.

aparcamiento, estacionamiento.

aparcar, estacionar, detener, ubicar. *Ant.* Salir, arrancar.

aparcero, compañero, comunero, labrador.

aparear-se, aparejar, igualar, emparejar, juntar. *Ant.* Desunir, desigualar.

aparecer, surgir, brotar, llegar, manifestarse, mostrarse. *Ant.* Ocultarse, esconderse, desaparecer.

aparecido, fantasma, aparición, sombra.

aparejado-da, apto, idóneo, preparado.

aparejar-se, preparar, aprestar, disponer, prevenir, arreglar.// Ensillar.// Adornar.// Aparear.

aparejo, apresto, preparación.// Instrumento, útil, pertrecho.

aparentar, fingir, simular, disimular, disfrazar, afectar, figurar.

aparente, evidente, manifiesto, claro, patente, visible.// Fingido, artificial, simulado, afectado. *Ant.* Sincero, verdadero, real.

aparición, espectro, aparecido, fantasma, resucitado.// Manifestación, presentación, llegada, advenimiento. *Ant.* Desaparición, ocultación.

apariencia, aspecto, porte, presencia, físico, rasgo, planta, traza.

apartado-da, alejado, retirado, distante, aislado, oculto. **Ant.** Cercano.// Capítulo, párrafo.

apartamento, vivienda, residencia, habitación.

apartamiento, separación, alejamiento, distanciamiento. **Ant.** Acercamiento.

apartar, desunir, alejar, aislar, separar, distanciar. **Ant.** Unir, juntar.

aparte, separadamente.// Párrafo.

apasionado-da, enamorado, entusiasta, ardiente, febril, intemperado, sectario, enajenado, virulento, fanático, ardoroso, desenfrenado, vehemente, frenético, furioso, violento. **Ant.** Pacífico, tranquilo, sosegado.

apasionamiento, acaloramiento, ardor, vehemencia. **Ant.** Frialdad.

apasionar-se, excitar, inflamar, emocionar, embriagar, entusiasmar, exaltar, trastornar.// -se, entregarse, acalorarse, ofuscarse, enamorarse. **Ant.** Enfriarse.

apatía, dejadez, insensibilidad, abandono, impasibilidad, inactividad, incuria, desidia, desgano, indiferencia, indolencia. **Ant.** Preocupación, ardor, entusiasmo.

apático-ca, indiferente, dejado, indolente, insensible, abúlico. **Ant.** Activo, comprometido.

apeadero, muelle, andén, estación.// Habitación, alojamiento.

apearse, bajarse, descender, desmontar. **Ant.** Montar.

apechugar, empujar, arremeter, acometer, aguantar, sobrellevar, soportar.

apedrear, lapidar.

apegarse, simpatizar, encariñarse.

apego, cariño, devoción, simpatía, inclinación.

apelación, recurso, interposición, reclamación.

apelar, recurrir, interponer.

apelativo, sobrenombre.

apellidar, nombrar, bautizar, llamar.

apellido, nombre, designación, patronímico.

apelmazar, compactar, espesar, endurecer, apelotonar.

apelotonamiento, apiñamiento, amontonamiento, tropel.

apelotonar-se, acumular, apiñar, amontonar. **Ant.** Separar.

apenado-da, dolorido, contrito, triste, inconsolable, apesadumbrado, acongojado. **Ant.** Animado, contento.

apenar, afligir, entristecer, apesadumbrar, atribular, desolar, desesperar, angustiar, compungir, mortificar, amargar, atormentar, apesarar, contristar, abatir. **Ant.** Alegrar.

apenas, escasamente. **Ant.** Totalmente, completamente.

apéndice, agregado, suplemento, añadido, prolongación, complemento.// Prolongación, extremidad, miembro.

apercibimiento, amonestación, sanción, reto, advertencia, admonición.

apercibir, sancionar, advertir, amenazar, amonestar.

apergaminado-da, seco, enjuto, marchito.

apergaminar-se, secar, acartonar, momificar.

aperitivo, estimulante, tónico.

apero, útil, instrumento, herramienta, aparejo.

aperrear, fatigar, cansar, molestar.

apertura, inauguración, abertura, estreno, comienzo. **Ant.** Cierre, clausura.

apesadumbrar-se, entristecer, disgustar, afligir, angustiar, apenar, atribular. **Ant.** Alegrar, animar.

apestar, viciar, envenenar, corromper, infectar. **Ant.** Sanar.// Heder.

apestoso-sa, fétido, maloliente, hediondo, pestilente. **Ant.** Sano, limpio, aromático, fragante.

apetecer, desear, ambicionar, querer, ansiar, anhelar. **Ant.** Rechazar.

apetecible, deseable.

apetito, gana, ansia, hambre, apetencia.

apetitoso-sa, gustoso, sabroso, exquisito, agradable, rico. **Ant.** Desagradable.

apiadarse, conmoverse, apenarse, compadecerse. **Ant.** Ensañarse.

ápice, vértice, punta, cumbre, cima, apículo.// Nimiedad, poco, insignificancia.

apilar-se, amontonar, juntar. **Ant.** Esparcir, desparramar.

apiñar, apretar, agrupar, aglomerar, apelotonar, apretujar. **Ant.** Disgregar.

apisonar, aplastar, comprimir, aplastar.

aplacar, tranquilizar, amansar, suavizar. **Ant.** Irritar, enfurecer, excitar.

aplanar, allanar, aplastar, apisonar, igualar.// Abatir, extenuar, debilitar. **Ant.** Fortalecer, animar, vigorizar.

aplastado-da, chato, romo, comprimido.

aplastamiento, aplanamiento, allanamiento, apisonamiento.// Abatimiento.

aplastar, achatar, deformar, hundir, prensar, arrasar, apisonar.// Abatir, abrumar, anonadar. **Ant.** Alegrar, alentar.

aplaudir, palmear, ovacionar, palmotear, celebrar, elogiar, felicitar, aprobar, encomiar, festejar, enaltecer. **Ant.** Censurar, criticar.

aplauso, palmoteo, encomio, alabanza, elogio, ovación. **Ant.** Crítica, censura.

aplazamiento, tardanza, retraso, demora. **Ant.** Adelantamiento, anticipación.

aplazar, prorrogar, diferir, dilatar, retardar, retrasar. **Ant.** Adelantar, anticipar.

aplicación, utilización, utilidad, práctica, manejo, destino.// Atención, concentración, aprovechamiento. **Ant.** Incuria, dejadez.

aplicar, usar, emplear, utilizar.// -se, esmerarse, dedicarse.

aplomo, serenidad, tranquilidad, gravedad, circunspección, sensatez, ecuanimidad.

apocado-da, tímido, corto, vergonzoso, inseguro. **Ant.** Audaz, decidido.

apocalipsis, calamidad, desastre.

apocalíptico-ca, terrorífico, espantoso, calamitoso, catastrófico.

apocamiento, cortedad, timidez, indecisión.

apocar, reducir, achicar, disminuir, rebajar, limitar, mermar, amenguar.// -se, acobardarse, amedrentarse.

apócope, supresión, elisión.

apócrifo-fa, falso, inexacto, erróneo, falsificado. **Ant.** Auténtico.

apoderado-da, representante, administrador, encargado, procurador, delegado.

apoderar, conferir, facultar, representar, comisionar, encargar.// -se, apropiarse, adjudicarse, tomar. **Ant.** Soltar, dejar, entregar, ceder.

apodo, seudónimo, mote, alias, sobrenombre.

apogeo, esplendor, auge, magnificencia, culminación, coronamiento, pináculo, cima, cúspide. **Ant.** Decadencia.

apolillado-da, carcomido, raído, viejo.

apolillarse, envejecer, corromperse, deteriorarse.

apolíneo-a, escultural, hermoso, esbelto, apuesto. **Ant.** Deforme, feo.

apologético-ca, defensor, elogioso.

apología, elogio, defensa, panegírico, encomio, alabanza. **Ant.** Crítica, censura.

apólogo, cuento, fábula, parábola.

apoltronado-da, cómodo, repantigado, sedentario.

apoltronarse, repantigarse, acomodarse, dejarse, abandonarse.

apoplejía, derrame, acceso, embolia, parálisis.

aporrear, golpear, apalear, zurra, pegar.// Molestar, importunar, extenuar. **Ant.** Mimar, acariciar.

aportar, dar, ayudar, colaborar, contribuir, tributar.// Causar, ocasionar, originarse.

aposentar, albergar, hospedar, alojar, colocar, acomodar, asilar.// -se, vivir, morar. **Ant.** Mudarse, irse.

aposento, cuarto, habitación, alcoba, domicilio, morada, residencia.

apósito, venda, vendaje, compresa.

aposta, a propósito, adrede.

apostar, jugar, aventurar, envidar, arriesgar.// Colocar, emboscar, establecer, ubicar.

apostasía, retractación, abjuración, renegamiento, abandono, deserción. **Ant.** Lealtad.

apóstata, perjuro, renegado, desertor, traidor. **Ant.** Fiel, leal, seguidor.

apostatar, abjurar, renegar, retractarse, repudiar, traicionar.
apostema, absceso, tumor.
apostilla, anotación, acotación, glosa, aclaración.
apostillar, explicar, anotar, aclarar, sugerir, comentar, añadir.
apóstol, discípulo, propagador, misionero, evangelista, propagandista.
apostólico-ca, sacerdotal, místico, evangélico.
apostrofar, injuriar, ofender, denunciar, criticar, insultar.
apóstrofe, imprecación, invectiva, acusación, denuncia, dicterio. **Ant.** Elogio, alabanza.
apostura, elegancia, galanura, donaire, garbo, belleza. **Ant.** Fealdad.
apotegma, axioma, aforismo, proverbio, refrán.
apoteósico-ca, apoteótico, triunfal, victorioso, triunfante.
apoteosis, culminación, exaltación, glorificación, coronación. **Ant.** Frustración, decadencia.
apoyar, basar, sostener, asentar, reclinar, adosar, sustentar.// Ayudar, amparar, proteger, auxiliar, patrocinar, alentar. **Ant.** Abandonar, desalentar, desamparar.// **-se**, afirmarse, respaldarse.// Fundamentar, corroborar.
apoyo, sostén, soporte, respaldo, base, asiento, sustentación.// Ayuda, protección, auxilio. **Ant.** Abandono, desamparo.
apreciado-da, estimado, querido, amado, valorado. **Ant.** Despreciado, odiado.
apreciar, querer, estimar, valorar, tasar, medir, evaluar, considerar. **Ant.** Odiar, desdeñar, despreciar, desestimar.
aprehender, atrapar, prender, asir, coger, percibir. **Ant.** Liberar.
aprehensión, captura.// Percepción, discernimiento, comprensión.
apremiar, urgir, apresurar, acuciar, aguijonear, obligar, apretar, apurar.
apremio, urgencia, premura, apresuramiento, prisa, perentoriedad, acuciamiento.// Coacción, amenaza, hostigamiento, conminación.
aprender, captar, entender, incorporar, instruirse, estudiar, ilustrarse. **Ant.** Ignorar.
aprendiz, estudiante, principiante, novicio, inexperto, discípulo.
aprendizaje, estudio, entretenimiento, instrucción, educación.
aprensión, escrúpulo, miramiento, reparo, recelo, temor, miedo, respeto.
aprensivo-va, escrupuloso, receloso, temeroso, miedoso, tímido, preocupado.
apresar, aprisionar, cautivar, capturar, asir, prender, atrapar. **Ant.** Liberar.
aprestar, organizar, preparar, disponer, aparejar, arreglar, prevenir, acondicionar. **Ant.** Descuidar, desatender.
apresurar, acelerar, activar, avivar, apremiar, urgir, acosar, precipitar. **Ant.** Retrasar, postergar, aplazar.
apretado-da, estrecho, tacaño, miserable, mezquino, agarrado, cicatero. **Ant.** Generoso.// Arduo, ingrato, arriesgado, peligroso.
apretar, prensar, estrechar, estrujar, comprimir, oprimir, condensar, apretujar.// Acosar, excitar, activar, hostigar. **Ant.** Calmar, serenar.
apretón, opresión, presión, apretamiento.
apretura, apretón, opresión.// Escasez, dificultad.
aprieto, compromiso, dificultad, apretura, ahogo, apuro, necesidad, conflicto, trance.
aprisco, redil, chiquero, majada.
aprisionar, apresar, tomar, encerrar, encarcelar, detener.// Atar, ligar, encadenar, sujetar. **Ant.** Liberar, soltar.
aprobación, conformidad, aceptación, consentimiento, aplauso, beneplácito, aquiescencia, ascenso, adhesión. **Ant.** Disconformidad, desaprobación.
aprobar, aceptar, acceder, ratificar, consentir, admitir, aplaudir. **Ant.** Criticar, desaprobar.
aprontar-se, preparar, disponer, aprestar, facilitar.
apropiación, adquisición, adjudicación, incautación, retención, usurpación. **Ant.** Entrega, donación.

apropiado-da, adecuado, pertinente, conveniente, justo, oportuno, propio.// Decente, correcto. **Ant.** Inadecuado, inoportuno.
apropiar, acomodar, adecuar, ajustar.// **-se**, adjudicarse, adueñarse. **Ant.** Ceder, restituir.
aprovechar, utilizar, emplear, explotar, usar. **Ant.** Desaprovechar, desperdiciar.// **-se**, servirse, disfrutar, beneficiarse.
aprovisionamiento, abastecimiento, avituallamiento.
aprovisionar-se, abastecer, proveer, suministrar, avituallar. **Ant.** Desabastecer.
aproximación, arrimo, acercamiento, avecinamiento. **Ant.** Alejamiento.// Parecido, semejanza.
aproximado-da, parecido, semejante, impreciso.// Cercano, próximo, vecino, contiguo. **Ant.** Alejado, distante.
aproximar, acercar, juntar, unir, avecinar, arrimar. **Ant.** Alejar, apartar.// **-se**, parecerse.
aptitud, competencia, capacidad, disposición, habilidad, idoneidad, destreza, potencial. **Ant.** Incompetencia, inhabilidad.
apto-ta, capaz, capacitado, preparado, competente, diestro, hábil. **Ant.** Inepto, incapaz.
apuesta, envite, jugada, desafío, contienda.
apuesto-ta, engalanado, emperifollado, elegante.// Gallardo, arrogante, garboso. **Ant.** Feo, desgarbado.
apuntación, nota, apuntamiento, inscripción, observación, comentario.
apuntador-ra, traspunte, comentarista.// Soplón, insinuador.
apuntalamiento, consolidación.
apuntalar, sostener, afirmar, consolidar, asegurar, apoyar, reforzar.
apuntar, anotar, indicar, asentar, escribir, subrayar, citar.// Insinuar, sugerir, aludir.// Bocetar, bosquejar, diseñar.// **-se**, aparecer, manifestarse.
apunte, nota, escrito, diseño, croquis, esbozo, borrador.// Nota, comentario.
apuñalar, acuchillar, apuñalear.
apurado-da, pobre, indigente, necesitado.// Dificultoso, arduo, angustioso, peligroso.
apurar-se, acelerar, urgir, apremiar, apresurar, activar.// Depurar, purificar, investigar, filtrar, limpiar, perfeccionar.// Acabar, consumir.
apuro, dificultad, brete, lío, conflicto, contratiempo.// Necesidad, estrechez, pobreza. **Ant.** Riqueza, bienestar.
aquejar, acongojar, afligir, inquietar, entristecer, angustiar.
aquelarre, brujería, hechicería.// Barullo, confusión, ruido, batahola, griterío, confusión.
aquí, acá, cerca. **Ant.** Allí, allá, lejos.
aquiescencia, consentimiento, aprobación, aceptación, ascenso, conformidad, permiso, beneplácito, venia, anuencia, adhesión, acuerdo.
aquietar-se, sosegar, tranquilizar, calmar, apaciguar, serenar. **Ant.** Alborotar.
aquilatamiento, comprobación, estimación, apreciación.
aquilatar, contrastar, examinar, apreciar, analizar, comprobar, verificar.// Apurar, clarificar, depurar.
ara, altar, sagrario.
árabe, mahometano, moro, musulmán, mauritano.
arabesco, adorno, ornato.
arábigo-ga, árabe.
arancel, tasa, norma, derecho, tarifa, regulación, impuesto, contribución.
arandela, anillo, argolla, corona.
araña, candelero, lámpara, candelabro.// Tarántula, arañuela, tejedora.
arañar, rascar, desgarrar, rasgar, herir, lastimar, rasguñar.
arar, labrar, roturar, cultivar, surcar.
arbitraje, laudo, mediación, dictamen, decisión, veredicto, fallo, resolución.
arbitrar, laudar, mediar, sentenciar, decidir, dictaminar, juzgar, homologar.// **-se**, conseguir, agenciarse, ingeniarse.
arbitrariedad, injusticia, parcialidad, iniquidad, atropello, capricho. **Ant.** Justicia, legalidad.

arbitrario-ria, caprichoso, voluble, antojadizo, injusto, tiránico, ilegal, abusivo, inicuo, autoritario.

arbitrio, decisión, sentencia, voluntad.// Recurso, medio.// Tributo, impuesto, carga.

árbitro, juez, mediador, regulador.

árbol, arbolito, arbusto.// Eje, mástil.

arbolado, soto, bosque, parque.// Arboleda, frondosidad.

arboladura, mástil, velamen, aparejo.

arbolar, enarbolar, izar.

arboleda, bosquecillo, avenida, parque.

arborecer, plantar, crecer.

arbotante, contrafuerte, apoyo, sostén.

arbusto, arbolito, mata.

arca, cofre, cajón, arcón, urna, caja, baúl.

arcada, bóveda, arco, arquería, ábside, pórtico, curvatura.// Asco, náusea, vómito.

arcaico-ca, viejo, antiguo, vetusto, anticuado, añejo, pasado. **Ant.** Nuevo, moderno, actual.

arcaísmo, antigüedad.

arcano, misterio, enigma, secreto.// **-na**, reservado, recóndito, secreto, oculto, misterioso, impenetrable. **Ant.** Claro, evidente.

arcediano, archidiácono, arcipreste.

archivar, registrar.

archivo, registro, fichero.

arcilla, greda.

arcilloso-sa, gredoso, calizo.

arcipreste, arcediano.

arco, curva, bóveda, arbotante.

arder, quemar, calentar, encender, incendiar, inflamar. **Ant.** Extinguir, apagar, mitigar.

ardid, treta, artificio, astucia, trampa, triquiñuela, maña, artimaña, engaño, zancadilla.

ardiente, ardoroso, abrasador, candente, hirviente, incandescente.// Apasionado, fogoso.

ardite, bledo, comino, pito, insignificancia, menudencia, pequeñez, nimiedad.

ardor, calor, abrasamiento, hervor, fuego.// Eficacia, valor, denuedo, afán, ansia, viveza, fogosidad, entusiasmo, exaltación, vivacidad. **Ant.** Abulia, desgano.

ardoroso-sa, ardiente, quemante, abrasador.// Fogoso, violento, fervoroso, vigoroso, apasionado, impetuoso.

arduo-dua, difícil, complicado, penoso, espinoso, peligroso. **Ant.** Fácil, sencillo.// Fragoso, escarpado.

área, superficie, sector, demarcación, extensión.

arena, sílice, grava, polvo.// Ruedo, redondel, campo, teatro, pista.

arenal, desierto, erial, playa.

arenga, alocución, discurso, oración.

arengar, perorar, sermonear, hablar.

arenilla, arenisca.// Piedra, cálculo.

arenoso-sa, polvoriento, arenáceo.

arete, pendiente, zarcillo, aro, arracada.

argamasa, cemento, mortero.

argento, plata.

argolla, aro, anilla, arete, ajorca.

argucia, ardid, sutileza, evasiva, escapatoria, pretexto, trampa.

argüir, argumentar, discutir.// Alegar, explicar, revelar.// Sutilizar.

argumentar, argüir, razonar, objetar, contradecir, refutar, replicar, discutir.

aria, canto, canción, tonada, aire, romanza, solo.

aridez, sequedad, desolación, esterilidad, improductividad. **Ant.** Fertilidad.

árido-da, seco, estéril, yermo, desecado, infecundo, desierto. **Ant.** Fértil, fecundo.// Aburrido, fastidioso, pesado.

ario-ria, indoeuropeo, caucásico.

arisco-ca, áspero, esquivo, insociable, introvertido, salvaje. **Ant.** Sociable, dócil.

arista, filo, esquina, saliente, borde.

aristocracia, abolengo, linaje, distinción, alcurnia.

aristócrata, patricio, señor, noble, hidalgo. **Ant.** Plebeyo.

aristocrático-ca, linajudo, distinguido, fino, señorial, preclaro, esclarecido. **Ant.** Plebeyo, democrático.

aritmética, algoritmia.

aritmético-ca, algorítmico.// Calculista, matemático.

arlequín, bufón, payaso.

arlequinada, bufonada, payasada.

arma, armamento.

armada, flota, escuadra.

armadura, montura, armazón, entablado.// Panoplia, arnés.// Esqueleto.

armar, pertrechar, equipar, proveer, dotar, disponer, suministrar. **Ant.** Desarmar, desmontar.

armario, aparador, guardarropa, alacena, ropero.

armatoste, cachivache, trasto, artilugio.

armazón, caparazón, esqueleto, armadura, tablazón.

armisticio, tratado, tregua, pacto, reconciliación, paz, convenio.

armonía, eufonía, cadencia, concordancia, ritmo, musicalidad, uniformidad.

armonioso-sa, cadencioso, armónico, melodioso, eurítmico, eufónico, grato, dulce. **Ant.** Desagradable, disonante, destemplado.

armonizar, concertar, acordar, entonar, conciliar, acompasar. **Ant.** Disonar, discordar.

arnés, guarnición, armadura.

aro, anillo, arete.

aroma, fragancia, olor, perfume, esencia. **Ant.** Hedor, pestilencia.

aromático-ca, perfumado, fragante, oloroso.

aromatizar, perfumar.

arpegio, acorde, cadencia.

arpía, bruja, furia.

arpillera, yute, estopa.

arpón, lanza, garfio.

arponear, ensartar.

arquear-se, doblar, combar, encorvar, alabear. **Ant.** Enderezar.// Medir.

arqueo, comprobación, verificación, reconocimiento, recuento, balance.

arqueológico-ca, antiguo, arcaico, desusado, anticuado, rancio, vetusto. **Ant.** Moderno, actual.

arquetipo, modelo, prototipo, dechado, paradigma, ejemplo.

arquitecto, alarife, urbanista, constructor, edificador.

arquitrabe, cornisa, friso, capitel.

arrabal, suburbio, barriada, contornos, afueras, alrededores. **Ant.** Centro.

arrabalero-ra, descarado, vulgar, ordinario, chabacano, populachero.

arracimarse, aglomerarse, juntarse.

arraigado-da, enraizado, prendido, radicado.

arraigar, prender, agarrar, sujetar, afianzar, afincar, establecer. **Ant.** Desarraigar, desprender.

arraigo, radicación, solvencia, situación, posición.

arramblar, saquear, arrasar, arrebatar, desvalijar.

arrancar, desarraigar, desclavar, desenterrar, despegar.// Irse, marcharse.// Comenzar, iniciar.

arranque, impulso, rapto, pujanza, ímpetu, arrebato.// Dicho, chiste, ocurrencia.// Comienzo, principio.

arras, garantía, prenda, señal, dote.

arrasar, arruinar, talar, devastar, destruir.// Allanar, nivelar, aplanar.

arrastrado-da, pobre, miserable, desastrado.// Bribón, tunante, abyecto, vil.

arrastrar, remolcar, acarrear, conducir.// Obligar, persuadir, convencer, atraer.

arrastre, transporte, acarreo, conducción, traslado.

arrear, aguijar, acelerar, incitar, excitar, fustigar.// Adornar, acicalar.

arrebatado-da, enloquecido, precipitado, impetuoso, veloz.// Furioso, furibundo, alborotado.// Colorado.

arrebatar, arrancar, quitar, desposeer, despojar.// Encantar, maravillar, arrobar, suspender, cautivar, admirar, extasiar.// **-se**, enfurecerse, encolerizarse.

arrebato, arranque, frenesí, violencia, cólera, furor. *Ant.* Calma, sosiego.

arrebol, carmín, bermellón, colorado.

arrebozado-da, encubierto, embozado, arropado. *Ant.* Descubierto.

arrebujar, arropar, cubrir, envolver. *Ant.* Destapar, descubrir.// Sobar, manosear.

arrechucho, ataque, indisposición.

arreciar, crecer, redoblar, incrementarse, aumentar, empeorar. *Ant.* Disminuir.

arrecido-da, entorpecido, helado, congelado.

arrecife, cayo, banco, islote.

arrecirse, entumecerse, helarse, baldarse, tullirse.

arredrar, amedrentar, atemorizar, amilanar. *Ant.* Envalentonar.// Apartar, separar, retraer.

arreglado-da, adornado, preparado, compuesto, acicalado, proporcionado, armonioso. *Ant.* Descuidado, desarreglado.// Corregido.

arreglar, ordenar, compaginar, componer, acomodar, regularizar, ajustar, disponer. *Ant.* Desarreglar, desordenar, estropear, descomponer.

arreglo, conciliación, orden, ajuste, compostura, coordinación, acomodo, concierto, solución, compromiso, estipulación. *Ant.* Desarreglo, desorden.// Remedio.// Adorno, embellecimiento.

arrellanarse, acomodarse, repantigarse.

arremangado-da, alzado, recogido, levantado.

arremangar, alzar, recoger, remangar.// -se, arreglarse, ingeniarse.

arremeter, acometer, atacar, embestir, abalanzarse, agredir.// Chocar, estrellarse.

arremetida, acometida.

arremolinarse, apiñarse, amontonarse.

arrendamiento, arriendo, contrato, locación, alquiler.

arrendar, alquilar, ceder, rentar, traspasar, transferir. *Ant.* Desalquilar, desalojar.

arrendatario-ria, inquilino, aparcero, colono.

arreo, adorno, aparejo, atavío, aderezo.// -s, guarniciones.

arrepentido-da, compungido, contrito, apenado, pesaroso.

arrepentirse, desdecirse, retractarse.// Deplorar, sentir, compungirse, dolerse. *Ant.* Alegrar, celebrar.

arrestado-da, detenido, apresado. *Ant.* Tímido.// Osado, audaz, valiente, temerario. *Ant.* Tímido, pusilánime.

arrestar, apresar, detener, encarcelar. *Ant.* Liberar.

arresto, reclusión, captura, detención, encierro.// Osadía, valentía, audacia.

arriar, bajar, recoger. *Ant.* Izar, subir.

arriba, en la parte superior. *Ant.* Abajo.

arribada, llegada, arribo.

arribar, llegar, atracar, fondear, venir. *Ant.* Partir.

arribista, ambicioso, trepador, advenedizo, intruso.

arriesgado-da, atrevido, osado, audaz, valiente, imprudente, arrojado. *Ant.* Tímido, pusilánime, cobarde.

arriesgar, aventurarse, exponer, afrontar.// -se, atreverse. *Ant.* Abstenerse, asegurarse.// Jugar, apostar.

arrimar-se, aproximar, acercar. *Ant.* Alejar, distanciar.// Estribar, apoyar.

arrimo, apoyo, sostén, puntal, tutor.// Apego, inclinación.// Protección, ayuda, amparo, patrocinio, auxilio.

arrinconado-da, retirado, aislado, apartado, abandonado.// Arrumbado, menospreciado, olvidado.

arrinconar, arrumbar, acorralar.// Postergar, desechar, desatender, menospreciar.// -se, retirarse, aislarse, esconderse.

arriscar, aventurar, exponer, arriesgar.

arrobado-da, suspenso, extasiado, encantado, extático, entusiasmado, cautivado, embelesado.

arrobamiento, éxtasis, embeleso, arrobo, transporte, enajenación.

arrobar, maravillar, extasiar, hechizar, embelesar.

arrodillarse, acuclillarse, hincarse, postrarse.// Humillarse, rebajarse.

arrogación, atribución, adjudicación.

arrogancia, soberbia, presunción, orgullo, altivez, altanería, entonación. *Ant.* Humildad.// Brío, valor, gallardía, intrepidez.

arrogante, altanero, orgulloso, soberbio, altivo, desdeñoso, insolente, importante, impertinente, despectivo. *Ant.* Sencillo, humilde.// Gallardo, apuesto, airoso.// Valiente.

arrogar-se, adoptar, prohijar, apropiarse, asignarse.

arrojado-da, decidido, audaz, osado, atrevido. *Ant.* Tímido, pusilánime.

arrojar, lanzar, tirar, proyectar, echar, disparar, expeler, expulsar, impeler, precipitar, devolver, vomitar. *Ant.* Contener, recoger, recuperar.

arrojo, decisión, temeridad, intrepidez, resolución, ardor, valentía.

arrollador-ra, irresistible, impetuoso, invencible.

arrollar, enrollar.// Vencer, derrotar, aniquilar, batir.// Arrasar, destrozar, arruinar, atropellar, ultrajar.

arropar, cubrir, abrigar, tapar.

arrostrar, enfrentar, resistir, soportar, afrontar, aguantar, tolerar, sufrir.// -s, atreverse, inclinarse, apegarse.

arroyada, torrente, desbordamiento, crecida.

arroyo, riacho, riachuelo, torrente.

arruga, pliegue, estría, rugosidad, frunce, surco.

arrugado-da, rugoso, plegado, ajado, marchito, envejecido.

arruinado-da, empobrecido, miserable, insolvente, pobre, indigente. *Ant.* Rico, poderoso.// Destruido, aniquilado, abatido, demolido, destrozado.

arruinar, devastar, destruir, aniquilar, arrasar, demoler, hundir, asolar, desmantelar. *Ant.* Mejorar, arreglar.// Empobrecer. *Ant.* Enriquecer.

arrullar, adormecer, mecer.// Murmurar.// Piropear, agasajar.

arrullo, acunamiento, nana.// Canto, canción, gorjeo, tonada, susurro.// Galanteo, requiebro, piropo.

arrumaco, zalamería, halago, caricia, engatusamiento.

arrumbar, arrinconar, alejar, apartar, desechar, excluir, desdeñar.

arsenal, almacén, depósito, parque, armería.

arte, talento, ingenio, capacidad, genio, disposición, habilidad, destreza, maestría, vocación.// Astucia, cautela, maña.

artefacto, aparato, armatoste, máquina.

arteria, vaso, conducto.// Calle, vía.

artería, astucia, engaño, triquiñuela, falsía, traición.

artero-ra, engañoso, astuto, hábil, artificioso. *Ant.* Leal.

artesa, amasadera, balde, batea, lavadero.

artesanía, habilidad, arte.

artesano-na, artífice, menestral, obrero.

artesonado, techo.// Moldura, friso, cornisa, arquitrabe.

ártico-ca, norteño, boreal, hiperbóreo, septentrional. *Ant.* Sureño, antártico, meridional.

articulación, acoplamiento, juntura, enlace.// Pronunciación.

articular, enlazar, unir, juntar, acoplar. *Ant.* Desunir.// Pronunciar, modular.// Estructurar, organizar.

articulista, periodista, comentarista, editorialista.

artículo, apartado, título, división, capítulo.// Escrito, comentario.// Mercadería.

artífice, creador, artista, autor, artesano.

artificial, fingido, falso, ficticio, falsificado. *Ant.* Natural, genuino.

artificio, treta, artimaña, ardid, astucia, cautela, doblez, truco, engaño, disimulo.// Habilidad, sutileza, arte, primor, ingenio.

artificioso-sa, engañoso, disimulado, artificial, afectado, astuto, artero, cauteloso, taimado, diestro, precavido. *Ant.* Natural, espontáneo.

artillar, equipar, armar, proveer, montar.// Disponer, preparar, aprestar.

artillería, balística.

artilugio, artificio, ingenio, aparato, artefacto, mecanismo.

artimaña, ardid, artificio, trampa, treta, martingala, intriga, maniobra, engaño, astucia, disimulo, trama.

artista, creador, artesano, autor, ejecutante, virtuoso.
artístico-ca, estético, exquisito, elevado, atractivo, sublime. *Ant.* Antiestético.
arúspice, adivino, augur, pronosticador.
as, campeón, triunfador, vencedor, primero.
asa, mango, asidero, empuñadura, agarradera.
asado-da, tostado, chamuscado. *Ant.* Crudo.
asador, parrilla, varilla, ensartador.
asaetear, acribillar, disparar, flechar.
asalariado-da, empleado, trabajador, proletario, obrero, jornalero. *Ant.* Patrón, empresario, capitalista.
asalariar, pagar, emplear, retribuir, contratar.
asaltar, atacar, acometer, agredir, embestir, arremeter.// Atracar, robar, hurtar.// Sobrevenir, ocurrir.
asalto, atraco, robo, hurto.// Ataque, penetración, agresión, abordaje, acometida, irrupción.
asamblea, congreso, reunión, junta, mitin, debate, consejo, consistorio, cónclave, concilio.
asambleísta, congresista, parlamentario.
asar, tostar, dorar, cocer, abrasar.// **-se**, acalorarse, sofocarse, asfixiarse.
asaz, bastante, harto, suficiente, muy.
asbesto, amianto.
ascendencia, estirpe, linaje, abolengo, prosapia, origen, alcurnia.// Influencia.
ascendente, empinado, elevado. *Ant.* Descendente.
ascender, elevarse, subir, montar, trepar, empinarse, escalar. *Ant.* Bajar, descender.// Progresar, mejorar. *Ant.* Degradarse.
ascendiente, autoridad, influencia, prestigio, poder, influjo, predominio, crédito.// Antecesor, antepasado. *Ant.* Descendiente.
ascensión, elevación, subida, ascenso, escalamiento, exaltación, encumbramiento. *Ant.* Descenso, declive.
ascensor, elevador, montacargas.
asceta, anacoreta, ermitaño, solitario, eremita.
ascetismo, austeridad, misticismo, templanza, mortificación, aislamiento.
asco, repugnancia, repulsión, náuseas, aversión, aborrecimiento, antipatía. *Ant.* Agrado.
ascua, brasa, rescoldo, lumbre.
aseado-da, limpio, prolijo, pulcro, engalanado, cuidadoso, aliñado, ataviado. *Ant.* Desprolijo, descuidado.
asear, limpiar, componer, adornar, purificar, adecentar, arreglar. *Ant.* Ensuciar.
asechanza, engaño, perfidia, trampa, celada, maquinación, traición, emboscada, sorpresa, artificio, conspiración. *Par.* Acechanza.
asechar, acechar. *Par.* Acechar.
asedio, sitio, cerco, acorralamiento.// Molestia. *Ant.* Liberación, insistencia, coacción.
asegurar, afianzar, apuntalar, consolidar, sostener, reforzar, fortalecer.// Proteger, amparar, resguardar. *Ant.* Descuidar, abandonar.// Afirmar, prometer, ratificar.
asemejar-se, parecerse, asimilarse, imitar. *Ant.* Diferenciarse.
asenderear, baquetear, experimentar.
asenso, aprobación, consentimiento, conformidad, asentimiento. *Ant.* Negativa. *Par.* Ascenso.
asentaderas, nalgas, posaderas.
asentado-da, permanente, estable, fijo, seguro. *Ant.* Mudable, transitorio.// Juicioso, reflexivo. *Ant.* Irreflexivo.
asentar, establecer, fijar, asegurar, colocar. *Ant.* Descolocar, marcharse.// Anotar, inscribir, apurar.// Alisar, apisonar, plan-char, aplanar.// Convenir, pactar.
asentimiento, consentimiento, anuencia, aquiescencia, adhesión, asenso, aprobación, permiso, venia.
asentir, afirmar, convenir, aprobar, consentir, admitir, avenirse.
aseo, limpieza, pulcritud, compostura, higiene.
asepsia, higiene, esterilización, desinfección. *Ant.* Contaminación, infección.
aséptico-ca, antiséptico, esterilizado, higiénico, desinfectado.

asequible, accesible, realizable, posible, alcanzable, fácil. *Ant.* Imposible, irrealizable.
aserción, aseveración, afirmación, confirmación, aserto, garantía.
asesinar, matar, eliminar, liquidar, inmolar, suprimir, exterminar, ejecutar. *Par.* Acecinar.
asesinato, muerte, crimen, homicidio.
asesino-na, criminal, homicida, matador. *Par.* Acecino.
asesor-ra, consejero.
asesorar, aconsejar, sugerir, recomendar, proponer.// **-se**, consultar.
asestar, descargar, golpear, aporrear, pegar.// Apuntar, dirigir.
aseveración, aserción, consentimiento, aprobación.
aseverar, afirmar, confirmar, ratificar, asegurar.
asexual, ambiguo, indeterminado.
asfaltar, alquitranar, pavimentar.
asfalto, alquitrán, betún, brea.
asfixia, ahogo, sofocación, agobio, opresión, estrangulamiento.
asfixiar-se, ahogar, sofocar, oprimir, estrangular, sumergir.
así, de este modo.
asidero, asa, agarradera, mango.// Pretexto, excusa.
asiduidad, frecuencia, persistencia.
asiduo-dua, frecuente, constante, habitual, acostumbrado, perseverante, consuetudinario. *Ant.* Infrecuente.
asiento, banco, silla, sillón, taburete.// Anotación, registro.// Sedimento, poso.
asignación, sueldo, contribución, haber, salario, gratificación, recompensa.
asignar, conceder, dar, pensionar, pagar, gratificar, remunerar. *Ant.* Negar.// Señalar, afectar, destinar.// Designar, nombrar.
asignatura, materia, disciplina, conocimiento, tratado, estudio.
asilado-da, albergado, protegido.// Huérfano, desvalido, expósito. *Ant.* Abandonado.
asilar, internar, recluir, hospedar, albergar. *Ant.* Desamparar.
asilo, albergue, retiro, refugio, amparo, orfanato, hospicio, inclusa.// Protección, amparo, auxilio.
asimetría, disimetría, desigualdad, desproporción.
asimétrico-ca, irregular, desigual. *Ant.* Simétrico, regular.
asimilación, absorción, provecho.
asimilar, absorber, aprovechar.// Asemejar, relacionar, igualar, equiparar.
asimismo, igualmente, también, del mismo modo. *Ant.* Tampoco.
asir, agarrar, tomar, coger, sujetar. *Ant.* Soltar.
asistencia, auxilio, socorro, apoyo, cooperación, ayuda, favor. *Ant.* Desamparo, concurrencia, presencia.
asistente, ayudante, auxiliar.
asistir, socorrer, favorecer, ayudar, auxiliar, apoyar, cuidar.// Presenciar, concurrir. *Ant.* Faltar, ausentarse.
asma, disnea, apnea, fatiga, ahogo, opresión.
asnal, bestial, brutal.
asno, borrico, burro, rucio.// Torpe, tonto, necio, bruto.
asociación, corporación, sociedad, institución, federación, grupo, unión, compañía, comunidad, reunión. *Ant.* Desunión, separación, desvinculación.
asociado-da, afiliado, socio, abonado, suscriptor, miembro, cofrade, copartícipe.
asociar-se, afiliar, reunir, juntar, aliar, congregar, incorporar, agregar, coaligar, federar, adjuntar, inscribir. *Ant.* Separar, desunir, desvincular.
asolar, devastar, destruir, arrasar, desolar, saquear. *Ant.* Reconstruir.
asomar-se, aparecerse, surgir, mostrarse, presentarse. *Ant.* Ocultarse, desaparecer.
asombrar-se, pasmar, maravillar, fascinar, admirar, confundir, desconcertar, deslumbrar.
asombro, sorpresa, estupor, fascinación, estupefacción, desconcierto, conmoción, admiración, pasmo, aturdimiento, espanto. *Ant.* Indiferencia.

asombroso-sa, maravilloso, admirable, estupendo, extraordinario, prodigioso, pasmoso, sorprendente, portentoso, fenomenal. **Ant.** Corriente, común.

asomo, indicio, conjetura, presunción, señal, sospecha, amago.

asonada, sublevación, motín, revuelta, perturbación, barullo, sedición.

asonancia, parecido, semejanza, correspondencia, relación. **Ant.** Disonancia.

asonante, parecido, semejante, concordante, correspondiente. **Ant.** Disonante, discordante.

aspa, brazo.

aspar, crucificar.

aspaviento, gesto, ademán, gesticulación, queja, demostración, afectación, énfasis. **Ant.** Calma, naturalidad.

aspecto, apariencia, porte, catadura, exterior, traza, pinta, figura, presencia, fisonomía, semblante, físico, estampa.

aspereza, dureza, brusquedad, rigidez, inclemencia, acritud, desabrimiento, rigor, rudeza, acidez. **Ant.** Amabilidad, cariño.// Rugosidad, escabrosidad, desigualdad, abruptez.

asperjar, rociar, hisopear, humedecer.

áspero-ra, rudo, rústico, duro, brusco, arisco, riguroso, desabrido, enojoso, rígido, insociable. **Ant.** Suave, amable, cariñoso.// Rugoso, abrupto, escarpado. **Ant.** Liso, llano.

aspersión, rociadura, salpicadura.

áspid, víbora.

aspiración, ambición, deseo, pretensión, anhelo, designio, apetencia, afán, ansia. **Ant.** Indiferencia, desgano.// Absorción, inhalación.

aspirante, candidato, pretendiente, solicitante.

aspirar, pretender, ambicionar, anhelar, querer, desear, ansiar. **Ant.** Abdicar, desistir, abandonar.// Absorber, inhalar, atraer.

asquear, repugnar, repeler. **Ant.** Gustar, atraer.

asqueroso-sa, repugnante, nauseabundo, repulsivo, inmundo. **Ant.** Agradable, atractivo.

asta, cuerno.// Lanza, pica.// Mástil, palo. **Par.** Hasta.

astenia, decaimiento, debilidad, flojedad, lasitud, cansancio.

asterisco, signo, estrellita, señal.

astilla, partícula, esquirla, fragmento.

astillar-se, romper, fragmentar, fraccionar.

astillero, arsenal, factoría, varadero.

astracanada, disparate, vulgaridad, barbaridad, ordinariez.

astral, sideral, celeste, planetario, cósmico.

astringente, secante, contráctil.

astringir, apretar, contraer, estrechar. **Ant.** Aflojar, soltar.// Constreñir, obligar.

astro, cuerpo celeste, estrella, luminaria, planeta, satélite.// Celebridad.

astroso-sa, harapiento, andrajoso, desaseado, zaparrastroso, desastrado. **Ant.** Pulcro, limpio, aseado.

astrolabio, sextante.

astrología, adivinación.

astrólogo-ga, vaticinador, adivino, pronosticador.

astronauta, cosmonauta.

astronáutica, cosmonáutica.

astronave, cosmonave, nave espacial.

astronomía, cosmografía.

astronómico-ca, cosmográfico, astral, sideral.

astucia, picardía, sagacidad, ardid, treta, artimaña, sutileza, malicia. **Ant.** Torpeza, inocencia, franqueza, ingenuidad.

astuto-ta, sagaz, malicioso, diestro, hábil, artero, sutil, taimado, pícaro, ladino, listo. **Ant.** Ingenuo, inocente, torpe.

asueto, descanso, recreo, festividad, reposo, ocio.

asumir, obtener, alcanzar.// Apropiarse, adjudicarse, arrogarse. **Ant.** Dejar, abandonar, rechazar.

asunción, adjudicación, apropiación.// Exaltación, elevación. **Ant.** Descenso.

asunto, tema, materia, argumento, tesis, motivo, trama.// Negocio, empresa, proyecto, plan, operación.

asustadizo-za, temeroso.

asustar, atemorizar, amedrentar, impresionar, amilanar, alarmar, aterrar, horripilar, espantar, acobardar, intimidar, aterrorizar. **Ant.** Tranquilizar.

atabal, tamboril, tambor.

atacar, acometer, embestir, asaltar, agredir, combatir. **Ant.** Defender, proteger.// Impugnar, refutar, criticar, contradecir.

atadura, ligadura, ligamento, vínculo, enlace, unión, yugo. **Ant.** Desvinculación, libertad.

atajar, detener, contener, parar, interrumpir, obstaculizar.// Adelantar, acortar.

atajo, vereda, senda.// Acortamiento, simplificación. **Ant.** Rodeo, desviación. **Par.** Hatajo.

atalaya, eminencia, otero, altura.// Vigía, centinela.// Garita, torre.

atalayar, vigilar, acechar, espiar, observar.

atañer, corresponder, concernir, pertenecer, incumbir, importar.

ataque, acometida, asalto, embestida, agresión, acometimiento, arremetida, ofensiva.// Accidente, acceso.// Disputa, pendencia, altercado, injuria, ofensa, acusación.

atar, unir, juntar, enlazar, amarrar, sujetar, ligar, encadenar. **Ant.** Soltar, desligar.// Vincular, relacionar, asociar.

ataraxia, impavidez, impasibilidad, insensibilidad.

atardecer, anochecer, crepúsculo, ocaso. **Ant.** Amanecer, alba.

atareado-da, ocupado, agitado, diligente, activo, afanoso.

atarear-se, ocupar, abrumar, agobiar, ajetrear. **Ant.** Desocupar.

atarugar, cerrar, tapar, obstruir. **Ant.** Abrir.// Llenar, rellenar, atestar, repletar. **Ant.** Vaciar.// Apabullar, turbar, embrollar.

atascadero, impedimento, dificultad, estorbo.// Barrizal, lodazal, bache, socavón.

atascar, cerrar, tapar, obstruir, cegar.// Impedir, detener, obstaculizar. **Ant.** Facilitar.

ataúd, féretro, cajón, sarcófago.

ataviar-se, vestir, adornar, acicalar, emperifollar, engalanar. **Ant.** Desarreglar.

atávico-ca, ancestral, hereditario, tradicional, recurrente. **Ant.** Propio, espontáneo.

atavío, vestimenta, adorno, aderezo, atuendo, indumentaria.

atavismo, herencia, tradición, origen.

ataxia, perturbación, irregularidad.

ateísmo, agnosticismo, irreligiosidad, incredulidad, escepticismo. **Ant.** Fe, religiosidad.

atemorizar-se, asustar, amedrentar, acobardar, intimidar, alarmar, horrorizar, amilanar, aterrar. **Ant.** Tranquilizar, envalentonar.

atemperar, moderar, dulcificar, templar, mitigar. **Ant.** Agravar, empeorar.

atenacear, atenazar, torturar, oprimir, urgir. **Ant.** Soltar.

atención, aplicación, reflexión, examen, meditación, cuidado, miramiento, interés. **Ant.** Descuido, desinterés.// Cortesía, miramiento, solicitud, deferencia. **Ant.** Grosería, desconsideración.

atender, considerar, contemplar, escuchar, observar, mirar, advertir.// Cuidar, vigilar.// Despachar, ocuparse.

ateneo, asociación, sociedad, tertulia.

atenerse, ajustarse, sujetarse, limitarse, circunscribirse.

atentado, ataque, agresión, asesinato, golpe, crimen, homicidio.

atentar, atacar, vulnerar, transgredir, contravenir. **Ant.** Respetar.

atento-ta, considerado, respetuoso, afable, cortés, amable, educado, galante, servicial. **Ant.** Descortés, grosero.

atenuación, mitigación.

atenuar, mitigar, suavizar, sutilizar, debilitar, amortiguar, disminuir, paliar, aminorar. **Ant.** Aumentar, agravar, fortalecer.

ateo-a, agnóstico, irreligioso, escéptico, descreído. **Ant.** Creyente, religioso.

aterciopelado-da, suave, velloso, afelpado. **Ant.** Rugoso, tosco.

aterido-da, frío, yerto, congelado, duro, rígido. *Ant.* Cálido, ardiente.

aterirse, enfriarse, congelarse, sobrecogerse, pasmarse, helarse.

aterrador-ra, espantoso, horrible, terrorífico, espeluznante, tremebundo, temible, horripilante, pavoroso, tremendo. *Ant.* Tranquilizador.

aterrar-se, atemorizar, asustar, espantar, estremecer. *Ant.* Tranquilizar, envalentonar, embravecer.

aterrizaje, descenso.

aterrizar, planear, descender, posarse, bajar. *Ant.* Ascender, despegar.

aterrorizado-da, asustado, aterrado. *Ant.* Tranquilo, calmo, envalentonado.

aterrorizar-se, asustar, atemorizar, aterrar.

atesorar, guardar, ahorrar, acumular, acaparar, economizar. *Ant.* Dilapidar.

atestado-da, colmado, lleno, repleto, atiborrado. *Ant.* Vacío.

atestar, llenar, colmar, abarrotar, atiborrar. *Ant.* Vaciar.// Atestiguar.

atestiguar, declarar, testificar, testimoniar, afirmar, certificar, atestar. *Ant.* Callar, negar.

atezado-da, quemado, tostado, bronceado. Pálido.

atezar, ennegrecer, tiznar, quemar, tostar, broncear. *Ant.* Empalidecer.// Lustrar, pulir, abrillantar.

atiborrar, llenar, colmar, atestar. *Ant.* Vaciar, descargar.

aticismo, elegancia.

ático, altillo, buhardilla.

atildado-da, acicalado, pulcro, adornado, arreglado. *Ant.* Desarreglado, desaseado.

atildar, asear, ataviar, arreglar, acicalar, componer, adornar. *Ant.* Desarreglar, desasear.// Tildar.

atinado-da, certero, sensato, seguro, correcto. *Ant.* Equivocado.

atinar, acertar, encontrar, dar, lograr, conseguir.// Adivinar. *Ant.* Errar, equivocarse.

atinente, tocante, relativo.

atípico-ca, raro, desusado, infrecuente. *Ant.* Típico, común.

atisbar, mirar, observar, espiar, vigilar.

atisbo, barrunto, señal, indicio.// Vigilancia, acecho.

atizar, encender, avivar, excitar, estimular, remover, despabilar, activar.

atleta, deportista, gimnasta, competidor.

atlético-ca, deportista, gimnástico, musculoso, corpulento.

atletismo, deporte, gimnasia.

atmósfera, aire, ambiente, espacio.

atmosférico-ca, aéreo, etéreo, meteorológico.

atolladero, atascadero, dificultad.

atollarse, atascarse.

atolón, arrecife.

atolondrado-da, aturdido, atontado, precipitado, alocado. *Ant.* Prudente.

atolondrar, aturdir, atontar, alterar.

atómico-ca, nuclear, molecular.

atomizar, separar, dividir, desintegrar. *Ant.* Unir, juntar, acumular.

atonía, debilidad, flojedad, flaccidez, decaimiento. *Ant.* Fuerza, vigor.

atónito-ta, sorprendido, pasmado, estupefacto, asombrado, maravillado.

atontado-da, atolondrado, aturdido, embobado, mareado. *Ant.* Avispado.

atontar-se, atolondrar, aturdir, alelar, entontecer, extasiar. *Ant.* Avivar, avispar.

atorar-se, atascar, obstruir, atragantar.

atormentado-da, angustiado, lloroso, triste, amargado. *Ant.* Alegre, despreocupado.

atormentar-se, torturar, inquietar, acongojar, apenar, disgustar, martirizar, molestar, enojar, atribular, afligir. *Ant.* Calmar, tranquilizar.

atornillar, enroscar. *Ant.* Desatornillar.// Sujetar. *Ant.* Aflojar.

atorrante, vago, sinvergüenza, haragán, despreciable.

atosigar, presionar, fatigar, cansar, acuciar, acosar, abrumar.

atrabiliario-ria, irritable, irascible, adusto, melancólico, destemplado, colérico.

atracadero, desembarcadero, fondeadero.

atracar, desembarcar, fondear, anclar. *Ant.* Desatracar.// Atacar, asaltar, agredir. *Ant.* Defender.// -se, hartarse, llenarse, atiborrarse, saciarse.

atracción, atractivo, encanto, captación, simpatía, hechizo, embeleso, gracia, aliciente, fascinación. *Ant.* Rechazo, repulsión.// Gravitación, cohesión, adherencia.

atraco, asalto, despojo, acometida, saqueo, rapiña.

atracón, hartazgo, empacho.

atractivo, atracción, gracia, interés, encanto.// -va, seductor, magnético, cautivador. *Ant.* Antipático, repelente, desagradable.

atraer, seducir, cautivar, agradar, encantar. *Ant.* Rechazar, re-peler.// Causar, ocasionar, provocar.

atragantarse, atorarse, atascarse, ahogar, asfixiar. *Ant.* Desatascar.

atrancar, asegurar, cerrar, atascar, reforzar. *Ant.* Cerrar.// -se, encerrarse, resguardarse, aislarse.

atrapar, agarrar, tomar, pillar, conseguir. *Ant.* Soltar, dejar.// Engatusar, engañar.

atrás, detrás, a la espalda.// Antes, anteriormente.

atrasado-da, antiguo, viejo, vetusto, rancio, arcaico, añejo. *Ant.* Moderno, actual, diferido, posterior, tardío.

atrasar, retrasar, dilatar, demorar, retardar. *Ant.* Adelantar, anticipar.// -se, deber, adeudar.

atraso, demora, tardanza, retraso, aplazamiento, postergación. *Ant.* Adelanto.// Incultura, inmadurez, salvajismo, barbarie. *Ant.* Progreso.// Deuda, débito.

atravesado-da, malintencionado, ruin, avieso.// Transversal.

atravesar, cruzar, trasponer, traspasar, pasar, recorrer, franquear.// Ensartar, horadar, perforar, engarzar.

atrayente, atractivo, seductor.

atreverse, osar, decidirse, resolverse, arriesgarse, aventurarse, determinarse. *Ant.* Acobardarse.

atrevido-da, audaz, osado, temerario, intrépido, arrojado, resuelto, arriesgado. *Ant.* Apocado, tímido.// Insolente, descarado. *Ant.* Educado, cortés.

atrevimiento, audacia.

atribución, asignación, señalamiento, aplicación, imputación, prerrogativa, jurisdicción.

atribuir, adjudicar, asignar, conceder, dar, otorgar, imputar, achacar.// -se, apoderarse.

atribular-se, apenar, afligir, angustiar, acongojar, desesperar, apesadumbrar. *Ant.* Alegrar, tranquilizar.

atributo, cualidad, característica, distintivo, rasgo, peculiaridad.

atril, soporte, facistol, sostén.

atrincherar, defender, proteger, fortificar. *Ant.* Descubrir.// -se, empecinarse. *Ant.* Ceder.

atrio, pórtico, portal, patio, columnata, peristilo.

atrocidad, barbaridad, crueldad, salvajismo, enormidad, truculencia. *Ant.* Humanidad, bondad.

atrofia, raquitismo, distrofia, anquilosamiento. *Ant.* Hipertrofia, desarrollo.

atrofiarse, estropearse, anquilosarse, consumirse. *Ant.* Hipertrofiarse, desarrollarse.

atronar, aturdir, resonar.

atropellado-da, aturdido, atolondrado, precipitado.// Empujado, arrollado.

atropellar, arrollar, empujar, derribar, impulsar, maltratar.// Ofender, pisotear. *Ant.* Respetar.

atroz, cruel, fiero, salvaje, monstruoso, horrible, espantoso, sanguinario. *Ant.* Bondadoso, humano, humanitario, agradable.

atuendo, atavío, vestido, vestimenta, adorno, indumentaria.

atufar, incomodar, disgustar, enojar, irritar. *Ant.* Desenfadar, calmar.// Sofocar, asfixiar, heder. *Ant.* Aromatizar.

aturdido-da, atolondrado, atontado, alborotado, atropellado, distraído. *Ant.* Pausado, tranquilo.

aturdimiento, atolondramiento, precipitación, apresuramiento, distracción.

aturdir-se, turbar, confundir, ofuscar, desconcertar, desorientar, consternar, conturbar, sorprender, pasmar, asombrar, atolondrar, azorar, trastornar. *Ant.* Tranquilizar, sosegar.

audacia, osadía, atrevimiento, intrepidez, arrojo, valor, temeridad, imprudencia. *Ant.* Cobardía, timidez, prudencia.

audaz, osado, atrevido, intrépido, temerario, valiente. *Ant.* Apocado, tímido, cobarde.

audible, oíble, perceptible.

audición, lectura, concierto, función, reunión.

audiencia, reunión, entrevista, recepción.// Tribunal, juzgado, sala.

auditor, oyente.// Juez, letrado, funcionario, asesor.

auditorio, público, concurrencia.// Sala.

auge, apogeo, culminación, apoteosis, esplendor, pináculo, plenitud. *Ant.* Decadencia.// Incremento, prosperidad.

augur, adivino, agorero, pronosticador, arúspice.

augurar, adivinar, presagiar.

augurio, presagio, predicción, vaticinio, profecía, agüero, pronosticador.

augusto-ta, glorioso, reverenciado, respetable, honorable. *Ant.* Miserable, despreciable, indigno.

aula, sala, clase, cátedra, recinto.

áulico-ca, real, palaciego.

aullar, bramar, ulular, ladrar, gritar.

aullido, bramido.

aumentar, acrecentar, añadir, sumar, engrandecer, ampliar, agregar, agrandar, hinchar, engordar. *Ant.* Reducir, achicar.

aumento, incremento, acrecentamiento, extensión, ampliación. *Ant.* Disminución.// Desarrollo, avance, mejora.

aún, todavía. *Par.* Aun.

aun, hasta, inclusive, también, siquiera. *Par.* Aún.

aunar, unir, juntar, reunir, ligar, mezclar, incorporar, unificar. *Ant.* Separar, desunir.

aunque, a pesar de que, no obstante.

aupar, levantar, subir, ensalzar, enaltecer.

aura, brisa, airecillo, vientecillo, soplo, hálito. *Ant.* Ventarrón, vendaval.// Fama, celebridad, popularidad.

áureo-a, dorado, aurífero, resplandeciente.

aureola, cerco, halo, nimbo.// Fama, renombre. *Ant.* Impopularidad, anonimato.

aurora, amanecer, alba. *Ant.* Anochecer, crepúsculo.

auscultación, examen, escucha, reconocimiento.

auscultar, reconocer, explorar, escuchar, examinar.

ausencia, falta, separación, alejamiento. *Ant.* Presencia.// Distracción.

ausentarse, separarse, marcharse, alejarse, desaparecer, partir, faltar, irse. *Ant.* Aparecer, quedarse.

auspicio, protección, beneplácito, favor, amparo, protección, ayuda.// Agüero, pronóstico.

austeridad, sobriedad, severidad, seriedad, rigor, gravedad. *Ant.* Desenfreno, despilfarro.// Mortificación, humillación.

austero-ra, severo, riguroso, sobrio, digno, reposado, rígido, adusto, grave, serio. *Ant.* Desenfrenado, sensual.// Ahorrativo, económico. *Ant.* Despilfarrador.

austral, sureño, meridional, antártico. *Ant.* Septentrional, boreal.

autarquía, independencia, autonomía, soberanía. *Ant.* Dependencia.

autárquico-ca, independiente, autónomo, soberano. *Ant.* Dependiente.

autenticidad, legitimidad, evidencia, verdad, realismo. *Ant.* Falsedad, ilegitimidad.

auténtico-ca, verdadero, genuino, cierto, fidedigno, puro, certificado, original, seguro, legítimo. *Ant.* Falso, incierto, ilegítimo.

auto, automóvil, coche.// Documento, acta.// -s, antecedentes, procesos.

autobiografía, confesiones, memorias.

autoclave, esterilizador.

autocracia, dictadura, tiranía, despotismo. *Ant.* Democracia.

autócrata, déspota, tirano, totalitario, autoritario, dictador. *Ant.* Demócrata.

autómata, maniquí, máquina.

automático-ca, maquinal, inconsciente, mecánico. *Ant.* Deliberado, consciente.

automatismo, mecanización.// Hábito, costumbre. *Ant.* Voluntariedad.

automatizar, mecanizar.

automóvil, coche, vehículo, carruaje, auto.

automovilista, conductor, chofer.

autonomía, autarquía, independencia.

autónomo-ma, libre, independiente. *Ant.* Dependiente.

autopista, carretera.

autopsia, necropsia, disección.

autor-ra, creador, inventor, artista, descubridor, causante, ejecutor.

autoridad, mando, poder, dominación, supremacía, potestad, ascendiente.// Prestigio, celebridad. *Ant.* Subordinación, vasallaje.

autoritario-ria, arbitrario, imperioso, despótico, dominante, absorbente. *Ant.* Democrático, sumiso.

autorización, permiso, licencia, libertad, venia, gracia. *Ant.* Prohibición.

autorizado-da, permitido, legal, habilitado.// Respetado, prestigioso.

autorizar, conceder, permitir, aprobar, tolerar, consentir. *Ant.* Prohibir.// Apoderar, comisionar, acreditar, capacitar.// Homologar, refrendar, confirmar

auxiliar, socorrer, ayudar, favorecer, amparar, proteger. *Ant.* Desamparar.// Ayudante, colaborador, subordinado, subalterno.

auxilio, ayuda, amparo, asistencia, protección, favor.

aval, garantía, firma, vale, crédito.

avalar, respaldar, garantizar.

avance, adelanto, progreso, ventaja.// Impulso, marcha, acometida, ataque. *Ant.* Retroceso.// Evolución, desarrollo. *Ant.* Empobrecimiento.

avanzar, adelantar, acometer, embestir, atacar. *Ant.* Retroceder.// Progresar, prosperar, mejorar. *Ant.* Declinar, empobrecerse, fracasar.

avaricia, tacañería, sordidez, codicia, usura, ruindad, cicatería, miseria. *Ant.* Generosidad, desprendimiento.

avaro-ra, tacaño, codicioso, interesado, usurero, avaricioso. *Ant.* Generoso, desprendido.

avasallador-ra, conquistador, arrollador.

avasallar, conquistar, dominar, arrollar, atropellar, sojuzgar. *Ant.* Liberar.

avatares, alternativas, transformaciones, cambios.

ave, pájaro.

avecindar, aproximar, acercar.// -se, establecerse, afincarse. *Ant.* Alejarse.

avemaría, oración, rezo.

avenencia, armonía, conformidad, acuerdo. *Ant.* Desavenencia, discrepancia.

avenida, paseo, vía, bulevar.// Riada, inundación, aluvión, desbordamiento, crecida.

avenir, conformar, ajustar, concordar, convenir, hermanar.// -se, allanarse, conformarse.

aventador, abanico.

aventajar, sobrepasar, exceder, anticipar, adelantar, superar.

aventar, airear, ventilar.

aventura, suceso, acaecimiento, episodio, incidente, lance, hazaña, peripecia, evento, contingencia.

aventurar, arriesgar, exponer, emprender, probar.// -se, osar, lanzarse, atreverse, tentar. *Ant.* Acobardarse, amilanarse.

aventurero-ra, oportunista, malhechor, maleante, vividor, arribista.

avergonzado-da, abochornado, turbado, ruborizado.

avergonzar-se, abochornar, afrentar, sonrojar, ruborizar, confundir, humillar, ofender. *Ant.* Alabar, enaltecer.

avería, daño, desperfecto, menoscabo, accidente, detrimento. *Ant.* Arreglo.

averiar, dañar, deteriorar, estropear, arruinar, malograr. *Ant.* Arreglar.

averiguación, investigación, búsqueda, indagación, pesquisa.

averiguar, investigar, buscar, indagar, examinar, escudriñar, desentrañar.

averno, infierno.

avidez, codicia, ansia, ambición, voracidad, glotonería. *Ant.* Desinterés.

ávido-da, ansioso, codicioso, ambicioso, interesado. *Ant.* Desinteresado, inapetente.

avieso-sa, torcido, atravesado, siniestro, malo, perverso, desviado.

avinagrado-da, agrio, ácido.// Irascible. *Ant.* Cariñoso.

avinagrar, agriar, amargar.// -se, irritarse, enojarse. *Ant.* Calmar.

avíos, utensilios, aperos, enseres.

avión, aeroplano, aeronave.

avisado-da, astuto, previsor, listo, sagaz, ladino, diestro, despierto. *Ant.* Torpe.

avisar, notificar, informar, indicar, prevenir, advertir, revelar, señalar. *Ant.* Ocultar, silenciar, omitir.

aviso, informe, notificación, prevención, observación, amonestación.

avispado-da, vivo, despierto, listo, sutil, agudo. *Ant.* Torpe, lelo, tonto.

avispar, avivar, aguijonear.// Despertar, desasosegar.

avispero, enredo, confusión, alboroto.

avistar, divisar, avizorar, percibir, ver, advertir.

avivar, animar, atizar, acalorar, vivificar. *Ant.* Apagar, mitigar.// Apresurar.

avizorar, vislumbrar, acechar, advertir, atisbar, descubrir.

axila, sobaco.

axioma, aforismo, proverbio, sentencia, máxima.

axiomático-ca, indiscutible, incontrovertible, irrebatible, dogmático, evidente, sentencioso, proverbial, concluyente. *Ant.* Dudoso, discutible.

aya, institutriz, preceptora, niñera. Par. Halla y haya.

ayer, anteriormente, antes, recientemente.

ayo, instructor, preceptor, pedagogo, guía, consejero, educador, maestro. *Par.* Hallo.

ayuda, favor, amparo, auxilio, socorro, asistencia, protección, cooperación, colaboración. *Ant.* Abandono, perjuicio.

ayudar, auxiliar, socorrer, proteger, colaborar, secundar, contribuir, cooperar, reforzar, asistir. *Ant.* Abandonar, dificultar.

ayunar, abstenerse, privarse, contenerse. *Ant.* Comer, saciarse.

ayuno, abstinencia, mortificación, privación, dieta, penitencia. *Ant.* Hartura, saciedad.

ayuntamiento, municipio, concejo, municipalidad, alcaldía.// Coito, cópula.

ayuntar-se, aparear.

azada, azadón, pala.

azar, acaso, casualidad, eventualidad, ventura, riesgo, contingencia, accidente, fortuna. *Ant.* Seguridad, evidencia, certidumbre. *Par.* Asar y azahar.

azararse, malograrse, desgraciarse, frustrarse, fracasar.// Aturdirse, asustarse, ofuscarse, apabullarse, pasmarse. *Ant.* Calmarse, tranquilizarse.

azaroso-sa, aciago, fatal, funesto, siniestro, nefasto, infausto.// Turbado, aturdido, temeroso.// Arriesgado, aventurado, peligroso, fortuito. *Ant.* Seguro.

azogue, mercurio, amalgama.

azor, milano.

azorado-da, aturdido, desorientado.

azorar, turbar, aturdir, asustar.

azotaina, zurra.

azotar, flagelar, zurrar, latiguear, pegar.

azote, flagelo, vergajo, látigo.// Calamidad, plaga, castigo, aflicción, desastre. *Ant.* Bendición, favor.

azotea, terraza, solana.

azúcar, dulzura, sacarosa.

azucarado-da, endulzado, almibarado, acaramelado, edulcorado, confitado. *Ant.* Agrio, amargo.// Afable, meloso, pringoso, afectado. *Ant.* Desagradable.

azucarar, endulzar, dulcificar, almibarar, acaramelar. *Ant.* Amargar, agriar.

azul, añil, índigo, azur.

azulejo, baldosa, mosaico, baldosín.

azuzar, incitar, excitar, aguijar, espolear, hostigar, estimular, animar, acosar. *Ant.* Tranquilizar, refrenar, contener.

B b

baba, saliva, humor, espumarajo.

babel, desorden, confusión.

babero, pechero.

baboso-sa, senil, decrépito, chocho.// Obsequioso, pegajoso, cortejador, almibarado.

babucha, chinela.

bacalao, abadejo.

bacanal, orgía, juerga, francachela, jolgorio, parranda.

bacante, libertina, desenfrenada, descontrolada, licenciosa, desvergonzada. **Ant.** Pudorosa, virtuosa, honrada. **Par.** Vacante.

bache, agujero, pozo, hoyo, excavación, zanja.

bacinilla, orinal, bacín, chata.

báculo, bastón, cayado, vara.// Apoyo, sostén, arrimo, amparo, consuelo.

badajo, colgante, campana.

badana, piel, cuero.

badulaque, necio, tonto, botarate, torpe.

bagaje, bultos, equipaje, maletas.// Caudal, acervo, patrimonio.

bagatela, insignificancia, minucia, menudencia, bicoca, trivialidad, nadería, nimiedad, chuchería, baratija.

bagazo, despojos, residuo.

bahía, ensenada, rada, abra, abrigo, refugio, cala.

bailable, cadencioso, acompasado, rítmico, dinámico.

bailar, danzar, moverse.

bailarín, danzador, danzarín.

baile, danza, baileteo, coreografía, meneo, agitación, movimiento.// Reunión, fiesta.

baja, descenso, caída, depresión, mengua, pérdida, disminución. **Ant.** Suba, alza, ascenso.// Cese, cesación, exclusión. **Ant.** Alta.// Muerte, desaparición, víctima, accidentado, muerto, herido.

bajada, descenso, declive, descendimiento, pendiente. **Ant.** Subida, ascenso.

bajar-se, descender, caer, deslizarse. **Ant.** Subir, ascender.// Menguar, desvalorizarse, disminuir. **Ant.** Aumentar, acrecentarse.// Decaer, declinar.

bajeza, ruindad, vileza, indignidad, mezquindad, tunantería. **Ant.** Grandeza, dignidad.

bajío, bajo, banco.

bajo, banco, escollo.

bajo-ja, petiso, chico, pequeño. **Ant.** Alto, corpulento.// Inferior, barato, económico.

bajón, caída, descenso, disminución, desmejoramiento, mengua. **Ant.** Alza, aumento.

bajorrelieve, entretela, entretalladura. **Ant.** Altorrelieve.

bala, proyectil, plomo, munición, balín.

balada, poema, poesía, canto, tonada.

baladí, trivial, insustancial, insignificante, despreciable, superficial.

baladronada, bravuconada, bravata, jactancia, fanfarronada.

balance, arqueo, confrontación, cómputo.

balancear, mecer, menear, bambolear, columpiar, cimbrear.// Dudar, titubear, vacilar.

balanceo, contoneo, vaivén, equilibrio, columpiamiento.

balancín, mecedora, columpio.

balandro, bote, batel, lancha, balandra, chalupa, falúa.

balanza, báscula.

balar, gamitar, berrear.

balasto, grava.

balaustrada, baranda, barandal, antepecho, pretil.

balaustre, columna, barra, soporte, apoyo.

balazo, disparo, tiro, descarga, detonación, fogonazo, estampido.

balbucear, balbucir.

balbuceo, tartamudeo.

balbucir, balbucear, farfullar, tartamudear, tartajear.

balcón, balaustrada, mirador.

baldado-da, tullido, inválido, paralítico.

baldar, tullir, inutilizar, lisiar, estropear. **Ant.** Rehabilitar, curar.

balde, cubo, artesa, cubeta, recipiente.

baldío, yermo, desierto, vacío, árido, infecundo, estéril. **Ant.** Fértil.// Ineficaz, vano, ocioso, inútil, innecesario.

baldón, injuria, oprobio, deshonor, afrenta, degradación, ultraje.

baldonar, afrentar, deshonrar, ultrajar, agraviar.

baldosa, losa, mayólica, azulejo, baldosín.

balear, tirotear.

balido, berrido, gamito, gemido. **Par.** Valido.

baliza, boya, señal, indicación, marca.

ballet, baile, danza, coreografía.

balsa, estanque, charco, alberca, lagunilla.// Armazón, jangada.

balsámico-ca, aromático, oloroso, perfumado, fragante. **Ant.** Apestoso, maloliente.// Curativo, calmante.

bálsamo, resina.// Perfume, aroma, fragancia.// Paz, tranquilidad, sosiego. **Ant.** Desasosiego.

baluarte, fortificación, fortaleza, bastión.// Amparo, protección, defensa.

bambalina, colgajo, decorado, lienzo, bastidor.

bambolear, oscilar, balancear, moverse, mecerse, columpiarse.

bamboleo, vacilación, oscilación, cabeceo.

banal, trivial, insustancial, baladí, insignificante, irrelevante, nimio, pueril, superficial. **Ant.** Importante, transcendental.

banalidad, trivialidad, superficialidad, intrascendencia.

banasta, canastilla, cesta.

banca, banco.// Asiento, escaño.// Influencia.

bancarrota, quiebra, ruina, hundimiento. **Ant.** Prosperidad.

banco, establecimiento bancario.// Asiento, apoyo, sitial, asiento, escaño.// Arrecife, escollo, bajo, bajío.// Cardumen.

banda, cinta, lista, faja, venda, orla, tira.// Costado, lado, borde, margen.// Pandilla, grupo, facción, camada, turba, caterva.

bandada, averío, muchedumbre, multitud, grupo.

bandazo, tumbo, vaivén, bamboleo, agitación, meneo.

bandeja, fuente.

bandera, pabellón, enseña, insignia.

bandería, bando, facción, parcialidad.

bandido, bandolero, salteador, malandrín, malhechor, delincuente.

bando, edicto, cédula, comunicado, aviso, anuncio.// Facción, parcialidad, bandería, partido, ala, grupo, camarilla, pandilla.

bandolera, correaje, tira, correa.

bandolerismo, delincuencia, bandidaje.

bandolero, bandido, salteador, delincuente, malhechor, malandrín, canalla, criminal. **Ant.** Honrado, decente.

banquero, capitalista, financista.

banquete, ágape, comida, festín, homenaje, fiesta, convite, comilona.

bañar, lavar, mojar, humedecer, remojar, sumergir, inundar, duchar, empapar, higienizar.

bañera, bañadera, pila, tina.

baño, ablución, remojón, lavado, sumersión.

baqueta, varilla, vara, palo. **Par.** Vaqueta.

baqueteado-da, experimentado, habituado, aguerrido, experto, acostumbrado, avezado, ducho. **Ant.** Novato, inexperto.

baquetear, golpear, hostigar, molestar, incomodar, traquetear, fastidiar.

baquía, conocimiento, experiencia, práctica, habilidad, destreza, ejercitación, pericia.

baquiano-na, baqueano, ducho, experto, experimentado, conocedor.

bar, cafetería, café.

barahúnda, barullo, lío, confusión, alboroto, batahola, algarabía, escándalo, bulla, juerga.

baraja, naipes, cartas.

barajar, mezclar, embrollar, confundir, trastornar, revolver, repartir.

baranda, antepecho, balaustrada.

baratija, chuchería, bagatela, fruslería, fantasía, bicoca, nadería.

baratillo, cambalache.

barato-ta, económico, módico, rebajado, ventajoso, asequible. **Ant.** Caro, costoso.

baratura, depreciación, devaluación, liquidación.

barba, chiva, mosca.

barbacana, defensa, fortificación, tronera, muralla.

barbacoa, parrilla, asador.

barbaridad, extravagancia, desatino, atrevimiento, exceso.// Brutalidad, crueldad, bestialidad, salvajada, inhumanidad, atrocidad. **Ant.** Humanidad, bondad.

barbarie, incultura, incivilidad, rusticidad, salvajismo, ignorancia. **Ant.** Cultura, civilización.

barbarismo, solecismo, extranjerismo, incorrección.

bárbaro-ra, extranjero.// Inhumano, feroz, sanguinario, cruel, atroz. **Ant.** Humano, bondadoso, benigno.// Inculto, grosero, tosco, rudo, rústico. **Ant.** Civilizado, culto.

barbecho, erial, rastrojo.

barbería, peluquería.

barbero, peluquero, fígaro, rapador.

barbilampiño, imberbe, lampiño.

barbilla, mentón, perilla.

barca, chalupa, bote, lancha, embarcación.

barcarola, canción, tonada.

barco, embarcación, nave, navío, buque, bajel.

barda, cerco, vallado, tapia, seto, cercado.

baremo, cómputo, índice, escala, tabla, lista.

bardo, vate, aeda, juglar, rapsoda, poeta.

barniz, laca, capa, baño, esmalte, lustre, tinte.

barnizar, cubrir, lustrar, abrillantar, laquear.

barquero, batelero.

barquillo, galleta, hostia, oblea.

barra, barrote, palanca, tranca, tirante, travesaño.// Pandilla, grupo, banda.

barrabasada, disparate, desatino, despropósito, travesura, burrada.

barraca, choza, barracón, depósito.

barranco, despeñadero, abismo, precipicio, hondonada, depresión.

barrenar, horadar, taladrar, agujerear, perforar, punzar, abrir.

barreno, perforación, taladro, perforadora, punzón, abertu-

ra.// Cartucho, petardo, fulminante, explosivo, detonante.

barrer, limpiar, escobillar, desempolvar.// Aniquilar, dispersar, arrollar.

barrera, empalizada, vallado, estacada, atajadero, cerca, muro, parapeto.// Impedimento, obstáculo, separación, traba, estorbo. **Ant.** Facilidad.

barrica, bordelesa, barril, tonel.

barricada, trinchera, barrera, reparo, parapeto.

barriga, panza, vientre, abdomen, tripa, intestino.// Comba, bulto, saliencia. **Ant.** Concavidad, hueco.

barril, tonel, barrica, cuba, tina.

barrilete, cometa.

barrio, barriada, arrabal, distrito, suburbio.

barrizal, lodazal, fangal, ciénaga, charca.

barro, fango, lodo, cieno, limo, légamo.// Cerámica, terracota, alfarería.// Comedón, granito, acné, sebo.

barroco-ca, recargado, ornamentado, pomposo, exuberante, abigarrado, charro.

barroquismo, pomposidad, extravagancia.

barruntar, pensar, presumir, imaginar, prever, suponer, conjeturar, sospechar, columbrar, oler, olfatear.

barrunto, sospecha, presunción, indicio, noticia, conjetura, suposición, presentimiento, señal, anuncio.

bartola (a la), negligentemente, descuidadamente.

bártulos, trastos, efectos, útiles, maletas, enseres, objetos, utensilios, equipaje.

barullo, confusión, desorden, mezcla, revoltijo, tumulto. **Ant.** Orden.// Alboroto, escándalo, estruendo. **Ant.** Silencio.

basar, cimentar, apoyar, asentar, fundar, afirmar. **Ant.** Levantar.// Alegar, demostrar, probar, justificar. **Par.** Bazar y vasar.

báscula, balanza.

base, basamento, apoyo, pedestal, asiento, soporte, asiento, fundamento.// Principio, origen, génesis, procedencia. **Par.** Vase.

básico-ca, fundamental, esencial, cardinal, radical, primordial, principal. **Ant.** Baladí, anodino, secundario, auxiliar.

basílica, templo, iglesia, santuario, catedral.

basilisco, monstruo, furia.// Colérico, irritado, furioso. **Ant.** Tranquilo, sosegado.

bastante, asaz, sobrado, suficiente(mente), conveniente(mente), pasable(mente). **Ant.** Insuficiente(mente).

bastar, alcanzar, convenir. **Ant.** Faltar, escasear.

bastardo-da, natural, ilegítimo, adulterino. **Ant.** Legítimo.// Desnaturalizado, corrompido. **Ant.** Perfeccionado, naturalizado.

bastidor, armazón, esqueleto, base, apoyo, sostén.

basto-ta, ordinario, tosco, rudo, grosero, zafio. **Ant.** Elegante, distinguido. **Par.** Vasto.

bastón, báculo, cayado, vara, palo.

basura, residuo, despojos, cochambre, porquería, impureza, restos, sobras, desperdicios.

basurero, vertedero, sumidero, sentina.

bata, deshabillé, peinador, batín.

batacazo, golpe, caída, trastazo, costalada.// Frustración, fracaso.// Sorpresa.

batahola, bullicio, ruido, bochinche, escándalo, bulla, alboroto, barahúnda, tumulto. **Ant.** Calma.

batalla, combate, pelea, acción, encuentro, choque, enfrentamiento.

batallador-ra, combativo, peleador, luchador, belicoso, guerrero. **Ant.** Pacífico, tranquilo.

batallar, pelear, luchar, combatir, guerrear, hostilizar. **Ant.** Pacificar.

batea, plato, fuente, bandeja.

batel, barco, lancha, bote, barca.

batería, conjunto, grupo, fila, formación, agrupación, reunión.// Cacharros, utensilios, peroles.// Acumulador, pilas.

batida, redada, persecución, acoso, caza, reconocimiento, búsqueda, hostigamiento.

batido-da, hollado, conocido, transitado, andado, trillado, frecuentado. **Ant.** Desconocido.// Movido, agitado.// Vencido, derrotado.

batido

batido, refresco, bebida.
batidor, explorador, observador.
batidora, mezcladora.
batiente, hoja, puerta.// Dique.
batir, derrotar, vencer, combatir, superar. **Ant.** Triunfar, ganar.// Ojear, inspeccionar, reconocer, investigar.// Agitar, mezclar, revolver, licuar.
batuta, varilla.
baúl, arcón, cofre, arca, bulto.
bautismo, bautizo, sacramento, aspersión.
bautizado-da, neófito.// Aguado.
bautizar, sacramentar, cristianar.// Nombrar, designar, llamar, apodar.// Falsificar, aguar, mezclar, aclarar.
bautizo, bautismo.
baya, fruto. **Par.** Vaya.
bayeta, trapo, paño.
baza, tanto, mano, juego, partida. **Par.** Basa.
bazar, mercado, tienda, almacén, comercio. **Par.** Basar.
bazofia, comistrajo, guisote, menjunje, potaje. **Ant.** Manjar, exquisitez.// Basura, desperdicios, restos, sobras, desechos.
beatería, santurronería, mojigatería.
beatificación, canonización.
beatificar, canonizar, santificar, reverenciar, bendecir.
beatitud, bienaventuranza, santidad, serenidad.// Felicidad, contento, satisfacción, bienestar. **Ant.** Infelicidad.
beato-ta, religioso, devoto, piadoso, santurrón, hipócrita, tartufo. **Ant.** Irreligioso, ateo, descreído.// Bienaventurado, venerable, bendito, predestinado. **Ant.** Pecador.// Dichoso, satisfecho, feliz, contento. **Ant.** Infeliz, desgraciado.
bebé, crío, pequeño, lactante, nene.
bebedero, abrevadero.
bebedizo, pócima, brebaje, bebida, poción, infusión.// Potable, bebible.
bebedor, borracho, alcohólico.
beber, libar, tomar, absorber, sorber, tragar, consumir, emborracharse, escanciarse, achisparse. **Ant.** Abstenerse.
bebible, potable.
bebida, poción, líquido, bebestible.
beca, pensión, prebenda, asignación, subsidio.
becar, pensionar, ayudar, subsidiar.
becario-ria, becado, pensionado.
becerro, ternero, novillo.
bedel, ordenanza, portero, encargado, conserje, ujier, dependiente.
beduino-na, nómade, berberisco, árabe.
befa, burla, escarnio, mofa, desdén, desprecio. **Ant.** Elogio, alabanza.
befar, desdeñar, despreciar, burlar, escarnecer, mofar. **Ant.** Elogiar, alabar, desagraviar.
beldad, hermosura, belleza, perfección.// Fealdad.// Linda, hermosa, bella. **Ant.** Fea.
belén, nacimiento.
belfo, labio, trompa, befo, jeta, hocico.
bélico-ca, guerrero, belicoso, militar, marcial. **Ant.** Pacífico, pacifista.
belicosidad, agresividad, acometividad, combatividad. **Ant.** Pacifismo.
belicoso-sa, guerrero, beligerante, agresivo, batallador, pendenciero. **Ant.** Tranquilo, pacífico, pacifista.
beligerancia, intervención, participación, belicosidad. **Ant.** Neutralidad, imparcialidad.// Trascendencia, importancia. **Ant.** Desinterés.
beligerante, participante, contendiente, peleador, luchador, combatiente, guerrero. **Ant.** Neutral, pacífico.
bellaco-ca, sagaz, astuto, hábil, pícaro, socarrón, agudo.// Ruin, pillo, despreciable, rufián, malo, perverso, villano, tacaño, taimado. **Ant.** Honrado, decente, noble, elevado, bueno.
bellaquería, ruindad, bribonada, picardía.
belleza, hermosura, sublimidad, beldad, perfección, encanto, apostura. **Ant.** Fealdad.// Hermosa, bella, preciosa, linda. **Ant.** Fea, deforme.
bello-lla, hermoso, lindo, precioso, guapo, apolíneo,

apuesto, arrogante, armonioso, seductor, proporcionado. **Ant.** Feo, deforme, repelente. **Par.** Vello.
bencina, carburante.
bendecir, consagrar, ensalzar, loar, elogiar, exaltar, alabar. **Ant.** Maldecir, criticar.// Consagrar, imponer. **Ant.** Execrar.
bendición, gracia, favor, don, merced, ofrenda, beneficio. **Ant.** Maldición, desgracia.// Consagración, santificación, aprobación. **Ant.** Maldición, execración, condena.
bendito-ta, bienaventurado, consagrado, santificado, bendecido. **Ant.** Maldito.// Ingenuo, inocente, sencillo.// Dichoso, feliz. **Ant.** Desgraciado.
benefactor-ra, bienhechor, filántropo, protector. **Ant.** Dañino.
beneficencia, caridad, filantropía, benevolencia, humanidad. **Ant.** Impiedad, inhumanidad.
beneficiar, favorecer, proteger, ayudar, auxiliar, amparar. **Ant.** Perjudicar, dañar.// -se, aprovecharse, disfrutar, usufructuar. **Ant.** Desaprovechar.
beneficiario-ria, favorecido, agraciado, subvencionado.
beneficio, ventaja, favor, privilegio, prebenda, provecho, conveniencia. **Ant.** Pérdida, perjuicio.
beneficioso-sa, favorable, provechoso, útil, ventajoso. **Ant.** Desfavorable, perjudicial.
benemérito-ta, estimable, digno, honorable, meritorio, acreditado. **Ant.** Indigno.
beneplácito, aprobación, consentimiento, aquiescencia. **Ant.** Negativa, desaprobación.
benevolencia, bondad, indulgencia, benignidad, comprensión, clemencia, magnanimidad. **Ant.** Malevolencia.
benévolo-la, benevolente, magnánimo, indulgente, complaciente, generoso, clemente, bondadoso. **Ant.** Cruel, severo, inhumano, intransigente.
benignidad, afectuosidad, benevolencia, dulzura, cordialidad, piedad, humanidad, indulgencia, compasión. **Ant.** Malignidad, crueldad, intransigencia.
benigno-na, piadoso, benévolo, indulgente, compasivo, clemente, bondadoso, dócil, plácido, conciliador. **Ant.** Maligno.// Templado, suave, tibio. **Ant.** Riguroso, extremado.
benjamín, menor, pequeño.
beodo-da, borracho, ebrio.
bereber, berberisco, árabe, moro, musulmán.
berenjenal, apuro, lío, confusión, enredo.
bermejo-ja, rojizo, encarnado, morado, rojo.
besar, tocar, rozar, besuquear, acariciar.
beso, ósculo, roce, caricia.
bestia, animal, bruto, irracional.// Torpe, bobo, patán. **Ant.** Inteligente, listo.
bestial, brutal, cruel, sanguinario, salvaje, feroz. **Ant.** Piadoso, humanitario.
bestialidad, barbaridad, animalada, ferocidad, brutalidad, irracionalidad. **Ant.** Humanidad, generosidad.
betún, asfalto, alquitrán.
biberón, mamadera.
bibliografía, descripción, lista, catálogo, relación.
biblioteca, estantería, anaquel, estante, repisa.// Centro, sala, colección.
bicéfalo-la, bifronte, bicípite.
bicho, alimaña, bicharraco, sabandija.// Feo, raro, grotesco, ridículo, esperpento.
bicoca, bagatela, pequeñez, fruslería, insignificancia, nadería.// Oportunidad, negocio, ganga.
bidón, lata.
biela, barra, travesaño, eje.
bien, beneficio, provecho, merced, regalo, donación.// -es, hacienda, caudal, posesiones, propiedades. **Par.** Vienes.// Adecuadamente, proporcionado, ajustado, oportuno, acertado, justo. **Ant.** Inadecuado, malo, inoportuno.
bienandanza, fortuna, felicidad.
bienaventurado-da, santo, beato, consagrado.// Bonachón, feliz, venturoso, dichoso. **Ant.** Desgraciado, desdichado.
bienaventuranza, beatitud, santidad, inmoralidad. **Ant.** Condenación.// Prosperidad, felicidad, bienestar. **Ant.** Desgracia.

bienestar, felicidad, satisfacción, confor, comodidad, bienandanza, placer. **Ant.** Malestar, desgracia, infelicidad.

bienhechor-ra, benefactor, protector, filántropo, favorecedor, defensor, mecenas. **Ant.** Perjudicial.

bienintencionado-da, comprensivo, recto, justo, indulgente. **Ant.** Malintencionado, injusto.

bienvenida, recibimiento, acogida, saludo, recepción. **Ant.** Despedida, desaire.

bifurcación, separación, división, derivación, desvío, ramificación, divergencia.

bifurcarse, separarse, dividirse, ahorquillarse, divergir, desviarse.

bigote, mostacho, bozo, vello.

bilateral, recíproco, doble, sinalagmático. **Ant.** Unilateral.

bilioso-sa, atrabiliario, melancólico, colérico.

bilis, hiel, atrabilis, secreción, humor.// Amargura, tristeza, desazón, cólera. **Ant.** Alegría, optimismo.

billete, esquela, misiva, carta, mensaje, aviso.// Cédula, vale, bono, comprobante.// Entrada, localidad.// Moneda, papel, dinero, efectivo.

binoculares, anteojos, gafas, lentes, prismáticos.

biografía, carrera, vida, historia, crónica, relato, semblanza.

biombo, pantalla, mampara, bastidor.

biopsia, examen, análisis, extracción.

birlar, hurtar, robar, estafar, escamotear, quitar.

birrete, gorro, bonete.

birria, mamarracho, adefesio, zaparrastroso.

bis, dos, repetición, duplicación.

bisagra, gozne, pernio, articulación.

bisbisear, susurrar, musitar, mascullar, farfullar, refunfuñar, balbucir.

bisel, corte, chaflán, sesgo, borde, arista.

bisexual, hermafrodita, ambiguo, indefinido.

bisoño-ña, inexperto, novicio, novel, nuevo, aprendiz.

bistec, chuleta, bisté, lonja, filete.

bisturí, escalpelo.

bitácora, brújula, aguja, cuadrante.

bituminoso-sa, abetunado, graso, oleoso.

bizantino-na, insignificante, intrascendente, nimio, leve.

bizarría, gallardía, arrogancia, elegancia, garbo, agilidad.// Generosidad, esplendor, galantería.

bizarro-rra, valeroso, intrépido, audaz, valiente, bravo. **Ant.** Cobarde, pusilánime.// Elegante, apuesto, garboso, gallardo, airoso, caballeresco.

bizco-ca, estrábico, bisojo.

bizcocho, bollo, galleta, torta, barquillo.

bizquear, desviar, extraviar.

blanco, centro, hito, punto, objetivo.// Mira, fin, objetivo, propósito.// **-ca,** albo, claro, níveo, candoroso, inmaculado. **Ant.** Oscuro, negro.// Caucásico, ario, indoeuropeo. **Ant.** Negro.

blancura, albura, albor, lechosidad. **Ant.** Negrura, oscuridad.

blandir, empuñar, enarbolar, esgrimir, aferrar.

blando-da, tierno, muelle, esponjoso, fláccido, mórbido. **Ant.** Duro, rígido, firme.// Benigno, amoroso, dulce, benévolo, comprensible, cómodo. **Ant.** Severo, enérgico.// Flojo, cobarde, timorato. **Ant.** Valeroso, valiente.

blandura, molicie, flaccidez, elasticidad, -ductilidad, suavidad. **Ant.** Rigidez, dureza.// Benignidad, templanza, suavidad, dulzura, afabilidad. **Ant.** Severidad, crueldad.

blanquear, emblanquecer, encanecer. **Ant.** Ennegrecer, oscurecer.// Encalar, enjalbegar.// Asear, limpiar, lavar. **Ant.** Ensuciar, manchar.

blanqueo, blanqueamiento, blanqueación. **Ant.** Oscurecimiento.// Enjalbegamiento.

blasfemar, maldecir, jurar, insultar, injuriar, execrar, vituperar, profanar.

blasfemia, maldición, injuria, insulto, reniego, imprecación, juramento, palabrota, sacrilegio. **Ant.** Elogio, alabanza.

blasfemo-ma, irreverente, blasfemador, impío, execrador, malhablado, sacrílego, ultrajador. **Ant.** Piadoso, encomiador, elogioso.

blasón, escudo.// Honor, gloria, nobleza, heráldica.

blasonar, jactarse, alabarse, alardear, presumir, vanagloriarse, fanfarronear. **Ant.** Humillarse.

bledo, nada, comino, pito, ardite, insignificancia, nimiedad, pizca, bagatela.

blenorragia, gonococcia, gonorrea, purgaciones.

blindaje, protección, defensa, coraza.// Plancha, revestimiento, coraza, chapa, recubrimiento.

blindar, resguardar, proteger, defender.// Acorazar, revestir, chapar, forrar.

bloc, taco, librito, libreta, cuadernillo.

bloque, cantidad, masas, agrupación. **Ant.** Desunión, separación.// Piedra, monolito, dovela, cubo.

bloquear, asediar, rodear, sitiar, incomunicar, cercar. **Ant.** Liberar.// Interceptar, embargar, controlar.

bluf, apariencia, chasco, falsedad.

blusa, camisola, camisa.

boa, serpiente, anaconda.

boato, lujo, ostentación, despilfarro, fausto, pompa. **Ant.** Sobriedad, sencillez.

bobo-ba, tonto, lelo, imbécil, majadero, aturdido, baduláque, cándido, estúpido, idiota, papanatas, torpe. **Ant.** Inteligente, hábil.

boca, entrada, abertura, acceso, agujero, embocadura, salida.// Fauces, tragaderas, jeta, hocico.

bocacalle, esquina, cruce, intersección, encrucijada.

bocado, dentellada, mordisco, cacho, mordedura, trozo, pedazo.// Embocadura, freno.

bocanada, emanación, exhalación, vaho, aliento, hálito, soplo, resuello, jadeo.

boceto, croquis, esbozo, bosquejo.

bocina, caracola, cuerno, trompeta, corneta, claxon, altavoz.

bocha, bola, esfera.

bochinche, barullo, ruido, estrépito, tumulto, alboroto, batifondo, desorden trifulca. **Ant.** Silencio.

bochorno, calor, canícula, sofocación, asfixia.// Vergüenza, sonrojo, rubor.

bochornoso-sa, caluroso, sofocante, canicular, ardiente, tórrido. **Ant.** Frío, fresco.// Vergonzoso, humillante, afrentoso.

boda, casamiento, matrimonio, unión, esponsales, himeneo, desposorio, enlace, nupcias. **Ant.** Divorcio, separación.

bodega, despensa, almacén, depósito, cava, sótano.

bodegón, bodega, taberna, figón, tasca, fonda.

bodoque, pelota, pasta, bola.// Tonto, zoquete, bobo, estúpido, torpe, ignorante.

bodrio, bazofia, adefesio, porquería, comistrajo.// Enredo, embrollo, lío.

bofe, pulmón, víscera.

bofetada, cachetada, sopapo, golpe, trompada.// Afrenta, desprecio, insulto. **Ant.** Elogio, lisonja, alabanza.

boga, moda, actualidad, aceptación, costumbre. **Ant.** Desuso, caducidad.

bogar, navegar, remar, halar, avanzar.

bohemia, despreocupación, extravagancia, gitanería, vagabundez, informalidad.

bohemio-mia, desordenado, libre, informal, despreocupado, negligente, libre, errante, vagabundo. **Ant.** Formal, preocupado, activo.// Gitano.

boicot, exclusión, rechazo, aislamiento, castigo, privación, separación. **Ant.** Aceptación.

boicotear, atacar, excluir, separar, rechazar, aislar, perjudicar, dañar. **Ant.** Ayudar, favorecer, admitir.

boina, gorra, casquete, bonete, birrete.

bola, pelota, bocha, bolo, balón.// Globo, esfera, cuenta, alaborio.// Embuste, estaba, patraña. **Ant.** Verdad.

boletín, gaceta, folletín, revista, periódico, informativo, publicación, impreso, hoja.

bolero, chaquetilla, torera.

boleta, entrada, billete, papeleta, vale.// Libranza, talón, libramiento, cheque, comprobante.

boliche, local, confitería.

bólido, meteoro, piedra.// Exhalación.

bolio, masa, rosca, panecillo, bizcocho.// Abolladura, convexidad.// Lío, embrollo, confusión, escándalo.

bolo, boia, paio, taco, palitroque.

bolsa, saco, mochila, morral, alforja, bulto, lío.

bolsillo, faltriquera, bolsa, saquillo.

bolso, cartera, bolsa, valija.

bomba, máquina, pistón, aparato.// Proyectil.

bombardear, cañonear.

bombardeo, fuego, cañoneo, ataque.

bombear, sacar, impeler, vaciar, succionar, extraer.

bombeo, convexidad, comba, barriga.

bombilla, lámpara, bujía.

bombo, tambor, timbal, atabal.// Encomio, adulación, exageración, elogio, lisonja, loa.// Ostentación, aparato, bambolla. **Ant.** Humildad, sencillez.

bombón, chocolatín, dulce, confite, golosina.

bonancible, tranquilo, suave, apacible.

bonanza, calma, tranquilidad, suavidad, serenidad.// Prosperidad, alegría, optimismo, bienestar, opulencia. **Ant.** Pobreza, miseria, desgracia.

bondad, benevolencia, benignidad, humanidad, clemencia, filantropía, mansedumbre, dulzura, misericordia. **Ant.** Maldad, crueldad.

bondadoso-sa, caritativo, clemente, misericordioso, generoso, bueno, benévolo, humano. **Ant.** Malo, cruel, inhumano.

bonete, gorro, birrete, sombrero, gorra, casquete.

bonificación, rebaja, ayuda, mejora, beneficio, descuento, reducción, compensación. **Ant.** Recargo, gravamen, desventaja.

bonificar, favorecer, beneficiar, rebajar, indemnizar. **Ant.** Re-cargar, perjudicar.

bonito-ta, lindo, agradable, agraciado, atrayente, proporcionado. **Ant.** Feo, desagradable, repelente.

bono, papeleta, vale, comprobante, cupón.

boñiga, estiércol, excremento.

boquear, fenecer, morirse, expirar, agonizar.// Resollar, jadear, resoplar.

boquera, abertura, ventana.// Úlcera, herida, llaga.

boquete, orificio, abertura, brecha, perforación, oquedad.

boquilla, embocadura.

borbotón, borborito, hervor.

borceguí, bota, calzado.

borda, choza, cabaña.// Borde, costado, lado.

bordar, recamar, coser, labrar, festonear. Embellecer, adornar.

borde, orilla, canto, arista, margen, linde, lado.

bordear, orillar, rodear, sepentear, costear.// Frisar, rozar.// Eludir, esquivar, evitar.

boreal, septentrional, norteño, nórdico, ártico. **Ant.** Meridional, austral.

borla, pompón, colgante, adorno, fleco.

borne, extremo, límite.

borra, poso, sedimento, hez, residuo.

borrachera, embriaguez, beodez, curda, ebriedad, alcoholismo, dipsomanía. **Ant.** Sobriedad, abstinencia.

borracho-cha, ebrio, beodo, bebido, achispado, alcohólico, embriagado, mamado, curda. **Ant.** Abstemio, sobrio.

borrador, bosquejo, escrito, boceto, apunte, proyecto.

borrar, sacar, desvanecer, suprimir, raspar, quitar, anular, deshacer.

borrasca, tormenta, tempestad, temporal, turbión, huracán. **Ant.** Calma, bonanza.// Riña, discusión, pelea, desorden, violencia. **Ant.** Orden, tranquilidad.

borrascoso-sa, tempestuoso, turbulento, tormentado, agitado. **Ant.** Apacible, calmo, tranquilo.

borrego, cordero.// Sumiso, apocado, temeroso, pusilánime. **Ant.** Decidido, resuelto, valiente.

borrico, asno, burro, pollino, rucio.

borrón, mancha, chafarrinón, mácula, baldón.// Borrador, proyecto, bosquejo.

borronear, manchar, ensuciar.// Bosquejar, esbozar.

borroso-sa, confuso, desdibujado, turbio, velado, impreciso, nebuloso. **Ant.** Claro, nítido.

boscaje, fronda, frondosidad, espesura.

boscoso-sa, selvático, frondoso, denso, tupido, impenetrable. **Ant.** Ralo, desértico.

bosque, espesura, boscaje, selva, fronda, frondosidad, arboleda.

bosquejar, esbozar, borronear, abocetar, delinear.

bosquejo, esbozo, apunte, boceto, proyecto, croquis, borrador, programa, plan.

bostezar, inspirar, aspirar, aburrirse.

bostezo, boqueada, inspiración.

bota, borceguí, calzado, botín.// Barril, cuba, tina, pellejo, odre, tonel. **Par.** Vota.

botadura, lanzamiento.

botar, lanzar, arrojar, echar.// Saltar, brincar, rebotar. **Par.** Votar.

botarate, tonto, lelo, bobo, estúpido, imbécil, ido, distraído, tarambana, enloquecido, alborotado, imprudente, precipitado, irreflexivo. **Ant.** Sensato, sereno.

bote, pote, vasija, tarro, envase.// Lancha, batel, barca, embarcación.// Salto, rebote. **Par.** Vote.

botica, farmacia, droguería.

boticario-ria, farmacéutico.

botijo, vasija, porrón, cántaro, jarro, recipiente.

botín, trofeo, presa, saqueo, pillaje, rapiña, robo, despojo.// Bota, borceguí.

botiquín, armario, anaquel.

botón, yema, gema, capullo, brote, pimpollo.// Insignia, condecoración.// Botonadura, broche, presilla.// Pulsador, llave, interruptor.

bóveda, cripta, cúpula, domo, arco, techo, ábside.

boya, baliza, señal, indicación.

boyante, alegre, feliz, dichoso, próspero, rico, afortunado, floreciente, venturoso. **Ant.** Empobrecido, decadente, triste, desgraciado.

bozo, barba, vello, bigote, pelusa.

bracear, trabajar, esforzarse.// Nadar.

bracero, peón, obrero, trabajador, jornalero. **Par.** Brasero.

braga, calza, calzón, pantalón.

bragazas, débil, incapaz.

braguero, sujetador.

bragueta, portañuela.

bramante, cuerda, cordel, hilo, cordón, cinta, cáñamo.

bramar, aullar, vociferar, gritar, roncar, rugir, chillar, aullular. **Ant.** Callar.

bramido, mugido, grito, aullido, chillido, gruñido.// Clamor, rumor. **Ant.** Silencio, calma.

branquia, agalla.

brasa, ascua, rescoldo.

brasero, calentador, hornillo, fuego, hogar, estufa. **Par.** Bracero.

bravata, provocación, amenaza, desafío, reto.// Baladronada, fanfarronada, bravuconada, jactancia, bravura. **Ant.** Humillación.

bravío-vía, valiente, indómito, cerril, indomable, feroz, salvaje, fiero, montaraz, rústico. **Ant.** Manso, doméstico.

bravo-va, esforzado, resuelto, audaz, decidido, valiente, valeroso, intrépido, atrevido. **Ant.** Cobarde, tímido, miedoso.// Hampón, bravucón, guapo.// Alborotado, violento, enfadado, irritado.// Excelente, suntuoso, bueno, magnífico, soberbio.

bravucón, fanfarrón, jactancioso, valentón.

bravuconada, bravata, fanfarronada.

bravura, temeridad, esfuerzo, valentía, bizarría, valor, coraje, intrepidez, audacia. **Ant.** Cobardía, miedo.// Ferocidad, crueldad, inhumanidad.

brazada, braceada, ademán.// Cantidad, montón.

brazalete, ajorca, pulsera, esclava.

brazo, miembro, extremidad.

brea, alquitrán, betún, resina.

brebaje, bebida, pócima, mejunje.

brecha, boquete, abertura, agujero, rotura.

brega, forcejeo, pendencia, riña, combate, reyerta, escaramusa.// Ajetreo, agitación, trote, lidia, dificultad, trabajo.

bregar, afanarse, esforzarse, ajetrearse, cansarse, agotarse. **Ant.** Holgazanear.// Pugnar, luchar, reñir, contender, batallar. **Ant.** Pacificar, calmar.

breña, maleza, matorral.// Fragosidad, aspereza, escabrosidad.

brete, cepo, prisión, calabozo, celda.// Compromiso, aprieto, dificultad, contratiempo, apuro.

breve, corto, reducido, conciso, efímero, sucinto, pequeño, limitado. **Ant.** Largo, extenso, prolongado.

brevedad, cortedad, laconismo, concisión, caducidad, transitoriedad, limitación. **Ant.** Extensión, difusión.

breviario, misal.// Epítome, compendio, extracto, resumen, compilación.

bribón-na, pícaro, pillo, bellaco, tunante, taimado, holgazán, malandrín.

brida, rienda, guarnición, guía, correa, freno, cabestro, bozal.

brillante, refulgente, esplendoroso, resplandeciente, rutilante, radiante, luminoso, fulgurante. **Ant.** Opaco, mate, deslucido.// Magnífico, admirable, ilustre, espléndido, sobresaliente.

brillar, alumbrar, iluminar, rutilar, fulgurar, irradiar, refulgir, resplandecer, radiar. **Ant.** Apagarse, ensombrecerse.// Descollar, sobresalir, distinguirse.

brillo, lustre, esplendor, brillantez, fulguración, resplandor.// Realce, lucimiento, gloria, notoriedad, exaltación, glorificación. **Ant.** Anonimato, desconocimiento, incógnito.

brincar, saltar, botar, rebotar, juguetear.

brinco, salto, bote, cabriola, voltereta, corcovo, rebote, impulso.

brindar, ofrecer, dedicar, consagrar, proponer, convidar.

brindis, ofrecimiento, dedicatoria, convite, felicitación.

brío, aliento, ánimo, energía, ímpetu, arranque, pujanza, empuje, coraje, decisión, acometividad. **Ant.** Apatía, debilidad.

brioso-sa, animoso, bravo, resuelto, impetuoso, acometedor, atrevido. **Ant.** Pusilánime, cobarde, indeciso, vacilante.

brisa, aura, céfiro, airecillo, soplo, racha.

brizna, hebra, hilo, filamento.// Pizca, menudencia.

brocado, recamado, bordado.

brocal, antepecho, borde, pretil.

brocha, escobilla, cepillo, pincel.

broche, prendedor, hebilla, pasador, gancho.

broma, burla, chiste, cachada, diversión, jarana, bulla, sarcasmo, ironía, escarnio.

bromear, burlarse, chancear, mofarse, ridiculizar, cachondearse, embromar.

bromista, burlón, risueño, guasón, socarrón, jocoso, zumbón. **Ant.** Serio, formal.

bronca, riña, pendencia, pelea, trifulca, disputa, pelotera, gresca. **Ant.** Paz, tranquilidad, sosiego.// Reprimenda, represión, regaño. **Ant.** Elogio, felicitación.// Ira, enojo, enfado, rabia.

bronceado-da, tostado, quemado, moreno.

broncear-se, tostar, quemar, ennegrecer.

bronco-ca, tosco, áspero, brusco, rústico, rudo.// Desafinado, desagradable, áspero, desapacible, destemplado. **Ant.** Suave, agradable.

broquel, escudo, rodela, adarga.// Protección, amparo, defensa, salvaguarda.

brotar, surgir, emerger, salir, manar, aflorar, nacer, aparecer. **Ant.** Desaparecer.

brote, retoño, capullo, pimpollo, yema, vástago, cogollo.// Manifestación, salida, aparición, comienzo. **Ant.** Fin, terminación, muerte.

broza, maleza, zarzal, hojarasca, matorral, espesura.// Basura, escoria, desechos, desperdicios, sobras.

bruces (de), boca abajo.

brujería, encantamiento, hechizo, magia, maleficio.

brujo-ja, hechicero, mago, adivino, encantador.

brújula, bitácora.

brujulear, inquirir, investigar, conjeturar, acechar, adivinar, descubrir.

bruma, niebla, neblina, vapor, celaje, cerrazón. **Ant.** Claridad.// Oscuridad, sombra.

brumoso-sa, nebuloso.// Oscuro, tétrico, sombrío.// Incomprensible, confuso. **Ant.** Claro.

bruñir, pulir, lustrar, abrillantar, frotar, pulimentar.

brusco-ca, destemplado, desapacible, rudo, violento, descortés, grosero. **Ant.** Suave, cuidadoso, amable, simpático.// Repentino, súbito, pronto, inesperado, rápido. **Ant.** Lento, progresivo.

brusquedad, aspereza, violencia, rudeza, descortesía, brutalidad, rusticidad. **Ant.** Suavidad, cortesía, amabilidad.

brutal, salvaje, cruel, bestial, feroz, bárbaro, desapacible. **Ant.** Civilizado, delicado.// Colosal, fenomenal, enorme, extraordinario. **Ant.** Normal, pequeño.

brutalidad, salvajismo, crueldad, bestialidad, rudeza, tosquedad, embrutecimiento. **Ant.** Cultura, sociabilidad, delicadeza, piedad.

bruto-ta, tosco, rudo, rústico, ordinario, grosero. **Ant.** Educado, culto, civilizado.// Necio, tonto, torpe, bobo. **Ant.** Inteligente, capaz.// Brutal, irracional, animal, bestia, salvaje.

búcaro, vaso, vasija, jarrón.

bucear, zambullirse, sumergirse, nadar, hundirse, descender. **Ant.** Emerger, salir, nadar.// Explorar, investigar.

buceo, inmersión, zambullida.// Exploración, investigación, averiguación.

buche, bolsa, estómago.

bucle, rizo, rulo, mechón.

bucólico-ca, pastoril, campestre, campesino, apacible, placentero. **Ant.** Ciudadano, ajetreado.

budín, pastel, bizcocho.

buenaventura, adivinación, pronóstico, auspicio, vaticinio, predicción.// Felicidad, suerte.

bueno-na, virtuoso, justo, excelente, sensible, caritativo, servicial, humanitario, bondadoso, benévolo, piadoso, clemente, generoso. **Ant.** Malo, malvado.// Estricto, riguroso, provechoso, conveniente, ventajoso. **Ant.** Desventajoso.// Ingenuo, inocente.// Ameno, agradable, estupendo.

bufanda, chalina, pasamontañas, tapaboca.

bufar, bramar, resoplar.// Refunfuñar, rezongar, gruñir, rabiar. **Ant.** Calmarse, tranquilizarse.

bufete, despacho, escritorio, oficina, estudio.

bufido, gruñido, rugido, resoplido.// Reto, refunfuño, regaño, berrinche, rabieta.

bufo-fa, payaso, bufón, cómico, burlesco, grotesco, histrión.

bufón, payaso, farsante, histrión, cómico.// Jocoso, burlón, bromista, chistoso, hazmerrefr. **Ant.** Serio, adusto.

bufonada, payasada, extravagancia.

buhardilla, desván, ático, altillo, sobrado, bohardilla, boardilla.

buhonería, baratijas, chucherías, menudencias, bagatelas.

buhonero-ra, mercachifle, mercader, quincallero, feriante.

bujía, vela, candela, cirio, candelabro.

bula, concesión, gracia, privilegio, beneficio, favor, gracia, prerrogativa.// Documento, sello, diploma.

bulbo, hinchazón, abultamiento.

bulboso-sa, hinchado, dilatado.

bulevar, paseo, avenida, arteria.

bulla, bullicio, jarana, algarabía, jolgorio, tumulto, vocerío, estrépito. **Ant.** Silencio, calma.

bullicio, bulla, algazara, alboroto, animación, jolgorio, tumulto.

bullicioso-sa, ruidoso, jaranero, alegre, estrepitoso, bullanguero. **Ant.** Silencioso, calmo.

bullir, hervir, burbujear, cocer, borbollar, borboritar.// Agitarse, moverse, menearse, hormiguear. **Ant.** Aquietarse, calmarse.

bulo, mentira, camelo, patraña, infundio, falsedad, chisme, engaño.

bulto, tamaño, cuerpo, volumen, grosor, abultamiento, prominencia, protuberancia.// Fardo, valija, maleta, bolsa, equipaje.// Tumor, excrecencia, flemón, chichón.// Cuerpo, volumen, masa, contorno.

buque, embarcación, nave, navío, barco.
burbuja, pompa, ampolla, glóbulo.
burbujear, gorgotear, espumar, hervir, bullir.
burbujeo, efervescencia, ebullición, hervor.
burdel, prostíbulo, lupanar, mancebía, quilombo.
burdo-da, tosco, rústico, basto, grosero, vulgar, chabaca-no.// Torpe, chapucero.
burgués-sa, ciudadano.// Propietario, pudiente, rentista, capitalista. **Ant.** Pobre, proletario.
burguesía, clase media, clase propietaria, clase capitalis-ta.// Opulencia, capitalismo, propiedad privada. **Ant.** Pro-letariado, pobreza.
buril, cortafrío, punzón, cincel.
burilar, cincelar, grabar, esculpir.
burla, mofa, chanza, broma, bufonada, chacota, guasa, so-carronería, parodia. **Ant.** Verdad, sinceridad, seriedad.
burlador-ra, burlón, bromista, socarrón.// Seductor, liber-tino, disoluto, licencioso.
burlar-se, chasquear, embromar, ridiculizar, embaucar, en-gañar, befar, escarnecer, engatusar, engañar. **Ant.** Respe-tar.// Eludir, evitar, escapar.// Malograr, frustrar.
burlesco-ca, cómico, bufo, jocoso, festivo. **Ant.** Serio, se-vero, aburrido, grave.
burlete, orla, ribete, protección.
burlón-na, bromista, mordaz, satírico, zumbón, farsante, chistoso, guasón. **Ant.** Respetuoso, serio, formal.
buró, escritorio.// Bufete, oficina, despacho, escritorio.

burocracia, papelerío.// Nomenclatura.
burócrata, tecnócrata, funcionario.
burocrático-ca, administrativo, tecnocrático, oficinesco.// Lento, complicado.
burrada, sandez, estupidez, tontería, torpeza, bobada, bobería, necedad, desatino, animalada, disparate. **Ant.** Acierto, agudeza, sensatez, prudencia, atino.
burro, asno, jumento, pollino, borrico.// Necio, tonto, tor-pe, bestia, estúpido, idiota, irracional, grosero, bruto, ig-norante. **Ant.** Inteligente, capaz.
busca, búsqueda, averiguación, demanda, investigación, indagación. **Ant.** Abandono, desinterés.
buscar, indagar, pesquisar, investigar, averiguar, rebuscar. **Ant.** Dejar, abandonar.
buscavidas, afanoso, activo, trabajador, laborioso, diligen-te. **Ant.** Abúlico, negligente.// Entrometido, fisgón, curio-so. **Ant.** Indiferente.
buscón, ratero, pícaro, estafador. **Ant.** Honrado, decente.// -a, prostituta, ramera.
busilis, nudo, meollo, dificultad, secreto, quid, clavo.
búsqueda, averiguación, busca, indagación, pesquisa, in-vestigación, examen.
busto, tórax, torso, tronco.// Pecho, mama.
butaca, asiento, sillón, silla, poltrona.// Asiento, localidad, lugar.
buzo, buceador, zambullidor.
buzón, casillero, compartimento, abertura, entrada.

cabal, justo, recto, perfecto, completo, íntegro, honrado, acabado, ajustado, verdadero, cierto. **Ant.** Incompleto, defectuoso.

cábala, sortilegio, superstición, intriga, maquinación, ardid, maña, conspiración.// Suposición, conjetura, adivinación.

cabalgadura, caballería, caballo, montura, corcel, animal.

cabalgar, montar, jinetear.

cabalgata, desfile, paseo, comitiva, grupo, marcha, evolución, séquito.

cabalístico-ca, misterioso, recóndito, críptico, secreto, oculto, mágico.

caballar, hípico, equino, ecuestre.

caballeresco-ca, valeroso, noble, valiente, cortés, galante, noble, cumplido. **Ant.** Descortés, grosero, canallesco, vil.

caballería, cabalgadura, bestia, montura.

caballeriza, establo, cuadra, cobertizo.

caballerizo, palafrenero, lacayo, cuidador.

caballero, jinete, cabalgador. // Hidalgo, noble, aristócrata, gentilhombre, señor. **Ant.** Plebeyo. // Respetable, generoso, leal, altruista, caballeresco.

caballerosidad, hidalguía, nobleza, dignidad, lealtad, generosidad, corrección, galantería. **Ant.** Villanía, grosería.

caballeroso-sa, caballeresco, noble, hidalgo, digno.

caballete, armazón, sostén, bastidor, soporte, apoyo.

caballo, corcel, jaca, rocín, potro, caballería, pingo, semental, palafrén, montura, jamelgo.

cabaña, barraca, bohío, choza, chabola, rancho.

cabecear, inclinarse, moverse, bambolearse, hamacarse, balancearse, oscilar. // Adormecerse, amodorrarse, dormitar.

cabeceo, balanceo, traqueteo, oscilación, vaivén, bamboleo.

cabecera, cabezal, almohada. // Preferencia, presidencia, dirección. // Entrada, comienzo, encabezamiento, arranque, origen, rótulo.

cabecilla, jefe, conductor, adalid, cacique, caudillo. **Ant.** Seguidor, subordinado.

cabellera, pelambrera, melena, pelambre, cabello. **Ant.** Calvicie.

cabello, pelo, mecha, guedeja, rizo, vello, bozo.// Cabellera, pelaje, melena, guedeja, crencha, mechón.

cabelludo-da, peludo, melenudo.

caber, entrar, estar.// Tocar, participar, corresponder.

cabestrillo, sostén, vendaje, refuerzo, brazalete.

cabestro, cuerda, ronzal, brida, guarniciones, correas.

cabeza, testa, mollera, sesera, coco, melón, marote, cerebro, testuz, cráneo.// Inteligencia, capacidad, entendimiento, razonamiento, razón. **Ant.** Estupidez, idiotez, necedad.// Principio, origen, encabezamiento.// Jefe, director, superior. **Ant.** Subordinado, subalterno.// Individuo, persona.

cabezal, cabecera, almohada, colchoneta.// Travesaño, viga.

cabezón-na, cabezudo, macrocéfalo.// Terco, porfiado, testarudo, obstinado. **Ant.** Flexible, considerado.

cabida, capacidad, espacio, volumen, cupo, amplitud.

cabildear, conspirar, intrigar.

cabildeo, intriga, conciliábulo, consulta, conspiración, reunión.

cabildo, junta, corporación, consejo, ayuntamiento, cuerpo, asamblea.

cabina, camarote, compartimiento, gabinete, casilla, división.

cabizbajo-ja, triste, humillado, aturdido, abatido, melancólico, afligido, desalentado. **Ant.** Alegre, animado.

cable, cabo, sirga, cuerda, maroma, amarra.// Cablegrama, comunicación.

cabo, cuerda, cable, jarcia.// Extremo, punta, extremidad, límite, remate.// Promontorio, punta, saliente. **Par.** Cavo.

cabotaje, tráfico, navegación, travesía.

cabrearse, enojarse, enfadarse, irritarse. **Ant.** Calmarse, tranquilizarse.

cabrero-ra, pastor, cabritero.// Enojado, irritado, enfadado.

cabrestante, polea, torno, guinche, cabria.

cabria, grúa, cabrestante, polea, molinete.

cabrío-a, caprino, cabruno.

cabriola, voltereta, salto, brinco, pirueta.

cabrón-na, cabrío.// Consentidor, cornudo.

cabronada, adulterio, infidelidad, canallada, vileza. **Ant.** Honradez.

caca, excremento, deposición, evacuación, deyección.

cacahuete, maní.

cacarear, exagerar, envanecerse, vanagloriarse, ponderar, alardear.// Cloquear.

cacareo, palabrería, charlatanería, cotilleo, chismorreo.// Cloqueo.

cacatúa, papagayo, loro.

cacería, caza, montería, batida, partida.// Acosamiento, persecución, acorralamiento, búsqueda.

cacerola, cazuela, olla, pote, vasija, perol, marmita.

cacha, puño, guarnición, asa, asidero.// **-s,** nalgas, posaderas.

cachar, romper, rajar, partir, cortar.// Ridiculizar, burlar, embromar.// Agarrar, tomar, hurtar, obtener, conseguir, hurtar.

cacharro, vasija, olla, cazuela.// Cachivache, bártulo, utensilio.

cachaza, pachorra, lentitud, tranquilidad, apatía, calma. **Ant.** Dinamismo.

cachazudo-da, calmoso, parsimonioso, pánfilo, flemático, lento, tranquilo, pachorrudo, apático. **Ant.** Dinámico, activo.

cachet, estilo, personalidad.// Honorarios.

cachete, moflete, mejilla, carrillo.// Bofetada, cachetada, sopapo, soplamocos.

cachiporra, porra, maza, clave, estaca, garrote, bastón.

cachivache, cacharro, chirimbolo, enser, trasto, utensilio.// Inútil, despreciable, inservible, inservible, desmañado. **Ant.** Útil, competente, capaz.

cacho, pedazo, fragmento, parte, fracción, segmento. **Ant.** Totalidad.

cachondear, burlar, mofar, divertirse, jaranear.

cachondeo, burla, diversión, mofa, farra, guasa, chanza.

cachondo-da, divertido, jocoso, burlón, jaranero.// Lascivo, lujurioso, libidinoso, impúdico, deshonesto.

cachorro, hijo, cría, hijuelo.

cacique, déspota, tirano, dominador, opresor, señor, jefe, dueño.

caciquismo, dominación, despotismo, tiranía, abuso. **Ant.** Democracia, igualdad.

caco, ladrón, carterista, ratero, descuidero.

cacofonía, disonancia, discordancia, repetición. **Ant.** Eufonía.

cacto

cacto, tuna, penca, cardón.

cacumen, talento, capacidad, inteligencia, penetración, agudeza, lucidez, seso, meollo, sesera.

cadalso, patíbulo, suplicio, tablado, entarimado.

cadáver, difunto, muerto, fallecido, finado, despojos, restos, cuerpo, extinto.

cadavérico-ca, pálido, esquelético, demudado, maciento, exánime, rígido. **Ant.** Vital, sano.// Fúnebre, lúgubre, sepulcral, macabro.

cadejo, madeja.// Embrollo, lío, maraña.

cadena, ligadura, sujetador, grilletes.// Esclavitud, sujeción, cautiverio, dependencia. **Ant.** Libertad.// Sucesión, encadenamiento, continuación, serie, continuidad. **Ant.** Discontinuidad.

cadencia, ritmo, modulación, compás, movimiento, medida, armonía, consonancia. **Ant.** Disonancia.

cadencioso-sa, melodioso, rítmico, melódico, cadente, armonioso.

cadera, anca, cuadril, grupa, pelvis, flanco.

cadete, alumno, discípulo, estudiante.// Empleado.

caducar, terminar, expirar, extinguirse, arruinarse, prescribir. **Ant.** Comenzar, empezar.// Chochear. **Ant.** Fortalecerse, rejuvenecerse.

caducidad, deterioro, decadencia, vejez. **Ant.** Juventud.// Finalización, término, conclusión. **Ant.** Comienzo.// Fugacidad, transitoriedad. **Ant.** Permanencia.

caduco-ca, viejo, achacoso, decadente, agotado, decrépito, consumido, anciano. **Ant.** Potente, juvenil, lozano.// Fugaz, transitorio, perecedero, pasajero, efímero, breve. **Ant.** Perenne, permanente.

caer-se, desplomarse, precipitarse, hundirse, derribarse. **Ant.** Subir, ascender, elevarse.// Incurrir.// Desprenderse.// Deslizarse.

café, moca, infusión.// Cafeto.// Cafetería, bar.

cafetería, café, bar.

cáfila, multitud, muchedumbre, tropel, cuadrilla, bandada, grupo, banda, caterva, horda. turba.

cafre, bárbaro, brutal, animal, bestial, fiero. **Ant.** Humano, humanitario.// Inculto, ignorante, bruto, negado. **Ant.** Inteligente, capaz.// Rústico, grosero, patán, zafio. **Ant.** Fino, refinado, culto.

cagar, evacuar, defecar, deponer, descargar.

cagatintas, escribiente, oficinista.

caída, golpe, porrazo, revuelco.// Descenso, declinación, bajada, descendimiento.// **Ant.** Subida, ascenso.// Ocaso, decadencia, ruina, fracaso. **Ant.** Crecimiento, auge, prosperidad.// Derrumbamiento, desmoronamiento, alud, desplome, despeñamiento.

caído-da, débil, desmadejado, postrado, amilanado, acobardado, desfallecido, flojo, maciento, abatido, rendido, fracasado. **Ant.** Ascendente, fuerte, triunfante.

caimán, yacaré, cocodrilo.

cairel, guarnición, fleco, adorno.

caja, estuche, cofre, arcón, arca, arquilla, urna, embalaje.// Tesorería.// Ataúd.// Tambor.

cajero-ra, cobrador, pagador, tesorero.

cajetilla, envoltura, paquete.// Elegante, relamido.

cajón, gaveta, compartimiento.

cal, creta.

cala, abra, ensenada, caleta, rada.

calabozo, celda, prisión, encierro, mazmorra.

calado, encaje, labor, randa, galón.// -da, horadado, perforado, agujereado.

calafatear, obturar, cerrar, taponar, obstruir.

calambre, contracción, agarrotamiento, espasmo, encogimiento, inmovilización, hormigueo, convulsión.

calamidad, desastre, desgracia, fatalidad, contrariedad, desdicha, infortunio, azote, adversidad. **Ant.** Suerte, dicha.// Inepto, torpe, inhábil. **Ant.** Hábil, capaz.

calamitoso-sa, infortunado, desdichado, desgraciado, infeliz, desventurado. **Ant.** Feliz, afortunado.// Funesto, perjudicial, aciago, desastroso, catastrófico, adverso.

calaña, categoría, laya, índole, calidad, ralea, especie, estirpe.

calar, adivinar, descubrir, conocer, comprender, sospechar. **Ant.** Ignorar.// Horadar, perforar, penetrar, agujerear, atravesar, taladrar.// -se, mojarse, empaparse, humedecerse, impregnarse. **Ant.** Secarse.

calavera, cráneo, cabeza.// Disoluto, mujeriego, perdido, divertido, libertino, trasnochador, juerguista, jaranero, tarambana. **Ant.** Serio, formal.

calaverada, alboroto, travesura, trastada, locura, desenfreno, farra, juerga.

calcar, reproducir, copiar, repetir, imitar, remedar.

calceta, media, punto, malla, tejido, calza, calcetín.

calcificación, osificación, endurecimiento.

calcificar, osificar, endurecer, fortalecer. **Ant.** Descalcificar, debilitar.

calcinación, incineración, combustión, carbonización.

calcinar, carbonizar, incinerar, quemar, asar, abrasar, chamuscar.

calco, copia, imitación, reproducción, duplicado.

calculador-ra, egoísta, interesado.// Prudente, avisado, precavido. **Ant.** Desinteresado.

calcular, contar, computar, valuar, valorar.// Suponer, imaginar, prever, creer, reflexionar, conjeturar, meditar.

cálculo, cuenta, cómputo, recuento, valoración.// Deducción, suposición, conjetura, meditación.// Litiasis, arenilla.

caldear, calentar, templar. **Ant.** Helar, enfriar.// Encender, avivar, excitar, enfervorizar, enardecer. **Ant.** Calmar, sosegar.

caldera, calentador, estufa, horno.// Recipiente, vasija, tina, cacerola.

calderón, floreo, frase.

caldo, potaje, sopa, consomé, jugo, cocido.

caldoso-sa, sustancioso, jugoso, aguado. **Ant.** Seco.

calefacción, calor, ardor. **Ant.** Refrigeración, congelación.

calendario, almanaque, anuario, efemérides, repertorio, guía.

calendas, época, tiempo.

calentador, calefactor, brasero, calorífero, estufa.

calentamiento, acaloramiento, caldeamiento. **Ant.** Enfriamiento, congelación.

calentar, caldear, abochornar, achicharrar, asar, escaldar. **Ant.** Enfriar, helar, congelar.// Excitar, avivar, enardecer, enfervorizar. **Ant.** Calmar, aquietar, tranquilizar, sosegar.

calentura, fiebre, temperatura, hipertermia.// Fervor, enardecimiento, pasión, vehemencia. **Ant.** Desinterés, frialdad, objetividad.

caletre, cacumen, seso, juicio, talento, agudeza.

calibrar, medir, graduar, calcular, cotejar, evaluar.// Apreciar, comprender, entender.

calibre, anchura, diámetro, ancho, abertura.// Tamaño, dimensión, talla, formato.// Importancia, trascendencia, capacidad, aptitud.

calidad, índole, genio, pelaje, carácter, categoría, condición.// Rango, linaje, lustre, nobleza, estirpe. **Ant.** Plebeyez, insignificancia.

calidez, ardor, calor.// Ternura, amor, cariño.

cálido-da, caliente, templado, tibio, caldeado, caluroso. **Ant.** Frío, helado.// Afectuoso, cariñoso.

caliente, cálido, bochornoso, caluroso, tórrido, ardiente, asfixiante. **Ant.** Frío, gélido, helado.// Apasionado, excitado, vehemente. **Ant.** Desapasionado, objetivo, desinteresado.

calificación, nota, título, evaluación, valoración, apreciación.// Capacitación, aptitud, idoneidad, capacidad, rendimiento, competencia. **Ant.** Descalificación, incompetencia.

calificar, evaluar, conceptuar, valorar.// Ilustrar, acreditar, ennoblecer. **Ant.** Desprestigiar, desacreditar.

calificativo, nombre, adjetivo, título, mote, apelativo, apodo.

calígine, oscuridad, tenebrosidad, niebla, nebulosidad, bruma. **Ant.** Claridad, diafanidad.

caliginoso-sa, brumoso, denso, tenebroso, nebuloso, oscuro. **Ant.** Claro, despejado, diáfano.

caligrafía, letra, escritura.

cáliz, vaso, copa, copón, grial.

callado-da, sigiloso, reservado, mudo, sordo, silencioso, taciturno, secreto. **Ant.** Parlanchín, hablador, ruidoso.// Omitido, tácito, sobrentendido.

callar, silenciar, olvidar, omitir, pasar, saltar, prescindir. **Ant.** Recordar, decir.// Acallar, amordazar, silenciar.// **-se,** enmudecer, reservar, soportar. **Ant.** Hablar, charlar, perorar.

calle, rua, vía, arteria, pasaje, travesía.

callejear, pasear, vagabundear, corretear, deambular.

callejero-ra, vago, ocioso, holgazán.

callo, dureza, callosidad, endurecimiento, abultamiento, rugosidad, aspereza.

calma, tranquilidad, sosiego, serenidad, paz, quietud. **Ant.** Intranquilidad, inquietud, alboroto.// Parsimonia, lentitud, apatía, flema, cachaza. **Ant.** Actividad, dinamismo.// Entereza, firmeza, imperturbabilidad, frialdad, valor. **Ant.** Desasosiego, excitación.

calmante, tranquilizante, sedante, narcótico. **Ant.** Estimulante.

calmar, tranquilizar, serenar, pacificar, aplacar, suavizar, apaciguar, sosegar, moderar. **Ant.** Intranquilizar, agitar.

calmo-ma, sereno, tranquilo, reposado, apacible, sosegado.

calmoso-sa, pachorriento, flemático, indolente, parsimonioso, impasible, cachazudo, perezoso. **Ant.** Activo, dinámico, rápido.

calor, bochorno, sofocación, ahogo, canícula, acaloramiento, incandescencia. **Ant.** Frío.// Pasión, vehemencia, excitación, vivacidad, energía, animación, fervor, actividad, viveza, entusiasmo. **Ant.** Desinterés, desapasionamiento.// Temperatura, clima.

calumnia, mentira, maledicencia, falsedad, falacia, difamación. **Ant.** Elogio.

calumniador-ra, difamador, detractor, murmurador, infamador, vituperador. **Ant.** Veraz.

calumniar, difamar, deshonrar, vituperar, detractar, agraviar. **Ant.** Elogiar, alabar.

calumnioso-sa, injurioso, ofensivo, oprobioso, denigrante, infamante.

caluroso-sa, caliente, cálido, tórrido, agobiante, opresivo, canicular, tropical. **Ant.** Frío.// Ardiente, apasionado, vehemente, animado, entusiasta, vivo, enardecido. **Ant.** Apático, desinteresado.

calva, pelada, calvicie, alopecia. **Ant.** Pelambre.

calvario, via crucis.// Adversidad, pena, padecimiento, martirio, dolor, amargura. **Ant.** Felicidad.

calvicie, alopecia, pelada, calva. **Ant.** Pelambrera.

calvo-va, pelado, lampiño, rapado. **Ant.** Peludo.

calza, media, bragas.// Calce, cuña, tarugo.

calzada, empedrado, adoquinado, calle, camino, ruta.

calzar, afianzar, asegurar, trabar.// **-se,** ponerse, meterse, colocarse. **Ant.** Descalzarse.

calzón, calza, pantalón, braga.

calzonazos, tonto, tímido, apocado, corto. **Ant.** Enérgico, inflexible.

cama, lecho, catre, camastro, yacija, tálamo.

camada, lechigada, cría, prole.// Pandilla, facción, banda.// Conjunto, serie, hilada.

camafeo, medallón, medalla, figurilla, imagen.

camándula, astucia, embustería, hipocresía, malicia.

camandulear, engañar, adular.

camandulero-ra, engañador, astuto, embaucador, truhán.

cámara, habitación, sala, aposento, recinto.// Asamblea, senado, parlamento.// Neumático, rueda.// Máquina.

camarada, compañero, cofrade, amigo, acompañante, conmilitón, correligionario.

camaradería, compañerismo, amistad, afecto, familiaridad. **Ant.** Desconfianza, enemistad, rivalidad.

camarero-ra, servidor, criado, sirviente. **Ant.** Amo.

camarilla, pandilla, grupo, banda, caterva.

camarín, capilla, oratorio.// Cámara, tocador, cuarto.

camastro, yacija, jergón, catre, catrera.

cambalache, trueque, cambio, reventa, compraventa.// Desorden, confusión.

cambiante, variable, incierto, efímero, móvil, inestable, mudable.// Variado, ameno, entretenido.

cambiar, trocar, mudar, mutar, variar, alterar, modificar, permutar, innovar, rectificar.// Devenir, transformarse, replantearse. **Ant.** Permanecer.

cambio, permuta, canje, trueque, conmutación.// Mudanza, transformación, mutación, evolución, rectificación, alteración, innovación, corrección, movimiento. **Ant.** Fijeza, inmutabilidad.

camelar, galantear, requebrar, seducir, festejar.// Adular, lisonjear, engatusar.

camelo, galanteo, requiebro.// Burla, decepción, chasco, engaño.

camilla, angarillas, parihuelas.

caminante, viajero, pasajero, caminador, transeúnte, viandante, paseante.

caminar, andar, marchar, recorrer, transitar, deambular, avanzar, moverse, ir, errar. **Ant.** Detenerse.

caminata, marcha, recorrido, viaje, paseo, excursión, trayecto, tránsito. **Ant.** Detención, parada.

camino, senda, trayecto, ruta, vereda, atajo, carril, vía, sendero, arteria, ruta, pista, estrada, recorrido, carretera.

camión, vehículo, carruaje, automotor.

camisa, blusa, blusón, camisola, prenda, bata, vestidura.// Revestimiento, funda.

camorra, pelea, disputa, trifulca, pendencia, riña, gresca.// Mafia.

camorrista, peleador, pendenciero, bravucón.

camote, batata.// Enamoramiento.

campamento, acantonamiento, campo, vivaque, reales, posición, reducto.

campana, cencerro, esquila, sonería, campanilla.

campanada, sorpresa, novedad.// Campanazo, toque, campaneo.

campanario, torre, campanil, atalaya, espadaña.

campante, alegre, contento.

campanudo-da, rimbombante, altisonante.

campaña, campo, llanura, extensión, planicie.// Expedición, empresa, incursión.// Operación, plan, proyecto, ejercicio, período, duración.

campear, pacer, pastar.// Descollar, dominar, sobresalir, descollar. **Ant.** Fracasar.

campechanía, afabilidad, sencillez, familiaridad, llaneza, simpatía.

campechano-na, simple, sencillo, afable, amable, sociable, llano, alegre.

campeón, as, triunfador, vencedor, ganador. **Ant.** Derrotado, vencido, fracasado.// Adalid, caudillo, jefe, paladín, capitán.// Propagador, defensor, sostenedor.

campeonato, certamen, contienda, competición, concurso, pugna, lucha, disputa, lid.

campero-ra, campestre, campesino, rural, rústico, agreste.

campesino-na, labriego, rural, campestre, aldeano, agricultor, cultivador, paisano, labrador, agrario.// Grosero, ordinario. **Ant.** Ciudadano.

camping, campamento, acampada, excursión, paseo.

campo, terreno, campiña, prado, sembrado, terruño, pradera, gleba, cultivo, tierra. **Ant.** Ciudad.// Propiedad, hacienda, latifundio, finca.

camposanto, cementerio, necrópolis.

camuflar, disimular, ocultar, enmascarar, disfrazar, desfigurar. **Ant.** Mostrar, descubrir.

can, perro, cuzco, mastín, cachorro.

cana, policía.// Cárcel, prisión.

canal, acequia, zanja, acueducto, desagüe, conducto, gárgola.// Istmo, estrecho, paso.

canalizar, desaguar, avenar, encauzar, dirigir, conducir, regularizar, aprovechar.

canalla, atorrante, sinvergüenza, bribón, pillo, ruin, bribón, miserable, malandrín, tunante. **Ant.** Honrado, decente, honesto, honorable.// Chusma, vulgo, populacho, gentuza, morralla.

canallada, ruindad, vileza, infamia, bribonada, mezquindad. **Ant.** Nobleza, dignidad.

canalón, canal, cañería, tubería, gárgola, desagüe.

canapé, sofá, diván, asiento.// Bocadillo.

canasta, cesto, cesta, banasta, espuerta.

canastilla, equipo, ajuar, ropa.

cancel, reja, verja, contrapuerta, mampara.

cancelación, terminación, anulación, abolición, supresión, derogación, suspensión.

cancelar, derogar, abolir, revocar, liquidar, anular, saldar, terminar, concluir.

cáncer, neoplasia, tumor, cancro, carcinoma, nódulo.

cancerbero, portero, cuidador, vigilante, guarda, conserje, ujier.

cancha, explanada, frontón, patio, campo, pista, terreno.

canciller, funcionario, dignatario, secretario.

cancillería, representación, dependencia, consulado, embajada.

canción, tonada, cantinela, cantar, aria, balada, romanza, copla, melodía, tonada.

cancionero, antología, poesía.

candado, cerradura, cierre, cerrojo.

candela, lumbre, vela, fuego, hacha, hachón, cirio, bujía.

candelabro, lámpara, candelero, araña.

candelero, candelabro, antorchero, velador, lámpara, araña.

candente, incandescente, ardiente, fogoso, quemante, encendido. **Ant.** Frío, apagado.// Actual, presente. **Ant.** Anticuado.

candidato, solicitante, aspirante, pretendiente, demandante.

candidatura, aspiración, pretensión, propuesta, petición.

candidez, inocencia, ingenuidad, sencillez, candor, infantilismo. **Ant.** Astucia.

cándido-da, inocente, ingenuo, simple, crédulo, incauto, candoroso. **Ant.** Astuto, malicioso, pícaro.// Albo, blanco.

candil, candelero, lámpara, quinqué, farol, fanal.

candileja, foco, luz, lamparilla.

candor, inocencia, credulidad, candidez, simplicidad, franqueza, sinceridad, pureza, ingenuidad. **Ant.** Astucia, malicia, doblez, hipocresía.

candoroso-sa, inocente, ingenuo, crédulo, simple, franco, puro, espontáneo, inexperto. **Ant.** Astuto, malicioso, hipócrita.

canela, especia.// Finura, exquisitez, delicadeza.

caníbal, antropófago, salvaje, cruel, inhumano, sanguinario. **Ant.** Civilizado.

canibalismo, crueldad, bestialidad, salvajismo, ferocidad. **Ant.** Humanidad.

canícula, bochorno, calor, verano. **Ant.** Invierno, frío.

canicular, caluroso, bochornoso.

canijo-ja, enclenque, débil, enteco, raquítico, flaco, enfermizo, esmirriado. **Ant.** Fuerte, robusto.

canilla, grifo, llave.

canillita, diariero.

cano-na, blanquecino, blanco, canoso, entrecano.// Viejo, antiguo, añejo, anciano.// Joven.

canon, regla, precepto, instrucción, pauta.// Tributo, arriendo, tasa, pago, impuesto.

canónico-ca, conforme, regular, adecuado. **Ant.** Inadecuado.

canónigo, sacerdote, teólogo.

canonizar, aprobar, alabar, aplaudir, encomiar.// Beatificar, santificar, glorificar, ensalzar. **Ant.** Execrar.

canonjía, beneficio, prebenda, provecho, ventaja.

canoro-ra, cantor, sonoro, melodioso, suave, grato.

canoso-sa, entrecano, blanco, plateado.

cansado-da, fatigado, extenuado, agotado, exánime. **Ant.** Fresco, descansado.

cansancio, fatiga, lasitud, agotamiento, desfallecimiento, debilitamiento, molestia, hastío, aburrimiento, pesadez. **Ant.** Viveza, descanso.

cansar, fatigar, extenuar, agotar, molestar, incomodar, hastiar, enfadar, hartar, importunar, fastidiar, aburrir, enojar. **Ant.** Interesar.

cantante, cantor, intérprete, solista, copiero.

cantar, entonar, modular, vocalizar, interpretar, corear, tarear.// Elogiar, alabar, encomiar, loar, glorificar. **Ant.** Criticar, execrar.// Copla, cantilena, canción.// Revelar, descubrir, confesar. **Ant.** Tapar, ocultar.

cántaro, vasija, recipiente, botijo, ánfora.

cantera, pedrera, pedregal.// Filón, yacimiento, venero, mina.

cántico, canción, cantar, canto.

cantidad, número, porción, cifra, magnitud, total, suma, importe, conjunto.// Abundancia, exceso, raudal. **Ant.** Carencia, falta, escasez.

cantiga, canción, canto, cantar.

cantilena, cantinela, canción, cantar, copla.// Monserga, aburrimiento, matraca, lata, fastidio.

cantimplora, caramayola, bota, vasija, frasco.

cantina, taberna, bar, cafetería, fonda, bodega, figón.

canto, canción, cantar, tarareo, vocalización, entonación, afinación, voz, canturreo.// Canción, cantar, tonada, copla.// Borde, margen, orilla. **Ant.** Centro.// Guijarro, piedrita.

cantón, región, comarca, país, territorio, distrito, jurisdicción.

cantor, cantante, intérprete, solista.

canturrear, entonar, vocalizar, interpretar, tararear.

cánula, tubo, cañita.

caña, cálamo, palo, tallo, bambú, junco, vara.// Cánula, cañito.// Bebida.

cañada, valle, vaguada, hoya, hondonada, cauce, quebrada, desfiladero.

cañamazo, croquis, apunte, esbozo, plan, bosquejo.// Tela, lienzo.

cáñamo, lino, bramante.

cañaveral, cañizal, cañar, carrizal.

cañería, tubería, conducción, distribución.

caño, tubo, conducto, cánula, espita.

cañón, pieza, obús, mortero.// Desfiladero, barranco.

cañonazo, descarga, tiro.// Fragor, estruendo, explosión, detonación.

cañonear, atacar, martillear, disparar, petardear, hostigar.

caos, anarquía, desorden, desconcierto, lío, perturbación, confusión, trastorno, revoltijo, embrollo, desorganización, incoherencia. **Ant.** Organización, orden, coherencia.

caótico-ca, desordenado, desorganizado, incoherente, confuso. **Ant.** Organizado, ordenado, coherente.

capa, abrigo, manto, esclavina, abrigo, prenda.// Mano, baño, revestimiento, pasada, lámina.// Estrato, veta, faja.

capacho, cesta, espuerta, canasta.

capacidad, espacio, volumen, cabida, tonelaje, aforo, dimensión.// Talento, aptitud, competencia, inteligencia. **Ant.** Ineptitud, incapacidad, torpeza.

capacitar, preparar, habilitar, formar, instruir.// Facultar, comisionar, permitir.

capar, castrar, mutilar, emascular, cercenar, incapacitar, extirpar.

caparazón, esqueleto, armazón, osamenta.// Cubierta, corteza, defensa, concha.

capataz, jefe, encargado, mayoral, delegado. **Ant.** Subordinado.

capaz, apto, preparado, inteligente, sabio, diestro, entendido, perito, capacitado, experto, conocedor, hábil, práctico, competente, hábil, avezado, experimentado. **Ant.** Incompetente, inepto.// Grande, extenso, amplio, espacioso, vasto, holgado, dilatado. **Ant.** Estrecho, angosto, pequeño.

capcioso-sa, engañoso, engañador, embaucador, sofístico, artificioso, insidioso. **Ant.** Directo, sincero, veraz.

capear, soportar, aguantar, resistir, eludir, sortear, evitar.// Engañar, entretener.

capellán, eclesiástico, clérigo, sacerdote, cura.

caperuza, gorro, bonete, capucha, capuz.

capilar, pilífero, cabello.// Fino, angosto, delgado.

capilla, oratorio, ermita, baptisterio.

capirote, cucurucho, caperuza.

capital, fortuna, dinero, caudal, bienes, hacienda, riqueza, patrimonio, fondos. **Ant.** Miseria, pobreza.// Metrópoli, ciudad, urbe.// Esencial, fundamental, principal, primordial. **Ant.** Secundario, accesorio.

capitalismo, monopolio, banca, librecambismo, liberalismo. **Ant.** Marxismo, socialismo, cooperativismo.

capitalista, adinerado, acaudalado, financista, poderoso, banquero, inversionista. **Ant.** Pobre, mísero. // Librecambista, mercantilista, monopólico. **Ant.** Socialista, marxista, cooperativista.

capitalizar, atesorar, acumular.

capitán, jefe, conductor, guía, caudillo, cabeza.

capitanear, guiar, conducir, dirigir, mandar, comandar, acaudillar, gobernar. **Ant.** Obedecer, acatar, someterse.

capitanía, territorio, demarcación, jurisdicción.

capitel, coronamiento, remate.

capitolio, palacio, parlamento.

capitulación, rendición, cesión, entrega. // Pacto, mediación, convenio, concertación, conciliación.

capitular, rendirse, entregarse, someterse, ceder. // Pactar, convenir, concertar, ajustar, conciliar, arreglar.

capítulo, apartado, aparte, división, título, parte, sección, artículo, párrafo. // Junta, asamblea, cabildo.

capote, gabán, abrigo, sobretodo.

capricho, antojo, deseo, manía, voluntad, gusto, chifladura, desvarío. // Fantasía, travesura, salida, arranque, variación, extravagancia, ocurrencia.

caprichoso-sa, extravagante, raro, irregular, fantástico, cambiante. // Lunático, variable, tornadizo, mudable, malhumorado, antojadizo, inconstante, testarudo. **Ant.** Constante, sensato, sereno, invariable.

cápsula, envoltura, estuche, cubierta, envase. // Cartucho.

captación, atracción, señuelo, halago, adulación. **Ant.** Rechazo.

captar, atraer, seducir, conquistar, fascinar. **Ant.** Rechazar, repeler. // Observar, mirar, atrapar, divisar.

captura, prendimiento, presa, aprehensión, detención, arresto, encarcelamiento. // Presa, botín, despojo, caza, trofeo, conquista.

capturar, apresar, prender, tomar, aprisionar, detener, arrestar. **Ant.** Liberar, soltar.

capucha, caperuza, capuchón.

capullo, brote, botón, pimpollo, retoño, envoltura.

caquéctico-ca, flaco, débil, flojo, consumido, agotado, debilitado. **Ant.** Fuerte, vigoroso.

caquexia, agotamiento, debilitamiento. **Ant.** Fortalecimiento, vigorización.

caqui, ocre, amarillento, pardo.

cara, rostro, semblante, faz, fisonomía, efigie, imagen. // Frente, fachada. // Plano, superficie.

carabina, fusil, rifle, escopeta.

carabinero, vigilante, gendarme.

caracol, rizo, tirabuzón.

caracolear, corcovear, cabriolar.

carácter, genio, natural, calidad, idiosincrasia, capacidad, temple. // Energía, fortaleza, firmeza, severidad, entereza, rigor, dureza. **Ant.** Timidez, apocamiento, debilidad.

característico-ca, típico, peculiar, propio, particular, representativo. **Ant.** General, común.

caracterizar, estilizar, particularizar, singularizar, tipificar, distinguir. **Ant.** Generalizar. // Representar, interpretar, personalizar, pintar, maquillar.

carambola, casualidad, coincidencia, chiripa, contingencia. // Choque, toque.

caramelo, dulce, confitura.

caramillo, flauta.

carátula, máscara, careta. // Etiqueta, sobrecubierta.

caravana, tropel, romería, multitud, muchedumbre, tropa, expedición, columna, convoy, fila.

carbón, antracita, hulla, coque.

carbonera, depósito, almacén, coquera.

carbonizar, quemar, inflamar, arder, incendiar, calcinar, incinerar, abrasar.

carburante, combustible.

carburar, inflamar, quemar, arder. // Marchar, andar, funcionar.

carcaj, cuja, funda.

carcajada, risotada, risa. **Ant.** Lloro, llanto.

carcajear, reír.

carcamal, viejo, anciano, vejestorio, achacoso.

cárcel, prisión, penal, correccional, chirona, penitenciaría, gayola. // Arresto, apresamiento.

carcelero-ra, vigilante, guardia, celador, alcaide, guardiacárcel.

carcoma, polilla, gorgojo, larva. // Destrucción, desintegración, devastación. // Inquietud, angustia, mortificación.

carcomer, roer, corroer, consumir, destruir, horadar, agujerear, desgastar. // Inquietar, mortificar, angustiar. **Ant.** Serenar, tranquilizar.

cardar, peinar, desenredar, desembrollar.

cardenal, purpurado, eclesiástico, prelado, eminencia. // Golpe, contusión, moradura, equimosis, señal, moretón, verdugón.

cárdeno-na, morado, amoratado.

cardíaco-ca, cardiálgico, cardítico.

cardinal, básico, principal, esencial, fundamental, primordial. **Ant.** Secundario.

cardizal, cardal.

cardumen, banco, multitud, abundancia.

carear, enfrentar, encarar. // Cotejar, confrontar, comparar.

carecer, faltar, necesitar. **Ant.** Poseer, disponer.

carena, reparación, arreglo, compostura.

carenar, calafatear, arreglar, componer.

carencia, privación, falta, ausencia, escasez, menester, pobreza.

carente, escaso, falto, necesitado, careciente, desprovisto. **Ant.** Abundante.

careo, enfrentamiento, encaramiento. // Interrogatorio, investigación. // Cotejo, comparación.

carestía, encarecimiento, aumento, alza. // Escasez, privación, necesidad, penuria, falta, inexistencia.

careta, máscara, carátula.

carga, peso, cargamento, fardo. // Impuesto, contribución, gabela, gravamen, imposición, tributo. // Embestida, acometida, ataque, arremetida, asalto. // Obligación, orden, encargo.

cargante, pesado, aburrido, cargoso, molesto, importuno, impertinente, enojoso, fastidioso, insoportable, irritante. **Ant.** Divertido, entretenido, interesante.

cargamento, carga, acarreo, fardaje.

cargar, abarrotar, lastrar, embarcar, estibar, recargar, colmar. // Debitar. // Imputar, achacar, atribuir, inculpar. // Acometer, atacar, arremeter, embestir. // Incomodar, enojar, irritar, molestar, importunar, fastidiar.

cargo, puesto, ocupación, empleo, trabajo, dignidad, función, destino. // Culpa, inculpación, acusación, imputación.

cariacontecido-da, triste, abatido, apenado, abatido.

cariarse, corroerse, ulcerarse, picarse.

caricato, cómico, payaso.

caricatura, ridiculización, parodia, exageración, deformación, sátira, remedo. // Dibujo, representación.

caricaturizar, imitar, parodiar, exagerar, satirizar, ironizar, desfigurar, deformar.

caricia, cariño, lisonja, terneza, zalamería, arrumaco, mimo, zalema.

caridad, compasión, filantropía, misericordia, humanidad, generosidad, bondad, benevolencia. **Ant.** Crueldad, dureza, inhumanidad. // Limosna, auxilio, ayuda, protección.

caries, úlcera, picadura, putrefacción, destrucción.

carilla, plana, página, hoja, folio.

carillón, campana.

cariño, afecto, amor, inclinación, benevolencia, amistad, afición, apego, ternura. **Ant.** Odio, indiferencia, desprecio, desamor.

cariñoso-sa, afectivo, amable, tierno, afectuoso, cordial, benévolo, zalamero. **Ant.** Frío, antipático.

carisma, atractivo, personalidad, don, gracia.

caritativo-va, filántropo, compasivo, generoso, liberal, misericordioso, humano, desprendido. **Ant.** Cruel, inhumano, egoísta.

cariz, aspecto, traza, giro, pinta, perspectiva, apariencia, situación.

carmesí, púrpura, encarnado, morado, grana, purpúreo, granate.

carnada, cebo, señuelo.

carnadura, encarnadura.// Musculatura, robustez, fortaleza, vigor.

carnal, terrenal, mundano.// Consanguíneo, directo.// Lascivo, licencioso, sensual, libidinoso, lúbrico.

carnaval, carnestolendas, mascarada, comparsa, diversión, regocijo, desorden, burla.

carnavalada, burla, inocentada, broma, chanza, ridiculez, extravagancia.// Mascarada.

carnaza, carnadura, carnes, cebo, carnada.

carne, chicha, pulpa, musculatura, filete, chuleta.// Sensualidad. **Ant.** Espiritualidad.

carné, credencial, carnet, comprobante, documento.

carnear, matar, sacrificar, descarnar.

carnero, borrego, cordero.// Rompehuelgas, esquirol.

carnicería, destrozo, mortandad, matanza, destrucción, masacre.// Negocio, chacinería.

carnicero-ra, sanguinario, feroz, cruel, inhumano, fiera, bestia. **Ant.** Humano, benévolo.// Carnívoro. **Ant.** Herbívoro.// Matarife, matachín, achurador.

carnoso-sa, gordo, grueso, rollizo, voluminoso. **Ant.** Delgado, enjuto, flaco.// Suculento, pulposo, tierno. **Ant.** Duro, descarnado.

caro-ra, costoso, exorbitante, valioso, oneroso, considerable, subido, gravoso, preciado.// **Ant.** Barato, económico.// Amado, apreciado, querido, estimado. **Ant.** Aborrecido, odiado.

carozo, hueso, núcleo, corazón, semilla.

carpa, toldo, tienda, pabellón.

carpanta, hambre.

carpeta, forro, cubierta, tapa.// Cartapacio, legajo.// Tapiz, cortina.

carpintería, ebanistería, marquetería.

carpintero, ebanista.

carpir, arañar, lastimar, rasgar.

carraca, matraca, bulla.// Armatoste, trasto, cachivache, artefacto, cacharro.

carraspear, toser, enronquecer, ronquear, desflemar, aclarar.

carraspera, carraspeo, tos, ronquera, enronquecimiento, irritación.

carrera, curso, recorrido, trayecto, trayectoria, trecho.// Competición, prueba, lucha, pugna.// Estudio, profesión.// Corrida, correteo, persecución. **Ant.** Quietud, reposo, lentitud, pausa.// Pedestrismo.

carreta, carro, carromato, tartana.

carrete, bocina, tambor, rollo.

carretear, transportar, conducir, acarrear, cargar, moverse, desplazarse.

carretera, camino, ruta, pista, vía, calzada, autopista, autovía.

carretero, guía, conductor, carrero, mayoral.

carretilla, carretón, volquete.

carril, riel, vía.// Huella, surco, senda.

carrillo, moflete, pómulo, mejilla, cachete.

carro, carruaje, carromato, coche, vehículo.

carrocería, chasis, bastidor, cabina, caja.

carroña, despojos, podredumbre, putrefacción, cadáver, descomposición, restos.

carroza, carruaje, coche.

carruaje, coche, vehículo, carro.

carrusel, tiovivo, calesita.

carta, misiva, mensaje, epístola, correspondencia, comunicado.// Naipe, baraja.// Mapa.// Estatuto, constitución.

cartabón, regla, escuadra, marco.

cartapacio, carpeta, portafolios, portapliegos.

cartearse, escribirse, comunicarse, relacionarse.

cartel, afiche, letrero, pancarta, anuncio, aviso, título, rótulo, inscripción, propaganda.

carteo, correspondencia, correo, epistolario.

cartera, bolso, monedero, billetera, mochila, portafolio.// Ministerio, función.

carterista, ladrón, punguista, descuidero, ratero.

cartero, repartidor, distribuidor, correo.

cartilla, abecedario, silabario, abecé.// Cuaderno, libreta.

cartomancia, adivinación, predicción, pronosticación.

cartón, cartulina.

cartuchera, canana, caja, cartera, bolsa, cinto, cinturón.

cartucho, cápsula, envoltura.// Bala, explosivo, cápsula.// Cucurucho.

cartuja, monasterio, claustro, abadía, convento, cenobio, comunidad.

cartujo, monje, religioso, eremita, cenobita, fraile.// Taciturno, callado, silencioso. **Ant.** Dicharachero, sociable.

carúncula, excrecencia, carnosidad.

casa, morada, hogar, vivienda, habitación, domicilio, mansión, residencia, inmueble, edificio.// Familia, raza, linaje, sangre, prosapia, estirpe.// Sociedad, empresa, firma, compañía, corporación, entidad, comercio. **Par.** Caza.

casaca, chaqueta, chaquetón, levita, gabán, cazadora.

casación, anulación, invalidación.

casadero-ra, maridable, núbil.

casado-da, desposado, cónyuge, consorte. **Ant.** Célibe, soltero.

casamata, fortificación, fuerte, reducto.

casamentero-ra, mediador.

casamiento, boda, nupcias, enlace, casorio, matrimonio, esponsales, alianza. **Ant.** Separación, divorcio.

casar, juntar, unir, enlazar, emparejar, reunir. **Ant.** Separar, desunir.// Matrimoniar, desposar, vincular. **Ant.** Separar, divorciar. **Par.** Cazar.

cascabel, campanilla, cencerro.

cascabelear, sonar, campanillar, alborotar.

cascabelero-ra, alegre, jaranero.

cascada, salto, catarata, caída, chorro.

cascado-da, viejo, estropeado, achacoso, usado, marchito, consumido, gastado. **Ant.** Nuevo, reluciente, flamante.// Agrietado, partido, rajado. **Ant.** Entero.

cascajo, piedra, cascote, guijarro.// Gastado, viejo, trabajado.

cascar, quebrar, hender, agrietar, romper, escachar, quebrantar, abrir.// Golpear, azotar, pegar, sacudir.

cáscara, corteza, cubierta, caparazón, costra, piel, envoltura.

cascarrabias, malhumorado, irritable, arrebatadizo, quisquilloso, irascible, puntilloso. **Ant.** Tranquilo, sereno, alegre.

casco, cabeza, cráneo.// Yelmo, morrión, armadura.

cascote, ripio, canto, cascajo, guijarro, esquirla, piedra.// Escombros.

caseína, albuminoide.

caseoso, cuajado, cortado, agrio. **Ant.** Dulce.

casero-ra, familiar, doméstico, hogareño.// Arrendatario, administrador, propietario, dueño.

caseta, garita, cabina.

casi, aproximadamente, por poco.

casilla, cabina, garita, caseta.// Compartimiento, división, escaque, encasillado.

casino, club, círculo, asociación, centro, sociedad, ateneo.

caso, ocasión, lance, ocurrencia, acontecimiento, incidente.// Especie, asunto, punto, cuestión.// Proceso.// Ejemplo.

casorio, boda, casamiento, nupcias, matrimonio.

caspa, escama, escamilla, costra, descamación.

casquete, gorra, bonete.// Casco, cubierta.

casquivano-na, alocado, aturdido, irreflexivo, superficial, frívolo, inconstante, veleidoso, voluble, libertino, juerguista, play-boy. **Ant.** Serio, sensato, reflexivo, constante, formal.

cassette, caja, cajita, estuche, cinta magnética, bobina.

casta, familia, abolengo, raza, clase, especie, estirpe, tronco.

castañetear, entrechocar, repiquetear, chasquear.// Tiritar, temblequear.

castaño-ña, marrón, pardo, cobrizo.

castañuela, castañeta.

castellano-na, caballero, dama, hidalgo, señor, noble, amo.

casticismo, pureza, autenticidad, originalidad.

castidad, honestidad, pureza, virginidad, pudor, virtud, decencia. **Ant.** Indecencia.

castigador-ra, ejecutor.// Seductor, mujeriego, galán, donjuán.

castigar, afligir, mortificar, penar, martirizar, sancionar, escarmentar. *Ant.* Consolar.// Corregir, enmendar. *Ant.* Perdonar.

castigo, pena, represión, mortificación, condena, aflicción, martirio. *Ant.* Consuelo.// Calamidad, epidemia, plaga.// Enmienda, corrección, correctivo, represalia, *Ant.* Impunidad, perdón.

castillo, fortaleza, ciudadela, alcázar, fuerte, torre, reducto.

castizo-za, correcto, puro, típico, clásico, auténtico, limpio. *Ant.* Impuro, foráneo.

casto-ta, virgen, honesto, puro, incorruptible, virtuoso, honrado, púdico. *Ant.* Impuro, indecoroso, impúdico.

castración, emasculación, capadura, esterilización, extirpación, mutilación.

castrado-da, capado, eunuco, mutilado, capón, incapacitado.

castrar, esterilizar, capar, mutilar, emascular, amputar.// Incapacitar, debilitar, apocar. *Ant.* Fortificar, vigorizar.

casual, accidental, fortuito, ocasional, aleatorio, contingente, esporádico, imprevisto, inopinado, impensado. *Ant.* Previsto, premeditado, fatal, pensado.

casualidad, acaso, azar, eventualidad, suerte, contingencia, posibilidad, lance, circunstancia. *Ant.* Seguridad, certeza, previsión.

casulla, sobrepelliz, manto.

cata, prueba, ensayo.

cataclismo, catástrofe, desastre, ruina, adversidad, hecatombe, desgracia, aniquilación, devastación, destrucción.

catacumbas, subterráneo, cripta, bóveda, sótano.

catador-ra, degustador, probador, saboreador, gastrónomo.

catadura, degustación, prueba.// Aspecto, traza, porte, presencia, facha, pinta, apariencia.

catafalco, túmulo.

catalejo, anteojo, telescopio.

catalepsia, inmovilidad, insensibilidad, suspensión.

catalogar, registrar, anotar, clasificar, archivar, ordenar, inventariar, inscribir.

catálogo, índice, repertorio, registro, nomenclador, lista, inventario, matrícula.

cataplasma, apósito, sinapismo, emplasto, fomento, parche.// Inútil, lento, torpe, inepto. *Ant.* Hábil, diestro, eficaz.

catar, probar, paladear, gustar, saborear, degustar.// Mirar, observar, registrar, juzgar, apreciar.

catarata, cascada, salto, chorro, torrente.// Enturbiamiento, telilla.

catarro, tos, resfrío.

catarsis, purificación, purga.

catastro, censo, empadronamiento, inscripción.// Estadística.

catástrofe, desastre, cataclismo, convulsión, destrucción.

catastrófico-ca, desastroso, devastador, asolador, calamitoso, desgraciado, aciago, adverso. *Ant.* Feliz, afortunado.

catecismo, doctrina, devocionario, prédica.// Base, rudimentos, abecé.

catecúmeno-na, seguidor, fiel.

cátedra, asignatura, materia, disciplina, estudio, ciencia.// Púlpito, aula, tribuna.

catedral, basílica, templo.

catedrático-ca, profesor, maestro, educador.

categoría, clase, rango, condición, jerarquía, grupo, género, tipo.// Calidad, supremacía, importancia.

categórico-ca, terminante, inapelable, absoluto, decisivo, preciso, imperioso, imperativo, concluyente. *Ant.* Impreciso, equívoco, incierto.

catequesis, catecismo, adoctrinamiento, enseñanza, instrucción, cristianización.

catequista, catequizador, educador, instructor.

catequizar, adoctrinar, cristianizar, enseñar, iniciar, preparar.// Aconsejar, convencer, persuadir. *Ant.* Disuadir.

caterva, muchedumbre, tropel, sinnúmero, fárrago, multitud, banda, cáfila, infinidad, montón, turba, canalla, chusma.

catinga, olor, hedor.

catolicismo, cristianismo, fe, catolicidad.

católico-ca, piadoso, fiel, cristiano, creyente. *Ant.* Infiel, hereje, ateo.

catre, camastro, yacija, lecho, petate, jergón, cama.

cauce, lecho, madre, conducto, canal, vaguada. *Par.* Cause.

caucho, goma, látex.

caución, precaución, garantía, obligación, cautela, seguridad, fianza. *Ant.* Imprevisión.

caudal, acervo, hacienda, fortuna, patrimonio, bienes, riqueza, capital.// Abundancia, cantidad.

caudaloso-sa, abundante, copioso, crecido, arrollador, ancho, ímpetuoso, rebosante. *Ant.* Pobre, escaso.

caudillaje, caudillismo, superioridad, autoridad, poder. *Ant.* Subordinación, sometimiento.

caudillo, jefe, conductor, adalid, guía, paladín, capitán, campeón, dirigente, señor. *Ant.* Subordinado, seguidor.

causa, motivo, fundamento, razón, principio, precedente, móvil. *Ant.* Efecto, consecuencia, resultado.// Proceso, caso, litigio.

causalidad, motivación, razón, conexión, imputabilidad, principio, origen, relación.

causante, promotor, perpetrador, culpable. *Ant.* Intrascendente.

causar, producir, provocar, crear, ocasionar, originar, suscitar, determinar, motivar, influir.

causticidad, mordacidad, malignidad, agudeza, malevolencia, animosidad. *Ant.* Bondad, benevolencia, dulzura.// Acidez, corrosión.

cáustico-ca, punzante, incisivo, fino, agudo, mordaz, satírico, agresivo, irónico, sutil, picante, áspero. *Ant.* Benévolo, moderado.

cautela, recato, circunspección, precaución, reserva, prudencia, cuidado, moderación, sensatez, cordura, juicio. *Ant.* Imprudencia.// Maña, astucia, sutileza, argucia. *Ant.* Inocencia, ingenuidad.

cautelar, prevenir, precaver, recelar.

cauteloso-sa, precavido, prevenido, previsor, cuidadoso, receloso, prudente, moderado. *Ant.* Descuidado, imprudente.// Taimado, fino, astuto, hipócrita. *Ant.* Ingenuo, inocente.

cauterización, escarificación, quemadura, cauterio.

cauterizar, detener, restañar, foguear, curar, atajar, escarificar.

cautivar, seducir, atraer, sojuzgar, dominar, influir, encantar, someter. *Ant.* Repeler, rechazar.// Apresar, capturar, detener, encadenar, aprisionar. *Ant.* Liberar.

cautiverio, encarcelamiento, sujeción, prisión, aprisionamiento, sojuzgamiento, esclavitud, confinación, sumisión. *Ant.* Libertad, liberación.

cautivo-va, sojuzgado, dominado, preso, detenido, encarcelado, encadenado, sometido, aprisionado, esclavizado, rehén, prisionero, sujeto. *Ant.* Libre, suelto.

cauto-ta, precavido, previsor, prudente, cauteloso, circunspecto, astuto. *Ant.* Imprudente.

cava, bodega.// Cueva, foso, hoyo.

cavar, socavar, ahondar, perforar, excavar, remover, azadonar, penetrar. *Ant.* Tapar, cubrir.

caverna, gruta, espelunca, cueva, cavidad.

cavernícola, atrasado, primitivo, retrógado. *Ant.* Progresista.

cavernoso-sa, bronco, sordo, ronco, oscuro, opaco. *Ant.* Claro, sonoro, cristalino.// Escondido, recóndito, profundo.

cavidad, seno, concavidad, agujero, vacío, hendedura, abismo, hoyo, brecha, hueco, cueva, nicho.

cavilar, pensar, meditar, razonar, reflexionar, deliberar, rumiar, ensimismarse, abstraerse, reconcentrarse, discurrir, abismarse.

caviloso-sa, pensativo, abstraído, reconcentrado, meditabundo, abismado, preocupado. *Ant.* Despreocupado, distraído.

cayado, bastón, báculo, palo, vara. *Par.* Callado.

caza, cacería, acoso, batida, persecución, partida.// Cinegética, montería, cetrería. *Par.* Casa.

cazador-ra, montero, perseguidor, trampero, acechador, venador, tirador, ojeador.

cazadora, chaqueta, pelliza, americana.

cazar, atrapar, perseguir, alcanzar, sorprender.// Montear, ojear, acosar, acorralar, cercar, acechar. *Ant.* Abandonar. *Par.* Casar.

cazuela, cacerola, paella, tartera, vasija, marmita.

cazurro-rra, callado, sigiloso, taciturno, cerrado, silencioso, astuto, huraño, insociable, taimado. *Ant.* Parlanchín, sociable, ingenuo.

cebar, engordar, sobrealimentar, sainar. *Ant.* Adelgazar.// Engolosinar, atraer, halagar, alentar, fomentar. *Ant.* Desanimar, desalentar.// **-se,** encarnizarse, vengarse, ensañarse. *Ant.* Perdonar.

cebo, carnada, señuelo.// Atractivo, aliciente, tentación, señuelo, incentivo, seducción.// Explosivo, detonante. *Par.* Sebo.

cebrado-da, listado, tigrado, manchado, rayado.

cecina, tasajo, salazón, adobo.

cedazo, tamiz, harnero, criba.

ceder, transferir, endosar, entregar, abandonar, dar, traspasar, trasladar, dejar. *Ant.* Apropiarse, tomar, recibir.// Conceder, consentir, conciliar, avenirse, capitular, acceder, transigir, condescender, pactar. *Ant.* Negar, resistir, rehusar.// Aflojar, disminuir, cesar, mitigar, cejar. *Ant.* Redoblar, aumentar.

cédula, documento, papeleta, carné, tarjeta, rúbrica.

céfiro, brisa, aura, soplo, airecillo, hálito, corriente.

cegador-ra, deslumbrante, enceguecedor, reluciente, fascinante. *Par.* Segador.

cegar, enceguecer, ensombrecer, oscurecer, eclipsar. *Ant.* Iluminar.// Encandilar, deslumbrar, ilusionar, pasmar, ofuscar.// Obstruir, tapar. *Par.* Segar.

cegato-ta, ciego.

ceguera, ceguedad, ablepsia.// Ofuscación, obcecación, oscurecimiento, alucinación, deslumbramiento. *Ant.* Clarividencia, sensatez, prudencia.

ceja, borde, resalto, saliente.

cejar, ceder, aflojar, flaquear, abandonar, transigir, consentir. *Ant.* Resistir.// Retroceder, replegarse, recular.

celada, casco, yelmo.// Trampa, emboscada, asechanza, fraude, engaño.

celador-ra, guardián, vigilante, sereno, cuidador, tutor, preceptor.

celaje, nubosidad, nebulosidad.

celar, encubrir, tapar, ocultar, disimular. *Ant.* Mostrar.// Cuidar, velar, atisbar, espiar, observar, acechar. *Ant.* Descuidar.

celda, calabozo, encierro, prisión, mazmorra.// Cámara, cuarto, aposento.

celebración, festejo, aplauso, ceremonia, encarecimiento, conmemoración, solemnidad, evocación, gala.

celebrante, oficiante, sacerdote.

celebrar, elogiar, encomiar, encarecer, aplaudir, alabar, ensalzar, ponderar, glorificar, enaltecer. *Ant.* Criticar, humillar.// Decir misa, consagrar, venerar, oficiar.// Festejar, solemnizar, recordar. *Ant.* Olvidar.

célebre, ilustre, reputado, conocido, famoso, renombrado, glorioso, distinguido. *Ant.* Desconocido.

celebridad, renombre, reputación, notoriedad, popularidad, consideración, nombre, fama, boga, aplauso. *Ant.* Impopularidad, desconocimiento.

celeridad, rapidez, presteza, prontitud, actividad, vivacidad, diligencia, velocidad. *Ant.* Tardanza, parsimonia, lentitud.

celestial, paradisíaco, beatífico, divino, seráfico, bienaventurado. *Ant.* Infernal, terrenal.// Delicioso, encantador, agradable, perfecto. *Ant.* Repugnante, desagradable, repelente.

celestina, alcahueta, tercera, mediadora, encubridora, proxeneta.

celibato, soltería. *Ant.* Casamiento.

célibe, soltero, núbil. *Ant.* Casado.

celo, preocupación, diligencia, interés, actividad, asiduidad, entusiasmo, afán, ahínco, eficacia, eficacia, perseverancia, cuidado. *Ant.* Descuido, desinterés.// Libido, atracción, sexualidad. *Ant.* Frialdad.

celos, desconfianza, duda, sospecha, rivalidad, pasión, recelo, suspicacia. *Ant.* Confianza.

celosía, persiana, reja, enrejado, mirilla.

celoso-sa, desconfiado, receloso, atormentado. *Ant.* Seguro, confiado.// Enamorado, encelado.// Cumplidor, diligente, solícito. *Ant.* Descuidado, displicente.

célula, cavidad, celda, seno.// Elemento, átomo.

celular, penitenciario, carcelario.

cementerio, camposanto, necrópolis.

cemento, argamasa, mortero, cal.

cena, comida, colación.

cenador, quiosco, emparrado, glorieta, pérgola. *Par.* Senador.

cenagal, fangal, lodazal, barrizal, pantano.

cenar, comer.

cencerrada, ruido, alboroto, bulla, escándalo.

cencerro, campanilla, esquila.

cenefa, orla, ribete, orillo, borde, fleco, viñeta. *Ant.* Centro.// Bordado, encaje, adorno.

cenicienta, desdeñada, separada, despreciada. *Ant.* Predilecta, favorita.// Criada, fregona.

ceniciento-ta, gris, grisáceo, borroso, oscuro.

cenit, cúspide, culminación, prosperidad. *Ant.* Decadencia.// Mediodía. *Ant.* Nadir.

ceniza, pavesa, polvo, residuo, escoria.// **-s,** despojos, restos, residuos.

cenobita, monje, ermitaño, anacoreta, eremita, solitario.

censo, registro, padrón, empadronamiento, inventario, catastro, lista.

censor-ra, crítico, exigente, severo, criticón, murmurador. *Ant.* Defensor.// Magistrado, interventor, examinador. *Par.* Sensor.

censura, crítica, juicio, examen, reprimenda, reprobación, vituperio. *Ant.* Elogio, alabanza.// Murmuración, condena, severidad.

censurable, vituperable, criticable, indigno, condenable. *Ant.* Loable, elogiable.

censurar, castigar, sermonear, reprender.// Criticar, analizar, condenar, desaprobar, reprobar. *Ant.* Elogiar, alabar.// Tachar, tildar, suprimir, borrar. *Ant.* Autorizar, permitir.

centella, rayo, exhalación.// Chispa.

centelleante, brillante, esplendente, radiante, refulgente, vivo, deslumbrador, resplandeciente, fosforescente, luminoso, chispeante, fulgurante, rutilante. *Ant.* Apagado, opaco, deslucido, oscuro.

centelleo, brillo, fulgor, llamarada, resplandor, fosforescencia. *Ant.* Oscuridad, opacidad.

centena, centenar, ciento.

centenario, centuria.// **-ria,** viejo, anciano, antiquísimo, vetusto.

céntimo, centavo, centésimo.

centinela, guardia, custodio, vigilante, guardián, observador, cuidador.// Guardia, imaginaria, vigilia.

centrado-da, equidistante, medio, central, centralizado, céntrico. *Ant.* Periférico, alejado.// Correcto, juicioso, acertado, conveniente, competente. *Ant.* Disparatado, desmedido, alocado.

central, centrado, céntrico, interior. *Ant.* Periférico, descentrado.// Capital, corazón, núcleo, base, cuna, matriz. *Ant.* Sucursal.

centralismo, centralización. *Ant.* Separación, federalismo.

centralizar, agrupar, reunir, dependizar, concentrar, centrar, monopolizar. *Ant.* Descentralizar, desconcentrar, independizar.

céntrico-ca, frecuentado, concurrido, animado.// Central, interior. *Ant.* Periférico, distante.

centro, corazón, eje, núcleo, foco.// Mitad, medio. *Ant.* Contorno, periferia.// Sociedad, club, asociación, agrupación.// Finalidad, objeto.

centuria, siglo.

ceñidor, sujetador, cinturón, cinta, faja, corsé.

ceñir, ajustar, rodear, abarcar, cercar, estrechar, oprimir. *Ant.* Soltar, aflojar.// **-se,** circunscribirse, limitarse, atenerse.

ceño, entrecejo, disgusto, enfado.

ceñudo-da, cejijunto, adusto, malhumorado, hosco. *Ant.* Alegre.

cepa, tronco, raíz, origen, vid.// Raza, linaje, abolengo, raza, familia, estirpe, sangre, nacimiento. **Par.** Sepa.

cepillar, limpiar, asear, barrer, pulir, pulimentar, suavizar, lijar, afinar.

cepillo, escobilla, escobita, almohaza, limpiador, pulidor, brocha.

cepo, emboscada, trampa, celada, asechanza, anzuelo.// Tortura, mordaza.

cerámica, loza, barro, arcilla, mayólica, terracota, vasija.// Alfarería.

ceramista, alfarero.

cerbatana, canuto, tubo.

cerca, junto, cercano, próximo, inmediato, vecino, adyacente, contiguo.// **Ant.** Lejos, remoto, remotamente.// Vallado, tapia, empalizada, valla, cercado, seto, barrera.

cercado, coto, recinto, vedado, corral.// Cerca, seto, vallado.

cercanía, proximidad, inmediaciones, aledaños, vecindad, contorno, alrededores.// Aproximación, semejanza.

cercano-na, aproximado, contiguo, vecino, limítrofe, aledaño, colindante. **Ant.** Alejado, distante, lejano.// Semejante, parecido. **Ant.** Distinto, diferente.

cercar, rodear, circunvalar, ceñir, empalizar, acordonar, vallar.// Sitiar, hostigar, confinar. **Ant.** Liberar.

cercenar, quitar, mutilar, seccionar, extirpar, rebanar, truncar, amputar, talar. **Ant.** Unir.// Abreviar, suprimir, tachar, disminuir, reducir, acortar. **Ant.** Ampliar, aumentar.

cerciorarse, asegurarse, corroborar, confirmar, afirmar, justificar. **Ant.** Dudar, vacilar.

cerco, círculo, perímetro, circunferencia, corro.// Marco, valla.// Asedio, sitio. **Ant.** Liberación, desbloqueo.

cerda, marrana, chancha.// Hebra, pelo, crin, filamento.

cerdo, puerco, chancho, marrano, cochino, verraco.// Sucio, desaseado, desprolijo. **Ant.** Limpio, prolijo.

cerdoso-sa, peludo, áspero, hirsuto. **Ant.** Suave, calvo.

cereal, grano, simiente, mies.

cerebral, intelectual, sesudo, racional, razonador. **Ant.** Sentimental, apasionado.

cerebro, seso, sesos, mente.// Inteligencia, capacidad, talento, intelecto, cacumen. **Ant.** Torpeza, incapacidad.

ceremonia, solemnidad, pompa, aparato, celebración, gala, fiesta, conmemoración, culto, festividad.// Además, manera, reverencia, cortesía, pleitesía, saludo, honor. **Ant.** Grosería, descortesía.

ceremonial, rito, formalidad, uso, costumbre.

ceremonioso-sa, afectado, formal, protocolar, solemne, ampuloso. **Ant.** Natural, simple, sencillo.

cerilla, fósforo.

cernedor, criba, cedazo.

cerner, cribar, colar, tamizar, separar.// Afinar, depurar, limpiar, purificar. **Ant.** Mezclar.// **-se,** planear, sobrevolar, mantenerse.

cero, nada, nulidad, nulo, inútil.// Ausencia, carencia. **Ant.** Totalidad.

cerrado-da, obstruido, sellado, tapado, cegado, ocluido, tabicado, atrancado. **Ant.** Abierto.// Torpe, negado, incapaz, obtuso. **Ant.** Inteligente, capaz.// Nublado, encapotado, entoldado, tempestuoso, cubierto. **Ant.** Claro, despejado. **Par.** Serrado.

cerradura, cerramiento, cierre, candado, tranca, cerrojo, pasador, falleba.

cerrar, clausurar, tapiar, obturar, obstruir, atrancar, condenar, sellar. **Ant.** Abrir, destapar.// Acabar, terminar, finalizar. **Ant.** Empezar.// Cicatrizar, sanar.// Doblar, plegar. **Ant.** Abrir. **Par.** Serrar.

cerrazón, oscuridad, nubosidad.

cerril, salvaje, arisco, huraño, rústico, indómito, montaraz, agreste. **Ant.** Civilizado, instruido, culto.// Negado, torpe, obstinado, terco. **Ant.** Sensato, inteligente.

cerro, elevación, altura, monte, colina, otero, altozano, eminencia, collado. **Ant.** Depresión, llanura.

cerrojo, candado, pasador, pestillo, falleba.

certamen, concurso, torneo, justa, campeonato, competición.// Muestra, exposición.

certero-ra, preciso, hábil, acertado, seguro, firme, exacto. **Ant.** Equivocado, inseguro, vacilante, impreciso, errado, desacertado.

certeza, seguridad, certidumbre, convencimiento, convicción, evidencia. **Ant.** Inseguridad, incertidumbre.

certidumbre, certeza, seguridad. **Ant.** Incertidumbre.

certificado, documento, prueba, título, testimonio, garantía, certificación.

certificar, asegurar, atestiguar, documentar, testimoniar, confirmar, probar, legalizar. **Ant.** Desautorizar, invalidar.

cerval, cervuno.// Espantoso, horrible, pavoroso.

cervecería, bar, taberna.

cerviz, nuca, cuello, cogote, testuz.

cervuno-na, cerval.// Castaño, pardo, oscuro, zaino. **Ant.** Claro.

cesación, interrupción, detención, paro, cese, suspensión, descanso, aplazamiento. **Ant.** Continuación, vigencia, continuidad.

cesante, suspendido, desocupado, despedido, inactivo, destituido. **Ant.** Ocupado, juicioso.

cesantía, suspensión, cese, interrupción, despido, destitución.

cesar, concluir, terminar, suspender, acabar, finalizar, interrumpir, detener. **Ant.** Continuar, comenzar.// Abandonar, aflojar, renunciar. **Ant.** Trabajar.

cese, reposo, huelga, pausa, baja, detención. **Ant.** Actividad, continuidad.// Interrupción, discontinuación. **Ant.** Continuación.

cesión, transferencia, transmisión, otorgamiento, entrega, traspaso, donación, préstamo. **Ant.** Retención, usurpación. **Par.** Sesión.

césped, hierba, pasto, verde, prado.

cesta, cesto, canasta, espuerta, banasta, capacho.

cetrería, caza.

cetrino-na, verdoso, amarillento, aceitunado, tostado, oscuro, oliváceo. **Ant.** Claro, blanco.// Triste, taciturno, melancólico. **Ant.** Alegre, divertido.

cetro, vara, insignia, bastón, caduceo.// Gobierno, poder, reino, reinado, soberanía, mando, superioridad, preeminencia. **Ant.** Subordinación.

chabacanería, vulgaridad, ordinariez, chocarrería. **Ant.** Elegancia, distinción.

chabacano-na, ordinario, vulgar, soez, chocarrero, tosco. **Ant.** Elegante, distinguido.

chabola, rancho, choza, barraca, cabaña, bohío.

cháchara, charlatanería.

chacharear, charlar.

chacina, cecina.

chacó, morrión, quepis.

chacota, burla, chanza.// Barullo, jolgorio, jarana. **Ant.** Tranquilidad, seriedad, gravedad.

chafallón-na, chapucero.

chafar, aplastar, estropear, arruinar, deslucir.

chafarrinar, ensuciar, embadurnar, manchar. **Ant.** Limpiar, asear.

chafarrinón, mancha, borrón.

chaflán, esquina, bisel.

chaira, cuchilla, lezna.

chal, pañoleta, mantón, manto.

chalado-da, enamorado, acaramelado.// Extravagante, trastornado. **Ant.** Sensato, juicioso.

chaladura, aturdimiento, chifladura, extravagancia. **Ant.** Cordura, sensatez.// Enamoramiento.

chalar, trastornar, aturdir, enloquecer.// Enamorar.

chaleco, chaquetilla.

chalina, pañuelo, chal.

chalupa, bote, lancha, canoa, batel.

chambergo, sombrero.

chambón-na, torpe, chapucero. **Ant.** Hábil, diestro.

chambonada, desacierto, chapucería.

champiñón, hongo.

chamuscar, quemar, tostar, dorar.

chamusquina, tostadura, quemadura.// Riña, pelea.

chancear, burlar, bromear.

chanchullero-ra, tramposo, intrigante.

chanchullo, trampa, lío, embrollo, enredo.

chancleta, pantufla, zapatilla, alpargata, chinela, sandalia.

chanclo, zueco, chapín.

chantaje, extorsión, coacción, presión, amenaza.

chanza, burla.

chapa, placa, hoja, plancha, lámina.

chapado-da, recubierto, laminado.// Avezado, acostumbrado.

chapar, laminar, recubrir.

chaparro-rra, gordo, rechoncho. Ant. Esbelto, longilíneo.

chaparrón, llovizna, aguacero, chubasco.

chapitel, capitel, voluta.// Coronación, cabeza, punta.

chapotear, chapalear, salpicar, rociar, humedecer.

chapoteo, chapaleo, mojadura, rocío.

chapucear, frangollar, embrollar.

chapucería, tosquedad, imperfección.

chapucero-ra, remendón, torpe, desmañado, tosco. Ant. Hábil.

chapurrear, farfullar, tartamudear.

chapuzar, zambullirse, sumergirse.

chapuzón, zambullida.

chaqueta, americana, cazadora.

charanga, banda.

charco, hoyo, charca, bache.

charla, conversación, habla, parloteo.

charlar, conversar, platicar, disertar, hablar, parlotear, dialogar.

charlatán-na, hablador, parlanchín, locuaz, conversador. Ant. Callado, reservado.// Embaucador, embustero, impostor. Ant. Veraz.

charlatanería, verborragia, locuacidad, palabrerío. Ant. Moderación.

charolar, abrillantar, lustrar.

charretera, insignia, hombrera, trencilla, alamar.

charro-rra, vulgar, chabacano.// Recargado, barroco.

chascarrillo, cuento, chiste.

chasco, engaño, burla, desilusión, desengaño, fiasco, desencanto, decepción.

chasis, armazón, bastidor, esqueleto, montura, soporte.

chasquear, burlar, engañar.// Restallar.

chasquido, restallido, estallido.

chatarra, escoria, desperdicio.

chato-ta, romo, aplastado, plano.

chequeo, examen, reconocimiento, control.

chic, elegancia, distinción. Ant. Ordinariez, vulgaridad.// Elegante, distinguido. Ant. Tosco, rudo, torpe.

chicharra, timbre.

chichón, hinchazón, hematoma, bulto.

chico-ca, pequeño, bajo, minúsculo, corto. Ant. Grande, alto.// Niño, adolescente, joven, mocoso, muchacho. Ant. Adulto.

chiflado-da, loco, extravagante, trastornado. Ant. Cuerdo, sensato, sereno.

chifladura, locura, obsesión, manía, capricho. Ant. Sensatez, cordura.

chiflar, silbar, desaprobar, burlarse.// -se, enloquecer, trastornarse.

chillar, gritar, aullar.

chillido, grito, alarido.

chillón-na, gritón, escandaloso, vocinglero.// Agudo, penetrante.// Recargado, barroco, estridente, llamativo.

chimenea, hogar, fogón.

chinchorro, embarcación, chalupa, barquichuela.

chinela, chancleta, pantufla, zapatilla.

chingar, arruinar, estropear.

chiquero, porqueriza, pocilga, cuadra.

chiquillada, chiquillería, niñería, puerilidad, travesura.

chiquillería, chiquillada.

chiquillo, niño.

chirimbolo, trasto, bártulo, cachivache, cacharro, pertenencia.

chiripa, suerte, fortuna, casualidad, acierto.

chirlo, corte, cicatriz.

chirona, prisión, cárcel.

chirriar, rechinar, crujir.

chirrido, crujido, chillido, estridencia, crepitación.

chisme, cuento, murmuración, habladuría, comadreo, comidilla, patraña.

chismoso-sa, calumniador, cuentero, intrigante. Ant. Veraz.

chispa, centella, rayo, descarga.// Ingenio, vivacidad.

chispazo, destello, fogonazo, llamarada.

chispeante, ingenioso, gracioso, ocurrente, agudo, expresivo, brillante, decidor, vivo, penetrante.// Relampagueante, centelleante.

chispear, brillar, relucir, refulgir.// Lloviznar.

chistar, silbar, sisear.

chiste, broma, agudeza, ingeniosidad, chascarrillo, cuento, gracia, ocurrencia.

chistoso-sa, gracioso, ingenioso, burlón, humorista.

chivato, delator, confidente, soplón, acusón.

chivo, cabrito, cabrón, macho cabrío.

chocante, sorprendente, maravilloso, extraño, curioso, raro, original.

chocar, topar, colisionar, golpear, abordar, encontrar.

chocarrería, chabacanería, chuscada, obscenidad.

chocarrero-ra, chusco, burlón, chistoso, chabacano.

chochear, caducar, envejecer.

chochez, senilidad, envejecimiento, caducidad, atontamiento.

chocho-cha, caduco, lelo, viejo, senil. Ant. Joven.

chofer, conductor, automovilista.

choque, encuentro, golpe, colisión, topetazo, sacudida.// Enfrentamiento, discusión, conflicto, riña.

chorlito, tonto, lelo, distraído.

chorrear, gotear, perder, salir, brotar, fluir.

chorro, salida, hilo, efusión, pérdida, borbotón, manantial.

choza, cabaña, casucha, rancho, casilla, barraca.

chubasco, llovizna, aguacero, chaparrón.

chuchería, fruslería, insignificancia, baratija, bagatela.

chulo, bravucón, rufián, valentón, jactancioso.// Fatuo, lindo, coquetón, presumido.

chupado-da, consumido.

chupar, succionar, sorber, extraer, aspirar, tragar.

churrasco, asado, bistec, carne, chuleta.

churro, fritura, buñuelo.

churrete, mancha, chafarriñón.

chusco-ca, chistoso, gracioso, agudo, ocurrente, bromista.

chusma, gentuza, vulgo, masa, plebe, populacho.

chuzo, palo, pico, lanza.

cianosis, azulamiento, lividez, ennegrecimiento.

ciática, neuralgia.

cibernética, computación.

cicatear, mezquinar, regatear.

cicatería, ruindad, sordidez, mezquindad, avaricia.

cicatero-ra, avaro, mezquino, miserable, tacaño, roñoso, interesado. Ant. Generoso.

cicatriz, costurón, marca, señal, sutura, herida.// Recuerdo, sensación. Ant. Olvido.

cicatrizar, cerrar, curar, secar, sanar. Ant. Abrir.// Olvidar, tranquilizar, calmar. Ant. Recordar, angustiar.

cicerone, acompañante, guía, baquiano, intérprete.// Entendido, conocedor. Ant. Ignorante .

cíclico-ca, periódico, constante, sucesivo.

ciclo, época, período, duración.// Fase, serie, repetición.

ciclón, huracán, vendaval, torbellino, tromba, tornado, tifón, tormenta. Ant. Bonanza.

cíclope, gigante, coloso, monstruo.

ciclópeo-a, enorme, gigantesco, colosal, desmesurado. Ant. Insignificante, pequeño.

ciego-ga, cegato, cegado, invidente. Ant. Vidente.// Ofuscado, alucinado, vehemente, obcecado. Ant. Sereno, cuerdo, comprensivo, razonable.// Taponado, atascado, obstruido. Ant. Desatascado. Par. Siego.

cielo, firmamento, atmósfera, éter, infinito, cosmos. Ant. Tierra.// Edén, paraíso, gloria, bienaventuranza, empíreo, beatitud. Ant. Infierno, condenación.

cien, centenar. *Par.* Sien.

ciénaga, fangal, barrizal, lodazal, pantano, atascadero, charca, tremedal.

ciencia, sabiduría, conocimiento, saber, doctrina, dogma, teoría. *Ant.* Ignorancia, incultura.// Maestría, habilidad, arte. *Ant.* Desmaño.

cieno, barro, lodo, fango, sedimentos, limo, suciedad.

científico-ca, teórico, conocedor, sabio, intelectual, investigador, perito, experto, especialista. *Ant.* Ignorante.

cierne, iniciación, principio, comienzo, inminencia, preparación.// Inexperiencia.

cierre, cerramiento, clausura, oclusión, cese, suspensión, interrupción. *Ant.* Apertura, comienzo.// Cerradura, cerrojo, candado, pasador.

cierto-ta, seguro, verdadero, indudable, incuestionable, real, evidente, verídico, auténtico, irrefutable, innegable. *Ant.* Incierto, inseguro, dudoso.

ciervo, corzo, gamo, venado. *Par.* Siervo.

cifra, número, signo, guarismo, símbolo, cantidad, representación.// Suma, compendio, resumen.// Clave.// Sigla, abreviatura.

cifrado-da, secreto, misterioso, oscuro, criptográfico, enigmático, incomprensible. *Ant.* Claro, comprensible, entendible.

cifrar, abreviar, compendiar, resumir, limitar, reducir.// Transcribir.// Numerar.

cigarrera, pitillera, petaca, cajetilla.

cigarro, habano, puro, tagarnina, tabaco.

cigüeña, zancuda.// Manivela, cigoñal.

cigüeñal, eje, árbol.

cilicio, suplicio, mortificación, tortura, tormento, penitencia, disciplina.

cilindrar, moldear, comprimir.

cilindro, tambor, rollo, rodillo, rulo, columna, tubo.

cima, cúspide, punta, pináculo, cumbre, pico, vértice, corona, ápice, altura. *Ant.* Sima, hondonada, profundidad.// Apogeo, culminación, *Ant.* Decadencia, ocaso, caída. *Par.* Sima.

cimarrón-na, salvaje, montaraz, montés, indómito, arisco.

címbalo, platillos, campanilla.

cimbreante, ondulante, flexible, movedizo. *Ant.* Rígido, duro.

cimbrear, vibrar, doblarse, flexionarse, contonearse. *Ant.* Endurecerse.

cimentación, base, sustentación.

cimentar, establecer, fundar, afirmar, fundamentar, instituir, asentar.

cimera, penacho, plumero, adorno, remate.// Casco, yelmo, morrión.

cimiento, base, sustentación, fundamento, basamento, sostén, soporte, apoyo, causa, motivo. *Ant.* cima.

cincel, cortafrío, cortadera, buril, escoplo.

cincelado, cinceladura, grabado, repujado.

cinceladura, bajorrelieve, relieve, talla.

cincelar, burilar, tallar, grabar, cortar, esculpir.

cincha, faja, sujetar, ceñir, ajustar. *Ant.* Aflojar, soltar.

cinchar, faja, sujetar, ceñir, ajustar. *Ant.* Aflojar, soltar.

cine, sala, local, salón, cinematógrafo.

cineasta, cinéfilo, realizador.

cinegética, caza, cacería, montería.

cinematografía, obra, cinematógrafo, cine.

cinematografiar, filmar, rodar.

cíngaro-ra, gitano.

cínico-ca, descreído, descarado, insolente, impúdico, inmoral, obsceno, desfachatado, despreciativo. *Ant.* Vergonzoso, decente.

cinismo, impudicia, descreimiento, procacidad, insolencia, desvergüenza, impudor, desfachatez, descaro, irreverencia, sarcasmo.

cinta, banda, tira, ribete, faja, cordón.// Fila, película.

cinto, cinturón, correa, ceñidor.

cintura, talle.

cinturón, cinto, sujetador, ceñidor, correa, faja, cincha.

cipayo, mercenario.

circense, ridículo, vulgar, gracioso, divertido, grotesco.

circo, arena, redondel, hemiciclo, pista, coliseo, estadio.// Exhibición, fiesta, espectáculo, entretenimiento, diversión.

circuir, rodear, circunvalar, cercar, amurallar.

circuito, círculo, recinto, vuelta, contorno, perímetro, giro, ciclo.

circulación, movimiento, locomoción, tránsito, desplazamiento.// Difusión, transmisión. *Ant.* Quietud, paro.

circular, moverse, trasladarse, deambular, pasar, andar, recorrer, pasear, transitar. *Ant.* Detenerse, aquietarse.// Divulgarse, expandirse, propagarse, difundirse. *Ant.* Silenciarse.

circular, nota, notificación, documento, mensaje, disposición, comunicación, informe.// Redondo, curvo, orbital.

círculo, redondez, disco, circuito, aureola, órbita.// Ámbito, ambiente, // Club, asociación, sociedad, casino.

circuncidar, moderar, rebajar, disminuir. *Ant.* Aumentar.// Cercenar, mutilar.

circuncisión, corte, sección, amputación, mutilación.

circundar, circuir, rodear, circunvalar, circunscribir, ceñir, sitiar.

circunferencia, contorno, circuito.

circunloquio, vuelta, rodeo, perífrasis, ambages, evasiva, indirecta.

circunnavegación, periplo.

circunscribir-se, limitar, ceñir, restringir, ajustar, amoldar, reducir, concretar, cerrar. *Ant.* Ampliar.

circunscripción, zona, región, distrito, barrio, demarcación.// Reducción, limitación, resumen, límite, restricción. *Ant.* Ampliación, aumento.

circunscrito-ta, limitado, restringido. *Ant.* Ampliado, aumentado.

circunspección, discreción, precaución, reserva, prudencia, cautela, cordura, seriedad, mesura, compostura, decoro. *Ant.* Indiscreción, imprudencia, locuacidad.

circunspecto-ta, callado, reservado, discreto, formal, prudente, cauteloso, mesurado, cuerdo, grave. *Ant.* Locuaz, imprudente, indiscreto.

circunstancia, coyuntura, eventualidad, coincidencia, motivo, ocurrencia, caso, ocasión, situación, particularidad.// Ambiente, situación, ámbito.

circunstancial, eventual, accidental, casual, incidental, ocasional. *Ant.* Seguro, fijo, duradero, premeditado, intencionado, deliberado.

circunstanciar, detallar, especificar, pormenorizar. *Ant.* Generalizar.

circunstantes, presentes, asistentes, concurrentes.

circunvalación, rodeo, vuelta, periplo.

circunvalar, circundar, circuir, rodear, cercar, ceñir, evitar.

circunvolución, vuelta, protuberancia.

cirio, vela, bujía, candela, hacha.

ciruja, vagabundo, mendigo.

cirujano, operador.

cisco, carboncillo.// Alboroto, bulla, pendencia, gritería.

cisma, división, separación, ruptura, corte, escisión, rompimiento. *Ant.* Unidad.// discordia, disentimiento, hostilidad. *Ant.* Concordia.

cisterna, depósito, aljibe, pozo.

cisura, abertura, corte, rotura. *Ant.* Cierre.

cita, entrevista, encuentro, invitación.// Prueba, testimonio, alusión, ejemplo, nota, referencia, verificación., *Par.* Sita.

citación, llamamiento, requerimiento, orden, convocatoria, emplazamiento, intimación, notificación.

citado-da, convocado, llamado.// Mencionado, aludido, antedicho, nombrado.

citar, llamar, convocar, notificar, requerir, emplazar.// Aludir, mencionar, nombrar.// -se, reunirse, encontrarse, visitarse.

cítara, lira, laúd.

citerior, de acá, aquende. *Ant.* Allende, posterior.

ciudad, urbe, población, metrópoli, localidad, municipio.

ciudadanía, nacionalidad.// Civismo, civilidad.

ciudadano-na, vecino, natural, habitante, residente, domiciliado, poblador.// Municipal, urbano, céntrico. *Ant.* Campesino, pueblerino.// Elector, votante.

ciudadela, fortaleza, baluarte, fortificación, fuerte.

cívico-ca, patriota, civil, ciudadano, político. **Ant.** Incivil.// Amable, cortés. **Ant.** Grosero, maleducado.

civilidad, honradez, cortesía, afabilidad.

civilización, progreso, cultura, ilustración, refinamiento, adelanto. **Ant.** Barbarie, incultura.

civilizado-da, culto, refinado, educado, pulido, cultivado, delicado. **Ant.** Rústico.

civilizar, instruir, mejorar, educar, cultivar, ilustrar, pulir, refinar.

civismo, patriotismo, ciudadanía, lealtad, conciencia, responsabilidad.

cizaña, enemistad, discordia, odio, hostilidad, disensión, desavenencia. **Ant.** Amor, concordia.

cizañero-ra, envenenador, pendenciero, azuzador.

clamar, gritar, quejarse, gemir, lamentarse, dolerse.// Exigir, reclamar, pedir, implorar, rogar, suplicar.

clamor, queja, grito, lloriqueo, gimoteo, gemido, lamentación, lamento.// Ruido, clamoreo, estruendo, vocería, gritería. **Ant.** Silencio.

clan, pandilla, banda, facción, partido.// Familia, tribu, agrupación, grupo.

clandestinidad, ocultación, secreto, reserva, anonimato.// Ilegalidad.

clandestino-na, secreto, oculto, reservado, furtivo, subrepticio, encubierto.// Ilegítimo, ilegal. **Ant.** Legítimo, legal.

claque, barra, aplauso, adulación.

clara, albúmina, citoplasma.

claraboya, tragaluz, lucerna.

clarear, alborear, amanecer, aclarar. **Ant.** Oscurecer, anochecer.// Transparentar, traslucir.

claridad, luz, resplandor, luminosidad, brillo, fulgor. **Ant.** Negrura, oscuridad.// Sinceridad, franqueza, espontaneidad. **Ant.** Falsedad.// Lucidez, precisión. **Ant.** Confusión, imprecisión.

clarificar, dilucidar, desentrañar, explicar, aclarar. **Ant.** Complicar, confundir.// Purificar, purgar, limpiar, refinar, acrisolar, depurar. **Ant.** Ensuciar, mezclar.// Iluminar. **Ant.** Oscurecer.

clarividencia, comprensión, discernimiento, tacto, sagacidad, inteligencia, talento, intuición, adivinación. **Ant.** Incapacidad, ceguedad, ofuscación.

clarividente, sagaz, inteligente, intuitivo, agudo, perspicaz, lúcido, sensible. **Ant.** Torpe, ofuscado, tonto, ciego, enceguecido.

claro-ra, limpio, puro, neto, límpido, cristalino, transparente, nítido. **Ant.** Opaco, oscuro.// Luminoso, soleado, despejado, diáfano, radiante. **Ant.** Nublado, encapotado.// Llano, liso, inteligible, comprensible, legible, fácil, cierto, palmario, palpable, evidente, patente, manifiesto, incontestable, positivo, notorio, indudable, seguro. **Ant.** Incomprensible, confuso.// Perspicaz, agudo.// Ilustre, insigne, famoso. **Ant.** Desconocido.

claro, hueco, espacio, intervalo, intermedio.// Abertura, claraboya.

claroscuro, contraste.

clase, lección, asignatura, cátedra, estudio, disciplina.// Sala, salón, aula.// Especie, grupo, familia, orden, género, variedad.// Naturaleza, calaña, categoría, jerarquía, calidad, índole.// Idiosincrasia, carácter.

clasicismo, preceptismo, tradicionalismo, antigüedad, academicismo, pureza, tradición.

clásico-ca, notable, leído, conocido, principal. **Ant.** Desconocido.// Imitable, magistral, perfecto, insuperable. **Ant.** Chabacano.// Tradicional, antiguo, renacentista, conservador. **Ant.** Moderno.

clasificación, encasillamiento, ordenación, catalogación, organización, regularización. **Ant.** Desorganización.

clasificar, separar, archivar, ordenar, encasillar, catalogar, disponer, coordinar, agrupar, organizar, registrar. **Ant.** Desordenar, desorganizar, juntar, mezclar.

claudicación, entrega, dimisión, sometimiento, transigencia, renuncia, rendición. **Ant.** Resistencia, rebeldía.

claudicar, ceder, transigir, someterse, avenirse, desistir, entregarse, retractarse. **Ant.** Insistir, resistir, luchar, rebelarse, empecinarse.

claustro, cenobio, convento, monasterio, crujía, patio, corredor, galería.// Clausura, encierro, reclusión, retiro.// Junta, personal docente, cuerpo.

cláusula, artículo, disposición, apartado, condición, requisito, estipulación.// Oración.

clausura, cierre, terminación, cese, conclusión. **Ant.** Apertura, comienzo.// Enclaustramiento, retiro, claustro, encierro, aislamiento.

clausurar, cerrar, terminar, concluir, finalizar. **Ant.** Abrir, inaugurar.

clavado-da, adecuado, exacto, proporcionado, cabal, puntual.// Sujeto, fijo, incrustado, hundido. **Ant.** Libre, suelto.

clavar, enclavar, hundir, hincar, fijar, introducir, asegurar, pinchar, sujetar, meter. **Ant.** Desclavar, sacar, soltar, desenclavar.// Engañar, estafar.

clave, combinación, secreto, cifra, quid, explicación, solución.

clave, clavicordio.

clavetear, clavar, martillear.

clavícula, islilla.

clavija, sujetador, eje, barra, espiga.

clavo, punta, hierro, tachuela, pincho.// Perjuicio, daño, preocupación, molestia.

claxón, bocina.

clemencia, piedad, conmiseración, benevolencia, humanidad, indulgencia, compasión, misericordia. **Ant.** Inhumanidad, crueldad, rigor.

clemente, piadoso, indulgente, favorable, propicio, benigno, misericordioso, bueno. **Ant.** Cruel, severo, inclemente, duro.

cleptomanía, robo.

clerical, sacerdotal, religioso. **Ant.** Anticlerical.

clérigo, sacerdote, cura, eclesiástico.

clero, clerecía, curia.

cliente, comprador, consumidor, usuario, consumidor, interesado.

clientela, concurrencia, público.

clima, ambiente, condiciones, temperatura, circunstancia.// Climatología, meteorología.

climaterio, cambio, alteración, transformación, cese.

climático-ca, climatológico.

clímax, escala, gradación.// Erección, orgasmo.// Auge, apogeo, culminación. **Ant.** Degradación.

clínica, dispensario, policlínico, sanatorio.

clip, broche.

clisé, tópico.// Plancha, placa, reproducción, grabado.

cloaca, caño, sumidero, albañal, alcantarilla.

cloroformizar, adormecer, anestesiar, insensibilizar.

cloroformo, narcótico, anestésico, sedante.

clown, payaso, bufón.

club, asociación, agrupación, círculo, casino, peña, tertulia, sociedad, centro, ateneo.

clueco-ca, achacoso, viejo, caduco. **Ant.** Lozano, juvenil.

coacción, fuerza, violencia, coerción, presión, obligación, compulsión, amenaza, imposición, chantaje, conminación.

coaccionar, obligar, forzar, presionar, amenazar, imponer, apremiar, acosar, violentar, chantajear.

coactivo-va, apremiante.

coadjutor, párroco, sacerdote, vicario, ayudante, auxiliar.

coadyuvar, contribuir, auxiliar, asistir, cooperar, secundar, ayudar.

coagulación, cuajamiento, condensación.

coagular-se, condensar, congelar, espesar, cuajar, solidificar, helar, solidificar. **Ant.** Licuar.

coágulo, cuajarón, grumo, condensación, espesamiento.

coalición, liga, alianza, confederación, unión, asociación. **Ant.** Separación, desunión.

coartada, subterfugio, excusa, justificación, escapatoria, disculpa.

coartar, cohibir, sujetar, detener, contener, refrenar, limitar. **Ant.** Tolerar, permitir, facilitar.

cobarde, miedoso, medroso, pusilánime, tímido, apocado, irresoluto, temeroso. **Ant.** Valiente, decidido.

cobardía, miedo, temor, timidez, recelo, pavor, flaqueza, pusilanimidad, irresolución, apocamiento. **Ant.** Decisión, valentía.

cobertizo, tejado, tinglado, hangar, techo.

cobertor, colcha, manta, frazada, cobija, cubrecama.

cobija, cobertura, cobertor, manta.

cobijar, albergar, proteger, amparar, resguardar, guarecer, abrigar, cubrir. **Ant.** Desproteger.

cobrador-ra, recolector, recaudador, receptor, cajero. **Ant.** Pagador.

cobranza, cobro, recaudación, colecta, reembolso. **Ant.** Pago.

cobrar, recoger, recibir, percibir, recaudar, embolsar. **Ant.** Pagar.

cobro, cobranza, recaudación.

cocaInómano-na, drogadicto, toxicómano.

cocción, cocimiento, cocedura, hervor, ebullición. **Ant.** Congelación.

cocear, patear.// Repeler, rechazar, resistir, repugnar. **Ant.** Aceptar.

cocer, cocinar, asar, hervir, guisar, calentar, tostar, escaldar.// **-se,** prepararse.// Sofocarse, sudar. **Par.** Coser.

cochambre, suciedad, inmundicia, porquería, basura, mugre. **Ant.** Pulcritud, limpieza.

cochambroso-sa, sucio, inmundo, maloliente, asqueroso. **Ant.** Pulcro, prolijo, limpio.

coche, carro, automóvil, automotor, carruaje.

cochera, garaje.

cochero, conductor, chofer, mayoral.

cochinada, suciedad, desprolijidad, porquería, inmundicia.// Vileza, grosería, bajeza, indecencia.

cochino, cerdo, chancho, marrano.// **-na,** sucio, desaseado, desprolijo, descuidado. **Ant.** Pulcro, prolijo.

cocido, puchero, pringote, olla.// **-da,** calentado, guisado, hervido, escaldado. **Ant.** Crudo. **Par.** Cosido.

cociente, fracción, relación, razón.

cocina, gastronomía, alimentación.// Horno, fogón, hogar.

cocinar, guisar, cocer, aderezar, aliñar, adobar, condimentar, preparar, estofar, asar.

cocinero-ra, marmitón.

coco, fantasma, espantajo, espectro.// Cocotero, palmera.// Cabeza.// Micrococo, bacteria.

cocodrilo, saurio, caimán, yacaré.

cocotero, coco, palmera.

cóctel, bebida, combinado, copetín.// Reunión, fiesta, agasajo.

codazo, advertencia, insinuación, aviso.// Golpe, empujón.

codear, empujar, golpear.// **-se,** relacionarse, frecuentar, tratarse, alternar.

códice, manuscrito, libro.

codicia, ambición, avidez, avaricia, ansia, apetencia, gana, deseo, interés.// Tacañería, miseria, usura. **Ant.** Generosidad, desprendimiento.

codiciar, ansiar, desear, anhelar, querer, envidiar, pretender, ambicionar, apetecer, aspirar. **Ant.** Desinteresarse, rechazar.

codicioso-sa, ansioso, sediento, deseoso, ávido, acucioso, hambriento. **Ant.** Desinteresado.// Avaro, usurero, tacaño, miserable. **Ant.** Generoso, dadivoso.

codificación, reglamentación, organización, regulación, legalización.

codificar, legalizar, compilar, recopilar, catalogar, regularizar, metodizar. **Ant.** Desordenar.

código, recopilación, compilación, regla, reglamentación, reglamento.

codo, ángulo, esquina, recodo, vuelta.// Coyuntura, articulación.

coeficiente, factor, multiplicador, índice.

coercer, refrenar, constreñir, cohibir, sujetar, coartar, limitar, restringir.

coercitivo-va, restrictivo, limitativo, represivo.

coetáneo-a, contemporáneo, coexistente, simultáneo.

coexistencia, convivencia.

coexistir, convivir, cohabitar, entenderse.

cofia, tocado, gorro.

cofrade, asociado, hermano, colega, seguidor.

cofradía, congregación, hermandad, asociación, compañía, corporación, comunidad.

cofre, caja, baúl, arca, arcón, joyero.

coger, asir, tomar, agarrar, empuñar, prender, sujetar. **Ant.** Soltar.// Apresar, capturar, pillar, alcanzar, detener.// Robar, quitar.// Contener, comprender, abarcar.

cogido-da, sujeto, asido, agarrado. **Ant.** Suelto.// Preso, detenido.

cogitar, pensar, meditar.

cognación, parentesco, consanguinidad.

cognado-da, pariente, allegado, semejante, parecido.

cogollo, brote, yema, capullo.

cogote, pescuezo, cuello, nuca, cerviz.

cogotudo-da, altivo, pituco.

cohabitación, convivencia, contubernio.

cohabitar, convivir, coexistir, compartir, acompañar.// Juntarse, amancebarse.

cohechar, sobornar, comprar, corromper.

cohecho, soborno, corrupción, compra.

coherencia, analogía, conformidad, adaptación, afinidad, correspondencia.// Adhesión, cohesión. **Ant.** Incoherencia, inconexión.

coherente, lógico, razonable, justo, esperado, congruente, racional, pertinente, adecuado. **Ant.** Ilógico, irracional, incoherente, incongruente.// Conectado, vinculado.

cohesión, atracción, aglomeración, enlace.// Adhesión, coherencia, trabazón.

cohete, proyectil, bólido, misil.// Petardo, buscapiés.// Señal, aviso.

cohibido-da, apocado, disminuido. **Ant.** Agrandado, envalentonado.

cohibir, restringir, coercer, limitar, refrenar, reprimir, contener, sujetar, cortar. **Ant.** Estimular.

cohonestar, disculpar, disimular, excusar, disfrazar, justificar.

cohorte, legión, séquito, multitud, muchedumbre.

coima, soborno, cohecho, unto.

coincidencia, casualidad, simultaneidad, concomitancia, chiripa, concordancia, compatibilidad.

coincidente, sincrónico, concomitante, coetáneo. **Ant.** Diacrónico.

coincidir, convenir, corresponder, concordar, coexistir, concomitar. **Ant.** Discrepar, contrastar.// Encontrarse, hallarse, verse, juntarse.

coito, cópula, fornicación, ayuntamiento.

cojear, renquear.// Torcerse, desequilibrarse, desnivelarse.

cojera, renquera, inclinación, desnivelación.// Asimetría, deformidad, defecto.

cojín, almohada, almohadón.

cojo-ja, rengo, paticojo, tullido, defectuoso, claudicante.// Desequilibrado.

col, repollo, coliflor.

cola, rabo, extremidad, apéndice, rabadilla, punta.// Terminación, conclusión, final, extremo. **Ant.** Cabeza, principio.// Adhesivo, pegamento, goma, pez.

colaboración, cooperación, ayuda, contribución, asistencia.// Patrocinio, protección, padrinazgo. **Ant.** Desasistencia.

colaboracionista, traidor, cómplice, colaborador.

colaborador-ra, ayudante, auxiliar, cooperador.

colaborar, cooperar, contribuir, coadyuvar, participar, ayudar, auxiliar, concurrir.// Patrocinar, subvencionar. **Ant.** Desasistir.

colación, comida, refrigerio.// Cotejo, confrontación.

colada, lejía, limpieza, blanqueamiento, ropa.

colador, criba, filtro, cedazo, tamiz.

colagogo, laxante.

colapso, desmayo, síncope, vahído, patatús, decaimiento, postración, agotamiento.

colar, tamizar, filtrar, depurar, cribar, cerner, limpiar. *Ant.* Mezclar, juntar, ensuciar.// **-se,** meterse, entrometerse, infiltrarse, pasar.

colcha, manta, cubrecama, cobija, cobertor, cobertura.

colchón, jergón, yacija, colchoneta.

colección, juego, repertorio, selección, compilación, surtido, muestrario, recopilación, florilegio, ramillete, conjunto, reunión.

coleccionar, recopilar, reunir, acopiar, seleccionar, agrupar, compilar, juntar.

coleccionista, atesorador, aficionado.

colecta, recaudación, suscripción, recolección.

colectividad, grupo, sociedad.

colectivo, microómnibus.

colectivo-va, común, general, global, genérico, comunal.

colector, alcantarilla.// Cobrador, recaudador.// Coleccionista.

colega, cofrade, compañero, asociado, camarada, correligionario.

colegial-la, estudiante, alumno, escolar.

colegiarse, reunirse, asociarse, agremiarse.

colegio, escuela, instituto, academia.// Corporación, comunidad, sociedad.

colegir, deducir, concluir, juzgar, conjeturar, inferir, razonar, discurrir.

cólera, plaga, peste, infección.// Ira, enojo, furia, irritación, exasperación, enfado, enojo. *Ant.* Alegría, serenidad.// Bilis.

colérico-ca, irritado, enojado, iracundo.// Enfermo, apestado, infectado.

coleta, trenza, mechón.

coletazo, azote, golpe, sacudida.

coleto, conciencia, interior.

colgado-da, suspendido, pendiente. // Burlado, malparado.

colgadura, cortinaje, cortina, tapiz, dosel, pendón, guarnición.

colgajo, trapo, guiñapo, andrajo.

colgante, pendiente, cola, fleco, borla.

colgar, suspender, pender, enganchar.// Ahorcar, ajusticiar.// Endilgar, achacar, imputar, atribuir.

cólico, acceso, dolor.

coligación, coligamiento, coligadura, asociación.// Enlace, unión, trabazón, ligazón.

coligado-da, aliado, confederado, asociado, vinculado.

coligarse, ligarse, juntarse, unirse, confederarse, aliarse, asociarse. *Ant.* Separarse, enfrentarse, oponerse.

colilla, pucho.

colina, elevación, monte, montículo, otero, eminencia, cerro, altura, altozano, collado, loma.

colindante, contiguo, confinante, lindante, limítrofe. *Ant.* Alejado, distante.

coliseo, teatro, circo, anfiteatro.

colisión, choque, encuentro, golpe, atropello, rozadura.// Ataque, combate, oposición, pugna, lucha, conflicto, enfrentamiento.

colisionar, chocar, golpearse, encontrarse.

colista, rezagado, último.

colitis, diarrea.

collado, altozano, cerro, loma, eminencia, colina, otero. *Ant.* Hondonada.

collar, gargantilla, argolla, joya, abalorios, alhaja.// Correa, trailla.

colmado, tienda, droguería.// Local, establecimiento.

colmado-da, completo, lleno, repleto, abarrotado, atestado. *Ant.* Vacío.

colmar, llenar, atestar, rebosar, cargar, atiborrar, rellenar.

colmena, colmenar, panal, abejario.

colmillo, diente, incisivo, canino.

colmo, cima, culminación, máximo, plenitud, atiborramiento, exceso.

colocación, ubicación, situación, emplazamiento, instalación, posición, postura.// Empleo, puesto, cargo, ocupación, acomodo, destino, plaza.

colocar, ubicar, emplazar, poner, situar, instalar, acomodar, ordenar.// Destinar, emplear, ocupar. *Ant.* Despedir, cesantear.

colofón, fin, coronamiento, remate, término, conclusión. *Ant.* Principio.// Comentario, nota.

coloide, gel, gelatina, disolución, líquido.

colonia, dominio, posesión, mandato, territorio.// Minoría, grupo, asociación.// Asentamiento, fundación, establecimiento, población.// Perfume, fragancia, loción.

colonial, ultramarino.// Dominado, dependiente. *Ant.* Libre, independiente.

colonialismo, imperialismo.

colonización, dominación, conquista, población. *Ant.* Descolonización.

colonizar, poblar, dominar, conquistar, invadir, descubrir, oprimir, someter, avasallar. *Ant.* Descolonizar, emancipar, independizar.

colono, colonizador, inmigrante, emigrante, pionero.// Labrador, cultivador, arrendatario.

coloquio, diálogo, charla, plática, conversación, conferencia, entrevista, debate.

color, colorido, coloración, tinte, pigmento, tintura, tono, matiz, tonalidad.// Colorante, tintura, pintura, pigmento.

colorado-da, rojo, carmesí, encarnado, carmín.// Arrebatado, abochornado, sofocado, avergonzado.

colorante, pigmento, tinte.

colorear, iluminar, pintar, teñir, pigmentar, policromar. *Ant.* Decolorar.

colorete, afeite, carmín, rubor.

colorido, tonalidad, tinte, color, gama, gradación, policromía.// Vivacidad.

colorido-da, brillante, animado. *Ant.* Triste, apagado.

colosal, extraordinario, inmenso, gigantesco, descomunal, titánico, desmedido, enorme, grandioso, formidable. *Ant.* Pequeño, humilde.

coloso, titán, gigante, hércules. *Ant.* Pequeño, enano, pigmeo.

columbrar, divisar, atisbar, vislumbrar, entrever.// Conjeturar, sospechar, adivinar.

columna, soporte, pilar, refuerzo.// Fila, hilera, caravana.

columnata, pórtico, peristilo.

columpiar-se, hamacar, mecer, acunar, balancear, bambolear, menear.

columpio, hamaca, trapecio, balancín.

colutorio, enjuagatorio.

coma, letargo, sopor, aletargamiento, adormecimiento, inconsciencia, colapso.// Virgulilla, signo, señal, trazo, tilde.

comadre, vecina, amiga, confidente.// Comadrona, partera.// Alcahueta, chismosa.

comadrear, chismear, enredar, murmurar, chismorrear.

comadreo, chismorreo, cotilleo.

comadrona, partera.

comandancia, jefatura, mando.

comandante, superior, jefe.

comando, mando, poder, gobierno, dirección.

comarca, país, lugar, sitio, contorno, región, territorio, paraje, terruño.

comarcano-na, colindante, cercano, vecino, contiguo, confinante, próximo, inmediato, limítrofe, circunvecino.

comatoso-sa, agonizante, desahuciado, adormecido, aletargado, moribundo.

comba, curva, alabeo, torcedura, inflexión, arqueamiento.

combado-da, abovedado, arqueado, alabeado, curvo.

combar, alabear, curvar, encorvar, abovedar, torcer, encorvar. *Ant.* Enderezar.

combate, lid, pelea, lucha, duelo, conflicto, pugilato, colisión, riña, lidia, justa, torneo, escaramuza, acción, refriega, choque, encuentro, batalla.

combatiente, luchador, batallador, contendiente, lidiador, beligerante.

combatir, luchar, pelear, batallar, contender, reñir, lidiar, acometer, guerrear.// Rechazar, criticar, impugnar, contradecir, refutar.

combatividad, agresividad, belicosidad. *Ant.* Pasividad.

combinación, maquinación, maniobra, conspiración.// Sistema, clave.// Unión, conjunción, mezcla, composición. **Ant.** Disgregación.

combinar-se, unir, mezclar, juntar, reunir, agregar, fundir. **Ant.** Separar, disgregar.// Concertar, disponer, arreglar.

comburente, combustible.

combustión, inflamación, ignición, abrasamiento, incineración.// Incendio, fuego, hoguera, fogata, llama. **Ant.** Extinción, apagamiento.

comedia, teatro.// Pieza, obra, farsa, poema. **Ant.** Tragedia.// Fingimiento, enredo, burla.

comediante, actor, intérprete, cómico, artista, histrión.// Farsante, hipócrita. **Ant.** Leal, sincero.

comedido-da, mesurado, circunspecto, discreto, juicioso. **Ant.** Descomedido, imprudente.

comedimiento, compostura, prudencia, discreción.

comediógrafo-fa, dramaturgo, autor, escritor.

comedirse, disponerse, ofrecerse.

comedor, comedero, refectorio.// Restaurante, figón, bodegón, fonda, cantina.

comensal, invitado, huésped, convidado.

comentar, desarrollar, glosar, interpretar, aclarar.

comentario, crítica, glosa, interpretación, explicación, paráfrasis, exégesis.

comentarista, intérprete, crítico, cronista, glosador, exégeta.

comenzar, empezar, iniciar, abordar, principiar, incoar, encabezar, atacar, preludiar, estrenar, inaugurar, lanzar, emprender, abrir. **Ant.** Terminar, acabar, cerrar.

comer, ingerir, degustar, mascar, masticar, manducar, engullir, yantar, saborear. **Ant.** Ayunar.// Gastar, acabar, derrochar, dilapidar, consumir, disipar. **Ant.** Cuidar, conservar.

comercial, especulativo, mercantil.

comerciante, negociante, traficante, tratante, mercader, tendero, feriante, proveedor, especulador, mercachifle.

comercio, tráfico, transacción, operación, tráfago, especulación, librecambio, intercambio, compraventa, permutación, trapicheo, negociación.// Bazar, tienda, negocio, establecimiento.// Trato, acceso, relación, comunicación.

comestible, alimento, comida, manjar, víveres.// Alimenticio, nutritivo, asimilable. **Ant.** Indigesto.

cometa, astro.// Barrilete.

cometer, consumar, perpetrar, incurrir, ejecutar, hacer, cumplir, realizar.

cometido, obligación, encargo, misión, comisión, trabajo.

comezón, picazón, desazón, prurito, picor.// Apetito, deseo, ansia, excitación, ardor. **Ant.** Desinterés, indiferencia.

comicidad, gracia, jocosidad, bufonería, chocarrería.

cómico-ca, comediante, actor, histrión.// Gracioso, divertido, jocoso, entretenido, risible. **Ant.** Trágico, triste, aburrido, serio.

comida, alimento, sustento, yantar, pitanza, manutención.//Colación, refrigerio, ágape, convite. **Ant.** Ayuno.

comidilla, murmuración, maledicencia, chismorreo.

comienzo, inicio, principio, nacimiento, base, origen, raíz. **Ant.** Terminación, fin.// Prólogo, preámbulo, apertura.

comilón-na, glotón, voraz, tragón.

comilona, cuchipanda, banquete.

comisario, delegado, ejecutor, encargado, policía.

comisión, encargo, misión, mensaje, cometido, encomienda.// Diputación, embajada, delegación, representación.// Asamblea, junta, comité.// Porcentaje, retribución, beneficio, honorarios.

comisionado-da, delegado, enviado, representante.

comisionar, mandar, encomendar, delegar, facultar, autorizar. **Ant.** Desautorizar.

comisionista, intermediario, representante, delegado.

comisura, juntura, unión.

comité, comisión, junta.

comitiva, séquito, corte, acompañamiento, compañía.

como, a la manera de, de tal forma que.

cómoda, tocador, armario, mesa.

comodidad, bienestar, confort, holgura, desahogo, regalo, prosperidad. **Ant.** Incomodidad.

cómodo-da, conveniente, confortable, descansado, holgado.// Haragán, vago, holgazán, poltrón. **Ant.** Trabajador, activo.

compacto-ta, denso, apretado, sólido, macizo, espeso, tupido, consistente, cerrado. **Ant.** Esponjoso, poroso, laxo.

compadecerse, apiadarse, sensibilizarse, conmoverse.

compadre, camarada, compinche, compañero, amigo.// Pariente.

compadrito, pendenciero.

compaginación, organización, composición, ajuste, arreglo. **Ant.** Desorganización.

compaginar, organizar, acoplar, ajustar, arreglar, concretar, proporcionar, armar.// Relacionar, armonizar, concordar. **Ant.** Descompaginar, desorganizar.

compañerismo, camaradería, amistad, solidaridad, fidelidad, lealtad.

compañero, camarada, amigo, compinche, compadre, acólito.// Cofrade, conmilitón.// Consorte, cónyuge, novio.

compañía, acompañamiento, comitiva, séquito.// Sociedad, junta, corporación, asamblea, asociación.// Conjunto, elenco.

comparación, parangón, cotejo, comparanza, confrontación, equiparación, paralelo.

comparar, cotejar, parangonar, relacionar, confrontar, contraponer.

comparativo-va, relativo.

comparecencia, asistencia, presentación, presencia.

comparecer, asistir, presentarse, acudir, estar. **Ant.** Ausentarse, faltar.

comparsa, escolta, acompañamiento, mascarada, murga, cortejo, séquito.// Extra, figurante.

compartimiento, estante, división, casilla, sección, repartición, apartado, caja.

compartir, ayudar, participar, colaborar, cooperar, contribuir.// Distribuir, repartir, dividir, partir, fraccionar.

compás, ritmo, cadencia, movimiento, velocidad.

compasado-da, moderado, mesurado.// Acompasado, reglado, medido. **Ant.** Desacompasado, desordenado.

compasar, medir, reglar, acompasar.

compasión, piedad, lástima, misericordia, condolencia, compunción, caridad, conmiseración, clemencia, solidaridad. **Ant.** Inhumanidad, crueldad, insensibilidad.

compasivo-va, piadoso, misericordioso, solidario, sensible, clemente, humanitario, benigno, caritativo. **Ant.** Inhumano, cruel, insensible.

compatibilidad, coincidencia, afinidad, existencia, entendimiento. **Ant.** Incompatibilidad, diferencia.

compatible, posible, factible, avenido, coincidente, tolerable. **Ant.** Incompatible, intolerable.

compatriota, coterráneo, conciudadano, paisano. **Ant.** Extranjero.

compeler, obligar, estimular, constreñir, coaccionar, impulsar, forzar, violentar, coercer.

compendiar, abreviar, resumir, extractar, esquematizar, reducir, recapitular, acortar. **Ant.** Ampliar.

compendio, sumario, extracto, recopilación, resumen, epítome, sinopsis, reducción, fundamentos, principios.// Manual.

compendioso-sa, conciso, breve, resumido, preciso, sucinto, abreviado.

compenetración, identificación, avenencia, entendimiento.

compenetrarse, identificarse, entenderse, comprenderse, coincidir.// Fundirse, mezclarse.

compensación, resarcimiento, equilibrio, nivelación, indemnización, equivalencia, restitución, devolución, reparación, reivindicación.

compensar, indemnizar, reparar, nivelar, equilibrar, equivaler, contrabalancear, igualar, restablecer, resarcir, recompensar, subsanar.

competencia, disputa, porfía, rivalidad, oposición, competición, contienda, lucha, pugna, enfrentamiento, antagonismo.// Idoneidad, habilidad, suficiencia, aptitud, capacidad, disposición. **Ant.** Ineptitud, incompetencia.// Incumbencia, atribución, dominio, obligación, jurisdicción, autoridad.

competente, apto, capaz, hábil, diestro, dispuesto, idóneo, entendido, preparado, experimentado. **Ant.** Inepto, incapaz, incompetente.

competer, corresponder, pertenecer, incumbir, tocar.

competición, competencia, contienda, prueba, emulación.// Concurso, encuentro, torneo, certamen.

competidor-ra, rival, adversario, contendiente, contrincante, antagonista.

competir, rivalizar, desafiar, emular, contender, batallar, disputar, concursar, participar.

compilación, reunión, colección, repertorio, recopilación, antología, florilegio.

compilador-ra, recopilador.

compilar, recopilar, recoger, reunir, acopiar, agrupar, inventariar, codificar.

compinche, amigo, compañero, cómplice.

complacencia, satisfacción, contento, agrado, aprobación, placer, gusto, alegría, condescendencia, benevolencia. **Ant.** Contrariedad, disgusto.// Tolerancia, transigencia, condescendencia, conformidad. **Ant.** Intolerancia, intransigencia, severidad.

complacer, gustar, encantar, seducir, agradar, halagar, contentar. **Ant.** Desagradar, contrariar.// Condescender, satisfacer, consentir. **Ant.** Obstinarse.

complaciente, servicial, accesible, tolerante, benigno, condescendiente, fácil, indulgente, benévolo, obsequioso. **Ant.** Descortés, desatento.

complejidad, dificultad, confusión, multiplicidad, variedad, diversidad. **Ant.** Simplicidad, sencillez.

complejo-ja, complicado, difícil, enredado, espinoso, dificultoso. **Ant.** Sencillo, fácil.

complejo, manía, trastorno, rareza.// Conjunto.

complementar, completar, agregar, añadir, perfeccionar, sumar.

complemento, suplemento, añadidura, aditamento, adición.

completar, concluir, terminar, consumar, acabar, perfeccionar.

completo-ta, acabado, perfeccionado, entero, justo, íntegro, cabal, total, lleno, perfecto. **Ant.** Incompleto, imperfecto.

complexión, constitución, natural, naturaleza, índole, apariencia.

complicación, dificultad, tropiezo, accidente, obstáculo, estorbo, detención, enredo, embrollo. **Ant.** Facilidad, simplificación.

complicado-da, arduo, difícil, dificultoso, enmarañado, complejo, peliagudo, enredado, enrevesado, intrincado. **Ant.** Fácil, sencillo.

complicar, involucrar, mezclar, comprometer. **Ant.** Salvar.// Obstaculizar, dificultar, enredar, entorpecer, embroliar, enmarañar. **Ant.** Simplificar, allanar. // -se, empeorarse, recaer.

cómplice, partícipe, coautor, cooperador, codelincuente, colaborador, implicado, sabedor. **Ant.** Inocente, desligado.

complicidad, colaboración, coparticipación, encubrimiento, connivencia. **Ant.** Inocencia.

complot, confabulación, conspiración, trama, conjuración, intriga, maquinación.

complotar, conspirar, tramar, confabularse.

componedor-ra, arreglador.

componenda, arreglo, transacción, chanchullo, complot.

componente, integrante, constituyente, elemento.

componer, formar, concertar, arreglar, montar, combinar, integrar, hacer, ordenar, constituir, armar, disponer, construir, ajustar. **Ant.** Desorganizar.// Adornar, ataviar, embellecer. **Ant.** Afear, deteriorar.// Corregir, enmendar, rectificar, reparar. **Ant.** Deteriorar.// Crear, escribir, versificar, producir.// -se, manejarse, ingeniarse.

comportamiento, conducta, proceder, actuación.

comportar, tolerar, permitir, sobrellevar, admitir, sufrir, soportar, aguantar.// -se, actuar, proceder, conducirse, portarse.

composición, combinación, compaginación, disposición,

organización, distribución.// Obra, creación, trabajo, labor, producción, resultado.

compositor-ra, creador, autor.

compostura, arreglo, reparación, remiendo, reparo.// Decoro, modestia, mesura, circunspección, dignidad. **Ant.** Descaro, incorrección.

compra, adquisición, operación, demanda. **Ant.** Venta.// Cohecho, soborno, coima.

comprar, adquirir, mercar.// Sobornar, cohechar, coimear. **Ant.** Vender.

compraventa, cambalache, negocio.// Tráfico, comercio.

comprender, entender, penetrar, discernir, alcanzar, comprehender.// Ceñir, abarcar, rodear, encerrar, incluir, abrazar, contener.

comprendido-da, incluido, englobado, contenido.// Interpretado, entendido.

comprensión, talento, perspicacia, penetración, com-prehensión, juicio, inteligencia, visión, alcances. **Ant.** Cerrazón, idiotez.// Condescendencia, tolerancia, indulgencia, transigencia, bondad. **Ant.** Incomprensión.

comprensivo-va, tolerante, indulgente, benévolo.

compresión, opresión, apretón, apretujón, aplastamiento. **Ant.** Aflojamiento, descompresión.

compresor-ra, apretador, comprimente.

comprimido-da, apretado constreñido.

comprimido, tableta, gragea, cápsula.

comprimir, apretar, reducir, aplastar, apelmazar, oprimir, estrechar, prensar, estrujar.// Contener, retener, reprimir, sujetar, refrenar.

comprobación, verificación, confrontación, compulsa, careo, cotejo, examen.

comprobante, resguardo, papeleta, recibo, garantía, justificativo, vale.

comprobar, constatar, confirmar, cotejar, asegurarse, patentizar, verificar, compulsar, cerciorarse, evidenciar, confirmar.

comprometedor-ra, enredador.// Arriesgado, peligroso.

comprometer, exponer, aventurar, arriesgar, responsabilizar, obligar, culpar. **Ant.** Salvaguardar, exculpar.// -se, obligarse, responder, prometer. **Ant.** Disculparse.

comprometido-da, arduo, difícil, delicado, espinoso, dificultoso.// Apalabrado, implicado.

compromiso, deber, pacto, empeño, obligación, convenio, acuerdo. **Ant.** Desacuerdo.// Brete, dificultad, apuro, riesgo, aprieto.// Promesa, noviazgo.

compuesto, mezcla, agregado.// -ta, Combinado, mezclado, mixto, múltiple. **Ant.** Simple.// Aliñado, arreglado, prolijo.

compulsa, comprobación.

compulsar, cotejar, examinar, comparar, confrontar, comprobar.

compunción, dolor, tristeza, arrepentimiento, pesar, remordimiento. **Ant.** Alegría.

compungido-da, dolorido, apenado, atribulado, triste, contrito, arrepentido, pesaroso, resentido, quejumbroso, atribulado. **Ant.** Alegre, despreocupado.

compungirse, entristecerse, lamentarse, dolerse, afligirse.

computadora, ordenador, calculadora, procesadora.

computar, calcular, contar.

cómputo, cálculo, recuento, operación.

comulgar, sacramentar.// Aceptar, acatar.

común, corriente, cotidiano, vulgar, general, frecuente, trillado, habitual, banal, trivial, usual, colectivo, abundante. **Ant.** Raro, especial, original.

comuna, municipio.

comunal, municipal, comarcal, general, colectivo, **Ant.** Particular, privado.

comunicación, participación, aviso, información.

comunicado, aviso, comunicación.

comunicar, anunciar, participar, informar, avisar, manifestar, notificar.// Relacionar, tratar, conversar, compartir.// Contagiar, transmitir, contaminar.

comunicativo-va, afable, amable, sociable, expansivo, tratable, demostrativo, accesible, efusivo. **Ant.** Hosco, insociable, taciturno, reservado.

comunidad, convento, orden, congregación, monasterio.// Sociedad, asociación, corporación, grupo.

comunión, sacramento, eucaristía, ceremonia.// Vínculo, unión, lazo, relación.// Congregación, comunidad.

comunismo, socialismo, marxismo.

comunista, marxista, bolchevique, socialista.

con, junto con, al mismo tiempo que.

conato, amago, intento, tentativa, intención, propósito, anuncio, aviso, intentona. **Ant.** Consumación.

concatenación, encadenamiento, trabazón, enlace, gradación, progresión, sucesión.

concavidad, cavidad, hueco, oquedad, seno, depresión, hoyo. **Ant.** Convexidad.

cóncavo-va, hundido, hueco, profundo, deprimido, anfractuoso, excavado. **Ant.** Convexo, prominente.

concebir, imaginar, idear, proyectar, crear, inventar.// Entender, captar, comprender, penetrar, alcanzar.// Procrear, engendrar.

conceder, dar, otorgar, entregar, consentir, adjudicar, asignar, proporcionar. **Ant.** Denegar.// Aceptar, convenir, admitir, reconocer. **Ant.** Negar.

concejal, edil, regidor, consejero, cabildante.

concejo, ayuntamiento, corporación, municipio, consistorio, cabildo. **Par.** Consejo.

concentración, densidad, condensación, aglutinación, solidificación. **Ant.** Dispersión.// Monopolio, centralización. **Ant.** Descentralización.// Manifestación, demostración, muchedumbre.

concentrar, juntar, unir, reunir, agrupar, convocar, monopolizar.// Solidificar, condensar, consolidar. **Ant.** Dispersar.// **-se,** abstraerse, aislarse, reconcentrarse.// Juntarse, aglomerarse, manifestar. **Ant.** Dispersarse.

concéntrico-ca, focal, central. **Ant.** Excéntrico.

concepción, concepto, pensamiento, idea, noción, proyecto.// Procreación, fecundación.

concepto, pensamiento, idea, sentencia, noción, concepción, conocimiento.// Fama, reputación, opinión, criterio, crédito.

conceptuar, estimar, juzgar, apreciar, valorar, considerar, ponderar.

conceptuoso-sa, elogioso, sentencioso, rebuscado, agudo. **Ant.** Sencillo, claro.

concerniente, relativo, tocante, perteneciente, pertinente, correspondiente, atinente. **Ant.** Ajeno.

concernir, pertenecer, tocar, corresponder, atañer, importar, competer, relacionarse. **Ant.** Separarse, desvincularse.

concertar, arreglar, acordar, armonizar, conciliar, componer, ordenar.// Convenir, pactar. **Ant.** Discrepar.

concertista, ejecutante, intérprete.

concesión, privilegio, permiso, gracia, licencia, cesión, otorgamiento, favor, adjudicación. **Ant.** Denegación.

concesionario-ria, representante, delegado, apoderado, comisionista.

concha, caparazón, valva, cubierta, coraza.// Carey, nácar.

conchabarse, acomodarse, ubicarse, asalariarse, conseguir trabajo.

conciencia, discernimiento, percepción, noción, pensamiento, juicio.// Escrúpulo, remordimiento, miramiento, delicadeza. **Ant.** Insensibilidad.

concienzudo-da, reflexivo, aplicado, meticuloso, atento, cuidadoso, minucioso, escrupuloso, laborioso. **Ant.** Despreocupado.

concierto, convenio, ajuste, orden, acuerdo, armonía.// Recital, interpretación, ejecución.

conciliábulo, conspiración, maquinación, complot, conjuración, componenda.// Conferencia, asamblea, cónclave, conversación.

conciliación, armonía, avenencia, arreglo, conformidad.// Concordancia, conveniencia, similitud, semejanza.

conciliar, reconciliar, granjear, armonizar, concordar, ajustar, atraer, conformar, convenir, pacificar, apaciguar, terciar, arbitrar. **Ant.** Desunir, desavenir, separar.

conciliar, sinodal.

concilio, sínodo, asamblea, reunión, congreso.

concisión, parquedad, brevedad, laconismo, sobriedad, precisión.

conciso-sa, preciso, escueto, lacónico, sucinto, compendioso, breve, corto, parco, reducido, sobrio, estricto, exacto. **Ant.** Extenso, impreciso, detallado, ampliado, ornamentado.

concitar, provocar, incitar, instigar, excitar, inducir.

conciudadano-na, compatriota, coterráneo, paisano. **Ant.** Extranjero.

cónclave, asamblea, reunión, congreso, junta, conferencia.

concluir, acabar, terminar, rematar, finalizar. **Ant.** Empezar, comenzar.// Consumir, gastar, apurar, agotar. **Ant.** Conservar, cuidar.// Decidir, determinar, regular, resolver, opinar.// Completar, perfeccionar.

conclusión, terminación, fin, final, resultado, término. **Ant.** Inicio, comienzo.// Deducción, consecuencia, corolario, resultado.// Determinación, decisión, resolución.

concluyente, terminante, convincente, rotundo, indiscutible, decisivo, aplastante, irrebatible. **Ant.** Inseguro, rebatible, discutible, dudoso.

concomerse, consumirse, agitarse, apesararse, reconcomerse.

concomitancia, correspondencia, relación, concordancia, coincidencia, coherencia.

concomitante, concordante, correspondiente, acompañante, coincidente. **Ant.** Ajeno, independiente.// Afín, similar, análogo. **Ant.** Diferente.

concomitar, corresponder, coincidir, acompañar, concordar, ayudar. **Ant.** Separarse, distanciarse.// Parecerse, semejar. **Ant.** Diferenciarse.

concordancia, correspondencia, coordinación, conformidad, reciprocidad, armonía. **Ant.** Discordancia, incompatibilidad.

concordante, compatible, coincidente, coherente.

concordar, coincidir, compatibilizar, congeniar, convenir, armonizar, relacionarse, semejarse. **Ant.** Discrepar.

concorde, acorde, conforme.

concordia, paz, unión, inteligencia, armonía, confraternidad, compañerismo, simpatía. **Ant.** Enemistad, discordia.

concreción, acumulación, endurecimiento, petrificación, sedimento, solidificación.// Cálculo, nódulo.// Realización.

concretar, solidificar, espesar, cuajar, cristalizar, combinar.// Abreviar, resumir. **Ant.** Amplificar.// Particularizar, especificar.// **-se,** atenerse, limitarse, constreñirse.

concreto-ta, determinado, delimitado, exacto, justo, preciso, definido. **Ant.** Impreciso.// Abreviado, resumido.

concubina, amante, querida, mantenida. **Ant.** Esposa.

concubinato, amancebamiento.

conculcar, despreciar, infringir, pisotear, hollar, atropellar, vulnerar, escarnecer.

concupiscencia, avidez, deseo, sensualidad, codicia, apetito, incontinencia. **Ant.** Continencia, sobriedad, castidad.

concupiscente, sensual, erótico, libidinoso, incontinente, impúdico, lascivo, voluptuoso. **Ant.** Casto, virtuoso, prudente.

concurrencia, auditorio, público, asistencia, afluencia, multitud, muchedumbre.// Confluencia, simultaneidad, convergencia.// Ayuda, auxilio, apoyo, asistencia.// Presencia. **Ant.** Ausencia.

concurrente, espectador, oyente, asistente, presente.// Coincidente.

concurrido-da, animado, frecuentado, lleno.

concurrir, asistir, presentarse, presenciar, encontrarse. **Ant.** Ausentarse, faltar.// Convergir, confluir, coincidir, cooperar.

concursante, participante, opositor, rival, competidor.

concursar, participar, rivalizar, asistir, competir, comparecer, presentarse, concurrir, contender. **Ant.** Faltar.

concurso, competencia, oposición, disputa, examen, certamen, torneo, competición.// Ayuda, auxilio, intervención, asistencia, cooperación, apoyo.

concusión, sacudimiento, golpe, conmoción, vibración, sacudida.// Malversación, peculado, prevaricato, exacción, arbitrariedad.

condado, territorio, jurisdicción, distrito, circunscripción.

condecir, concertar, convenir, armonizar.

condecoración, honor, galardón, distinción, premio, recompensa.

condecorar, premiar, galardonar, distinguir, recompensar, homenajear. **Ant.** Deshonrar, agraviar.

condena, sentencia, decisión, resolución, fallo, dictamen, veredicto, pena, castigo, penalidad. **Ant.** Absolución, perdón.// Censura, vituperio, crítica, reprobación.

condenación, condena, maldición.

condenar, castigar, sentenciar, sancionar, penar. **Ant.** Absolver, perdonar.// Criticar, vituperar, censurar, reprobar, desaprobar. **Ant.** Elogiar, alabar.// Cerrar, tapar, tabicar, inutilizar.

condensación, solidificación, aglomeración, cristalización.// Síntesis, resumen.

condensador, acumulador, destilador.

condensar-se, solidificar, espesar, aglomerar, aglutinar, densificar, concentrar. **Ant.** Vaporizar, desleír.// Resumir, compendiar, abreviar, sintetizar, esquematizar. **Ant.** Ampliar.

condescendencia, benevolencia, tolerancia, consentimiento, indulgencia, beneplácito, complacencia, bondad. **Ant.** Severidad, rigidez, intolerancia.

condescender, avenirse, transigir, tolerar, acomodarse, consentir, contemporizar, conceder. **Ant.** Negar, resistirse, obstinarse.

condescendiente, tolerante, transigente, complaciente, accesible, indulgente. **Ant.** Intolerante, intransigente, inaccesible.

condición, cualidad, característica, carácter, índole.// Requisito, cláusula, restricción, reserva, excepción.// Categoría, estado, situación, posición.

condicionado-da, establecido, estipulado.

condicional, supuesto, posible, eventual, potencial, incidental.

condicionar, ajustar, convenir, supeditar, estipular, reglamentar, subordinar, disponer.

condigno-na, justo, proporcionado, acomodado, merecido, consecuente.

condimentar, aderezar, sazonar, adobar, aliñar, guisar.

condimento, adobo, aderezo, aliño, salsa.

condiscípulo-la, compañero, camarada, alumno, discípulo, adlátere.

condolencia, pésame.

condolerse, apiadarse, lamentar, quejarse, compadecerse. **Ant.** Alegrarse.

condominio, posesión, pertenencia, dominio.

condón, preservativo, protección.

condonar, perdonar, indultar, redimir, suspender. **Ant.** Condenar.

condotiero, jefe, cabecilla, capitán, adalid.

conducción, transporte, acarreo, traslado.// Dirección, manejo, administración, gobierno. **Ant.** Subordinación.

conducente, conveniente, útil, procedente.

conducir, llevar, transportar, arrastrar, acarrear, trasladar.// Dirigir, gobernar, guiar, manejar, administrar, mandar, regir, pilotear, inspirar, encaminar.// -se, obrar, comportarse, manejarse.

conducta, proceder, comportamiento, actuación, política, costumbre.

conducto, acequia, canal, conducción, colector, cauce.// Tubo, caño, Canal, desagüe.

conductor-ra, guía, jefe, adalid, dirigente, director, caudillo. **Ant.** Subordinado.// Cochero, chofer, automovilista, piloto, auriga.// Alambre.

conectar, enlazar, comunicar, juntar, enganchar, enchufar. **Ant.** Desunir, desenchufar.

conejera, madriguera, cueva.

conejo, gazapo.

conexión, enlace, unión, vínculo, concomitancia, coordinación, nexo, amistad, relación, enchufe.

conexo-xa, ligado, unido, enlazado, relacionado, vinculado.// Semejante, análogo, afín, equivalente.

confabulación, complot, conjuración, conspiración, intriga, maquinación, trama.

confabularse, complotarse, conspirar, tramar, maquinar, aliarse.

confección, ejecución, realización, fabricación.// Corte, hechura.

confeccionar, elaborar, hacer, realizar, terminar, componer, fabricar, ejecutar, manufacturar.// Cortar, coser.

confederación, alianza, pacto, asociación, federación, coalición, liga, unión, agrupación. **Ant.** Desacuerdo, desunión.

confederado-da, aliado, ligado, asociado, afiliado, vinculado.

confederarse, ligarse, asociarse, coaligarse, unirse, aliarse, afiliarse. **Ant.** Desafiliarse, separarse.

conferencia, disertación, discurso, charla.// Conversación, plática, coloquio, diálogo.

conferenciante, disertante, charlista, orador.

conferenciar, conversar, disertar, charlar, platicar, dialogar, reunirse, entrevistarse.

conferir, dar, pasar, asignar, otorgar, adjudicar, atribuir, ceder, traspasar. **Ant.** Negar.

confesar, declarar, reconocer, confiar, admitir, aprobar, decir, descubrir, ratificar, manifestar, aseverar, confirmar. **Ant.** Omitir, ocultar.

confesión, sacramento.// Confidencia, declaración, revelación. **Ant.** Ocultación.

confesionario, confesonario, locutorio.

confesor, sacerdote.// Confidente.

confiado-da, crédulo, cándido, incauto, ingenuo. **Ant.** Cauto, desconfiado.// Presumido, vanidoso, satisfecho.

confianza, creencia, seguridad, certidumbre, esperanza, fe, tranquilidad, crédito.// Amistad, familiaridad, trato, intimidad. **Ant.** Frialdad, alejamiento, desconfianza.// Ánimo, aliento. **Ant.** Inseguridad.

confiar, creer, esperar. **Ant.** Desconfiar.// -se, entregarse, abandonarse, sincerarse, desahogarse.

confidencia, revelación, informe, información, delación, denuncia. **Ant.** Reserva, silencio, recelo, mutismo.

confidencial, secreto, íntimo, reservado. **Ant.** Público, conocido.

confidente, adepto, cómplice, acólito, fiel, reservado. **Ant.** Infiel, traidor, delator.

configuración, disposición, forma, conformación, formato, figura.

configurar, modelar, conformar, disponer, estructurar.

confín, límite, frontera, linde, término.

confinamiento, confinación, destierro, exilio, reclusión, aislamiento.

confinar, desterrar, alejar, exiliar, encerrar, recluir. **Ant.** Liberar.// Lindar, limitar.

confirmación, aseveración, afirmación, corroboración, seguridad, revalidación, ratificación, aprobación. **Ant.** Rectificación, negación.

confirmar, aseverar, asegurar, corroborar, ratificar, comprobar, convalidar. **Ant.** Rectificar, negar.

confiscación, apropiación, incautación, expropiación, decomiso, retención, embargo, usurpación. **Ant.** Devolución, restitución.

confiscar, quitar, incautarse, decomisar, desposeer, despojar, expropiar. **Ant.** Devolver, entregar, restituir.

confitar, azucarar, endulzar, almibarar, acaramelar.

confite, golosina, dulce, caramelo.

confitería, pastelería, repostería, dulcería.

confitura, dulce, golosina, confite.

conflagración, perturbación, guerra, revolución, contienda, conflicto.// Incendio.

conflagrar, incendiar, quemar, inflamar.

conflicto, enfrentamiento, competición, batalla, choque, disputa, conflagración, encuentro, colisión, antagonismo. **Ant.** Tranquilidad, paz.// Desasosiego, inquietud, dificultad, trance, preocupación.

confluencia, unión, convergencia, intersección. **Ant.** Separación.

confluir, reunirse, juntarse, concurrir, acudir, converger. **Ant.** Separarse, alejarse.

conformación, configuración, forma, disposición, distribución, colocación.

conformar, concordar, ajustar, adaptar, disponer, ordenar, distribuir, adecuar, armonizar. **Ant.** Desordenar, desorganizar.// **-se,** resignarse, adaptarse, avenirse, amoldarse. **Ant.** Rebelarse.

conforme, acorde, parecido, igual, semejante, idéntico, apro-piado. **Ant.** Desacorde, desproporcionado.// Resignado, satisfecho, contento. **Ant.** Disconforme, descontento.

conformidad, aprobación, consentimiento, aquiescencia, avenencia.// Tolerancia, resignación, paciencia, sumisión. **Ant.** Rebeldía.// Semejanza, similitud, parecido, igualdad. **Ant.** Diferencia.// Acuerdo, concordia, armonía. **Ant.** Discrepancia.// Conveniencia, utilidad.

conformista, tolerante, resignado. **Ant.** Rebelde.

confor, confort, comodidad, holgura, bienestar, desahogo, prosperidad. **Ant.** Incomodidad

confortable, cómodo, holgado, descansado, desahogado. **Ant.** Incómodo.

confortante, reconstituyente, reconfortante, estimulante, vivificador. **Ant.** Enervante, abrumador.

confortar, animar, reconfortar, esperanzar, consolar, vivificar, reanimar, fortalecer, alentar, levantar. **Ant.** Desanimar, desalentar.

confraternidad, amistad, hermandad, fraternidad, solidaridad, compañerismo. **Ant.** Hostilidad, enemistad.

confraternizar, intimar, hermanarse, amigarse, solidarizarse. **Ant.** Separarse, distanciarse.

confrontación, comparación, cotejo, careo, enfrentamiento, verificación.

confrontar, cotejar, comparar, carear, enfrentar, compulsar.

confundir, desorientar, desconcertar, turbar, enredar, embarullar. **Ant.** Aclarar, orientar.// Mezclar, desordenar. **Ant.** Ordenar.// Turbar, avergonzar, humillar. **Ant.** Elogiar, alabar.

confusión, desorden, anarquía, caos, desbaratamiento, enredo, embrollo, desconcierto, ambigüedad, mezcolanza, revoltijo. **Ant.** Orden, concierto, organización.// Turbación, desconcierto, desasosiego, aturdimiento, desorientación. **Ant.** Claridad, aplomo, seguridad.

confuso-sa, mezclado, desordenado, revuelto, complicado, embrollado, enmarañado, absurdo, enredado, enrevesado, difícil. **Ant.** Ordenado, organizado.// Dudoso, indefinido, difuso, incomprensible, oscuro, impreciso, vago, indeterminado, sibilino, borroso. **Ant.** Claro, nítido, inteligible.// Turbado, avergonzado, desorientado, pasmado, asombrado. **Ant.** Seguro, orientado.

congelación, congelamiento, enfriamiento, solidificación, coagulación. **Ant.** Descongelación, licuefacción, calentamiento.

congelar, enfriar, helar, cuajar, solidificar, coagular. **Ant.** Licuar, fundir, calentar, descongelar.

congénere, semejante, afín, análogo, parecido, persona, individuo.

congeniar, entenderse, comprenderse, avenirse, concordar, simpatizar. **Ant.** Oponerse.

congénito-ta, hereditario, original, innato, natural, engendrado, constitucional. **Ant.** Adquirido.

congestión, acumulación, saturación, abundancia, exceso, obstrucción, inflamación, apoplejía. **Ant.** Descongestión, alivio.// Embotellamiento, embrollo.

congestionar, inflamar, saturar, acumular, henchir. **Ant.** Descongestionar, aflojar, aliviar.// Embotellar, atascar, obstaculizar, entorpecer. **Ant.** Abrir.

conglomerado, aglutinamiento, mezcla, masa, aglomeración, amontonamiento.// Compuesto, conjunto.

conglomerar, unir, aglutinar, aglomerar, juntar, reunir. **Ant.** Separar, disgregar.

congoja, tristeza, pesar, desconsuelo, inquietud, angustia, tormento, pena, aflicción, zozobra, anhelo, ahogo. **Ant.** Alegría, consuelo, placer.

congraciarse, agradar, avenirse, confraternizar, intimar, congeniar. **Ant.** Rechazar, repeler, enemistarse.

congratulación, felicitación, pláceme, parabién, enhorabuena, cortesía, saludo, cumplido.

congratular, felicitar, celebrar, cumplimentar, galantear, agasajar.// **-se,** felicitarse, regocijarse. **Ant.** Lamentar, deplorar.

congregación, hermandad, comunidad, cofradía, orden.// Convocación.

congregar, reunir, convocar, juntar, unir, atraer, agrupar. **Ant.** Disgregar, separar.

congresista, asambleísta, parlamentario, representante, legislador.

congreso, reunión, cónclave, junta, asamblea, concilio, parlamento, cortes.

congruencia, oportunidad, conveniencia, coherencia, lógica, semejanza. **Ant.** Incongruencia, disparidad, inconveniencia.

congruente, oportuno, racional, lógico, conveniente, preciso, exacto, proporcionado. **Ant.** Incongruente, inoportuno, ilógico.

cónico-ca, coniforme, conoidal.

conjetura, suposición, sospecha, indicio, presunción, hipótesis, probabilidad, interrogante. **Ant.** Certidumbre, seguridad, certeza.

conjeturar, suponer, imaginar, presumir, opinar, columbrar, inferir, calcular, sospechar, deducir. **Ant.** Asegurar, confirmar.

conjugación, unión, enlace, aglutinación.

conjugado-da, conexo, enlazado, relacionado.

conjugar, reunir, enlazar, ajustar, fusionar, compaginar, armonizar.

conjunción, junta, unión, reunión, enlace.// Partícula, palabra.// Compaginación, conciliación.

conjuntiva, membrana, mucosa.

conjunto, compuesto, totalidad, suma, total, acervo, combinación, reunión, masa, montón. **Ant.** Parte, unidad, disgregación, separación.// **-ta,** ligado, unido. **Ant.** Separado, individual.

conjura, conjuración, conspiración, complot, confabulación, maquinación, juramentación, intriga, connivencia, plan. **Ant.** Fidelidad, lealtad.

conjuración, conjura.

conjurado-da, conspirador.

conjurar, exorcizar, adjurar, conminar.// Implorar, suplicar, rogar, reclamar, pedir, requerir, exigir.// **-se,** tramar, complotar, ligarse, maquinar, fraguar.

conjuro, exorcismo, sortilegio, encantamiento, hechizo, magia.// Imprecación, súplica, requerimiento, ruego.

conllevar, soportar, tolerar, aguantar, sobrellevar, transigir.

conmemoración, recuerdo, rememoración, recordación, celebración, evocación, ceremonia, festejo, festividad.

conmemorar, recordar, celebrar, rememorar, evocar, solemnizar.

conmemorativo-va, recordatorio, evocador.

conmensurable, medible, valorizable, evaluable, calculable. **Ant.** Inconmensurable, incalculable.

conmilitón-na, camarada, compañero, correligionario.

conminación, intimidación, amenaza, coacción, apremio, ultimátum, orden, aviso.

conminar, obligar, amenazar, ordenar, intimidar, avisar, advertir. **Ant.** Suplicar, ceder, tolerar.

conminatorio-ria, perentorio, amenazante.

conmiseración, piedad, lástima, misericordia, compasión, humanidad, enternecimiento. **Ant.** Indiferencia, inhumanidad, crueldad.

conmoción, sacudimiento, trastorno, vibración, perturbación, sacudida, temblor.// Terremoto, temblor.// Emoción, perturbación, turbación.// Levantamiento, tumulto, sublevación, alteración. **Ant.** Tranquilidad, quietud.

conmovedor-ra, enternecedor, patético, emocionante, apasionante, sentimental, impresionante. **Ant.** Indiferente.

conmover, emocionar, excitar, enternecer, impresionar, conturbar, remover, sacudir, mover, inquietar, trastornar. **Ant.** Tranquilizar, serenar, endurecer.

conmutación, trueque, cambio, permuta, sustitución.// Indulto.

conmutador, interruptor, cortacorriente, transformador, rectificador.

conmutar, cambiar, trocar, permutar, canjear, intercambiar.

connatural, innato, específico, natural, propio.

connivencia, complicidad, conjuración, confabulación, intriga.// Tolerancia, indulgencia. **Ant.** Oposición, desacuerdo.

connotación, parentesco, relación, vínculo, afinidad.

connotado-da, allegado, emparentado, relacionado, vinculado.

cono, cucurucho, conoide.

conocedor-ra, sabedor, versado, ducho, experimentado, práctico, informado, avezado, hábil, experto. **Ant.** Inexperto, ignorante.

conocer, saber, entender, advertir, dominar. **Ant.** Ignorar, desconocer.// Percatarse, distinguir, percibir, notar.// **-se,** intimar, tratar.

conocido-da, célebre, famoso, renombrado, reputado, afamado, celebrado, ilustre. **Ant.** Ignoto, desconocido, ignorado.// Vulgar, común, trillado, consabido. **Ant.** Especial, distinto.// Amigo, compañero, camarada. **Ant.** Extraño, alejado.

conocimiento, saber, cultura, instrucción, estudio, competencia.// Discernimiento, intuición, inteligencia, entendimiento, razón, conciencia. **Ant.** Ignorancia.

conquista, dominación, sometimiento, ocupación, toma, incautación, invasión.// Seducción, convencimiento. **Ant.** Rechazo, repulsa.

conquistador-ra, descubridor, invasor. **Ant.** Sometido, invadido.// Seductor, tenorio, vampiresa. **Ant.** Seducido, desagradable, repelente.

consabido-da, conocido, sabido, reputado, acreditado, renombrado, celebrado, ilustre. **Ant.** Ignoto, desconocido, ignorado.

consagración, apoteosis, confirmación, coronamiento, santificación, bendición.// Dedicación, ofrecimiento.

consagrado-da, ungido, sacramentado.// Dedicado, entregado.// Ilustre, conocido.

consagrar, bendecir, divinizar, deificar, coronar, ungir.// Dedicar, ofrecer, destinar.// **-se,** dedicarse, entregarse, limitarse, sacrificarse.

consanguíneo-a, cercano, allegado, pariente, familiar, cognado.

consanguinidad, parentesco, cercanía, afinidad, cognación, origen, tronco, progenie, fuente, atavismo, ascendencia, familia, descendencia.

consciente, cuidadoso, honrado, escrupuloso, serio, probado, previsor, voluntarioso, precavido. **Ant.** Inconsciente, irresponsable, irreflexivo. **Par.** Consiente.

consecución, obtención, alcance, logro, adquisición, victoria. **Ant.** Frustración, fracaso, derrota.

consecuencia, resultado, derivación, corolario, secuela, efecto, desenlace. **Ant.** Causa.// Importancia, trascendencia, influencia, gravedad.// Deducción, conclusión. **Ant.** Principio, antecedente.

consecuente, razonable, justo, lógico, proporcionado. **Ant.** Ilógico, desproporcionado.// Siguiente, consiguiente. **Ant.** Antecedente.// Tesonero, tenaz, firme, perseverante. **Ant.** Voluble, inconstante.

consecutivo-va, consiguiente, contiguo, próximo, cercano, inmediato. **Ant.** Lejano, alejado, antecedente.

conseguir, lograr, obtener, alcanzar, llegar, tocar, agenciar, tomar. **Ant.** Perder, malograr, frustrar.

conseja, cuento, leyenda, fábula, apólogo.

consejero-ra, asesor, guía, maestro, mentor, instructor, consultor, adiestrador.

consejo, parecer, advertencia, opinión, aviso, exhortación, insinuación, dictamen, juicio, indicación, admonición, lección, instigación.// Junta, asamblea, reunión, **Par.** Concejo.

consenso, asentimiento.

consentido-da, mimado, mimoso, malcriado.// Autorizado, permitido, legal, admitido. **Ant.** Prohibido, ilegal, ilegítimo.

consentimiento, beneplácito, anuencia, aquiescencia, autorización, asentimiento, venia, voluntad, adhesión, sí, asenso, permiso, conformidad, licencia, condescendencia, acuerdo, aprobación. **Ant.** Prohibición, disentimiento.

consentir, permitir, tolerar, autorizar, acceder, condescender, ceder. **Ant.** Negar, rechazar.// Mimar, malcriar.

conserje, portero, ujier, mayordomo, ordenanza.

conserjería, portería, mayordomía.

conserva, conservación, esterilización, congelación.

conservación, conserva.

conservador, conservativo.// **-ra,** guardador, vigilante, cuidador.// Reaccionario, tradicionalista, anquilosado. **Ant.** Progresista, librepensador.

conservadurismo, tradicionalismo, moderación.

conservar, preservar, mantener, cuidar, perpetuar, guardar, prolongar, consolidar, retener. **Ant.** Abandonar, descuidar.// Embalsamar, disecar.// Archivar, almacenar.

considerable, importante, cuantioso, respetable, espacioso, ancho, colosal, alto, amplio, formidable, enorme, numeroso, inmenso, desmedido, vasto, largo, elevado, extenso. **Ant.** Minúsculo, pequeño, insignificante, desdeñable.

consideración, aprecio, atención, miramiento, popularidad, estima, respeto, deferencia, urbanidad, reputación, honor, notoriedad. **Ant.** Desprecio, grosería, descortesía, desconocimiento.// Juicio, meditación.// **-es,** argumentos, razones, miramientos.

considerado-da, respetado, estimado, apreciado. **Ant.** Desprestigiado, despreciado.// Respetuoso, atento, reflexivo, de-ferente, mirado. **Ant.** Desconsiderado, grosero, irrespetuoso.

considerando, fundamento, razón, motivo, causa, consideración.

considerar, meditar, examinar, pensar, reparar, reflexionar, mirar, estudiar.// Estimar, juzgar, tantear, suponer.// Reputar, conceptuar. **Ant.** Menospreciar.

consigna, salvoconducto, contraseña.// Lema, frase.// Depósito.

consignación, señal, fianza, garantía.

consignar, entregar, depositar.// Enviar, transportar, expedir, destinar.// Firmar, manifestar, establecer, estipular.

consignatario-ria, intermediario, depositario.

consiguiente, supeditado, consecuente, natural, deducido.

consistencia, coherencia, densidad, resistencia, trabazón, espesura, dureza. **Ant.** Inconsistencia, blandura.// Firmeza, duración, solidez.

consistente, sólido, fuerte, resistente, firme. **Ant.** Blando, endeble.// Estable, firme, permanente. **Ant.** Inconsistente.

consistir, fundamentarse, estribar, residir, apoyarse, basarse, descansar.

consistorio, corporación, consejo, cabildo, ayuntamiento.

consola, repisa, mesa, estante.

consolación, dolencia, consuelo, aligeramiento, remedio, confortación, alivio, apaciguamiento, atenuación, bálsamo, refugio.

consolar-se, aliviar, aligerar, animar, reconfortar, calmar, tranquilizar, fortalecer, confortar, alentar, reanimar, apaciguar, atenuar. **Ant.** Apenar, desconsolar, afligir, desanimar.

consolidación,, fortalecimiento, afianzamiento.

consolidar, fijar, asegurar, fortalecer, solidificar, afianzar, afirmar, apuntalar.

consomé, caldo.

consonancia, proporción, relación, armonía. **Ant.** Disconformidad.// Eufonía, cadencia, similicadencia. **Ant.** Disonancia, discordancia.

consonante, acorde, rítmico, eufónico, relacionado, concordante. **Ant.** Disonante.

consorcio, sociedad, asociación, unión.// Condominio.

consorte, cónyuge, compañero, esposo, esposa, marido, mujer, contrayente, desposado.

conspicuo-cua, sobresaliente, ilustre, distinguido, visible, insigne, notable. *Ant.* Humilde, desconocido, insignificante.

conspiración, maquinación, trama, conjuración, confabulación, intriga, complot.

conspirador-ra, conjurado, intrigante.

conspirar, confabularse, conjurarse, intrigar, complotar, maquinar.

constancia, perseverancia, tesón, persistencia, fidelidad, firmeza, tenacidad, aplicación. *Ant.* Volubilidad, ligereza, inconstancia, informalidad.

constante, perseverante, tenaz, persistente, firme, invariable. *Ant.* Inconstante, variable, voluble.

constar, estar, existir.// Comprender, abarcar, contender.

constatación, comprobación, confirmación.

constatar, comprobar, confirmar.

consternación, asombro, sorpresa, aflicción, abatimiento, desconsuelo, desolación.

consternado, asombrado, sorprendido, alterado, afligido. *Ant.* sereno, calmo, tranquilo.

consternar-se, sorprender, asombrar, alterar, afligir, entristecer, atribular, acongojar, angustiar, desolar, desesperar, apenar, amargar, desconsolar, apesadumbrar, abrumar. *Ant.* Serenar, calmar, tranquilizar, consolarse, esperanzarse.

constipado, resfrío, catarro, enfriamiento, gripe.// **-da,** resfriado, engripado.

constiparse, estreñirse.// Acatarrarse, resfriarse.

constitución, carta magna, reglamento, ley, código.// Natural, complexión, naturaleza, temperamento.

constitucional, legal, admitido, constituyente.

constituir, formar, componer, integrar, establecer, instaurar.

constreñimiento, exigencia, obligación, compulsión, necesidad, coerción.

constreñir, obligar, forzar, impeler, compeler, imponer.// Apretar, oprimir.

constricción, encogimiento, retracción, estrechamiento. *Ant.* Dilatación.

constrictivo-va, apremiante, obligatorio, compulsivo, coercitivo.// Compresor.

constrictor-ra, aplastante, compresivo, opresivo. *Ant.* Dilatador.

construcción, fabricación, levantamiento, obra, edificio, edificación. *Ant.* Destrucción, demolición.

constructivo-va, edificante, ejemplar, provechoso, beneficioso. *Ant.* Perjudicial, negativo.

constructor-ra, aparejador, maestro mayor de obras.

construir, edificar, levantar, erigir, fabricar, fundar. *Ant.* Derribar, demoler.// Hacer, trazar, componer. *Ant.* Destruir.

consubstancial, innato, natural, propio, igual, idéntico, homogéneo.

consuelo, alivio, consolación.

consuetudinario-ria, acostumbrado, frecuente, ordinario, común.

cónsul, diplomático, delegado, representante.

consulado, delegación, representación.

consulta, conferencia, junta, deliberación, reunión.// Asesoramiento, demanda, consejo, aclaración.// Referéndum, plebiscito.

consultar, aconsejarse, asesorarse, examinar, estudiar, discurrir.// Conferenciar, deliberar.

consultivo-va, asesor.

consultor-ra, consejero, asesor.

consultorio, gabinete, dispensario.

consumación, fin, acabamiento, término, cumplimiento. *Ant.* Principio, continuación.

consumado-da, terminado, acabado. *Ant.* Empezado, inconcluso.// Perfecto. *Ant.* Imperfecto.// Experto, diestro, hábil, conocedor. *Ant.* Inexperto.

consumar, concluir, hacer, terminar, acabar, cumplir, realizar, ultimar. *Ant.* Empezar, comenzar, iniciar.

consumición, gasto, consumo, dilapidación.// Agotamiento, consunción, extenuación.

consumido-da, parroquiano, cliente.// Dilapidador, derrochador.

consumir, acabar, destruir, disipar, absorber, gastar, agotar, usar, extinguir, dilapidar. *Ant.* Economizar, conservar.// Abatir, afligir, apenar, desazonar, atormentar, desasosegar.

consumo, consumición, gasto, uso, dilapidación, empleo. *Ant.* Ahorro

consunción, enflaquecimiento, agotamiento, adelgazamiento. *Ant.* Fortalecimiento.// Gasto, derroche, dilapidación.

contabilidad, cómputo, administración.

contable, calculable, computable.

contacto, empalme, corto circuito.//Toque, tacto.// Frecuentación, amistad, vínculo.

contado (al), en efectivo.

contado-da, raro, escaso, infrecuente.

contador, taxímetro, medidor.

contador-ra, tenedor de libros.

contagiar, comunicar, transmitir, contaminar, infestar, ensuciar, corromper, viciar, pervertir, pegar.

contagio, transmisión, comunicación, infección, inficionamiento, perversión, corrupción, enfermedad.// Epidemia, plaga.

contagioso-sa, infeccioso, transmisor, transmisivo.

container, contenedor, receptáculo, caja.

contaminación, infección, contagio.// Polución.

contaminar, contagiar, comunicar, infectar.

contar, calcular, numerar, computar.// Incluir, considerar.// Narrar, relatar, referir.

contemplación, meditación, reflexión.// Observación, apreciación, mirada.// Miramiento, consideración.// Recogimiento, misticismo.

contemplar, meditar, reflexionar.// Considerar, observar, admirar, mirar, examinar.// Complacer, halagar.

contemporáneo-a, coetáneo, simultáneo, coincidente, actual, moderno.

contemporización, transigencia, avenencia.// Componenda.

contemporizar, avenirse, amoldarse, transigir, resignarse, acomodarse.

contención, detención, retención, inmovilización.// Moderación.

contencioso-sa, discutible, litigioso.

contender, luchar, pelear, guerrear, batallar, lidiar, combatir.// Discutir, altercar, pleitear.// Rivalizar, competir. *Ant.* Colaborar, cooperar.

contendiente, combatiente, antagonista, contrario, adversario, oponente. *Ant.* Amigo, pacifista.

contener, encerrar, comprender, abarcar, abrazar, englobar, incluir.// Moderar, sujetar, refrenar.// **-se,** mesurarse, moderarse. *Ant.* Rebelarse.

contenido, capacidad, espacio. *Ant.* Continente.// Tema, asunto, materia, significado.// **-da,** comprendido, englobado, incluido.

contentadizo-za, conformista.

contentar, agradar, complacer, halagar, satisfacer, atender, deleitar. *Ant.* Disgustar.

contento, alegría, gozo, alborozo, contentamiento, júbilo, agrado, placer. *Ant.* Disgusto, tristeza.

contento-ta, alegre, gozoso, alborozado, encantado, eufórico, jubiloso. *Ant.* Triste, apenado.

contertullo-lla, concurrente, parroquiano, invitado.

contestación, respuesta, réplica.// Discusión, querella, debate, altercado, controversia. *Ant.* Acuerdo, avenencia.

contestar, responder.// Contradecir, disputar, rebatir, recusar.

contexto, tejido, maraña.// Trama, situación, ámbito, historia.

contextura, configuración, constitución, naturaleza, estructura.

contienda, pelea, disputa, combate, choque, altercado, discusión, escaramuza.

contigüidad, cercanía, proximidad, vecindad.

contiguo-gua, cercano, próximo, vecino, inmediato, adyacente, lindante. **Ant.** Alejado, lejano.

continencia, moderación, sobriedad, templanza.// Castidad, pureza, pudor. **Ant.** Lascivia.

continente, talante, compostura, aire, aspecto, porte.// Moderado, casto, púdico, puro.// Recipiente, envase, vasija, embalaje. **Ant.** Contenido.

contingencia, evento, probabilidad, albur, riesgo, peligro, posibilidad, eventualidad, alternativa. **Ant.** Fatalidad, certeza.

contingente, probable, posible, eventual, riesgoso. **Ant.** Fatal, seguro, inexorable.// Grupo, conjunto, tropa, agrupación.

continuación, secuencia, permanencia, prolongación, decurso, prolongamiento, persistencia, prosecución. **Ant.** Interrupción, cese.

continuador-ra, seguidor, discípulo, sucesor, partidario, adicto, adepto, heredero.

continuar, durar, permanecer.// Proseguir, insistir, mantener, perpetuar, perseverar, persistir.// Extender, seguir, prolongar.

continuidad, unión, encadenamiento.// Persistencia, continuación, prolongación.

continuo-nua, persistente, ininterrumpido, incesante, constante, invariable, perpetuo. **Ant.** Alterno, discontinuo, interrumpido.

contonearse, pavonearse, menearse, moverse, balancearse.

contoneo, meneo, zarandeo.

contornear, rodear, perfilar, contornar.

contorno, perímetro, periferia, silueta, perfil, borde.// Marco, cuadro, borde.// -s, alrededores, aledaños. **Ant.** Centro.

contorsión, retorcimiento, torsión.

contorsionarse, enroscarse, arquearse.

contra, oposición, contrariedad, inconveniente, dificultad, obstáculo.// Hacia.// En oposición a.

contraatacar, resistir, responder, rechazar, contestar.

contraataque, reacción, contraofensiva, resistencia, rechazo.

contrabalancear, compensar, equilibrar, nivelar, contrarrestar.

contrabandista, traficante, bandido, bandolero, defraudador.

contrabando, tráfico, fraude, delito.

contracción, encogimiento, disminución, mengua.// Contractura, crispamiento, calambre, convulsión, espasmo. **Ant.** Distensión, estiramiento.

contraceptivo, anticonceptivo.

contractilidad, crispación, constricción.

contractual, pactado, convenido.

contradecir, impugnar, negar, refutar, contestar, reñir, rebatir, desmentir, objetar, protestar, oponer. **Ant.** Ratificar, confirmar.

contradicción, contrariedad, desacuerdo, antítesis, incompatibilidad, paradoja, antinomia. **Ant.** Compatibilidad.// Oposición, objeción, impugnación, refutación, negación, contestación.

contradictorio-ria, contrario, opuesto, absurdo, ilógico, paradójico, incoherente, incompatible, discordante, confuso. **Ant.** Lógico, coherente.

contraer, achicar, disminuir, acortar, reducir. **Ant.** Alargar.// Adquirir, contagiarse, tomar. **Ant.** Curar.

contrafuerte, refuerzo, pilar, apoyo, sostén, arbotante.

contragolpe, contraofensiva, contraataque.

contrahacer, falsificar, remedar, copiar, imitar, adulterar, falsear.

contrahecho-cha, deforme, jorobado, malhecho, estropeado, desproporcionado, lisiado.

contraindicación, reserva, recusación, anulación, supresión.

contraorden, revocación, cancelación. **Ant.** Confirmación.

contrapartida, compensación.

contrapelo (a), en sentido contrario.

contrapeso, compensación, equiparación, igualación, equilibrio, nivelación.// Carga, peso.

contraponer, comparar, cotejar, oponer, enfrentar. **Ant.** Armonizar.

contraposición, oposición, antítesis, antagonismo, rivalidad.

contraproducente, desacertado, erróneo, desventajoso, desfavorable, adverso. **Ant.** Positivo, ventajoso.

contrapuesto-ta, antagónico, opuesto, adverso, contrario. **Ant.** Favorable, coincidente.

contrapuntear, indignar, ofender.

contrapunto, acompañamiento.

contrariar, estorbar, importunar, dificultar, resistir, entorpecer, obstaculizar, contradecir.// Enojar, disgustar. **Ant.** Complacer, contentar.

contrariedad, obstáculo, contratiempo, dificultad. **Ant.** Facilidad.// Desengaño, desilusión, disgusto. **Ant.** Satisfacción, contento.

contrario-ria, opuesto, distinto, diferente. **Ant.** Semejante, parecido.// Competidor, rival, antagonista, adversario.// Perjudicial, nocivo. **Ant.** Beneficioso.// Rebelde, disconforme, opositor. **Ant.** Favorable, simpatizante, adherente.

contrarrestar, compensar, neutralizar, contrabalancear, anular.// Resistir, oponerse, afrontar.

contrasentido, equivocación, sinrazón, confusión, error, aberración, contradicción, dislate.

contraseña, consigna, lema, frase, santo y seña.

contrastar, diferenciarse, desentonar, discordar.

contraste, desigualdad, variedad, diferencia, antítesis, disparidad, oposición, desemejanza, diversidad.

contrata, arreglo, contrato.

contratación, contrata, contrato.

contratar, convenir, estipular, ajustar, negociar, traficar, comerciar, acordar.// Emplear, asalariar.

contratiempo, percance, revés, accidente, tropiezo, adversidad, contrariedad. **Ant.** Ventaja, facilidad.

contratista, empresario, contratante. **Ant.** Asalariado, contratado.

contrato, convenio, pacto, acuerdo, compromiso, contrata, transacción.

contravención, falta, desobediencia, infracción, transgresión, incumplimiento. **Ant.** Obediencia, observancia, cumplimiento.

contraveneno, antídoto, antitóxico.

contraventana, resguardo.

contrayente, cónyuge, desposado, novio.

contribución, tributo, cuota, prestación, impuesto, gabela, carga, subsidio.

contribuir, pagar.// Cooperar, ayudar, auxiliar, participar, colaborar, concurrir, subvenir, asistir, coadyuvar.

contribuyente, tributario.

contrición, remordimiento, dolor, penitencia, compunción, pesar, arrepentimiento.

contrincante, rival, competidor, opositor. **Ant.** Aliado, émulo.

contristar, afligir, apenar, entristecer. **Ant.** Alegrar.

contrito-ta, arrepentido, pesaroso, compungido.

control, examen, vigilancia, inspección, verificación, censura.// Mando, dominio, poder, autoridad.

controlar, vigilar, contrastar, censurar, criticar, examinar, verificar, comprobar, testear.// Dominar, gobernar, mandar.

controversia, debate, discusión, polémica, disputa, oposición.

controvertir, discutir, disputar, debatir, polemizar. **Ant.** apoyar, acordar.

contubernio, alianza, confabulación.

contumacia, porfía, obstinación, persistencia, reincidencia, rebeldía.

contumaz, obstinado, porfiado, tenaz, rebelde, solivianta-do.
contundencia, dureza, energía, firmeza.
contundente, terminante, convincente, decisivo, conclu-yente, irrebatible, categórico. **Ant.** Discutible, rebatible.// Macizo, pesado. **Ant.** Liviano.// Destructivo, hiriente.
conturbación, turbación, trastorno, desasosiego, intran-quilidad, conmoción.
conturbado-da, inquieto, turbado, alterado, confuso, re-vuelto, perturbado, conmovido, turbulento. **Ant.** Sereno, tranquilo.
conturbar, perturbar, conmover, intranquilizar, inquietar, turbar, alterar. **Ant.** Serenar, calmar.
contusión, magulladura, daño, herida, golpe, lesión.
contuso-sa, herido, lesionado, golpeado.
convalecencia, mejoría, recuperación, restablecimiento, cura. **Ant.** Recaída.
convalecer, recuperarse, mejorarse, restablecerse, curar-se, recobrarse. **Ant.** Recaer.
convaleciente, recuperado, mejorado, aliviado, paciente, enfermo.
convalidación, corroboración, legalización, ratificación, aprobación.
convalidar, confirmar, revalidar, aprobar, sancionar.
convencer, persuadir, disuadir, conquistar, fascinar.// De-mostrar, instar, inducir.
convencido-da, persuadido, sugestionado, atraído, en-gatusado.
convencimiento, certeza, convicción, persuasión, seguri-dad. **Ant.** Incertidumbre, duda.
convención, asamblea.// Pacto, acuerdo, convenio, ajus-te.
convencional, consabido, falso, afectado.
convencionalismo, conveniencia, complicación, artifi-ciosidad, falsedad.
conveniencia, beneficio, ventaja, utilidad, provecho, in-terés. **Ant.** Desventaja, perjuicio.// Comodidad. **Ant.** Incomodidad, inconveniencia.
conveniente, propio, adecuado, proporcionado, razona-ble, aprovechable. **Ant.** Inútil.// Ventajoso, fecundo, pro-vechoso, lucrativo. **Ant.** Perjudicial, dañino.
convenio, acuerdo, pacto, tratado, arreglo, compromiso, contrato. **Ant.** Ruptura, disenso.
convenir, corresponder, incumbir, atañer, cuadrar.// Acor-dar, contratar, establecer, regular, ajustar, pactar, concor-dar.
conventillero-ra, chismoso, peleador.
conventillo, inquilinato.
convento, cenobio, monasterio.
conventual, monacal, monástico.
convergencia, coincidencia, tendencia, juntura, unión, afinidad, concurrencia, confluencia. **Ant.** Divergencia, se-paración.
convergir, converger, coincidir, confluir, concurrir, juntar-se, aproximarse. **Ant.** Separarse, diverger.
conversación, charla, plática, diálogo, coloquio, parla-mento, parrafada, conferencia, entrevista.
conversar, hablar, dialogar, charlar, conferenciar, departir, parlar.
conversión, mutación, mudanza, cambio, metamorfosis, transformación.// Abjuración, retractación.
converso-sa, convertido, neófito.
convertir, cambiar, mudar, transmutar, transformar, trocar, evolucionar.// Persuadir, convencer.// -se, renegar, abju-rar.
convexidad, saliente, abultamiento, prominencia, comba, curva. **Ant.** Concavidad.
convexo-xa, abultado, prominente, panzudo. **Ant.** Cóncavo.
convicción, convencimiento.
convicto-ta, reo, condenado, procesado.
convidado-da, invitado, huésped, comensal.
convidar, invitar, incitar, inducir, atraer, llamar, mover, aco-ger, hospedar. **Ant.** Desdeñar, desairar.

convincente, terminante, contundente, concluyente, de-cisivo, elocuente. **Ant.** Dudoso.
convite, invitación, banquete, ágape, festín, celebración, agasajo.
convivencia, coexistencia, cohabitación, tolerancia, en-tendimiento.
convivir, cohabitar, coexistir.
convocar, llamar, citar, congregar, reunir, avisar, requerir, solicitar.
convocatoria, aviso, cita, anuncio, decreto, convocación, llamada.
convoy, escolta, acompañamiento, séquito, caravana, co-lumna, tren.
convulsión, agitación, espasmo, contracción, sacudida, síncope.// Movimiento, disturbio.// Terremoto.
convulsionar, agitar, trastornar, conmover, estremecer. **Ant.** Calmar, aquietar.
convulsivo-va, perturbador, espasmódico.
convulso-sa, convulsivo.
conyugal, matrimonial, nupcial, marital.
cónyuge, consorte, contrayente, desposado, compañero, marido, mujer, esposo, esposa.
cooperación, colaboración, ayuda.
cooperar, socorrer, ayudar, colaborar, contribuir, coadyu-var, auxiliar.
cooperativa, mutualidad, sociedad, asociación, economa-to.
coordenada, eje.
coordinación, compaginación, disposición, sistematiza-ción, combinación, arreglo, metodización.
coordinar, arreglar, regularizar, ordenar, acomodar, dispo-ner, metodizar, regular, organizar.
copa, cáliz, vaso, crátera, bol, grial. // Premio, trofeo.// Torneo, campeonato.
copar, rodear, sorprender, envolver, aprisionar.// Monopo-lizar, acaparar.
copartícipe, cómplice, copropietario, coautor.
copete, presunción, altanería, altivez.// Cima, altura, cum-bre.// Mechón, penacho.
copetín, cóctel, reunión, aperitivo.
copetudo-da, pituco, aristocrático, encumbrado, desta-cado, altanero.
copia, profusión, abundancia.// Imitación, calco, reproduc-ción, remedo, réplica.
copiar, remedar, contrahacer, trasladar, transcribir, plagiar, calcar, reproducir, imitar.
copioso-sa, abundante, rico, numeroso, considerable, nutrido, excesivo, colmado, cuantioso, pingüe, fecundo, infinito.
copista, copiador, escribiente, amanuense.
copla, cantar, cante, tonada, aire, canto.// Estrofa.
copo, coágulo, grumo.
copropiedad, condominio, coparticipación.
copropietario-ria, coposeedor, copartícipe.
cópula, unión, ayuntamiento, cubrición, coito, aparea-miento.// Atadura, trabazón.
copular, fornicar, ayuntar, cubrir, aparearse, ayuntarse.// Enlazar, juntar, unir.
coqueta, vanidosa, frívola, presumida, seductora, veleido-sa.
coquetear, presumir, seducir, conquistar, enamorar.
coquetería, seducción, encanto, gracia, afectación.
coraje, valor, valentía, arrojo, ánimo, ímpetu, bravura, de-cisión, atrevimiento, osadía. **Ant.** Temor, cobardía.
corajudo-da, valiente, temerario, audaz, valeroso, deci-dido. **Ant.** Cobarde, pusilánime.
coraza, armadura.// Revestimiento, envoltura.
corazón, centro, interior, meollo, médula.// Entretelas, entrañas.// Amor, cariño, amistad, benevolencia. **Ant.** De-samor, hostilidad, odio.// Coraje, valor. **Ant.** Cobardía, te-mor.
corazonada, barrunto, presagio, presentimiento, intui-ción, premonición.// Decisión, arranque.
corcel, caballo, cabalgadura, montura, palafrén, potro.

corchete, alguacil, guarda.// Signo.

corcho, corteza, alcornoque.// Tarugo, tapón.

corcova, giba, joroba.

corcovado-da, torcido, jorobado, giboso, contrahecho, deforme.

corcovo, respingo, salto.

cordel, cuerda, cinta, cordón, soga.

cordero, borrego.// Manso, inofensivo, obediente, sosegado. **Ant.** Arisco, rebelde.

cordial, amable, afectivo, afectuoso, cariñoso, hospitalario. **Ant.** Antipático, huraño.

cordialidad, amabilidad, cariño, afecto, afabilidad, llaneza, sinceridad.

cordiforme, acorazonado.

cordillera, cadena, sierra, macizo, serranía, barrera, montaña.

cordón, cordel, galón, trencilla, cuerda, cinta, cable, hilo, fibra.

cordura, sensatez, juicio, seso, sesudez, prudencia, circunspección, seriedad, cuidado, tacto. **Ant.** Locura, insensatez.

corear, repetir, halagar, adular.// Cantar, acompañar.

coriáceo-a, correoso.

corifeo, director, guía, jefe.

corista, comparsa, extra, figurante, acompañante.

cornada, golpe, puntazo.

cornamenta, cornadura, encornadura, defensa.

cornamusa, gaita.

córnea, esclerótica.

cornear, embestir, topar.

córneo-a, resistente, duro, correoso, coriáceo.

corner, ángulo, esquina.

corneta, trompeta, clarín, cornetín, cuerno.

cornisa, coronamiento, remate, saliente, capitel, moldura, resalto, friso.

cornudo-da, cabrón.

cornúpeta, astado, cornudo.

coro, conjunto, orfeón.

corolario, derivación, resultado, conclusión, consecuencia.

corona, diadema, tiara, guirnalda.// Aureola, nimbo, halo.// Galardón, premio, recompensa.// Monarquía, imperio, dinastía.

coronación, proclamación, consagración.

coronamiento, fin, conclusión, término, cumbre, remate, adorno.

coronar, aureolar, nimbar.// Proclamar, consagrar, ungir, entronizar. **Ant.** Destronar.// Completar, rematar, realizar, perfeccionar, cumplir, finalizar.

coronilla, corona.// Remolino, tonsura.

corpiño, sostén.

corporación, comunidad, asociación, agremiación, colegiatura, instituto, academia, institución, entidad, sociedad, cuerpo.

corporal, físico, corpóreo, orgánico.

corporativo-va, comunitario, colegiado, gremial, colectivo.

corpulencia, volumen, solidez, grandor, obesidad, robustez.

corpulento-ta, gordo, robusto, gigante, grande, enorme, fuerte, grueso. **Ant.** Débil, flaco, enclenque.

corpúsculo, cuerpecillo, molécula, elemento, átomo, célula.

corral, redil, aprisco, chiquero, encierro, majadal.

correa, banda, faja, cinto, cinturón, tirante.

corrección, alteración, enmienda, reforma, tachadura, rectificación, modificación.// Admonición, castigo, censura, crítica, represión, penitencia.// Cortesía, compostura, urbanidad. **Ant.** Incorrección, descortesía.// Perfección. **Ant.** Imperfección.

orreclonal, prisión, penitenciaría, cárcel, presidio.// Reformatorio, asilo.

correctivo-va, disciplinario, edificante, reformador, enmendador, rectificativo.

correctivo, castigo.

correcto-ta, exacto, justo, acertado, cabal, castizo, fiel, apropiado, oportuno. **Ant.** Incorrecto, equivocado.// Cortés, discreto, circunspecto, irreprochable, culto, educado, considerado. **Ant.** Descortés.

corrector-ra, censor, verificador.

corredor, pasillo, pasadizo, galería, túnel, pasaje.// **-ra,** deportista, carrerista, competidor, atleta.// Viajante, agente.

correduría, corretaje.

corregidor-ra, magistrado, gobernador, regidor.

corregir, reparar, enmendar, mejorar, reformar, salvar, subsanar, modificar, rectificar, retocar. **Ant.** Empeorar, mantener, ratificar.// Reprender, amonestar, sermonear, increpar, castigar, advertir.// **-se,** arrepentirse, escarmentar.

correlación, paralelismo, parecido, analogía, sucesión, relación.

correlativo-va, inmediato, continuado, sucesivo, progresivo, gradual, relativo, relacionado.

correligionario-ria, compañero, camarada, partidario, colega, cofrade, socio, afín.

correo, correspondencia, comunicaciones, franqueo.// Carta, mensaje.// Cartero, mensajero.

correoso-sa, flexible, elástico, fibroso, coriáceo. **Ant.** Duro, rígido.

correr, huir, escapar.// Volar, dispararse, acelerar, avanzar, moverse, adelantarse, precipitarse, pasar, trotar, desalarse.// Transcurrir, pasar, cursar. **Ant.** Pararse, detenerse.// Fluir, deslizarse, manar.// Divulgarse.

correría, excursión, viaje, paseo, aventura, andanza.// Intrusión, irrupción, incursión, invasión, saqueo, pillaje, travesura.

correspondencia, carteo, comunicación, correo.// Equivalencia, traducción, relación, proporción.// Trato, relación, reciprocidad, amistad, intercambio. **Ant.** Inconexión, discrepancia.

corresponder, incumbir, concernir, atañer, tocar, pertenecer.// Recompensar, retribuir, pagar, agradecer.// **-se,** ajustarse, armonizar, conciliar.// Comunicarse, relacionarse, escribirse.// Quererse, entenderse.

correspondiente, adecuado, proporcionado, oportuno, conveniente, debido, idóneo. **Ant.** Inadecuado, inoportuno.

corresponsal, representante, informador, cronista, enviado, delegado.

corretaje, correduría.

corretear, vagar, callejear.// Andar, correr, recorrer.

correveidile, alcahuete, chismoso.

corrida, fiesta, espectáculo.// Carrera, huida, trote.

corrido-da, avezado, experimentado, fogueado, ducho, curtido.// Libertino. **Ant.** Inexperto.

corriente, vulgar, ordinario, común, habitual, acostumbrado. **Ant.** Desacostumbrado, inusual.// Flujo, fluido.// Electricidad.// Curso, río, torrente, torbellino.

corro, rueda, peña, reunión.// Cerco, círculo.

corroboración, ratificación, confirmación, demostración, prueba. **Ant.** Desmentida.

corroborar, probar, confirmar, demostrar, ratificar. **Ant.** Negar, desmentir.

corroer, carcomer, consumir, cariar, desgastar, roer, gastar.// Remorder, perturbar.

corromper-se, pudrir, dañar, viciar, alterar, descomponer. **Ant.** Conservar.// Pervertir, depravar, sobornar, enviciar, prostituir. **Ant.** Purificar.

corrompido-da, perverso, libertino, inmoral, envilecido, vicioso. **Ant.** Virtuoso.// Apestoso, podrido, viciado, putrefacto. **Ant.** Sano.

corrosión, desgaste.// Escozor, resquemor.

corrosivo-va, cáustico, acerbo, corroyente, mordaz, irónico, sarcástico.

corrugación, contracción, encogimiento.

corrupción, alteración, error.// Putrefacción, descomposición, podredumbre, deterioro.// Depravación, corruptela, vicio, perversión, soborno.

corruptor-ra, depravado, vicioso, sobornador.
corsario, pirata, bucanero, filibustero, contrabandista.
corsé, faja, ajustador.
corso, saqueo, batida, persecución.// Concesión, permiso.// Fiesta, carnaval. *Par.* Corzo.
cortado-da, ajustado, proporcionado, acomodado, adaptado, exacto. *Ant.* Desajustado.// Tímido, indeciso. *Ant.* Audaz, desenvuelto.// Dividido, truncado, cercenado.
cortafrío, cincel.
cortante, puntiagudo, afilado, acerado, agudo.// Autoritario, inflexible, brusco.
cortapisa, traba, restricción, condición, obstáculo.
cortaplumas, navaja, cuchillo.
cortar, escindir, separar, tajar, recortar, mutilar, guillotinar, mondar, rebanar, amputar, podar, partir, seccionar, hender, dividir, recortar. *Ant.* Pegar, unir.// Interrumpir, suspender, detener, discontinuar. *Ant.* Continuar.// **-se,** agriarse, coagularse. *Ant.* Licuarse.// Turbarse. *Ant.* Serenarse.
corte, incisión, tajo, tijereteada, sección, cisura, cercenamiento, cuchillada, amputación, ablación.// Capital, centro, séquito.// Hoja, filo.
cortedad, timidez, indecisión, apocamiento, vergüenza, cobardía. *Ant.* Audacia, descaro.// Pequeñez, pobreza, escasez, estrechez, mezquindad. *Ant.* Exuberancia, abundancia.
cortejar, galantear, rondar, acompañar, asistir, festejar, enamorar.
cortejo, comitiva, desfile.// Galanteo, agasajo, regalo, fiesta.
cortés, urbano, amable, fino, obsequioso, complaciente, ceremonioso, cortesano. *Ant.* Maleducado, descortés, vulgar.
cortesana, ramera, prostituta.
cortesano-na, palaciego, noble, áulico, cortés.
cortesía, amabilidad, respetuosidad, consideración, afección, reverencia, atención, afabilidad, civilidad, urbanidad. *Ant.* Grosería, descortesía.// Obsequio, cumplimiento.
corteza, apariencia, exterioridad, revestimiento, caparazón.// Cáscara, costra, envoltura, cubierta.
cortijo, alquería, finca, granja.
cortina, cortinaje, colgadura, visillo, dosel, tapiz.// Pantalla, velo, ocultación.// Telón.
corto-ta, apocado, vergonzoso, tímido, pusilánime. *Ant.* Atrevido, audaz.// Breve, pequeño, mezquino, exiguo, insuficiente, bajo, miserable, insignificante, estrecho. *Ant.* Largo.// Conciso, breve, lacónico, sucinto. *Ant.* Ampliado.// Fugaz. *Ant.* Duradero.
cortocircuito, falla, avería.
corva, jarrete.
corvo-va, curvo, arqueado, corvado, curvado, combado, alabeado. *Ant.* Recto.
corzo, venado, ciervo, antílope. *Par.* Corso.
cosa, objeto, entidad, ente, factor, entelequia.// Tema, cuestión, esencia, existencia.
coscorrón, golpe, cabezazo, mamporro.
cosecha, recolección, colecta, siega, recogida.
cosechar, recoger, acopiar, recolectar.
coser, unir, pegar, juntar.// Hilvanar, pespuntear, sobrehilar, bordar, confeccionar. *Par.* Cocer.
cosmético, afeite, maquillaje.
cosmogonía, origen, formación, comienzo.
cosmonauta, astronauta.
cosmopolita, universal, internacional, mundano, abierto, animado. *Ant.* Nacional, local.
cosmos, mundo, universo, creación, cielo, espacio.
coso, trasto, objeto.// Tipo, hombre.
cosquillas, cosquilleo, comezón, picazón, hormigueo, picor.
cosquillear, picar, hormiguear.
costa, orilla, litoral, playa, ribera, borde, margen. *Ant.* Interior.
costado, flanco, lado, bando.
costal, saco, bolsa.
costalazo, costalada, golpe, caída, porrazo, tumbo, resbalón.
costar, valer, importar, totalizar, ascender, estimarse.// Ocasionar, provocar.
costas, costo, gasto, desembolso.
coste, importe, tarifa, gasto, costo, precio, valor, estimación.
costear, pagar, subvencionar, sufragar, abonar, mantener.// Bordear, orillar.
costilla, mujer, esposa.// Chuleta, bistec, lonja, tajada.
costillar, costillaje, armazón, tórax.
costo, coste.
costoso-sa, caro, gravoso, elevado, exorbitante, exagerado. *Ant.* Barato.// Dificultoso, difícil. *Ant.* Fácil.
costra, baño, corteza, revestimiento, cubierta, capa, recubrimiento.// Placa, escara.
costumbre, hábito, práctica, uso, estilo, usanza, modo, tradición, rutina.
costumbrista, tradicionalista, folklorista.
costura, cosido, labor, hilvanado, pespunteado.// Corte, confección.
costurera, modista.
cota, altitud, altura, nivel, elevación.// Armadura, malla, coraza.
cotejar, comparar, compulsar, parangonar, examinar, equiparar.
cotejo, comparación.
coterráneo-a, paisano, compatriota, conciudadano.
cotidiano-na, diario, corriente, ordinario, acostumbrado, frecuente, común, periódico.
cotillear, chismorrear, murmurar, enredar.
cotilleo, chismorreo.
cotillón, baile, fiesta.
cotización, valorización, valor, tasación, evaluación, precio.
cotizado-da, costoso, deseado, valioso, importante.// Valorizado, tasado.
cotizar, tasar, evaluar, estimar.// Pagar, abonar, contribuir.
coto, límite, restricción, prohibición, limitación.// Hito, mojón.
coturno, calzado, zapato.
cow-boy, vaquero, ganadero, jinete.
coyuntura, oportunidad, circunstancia, ocasión, sazón, situación, momento.// Articulación, juntura.
coyuntural, oportuno, circunstancial, favorable, momentáneo.
coz, patada, coceadura, golpe.
craneal, craneano, cefálico.
cráneo, cabeza, calavera, casco.
crápula, libertino, depravado, disoluto, vicioso.// Depravación, inmoralidad, libertinaje, disipación. *Ant.* Integridad, sobriedad, honestidad.
craso-sa, gordo, grueso, obeso.// Grasiento, graso.
cráter, boca, abertura, orificio.
creación, fundación, instauración, institución, obtención, génesis. *Ant.* Terminación, destrucción.// Cosmos, mundo, universo, infinito, espacio.// Obra, producción, producto, novedad.
creador, Dios.// **-ra,** autor, inventor, hacedor, artista, productor, padre. *Ant.* Destructor.
crear, hacer, inventar, idear, imaginar, componer, procrear, concebir, criar, parir, producir. *Ant.* Destruir, aniquilar, deshacer.// Instaurar, fundar, establecer. *Ant.* Clausurar.
crecer, aumentar, acrecentar, incementar, subir, progresar, desarrollarse, agrandarse, elevarse, fornarse, prosperar, multiplicarse, proliferar. *Ant.* Achicarse, disminuir, empequeñecerse.
creces (con), ventaja, demasía, aumento, exceso.
crecida, crecimiento.// Desborde, aumento, inundación.
creciente, ascendente, progresivo, renovado, gradual.// Crecida, inundación.

crecimiento, aumento, progreso, incremento, subida, desarrollo, progresión, estirón. **Ant.** Disminución, regresión.

credencial, documento, indentificación, comprobante, justificativo.

credibilidad, confianza, credulidad, ingenuidad.

crediticio-cia, fiador.

crédito, prestigio, renombre, autoridad, influencia, honor, consideración, celebridad. **Ant.** Descrédito, desprestigio, anonimato.// Préstamo, apoyo, financiación. **Ant.** Insolvencia.

credo, creencia, dogma, doctrina, convicción, ideario, religión, teoría, culto.

credulidad, ingenuidad, simpleza, inocencia, candor. **Ant.** Incredulidad, escepticismo.

crédulo-la, incauto, confiado, inocente, ingenuo, candoroso, simple. **Ant.** Incrédulo, desconfiado, cauto, prudente.

creencia, convencimiento, convicción, certidumbre.// Suposición, oposición.// Fe, superstición, confianza.// Doctrina, dogma. **Ant.** Incredulidad, escepticismo.

creer, confiar, esperar. **Ant.** Descreer.// Profesar, venerar. **Ant.** Abjurar, renegar.// Juzgar, entender, opinar, pensar, sospechar, imaginar, presumir, suponer, pretender, afirmar, estimar.

creíble, posible, probable, aceptable. **Ant.** Inadmisible, increíble.

crema, nata.// Flor, élite.// Pasta.// Diéresis.

cremación, combustión, quema, incineración.

cremallera, cierre, engranaje.

crematístico-ca, económico, financiero.

crematorio, horno.

cremar, incinerar, quemar.

cremoso-sa, grasiento, untuoso, mantecoso.

crepitar, crujir, chasquear, restallar.

crepuscular, vespertino, decadente.

crepúsculo, tarde, atardecer, anochecer, ocaso, noche, oscuridad. **Ant.** Amanecer, alba, aurora.

crespo-pa, rizado, encrespado, ensortijado, ondulado. **Ant.** Lacio.

crespón, cendal, tul, muselina.

cresta, pico, cumbre, picacho, aguja, cima, cúspide. **Ant.** Base, ladera.// Penacho, copete.// Protuberancia, carnosidad.

cretinismo, idiotez, estupidez.

cretino-na, necio, tonto, bobo, estúpido, alelado, atontado.

creyente, religioso, devoto, fiel, místico, adorador, seguidor. **Ant.** Impío, descreído, escéptico.

cría, camada, lechigada, nidada.// Criatura, cachorro, pichón, hijo, embrión.

criado-da, sirviente, camarero, servidor, mandadero, mozo, doméstico. **Ant.** Amo.

criadero, vivero, plantel, invernadero, invernáculo.

criador-ra, productor.

crianza, amamantamiento, lactancia, nutrición.// Educación, formación, preparación, enseñanza, urbanidad, civilidad, cortesía.

criar, alimentar, nutrir, engordar, amamantar, lactar.// Enseñar, dirigir, instruir, educar, preparar, cuidar, formar.// Producir.

criatura, hombre, persona, ser, sujeto, individuo.// Niño, pequeño, chico, nene, mocoso. **Ant.** Grande, adulto.

criba, tamiz, cernedor, harnero, cedazo, filtro.// Depuración, clasificación, examen, selección.

cribar, pasar, colar, filtrar, tamizar, separar, depurar, limpiar. **Ant.** Mezclar, confundir.

crimen, asesinato, homicidio.// Delito, fechoría, falta, maldad, atentado.

criminal, homicida, asesino.// Malhechor, malvado, delincuente, culpable, facineroso. **Ant.** Inocente, honesto, honrado.

crin, cerda, melena, pelo, coleta.

crío, nene, cachorro.

cripta, subterráneo, hipogeo, cueva, sótano, bóveda, galería, subsuelo.

criptografía, jeroglífico, cifra, clave.

criptográfico-ca, secreto, cifrado, jeroglífico.

crisálida, larva, ninfa.

crisis, cambio, vicisitud, mutación, desequilibrio, transición.// Dificultad, compromiso, trance, paso, brete, peligro, angustia, alarma. **Ant.** Seguridad, estabilidad, equilibrio.

crisma, unto, aceite, unción, bálsamo.

crisol, fusor, recipiente, vaso, retorta.

crispamiento, contracción, encogimiento, espasmo, estremecimiento. **Ant.** Aflojamiento, relajación, relajamiento, distensión.

crispar, encoger, convulsionar, contraer, estremecer, apre-tar.// Enojar, exasperar.

cristal, espejo, vidrio.// -es, lentes.

cristalera, aparador, armario.

cristalino-na, diáfano, translúcido, claro, transparente, puro. **Ant.** Opaco, sucio.

cristalizar, solidificar.

cristianar, bautizar, sacramentar.

cristiano-na, persona, alma, individuo.// Creyente, católico, fiel, bautizado. **Ant.** Hereje, heterodoxo, ateo, agnóstico.

criterio, discernimiento, juicio, persuación, convencimiento, cordura. **Ant.** Irreflexión.// Regla, pauta, norma, modelo.

crítica, reprobación, vituperio, reproche, burla, reparo. **Ant.** Aprobación.// Censura, apreciación, juicio, estimación, opinión.// Murmuración, comentario.// Crónica, comentario.

criticable, censurable, vituperable.

criticar, analizar, censurar, juzgar.// Vituperar, reprender, desprestigiar, desaprobar, amonestar. **Ant.** Aprobar, elogiar.

crítico-ca, preciso, oportuno, culminante, exacto, conveniente. **Ant.** Inoportuno, secundario.// Juez, censor, acusador, oponente. **Ant.** Defensor.

cromar, cromatizar, bañar, niquelar, abrillantar.

cromático-ca, coloreado, pigmentado, irisado, tornasolado.

cromatismo, coloración, pigmentación.

crónica, relato, narración, historia, comentario, anales, memorias.// Nota, artículo, suelto.

crónico-ca, habitual, frecuente, inveterado, arraigado, endémico.// Incurable.

cronista, historiador, relator, narrador, investigador.// Periodista, articulista.

cronología, organización, calendario, cómputo, historia, anales.

cronológico-ca, cíclico, gradual.

cronometraje, medición, evaluación, determinación.

cronométrico-ca, exacto, preciso, puntual, matemático.

cronómetro, reloj.

croquis, boceto, esbozo, dibujo, diseño, bosquejo, borrador.

crótalo, castañuela.// Culebra, serpiente.

cruce, intersección, empalme, corte, entrelazamiento, encrucijada, encuentro, crucero, cruzamiento.// Mestizaje, cruza.

crucería, moldura, nervio, adorno.

crucero, excursión, viaje, travesía.// Madero, vigueta.// Buque, barco.

crucial, entrecruzado.// Culminante, decisivo, trascendental, delicado, capital. **Ant.** Intrascendente, secundario, baladí.

crucificación, crucifixión.

crucificar, aspar.// Sacrificar, importunar, incomodar, fastidiar, molestar, torturar, atormentar. **Ant.** Contentar.

crucifixión, crucificación, tormento, tortura.

crudeza, aspereza, dureza, rigor, severidad, rigurosidad, intransigencia.

crudo-da, inmaduro, verde, indigesto. *Ant.* Maduro, cocido.// Cruel, áspero, despiadado, inhumano. *Ant.* Humano, piadoso.// Riguroso, destemplado, cruel. *Ant.* Templado.

cruel, inhumano, sanguinario, bárbaro, despiadado, desalmado, feroz, bestial, fiero. *Ant.* Humano, benevolente, benigno.// Riguroso, excesivo, inaguantable. *Ant.* Suave, soportable.

crueldad, ferocidad, brutalidad, inhumanidad, fiereza, salvajismo, barbarie, dureza, iniquidad. *Ant.* Bondad, compasión.

crujía, pasillo, galera, corredor, galería.// Sala, estancia. Par. Crujía.

crujir, restallar, rechinar, chirriar, crepitar.

crupier, croupier, banquero.

cruz, aspa, crucifijo.// Suplicio, tormento, castigo, carga, pena, sufrimiento. *Ant.* Gozo, alegría.// Reverso, revés. *Ant.* Cara.

cruzada, campaña, expedición.

cruzado-da, atravesado, oblicuo, transversal.// Mestizo. *Ant.* Puro.// Tachado, rayado.// Libertador, adalid, defensor.

cruzar, atravesar, trasponer, cortar, pasar, traspasar.// Entrecruzar.// -se, coincidir, interponer, atravesarse, estorbarse.

cuaderno, libreta, librillo, cartapacio, agenda, fascículo, pliego.

cuadra, establo, caballeriza, corral.// Calle.

cuadrado-da, cuadrangular, cuadrilátero.

cuadrante, indicador, disco, esfera.// Reloj.

cuadrar, agradar, placer, gustar, complacer.// Ajustarse, convenir, conformarse, concordar, armonizar, acomodar.// -se, plantarse, obstinarse.// Erguirse, pararse, enderezarse.

cuadrícula, ajedrezado.

cuadril, anca, grupa, trasero.

cuadrilátero, tetrágono, cuadro.// Ring.

cuadrilla, grupo, pandilla, brigada, camarilla, camada, gavilla, partida.

cuadro, pintura, tela, tabla, lienzo, lámina, dibujo.// Espectáculo.// Paisaje, descripción, vista, visión, espectáculo.// Recuadro.

cuadrumano, cuadrúmano, antropoide, antropomorfo, homínido.

cuadrúpedo, bestia, res.

cuajada, requesón.

cuajado-da, coagulado, solidificado, condensado, consolidado, helado. *Ant.* Fluido.

cuajar, condensar, coagular, endurecerse.// -se, llenarse, poblarse.

cuajarón, coágulo.

cualidad, calidad, atributo, don, virtud, naturaleza, propiedad, especie, índole, linaje, rasgo.// Conveniencia, ventaja.

cualitativo-va, propio, peculiar, específico, atributivo, adjetivo.

cualquiera, uno, quienquiera, fulano.

cuando, en el momento en que.

cuantía, suma, cantidad, valor, importe.// Importancia, valor.

cuantioso-sa, abundante, numeroso, crecido, grandioso, considerable. *Ant.* Pequeño, escaso, exiguo.

cuáquero-ra, estricto, severo, rígido, inflexible. *Ant.* Comprensivo.

cuaresma, cuarentena.// Abstinencia, penitencia, mortificación.

cuarta, porción, parte, palmo.

cuartel, acantonamiento.// Barrio, sección, distrito, circunscripción.

cuartelada, asonada, sublevación, pronunciamiento, rebelión.

cuarto, habitación, aposento, pieza, cámara, alcoba.

cuartucho, cuchitril, cubículo, tugurio.

cuatrero, ladrón, abigeo.

cuba, barril, tonel, barrica, pipa, tina.// Borracho.

cubeta, recipiente.

cubículo, aposento, habitación, dormitorio.

cubierta, cobertura, techumbre, tapa, forro, envoltorio, tapadera, cobija.

cubierto, servicio, mesa.

cubil, guarida, escondrijo, madriguera, albergue.

cubilete, vaso.

cubo, balde, vasija.// Poliedro.// Tercera potencia.

cubrecama, colcha.

cubrir, ocultar, disfrazar, velar, esconder, disimular, celar, tapar.// Vestir, abrigar. *Ant.* Descubrir, destapar, desvestir.// -se, encapotarse, oscurecer.// Cobijarse, arroparse, abrigarse.

cuchara, cubierto.// Espátula.

cuchichear, murmurar, bisbisar, susurrar, secretear, chismorrear. *Ant.* Propalar.

cuchilla, cuchillo, hoja, navaja.

cuchillada, corte, tajo, herida, navajazo.

cuchillo, cuchilla, faca, cortaplumas, navaja, machete, herramienta, daga, puñal, estilete.

cuchipanda, comilona.

cuchitril, covacha, pocilga, agujero, tugurio.

cuchufleta, broma, burla.

cuclillas (en), agachado, acurrucado, agazapado. *Ant.* Levantado.

cucurucho, cono.// Estuche, envoltorio.// Capirote, capuz, gorro.

cuello, garganta, pescuezo, gollete.// Garguera, golilla, gola.

cuenca, cavidad, órbita, hueco, concavidad, oquedad.// Valle, zona, región, depresión.

cuenco, vaso, escudilla, vasija.

cuenta, cálculo, cómputo, enumeración, recuento, balance.// Importe, monto, total.// Factura.// Bolita, esfera, abalorio.

cuentagotas, dosificador.

cuentista, narrador, relator, cronista, literato, autor, escritor.// Chismoso, mentiroso, soplón, camelista, exagerado.

cuento, narración, relato, crónica, conseja, historia, fábula, anécdota, ficción.// Chisme, habladuría, enredo, patraña, habilla.

cuerda, cordel, soga, maroma, reata.// Cinta, sujetador, encordado.

cuerdo-da, sensato, juicioso, prudente, formal, reflexivo, lúcido, moderado. *Ant.* Loco, insensato, alocado, imprudente.

cuerno, asta, cornamenta, defensa.

cuero, pellejo, piel.// Odre, bota.

cuerpo, espesor, consistencia, grosor, densidad.// Congregación, corporación, gremio, colegiatura, parlamento.// Talle, figura, complexión, configuración.// Recopilación.

cuesta, pendiente, rampa, subida, repecho, declive, ladera.

cuestación, colecta, petición.

cuestión, asunto, tema, materia, argumento, razón.// Duda, problema, enigma.// Polémica, disputa.

cuestionable, discutible, objetable.

cuestionar, debatir, discutir, disputar, controvertir, reñir, rebatir.

cuestionario, examen, temario.

cueva, antro, caverna, cubil, concavidad, gruta, espelunca. *Ant.* Superficie.// Sótano, subterráneo, bodega, subsuelo.

cuidado, atención, asistencia, vigilancia, custodia, diligencia, esmero, solicitud.// Cautela, precaución, prudencia, prevención. *Ant.* Descuido.

cuidador-ra, vigilante.

cuidadoso-sa, atento, aplicado, exacto, meticuloso, escrupuloso, ordenado, pulcro, concienzudo, diligente, celoso, minucioso, esmerado, solícito. *Ant.* Negligente, descuidado.

cuidar, proteger, guardar, vigilar, conservar, velar, atender. **Ant.** Descuidar, despreocuparse.

culta, preocupación, cuidado, zozobra, angustia, inquietud, pesadumbre, tristeza, desdicha, adversidad. **Ant.** Alegría.

cuitado-da, preocupado, triste, afligido, acongojado, desgraciado, desafortunado, temeroso, atemorizado. **Ant.** Feliz.

culata, mango, asidero.// Anca.// Posterioridad.

culebra, serpiente, reptil, ofidio, víbora.

culebrón, telenovela.

culebrear, serpentear.

culinario-ria, gastronómico, alimenticio.

culminación, terminación, conclusión, final.// Pináculo, cumbre, cima, cúspide, máximo.

culminante, sobresaliente, principal, destacado, superior. **Ant.** Insignificante.// Elevado, prominente, dominante.

culminar, acabar, terminar, sobresalir, dominar.

culo, nalgas, ancas, asentaderas, posaderas, trasero.// Extremidad, fondo.

culpa, omisión, desliz, yerro, delito, infracción, falta, incumplimiento, pecado, error, flaqueza, negligencia, imprudencia.

culpabilidad, infracción, culpa.

culpable, responsable, reo, delincuente, criminal.

culpar, atribuir, achacar, inculpar, acusar, imputar, tachar, denunciar, condenar. **Ant.** Perdonar, indultar.

culteranismo, gongorismo, rebuscamiento, afectación, ampulosidad.

culterano-na, gongorino, afectado, rebuscado, amanerado, ampuloso. **Ant.** Sobrio, sencillo, simple.

cultismo, culteranismo, gongorismo.

cultivador-ra, campesino, agricultor.

cultivar, labrar, trabajar, laborar, sembrar.// Cuidar, mantener, desarrollar, fomentar, sostener, instruir, educar. **Ant.** Descuidar.

cultivo, labranza, cultura, labor, laboreo.// Plantación, agricultura.

culto, ritual, liturgia, veneración, rito, ceremonia.

culto-ta, erudito, sabio, ilustrado, docto, estudioso, cultivado. **Ant.** Inculto.

cultura, saber, sabiduría, conocimiento, ilustración, instrucción, erudición, civilización, progreso, arte, perfección, intelectualidad, adelantamiento. **Ant.** Incultura, ignorancia, barbarie.

cultural, formativo, civilizador.

cumbre, cima, cúspide, pico, altura, cresta, corona. **Ant.** Hondonada, base, abismo, llanura.

cumpleaños, aniversario.

cumplido, fineza, galantería, atención, gentileza. **Ant.** Grosería.

cumplido-da, correcto, atento, cortés, fino, galante, obsequioso. **Ant.** Grosero, descortés.// Terminado, acabado, perfecto, completo, concluido, listo. **Ant.** Incompleto, empezado.// Holgado, grande. **Ant.** Estrecho.

cumplidor-ra, observador, puntual, exacto, cabal, solvente, celoso, fiel, serio, cuidadoso. **Ant.** Descuidado, negligente.

cumplimentar, visitar, saludar, felicitar, agasajar, cumplir.// Cumplir, terminar.// Acatar, satisfacer, desempeñar, efectuar, obedecer.

cumplimiento, perfección, terminación, acabamiento, consumación, satisfacción. **Ant.** Incumplimiento.// Obsequio, ceremonia, cortesía, escrupulosidad, ritualidad.// Lealtad, obediencia.

cumplir, ejecutar, realizar, guardar, acatar, satisfacer, consumar, cumplimentar, cumplir, observar, obedecer, realizar, evacuar. **Ant.** Abstenerse, desobedecer, incumplir, insatisfacer.

cúmulo, acervo, aglomeración, pila, arsenal, montón, cantidad, abundancia. **Ant.** Insignificancia, escasez.

cuna, camita.// Linaje, familia, abolengo// Principio, origen, fuente.

cundir, extenderse, desarrollarse, dilatarse, divulgarse, difundirse, multiplicarse. **Ant.** Limitarse.

cuneta, zanja, canal, desaguadero.

cuña, calce, traba, tarugo, calza.

cuño, señal, impresión, huella, marca.// Troquel, sello, matriz.

cuota, contribución, porción, cupo, asignación, parte, participación.

cupido, amor.

cuplé, cantar, canción, tonadilla.

cupletista, cancionista, tonadillera.

cupo, cuota.

cupón, vale, talón, papeleta.

cúpula, domo, bóveda, torrecilla.

cura, sacerdote, padre, eclesiástico, clérigo.// Tratamiento, régimen, curación.

curación, cura, alivio, restablecimiento, tratamiento, régimen, terapéutica. **Ant.** Recaída, agravación.

curado-da, conservado, seco, endurecido, acecinado, cocido, curtido. **Ant.** Fresco, crudo.// Acostumbrado. **Ant.** Bisoño, novato.

curador-ra, procurador, tutor.

curandero-ra, manosanta, hechicero, brujo, salvador, ensalmador, charlatán.

curar, cuidar, atender, vigilar.// Acecinar, salar, conservar, ahumar, adobar.// Tratar, sanar, remediar, reconstituir, aliviar, atender.// -se, rehabilitarse, sanarse, restablecerse. **Ant.** Empeorar, desmejorar.

curato, vicaría, parroquia.

curda, borrachera.

cureña, encabalgamiento, soporte, tronera.

cureta, legrador, ra spador.

curia, cancillería, iglesia, concilio, nunciatura.

curiosear, indagar, escudriñar, huronear, oliscar, buscar, husmear, fisgonear, olfatear, espiar, preguntar, inmiscuirse, investigar.

curiosidad, indiscreción, fiscalización, fisgoneo, investigación, indagación, intromisión, merodeo, curioseo. **Ant.** Desinterés, discreción.

curioso-sa, escudriñador, investigador, indagador, preguntón, indiscreto, fisgón, impertinente, entrometido.// Extraordinario, raro, desusado, notable, interesante. **Ant.** Común, vulgar.

currículum-vitae, antecedentes, carrera.

curro-rra, presumido, ufano.

currutaco-ca, presumido.

cursado-da, versado, conocedor, entendido, diestro, hábil, experimentado. **Ant.** Inhábil, inexperto.

cursar, seguir, asistir, estudiar.// Acostumbrar, frecuentar.// Expedir, enviar.

cursi, amanerado, afectado, remilgado, ridículo, chillón, chabacano, presumido, ramplón. **Ant.** Elegante, sencillo, simple.

cursilería, afectación, pretensión, amaneramiento, ñoñería, extravagancia, presunción. **Ant.** Sencillez, elegancia, simpleza.

cursillo, curso, estudio, perfeccionamiento.

cursiva, bastardilla.

curso, continuación, derrotero, orientación, dirección, recorrido, transcurso.// Teoría, tratado, enseñanza, materia, asignatura.// Divulgación, difusión, propagación, circulación.// Desarrollo, evolución, proceso.// Lapso, duración, transcurso, tiempo.

curtido-da, adobado, preparado, endurecido, apergaminado, atezado, moreno, tostado, bronceado.// Adiestrado, experimentado, avezado. **Ant.** Inexperto, novato.

curtir, endurecer, acostumbrar, ejercitar, avezar, adiestrar.// Adobar, aderezar.// Tostar, broncear.

curva, onda, alabeo, arco, elipse, órbita, parábola, vuelta, comba, curvatura, torsión. **Ant.** Recta.

curvado-da, curvo, ondeado, arqueado.

curvatura, torcedura, combadura, ondulación, doblamiento, torsión, enroscadura, alabeo, arquemiento, comba, retorcimiento. **Ant.** Rectitud, rigidez.

curvo-va, bombeado, corvo, arqueado, combado, redondo, alabeado, abarquillado. **Ant.** Recto, derecho.

cúspide, cumbre, cima, altura, vértice, ápice, cresta, pico, remate. **Ant.** Ladera, fondo, base, hondonada.// Apogeo, culminación.

custodia, cuidado, protección, defensa, salvaguardia, resguardo, conservación, vigilancia, encomienda, guardia.// Escolta, vigilancia. **Ant.** Abandono, descuido, desprotección, negligencia.

custodiar, defender, velar, proteger, vigilar, guardar.// Conservar, atesorar, depositar, recaudar. **Ant.** Abandonar, descuidar.

custodio, vigilante, guarda.

cutáneo-a, dérmico, superficial, externo. **Ant.** Interior, profundo.

cutícula, pellejo, piel.

cutis, piel, dermis, epidermis.

cuzco, cachorro, perrillo.

dable, posible, factible.

dactilar, digital.

dactilógrafo-fa, mecanógrafo.

dactilografía, mecanografía.

dádiva, obsequio, don, regalo, presente, donación, cesión, agasajo, soborno, propina, auxilio. **Ant.** Usurpación, exacción.

dadivoso-sa, generoso, desprendido, espléndido, caritativo, filántropo, manirroto. **Ant.** Avaro, tacaño, miserable.

dado, cubo.

dado-da, entregado, regalado, donado, cedido, transmitido.

dador-ra, donador, librador. **Ant.** Receptor.

daga, puñal.

daltonismo, acromatismo, acromatopsia.

dama, señora, mujer, ama, dueña.

damajuana, botellón, garrafa, bombona.

damasquinar, taracear, incrustar, adornar, embutir.

damisela, señorita, doncella.

damnificación, daño, perjuicio, detrimento, deterioro, menoscabo, extorsión, quebranto, accidente.

damnificado-da, dañado, víctima, perjudicado, afectado.

damnificar, lastimar, lesionar, dañar, perjudicar, deteriorar.

dandy, elegante.

dantesco-ca, horrible, terrible, infernal, tremendo, apocalíptico, espeluznante, impresionante. **Ant.** Agradable, paradisíaco, pacífico.

danza, baile, coreografía, evolución, ballet.// Fiesta, festejo, espectáculo, reunión, sarao.

danzar, bailar, agitarse, moverse, ballotear, evolucionar.

danzarín-na, bailarín, danzante.

dañado-da, roto, deteriorado, maltrecho.

dañar, romper, deteriorar, estropear, maltratar, destruir, menoscabar, perjudicar, pervertir. **Ant.** Mejorar, beneficiar.

dañino-na, perjudicial, nocivo, pernicioso, maligno, peligroso, contrario, maléfico, funesto. **Ant.** Positivo, beneficioso, favorable.

daño, perjuicio, deterioro, menoscabo, molestia, detrimento, lesión, dolor, inconveniente.// Agravio, ofensa, injuria. **Ant.** Beneficio, ventaja.

dar, donar, regalar, obsequiar, entregar, conceder, transmitir.// Proporcionar, suministrar, proveer, surtir, aportar, ofrecer.// Adjudicar, conceder, otorgar. **Ant.** Recibir, cobrar, negar, quitar.// -se, entregarse, dedicarse, consagrarse.

dardo, flecha, venablo, punta, aguijón, jabalina.// Indirecta, ironía, puya.

dársena, fondeadero, amarradero, atracadero, malecón, dique, muelle.

datar, fechar.// Corresponder, remontarse, proceder, venir.

dato, antecedente, detalle, pormenor, particularidad, noticia.

deambular, caminar, pasear, andar, vagar, callejear, corretear.

deán, canónigo, decano.

debacle, desastre.

debajo, abajo, bajo, so. **Ant.** Sobre, encima.

debate, polémica, discusión, altercado, controversia, querella, disputa.

debatir, discutir, polemizar, contender, altercar, controvertir, disputar. **Ant.** Acordar.

debe, débito, deuda, cargo, pasivo, obligación. **Ant.** Activo, haber, crédito.

debelar, conquistar, vencer, ganar, dominar, derrotar.

deber, obligación, responsabilidad, compromiso, cometido, imposición, encargo, carga, trabajo. **Ant.** Derecho, prerrogativa.// Adeudar, corresponder, obligarse.

debido-da, conveniente, obligado, necesario.

débil, enclenque, endeble, flojo, enfermizo, raquítico, decaído, desfallecido, extenuado, agotado, esmirriado, enteco, melindre, mortecino. **Ant.** Fuerte, vigoroso, robusto.// Cobarde, tímido, pusilánime. **Ant.** Enérgico, decidido.

debilidad, decaimiento, flojedad, languidez, extenuación, laxitud, inanición, endeblez, desfallecimiento, flaqueza, desmayo, agotamiento, lasitud. **Ant.** Fuerza, fortaleza, energía.// Transigencia, pusilanimidad. **Ant.** Ánimo.

debilitar-se, disminuir, ablandar, desvirtuar, atenuar, marchitar, amortiguar, extenuar, apagar, enflaquecer, suavizar, postrar. **Ant.** Fortalecer, animar.

débito, deuda, pasivo.

debut, presentación, estreno, apertura, inauguración, inicio. **Ant.** Cierre, clausura.

década, decenio.

decadencia, decaimiento, descenso, ruina, bajón, destrucción, caducidad, menoscabo, disminución, degeneración, corrupción, caída, debilidad, pobreza. **Ant.** Progreso, ascenso, auge.

decadente, caducante, degenerado, corrompido.

decaer, menoscabar, desfallecer, menguar, debilitarse, empobrecerse, desmoronarse, deshacerse, degenerar, disminuir, empeorar, flaquear. **Ant.** Aumentar, progresar, crecer.

decano-na, jefe, cabeza, rector, director, veterano.

decantar, trasegar, verter, trasvasar.// Inclinar, ladear, desviar.// Propalar, celebrar, alabar, ponderar, elogiar, exaltar, ensalzar, encomiar.

decapitación, ejecución, corte, guillotinamiento.

decapitar, degollar, descabezar, guillotinar, desmochar.

decencia, honestidad, pudor, castidad, virtud, honradez, vergüenza, modestia, recato.// Decoro, compostura, respetabilidad. **Ant.** Indecencia.

decenio, década.

decente, recatado, pudoroso, honesto, honrado, decoroso, casto. **Ant.** Impúdico, indecoroso.// Conforme, justo.// Modesto, moderado, prudente. **Ant.** Indecente.

decepción, desilusión, chasco, dsesencanto, fiasco, fracaso, desengaño.

decepcionar, desilusionar, desengañar, desencantar. **Ant.** Ilusionar.

dechado, modelo, ejemplo, muestra, ejemplar, tipo, prototipo, ideal.

decidido-da, resuelto, denodado, valiente, esforzado, osado, intrépido, enérgico, emprendedor, audaz. **Ant.** Miedoso, tímido, indeciso, apocado, pusilánime.// Concluyente, terminante, determinado. **Ant.** Dudoso, inseguro.

decidir, determinar, declarar, establecer, adoptar, concluir, fallar, acordar, disponer. **Ant.** Dudar, titubear.

decidor-ra, locuaz, dicharachero, ocurrente.

decimal, fracción, quebrado.

décimo, billete de lotería.

decir, hablar, manifestar, explicar, proferir, contar, referir, declarar, expresar, indicar, informar, detallar, especificar, mencionar, señalar, enumerar, formular, concretar, anunciar. **Ant.** Silenciar, callar.// Opinar, juzgar, sostener, afirmar.

decisión, acuerdo, medida, solución, determinación, deliberación, resolución.// Brío, entusiasmo, arrojo, valentía, intrepidez, firmeza. **Ant.** Indecisión, cobardía, timidez, pusilanimidad.

decisivo-va, determinante, definitivo, concluyente, terminante, perentorio. **Ant.** Secundario.// Crucial, crítico.

declamación, recitación, narración, oratoria.// Ampulosidad, grandilocuencia.

declamar, recitar, orar, entonar, decir, pronunciar, actuar.

declarado-da, manifiesto, claro, evidente, público, ostensible. **Ant.** Secreto, tapado, oscuro.

declarar, manifestar, decir, confesar, emitir, deponer, testimoniar, testificar, revelar. **Ant.** Ocultar, silenciar.

declinación, decadencia, ocaso, descenso, bajada, caída, depresión.// Desviación.

declinar, decaer, disminuir, degenerar, caducar, menguar. **Ant.** Progresar.// Renunciar, rehusar, rechazar.

declive, pendiente, cuesta, inclinación, depresión, rampa, ladera, vertiente. **Ant.** Llano, llanura.// Mengua, decadencia. **Ant.** Progreso, auge.

decoloración, palidez, empalidecimiento. **Ant.** Coloración, tintura.

decolorar, blanquear, desteñir, despintar.

decomisar, tomar, confiscar, incautarse, apropiarse, embargar, desposeer. **Ant.** Restituir, devolver.

decomiso, confiscación, embargo.

decoración, adorno, engalanamiento, aliño, embellecimiento, ornato, ornamentación.// Decorado, escenografía.

decorado, decoración, escenografía, fondo, ambientación.

decorar, ornar, adornar, ornamentar, ataviar, guarnecer, engalanar.

decorativo-va, ornamental.

decoro, honra, dignidad, conveniencia, honor, respeto, seriedad, circunspección, decencia. **Ant.** Desvergüenza, indignidad.

decoroso-sa, digno, respetable, recatado, honesto, circunspecto, serio, pundonoroso, decente. **Ant.** Indecoroso, indecente.

decrecer, disminuir, menguar, descender, decaer, declinar, bajar, empequeñecerse, debilitarse, achicarse. **Ant.** Crecer, aumentar.

decreciente, menguante, declinante:

decrecimiento, disminución, decadencia, debilitamiento, declinación, mengua. **Ant.** Crecimiento.

decrépito-ta, caduco, chocho, senil, vetusto, viejo. **Ant.** Joven, lozano.

decrepitud, vejez, ancianidad, chochez, senilidad, caducidad, vetustez. **Ant.** Lozanía, juventud.

decretar, ordenar, decidir, determinar, reglar, reglamentar, dictar, prescribir.

decreto, orden, disposición, resolución, bando, precepto, edicto, dictamen.

decúbito, yacente, horizontal, tendido, plano. **Ant.** Erguido, vertical.

decurso, sucesión, continuación, curso, paso, transcurso.

dédalo, laberinto, maraña, embrollo, caos.

dedicación, consagración, ofrecimiento, homenaje, asignación.// Esmero, cuidado, atención. **Ant.** Negligencia, descuido.

dedicar, ofrecer, entregar, consagrar, destinar, aplicar, asignar. **Ant.** Negar.// -se, consagrarse, entregarse, perseverar, afanarse. **Ant.** Desinteresarse.

dedicatoria, ofrecimiento, asignación, ofrenda.

dedillo (al), completamente, perfectamente.

deducción, consecuencia, suposición, derivación, secuela, inferencia, conclusión, conjetura, razonamiento.// Rebaja, disminución, descuento. **Ant.** Aumento.

deducir, inferir, derivar, suponer, discurrir, razonar, concluir, colegir.// Rebajar, disminuir, descontar. **Ant.** Aumentar.

deductivo-va, razonado, lógico, fundado.

defecación, evacuación, deposición.

defecar, deponer, evacuar, excretar, cagar.

defección, deserción, abandono, traición, huida, deslealtad. **Ant.** Lealtad, permanencia.

defecto, imperfección, falta, privación, carencia, deficiencia, ausencia, falla, lacra, borrón, vicio, inconveniente. anormalidad. irregularidad, deformidad. **Ant.** Exceso, abundancia, perfección, virtud.

defectuoso-sa, imperfecto, insuficiente, deforme, incompleto, incorrecto, tosco. **Ant.** Perfecto, completo, suficiente.

defender, disculpar, justificar. **Ant.** Culpar, censurar.// Preservar, proteger, cubrir, escudar, tapar, custodiar, guardar. **Ant.** Atacar.// Sostener, prohijar. **Ant.** Abandonar, descuidar.

defensa, ayuda, socorro, auxilio, protección apoyo, abrigo, resguardo, amparo, resistencia. **Ant.** Ataque.// Alegato. **Ant.** Acusación.// Fortificación.

defensor-ra, abogado, tutor, patrono, protector. **Ant.** Acusador.

deferencia, consideración, miramiento, atención, cortesía, respeto, amabilidad, condescendencia. **Ant.** Descortesía.

deferente, comedido, cortés, considerado, atento, mirado. **Ant.** Descortés, desconsiderado.

deferir, admitir, respetar, comunicar, compartir, acceder.

deficiencia, defecto, debilidad, imperfección, anomalía.

deficiente, defectuoso, incompleto, imperfecto. **Ant.** Perfecto, completo.// Retardado, imbécil. **Ant.** Normal.

déficit, pérdida, quiebra, ruina. **Ant.** Ganancia, beneficio.// Falta, escasez, carencia. **Ant.** Abundancia, superávit.

definición, decisión, determinación, dictamen, declaración.// Aclaración, explicación, exposición, descripción. **Ant.** Imprecisión.

definir, precisar, aclarar, exponer, concluir, decidir, mostrar, especificar, razonar, explicar, determinar, puntualizar, fijar. **Ant.** Mezclar, confundir.

definitivo-va, concluyente, perentorio, decisivo, terminante, final.

definitorio-ria, determinante.

deflagrar, incendiarse, arder.

deformación, desfiguración, imperfección, deformidad, alteración, fealdad, monstruosidad, aberración. **Ant.** Equilibrio, belleza.

deformar, desfigurar.

deforme, contrahecho, desproporcionado, grotesco, feo, monstruoso, imperfecto. **Ant.** Bello, proporcionado, regular.

deformidad, irregularidad, deformación.

defraudación, estafa, engaño, fraude, trampa, delito.

defraudar, engañar, timar, estafar, delinquir, trampear.// Desilusionar, desesperanzar, frustrar, decepcionar.

defunción, fallecimiento, muerte, deceso, expiración, trance. **Ant.** Nacimiento.

degeneración, declinación, decadencia, degradación, alteración, bastardización, corrupción, depravación, perversión. **Ant.** Regeneración, pureza.

degenerar, decaer, menguar, perder, declinar, transformarse, mudarse, desmerecer, empeorar, desfigurarse, prostituirse, bastardear. **Ant.** Mejorar, perfeccionar, regenerar.

deglución, ingestión, trago, engullimiento. **Ant.** Vómito.

deglutir, tragar, ingerir, engullir, sorber.

degollar, guillotinar, decapitar.

degradación, humillación, vileza, bajeza, envilecimiento, degeneración, deshonra. **Ant.** Enaltecimiento, dignificación.// Exoneración, destitución.// Matización, atenuación.

degradar, deponer, destituir, postergar, relegar. **Ant.** Ascender.// Humillar, prostituir, envilecer, enviciar, corromper. **Ant.** Ennoblecer, honrar, perfeccionar.// Matizar, atenuar, rebajar.

degustación, saboreamiento, prueba.

degustar, saborear, paladear, probar, catar, consumir.

deidad, divinidad, ídolo, dios.

deificar, divinizar, idolatrar.

deífico-ca, celestial, divino.

dejadez, abandono, incuria, desgano, negligencia, desaliño, pereza, apatía, desidia, descuido. **Ant.** Diligencia, cuidado.

dejado-da, abandonado, descuidado, desaliñado.

dejar, abandonar, soltar, renunciar, rechazar. **Ant.** Aceptar.// Permitir, tolerar, consentir, autorizar. **Ant.** Prohibir.// Irse, marcharse, ausentarse, desertar, salir, partir. **Ant.** Quedarse, permanecer.// Ceder, legar, transmitir, dar. **Ant.** Quitar.// **-se,** descuidarse, abandonarse. **Ant.** Cuidarse, precaverse.

dejo, acento, entonación.// Gusto, sabor.

delación, denuncia, acusación.

delantal, mandil, guardapolvo, bata.

delante, frente a, en presencia de, a la cabeza de.

delantera, vista, frente, fachada. **Ant.** Reverso.// Vanguardia. **Ant.** Retaguardia.// Ventaja.

delatar, acusar, denunciar, revelar, soplar.

delator-ra, soplón, denunciante, acusador, sindicador, confidente.

delectación, deleite, deleitación, placer.

delegación, comisión, encargo, mandado, recomendación, encomienda, misión.// Agencia, sucursal, anexo, dependencia. **Ant.** Central, principal.

delegar, enviar, comisionar, encargar, autorizar, confiar, mandar, transmitir.

deleitar, gustar, placer, encantar, agradar, regalar. **Ant.** Molestar, disgustar.

deleite, deleitación, delectación, agrado, gozo, complacencia, satisfacción, encanto, bienestar, placer, regalo, gusto, disfrute. **Ant.** Disgusto.

deleitoso-sa, placentero, agradable, dulce, amable, apetitoso, delicioso, deleitable, ameno, encantador, sabroso, satisfactorio, seductor. **Ant.** Desagradable.

deletéreo-a, destructor, mortal, nocivo, letal.

deletrear, interpretar.// Silabear.

deleznable, frágil, inconsistente, quebradizo, débil, delicado. **Ant.** Fuerte.// Escurridizo, fugaz, breve, perecedero. **Ant.** Permanente.

delgadez, flaqueza, magrura, flacura, escualidez, desnutrición, enflaquecimiento, finura, tenuidad, adelgazamiento. **Ant.** Gordura, obesidad.

delgado-da, flaco, escuálido, enjuto, demacrado, débil, raquítico, chupado. **Ant.** Gordo, fornido, obeso.// Fino, estrecho, exiguo, vaporoso, tenue, sutil. **Ant.** Grueso.

deliberación, discusión, reflexión, examen, análisis, consideración.// Resolución, decisión, determinación.// Debate, polémica. **Ant.** Acuerdo.

deliberar, considerar, reflexionar, meditar, analizar.// Discutir, polemizar, debatir. **Ant.** Acordar.// Resolver, decidir.

delicadeza, consideración, cortesía, fineza, finura, exquisitez, elegancia, sutileza, refinamiento. **Ant.** Tosquedad, grosería.// Suspicacia, escrupulosidad, susceptibilidad.// Languidez, debilidad. **Ant.** Fortaleza.

delicado-da, afable, cortés, educado, amable, tierno. **Ant.** Descortés, desatento.// Susceptible, suspicaz. **Ant.** Despreocupado.// Peligroso, difícil, arriesgado. **Ant.** Fácil.// Enclenque, débil, enfermizo. **Ant.** Sano.// Grácil, sutil, fino. **Ant.** Rústico, tosco.

delicia, deleite, gusto, placer, agrado. **Ant.** Disgusto, repugnancia.

delicioso-sa, sabroso, rico, gustoso, apetitoso. **Ant.** Repugnante.// Complaciente, agradable, primoroso, ameno, encantador, gracioso, deleitoso.

delictivo-va, criminal, reprensible, punible.

delimitación, demarcación, circunscripción, localización, limitación.

delimitar, demarcar, deslindar, localizar, circunscribir, limitar, concretar, aclarar, fijar, señalar. **Ant.** Ampliar.

delincuencia, complicidad, criminalidad, culpa, transgresión.

delincuente, malhechor, transgresor, violador, infractor, contraventor, bandido, bandolero, forajido. **Ant.** Inocente, honrado, honesto.

delinear, dibujar, diseñar, perfilar, bosquejar, esquematizar, trazar.// Establecer, precisar.

delinquir, infringir, transgredir, violar, atentar, vulnerar. **Ant.** Cumplir, acatar.

deliquio, desmayo, desfallecimiento, éxtasis, arrobamiento, enajenamiento.

delirante, loco, disparatado, enardecido. **Ant.** Sensato, cuerdo.

delirar, disparatar, soñar, desvariar, desbarrar, fantasear, alucinarse, enajenarse.

delirio, disparate, despropósito, desvarío, enajenación, devaneo, locura. **Ant.** Cordura, sensatez.

delito, crimen, falta, contravención, infracción, violación, quebrantamiento, incumplimiento, atentado.

demacrado-da, desmejorado, adelgazado, consumido, delgado, acabado, enflaquecido. **Ant.** Lozano, robusto.

demacrarse, enflaquecer, desmejorar, apregaminarse, adelgazar, afilarse, chuparse. **Ant.** Engordar.

demagogia, halago, palabrería.

demanda, solicitud, requerimiento, súplica, petición, ruego, exigencia. **Ant.** Oferta, concesión.

demandante, solicitante, peticionario, pretendiente, litigante, reclamante, querellante.

demandar, peticionar, solicitar, suplicar, rogar, implorar, emplazar, pedir. **Ant.** Desistir.// Apetecer, desear, reclamar.// Exigir, prescribir.// Querellar.

demarcación, limitación, delimitación, deslindamiento.// Circunscripción, jurisdicción, comarca.

demarcar, señalar, marcar, determinar, deslindar, limitar. **Ant.** Confundir.

demasía, exceso, abundancia. **Ant.** Escasez, carencia, falta.

demasiado, excesivamente, sobrado. **Ant.** Poco.

demencia, insanía, locura, insensatez. **Ant.** Cordura, sensatez.

demente, loco, insano, trastornado, enajenado, enloquecido. **Ant.** Cuerdo.

democracia, república.

demócrata, republicano, progresista, igualitario. **Ant.** Reaccionario.

demoler, arruinar, deshacer, desbaratar, arrasar, destruir. **Ant.** Construir.

demolición, destrucción, aniquilamiento.

demoníaco-ca, diabólico, endemoniado, endiablado, maligno.

demonio, diablo, genio, espíritu.// Diablo, Mefistófeles, Satanás, Lucifer.// Travieso, temerario, audaz, perverso.

demora, retraso, tardanza, dilación, retardo, prórroga, plazo, lentitud, mora, morosidad, detención. **Ant.** Adelanto, apuro.

demorar, atrasar, retardar, dilatar, rezagar, retrasar, remitir, aplazar, parar. **Ant.** Apurar, adelantar, acelerar.

demostración, exposición, manifestación, exhibición, presentación, prueba, testimonio, verificación, comprobación. **Ant.** Ocultación, confusión.

demostrar, probar, patentizar, confirmar, corroborar, testimoniar, establecer, verificar.// Evidenciar, probar. **Ant.** Ocultar.// Argumentar, explicar.

demostrativo-va, evidente, probatorio, perentorio, expresivo, persuasivo, categórico, apodíctico. **Ant.** Dudoso, confuso.

demudado-da, pálido, desfigurado.

demudar, mudar, cambiar, alterar, trastrocar, variar, desfigurar, disfrazar, deformar, turbar. **Ant.** Tranquilizar.

denegación, negativa, desaprobación, retractación, negación, repulsa. **Ant.** Aceptación.

denegar, negar, desaprobar, rehusar, condenar. **Ant.** Aceptar, conceder.

dengoso-sa, remilgado, melindroso.

dengue, remilgo, mojigatería, afectación, melindre, cursilería, artificio.

denigración, difamación, injuria, maledicencia, desacreditación, deshonra, detracción, ofensa. **Ant.** Honra, halago.

denigrar, calumniar, infamar, deshonrar, vilipendiar, injuriar, ofender. **Ant.** Enaltecer, honrar.

denodado-da, decidido, intrépido, audaz, valeroso, valiente, resuelto, arrojado, guapo, esforzado, animoso. **Ant.** Pusilánime, flojo, cobarde.

denominación, designación, título, calificación, nombre.

denominar, designar, llamar, nombrar, calificar, señalar, distinguir, apodar, titular.

denostar, injuriar, insultar, vilipendiar, ofender, ultrajar, calumniar. **Ant.** Alabar, elogiar.

denotar, significar, indicar, anunciar, señalar, mostrar, advertir, presuponer, representar, figurar, expresar, marcar, apuntar, anunciar, indicar. **Ant.** Silenciar, callar, ocultar.

densidad, consistencia, condensación, concentración, espesor, macicez, viscosidad.

denso-sa, espeso, condensado, apelmazado, apretado, unido, amazacotado, compacto, tupido, consistente. **Ant.** Fluido, esponjoso.

dental, odontológico.

dentellada, mordedura, mordisco.

dentera, ansia, envidia, deseo.// Amargor.

dentista, odontólogo, sacamuelas.

dentro, en el interior de. **Ant.** Fuera.

denudar, desnudar, despojar.// Desintegrarse.

denuedo, valor, arrojo, ánimo, decisión, resolución.

denuesto, ofensa, improperio, dicterio, injuria, insulto, agravio, invectiva. **Ant.** Alabanza, elogio.

denuncia, acusación, delación, confidencia.

denunciante, acusador, delator, acusón, soplón, sindicador.

denunciar, acusar, soplar, delatar, confesar, revelar, descubrir, criticar.// Querellar, encausar. **Ant.** Ocultar, callar, silenciar.

deparar, suministrar, proporcionar, facilitar, conceder. **Ant.** Sacar, escatimar, quitar.

departamento, vivienda, habitación, piso, apartamento.// Sección, división, compartimiento.// Región, comarca, jurisdicción, territorio.// Agencia, sucursal, filial.

departir, conversar, charlar, platicar, conferenciar.

depauperado-da, debilitado, enflaquecido, agotado.

depauperar, enflaquecer, debilitar, agotar, adelgazar. **Ant.** Robustecer, fortalecer, engordar.// Empobrecer. **Ant.** Enriquecer.

dependencia, sujeción, dominación, subordinación, obediencia, esclavitud, sumisión. **Ant.** Independencia, liberación.// Despacho, delegación, sucursal, agencia. **Ant.** Central.

depender, acatar, subordinar, obedecer, necesitar.

dependiente, subordinado, sometido, sujeto, tributario. **Ant.** Independiente.// Subalterno, empleado. **Ant.** Jefe, superior.

depilar, rasurar, arrancar, afeitar.

deplorable, lamentable, lastimoso, triste, miserable, desgraciado, vergonzoso, desolador. **Ant.** Elogiable.

deplorar, lamentar, llorar, sentir, afligirse, dolerse. **Ant.** Celebrar, alabar, alegrarse.

deponer, atestiguar, testificar, aseverar, asegurar, afirmar. **Ant.** Silenciar, callar, omitir.// Destronar, destituir. **Ant.** Nombrar, reponer.

deportación, destierro, exilio, confinación, ostracismo, proscripción, expatriación. **Ant.** Repatriación.

deportar, desterrar, exiliar, confinar, proscribir, expatriar, alejar, expulsar, aislar. **Ant.** Repatriar.

deporte, ejercicio, práctica, recreación, solaz, juego, entrenamiento.

deportista, jugador, atleta, gimnasta, practicante.

deposición, declaración, testimonio, explicación, comparecencia. **Ant.** Ocultamiento, silencio, incomparecencia.// Evacuación, defecación.// Destitución, despojamiento, degradación. **Ant.** Restitución, nombramiento, reposición.

depositar, dar, consignar, confiar, entregar, fiar. **Ant.** Reservar, retener.// Poner, colocar, guardar. **Ant.** Gastar.// Asentarse, sedimentar.

depositario-ria, consignatario, receptor.

depósito, arsenal, almacén, barracón, granero.// Recipiente, receptáculo.// Acopio, yacimiento, almacenamiento, provisión.// Custodia, consignación.// Sedimento, poso, asiento, precipitado.

depravación, corrupción, perversión, vicio, desenfreno, envilecimiento, degeneración, maldad. **Ant.** Integridad.

depravar, corromper, enviciar, pervertir, viciar, degradar. **Ant.** Conservar, mantener, enderezar, regenerar.

deprecación, conjuro, ruego, petición, súplica, impetración, imprecación.

deprecar, pedir, solicitar, rogar.

depreciación, desvalorización, abaratamiento, baja. **Ant.** Alza, aumento, encarecimiento.

depreciar, desvalorar, desvalorizar, abaratar, rebajar, bajar. **Ant.** Subir, aumentar, encarecer.

depredación, saqueo, rapiña, robo, desvastación, despojo, pillaje.// Exacción, abuso, malversación. **Ant.** Restitución.

depredar, despojar, saquear, devastar, pillar.// Malversar, concusionar. **Ant.** Restituir, devolver.

depresión, hondonada, hondura, concavidad, seno, fosa, sima, hueco. **Ant.** Elevación.// Postración, debilitamiento, decaimiento, tristeza, desánimo, desaliento, agotamiento, neurastenia. **Ant.** Excitación, euforia, alegría, ánimo, energía.// Quiebra.

depresivo-va, melancólico, abatido. **Ant.** Animado.// Humillante, degradante. **Ant.** Enaltecedor.// Hueco, profundo, entrante. **Ant.** Convexo.

deprimir-se, hundir, abollar, aplastar, ahuecar. **Ant.** Levantar.// Desalentar, desanimar, abatir. **Ant.** Alegrar, animar.// Degradar, humillar, envilecer. **Ant.** Enaltecer.

depuesto-ta, destituido, degradado.

depuración, limpieza, supresión, eliminación, exclusión, purificación. **Ant.** Contaminación, mezcla, infección.

depurar, limpiar, purificar, expurgar, acendrar, purgar, perfeccionar, refinar. **Ant.** Ensuciar, contaminar.

depurativo-va, purgante.

derechista, conservador, tradicionalista.

derecho-cha, recto, lineal, erguido, directo. **Ant.** Torcido.// Enhiesto, tieso, plantado, vertical, rígido, levantado, perpendicular. **Ant.** Inclinado.

derecho, jurisprudencia, legislación, justicia, ley.// Facultad, poder, opción, prerrogativa. **Ant.** Deber.

deriva, desvío, desorientación, alejamiento.

derivación, deducción, desviación, descendencia.

derivar, desviar. **Ant.** Encaminar.// Proceder, nacer, originarse, resultar, emanar.// Deducirse, resultar.

derogación, abolición, anulación, abrogación, supresión, cancelación.

derogar, suprimir, abolir, anular.

derramar, dispersar, extender, publicar, propalar, divulgar, desparramar. **Ant.** Contener, retener.

derrapar, patinar.

derredor (en), alrededor, contorno, circuito.

derrengar, torcer, desviar, inclinar.

derretir, licuar, disolver, deshelar, desleír, fusionar. **Ant.** Solidificar.// -se, enamorarse, amartelarse.

derribar, voltear, demoler, derrumbar, volcar, hundir, arrasar, desplomar, precipitar, tumbar, abatir. **Ant.** Levantar, alzar, construir.// Destituir, derrocar. **Ant.** Entronizar.

derrocamiento, caída.// Destitución, deposición, destronamiento.

derrocar, derribar, precipitar, despeñar.// Destituir, destronar.

derrochador-ra, pródigo, despilfarrador, manirroto, desperdiciador. **Ant.** Avaro, tacaño, miserable.

derrochar, dilapidar, malversar, despilfarrar, disipar, malgastar, tirar. **Ant.** Guardar, conservar.

derroche, desperdicio, dispendio.

derrota, fracaso, descalabro, revés, jaque, vencimiento, catástrofe. **Ant.** Triunfo.// Rumbo, dirección.

derrotado-da, miserable, destrozado.// Vencido. **Ant.** Victorioso, triunfador.

derrotar, vencer, abatir, rendir, desbaratar, superar, deshacer. **Ant.** Perder.

derrotero, rumbo, dirección.

derrotismo, abatimiento. **Ant.** Triunfalismo.

derruir, derribar, demoler, derrumbar, arruinar, destrozar. **Ant.** Construir, alzar.

derrumbamiento, caída, desprendimiento, alud, desmoronamiento.

derrumbar, derribar, despeñar, precipitar, desmoronar, destruir. **Ant.** Levantar.

desabrido-da, soso, insípido. **Ant.** Sabroso.// Huraño, displicente, insociable, descortés. **Ant.** Amable, cortés.

desabrigar, desarropar, descobijar, descubrir, destapar. **Ant.** Abrigar, cubrir, tapar, arropar.// Abandonar, desamparar. **Ant.** Amparar, proteger, defender.

desabrigo, desnudez.// Abandono, desamparo.

desabrimiento, insipidez, insulsez, sosería.// Aspereza, brusquedad, dureza, hosquedad. **Ant.** Amabilidad, cortesía.

desabrochar, aflojar, abrir, desabotonar, soltar. **Ant.** Abrochar, abotonar.

desacatar, desobedecer, despreciar. **Ant.** Acatar, obedecer.

desacato, desobediencia, insubordinación, irrespetuosidad, descortesía, irreverencia. **Ant.** Acatamiento, obediencia.

desacertar, errar, fallar, pifiar, equivocarse, desatinar. **Ant.** Acertar.

desacierto, error, equivocación, desatino, falla, yerro. **Ant.** Acierto.

desaconsejar, disuadir, desviar. **Ant.** Aconsejar.

desacoplar, desarticular, desencajar, desmontar. **Ant.** Unir, acoplar.

desacorde, disonante, discordante, destemplado, desafinado. **Ant.** Afinado.// Disconforme. **Ant.** Conforme.

desacostumbrado-da, inusual, insólito, desusado, raro. **Ant.** Acostumbrado, frecuente, normal.

desacreditado-da, desprestigiado, desautorizado, malmirado. **Ant.** Prestigioso, acreditado.

desacreditar, difamar, desprestigiar, denigrar, infamar, deshonrar, calumniar, menoscabar, disminuir, desdorar. **Ant.** Acreditar, prestigiar.

desacuerdo, disensión, disputa, discordia, disconformidad, discrepancia, desavenencia, disentimiento, contradicción. **Ant.** Acuerdo, concordia.

desafección, desamor, aversión, malquerencia, animadversión, desafecto, antipatía, indiferencia. **Ant.** Cariño, afecto, amor.

desafecto, desafección.// -ta, refractario, contrario, enemigo, opuesto, reacio. **Ant.** Proclive, afecto.

desaferrar, soltar, largar, desatrabar. **Ant.** Atar, agarrar, unir.// Disuadir, desviar, desaconsejar.

desafiante, provocador, retador, pendenciero.

desafiar, provocar, retar.// Competir, disputar, contender, rivalizar.

desafinación, discordancia, destemple. **Ant.** Afinación.

desafinar, destemplar, discordar, desentonar, disonar. **Ant.** Templar, afinar.

desafío, reto, provocación, bravata.// Competencia, rivalidad, pugna, oposición.

desaforado-da, furioso, irritado, iracundo, furibundo, violento, frenético, colérico. **Ant.** Calmo, sereno.// Excesivo, desmesurado, desmedido. **Ant.** Justo.

desaforar, infringir, atropellar, contravenir, quebrantar, transgredir, vulnerar. **Ant.** Respetar, obedecer.

desafortunado-da, desgraciado, desdichado, infeliz. **Ant.** Afortunado, feliz.

desafuero, infracción, abuso, transgresión, exceso, desmán, atropello, extralimitación, violación, quebrantamiento. **Ant.** Acatamiento, obediencia.

desagradar, disgustar, desplacer, contrariar, fastidiar, enfadar, irritar, enojar, amargar. **Ant.** Agradar, complacer.

desagradecido-da, ingrato.

desagradecimiento, ingratitud, deslealtad, olvido. **Ant.** Agradecimiento, reconocimiento.

desagrado, disgusto, descontento. **Ant.** Contento, agrado.

desagraviar, satisfacer, compensar, indemnizar, reparar, borrar, resarcir. **Ant.** Agraviar, ofender.

desagravio, satisfacción, compensación, indemnización, reparación. **Ant.** Ofensa, agravio.

desagregación, desconexión, disociación, división, desviación, desmembración, separación, desunión. **Ant.** Unión, agregación.

desagregar, desunir, separar, disociar, dispersar, desviar, descentralizar, desarticular, disgregar, desperdigar. **Ant.** Unir, juntar, enlazar.

desaguadero, desagüe, alcantarilla.

desaguar, achicar, canalizar, vaciar, extraer, desecar, derramar.// Afluir, desembocar.

desagüe, avenamiento, achique, drenaje, salida, canalización, evacuación.// Desaguadero, alcantarilla.

desaguisado, desastre, desatino, sinrazón, torpeza, desacierto, destrozo.

desahogado-da, rico, opulento, próspero. **Ant.** Pobre.// Despejado, dilatado, amplio, desembarazado, desocupado, espacioso. **Ant.** Estrecho, angosto.// Tranquilo, sosegado, aliviado, consolado.

desahogar, ampliar, ensanchar.// -se, confiar, confesar, revelar, contar, franquearse, abrirse.// Tranquilizarse, consolarse, aliviarse, reponerse.

desahogo, anchura, amplitud. **Ant.** Estrechez.// Consuelo, alivio, confortación, tranquilidad. **Ant.** Inquietud.// Diversión, regocijo, distracción, recreación, esparcimiento, solaz. **Ant.** Preocupación.

desahuciado-da, incurable, grave, moribundo, sentenciado. **Ant.** Curable, salvable.

desahuciar, condenar, sentenciar, desesperanzar, desengañar. **Ant.** Ilusionar.

desahucio, condena, abandono. **Ant.** Curación, salvación.

desairado-da, humillado, vejado, maltratado, burlado, desdeñado, despreciado.// Ridículo, desgarbado, desmadejado. **Ant.** Gracioso, airoso.

desairar, humillar, despreciar, desatender, menospreciar, rechazar, rebajar. **Ant.** Atender, honrar.

desaire, descortesía, humillación, decepción, desdén, desprecio, desatención, chasco, grosería, menosprecio. **Ant.** Desagravio, respeto, honra.

desajustar, desunir, desarticular. **Ant.** Ajustar, unir.

desajuste, desarticulación, desacoplamiento.// Perturbación, desconcierto.

desalado-da, rápido, apresurado. **Ant.** Lento.

desalarse, apresurarse, arrojarse, acelerarse, dispararse.// Ansiar, anhelar, apetecer, desear.

desalentar, desanimar, desmoralizar, acoquinar, amilanar, amedrentar, abatir, descorazonar. **Ant.** Animar, alentar.

desaliento, decaimiento, desánimo, postración, desmoralización, amilanamiento, abatimiento, flaqueza. **Ant.** Valor, ánimo.

desaliñado-da, desarreglado, desprolijo, descuidado, desaseado. **Ant.** Prolijo, pulcro.

desaliñar, desarreglar, descuidar, desordenar. **Ant.** Aliñar, arreglar, ordenar.

desaliño, desprolijidad, descuido, desaseo, suciedad. **Ant.** Aliño, pulcritud, prolijidad.

desalmado-da, perverso, inhumano, despiadado, salvaje. **Ant.** Bondadoso, piadoso, humanitario.

desalojar, echar, expulsar, sacar, desplazar. **Ant.** Alojar, aposentar.

desalterar, sosegar, tranquilizar.

desamarrar, desatascar, desaferrar.// Soltar, desasir, desprender.

desamor, indiferencia, desinterés, desafecto, aversión, odio.

desamortizar, liberar.

desamparado-da, abandonado, solo, huérfano, desvalido, indefenso, desabrigado. **Ant.** Amparado, protegido.// Desierto, deshabitado. **Ant.** Habitado.

desamparar, abandonar, desproteger, dejar, desatender, desasistir, rechazar. **Ant.** Amparar, proteger.

desamparo, soledad, orfandad, desprotección, aislamiento, desvalimiento, abandono. **Ant.** Amparo, protección.

desangrar, achicar, desaguar.// Empobrecer, arruinar.

desanimado-da, triste, desalentado, decaído, descorazonado, abatido. **Ant.** Alegre, animado.

desanimar, entristecer, desalentar, acobardar, amilanar, desmoralizar. **Ant.** Alentar, animar, enardecer.

desánimo, desaliento, abatimiento, flojedad. **Ant.** Ánimo, energía.

desapacible, fatigoso, enfadoso, molesto, rudo, áspero, ingrato, duro, desagradable, destemplado, fastidioso. **Ant.** Apacible, agradable.

desaparecer, esfumarse, irse, marcharse, perderse, ocultarse, eclipsarse. **Ant.** Quedarse, estar, volver, permanecer.

desaparición, desvanecimiento, ocultación, supresión, aniquilación, disipación, dispersión, muerte, extinción, destrucción.

desapasionado-da, indiferente, imparcial, equitativo, frío, objetivo. **Ant.** Apasionado, comprometido, excitado, parcial.

desapasionamiento, objetividad, imparcialidad. **Ant.** Parcialidad.

desapegar, despegar, desasir, desprender.// **-se,** desencariñarse, desprenderse, alejarse, desapasionarse, desinteresarse, desaficionarse. **Ant.** Encariñarse.

desapego, desvío, desafecto, frialdad, alejamiento, indiferencia, desamor, distancia, aspereza. **Ant.** Apego, cariño.

desapercibido-da, desprevenido, descuidado, desarmado, desprovisto. **Ant.** Cuidado.// Inadvertido. **Ant.** Advertido.

desaplicación, vagancia, holgazanería.

desaplicado-da, vago, holgazán, perezoso, descuidado, negligente, ocioso. **Ant.** Activo, aplicado, trabajador.

desapoderar, desautorizar.

desaprensión, despreocupación, frescura, imperturbabilidad, descuido, desinterés. **Ant.** Cuidado, preocupación.

desaprensivo-va, cínico, desvergonzado, indiferente, irresponsable. **Ant.** Cuidadoso, preocupado.

desaprobación, rechazo, reproche, vituperio, reprobación, crítica, reconvención, reprimenda, amonestación. **Ant.** Aprobación, elogio.// Desautorización, denegación.

desaprobar, censurar, reprobar, reprochar, criticar, vituperar, condenar, reconvenir. **Ant.** Aprobar, elogiar, alabar.// Desautorizar, denegar.

desaprovechamiento, desperdicio, derroche, menoscabo, deterioro. **Ant.** Aprovechamiento, utilidad.

desaprovechar, desperdiciar, malograr, inutilizar, derrochar, dilapidar. **Ant.** Aprovechar, guardar, utilizar.

desarbolar, desmantelar.

desarmado-da, indefenso, desvalido.// Desajustado, desmontado. **Ant.** Armado, ajustado.

desarmar, despojar, privar.// Descomponer, desencuadernar, deshacer, desguazar.

desarraigado-da, arrancado.// Desterrado, exiliado. **Ant.** Arraigado.

desarraigar-se, arrancar, extraer, descuajar, erradicar.// Exterminar, suprimir, extirpar.// Expulsar, desterrar, exiliar. **Ant.** Arraigar, aquerenciar.

desarrapado-da, desarreglado, desastrado, desharrapado.

desarreglado-da, descuidado, desordenado. **Ant.** Prolijo, cuidado.

desarreglar, trastornar, perturbar, alterar, descomponer, desbaratar, desajustar, desordenar. **Ant.** Arreglar, ordenar.

desarreglo, desorden, desprolijidad. **Ant.** Arreglo, cuidado, prolijidad.// Desperfecto, avería, rotura.

desarrendar, desalquilar.

desarrimar, separar, desunir, apartar, alejar. **Ant.** Acercar, aproximar.

desarrollado-da, crecido, robusto, grande.// Adulto, maduro.// Evolucionado, avanzado, industrializado.

desarrollar, acrecentar, ampliar, fomentar, difundir, propagar, aumentar, amplificar, impulsar, expandir, extender. **Ant.** Reducir, limitar, achicar.// Explanar, explayar.// Desplegar, desenrollar, desencoger, desenvolver, extender, desdoblar. **Ant.** Enrollar, encoger.// **-se,** crecer, perfeccionarse, mejorar.

desarrollo, crecimiento, expansión, adelanto, desenvolvimiento, progreso, industrialización, propagación, aumento, auge, incremento, difusión, dilatación. **Ant.** Reducción, retroceso, retraso.// Explicación, exposición, esclarecimiento.

desarropar, destapar, despojar, desabrigar, desvestir, desnudar. **Ant.** Arropar, vestir.

desarticulación, desacoplamiento, desencajadura, desmembración, desajuste. **Ant.** Articulación, ajuste, acoplamiento.// Torcedura, luxación.

desarticular, desacoplar, desquiciar, desensamblar, destrabar, desvencijar, desgoznar. **Ant.** Unir, articular.// Descoyuntar, dislocar, torcer, luxar.

desaseado-da, sucio, desprolijo. **Ant.** Aseado, limpio, prolijo.

desaseo, suciedad, desprolijidad, descuido. **Ant.** Limpieza, pulcritud, aseo.

desasir, destrabar, soltar, aflojar, desprender, desatar. **Ant.** Atar, unir.

desasistir, abandonar, desamparar. **Ant.** Asistir, socorrer.

desasosegar, alterar, conmover, turbar, agitar, inquietar, perturbar, intranquilizar, alarmar. **Ant.** Sosegar, tranquilizar, serenar.

desasosiego, intranquilidad, excitación, angustia, alarma, alteración, trastorno, malestar, turbación, inquietud, temor, perturbación. **Ant.** Tranquilidad, sosiego.

desastrado-da, andrajoso, desaliñado, descuidado. **Ant.** Atildado, pulcro, cuidadoso, prolijo.// Desastroso, calamitoso.

desastre, desgracia, catástrofe, adversidad, calamidad, infortunio, revés. **Ant.** Triunfo, logro.

desastroso-sa, calamitoso, desgraciado, funesto, infeliz, devastador, adverso. **Ant.** Feliz, afortunado.

desatado-da, desquiciado, desenfrenado, violento. **Ant.** Cauto, moderado, prudente, pacífico.// Libre, suelto. **Ant.** Atado.

desatar, soltar, desligar, deshacer, aflojar, desamarrar. **Ant.** Atar, ligar.// **-se,** desencadenarse, sobrevenir.// Liberarse. **Ant.** Contenerse, reprimirse.

desatascar, liberar, desobstruir. **Ant.** Atascar, obstruir.

desatención, descuido, negligencia. **Ant.** Atención, cuidado.// Grosería, desprecio, incorrección. **Ant.** Delicadeza, finura.

desatender, abandonar, descuidar, despreciar, olvidar, relegar, menospreciar. **Ant.** Atender, cuidar, recordar.

desatento-ta, distraído. **Ant.** Atento.// Descortés, grosero, desconsiderado, incorrecto. **Ant.** Amable, cortés.

desatinado-da, desacertado, disparatado, absurdo, insensato. **Ant.** Acertado, correcto.// Atropellado, aturdido. **Ant.** Lógico.

desatinar, errar, equivocarse, desacertar, desbarrar, disparatar. **Ant.**. Atinar, acertar.

desatino, error, equivocación, desacierto, yerro, disparate, despropósito, barbaridad, necedad. **Ant.** Acierto, razón, lógica.

desatornillar, destornillar, soltar, desenroscar. **Ant.** Atornillar, enroscar.

desatracar, partir, zarpar. **Ant.** Atracar.

desatrancar, destapar, desobstruir. **Ant.** Atrancar, obstruir, tapar.

desautorizar, desprestigiar, destituir, desacreditar, deponer, degradar. **Ant.** Autorizar, acreditar, prestigiar.

desavenencia, disentimiento, disconformidad, divergencia, contrariedad, discordia, antagonismo, desacuerdo. **Ant.** Armonía, avenencia, acuerdo.

desavenido-da, discorde, malavenido. **Ant.** Avenido.

desavenirse, malquistarse, enemistarse, separarse, desunirse. **Ant.** Avenirse, unirse.

desayunar, comer, alimentarse. **Ant.** Ayunar.

desayuno, alimento, comida. **Ant.** Ayuno.

desazón, congoja, molestia, zozobra, agitación, malestar, desasosiego, incomodidad, intranquilidad, inquietud, indisposición, temor. **Ant.** Contento, calma, tranquilidad.

desazonado-da, disgustado, incomodado, enfadoso, angustiado, inquieto, intranquilo. **Ant.** Sereno, tranquilo.// Insípido, soso, insulso. **Ant.** Sabroso.

desazonar, inquietar, angustiar, intranquilizar, incomodar, disgustar, fastidiar, impacientar, desasosegar, soliviantar, irritar, cansar. **Ant.** Tranquilizar, serenar.

desbancar, destronar, desplazar, suplantar, reemplazar.

desbandada, huida, abandono, derrota, estampida, escapada, confusión.

desbandarse, huir, escapar, desertar, dispersarse, desperdigarse, desparramarse.// Apartarse, retraerse, separarse.

desbarajustar, perturbar, desordenar, confundir. **Ant.** Ordenar.

desbarajuste, desorden, confusión, caos, desbande, tumulto, desbaratamiento. **Ant.** Orden.

desbaratamiento, desajuste, desarreglo, desorganización, desbarajuste, confusión, descomposición.

desbaratar, arruinar, deshacer, descomponer, alterar, desordenar, desarreglar, desorganizar, trastornar, dispersar. **Ant.** Rehacer, componer, arreglar.// Dificultar, obstaculizar. **Ant.** Facilitar.

desbarrar, errar, equivocarse, disparatar, desacertar, fallar. **Ant.** Acertar.

desbastar, educar, civilizar, refinar, perfeccionar, instruir.// Limar, pulir, suavizar.

desbloquear, liberar.

desbocado-da, desvergonzado, malhablado, sinvergüenza, deslenguado, descarado.// Enloquecido, embravecido, trastornado. **Ant.** Cauto, sereno, circunspecto, dominado.

desbocarse, embravecerse, encabritarse. **Ant.** Contenerse.

desbordarse, derramarse, salir, dispersarse.// Sobrepasar, exceder. **Ant.** Contenerse.

desbrozar, limpiar, despejar, desembarazar, desarraigar, extirpar.

descabalado-da, desbaratado, incompleto.

descabalar, desbaratar, mutilar, destrozar, menguar, disminuir. **Ant.** Perfeccionar, completar.

descabalgar, desmontar, apearse, bajar, descender. **Ant.** Cabalgar, montar, subir.

descabellado-da, irracional, alocado, disparatado, absurdo, desatinado, desacertado, ilógico, insensato. **Ant.** Sensato, cuerdo.

descabezar, decapitar.

descaecer, perder, debilitarse, desfallecer, empeorar, arruinarse, desmejorar, disminuir, empobrecerse. **Ant.** Aumentar, crecer, mejorar.

descaecimiento, agotamiento, desaliento, decaimiento, enflaquecimiento, desánimo, abatimiento. **Ant.** Fortalecimiento.

descalabrar, descabezar, descrismar, herir, dañar, maltratar, lastimar, lesionar.// Perjudicar, engañar.

descalabro, revés, calamidad, desastre, ruina, contratiempo, desventura, quebranto, infortunio, desgracia, pérdida, fracaso. **Ant.** Ganancia, ventaja, triunfo.

descalcificar, debilitar. **Ant.** Endurecer, calcificar.

descalificación, desautorización, desprestigio.// Incapacidad. **Ant.** Rehabilitación.

descalificar, anular, incapacitar, inhabilitar. **Ant.** Capacitar.// Desacreditar, desautorizar, desprestigiar. **Ant.** Autorizar, prestigiar.

descalzar, despejar, quitar. **Ant.** Calzar.

descaminado-da, extraviado, apartado, descarriado, desencaminado, perdido, errado. **Ant.** Encaminado, orientado.

descaminar, apartar, desviar, alejar, extraviar, desencaminar. **Ant.** Orientar, encaminar.

descamisado-da, pobre, andrajoso, harapiento, indigente. **Ant.** Elegante, pulcro, prolijo.

descampado, despoblado.// Estepa, llanura. **Ant.** Poblado.

descansar, dormir, yacer, reposar, recostarse, tenderse, acostarse. **Ant.** Trabajar.// Holgar, veranear. **Ant.** Cansarse.// Fiar, confiar. **Ant.** Desconfiar.

descanso, rellano.// Reposo, holganza, sosiego, ocio, vacación, quietud, pausa. **Ant.** Fatiga, extenuación.// Intervalo, interrupción, intermedio.

descarado-da, desvergonzado, atrevido, maleducado, grosero, desbocado, desfachatado, procaz, insolente, zafado. **Ant.** Respetuoso, vergonzoso.

descarga, disparo, fuego, andanada, cañonazo, salva.// Alivio, aligeramiento. **Ant.** Carga.// Desembarco.// Chispazo, electrocutación.

descargar, descerrajar, disparar, tirar.// Desembarcar, alijar. **Ant.** Cargar.// Desembarazar, quitar, aliviar, aligerar.// Absolver, liberar, relevar. **Ant.** Obligar.

descargo, excusa, satisfacción, justificación, disculpa. **Ant.** Acusación.// Salida, egreso.

descarnado-da, enjuto, esquelético, flaco, demacrado, delgado. **Ant.** Gordo, robusto.// Desnudo.// Realista, crudo.

descarnar, cortar, mutilar.// Despojar, destruir.// **-se,** demacrarse, enflaquecer.

descaro, desvergüenza, tupé, osadía, desenvoltura, insolencia, impudor, atrevimiento, procacidad desfachatez. **Ant.** Vergüenza, cortedad.

descarriado-da, extraviado, desorientado, perdido. **Ant.** Encaminado, orientado.// Pervertido, enviciado. **Ant.** Puro, honesto.

descarriar, separar, extraviar, desviar, alejar, apartar.// -se, desencaminarse, perderse, extraviarse, apartarse. **Ant.** Encaminarse, orientarse.// Enviciarse, pervertirse.

descarrilamiento, descarriladura, choque, accidente, catástrofe, siniestro.

descarrilar, salirse, patinar.

descarrío, vicio, perdición.// Extravío, descarrilamiento, relajación.

descartar, separar, suprimir, rechazar, desechar, eliminar, quitar. **Ant.** Admitir, aceptar.

descarte, supresión, eliminación, separación.

descasarse, separarse, divorciarse.

descastado-da, renegado, despegado, ingrato, desagradecido, indiferente. **Ant.** Fiel, reconocido, agradecido.

descendencia, sucesión, prole, linaje, casta, progenie. **Ant.** Ascendencia.

descendente, decadente.// Inclinado. **Ant.** Ascendente.

descender, bajar, apearse, abatirse, desmontarse, caer, descolgarse **Ant.** Ascender, subir.// Proceder, derivar, originarse, provenir.// Resbalar, fluir.

descendiente, vástago, hijo, heredero, sucesor. **Ant.** Antepasado, ascendiente.

descenso, caída, bajada, descendimiento. **Ant.** Ascenso, subida.// Declinación, decadencia, ocaso, debilitamiento. **Ant.** Crecimiento, apogeo, aumento.

descentrado-da, apartado, alejado, desviado. **Ant.** Centrado.// Exaltado, inquieto, alterado. **Ant.** Sereno, tranquilo.

descentralizar, descentrar, desconcentrar, dispersar, descongestionar, repartir. **Ant.** Concentrar, centralizar.

descentrar, desplazar, desviar, desubicar. **Ant.** Centrar, ubicar.

desceñir, aflojar, soltar. **Ant.** Ceñir, ajustar.

descerrajar, disparar, descargar.// Forzar, violentar, romper, quebrar, fracturar, arrancar, violar.

descifrar, dilucidar, adivinar, interpretar, aclarar, desembrollar, elucidar, penetrar.

desclavar, desengarzar, desengastar. **Ant.** Engastar.// Desprender, arrancar. **Ant.** Fijar, clavar.

descocado-da, desvergonzado, descarado, desfachatado.

descoco, desvergüenza, descaro, impudicia, desfachatez. **Ant.** Vergüenza, pudor.

descolgar, descender, bajar, apear. **Ant.** Colgar, alzar.// -se, destaparse, salir.// Presentarse, aparecer, sorprender.

descollante, sobresaliente, destacado, distinguido, dominante, excelente, superior. **Ant.** Vulgar, común, insignificante.

descollar, destacarse, sobresalir, distinguirse, despuntar, resaltar, diferenciarse.

descolorido-da, pálido, incoloro, desvaído, apagado, tenue. **Ant.** Colorido.

descomedido-da, desatento, descortés, irrespetuoso. **Ant.** Amable, cortés, respetuoso.// Excesivo, desmedido, desproporcionado. **Ant.** Justo.

descomedirse, insolentarse, desaforarse, desmandarse. **Ant.** Contenerse.

descompasado-da, arrítmico, desigual, excesivo, irregular.

descomponer, separar, partir, desunir, dividir. **Ant.** Unir, juntar.// Estropear, destruir, desarmar, desordenar. **Ant.** Componer, arreglar.// -se, corromperse, pudrirse.// Desahogarse, alterarse. **Ant.** Calmarse.// Enfermarse, indisponerse.

descomposición, descompostura, desbaratamiento, desconcierto, descoplamiento, desarme, desintegración. *Ant.* Composición, integración.// Desarreglo, rotura. *Ant.* Arreglo.// Fracaso, frustración.// Putrefacción, corrupción, alteración. *Ant.* Conservación.// Separación, aislamiento, análisis, abstracción. *Ant.* Síntesis.

descompostura, afección, malestar, enfermedad, achaque, indisposición. *Ant.* Mejoría.

descompuesto-ta, putrefacto, alterado, podrido. *Ant.* Sano.// Indispuesto, achacoso, enfermo, desmejorado. *Ant.* Sano, curado.// Alterado, insolente, descortés. *Ant.* Mesurado.// Roto, estropeado, deteriorado, averiado, defectuoso. *Ant.* Arreglado.

descomunal, enorme, grandísimo, extraordinario, desmesurado, monstruoso, grandioso, colosal, monumental, exorbitante, gigantesco. *Ant.* Pequeño, insignificante, minúsculo.

desconcertado-da, perplejo, desorientado. *Ant.* Seguro, organizado.

desconcertante, sorprendente, inaudito, insólito. *Ant.* Común.

desconcertar, sorprender, desorientar, turbar, confundir, perturbar. *Ant.* Orientar, serenar.// Desordenar, alterar, desbarajustar, perturbar, tratrocar, dislocar, desorganizar, descomponer, trastornar, desarreglar. *Ant.* Ordenar, arreglar.

desconchar, agrietar, cuartear, descascarillar.

desconcierto, desorden, descomposición. *Ant.* Orden.// Confusión, desorientación. *Ant.* Seguridad, claridad, orientación.

desconectar, cortar, suspender, interrumpir, desenchufar, desunir. *Ant.* Unir, conectar.// Separar, aislar, suspender.

desconexión, interrupción, desunión *Ant.* Unión.// Aislamiento. *Ant.* Conexión, comunicación.

desconfiado-da, incrédulo, escéptico, receloso, suspicaz. *Ant.* Confiado, crédulo.

desconfiar, sospechar, recelar, maliciar, dudar, temer. *Ant.* Confiar, creer.

desconfianza, incredulidad, recelo, sospecha. *Ant.* Credulidad, confianza.

descongestión, alivio, desahogo, dispersión. *Ant.* Congestión, concentración.

descongestionar, aliviar, aligerar, desahogar. *Ant.* Congestionar, concentrar.

desconocedor-ra, ignorante, ingenuo.

desconocer, ignorar. *Ant.* Conocer, saber.// Olvidar.// Repudiar, rechazar, despreciar. *Ant.* Apreciar, admitir.

desconocido-da, irreconocible, mudado, alterado.// Ignorado, anónimo, incógnito, ignoto, escondido, extraño, advenedizo, hermético, impenetrable. *Ant.* Conocido.

desconocimiento, ignorancia.// Olvido, ingratitud.

desconsideración, desatención, ligereza, inadvertencia, irreflexión. *Ant.* Consideración.// Insolencia, grosería, abuso, arbitrariedad. *Ant.* Cortesía.

desconsiderado-da, desatento, incorrecto, descortés, despreciativo, ingrato. *Ant.* Considerado, atento.

desconsolado-da, pesaroso, triste, dolorido, angustiado, inconsolable, cuitado, compungido. *Ant.* Contento, alegre.

desconsolador-ra, penoso.

desconsolar, apenar, entristecer, afligir, desalentar, apesadumbrar. *Ant.* Consolar, animar, alegrar.

desconsuelo, tristeza, pesar, pena, aflicción, desolación. *Ant.* Consuelo, alegría.

descontar, deducir, restar, disminuir, menguar, rebajar, abonar, reducir, quitar, escatimar. *Ant.* Cargar, aumentar.

descontento, disgusto, pesar, desagrado, decepción, insatisfacción, malhumor, enfado, enojo, pena, pesadumbre, inquietud, impaciencia, preocupación, contrariedad, fastidio, desazón, desasosiego. *Ant.* Contento, agrado, alegría.

descontento-ta, apesadumbrado, triste, decepcionado, contrariado, fastidiado. *Ant.* Alegre, animado, contento.

descontrol, desorden, desbarajuste. *Ant.* Orden, control.

descorazonado-da, desalentado, desanimado. *Ant.* Animado, entusiasta.

descorazonar, deprimir, desalentar, desanimar. *Ant.* Animar, envalentonar.

descorchar, abrir, destapar.

descorrer, plegar, enrollar.

descortés, grosero, ordinario, desatento, maleducado, irrespetuoso. *Ant.* Amable, cortés.

descortesía, incorrección, ordinariez, grosería, desatención, inconveniencia, descaro, tosquedad, torpeza, desabrimiento. *Ant.* Cortesía, educación, amabilidad.

descortezar, descascarar, limpiar, mondar, extraer.// Educar, desbastar, refinar.

descoser, deshilvanar, separar, desatar, desunir. *Ant.* Coser, unir.

descoyuntamiento, dislocación, desmembramiento, luxación.

descoyuntar, dislocar, luxar, torcer, desencajar, desquiciar, desarticular.

descrédito, desprestigio, desdoro, deshonor, desautorización. *Ant.* Prestigio, honra, honor.

descreído-da, desconfiado, incrédulo, irreverente, ateo, irreligioso. *Ant.* Confiado, crédulo.

descreimiento, incredulidad, ateísmo, irreverencia, irreligiosidad.

describir, presentar, trazar, representar, definir, detallar, puntualizar, pintar, pormenorizar.

descripción, pintura, retrato, cuadro.// Inventario, detalle.// Representación, reseña.

descriptivo-va, representativo, gráfico, detallado, expresivo.

descrismar, desnucar, decalabrar.

descuartizamiento, despedazamiento, desmembramiento.

descuartizar, desmembrar, destrozar, dividir, despedazar, deshacer.

descubierta, reconocimiento, exploración, inspección.

descubierto-ta, desnudo, destapado. *Ant.* Cubierto, tapado.// Claro, evidente.// Déficit.

descubridor-ra, explorador, conquistador, colonizador, expedicionario.// Creador, inventor, investigador.

descubrimiento, hallazgo, invención, detección.// Conquista, exploración.// Divulgación, publicación. *Ant.* Oscuridad, desconocimiento.

descubrir, mostrar, revelar, denunciar, desenterrar, manifestar, publicar, evidenciar, destapar, desenmascarar, exhumar. *Ant.* Cubrir, tapar, esconder.// Crear, imaginar, fraguar, inventar.// Reconocer, explorar.// Sorprender, acanzar, divisar.

descuento, rebaja, deducción, abaratamiento, disminución, reducción.

descuidado-da, negligente, desprolijo, desastrado, dejado, desaliñado, despreocupado, indolente, abandonado. *Ant.* Cuidadoso, atento, prolijo.

descuidar, desatender, abandonar, distraerse, despreocuparse, olvidar, omitir. *Ant.* Cuidar, atender.

descuido, desatención, abandono, inadvertencia, imprudencia, dejadez, incuria. *Ant.* Cuidado, preocupación, atención.// Error, falta, olvido, desliz.// Desprolijidad, desaliño, deseaseo. *Ant.* Aseo, prolijidad.// Apatía, desgano, abulia. *Ant.* Actividad.

desdecir, corregir, enmendar, desmerecer, contrastar. *Ant.* Confirmar.// -se, arrepentirse, retractarse.

desdén, desprecio, desaire, indiferencia, menosprecio, despego, desestima. *Ant.* Aprecio, estimación.

desdeñar, despreciar, desechar, desairar, menospreciar, desestimar. *Ant.* Apreciar, estimar, valorar.

desdeñoso-sa, despreciativo, despectivo, displicente, altanero, altivo, soberbio, ofensivo. *Ant.* Atento, preocupado.

desdibujado-da, impreciso, indefinido, borroso, confuso. *Ant.* Claro, nítido.

desdibujar, desvanecer, confundir. *Ant.* Precisar, aclarar.

desdicha, calamidad, desgracia, desventura, infortunio. *Ant.* Felicidad, suerte.

desdichado-da, desgraciado, infeliz.

desdoblamiento, despliegue, desarrollo.// División, duplicidad.

desdoblar, extender, desarrollar, abrir, desenrollar, desplegar, desenvolver.// Desglosar, duplicar.

desdorar, desprestigiar, calumniar, desacreditar, difamar, denigrar. **Ant.** Honrar.

desdoro, descrédito, desprestigio, baldón, afrenta, dehonra.

desear, querer, codiciar, ambicionar, pretender, demandar, anhelar, aspirar, envidiar. **Ant.** Rechazar, desdeñar, despreciar.

desecación, deshidratación, secado. **Ant.** Humedecimiento.// Marchitamiento. **Ant.** Frescor, lozanía.

desecar, secar, deshidratar. **Ant.** Hidratar, humedecer.

desechar, apartar, arrojar, relegar, rechazar, excluir, posponer, despreciar, descartar. **Ant.** Apreciar, valorar.

desechos, desperdicios, restos, sobras, residuos. **Par.** Deshechos.

desembalar, desempaquetar, desempacar, abrir, desatar. **Ant.** Embalar, empaquetar.

desembarazado-da, despejado, libre, abierto, expedito. **Ant.** Cerrado, atascado.// Desenvuelto, desenfadado, suelto. **Ant.** Apocado, tímido.

desembarazar, despejar, limpiar, desocupar, apartar, evacuar.// **-se,** deshacerse, liberarse.

desembarazo, desenvoltura, desparpajo.

desembarcadero, muelle, fondeadero.

desembarcar, bajar, descender, salir, abandonar, dejar. **Ant.** Embarcar.// Descargar. **Ant.** Cargar.

desembarco, asalto, ocupación, invasión.// Descenso, salida.// Descarga.

desembargar, deshipotecar, desempeñar.

desembargo, recuperación, devolución, restitución.

desembocadura, salida, desembocadero.

desembocar, afluir, desaguar.

desembolsar, saldar, pagar, liquidar, sacar, abonar. **Ant.** Embolsar, cobrar.

desembolso, pago, gasto. **Ant.** Cobro.

desembragar, desconectar.

desembrollar, desenredar, aclarar, esclarecer, dilucidar, desenmarañar, elucidar. **Ant.** Embrollar, confundir, mezclar.

desembuchar, contar, confiar, desahogarse.

desemejanza, desigualdad.

desemejante, desigual, diferente, diverso, distinto, disímil. **Ant.** Igual, semejante.

desempacho, desembarazo, soltura, desenvoltura. **Ant.** Empacho, timidez.

desempaquetar, desempacar, desenvolver. **Ant.** Empaquetar, empacar.

desemparejar, aislar, apartar.// Desigualar. **Ant.** Igualar, emparejar.

desempatar, desigualar.

desempeñar, rescatar, librar, recuperar, desembargar. **Ant.** Empeñar.// Practicar, ejercer, ejercitar.

desempeño, rescate, recuperación.// Cometido, cumplimiento, función, ejecución. **Ant.** Incumplimiento.

desempleo, desocupación.

desempolvar, sacudir, limpiar.// Recordar.

desencadenamiento, iniciación, arranque, estallido.

desencadenar, liberar, soltar, librar.// Desunir, desatar, desligar. **Ant.** Encadenar.// **-se,** desatarse, iniciar, estallar. **Ant.** Terminar, acabar.

desencajar, dislocar, descoyuntar, desquiciar. **Ant.** Encajar.// **-se,** demudarse, descomponerse.

desencantar, desilusionar, decepcionar.

desencanto, desilusión, decepción. **Ant.** Ilusión.

desenchufar, desconectar, separar, desunir, desacoplar. **Ant.** Enchufar, conectar.

desenfado, despreocupación, descaro, desenvoltura, frescura. **Ant.** Cortedad, timidez.

desenfrenado-da, disoluto, desmedido, desaforado, descarriado, incontinente, desordenado, inmoral, libertino. **Ant.** Cauto, moderado.

desenfrenarse, desatarse, desquiciarse, soltarse, desmandarse. **Ant.** Contenerse, moderarse.

desenfreno, desorden, disolución, disipación, libertinaje, intemperancia, desvergüenza. **Ant.** Moderación.

desenganchar, desencadenar, desprender, soltar, separar. **Ant.** Enganchar.

desengañado-da, desilusionado, decepcionado, escarmentado. **Ant.** Engañado, ilusionado.

desengañar-se, desilusionar, decepcionar, desesperanzar, desencantar, desanimar, desalentar. **Ant.** Engañar, ilusionar.

desengaño, desilusión, decepción, desencanto, amargura, despecho, contrariedad, fracaso. **Ant.** Engaño, ilusión.

desengarzar, desclavar, desprender, desengastar. **Ant.** Engarzar, clavar.

desengrasar, limpiar, lavar. **Ant.** Ensuciar, engrasar.

desenlace, final, fin, término, conclusión, terminación. **Ant.** Comienzo, desarrollo, inicio, planteamiento.

desenlazar, desatar, soltar. **Ant.** Enlazar, atar.// Resolver, solucionar.

desenmarañar, desembrollar, aclarar, dilucidar, esclarecer, descifrar, desentrañar. **Ant.** Enmarañar, confundir.

desenmascarar, descubrir, destapar, desembozar, revelar, sorprender, acusar. **Ant.** Enmascarar, tapar, ocultar.

desenredar, desembrollar, desovillar, desatar, soltar, desenmarañar. **Ant.** Enredar, enmarañar.// Esclarecer, solucionar, desembrollar. **Ant.** Embrollar, confundir.

desenrollar, desplegar, desarrollar, extender. **Ant.** Enrollar, plegar.

desenroscar, aflojar, destornillar. **Ant.** Enroscar, atornillar.

desentenderse, despreocuparse, olvidarse, abandonar, desatender, desinteresarse. **Ant.** Preocuparse, cuidar.

desenterrar, exhumar, excavar, descubrir. **Ant.** Enterrar.// Evocar, recordar.

desentonar, discordar, desafinar, disonar. **Ant.** Entonar, acordar.

desentrañar, desenmarañar, aclarar, explicar, desembrollar, dilucidar, resolver. **Ant.** Embrollar, confundir.

desentumecerse, desenmohecerse, desentumirse, desentorpecerse. **Ant.** Entorpecerse, entumecerse.

desenvainar, desenfundar. **Ant.** Enfundar, envainar.

desenvoltura, desembarazo, soltura, desenfado, desparpajo. **Ant.** Respeto.// Naturalidad, destreza, elegancia, galanura. **Ant.** Torpeza.

desenvolver, abrir, desplegar, desenrollar, extender, desencoger, desdoblar. **Ant.** Envolver, enrollar.// Aclarar, descubrir.// **-se,** manejarse.

desenvolvimiento, actuación, actividad.// Amplificación, expansión, ampliación, difusión, extensión, dilatación, dispersión.

desenvuelto-ta, desenfadado, desembarazado. **Ant.** Tímido.

deseo, apetencia, aspiración, anhelo, capricho, antojo, gana, gusto, ansia, afán, voluntad, ambición, apetito, pasión, inclinación. **Ant.** Desinterés.// Objetivo, proyecto.

deseoso-sa, ansioso, ambicioso, ávido, insaciable. **Ant.** Inapetente, desinteresado.

desequilibrado-da, loco, demente, insano.

desequilibrar, descompensar, desnivelar. **Ant.** Nivelar, equilibrar.

desequilibrio, inestabilidad.// Trastorno, locura, chifladura, manía. **Ant.** Cordura.

deserción, abandono, renuncia, apostasía, desaparición, evasión. **Ant.** Lealtad.

desertar, abandonar, abjurar, escabullirse, escaparse. **Ant.** Quedar, permanecer.

desértico-ca, desolado, árido, yermo, estéril, estepario, inhóspito. **Ant.** Fecundo, poblado.

desertor, traidor, prófugo, fugitivo. **Ant.** Leal.

desesperación, descorazonamiento, desmoralización, desilusión, decepción, irritación, exacerbación, consternación, ira, enojo, desaliento. **Ant.** Optimismo, esperanza.

desesperado-da, furioso, encolerizado, exasperado, iracundo. **Ant.** Tranquilo, sereno.

desesperante, insoportable, vergonzoso, agobiante, fastidioso. **Ant.** Calmo.

desesperanza, desaliento, pesimismo, desilusión. **Ant.** Optimismo, esperanza.

desesperar, impacientar, intranquilizar, irritar, desazonar. **Ant.** Calmar, serenar.

desestimar, despreciar, desdeñar, menospreciar. **Ant.** Apreciar, estimar.// Rechazar, denegar, rehusar, desaprobar. **Ant.** Aprobar, admitir.

desfachatado-da, descarado, desvergonzado, atrevido. desfachatez, descaro, desvergüenza, atrevimiento, insolencia. **Ant.** Timidez.

desfalco, robo, hurto, defraudación, malversación, fraude.

desfallecer, languidecer, flaquear, desgastarse, sucumbir, debilitarse, decaer, extenuarse. **Ant.** Fortalecerse, recobrarse.

desfallecimiento, desmayo, desvanecimiento.// Abatimiento, flojedad. **Ant.** Robustecimiento.

desfavorable, perjudicial, nocivo, contrario, adverso, pernicioso. **Ant.** Favorable, beneficioso.

desfigurado-da, herido.// Cambiado, transformado.

desfigurar, modificar, desnaturalizar, cambiar, variar, deformar, falsear, disfrazar.// Afear, herir, perjudicar,// **-se,** alterarse, turbarse.

desfiladero, paso, quebrada, valle, despeñadero, barranco, garganta.

desfilar, marchar, pasar, recorrer, maniobrar, exhibirse.

desfile, revista, parada, comitiva, procesión, cortejo.

desfloración, desvirgamiento.// Ajamiento.

desflorar, desvirgar, violentar, seducir. **Ant.** Respetar.// Ajar, deslucir.

desfogar, desahogar, desbordar.

desgaire, desaliño, descuido.// Desprecio, desaire.

desgajar, arrancar, separar, desgarrar, despedazar, extirpar.

desgana, inapetencia, anorexia, desfallecimiento. **Ant.** Apetito, gana.// Abulia, desidia. **Ant.** Energía.

desganado-da, apático, desinteresado.

desgañitarse, gritar, vociferar, enronquecerse, vocear.

desgarbado-da, desgalichado, contrahecho, deforme, torpe, desmedrado, desaliñado, grotesco. **Ant.** Elegante, garboso.

desgarrado-da, roto, rasgado.// Descarado, desfachatado.

desgarrar, destrozar, despedazar, romper, rasgar, desgajar. **Ant.** Unir, juntar.

desgarro, desgarrón, rotura.// Desfachatez, descaro, fanfarronería, jactancia. presunción, petulancia, bravuconería. **Ant.** Comedimiento, mesura.

desgarrón, desgarramiento, rotura, rasgadura, descosido.

desgastado-da, usado, gastado, rozado, sobado, lamido. **Ant.** Impecable, nuevo.

desgastar, consumir, deshacer, comer, adelgazar, ajar, raer, usar, deteriorar. **Ant.** Mantener, conservar, arreglar,// **-se,** debilitarse, extenuarse.

desgaste, uso, raspadura, roce, rozadura, debilitación, consumisión. **Ant.** Renovación, fortalecimiento.

desglosar, separar, quitar.

desglose, desprendimiento, separación.

desgobierno, desorden, anarquía, desconcierto, desorganización, confusión, desbarajuste, dejadez, desarreglo. **Ant.** Orden, gobierno.

desgracia, infortunio, desdicha, adversidad, desventura, fatalidad, malandanza, desamparo. **Ant.** Suerte, felicidad.// Contratiempo, revés, accidente.

desgraciado-da, infeliz, desventurado, desdichado, desafortunado, malhadado, desvalido, nefasto. **Ant.** Venturoso, feliz.// Apocado, tímido, vil, malvado.

desgraciar, perjudicar, vulnerar, lastimar, impedir, frustrar, abortar, fracasar, estropear, desbaratar, malograr, dañar. **Ant.** Favorecer, beneficiar.// **-se,** enemistarse, enojarse.

desgranar, desmenuzar, separar, desensartar.

desgravación, reducción, rebaja. **Ant.** Recargo.

desgravar, reducir, rebajar.

desgreñado-da, despeinado, hirsuto, desmelenado. **Ant.** Pulcro, peinado.

desguace, inutilización, desmontaje, destrucción.

desguarnecer, desmantelar, desmontar, desguazar.// Despojar, desposeer, desalhajar.// Despoblar, deshabitar.

desguarnecido-da, desvalido, desprotegido.

desguazar, desmontar, desmantelar, desarmar, deshacer. **Ant.** Montar, armar.

deshabitado-da, despoblado, desértico, abandonado, solitario. **Ant.** Poblado, habitado.

deshacer, romper, destrozar, desmoronar, desmigajar, desmontar, desbaratar, desvencijar, desorganizar, desencajar, dispersar, descomponer, desordenar, despedazar, dividir, partir, separar. **Ant.** Hacer, componer, armar.// Derrotar, aniquilar.// Derretir, licuar, disolver.// **-se,** desfigurarse, lastimarse, herirse.// Agotarse, consumirse.

desharrapado, desarrapado, andrajoso, haraposo, harapiento, roto, desastrado. **Ant.** Atildado, cuidadoso, elegante.// Indigente, pobre, insignificante.

deshecho-cha, roto, despedazado, destrozado, arruinado. **Ant.** Rehecho, unido.// Derretido, licuado, fundido. **Ant.** Solidificado. **Par.** Desecho.

deshelar, descongelar, derretir. **Ant.** Helar, congelar.

desheredado-da, privado, desvalido, abandonado, pobre.

desheredar, privar, abandonar, desahuciar, olvidar, castigar. **Ant.** Legar, recordar.

deshidratación, evaporación, desecación. **Ant.** Hidratación, humectación.// Marchitamiento. **Ant.** Lozanía.

deshidratar, secar, desecar, resecar. **Ant.** Humedecer.// Consumir, marchitar. **Ant.** Revivir.

deshielo, derretimiento, descongelación, fusión. **Ant.** Congelación.

deshilar, deshilvanar, deshilachar. **Ant.** Hilar.

deshilvanado-da, descosido. **Ant.** Hilvanado, cosido.// Confuso, incoherente, incongruente, desorganizado. **Ant.** Lógico, coherente.

deshilvanar, descoser, desunir.// Desorganizar.

deshinchar, desinflar.// Desfogar, desahogar.// **-se,** reducirse, rebajarse, humillarse.

deshojar, arrancar, despojar.

deshonestidad, inmoralidad, indecencia, impudicia, torpeza, concupiscencia, desvergüenza, obscenidad. **Ant.** Honestidad, decencia.

deshonesto-ta, inmoral, indecente, obsceno, impúdico, indecoroso, sórdido, pornográfico. **Ant.** Honesto, moral, decente.

deshonor, deshonra, vileza, ignominia, oprobio, infamia, degradación, abyección, alevosía, bajeza, vergüenza, mezquindad, ruindad. **Ant.** Honor, honra.

deshonra, deshonor, descrédito, desdoro, desprestigio, vilipendio, villanía. **Ant.** Prestigio, honor, honra.

deshonrar, desprestigiar, difamar, injuriar, mancillar, ultrajar, despreciar, burlar, escarnecer, menospreciar, afrentar, infamar, desacreditar. **Ant.** Honrar, prestigiar.

deshonroso-sa, vergonzoso, degradante, ultrajante, indecoroso, infamante, abominable, afrentoso, ignominioso, nefando. **Ant.** Decoroso, digno, prestigioso.

deshora (a), a destiempo.// Inoportuno, intempestivamente. **Ant.** Oportunamente.

desidia, abandono, dejadez, incuria, descuido, negligencia, desaliño. **Ant.** Cuidado, preocupación, dedicación.

desidioso-sa, despreocupado, descuidado, negligente, dejado, desaliñado, perezoso, indolente. **Ant.** Cuidadoso, preocupado.

desierto, estepa, erial, páramo, pedregal.// **-ta,** despoblado, inhabitado, desolado, solitario. **Ant.** Poblado, habitado.

designación, elección, nombramiento, nominación.

designar, llamar, titular, denominar.// Destinar, fijar, indicar.

designio, intención, voluntad, deseo, propósito, proyecto, disposición, plan.

desigual, diferente, distinto, diverso, dispar, desproporcionado. **Ant.** Igual.// Desparejo, quebrado, áspero. **Ant.** Parejo.// Caprichoso, voluble, variable.

desigualdad, disparidad, diferencia, desemejanza, heterogeneidad. **Ant.** Semejanza, igualdad,// Anfractuosidad, irregularidad.

desilusión, decepción, desengaño, chasco, disgusto, fracaso. **Ant.** Ilusión, esperanza.

desilusionar-se, desencantar, desengañar, decepcionar, chasquear, sorprender. *Ant.* Ilusionar, engañar.

desinfección, antisepsia, asepsia, limpieza.

desinfectar, limpiar, esterilizar, aseptizar, fumigar, sanear. *Ant.* Contaminar, infectar.

desinflamar, deshinchar, descongestionar.

desinflar, deshinchar.// -se, abatirse, desanimarse.

desinsectar, fumigar, desinfectar.

desintegración, descomposición, separación, análisis, división, disgregación.// Desaparición, evaporación.

desintegrar, descomponer, desmembrar, disociar. *Ant.* Componer, integrar, sintetizar.// -se, corromperse, desmoralizarse.// Evaporarse, desaparecer.

desinterés, idealismo, generosidad, desprendimiento. *Ant.* Apego, interés, egoísmo.// Indiferencia. *Ant.* Interés, preocupación.

desinteresado-da, generoso, desprendido, altruista. *Ant.* Egoísta, interesado.

desinteresarse, despreocuparse, desentenderse, desistir, abstenerse. *Ant.* Interesarse, preocuparse.

desistimiento, renuncia, abandono, retractación, desentendimiento. *Ant.* Insistencia, empecinamiento, constancia.

desistir, renunciar, dejar, abandonar, abdicar, cesar, desanimarse, apartarse. *Ant.* Insistir, perseverar.

desjarretar, cansar, debilitar, extenuar.// Cortar, amputar, cercenar.

desleal, infiel, ingrato, aleve, vil, traidor, perjuro, infame, pérfido, felón, alevoso, traicionero, falso. *Ant.* Leal, fiel, devoto, constante.

deslealtad, infidelidad, vileza, ingratitud, felonía, alevosía, abandono, deserción, apostasía. *Ant.* Lealtad, gratitud, fidelidad.

deslelmiento, disolución.

desleír, disolver, diluir, licuar, descomponer. *Ant.* Unir, compactar.

deslenguado-da, charlatán, calumniador, desbocado, difamador. *Ant.* Prudente, callado.

deslenguarse, calumniar, desbocarse, desmandarse, insolentarse, desatarse. *Ant.* Moderarse, callarse.

desligar, soltar, desunir, desenlazar, desliar, desatar. *Ant.* Ligar, unir, juntar.// Aclarar, desenredar, esclarecer, desenmarañar, desembrollar.// Eximir.

deslindar, separar, delimitar, demarcar.// Puntualizar, distinguir, precisar, determinar, aclarar, limitar, fijar, señalar. *Ant.* Embrollar, enmarañar.

deslinde, separación, delimitación, límite, señalamiento, frontera.

desliz, deslizamiento, resbalón.// Error, falta, descuido, distracción, flaqueza, debilidad. *Ant.* Acierto.

deslizamiento, desliz, escurrimiento, resbalón.

deslizar, rodar, resbalar, patinar.// -se, escaparse, evadirse.// Arrastrarse.

deslomar, lisiar, moler, reventar, estropear, golpear.

deslucido-da, deslustrado, ajado, rozado, usado, raído. *Ant.* Lucido, nuevo, brillante.// Desairado, desmañado.// Frustrado, malogrado. *Ant.* Logrado.

deslucimiento, desmerecimiento, ajamiento. *Ant.* Brillantez.

deslucir, deslustrar, ajar, desfigurar, deteriorar, desmejorar. *Ant.* Mejorar.

deslumbrador-ra, deslumbrante, brillante, refulgente. *Ant.* Apagado, opaco.// Lujoso, espléndido. *Ant.* Miserable, sencillo.

deslumbramiento, alucinación, ceguera, enajenación, perturbación, ofuscamiento, fascinación. *Ant.* Claridad, imperturbabilidad, serenidad.

deslumbrante, deslumbrador.

deslumbrar, cegar, alucinar, atontar, ofuscar, seducir, confundir, encandilar, perturbar.// Pasmar, maravillar.// Engañar, seducir, embaucar.

deslustrado-da, deslucido, mate, opaco, apagado, velado, oscuro. *Ant.* Brillante, lustroso.

deslustrar, esmerilar, empañar, deslucir, oscurecer.

desmadejado-da, abatido, decaído, flojo, débil. *Ant.* Vigoroso, fuerte.

desmán, desorden, desorganización, exceso, tropelía, arbitrariedad, maldad.// Infelicidad, desgracia, infortunio, desdicha.

desmandarse, desordenarse, desmedirse, apartarse, desbocarse, insolentarse, desbandarse, propasarse, descomedirse. *Ant.* Contenerse.

desmantelado-da, desarmado, destruido, desarbolado.

desmantelar, desarbolar, desguazar, desarmar.// Derribar, abatir, arrasar, destruir, demoler, arruinar. *Ant.* Arreglar, construir.// Abandonar, desabrigar.

desmañado-da, torpe, rudo, chapucero, incapaz, inhábil, inepto, inútil. *Ant.* Hábil.

desmayado-da, desfallecido, acobardado, pálido, abandonado, desvanecido. *Ant.* Animado, dinámico.

desmayar-se, desfallecer, flaquear, desalentarse, desanimarse, aplanarse, acobardarse. *Ant.* Fortalecerse.

desmayo, desvanecimiento, desfallecimiento, caída, soponcio, síncope, desaliento, congoja, desánimo. *Ant.* Ánimo.

desmedido-da, desproporcionado, desmesurado, excesivo, exagerado, extraordinario, descomunal, monstruoso, inmoderado, enorme. *Ant.* Justo, limitado, moderado.

desmedirse, desmandarse, exagerar, propasarse.

desmedrado-da, enteco, delgado, enjuto, flaco, canijo, consumido, esmirriado, enclenque. *Ant.* Fuerte, robusto.

desmedrar, desmejorar, decaer, declinar, menguar.// Debilitarse, adelgazar. *Ant.* Medrar, fortalecerse.

desmejoramiento, desmejora, decaimiento, dolencia, indisposición. *Ant.* Cura, mejora.

desmejorar, decaecer, decaer, empeorar, enfermarse, debilitarse. *Ant.* Mejorar, fortalecer.// -se, ajarse, estropearse.

desmelenar, desgreñar, despeinar.// -se, enfurecerse, descontrolarse. *Ant.* Contenerse, calmarse.

desmembración, desintegración, separación.

desmembrar, desintegrar, separar, dividir, disociar, disgregar, despedazar, desunir, descuartizar.

desmemoriado-da, olvidadizo, despistado, ido, distraído, aturdido. *Ant.* Memorioso, agradecido.

desmemoriarse, olvidarse, desculdarse, distraerse. *Ant.* Recordar.

desmentido, impugnación, contradicción.

desmentido-da, refutado, impugnado, rechazado, objetado. *Ant.* Confirmado, ratificado, corroborado.

desmentir, negar, refutar, contradecir, impugnar, objetar. *Ant.* Confirmar.

desmenuzar, pulverizar, disgregar, separar, descomponer, desintegrar, triturar, desmoronar.// Analizar, examinar. *Ant.* Sintetizar, concentrar.

desmerecer, desvalorizar, desprestigiar, reba jar. *Ant.* Alabar, ensalzar.// Estropear, deslucir.

desmerecimiento, desprestigio, desvalorización.

desmesura, descomedimiento.

desmesurado-da, descomunal, enorme, excesivo, exagerado, desmedido. *Ant.* Medido, justo, cabal.// Insolente, descortés, deslenguado, atrevido, desfachatado, descarado. *Ant.* Moderado, prudente.

desmochar, cortar, podar, cercenar, descabezar, despuntar.

desmontable, desarmable, separable.

desmontar, desarmar, desajustar, desacoplar, descomponer. *Ant.* Montar, armar, componer.// Derribar, arrasar, demoler.// Aplanar, achatar, rebajar.

desmoralización, desánimo, desaliento, abatimiento, aminalamiento, desorientación, desconcierto. *Ant.* Entusiasmo, ánimo.// Corrupción.

desmoralizador-ra, desalentador, desanimante, agobiante, pesimista. *Ant.* Optimista, alentador.

desmoralizar, desalentar, abatir, decepcionar, desconcertar, descorazonar. *Ant.* Alentar.// Pervertir, corromper. *Ant.* Moralizar.

desmoronamiento, derrumbe, derrumbamiento, destrucción. *Ant.* Construcción, reconstrucción.

desmoronar, destruir, deshacer, derribar, derrumbar. *Ant.* Levantar, construir.// **-se,** abatirse, decaer. *Ant.* Animarse.
desnatar, desgrasar.
desnaturalizado-da, desalmado, cruel, inhumano, feroz. *Ant.* Humano, benigno.// Desterrado.
desnaturalizar, bastardear, alterar, falsear, desfigurar, pervertir, deformar.// Exiliar, desterrar.
desnivel, diferencia, desproporción, altibajo, desigualdad, desemejanza, depresión.
desnivelar, desigualar, desequilibrar. *Ant.* Equilibrar, nivelar.
desnucar, descalabrar, matar.
desnudar, desabrigar, desvestir, desarropar, destaar. *Ant.* Vestir, abrigar.// Desposeer, despojar. *Ant.* Dotar, proveer.
desnudo-da, despojado, desprovisto, falto, necesitado. *Ant.* Rico.// Desvestido, desabrigado, descubierto. *Ant.* Vestido, cubierto.
desnutrición, debilidad, pauperización.
desnutrido-da, hambriento, famélico, anémico, agotado, debilitado, desfallecido, desmayado, depauperado, flaco, escuálido. *Ant.* Rico, obeso, robusto, nutrido.
desobedecer, rebelarse, transgredir, violar, infringir, resistirse, rebelarse, contravenir, quebrantar, vulnerar, insubordinarse. *Ant.* Acatar, obedecer.
desobediencia, insubordinación, transgresión, indocilidad, rebeldía, rebelión, indisciplina, resistencia, contravención, infracción. *Ant.* Obediencia, sumisión, acatamiento.
desobediente, rebelde, insubordinado, indócil, indisciplinado, arisco, resistente. *Ant.* Obediente. sumiso, dócil.
desobstruir, destapar, descubrir, desatrancar, desatorar, desocupar, desembarazar, desatascar. *Ant.* Obstruir, tapar.
desocupación, desempleo, inacción, inactividad, paro. *Ant.* Ocupación, actividad, trabajo.
desocupado-da, ocioso, inactivo, cesante, quieto.// Vacío, expedito, disponible, libre, vacante. *Ant.* Lleno, ocupado.
desocupar, desalojar, vaciar, evacuar, desaguar. *Ant.* Ocupar, llenar.
desoír, desatender, desinteresarse. *Ant.* Atender, oír, escuchar.
desolación, dolor, amargura, angustia, aflicción, descontento, pena, pesar, desconsuelo. *Ant.* Alegría.// Devastación, destrucción, ruina, estrago. *Ant.* Prosperidad, reconstrucción.
desolado-da, triste, afligido, amargado.// Devastado, arruinado.
desolador-ra, desconsolador, angustiante, triste. *Ant.* Animado, alegre.// Desértico, yermo. *Ant.* Poblado.
desolar, entristecer, afligir, acongojar, apenar, desconsolar, apesarar. *Ant.* Animar, alegrar.
desollar, despellejar.
desorbitado-da, exagerado, descontrolado, abultado. *Ant.* Contenido, medido.
desorden, anarquía, desorganización, caos, desbarajuste, desarreglo, desgobierno.// Tumulto, bullicio, rebelión. *Ant.* Orden, tranquilidad.
desordenado-da, caótico, desorganizado, desarreglado, turbulento, descompuesto. *Ant.* Ordenado, arreglado.
desordenar, desorganizar, desarreglar, perturbar, confundir, desquiciar, descompaginar. *Ant.* Ordenar, arreglar, compaginar.// Revolver, trastrocar.
desorejado-da, degradado, infame, bajo, prostituido, abyecto, malo, inicuo, ignominioso.
desorejar, mutilar, afear.
desorganizar, enmarañar, desbarajustar, desordenar. *Ant.* Organizar, ordenar.
desorientación, aturdimiento, consternación, confusión, desconcierto, turbación. *Ant.* Orientación, claridad.
desorientado-da, despistado, extraviado, desencaminado, perdido. *Ant.* Orientado, encaminado.// Desconcertado, confuso.
desorientar-se, desencaminar, extraviar, despistar. *Ant.* Guiar, orientar.// Ofuscar, confundir, desconcertar. *Ant.* Encauzar, guiar.
desovar, depositar, soltar.
desove, freza, expulsión.

desoviliar, desenmarañar, desenredar, deshacer.// Aclarar.
despabilado-da, despierto, despejado, listo, avispado, advertido, agudo, sagaz. *Ant.* Tonto, lelo.// Despierto, desvelado. *Ant.* Adormecido, adormilado, dormido.
despabilar, despertar. *Ant.* Adormecer.// Avivar, atizar.// Diligenciar, adiestrar, preparar.// **-se,** despertarse.
despachar, enviar, mandar, remitir, expedir.// Concluir, terminar, acabar, resolver.// Vender, expender.// Echar, arrojar, expulsar, eliminar.
despacho, oficina, bufete, escritorio.// Tienda, comercio, pulpería.// Envío, encomienda, carta, correspondencia.// Consumo, venta.
despachurrar, aplastar, reventar, despanzurrar, destripar.
despacio, lentamente, pausadamente, paulatinamente, poco a poco.
despacioso-sa, lento, paulatino, pausado, tardío. *Ant.* Rápido, veloz.// Vago, perezoso. *Ant.* Activo.
despampanante, fenomenal, prodigioso, sorprendente, admirable, estupendo, maravilloso, portentoso, pasmoso, desconcertante. *Ant.* Común, vulgar.
despanzurrar, despachurrar.
desparejo-ja, desigual.
desparpajo, desenvoltura, desenfado, desembarazo. *Ant.* Pusilanimidad.
desparramado-da, desperdigado, esparcido, separado. *Ant.* Encogido, estrecho.
desparramar, esparcir, extender, diseminar. *Ant.* Contener, retener.// Derrochar, despilfarrar.
despatarrarse, abrirse, tenderse, acostarse.
despatarrado-da, estirado, tendido, apoltronado. *Ant.* Encogido.
despavorido-da, espantado, horripilado, espantado, aterrorizado, horrorizado, asustado, medroso.
despecharse, enojarse, indignarse, irritarse, enfurecerse.
despecho, odio, animosidad, resentimiento, inquina, encono, envidia, enfado. *Ant.* Cariño, agradecimiento.
despechugarse, desabrocharse, desabotonarse.
despectivo-va, despreciativo, desdeñoso, soberbio, orgulloso. *Ant.* Atento.
despedazamiento, descuartizamiento.
despedazar, descuartizar, trozar, dividir, destrozar, desmembrar. *Ant.* Recomponer.// Maltratar, molestar, herir. *Ant.* Mimar, respetar.
despedida, saludo, despido, adiós, partida, separación. *Ant.* Recibimiento, llegada.
despedido-da, destituido, echado, expulsado.
despedir, echar, lanzar, desprender, disparar, arrojar, soltar. *Ant.* Recibir.// Expulsar, destituir, licenciar.
despegado-da, desprendido, separado. *Ant.* Pegado, uni-do.// Huraño, intratable, hosco, desabrido, áspero, desagradable. *Ant.* Amable, sociable.
despegar, separar, soltar, desunir, arrancar, dividir. *Ant.* Pegar, unir, juntar.// **-se,** desavenirse, enojarse, apartarse.
despego, desabrimiento, aspereza, desapego, desafecto. *Ant.* Cariño, apego.
despeinado-da, greñudo, desgreñado. *Ant.* Peinado, prolijo.
despeinar-se, desgreñar, desmelenar, desordenar, encrespar. *Ant.* Ordenar, peinar.
despejado-da, limpio, claro, abierto. *Ant.* Nublado, encapotado.// Abierto, desobstruido, amplio, espacioso, holgado, desembarazado, desahogado. *Ant.* Obstruido.// Inteligente, listo, vivo, lúcido, penetrante. *Ant.* Tonto, necio.
despejar, limpiar, abrir, destapar, desobstruir, desatascar. *Ant.* Atascar, obstruir.// **-se,** despabilarse, recuperarse.// Aclarar, serenarse. *Ant.* Cubrirse, nublarse.
despellejamiento, desolladura, peladura.// Censura. *Ant.* Alabanza, elogio.// Robo, despojo, desvalijamiento.
despellejar, desollar, pelar.// Censurar, criticar, vituperar. *Ant.* Elogiar, alabar.// Robar, despojar, desvalijar.
despensa, alacena, armario, estantería.// Almacén.
despeñadero, precipicio, abismo, barranco, talud, hondonada.

despeñar-se, arrojar, precipitar, lanzar, derrumbar. **Ant.** Levantar, alzar.

despepitarse, desenfrenarse, desmedirse, derretirse, pirrarse, deshacerse, interesarse, ansiar. **Ant.** Despreciar, desdeñar.// Desgañitarse, vocear, gritar.// Anhelar, desear, ansiar.

desperdiciar, malgastar, malograr, desechar, perder, desaprovechar. **Ant.** Aprovechar, utilizar.

desperdicio, residuo, sobra, bazofia, sobrante, piltrafa, excedente, resto, desecho, exceso, escombro. **Ant.** Provecho, economía.

desperdigar, dispersar, esparcir, diseminar, desparramar, extender, desunir, separar. **Ant.** Unir, juntar, condensar, reunir.

desperezarse, desentumecerse, estirarse.

desperfecto, daño, deterioro, rotura, imperfección, detrimento, falta, defecto, perjuicio, menoscabo, avería,

despertar, recordar, evocar. **Ant.** Olvidar.// Desadormecer, despabilar, sacudir, reanimar. **Ant.** Adormecer, acunar.// Avivar, excitar, estimular, animar.

despiadado-da, cruel, sanguinario, impío, riguroso, inflexible, bárbaro, salvaje, fiero, malo, inhumano, inclemente, implacable, violento, dealmado, perverso, brutal, feroz. **Ant.** Humano, piadoso.

despido, expulsión, cesantía, destitución, exoneración, exclusión, desahucio, suspensión, degradación. **Ant.** Recibimiento, restitución, admisión.

despierto-ta, desvelado, despabilado, insomne, atento, vigilante. **Ant.** Dormido.// Inteligente, vivo, lúcido, listo, perspicaz, sagaz. **Ant.** Tonto, necio.

despilfarrador-ra, gastador, derrochón, derrochador, malversador. **Ant.** Avaro, tacaño, ahorrativo.

despilfarrar, malgastar, dispersar, malbaratar, malversar, prodigar, derrochar, dilapidar, tirar. **Ant.** Cuidar, ahorrar, economizar.

despilfarro, malversación, dilapidación, derroche, prodigalidad, dispendio. **Ant.** Ahorro, economía.

despintar, borrar, raspar. **Ant.** Colorear.// Alterar, cambiar, desfigurar. **Ant.** Delinear, perfilar.// -se, empalidecer, desteñirse, decolorarse. **Ant.** Pintarse.

despistado-da, desorientado, confuso, distraído.

despistar, confundir, desorientar. **Ant.** Orientar, encauzar.// -se, aturdirse, distraerse. **Ant.** Acertar.

despiste, desorientación.// Equivocación.

desplante, insolencia, réplica, desfachatez, descaro.

desplazado-da, desubicado, alejado, desalojado. **Ant.** Ubicado.// Inconveniente, inoportuno, impropio, extemporáneo. **Ant.** Acertado, justo.

desplazar, desalojar, apartar, empujar, correr, descentrar. **Ant.** Colocar, ubicar, centrar.// Desbancar, substituir, eliminar.// -se, marcharse, irse, viajar, transitar. **Ant.** Quedar, permanecer.

desplegar, abrir, extender, desarrollar, desenvolver, separar, expandir, dilatar, distender, dispersar, ensanchar. **Ant.** Plegar, doblar, encoger.// Ejercitar, efectuar, practicar.

despliegue, maniobra, marcha, evolución, extensión. **Ant.** Quietud, inmovilidad.// Desarrollo, desdoblamiento. **Ant.** Pliegue, encogimiento.// Práctica, actividad, realización, ejercicio.

desplomarse, derrumbarse, caerse, hundirse, desmoronarse, desmayarse. **Ant.** Levantarse, alzarse.

desplome, caída, desmoronamiento.

desplumar, pelar, arrancar, desollar.// Arruinar, estafar, despojar.

despoblación, despoblamiento, emigración, aislamiento, soledad.

despoblado-da, deshabitado, solitario, abandonado, inexplorado. **Ant.** Poblado, habitado.

despoblado, desierto, descampado, yermo.

despoblar, deshabitar, abandonar.

despojado-da, expoliado, desplumado.

despojar, desposeer, desplumar, desnudar, quitar, privar, arrancar, saquear, expoliar. **Ant.** Dar, entregar, restituir.// -se, renunciar, prescindir, desprenderse.

despojo, usurpación, expropiacióm, remoción, saqueo, expoliación, desvalijamiento, botín.// -se, restos, sobras, desechos, residuos.

desposado-da, casado, cónyuge, consorte. **Ant.** Soltero, divorciado.// Unido, ligado, vinculado. **Ant.** Separado, divorciado, desunido.

desposarse, casarse, prometerse. **Ant.** Divorciarse, separarse.// Unirse, ligarse, atarse, vincularse.

desposeer, despojar, usurpar.

desposorio, casamiento, esponsales.

déspota, dictador, tirano, opresor, autócrata, dominador.

despótico-ca, tiránico, dominante, autoritario, absolutista, dictatorial, opresor. **Ant.** Democrático.

despotismo, absolutismo, opresión, dominación, tiranía, dictadura, autoritarismo. **Ant.** Democracia, igualdad, tolerancia.

despotricar, criticar, censurar, vilipendiar, maldecir, ofender, desbarrar, disparatar. **Ant.** Contenerse, reprimirse, razonar.

despreciable, desdeñable, vil, insignificante, aborrecible, miserable, abyecto, ruin, innoble, indigno, infame, rastrero, abominable. **Ant.** Apreciable, estimable, digno, respetable.

despreciar, menospreciar, desechar, desairar, relegar, rechazar, arrinconar, pisotear, rebajar. **Ant.** Apreciar, valorar, estimar.

despreciativo-va, despectivo, desdeñoso, menospreciativo, orgulloso, altanero, altivo, soberbio. **Ant.** Respetuoso, enaltecedor.

desprecio, despego, menosprecio, desvalorización, desestimación, desafecto, desdén, indiferencia, desaire, rechazo, repulsa. **Ant.** Estimación, aprecio.

desprender, soltar, desatar, separar, desenganchar, desmarrar, desensartar, desunir, desasir, despegar, desaferrar, destrabar, arrancar, desencadenar, desanudar. **Ant.** Prender, atar, ligar.// -se, inferirse, deducirse.// Prescindir, librarse, privarse. **Ant.** Retener, conservar, mantener.

desprendido-da, desunido, desatado, desligado, separado. **Ant.** Prendido, unido, atado.// Generoso, dadivoso, magnánimo, filántropo. **Ant.** Avaro, tacaño.

desprendimiento, generosidad, dadivosidad, liberalidad, largueza, filantropía, altruismo. **Ant.** Tacañería, avaricia.

despreocupación, indiferencia, tranquilidad, calma, abandono, serenidad. **Ant.** Inquietud, preocupación.

despreocupado-da, tranquilo.

despreocuparse, distenderse, desinteresarse, olvidarse, descuidar, desatender, abandonar. **Ant.** Preocuparse, inquietarse.

desprestigiado-da, desacreditado.

desprestigiar, desacreditar, criticar, desmerecer, denigrar, vilipendiar, difamar. **Ant.** Alabar, elogiar, prestigiar.

desprestigio, descrédito, difamación, deshonra. **Ant.** Prestigio, honra.

desprevenido-da, sorprendido, descuidado, desapercibido, incauto, inadvertido. **Ant.** Prevenido, precavido, preparado.

desproporción, desformidad, exceso, defecto, disconformidad, incongruencia. **Ant.** Proporción, perfección.

despropósito, sinrazón, desatino, absurdo, desacierto, necedad, tontería, dislate, inconveniencia, disparate. **Ant.** Acierto.

desprovisto-ta, despojado, desnudo, carente, desguarnecido. **Ant.** Provisto, dotado.

después, luego, posteriormente. **Ant.** Antes.

despuntar, achatar, enromar, embotar, desmochar.// Clarear, amanecer, salir, aparecer.// Brotar, germinar, salir.// Manifestarse, insinuarse.// Sobresalir, distinguirse, destacarse, descollar.

desquiciado-da, perturbado, desordenado, descompuesto, desorganizado, alterado, excitado, enloquecido. **Ant.** Sereno, cuerdo.

desquiciar, desencajar, desajustar, desmontar, desacoplar, desarticular, descoyuntar, dislatar, descomponer, desvenciar. **Ant.** Componer, ajustar, ordenar.// Perturbar.

desquitarse, resarcirse, vengarse. *Ant.* Perdonar, olvidar.

desquite, venganza, reivindicación, revancha, reparación, desagravio, compensación, represalia. *Ant.* Perdón.

desriñonarse, cansarse.

destacado-da, notable, distinguido, sobresaliente, notorio, conocido, célebre, famoso, reconocido, descollante, relevante, ilustre. *Ant.* Ignoto, desconocido. // Claro, evidente, acusado, marcado.

destacamento, pelotón, patrulla, avanzada, vanguardia. *Ant.* Retaguardia.

destacar, recalcar, subrayar, señalar, acentuar, especificar.// -se, sobresalir, descollar, predominar, distinguirse, superarse. *Ant.* Despegarse, separarse. *Ant.* Ocultarse.

destajo (a), con empeño.

destapar, desabrigar, desnudar, desarropar, mostrar. *Ant.* Tapar, cubrir.// Abrir.// Desatascar, desobstruir. *Ant.* Obstruir.// -se, aparecer, mostrarse.

destaponar, desatapar, descorchar.

destartalado-da, desvencijado, desordenado, desproporcionado, descompuesto, desconcertado, ruinoso. *Ant.* Arreglado, ordenado.

destellar, brillar, fulgurar, centellar, chispear, resplandecer. *Ant.* Oscurecerse, apagarse.

destello, brillo, chispa, fulgor, resplandor, centelleo, chispazo. *Ant.* Negrura, oscuridad.// Atisbo, intento, asomo.

destemplado-da, desapacible, frío, desagradable, riguroso. *Ant.* Templado, agradable.// Desequilibrado, trastornado, desconsiderado, desmesurado, desmedido, intemperante, áspero, arisco. *Ant.* Grato, amable, equilibrado, mesurado.

destemplanza, inclemencia, intemperie, destemple. *Ant.* Bonanza.// Brusquedad, desorden, exceso, descomedimiento, intemperancia, abuso. *Ant.* Templanza.// Indisposición, escalofrío, alteración.

destemplarse, alterarse, perturbarse, descomponerse.// Irritarse, enfurecerse. *Ant.* Tranquilizarse, serenarse.// Indisponerse, enfermarse. *Ant.* Curarse, sanarse.

desteñir, decolorar, empalidecer, despintar, desvanecer. *Ant.* Teñir, pintar, colorear.

desterrado-da, exiliado, expatriado, deportado.

desterrar, exiliar, expulsar, expatriar, deportar, extrañar, confinar, desarraigar. *Ant.* Repatriar.// Alejar, suprimir, apartar, excluir, relegar.

destetar, despechar, desmamar.

destiempo (a), inoportunamente, intempestivamente.// Impropio, inadecuado, inoportuno. *Ant.* Oportuno.

destierro, exilio, expatriación, confinación, ostracismo, proscripción, aislamiento, expulsión, deportación. *Ant.* Repatriación.

destilación, alambicamiento, condensación, depuración, sedimento, evaporación.

destilar, alambicar, volatilizar, filtrar, condensar, extraer, sublimar, evaporar, separar, obtener.

destinar, asignar, enviar, adscribir, señalar, proponer, aplicar, consignar, emplear, consagrar, encargar, elegir, dedicar.// Predestinar.

destinatario-ria, receptor. *Ant.* Remitente.

destino, suerte, hado, sino, azar, fortuna, fatalidad, predestinación, casualidad, fatalismo.// Lugar, dirección, paradero.// Empleo, cargo, puesto, ocupación.// Designación, determinación, aplicación, objeto, fin.

destitución, deposición, degradación, exoneración, remoción, relevo, suspensión, separación. *Ant.* Restitución, rehabilitación, nombramiento, reposición.

destituir, exonerar, separar, derrocar, deponer, echar, suspender, licenciar, alejar, remover, despedir, relevar. *Ant.* Nombrar, rehabilitar.

destornillar, aflojar, sacar. *Ant.* Enroscar, atornillar.

destrabar, desprender. *Ant.* Trabar.

destreza, habilidad, pericia, maestría, maña, industria, disposición, desenvoltura. *Ant.* Torpeza, incapacidad.

destripar, despanzurrar, reventar, aplastar, despachurrar.

destronamiento, derrocamiento, relevo, expulsión. *Ant.* Entronización, reposición.

destrozar, romper, deteriorar, desbaratar, fracturar, tronchar, estrellar, quebrar, despedazar, tronzar, desgarrar, quebrantar. *Ant.* Arreglar, rehacer.// Derrotar, ,aniquilar.

destrozo, estropicio, destrucción, quebrantamiento, rotura, estrago, quebradura, desgarro. *Ant.* Arreglo, reparación.// Mortandad, zafarrancho, carnicería.

destrucción, desolación, devastación, aniquilamiento, ruina, asolamiento, aniquilación. *Ant.* Recuperación, mantenimiento, conservación.

destructor, torpedero.

destructor-ra, destructivo, devastador, exterminador, aniquilador. *Ant.* Creador, constructor.

destruir, devastar, asolar, arrasar, aniquilar, demoler, romper, minar, exterminar. *Ant.* Construir, recomponer, reparar.// Aniquilar.

desunión, separación, ruptura, división, disconformidad, desconexión, desagregación, desmembración, desglose, desvinculación. *Ant.* Unión, unificación, unidad.// Discordia, desacuerdo, divergencia, discusión. *Ant.* Adhesión, solidaridad.

desunir, separar, disgregar, alejar, divorciar, desensamblar, desarticular, apartar. *Ant.* Juntar, unir.// Enemistar, malquistar, indisponer. *Ant.* Amistar, avenir.

desusado-da, desacostumbrado, inusual, infrecuente, extraño, inusitado. *Ant.* Usual, frecuente, común, vulgar.// Añejo, anacrónico, abolido. *Ant.* Actual, moderno.

desuso, cesación, olvido, prescripción, abandono. *Ant.* Uso, empleo.

desvaído-da, descolorido, pálido, desvanecido, borrado. *Ant.* Definido.// Desgarbado, insulso.

desvalido-da, abandonado, desprotegido, desamparado, desgraciado, menesteroso, indefenso. *Ant.* Fuerte, amparado.

desvalijar, desplumar, robar, desnudar, saquear, pillar, despojar, hurtar. *Ant.* Devolver, restituir.

desvalimiento, abandono, desprotección, desamparo.

desvalorización, degradación, mengua, depreciación, baja. *Ant.* Valorización, aumento.

desvalorizar, devaluar, depreciar, rebajar, menguar, desmerecer, abaratar. *Ant.* Apreciar, revalorizar, cotizar.

desván, altillo, bohardilla, sobrado.

desvanecer, atenuar, disipar, aclarar, esfumar, borrar, difuminar.// -se, desaparecer, irse, marcharse, evaporarse, huir. *Ant.* Aparecer, quedar, permanecer.// Desmayarse, caerse, marearse, desplomarse. *Ant.* Recuperarse.

desvanecimiento, desmayo, mareo.

desvariar, disparatar, desbarrar, delirar, fantasear, chochear, desatinar.

desvarío, desatino, locura, aberración, despropósito, disparate, desbarro, dislate.

desvelado-da, despierto, despabilado.

desvelar, despertar, despabilar. *Ant.* Dormir, adormecer.// -se, preocuparse, afanarse.

desvelo, preocupación, afán, cuidado, interés, inquietud, desasosiego. *Ant.* Despreocupación, desinterés.// Insomnio, vela, vigilia. *Ant.* Sueño, somnolencia, sopor.

desvencijar, romper, destartalar, destruir, desquiciar, desarmar, descomponer. *Ant.* Arreglar, componer.

desventaja, daño, inferioridad, menoscabo, inconveniente, dificultad, contrariedad, perjuicio. *Ant.* Ventaja, beneficio.

desventajoso-sa, perjudicial, inferior, nocivo, menor. *Ant.* Ventajoso, superior.

desventura, desgracia, desdicha. *Ant.* Felicidad.

desventurado-da, desgraciado, desdichado, infeliz, mísero. *Ant.* Feliz, venturoso.

desvergonzado-da, caradura, sinvergüenza, descarado, atrevido, indecente, procaz. *Ant.* Avergonzado, apocado.

desvergüenza, descaro, deshonestidad, impudicia, desaprensión, procacidad, atrevimiento, desfachatez, impertinencia. *Ant.* Vergüenza, respeto.

desvestir, desnudar, descubrir, destapar, mostrar, desabrigar. *Ant.* Cubrir, vestir.

desviación, separación, desvío, descarrío, extravío, apartamiento. *Ant.* Orientación.// Irregularidad, anomalía, anormalidad.// Distorsión.// Curvatura, inclinación. *Ant.* Enderezamiento.

desviar, apartar, separar, alejar.// Corromper, descarriar, viciar, pervertir.// -se, equivocarse, errar.// Desorientarse, perderse. *Ant.* Orientarse.

desvinculación, separación, alejamiento, distanciamiento.

desvincular, separar, desunir, alejar, apartar, desligar.

desvío, separación, desviación.

desvirgar, desflorar.

desvirtuar, cambiar, alterar, desmerecer, debilitar, transformar, estropear, corromper. *Ant.* Mantener, conservar.

desvivirse, pirrarse, deshacerse, morirse, derretirse, ansiar, anhelar. *Ant.* Desentenderse, despreocuparse.

detallado-da, preciso, pormenorizado, minucioso, escrupuloso, cuidadoso. *Ant.* Abreviado, sintético, escueto.

detallar, promenorizar, especificar, circunstanciar, aclarar, definir, puntualizar, particularizar. *Ant.* Sintetizar, englobar.// Narrar, contar. *Ant.* Omitir, callar.

detalle, parte, fragmento, pormenor, elemento, particularidad, porción. *Ant.* Todo, totalidad.// Requisito.// Enumeración, exposición, puntualización, minuciosidad, narración. *Ant.* Generalidad.

detallista, meticuloso, cuidadoso, prolijo, escrupuloso. *Ant.* Chapucero.// Tendero, minorista, comerciante, mercader. *Ant.* Mayorista.

detección, localización, descubrimiento.

detectar, señalar, localizar, descubrir, revelar, individualizar, determinar.

detective, investigador, policía, agente.

detector, localizador, descubridor, señalador.

detención, arresto, captura, apresamiento. *Ant.* Liberación.// Descanso, detenimiento, alto, parada, estación, suspensión. *Ant.* Continuación.

detener, arrestar, apresar, encarcelar, capturar. *Ant.* Liberar, soltar.// Retrasar, atajar, inmovilizar, suspender, parar, estorbar, atascar. *Ant.* Mover, impulsar.// -se, permanecer, quedar, estacionar, plantarse. *Ant.* Movilizarse. seguir, marcharse.

detenido-da, arrestado, preso, encarcelado, convicto, recluso. *Ant.* Absuelto, libre.// Estático, estacionado, paralizado, parado, pendiente, inmovilizado. *Ant.* Impulsado, activo.

detenimiento, detención, paralización.// Esmero, cuidado, interés, meticulosidad. *Ant.* Descuido, desinterés.

detentar, retener, usurpar, apropiarse.

detergente, limpiador, jabón, desinfectante, purificador.

deterger, limpiar, desinfectar, purificar.

deteriorado-da, estropeado, averiado, dañado, perjudicado, alterado, gastado.

deteriorar-se, estropear, gastar, averiar, desarreglar, arruinar, perjudicar, romper, dañar. *Ant.* Arreglar, mantener, mejorar, conservar.

deterioro, ruina, alteración, desperfecto, desarreglo, perjuicio, daño, avería, menoscabo, detrimento. *Ant.* Compostura, mejora, arreglo.

determinación, resolución, decisión, disposición, voluntad, conclusión. *Ant.* Indeterminación, indecisión.// Osadía, valor, arrojo, intrepidez. *Ant.* Cobardía, pusilanimidad.

determinado-da, establecido, preciso, definido, concreto. *Ant.* Indeterminado, dudoso.// Resuelto, decidido, audaz, arrojado, valeroso, osado. *Ant.* Indeciso.// Esforzado, perseverante.// Provocado, causado, originado.

determinante, concluyente.

determinar, resolver, decidir, establecer, especificar, definir, delimitar. *Ant.* Vacilar, dudar.// Ordenar, disponer, mandar.// Ocasionar, originar, producir, causar.

detestable, odioso, despreciable, vil, ruin, abominable, infame, execrable, pésimo. *Ant.* Valioso, agradable, apreciable.

detestar, odiar, aborrecer, despreciar, abominar, execrar. *Ant.* Estimar, querer.

detonación, estampido, ruido, explosión, disparo, descarga, estallido, tiro.

detonador, carga, fulminante, detonante.

detonante, ensordecedor, ruidoso. *Ant.* Silencioso.

detonar, explotar, reventar, estallar.

detracción, difamación, vituperación, murmuración. *Ant.* Alabanza, elogio.

detractar, desacreditar, criticar, vituperar, denigrar, infamar. *Ant.* Elogiar.

detractor-ra, calumniador, crítico, censor, oponente, contrario, enemigo. *Ant.* Defensor.

detrás, atrás, después, luego, posteriormente. *Ant.* Delante.

detrimento, daño, perjuicio, desmerecimiento, menoscabo, mal, deterioro. *Ant.* Provecho, beneficio.

detrito, restos, sobras, desperdicios, basura, despojos.

deuda, compromiso, obligación, deber, gravamen, saldo, pasivo, déficit. *Ant.* Activo, haber, derecho.

deudo, pariente, familiar, allegado.

deudor-ra, atrasado, insolvente. *Ant.* Acreedor, fiador.

devaluar, desvalorizar, depreciar, abaratar, rebajar. *Ant.* Valorizar, encarecer, aumentar.

devaneo, galanteo, amorío, coqueteo, flirteo.// Distracción, pasatiempo.// Delirio, desatino, disparate, desvarío. *Ant.* Sensatez, firmeza.

devastación, desolación, destrucción, ruina, asolamiento, aniquilamiento.

devastador-ra, destructor, asolador, saqueador, aniquilador, arrasador, espantoso. *Ant.* Benéfico, constructor.

devastar, asolar, arruinar, desolar, destruir, arrasar, deshacer. *Ant.* Construir.

devengar, apropiarse, adquirir, atribuirse, percibir, retribuir.

devenir, acontecer, suceder, sobrevenir, acaecer.// Transformarse, convertirse.

devoción, inclinación, apego, afición, aplicación, interés. *Ant.* Desinterés, desapego.// Religiosidad, fe, fervor, piedad, unción, recogimiento, misticismo, veneración. *Ant.* Ateísmo, irreligiosidad.

devocionario, misal, breviario.

devolución, restitución, reintegro, vuelta.

devolver, restituir, reintegrar, tornar, volver, pagar. *Ant.* Retener.// Vomitar, lanzar.// Premiar, recompensar, satisfacer, reparar.

devorador-ra, tragón, voraz.

devorar, engullir, zampar, comer. *Ant.* Devolver, vomitar.// Disipar, gastar, consumir, destruir.

devoto-ta, piadoso, religioso, practicante, beato, creyente. *Ant.* Impío, irreligioso, ateo.// Admirador, seguidor, afecto, entusiasta, partidario. *Ant.* Opuesto, contrario, hostil, enemigo.

día, jornada.// Fecha, data, plazo.// Amanecer, alba, luz, laridad. *Ant.* Noche, oscuridad.

diabetes, hiperglucemia.

diablo, demonio, Satanás, Belcebú, Mefistófeles, Luzbel, Lucifer.

diablo-bla, travieso, astuto, sagaz. *Ant.* Inocente, ingenuo, corto, tranquilo, pacífico.

diablura, travesura, atrevimiento, osadía, temeridad, chiquillada, barrabasada, jugarreta, imprudencia.

diabólico-ca, perverso, maligno, malo, satánico, demoníaco, infernal, endemoniado. *Ant.* Bueno, angelical.

diácono, eclesiástico, sacerdote, cura.

diadema, joya, corona, adorno.

diafanidad, claridad, transparencia.

diáfano-na, claro, transparente, cristalino, translúcido, luminoso. *Ant.* Opaco, oscuro, nublado.

diafragma, separación, tabique, membrana, músculo.

diagnosticar, prever, pronosticar, anunciar, fijar, especificar, aclarar, definir.

diagnóstico, diagnosis, pronóstico, definición, previsión, determinación, parecer, juicio, opinión.

diagonal, atravesado, oblicuo, sesgado, transversal.// Línea, recta.

diagrama, croquis, bosquejo, esquema, esbozo, plano.

dial, interruptor, botón.

dialectal, regional, comarcal. *Ant.* Nacional.

diligencia

dialéctica, lógica, razonamiento, raciocinio, argumentación.

dialéctico-ca, argumentador, discutidor, polemizador, polémico, rebatible, discutible.

dialecto, lenguaje, lengua, habla, jerga, idioma.

dialogar, charlar, conversar, platicar.

diálogo, coloquio, conversación, charla, discusión, entrevista, plática.

diamante, piedra, brillante, gema, joya.

diamantino-na, consistente, duro, inquebrantable, irrompible. *Ant.* Blando.

diámetro, eje, recta.

diana, toque, llamada, aviso, señal.

diario, periódico, rotativo, gaceta.// Memorias, relato, narración, confesiones.// **-ria,** habitual, frecuente, cotidiano. *Ant.* Esporádico, infrecuente, raro.

diarrea, colitis, descompostura, cólico.

diáspora, dispersión, éxodo, diseminación. *Ant.* Reunión, concentración.

diástole, dilatación.

diatriba, invectiva, injuria, libelo, sátira, crítica, discurso, ataque. *Ant.* Defensa, alabanza.

dibujante, diseñador, ilustrador, artista.

dibujar, diseñar, delinear, trazar, sombrear.// Describir, bosquejar, esbozar.// Representar, retratar, reproducir.

dibujo, croquis, esquema, esbozo, silueta, trazo, bosquejo, apunte, diseño, estampa, lámina.

dicción, pronunciación, articulación, elocución.

diccionario, léxico, vocabulario, glosario, enciclopedia, catálogo.

dicha, felicidad, alegría, ventura, fortuna, suerte, bienestar. *Ant.* Desdicha, desgracia.// Contento, alegría. *Ant.* Descontento.

dicharachero-ra, charlatán, locuaz, parlanchín, ocurrente, ingenioso. *Ant.* Hosco, parco.

dicho, refrán, sentencia, máxima, aforismo, proverbio.// Gracia, ocurrencia, chiste.// **-cha,** precitado, mencionado.

dichoso-sa, venturoso, feliz, afortunado, bienaventurado, contento, alegre. *Ant.* Infeliz, desgraciado.

dicotomía, partición, oposición, enfrentamiento.

dictado, pauta, canon, precepto, inspiración, guía.

dictador-ra, tirano, déspota, autócrata. *Ant.* Demócrata.

dictadura, tiranía, autarquía, despotismo, absolutismo, autoritarismo. *Ant.* Democracia.

dictamen, juicio, resolución, sentencia, parecer, opinión, decisión, veredicto, diagnóstico.

dictaminar, resolver, dictar.

dictar, imponer, sugerir, mandar, inspirar.// Promulgar, decretar, estatuir.// Leer, pronunciar, decir.

dictatorial, tiránico, autocrático, despótico, autoritario, arbitrario, opresor, absoluto, dominante. *Ant.* Democrático, igualitario, tolerante.

dicterio, injuria, insulto, provocación, invectiva, agravio. *Ant.* Alabanza, elogio.

didáctico-ca, pedagógico, claro, comprensible.

diente, resalto, saliente, punta.// Hueso, muela.

diestro-tra, hábil, experto, competente, idóneo, mañoso. *Ant.* Torpe.// Ingenioso, entendido.// Derecho.

dieta, régimen, tratamiento, abstinencia.// Junta, asamblea, congreso.// Estipendio, honorarios.

diezmar, aniquilar, destruir, exterminar, arrasar, asolar. *Ant.* Proteger.

diezmo, tasa, contribución, tributo, carga, impuesto.

difamación, calumnia, maledicencia, murmuración, desprestigio, denigración, mentira, deshonra, oprobio, censura. *Ant.* Apología, defensa alabanza, elogio.

difamar, calumniar, infamar, desacreditar, deshonrar, menospreciar, atacar, denigrar, afrentar. *Ant.* Defender, elogiar, alabar, ensalzar.

difamatorio-ria, difamador, detractor, calumniador.

diferencia, desigualdad, diversidad, desemejanza, desproporción, distinción. *Ant.* Igualdad, semejanza.// Oposición, controversia, disensión, discrepancia, disentimiento, desavenencia. *Ant.* Avenencia, acuerdo.// Resto, residuo.

diferenciar, distinguir, separar, desigualar, desempatar. *Ant.* Igualar.// **-se,** distinguirse, notarse.

diferente, desigual, desemejante, disímil, heterogéneo, diverso, variado, cambiante, distinto, discordante, opuesto, contrario. *Ant.* Igual, semejante, homogéneo, parejo.

diferir, atrasar, aplazar, retrasar, suspender, posponer, dilatar, prorrogar, demorar. *Ant.* Adelantar.// Discordar, oponerse.

difícil, complicado, complejo, enrevesado, incomprensible, confuso, dificultoso, enmarañado, escabroso, enredado. *Ant.* Fácil, claro, comprensible.// Comprometido, doloroso.// Raro, rebelde.// Indisciplinado, indócil. *Ant.* Dócil.

dificultad, complicación, estorbo, inconveniente, tropiezo, contrariedad, apuro, aprieto, problema, embrollo, entorpecimiento, atolladero, conflicto, contratiempo. *Ant.* Facilidad, solución.

dificultar, complicar, entorpecer, embrollar, estorbar, enredar, impedir, obstruir, obstaculizar, trabar, contrariar. *Ant.* Facilitar, solucionar, allanar.

difracción, desviación, desvío.

difuminar, desvanecer, esfumar, desdibujar. *Ant.* Acentuar.

difundir, propalar, divulgar, extender, derramar, esparcir, propagar, transmitir, generalizar, publicar. *Ant.* Ocultar, callar, contener, prohibir.

difunto-ta, muerto, cadáver, finado, occiso. *Ant.* Vivo.

difusión, extensión, propalación, propagación, diseminación, publicación, transmisión. *Ant.* Concentración, ocultamiento.// Contaminación, contagio.

difuso-sa, amplio, extenso, dilatado, ancho, largo. *Ant.* Estrecho, angosto.// Confuso, embrollado, borroso, farragoso. *Ant.* Claro, nítido, comprensible.

digerir, aprovechar, absorber, asimilar, deglutir. *Ant.* Desaprovechar, eliminar.// Sobrellevar, soportar, sufrir.

digestión, asimilación, nutrición, aprovechamiento, transformación. *Ant.* Indigestión.

digestivo-va, estomacal, digerible. *Ant.* Pesado, indigesto.

digesto, resumen, selección, compilación, extracto.

digital, dactilar.

dignarse, consentir, acceder, condescender, admitir. *Ant.* Negar, rechazar.

dignificar, alabar, elogiar, ensalzar, loar, honrar, ennoblecer. *Ant.* Deshonrar, vituperar.

digno-na, merecedor, acreedor, meritorio. *Ant.* Inmerecido.// Correspondiente, proporcionando, conveniente. *Ant.* Inconveniente.// Decente, honrado, honorable. *Ant.* Indigno, deshonroso.

digresión, paréntesis, divagación, rodeo, separación, apartamiento.

dije, pendiente, joya, alhaja.

dilación, moratoria, detención, demora, prórroga, dilatoria, retardo, tardanza, retraso, aplazamiento. *Ant.* Adelanto, anticipación.

dilapidar, gastar, derrochar, disipar, malversar, despilfarrar, malbaratar, malgastar. *Ant.* Cuidar, ahorrar, economizar.

dilatación, aumento, engrandecimiento, ensanche, extensión, ampliación, hinchazón, desenvolvimiento, acrecentamiento. *Ant.* Achicamiento, encogimiento, estrechamiento.

dilatar, extender, agrandar, ensanchar, aumentar, hinchar, ex-pandir, distender. *Ant.* Achicar, encoger.// Retrasar, retardar, aplazar, prolongar, demorar, diferir, prorrogar. *Ant.* Adelantar, abreviar, acortar.

dilecto-ta, querido, amado, estimado, preferido, predilecto. *Ant.* Desdeñado.

dilema, problema, conflicto, alternativa, opción, disyuntiva, dificultad.

diletante, aficionado, entusiasta, experto, entendido, melómano.

diletantismo, afición.

diligencia, coche, vehículo, carruaje.// Actividad, dedicación, afán, prisa, prontitud, cuidado, esmero, celo, solicitud, aplicación, atención. *Ant.* Descuido, despreocupación, desinterés// Encargo, comisión, trámite, gestión, mandado.

diligenciar, resolver, tramitar, realizar, cometer, gestionar, despachar, activar. **Ant.** Descuidar, desatender.

diligente, activo, atento, celoso, solícito, cuidadoso, aplicado, exacto, servicial. **Ant.** Negligente, inactivo, despreocupado.// Rápido, ágil, buscavidas, presto, pronto. **Ant.** Tardo, lento, abúlico.

dilucidar, aclarar, explicar, demostrar, elucidar, resolver, solucionar, desembrollar. **Ant.** Embrollar, confundir.

diluir, desleír, disolver, licuar, disgregar, descomponer. **Ant.** Espesar, concentrar.

diluviar, llover.

diluvio, lluvia, temporal, aguacero, borrasca, tromba, inundación, chaparrón.// Abundancia, copia, afluencia. **Ant.** Escasez.

dimanación, procedencia, origen, principio, fuente, nacimiento.

dimanar, proceder, nacer, originarse, venir, provenir, descender.

dimensión, medida, magnitud, extensión, cantidad, tamaño.

diminuto-ta, pequeño, chico, minúsculo, microscópico, mínimo, pequeñísimo, ínfimo. **Ant.** Grande, enorme, inmenso.

dimisión, renuncia, abandono, abdicación, deserción, retiro, abjuración.

dimitir, renunciar, abdicar.

dinámico-ca, activo, movedizo, rápido, apresurado, vivo, ligero, veloz, solícito. **Ant.** Estático, negligente, cachazudo, lento.

dinamismo, actividad, movimiento, rapidez, celeridad, agilidad, movilidad. **Ant.** Quietud, inactividad, dejadez, abulia.

dinamita, explosivo.// Detonante, carga.

dinamitar, estallar, volar, explotar.

dínamo, aparato, generador, transformador.// Inductor.

dinastía, familia, raza, linaje, estirpe, casa, sucesión.

dinástico-ca, hereditario, sucesorio, real, monárquico.

dineral, platal, riqueza, caudal, fortuna, millonada. **Ant.** Insignificancia.

dinero, plata, capital, fondos, fortuna, guita, moneda, metálico, efectivo.

diócesis, circunscripción, distrito, jurisdicción.

Dios, Hacedor, Creador, Señor.

dios-sa, deidad, divinidad.

diploma, título, credencial.

diplomacia, tacto, habilidad, disimulo, astucia. **Ant.** Torpeza, grosería.

diplomado-da, graduado, titulado, acreditado, autorizado.

diplomático-ca, enviado, representante, legado, embajador, agente.// Hábil, político, cortés, disimulado, sutil, astuto, ladino. **Ant.** Rudo, grosero.

dipsómano-na, borracho, alcohólico, ebrio.

díptico, cuadro, tabla.

diputación, representación, organismo, delegación.

diputado-da, delegado, representante, legislador, parlamentario, congresista.

dique, malecón, escollera, muelle, espigón, dársena, desembarcadero.// Muro, pared.// Obstáculo, freno, reparo. **Ant.** Facilidad.

dirección, sentido, rumbo, derrotero, sesgo, destino, trayectoria, curso// Domicilio, señas, residencia, paradero, destinatario.// Gobierno, manejo, orientación, administración.// Enseñanza.

directiva, norma, pauta, regla.

directivo-va, jefe, ejecutivo, regente, rector.

directo-ta, derecho, seguido, recto, ininterrumpido, continuo.// Inmediato, natural, abierto, franco, sencillo, llano. **Ant.** Hipócrita.

director-ra, rector, jefe, principal, encargado, autoridad, administrador, guía. **Ant.** Subalterno, dirigido, subordinado.

directorio, consejo, gobierno, comité, junta, presidencia, jefatura.

dirigir, mandar, gobernar, regir, administrar, tutelar, encarrilar, orientar. **Ant.** Desorientar.// Educar, enseñar, aconsejar.// -se, encaminarse, irse, marcharse.

dirimir, resolver, decidir, fallar, terminar, componer, ajustar.// Separar, desunir.

discernimiento, entendimiento, juicio, apreciación, clarividencia, penetración, perspicacia, agudeza, criterio. **Ant.** Confusión, turbación.

discernir, enjuiciar, dilucidar, comprender, apreciar, percibir, alcanzar. **Ant.** Confundir.

disciplina, orden, regla, método, norma, obediencia, subordinación. **Ant.** Indisciplina, desorden, insubordinación.// Ciencia, asignatura, materia, doctrina.

disciplinado-da, organizado, ordenado, obediente, sumiso, subordinado. **Ant.** Indisciplinado, desobediente.

disciplinante, penitente.

disciplinar, someter, sujetar, subordinar, dominar.// Ordenar, organizar, instruir, preparar, enseñar, educar.

disciplinario-ria, correctivo, correccional, reformatorio.

discípulo-la, alumno, estudiante, colegial. **Ant.** Docente, maestro, profesor.// Adepto, seguidor, partidario. **Ant.** Guía, jefe, maestro.

disco, rodaja, tapa, tejo, sello, chapa, rondel, rueda, círculo.

discoidal, circular, lenticular, aplanado.

díscolo-la, travieso, desobediente, indócil, revoltoso. **Ant.** Obediente, sumiso.

disconforme, discrepante, discorde, inconciliable, inconforme, malavenido. **Ant.** Conforme, acorde.

disconformidad, discrepancia, diferencia, contrariedad, oposición, incoherencia, desacuerdo, incompatibilidad, divergencia, antagonismo, choque. **Ant.** Conformidad.

discontinuidad, inconexión, discontinuación, incoherencia, intermitencia. **Ant.** Continuidad.

discontinuo-nua, intermitente, irregular, interrumpido, desigual, alterno, variable. **Ant.** Ininterrumpido, continuo, regular.

discordancia, divergencia, discrepancia, disentimiento, desacuerdo, oposición, contrariedad, desarmonía, contraste. **Ant.** Conformidad.

discordante, contrario, inarmónico, opuesto, desproporcionado, disonante, desafinado. **Ant.** Acorde, conforme, armónico.

discordar, disentir, discrepar, diferir, divergir, desafinar, malsonar, disonar. **Ant.** Concordar, convenir, armonizar.

discordia, contrariedad, desacuerdo, oposición, discrepancia, disensión, desavenencia, división, querella, disputa. **Ant.** Concordancia, avenencia, acuerdo.

discreción, prudencia, tino, cordura, circunspección, discernimiento, moderación, mesura, medida, sensatez, reserva, tacto. **Ant.** Indiscreción, irreflexión, insensatez.

discrecional, potestativo, facultativo, voluntario, prudencial.

discrepar, diferenciarse, disentir, divergir, oponerse, contradecir. **Ant.** Coincidir, convenir, concordar.

discreteo, oficiosidad, ingenio.

discreto-ta, moderado, sensato, mesurado, considerado, cauto, prudente, juicioso, razonable, cuerdo. **Ant.** Indiscreto, insensato, imprudente.

discriminación, separación, apartamiento, segregación, distinción.

discriminar, separar, segregar, diferenciar, apartar. **Ant.** Integrar, reunir, igualar.

disculpa, pretexto, descargo, excusa, alegato, subterfugio, evasiva, justificación. **Ant.** Culpa, acusación, inculpación.

disculpar, defender, excusar, justificar, atenuar, comprender, perdonar, paliar. **Ant.** Culpar, acusar.

discurrir, reflexionar, pensar, meditar, cavilar, juzgar, suponer, razonar.// Crear, idear, inventar, imaginar.// Correr, pasear, andar, caminar, marchar. **Ant.** Detenerse, permanecer.

discursear, hablar, perorar, disertar.// Amonestar, reñir, reprender.

discurso, alocución, plática, prédica, charla, perorata, disertación, conferencia, arenga.// Apóstrofe, invectiva, amonestación.// Razonamiento, reflexión.

discusión, controversia, debate, polémica, altercado, litigio, disputa, pleito, pendencia, desacuerdo. *Ant.* Acuerdo, avenencia.// Examen, estudio.

discutir, altercar, polemizar, contender, querellar, contestar, disputar, debatir, impugnar. *Ant.* Avenirse, concordar.

disecar, preparar, conservar, preservar, embalsamar, momificar.// Seccionar, cortar.

disección, apertura, sección, corte.// Embalsamamiento, conservación.

diseminación, dispersión, propagación, siembra. *Ant.* Reunión.

diseminar, desparramar, dispersar, esparcir, desperdigar, sembrar, disgregar, derramar. *Ant.* Juntar, reunir.

disensión, oposición, contrariedad, disputa, desavenencia, rozamiento, discordia, desacuerdo, disentimiento, diversidad, disconformidad. *Ant.* Concordia, acuerdo.

disentimiento, disensión.

disentir, discordar, discrepar.

diseñador-ra, dibujante, proyectista.

diseñar, dibujar, bosquejar, delinear, esbozar, trazar.

diseño, dibujo, bosquejo, boceto, esquema, croquis, gráfico, plano.

disertación, discurso, razonamiento, oración.

disertar, discursear, perorar, charlar, explicar, hablar, tratar, razonar, exponer.

disfraz, máscara, simulación, disimulo, embozo, artificio, velo, fingimiento. *Ant.* Verdad, exhibición.

disfrazado-da, ocultado, enmascarado.

disfrazar, enmascarar, ataviar, embozar, desfigurar.// Tapar, disimular, ocultar, encubrir, velar, celar. *Ant.* Exhibir, mostrar, manifestar.// Alterar, cambiar, falsear, desnaturalizar, solapar, modificar, engañar. *Ant.* Desenmascarar.

disfrutar, gozar, regocijarse, complacerse, deleitarse, gustar, recrearse. *Ant.* Padecer, sufrir.// Utilizar, aprovechar, usar, tener.

disfrute, placer, goce, alegría.// Posesión, utilización.

disgregación, separación, desagregación, segregación, desunión.

disgregar, desunir, separar, dividir, desagregar, disolver. *Ant.* Unir.

disgustado-da, apesadumbrado, quejoso, pesaroso, enfadado. *Ant.* Contento, alegre.// Incomodado, malhumorado.

disgustar, molestar, enojar, enfadar, contrariar, desagradar, incomodar, desconcertar. *Ant.* Alegrar, contentar.

disgusto, malestar, tormento, dolor, amargura, inquietud, tristeza, pena, preocupación, desazón, desolación, sufrimiento, aflicción, pesadumbre, desencanto, desconsuelo. *Ant.* Alegría, contento, placer, felicidad.

disidencia, desacuerdo, discrepancia, desavenencia, división, disputa, escisión.

disidente, oponente, cismático, discrepante, discorde, conflictivo, contrario, separatista. *Ant.* Partidario, seguidor.

disímil, diferente, distinto, desemejante, diverso. *Ant.* Igual, semejante.

disimulación, disimulo.

disimulado-da, fingido, falso, hipócrita, solapado, furtivo, subrepticio, ladino, taimado. *Ant.* Sincero, franco.

disimular, permitir, disculpar, tolerar, dispensar, perdonar. *Ant.* Reprochar.// Enmascarar, fingir, desfigurar, disfrazar.// Esconder, celar, ocultar, tapar, velar, callar, cubrir. *Ant.* Revelar, sincerar.

disimulo, tolerancia.// Tapujo, fingimiento, disimulación, simulación, doblez, engaño, hipocresía, argucia. *Ant.* Franqueza, sinceridad, verdad.

disipación, licencia, liviandad, depravación, vicio, libertinaje, disolución, desenfreno. *Ant.* Sobriedad, moderación.// Evaporación, desaparición, desvanecimiento. *Ant.* Materialización, solidificación.

disipado-da, evaporado.// Libertino, juerguista, disoluto, descarriado.

disipar, gastar, despilfarrar, derrochar, dilapidar. *Ant.* Conservar, ahorrar, economizar.// Aclarar, esparcir, desvanecer. *Ant.* Concentrar.// **-se,** desvanecerse, borrarse, evaporarse, perderse, esfumarse.

dislate, disparate, absurdo, insensatez, barbaridad, desatino, necedad, despropósito. *Ant.* Acierto.

dislocación, luxación, descoyuntamiento, desarticulación.

dislocar, desencajar, luxar. *Ant.* Encajar.

disloque, colmo.

disminución, descuento, reducción, rebaja, merma, menoscabo, mengua, abreviación, atenuación, descenso, deducción, bajón, decrecimiento. *Ant.* Aumento, mejora.

disminuir, abreviar, acortar, rebajar, reducir, mermar, menguar, menoscabar, empequeñecer, subestimar, aminorar, degradar, desvalorizar, empobrecer. *Ant.* Crecer, mejorar, aumentar.

disociación, desunión, desagregación, separación, análisis, desconexión, desacoplamiento, descomposición. *Ant.* Asociación, unión.

disociar, separar, disgregar, desagregar, desmembrar, analizar, desunir, apartar, dividir. *Ant.* Asociar, unir, sintetizar.

disolución, disipación, libertinaje, liviandad, relajación, corrupción. *Ant.* Moderación, morigeración.// Licuación, desleimiento, disgregación.// Ruptura, rompimiento, desvinculación. *Ant.* Indisolubilidad.

disoluto-ta, corrupto, vicioso, libertino, disipado, licencioso, liviano, impúdico, lujurioso. *Ant.* Austero, virtuoso, moderado.

disolver-se, disgregar, desleír, diluir, licuar, descomponer, separar, aguar. *Ant.* Concentrar, solidificar.// Romper, anular, deshacer, destruir, desvincular, interrumpir, anular. *Ant.* Constituir, unir, iniciar.

disonancia, desacuerdo, discrepancia, desproporción, disconformidad, desavenencia, discordancia. *Ant.* Acuerdo, amistad.// Inarmonía, destemplanza. *Ant.* Armonía.

disonante, discordante, chocante, desproporcionado, discrepante. *Ant.* Acorde.// Desentonado, inarmónico, desafinado. *Ant.* Armónico, armonioso.

disonar, discrepar, chocar, repugnar.// Desentonar, desafinar. *Ant.* Entonar, armonizar.

dispar, disímil, diferente, distinto, desigual, desparejo, heterogéneo, variado. *Ant.* Igual, semejante, homogéneo.

disparador, tirador, artillero.// Gatillo.

disparar, tirar, gatillar, descargar, lanzar, arrojar, proyectar, enviar.// Ir, correr, huir, marcharse.// **-se,** impacientarse, desbocarse, desembuchar. *Ant.* Contenerse.

disparatado-da, desatinado, absurdo, descabellado, ilógico, incongruente, inverosímil, irracional, insensato. *Ant.* Sensato, lógico.

disparatar, desvariar, desbarrar, desatinar, exagerar, delirar, fantasear. *Ant.* Razonar, contenerse, reprimirse.

disparate, dislate, absurdo, despropósito, necedad, patochada, incoherencia, barbaridad, insensatez, extravagancia, delirio, desvarío, bobada. *Ant.* Acierto.

disparidad, desemejanza, desigualdad, diversidad, diferencia, desproporción. *Ant.* Igual, semejanza.

disparo, tiro, detinación, descarga, balazo, andanada.

dispendio, gasto, desembolso, derroche, despilfarro.

dispendioso-sa, excesivo, exagerado, costoso, valioso, lujoso. *Ant.* Barato.

dispensa, descargo, exención, privilegio, exoneración, inmunidad, absolución, indulgencia. *Ant.* Condena, obligación.

dispensar, conceder, otorgar, adjudicar, dar. *Ant.* Negar.// Excusar, eximir, perdonar, descargar, disculpar, exceptuar, absolver. *Ant.* Condenar, obligar.

dispensario, consultorio, clínica, servicio.

dispersar, desparramar, dividir, disgregar, separar, distanciar, desordenar, esparcir. *Ant.* Juntar, reunir.// Derrotar, vencer, aniquilar, desbaratar. *Ant.* Concentrar.

dispersión, diseminación, separación, disgregación, difusión, diáspora. *Ant.* Concentración.// Fuga, derrota, huida.

disperso-sa, suelto, esparcido, esporádico, desparramado, separado. *Ant.* Unido, concentrado.

displicencia, indiferencia, desinterés, desabrimiento, fastidio, apatía, desabrido. *Ant.* Complacencia, gusto, interés.

displicente, apático, indiferente, desinteresado, desabrido, despegado, desdeñoso. *Ant.* Interesado, complaciente, vehemente.

disponer, poner, colocar, instalar, distribuir.// Determinar, decidir, prescribir, mandar, ordenar, establecer, decretar. **Ant.** Revocar.// **-se,** prepararse, alistarse, iniciar.

disponibilidad, recursos, reservas.// Vacante.

disponible, libre, utilizable, aprovechable, vacante, desocupado.

disposición, tendencia, gusto, vocación, inclinación, talento, aptitud. **Ant.** Ineptitud, incapacidad.// Ubicación, situación, colocación, distribución.// Decisión, determinación, decreto, orden, mandato, precepto.// Carácter, talante.

dispositivo, mecanismo, instalación, aparato, artificio, artilugio.

dispuesto-ta, apuesto, gallardo.// Inclinado, preparado, apto, maduro.// Hábil, capaz, idóneo, habilidoso, ingenioso, listo. **Ant.** Incapaz, inepto.

disputa, pelea, discusión, altercado, debate, discrepancia, disensión, pelotera, porfía, reyerta, querella, pendencia, disidencia, discordia, controversia, conflicto, agarrada. **Ant.** Paz, entendimiento, pacificación.

disputar, pelear, discrepar, contender, debatir, reñir, luchar, querellarse, polemizar, discutir, controvertir. **Ant.** Avenirse, reconciliarse.

disquisición, discusión, razonamiento, investigación, examen, reflexión, comentario, análisis.

distancia, lejanía, lontananza, longitud, espacio, alejamiento, separación. **Ant.** Cercanía, proximidad.// Trecho, espacio, trayecto, intervalo, camino, jornada.

distanciado-da, enemistado.

distanciar, separar, alejar, apartar, enemistar.

distante, alejado, apartado, lejano, remoto, separado. **Ant.** Próximo, cercano.

distar, separarse, alejarse, distanciarse.// Diferir, discrepar.

distender, relajar.

distensión, esguince, torcedura, luxación, dislocación, descoyuntamiento.// Aflojamiento, relación.

distinción, condecoración, preferencia, honra, honor, privilegio. **Ant.** Desaire.// Elegancia, finura, clase, donaire. **Ant.** Chabacanería.// Particularidad, consideración, precisión.// Diferencia, desemejanza, distingo.

distinguido-da, elegante, educado, chic, fino, señorial. **Ant.** Ordinario, grosero.// Notable, renombrado, destacado, brillante, sobresaliente. **Ant.** Común, vulgar, anónimo.

distinguir, diferenciar, seleccionar, separar, desenredar, especificar, reconocer, apreciar. **Ant.** Confundir, mezclar.// Comprender, discernir, entender.// **-se,** despuntar, sobresalir, descollar, resaltar.

distintivo, emblema, símbolo, señal, insignia, condecoración, marca, divisa.// Particularidad, peculiaridad.

distintivo-va, específico, característico. **Ant.** Impreciso, impersonal, indeterminado.

distinto-ta, diferente, otro, desigual, disímil, contrario, opuesto. **Ant.** Igual, exacto, idéntico.

distorsión, torcedura.// Deformación, falseamiento. **Ant.** Autenticidad.

distorsionar, desfigurar, deformar.

distracción, inadvertencia, olvido, descuido, omisión, ligereza, desatención, aturdimiento. **Ant.** Cuydado, atención.// Diversión, entretenimiento, pasatiempo, recreo, juego.// Malversación, estafa, defraudación.

distraer, apartar, desviar.// Entretener, divertir, recrear, solazar, interesar. **Ant.** Aburrir.// Substraer, malversar, estafar, robar, defraudar.// **-se,** descuidarse, olvidarse, despreocuparse, desatender. **Ant.**. Cuidar, ocuparse, atender.

distraído-da, ensimismado, absorto, desatento, descuidado. **Ant.** Atento.// Agradable, entretenido, divertido. **Ant.** Aburrido.

distribución, repartición, reparto, división, partición.// Colocación, ordenación, ubicación, disposición.

distribuidor-ra, repartidor, delegado.

distribuir, repartir, entregar, separar, dividir, adjudicar, donar, entregar, asignar.// Clasificar, ordenar, ubicar, colocar, escalonar. **Ant.** Desordenar.

distributivo-va, equitativo, proporcional, equilibrado.

distrito, jurisdicción, comarca, departamento, territorio.

disturbio, alteración, perturbación, revuelta, desorden, trastorno, sublevación, alboroto, motín, asonada, tumulto. **Ant.** Calma, orden.

disuadir, desalentar, desaconsejar, desviar, desanimar, persuadir, inducir, descorazonar. **Ant.** Alentar, animar.

disuasión, desaliento, retractación.

disuelto-ta, desleído, licuado, diluido, deshecho.

disyunción, alejamiento, división, desarticulamiento, dislocación, desunión.

disyuntiva, alternativa, dilema, elección, dualidad, opción, problema.

ditirambo, alabanza, elogio.

divagación, desviación, rodeo.// Circunloquio, palabrería.

divagar, desvariar, delirar, elucubrar, errar, perderse **Ant.** Precisar, concretar.

diván, sofá, canapé, sillón, asiento.

divergencia, discrepancia, diferencia, disensión, desacuerdo, disconformidad, diversidad, bifurcación, separación. **Ant.** Unión, convergencia.

divergente, desviado.// Discrepante.

divergir, disentir, discrepar, discordar, oponerse, diferenciarse. **Ant.** Coincidir.// Alejarse, desviarse, apartarse, separarse. **Ant.** Converger.

diversidad, variedad, multiplicidad, desemejanza, diferencia, abundancia. **Ant.**, Unidad, homogeneidad, coincidencia.

diversificar, variar.

diversión, entretenimiento, solaz, distracción, regocijo, esparcimiento, recreo, pasatiempo. **Ant.** Aburrimiento, tedio.

diverso-sa, distinto, variado, vario, diferente, disímil, múltiple, dispar, heterogéneo. **Ant.** Igual, semejante, homogéneo, uniforme.

divertido-da, entretenido, jocoso, animado, festivo, placentero, agradable, recreativo. **Ant.** Aburrido, tedioso.// Alegre, cómico, chistoso. **Ant.** Triste.

divertimiento, diversión.

divertir, entretener, distraer, alegrar, recrear, deleitar.

dividendo, porción, cuota, renta, interés, lucro, ganancia.

dividir, fragmentar, seccionar, partir, separar, trozar, escindir, cortar, seccionar, desmenuzar, recortar, despedazar. **Ant.** Unir, juntar.// Repartir, distribuir.// Enemistar, malquistar, enfrentar.

divieso, forúnculo, bulto, golondrino, tumor.

divinidad, deidad, dios.// Hermosura, preciosidad, belleza. **Ant.** Fealdad.

divinizar, endiosar, exaltar, mitificar, beatificar, ensalzar, glorificar.

divino-na, excelente, primoroso, perfecto, deífico, providencial, celestial, glorioso, milagroso, sobrenatural. **Ant.** Humano, terrenal.// Excelente, primoroso, perfecto, delicioso.

divisa, emblema, símbolo, distintivo, insignia.// Leyenda, lema.// Dinero, billete, moneda, valor.

divisar, ver, percibir, captar, abarcar, observar, distinguir, vislumbrar.

división, operación, cuenta, cálculo. **Ant.** Multiplicación.// Se-paración, fraccionamiento, reparto, distribución, seccionamiento, parcelación. **Ant.** Concentración.// Desavenencia, enemistad, escisión, disidencia, desunión, discordia. **Ant.** Amistad, concordia.

divisor, denominador.

divisorio-ria, lindante, colindante, fronterizo, contiguo. **Ant.** Apartado, alejado.

divorciarse, separarse, descasarse, desunirse.

divorcio, separación, ruptura, alejamiento, descasamiento, desacuerdo, disolución. **Ant.** Casamiento, unión.

divulgación, publicación, difusión, publicidad, vulgarización, generalización, anunciación, popularidad. **Ant.** Reserva, silencio.

divulgar, propagar, generalizar, publicar, difundir, extender, pregonar, esparcir. **Ant.** Callar, silenciar, encubrir.

dobladillo, doblez, borde.

doblaje, traducción, interpretación.

doblar, plegar, torcer, arquear, doblegar, curvar, flexionar, combar. **Ant.** Enderezar.// Tañer, repicar.// **-se,** humillarse, someterse.

doble, duplo, copia, facsímil.// Par, pareja.// Falso, hipócrita, taimado, fingido. **Ant.** Franco, directo.

doblegar, combar, arquear, encorvar, torcer, doblar, curvar, plegar, flexionar. **Ant.** Enderezar.// Forzar, reducir, humillar, someter, obligar.// **-se,** ceder, acatar, acceder, rendirse, transigir. **Ant.** Rebelarse.

doblez, pliegue, repliegue, alforza, frunce.// Disimulo, fingimiento, falsedad, duplicidad, simulación, engaño, hipocresía. **Ant.** Sinceridad, franqueza, veracidad.

docente, maestro, profesor.// Educativo, didáctico, pedagógico, instructivo.

dócil, obediente, sumiso, manso, tratable, manejable, flexible, blando, dúctil, resignando, disciplinado. **Ant.** Rebelde, indómito, díscolo, revoltoso.

docilidad, mansedumbre, obediencia, disciplina, sumisión, subordinación. **Ant.** Rebeldía, indocilidad, indisciplina.

dock, dársena.

docto-ta, sabio, erudito, culto, entendido, versado, conocedor, ilustrado. **Ant.** Ignorante.

doctor-ra, universitario, académico, facultativo, profesional.

doctoral, enfático.

doctorarse, graduarse, recibirse, diplomarse.

doctrina, ciencia, saber, sabiduría, erudición.// Teoría, corriente, escuela, sistema, opinión, dogma.

doctrinal, dogmático.

doctrinario-ria, partidario, sectario, ideológico.

documentación, registro, archivo.

documentado-da, preparado, capacitado, enterado, instruido, fundamentado. **Ant.** Indocumentado, ignorante.

documental, testimonial, documentado.// Filme.

documentar, preparar, instruir, informar, aleccionar.// Fundamentar, investigar, certificar, autorizar, acreditar. **Ant.** Desautorizar.

documento, escrito, testimonio, comprobante, prueba, escritura.// Credencial, cédula, tarjeta.

dogma, doctrina, fundamento, base, credo.

dogmático-ca, doctrinario, tajante, imperioso, decisivo, imperativo, doctoral, pedante, intransigente. **Ant.** Sencillo, tolerante, flexible.

dogmatismo, intransigencia, pedantería. **Ant.** Transigencia, tolerancia.

dogmatizar, pontificar, asegurar, afirmar, declarar, enfatizar.

dolencia, malestar, padecimiento, afección, achaque, morbo, indisposición, enfermedad. **Ant.** Mejoría, salud.

doler, atormentar, molestar, padecer, sufrir.// **-se,** lamentar, compadecer, apiadarse, condolerse. **Ant.** Alegrarse.

doliente, sufrido, quejumbroso, enfermo, iloroso, indispuesto, afectado, achacoso. **Ant.** Sano.// Quejumbroso, lloroso, lastimero. **Ant.** Animado, alegre.

dolo, engaño, trampa, fraude, doblez, simulación.

dolor, sufrimiento, padecimiento, molestia, martirio, daño. **Ant.** Salud, bienestar.// Pena, aflicción, tristeza, desconsuelo, desolación, desazón, contrición, angustia. **Ant.** Alegría, felicidad.

dolorido-da, sufriente, doliente.// Triste, apenado, afligido. **Ant.** Alegre.

doloroso-sa, atormentado, penoso, angustiado, apenado. **Ant.** Contento, alegre.// Lamentable, deplorable.

doloso-sa, fraudulento, falso.

doma, adiestramiento, amansamiento.

domar, amansar, domesticar, desembravecer, amaestrar, desbravar, adiestrar.// Dominar, rendir, refrenar, reducir, subyugar, someter, reprimir, vencer, sujetar. **Ant.** Rebelar.

doméstica, criada, sirvienta. **Ant.** Ama.

domesticar, amansar, domar.// Educar, civilizar.

doméstico-ca, casero, familiar, hogareño.// Manso, sumiso, dócil. **Ant.** Salvaje.

domiciliarse, vivir, habitar, avecindarse, alojarse, establecerse, radicarse, afincarse.

domicilio, casa, vivienda, hogar, residencia, morada, habitación.// Señas, dirección.

dominación, autoridad, poder, supremacía, dominio, imperialismo, abuso, opresión. **Ant.** Libertad, liberación, independencia.

dominante, autoritario, dictatorial, opresor, dominador, avasallador, tiránico, intolerante, intransigente. **Ant.** Tolerante, democrático.// Reinante, imperante.// Sobresaliente, descollante, destacado. **Ant.** Humilde.

dominar, oprimir, sojuzgar, someter, avasallar, conquistar. **Ant.** Acatar, obedecer, liberar, independizar.// Sobresalir, descollar, destacarse.// Conocer,. poseer, saber, manejar.// Reinar, imperar.// **-se,** contenerse, refrenarse, controlarse.

dómine, maestro, preceptor.

domingo, descanso, festividad.

dominguero-ra, dominical,festivo. **Ant.** Triste, laboral.

dominical, dominguero, periódoco, festivo.

dominio, propiedad, pertenencia, feudo, posesión, hacienda.// Mando, predominio, superioridad, hegemonía, despotismo. **Ant.** Servidumbre, esclavitud.// Maestría, habilidad, conocimiento.// Coonia, posesión.

dominó, juego.// Disfraz, capucha.

don, regalo, presente, dádiva, ofrenda, obsequio.// Cualidad, prenda, facultad, habilidad.

donación, transmisión, cesión, legado, entrega, don, obsequio, gratificación, auxilio, dádiva.

donaire, gracia, gentileza,gallardía, esbeltez, garbo, elegancia, arrogancia. **Ant.** Tosquedad.// Agudeza, humorismo, ingenio. **Ant.** Sosería.

donar, dar, regalar, transmitir, obsequiar, conceder, ofrecer, legar, traspasar, transferir. **Ant.** Quitar, sacar.

donativo, donación, legado, entrega, ofrenda, dádiva, regalo.

doncel, adolescente, efebo, joven, mancebo, muchacho, chico. **Ant.** Anciano, adulto.

doncella, muchacha, virgen, moza.// Criada, camarera, sirvienta.

doncellez, virginidad, castidad, pureza, pudor, virtud.

donde, do, adonde.

dondequiera, en cualquier lugar, doquiera.

donjuán, seductor, mujeriego, conquistador, tenorio.

donoso-sa, gracioso, ocurrente, chistoso.

donosura, gracia, donaire.

dopar, drogar, adormecer.

doping, droga.

dorado-da, tostado.// Áureo, brillante, bañado, recubierto.// Feliz, venturoso.

dorar, bruñir, abrillantar.// Arreglar, esconder, disfrazar.// Tostar, gratinar.

dormilón-na, perezoso, poltrón, haragán. **Ant.** Activo, trabajador.

dormir, descansar, reposar, yacer, sestear, adormilar, adormecer, dormitar, pernoctar.// **-se,** descuidarse.// Entumecerse, apaciguarse, amansarse.

dormitar, adormecerse.

dormitivo-va, soporífero, narcótico, tranquilizante.

dormitorio, alcoba, aposento, habitación, cuarto.

dorsal, posterior.

dorso, revés, espalda, lomo, reverso, retaguardia. **Ant.** Cara, anverso.

dosel, colgadura, palio, baldaquín, toldo, tapiz, cortina, antepuerta.

dosificación, graduación, dosis.

dosificar, graduar, determinar, medir, partir, repartir, administrar.

dosis, cantidad, porción, dosificación, toma, medida.

dotación, personal, tripulación, equipo, servicio.

dotar, asignar, conceder, adjudicar, legar, donar, proporcionar, proveer.

dote, patrimonio, caudal, bienes, asignación.// Cualidad, facultad, don, virtud. **Ant.** Defecto.

draconiano-na, severo, riguroso, inexorable, inflexible.

dragar, limpiar.

drama

drama, teatro, espectáculo, obra.// Desgracia, calamidad. *Ant.* Felicidad.

dramático-ca, teatral.// Conmovedor, espeluznante, trágico. *Ant.* Feliz, alegre.

dramatismo, patetismo, emoción, emotividad, sensibilidad. *Ant.* Apatía.

dramatizar, teatralizar, dialogar.// Emocionar, impresionar.

dramaturgo, autor, escritor, creador, literato.

drástico-ca, radical, tajante, cortante, enérgico, decisivo, concluyente, contundente, violento. *Ant.* Blando, suave, paulatino.

drenaje, desagüe, avenamiento.

drenar, desecar, avenar.

droga, medicamento, medicina, tranquilizante, narcótico, fármaco, estupefaciente.

drogadicto-ta, toxicómano, adicto, vicioso.

drogar, enviciar, dopar.

droguería, tienda, comercio.

drupa, fruto.

dualidad, duplicidad, desdoblamiento, bifurcación.

dubitativo-va, dudoso, indeciso, vacilante, irresoluto. *Ant.* Seguro, decidido, resuelto.

ducha, chorro, lluvia, irrigación.

duchar, bañar, mojar.

ducho-cha, hábil, diestro, perito, versado, entendido, experto, experimentado, competente, capaz, avezado. *Ant.* Incapaz, inhábil, inexperto.

dúctil, flexible, maleable, blando, plegable, manejable. *Ant.* Duro, rígido.// Transigente, dócil, condescendiente, acomodaticio. *Ant.* Intransigente, inflexible.

ductilidad, flexibilidad, maleabilidad.// Docilidad.

duda, irresolución, inseguridad, indecisión, oscilación, vacilación, incertidumbre, titubeo. *Ant.* Certidumbre, seguridad.// Recelo, sospecha, suspicacia, prevención. *Ant.* Confianza.

dudar, vaciar, titubear, hesitar, fluctuar. *Ant.* Decidir.// Recelar, desconfiar, sospechar. *Ant.* Confiar.

dudoso-sa, incierto, eventual, inseguro, problemático, hipotético, vago. *Ant.* Seguro, cierto.// Sospechoso.// Indeciso, vacilante, receloso. *Ant.* Decidido, seguro.

duelista, contendiente, rival, reñidor, pendenciero, provocador, camorrista, desafiador.

duelo, desafío, reto, provocación, pendencia, lance, encuentro, enfrentamiento.// Dolor, pesar, lamentación, luto, aflicción, tristeza, lástima, pena, desconsuelo. *Ant.* Gozo, alegría, consuelo.

duende, espíritu, genio, visión, trasgo, espectro.// Seducción, hechizo, encanto.

dueño-ña, señor, propietario, amo, patrón, titular. *Ant.* Inquilino, criado, empleado, subordinado, vasallo.

dulce, exquisito, grato, gustoso, dulzón, empalagoso, almibarado, azucarado. *Ant.* Amargo, desagradable.// Confite, masita, golosina.// Amable, cariñoso, tierno, simpático. *Ant.* Antipático, desagradable.

dulcificar, azucarar, endulzar, almibarar.// Calmar, ablandar, suavizar, apaciguar. *Ant.* Agriar, irritar.

dulzón-na, empalagoso, almibarado.

dulzura, bondad, docilidad, ternura, suavidad, mansedumbre, deleite, afabilidad, moderación. *Ant.* Aspereza.

duna, médano, montículo, promontorio.

dúo, pareja, dueto.

duplicado, copia, reproducción, duplicación, calco, réplica, facsímil. *Ant.* Original.

duplicar, copiar, repetir, reproducir, calcar, plagiar, falsificar.// Desdoblar.

duplicidad, doblez, hipocresía, fingimiento, disimulo, falsedad, engaño. *Ant.* Sinceridad, franqueza.

duración, lapso, intervalo, tiempo.// Permanencia, continuación, durabilidad, perpetuidad, estabilidad. *Ant.* Fugacidad, transitoriedad.// Subsistencia, resistencia, permanencia.

duradero-ra, permanente, durable, imperecedero, inmortal, constante, perenne. *Ant.* Perecedero, mortal.// Resistente, aguantador, inalterable. *Ant.* Breve, limitado.

durante, mientras, en tanto que.

durar, continuar, permanecer, tardar, subsistir, resistir, quedar, perdurar, mantenerse, eternizarse, seguir, perpetuarse. *Ant.* Caducar, cesar, terminar.

dureza, solidez, consistencia, resistencia, tenacidad, rigidez. *Ant.* Blandura.// Aspereza, rigor, severidad, rudeza, inclemencia, violencia, insensibilidad, crudeza, impenetrabilidad. *Ant.* Ternura, suavidad, delicadeza.

durmiente, viga, travesaño.

duro-ra, resistente, fuerte, consistente, firme, sólido, tenaz, compacto, irrompible. *Ant.* Endeble, blando.// Rígido, severo, inhumano, cruel, riguroso, áspero, rudo. *Ant.* Tierno, condescendiente, benévolo.// Sufrido, estoico.// Porfiado, terco, obstinado. *Ant.* Razonable, comprensivo.

dux, príncipe, conductor, guía, jefe, adalid.

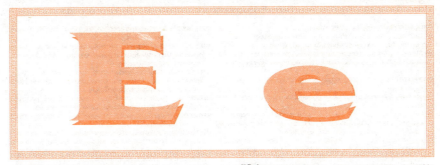

ebanista, carpintero, mueblero.

ebrio-bria, beodo, borracho, bebedor, alcoholizado, embriagado, bebido, alegre. **Ant.** Sobrio.

ebullición, efervescencia, ardor, agitación.// Hervor, fermentación, cocción.

ebúrneo-a, marfilino.

echar, arrojar, repeler, despedir, expulsar, rechazar, excluir, separar. **Ant.** Aceptar, admitir.// **-se,** tumbarse, reclinarse, recostarse.

ecléctico-ca, contemporizador, moderado, conciliador, acomodaticio. **Ant.** Intransigente.

eclesiástico, sacerdote, clérigo, cura.

eclipsar, interceptar, tapar, ocultar, oscurecer, interponerse, cubrir, esconder. **Ant.** Mostrar, iluminar, revelar.// Aventajar, superar, deslucir, sobrepasar, exceder. **Ant.** Destacar, realzar.// **-se,** desaparecer, escaparse, evadirse. **Ant.** Volver, quedarse.

eclipse, ocultación, privación, oscurecimiento. **Ant.** Aparición.// Decadencia. **Ant.** Auge.// Huida, desaparición, evasión. **Ant.** Aparición, presencia.

eclosión, brote, nacimiento, aparición, comienzo, manifestación.

eco, resonancia, repercusión, sonoridad, retumbo.// Repetición.// Rumor, chisme, noticia.

ecología, protección, defensa del medio ambiente.

economato, mutualidad, cooperativa.

economía, ahorro, escasez, parquedad, miseria. **Ant.** Abundancia, despilfarro.// Administración, gobierno, gestión.

económico-ca, avaro, mezquino, miserable. **Ant.** Pródigo, generoso.// Sobrio, moderado, frugal, prudente, previsor, administrador. **Ant.** Despilfarrador, gastador.// Barato, conveniente, módico, ventajoso. **Ant.** Caro, costoso.

economizar, conservar, ahorrar.// Privar, escatimar, restringir. **Ant.** Derrochar, gastar, despilfarrar.

ecuación, igualdad.

ecuánime, justo, equilibrado, imparcial, objetivo, recto, neutral, razonable. **Ant.** Injusto, parcial.// Paciente, inalterable.

ecuanimidad, rectitud, imparcialidad, justicia. **Ant.** Parcialidad, injusticia.// Serenidad, tranquilidad, moderación. **Ant.** Exaltación.

ecuestre, hípico, equino, caballar.

ecuménico-ca, mundial, universal, total, general. **Ant.** Nacional, local.

eczema, sarpullido, eccema, erupción, irritación.

edad, etapa, época, existencia, período, lapso, duración.// Años, longevidad, existencia, duración, vida.

edecán, ayudante, acompañante.

edema, hinchazón.

edén, paraíso, cielo, nirvana.

edición, impresión, publicación, tirada.

edicto, disposición, decreto, bando, sentencia, orden, decisión, mandato.

edificación, construcción, obra, edificio.

edificante, aleccionador, ejemplar.

edificar, construir, levantar, fabricar, elevar, alzar. **Ant.** Destruir, demoler.// Estimular, aleccionar.

edificio, casa, edificación, obra, construcción, inmueble, vivienda.

edil, concejal, regidor.

editar, publicar, imprimir, tirar, lanzar.

editor-ra, impresor, librero.

editorial, comentario, artículo, escrito.// Imprenta, librería.

edredón, acolchado, manta, cobertor.

educación, cortesía, amabilidad, corrección, urbanidad.// Crianza, enseñanza, instrucción, cultura, formación, adiestramiento. **Ant.** Ignorancia, incultura.

educado-da, amable, cortés, correcto, fino, delicado. **Ant.** Grosero, maleducado.// Culto, instruido. **Ant.** Inculto, ignorante.

educador-ra, docente, pedagogo, instructor, preceptor, profesor, maestro. **Ant.** Estudiante, alumno, discípulo.

educar, conducir, dirigir, aleccionar, instruir, adoctrinar, enseñar, ilustrar, preparar. **Ant.** Indisciplinar, embrutecer, viciar, desencaminar.

educativo-va, pedagógico, docente, instructivo, formativo, ilustrativo.

edulcorar, almibarar, endulzar. **Ant.** Amargar, agriar.

efebo, joven, adolescente, mancebo.

efectismo, sensacionalismo, aparato.

efectista, sensacionalista, espectacular, aparatoso, deslumbrador. **Ant.** Sencillo, humilde, simple, natural.

efectividad, eficacia, vigencia, eficiencia, trascendencia. **Ant.** Inutilidad.

efectivo, dinero, billetes, moneda.// **-va,** eficaz, real, positivo, seguro, serio, verdadero. **Ant.** Imaginario, ineficaz.

efecto, secuela, repercusión, consecuencia, resultado, derivación, desenlace, alcance. **Ant.** Causa.// Impresión, sensación, emoción, sentimiento.// **-s,** bienes, útiles, enseres.

efectuar, hacer, realizar, ejecutar, consumar, perpetrar, cometer, cumplir, actuar.

efemérides, sucesos, hechos, fastos, eventos, acontecimientos.// Recuerdos, comentarios.

efervescencia, hervor, ebullición.// Agitación, exaltación, excitación, ardor. **Ant.** Tranquilidad, templanza.

eficacia, efectividad, utilidad, ahínco, energía, eficiencia. **Ant.** Ineficacia, inutilidad.

eficaz, útil, efectivo, positivo, eficiente, activo, enérgico, fuerte. **Ant.** Ineficaz, inútil, inactivo.

efigie, retrato, representación, imagen, imitación, figura.

efímero-ra, fugaz, perecedero, breve, pasajero, provisorio, transitorio, temporal. **Ant.** Duradero, permanente, perenne.

efluvio, emanación, vapor.

efugio, evasión, escapatoria, recurso, salida.

efusión, exaltación, expansión, desahogo, cordialidad. **Ant.** Frialdad, indiferencia.// Derramamiento.

efusivo-va, cariñoso, demostrativo, expresivo, expansivo, cordial, afectivo. **Ant.** Frío, circunspecto, hosco, indiferente.

égida, escudo, tutela, protección, apoyo, defensa, amparo, salvaguarda. **Ant.** Abandono, desamparo.

égloga, poema, poesía, pastoral.

egocentrismo, egoísmo, egolatría.

egoísmo, individualismo, egolatría, egocentrismo, mezquindad. *Ant.* Altruismo, filantropía, generosidad.

egoísta,ególatra, interesado, mezquino, personalista, codicioso. *Ant.* Altruista, solidario, desinteresado, generoso, filántropo.

ególatra, egocéntrico, egoísta, narcisista, vanidoso, pedante.

egolatría, egocentrismo, vanidad, narcisismo, presunción, envanecimiento.

egregio-gia, ilustre, insigne, eminente, conspicuo, famoso, distinguido, excelso, ínclito, glorioso. *Ant.* Desconocido, anónimo, oscuro, insignificante.

eje, barra, cigüeñal, vástago, árbol.// Recta, línea, diámetro.// Fundamento, base, médula, cimiento, apoyo.

ejecución, realización, cumplimiento, operación, acción, verificación.// Muerte, condena. *Ant.* Perdón, indulto.

ejecutante, intérprete, artista, autor, ejecutor.

ejecutar, realizar, cumplir, perpetrar, hacer, desarrollar, celebrar, efectuar.// Interpretar, tocar.// Matar, ajusticiar, inmolar, suprimir, condenar. *Ant.* Condonar, perdonar, indultar.

ejecutivo-va, directivo, jefe, director, gerente, dirigente.// Activo, diligente, práctico, rápido. *Ant.* Indolente.

ejecutor-ra. verdugo.// Ejecutante, autor, operador, promotor.

ejecutoria, despacho, título.// Hecho.

ejemplar, modelo, prototipo, ejemplo, espécimen.// Virtuoso, intachable, irreprochable, íntegro, perfecto, edificante.// Tomo, libro, copia.

ejemplarizar, aleccionar, edificar, aconsejar.

ejemplo, modelo, tipo, dechado, prototipo, muestra, patrón.// Cita, alusión, parábola.

ejercer, desempeñar, actuar, obrar, practicar, cultivar, accionar. *Ant.* Holgar, jubilarse.

ejercicio, práctica, entrenamiento, adiestramiento, ejercitación, uso.// Práctica, ejecución, trabajo, desempeño. *Ant.* Inactividad.// Deberes.

ejercitar, practicar, desempeñar, adiestrar, instruir, entrenar. *Ant.* Descansar.

ejército, fuerza, milicia, tropa, hueste.

elaboración, producción, fabricación, obtención, realización.

elaborar, fabricar, preparar, producir, realizar, forjar, transformar, trabajar, hacer.

elación, engreimiento, orgullo, altanería, altivez, arrogancia. *Ant.* Humildad..// Nobleza, elevación, generosidad.// Ampulosidad, grandilocuencia.

elasticidad, flexibilidad, blandura, ductilidad, agilidad. *Ant.* Dureza, rigidez.// Obediencia, benevolencia, docilidad.

elástico-ca, flexible, dúctil, maleable, blando. *Ant.* Duro, rígido.// Conformista, acomodaticio, dócil, adaptable.

elástico, resorte.

elección, electividad, arbitrio, deliberación.// Votación, comicio.// Selección, designación.// Alternativa, opción, preferencia, dilema.

electivo-va, elegible, selectivo.

electo-ta, designado, elegido.

elector-ra, votante.

electricidad, fluido, corriente, energía.

electrificar, electrizar, transformar.

electrizar, electrificar, galvanizar, conectar, alumbrar, comunicar.// Entusiasmar, inflamar, avivar, exaltar, transportar. *Ant.* Aburrir, desanimar.

electrodo, polo, varilla.

electrólisis, descomposición.

electrón, átomo, partícula.

elegancia, distinción, gracia, desenvoltura, finura, delicadeza, refinamiento, esbeltez, gallardía, apostura, chic. *Ant.* Vulgaridad, cursilería, tosquedad.

elegante, distinguido, fino, delicado, gallardo, esbelto, mundano, refinado. *Ant.* Cursi, tosco, vulgar.

elegía, lamento, queja, endecha.

elegíaco-ca, triste, melancólico, luctuoso, plañidero, quejumbroso, lloroso. *Ant.* Alegre

elegir, escoger, separar, preferir, designar, optar, tomar, nombrar, predestinar, seleccionar, destacar. *Ant.* Desechar, rechazar, impugnar, relegar.

elemental, básico, fundamental, primordial, primario.// Sencillo, simple, obvio, fácil, conocido, corriente, evidente, trivial. *Ant.* Complejo, complicado.

elemento, parte, componente, integrante, pieza, partícula, ingrediente.// Instrumento, procedimiento, medio.

elenco, compañía, reparto, personal.// Repertorio, catálogo, índice, lista.

elevación, ascenso, subida, ascensión.// Altura, altitud.// Aumento, acrecentamiento, engrandecimiento, incremento, encarecimiento. *Ant.* Descenso, rebaja, disminución.// Nobleza, perfección, superioridad.

elevar, levar, alzar, izar, subir, levantar, encaramar. *Ant.* Bajar, descender.// Acrecentar, aumentar. *Ant.* Rebajar.// Edificar, construir, erigir. *Ant.* Demoler, destruir.// Engrandecer, realzar, encumbrar, enaltecer, ennoblecer. *Ant.* Disminuir, despreciar, humillar.// -se, ascender.

elfo, deidad, duende, genio, espíritu.

elidir, suprimir, omitir.

eliminación, exclusión, abolición, supresión.// Exterminio, aniquilación.

eliminar, sacar, apartar, suprimir, excluir, alejar, prescindir, separar, expulsar. *Ant.* Agregar, incorporar.// Matar, destruir, aniquilar. *Ant.* Perdonar, conservar.

elipse, sinusoide, parábola, curvatura. *Ant.* Recta.

elíptico-ca, sobrentendido, omitido.// Curvo, parabólico, elipsoide.

elisión, supresión, elipsis.// Frustración, desaparición.

élite, minoría, selección, crema, aristocracia.

elixir, medicamento, pócima, licor, remedio, brebaje.

elocución, expresión, dicción.

elocuencia, convicción, facundia, fluidez, elocución, grandilocuencia, locuacidad. *Ant.* Laconismo, apatía, parquedad.

elocuente, altisonante, retórico, grandilocuente. *Ant.* Sobrio, seco.// Persuasivo, emocionante, conmovedor, convincente, arrebatador. *Ant.* Apático.

elogiar, alabar, ensalzar, loar, encarecer, enaltecer, encumbrar, exaltar, aplaudir, encomiar, glorificar. *Ant.* Deshonrar, rebajar, criticar, vilipendiar.

elogio, alabanza, loa, encomio, ponderación, panegírico, aplauso, aclamación, enaltecimiento. *Ant.* Crítica, vituperio.

elogioso-sa, ponderativo, apologético.

elucidación, explicación, esclarecimeinto, aclaración, dilucidación, solución.

elucidar, explicar, aclarar.

elucubración, lucubración, divagación.

elucubrar, lucubrar, tramar, urdir, planear.

eludir, evitar, rehuir, soslayar, sortear, esquivar, escapar, obviar, escaparse. *Ant.* Desafiar, afrontar, encarar.

emanación, pérdida, efluvio, exhalación, vapor, tufo.// Derivación, manifestación, resultado.

emanar, exhalar, despedir. *Ant.* Retener, conservar.// Proceder, resultar, provenir, originarse, nacer, derivar.

emancipación, independencia, liberación, libertad, autarquía, autonomía. *Ant.* Dependencia, esclavitud, dominio.

emancipar, independizar, liberar, soltar, desvincular. *Ant.* Someter, sojuzgar, dominar, colonizar.

emasculación, castración.

embadurnar, untar, manchar, pintarrajear, ensuciar, pringar, recubrir, engrasar. *Ant.* Desengrasar, limpiar.

embajada, legación, representación, misión, delegación.

embajador-ra, representante, enviado, emisario, comisionado, delegado.

embalaje, envoltorio, paquete, envase, bulto, fardo, empaquetamiento, cubrimiento.

embalar, empaquetar, liar, envolver, empacar, encajonar. *Ant.* Desembalar, desempaquetar.

embaldosar, pavimentar, enlosar, enladrillar.

embalsamar, momificar, amortajar.
embalsar, encharcar, estancar, detener, acumular.
embalse, represa, dique.
embarazada, encinta, preñada, grávida, fecundada, gestante.
embarazar, fecundar, preñar.// Molestar, incomodar, entorpecer, trabar, estorbar, impedir, obstruir, embargar, parar. **Ant.** Desobstruir, desembarazar.
embarazo, gestación, preñez, gravidez.// Obstáculo, impedimento, dificultad, molestia, estorbo. **Ant.** Facilidad.// Turbación, confusión, perplejidad. **Ant.** Seguridad.
embarazoso-sa, dificultoso, difícil, incómodo, molesto, entorpecedor, penoso. **Ant.** Simple, llevadero.// Desconcertante, turbador.
embarcación, nave, barco, buque.
embarcadero, muelle, atracadero, malecón, dársena.
embarcar, subir, ingresar, entrar, cargar, estibar. **Ant.** Desembarcar, descargar.// Inducir, lanzar, empujar, aventurar.// **-se,** emprender, exponerse, arriesgarse, lanzarse. **Ant.** Eludir, desistir.
embargar, confiscar, requisar, incautar, quitar, decomisar. **Ant.** Devolver.// Impedir, retener, estorbar, suspender.// Maravillar.
embargo, confiscación, retención, apropiación, requisa. **Ant.** Devolución.
embarque, ingreso, subida, embarco, entrada, carga, estiba, acceso. **Ant.** Desembarque, descarga.
embarrar, manchar, enlodar, embadurnar.// Errar, pifiar, estorbar, estropear.
embarullar-se, confundir, enredar, ofuscar, desorientar, azorar, aturdir, enmarañar, revolver, desordenar. **Ant.** Orientar, ordenar, desenredar.
embate, acometida, golpe, embestida, ataque, agresión.
embaucador-ra, impostor, engañador, farsante, embustero, embelecador, charlatán, vividor, pillo. **Ant.** Honrado, sincero.
embaucar, engañar, engatusar, embelesar, seducir, timar, enredar, embarullar. **Ant.** Desengañar.
embebecer, embelesar.
embeber, empapar, mojar.// **-se,** absorber.// Enfrascarse, imbuirse. **Ant.** Distraerse.
embebido-da, mojado.// Abstraído, enfrascado.
embelecar, seducir, engañar, embaucar, entontecer.
embeleco, engaño.
embelesar, seducir, atraer, entontecer, suspender, embriagar, arrebatar, encantar, cautivar, embobar, arrobar, hechizar, extasiar, maravillar. **Ant.** Desinteresar, desencantar.
embeleso, encanto, seducción, fascinación, arrobamiento. **Ant.** Rechazo, repulsión, desencanto.
embellecer, hermosear, adornar, acicalar, decorar, maquillar. **Ant.** Afear.// Poetizar, idealizar.
embellecimiento, acicalamiento.// Poetización.
embestida, acometida, ataque, arremetida, embate, asalto, choque. **Ant.** Defensa, huida, retroceso.
embestir, atacar, acometer, agredir, arremeter. **Ant.** Defender, huir.
embetunar, untar, encerar, engrasar. **Ant.** Pulir, limpiar.
emblema, alegoría, expresión, símbolo, representación, lema, divisa, imagen, atributo.
embobar, atontar, entontecer, alelar, deslumbrar, asombrar, sorprender.
embocadura, boca, abertura.
embocar, meter, entrar.// Tragar, engullir, deglutir.// Comenzar, empezar.
embolia, obstrucción, apoplejía.
émbolo, pistón.
embolsar, meter, guardar, cobrar, recibir, recaudar. **Ant.** Pagar, ceder.// Embalar, empacar, introducir, meter. **Ant.** Vaciar, sacar.
emborrachar, embriagar, alcoholizar.// **-se,** alcoholizarse, beber, mamarse.// Marearse, atontarse. **Ant.** Despejarse.
emborrascar, irritar, ofuscar.// **-se,** nublarse.

emborronar, garabatear, garrapatear.
emboscada, trampa, acechanza, cepo, engaño, celada, ardid, estratagema.
embotar, despuntar, mellar, desgastar. **Ant.** Afilar.// Adormecer, debilitar, entontecer. **Ant.** Avivar, despertar.// **-se,** aturdirse.
embotellamiento, aglomeración, atascamiento, taponamiento, obstrucción, atolladero.
embotellar, envasar, fraccionar, enfrascar, llenar. **Ant.** Vaciar.// Atascar, obstruir.
embozado-da, tapado, oculto, arrebujado, cubierto. **Ant.** Descubierto.
embozar, cubrir, envolver, tapar, arrebujar. **Ant.** Descubrir, destapar.// Disimular, disfrazar, desfigurar.
embozo, capa, cobertura.// Disimulo, tapujo, recato, ambages. **Ant.** Franqueza, claridad.
embragar, conectar, enchufar. **Ant.** Desconectar, desenchufar.
embrague, acoplamiento, enchufe.
embravecer, encolerizar, irritar. **Ant.** Calmar, tranquilizar.
embriagado-da, ebrio, borracho, achispado, mamado, bebido, alcoholizado, beodo. **Ant.** Sobrio.// Fascinado, maravillado, embelesado.
embriagador-ra, seductor, fascinante, enloquecedor, encantador.// Aromático, perfumado.
embriagar, transportar, encantar, exaltar, enajenar, enloquecer, extasiar.// Alcoholizar, emborrachar. **Ant.** Despejar.
embriaguez, borrachera, curda, ebriedad. **Ant.** Sobriedad.// Entusiasmo, enajenación. **Ant.** Frialdad, desinterés.
embridar, sujetar, retener.
embrión, huevo, cigoto, feto, engendro.// Germen, principio, comienzo, rudimento, inicio.
embrionario-ria, tosco, rudimentario, incipiente, inicial, originario, primario.
embrollar, confundir, embarullar, enmarañar, enredar, empastelar, aturdir. **Ant.** Aclarar, desembrollar, desenredar.
embrollo, lío, desorden, embuste, invención, mentira, tapujo, conflicto. **Ant.** Claridad, orden.
embromar, burlar, chancear, engañar, enredar, fastidiar, molestar, incomodar.
embrujamiento, hechizo, maleficio, conjuro.
embrujar, conjurar, hechizar, endemoniar, encantar. **Ant.** Desembrujar, exorcizar.// Fascinar, seducir, extasiar, atraer, cautivar. **Ant.** Desencantar, desengañar.
embrujo, embrujamiento.
embrutecer-se, atontar, entontecer, atolondrar, entorpecer, idiotizar. **Ant.** Educar, instruir.
embrutecimiento, ofuscación, atontamiento.
embuchado, entripado.// Engaño, fraude.
embuchar, comer, tragar, engullir, engullir.// Introducir.
embuste, engaño, mentira, falsedad, trampa, farsa, enredo, embrollo, patraña, falacia. **Ant.** Verdad.
embustero-ra, engañador, mentiroso, embaucador, farsante, enredador. **Ant.** Escrupuloso, sincero.
embutido, fiambre, embuchado.// Incrustación, taracea.// **-da,** encajado, enquistado.
embutir, llenar, meter, encajar, empotrar, incluir, introducir, empalmar, atiborrar. **Ant.** Sacar.
emergencia, urgencia, accidente, suceso, evento.
emerger, salir, surgir, brotar, aparecer, mostrarse. **Ant.** Desaparecer, sumergirse.
emersión, aparición, salida. **Ant.** Inmersión.
emigración, éxodo, salida, migración, desplazamiento, expatriación, partida, marcha. **Ant.** Inmigración.
emigrante, desterrado, exiliado, expatriado. **Ant.** Inmigrante.
emigrar, partir, abandonar, salir, expatriarse, exiliarse, ausentarse, desterrarse. **Ant.** Inmigrar, volver, repatriarse.
eminencia, cima, cúspide, altura, elevación, colina, montículo. **Ant.** Hondonada, llanura, planicie.// Excelsitud, proceridad, distinción, grandeza. **Ant.** Pequeñez, insignificancia, inferioridad, vulgaridad.// Sabio, personaje, personalidad, lumbrera.

eminente, distinguido, destacado, encumbrado, superior, célebre, sobresaliente, notable, insigne, excelente, ilustre. **Ant.** Desconocido, ignorado, vulgar, desdeñable, despreciable.// Alto, elevado, encumbrado, prominente. **Ant.** Bajo.

emisario, mensajero, heraldo, enviado, legado, embajador, espía, portador, explorador, parlamentario, representante.

emisión, evacuación, salida.// Difusión, transmisión, producción, manifestación.// Acuñación.

emisor-ra, alocutor. **Ant.** Receptor.

emisora, radio, estación, transmisora, difusora.

emitir, expeler, proyectar, arrojar, lanzar, despedir, expulsar.// Difundir, transmitir.

emoción, sentimiento, inquietud, turbación, alteración, alarma, enternecimiento, agitación, conmoción, desasosiego. **Ant.** Pasividad, tranquilidad, serenidad.

emocional, emotivo, sentimental, pasional. **Ant.** Cerebral, racional.

emocionante, turbador, perturbador, inquietante, conmovedor, enternecedor, emotivo. **Ant.** Indiferente, frío.

emocionar, conmover, inquietar, enternecer. **Ant.** Serenar, insensibilizar.

emoliente, calmante, suavizante, descongestionante.

emolir, suavizar.

emolumento, honorarios, pago, salario, remuneración, retribución, paga, gaje, estipendio, gratificación.

emotividad, sensibilidad, afectividad. **Ant.** Insensibilidad.

emotivo-va, emocionante, conmovedor, sentimental. **Ant.** Insensible, indiferente.

empacar, embalar, empaquetar, enfardar. **Ant.** Desempacar, desempaquetar.// -se, obstinarse, empeñarse, porfiar, obcecarse, plantarse, pararse, detenerse.

empachar, atiborrar, hartar, empalagar, indigestar, estragar, saciar. **Ant.** Desempachar.

empacho, indigestión, hartazgo, empalago.

empadronamiento, censo, inscripción.

empadronar, censar, registrar, inscribir, anotar.

empalagar, hartar, empachar, estragar, acaramelar.// Cansar, fastidiar, molestar, enfadar, aburrir, hastiar, cargar. **Ant.** Entretener.

empalagoso-sa, acaramelado, dulzón, almibarado, pesado, indigesto.// Zalamero, pegajoso, insistente, fastidioso. **Ant.** Discreto.

empalar, atravesar, ensartar.

empalidecer, desteñir, empobrecer, atenuar, aclarar.

empalizada, valla, cerco, vallado, cercado, barrera.

empalmar, combinar, reunir, juntar, ligar, ensamblar, unir. **Ant.** Desunir, separar.// Continuar, seguir, suceder, proseguir.

empalme, enlace, unión, ensambladura, conexión, soldadura, enchufe, contacto, juntura.// Continuación.

empantanar, atascar, inundar, estancar, embalsar.// Obstaculizar, detener, paralizar, embarazar. **Ant.** Mover, movilizar.

empañar, enturbiar, manchar, ensuciar, oscurecer, deslustrar, opacar. **Ant.** Lustrar, aclarar.// Desacreditar, arruinar, desprestigiar, vilipendiar. **Ant.** Elogiar, ensalzar, realzar.

empapar, mojar, calar, impregnar, ensopar, humedecer. **Ant.** Enjugar, secar.

empapelar, forrar, recubrir, envolver.

empapuzar, atiborrar, hartar, llenar.

empaque, porte, traza, aire, afectación, catadura, presencia, facha, aspecto.// Afectación, solemnidad, orgullo. **Ant.** Sencillez.

empaquetar, liar, embalar, envolver, encajonar. **Ant.** Desempacar, desempaquetar.

emparedado, sandwich.

emparedado-da, encerrado, recluido, encarcelado. **Ant.** Libre, suelto.

emparedar, tapiar, enclaustrar, encerrar. **Ant.** Liberar.

emparejar, igualar, alcanzar, empatar. **Ant.** Desigualar.// Juntar, reunir. **Ant.** Separar.// Alisar, nivelar. **Ant.** Desnivelar.

emparentar, unirse, relacionarse, vincularse, entroncar. **Ant.** Desvincularse, separarse.

emparrado, parral, glorieta, cenador, pérgola, galería.

empastar, cubrir, rellenar.

empaste, relleno, reparación.// Amalgama.

empastelar, componer, transigir, chanchullear.// Mezclar, embrollar.

empatar, igualar, alcanzar, nivelar, equiparar, equilibrar, compensar. **Ant.** Desempatar.

empate, equilibrio, nivelación, igualdad, emparejamiento. **Ant.** Desequilibrio, desempate.

empavesar, engalanar, adornar.// Proteger, defender. **Ant.** Descuidar, abandonar.

empecinarse, obstinarse, aferrarse, empacarse, obcecarse.

empedernido-da, riguroso, cruel, desalmado, implacable, insensible, inhumano, desnaturalizado. **Ant.** Humano.

empedrado, adoquinado, pavimento.

empedrar, cubrir, pavimentar, adoquinar, enlosar.

empellón, empujón, arremetida, envión.

empeñar, hipotecar, prendar. **Ant.** Desempeñar.// -se, endeudarse, entramparse, comprometerse.// Obstinarse, esforzarse, encapricharse, insistir, porfiar. **Ant.** Ceder.

empeño, cesión, préstamo, obligación, fianza, deuda.// Terquedad, obstinación, empecinamiento.// Ahínco, ansia, esfuerzo, deseo, ardor, anhelo. **Ant.** Desinterés.

empeorar, desmejorar, agravar, decaer, desmerecer, deteriorar. **Ant.** Mejorar, sanar, curarse.// -se, nublarse, encapotarse, oscurecerse, cubrirse.

empequeñecer, achicar, disminuir, reducir. **Ant.** Agrandar.// Desmerecer, rebajar, despreciar. **Ant.** Enaltecer, mangnificar.

emperador-triz, señor, soberano, monarca, rey.

emperifollarse, acicalarse, arreglarse, engalanarse, ataviarse, hermosearse. **Ant.** Afearse, desarreglarse.

empero, pero, mas, no obstante, sin embargo.

emperrarse, obstinarse, obcecarse, empeñarse, encapricharse, porfiar, insistir. **Ant.** Ceder.

empezar, iniciar, comenzar, emprender, incoar, entablar. **Ant.** Acabar, finalizar, terminar.// Nacer, originarse.

empinado-da, alto, elevado, eminente, erguido, ascendente, encaramado. **Ant.** Bajo.// Inclinado. **Ant.** Horizontal.// Presumido, soberbio, altivo. **Ant.** Humilde.

empinar, inclinar, ladear.// Levantar, erguir, enderezar, alzar.// -se, encaramarse, alzarse.

empingorotado-da, engreído, elevado, presuntuoso, opulento. **Ant.** Sencillo, humilde.

empíreo-a, celestial, divino.

empíreo, cielo, paraíso, edén. **Ant.** Infierno.

empírico-ca, experimental, rutinario, práctico. **Ant.** Teórico.

empirismo, experiencia, práctica, pragmatismo.

emplasto, cataplasma, sinapismo, ungüento, fomento, parche.// Arreglo, componenda.// Chapucería.

emplazamiento, ubicación, situación, colocación.// Llamada, convocatoria, citación, requerimiento.

emplazar, colocar, situar, ubicar.// Llamar, convocar, citar, requerir.

empleado-da, dependiente, encargado, subalterno, oficinista, agente, burócrata, administrativo, asalariado.

emplear, gastar, usar, utilizar, aprovechar, disfrutar, consumir, valerse.// Colocar, contratar, acomodar. **Ant.** Desemplear, cesantear.

empleo, trabajo, colocación, ocupación, puesto, destino, plaza, cargo, oficio.// Utilización, uso, usufructo, aprovechamiento, utilidad, aplicación. **Ant.** Desuso.// Categoría, jerarquía, grado.

empobrecer, arruinar, desmejorar, achicar, debilitar, dañar, perjudicar, endeudar. **Ant.** Enriquecer, engrandecer.

empobrecimiento, mengua, agotamiento, debilitamiento, adelgazamiento, degeneración, ruina, desolación, ocaso. **Ant.** Enriquecimiento, engrandecimiento.

empollar, criar, incubar.// Pensar, meditar, elucubrar.

empolvar, ensuciar, empolvorar.// -se, acicalarse, arreglarse, maquillarse.

emponzoñar, envenenar, inficionar.// Dañar, estropear, enviciar.

emporio, mercado, almacén, establecimiento.// Foco, centro, núcleo, sede, base.

empotrar, meter, encajar, embutir, hincar, incrustar, alojar, introducir. **Ant.** Extraer, sacar.

emprendedor-ra, decidido, resuelto, trabajador, activo, ambicioso. **Ant.** Negligente, vago, abúlico.

emprender, iniciar, comenzar, empezar, intentar, organizar, tentar, embarcarse, aventurarse. **Ant.** Dejar, abandonar, cesar, terminar.

empreñar, embarazar, preñar.

empresa, acción, obra, tarea, ejecución, trabajo, labor, cometido, proyecto, tentativa, gestión, negocio.// Firma, compañía, sociedad, casa, industria.

empresario-ria, dueño, patrón, contratista, apoderado, jefe, principal, propietario, cabeza. **Ant.** Subalterno, subordinado, empleado.

empréstito, anticipo, ayuda, préstamo.

empujar, incitar, impulsar, lanzar, estimular. **Ant.** Desanimar, desalentar.// Expulsar, arrastrar, atropellar, barrer, echar, chocar, alejar.

empuje, resolución, impulso, propulsión, arranque, brío, ímpetu, energía, coraje, vigor. **Ant.** Abulia, indolencia.

empujón, empellón, choque, atropello, impulso.// Avance, adelanto.

empuñadura, asidero, mango, manija, asa, manubrio.// Puño, pomo, guarnición.

empuñar, agarrar, asir, coger, tomar, sujetar, enarbolar, aferrar, blandir, apretar. **Ant.** Soltar, aflojar, desaferrar.

emulación, competencia, rivalidad, superación, estímulo.

emular, rivalizar, competir, imitar, superar, oponerse.

émulo-la, rival, competidor, imitador, adversario.

emulsión, suspensión, coloide, solución.

enagua, camisa, combinación.

enajenación, alienación, locura, éxtasis, demencia, desvarío.// Ensimismamiento, abstracción, insensibilidad, distracción, embelesamiento, arrobamiento.// Apropiación, traspaso, transmisión, adjudicación, pignoración.

enajenar, traspasar, vender, transmitir, ceder, transferir.// Arrobar, suspender, embobar, embelesar, extasiar, encantar.// **-se,** enloquecer, trastornarse, disparatar, desvariar. **Ant.** Razonar.// Embelesarse, pasmarse.// Privarse, renunciar, abstenerse, alejarse.

enaltecer, engrandecer, glorificar, magnificar, alabar, ensalzar, elogiar, encumbrar, elevar. **Ant.** Desmerecer, criticar, vilipendiar, rebajar, denigrar.

enaltecimiento, alabanza, elogio, honra. **Ant.** Desmerecimiento.

enamoradizo-za, apasionado, vehemente, ardiente. **Ant.** Frío, serio, constante, fiel.

enamorado-da, prendado, seducido, tierno, amoroso, apasionado, encariñado. **Ant.** Indiferente, desinteresado.

enamorado, galán, pretendiente, cortejante, galanteador.

enamoramiento, flechazo, conquista, seducción.

enamorar, seducir, flechar, conquistar, galantear, requebrar, cortejar.// **-se,** apasionarse, encariñarse, metejonearse, prendarse, derretirse.

enanismo, pequeñez.

enano-na, pequeño, diminuto, raquítico, chico, pigmeo, menudo. **Ant.** Gigante, grande.

enarbolar, blandir, levantar, alzar, izar, empuñar. **Ant.** Bajar, soltar, arriar.

enardecer, encolerizar, irritar, enojar, exasperar. **Ant.** Serenar, calmar.// Encender, acalorar, entusiasmar, exaltar, animar, agitar, provocar, atizar, estimular, excitar, avivar. **Ant.** Aplacar.

enardecimiento, entusiasmo, apasionamiento, acaloramiento, fogosidad, arrebato, exaltación, animación, excitación. **Ant.** Desinterés, frialdad.// Irritación. **Ant.** Serenidad, calma.

encabezamiento, principio, comienzo, preliminar, prolegómeno, título, lema, introducción. **Ant.** Final.

encabezar, comenzar, empezar, principiar. **Ant.** Terminar, finalizar.// Acaudillar, dirigir, capitanear, mandar, conducir. **Ant.** Obedecer, seguir.

encabritarse, agitarse, rebelarse.// Alzarse, levantarse.

encadenamiento, engranaje, enlace, conexión, sucesión, relación. **Ant.** Desunión.// Encarcelamiento, esclavitud. **Ant.** Libertad, liberación.

encadenar, unir, ligar, atar, trabar, enlazar. **Ant.** Desligar.// Relacionar.// Eslabonar, engarzar.// Aherrojar, esposar, esclavizar, sujetar. **Ant.** Liberar.

encajar, ajustar, engarzar, ensamblar, engranar, acoplar, embutir, enchufar, encastrar, empotrar. **Ant.** Desajustar.// Asestar, dar, acertar. **Ant.** Errar.// Embalar, encerrar.// **-se,** atascarse.

encaje, puntilla, blonda, filigrana, calado, labor.// Acoplamiento, ajuste, embrague, enchufe, empotramiento, ensambladura, engranaje, enganche, articulación, unión.

encajonar, comprimir, apretar, encerrar, meter, prensar, empaquetar, empacar.// **-se,** estrecharse, apretarse.

encalar, blanquear, estucar, enjalbegar, pintar.

encallar, atascarse, varar, embarrancar.

encallecerse, acostumbrarse, avezarse, endurecerse.

encamarse, acostarse, fornicar.

encaminar, aconsejar, orientar, educar, instruir, preparar, enseñar, adiestrar. **Ant.** Desorientar, desviar.// Dirigir, enfocar, enderezar, encauzar, encarrilar.// **-se,** irse, marcharse, dirigirse, trasladarse, caminar. **Ant.** Quedar, permanecer.

encanallar, envilecer, viciar, corromper, pervertir. **Ant.** Elevar, salvar, cuidar.

encandilar, deslumbrar, alucinar, fascinar, seducir, ofuscar, cegar, enceguecer, impresionar, pasmar.

encanecer, blanquear, envejecer, avejentarse, aviejarse. **Ant.** Rejuvenecer.

encantador-ra, agradable, hechicero, sugestivo, atrayente, seductor. **Ant.** Desagradable, repelente, antipático.// Mago, brujo, hechicero, hipnotizador. **Ant.** Exorcizador.

encantamiento, seducción, atracción, fascinación, embeleso. **Ant.** Repulsión, desagrado.// Sortilegio, hechicería, ensalmo, hechizo, brujería.

encantar, hechizar, embrujar, dominar, hipnotizar. **Ant.** Desencantar, exorcizar.// Fascinar, maravillar, seducir, atraer, embelesar, cautivar. **Ant.** Desagradar.

encanto, seducción, hechizo, maravilla, atractivo.// Magia, hechizo.

encañonar, dirigir, apuntar.

encapotado-da, nublado, oscuro.

encapotarse, nublarse, oscurecerse, cubrirse, encelajarse, cerrarse, entoldarse. **Ant.** Aclarar, despejar.

encaprichamiento, antojo, capricho, obstinación.

encapricharse, emperrarse, porfiar, insistir, empecinarse, empeñarse.// Encariñarse, enamorarse.

encaramar, subir, levantar, elevar, alzar. **Ant.** Bajar.// Elogiar, honrar. **Ant.** Deshonrar, vilipendiar.// **-se,** trepar, ascender. **Ant.** Descender.// Medrar, prosperar, progresar.

encarar, afrontar, resistir, plantarse. **Ant.** Ceder.// Apuntar, dirigir.

encarcelar, recluir, aprisionar, encerrar, enjaular. **Ant.** Liberar, soltar.

encarecer, aumentar, subir, especular. **Ant.** Abaratar.// Elogiar, alabar. **Ant.** Menospreciar.// Encargar, pedir, encomendar, recomendar.

encarecimiento, sobreprecio, carestía. **Ant.** Rebaja, abaratamiento.// Elogiar, ponderar. **Ant.** Criticar, menospreciar.

encargado-da, responsable, delegado, representante.

encargar, encomendar, delegar, responsabilizar, recomendar, acreditar, mandar, comisionar, facultar, apoderar.

encargo, recomendación, mandato, orden, solicitud, petición.

encariñarse, simpatizar, aficionarse, apegarse.

encarnación, imagen, materialización, símbolo, personalización, representación.

encarnar, representar, simbolizar, personificar.

encarnadura, cicatrización.

encarnado-da, rojo, colorado, granate, carmesí, escarlata.

encarnizado-da, sangriento, feroz, implacable. **Ant.** Benévolo.

encarnizarse, cebarse, enconarse.

encarrilar, orientar, encaminar, encauzar, guiar, dirigir. **Ant.** Desorientar, desencarrilar.// **-se,** estabilizarse, normalizarse.

encasillar, catalogar, clasificar, archivar, distribuir, encuadrar.

encasquetarse, ponerse, colocarse.

encastillarse, empacarse, emperrarse, obstinarse.

encausado-da, reo, preso, procesado. **Par.** Encauzado.

encausar, enjuiciar, procesar. **Par.** Encauzar.

encauzar, encaminar, encarrilar, dirigir, guiar, orientar, enfocar, gobernar, inspirar, educar, instruir, preparar, adiestrar. **Ant.** Desviar, desorientar. Par. Encausar.

encefálico-ca, craneal, cerebral.

encéfalo, cerebro, sesos.

encelarse, apasionarse, enamorarse, desear.

encenagar, enlodar, enfangar, ensuciar, embarrar.// Pervertir, encanallar, enviciar.

encendedor, mechero, chispero.

encender, prender, calentar, inflamar, iluminar, incendiar, accionar, pulsar. **Ant.** Apagar.// Excitar, enardecer. **Ant.** Calmar, apaciguar.// **-se,** ruborizarse, conmoverse.

encepar, atrapar, sujetar.

encerado, impermeable, pizarra.

encerar, abrillantar, embetunar.

encerrar, aprisionar, internar, emparedar, acorralar, cerrar, guardar, esconder, recluir, enclaustrar, enjaular, encarcelar, aislar, incomunicar. **Ant.** Liberar. soltar.

encerrona, engaño, celada, emboscada, añagaza, trampa.// Recogimiento, reclusión, clausura, encierro.

encharcar, anegar, inundar, enlodar, empantanar, enfangar.

enchufar, conectar, unir, encajar, ensamblar, ajustar. **Ant.** Separar, desunir.// Acomodar, recomendar, favorecer.

enchufe, unión, empalme, placa, conexión, ajuste.

encíclica, mensaje, comunicado, pastoral.

enciclopedia, diccionario.

encierro, celda, prisión, calabozo, cárcel, mazmorra.// Reclusión, clausura, aislamiento, recogimiento.

encima, sobre, arriba.// Además, aparte. Par. Enzima.

encinta, embarazada, preñada, grávida.

enclaustrar, encerrar, internar, emparedar, recluir.// **-se,** incomunicarse, aislarse, apartarse.

enclavar, traspasar, atravesar.// Clavar.

enclavado-da, ubicado, localizado, sito, emplazado, situado, establecido, plantado. **Ant.** Desplazado, trasladado.

enclave, emplazamiento, zona, territorio.

enclenque, enfermizo, débil, enteco, achacoso, encanijado, raquítico, flaco. **Ant.** Fuerte, fornido.

encofrado, revestimiento, molde, armazón, bastidor.

encofrar, recubrir, revestir.

encoger, contraer, achicar, acortar, abreviar, menguar. **Ant.** Estirar.// **-se,** amilanarse, apocarse, asustarse. **Ant.** Envalentonarse.

encolar, pegar, engomar, soldar, engrudar, unir, adherir, fijar, consolidar. **Ant.** Despegar.

encolerizar, irritar, exasperar, fastidiar, molestar, enfurecer, exacerbar, alterar. **Ant.** Tranquilizar, apaciguar.

encomendar, encargar, confiar, proteger, encarecer, solicitar, mandar.// **-se,** entregarse, confiarse, abandonarse, fiarse.

encomiar, alabar, elogiar, ensalzar, ponderar, loar, aplaudir, enaltecer. **Ant.** Criticar, censurar, denigrar.

encomienda, recomendación, encargo.// Custodia, amparo, patrocinio, protección.// Merced, renta.

encomio, halago, alabanza, elogio, ensalzamiento, defensa. **Ant.** Crítica.

enconarse, congestionarse, inflamarse. **Ant.** Sanar, descongestionarse.// Irritarse, acalorarse. **Ant.** Calmarse, tranquilizarse.

encono, odio, rencor, aversión, enemistad, resentimiento, saña, tirria, animadversión. **Ant.** Cariño, afecto.

encontradizo-za, intencionado, topadizo.

encontrado-da, descubierto, hallado.// Opuesto, distinto, contrario, antitético, enemigo. **Ant.** Compatible, favorable, acorde.

encontrar, hallar, descubrir, ver, topar, acertar. **Ant.** Perder.// Sorprender.// **-se,** coincidir, reunirse.// **Ant.** Alejarse, separarse.// Hallarse, figurar, estar.// Pelearse, oponerse, discutir.// Acordar, convenir.

encontronazo, choque, topetazo, tropezón, golpe, embestida, encuentro.

encopetado-da, linajudo, noble, patricio, aristocrático, señorial. **Ant.** Plebeyo.// Presumido, ostentoso, vano. **Ant.** Humilde, simple, sencillo.

encorchar, tapar, taponar. **Ant.** Destapar.

encorsetar, ceñir, ajustar, fajar.

encorvar, arquear, curvar, doblar, combar.// Agobiar.//**.-se,** inclinarse, torcerse. **Ant.** Enderezarse.

encrespado-da, ensortijado, rizado. **Ant.** Lacio.// Irritado, enojado.

encrespar, rizar, ,ensortijar. **Ant.** Alisar.// Enfurecer, irritar, enojar.// **-se,** alborotarse, alzarse.

encrucijada, intersección, confluencia, cruce, empalme.// Dilema, opción, disyuntiva.

encuadernar, ajustar, componer, interfoliar, enlomar, empastar. **Ant.** Desencuadernar.

encuadrar, clasificar, encasillar, circunscribir, asignar, delimitar.// **-se,** afiliarse, adscribirse.

encubierto-ta, escondido, tapado, clandestino, furtivo, misterioso, reservado. **Ant.** Claro, descubierto.

encubridor-ra, cómplice, compinche, protector, colaborador. **Ant.** Denunciante, delator, descubridor.

encubrir, tapar, ocultar, esconder, fingir, callar, proteger, amparar, colaborar, omitir. **Ant.** Delatar, descubrir.

encuentro, descubrimiento, hallazgo.// Contradicción, oposición, pugna.// Choque, encontronazo, colisión, topetón, tropiezo, tope.// Reunión, asamblea.// Coincidencia.// Partido, competición, juego.

encuesta, averiguación, investigación, sondeo, indagatoria, interrogatorio, búsqueda, informe, estudio.

encumbrado-da, destacado, distinguido.

encumbrar, elogiar, ponderar. **Ant.** Criticar, denigrar.// Alzar, levantar, subir.// **-se,** subir, trepar, envanecerse, sobresalir, progresar. **Ant.** Descender, declinar.

encurtir, preparar, conservar.

ende (por), en consecuencia.

endeble, débil, enfermizo, delicado, delgado. **Ant.** Sano, robusto, fuerte.

endeblez, debilidad, inconsistencia, fragilidad. **Ant.** Fortaleza, consistencia, resistencia.

endémico-ca, infeccioso, contagioso. **Ant.** Desacostumbrado.

endemoniado-da, endiablado, poseído, diabólico, condenado, maldito, maligno. **Ant.** Bendito, bueno, angelical.

endemoniar, hechizar, embrujar, corromper, pervertir. **Ant.** Salvar.

enderezar, levantar, alzar, erguir. **Ant.** Bajar.// Extender, desencorvar.// Corregir, encauzar, orientar, educar, encarrilar.// Mandar, remitir, enviar.

endeudarse, empeñarse, comprometerse, atrasarse, entramparse. **Ant.** Pagar.

endiablado-da, endemoniado.// Feo, desproporcionado.

endiablar, endemoniar.// Dañar, corromper, pervertir.

endilgar, endosar, lanzar, dirigir, espetar, encajar.

endiosamiento, altivez, soberbia, divinización, engreimiento.

endiosar, divinizar, idolatrar, venerar.// **-se,** engreírse, ensoberbecerse.

endomingarse, acicalarse, engalanarse, embellecerse, adornarse, emperifollarse.

endosar, negociar, traspasar, transferir, cargar. **Ant.** Sacar, quitar.// Endilgar, enjaretar, encomendar, encargar.

endoso, cesión, transferencia, traspaso.

endrino-na, azul, azulado, negro.

endulzar, almibarar, acaramelar, azucarar, dulcificar. **Ant.** Amargar, acibarar.// Suavizar, mitigar, atemperar, apaciguar, atenuar, calmar. **Ant.** Exacerbar, enfurecer.

endurecer, espesar, solidificar, apretar.// Fortalecer, robustecer, vigorizar, fortificar. **Ant.** Debilitar.// **-se,** acostumbrarse, insensibilizarse, encallecerse. **Ant.** Compadecerse, ablandarse.// Osificarse, momificarse.

enemigo-ga, contrario, opuesto, rival, adversario, contrincante, competidor, antagonista. **Ant.** Amigo, compinche, socio, compañero.// Refractario, opuesto.

enemistad, hostilidad, contienda, rivalidad, discordia.// Encono, odio, animadversión, aversión, rozamiento. **Ant.** Amor, cariño, simpatía.

enemistar, indisponer, enojar, malquistar, desunir, desavenir, dividir, oponer.// **-se,** pelearse. **Ant.** Amistarse, perdonarse.

energético-ca, vitamínico, fortalecedor, vigorizante. **Ant.** Debilitador.

energía, fuerza, poder, voluntad, vigor, pujanza, nervio, eficacia, empuje.// Tenacidad, tesón, firmeza, entereza, resolución. **Ant.** Flaqueza, debilidad.

enérgico-ca, eficaz, activo, tenaz, poderoso, fuerte, vigoroso, potente, pujante, firme, autoritario. **Ant.** Débil.

energúmeno, endemoniado, endiablado.// Frenético, alborotado, exaltado, furioso, rabioso, cascarrabias. **Ant.** Tranquilo, calmo.

enervación, agotamiento, enervamiento, debilitamiento, atonía.

enervar, agotar, postrar, ablandar, debilitar, invalidar, desanimar. **Ant.** Vigorizar, fortalecer.

enfadar, enojar, incomodar, irritar, molestar, desagradar, disgustar, fastidiar, aburrir.// **-se,** enemistarse, resentirse. **Ant.** Amistarse.

enfado, desagrado, enojo, malestar, disgusto, molestia, aburrimiento, malhumor, fastidio, tedio, cansancio. **Ant.** Satisfacción, calma, contento.

enfadoso-sa, irritante, enojoso, molesto, aburrido.

enfangar, ensuciar, enlodar, encenagar, embarrar. **Ant.** Limpiar, secar.// Enviciar, corromper. **Ant.** Mejorar, rehabilitar.

enfardar, embalar, empacar, empaquetar, envolver, liar. **Ant.** Desempacar, desempaquetar.

énfasis, retintín, intensidad, vehemencia, intención, dejo. **Ant.** Naturalidad.// Aspaviento, afectación, pedantería, pomposidad. **Ant.** Sencillez.

enfático-ca, redundante, pomposo, doctoral, ampuloso, solemne. **Ant.** Sencillo.

enfatizar, agudizar, acentuar.

enfermar, indisponer, atacar, acometer, afectar, postrar.// **-se,** infectarse, contraer, indisponerse, descomponerse. **Ant.** Curar, sanar.

enfermedad, mal, dolencia, indisposición, padecimiento, afección, malestar, alteración, achaque, morbo, complicación, desarreglo, trastorno. **Ant.** Salud.

enfermizo-za, débil, achacoso, enclenque, enteco, delicado. **Ant.** Fuerte, sano.

enfermo-ma, afectado, doliente, paciente, aquejado, achachoso, indispuesto. **Ant.** Sano, saludable.

enfervorizar, entusiasmar, animar, exaltar, alentar. **Ant.** Calmar.

enfilar, asestar, apuntar, enfocar, visar, dirigir.// Ensartar, enristrar, alinear.// Encaminarse, irse, dirigirse.

enflaquecer, adelgazar, demacrarse, desmejorarse, achicarse, debilitarse, chuparse, secarse, consumirse. **Ant.** Aumentar, engordar.

enflaquecimiento, adelgazamiento, consunción. **Ant.** Engrosamiento, robustecimiento.

enfocar, orientar, encaminar, encauzar, apuntar, dirigir, acertar. **Ant.** Desviar.

enfoque, orientación, dirección, rumbo, sentido.

enfrascar, embotellar. **Ant.** Vaciar.// **-se,** ensimismarse, darse, atarearse, meterse, dedicarse, ocuparse, entregarse, abstraerse, engolfarse, concentrarse, sumirse. **Ant.** Distraerse.

enfrentar, encarar, oponer, afrontar.// Desafiar, competir.// **-se,** luchar, contender, rivalizar. **Ant.** Amistarse.

enfrente, delante de, frente a. **Ant.** Atrás.

enfriamiento, distanciamiento, alejamiento, indiferencia.// Congelamiento.// Resfrío, constipado.

enfriar, refrigerar, helar, congelar, refrescar **Ant.** Calentar.// **-se,** alejarse, distanciarse.// Calmarse, apaciguarse.// Resfriarse.

enfundar, envainar, encamisar, envolver, cubrir, forrar. **Ant.** Desenfundar.

enfurecer, irritar, enojar, encolerizar, arrebatar, excitar, alterar, sublevar, provocar. **Ant.** Calmar, serenar, aplacar.// **-se,** emberrincharse, ensoberbecerse.

enfurruñarse, irritarse, contrariarse, incomodarse, disgustarse, molestarse. **Ant.** Alegrarse, calmarse, tranquilizarse.

engalanar, adornar, ornar, embellecer, aderezar, emperifollar, ataviar, hermosear, atildar, empavesar, embanderar. **Ant.** Afear, desarreglar.

enganchar, ligar, sujetar, engarzar, prender, empalmar, acoplar, ensamblar. **Ant.** Desenganchar, desunir.// Captar, seducir, atraer. **Ant.** Rechazar, repeler.// Uncir. **Ant.** Soltar.// Reclutar, alistar.// se, comprometerse.

enganche, atractivo.// Reclutamiento.

engañar, mentir, fingir, embaucar, burlar, estafar, timar, engatusar, frustrar, ilusionar, distraer, chasquear, trampear, traicionar. **Ant.** Desengañar, desilusionar.// **-se,** ofuscarse, equivocarse. **Ant.** Escarmentar.

engaño, mentira, falsedad, añagaza, chasco, embaucamiento, embeleco, truco, fraude, artificio, ardid, fullería. **Ant.** Verdad, sinceridad.

engañoso-sa, mentiroso, ilusorio, capcioso, fraudulento, falaz, doloso, irreal, inexistente, infiel. **Ant.** Real, verdadero, sincero.

engarce, encaje, incrustación, engaste.// Encadenamiento, conexión. **Ant.** Desligamiento.

engarzar, incrustar, embutir, alojar, engastar, encajar, ajustar. **Ant.** Desengarzar, desengastar.// Conectar, unir, ligar, relacionar. **Ant.** Desunir, desligar, separar, soltar.

engastar, engarzar, encajar.

engaste, engarce, encaje, montura.

engatusar, engañar, embaucar, camelar, timar. **Ant.** Desengañar, desilusionar.

engendrar, procrear, fecundar, generar, crear, producir, reproducir, embarazar, copular. **Ant.** Abortar.// Causar, provocar, originar, ocasionar, producir.

engendro, aborto, feto, monstruo, adefesio, fenómeno.// Equivocación, disparate, desacierto.

englobar, reunir, incluir, comprender, contener, abrazar, abarcar, encerrar. **Ant.** Discriminar, separar.

engolado-da, presuntuoso, enfático, pretencioso, pedante, fatuo, vano, inflado, pomposo, ampuloso. **Ant.** Humilde, sencillo, simple.

engolfarse, enfrascarse, ensimismarse, abstraerse, concentrarse, dedicarse, consagrarse. **Ant.** Distraerse, desentenderse.

engolosinar, seducir, atraer, fascinar, encandilar, deslumbrar, sugestionar, engañar. **Ant.** Repeler, rechazar.// **-se,** encapricharse.

engomar, pegar, encolar, engrudar, adherir, fijar, unir, impregnar, untar, sujetar. **Ant.** Despegar.

engordar, cebar, criar, sainar, engrosar, alimentar.// Aumentar, fortalecerse, engrosar, ensanchar. **Ant.** Adelgazar, enflaquecer.// Enriquecerse, prosperar.

engorde, crianza, nutrición, alimentación.

engorro, fastidio, inconveniente, dificultad, estorbo, embarazo, molestia, enredo, embrollo, complicación, apuro. **Ant.** Facilidad, ayuda.

engorroso-sa, complicado, difícil, fastidioso, molesto, pesado. **Ant.** Fácil, simple, llevadero.

engranaje, enlace, conexión.// Embrague.

engranar, ajustar, encajar, acoplar, ensamblar, embragar, empalmar. **Ant.** Desengranar, desempalmar.// Enlazar, conectar, relacionar.

engrandecer, agrandar, aumentar, ampliar, desarrollar, agigantar, acrecentar. **Ant.** Achicar, disminuir.// Ennoblecer, elogiar, enaltecer. **Ant.** Denigrar.

engrandecimiento, crecimiento, ampliación, dilatación, aumento. **Ant.** Disminución, achicamiento.// Enaltecimiento, ennoblecimiento, elogio, exaltación, elevación, encumbramiento. **Ant.** Desvalorización.

engranujarse, envilecerse, corromperse. **Ant.** Rehabilitarse., ennoblecerse.

engrapar, sujetar, asegurar.

engrasar, untar, lubrificar, aceitar, pringar, cubrir, embadurnar, lubricar, encerar, recubrir. **Ant.** Desengrasar, secar.// Embadurnar, ensuciar, pringar, manchar. **Ant.** Limpiar.

engrase, lubricación, engrasado.

engreído-da, ensoberbecido, altivo, orgulloso, pedante, petulante, pretencioso, soberbio, fatuo. **Ant.** Humilde, llano.

engreírse, ensoberbecerse, envanecerse, infatuarse, fanfarronear, jactarse, endiosarse. **Ant.** Humillarse. rebajarse.

engrosar, cebar, engordar.// Agigantar, aumentar, engrandecer, incrementar. **Ant.** Achicar, disminuir.

engrudo, pasta, goma, pegamento, cola.

engrupido-da, engreído.

engullir, tragar, engullir, deglutir, sorber, empapuzarse, atiborrarse, ingerir, manducar, zampar. **Ant.** Vomitar, devolver.

enharinar, rebozar, cubrir.

enhebrar, ensartar, unir, engarzar, pasar, introducir. **Ant.** Soltar, desenhebrar.

enhiesto-ta, erguido, derecho, recto, erecto, levantado, tieso. **Ant.** Encorvado, caído.

enhorabuena, felicitación, saludo, parabién, pláceme, congratulación. **Ant.** Pésame.

enhoramala, pésame, protesta, disgusto, desaprobación. **Ant.** Enhorabuena, felicitación.

enigma, dilema, misterio, secreto, incógnita, interrogante. **Ant.** Solución, clave.// Juego, acertijo, charada.

enigmático-ca, misterioso, oscuro, abstruso, difícil, secreto, inexplicable, ininteligible, incomprensible, inescrutable, complicado, sibilino, esotérico. **Ant.** Evidente, claro, manifiesto.

enjabonar, jabonar, limpiar.

enjaezar, adornar, ensillar.

enjalbegar, estucar, blanquear, encalar.

enjambre, multitud, muchedumbre, grupo, abundancia, profusión, cúmulo. **Ant.** Carencia, pobreza.

enjaular, encerrar, recluir, encarcelar. **Ant.** Liberar, soltar.

enjoyar, adornar, ornar, engalanar.

enjuagar, lavar, limpiar, aclarar.

enjuague, lavado, aclarado.// Chanchullo, trampa, enredo.

enjugar, extinguir, cancelar, liquidar.// Limpiar, escurrir, secar, orear. **Ant.** Humedecer.

enjuiciamiento, proceso, juicio.

enjuiciar, procesar, encausar, instruir, incoar.// Sentenciar, condenar, juzgar, dictaminar, fallar.// Evaluar, apreciar, valorar.

enjundia, grasa, gordura.// Fuerza, arrestos, vigor, brío, pujanza, coraje. **Ant.** Debilidad.// Sustancia, contenido, meollo.// Personalidad, carácter.

enjundioso-sa, sustancioso, importante.// Vigoroso, enérgico.

enjuto-ta, flaco, esmirriado, delgado, enteco, magro, seco, chupado, demacrado. **Ant.** Gordo, rollizo.

enlace, conexión, encadeneinto, atadura, trabazón, relación, engarce, sutura, vínculo, unión, soldadura, ensamblamiento, ligazón, concatenación, juntura, alianza, reunión. **Ant.** Desunión, desenlace.// Matrimonio, casamiento. **Ant.** Separación, divorcio.

enlazar, unir, juntar, ligar, encadenar, eslabonar, entroncar, acoplar, engranar, trabar, concatenar, empalmar, anexar. **Ant.** Soltar, desunir, desligar.

enlodar, ensuciar, enfangar, embarrar, encenagar. **Ant.** Limpiar, secar.// Envilecer, prostituir, degradar, corromper, mancillar, infamar. **Ant.** Rehabilitar, honrar, enaltecer.

enloquecer, trastornarse, desequilibrarse, enajenarse, extraviarse, chiflarse, desvariar, desbarrar. **Ant.** Razonar.// Gustar, maravillar, fascinar, encantar.

enlosar, pavimentar, enladrillar, embaldosar. Par. Enlozar.

enlutar, oscurecer, entristecer, apenar, amargar. **Ant.** Alegrar.

enmarañado-da, confuso, complicado. **Ant.** Fácil, simple.// Enredado, rizado, hirsuto.

enmarañar, complicar, embrollar, enredar, dificultar.

enmarcar, encuadrar.

enmascarar, disfrazar, tapar, disimular, ocultar, emboscar, cubrir, desfigurar. **Ant.** Mostrar, revelar.

enmendar-se, corregir, mejorar, rectificar, perfeccionar, reformar, reparar, pulir, limar, subsanar, expurgar. **Ant.** Empeorar, mantener.

enmienda, corrección, mejora, rectificación, reforma, depuración, retoque, remiendo.// Reparación, compensación, resarcimiento.// Conversión, moralización. **Ant.** Reincidencia, perversión.

enmohecer, oxidar, estropear, herrumbrar.// **-se,** anquilosarse, inutilizarse.

enmohecimiento, oxidación, envejecimiento, inutilización. **Ant.** Pulimiento, utilización.

enmudecer, silenciar, callar. **Ant.** Decir, hablar.

ennegrecer, oscurecer, negrear, sombrear, atezar, ahumar. **Ant.** Blanquear, aclarar.

ennoblecer, dignificar, ensalzar, realzar, ilustrar, engrandecer, elevar. **Ant.** Denigrar, humillar, deshonrar.

enojar, malquistar, enfadar, irritar, enfurecer, exasperar, disgustar, encolerizar.// **-se,** pelearse.

enojo, irritación, enfado, fastidio, disgusto, embuchado, rabia, cólera, ira, acaloramiento, furia. **Ant.** Calma, alegría, serenidad.

enojoso-sa, molesto, fastidioso. **Ant.** Agradable, ameno.

enorgullecerse, ensoberbecerse, ,engreírse, envanecerse, infatuarse, ufanarse, alegrarse, presumir, alardear, jactarse, blasonar. **Ant.** Humillarse, avergonzarse, rebajarse.

enorme, colosal, descomunal, desmedido, extraordinario, excesivo, formidable, extremado, importante, voluminoso, exorbitante, gigantesco, titánico, ciclópeo, monumental, inmenso. **Ant.** Chico, pequeño, diminuto, minúsculo.

enormidad, barbaridad, extravagancia, locura, desatino, atrocidad, despropósito, disparate, dislate.// Exceso, copia, abundancia, plétora, magnitud, exorbitancia. **Ant.** Insignificancia.// Maldad. **Ant.** Bondad.

enquistarse, encajarse, introducirse, embutirse. **Ant.** Salir.

enraizar, arraigar, acostumbrarse, aclimatarse, establecerse. **Ant.** Desarraigarse.

enramada, emparrado, follaje.

enranciarse, añejarse, estropearse, envejecer.

enrarecer, rarificar, escasear.

enredar, embrollar, entretejer, entrelazar, trenzar.// Desordenar, revolver, enmarañar.// Entorpecer, complicar, confundir. **Ant.** Simplificar.// Intrigar.

enredo, complicación, confusión, embrollo, trama, intriga, fraude, trabazón, maraña, engaño. **Ant.** Verdad, simplicidad, sencillez.

enredos, chismes.

enrejado, empalizada, verja, celosía, emparrillado.// Recluso, preso. **Ant.** Libre.

enrejar, vallar, cercar, aislar.// Apresar, detener, encarcelar. **Ant.** Liberar, soltar.

enrevesado-da, indescifrable, confuso, enredado, embrollado, incomprensible, complejo, oscuro, difícil. **Ant.** Claro, sencillo, simple.

enriquecer, mejorar, proveer, impulsar, vigorizar, fortalecer, ayudar. **Ant.** Empobrecer.// **-se,** prosperar, progresar, florecer, crece, acopiar, atesorar, acumular, especular, explotar, cosechar, lucrar, beneficiarse, embolsar. **Ant.** Empobrecerse.

enriscado-da, peñascoso, abrupto, escarpado, escabroso. **Ant.** Liso, llano.

enriscar, levantar, empinar, alzar, elevar. **Ant.** Bajar.// **-se,** guarecerse.

enristrar, lancear, acometer, atacar.// Atravesar, ensartar.

enrojecer, pintar, colorear, teñir. *Ant.* Decolorar, desteñir.// Avergonzarse, abochornarse, sonrojarse, ruborizarse. *Ant.* Empalidecer.

enrolar, reclutar, alistar, incorporar. *Ant.* Licenciar.

enrollar, envolver, plegar, arrollar, enroscar, retorcer. *Ant.* Desenrollar, desplegar.

enronquecer, desgañitarse, vociferar, carraspear.

enroscar, torcer, retorce, atornillar.// Liar, envolver. *Ant.* Desenroscar.

ensalada, mezcla, desorden, confusión, revoltijo, barullo, embrollo. *Ant.* Claridad.

ensalmo, exorcismo, conjuro, brujería, superstición, ruego, rezo, requerimiento.

ensalzar, enaltecer, glorificar, loar, encumbrar, entronizar, exaltar. *Ant.* Denigrar.// Elogiar, alabar.

ensamblar, acoplar, unir, juntar, enlazar, encajar, empalmar, embutir. *Ant.* Desencajar.

ensanchar, agrandar, ampliar, extender, dilatar, aumentar. *Ant.* Achicar, disminuir.// -se, engreírse, ensoberbecerse, infatuarse. *Ant.* Humillarse, rebajarse.

ensangrentar, salpicar, teñir, manchar.

ensañamiento, furia, ferocidad, brutalidad, encarnizamiento, saña, sevicia, crueldad. *Ant.* Bondad, benevolencia, humanidad, altruismo.

ensañarse, encarnizarse, enconarse. *Ant.* Serenarse, moderarse.

ensartar, enhebrar, engarzar, enfilar, enristrar, atravesar, perforar, unir, horadar. *Ant.* Desenhebrar.

ensayar, experimentar, tentar, sondear, probar, examinar, palpar, tantear, investigar, reconocer.// Ejercitar, adiestrar, amaestrar. *Ant.* Improvisar.

ensayista, escritor, investigador, articulista, comentarista.

ensayo, prueba, comprobación, verificación, experimentación, experiencia, tanteo, intento, tentativa, experimento, reconocimiento, sondeo, examen, simulacro, preludio.// Estudio, escrito, investigación, artículo, esquema, bosquejo, proyecto.

ensenada, golfo, fondeadero, cala, puerto, bahía, abrigo, rada, caleta.

enseña, divisa, bandera, emblema, pendón, estandarte.

enseñanza, educación, instrucción, iniciación, ilustración, adiestramiento, preparación, cultura. *Ant.* Ignorancia.// Cátedra, método, disciplina, teoría, escuela, programa, sistema, doctrina.

enseñar, instruir, preparar, adoctrinar, aleccionar, catequizar, amaestrar, disciplinar. *Ant.* Desviar, desorientar, envilecer.// Profesar, explicar, señalar.// Mostrar, exhibir, exponer, lucir, sacar. *Ant.* Tapar, ocultar.

enseñorearse, adueñarse, apropiarse, dominar, apoderarse, ocupar, posesionarse.

enseres, efectos, utensilios, bártulos, muebles, trebejos, trastos, instrumentos. Par. Enceres.

ensimismamiento, concentración, abstracción. *Ant.* Distracción.

ensimismarse, recogerse, embeberse, reconcentrarse, recogerse, abstraerse, extasiarse, embobarse, meditar, pensar. *Ant.* Distraerse.

ensoberbecerse, engreírse, infatuarse, envanecerse. *Ant.* Humillarse.

ensoberbecido-da, altivo, vano, fatuo, engreído, vanidoso, orondo, presumido. *Ant.* Humilde, sencillo.

ensoberbecimiento, altivez, arrogancia, ahuecamiento. *Ant.* Humildad.

ensombrecer, oscurecer, entenebrecer, enlobreguecer, anublar. *Ant.* Aclarar.// Apenar, entristecer, preocupar. *Ant.* Alegrar.

ensordecer, asordar, aturdir, atronar, retumbar.// Callar, enmudecer.

ensordecedor-ra, atronador, estrepitoso, estruendoso, retumbante. *Ant.* Apagado, silencioso, inaudible.

ensortijado-da, crespo, rizado, oindulado. *Ant.* Liso, lacio.

ensortijar, enrular, ondular, rizar, encrespar.

ensuciar, pringar, manchar, embadurnar, tiznar, deslucir, emporcar, percudir. *Ant.* Asear, limpiar.

ensueño, ilusión, fantasía, imaginación, sueño, quimera, irrealidad, utopía, espejismo, ficción, imagen. *Ant.* Realidad.

entablar, asegurar, trabar, afianzar, recubrir, cubrir.// Emprender, comenzar, iniciar, disponer, preparar, originar, causar. *Ant.* Arreglar, terminar.

entablillar, asegurar, sujetar, inmovilizar, vendar.

entallar, esculpir, grabar, burilar, tallar.

ente, ser, entidad, sujeto, cosa, entelequia, sustancia, unidad.

enteco-ca, débil, enfermizo, enclenque, raquítico, enfermo, enjuto, flaco. *Ant.* Sano, fuerte, robusto, lozano.

entelequia, ficción, suposición, irrealidad, invención.

entender, comprender, distinguir, penetrar, interpretar, discernir, percibir, alcanzar, inferir.// Pensar, opinar, juzgar, creer. *Ant.* Ignorar.// Sentir, oír.// -se, quererse, unirse, liarse.// Compenetrarse, avenirse.

entendido-da, sabio, experimentado, conocedor. *Ant.* Inexperto, novato.

entendimiento, inteligencia, agudeza, capacidad, ingenio.

entenebrecer, oscurecer, nublar, ensombrecer. *Ant.* Aclararse.

entente, convenio.

enterar, instruir, informar, comunicar, advertir, participar, revelar, explicar.// -se, descubrir, conocer, investigar, averiguar. *Ant.* Ignorar.

entercarse, empeñarse, encapricharse.

entereza, perfección, rectitud, probidad, honestidad, honradez, integridad. *Ant.* Deslealtad.// Fortaleza, aguante, carácter, tesón, energía. *Ant.* Debilidad.

enternecer, ablandar, conmover, emocionar, inquietar, impresionar, turbar, afectar. *Ant.* Endurecer.

entero-ra, sano, robusto, bueno, saludable. *Ant.* Enfermo, mutilado.// Cumplido, íntegro, absoluto, cabal, completo, total, indiviso, intacto. *Ant.* Partido, incompleto, fragmentado.// Recto, justo, honrado, honesto, leal, enérgico, firme. *Ant.* Desleal.

enterrar, sepultar, inhumar, acompañar, conducir. *Ant.* Exhumar.// Soterrar, ocultar, esconder, tapar. *Ant.* Desenterrar.// Olvidar, desechar, arrinconar. *Ant.* Recordar.// -se, recluirse, aislarse, apartarse, retirarse, enclaustrarse.

entibiar, templar, enfriar, moderar. *Ant.* Encender, calentar.// Disminuir, rebajar, decaer, debilitar. *Ant.* Enardecer.

entidad, ser, ente, esencia, sujeto, cosa.// Colectividad, corporación, firma, sociedad, asociación, empresa, institución, cofradía, mancomunidad.// Valor, importancia, magnitud. *Ant.* Insignificancia.

entierro, sepelio, inhumación, enterramiento, soterramiento.

entoldar, tapar, proteger, cubrir.

entonación, modulación, afinación, inflexión, tono, armonía.// Dejo, sonsonete.

entonado-da, adecuado, conveniente, correcto, mesurado, apropiado.// Modulado, armónico, afinado.// Animado, fortalecido. *Ant.* Débil.// Ensoberbecido, altanero, estirado. *Ant.* Humilde.

entonar, afinar, modular, vocalizar, cantar, tararear.// Matizar. *Ant.* Desentonar.// -se, animarse, fortalecerse, robustecerse. *Ant.* Debilitarse.

entonces, en aquel tiempo.

entono, altivez, arrogancia, pedantería, ensoberbecimiento. *Ant.* Humildad.

entorchado, alamar, fleco, adorno, bordado, galón.

entornar, entreabrir, entrecerrar, juntar.

entorpecer, retardar, paralizar, impedir, abrumar, embarazar, estorbar, dificultar. *Ant.* Ayudar, facilitar.// Anquilosar, paralizar, entumecer.

entorpecimiento, parálisis, entumecimiento, embotamiento.// Estorbo, dificultad, inconveniente. *Ant.* Facilidad.

entrada, ingreso, acceso, introducción, aparición.// Abertura, boca, agujero, puerta, embocadura. **Ant.** Salida.// Comprobante, billete, cupón, boleto.// Introducción, preámbulo, introito, obertura, prólogo. **Ant.** Final, epílogo.// Recaudación, ingresos. **Ant.** Gastos.

entramado, armazón, bastidor.

entramar, armar.

entrampar, engañar, estafar, embrollar, enredar.// **-se,** endeudarse, empeñarse, enredarse.

entrante, concavidad, hendidura. **Ant.** Protuberancia, saliente.

entraña, órgano, vísceras.// Corazón, entretelas, esencia, fondo.// Carácter, genio, índole.// Compasión, sentimientos. **Ant.** Dureza, frialdad.

entrañable, predilecto, dilecto, preferido, íntimo, amado, cordial, estimado. **Ant.** Odiado.

entrañar, incluir, introducir, implicar.

entrar, pasar, ingresar, acceder, penetrar, meterse, introducirse, irrumpir, presentarse. **Ant.** Salir.// Ingresar, afiliarse. **Ant.** Desafiliarse.// Caber.

entre, en medio de.

entreabrir, abrir, separar, entornar.

entreacto, descanso, intervalo, reposo, intermedio, interludio.

entrecejo, ceño.

entrechocar, chocar, percutir, castañetar.

entrecomillar, destacar, resaltar, enfatizar, señalar.

entrecortado-da, inseguro, balbuceante, tartamudo, discontinuo. **Ant.** Seguro, sereno, continuo.

entrecruzar, tejer, cruzar, trenzar.

entredicho, censura, prohibición, veto, veda.// Discusión, polémica.// Duda, sospecha, recelo. **Ant.** Confianza.

entredós, encaje, bordado, adorno.

entrega, traspaso, transferencia, cesión, adjudicación, reparto, distribución.// Consagración, dedicación.// Rendición, capitulación, sumisión, subordinación.// Fascículo, cuadernillo, cuaderno.

entregar, dar, ceder, transferir, transmitir, traspasar, proporcionar, conferir, largar. **Ant.** Quitar, sacar, retener.// Traicionar, vender, delatar.// **-se,** dedicarse, consagrarse, comprometerse. **Ant.** Desatender, desinteresarse.// Rendirse, capitular, someterse, subordinarse. **Ant.** Resistir, vencer.

entrelazar, entretejer, cruzar, enlazar, trabar, entrecruzar. **Ant.** Separar.

entremeter, pasar, introducir, meter, interponer, intercalar. **Ant.** Sacar.// **-se,** inmiscuirse, entrometerse, intervenir, mezclarse. **Ant.** Desinteresarse, marginarse.

entremetido-da, curioso, metido, indiscreto, inoportuno, intruso. **Ant.** Discreto, prudente.

entrenador-ra, instructor, preparador.

entrenar, ejercitar, preparar, adiestrar, instruir, guiar.

entresacar, cortar, sacar, elegir, seleccionar, aligerar.

entresijo, interioridad, interior, entretelas, entrañas, intimidad. **Ant.** Exterior, superficie.

entretanto, mientras.

entretejer, tejer, entrelazar, cruzar, entrecruzar, urdir, tramar, entreverar.

entretela, forro, relleno.// **-s,** entrañas, interior, entresijo, alma.

entretener, divertir, distraer, solazar, recrear, deleitar, regocijar, animar, interesar. **Ant.** Aburrir.// Demorar, retardar, entorpecer, retrasar. **Ant.** Apurar, urgir.

entretenimiento, diversión, distracción, pasatiempo, solaz, esparcimiento.

entrever, columbrar, divisar, vislumbrar, percibir, distinguir.// Presumir, sospechar.

entrevista, encuentro, charla, diálogo, reportaje, conferencia, audiencia.

entrevistar, interrogar, preguntar, dialogar, conferenciar.// **-se,** reunirse, encontrarse.

entristecer, afligir, apenar, acongojar, amargar, atribular, desconsolar, angustiar, apesadumbrar, atormentar. **Ant.** Alegrar, contentar.

entrometerse, entremeterse.

entroncar, empalmar, unir, enlazar, relacionar, concatenar, vincular, emparentar. **Ant.** Separar, desvincular.

entronización, coronación, instauración, nombramiento. **Ant.** Destitución.// Ensoberbecimiento.

entronizar, instaurar, implantar, asentar. **Ant.** Destituir.

entronque, empalme, lazo, vínculo, unión. **Ant.** Separación.

entuerto, perjuicio, injuria, ofensa, daño, agravio, oprobio, injusticia. **Ant.** Desagravio, beneficio.

entumecer, entorpecer, impedir.// **-se,** adormecerse, paralizarse, entumiarse, agarrotarse. **Ant.** Desentumecerse, avivarse, despertarse, agilizarse.

entumecimiento, parálisis, agarrotamiento, anquilosamiento. **Ant.** Desentumecimiento, desperezamiento.

enturbiar, ensuciar, alterar, turbar, oscurecer, agitar. **Ant.** Aclarar.

entusiasmar, animar, alentar, transportar, fanatizar, arrebatar, embriagar, conmover. **Ant.** Calmar.

entusiasmo, pasión, exaltación, frenesí, arrebato. **Ant.** Indiferencia, frialdad.

entusiasta, apasionado, fanático, admirador, devoto, adorador, incondicional. **Ant.** Indiferente.

enumeración, cómputo, cuenta, lista, catálogo, inventario, recapitulación, detalle.

enumerar, contar, declarar, citar, nombrar, mencionar, especificar, exponer, detallar, computar, inventariar.

enunciación, explicación, manifestación, exposición, enunciado, mención, declaración, discurso.

enunciado, título, epígrafe.

enunciar, expresar, formular, manifestar, mencionar, citar, exponer.

envainar, meter, enfundar, envolver.

envalentonarse, animarse, atreverse, bravuconear, insolentarse. **Ant.** Acobardarse.

envanecerse, engreírse, infatuarse, ufanarse, jactarse, presumir, ensorbecerse. **Ant.** Avergonzarse, achicarse.

envanecimiento, soberbia, orgullo, jactancia, presunción. **Ant.** Humildad.

envarado-da, tieso, rígido, duro.

envarar, entorpecer, aturdir, adormecer, entumecer.

envasar, embotellar, enfrascar, enlatar, fraccionar, llenar. **Ant.** Vaciar, extraer, sacar. Par. Embazar.

envase, recipiente, continente, frasco, botella, embalaje.

envejecer, aviejar, encanecer, avejentarse, chochear. **Ant.** Rejuvenecer.// Estropearse, ajarse, deteriorarse, gastarse, marchitarse, declinar, decaer.

envejecido-da, marchito, arrugado, aviejado. **Ant.** Lozano, rejuvenecido.

envejecimiento, caducidad, avejentamiento, declive.

envenenar, emponzoñar, intoxicar, drogar, contaminar, inocular. **Ant.** Desintoxicar.// Viciar, corromper, estropear, pervertir.// Irritar, enojar, enemistar.

envergadura, magnitud, trascendencia, prestigio, importancia.// Amplitud, extensión, largo, distancia.

envés, reverso, posterioridad, revés, dorso. **Ant.** Anverso, cara.

enviar, mandar, remitir, expedir, despachar, dirigir, delegar. **Ant.** Recibir.

enviciar, dañar, corromper, pervertir, depravar, habituar.// **se,** aficionarse, habituarse, acostumbrarse. **Ant.** Rehabilitarse.

envidia, celos, rencor, animosidad, rabia, resentimiento. **Ant.** Afecto.

envidiar, codiciar, anhelar, apetecer, desear, ansiar, ambicionar, reconcomerse. **Ant.** Contentarse.

envidioso-sa, resentido, codicioso, suspicaz, ávido, deseoso. **Ant.** Generoso.

envilecer-se, corromper, enviciar, prostituir, degradar, rebajar, denigrar, deshonrar, humillar. **Ant.** Enaltecer, regenerar, rehabilitar.

envío, expedición, remesa, encargo, paquete, carga, bulto.

envión, empellón, empujón, impulso.

envite, reto, jugada, apuesta.

envoltorio, paquete, atado, lío, fardo, bulto, envoltura.

envoltura, cubierta, cobertura, forro, recubrimiento, revestimiento, funda.

envolver, rodear, sitiar, encerrar, cercar, acotar, ceñir.// Empaquetar, enfardar, liar, enfundar, forrar, enrollar, embolsar. **Ant.** Desempaquetar.// Disimular, esconder, disfrazar. **Ant.** Mostrar.// Abrigar, cubrir, tapar, arrebujar, recubrir.

enyesar, entablillar, vendar.// Encalar.

enzarzarse, pelearse, reñir, enredarse, enardecerse. **Ant.** Amigarse.// Comprometerse.

enzima, fermento. **Par.** Encima.

épica, epopeya.

epicentro, centro, foco, núcleo.

épico-ca, heroico, glorioso, grandioso.

epicureísmo, voluptuosidad, materialismo, sibaritismo, hedonismo, refinamiento.

epidémico-ca, infeccioso, calamitoso.

epidérmico-ca, superficial, cutáneo.

epidermis, epitelio, superficie, piel, revestimiento, dermis, capa.

epígrafe, cita, sentencia, pensamiento, encabezamiento, inscripción, rótulo, título, lema.// Resumen.

epigrama, pensamiento, sentencia, burla, agudeza.// Inscripción.

epilogar, terminar, finalizar, resumir, recapitular, compendiar. **Ant.** Iniciar, prologar.

epílogo, conclusión, resumen, final, terminación, desenlace, remate, coronamiento. **Ant.** Prólogo.

episcopado, obispado.

episódico-ca, circunstancial, momentáneo, incidental, secundario, accesorio, variable, irregular. **Ant.** Regular.

episodio, sección, aparte, división, jornada, capítulo, digresión.// Acontecimiento, hecho, suceso, incidente, lance, aventura.

epístola, carta, misiva, mensaje, esquela, escrito.

epitafio, inscripción, dedicatoria, leyenda.

epíteto, nombre, apodo, adjetivo, calificativo.

epítome, compendio, resumen, recapitulación.

época, temporada, sazón, estación.// Período, era, tiempo, etapa, edad, ciclo, lapso.

epopeya, narrativa, narración, relato, gesta, hazaña, heroicidad, proeza, leyenda.

equidad, justicia, igualdad, imparcialidad, objetividad, desinterés, ecuanimidad, honradez, rectitud. **Ant.** Parcialidad, injusticia, iniquidad.

equidistante, céntrico.

equilibrado-da, armónico, igualado, estable, simétrico, proporcionado, prudente, sensato, cuerdo, ecuánime, justo. **Ant.** Desequilibrado, inestable, parcial, apasionado.

equilibrar, nivelar, compensar, estabilizar, balancear, contrarrestar, equiparar. **Ant.** Desnivelar, desequilibrar.

equilibrio, estabilidad, igualdad, simetría.// Ecuanimidad, mesura, cordura. **Ant.** Exaltación, desequilibrio.

equilibrista, trapecista, saltimbanqui, volatinero, acróbata, funámbulo.

equimosis, cardenal, moretón, magulladura.

equino, caballar, hípico, ecuestre.// Caballo, potro.

equipaje, bagaje, bártulos, equipo, maletas, valijas.

equipar, proveer, aprovisionar, suministrar, abastecer, surtir, vestir.

equiparación, cotejo, confrontación, comparación, parangón, equivalencia, homologación, rivalidad. **Ant.** Diferencia, desigualdad.

equiparar, nivelar, igualar, homologar. **Ant.** Diferenciar.// Cotejar, comparar, parangonar.

equipo, vestuario, indumentaria, atavío, ropas, ajuar.// Instrumental.// Bagaje, equipaje.// Grupo, agrupación, combinación, cuadrilla, conjunto, personal.

equitación, hípica, monta.

equitativo-va, ecuánime, justo, imparcial, recto, distributivo, objetivo, razonable. **Ant.** Parcial, injusto.

equivalencia, igualdad, semejanza, proporción, simetría, paridad. **Ant.** Desigualdad.

equivalente, parecido, parejo, semejante, similar, igual, paralelo, gemelo, simétrico. **Ant.** Diferente, opuesto.

equivaler, igualar, equilibrar, hermanar, corresponder, nivelar, significar. **Ant.** Diferenciar, desnivelar.

equivocación, error, aberración, errata, falla, desacierto, confusión, yerro, desatino, inexactitud. **Ant.** Acierto.

equivocado-da, falso, inexacto, erróneo. **Ant.** Justo, acertado.

equivocar, errar, confundir, pifiar, desacertar, fallar.// **-se,** engañarse. **Ant.** Avertar.

equívoco, error, confusión, anfibología, duda, ambigüedad, tergiversación, imprecisión, vaguedad. **Ant.** Seguridad, claridad.

equívoco-ca, ambiguo, anfibológico, confuso, dudoso, sospechoso, vago, impreciso. **Ant.** Definido, exacto, claro, preciso.

era, época, edad, período, tiempo, ciclo, lapso, temporada, etapa, fase, duración.// Terreno, campo.

erario, fisco, hacienda, tesoro.

erección, tiesura, tensión, tirantez, rigidez.// Elevación, enderezamiento.// Establecimiento, construcción, fundación.

eréctil, erecto, erguido, tieso, rígido. **Ant.** Blando.

erecto-ta, eréctil, alzado, levantado, empinado. **Ant.** Inclinado, blando.

eremita, ermitaño, anacoreta, cenobita, penitente, solitario.

eretismo, exaltación, orgasmo, excitación, exasperación. **Ant.** Ablandamiento, relajación, sosiego.

ergo, por lo tanto, en consecuencia.

erguido-da, tieso, enhiesto, derecho, vertical, rígido, recto.

erguir, levantar, empinar, alzar, enderezar, estirar, erigir. **Ant.** Bajar, inclinar.

erial, páramo, baldío, barbecho, yermo, planicie, llanura, estepa, descampado, campo. **Ant.** Pradera, vergel.

erigir, establecer, fundar, alzar, construir, instituir, levantar, elevar. **Ant.** Derribar, destruir.

erisipela, erupción.

erizado-da, cubierto, lleno, colmado, plagado. **Ant.** Vacío.// Rígido, tieso, derecho, empinado, erguido. **Ant.** Doblado, torcido.//Arduo, difícil, duro. **Ant.** Fácil.// Punzante, espinoso, puntiagudo. **Ant.** Romo.

erizar, atiesar, levantar, alzar, erguir, endurecer. **Ant.** Bajar.// Llenar, colmar, plagar. **Ant.** Vaciar.// **-se,** inquietarse, intranquilizarse, irritarse, alarmarse. **Ant.** Tranquilizarse, relajarse.

ermita, santuario, capilla, oratorio, templo.

ermitaño-ña, anacoreta, eremita, asceta, cenobita, penitente, monje.// Solitario. **Ant.** Sociable.

erosión, corrosión, desgaste, rozamiento, rebajamiento, uso, roce, fricción, consunción, merma, depresión.

erosionar, gastar, desgastar, rebajar, corroer, excavar, deteriorar.

erótico-ca, amatorio, sensual, amoroso, voluptuoso, carnal.

erotismo, sensualidad, voluptuosidad, pasión, amor. **Ant.** Frialdad, indiferencia.

errabundo-da, vagabundo, errante. **Ant.** Sedentario, estable, fijo.

erradicación, anulación, supresión, extirpación, eliminación, exterminio, desaparición. **Ant.** Radicación, permanencia.

erradicar, eliminar, suprimir, extirpar, destruir, aniquilar.

errante, vagabundo, errabundo, errático, errátil, ambulante, nómade. **Ant.** Quieto, estable.

errar, vagar, andar, moverse, vagabundear, deambular, desviarse, apartarse, callejear. **Ant.** Permanecer, establecerse.// Equivocarse, fallar, pifiar, desacertar, desatinar, confundirse, malograr. **Ant.** Acertar.

errata, error, equivocación, falla.

errático-ca, errante, errátil. **Ant.** Quieto, firme, seguro.

errátil, incierto, variable. **Ant.** Seguro.// Errante, vagabundo. **Ant.** Quieto.

erróneo-a, equivocado, inexacto, falso, errado, equívoco, confuso, engañoso. **Ant.** Seguro, cierto.

error, equivocación, falla, inexactitud, gazapo, desacierto, errata, distracción, desatino, disparate, falsedad, lapsus, descuido, falta, yerro, pifia, defecto. **Ant.** Acierto.

eructar, regoldar, regurgitar.

eructo, regurgitación, regüeldo.

erudición, conocimiento, sabiduría, instrucción, cultura, ilustración. **Ant.** Ignorancia, incultura.

erudito-ta, sabio, instruido, docto, letrado, leído, ilustrado. **Ant.** Ignorante.

erupción, eritema, irritación.// Emisión, estallido, explosión.

eruptivo-va, volcánico.// Inflamatorio.

esbeltez, arrogancia, gracia, donaire, elegancia, gallardía, gentileza, delgadez. **Ant.** Tosquedad, deformidad, desproporción.

esbelto-ta, gallardo, elegante, airoso, ligero, arrogante, grácil, delgado, fino. **Ant.** Desproporcionado, rechoncho.

esbirro, policía, represor, torturador, secuaz, seguidor, sicario. **Ant.** Adversario, opositor.

esbozar, perfilar, bosquejar, abocetar, planear, disponer, dibujar, diseñar. **Ant.** Terminar, perfeccionar.

esbozo, croquis, boceto, apunte, diseño, nota, dibujo, bosquejo, esquema.// Planteamiento, plan, proyecto.// Rudimento.

escabechar, adobar, aderezar.

escabeche, aderezo, adobo.

escabel, banquito, tarima, estrado.

escabiar, beber, emborracharse.

escabroso-sa, desigual, quebrado, abrupto, áspero, escarpado, anfractuoso, espinoso. **Ant.** Llano.// Obsceno, pornográfico, deshonesto, indecente, licencioso. **Ant.** Honesto, pudoroso, sano, normal.

escabullirse, irse, escaparse, desaparecer, escurrirse, esfumarse, ocultarse, huir. **Ant.** Aparecer, quedarse, permanecer.

escala, escalera.// Gradación, sucesión, serie, progresión, graduación.// Proporción, tamaño.// Detención, parada.

escalada, ascensión, subida.

escalafón, categoría, lista, escala, orden, progresión, clasificación.

escalar, subir, trepar, ascender, encaramarse.// Progresar, encumbrarse. **Ant.** Bajar, descender.

escaldado-da, abrasado, quemado.// Receloso, desconfiado.

escaldar, quemar, abrasar, cocer, hervir, escalfar. **Ant.** Enfriar.// Chasquear, desinflar, escarmentar, enseñar.// **-se,** escocerse.// Desengañarse.

escalera, escala, escalinata, gradería.

escalofriante, estremecedor, espeluznante, impresionante, aterrador, horrible. **Ant.** Tranquilizador, relajante.

escalofrío, calofrío, espasmo, estremecimiento, indisposición, espeluzno. **Ant.** Calma.

escalón, peldaño, grada.// Paso, grado, avance, adelanto.

escalonado-da, paulatino, gradual.

escalonar, situar, distribuir, colocar, emplazar, ordenar, regular, graduar.

escalpelo, bisturí, estilete.

escama, membrana, lámina, placa.// Recelo, temor, cuidado, sospecha, desconfianza, zozobra. **Ant.** Tranquilidad, seguridad, confianza.

escamarse, temer, recelar, sospechar, desconfiar. **Ant.** Confiar.

escamotear, quitar, sacar, robar, suprimir, ocultar, birlar, hurtar, sustraer. **Ant.** Reponer, mostrar.

escamoteo, engaño, trampa, ocultación, timo, prestidigitación, desaparición.// Hurto, robo. **Ant.** Restitución, devolución.

escampado-da, descampado, raso.

escampar, aclarar, parar, cesar, despejarse, serenarse, abrir. **Ant.** Llover, nublarse, encapotarse.

escanciar, servir, beber.

escandalizar, chillar, gritar, alborotar, vocear, molestar. **Ant.** Silenciar, sosegar.// **-se,** enojarse, encolerizarse, irritarse, ofenderse, horrorizarse, espantarse, sorprenderse, incomodarse, mosquearse, avergonzarse. **Ant.** Serenarse.

escándalo, ruido, alboroto, gritería, barullo, tumulto, vocerío, algazara, inquietud, estrépito, bulla, jarana. **Ant.** Sosiego, silencio, paz.// Desvergüenza, desenfreno, inmoralidad, impudicia, suceso.// Pelea, riña, disputa.

escáner, detector.

escaño, asiento, banco, poyo.

escapada, huida, evasión, salida, abandono.

escapar, huir, desaparecer, irse, evadirse, escurrirse, fugarse, escabullirse. **Ant.** Volver, permanecer, quedar, aparecer.

escaparate, vidriera, vitrina, estante, mostrador.// Exposición, exhibición. **Ant.** Ocultamiento.

escapatoria, excusa, salida, recurso, efugio, evasiva.

escape, evasión, fuga, pérdida.

escapulario, distintivo, insignia.

escaque, casilla, división, cuadro.

escaramuza, pelea, contienda, refriega, riña, disputa, reyerta, pendencia.

escarapela, símbolo, distintivo, insignia, divisa, lazo, cucarda.

escarbar, excavar, arañar, remover, hurgar, hozar, raspar, desenterrar.// Limpiar.// Indagar, investigar, averiguar.

escarcela, bolsa, zurrón, mochila.

escarceo, pirueta, rodeo, cabriola.// Simulacro, amago, divagación.

escarcha, hielo.

escarchar, salpicar.// Cristalizar.// **-se,** congelarse, helarse.

escardar, limpiar, extirpar.

escarlar, horadar, perforar.

escarlata, carmesí, rojo, púrpura, morado, granate, encarnado.

escarmentar, desengañar, corregir, castigar, penar, sancionar. **Ant.** Perdonar.// Recelar, sospechar. **Ant.** Reincidir.

escarmiento, corrección, castigo, sanción, multa, pena. **Ant.** Perdón.// Desengaño, advertencia. **Ant.** Reincidencia.

escarnecer, humillar, zaherir, befar, burlarse, mofarse, afrentar, vilipendiar, ultrajar, agraviar, vejar. **Ant.** Respetar.

escarnio, burla, mofa, deshonra, afrenta, befa, menosprecio, injuria.

escarpado-da, arriscado, abrupto, escabroso, accidentado, intrincado, vertical. **Ant.** Fácil, accesible, llano, liso, horizontal, suave.

escarpín, calzado, babucha, pantufla.

escasear, faltar, disminuir, desaparecer. **Ant.** Abundar, sobrar.

escaso-sa, pobre, exiguo, limitado, corto, insuficiente, precario, raro, falto. **Ant.** Rico, abundante, copioso.

escatimar, privar, restringir, regatear, ahorrar, economizar, reservar. **Ant.** Gastar, dilapidar, derrochar.

escatología, teología, ultratumba.

escatológico-ca, teologal.

escayola, estuco, yeso.

escayolar, enyesar, entablillar, vendar.

escena, parte, cuadro.// Suceso, acontecimiento, espectáculo, manifestación.// Panorama, ambiente, paisaje, medio, circunstancia, escenario, perspectiva.// Teatro, drama.// Farándula.

escénico-ca, teatral, dramático.

escenario, ámbito, ambiente, lugar, circunstancia, atmósfera.// Tablas, escena.

escenografía, decorado.

escepticismo, incredulidad, desconfianza, incertidumbre, indiferencia. **Ant.** Credulidad.

escéptico-ca, desconfiado, incrédulo, indiferente, dudoso, desilusionado, descreído. **Ant.** Crédulo, creyente, confiado.

escindir-se, dividir, separar, cortar.

escisión, ruptura, corte, separación, cisma, disensión. **Ant.** Acuerdo, unión.// Tajo, corte, cortadura.

esclarecer, alborear, clarear.// Aclarar, explicar, puntualizar, descubrir, desenredar. **Ant.** Confundir, embrollar.// Ennoblecer, ilustrar. **Ant.** Denigrar.

esclarecido-da, ilustre, famoso, ínclito, preclaro, insigne, afamado. **Ant.** Desconocido, ignorado.

esclavina, chal, manteleta, capa.

esclavitud, sometimiento, sumisión, encadenamiento, servidumbre, dependencia, yugo, opresión, abuso. *Ant.* Libertad.

esclavo-va, sometido, sumiso, oprimido, atado, encadenado, explotado. *Ant.* Emancipado, libre.

esclerosis, endurecimiento.

esclusa, canal, presa, obstrucción, barrera.

escocer, irritar, picar, inflamar, enrojecer.

escolar, alumno, estudiante, colegial. *Ant.* Maestro.

escollera, dique, rompeolas.

escollo, islote, banco, peñasco, arrecife, roca, bajo, rompiente.// Riesgo, dificultad, peligro, tropiezo, escombro, obstáculo. *Par.* Escolio.

escolta, custodia, acompañamiento, séquito, comitiva.

escoltar, seguir, acompañar, cuidar.

escombro, cascote, ripio, desecho, piedra, ruina.

esconder, ocultar, encubrir, celar, guardar, callar, tapar, incomunicar, disimular. *Ant.* Mostrar.// **-se,** agazaparse, agacharse, esfumarse, desaparecer. *Ant.* Aparecer, mostrarse, presentarse.

escondite, refugio, escondrijo, guarida, madriguera, rincón, abrigo, retiro.

escoplo, formón, cuchilla.

escora, inclinación, oblicuidad.

escorar, ladearse, torcerse, desviarse, inclinarse. *Ant.* Enderezarse, nivelarse.

escorchar, molestar, fastidiar, incomodar.

escoria, desecho, hez, residuos, chatarra, detrito, sobras, despojos, impurezas, desperdicios, ceniza.

escorzar, apuntar, dibujar, diseñar.

escorzo, dibujo.

escotado-da, holgado, abierto.

escotar, cortar, descotar, abrir, ampliar, ensanchar.// Prorratear, repartir, pagar, abonar.

escote, abertura, corte, cuello, busto, seno.// Cuota, parte.

escotilla, hueco, abertura.

escozor, pena, desazón, disgusto, inquietud, resentimiento.// Picor, ardor, prurito, quemazón, pinchazo.

escriba, intérprete, exégeta.// Amanuense, copista.

escribano-na, notario.

escribiente, oficinista, empleado, mecanógrafo, secretario, burócrata, administrativo.

escribir, copiar, transcribir, apuntar, anotar, garabatear.// Redactar, componer, editar.// **-se,** cartearse.

escrito, documento, nota, mensaje, manuscrito, inscripción, artículo, texto, apunte.

escritor-ra, autor, creador, literato, prosista, poeta, artista.

escritorio, mesa, pupitre.// Oficina, despacho, bufete.

escritura, caligrafía, ortografía, estilo.// Documento, protocolo, contrato, escrito.

escriturar, formalizar, legalizar, registrar, inscribir.

escrófula, hinchazón, tumefacción, tumor, abultamiento.

escrúpulo, exactitud, esmero, escrupulosidad, circunspección, miramiento. *Ant.* Descuido, desidia.// Temor, aprensión, recelo, reparo, melindres. *Ant.* Audacia.

escrupuloso-sa, miedoso, receloso, aprensivo, melindroso.// Cuidadoso, estricto, riguroso, concienzudo, consciente. *Ant.* Despreocupado.

escrutar, reconocer, verificar, comprobar, indagar, investigar, reconocer, sondear, computar.

escuadra, cartabón.// Flota, armada, flotilla, escuadrilla.// Cuadrilla, grupo, pelotón, compañía, unidad.

escualidez, flacura, delgadez.

escuálido-da, flaco, raquítico, enclenque, enteco, enfermizo, enjuto, demacrado, consumido, macilento. *Ant.* Fuerte, robusto, rollizo.

escucha, oyente, escuchador, sesión, centinela, guardia.

escuchar, atender, oír, percibir, auscultar. *Ant.* Desatender, desoír.

escudar, amparar, cubrir, defender, resguardar, proteger. *Ant.* Desamparar.// **-se,** defenderse, abroquelarse.

escudo, adarga, rodela, broquel.// Amparo, defensa, abrigo, protección. *Ant.* Desamparo.// Blasón.// Moneda.

escudriñar, mirar, ahondar, investigar, escrutar, averiguar, examinar, inquirir, avizorar, otear, observar.

escuela, colegio, instituto, establecimiento, academia, institución, liceo.// Doctrina, teoría, movimiento, disciplina, opinión.

escueto-ta, breve, conciso, estricto, despejado, sucinto, preciso, parco, corto. *Ant.* Amplificado, extenso, detallado.

esculpir, modelar, tallar, labrar, grabar, cincelar, plasmar.

escultor-ra, artista, creador, autor, estatuario, tallista, cincelador.

escultura, estatua, obra, imagen, figura.// Imaginería, estatuaria, iconografía.

escultural, perfecto, hermoso, bello, proporcionado, esbelto.

escupidera, salivadera.

escupir, salivar, esputar, expectorar.// Arrojar, lanzar, echar, despedir, expeler. *Ant.* Retener.

escurridizo-za, resbaladizo.// Rápido, veloz. *Ant.* Torpe, lento.// Evasivo, taimado, astuto.

escurrir, secar, destilar, chorrear, gotear, enjugar. *Ant.* Mojar, humedecer.// **-se,** escaparse, evadirse, desplazarse, huir. *Ant.* Quedar, permanecer, afrontar.

esencia, naturaleza, ser, substancia, calidad, carácter, espíritu.// Perfume, extracto, aroma, bálsamo.

esencial, fundamental, primordial, central, principal, indispensable, natural, inevitable, substancial. *Ant.* Accesorio, secundario.

esfera, bola, globo, balón, cuenta, pelota.// Cielo, firmamento, espacio.// Ámbito, ambiente, clase, categoría, condición.

esférico-ca, esferoidal, redondo, globular.

esfinge, misterio, enigma.// Enigmático, reservado. *Ant.* Abierto, franco.

esforzado-da, denodado, animoso, arrojado, valiente, valeroso, decidido, vehemente. *Ant.* Inseguro, miedoso.

esforzarse, procurar, luchar, batallar, pelear, insistir, pugnar, perseverar. *Ant.* Apocarse, desistir.

esfuerzo, ánimo, brío, fuerza, resistencia, denuedo, valor, vigor, puja. *Ant.* Abulia, desinterés, apatía.

esfumar, desdibujar, difuminar, disipar. *Ant.* Avivar, definir, delinear.// **-se,** desvanecerse, disiparse, diluirse.// Huir, escapar, fugarse, desaparecer, escabullirse. *Ant.* Aparecer, quedar.

esgrimir, usar, manejar, recurrir, utilizar, servirse, sostener.

esguince, luxación, distensión, torcedura, dislocación.

eslabón, anillo.

eslabonar, engarzar, juntar, unir, enlazar, relacionar, ligar.

eslora, longitud.

esmaltar, embellecer, adornar, ornar, hermosear, realzar.// Barnizar.

esmalte, adorno, esplendor, lustre.// Barniz, porcelana, baño, recubrimiento, lustre.

esmerarse, aplicarse, afanarse, esforzarse, desvivirse, dedicarse, consagrarse. *Ant.* Descuidar, desinteresarse.

esmeril, lija.

esmerilar, pulimentar, pulir, abrillantar.

esmero, atención, cuidado, preocupación, escrupulosidad, solicitud, celo, minuciosidad, sacrificio, esfuerzo. *Ant.* Desinterés.

esmirriado-da, flaco, débil, enclenque, raquítico, enteco. *Ant.* Desarrollado, fornido, fuerte, robusto.

esnobismo, afectación, pedantería, presunción, snobismo. *Ant.* Sencillez.

esotérico-ca, secreto, enigmático, oculto, misterioso. *Ant.* Conocido, exotérico.

espaciado-da, claro, ralo.// Apartado, separado. *Ant.* Cercano, junto.

espacial, cósmico, sideral, astral, celeste.

espaciar, separar, apartar, distanciar, alejar.// **-se,** dilatarse, esparcirse, extenderse.

espacio, lugar, puesto, sitio.// Infinito, extensión, cielo, atmósfera, inmensidad.// Distancia, intervalo, lapso, transcurso.// Hueco, claro.

espacioso-sa

espacioso-sa, amplio, holgado, extenso, grande, dilatado, ancho, vasto. *Ant.* Angosto, pequeño.// Lento, tranquilo, flemático, pausado. *Ant.* Ágil, rápido.

espada, acero, estoque, espadín, hoja.

espadachín, bravucón, matón, duelista.

espadaña, campanario, torre.

espalda, dorso, revés, envés, lomo, espinazo, reverso, posterior, retaguardia. *Ant.* Delantera, frente, pecho.

espantajo, espantapájaros, pelele, fantoche, esperpento, adefesio. *Ant.* Bello.

espantapájaros, espantajo, monigote, muñeco.

espantar, ahuyentar, echar, rechazar, alejar, expulsar. *Ant.* Atraer.// Acobardar, atemorizar, aterrorizar, horripilar, asustar, horrorizar.// **-se,** impresionarse, admirarse.// Asustarse.

espanto, horror, terror, miedo, pavor, asombro, susto, temor, consternación, pánico, pasmo.

espantoso-sa, horroroso, pavoroso, terrorífico, horrible, aterrador, terrible, horripilante, truculento, alucinante, temible.// Asombroso, formidable, maravilloso, pasmoso, prodigioso.

esparcimiento, distracción, diversión, entretenimiento, solaz, recreo, pasatiempo.

esparcir, extender, distribuir, derramar, diseminar, sembrar, desperdigar, separar, repartir, desparramar, dispersar, salpicar, espaciar. *Ant.* Reunir.// Propagar, divulgar, publicar, propalar.// **-se,** divertirse, solazarse, entretenerse, distraerse. *Ant.* Aburrirse.

espasmo, convulsión, contorsión, contracción, pasmo, sacudida.

espasmódico-ca, convulsivo, estremecedor, agitado, tembloroso. *Ant.* Calmo, relajado.

especia, condimento, aderezo.

especial, raro, particular, personal, distinto, diferente, extraordinario, propio, singular, peculiar, característico, típico. *Ant.* Común, general, vulgar.

especialidad, particularidad, singularidad, idiosincrasia. *Ant.* Generalidad.

especialista, experto, técnico, perito, entendido, profesional, versado.

especializarse, consagrarse, dedicarse, limitarse.

especie, grupo, orden, familia, variedad, género, tipo, serie.// Apariencia.// Noticia, dato, comentario, dicho, chisme.// Fruto, producto.

especificación, explicación, determinación, particularización, diferenciación. *Ant.* Indefinición, generalización.

especificar, determinar, particularizar, definir, explicar, individualizar, precisar, detallar, declarar. *Ant.* Generalizar, englobar.

específico, medicamento.

específico-ca, propio, particular, típico, característico, especial, distinto. *Ant.* Vulgar, común.

espécimen, ejemplar, modelo, tipo, prototipo.

espectacular, maravilloso, efectista, grandioso, aparatoso, lujoso, pomposo, teatral, dramático. *Ant.* Insignificante, discreto.

espectáculo, representación, función, exhibición, diversión.// Panorama, paisaje.

espectador-ra, asistente, concurrente, presente, circunstante.

espectral, fantasmagórico, impresionante.

espectro, fantasma, aparición, visión, sombra, aparecido, espíritu, imagen.

especulación, pensamiento, meditación, examen, reflexión, teoría.// Agio, comercio, abuso, encarecimiento, lucro. *Ant.* Abaratamiento.

especulador-ra, ventajero, logrero, agiotista, comerciante.

especular, traficar, comerciar, negociar, abusar, aprovechar.// Meditar, reflexionar, contemplar, examinar.

especulativo-va, teórico, reflexivo, racional, contemplativo. *Ant.* Activo, práctico.

espejismo, ilusión, apariencia, engaño. *Ant.* Verdad, realidad.// Reverberación, reflejo.

espejo, cristal.// Ejemplo, dechado, modelo.

espejuelos, gafas, anteojos, antiparras.

espeluznante, horroroso, horripilante, horrible, horrendo, espantoso, terrorífico.

espeluznar, aterrar, aterrorizar, horripilar, espantar. *Ant.* Calmar.

espera, expectativa, acecho, plantón, permanencia.// Demora, retraso, prórroga, aplazamiento, diferimiento, postergación.

esperanza, confianza, creencia, fe, seguridad, certeza, certidumbre, ilusión. *Ant.* Incredulidad, desconfianza, desesperanza.

esperanzar, ilusionar, animar, confortar, alentar, reanimar. *Ant.* Desanimar, desalentar, desesperanzar.

esperar, aguardar, permanecer.// Confiar, anhelar, desear, creer, ansiar.

esperma, semen.

espermatozoide, espermatozoo, gameto, célula.

esperpento, adefesio, espantajo, mamarracho.

espesar, condensar, concentrar, amazacotar, densificar, apelmazar, unir, compactar. *Ant.* Diluir.

espeso-sa, denso, tupido, apretado, trabado, cerrado, condensado, compacto, concentrado.// Boscoso, abundante, frondoso.// Macizo, sólido, fuerte.

espesor, grueso, grosor.// Condensación, densidad, consistencia.

espesura, bosque, follaje, ramaje, fronda, selva, hojarasca, frondosidad.

espetar, decir, enjaretar, contestar, sorprender, endosar.

espía, informador, soplón, agente, observador, investigador.

espiar, observar, escudriñar, atisbar, acechar, vigilar, ojear, inspeccionar.

espiga, mazorca, panoja.

espigado-da, alto, esbelto.

espigar, buscar, recoger, escoger, elegir.// **-se,** crecer, adelgazar, estirarse.

espigón, dique, rompeolas, escollera.

espina, raquis, espinazo.// Astilla, púa, pincho, punta, aguijón.// Recelo, sospecha, inquietud, escrúpulo.// Pesar, dolor, angustia, congoja.

espinal, vertebral, dorsal.

espinazo, columna, raquis, espina dorsal.

espinilla, comedón, barrito, erupción, puntito, grano.

espinoso-sa, puntiagudo, punzante, agudo, aguzado, afilado. *Ant.* Romo.// Difícil, arduo, agotador, comprometido, complicado, dificultoso, embrollado, embarazoso. *Ant.* Fácil, accesible.

esplonaje, investigación, averiguación, delación, información.

espiración, exhalación, expulsión.

espiral, vuelta, curva, rosca. *Ant.*, Recta.

espirar, expulsar, soplar, exhalar, lanzar, expeler. *Ant.* Inspirar.

espiritismo, ocultismo, telepatía, magia.

espiritista, médium, ocultista.

espiritoso-sa, vivo, animado, espirituoso, animoso.

espíritu, alma, ánima, psiquis.// Ánimo, esfuerzo, valor, brío, vigor, energía.// Demonio, duende, fantasma.// Ingenio, vivacidad, agudeza, sal, humor, inventiva.// Carácter, tendencia, esencia, principio, substancia.

espiritual, anímico, psíquico, inmaterial, psicológico, subjetivo. *Ant.* Material, materialista, corpóreo.// Delicado, fino, sensible, inteligente, creativo.// Místico.

espita, válvula, grifo.

esplendidez, generosidad, riqueza, abundancia, magnificencia, ostentación, fausto. *Ant.* Miseria.

espléndido-da, rumboso, magnífico, generoso, ostentoso, liberal, desprendido, dadivoso. *Ant.* Miserable, mezquino.// Resplandeciente, rutilante, maravilloso. *Ant.* Insignificante, humilde.

esplendor, brillo, resplandor, suntuosidad, magnificencia, lustre.// Fama, nobleza, gloria, reputación, celebridad. *Ant.* Decadencia.

esplendoroso-sa, esplendente, fúlgido, resplandeciente, brillante, luminoso.

esplín, hastío, tedio, aburrimiento, melancolía.

espolear, aguijar, aguijonear, azuzar, pinchar, estimular, excitar, incitar, picar, animar, mover. *Ant.* Calmar. *Par.* Expoliar.

espolón, punta, púa.

espolvorear, esparcir, rociar.

esponjar, ahuecar.// **-se,** ahuecarse.// Infatuarse, engreírse, ensoberbecerse, envanecerse.

esponjoso-sa, hueco, poroso, permeable.

esponsales, boda, casamiento, promesa, juramento.

espontaneidad, simpleza, sinceridad, apertura, llaneza, naturalidad, familiaridad. *Ant.* Hipocresía, doblez.

espontáneo-a, franco, llano, sincero, abierto, natural, instintivo, indeliberado.// Maquinal, automático. *Ant.* Premeditado, elaborado.

esporádico-ca, casual, ocasional, azaroso, contingente, fortuito, accidental, excepcional. *Ant.* Habitual, frecuente.

esposar, encadenar, aherrojar, ligar. *Ant.* Liberar, soltar.

esposas, ligaduras, grilletes, manillas.

esposo-sa, consorte, cónyuge, pareja.// Marido, compañero.// Mujer, compañera, pareja.

espuela, pincho, rodaja, saliente.

espuerta, cesto, cesta, capacho.

espuma, hervor, efervescencia, burbujeo.

espumante, burbujeante, efervescente.

espurio-ria, ilegítimo, falsificado, fraudulento, falso, adulterado, ficticio, remedado. *Ant.* Auténtico, legítimo.

esputar, escupir.

esputo, expectoración, escupitajo, salivazo.

esquela, carta, billete, misiva, mensaje, comunicación.

esquelético-ca, delgado, flaco, enjuto, raquítico, demacrado, consumido, descarnado, escuálido, magro. *Ant.* Gordo, obeso, rollizo.

esqueleto, osamenta, armadura, armazón, caparazón.// Proyecto, esbozo, croquis, boceto, bosquejo.

esquema, sinopsis, guión, compendio, resumen, representación, esbozo, boceto, apunte. *Ant.* Desarrollo.

esquemático-ca, resumido, compendiado, sintético, simplificado, sinóptico, bosquejado. *Ant.* Ampliado, desarrollado.

esquematizar, resumir, compendiar, sintetizar, extractar, reducir, simplificar.

esquila, campanita, cencerro.// Corte, trasquiladura.

esquilar, pelar, afeitar, trasquilar.

esquina, rincón, ángulo, chaflán, arista, recodo, ochava.

esquinar, arrinconar, escuadrar.

esquinazo, desaire, plantón, descortesía, humillación.

esquirla, astilla, pedazo, fragmento, añico.

esquivar, evadir, eludir, evitar, soslayar, sortear, rehusar, rehuir. *Ant.* Enfrentar.

esquivo-va, huraño, arisco, desdeñoso, áspero, despegado, huidizo, hosco, insociable. *Ant.* Amable, cortés, sociable.

estabilidad, calma, tranquilidad, seguridad, firmeza, permanencia, durabilidad, duración, inmovilidad. *Ant.* Inestabilidad, inseguridad.

estable, seguro, firme, duradero, durable, sólido, fijo, permanente, inalterable, constante. *Ant.* Inestable, inseguro, pasajero.

establecer, fundar, cimentar, instituir, disponer, fijar, crear, asentar, instalar, construir, abrir. *Ant.* Destruir, desmontar.// Determinar, mandar, ordenar.// **-se,** afincarse, radicarse, domiciliarse, avecindarse. *Ant.* Irse, marcharse.

establecimiento, instauración, fundación.// Institución, almacén, tienda, empresa, firma, sociedad, comercio.

establo, caballeriza, pesebre, cuadra, cobertizo.

estaca, palo, garrote, vara, tronco.

estación, tiempo, período, temporada, época, momento, etapa.// Parada, pausa, alto, detención.// Parada, apeadero.

estacionar, asentar, colocar, situar, aparcar, detener. *Ant.* Irse, movilizar.

estacionario-ria, quieto, inmóvil, parado, detenido, inalterable.

estadía, permanencia, detención, estancia.

estadio, campo, pista, circuito, ruedo, arena.// Fase, etapa.

estadista, político, gobernante, autoridad, dirigente.

estadística, recuento, registro, censo, catastro, esquema, diagrama.

estadístico-ca, catastral, censual.

estado, territorio, país, nación, tierra, patria.// Clase, calidad, orden, composición, situación, jerarquía, condición.// Poder, gobierno, administración, dominio.// Disposición, situación.

estafa, engaño, dolo, fraude, malversación, timo, trampa, chantaje.

estafador-ra, embaucador, timador, tramposo, defraudador, bribón. *Ant.* Honesto, honrado.

estafar, defraudar, trampear, engañar, embaucar, timar, malversar, desfalcar.

estafermo, embobado, parado, pasmarote, espantajo, espantapájaros, mamarracho, adefesio.

estafeta, correo, oficina.

estalactita, colgante, concreción, carámbano.

estallar, romperse, reventar, explotar.// Crujir, restallar, retumbar, prorrumpir, detonar, resonar.

estambre, urdimbre, tela, estameña, lana.

estamento, clase, condición, categoría, estado, cuerpo.

estampa, lámina, figura, grabado, imagen, efigie, dibujo, ilustración, cromo.// Huella, impresión.

estampar, marcar, imprimir, impresionar, grabar, reproducir, pintar.

estampido, detonación, explosión, estallido.

estampilla, sello, timbre.

estancamiento, detención, paralización, atascamiento.// Inundación.

estancar, obstruir, paralizar, parar, prohibir, detener, empantanar, suspender, impedir, restringir. *Ant.* Movilizar.// **-se,** rebalsar.

estancia, aposento, habitación, cuarto, pieza, alcoba, sala, dormitorio, ambiente.// Morada, vivienda, residencia, casa, mansión, asiento, domicilio.// Permanencia, detención, estadía. *Ant.* Salida, marcha.// Finca, hacienda.// Estrofa.

estanco, quiosco, puesto, expendeduría.// Almacén, depósito, archivo.// Restricción, prohibición, embargo.

estanco-ca, cerrado, impenetrable, hermético.

estandarte, insignia, pendón, banderín, divisa, oriflama, enseña, pabellón, blasón.

estanque, charca, pantano, lago, laguna, alberca, albufera, embalse.

estante, anaquel, repisa, ménsula.

estantería, anaquelería.

estar, vivir, encontrarse, hallarse, permanecer, ubicarse, existir. *Ant.* Irse, marcharse.

estatal, gubernamental, oficial, público. *Ant.* Privado, particular.

estático-ca, quieto, inmóvil, parado, fijo, inalterable. *Ant.* Móvil, inquieto.

estatua, escultura, figura, talla, efigie.

estatuario-ria, bello, escultural, perfecto, majestuoso. *Ant.* Insignificante, feo, deforme.

estatuir, establecer.

estatura, altura, porte, talla, medida, alzada.

estatuto, reglamento, decreto, disposición, reglamentación, ordenanza, regla.

este, oriente, naciente, levante. *Ant.* Oeste, occidente.

estela, huella, rastro, surco.

estentóreo-a, fuerte, retumbante, detonante, sonoro, vibrante. *Ant.* Débil.

estepa, erial, llano, yermo, páramo.

estepario-ria, desértico.

estera, alfombra, tapete, felpudo.

estercolar, fertilizar, abonar.

estereotipado-da, fijo, inmóvil, calcado.

estereotipar, calcar, reproducir.

estéril, infecundo, improductivo. *Ant.* Fértil, fecundo.// Infructuoso, vano, ineficaz, inútil, inane. *Ant.* Útil, eficaz.// Árido, yermo, desértico, pobre. *Ant.* Exuberante.

esterilidad, infecundidad. *Ant.* Fertilidad, fecundidad.// Agotamiento, improductividad, infructuosidad, ineficacia.

esterilizar, castrar, capar, emascular, infecundizar. *Ant.* Fecundar, fertilizar.// Desinfectar, aseptizar, higienizar, purificar. *Ant.* Infectar, contaminar.

estero, bañado.

estertor, ronquido, jadeo, opresión, agonía.

estética, belleza, arte, decoración.

estético-ca, bello, hermoso, artístico, decorativo. *Ant.* Feo, antiestético.

estiba, carga, colocación, disposición, lastre.

estibador, changador, cargador, peón, mozo, esportillero.

estibar, colocar, disponer, ubicar, distribuir, cargar.

estiércol, abono, excremento, guano.

estigma, señal, marca, huella, traza, mancha, mácula.// Deshonra, afrenta, vergüenza, infamia. *Ant.* Honra.

estigmatizar, marcar, manchar.// Afrentar, infamar.

estilar, acostumbrar, practicar, usar, emplear, utilizar.

estilete, puñal, punzón.

estilizado-da, esbelto, delgado, elegante, fino. *Ant.* Rústico, tosco.// Simplificado, esquematizado.

estilizar, caracterizar, esquematizar, simplificar.

estilo, manera, modo, forma, uso, costumbre, moda.// Personalidad, carácter, expresión.

estima, aprecio, consideración, estimación, respeto, afecto, cariño. *Ant.* Desprecio, odio.

estimación, estima.

estimar, apreciar, querer, valorar, respetar. *Ant.* Desdeñar, despreciar.// Tasar, valuar, justipreciar.// Juzgar, opinar, creer, considerar, presumir, pensar, conjeturar.

estimular, aguijonear, incitar, animar, instar, azuzar, excitar. *Ant.* Desanimar, desalentar, aplacar, disuadir.

estímulo, incitación, aguijoneamiento, aliciente, hostigamiento. *Ant.* Contención, freno.

estío, verano.

estipendio, remuneración, paga, sueldo, salario, honorarios, retribución.

estipulación, convenio, contrato, tratado, negociación, pacto, acuerdo.

estipular, convenir, concertar, acordar, contratar, negociar.

estirado-da, vanidoso, altivo, orgulloso, fatuo, altanero, afectado. *Ant.* Sencillo, humilde.// Dilatado, ensanchado, alargado, tenso.// Alto, esbelto, espigado.

estirar, extender, alargar, dilatar, ensanchar, prolongar, desplegar, ampliar. *Ant.* Encoger, achicar.// -se, desperezarse, desentumecerse.

estirón, desarrollo, crecimiento.// Impulso.

estirpe, familia, abolengo, raza, alcurnia, tronco, ascendencia, raíz, origen, linaje.

estival, veraniego.

estocada, tajo, cuchillada, corte.

estofa, pelaje, clase, calaña, calidad, ralea, condición, laya.

estofado, guiso, vianda.// -da, guisado, aderezado, adobado.// Engañanabo.

estolco-ca, impasible, imperturbable, inalterable, insensible, indiferente, inmutable, sufrido, firme, fuerte.

estola, piel, chal, bufanda.

estolidez, necedad, estupidez, insensatez, bobería, idiotez.

estólido-da, bobo, tonto, necio. *Ant.* Sensato, prudente, inteligente.

estomacal, gástrico, digestivo.

estomagar, cansar, hastiar, molestar, fastidiar, escorchar, irritar.

estómago, órgano, víscera, buche, vientre, abdomen.

estopa, cáñamo, tejido.

estoque, espada, florete, espadín.

estorbar, molestar, fastidiar, entorpecer, impedir, embarazar, dificultar, obstruir, incomodar, perturbar. *Ant.* Ayudar, facilitar.

estorbo, impedimento, obstáculo, embarazo, dificultad, lastre, engorro, freno, barrera, molestia, interrupción. *Ant.* Ayuda, facilidad.

estornudo, sacudida, crispación, espiración.

estrábico-ca, bizco.

estrabismo, desviación, bizquera.

estrada, carretera, camino.

estrado, tarima, tablado, grada, plataforma, armazón, entarimado, entablado.

estrafalario-ria, raro, estrambótico, extravagante, ridículo, inconveniente, cómico, grotesco. *Ant.* Normal, adecuado.

estragar, arruinar, descomponer, corromper, estropear, viciar, dañar. *Ant.* Arreglar, componer, corregir.// Hastiar, hartar, empachar.// Estomagar, fastidiar, molestar, importunar.

estrago, daño, devastación, ruina, destrucción, matanza, carnicería, asolamiento, destrozo, desolación, catástrofe. *Ant.* Reconstrucción, beneficio.

estrambótico-ca, raro, extravagante, estrafalario.

estrangulación, ahogo, asfixia, contricción, compresión, sofocación.

estrangular, acogotar, asfixiar, ahogar, sofocar, ahorcar.

estratagema, treta, artificio, engaño, ardid, artimaña, astucia, truco.

estratega, general, militar.// Hábil, diestro, experto, ducho. *Ant.* Inexperto.

estrategia, pericia, destreza, habilidad.// Táctica, maniobra.

estratégico-ca, importante, principal, valioso, fundamental, necesario.

estrato, capa, faja, veta, vena, franja, manto.

estraza, trapo, guiñapo, andrajo.

estrechar, rodear, abrazar, ceñir, apretar.// -se, reducirse, angostarse, encogerse. *Ant.* Ensanchar.// -se, economizar, reducirse, restringirse.

estrechez, escasez, privación, limitación, pobreza, miseria.

estrecho, paso, desfiladero, garganta, canal, angostura.

estrella, astro, luminaria, lucero.// Destino, azar, fatalidad, fortuna, sino, suerte.// Artista, actriz, figura.

estrellado-da, constelado, estelífero.// Desafortunado.

estrellar, arrojar, lanzar, echar.// -se, fracasar.// Colisionar, chocar, tropezar, precipitarse, golpearse.

estremecer, agitar, sacudir.// Conmover, alterar, turbar, sobresaltar.// -se, tiritar, temblar, palpitar.// Impresionarse, inquietarse.

estremecimiento, temblor, sacudimiento, conmoción, sobresalto, espeluzno, escalofrío.

estrenar, inaugurar, iniciar, comenzar, empezar, abrir, debutar. *Ant.* Cerrar.

estreno, inauguración, apertura, debut, representación. *Ant.* Cierre, clausura.

estreñimiento, constipación, indisposición.

estreñir, constipar, astringir.

estrépito, ruido, barullo, estruendo, algarabía, confusión, fragor. *Ant.* Paz, tranquilidad, silencio.

estrepitoso-sa, estruendoso, ruidoso, bullicioso, retumbante, escandaloso. *Ant.* Tranquilo, silencioso.

estrés, cansancio, fatiga, desgano, agotamiento, inquietud, tensión.

estría, raya, ranura, acanaladura, canal, surco, muesca.

estriar, surcar, acanalar, rayar.

estribación, contrafuerte, ramificación, derivación.

estribar, gravitar, radicar, apoyarse, basarse, fundarse, descansar, consistir.

estribillo, repetición, matraca, muletilla, reiteración.

estribo, contrafuerte.// Sostén, apoyo, fundamento.

estricto-ta, riguroso, rígido, severo, exacto, preciso, minucioso, escrupuloso, cabal. *Ant.* Flexible, indulgente, benévolo.

estridencia, destemplanza, discordancia, rechinamiento.

estridente, agrio, agudo, desapacible, destemplado, chirriante, rechinante, desentonado, discordante. *Ant.* Armonioso.

estro, inspiración, numen, estímulo, creación.

estrofa, parte, sección, división.

estropajo, inútil, ineficaz, incapaz, despreciable.

estropear, dañar, arruinar, menoscabar, deteriorar, malograr, averiar. *Ant.* Componer, arreglar.// **-se,** afearse, marchitarse, envejecer, desmejorar. *Ant.* Mejorar.

estropicio, desastre, rotura, destrozo, trastorno, desarreglo. *Ant.* Arreglo.

estructura, orden, esquema, organización, disposición, ordenación, distribución, constitución, armazón, esqueleto, montura, sostén.

estructural, configurativo, constitutivo, orgánico.

estructurar, organizar, ordenar, arreglar, distribuir, armar, entramar, configurar. *Ant.* Desorganizar.

estruendo, bullicio, confusión, estrépito, detonación, explosión, estampido, fragor.

estrujar, apretar, ceñir, oprimir, comprimir, prensar, agotar, extraer. *Ant.* Aflojar.

estuario, embocadura, desembocadura, entrada, boca.

estucar, revocar, encalar, blanquear.

estuche, caja, cofrecillo, envase, funda.

estuco, encaladura, yeso.

estudiado-da, afectado, fingido, amanerado, artificioso. *Ant.* Espontáneo, natural.

estudiante, colegial, alumno, escolar, aprendiz, discípulo.

estudiar, observar, meditar,investigar, prepararse, aplicarse, dedicarse, ejercitarse, instruirse, examinar, aprender, buscar, tantear. *Ant.* Embrutecerse.

estudio, aplicación, dedicación, análisis, trabajo, investigación, labor, esfuerzo, práctica, conocimiento, experiencia, instrucción, educación, ilustración.// Trabajo, monografía, ensayo, tratado, boceto, libro, publicación, artículo, bosquejo.// Oficina, despacho, bufete.// Afectación.

estudioso-sa, investigador, sabio, perito, intelectual, aplicado, laborioso. *Ant.* Vago.

estufa, calentador, brasero, hogar, calorífero, chimenea.

estulticia, necedad, estupidez, estolidez, simpleza, sandez, idiotez, disparate, majadería.

estupefacción, admiración, asombro, estupor, pasmo, extrañeza, fascinación. *Ant.* Indiferencia.

estupefaciente, narcótico, soporífero, dormitivo, anestésico, aletargante, hipnótico, droga.

estupefacto-ta, sorprendido, pasmado, admirado, atónito, maravillado.

estupendo-da, sorprendente, maravilloso, prodigioso, pasmoso, portentoso, admirable, extraordinario, soberbio, magnífico, increíble. *Ant.* Desagradable.

estupidez, necedad, bobería, tontería, sandez, simpleza. *Ant.* Agudeza, inteligencia, genialidad.

estúpido-da, bobo, tonto, necio, obtuso. *Ant.* Inteligente.

estupor, estupefacción, pasmo, admiración, extrañeza.// Insensibilidad, indiferencia, atonía, embotamiento. *Ant.* Actividad, sensibilidad, vivacidad.

estupro, abuso, violación, corrupción.

etapa, época, período, fase, ciclo.// Alto, descanso, parada.

éter, espacio, vacío, firmamento, cielo.// Anestésico.

etéreo-a, impalpable, volátil, vaporoso, sutil, incorpóreo, grácil.// Sublime, elevado, celestial.

eternidad, perdurabilidad, perennidad, inmortalidad, perpetuidad, permanencia. *Ant.* Fugacidad, transitoriedad.

eterno-na, imperecedero, perpetuo, perenne, inmarcesible, interminable, inacabable, perdurable, sempiterno, inmortal, inextinguible, indestructible, infinito, constante. *Ant.* Efímero, transitorio, breve, pasajero.

ética, moral. *Par.* Hética.

ético-ca, moral, moralista. *Par.* Hético.

etimología, origen, fuente, procedencia, raíz, derivación, principio, génesis.

etiología, causa, motivo, razón.

etiqueta, ceremonia, ceremonial, formulismo, protocolo, solemnidad, ritual.// Rótulo, marbete, inscripción.

étnico-ca, racial, etnográfico, particular, peculiar, característico.

eucaristía, sacramento, hostia.

eufemismo, indirecta, disimulo, rodeo, disfraz, tapujo, velo, embozo, perífrasis.

eufónico-ca, melodioso, agradable. *Ant.* Desagradable, discordante.

euforia, lozanía, salud, bienestar, animación, exaltación, vehemencia, arrebato.

eufórico-ca, animoso, entusiasmado, vehemente.

eunuco, castrado, emasculado.

euritmia, armonía, equilibrio, proporción.

evacuación, deposición, deyección, defecación.// Desocupación, abandono, salida.

evacuar, defecar.// Abandonar, retirarse, desocupar, salir. *Ant.* Ocupar.

evadir, evitar, esquivar, rehuir, eludir, soslayar. *Ant.* Afrontar, comprometerse.// **-se,** escapar, huir, fugarse, desaparecer, esfumarse, desvanecerse. *Ant.* Aparecer, quedarse, permanecer.

evaluación, valoración, estimación, tasación, valuación, tasa, apreciación.// Prueba, examen.

evaluar, valorar, apreciar, tasar, justipreciar.

evangelizar, cristianizar, catequizar, convertir, predicar, difundir.

evaporación, vaporización, gasificación, vaporación, volatilización, sublimación. *Ant.* Condensación, solidificación, congelamiento.// Desaparición. *Ant.* Aparición.

evaporar, volatilizar, vaporar, gasificar, disipar. *Ant.* Solidificar, congelar.// **-se,** irse, marcharse, desaparecer, fugarse, esfumarse. *Ant.* Aparecer, presentarse, quedarse.

evasión, huida, fuga, escapada, deserción, abandono, desaparición. *Ant.* Permanencia, vuelta.

evasiva, excusa, subterfugio, rodeo, argucia, ambages, escapatoria, disculpa, recurso, coartada, justificación.

evasivo-va, huidizo, esquivo, ambiguo, impreciso.

evento, hecho, acontecimiento, suceso, acaecimiento.

eventual, casual, imprevisto, accidental, fortuito, inseguro, incidental, esporádico, contingente, incierto, improbable. *Ant.* Seguro, planeado, deliberado, esperado.

eventualidad, contingencia, inseguridad, casualidad, probabilidad, posibilidad.// Evento, hecho, incidente, caso.

evidencia, certeza, seguridad, convencimiento, certidumbre, convicción. *Ant.* Inseguridad, duda, incertidumbre.

evidenciar, demostrar, afirmar, probar, patentizar, asegurar, testimoniar.

evidente, manifiesto, claro, seguro, incuestionable, innegable, incontrovertible, cierto, auténtico. *Ant.* Inseguro, dudoso, impreciso.

evitar, eludir, obviar, prevenir, sortear, huir, soslayar. *Ant.* Enfrentar, afrontar.// Impedir, obstaculizar, obviar, prevenir, precaver. *Ant.* Favorecer, ayudar, provocar.

evocar, recordar, rememorar, revivir, reanimar. *Ant.* Olvidar.// Homenajear.// Apelar, llamar, invocar.

evolución, desarrollo, transformación, crecimiento, cambio, progreso. *Ant.* Decadencia, estancamiento, retroceso.// Maniobra, movimiento.

evolucionar, desarrollarse, desenvolverse, progresar.// Maniobrar, moverse.// Cambiar, transformarse, trocarse. *Ant.* Permanecer.

evolutivo-va, gradual, escalonado.

exabrupto, inconveniencia, brusquedad, violencia, grosería.

exacción, requerimiento, exigencia, reclamación, cobro, coacción, abuso.

exacerbar, exasperar, agraviar, enojar, irritar, agudizar, excitar. *Ant.* Calmar.

exactitud, precisión, estrictez, minuciosidad, escrupulosidad, corrección, conformidad, rigor, regularidad, perfección, puntualidad, veracidad. *Ant.* Imprecisión, negligencia, irregularidad.

exacto-ta, igual, preciso, verdadero, debido, cierto, estricto, fiel, correcto, puntual. *Ant.* Inexacto, impreciso.

exageración, engrandecimiento, ponderación, encarecimiento, afectación, exceso, superabundancia, abundancia, colmo, fantasía, ilusión.

exagerado-da, excesivo, desmedido, fantasioso. *Ant.* Justo, medido, mesurado.

exagerar, ampliar, amplificar, aumentar, agrandar, recargar, ponderar. **Ant.** Achicar, disminuir, simplificar.

exaltación, ensalzamiento, alabanza, elogio, glorificación, enaltecimiento, ponderación, apología.// Enardecimiento, entusiasmo, encendimiento, animación, ansia, fiebre, agitación, inquietud, ardor, efervescencia, acaloramiento, excitación, exacerbación, inflamación, fogosidad. **Ant.** Frialdad, desinterés, calma, serenidad.// Furia, violencia, arrebatamiento. **Ant.** Ecuanimidad.

exaltar, ponderar, elogiar, alabar, realzar, ensalzar, engrandecer, celebrar, enaltecer, encumbrar, encomiar. **Ant.** Rebajar, denigrar, vilipendiar.// **-se,** excitarse, enardecerse, entusiasmarse, acalorarse. **Ant.** Calmarse, tranquilizarse.

examen, observación, investigación, análisis, exploración, averiguación, ensayo, indagación, reconocimiento, tanteo, inspección.// Oposición, prueba, concurso, evaluación, ejercicio, convocatoria, selección.

examinar, investigar, observar, analizar, tantear, fiscalizar, indagar, reconocer, registrar, explorar.// Calificar, evaluar.// **-se,** presentarse, concursar.

exangüe, exánime, debilitado, débil.// Muerto, difunto.

exánime, desfallecido, debilitado, aniquilado, desmayado, agotado, inanimado, decaído. **Ant.** Fuerte, vigoroso.

exantema, erupción, irritación, sarpullido.

exasperación, exaltación, desenfreno, irritación, cólera, ira, rabia, desesperación. **Ant.** Serenidad.

exasperar, irritar, exaltar, enardecer, enfurecer, encolerizar, indignar, trastornar. **Ant.** Tranquilizar, calmar, serenar.

excarcelar, soltar, liberar, libertar, licenciar, perdonar, condonar, indultar. **Ant.** Condenar, encarcelar.

excavación, dragado, perforación.// Hoyo, cavidad, zanja, fosa, abertura, concavidad, socavón, hueco. **Ant.** Montículo.

excavar, cavar, ahondar, dragar, perforar, profundizar, socavar, zapar, penetrar.

excedente, sobrante, resto, residuo, exceso, remanente.// Innecesario, superabundante, supernumerario, excesivo.

exceder, sobrepasar, rebasar, superabundar, sobresalir, aventajar, superar, abundar. **Ant.** Limitar.// **-se,** demandarse, propasarse, extralimitarse, pasarse. **Ant.** Contenerse.

excelencia, perfección, excelsitud, grandiosidad, exquisitez, eminencia, notabilidad, prestancia, sublimidad, magnificencia, elevación, superioridad, importancia, grandeza. **Ant.** Inferioridad.

excelente, superior, óptimo, notable, destacado, colosal, magnífico, eminente, extraodinario, insuperable. **Ant.** Pésimo, inferior.

excelsitud, sublimidad, grandeza.

excelso-sa, excelente, altísimo, sublime, eximio.

excentricidad, rareza, extravagancia, particularidad, manía, originalidad. **Ant.** Sensatez, normalidad.

excéntrico-ca, estrafalario, original, raro, extravagante, estrambótico, insólito, ridículo, grotesco. **Ant.** Sencillo, común, normal, sensato.

excepción, anomalía, particularidad, rareza, irregularidad, singularidad, anormalidad. **Ant.** Generalidad.// Privilegio, exclusión, prerrogativa, merced, preferencia.

excepcional, raro, infrecuente, extraño, extraordinario, insólito, inaudito, singular, increíble. **Ant.** Corriente, común, usual, frecuente.

excepto, solo, exclusive, salvo. **Ant.** Inclusive.

exceptuar, excluir, eliminar, apartar, suprimir, quitar. **Ant.** Incluir.

excesivo-va, abundante, superabundante, sobrado, tremendo, inmoderado, exuberante, enorme, extremado. **Ant.** Pobre, carente, escaso.

exceso, enormidad, abundancia, demasía, exageración, sobra. **Ant.** Carencia, falta.// Violencia, intemperancia, delito, abuso, vicio. **Ant.** Sobriedad.

excitar, animar, entusiasmar, encender, electrizar, exasperar, exaltar, mover, acalorar, impulsar, instigar, avivar, enardecer, atizar, estimular. **Ant.** Calmar.// Irritar, sublevar.

exclamación, grito, imprecación, interjección, apóstrofe, voz.

exclamar, gritar, vocear, emitir, proferir, prorrumpir. **Ant.** Callar.

excluir, apartar, exceptuar, separar, discriminar, rechazar, eliminar, suprimir, descartar. **Ant.** Incluir.

exclusiva, privilegio, preferencia, franquicia, autorización.

exclusividad, privilegio, particularidad.

exclusivismo, sectarismo, irreductibilidad.

exclusivo-va, único, propio, original, particular, excepcional, peculiar, típico, personal, distintivo. **Ant.** Vulgar// Preferencial, privilegiado. **Ant.** Común, general.

excomulgar, rechazar, repudiar, anatematizar, prohibir, expulsar. **Ant.** Perdonar, santificar.

excomunicón, anatema, rechazo, reprobación, castigo, estigma. **Ant.** Aprobación, perdón.

excoriar, ulcerar, corroer, escocer.

excrecencia, carnosidad, verruga, bulto.

excremento, deposición, deyección, caca, evacuación.

exculpar, absolver, perdonar, excusar, justificar, disculpar, defender, atenuar, paliar. **Ant.** Condenar, castigar.

excursión, paseo, caminata, gira, salida.// Invasión, correría.

excursionista, viajero, caminante, paseante.

excusa, disculpa, pretexto, evasiva, escapatoria, subterfugio, defensa.

excusado, water, retrete.

excusar, disculpar, perdonar, exceptuar, defender, justificar, dispensar, atenuar, exculpar.// Eludir, evitar, rehuir, rehusar.

execración, reprobación, condenación, maldición.

execrar, anatematizar, abominar, maldecir, imprecar, reprobar, condenar. **Ant.** Apreciar.

exégesis, interpretación, explicación, glosa, comentario.

exégeta, intérprete, glosador, comentarista.

exención, perdón, dispensa, libertad, ventaja, exculpación, privilegio, prerrogativa.

exento-ta, libre, franco, ajeno, descargado, exceptuado, exonerado, desembarazado. **Ant.** Obligado.

exequias, funerales, honras, homenaje, ceremonia.

exhalación, vaho, emanación, vapor, tufo, olkor, perfume.// Centella, rayo, chispa, bólido.// Suspiro.

exhalar, emanar, desprender, largar, emitir, producir, humear, evaporar.// Suspirar.

exhaustivo-va, total, completo, íntegro, agotador.

exhausto-ta, agotado, cansado, consumido, extenuado, exangüe, debilitado, fatigado, enflaquecido. **Ant.** Fuerte, vigoroso.

exhibición, muestra, presentación, exteriorización, ostentación, manifestación, exposición. **Ant.** Ocultación.// Feria, muestra, exposición.

exhibir, exponer, mostrar, ostentar, lucir, exteriorizar, manifestar, enseñar. **Ant.** Esconder, ocultar.

exhortación, ruego, súplica, petición.// Incitación, advertencia, consejo.// Admonición, sermón.

exhortar, animar, alentar, excitar.// Suplicar, pedir, rogar.// Sermonear, amonestar, censurar.

exhumar, descubrir, desenterrar, extraer. **Ant.** Inhumar, enterrar.// Recordar, rememorar, evocar. **Ant.** Olvidar.

exigencia, petición, reclamación, demanda, coacción, orden, exhortación, pedido, comunicación. **Ant.** Ruego, súplica.

exigente, pretencioso, insistente, demandante, requeridor, pedigüeño.// Rígido, recto, severo, intransigente, meticuloso. **Ant.** Tolerante.

exigir, reclamar, pedir, requerir, necesitar, demandar, conminar, exhortar, ordenar. **Ant.** Conceder, tolerar, suplicar.

exiguo-gua, pobre, escaso, carente, insuficiente. **Ant.** Abundante.

exiliado-da, desterrado, proscripto, confinado. **Ant.** Repatriado.

exiliar, desterrar, confinar, deportar, expulsar, proscribir, echar. **Ant.** Acoger, repatriar.

exilio, destierro, alejamiento, expulsión, aislamiento, confinación, proscripción, deportación. **Ant.** Regreso, repatriación.

eximio-mia, excelente, excelso, notable, exquisito, óptimo, ilustre. **Ant.** Inferior.

eximir, dispensar, liberar, excluir, exceptuar, indultar, perdonar. *Ant.* Obligar.

existencia, vida, presencia, supervivencia.// Ser, entelequia, cosa.// **-s,** mercancías, repertorio, surtido, víveres.

existir, ser, vivir, subsistir, durar, mantenerse, conservarse, hallarse, estar. *Ant.* Morir.

éxito, victoria, triunfo, logro, resultado, conclusión, gloria, renombre, honor, notoriedad. *Ant.* Fracaso, desconocimiento.

éxodo, emigración, salida, abandono, marcha, ausencia, huida, deportación, exportación. *Ant.* Ingreso, regreso, vuelta.

exoneración, degradación, destitución, cese.// Descargo, alivio, franquicia, dispensa, excepción. *Ant.* Carga, gravamen.

exonerar, destituir, deponer, relevar, degradar, privar, echar, cesantear, suspender. *Ant.* Rehabilitar.// Aliviar, eximir.

exorbitante, excesivo.

exorcismo, conjuro, encantamiento, magia, sortilegio, embrujo, hechizo.

exorcizar, desendemoniar, desendiablar, conjurar.

exordio, encabezamiento, prefacio, prólogo, preámbulo, principio, introducción. *Ant.* Fin, epílogo.

exotérico-ca, asequible, común, fácil, comprensible, elemental, corriente. *Ant.* Esotérico, complicado, difícil.

exótico-ca, extraño, extranjero, foráneo, remoto, lejano. *Ant.* Nacional, local.// Raro, desusado, insólito, extravagante, desacostumbrado. *Ant.* Convencional, común.

expandir, ensanchar, extender, dilatar, agrandar, desarrollar, ampliar. *Ant.* Restringir, achicar, disminuir.

expansión, propagación, circulación, difusión.// Dilatación, extensión, desenvolvimiento.// Diversión, solaz, recreo, esparcimiento, distracción.// Comunicación, desahogo, confidencia, efusión. *Ant.* Contención.

expansivo-va, sociable, efusivo, demostrativo, cariñoso, comunicativo, expresivo, franco, vehemente, parlanchín, charlatán. *Ant.* Hosco, huraño.

expatriarse, exiliarse.

expectación, atención, afán, curiosidad, interés. *Ant.* Desinterés.

expectativa, expectación.// Probabilidad, posibilidad, perspectiva.

expectorar, escupir, salivar.

expedición, viaje, excursión, gira, exploración.// Caravana, grupo, tropa.// Envío, remesa, exportación, facturación.

expedicionario-ria, viajero, explorador.

expediente, escrito, legajo, documento, papeleo, registro, certificación.// Caso, negocio.

expedir, remitir, enviar, facturar.// Certificar, tramitar, despachar, cursar.

expeditivo-va, diligente, habilidoso, diestro, rápido, apto, pronto. *Ant.* Torpe, desmañado.

expedito-ta, libre, desembarazado, despejado, amplio, holgado. *Ant.* Obstruido, rápido, fácil, pronto.

expeler, expulsar.

expender, vender, despachar.

expensas, gasto, consumo.

experiencia, ensayo, experimentación, tanteo, sondeo, prueba, tentativa.// Destreza, maestría, conocimiento, hábito, costumbre, práctica, pericia, habilidad. *Ant.* Inexperiencia.

experimentación, experiencia, experimento.

experimental, empírico, práctico. *Ant.* Teórico.

experimentar, sentir, soportar, sufrir, notar, aprender, observar, advertir, escarmentar.// Investigar, observar, tantear, sondear, examinar, ensayar, intentar. *Ant.* Teorizar.

experimento, experiencia, prueba, observación, investigación, ensayo, tentativa.

experto-ta, experimentado, perito, conocedor, entendido, diestro, hábil, técnico. *Ant.* Inexperto, desconocedor.

expiación, paga, pena, purificación, purgación, reparación, satisfacción, enmienda.

expiar, borrar, purgar, satisfacer, sufrir, cumplir, reparar, lavar, purificarse.

expiatorio-ria, compensador, vindicador, reparador.

expiración, fallecimiento.

expirar, fallecer, morir, acabar, concluir, fenecer, agonizar. *Ant.* Nacer.// Cesar, terminar, finiquitar. *Ant.* Comenzar, empezar.

explanada, llano, superficie, extensión, llanura, descampado.

explanar, allanar, nivelar, aplanar.

explayar, esparcir, extender.// **-se,** solazarse, divertirse, recrearse, entretenerse. *Ant.* Aburrirse.// Desahogarse, franquearse, confiarse. *Ant.*, Contenerse.

explicación, aclaración, justificación, interpretación, ilustración, exégesis, comentario.

explicar, justificar, excusar. *Ant.* Acusar, criticar.// Exponer, aclarar, ilustrar, desarrollar, esclarecer, revelar, elucidar, dilucidar, definir, especificar, desplegar. *Ant.* Embrollar.

explícito-ta, dicho, manifiesto, declarado, sincero, intencionado, franco, preciso, exacto. *Ant.* Oculto, callado, confuso.

exploración, batida, incursión, expedición, avanzada.// Investigación, indagación, sondeo.

explorador-ra, descubridor, expedicionario, viajero.

explorar, rastrear, bucear, reconocer, recorrer, batir.// Tantear, investigar, indagar, estudiar.// Recorrer, viajar.

explosión, detonación, estallido, descarga, estampido, estruendo, crepitación, reventón, disparo.// Expansión, arrebato, manifestación, arranque, impulso.

explosivo, detonante, fulminante.// va, sensacional, sorpresivo, insólito, impresionante.

explotación, empresa, factoría, industria, fabricación.// Beneficio, utilización, empleo, rendimiento, obtención.// Expoliación, abuso. *Ant.* Generosidad.

explotar, detonar, estallar, crepitar, reventar.// Abusar, aprovecharse, engañar, estafar.// Usar, utilizar, usufructuar, comercializar. *Ant.* Desaprovechar.

exportar, enviar, mandar, expedir, sacar. *Ant.* Importar.

exposición, explicación.// Ostentación, manifestación, alarde, exhibición, despliegue.// Orientación.

expósito, huérfano, incluseiro, abandonado.

expositor-ra, exhibidor, participante.

expresar, manifestar, decir, indicar, citar, comunicar, formular, emitir, proferir, prorrumpir, representar, exponer, significar, participar, insinuar, enunciar, concretar, precisar. *Ant.* Callar.

expresión, término, vocablo, locución, voz, palabra, enunciado.// Gesto, gesticulación, manifestación, exposición, comunicación.// Elocuenciua, animación, fogosidad.

expresivo-va, significativo.// Elocuente.// Afectuoso, cariñoso, expansivo, parlanchín, comunicativo, vehemente. *Ant.* Hosco, huraño.

expreso, a propósito, intencionado, deliberado.// Tren, rápido, directo.

exprimir, estrujar, comprimir, apretar, prensar, retorcer, extraer, macerar, despulpar.// Empobrecer, abusar, esquilmar.

expropiación, embargo, confiscación.

expropiar, confiscar, privar, desposeer, incautarse, despojar. *Ant.* Restituir, dar.

expuesto-ta, manifiesto, declarado, mostrado, exhibido. *Ant.* Oculto.// Arriesgado, aventurado, peligroso, comprometido, inseguro. *Ant.* Seguro.

expugnar, asaltar, tomar, conquistar, apoderarse.

expulsar, echar, alejar, expeler, rechazar, arrojar, emitir, lanzar, despedir, eliminar, destituir, exonerar, desterrar. *Ant.* Atraer, reintegrar, admitir.

expulsión, alejamiento, despedida, despido, exclusión, destitución, repudio, exilio. *Ant.* Aceptación, admisión, inclusión.

expurgar, limpiar, purificar, pulir.// Enmendar, corregir, modificar, eliminar, tachar, quitar. *Ant.* Incluir.

exquisito-ta, agradable, delicioso, apetitoso, sabroso, delicado, primoroso. *Ant.* Tosco, rústico.

extasiar, arrobar, cautivar, maravillar, sosprender, hechizar, pasmar.// **-se,** arrobarse, ensimismarse, embelesarse, enajenarse, transportarse.

éxtasis, embeleso, embriaguez, maravilla, hechizo, exaltación, rapto, embobamiento, transporte. **Ant.** Indiferencia, imperturbabilidad.

extático-ca, embobado, arrobado, maravillado, pasmado.

extemporáneo-a, inoportuno, impropio, inconveniente, intempestivo, inesperado. **Ant.** Oportuno.

extender, desplegar, tender, desdoblar, desenvolver, estirar. **Ant.** Plegar.// Difundir, esparcir, dispersar, divulgar, propagar. **Ant.** Ocultar.// **-se,** ramificarse.// Explayarse, desahogarse, profundizar.

extensión, vastedad, amplitud, llanura.// Desarrollo, dilatación, propagación, desenvolvimiento, ampliación, amplificación, ramificación.

extenso-sa, espacioso, dilatado, desenvuelto, amplio, desarrollado, alargado, anchuroso. **Ant.** Reducido.

extenuación, debilitamiento, agotamiento, consunción, enflaquecimiento, postración. **Ant.** Fortalecimiento.

extenuar, cansar, agotar, agobiar, fatigar, debilitar, quebrantar.// **-se,** enflaquecer, desfallecer. **Ant.** Fortalecerse, recuperarse.

exterior, exterioridad, aspecto, apariencia, semblante, fachada, figura. **Ant.** Interior.// Externo, manifiesto, visible, superficial. **Ant.** Interno.

exteriorizar, manifestar, mostrar, descubrir, revelar. **Ant.** Tapar, ocultar.

exterminar, matar, aniquilar, destruir, extinguir, eliminar, suprimir, liquidar. **Ant.** Proteger, reparar.

exterminio, aniquilación, destrucción, matanza, carnicería, liquidación, genocidio. **Ant.** Comienzo, creación, surgimiento, reparación, protección.

extinción, apagamiento, desaparición, cese, muerte, decadencia. **Ant.** Surgimiento, aparición, nacimiento, reavivamiento, plenitud.

extinguir, apagar, sofocar, ahogar.// **-se,** languidecer, morir, fallecer, agonizar, decaer, declinar. **Ant.** Nacer, surgir.

extinto-ta, difunto, muerto.

extintor, matafuego.

extirpar, arrancar, exterminar, borrar, aniquilar, desarraigar, quitar, erradicar.

extorsión, usurpación, despojamiento, expolio.// Daño, perjuicio. **Ant.** Beneficio.

extorsionar, despojar, confiscar, expoliar. **Ant.** Devolver.// Dañar, perjudicar. **Ant.** Beneficiar.

extra, figurante, comparsa, partiquino.// Complemento, aditamento, plus, gratificación.// Estupendo, soberbio, magnífico, óptimo, excelente.

extracción, arrancamiento, extirpación.// Origen, cuna, ascendencia, linaje, tronco, raza.

extractar, compendiar, condensar, resumir, reducir, sintetizar, substanciar, abreviar. **Ant.** Ampliar, desarrollar.

extracto, compendio, resumen, esencia, sumario, abreviación. **Ant.** Desarrollo.// Esencia, concentración, destilación.

extradición, entrega, cesión.

extraer, sacar, desenvainar, desclavar, arrancar, quitar, despojar, apartar, extirpar. **Ant.** Introducir, meter.

extralimitarse, excederse, propasarse, abusar. **Ant.** Limitarse, contenerse.

extramuros, alrededores, cercanías, afueras, suburbios, contornos, inmediaciones. **Ant.** Centro.

extranjero-ra, forastero, extraño, foráneo, exótico, gringo. **Ant.** Nativo.

extrañamiento, confinamiento, deportación, exilio, destierro. **Ant.** Regreso.

extrañar, añorar.// Sorprender, admirar, chocar, asombrar.// Alejar, deportar, eciliar. **Ant.** Repatriar.

extrañeza, rareza, anomalía, singularidad.// Asombro, perplejidad, admiración, sorpresa.

extraño-ña, raro, insólito, extravagante, singular, chocante, peregrino, extraordinario. **Ant.** Común, frecuente.// Ajeno, impropio, desconocido, extranjero, foráneo.

extraoficial, privado, reservado, oficioso. **Ant.** Oficial.

extraordinario-ria, singular, asombroso, excepcional. **Ant.** Habitual, frecuente.

extraterrestre, espacial, sideral, planetario. **Ant.** Terrícola, terrestre.

extravagancia, rareza, singularidad, excentricidad, originalidad, capricho, ridiculez, humorada, manía. **Ant.** Normalidad.

extravagante, raro, singular, distinto, desusado, excéntrico, original, caprichoso, ridículo, estrafalario, estrambótico. **Ant.** Normal, común.

extravertido-da, sociable, comunicativo, abierto. **Ant.** Hosco, huraño.

extraviado-da, perdido, traspapelado, dejado. **Ant.** Encontrado.// Pervertido, corrompido, descarriado.

extraviar, perder, traspapelar, dejar, olvidar, confundir. **Ant.** Encontrar.// Desorientar, desencaminar, desviar, despistar. **Ant.** Orientar, guiar.// Corromper, pervertir, viciar. **Ant.** Enmendar.// **-se,** perderse, corromperse, desviarse. **Ant.** Rehabilitarse, enmendarse.// Errar, equivocarse. **Ant.** Acertar.

extravío, pérdida.// Desviación, desorientación, desvío.// Aberración.// Equivocación.

extremado-da, abundante, excesivo, exagerado.

extremar, exagerar, recargar.// Rematar, terminar, acabar, finalizar, concluir.// **-se,** esmerarse, extralimitarse.

extremaunción, viático, sacramento, unción.

extremidad, extremo, orilla, borde, punta, canto, remate, límite, fin, término, cumbre, borde. **Ant.** Centro.// Miembro, apéndice.

extremista, agitador, revolucionario, revoltoso, radical, exaltado, ferviente, fanático. **Ant.** Moderado.

extremo, extremidad, punta, fin, remate.

extremo-ma, último, límite, distante, opuesto. **Ant.** Cercano, central.// Exagerado, excesivo, sumo. **Ant.** Ínfimo.

extrínseco-ca, superficial, circunstancial, accesorio, secundario. **Ant.** Principal, intrínseco.

extrovertido-da, extravertido.

exuberancia, abundancia, plenitud, prodigalidad, generosidad, profusión, exceso. **Ant.** Carencia, falta.

exuberante, abundante, rico, pródigo, excesivo, superabundante, fértil, frondoso, pletórico. **Ant.** Escaso.

exudar, salirse, rezumar, perder, extravasarse. **Ant.** Absorber.

exultante, recocijado, alegre, gozoso, jubiloso, exaltado. **Ant.** Apesadumbrado, triste.

exultar, alborozar, gozar, alegrarse, retozar, exaltarse, excitarse.

exvoto, ofrenda, presente, don, ofrecimniento, agradecimiento, sufragio.

eyaculación, polución, expulsión, lanzamiento, emisión, crispación, convulsión, orgasmo.

eyacular, segregar, expeler, expulsar, emitir, arrojar.

fábrica, manufactura, industria, taller, empresa, factoría.

fabricación, elaboración, confección, producción.

fabricante, productor, industrial.

fabricar, elaborar, producir, confeccionar, construir, realizar. **Ant.** Destruir.

fábula, apólogo, leyenda, parábola, mito, quimera, narración.// Mentira, rumor, chisme.

fabuloso-sa, extraordinario, grande, magnífico, fantástico, legendario.

faca, navaja.

facción, partido, banda, parcialidad, grupo, pandilla, secta.// Guardia, centinela, patrulla.// **-es,** rasgos, líneas.

faccioso-sa, rebelde, sedicioso, sublevado, revoltoso, insurrecto.

faceta, cara, lado, arista, canto, aspecto, apariencia.

facha, figura, estampa, apariencia, catadura, pinta, porte.

fachada, frente, exterior, portada, frontis, frontispicio, cara, frente, delantera. **Ant.** Zaga.

fácil, hacedero, practicable, sencillo, elemental, accesible. **Ant.** Difícil.

facilidad, simplicidad, posibilidad, habilidad, aptitud, desenvoltura. **Ant.** Dificultad.

facilitar, posibilitar, simplificar, allanar, aclarar, desbrozar. **Ant.** Dificultar, entorpecer.// Entregar, suministrar, proporcionar.

facineroso, criminal, malhechor, delincuente, bandido, malvado, perverso. **Ant.** Honrado, honesto.

facistol, atril.

facsímile, copia, imitación, reproducción, facsímil.

factible, posible, realizable, practicable, viable. **Ant.** Imposible, irrealizable.

factor, elemento, hecho, componente, principio, agente.// Autor, realizador, ejecutor.

factoría, fábrica, comercio, depósito, almacén.

factótum, mandadero, criado, botones.// Poderoso.

factura, cuenta, cargo, nota, importe.// Hechura, ejecución, obra.

facturación, remesa, envío, expedición, despacho.// Inscripción, registro, asiento, anotación.

facturar, mandar, enviar, expedir, despachar.// Cobrar, asentar, registrar, liquidar, asentar. **Ant.** Pagar, abonar.

facultad, capacidad, aptitud, virtud.// Permiso, poder.// Estudios, ciencia.

facultar, habilitar, conceder, autorizar, comisionar, delegar, capacitar. **Ant.** Dificultar.

facultativo, médico, cirujano, profesional.// **-va,** voluntario, potestativo, discrecional.

facundia, elocuencia, locuacidad, labia, soltura.

faena, trabajo, tarea, actividad, labor, trajín. **Ant.** Ocio, descanso.

faja, ceñidor, corsé, sujetador.// Franja, lista, tira.

fajar, rodear, ceñir, envolver, encorsetar.

fajina, faena.

fajo, atado, haz, manojo, puñado.

falacia, engaño, mentira, embuste. **Ant.** Verdad.

falange, legión, tropa, cohorte, cuerpo.

falaz, mentiroso, artero, embustero, falso, hipócrita. **Ant.** Verdadero.

falda, pollera, saya, faldellín.// Costado, ladera, vertiente.

faldón, colgadura, colgante.

falible, incierto, inexacto, equivocado, débil.

falla, defecto, falta, error.// Hendidura, grieta, fisura. **Par.** Faya.

fallar, errar, omitir, descuidar, pifiar, malograr.// Sentenciar, dictaminar, resolver, decretar, condenar.

fallecer, morir, fenecer, expirar, perecer, sucumbir. Ant. Nacer.

fallecimiento, muerte, deceso, defunción. **Ant.** Nacimiento.

fallido-da, desacertado, errado, fracasado, frustrado, malogrado. **Ant.** Logrado, aprovechado.

fallo, veredicto, sentencia, resolución, decisión, dictamen.

falluto-ta, falso, hipócrita, mentiroso.

falo, pene.

falsario-ria, calumniador.

falsear, adulterar, falsificar, desnaturalizar, distorsionar, viciar, tergiversar. **Ant.** Autenticar.

falsedad, engaño, mentira, enredo, calumnia, inexactitud. **Ant.** Verdad, legitimidad.

falsificación, adulteración, mistificación.

falsificar, falsear, adulterar.

falso-sa, fingido, simulado, adulterado, inexacto, apócrifo. **Ant.** Real, verdadero, auténtico, legítimo.// Hipócrita, mentiroso, embustero, impostor, tartufo, traidor, falsario. **Ant.** Leal, sincero.

falta, carencia, penuria, escasez, ausencia. **Ant.** Abundancia.// Error, descuido, falla. **Ant.** Acierto.

faltar, carecer, escasear, acabarse, consumirse, necesitar. **Ant.** Abundar, sobrar.// Ausentarse, no asisitir. **Ant.** Estar, presentarse.// Deshonrar, agraviar. **Ant.** Honrar, desagraviar.

falto-ta, carente, imperfecto, defectuoso, escaso, insuficiente. **Ant.** Completo, acabado.// Necesitado, pobre, abandonado. **Ant.** Abundante.

faltriquera, bolsa, escarcela.

falúa, lancha, batel, barca, chalupa, balandra.

fama, renombre, celebridad, conocimiento, reputación, notabilidad, notoriedad. **Ant.** Oscuridad, desconocimiento.

famélico-ca, hambriento, ansioso, necesitado, ávido. **Ant.** Hastiado.

familia, parentela, progenie, ascendencia, descendencia, casta, linaje, parentesco.

familiar, pariente, allegado, deudo, ascendiente, descendiente.// Conocido, sabido, habitual, acostumbrado. **Ant.** Extraordinario, desacostumbrado.// Hogareño.

familiaridad, confianza, llaneza, amistad, intimidad, franqueza. **Ant.** Desconfianza, solemnidad.

familiarizar-se, habituar, adaptar, acostumbrar.

famoso-sa, célebre, conocido, importante, reconocido, renombrado, notorio. **Ant.** Ignorado, desconocido, oscuro.

fámula, criada, doméstica, sirvienta, servidora.

fan, hincha, seguidor.

fanático-ca, entusiasta, entusiasmado, obstinado, ferviente, intolerante, ardiente, apasionado, obcecado, sectario, intransigente. **Ant.** Equilibrado, flexible, razonable.

fanatismo, exaltación, exacerbación, apasionamiento, ceguera, sectarismo, obcecación, partidismo. *Ant.* Tolerancia, ecuanimidad.

fanatizar, exaltar, apasionar, entusiasmar.

fandango, baile, danza.// Bullicio, jaleo. *Ant.* Calma, sosiego.

fanfarria, charanga, banda.

fanfarrón-na, farolero, bravucón, valentón, jactancioso, ostentoso, presumido. *Ant.* Simple, sencillo, humilde.

fanfarronear, bravuconear, guapear, jactarse, presumir. *Ant.* Acobardarse, humillarse.

fanfarronería, fanfarronada, bravuconada, guapeza, jactancia. *Ant.* Humildad, sencillez.

fangal, barrizal, ciénaga, lodazal.

fango, barro, lodo, limo, cieno.// Deshonor.

fantasear, imaginar, soñar, idealizar, teorizar. *Ant.* Objetivar.

fantasía, ensueño, imaginación, sueño, quimera, alucinación, entelequia, utopía, ilusión.// Ficción, narración.

fantasioso-sa, soñador, imaginativo.

fantasma, aparición, espíritu, espectro, aparecido.

fantasmagoría, quimera, alucinación, entelequia, ilusión, irrealidad.

fantasmagórico-ca, fantasmal, estremecedor, alucinante, espectral, sobrecogedor.

fantásticoca, irreal, increíble, inverosímil, quimérico, fingido, fabuloso. *Ant.* Simple, natural.

fantoche, títere, marioneta.// Mamarracho.

faquir, santón, mago, penitente.

farallón, roca, peñón, islote, acantilado, precipicio.

farándula, compañía, teatro, artistas.

farandulero-ra, comediante, farsante.

faraón, soberano.

fardo, lío, bulto, paquete, envoltorio.

farfullar, balbucear, tartamudear. *Ant.* Articular.

faringe, garganta, tragadero.

farisaico-ca, fariseo.

fariseo, hipócrita, taimado, falso, simulador. *Ant.* Sincero, leal.

farmacéuticoca, boticario.

farmacia, botica, droguería.

fármaco, medicamento, remedio.

faro, fanal, señal, torre, linterna.// Guía.

farol, fanal, linterna, foco, lámpara.

farolero-ra, mentiroso, presumido, fanfarrón.

farra, juerga, diversión, orgía, parranda, jarana.

fárrago, desorden, confusión, aglomeración, desconcierto. *Ant.* Orden.

farragoso-sa, desordenado, confuso.// Aburrido, tedioso, fastidioso.

farsa, bufonada, payasada.// Parodia, ficción.// Simulación, engaño, trampa, tramoya. *Ant.* Sinceridad, honradez.

farsante, comediante, actor, histrión, cómico.// Embustero, mentiroso, hipócrita, embaucador.

fascículo, cuadernillo, entrega.

fascinación, encanto, deslumbramiento, hechicería, encantamiento, seducción, atracción, magnetismo. *Ant.* Desencanto.

fascinar, embelesar, encantar, magnetizar, deslumbrar, hipnotizar, seducir, encandilar, hechizar, atraer, alucinar. *Ant.* Desencantar.

fase, etapa, faceta, cambio, situación, momento, ciclo, división.// Aspecto, apariencia, forma.

fastidiar-se, molestar, hartar, cansar, importunar, aburrir, disgustar, incomodar, enojar. *Ant.* Alegrar, divertir.

fastidio, molestia, tedio, disgusto, enfado, incomodidad, enojo, cansancio. *Ant.* Alegría, deleite, placer, entretenimiento.

fastidioso-sa, molesto, tedioso, aburrido, latoso, importuno, pesado. *Ant.* Alegre, entretenido, divertido.

fastos, sucesos, memorias, relaciones, comentarios, relatos.

fastuosidad, lujo, ostentación. *Ant.* Humildad.

fastuoso-sa, ostentoso, suntuoso, rumboso, lujoso, espléndido, aparatoso, majestuoso, vistoso, pomposo. *Ant.* Humilde, sencillo.

fatal, irremediable, ineludible, necesario, inevitable, forzoso, inexcusable, indefectible.// Desgraciado, adverso, fatídico, nefasto. *Ant.* Feliz, afortunado.

fatalidad, destino, sino, suerte, hado, fortuna.// Desgracia, infortunio.

fatalismo, pesimismo, desesperanza, desilusión, desánimo.

fatídico-ca, aciago, triste, desgraciado, fatal. *Ant.* Afortunado, propicio.

fatiga, cansancio, agotamiento, extenuación, desfallecimiento. *Ant.* Descanso, recuperación.// Ahogo, sofoco.// Penuria, molestia, pena, pesadumbre.

fatigar, cansar, rendir, extenuar, aplastar, agotar, deslomar. *Ant.* Aliviar, descansar.// Molestar, importunar.// se, jadear, ahogarse, asfixiarse.

fatigoso-sa, penoso, extenuante, trabajoso. *Ant.* Descansado.

fatuidad, vanidad, jactancia, presunción. *Ant.* Modestia, humildad.

fatuo-tua, vano, presuntuoso, petulante, presumido, ufano, engreído, pedante. *Ant.* Humilde, modesto, sencillo.

fausto, fastuosidad, solemnidad, rumbo, ostentación, prestancia, esplendor, magnificencia, grandeza, majestuosidad. *Ant.* Modestia, simplicidad.// ta, feliz, afortunado. *Ant.* Desgraciado, triste.

favor, ayuda, socorro, auxilio, amparo, asistencia, protección, defensa. *Ant.* Obstáculo, trastada.

favorecer, asistir, auxiliar, sostener, defender, socorrer, acoger, ayudar, proteger, amparar.// Agraciar, embellecer.

favoritismo, preferencia, predilección, parcialidad, propensión. *Ant.* Igualdad, equidad.

favorito-ta, predilecto, preferido, privilegiado, distinguido.

faz, cara, rostro, fisonomía, semblante.

fe, certeza, confianza, convicción, convencimiento. *Ant.* Desconfianza.// Religión, dogma, ideología, fanatismo *Ant.* Incredulidad.

fealdad, deformidad, monstruosidad, desproporción. *Ant.* Belleza, proporción.

febril, calenturiento, ardiente, afiebrado.// Agitado, violento, nervioso, impaciente. *Ant.* Tranquilo, sosegado.

fecha, tiempo, término, data, vencimiento.

fechar, datar, encabezar.

fechoría, trastada, perversidad, crimen, felonía, maldad, travesura, canallada. *Ant.* Favor, ayuda, bondad.

fécula, albúmina, harina, almidón.

fecundación, procreación, generación, reproducción, cópula.

fecundar, fertilizar, preñar, fecundizar, engendrar, procrear, copular.

fecundidad, fertilidad, feracidad, abundancia, riqueza, opulencia, exuberancia.

fecundo-da, fértil, abundante, feraz, ubérrimo, prolífico. *Ant.* Infecundo.

federación, liga, unión, asociación, agrupación, confederación. *Ant.* Separación.

federar, aliar, unir, asociar.

fehaciente, indudable, irrebatible, fidedigno, evidente, manifiesto, palmario. *Ant.* Inseguro, dudoso.

felicidad, suerte, dicha, prosperidad, placer, complacencia, ventura, bienestar, bienaventuranza. *Ant.* Desdicha, infelicidad.

felicitación, parabién, congratulación. *Ant.* Condolencia, pésame.

felicitar, congratular, cumplimentar, agasajar, elogiar. *Ant.* Criticar, reprobar.

feligrés, devoto, fiel, piadoso.

feligresía, parroquia.// Grey.

felino-na, gatuno.// Ladino, taimado. *Ant.* Sincero, leal.// Feroz.

feliz, dichoso, venturoso, fausto, afortunado, contento. *Ant.* Desdichado, desgraciado.

felón, desleal, perverso. *Ant.* Leal.
felonía, deslealtad, falsedad.
felpa, peluche, terciopelo.
felpeada, paliza, tunda, zurra.
felpudo, esterilla.// **-da,** aterciopelado, afelpado.
femenino, mujeril.// Débil, suave, delicado. *Ant.* Varonil, rústico, viril, masculino.
feminidad, femineidad, suavidad, delicadeza. *Ant.* Virilidad, masculinidad.
fenecer, morir, fallecer, perecer, agonizar, terminar. *Ant.* Nacer.
fenomenal, sorprendente, descomunal, enorme, monstruoso, admirable, asombroso, extraordinario, desmesurado.
fenómeno, monstruo, engendro, aberración, espantajo, rareza.// Manifestación.// Prodigio, maravilla.
feo-a, espantoso, deforme, antiestético, desagradable. *Ant.* Lindo, bello, hermoso.// Vergonzoso, reprobable, abominable, censurable. *Ant.* Elogiable.
feracidad, fertilidad, abundancia, fecundidad. *Ant.* Esterilidad.
feraz, fértil, ubérrimo, fructífero, rico, generoso, abundante. *Ant.* Estéril, pobre, infecundo.
féretro, ataúd, cajón, caja, sarcófago.
feria, mercado, certamen, exposición, muestra.// Vacación, descanso.
feriante, comerciante, expositor.
feriar, cambiar, vender, comprar, permutar, trocar.// Holgar, descansar.
fermentación, descomposición, putrefacción, alteración, corrupción.// Agitación, nerviosidad. *Ant.* Tranquilidad, sosiego.
fermentar, corromper, descomponer, pudrir.// Agitar, inquietar.
fermento, secreción.
ferocidad, fiereza, atrocidad, inhumanidad, brutalidad, crueldad, ensañamiento, violencia, encarnizamiento, salvajismo, barbarie, atrocidad. *Ant.* Humanidad, piedad.
feroz, cruel, sanguinario, atroz, violento, inhumano. *Ant.* Humano, bondadoso, piadoso.
férreo-a, fuerte, duro, resistente, tenaz, inflexible, constante. *Ant.* Débil, inconstante.
ferrocarril, tren.
fértil, feraz, productivo, prolífico, pingüe, copioso, fecundo, ubérrimo, abundante, fructífero. *Ant.* Estéril, pobre, infecundo, árido.
fertilidad, feracidad, fecundidad, abundancia. *Ant.* Esterilidad.
fertilizante, abono.
fertilizar, abonar, fecundar. *Ant.* Esterilizar.
férula, sujeción, dominio, poder, tiranía.// Sostén.
ferviente, fervoroso, piadoso, devoto, practicante, entusiasta, apasionado, arrebatado. *Ant.* Indiferente, apático, frío.
fervor, piedad, devoción, unción, pasión, impetuosidad, llama, fogosidad, excitación, intensidad. *Ant.* Incredulidad, tibieza, frialdad.
festejar, celebrar, agasajar, conmemorar, requerir, cortejar. *Ant.* Desdeñar, despreciar.
festejo, galanteo, galantería, obsequio, agasajo. *Ant.* Desdén, desprecio, desaire.// Fiesta, celebración, festividad.
festín, banquete, convite, festejo, ágape.
festival, festejo, velada, certamen.
festividad, fiesta, ceremonia, solemnidad, diversión.
festivo-va, alegre, divertido, gozoso, gracioso, entretenido, jocoso, regocijado, ocurrente. *Ant.* Solemne, triste, aburrido.
festón, ribete, terminación, borde, remate.// Colgante, adorno, guirnalda.
festonear, ribetear, orillar.
fetén, bueno, excelente, superior.
fetichismo, adoración, idolatría.
fetiche, amuleto, ídolo, talismán, efigie, deidad.
fetidez, hedor, hediondez, tufo, pestilencia. *Ant.* Aroma, fragancia.

fétido-da, maloliente, hediondo, nauseabundo, pestilente. *Ant.* Perfumado, aromático.
feto, embrión, engendro, germen, rudimento.
feudal, medieval, señorial, dominante, tiránico, solariego. *Ant.* Democrático.
feudalismo, sumisión, vasallaje.
feudo, heredad, dominio, posesión, propiedad, hacienda, señorío.
flaca, pereza, indolencia. *Ant.* Actividad.
fiador-ra, garante.
fiambre, conserva, embutido.// Cadáver.// Viejo, anticuado, pasado. *Ant.* Vigente.
fianza, garantía, aval, prenda.
fiar, avalar, garantizar, prestar, ceder.// se, confiarse, encomendarse, entregarse. *Ant.* Desconfiar.
fiasco, fracaso, decepción, chasco.
fibra, filamento, hilo, hebra, torzal.// Resistencia, fuerza, energía, carácter, vigor, robustez. *Ant.* Debilidad, enebiez.
fibroso-sa, duro, filamentoso, resistente, vigoroso, enérgico. *Ant.* Blando, débil.
ficción, invención, irrealidad, fábula, relato, mito, fantasía. *Ant.* Realidad.// Mentira, simulación. *Ant.* Verdad, sinceridad.
ficha, papeleta, cédula.// Pieza, placa.
fichar, anotar, registrar, filiar, inscribir, señalar.// Observar. Desconfiar, calar.
fichero, archivo.
ficticio-cia, falso, fingido, engañoso, imaginado. *Ant.* Real, auténtico.
fidedigno-na, auténtico, confiable, verdadero, cierto, fehaciente, verosímil, creíble.
fideicomiso, mandato, transferencia, cesión.
fidelidad, lealtad, constancia, veracidad, apego, sinceridad, devoción, confianza. *Ant.* Deslealtad, infidelidad.
fideo, pasta.// Flaco, delgado. *Ant.* Obeso, gordo.
fiduciario-ria, mandatario, legatario, heredero, beneficiario.
fiebre, temperatura, calentura.
fiel, leal, devoto, apegado, constante, veraz, sincero. *Ant.* Desleal, infiel.// Creyente, feligrés, devoto, religioso. *Ant.* Ateo, impío.// Puntual, exacto, cumplidor. *Ant.* Inexacto.
fiera, bestia, animal, bicho.// Cruel, bruto, salvaje, bestial, inhumano. *Ant.* Humano, bondadoso.
fiereza, crueldad, saña, ferocidad, salvajismo, furia, inhumanidad. *Ant.* Bondad, humanidad, ternura.// Fealdad, deformidad, monstruosidad. *Ant.* Belleza, hermosura.// Orgullo, arrogancia. *Ant.* Humildad.
fiero-ra, cruel, feroz, salvaje, brutal, inhumano, violento, bravío, furioso, indómito. *Ant.* Humano, tierno, bondadoso.// Feo, horroroso, espantoso. *Ant.* Bello, hermoso.// Altivo, arrogante. *Ant.* Humilde.
fiesta, festividad, reunión, celebración, solemnidad.// Desocupación, descanso, asueto.// Reunión, sarao, juerga, jarana.// Halago, agasajo, caricia.
fígaro, peluquero, barbero.
figura, aspecto, silueta, imagen, forma, apariencia.// Efigie, retrato.// Fisonomía, rostro, cara, faz.// Símbolo, emblema.// Persona, personaje, notabilidad.// Tropo.
figuración, sospecha, suposición.// Símbolo, representación.// Actuación, notabilidad.
figurante, partiquino, extra.
figurar, simular, aparentar, fingir, parecer.// Estar, concurrir, participar, asistir, hallarse.// Dibujar, representar.// -se, imaginarse, suponer, creer, sospechar.
figurativo-va, representativo, simbólico, emblemático. *Ant.* Abstracto.
figurín, modelo, patrón, tipo.// Gomoso, dandi.
figurón, fatuo, presumido.
fijar, estabilizar, establecer, inmovilizar, consolidar, clavar, incrustar. *Ant.* Desclavar.// Determinar, precisar, señalar, reglar. *Ant.* Indeterminar.// -se, mirar, observar, advertir, atender, notar, inspeccionar.// Avecindarse, domiciliarse, afincarse. *Ant.* Marcharse.

fijeza, persistencia, firmeza, permanencia, insistencia. **Ant.** Inestabilidad, inseguridad.

fijo-ja, pegado, adherido, sujeto, seguro, clavado, afianzado. **Ant.** Suelto, movible.// Permanente, inalterable, determinado, consolidado. **Ant.** Inseguro.

fila, hilera, línea, sarta, columna, serie, sucesión, ristra, cola, ringlera.

filamento, hilo, fibra, hebra, cerda, hilaza, cuerda, cordón, hilván.

filantropía, altruismo, caridad, generosidad, compasión, desprendimiento, desinterés. **Ant.** Tacañería, egoísmo.

filántropo, benefactor, bienhechor, caritativo, generoso, magnánimo. **Ant.** Egoísta, tacaño, interesado.

filarmónico-ca, musicólogo, diletante, músico, melómano, musicómano.

filete, orla, tira, franja, ribete, lista.// Lonja, tajada.

filiación, identidad, procedencia, identificación.

filial, sucursal, dependencia, delegación, anexo. **Ant.** Central.// Familiar, consanguíneo.

filibustero, pirata.

filigrana, primor, ornato, delicadeza, adorno, calado.// Marca, señal.

filípica, reprimenda, reto, invectiva, regaño, amonestación, censura, diatriba. **Ant.** Elogio, loa, alabanza.

filme, película.

filo, corte, arista, borde, línea.

filología, lingüística, lexicología.

filón, veta, venero, yacimiento, masa, banco.// Ventaja, provecho, negocio.

filosofar, discurrir, meditar, pensar, especular, razonar, analizar, cavilar.

filósofo-fa, sabio, estudioso.// Paciente, manso, prudente.

filosofía, doctrina, dogma.// Paciencia, resignación, conformidad, fortaleza, serenidad.

filtración, infiltración, exudación, transpiración, absorción. **Ant.** Impermeabilidad.

filtrar, colar, destilar, pasar, infiltrar, exudar, transpirar.// **-se,** desaparecer, esfumarse, escabullirse.

filtro, colador, destilador, pasador, tamiz.

fin, conclusión, desenlace, término, remate, cese. **Ant.** Comienzo.// Extremidad, punta, límite, cola, cabo. **Ant.** Principio, centro.// Objetivo, finalidad, motivo, meta, propósito.

finado-da, difunto, muerto, occiso, cadáver. **Ant.** Vivo, viviente.

final, último, posterior, terminal, concluyente, acabable.// Terminación, coda, desenlace, fin.

finalidad, objetivo, motivo, razón, propósito, intención, móvil.

finalista, vencedor, ganador. **Ant.** Perdedor.

finalizar, terminar, concluir, cesar, rematar, extinguir, completar, fallecer. **Ant.** Empezar.

financiar, subvencionar, respaldar, sostener, desarrollar, fomentar.

financiero-ra, economista, especulador, banquero, negociante.// Acaudalado, potentado, opulento. **Ant.** Pobre, indigente.

finca, posesión, heredad, propiedad, hacienda.// Casa, vivienda, solar.

fineza, delicadeza, finura, atención, cumplido, exquisitez.

fingido-da, ficticio, irreal, simulado, supuesto, aparente, afectado, falso, hipócrita. **Ant.** Real, auténtico, verdadero, sincero.

fingimiento, engaño, mentira, fraude, ficción, hipocresía, doblez, falsía. **Ant.** Verdad, lealtad.

fingir, mentir, ocultar, tapar, disimular, simular, disfrazar, encubrir, engañar. **Ant.** Sincerarse, descubrir.

finiquitar, terminar, acabar, saldar, cancelar, liquidar.

fino-na, delicado, refinado, sutil, tenue, suave.// Educado, urbano, cumplido, considerado, servicial. **Ant.** Descortés, vulgar, ordinario.// Delgado, estrecho, aguzado. **Ant.** Grueso.

finura, fineza, delicadeza, exquisitez, sutileza, excelencia,

primor.// Cortesía, urbanidad, educación, amabilidad. **Ant.** Grosería, tosquedad.// Sagacidad, perspicacia, penetración, habilidad, astucia.// Delgadez, estrechez.

firma, rúbrica, marca, signo, autógrafo.// Empresa, sociedad, compañía, entidad.

firmamento, cielo, espacio, bóveda.

firmar, rubricar, autografiar, certificar, sancionar, suscribir. **Ant.** Desaprobar.

firme, duro, resistente, rígido, tenaz, consistente, fijo. **Ant.** Inestable.// Tieso, erguido, derecho. **Ant.** Torcido.// Inconmovible, inquebrantable, imperturbable, inflexible. **Ant.** Flexible, inconsistente.

firmeza, entereza, perseverancia, seguridad, tenacidad, constancia. **Ant.** Inconstancia.// Resistencia, solidez, rigidez.

fiscal, acusador. **Ant.** Defensor.// Fiscalizador, inspector.

fiscalización, inspección, investigación, verificación, examen, averiguación.

fiscalizar, averiguar, investigar, inspeccionar, indagar, inquirir.

fisgar, escarbar, olisquear, curiosear, indagar, espiar.

fisgón-na, curioso, entremetido, impertinente, discreto.

fisgonear, fisgar.

físico, aspecto, fisonomía, exterior, apariencia.// **-ca,** material, natural, concreto, corporal, orgánico. **Ant.** Psíquico, metafísico, espiritual.

fisiológicoca, orgánico, funcional.

fisonomía, aspecto, faz, rostro, cara, figura, semblante, expresión.

fisonomista, observador, reconocedor.

fisura, hendidura, grieta, rendija, falla, surco, cuarteo, raja.

flaccidez, ablandamiento, flojedad, atonía, laxitud, blandura.

fláccido-da, blando, flojo, fofo, débil, laxo. **Ant.** Tieso, duro.

flaco-ca, delgado, enjuto, chupado, seco, consumido, esquelético. **Ant.** Gordo, obeso.

flagelación, azotaina, castigo.

flagelante, penitente, disciplinante.

flagelar, azotar, pegar, vergajear, fustigar, castigar, zurrar.// Censurar, criticar, vituperar.

flagelo, azote, vergajo, látigo, fusta.// Calamidad, desgracia, castigo, plaga, epidemia, peste, catástrofe.

flagrante, claro, evidente, manifiesto.// Ardiente, resplandeciente.

flagrar, arder.

flamante, nuevo, reciente, moderno.// Lozano, inmaculado. **Ant.** Usado, ajado.// Brillante, resplandeciente, rutilante, centelleante, reluciente.

flamear, arder, llamear.// Ondear, tremolar.

flamígero-ra, refulgente, resplandeciente.

flanco, costado, lado, ala. **Ant.** Centro.// Cadera, anca, grupa.

flanquear, escoltar.// Rodear, ceñir, cercar, sitiar, envolver.

flaqueza, debilitarse, desfallecer, aflojar, ceder, decaer, desanimarse, desmayar, desalentarse. **Ant.** Insistir, perseverar, robustecerse.

flecha, saeta, dardo.

flechar, saetear, disparar, lanzar.// Enamorar, cautivar.

flechazo, enamoramiento, arrebato, pasión, amor. **Ant.** Odio, desprecio.// Herida, golpe.

fleco, cordón, hilo, pasamanería, alamar, adorno, flequillo.

fleje, resorte, muelle.// Banda, tira, lámina, abrazadera.

flema, mucosidad, esputo, expectoración, escupitajo, gargajo, salivazo.// Pachorra, tranquilidad, serenidad, parsimonia, lentitud, tardanza, imperturbabilidad. **Ant.** Nerviosidad, impaciencia, impetuosidad, vehemencia.

flemático-ca, tranquilo, pachorriento, lento, cachazudo, calmo, imperturbable, impasible. **Ant.** Activo, exaltado, nervioso.

flemón, absceso, hinchazón, inflamación.

flequillo, fleco, mechón, guedeja.

fletar, armar, cargar, arrendar, embarcar, equipar, transportar, acarrear.

flete, transporte, precio, importe, costo, cargamento.// Caballo.
flexibilidad, maleabilidad, blandura, elasticidad, ductilidad. **Ant.** Dureza, consistencia.// Tolerancia, contemporización. **Ant.** Intransigencia, inflexibilidad.
flexible, maleable, dúctil, elástico, blando, cimbreante. **Ant.** Rígido, duro.// Sutil, conformista, transigente, complaciente. **Ant.** Inflexible, intransigente.
flexión, arqueamiento.
flexionar, doblar, arquear.
flirtear, coquetear, cortejar, camelar.
flirteo, flirt, enamoramiento, cortejo.
flojedad, flaccidez, decaimiento, desaliento, desánimo, indolencia, atonía. **Ant.** Fortaleza, firmeza, decisión.
flojo-ja, débil, mustio, fláccido, blando, laxo, fofo. **Ant.** Duro, fuerte.// Holgazán, perezoso, indolente, descuidado, negligente, medroso. **Ant.** Activo, decidido.
flor, piropo, requiebro, elogio, galantería, lisonja.// Nata, espuma.
flora, vegetación.
florecer, florear, brotar, desarrollarse, crecer, aparecer.// Prosperar, progresar, evolucionar, adelantar. **Ant.** Fracasar.
floreciente, próspero, pujante, brillante.
florecimiento, brote, floración, aparición. **Ant.** Languidez.// Prosperidad, desarrollo, auge, adelanto, progreso. **Ant.** Retroceso, decadencia.
floreo, adorno, ligereza, superficialidad, frivolidad.// Charla.// Alabanza, lisonja.
florero, ramilletero, jarrón, búcaro, vasija.
floresta, fronda, arboleda, bosque, selva. **Ant.** Desierto.
florete, espadín, estoque.
floricultor-ra, jardinero, cultivador.
florido-da, selecto, lucido. **Ant.** Vulgar.// Elegante, elocuente, ameno, gracioso, retórico, opulento.
florilegio, antología, colección, selección, repertorio, crestomatía, miscelánea.
floripondio, figura, estampa, dibujo, florón.
florista, ramilletera, florera.
florón, floripondio, adorno, rosetón.// Mérito, premio, recompensa.
flota, armada, escuadra.
flotar, sostenerse, emerger, mantenerse, nadar. **Ant.** Hundirse.
fluctuación, azar, contingencia, agitación, fluctuamiento, vacilación, irresolución, oscilación, alternativa, indeterminación.// Ondulación.
fluctuante, indeciso, azaroso, vacilante, indeterminado.// Ondulante.
fluctuar, cambiar, variar, alternar, oscilar, titubear. **Ant.** Inmovilizarse.
fluidez, fluidificación, licuación. **Ant.** Solidificación.// Verbosidad, elocuencia.
fluidificar, fluir, licuar.
fluido-da, gaseoso, líquido, vaporoso. **Ant.** Sólido, denso.// Natural, claro, sencillo. **Ant.** Difícil.
fluir, correr, derramarse, manar, emanar, gotear, surtir, destilar. **Ant.** Detenerse, estancarse, secarse.
flujo, secreción, derrame, evacuación, excreción.// Corriente, marea, circulación. **Ant.** Estancamiento.
fluorescencia, luminosidad, irradiación, fosforescencia.
fluorescente, luminoso, luminiscente, fosforescente, brillante, luminoso.
fobia, odio, aversión, antipatía, inquina. **Ant.** Afecto, simpatía.
foco, farol, farola, reflector.// Centro, núcleo, base, meollo, eje, medio. **Ant.** Periferia.
fofo-fa, blando, flojo, muelle, esponjoso, fláccido. **Ant.** Duro.
fogata, hoguera, pira, llama.
fogón, hogar, cocina, hornillo, brasero.
fogonazo, destello, chispazo, llamarada, explosión, resplandor, fulgor.
fogosidad, actividad, viveza, brío, calor, hervor, ardor, ardimiento, impetuosidad, vehemencia, entusiasmo. **Ant.** Calma, tranquilidad, apatía.

fogoso-sa, pasional, ardiente, impetuoso, ardoroso, arrebatado, vehemente. **Ant.** Apático, frío.
fogueado-da, acostumbrado, avezado, baqueteado, ducho, experimentado, hecho, aguerrido. **Ant.** Inexperto.
foguear, acostumbrar, avezar, habituar, adiestrar, hacer, ejercitar, aguerrir. **Ant.** Desacostumbrar.// Cauterizar, quemar.
foliar, numerar, señalar, marcar, anotar.
folio, hoja, carilla, pliego, página.
folklore, tradición, costumbres, costumbrismo, pintoresquismo.
folklórico-ca, tradicional, popular, típico, costumbrista.
follaje, fronda, hojarasca, espesura, broza.// Fárrago, palabrerío.
folletín, serial, drama.
folletinesco-ca, novelesco, aventurero, novelero, romántico.
folleto, impreso, opúsculo, cuadernillo, panfleto, gacetilla, fascículo, prospecto.
fomentar, impulsar, apoyar, vigorizar, excitar, promover, sostener, alimentar, vivificar, avivar, provocar, atizar, mantener, proteger. **Ant.** Descuidar.
fomento, protección, apoyo, estímulo, ayuda, sostenimiento.// Cataplasma, emplasto, sinapismo.
fonda, albergue, hostería, hotel, posada, pensión, figón.
fondeadero, ancladero, dársena, cala, ensenada, abra, rada.
fondear, anclar, atracar. **Ant.** Desanclar.// Tocar, amarrar. **Ant.** Desamarrar.
fondo, hondura, profundidad, fundamento, base, asiento, apoyo. **Ant.** Superficie.// índole, carácter, condición, ser, esencia, entrañas.// -s, dinero, caudal, inversión.
fonética, pronunciación.
fonético-ca, oral, vocal.
fonógrafo, tocadiscos, gramófono.
forajido, bandido, asaltante, delincuente, fascineroso, salteador, bandolero, malhechor.
foráneo-a, extranjero, forastero.
forastero-ra, extranjero, extraño, ajeno, exótico. **Ant.** Natural, nativo, indígena.
forcejear, luchar, bracear, forzar, esforzarse, combatir, reñir.
forcejeo, fuerza, brega, lucha, disputa, pelea, riña.// Oposición, resistencia.
forja, herrería, fragua, crisol, horno.
forjar, fraguar, moldear, labrar, fundir.// Idear, crear, concebir, imaginar, tramar, inventar, urdir.
forma, conformación, figura, configuración, morfología, estructura, contorno, hechura, silueta.// Manera, método, modo, proceder.// Molde, matriz.
formación, constitución, producción, fundación, elaboración, creación, institución, organización, composición.// Alineación, cuadro, orden, desfile, procesión, escuadra.// Educación, cultura. **Ant.** Incultura.
formal, explícito, teminante, preciso, determinado. **Ant.** Indeterminado.// Serio, juicioso, veraz, puntual, escrupuloso, cabal, cumplidor. **Ant.** Informal, tarambana, alocado, botarate.
formalidad, puntualidad, seriedad, asiduidad, cumplimiento, severidad, veracidad, escrupulosidad, exactitud, rectitud, veracidad, consecuencia, compostura. **Ant.** Informalidad, ligereza, irresponsabilidad.
formalizar, determinar, fijar, señalar, concretar, precisar, delimitar, establecer. **Ant.** Indeterminar.// Legalizar, legitimar, reglamentar, acordar.
formar, componer, constituir, integrar.// Producir, crear, fabricar, constituir, fundar, hacer, establecer. **Ant.** Destruir.// Moldear, modelar, conformar, configurar, plasmar. **Ant.** Deformar, desfigurar.// Educar, instruir, adiestrar.
formativo-va, educativo.
formato, forma, tamaño.
formidable, grande, gigantesco, considerable, fantástico, enorme, colosal, excesivo. **Ant.** Minúsculo.// Asombroso, impresionante, terrible, tremendo, pavoroso. **Ant.** Insignificante.

fórmula

fórmula, modo, método, pauta, modelo, técnica, formulario.// Receta, prescripción, récipe.// Ley, enunciado, expresión.

formular, manifestar, exponer, concretar, expresar, proponer, aclarar.// Recetar, prescribir.

formulismo, reglamentación, régimen, formalismo, costumbre, rutina, ceremonial, protocolo.

fornicación, coito, cópula, ayuntamiento.

fornicar, copular.

fornido-da, fuerte, corpulento, forzudo, recio, vigoroso, robusto. **Ant.** Débil, enclenque.

foro, plaza.// Tribunal, abogacía, audiencia.

forraje, pasto, heno.

forrar, enfundar, tapizar, revestir, cubrir.

forro, cubierta, sobrecubierta, funda, revestimiento, envoltura, protección.

fortalecer, fortificar, vigorizar, robustecer, tonificar, reanimar, vivificar. **Ant.** Debilitar, abatir.

fortaleza, fuerte, castillo, ciudadela, alcázar.// Solidez, robustez, resistencia, dureza, firmeza, entereza, pujanza, vigor. **Ant.** Debilidad, flaqueza, abatimiento.

fortificación, fortaleza, castillo, baluarte, defensa, reducto.

fortificar, fortalecer, entonar, vivificar, robustecer, reconfortar, tonificar, animar, vigorizar, reparar, confortar.// Guarnecer, amurallar, acorazar, almenar, abastionar. **Ant.** Desguarnecer, debilitar.

fortuito-ta, casual, aleatorio, accidental, impensado, imprevisto, incidental, contingente, ocasional, esporádico. **Ant.** Premeditado, previsible.

fortuna, suerte, casualidad, hado, destino, ventura, acaso, azar, sino.// Patrimonio, recursos, riqueza, capital, valores. **Ant.** Pobreza.

forúnculo, ántrax, golondrino.

forzado-da, antinatural, fingido, falso, artificial, rebuscado, artificioso. **Ant.** Natural, espontáneo.// Violentado, allanado.// Condenado, presidiario, penado. **Ant.** Libre.

forzar, obligar, apremiar, constreñir, compeler, apremiar.// Conquistar, tomar, someter, invadir, asaltar.// Violar.

forzoso-sa, necesario, preciso, ineludible, inexcusable, inevitable, obligatorio, infalible, imprescindible, indefectible, fatal. **Ant.** Voluntario, optativo.

fosa, sepultura.// Hueco, depresión, cavidad.

fosforescencia, luminiscencia, fluorescencia, fulgurancia, brillo.

fosforescer, brillar.

fósforo, cerilla.

fósil, resto, huella, vestigio.// Viejo, anticuado. **Ant.** Actual, moderno.

fosilizarse, anquilosarse.

foso, pozo, depresión, excavación, cavidad, hueco, socavón, hoyo. **Ant.** Promontorio.

fotografía, fotorretrato, imagen, instantánea.

fotografiar, captar, plasmar.

fotográfico-ca, exacto, idéntico.

frac, chaqueta.

fracasar, fallar, frustrarse, malograrse, abortar, torcerse, desgraciarse, estropearse, arruinarse. **Ant.** Triunfar.

fracaso, malogro, frustración, revés, descalabro, desilusión, decepción. **Ant.** Triunfo.

fracción, parte, fragmento, trozo, pieza, pedazo. **Ant.** Totalidad, conjunto.// Quebrado, expresión.

fraccionamiento, división, separación, partición, segmentación.

fraccionar, dividir, descomponer, descuartizar, fragmentar.

fractura, quebradura, rotura, ruptura, destrozo, desgarrón, rompimiento.

fracturar, romper, escindir, separar, fragmentar, quebrar, partir, tronchar. **Ant.** Unir, componer, soldar.

fragancia, perfume, aroma, efluvio, olor. **Ant.** Hedor, pestilencia.

fragante, perfumado, aromático, oloroso. **Ant.** Hediondo, maloliente.

frágil, quebradizo, resquebradizo, débil, delicado, flojo. **Ant.** Robusto, fuerte, duro, resistente.

fragilidad, debilidad, inconsistencia, endeblez, flojedad, tenuidad, finura, delgadez. **Ant.** Robustez, fortaleza, dureza, consistencia, resistencia.

fragmentación, separación, fraccionamiento, desintegración.

fragmentar, fraccionar, separar, seccionar, dividir, parcelar. **Ant.** Unir, componer.

fragmentario-ria, incompleto, inconcluso, inacabado, defectuoso.

fragmento, parte, trozo, pieza, división, fracción, porción, pedazo, partícula, sección. **Ant.** Totalidad, conjunto.

fragor, estrépito, ruido, estruendo.

fragoroso-sa, ruidoso, estrepitoso, estruendoso.

fragua, forja.

fraguar, idear, imaginar, planear, proyectar, maquinar, urdir.// Forjar.

fraile, monje, religioso.

francachela, festichola, juerga, diversión, parranda, jarana, jolgorio.

francmasonería, masonería.

franco-ca, sincero, veraz, leal. **Ant.** Mentiroso, desleal.// Libre, exento.

franja, faja, banda, lista, tira, ribete, cinta.

franquear, desobstruir, desatascar, desembarazar, abrir, desatrancar. **Ant.** Atascar.// Liberar, exceptuar, librar, eximir. **Ant.** Prohibir, vetar, impedir.// **-se,** sincerarse, confesarse, explayarse.

franqueo, tasa, importe, sello.

franqueza, sinceridad, llaneza, naturalidad, espontaneidad. **Ant.** Deslealtad.

franquicia, permiso, licencia, privilegio, dispensa. **Ant.** Carga, impuesto.

frasco, botella, envase.

frase, giro, locución, expresión, enunciado.

fraseología, charlatanería, verborragia, palabrería. **Ant.** Laconismo, concisión.

fraternal, fraterno, amistoso, cariñoso, afectuoso, cordial.

fraternidad, confraternidad, hermandad.// Unión, cariño, amistad, solidaridad, apego, concordia, armonía. **Ant.** Enemistad.

fraternizar, confraternizar, hermanar, unir, armonizar, simpatizar, congeniar. **Ant.** Desunirse, desavenirse.

fraterno-na, fraternal, amistoso, solidario, entrañable, cariñoso. **Ant.** Enemigo.

fraude, engaño, falacia, estafa, trampa.

fraudulento-ta, falso, falaz, mentiroso, tramposo. **Ant.** Verdadero, leal.

frecuencia, repetición, periodicidad.

frecuentado-da, concurrido, visitado.

frecuentar, acostumbrar, repetir, asistir, concurrir, menudear, alternar. **Ant.** Faltar.

frecuente, asiduo, reiterado, repetido, habitual, ordinario, corriente, acostumbrado. **Ant.** Desusado.

fregar, friccionar, restregar, frotar, raer.// Limpiar, lavar, jabonar. **Ant.** Ensuciar.

fregona, sirvienta, criada, limpiadora.

freír, dorar, cocinar, cocer, rehogar.// Molestar, importunar.

frenar, detener, refrenar, moderar, sujetar, parar, retardar, inmovilizar. **Ant.** Movilizar, impulsar.

frenesí, furia, furor, delirio, pasión, ceguera, arrebato, exaltación. **Ant.** Serenidad, calma, paciencia.

frenético-ca, loco, exaltado, desmesurado, extraviado. **Ant.** Sensato, cuerdo, moderado, sereno.

frenillo, ligamento, membrana.// Mordaza, bozal.

freno, contención, moderación, sujeción, detención, aplacamiento.// Ronzal, brida, bocado.

frente, faz, testuz.// Delantera, fachada, anverso, frontis, frontispicio.// Vanguardia, avanzada. **Ant.** Retaguardia.

fresar, perforar, agujerear, calar, barrenar.

fresco, frío, frescor, frescura. **Ant.** Calor.// **-ca,** nuevo, reciente, lozano, verde, moderno, joven. **Ant.** Marchito, viejo, antiguo.// Descarado, desvergonzado, procaz, sinvergüenza. **Ant.** Tímido, honrado.

frescor, fresco, frescura.

frescura, fresco, frescor.// Lozanía, pureza, juventud. **Ant.** Ancianidad, vejez, antigüedad.// Descaro, desfachatez, desenfado, procacidad, desvergüenza, insolencia, atrevimiento. **Ant.** Respeto, timidez.

frialdad, frío, frigidez. **Ant.** Calidez.// Rigidez, frigidez. **Ant.** Ardor, exaltación.// Desinterés, despego, indiferencia, descuido, inhumanidad. **Ant.** Entusiasmo.

fricción, frotación, frote, friega.

friccionar, frotar, fregar, restregar, refregar.

frigidez, frialdad, rigidez, severidad. **Ant.** Fogosidad, ardor.

frío, frialdad, frigidez, fresco, crudeza, congelación, enfriamiento. **Ant.** Calor, bochorno.// -a, helado, yerto, aterido, congelado, glacial. **Ant.** Caliente.// Insensible, indiferente, impávido, apático. **Ant.** Interesado, exaltado.

frisar, acercarse, aproximarse.

friso, moldura, borde, cornisamento.

frivolidad, superficialidad, trivialidad, inconstancia, ligereza, insustancialidad, liviandad. **Ant.** Profundidad, seriedad, gravedad.

frívolo-la, superficial, trivial, insustancial, liviano, baladí. **Ant.** Serio, profundo, grave.

fronda, espesura, ramaje, follaje.

frondosidad, espesura, hojarasca, ramaje, follaje.

frondoso-sa, tupido, denso, espeso, impenetrable. **Ant.** Ralo, desértico.

frontal, anterior, delantero.// Sincero.

frontera, límite, confín, linde, divisoria.

fronterizo-za, limítrofe, lindero, colindante, divisorio, contiguo, frontero. **Ant.** Apartado, separado, alejado.

frontis, frontispicio, fachada, delantera, frente.

frontispicio, frontis.

frotar, fregar, friccionar, refregar.

fructífero-ra, productivo, provechoso, fértil, fecundo, feraz. **Ant.** Infértil, estéril.

fructificar, producir, rendir, redituar.

frugal, sobrio, mesurado, parco, moderado, modesto. **Ant.** Glotón, comilón.

frugalidad, mesura, moderación, sobriedad, parquedad, templanza, morigeración. **Ant.** Derroche, glotonería.

fruición, goce, disfrute, regodeo, deleite, placer, satisfacción, gusto. **Ant.** Disgusto.

frunce, pliegue, arruga.

fruncir, arrugar, plegar, plisar, encoger.

fruslería, nimiedad, pavada, tontera, menudencia, bagatela, insignificancia. **Ant.** Importancia, trascendencia.

frustración, malogro, fracaso, fiasco, desacierto, desengaño, error, defraudación. **Ant.** Triunfo, acierto, logro.

frustrar, arruinar, defraudar, desaprovechar, malograr, estropear, dificultar. **Ant.** Lograr, triunfar, vencer, favorecer.

fruto, fruta.// Provecho, recompensa, lucro, rendimiento, utilidad, beneficio. **Ant.** Pérdida.// Resultado, creación, hijo, producto, obra.

fuego, lumbre, llama, incendio, hoguera, llamarada.// Pasión, ardor, fogosidad, vehemencia, ímpetu, vivacidad. **Ant.** Indiferencia, apatía.

fuente, manantial, surtidor, fontana, hontanar.// Ensaladera, bandeja, plato.// Origen, principio, germen, comienzo, fundamento.

fuero, jurisdicción, dominio, poder.// Exención, privilegio, concesión, prerrogativa.// Jactancia, presunción, soberbia. **Ant.** Humildad, sencillez.

fuerte, robusto, vigoroso, forzudo, corpulento, fornido, resistente. **Ant.** Débil, flojo.// Tenaz, enérgico, animoso, varonil.// Penetrante, intenso, áspero, subido. **Ant.** Suave.// Fortaleza, castillo.

fuerza, impetuosidad, bravura, violencia, intensidad, ardimiento. **Ant.** Flojedad.// Robustez, energía, vigor, solidez, firmeza, fortaleza, reciedumbre, potencia, pujanza, vitalidad, resistencia, aguante. **Ant.** Debilidad, blandura.// Influencia, poder.// Empuje, impulso, forcejeo, presión.// Tropa, columna, armas.

fuga, huida, escapada, evasión, evasiva, deserción, salida, abandono, espantada. **Ant.** Permanencia, detención, regreso.

fugarse, huir, escapar, escabullirse, evadirse, marcharse. **Ant.** Quedar, permanecer, resistir.

fugacidad, brevedad, caducidad, transitoriedad.

fugaz, breve, transitorio, efímero, breve, rápido, pasajero. **Ant.** Permanente, prolongado.

fugitivo-va, prófugo, perseguido, evadido.

fulano-na, individuo, cualquiera, tipo, sujeto.

fulgor, brillo, resplandor, claridad, chispa.

fulgurar, brillar, resplandecer.

fullería, engaño, trampa, estafa.// Astucia, picardía, sagacidad.

fullero-ra, tramposo, estafador, pícaro.

fulminante, repentino, rápido, vertiginoso, súbito, veloz.

fulminar, exterminar, aniquilar, eliminar, liquidar, destruir, matar, extinguir.

fumigar, vaporizar, desinfectar.

funámbulo, volatinero, equilibrista.

funambulesco-ca, extravagante, estrafalario.

función, fiesta, espectáculo, diversión, gala, velada, representación, reunión.// Puesto, situación, oficio, cargo, empleo, ejercicio, ocupación.

funcional, práctico, útil, cómodo, eficaz. **Ant.** Inútil.

funcionamiento, movimiento, juego, articulación.

funcionar, andar, marchar, moverse, ejecutar, activar. **Ant.** Pararse, fallar.

funcionario-ria, empleado, oficinista, burócrata, agente.

funda, cubierta, tapa, envoltura, forro.

fundación, institución, establecimiento, creación, instauración.

fundador-ra, creador, instaurador, patrono, iniciador.

fundamental, esencial, importante, primordial, elemental, principal. **Ant.** Secundario.

fundamentar, basar, establecer, razonar, asegurar, cimentar, documentar, afirmar.

fundamento, base, apoyo, sostén.// Razón, motivo, pretexto, antecedente, prueba.

fundar, crear, instituir, establecer, asentar, instalar, iniciar, comenzar. **Ant.** Destruir, derruir.

fundición, licuación, fusión. **Ant.** Solidificación.// Herrería, siderurgia.

fundir, licuar, derretir, fusionar, disolver. **Ant.** Condensar, solidificar.// Moldear, plasmar.

fundo, heredad, propiedad.

fúnebre, mortuorio, necrológico, macabro, funerario.// Triste, lúgubre, tétrico, tenebroso. **Ant.** Alegre, divertido.

funeral, exequias, sepelio, honras.// Funerario.

funesto-ta, triste, desgraciado, nefasto, aciago, desafortunado. **Ant.** Feliz, afortunado.

furia, ira, saña, cólera, rabia, violencia, arrebato, frenesí. **Ant.** Tranquilidad, serenidad.

furibundo-da, colérico, airado, rabioso, furioso.

furioso-sa, colérico, irritado, enojado, desenfrenado, iracundo. **Ant.** Apacible, tranquilo.

furor, furia, enojo, ira.

furtivo-va, cauteloso, oculto, escondido, sigiloso. **Ant.** Claro, manifiesto.

fusilamiento, ejecución, ajusticiamiento.

fusilar, ametrallar, ajusticiar, ejecutar, acribillar, disparar, descerrajar.

fusión, fundición, licuación, derretimiento. **Ant.** Solidificación.// Unificación, unión. **Ant.** Dispersión, disgregación.

fusionar, unir, unificar.

fuste, asta, poste, mástil.// Importancia, fundamento.

fustigar, latigar, flagelar, castigar, aguijonear, azotar, sacudir.// Criticar, censurar. **Ant.** Elogiar, alabar.

fútbol, balompié.

futbolista, jugador, deportista.

fútil, insignificante, insustancial, veleidoso, trivial. **Ant.** Importante, esencial.

futilidad, insignificancia, trivialidad, pequeñez, puerilidad, importancia, trascendencia.

futuro, porvenir, mañana, posteridad. **Ant.** Pasado.// -ra, novio, prometido.

G g

gabán, abrigo, capote, sobretodo.

gabardina, impermeable, abrigo, capote.

gabela, tributo, impuesto.

gabinete, salita, cuarto, alcoba, aposento, camarín.// Ministerio, gobierno, junta, administración.

gaceta, publicación, diario, periódico.

gacetilla, suelto, noticia, artículo.

gafas, lentes, anteojos, antiparras, espejuelos.

gajes, ventajas, beneficio, provecho.// Haberes, sueldo, paga, salario, sobresueldo, gratificación.

gajo, rama, racimo.// Parte, división.

gala, ceremonia, fiesta, velada.// s, atavíos, alhajas, vestimenta, etiqueta, ropaje, atuendos, adornos.

galán, apuesto, hermoso, gallardo, guapo, elegante.// Joven.// Protagonista, actor, estrella.// Novio, pretendiente, enamorado.

galano-na, gracioso, ingenioso.// Adornado, acicalado. **Ant.** Desarreglado.

galante, amable, obsequioso, atento, cortés. **Ant.** Descortés, grosero.// Erótico.

galantear, cortejar, pretender, obsequiar, festejar.

galanteo, cortejo, flirteo, festejo, requiebro, piropo.

galantería, amabilidad, cortesía, obsequiosidad.

galanura, elegancia, gallardía, garbo.

galápago, queionio.

galardón, distinción, premio, recompensa. **Ant.** Castigo, insulto.

galardonar, premiar, honrar. **Ant.** Censurar.

galeón, galera, nave, bajel.

galeote, penado, castigado, forzado, condenado.

galera, embarcación.// Castigo.

galerada, tirada, composición.

galería, pasillo, corredor, pasadizo.// Pinacoteca, museo.

galicismo, francesismo.

galimatías, embrollo, confusión, desorden, fárrago, jerizonga.

gallardete, banderín, insignia.

gallardía, prestancia, esbeltez, gracia, donaire, apostura. **Ant.** Tosquedad, achicamiento.

gallardo-da, apuesto, bello, esbelto, arrogante, desenvuelto, elegante. **Ant.** Torpe, feo, desgarbado.// Valiente, osado, audaz, noble.

galleta, bizcocho, bollo.

gallina, ave, volátil, polla.// Cobarde. **Ant.** Valiente.

gallinero, corral, ponedero, criadero.

gallo, ave, volátil, pollo, gallinácea.// Desafinación, desentonación, destemple.// Bravucón, mandón, fanfarrón, jactancioso. **Ant.** Tímido, apocado. **Par.** Gayo.

galón, cinta, trencilla, alamar, orla.

galopante, fulminante, rápido, vertiginoso.

galopar, trotar, correr, cabalgar.

galope, trote, carrera, cabalgada.

galvanizar, bañar, recubrir, cubrir.

gama, escala, gradación, sucesión, progresión.

gamberro, libertino, licencioso, grosero, molesto.

gameto, célula.

gamuza, paño, trapo.

ganadería, hacienda.// Hato, rebaño, manada.

ganadero, hacendado, agropecuario, terrateniente, criador.

ganado, rebaño, tropilla, manada, hato, reses.

ganancia, provecho, lucro, beneficio, renta, especulación, utilidad. **Ant.** Pérdida.

ganar, cobrar, lucrar, conseguir, especular, embolsar. **Ant.** Perder.// Vencer, triunfar, copar, alcanzar.

gancho, garfio, broche.// Atractivo, gracia, seducción.

ganchudoda, corvo, aguileño, arqueado, puntiagudo.

gandul, holgazán, vago, dejado, indolente. **Ant.** Trabajador, activo, dinámico.

ganga, oportunidad, ventaja, beneficio, bicoca, prebenda.

gangosa, ininteligible, nasal, confuso. **Ant.** Claro, inteligible.

gangrena, putrefacción, corrupción, destrucción.

gangrenar, corromper, pudrir. **Ant.** Sanar.

gángster, delincuente, bandido, malhechor, bandolero.

gansada, tontería, bobada, idiotez, sandez, necedad.

ganso-sa, ánade, oca, ánsar.// Tonto, bobo, lerdo, lento. **Ant.** Serio, sensato, ocurrente, inteligente.

ganzúa, palanca, alambre, gancho.

garabatear, garrapatear, borronear.

garabato, borrón, chapucería, garfio, gancho, rasgo.

garaje, cochera, depósito.

garantía, fianza, prenda, aval, obligación, hipoteca, depósito, seguridad, resguardo.

garantizado-da, seguro, protegido, resguardado, asegurado, garantido.

garantizar, garantir, asegurar, avalar, respaldar, certificar. **Ant.** Desentenderse.

garbo, gracia, donaire, arrogancia, desenvoltura, distinción, elegancia. **Ant.** Desaliño, tosquedad.

garboso-sa, elegante, airoso, gallardo. **Ant.** Desgarbado.

garfio, gancho, arpón, grapa, anzuelo.

gargajo, escupitajo, esputo, expectoración, flema.

garganta, tragadero, gañote, gola, gaznate.// Desfiladero, angostura, paso, precipicio.

gárgara, gargarismo, gorgoteo, limpieza.

gárgola, caño, conducto, tubería, desagüe.

garita, casilla, cabina, cuartucho, choza.

garito, timba, antro.

garlopa, cepillo, raspadera.

garra, zarpa, garfio, mano.

garrafa, bombona, botellón, redoma, recipiente, vasija.

garrafal, descomunal, enorme, excesivo, extraordinario. **Ant.** Insignificante.

garrocha, vara, percha.

garrote, palo, estaca, bastón, vara.

gárrulo-la, locuaz, charlatán.

gas, vapor, fluido, emanación, evaporación.

gasa, tul, cendal, velo.// Venda, vendaje, apósito. **Par.** Gaza.

gaseosa, refresco.

gaseoso-sa, gaseiforme, fluido.

gasificación, evaporación, volatilización.

gasificar, gasear, evaporar, volatilizar. **Ant.** Condensar.

gasoducto, tubería, cañería.

gasolina, bencina, carburante, combustible.

gastar, desembolsar, dilapidar, invertir, derrochar, agotar, desperdiciar. **Ant.** Ahorrar, retener, escatimar, economizar.// Desgastar, consumir, raer, ajar, consumir.// Vestir, usar.

gasto, desembolso, consumición, derroche, dispendio. **Ant.** Ahorro, economía.

gástricoca, estomacal.

gastronomía, cocina.

gatear, arrastrarse, deslizarse.

gato, minino, micifuz.// Cric, palanca.

gatuperio, embrollo, maraña, farsa, intriga, chanchullo.

gauchada, favor, ayuda, auxilio.

gaucho, jinete, campesino, vaquero, resero, tropero.

gaveta, cajón, compartimiento, división.

gavilla, haz, manojo, atado.// Pandilla, caterva, cuadrilla.

gazapo, conejito, conejo, cría.// Error, desliz, descuido, omisión, falta. **Ant.** Acierto.

gazmoñería, hipocresía, mojigatería, afectación. **Ant.** Sinceridad.

gazmoño-ña, hipócrita, mojigato, santurrón, melindroso, cursi. **Ant.** Leal, sincero, franco, abierto.

gaznápiro, tonto, lelo, necio.

gaznate, garganta.

gazpacho, sopa.

gelatina, mucílago, jalea, emulsión.

gelatinoso-sa, mucilaginoso, viscoso, blando, inconsistente, resbaladizo. **Ant.** Seco.

gélido-da, helado, frío, glacial, frígido, congelado. **Ant.** Cálido, caliente.

gema, piedra preciosa, joya, alhaja.// Yema, botón, brote, retoño.

gemebundo-da, lastimero, quejumbroso, lloroso, plañidero, quejoso.

gemelo, mellizo, hermano, par, equivalente, igual, idéntico, semejante, parecido.// **-s,** broches, botones, sujetadores.// Anteojos, binóculos, prismáticos.

gemido, lloro, quejido, lamento, sollozo.

gemir, llorar, plañir, quejarse, suspirar, lamentarse, sollozar, gimotear. **Ant.** Alegrarse, reír.

genealogía, ascendencia, abolengo, estirpe, linaje, prosapia, parentela, familia.

generación, engendramiento, procreación, fecundación, reproducción, concepción.

general, total, global, universal, vulgar, común, absoluto, genérico. **Ant.** Particular, individual.// Frecuente, popular, vulgar, extendido, habitual, usual.

generalidad, mayoría, pluralidad, comunidad, totalidad, universalidad, generalización.

generalizar, universalizar, ampliar, pluralizar, extender, publicar, divulgar. **Ant.** Restringir, personalizar.

generar, engendrar, producir, originar. **Ant.** Terminar, matar.

genérico-ca, general.

género, especie, orden, clase, grupo.// Estilo, forma, escuela.// Índole, naturaleza, condición, carácter.// Tela, lienzo, trapo.

generosidad, magnanimidad, altruísmo, desinterés, esplendidez, largueza, desprendimiento, dadivosidad, filantropía. **Ant.** Avaricia, tacañería, mezquindad, ruindad, egoísmo.

generoso-sa, dadivoso, espléndido, magnánimo, desinteresado, altruísta, filantrópico, desprendido. **Ant.** Mezquino, tacaño.// Abundante, fértil, fecundo. **Ant.** Estéril, seco.

génesis, origen, creación, principio, fundamento. **Ant.** Fin.

genial, inteligente, talentoso, magnífico, excelente, perspicaz, sutil. **Ant.** Aburrido, necio, tonto.

genialidad, genio, inteligencia, creatividad, ocurrencia, perspicacia, ingenio, singularidad, extravagancia. **Ant.** Simpleza, uniformidad.

geniecillo, duende, trasgo, gnomo.

genio, temperamento, índole, carácter, condición.// Inteligencia, talento, ingenio.

genital, genésico, sexual.

gente, muchedumbre, multitud, gentío, aglomeración, personas, individuos, concurrencia.

gentil, pagano, idólatra, irreligioso, infiel, hereje.// Gallardo, apuesto, elegante, agradable.// Amable, cortés. **Ant.** Grosero.

gentileza, distinción, elegancia. **Ant.** Rudeza, fealdad.// Amabilidad, cortesía, urbanidad. **Ant.** Grosería, ordinariez.

gentilhombre, caballero, hidalgo, noble, cortesano. **Ant.** Villano, proletario.

gentilidad, paganismo, idolatría, gentilismo.

gentío, muchedumbre, multitud, aglomeración.

gentuza, chusma, caterva, turba.

genuflexión, arrodillamiento, reverencia, prosternación, sumisión.

genuino-na, propio, original, auténtico, puro. **Ant.** Adulterado, falso, impuro.

geología, geogenia.

geológico-ca, estratigráfico, sedimentario.

geométrico-ca, exacto, preciso, matemático.

gerencia, dirección, administración.

gerente, director, administrador, responsable, encargado.

germanía, jerga.// Hermandad.

germen, semilla, embrión, huevo.// Iniciación, principio, rudimento, raíz. **Ant.** Final.

germinar, brotar, crecer.

gesta, hecho, acción, hazaña, heroicidad, proeza.

gestación, engendramiento, embarazo, preñez.// Maduración, elaboración, preparación. **Ant.** Interrupción.

gesticulación, mímica, visaje, mueca.

gesticular, actuar, accionar, expresar, aspaventar. **Ant.** Moderarse.

gestión, acción, actuación, comisión, diligencia, trámite, encargo, cometido, misión.

gestionar, actuar, diligenciar, tramitar, manejar, ejecutar, realizar.

gesto, mueca, gesticulación, mohín, visaje, mímica, acción, tic.// Aspecto, semblante.

gestor-ra, realizador, mandatario, delegado.

giba, joroba, bulto, gibosidad, corcova, protuberancia, chepa.

giboso-sa, jorobado, encorvado, corcovado, chepudo, gibado.

gigante, titán, coloso, superhombre, cíclope.// Enorme, gigantesco. **Ant.** Enano, pequeño.

gigantismo, monstruosidad, acromegalia. **Ant.** Enanismo.

gimnasia, ejercicio, deporte, atletismo, práctica.

gimnasta, atleta, deportista.

gimnástico-ca, ágil, atlético.

gimotear, gemir.

gira, excursión, viaje, expedición.

girar, voltear, rotar, rodar, arrollar.

giratorioria, rotativo, girante.

giro, vuelta, rotación, oscilación, movimiento, círculo, caracoleo, curva.// Dirección, aspecto, cariz, matiz, sentido, orientación.// Locución, modismo.// Libranza, envío, remesa, pago.

gitano-na, bohemio, zíngaro, trashumante. **Ant.** Sedentario.

glacial, frío, helado, gélido, congelado, frígido. **Ant.** Caliente, cálido, tropical.// Indiferente, imperturbable, impenetrable, impávido. **Ant.** Cordial, entusiasta, apasionado.

glaciar, nevero, ventisquero.

gladiador, luchador, púgil, competidor.

glande, bálano.

global, total, integral, completo, universal, general. **Ant.** Parcial, particular.

globo, esfera, bola, balón.// Aeronave, dirigible.// Tierra, mundo, planeta.

globular, globoso, esférico, redondo, abultado, curvado, circular.

glóbulo, esferita, bolita.

gloria, bienaventuranza, inmortalidad, perfección, beatitud, paraíso, edén.// Fama, renombre, celebridad, reputación, popularidad, honor. **Ant.** Anonimato, vergüenza.

gloriar, glorificar.// **-se,** jactarse, vanagloriarse, presumir.

glorificación, enaltecimiento, divinización, sublimación, ensalzamiento, exaltación. **Ant.** Humillación, mortificación.

glorificar, ensalzar, alabar, honrar, exaltar, divinizar, entronizar. **Ant.** Humillar, degradar.

glorioso-sa, divino, celestial, maravilloso, bienaventurado.// Ilustre, famoso, renombrado, acreditado, célebre, egregio.

glosa, comentario, explicación, acotación, observación.

glosar, acotar, comentar, aclarar, interpretar, apostillar.

glosario, vocabulario, léxico, catálogo.

glotón-na, comilón, tragón, engullidor, voraz, goloso, ávido. **Ant.** Desganado, inapetente.

glotonería, voracidad, gula, hambre, apetito, avidez. **Ant.** Templanza, inapetencia.

glúteo, nalga.

gnomo, duende, enano, genio, espíritu.

gobernación, gobierno, mando, dominio, dirección, administración, conducción.

gobernador-ra, gobernante, administrador, caudillo, soberano, conductor, mandatario, cabecilla.

gobernar, dirigir, administrar, conducir, mandar, guiar. **Ant.** Obedecer.

gobierno, administración, dirección, mando, dominio, regencia, autoridad, manejo.// Administración, gabinete. **Ant.** Anarquía, sumisión.

goce, placer, deleite, regodeo, gusto, satisfacción, agrado. **Ant.** Repugnancia, sufrimiento, malestar.// Uso, usufructo, disfrute.

gol, tanto, punto, acierto.

gola, garganta, tragaderas, garguero.

golfo, pillo, vago, hampón, pícaro.// Rada, bahía, cala, ensenada.

goliardo, libertino, vagabundo.

gollete, garganta, abertura, entrada, boca.

golondrino, absceso, forúnculo.

golosina, dulce, exquisitez, delicia, manjar.

goloso-sa, dulcero, voraz, glotón.

golpe, choque, porrazo, encontronazo, topetazo, empujón.// Moretón, cardenal, contusión, equimosis.

golpear, zurrar, azotar, pegar, sacudir, percutir, topar, tropezar.

goma, cola, adhesivo, mucílago, pegamento, engrudo, pez.

góndola, barca, embarcación.

gonorrea, gonococcia.

gordo-da, grueso, voluminoso, obeso, rechoncho, rollizo, pesado, abultado. **Ant.** Flaco, delgado.

gordura, obesidad, robustez, adiposidad, crasitud, grosor. **Ant.** Delgadez.// Grasa, manteca, cebo.

gorgorito, trino, gorjeo, quiebro.

gorguera, gola, golilla, cuello.

gorjear, trinar, cantar, silbar, piar.

gorra, sombrero, gorro, birrete, boina.

gorro, sombrero.

gota, insignificancia, nimiedad, pizca, porción, partícula, migaja.

gotear, chorrear, destilar, filtrar, perder, fluir, salir, escurrir, rezumar.

gotera, filtración, chorro.

gozar, disfrutar, saborear, gustar, deleitarse, complacerse, regodearse. **Ant.** Sufrir, padecer.// Usar, usufructuar, tener, utilizar.

gozne, bisagra, articulación.

gozo, placer, complacencia, solaz, regodeo, contento, gusto, regocijo, animación, júbilo, voluptuosidad. **Ant.** Tristeza, descontento.

gozoso-sa, alegre, alborozado, animado, jubiloso, contento, entusiasmado. **Ant.** Triste, desanimado.

grabación, impresión, reproducción.

grabado, ilustración, lámina, estampa, dibujo.// Litografía, aguafuerte. **Par.** Gravado.

grabador, impresor, estampador, tallador.

grabar, esculpir, burilar, tallar, cincelar, imprimir.// Enseñar, fijar, inculcar. **Par.** Gravar.

gracejo, chiste, gracia.

grácil, desenvoltura, donaire, gentileza, amenidad. **Ant.** Tosquedad.// Favor, beneficio, dádiva. **Ant.** Castigo.// Perdón, absolución, amnistía, indulto. **Ant.** Castigo.// Comicidad, gracejo, salero, jovialidad.

gracioso-sa, jocoso, cómico, chistoso, ocurrente, alegre. **Ant.** Soso, triste.// Atractivo, agradable, encantador, elegante. **Ant.** Desagradable.// Cómico, farsante.

grada, tarima, estrado, plataforma, tribuna, gradería, escalinata.

gradación, graduación, progresión, sucesión, escala.

gradería, gradas, graderío, tribuna, escalones.

grado, categoría, graduación, rango, jerarquía.// Vínculo, parentesco.// Matiz, temperatura, escala, nivel.// Voluntad.

graduación, grado, categoría.// Proporción, porción, parte, cantidad, división, fracción.

graduado-da, diplomado, recibido, egresado, titulado.

gradual, escalonado, progresivo, cronológico.

graduar, regular, medir, escalonar, matizar, ajustar, acomodar.// -se, recibirse, diplomarse, licenciarse, doctorarse, titularse.

grafía, escritura, letra, cifra, expresión, representación.

gráfico, diagrama, escrito, representación, esquema, dibujo.// -ca, expresivo, descriptivo, explícito, manifiesto, claro. **Ant.** Confuso.

grafito, carboncillo.

gragea, píldora.

grajo, cuervo.

gramófono, fonógrafo.

grana, granate, carmín.

granado-da, maduro, sazonado.// Alto, crecido.

granar, crecer, madurar.

granate, rojo, punzó, escarlata, grana.

grande, enorme, crecido, amplio, extendido, vasto, espacioso, colosal, gigantesco. **Ant.** Chico, pequeño, reducido, enano.// Insigne, ilustre, notable, egregio, excelso, sobresaliente. **Ant.** Humilde, insignificante.

grandilocuencia, ampulosidad, elocuencia, altisonancia. **Ant.** Sobriedad, sencillez.

grandilocuente, ampuloso, enfático, afectado, pedante.

grandiosidad, grandeza.

grandioso-sa, magnífico, majestuoso, colosal, espléndido, imponente, impresionante. **Ant.** Insignificante, pequeño, vulgar, humilde.

grandor, tamaño.

graneado-da, constante, intenso, incesante.

granel (a), en abundancia.

granero, hórreo, silo, troje.

granítico-ca, duro, resistente. **Ant.** Blando, débil.

granito, rocapiedra.

granizada, granizo, pedrisca, piedra.

granizar, apedrear.

granizo, piedra, pedrisco, granizada, tormenta, borrasca.

granja, hacienda, caserío, finca, cortijo, rancho.

granjear, obtener, conseguir.// -se, conquistar, lograr.

granjero-ra, labrador, colono, cultivador, agricultor.

grano, semilla, cereal, fruto.// Tumor, forúnculo, absceso.

granuja, sinvergüenza, pillo, golfo, pícaro, bribón.

granujiento-ta, granoso, áspero, granuloso.

granuloso-sa, áspero, rugoso. **Ant.** Suave, liso.

grapa, sujetador, broche, gancho.

grasa, sebo, gordo, manteca, unto, pringue.// Obesidad, gordura. **Ant.** Delgadez.

grasosa, gordo, seboso, untuoso, pringoso. **Ant.** Seco, magro.

gratificación, remuneración, premio, incentivo, retribución.

gratificar, retribuir, recompensar, remunerar, premiar, pagar.// Agradar, complacer. **Ant.** Desagradar.

gratis, gratuitamente, gratuito.

gratitud, agradecimiento, reconocimiento, obligación, lealtad. **Ant.** Ingratitud, deslealtad.

grato-ta, amable, agradable, deleitoso, placentero, atractivo. **Ant.** Desagradable.

gratuito-ta, gratis, beneficioso, regalado, tirado. **Ant.** Caro.// Arbitrario, infundado, injusto. **Ant.** Justo.

grava, piedra, cascajo, balasto. **Par.** Graba.

gravamen, carga, obligación, imposición, tributo, impuesto.

gravar, gravitar, pesar.// Imponer, hipotecar. *Par.* Grabar.

grave, serio, importante, trascendental. *Ant.* Baladí.// Enfermo, agonizante, moribundo, delicado, débil. *Ant.* Sano.

gravedad, pesadez.// Solemnidad, circunspección, seriedad, formalidad, severidad. *Ant.* Informalidad.// Trascendencia, importancia, enormidad. *Ant.* Insignificancia.

grávida, encinta, preñada, embarazada, llena.

grávido-da, pesado, cargado.

gravitación, pesadez, gravedad, atracción.

gravitar, pesar, cargar, apoyar, descansar, basarse.

gravoso-sa, pesado, fastidioso, inaguantable. *Ant.* Grato.// Caro, oneroso, costoso. *Ant.* Barato.

greca, borde, faja, lista, orla.

greda, arcilla.

gregario-ria, impersonal, adocenado, rebanego, vulgar, rutinario. *Ant.* Personal, individual, solitario.

gregarismo, adocenamiento, mansedumbre, docilidad. *Ant.* Personalidad, individualidad, rebeldía.

gremial, sindical, corporativo, laboral.

gremio, sindicato, agrupación, corporación, cofradía.

gres, arcilla, greda.

gresca, pelea, riña, reyerta, trifulca, alboroto, tumulto.

grey, rebaño, manada, hato.// Hermandad, congregación.

grial, copón, cáliz.

grieta, hendidura, rendija, fisura, resquebrajadura.

grifo, llave.

grilletes, esposas, grillos, hierros, cepo.

gringo, extranjero, forastero. *Ant.* Nativo, nacional, aborigen.

gripe, trancazo, resfriado, constipado.

gris, ceniciento, plomizo.// Monótono, anodino, apagado, melancólico. *Ant.* Animado, destacado.

gritar, vociferar, desgañitarse, chillar, vocear, ulular, aullar, exclamar. *Ant.* Callar.

gritería, bulla, vocerío, algazara, clamor, alboroto. *Ant.* Silencio, paz.

grito, aullido, chillido, alarido, quejido.

grosería, ordinariez, vulgaridad, descortesía, incorrección, incultura, rudeza. *Ant.* Finura, educación, distinción.

grosero-ra, descortés, ordinario, vulgar, incorrecto, insociable. *Ant.* Cortés, fino, atento.

grosor, grueso, espesor, anchura, calibre, dimensión.// Obesidad, gordura.

grotesco-ca, ridículo, extravagante, irrisorio, mamarracho, burlesco. *Ant.* Elegante, serio.

grúa, cabrestante, cabria.

grueso-sa, gordo, corpulento, obeso, carnoso. *Ant.* Delgado, fino, enjuto.

grumete, marinero.

grumo, coágulo, dureza, condensación, cuajarrón, apelotonamiento.

gruñido, refunfuño, bufido, mugido.// Reproche, reprensión. *Ant.* Alabanza, elogio.

gruñir, bufar, rugir, bramar.// Refunfuñar, rezongar, protestar. *Ant.* Elogiar, alabar.// Chirriar, crujir.

gruñón-na, protestón, cascarrabias.

grupa, anca, trasero, cadera, flanco.

grupo, conjunto, asociación, agrupación, reunión, comunidad, colectividad.// Especie, clase, categoría, orden.

gruta, caverna, antro, cueva, socavón, espelunca.

guacamayo, papagayo.

guadaña, hoz, segur, segadera.

gualdrapa, funda, manta, cobertura.

guano, abono, estiércol.

guante, manopla, funda, mitón.

guapear, presumir, ostentar.

guapeza, bravura, valentía, valor, intrepidez, resolución.// Ostentación.// Belleza, apostura, gallardía.

guapo-pa, valeroso, decidido, valiente, fanfarrón, bravucón, pendenciero.// Ostentoso, presumido.// Lindo, bello, apuesto, hermoso, gallardo, arrogante, lucido, perfecto, grato. *Ant.* Feo, desagradable.

guarda, tutela, defensa, amparo. *Ant.* Desamparo.

guardaespaldas, acompañante, escolta.

guardagujas, cambiador, guardavías.

guardapolvo, delantal, bata, batín.

guardar, custodiar, proteger, defender, cuidar.// Atesorar, ahorrar, retener, almacenar, recaudar.// **-se,** precaverse, prevenirse, defenderse.

guardarropa, armario, ropero, arca.

guardia, guarda, vigilante, policía, defensor.// Defensa, vigilancia, amparo, protección. *Ant.* Desamparo.

guardián, vigilante, centinela, custodio.

guarecer, proteger, defender, amparar, ayudar, albergar. *Ant.* Desproteger, abandonar.// **-se,** resguardarse, abrigarse, refugiarse.

guarida, madriguera, refugio, cubil, cueva.// Amparo, protección.

guarismo, número, cifra, cantidad.

guarnecer, adornar, orlar, ornamentar, embellecer, acicalar. *Ant.* Afear.// Proveer, dotar, abastecer.

guarnición, adorno, ornamento, ornato, accesorio.// Destacamento, cuartel, fuerte.

guarniciones, arreos, jaeces.

guasa, burla, chasco, ironía.

guasón, burlón, irónico. *Ant.* Serio, grave.

guata, relleno.

gubernamental, estatal, oficial, público, gubernativo.

gubernativo-va, gubernamental, estatal, público, oficial. *Ant.* Privado.

guedeja, crencha, greña, mecha, pelambre, mechón.

guerra, beligerancia, contienda, hostilidad, conflagración, conflicto, choque. *Ant.* Paz, conciliación.

guerrear, pelear, combatir, luchar, batallar, hostilizar. *Ant.* Pacificar, aplacar.

guerrera, chaqueta, casaca, cazadora, chaquetón.

guerrero-ra, luchador, combatiente, soldado, beligerante. *Ant.* Civil.// Belicoso, batallador, aguerrido, marcial. *Ant.* Pacifista, pacificador.

guerrilla, escaramuza, facción, maquis, milicia.

guerrillero-ra, partisano, combatiente, luchador.

guía, conductor, orientador, piloto, timonel.// Consejero, tutor, maestro, asesor.// Orientación, tutela, supervisión.// Plano, folleto, manual, índice.

guiar, dirigir, orientar, conducir, encaminar, encauzar. *Ant.* Desorientar.// Educar, asesorar, adiestrar. *Ant.* Descarriar.

guijarro, pedrusco, piedrecilla, canto.

guillotinar, decapitar, ajusticiar.

guiñapo, harapo, trapo, andrajo, piltrafa, jirón.// Débil, enfermo. *Ant.* Sano, fuerte.// Abatido, desmoralizado. *Ant.* Animado.

guiñar, parpadear, bizquear.// Avisar, prevenir.

guiño, gesto, señal, visaje.// Aviso, advertencia, señal.

guión, libreto, argumento, sinopsis, asunto.// Raya, línea, trazo.

guirnalda, corona, aureola, diadema, tiara.

guisa, manera, modo, estilo.

guisar, cocinar, cocer, aderezar, condimentar.

guiso, cocido, guisado, comida, condumio, potaje.

guitarra, vihuela.

guitarreo, rasgueo, floreo, punteo.

guitarrista, guitarrero, vihuelista.

gula, glotonería, voracidad, avidez, ansia, hambre, insaciabilidad. *Ant.* Inapetencia, frugalidad, sobriedad.

gurí, niño, pequeño, chico, muchacho.

gurrumino-na, pequeño, raquítico.

gusano, oruga, larva, lombriz, helminto.

gustar, probar, paladear, tomar, comer, ingerir.// Agradar, complacer, cautivar, satisfacer, deleitar. *Ant.* Desagradar.

gusto, sabor, gustillo.// Deleite, placer, satisfacción, complacencia. *Ant.* Disgusto.// Elegancia, distinción, delicadeza, finura. *Ant.* Chabacanería, ordinariez.

gustoso-sa, sabroso, apetitoso, delicioso. *Ant.* Insulso, insípido.// Complacido, conforme, encantado. *Ant.* Disconforme.

gutural, ronco, áspero.// Desapacible, disonante, ininteligible.

habano, cigarro, tagarnina. *Par.* Abano.

haber, tener, poseer, detentar. *Ant.* Carecer.// Caudal, hacienda.// **-es,** ingreso, sueldo, salario.

hábil, competente, apto, diestro, ducho. *Ant.* Inepto, inhábil, incompetente.// Ladino, taimado. *Ant.* Ingenuo, inocente.

habilidad, destreza, aptitud, capacidad, maña. *Ant.* Ineptitud, incapacidad.// Sagacidad, astucia, sutileza. *Ant.* Necedad.

habilidoso-sa, hábil.

habilitar, autorizar, permitir, licenciar, capacitar, facultar. *Ant.* Prohibir, desautorizar, cancelar.

habitación, vivienda, morada, residencia, cuarto, estancia, recinto, alcoba, aposento.

habitar, vivir, morar, residir, aposentarse, alojarse, domiciliarse. *Par.* Abitar.

habitante, poblador, vecino, morador, residente, ocupante.

hábito, costumbre, uso, usanza, conducta, moda, rutina.// Traje, vestimenta, vestido.

habitual, repetido, común, vulgar, consuetudinario, ritual, frecuente, corriente. *Ant.* Raro, infrecuente, extraordinario, desusado.

habituar-se, familiarizar, acostumbrar, aclimatar, adiestrar, preparar. *Ant.* Desacostumbrar.

habla, lenguaje, idioma, discurso, lengua, dialecto, charla. *Ant.* Mudez.

hablador-ra, parlanchín, charlatán, parloteador, conversador, locuaz, indiscreto. *Ant.* Taciturno, silencioso.

habladuría, chisme, calumnia, enredo, injuria, murmuración, comadreo.

hablar, charlar, conversar, dialogar, disertar, orar, declamar, practicar. *Ant.* Callar.

hacedor, autor, constructor.

hacendado, estanciero, latifundista, terrateniente, agricultor, propietario.

hacendoso-sa, trabajador, diligente. *Ant.* Holgazán.

hacer, realizar, producir, trabajar, elaborar, crear, formar, engendrar, obrar.// **-se,** acostumbrarse.

hacha, velón, candela.

hacia, en dirección a.

hacienda, estancia, propiedad, finca.// Patrimonio, bienes, posesiones, caudales.

hacinamiento, amontonamiento, aglomeración.

hacinar, amontonar, juntar, aglomerar. *Ant.* Disgregar.

hada, hechicera, encantadora.

hado, destino, sino, azar, fatalidad, ventura, albur.

halagador-ra, adulador, obsequioso, lisonjero.

halagar, adular, elogiar, obsequiar, lisonjear. *Ant.* Desdeñar, criticar.

halago, elogio, agasajo, loa, adulación. *Ant.* Crítica, censura.

halagüeño-ña, halagador, propicio, prometedor, satisfactorio, grato. *Ant.* Desfavorable.

halar, tirar, atraer.

halconería, cetrería, altanería.

hálito, aliento, vaho, aire, soplo, brisa, emanación.

hallar, encontrar, descubrir, acertar, topar, tropezar, atinar.// **-se,** estar, encontrarse. *Ant.* Ausentarse.

hallazgo, encuentro, descubrimiento, invento, creación, solución, obra. *Ant.* Pérdida.

halo, aureola, nimbo, cerco, círculo, anillo.// Fulgor, resplandor.

hamaca, columpio, mecedora, coy.

hambre, apetito, gana, ansia, necesidad, avidez, voracidad. *Ant.* Inapetencia.// Deseo, ansiedad. *Ant.* Desinterés.

hambrear, ayunar, ansiar.

hambriento-ta, famélico, voraz, ansioso, necesitado, ávido. *Ant.* Inapetente, desinteresado.

hampa, delincuencia, chusma, canalla, gentuza.

hampón, delincuente, maleante.

handicap, ventaja.

hangar, coberizo, tinglado, depósito.

haragán-na, perezoso, holgazán. *Ant.* Trabajador, activo.

haraganería, holgazanería, ocio.

harapiento-ta, andrajoso, desarrapado, desaliñado, roto, astroso, haraposo. *Ant.* Elegante, atildado, aseado.

harapo, guiñapo, trapo, andrajo, jirón, pingajo.

harén, serrallo, gineceo.

harinoso-sa, feculento, farináceo.

hartar, atiborrar, saciar, satisfacer, llenar, empachar, saturar, cebar.// Molestar, aburrir, fastidiar. *Ant.* Agradar, divertir.

hartazgo, saciedad, hartura, satisfacción, saturación.// Cansancio, fastidio.

harto-ta, lleno, colmado, saciado, ahíto, estragado, repleto. *Ant.* Vacío, hambriento.// Cansado, aburrido, molesto. *Ant.* Contento.

hartura, hartazgo, saciedad, plenitud, exceso, saturación, empalago. *Ant.* Hambre.

hasta, inclusive. *Par.* Asta.

hastiar, aburrir, cansar, disgustar, fastidiar. *Ant.* Entretener, divertir.

hastío, aburrimiento, tedio, indolencia. *Ant.* Alegría, diversión, entusiasmo.

hato, manada, rebaño, tropel, ganado.// Bulto, lío. *Par.* Ato.

haz, gavilla, manojo, atado. *Par.* As.

hazaña, proeza, aventura, hombrada, gesta, heroísmo. *Ant.* Cobardía.

hazmerreír, gracioso, ridículo, adefesio, espantajo.

hebilla, broche, pasador.

hebra, hilo, filamento, fibra, hilacha.

hebreo, judío, hebraico, israelita.

hecatombe, desastre, cataclismo, catástrofe, siniestro.// Matanza, holocausto, mortandad.

hechicera, maga.

hechicería, magia, brujería.

hechicero, mago, brujo, encantador, nigromante.// **-ra,** Seductor.

hechizar, embrujar, encantar.// Fascinar, embelesar. *Ant.* Rechazar.

hechizo, embrujo, encantamiento, ensalmo, hechicería.// Atractivo, seducción.

hecho, acción, obra, acto.// **-cha,** Realizado, terminado. *Ant.* Imperfecto.// Acostumbrado, ducho. *Ant.* Inexperto.

hechura, confección.// Conformación, configuración.

heder, apestar, expeler, atufar. *Ant.* Perfumar, aromatizar.

hedionde, fetidez.

hediondo-da, maloliente, pestilente, fétido, nauseabundo. *Ant.* Perfumado.

hedonismo, voluptuosidad, sensualidad. *Ant.* Rigor, mortificación, espiritualidad.

hegemonía, supremacía, superioridad, predominio. *Ant.* Sometimiento, supeditación.

helada, congelación, frío, escarcha.

helado-da, gélido, frío, fresco, congelado. *Ant.* Caliente.// Sorprendido, atónito. *Ant.* Indiferente.

helado, sorbete.

helar, congelar, enfriar, escarchar, refrigerar. *Ant.* Calentar.// **-se,** entumecerse, aterirse.

helero, ventisquero, glaciar.

hélice, aspa, paleta.

hematoma, moretón, cardenal, equimosis.

hembra, mujer, fémina. *Ant.* Macho.

hemiciclo, semicírculo.

hemorragia, hemoptisis, efusión, pérdida, flujo.

hemostático, cicatrizante.

henchir, llenar, ocupar, atiborrar, saturar, atestar. *Ant.* Vaciar.

hendedura, abertura, rendija, grieta, incisión, fisura.

hender, hendir, rajar, cortar, agrietar, partir.

heno, pienso, hierba, pasto, forraje.

heraldo, mensajero, enviado, emisario.

herbolario, herbario, herboristería.

hercúleo-a, fuerte, vigoroso, forzudo, musculoso, fornido. *Ant.* Débil, endeble.

heredar, recibir.

heredero-ra, sucesor, beneficiario, primogénito.

hereditario-ria, sucesorio.

hereje, apóstata, renegado, disidente, cismático, impío. *Ant.* Ortodoxo, creyente.

herejía, apostasía, sacrilegio, impiedad, desobediencia.// Ofensa, disparate.

herencia, legado, cesión, sucesión, transmisión.// Atavismo, consanguinidad.

herida, llaga, úlcera, lesión, magulladura, contusión.// Ofensa, agravio.

herido-da, lastimado, contuso, magullado, lacerado. *Ant.* Indemne, ileso.

herir, lacerar, lesionar, magullar, lastimar.// Ofender, agraviar.

hermafrodita, bisexual, ambiguo, indefinido.

hermana, monja, religiosa, sor.

hermanar, equiparar, igualar, parangonar, armonizar, fraternizar. *Ant.* Separar, diferenciar, desunir, enemistar.

hermandad, fraternidadd, confraternidad.// Cofradía, comunidad, congregación.// Coincidencia, amistad, simpatía. *Ant.* Desunión.

hermético-ca, cerrado, impenetrable. *Ant.* Abierto, permeable.// Callado, taciturno, reservado. *Ant.* Dicharachero, locuaz.

hermetismo, circunspección, reserva, impenetrabilidad.

hermosear, embellecer, arrreglar, atildar, adornar. *Ant.* Afear, deslucir.

hermoso-sa, bello, lindo, apuesto, precioso, atractivo. *Ant.* Feo, desagradable.

hermosura, belleza, apostura, perfección, encanto, atractivo. *Ant.* Fealdad.

hernia, eventración.

herniarse, eventrarse, quebrarse, estrangularse.

héroe-ína, campeón, paladín, ídolo, vencedor. *Ant.* Cobarde.// Protagonista.

heroicidad, heroísmo, proeza, valentía. *Ant.* Cobardía.

heroico-ca, valiente, audaz, bravo, osado, arrojado. *Ant.* Cobarde.

heroísmo, valentía, heroicidad. *Ant.* Cobardía.

herrador, herrero, forjador.

herramienta, instrumento, utensilio, aparejo, útil.

herrar, forjar, clavar. *Par.* Errar.

herrería, fundición, fragua.

herrero, herrador.

herrumbre, orín, óxido, verdín, moho, cardenillo.

herrumbroso-sa, enmohecido.

hervir, cocer, bullir, borbotear, burbujear.// Agitarse, alborotarse. *Ant.* Tranquilizarse.

hervor, efervescencia, ebullición, cocción.// Ardor, inquietud. *Ant.* Sosiego.

heteróclito-ta, irregular, extraño, anormal, heterogéneo.

heterodoxia, herejía.

heterogeneidad, variedad, diversidad, multiplicidad, complejidad.

heterogéneo-a, irregular, diverso, variado, complejo, distinto, múltiple, mezclado. *Ant.* Homogéneo, uniforme, semejante.

hético-ca, flaco, consumido, tísico. *Par.* Ético.

hez, desperdicio, escoria, poso, precipitación.// Chusma, canalla.// Excrementos.

hiato, separación, grieta, abertura. *Ant.* Sinalefa.

hibernación, sopor, letargo, somnolencia.

hibridación, mestizaje, mezcla, combinación. *Ant.* Pureza.

híbrido-da, mestizo, heterogéneo, impuro, combinado, mezclado. *Ant.* Puro.

hidalgo, noble, caballero, señor, aristócrata. *Ant.* Plebeyo.// Generoso, distinguido.

hidalguía, generosidad, magnanimidad, altruismo. *Ant.* Vileza, mezquindad.// Aristocracia, nobleza.

hidráulica, hidrodinámica, hidrotecnia.

hidropesía, edema, acumulación, infiltración, hinchazón.

hiel, bilis.// Amargura, aspereza.

hielo, nieve, escarcha.// Indiferencia, frialdad. *Ant.* Enardecimiento, entusiasmo.

hierático-ca, sagrado, religioso.// Estático, reservado, solemne, misterioso.

hieratismo, solemnidad, gravedad. *Ant.* Sencillez, naturalidad.

hierba, césped, pasto, gramilla, prado. *Par.* Hierva.

higiene, aseo, limpieza, pulcritud, sanidad. *Ant.* Suciedad, insalubridad.

higiénico-ca, limpio, puro, aseado, desinfectado, sano. *Ant.* Sucio, antihigiénico, infectado.

higienizar, limpiar, asear, purificar, desinfectar, lavar.

hijo-ja, vástago, heredero, descendiente.// Originario, oriundo.

hila, hilacha, hilo, hilván.

hilacha, hila, brizna, hilo, hilván.

hilar, ovillar, devanar.// Discurrir, pensar.

hilarante, gracioso, divertido, festivo, cómico. *Ant.* Triste, abatido.

hilaridad, risa, alegría, regocijo, carcajada. *Ant.* Tristeza, amargura.

hilo, filamento, hebra, fibra, hilacha, hilván.// Secuencia, continuidad, curso, encadenamiento.

hilván, pespunte, costura, puntada, cosido.// Hilo, hebra.

hilvanar, pespuntear, coser.// Bosquejar, esbozar, coordinar, idear, pergeñar.

himeneo, casamiento, boda.

himno, cántico, loor, marcha.

hincapié, insistencia, confirmación, reiteración.

hincar, clavar, introducir, enterrar.// **-se,** arrodillarse.

hincha, fanático, partidario.// Odio, hostilidad, ojeriza, encono. *Ant.* Simpatía.

hinchado-da, inflamado, abultado, tumefacto, inflado.// Enfático, pomposo, afectado, rimbombante.// Engreído, soberbio, vanidoso. *Ant.* Sencillo, humilde.

hinchar, abultar, inflar, inflamar, congestionar. *Ant.* Deshinchar.// Recargar, exagerar, aumentar.// **-se,** vanagloriarse, engreírse, ensoberbecerse. *Ant.* Humillarse.

hinchazón, abultamiento, inflamación, tumefacción, bulto, absceso.// Soberbia, envanecimiento, presunción, vanidad.

hipérbole, exageración, ampliación, ampulosidad, ponderación. *Ant.* Moderación, sencillez, sobriedad.

hiperbólico-ca, exagerado.

hipertrofia, desarrollo, aumento, incremento, exceso.

hípica, equitación.

hípico-ca, equino, caballar, ecuestre.

hipnosis, sueño, sugestión.
hipnótico-ca, adormecedor, letárgico, somnífero, soporífero.
hipnotismo, magnetismo, atracción, fascinación.// Sueño.
hipnotizar, sugestionar, dormir, adormecer.// Fascinar, atraer.
hipocondria, melancolía, depresión, tristeza, extravagancia.
hipocondríaco-ca, deprimido, triste, melancólico. **Ant.** Alegre, festivo.
hipocresía, falsedad, simulación, fingimiento, doblez. **Ant.** Sinceridad, autenticidad.
hipócrita, farsante, falso, simulador, tartufo, mojigato. **Ant.** Sincero, veraz.
hipoteca, gravamen, carga, obligación, fianza.
hipotecar, gravar, garantizar, enajenar.
hipótesis, suposición, conjetura, posibilidad, presunción.
hipotético-ca, posible, dudoso, incierto, problemático. **Ant.** Cierto, seguro.
hiriente, ofensivo, injurioso, vejatorio.
hirsuto-ta, enmarañado, desmelenado.// Áspero, intratable.
hirviente, borboteante, efervescente, agitado. **Ant.** Frío, apagado.
hisopear, asperjar.
hisopo, aspersorio.
histérico-ca, nervioso, perturbado, irritable.
histerismo, histeria, nerviosidad, perturbación, excitación. **Ant.** Tranquilidad.
historia, crónica, cronología, relato.// Chisme, cuento, hablilla, anécdota.
historiador-ra, cronista.
historial, reseña, relación, informe.
historiar, narrar, referir, relatar.
histórico-ca, real, tradicional, verdadero, fidedigno, auténtico.
historieta, cuento, fábula, anécdota.// Dibujo, cómic.
histrión, actor, comediante, bufón, cómico.
histriónico-ca, bufonesco.
histrionismo, bufonería, comicidad, imitación. **Ant.** Circunspección.
hito, mojón, señal, marca, indicación.
hobby, afición.
hocicar, husmear, revolver, rebuscar, desenterrar.
hocico, morro, jeta, trompa, belfos.
hocicudo-da, jetudo.
hogaño, hoy, actualmente.
hogar, vivienda, casa, morada, nido, techo.// Lumbre, chimenea, fogón.
hogareño-ña, casero, doméstico.
hogaza, pan, bodigo.
hoguera, pira, fogata, lumbre.
hoja, página, folio, papel, pliego, carilla, plana.// Plancha, lámina.// Cuchilla, acero.
hojalata, lata, lámina, chapa.
hojarasca, follaje, frondosidad, fronda.// Fárrago, insustancialidad.
hojear, examinar, leer. **Par.** Ojear.
holgado-da, amplio, ancho, sobrado. **Ant.** Estrecho, reducido.// Acomodado, rico.
holganza, ociosidad, haraganería, pereza, descanso.// Recreo, diversión. **Ant.** Actividad, dinamismo.
holgar, descansar, haraganear, remolonear.// -se, felicitarse, alegrarse, regocijarse.
holgazán-na, vago, haragán, perezoso, indolente, ocioso. **Ant.** Activo, trabajador.
holgazanear, vaguear, vagar, zanganear, descansar, haraganear. **Ant.** Trabajar, afanarse.
holgazanería, vagancia, ociosidad, pereza, haraganería, indolencia, holganza. **Ant.** Laboriosidad, actividad.
holgorio, algazara, diversión, regocijo, bullicio, jarana. **Ant.** Aburrimiento, quietud, tristeza.
holgura, amplitud, anchura, espaciosidad. **Ant.** Estrechez.
hollar, pisar, pisotear.// Agraviar, humillar, escarnecer, maltratar. **Ant.** Enaltecer, ennoblecer.

hollejo, pellejo, piel, película.
hollín, tizne, suciedad.
holocausto, mortandad, inmolación, matanza, sacrificio, ritual.
hombre, individuo, persona, varón, mortal, semejante, sujeto, ser. **Ant.** Mujer.
hombrear, sostener, aguantar, trasladar.// Vanagloriarse, jactarse.
hombrera, charretera.
hombría, valor, energía, decisión, integridad, honor, decoro. **Ant.** Cobardía, debilidad, ruindad.
homenaje, demostración, ofrenda, ofrecimiento, veneración, cortesía, consideración.
homenajear, agasajar, celebrar.
homicida, criminal, asesino, matador.
homicidio, asesinato, crimen, muerte, atentado.
homilía, sermón, discurso.
homogeneidad, uniformidad, igualdad, similitud, parecido. **Ant.** Heterogeneidad, variedad.
homogéneo-a, uniforme, parecido, semejante, analógico. **Ant.** Heterogéneo, diferente.
homologación, confirmación, comprobación, aprobación.
homologar, ratificar, afirmar, aprobar, confirmar, equiparar.
homólogo-ga, parecido, semejante, equivalente, análogo. **Ant.** Diferente, distinto.
homónimo, tocayo.
homosexual, maricón, marica, invertido.// Lesbiana. **Ant.** Heterosexual.
hondo-da, profundo, abismado, insondable, abismal. **Ant.** Superficial, llano.// Intenso, fuerte.
hondonada, valle, depresión, concavidad, seno. **Ant.** Eminencia, altura.
hondura, profundidad, abismo, precipicio, bajío, hondonada. **Ant.** Altura.
honestidad, decoro, decencia, integridad, dignidad, rectitud. **Ant.** Deshonestidad.
honesto-ta, virtuoso, honrado, decoroso, decente, digno. **Ant.** Impuro, desvergonzado.
hongo, seta, champiñón.
honor, honra, dignidad, estima, consideración, entereza, honradez, decencia, honestidad. **Ant.** Deshonor, deshonra.// Fama, aplauso, renombre, celebridad. **Ant.** Anonimato, desconocimiento.
honorabilidad, honradez.
honorable, honrado, respetable.
honorario-ria, honorífico, imaginario, simulado, simbólico, teórico.
honorarios, sueldo, emolumentos, paga, remuneración, estipendio.
honorífico-ca, honroso.
honra, reputación, renombre, fama, gloria.// Honestidad, decencia. **Ant.** Deshonra, indignidad.
honradez, honestidad, moralidad, rectitud, probidad.
honrado-da, decente, probo, íntegro, honorable, incorruptible.// Ensalzado, enaltecido. **Ant.** Deshonrado, desdeñado, despreciado.
honrar, apreciar, respetar, reverenciar, dignificar, enaltecer, ennoblecer. **Ant.** Deshonrar, denigrar, envilecer.
honroso-sa, honorable, digno, honrado, decoroso, estimable. **Ant.** Indigno, despreciado.
hontanar, manantial, surtidor.
hora, momento, oportunidad. **Par.** Ora.
horadar, agujerear, perforar, taladrar.
horario, guía, programa, cuadro.
horca, patíbulo, cadalso. **Par.** Orca.
horda, multitud, turba, tropel, tropa, chusma.
horizontal, apaisado, extendido, plano, tendido, acostado. **Ant.** Vertical.
horizonte, confín, perspectiva, límite, lejanía.
horma, modelo, molde, módulo, plantilla.
hormigón, mezcla, argamasa, cemento, concreto, mortero.

hormiguear, bullir, moverse.// Cosquillear, reconcomer.
hormigueo, cosquilleo, sensibilidad, prurito, picazón.// Bullicio, movimiento.
hormiguero, muchedumbre, aglomeración.
hornacina, hueco, cavidad.
hornada, promoción, conjunto.
hornear, asar, tostar, cocer, calentar.
horno, quemadero, hogar, crisol, cocinilla. **Par.** Orno.
horóscopo, augurio, premonición, profecía, predicción, oráculo, vaticinio.
horrendo-da, espantoso, espeluznante, horroroso.
hórreo, granero, silo, troje.
horrible, horroroso, horripilante, pavoroso, espantoso, espeluznante.
horripilar, asustar, atemorizar, horrorizar, espantar, sobrecoger, aterrar. **Ant.** Tranquilizar, serenar.
horror, espanto, susto, terror, temor, miedo, pánico. **Ant.** Agrado.// Adefesio, atrocidad, monstruosidad.
horrorizar, horripilar.
horroroso-sa, espantoso, horrible, espeluznante, aterrador.// Desagradable, feo, repulsivo, repelente, asqueroso.
hortaliza, legumbre, verdura.
hortelano, horticultor.
hortera, comerciante, dependiente.
horticultor, hortelano, labriego.
hosco-ca, huraño, arisco, antipático, torvo, ceñudo, intratable. **Ant.** Sociable, amable. **Par.** Osco.
hospedaje, alojamiento, acogida, albergue, pensión, hotel, hostería.
hospedar, albergar, aposentar, alojar, asilar. **Ant.** Desalojar, expulsar.
hospiciano-na, inclusero, expósito.
hospicio, asilo, orfanato, inclusa.
hospital, policlínico, clínica.
hospitalario-ria, acogedor, agasajador, protector.// **Ant.** Hostil.
hospitalidad, asilo, protección, amparo, recibimiento.
hospitalizar, internar.
hosquedad, brusquedad, antipatía, aspereza. **Ant.** Simpatía.
hostería, posada, parador, mesón.
hostia, oblea.
hostigar, perseguir, acosar, atosigar, importunar, hostilizar.
hostil, enemigo, contrario, desfavorable, adversario, adverso. **Ant.** Amigo, favorable.
hostilizar, hostigar, molestar, mortificar, agobiar, martirizar, agredir. **Ant.** Ayudar, favorecer.
hotel, hospedaje, hostería, alojamiento, posada.
hotelero-ra, posadero, hospedero.
hoy, ahora, actualmente, hogaño. **Ant.** Mañana, ayer.
hoyo, concavidad, hueco, agujero, depresión.// Sepultura, fosa, tumba.
hoz, guadaña, segur. **Par.** Os.
hozar, hocicar, husmear, escarbar.
hucha, alcancía, arca.
hueco, hoyo, oquedad, depresión, cavidad, vano.// Espacio, lugar.// **-ca,** cóncavo, vacío, ahuecado, hundido. **Ant.** Lleno.// Presumido, vano, vanidoso.// Ahuecado, esponjoso, poroso.
huelga, paro, suspensión.
huella, señal, marca, pisada, rastro, impresión, traza.// Recuerdo.
huérfano-na, abandonado, solo, desamparado, inclusero.// Carente, privado, desprovisto. **Ant.** Provisto.
huero-ra, vacío, hueco.
huerta, huerto, vergal, vega, sembrado, plantío.
huesa, fosa, sepultura, hoyo.
huésped, invitado, convidado, visita. **Ant.** Anfitrión.
hueste, tropa, ejército, tropel, turba.
huesudo-da, flaco, esquelético, enjuto, consumido. **Ant.** Gordo, robusto, rollizo.

huevo, embrión.
huida, evasión, escapada, partida, ausencia, escabullida. **Ant.** Llegada, entrada.
huidizo-za, escurridizo, esquivo, evasivo.
huir, escapar, abandonar, escabullirse, desertar, desaparecer, ausentarse.
hulla, carbón, coque. **Par.** Huya.
humanidad, gente, hombre, género humano.// Misericordia, generosidad, piedad, bondad.// Cuerpo, robustez, volumen.
humanitario-ria, caritativo, compasivo, piadoso, comprensivo, misericordioso, indulgente. **Ant.** Inhumano, cruel, insensible.
humano, hombre.// **-na,** bueno, sensible, generoso.
humareda, humo, vapor, vaho, humarada.
humeante, caliente, hirviente, humoso.
humear, exhalar, fumar, ahumar.
humedad, higrometría, vapor, impregnación. **Ant.** Sequedad.
humedecer, humectar, empapar, mojar, bañar, saturar, embeber. **Ant.** Secar.
húmedo-da, mojado, empapado, acuoso, bañado, salpicado. **Ant.** Seco.
humildad, sencillez, modestia, moderación, sumisión. **Ant.** Soberbia.// Pobreza, miseria, envilecimiento.
humilde, modesto, sencillo, apocado, respetuoso, tímido. **Ant.** Soberbio, altivo, jactancioso.// Pobre, bajo, plebeyo.// Diminuto, insignificante.
humillación, deshonra, degradación, afrenta, mortificación, vejación, bochorno, menoscabo. **Ant.** Enaltecimiento, ensalzamiento.
humillado-da, deshonrado, ultrajado, mortificado, insultado, ofendido.
humillar, ofender, rebajar, denigrar, pisotear, desdeñar, menospreciar, afrentar. **Ant.** Enaltecer, exaltar.// **-se,** doblegarse, arrastrarse, envilecerse. **Ant.** Ensoberbecerse, hincharse.
humo, vapor, humareda, fumarola, fumada, emanación.
humor, linfa, líquido, secreción, destilación.// Carácter, ingenio, vena, talante.// Agudeza, chispa, gracia, jovialidad. **Ant.** Sosería, gravedad, seriedad.
humorada, ocurrencia, fantasía, disparate, extravagancia, gracia, broma.
humorismo, gracia, ingenio, chispa, agudeza.
humorista, gracioso, agudo, sarcástico, ingenioso, socarrón, burlón. **Ant.** Insulso, serio, grave.
humos, vanidad, presunción.
hundimiento, desmoronamiento, derrumbamiento, caída. **Ant.** Levantamiento.// Naufragio.// Debilitamiento, caída, depresión.
hundir, desmoronar, derrumbar.// Sumergir.// **-se,** abatirse, entristecerse. **Ant.** Animarse, alegrarse.// Destruir, derribar. **Ant.** Levantar, edificar.
huracán, tormenta, vendaval, ciclón, tromba, torbellino, tifón, tornado, tempestad. **Ant.** Bonanza.
huracanado-da, tormentoso, borrascoso.// Fuerte, violento. **Ant.** Suave, calmo.
huraño-ña, antipático, insociable, áspero, esquivo. **Ant.** Simpático, amable, sociable.
hurgar, escarbar, remover, hurgonear, revolver.
huronear, buscar, escarbar, fisgar, olisquear, fisgonear, curiosear, husmear, espiar.
hurtadillas (a), furtivamente, secretamente, a escondidas.
hurtar, robar. **Ant.** Restituir.// Ocultarse, quitarse. **Ant.** Aparecer.
hurto, robo, ratería. **Ant.** Restitución.
husmeador-ra, entremetido, curioso, fisgón.
husmear, curiosear, fisgonear, fisgar, huronear, indagar, averiguar.// Heder, contaminar.
huso, torcedor, devanadera. **Par.** Uso.

ibérico-ca, íbero, iberio, español, hispano, hispánico.
iberoamericano, hispanoamericano, latinoamericano.
íbice, cabra montés, cabra salvaje, gamuza.
iceberg, témpano, hielo, banco, bloque, masa flotante, glaciar.
ícono, figura, imagen, efigie, cuadro, pintura.
iconoclasta, destructor, vandálico, vándalo, hereje, iconómaco.
ictericia, biliosidad, bilis, tiricia.
ida, marcha, viaje, mudanza, desplazamiento, traslado, visita, cambio, traslación. *Ant.* Regreso, venida, llegada.// Ímpetu, prontitud, arranque, impulso. *Ant.* Suavidad, represión.// Huella, rastro.
idea, imagen, representación, figura, noción, conocimiento, concepción, percepción, pensamiento.// Intención, propósito.// Concepto, opinión, juicio, visión, apariencia, aspecto.// Ingenio, inventiva, imaginación, fantasía, quimera.// Plan, diseño, bosquejo, proyecto, croquis, esbozo, disposición.
ideal, irreal, inmaterial, imaginario. *Ant.* Material.// Perfecto, excelente, sublime, incorpóreo, puro, elevado, supremo, soberano, absoluto. *Ant.* Defectuoso.// Modelo, arquetipo, ejemplar, prototipo, perfección. *Ant.* Vulgar, corriente.// Ilusión, ambición, ansia, apetencia, sueño, anhelo. *Ant.* Real.
idealismo, inmaterialidad, altruismo, nobleza, desinterés, pureza, generosidad, espiritualidad, hidalguía, magnanimidad, filantropía, irrealidad. *Ant.* Materialidad, realidad, desilusión.
idealista, altruista, desinteresado, generoso, filántropo, desprendido, puro, magnánimo, noble, espiritual, idealizador, soñador. *Ant.* Materialista, acomodaticio, egoísta, realista.
idear, representar, imaginar, discurrir, pensar, inventar, meditar.// Trazar, forjar, fraguar.// Proyectar, esbozar.// Reflexionar, conjeturar, suponer, sospechar.// Evocar, recordar.
ideario, teoría, sistema, doctrina.
ídem, el mismo, igual, lo mismo, igualmente. *Ant.* Diferente, distinto.
idéntico-ca, exacto, igual, equivalente, homólogo, mismo, uno. *Ant.* Distinto, diferente.
identidad, equivalencia, igualdad, exactitud, homogeneidad, semejanza, unidad, similitud, filiación. *Ant.* Antítesis, diferencia, heterogeneidad.
identificar, reconocer, determinar, establecer, señalar, retratar, detallar, registrar, describir. *Ant.* Ignorar.// Igualar, hermanar, fusionar, unificar, equiparar, uniformar, semejar, equilibrar. *Ant.* Diferenciar, discrepar, desavenir, desunir.// **-se,** unificarse, coincidir, confundirse, compenetrarse, solidarizarse. *Ant.* Diferenciarse, desavenirse, desunirse.
ideográfico-ca, gráfico, simbólico, pictórico.
ideograma, signo, representación, símbolo, elemento, trazo.
ideología, ideario, creencia, doctrina, credo, fe, partido, convicción, opinión.
idílico-ca, poético, amoroso, sentimental, paradisíaco, pastoril, églogico, erótico. *Ant.* Prosaico, vulgar.
idilio, amorío, enamoramiento, noviazgo, amartelamiento, galanteo, coqueteo, festejo, relaciones, flirteo.
idioma, lengua, habla, lenguaje, dialecto, germanía, jerga, caló, argot, expresión.

idiosincrasia, individualidad, índole, modo de ser, temperamento, carácter, personalidad, peculiaridad, particularidad.
idiota, necio, tonto, bobo, zoquete, mentecato, memo, lelo, papanatas, majadero. *Ant.* Inteligente, listo, avispado.// Retrasado, anormal, subnormal, cretino, imbécil, deficiente.
idiotez, bobería, necedad, majadería, insensatez, tontería, estupidez, memez. *Ant.* Inteligencia, talento, genio, ingenio.// Retraso, deficiencia, mongolismo, cretinismo, imbecilidad, anormalidad, deficiencia.
ido, distraído, chiflado, lelo, atontado.
idólatra, pagano, fetichista, gentil, infiel. *Ant.* Cristiano, monoteísta.// Adorador, venerador.
idolatría, gentilismo, paganismo, fetichismo, gentilidad, politeísmo. *Ant.* Cristianismo, monoteísmo.// Apasionamiento, adoración, amor, veneración, pasión, pleitesía. *Ant.* Indiferencia, desamor, desilusión.
ídolo, deidad, tótem, amuleto, imagen, divinidad, efigie, símbolo, reliquia, tabú, icono, estatuilla.// Modelo, campeón, amado, predilecto. *Ant.* Odiado, rechazado, aborrecido.
idoneidad, competencia, aptitud, capacidad, disposición, suficiencia, facultad. *Ant.* Incompetencia, ineptitud, incapacidad.
idóneo-a, competente, apto, capaz, capacitado, dispuesto, suficiente, hábil. *Ant.* Incapaz, inhábil, incompetente, inútil, inapto.// Apropiado, adecuado, habilitado, conforme, conveniente. *Ant.* Inadecuado, inapropiado.
iglesia, templo, basílica, catedral, oratorio, capilla, ermita, abadía, convento, monasterio, cenobio, cartuja, santuario, colegiata.// Congregación, comunidad, grey, asociación, comunión, rebaño, cristiandad, cristianismo, catolicismo.
ignaro-ra, inculto, indocto, desconocedor, lego, iletrado, profano, obtuso, analfabeto, pollino, alcornoque, necio. *Ant.* Culto, conocedor, docto, instruido, inteligente, sabio.
ignavo-va, pusilánime, cobarde, temeroso. *Ant.* Valiente, osado, atrevido.// Indolente. *Ant.* Activo, entusiasta.
ígneo-a, ardiente, flagrante, encendido, abrasador, fulgurante, incandescente, inflamado, luminoso. *Ant.* Apagado, oscuro, helado.
ignición, combustión, quema, inflamación, incineración. *Ant.* Apagamiento, extinción.
ignominia, abyección, humillación, descrédito, deshonra, oprobio, afrenta, baldón, infamia, deshonor, bajeza, vergüenza, ultraje, mancilla, estigma. *Ant.* Honor, honra, dignidad.
ignominioso-sa, odioso, abyecto, vil, deshonroso, bajo, vergonzoso, oprobioso, desacreditativo, afrentoso, humillante, difamatorio, innoble, injurioso, despreciable, indigno, repugnante. *Ant.* Honroso, enaltecedor, noble, prestigioso.
ignorado-da, desconocido, anónimo, incógnito, ignoto, secreto, inexplorado, oculto. *Ant.* Conocido, notable.
ignorancia, incultura, nulidad, incapacidad, insuficiencia, analfabetismo, barbarie, insipiencia, ineptitud. *Ant.* Sabiduría, cultura, ciencia, estudio.// Omisión, olvido, duda, inexperiencia, ingenuidad. *Ant.* Conocimiento.

ignorante, analfabeto, iletrado, incapaz, inculto, indocto, ignaro, desconocedor, profano, desavisado, lego, inadecuado, vulgar, aprendiz. **Ant.** Sabio, culto, instruido, estudioso.// Necio, zote, simple, torpe, bobo, patán, monigote, mostrenco, asno, alcornoque, zafio. **Ant.** Inteligente, despierto, agudo.

ignorar, desconocer, no saber, no comprender. **Ant.** Conocer, comprender, dsaber, estudiar.// Repudiar, desconocer, rechazar, desdeñar, excluir, olvidar, relegar. **Ant.** Reconocer.

ignoto-ta, ignorado, inexplorado, incierto. **Ant.** Conocido.

igual, idéntico, parejo, semejante, exacto, análogo, equivalente, mismo, similar, exacto, simétrico, sinónimo. **Ant.** Desigual, diferente, distinto, dispar, contrario, asimétrico.// Invariable, constante. **Ant.** Variable, inconstante.// Liso, parejo, uniforme, homogéneo, llano, regular. **Ant.** Desigual, abrupto, irregular.

igualación, equilibrio, equiparación, nivelación, ajuste, igualamiento. **Ant.** Desigualdad, diferencia.// Pacto, convenio, concordia, transacción. **Ant.** Ruptura, discordia, cisma.

igualar-se, uniformar, equiparar, empatar, compensar, identificar, emparejar, parear, equilibrar, parangonar, hermanar, conformar. **Ant.** Diferenciar, distinguir, desempatar.// Allanar, nivelar, ajustar, aplanar. **Ant.** Desigualar, desnivelar.

igualdad, exactitud, equivalencia, coincidencia, paridad, identidad, semejanza, afinidad, conformidad, correspondencia, uniformidad, sinonimia. **Ant.** Desigualdad, diferencia, heterogeneidad.// Justicia, equidad, ecuanimidad, imparcialidad. **Ant.** Injusticia.

igualmente, al igual, por igual, también, lo mismo, indistintamente, a la par, asimismo, ídem, así.

iguana, lagarto, reptil.

ijada, hipocondrio, ijar, costado, cavidad.

ilación, deducción, consecuencia, inferencia, conexión, derivación, conclusión, secuela. **Ant.** Desconexión, desajuste.

ilapso, arrobamiento, éxtasis, ensimismamiento.

ilegal, ilícito, injusto, prohibido, inmoral, indebido, ilegítimo, clandestino, desaforado, arbitrario. **Ant.** Legal, justo, lícito, normal.

ilegalidad, arbitrariedad, injusticia, anomalidad, infracción, ilegitimidad, tropelía, prevaricación. **Ant.** Legalidad, justicia, legitimidad.

ilegible, indescifrable, ininteligible, incomprensible, confuso, oscuro, embrollado. **Ant.** Legible, claro, comprensible.

ilegítimo-ma, bastardo, natural, adulterino (tratándose de personas). **Ant.** Legítimo.// Espurio, ilegal, falso, ilícito. **Ant.** Legítimo, verdadero, cierto.

ileso-sa, intacto, indemne, incólume, seguro, saludable, entero, íntegro, inatacable, incorrupto, salvo, sano. **Ant.** Lesionado, vulnerable, herido, enfermo, impuro.

iletrado-da, analfabeto, ignorante, indocto, incapaz. **Ant.** Sabio, docto, culto.

ilícito-ta, ilegal, injusto, prohibido, inmoral, clandestino, ilegítimo (v.). **Ant.** Lícito, justo, legal.

ilimitado-da, infinito, incalculable, inmenso, incontable, indefinido, dilatado, enorme, vasto, extenso, considerable, innumerable, cuantioso. **Ant.** Limitado, breve, pequeño, escaso.

iliterato-ta, ignorante (v.), iletrado (v.), ignaro (v.).

ilógico-ca, absurdo, disparatado, infundado, contradictorio, antinatural, desatinado, descabellado, irracional, incongruente, incoherente, inverosímil. **Ant.** Lógico, verosímil, racional, razonable, natural, coherente.

ilota, paria, esclavo, siervo. **Ant.** Amo.

iluminación, luz, irradiación, alumbrado, luminaria, alumbramiento, claridad, resplandor, luminiscencia, brillo, luminosidad. **Ant.** Oscuridad, tinieblas, sombra.// Inspiración, sugestión, sugerencia, visión. **Ant.** Cerrazón.

iluminar-se, encender, alumbrar, dar luz, abrillantar, relucir, esplender, lucir. **Ant.** Apagar, oscurecer.// Ilustrar, explicar, esclarecer, dilucidar. **Ant.** Deformar, complicar.// Imaginar, discurrir, inspirar, revelar, inculcar.// Colorear, ilustrar.

iluminaria, luz, luminaria.

ilusión, deseo, anhelo, esperanza, afán, apetito, confianza, ansia, capricho. **Ant.** Desilusión, desesperanza, desgana, desinterés.// Ensueño, quimera, delirio, desvarío, espejismo, ficción, imaginación, visión, fantasía, mito, utopía, ideal.

ilusionar-se, soñar, esperanzar, confiar, animar, anhelar, alimentar, acariciar, entusiasmar, convencer, suponer, prometer, conjeturar, excitar, desear. **Ant.** Desilusionarse, decepcionarse, desconfiar, desesperarse.

iluso-sa, crédulo, cándido, ingenuo. **Ant.** Avisado, desengañado.// Soñador, visionario, idealista, utopista. **Ant.** Realista, prosaico, pesimista.

ilustración, figura, lámina, grabado, estampa, dibujo, pintura, iluminación, fotografía.// Glosa, comentario, aclaración.// Preparación, cultura, erudición, instrucción, educación, estudio, comentario, aclaración, luz. **Ant.** Incultura, desconocimiento, ignorancia, confusión.

ilustrado-da, docto, letrado, culto, versado, sabio, erudito, instruido, entendido, leído, educado, documentado, estudioso, competente. **Ant.** Ignorante, inculto, rústico, inepto.

ilustrar-se, aclarar, dilucidar, explicar, explanar, esclarecer, iluminar, interpretar. **Ant.** Complicar, embrollar.// Instruir, educar, aleccionar, enseñar, cultivar, documentar, alumbrar, iluminar, iniciar, formar, civilizar, formar. **Ant.** Descarriar, deformar.// Pintar, dibujar, estampar, iluminar (v.).

ilustre, famoso, célebre, afamado, glorioso, prestigioso, reputado, augusto, brillante, conocido, conspicuo, consagrado, relevante, distinguido, eminente, egregio, acreditado, eximio, excelente, respetable, admirable, inimitable, genial, magno, magistral. **Ant.** Ignorado, oscuro, vulgar, anónimo, desconocido.

imagen, representación, figuración, idea, noción, concepto, símbolo, sensación, percepción, imaginación, vislumbre.// Figura, efigie, estatua, reproducción, modelo, apariencia, aspecto.// Lámina, dibujo, pintura, grabado, ilustración.

imaginación, ilusión, fábula, invención, ficción, idea, representación, alucinación, supuesto, mito. **Ant.** Realidad, materialidad.// Inventiva, fantasía, intuición, clarividencia, agudeza, inspiración. **Ant.** Torpeza, cortedad.

imaginar-se, ver, inventar, concebir, soñar, representar, crear, forjar, evocar, recordar, suponer, sospechar, presumir, creer, figurar, pensar, fantasear, ilusionar. **Ant.** Despertarse, desilusionarse, decepcionarse.

imaginario-ria, ficticio, fantástico, fabuloso, inventado, prodigioso, quimérico, utópico, inexistente, inmaterial. **Ant.** Real, verdadero, cierto.

imaginativo-va, genial, intuitivo, penetrante, agudo, ingenioso, perspicaz. **Ant.** Torpe.// Iluso, soñador, pensador, idealista, fantaseador, utopista. **Ant.** Realista, materialista.

imán, embeleso, atractivo, encanto, seducción.// Magnetismo, electroimán, magnetita.

imanar, imantar (v.).

imantación, magnetismo (v.).

imantar, imanar, atraer, magnetizar, inducir. **Ant.** Repeler, rechazar, desimantar.

imbécil, deficiente, retrasado, idiota, anormal, cretino. **Ant.** Inteligente, genio, desarrollado.// Tonto, necio, bobo, torpe, memo, zoquete, mentecato, majadero. **Ant.** Avispado, listo.

imbecilidad, deficiencia, idiotez, anormalidad, tara, cretinismo. **Ant.** Genio, inteligencia.// Tontería, necedad, bobería, torpeza, memez, zoquetería. **Ant.** Talento, inteligencia.

imberbe, barbilampiño, carilampiño, lampiño, barbirrapado, desbarbado. **Ant.** Barbudo, peludo.

imbibición, absorción, impregnación, empapamiento.// Embeleso, éxtasis, enajenamiento, embelesamiento.

imbornal, alcantarilla, desagüe.

imborrable, indestructible, imperecedero, permanente, indeleble, inalterable. **Ant.** Perecedero, pasajero, efímero.

imbuir-se, infundir, infiltrar, impulsar, animar, convencer, inspirar, contagiar, propagar, comunicar, traspasar.

imitación

Imitación, reproducción, copia, plagio, falsificación, simulacro, duplicado, remedo, simulación, emulación. **Ant.** Originalidad, naturalidad, autenticidad.

Imitador-ra, imitativo, falsificador, plagiador, adulterador, impostor. **Ant.** Original, natural, auténtico, sincero.// Émulo, rival, competidor.// Remedador, parodista, mimo.

Imitar, falsificar, falsear, plagiar, copiar, reproducir, calcar, duplicar, repetir. **Ant.** Crear, inventar.// Remedar, parodiar, parafrasear, representar.// Emular, rivalizar, competir.

Impaciencia, intranquilidad, desasosiego, urgencia, inquietud, ansia, zozobra, turbación, desesperación. **Ant.** Paciencia, sosiego, tranquilidad.

Impacientar-se, desesperar, exasperar, irritar, exaltar, intranquilizar, alterar, incomodar, perturbar. **Ant.** Apaciguarse, calmarse, sosegarse, tranquilizarse.

Impaciente, ansioso, inquieto, agitado, intranquilo, irritable, excitado, alterado, turbulento. **Ant.** Tranquilo, calmado, apaciguado, pasivo.

Impacto, choque, balazo, encontronazo, golpe, colisión, percusión, proyección, impresión. **Ant.** Suavidad, impavidez.

Impagable, inapreciable, inestimable, precioso. **Ant.** Inútil, baladí.

Impalpable, sutil, tenue, intangible, incorporal, etéreo, incorpóreo, imperceptible, inmaterial, invisible. **Ant.** Palpable, visible, tangible, material.

Impar, non, singular, dispar, desigual. **Ant.** Par.// Único, incomparable, excepcional, extraordinario, maravilloso. **Ant.** Común, vulgar, corriente.

Imparcial, ecuánime, justo, equitativo, recto, neutral, objetivo, justiciero, íntegro, honesto, honrado, incorruptible. **Ant.** Parcial, injusto, apasionado, interesado.

Imparcialidad, ecuanimidad, justicia, equidad, rectitud, neutralidad, integridad, objetividad, honestidad, honradez. **Ant.** Parcialidad, apasionamiento, injusticia, inequidad.

Impartir, distribuir, asignar, comunicar, repartir, dar, ofrecer, ceder, transmitir.

Impasibilidad, imperturbabilidad, serenidad, impavidez, indiferencia, circunspección, inalterabilidad, inmutabilidad, seriedad, inexpresividad. **Ant.** Impaciencia, desequilibrio, alterabilidad, intranquilidad.

Impasible, imperturbable, sereno, impávido, tranquilo, indiferente, flemático, inmutable, frío, estoico. **Ant.** Nervioso, intranquilo, inquieto, desasosegado.

Impavidez, impasibilidad (v.), arresto, audacia, arrojo, valor, serenidad, valentía. **Ant.** Cobardía.

Impávido-da, impasible (v.), arrojado, denodado, atrevido, audaz, intrépido.

Impecable, intachable, irreprochable, inobjetable, inatacable, perfecto. **Ant.** Defectuoso.// Puro, limpio, correcto, pulcro. **Ant.** Desaliñado, incorrecto, sucio.

Impedido-da, tullido, inválido, entumecido, incapacitado, imposibilitado, paralítico, anquilosado, inhabilitado, inútil. **Ant.** Sano, saludable, normal.

Impedimento, dificultad, embarazo, obstáculo, estorbo, freno, atolladero, tropiezo, atascadero, traba, barrera, escollo, molestia, complicación, contrariedad, retraso, interrupción. **Ant.** Facilidad, posibilidad, solución, realización.

Impedir, imposibilitar, entorpecer, obstaculizar, dificultar, embarazar, estorbar, frenar, vetar, atascar, vedar, trabar, limitar, evitar, molestar, retrasar, detener, contener, prohibir, desbaratar, obstruir, obstar. **Ant.** Facilitar, autorizar, solucionar, realizar, efectuar, desembarazar.

Impeler, estimular, incitar, excitar. **Ant.** Desanimar.// Empujar, arrojar, arrastrar, impulsar, lanzar, propulsar, empellar. **Ant.** Retener, sujetar.

Impenetrable, cerrado, incomprensible, hermético, indescifrable, misterioso, secreto, arcano. **Ant.** Comprensible, legible, abierto, conocido.// Fuerte, denso, duro, recio.

impenitencia, contumacia, rebeldía, ofuscación, obstinación.

Impenitente, reincidente, terco, obstinado, contumaz, incorregible, protervo, incontrito, persistente, recalcitrante, empedernido, duro. **Ant.** Razonable, dócil.

Impensado-da, inesperado, casual, accidental, fortuito, incidental, repentino, improviso, inopinado, imprevisto, súbito. **Ant.** Previsto, imaginado.

imperante, dominante, preponderante, difundido, propagado, dominador, reinante.

Imperar, mandar, prevalecer, regir, sojuzgar, avasallar, predominar, dominar, reinar, señorear, someter, sobresalir, vencer. **Ant.** Someterse, humillarse, obedecer.

Imperativo-va, imperioso, obligatorio, conminatorio, absoluto, necesario, dominante, mandante, coactivo, preceptivo, prescrito, autoritario. **Ant.** Prescindible, democrático, libre.// Necesidad, exigencia, menester, obligación, precisión. **Ant.** Libertad, exención, desembarazo.

Imperceptible, gradual, paulatino, sucesivo, insensible, invisible, indiscernible, inaudible, inapreciable, ínfimo, microscópico. **Ant.** Repentino, brusco, súbito, tangible.

Imperdible, broche, prendedor, hebilla, aguja, alfiler.

Imperdonable, inexcusable, indisculpable, injustificable, inaceptable, garrafal, infame, vergonzoso. **Ant.** Perdonable, excusable, justificable, nimio.

Imperecedero-ra, eterno (v.).

Imperfección, deficiencia, defecto, deformidad, desacierto, falla, incorrección, daño, fracaso, precipitación, fealdad, mancha, tacha, vicio, falta, borrón, lunar. **Ant.** Perfección, acabamiento, corrección, destreza, primor.

Imperfecto-ta, defectuoso, deforme, deficiente, inacabado, tosco, incompleto, malo, informe, chapucero, grosero, descuidado, desproporcionado, truncado, desfigurado, incorrecto, inmaduro, anormal, manco, trabajoso, áspero, verde, golpeado. **Ant.** Perfecto, virtuoso, hábil, completo.

Imperial, real, soberano, regio, augusto, palaciego, palatino, mayestático, fastuoso, suntuoso, soberbio, espléndido, majestuoso. **Ant.** Humilde, sencillo, democrático.

Imperialismo, dominación, colonialismo, colonización (v.), yugo, despotismo, abuso. **Ant.** Libertad, democracia (v.).

Impericia, torpeza, inhabilidad, incapacidad, inexperiencia, ignorancia, desmaña, insuficiencia, ineptitud, incompetencia. **Ant.** Maña, habilidad, aptitud, capacidad, experiencia.

Imperio, gobierno, estado, nación, potencia, reino, monarquía, liga. **Ant.** Anarquía, desmembración.// Autoridad, poder, dominio, mando, poderío, yugo, sujeción, supremacía, despotismo, caudillaje. **Ant.** Emancipación, separatismo, debilidad.// Orgullo, soberbia, altanería, altivez, engreimiento, arrogancia, ensoberbecimiento. **Ant.** Humildad.

Imperioso-sa, orgulloso, soberbio, altanero, autoritario, despótico, imperialista, imperativo (v.). **Ant.** Humilde.

Impermeable, impenetrable, aislado, tupido, seco, encerado, alquitranado. **Ant.** Permeable, traspasable, poroso.// Gabardina, gabán.

Impersonal, indefinido, ambiguo, corriente, común, vulgar, vago, indeterminado. **Ant.** Personal, preciso, destacado, subjetivo, particular.

Impertérrito-ta, imperturbable, sereno, impávido, impasible, intrépido, valeroso, arrojado, resuelto. **Ant.** Entusiasta, nervioso, intranquilo, inquieto, aturdido.

Impertinencia, inconveniencia, insolencia, descaro, atrevimiento, osadía, frescura, audacia, indiscreción, grosería, imprudencia, desconsideración, despropósito, importunidad. **Ant.** Discreción, mesura, cortesía, educación, circunspección, oportunidad.// Melindre, monserga.

Impertinente, indiscreto, importuno, inconveniente, atrevido, fresco, descarado, descortés, grosero, maleducado, irrespetuoso, cargante, pesado. **Ant.** Oportuno, atinado, conveniente, discreto, acertado.

Imperturbable, impertérrito, impasible, sereno, inalterable, inmutable, inflexible, tranquilo, estoico, frío, flemático. **Ant.** Inquieto, nervioso, aturdido, entusiasta, intranquilo.

Impetración, solicitación, demanda, ruego.

Impetrar, solicitar, rogar, pedir, demandar, implorar, suplicar.// Alcanzar, lograr, obtener, conseguir.

ímpetu, vehemencia, violencia, impulso, impetuosidad, fuerza, brusquedad, furia, arrebato, frenesí, resolución, ardor, viveza, fogosidad. **Ant.** Sosiego, calma, tranquilidad, parsimonia.

Impetuoso-sa, vehemente, violento, lanzado, ardoroso, arrebatado, precipitado, súbito, pronto, raudo, veloz, vertiginoso. **Ant.** Sensato, sereno, tranquilo.

Impiedad, irreligiosidad, irreligión, incredulidad, infidelidad, ateísmo, indevoción, laicismo, irreverencia, profanación, sacrilegio, herejía, blasfemia. **Ant.** Religiosidad, reverencia, piedad.

Impío-a, irreligioso, incrédulo, infiel, ateo, descreído, laico, profano, blasfemo, anticristiano, sacrílego, anticlerical, irreverente. **Ant.** Devoto, religioso, creyente, fiel, reverente.

Implacable, despiadado, cruel, riguroso, inexorable, inclemente, severo, inflexible, inhumano, rencoroso. **Ant.** Compasivo, clemente, comprensivo, humano, benévolo.

Implantar, instituir, establecer, introducir, crear, constituir, fundar, instaurar, inaugurar. **Ant.** Abolir, anular, abandonar.// Colocar, incrustar, insertar. **Ant.** Quitar.

Implicación, complicación, intervención, participación, actuación, compromiso. **Ant.** Abstención, evitación, ausencia.// Contradicción, discrepancia, oposición. **Ant.** Acuerdo, asentimiento.// Significación, significado, alcance, contenido.

Implicar-se, comprometer, participar, complicar, liar, envolver, enredar. **Ant.** Eludir, facilitar, desenredar, evitar, facilitar.// Encerrar, incluir, indicar, entrañar, contener, figurar, significar.

Implícito-ta, sobrentendido, tácito, incluido, contenido, ínsito, virtual, comprendido. **Ant.** Explícito, excluido, evidente.

Implorar, suplicar, clamar, impetrar, rogar, pedir, exhortar, llorar, apelar, solicitar. **Ant.** Exigir.

Impolítica, descortesía. **Ant.** Cortesía, consideración.

Impolítico-ca, descortés, desatento, basto, incivil, inurbano, grosero. **Ant.** Cortés, atento, educado.

Impoluto-ta, limpio, puro, nítido, intachable, inmaculado, sin tacha. **Ant.** Sucio, deseaseado, impuro.

Imponderable, imprevisible, insuperable, inapreciable, excelente, inmejorable.// Contingencia, eventualidad, azar, riesgo. **Ant.** Previsión.

Imponente, grandioso, enorme, magnífico, impresionante, solemne, soberbio, descomunal, fenomenal, colosal, tremendo, respetable, temible, venerable. **Ant.** Miserable, insignificante, corriente, humilde, mezquino.// Inversor, rentista, depositante.

Imponer-se, asustar, sobrecoger, alarmar, amedrentar, turbar. **Ant.** Envalentonarse, superarse.// Asignar, coaccionar, exigir.// Cargar, gravar, colocar, aplicar, depositar, consignar.// Enseñar, educar, iniciar, instruir, enterar. **Ant.** Desinteresarse.// Incriminar, imputar, calumniar. **Ant.** Disculpar, perdonar.

Impopular, desprestigiado, desacreditado, antipático (v.), desautorizado, malquisto. **Ant.** Popular, simpático, querido.

Impopularidad, desprestigio, descrédito, antipatía (v.), odio, hostilidad. **Ant.** Popularidad, simpatía.

Importancia, valor, cuantía, magnitud, intensidad, calidad, peso, poder, ascendiente, consideración, consecuencia, monta, autoridad, entidad, trascendencia, alcance, categoría, significación, fuste, estimación, crédito, apreciación. **Ant.** Insignificancia, intrascendencia, pequeñez.// Presunción, suficiencia, vanidad, fatuidad. **Ant.** Humildad, sencillez.// Fama, prosapia, lustre, prestigio, resonancia, dignidad, nobleza, respetabilidad. **Ant.** Vulgaridad, descrédito, indignidad, bajeza.

Importante, conveniente, valioso, principal, sustancial, esencial, vital, capital, fundamental, significativo, inapreciable, notable, insustituible, primordial, grande, influyente, básico, respetable, memorable, destacado. **Ant.** Insignificante, despreciable, pueril, trivial.// Famoso, afamado, célebre, poderoso, omnipotente, prominente, ilustre. **Ant.** Humilde, vulgar, desconocido.

Importar, interesar, concernir, significar, valer la pena, merecer la pena, incumbir, afectar, referirse, competer, corresponder, pertenecer, figurar. **Ant.** Banalizar, desinteresar, frivolizar, despreciar, empequeñecer, disminuir, trivializar.// Montar, subir, elevarse, costar, valer.// Introducir, comerciar, negociar, entrar, comprar. **Ant.** Exportar.

Importe, precio, costo, cuantía, valor, monta, deuda, saldo, total.

Importunación, inoportunidad, obstinación, importunidad, pesadez, insistencia, molestia, asedio, indiscreción, acoso, porfía, impertinencia. **Ant.** Oportunidad, discreción, simpatía, agrado.

Importunar, molestar, fastidiar, incomodar, cargar, perseguir, fatigar, aburrir, mortificar, asediar, cansar, jorobar, porfiar. **Ant.** Agradar, ayudar, acertar.

Importuno-na, molesto, fastidioso, enfadoso, pesado, impertinente, indiscreto, inoportuno, majadero, latoso. **Ant.** Agradable, simpático, oportuno, discreto.

Imposibilidad, dificultad, impedimento, incapacidad, incompatibilidad, inconveniente, contrariedad, impracticabilidad, quimera, utopía. **Ant.** Facilidad, posibilidad, probabilidad, practicabilidad.

Imposibilitado-da, impedido, paralítico, tullido, lisiado, incapacitado, inválido, entumecido, atrofiado. **Ant.** Capacitado, apto, potente, ágil.// Sujeto, obstaculizado, maniatado. **Ant.** Desasido, libre.

Imposibilitar-se, impedir, obstaculizar, embarazar, estorbar, dificultar, trabar, entorpecer. **Ant.** Facilitarse.// Incapacitar, inhabilitar, tullir, lisiar, mutilar, inutilizar. **Ant.** Capacitar, habilitar.

Imposición, obligación, mandato, coacción, orden, intimación, exigencia. **Ant.** Albedrío, libertad.// Impuesto (v.), gabela, gravamen.

Imposible, impracticable, irrealizable, inaccesible, improbable, inútil, absurdo, ficticio, utópico. **Ant.** Posible, factible.// Arduo, dificultoso, intrincado, trabajoso. **Ant.** Fácil, sencillo.// Insoportable, insufrible. **Ant.** Grato, ameno.

Impostergable, inaplazable, improrrogable. **Ant.** Aplazable.

Impostor-ra, simulador, farsante, hipócrita, imitador, mentiroso, embaucador, comediante, falsario, pérfido, camandulero. **Ant.** Auténtico, honrado, sincero, veraz, honesto.// Difamador, charlatán, murmurador, maldiciente, infamador. **Ant.** Elogiador.

Impostura, mentira, calumnia, cargo, inculpación, murmuración, imputación, incriminación, engaño, falsedad, fraude. **Ant.** Verdad, autenticidad, honradez.

Impotencia, imposibilidad, insuficiencia, ineptitud, ineficacia, incapacidad, nulidad, debilidad, decaimiento. **Ant.** Capacidad, aptitud, poder.// Infecundidad, infertilidad.

Impotente, ineficaz, incapaz, inepto, inválido, débil, agotado, inactivo, desvalido. **Ant.** Potente, fuerte, vigoroso.

Impracticable, inaccesible, infranqueable, imposible, irrealizable, infructuoso, intransitable, desigual, tortuoso, intrincado. **Ant.** Posible, accesible, transitable, franqueable.

Imprecación, maldición, execración, anatema, apóstrofe, abominación, condenación, juramento. **Ant.** Elogio, alabanza, loa, bendición.

Imprecar, maldecir, execrar, anatematizar, apostrofar, abominar, condenar, detestar. **Ant.** Elogiar, alabar, loar.

Impreciso-sa, indefinido, vago, indeterminado, confuso, ambiguo, indistinto, desvaído, incierto. **Ant.** Preciso, definido, concreto, exacto, claro, inconfundible.

Impregnar-se, empapar, mojar, embeber, humedecer, saturar, rociar, bañar, regar, absorber, infiltrarse. **Ant.** Secar, exprimir, repeler.

Impremeditación, imprevisión (v.), irreflexión (v.).

Impremeditado-da, irreflexivo (v.), espontáneo (v.).

Imprenta, rotativa, tipografía, linotipia, taller.// Impresión.

Imprescindible, indispensable, irreemplazable, insustituible, vital, forzoso, urgente, imperioso, inexcusable, obligatorio. **Ant.** Innecesario, accidental, prescindible.

Impresión, imprenta, tirada, estampación, litografía, edición.// Huella, marca, señal, vestigio, rastro, indicio, estampa, reliquia, rastro.// Opinión, emoción, sensación, afección, efecto, excitación, pasmo, sobrecogimiento, impacto. **Ant.** Insensibilidad, indiferencia, desinterés.

Impresionable, excitable, sensible, susceptible, nervioso, emotivo, afectable, tierno, delicado. **Ant.** Insensible, frío, indiferente.

impresionante, emotivo, conmovedor, emocionante, sorprendente, deslumbrante. **Ant.** Nimio, vulgar, pobre.

impresionar-se, conmover, emocionar, turbar, suspender, excitar, alterar, conturbar, apasionar, inquietar, deslumbrar, asombrar, sorprender, sobresaltar, asustar, sobrecoger, aterrar. **Ant.** Tranquilizar, calmar, desinteresar.

impreso, hoja, folleto, fascículo, papel, volante, panfleto, pasquín, escrito, cuartilla.

impresor-ra, editor, tipógrafo, grabador, linotipista.

imprevisión, descuido, negligencia, abandono, despreocupación, omisión, indiferencia, inadvertencia, impremeditación, irreflexión, imprudencia, improvisación. **Ant.** Previsión, prudencia, reflexión, cuidado, vigilancia.

imprevisor-ra, confiado, negligente, desapercibido, descuidado, desprevenido, abandonado, abúlico, indiferente. **Ant.** Previsor, vigilante, activo, cuidadoso, escrupuloso.

imprevisto-ta, inesperado, inopinado, impensado, repentino, súbito, casual, accidental, fortuito, ocasional. **Ant.** Previsto, lógico, seguro, forzoso, obligado.

imprimir, editar, publicar, estampar, tirar, tipografiar, dar a la prensa, divulgar, prensar.

improbable, imposible, increíble, absurdo, remoto, inverosímil, raro, sorprendente, irrealizable, impracticable, utópico, quimérico, difícil. **Ant.** Probable, posible, lógico, normal, realizable.

ímprobo-ba, excesivo, rudo, abrumador, agotador, fatigoso, pesado, difícil, dificultoso. **Ant.** Fácil, ligero, expedito.// Malvado, vil, perverso, infame. **Ant.** Bueno.

improcedente, impropio (v.).

improductivo-va, estéril, infecundo, inútil, infértil, infructífero, yermo. **Ant.** Fértil, fructífero, productivo.

improperio, insulto, maldición, denuesto, injuria, ofensa, insolencia, invectiva, reniego, dicterio, ultraje, vituperio, afrenta, reproche, provocación. **Ant.** Cumplido, piropo, elogio, alabanza.

impropiedad, incongruencia, inoportunidad, disonancia, despropósito, desacuerdo, contradicción. **Ant.** Conveniencia, propiedad, corrección.

impropio-pia, incorrecto, inadecuado, disconforme, discordante, improcedente, chocante, extemporáneo, inoportuno, inadmisible, inaplicable, incongruente, contradictorio. **Ant.** Propio, conveniente, correcto, adecuado.

improrrogable, inaplazable, urgente, perentorio, apremiante. **Ant.** Prorrogable, aplazable, demorable.

impróvido-da, imprevisor (v.).

improvisado-da, espontáneo, repentino, impremeditado, impensado. **Ant.** Meditado, pensado, adrede, reflexivo, previsto.

improvisar, crear, innovar, inventar, reformar, ingeniárselas, componérselas. **Ant.** Preparar, preconcebir, madurar, ensayar.

improviso (de), de repente, de pronto, de súbito, ex abrupto, repetinamente, súbitamente, rápidamente, de rebato, de sopetón. **Ant.** Premeditadamente, preconcebidamente.

imprudencia, imprevisión, descuido, despreocupación, impremeditación, irreflexión, ligereza, precipitación, indiscreción, temeridad, atrevimiento, aturdimiento. **Ant.** Prudencia, cautela, reflexión, oportunidad.

imprudente, atrevido, irreflexivo, atolondrado, inadvertido, precipitado, ligero, audaz, arrojado, temerario, indiscreto, insensato, despreocupado, indolente. **Ant.** Prudente, cauto, reflexivo, cuidadoso, sensato, comedido.

impudencia, impudor, desdoro, desvergüenza, descaro, desfachatez, atrevimiento, descomedimiento, cinismo. **Ant.** Pudor, delicadeza, decencia.

impudente, desvergonzado, descarado, desfachatado, atrevido, descomedido, inverecundo, cínico. **Ant.** Púdico, pudoroso, respetuoso, vergonzoso.

impudicia, impudencia, indecencia, deshonestidad, desvergüenza, impudor, obscenidad, pornografía, concupiscencia, cinismo, libertinaje, lujuria. **Ant.** Honestidad, delicadeza, pudor, decencia.

impúdico-ca, impudente (v.), deshonesto, libertino, luju-

rioso, desvergonzado, procaz, obsceno, lúbrico, pornográfico. **Ant.** Honesto, honorable, púdico, decente, pudoroso.

impuesto, tributo, contribución, tributación, gravamen, obligación, carga, subsidio, gabela, canon, arancel, arbitrio, tasación, pasaje, peaje. **Ant.** Liberación, exención, desgravación.// **-ta,** Forzoso (v.), forzado (v.).

impugnable, controvertible, contestable, refutable, discutible, insostenible, contradictorio. **Ant.** Indiscutible, irrefutable, sostenible, irrebatible.

impugnación, contradicción, refutación, objeción, opugnación, oposición, rebatimiento, instancia, respuesta, réplica, mentís, negación. **Ant.** Aprobación, defensa, afirmación.

impugnador-ra, oponente, contradictor, refutador, objetante, polemista, impugnante.

impugnar, contradecir, rebatir, refutar, rechazar, repeler, discutir, combatir, contestar, desmentir, reclamar, replicar, oponerse. **Ant.** Aprobar, respaldar, corroborar, acordar, defender.

impulsar, empujar, impeler, empellar, propulsar, forzar, arrastrar, lanzar, arrojar. **Ant.** Contener, resistir, inmovilizar.// Incitar, fomentar, excitar, desarrollar, promover, inspirar, activar, estimular. **Ant.** Desanimar, desalentar, descuidar.

impulsivo-va, violento, vehemente, arrebatado, brusco, irreflexivo, apasionado, ardiente, impetuoso, efusivo, precipitado, atolondrado. **Ant.** Sereno, tranquilo, sensato.

impulso, ímpetu, empuje, empujón, propulsión, presión, promoción, iniciativa. **Ant.** Freno, parada.// Incitación, iniciativa, estímulo, instigación, ánimo, aliento, acicate. **Ant.** Desgana, desaliento, pasividad.

impune, perdonado, indemne, libre, exento. **Ant.** Castigado, condenado, responsable.

impunidad, indemnidad, irresponsabilidad, perdón, exención, liberación, injusticia, arbitrariedad. **Ant.** Condena, castigo, justicia, responsabilidad.

impureza, adulteración, suciedad, mancha, mezcla, polución, mixtificación, falsificación, contaminación, corrupción, residuo, sedimento. **Ant.** Pureza, limpieza.// Indecencia, deshonestidad, impudicia, desvergüenza. **Ant.** Castidad.

impuro-ra, adulterado, sucio, manchado, inmundo, turbio, infecto, bastardo, mixto, mezclado. **Ant.** Puro, limpio, desinfectado.// Impúdico, vicioso, desvergonzado. **Ant.** Casto.

imputación, acusación, inculpación atribución, recargo, denuncia, incriminación (v.). **Ant.** Excusa, exención, disculpa.

imputar-se, atribuir, achacar, inculpar, cargar, incriminar, reprochar, denunciar, imponer, acusar. **Ant.** Excusar, eximir, disculpar, exonerar.

inabordable, intratable, inaccesible, difícil, imposible. **Ant.** Accesible, fácil.

inacabable, interminable, inagotable, inextinguible, indefinido, infinito, perdurable, eterno, sempiterno, imperecedero, duradero, permanente, perenne. **Ant.** Finito, acabable, caduco, limitado, breve.

inaccesible, inasequible, inabordable, impracticable, impenetrable, abrupto, escarpado, áspero. **Ant.** Accesible, abordable.// Difícil, imposible, inadmisible, incomprensible. **Ant.** Fácil, comprensible.

inacción, inactividad (v.).

inaceptable, inadmisible (v.).

inactividad, inacción, inmovilidad, inercia, pasividad, paro, paralización, detención, descanso, reposo, despreocupación, desaliento, pereza, ocio, indolencia. **Ant.** Actividad, acción, movimiento, trabajo, dinamismo.

inactivo-va, inmóvil, pasivo, parado, ineficaz, estático, detenido, inerte. **Ant.** Activo, dinámico, eficaz.// Cesante, parado, jubilado.// Ocioso, vago, holgazán, perezoso. **Ant.** Trabajador.

inactual, pasado, extemporáneo. **Ant.** Actual, contemporáneo.

inadecuado-da, impropio, inconveniente, indebido, incompatible, inoportuno, desacertado. **Ant.** Adecuado, propio, conveniente, indicado, oportuno.

inadmisible, inaceptable, insostenible, intolerable, insoportable, rebatible, ilógico, injusto, reprobable. **Ant.** Admisible, aceptable, soportable.

inadvertencia, descuido, negligencia, misión, irreflexión, olvido, aturdimiento, distracción, imprudencia. **Ant.** Advertencia, cuidado, atención, interés.

inadvertido-da, precipitado, irreflexivo, descuidado, distraído, imprudente. **Ant.** Advertido, cuidadoso, reflexivo, atento.

inagotable, inextinguible, inacabable (v.), interminable, indefinido, infinito, continuo, duradero, eterno. **Ant.** Finito, momentáneo, fugaz, breve.

inaguantable, insoportable (v.), intolerable (v.), insufrible, fastidioso, pesado, odioso, antipático. **Ant.** Soportable, tolerable, grato.

inalcanzable, inaccesible (v.), inasequible (v.).

inalterable, impertérrito, impasible, imperturbable, flemático, inconmovible, inexorable, invariable, firme, inmutable. **Ant.** Inestable, cambiante, tornadizo.

inamisible, imperdible. **Ant.** Perdible.

inanimado-da, exánime, inmóvil, inánime, exangüe, desmayado, muerto. **Ant.** Animado, dinámico.

inanición, desfallecimiento, extenuación, debilidad, astenia. **Ant.** Energía.

inanidad, vacuidad, puerilidad, inutilidad, futilidad, fatuidad, vanidad. **Ant.** Utilidad, importancia, trascendencia, sencillez.

inánime, inanimado (v.).

inapelable, inexorable, irremediable, inevitable, irrefutable, incuestionable, indiscutible. **Ant.** Discutible, evitable.

inapetencia, desgana (v.), anorexia, saciedad. **Ant.** Apetencia, gana.

inapetente, desganado (v.), harto.

inaplazable, improrrogable, perentorio, urgente, apremiante. **Ant.** Aplazable, demorable.

inapreciable, valioso, inestimable, insustituible, incalculable, óptimo. **Ant.** Baladí, desdeñable.// Insignificante, trivial, mínimo, minúsculo. **Ant.** Importante.// Imperceptible (v.).

inarmónico-ca, discorde, destemplado, discordante. **Ant.** Acorde, armónico.

inarticulado-da, inconexo, desarticulado, descompuesto, confuso. **Ant.** Articulado, unido, claro.

inasequible, inaccesible, inalcanzable, imposible, inabordable, impracticable. **Ant.** Asequible, accesible, realizable.// Difícil, confuso, ininteligible, incomprensible (v.), intrincado. **Ant.** Comprensible, inteligente, claro.

inatacable, invulnerable, inexorable, inexpugnable, inconquistable, inmune. **Ant.** Atacable, vulnerable, conquistable.// Irreprochable, impecable, evidente, innegable. **Ant.** Reprochable, incorrecto.

inaudito-ta, increíble, inconcebible, extraordinario, raro, sorprendente, asombroso, atroz, extraño, escandaloso, incalificable. **Ant.** Normal, conocido, frecuente, común.

inauguración, apertura, comienzo, estreno, principio. **Ant.** Cierre, clausura.

inaugurar, iniciar, abrir, comenzar, estrenar, principiar, debutar, fundar. **Ant.** Cerrar, terminar, clausurar.

incalculable, innumerable, inapreciable, inconmensurable, inmenso, ilimitado, infinito. **Ant.** Limitado, escaso, apreciable.

incalificable, inaudito (v.), censurable, vergonzoso, inconfesable, indigno, vituperable, reprobable, inconveniente, innoble. **Ant.** Encomiable, elogiable.

incandescente, encendido, candente, inflamado, ardiente, resplandeciente. **Ant.** Apagado, frío.

incansable, infatigable, resistente, firme, tenaz, fuerte, constante, perseverante, inagotable, obstinado, activo, trabajador, laborioso. **Ant.** Cansado, vago, apático, haragán.

incapacidad, incompetencia, insuficiencia, ineptitud, torpeza, inhabilidad, ignorancia, inexperiencia, nulidad, ineficacia. **Ant.** Capacidad, habilidad, destreza, aptitud.// Desautorización, descalificación, prohibición. **Ant.** Autorización.// Invalidez, parálisis, inutilidad. **Ant.** Capacidad.

incapacitado-da, imposibilitado (v.).

incapacitar-se, inhabilitar, descalificar, invalidar, inutilizar, imposibilitar (v.), prohibir. **Ant.** Calificar, habilitar, capacitar.

incapaz, incapacitado (v.), inútil, inepto, inhábil, inexperto, inhabilitado, negado, insuficiente. **Ant.** Capaz, cuerdo, hábil, útil.

incautación, retención, apropiación, usurpación, confiscación, decomiso, posesión.

incautar-se, confiscar, decomisar, retener, usurpar, despojar. **Ant.** Devolver.

incauto-ta, ingenuo, simple, inocente, cándido, crédulo, imprudente. **Ant.** Cauto, prudente, discreto.

incendiar-se, quemar, encender, prender, inflamar, incinerar.// Apasionarse, entusiasmarse. **Ant.** Apagar, sofocar, extinguir, enfriar.

incendiario-ria, violento, subversivo, agresivo, sedicioso, apasionado, escandaloso, arrebatado, incitador. **Ant.** Pacífico, indiferente, apático.

incendio, fuego, hoguera, ignición, inflamación, conflagración, calcinación. **Ant.** Extinción.// Pasión, entusiasmo.// Catástrofe, siniestro, desastre.

incensador, perfumador, sahumador, pebetero, incensario.

incensar, sahumar, perfumar.

incentivo, incitación, estímulo, incitamiento, aliciente, acicate, ánimo, aguijón. **Ant.** Desaliento, freno, desánimo.

incertidumbre, duda, vacilación, indecisión, irresolución, indeterminación, inseguridad, titubeo, dubitación, sospecha, desconfianza. **Ant.** Seguridad, certeza, confianza, firmeza.

incesante, inacabable, inagotable, ininterrumpido, constante, continuo, perpetuo, sucesivo, crónico, seguido, repetido. **Ant.** Cesante, intermitente, interrumpido.

incidencia, suceso, hecho, acontecimiento, advenimiento, episodio, incidente (v.), ocurrencia, evento, circunstancia.

incidente, disputa, riña, discusión, litigio, lance, cuestión, inconveniente, eventualidad, peripecia, circunstancia, accidente (v.), trance, situación. **Ant.** Paz, acuerdo, avenencia.// Incidencia (v.).

incidir, incurrir, caer, tropezar, deslizarse, cometer(v.). **Ant.** Saltar, evitar, abstenerse.// Contravenir, reincidir, violar, faltar, transgredir.// Penetrar, cortar, dividir, sajar.

incienso, mirra, gomorresina, resina, perfume.

incierto-ta, inseguro, dudoso, contingente. **Ant.** Cierto, seguro.// Indeciso, variable, perplejo, mudable, vacilante, inconstante. **Ant.** Cierto, fijo, constante.// Desconocido, ignorado, indeterminado, incógnito, ignoto. **Ant.** Conocido, determinado.

incinerar, calcinar, quemar (v.).

incipiente, naciente, principiante, rudimentario, primitivo, embrionario, inicial, preliminar. **Ant.** Maduro, desarrollado, compuesto. **Par.** Insipiente.

incisión, corte (v.), cisura, hendedura, punzada, punción.

incisivo-va, cortante (v.), punzante. **Ant.** Embotado, romo.// Mordaz, punzante, cáustico, corrosivo, burlón, irónico, acre, satírico. **Ant.** Benevolente, caritativo.

inciso, apartado, observación, acotación, nota, apunte, párrafo, paréntesis (v.).// Cortado, seccionado, dividido, separado, suelto.

incitación, instigación, apremio, provocación, excitación, acicate, estímulo, exhorto, inducción, tentación. **Ant.** Desaliento, disuasión, desengaño.

incitar, instigar, apremiar, provocar, excitar, acicatear, empujar, estimular, exhortar, inducir, tentar, azuzar, espolear. **Ant.** Disuadir, tranquilizar, desalentar, desanimar.

incivil, descortés, grosero, inurbano, desatento, impertinente, incorrecto, rústico, tosco, impolítico, maleducado, insolente, mal criado. **Ant.** Correcto, educado, fino, cortés.

inclasificable, indeterminable, indefinible (v.), ambiguo, vago, confuso. **Ant.** Clasificable, claro, evidente.

inclemencia, crueldad, dureza, rigor, impiedad, severidad, fiereza, inmisericordia, rigidez, destemplanza. **Ant.** Suavidad, clemencia, humanidad, caridad.// Frío, crudeza.

inclemente, cruel, duro, áspero, riguroso, despiadado, severo, inhumano, deshumanizado, feroz. **Ant.** Bueno, bondadoso, caritativo.// Glacial, destemplado. **Ant.** Apacible.

Inclinación, declive, pendiente, talud, cuesta, sesgo, sesgadura. **Ant.** Llanura, planicie.// Vocación, propensión, gusto, apego, disposición, tendencia, preferencia, afecto, querencia, cariño. **Ant.** Desapego, repulsión, desafecto.// Saludo, reverencia, seña, cabezada, asentimiento.

Inclinado-da, oblicuo, torcido, atravesado, cruzado, sesgado, empinado, anguloso, pendiente, descendente. **Ant.** Vertical, horizontal, erecto.// Apegado, afectado, encariñado, propenso, devoto. **Ant.** Desapegado, desafecto.

Inclinar-se, mover, vencer, persuadir, convencer, impulsar. **Ant.** Disuadir, desistir.// Aficionarse, decidirse, predisponer. **Ant.** Despegarse.// Ladear, oblicuar, doblar, acostar, desviar, agachar, reclinar, respaldar, desnivelar. **Ant.** Elevar, erguir, estirar.

ínclito-ta, ilustre, afamado, célebre, esclarecido, famoso, renombrado, insigne. **Ant.** Oscuro, insignificante, anónimo, desconocido, vulgar.

Incluir-se, contener, comprender, englobar, envolver, encerrar, introducir, incrustar, esconder, abarcar, implicar, contener. **Ant.** Separar, desglosar, desunir, excluir, apartar.

Inclusión, introducción, instalación, inserción, intercalación, implicación. **Ant.** Exclusión, baja, despido.

Inclusive, incluso, inclusivo, hasta (v.), implícito. **Ant.** Exclusive, explícito, excluyente.

Incoar, comenzar, principiar, iniciar, empezar. **Ant.** Concluir, clausurar, terminar.

Incobrable, perdido, moroso, fallido, irrecuperable, infructuoso, inútil. **Ant.** Cobrable, recuperable.

Incoercible, irreductible, incontenible, indomable, irrefrenable. **Ant.** Sumiso, sometido.

Incógnita, enigma, interrogante, misterio, secreto, arcano, adivinanza. **Ant.** Conocimiento, hallazgo.

Incógnito-ta, anónimo, desconocido, ignorado, secreto, misterioso, enigmático. **Ant.** Conocido, descubierto, público.

Incoherencia, inconexión, discontinuidad, disconformidad, desunión, despropósito, disparate, confusión, embrollo, irracionalidad. **Ant.** Coherencia, unión, conformidad.

Incoherente, inconexo, discontinuo, incomprensible, ininteligible, disparatado, contradictorio, destinado, discordante, incongruente, ilógico. **Ant.** Coherente, unido, comprensible, lógico.

Incoloro-ra, descolorido, desteñido, apagado, pálido, desvaído. **Ant.** Coloreado, vivo.// Indefinido (v.), indiferente.// Insípido, insulso, desabrido. **Ant.** Sabroso.

Incólume, ileso, indemne, intacto, sano y salvo, incorrupto. **Ant.** Dañado, perjudicado.

Incombustible, ininflamable, refractario, ignífugo. **Ant.** Inflamable, combustible.

Incomodar-se, molestar, fastidiar, disgustar, enfadar, enojar, mortificar, estorbar, embarazar. **Ant.** Agradar, gustar, satisfacer, ayudar.

Incomodidad, molestia, enojo, disgusto, fastidio, desagrado, enfado, estorbo, contrariedad. **Ant.** Comodidad, agrado, placer.

Incómodo-da, molesto, enojoso, fastidioso, desagradable, enfadoso, penoso, pesado, dificultoso. **Ant.** Suave, confortable, cómodo, agradable.

Incomparable, único, singular, impar, inmejorable, insuperable (v.). **Ant.** Análogo, semejante, vulgar.

Incompatibilidad, disconformidad, oposición, antagonismo, discrepancia, discordancia, imposibilidad. **Ant.** Compatibilidad, avenencia, conformidad.

Incompatible, opuesto, antagónico, discordante, inconciliable, diferente, inadecuado, inadaptable. **Ant.** Compatible, adecuado, semejante.

Incompetencia, ineptitud, incapacidad, torpeza, insuficiencia, inhabilidad, ineficacia, torpeza. **Ant.** Habilidad, competencia, eficacia.

Incompleto-ta, imperfecto, inconcluso, defectuoso, fragmentario, truncado, deficiente, falto, escaso, dispar, precoz, prematuro. **Ant.** Completo, perfecto, entero, acabado, suficiente.

Incomprensible, ininteligible, inexplicable, inconcebible, sorprendente, oscuro, misterioso, complicado, enigmático, recóndito, ilegible, incoherente. **Ant.** Comprensible, fácil, accesible, claro.

Incomprensión, ininteligibilidad, ambigüedad, ofuscación, misterio, desacuerdo, confusión, enigma. **Ant.** Claridad, facilidad, comprensión.// Omisión, negligencia, egoísmo, ruindad, indiferencia. **Ant.** Comprensión, interés, atención.

Incomunicación, aislamiento, apartamiento, soledad, retiro, separación, alejamiento, extrañamiento. **Ant.** Comunicación, relación.

Incomunicar, aislar, confinar, apartar, separar, esconder. **Ant.** Unir, relacionar.// -se, retraerse, apartarse, aislarse, arrinconarse, recogerse. **Ant.** Comunicarse, relacionarse, convivir, asociarse.

Inconcebible, incomprensible, ininteligible, inexplicable, inadmisible, inusitado, absurdo, extraño, increíble, admirable, inaudito, sorprendente. **Ant.** Concebible, comprensible, natural, común.

Inconciliable, desacorde, incompatible (v.), repugnante, disconforme. **Ant.** Conciliable, compatible, tolerable.

Inconcluso-sa, imperfecto, inacabado, pendiente, indefinido, fragmentario. **Ant.** Completo, acabado, perfecto.

Inconcuso, claro, evidente, firme, seguro, incuestionable, indudable, innegable, cierto, incontrovertible, indiscutible, palmario. **Ant.** Dudoso, oscuro, indeciso.

Incondicional, ilimitado, absoluto, total, categórico, tajante. **Ant.** Limitado, parcial.// Adepto, devoto, secuaz, hincha, fanático, partidario, afiliado, adicto. **Ant.** Desleal, adversario.

Inconexión, incongruencia, separación, desconexión (v.), desunión, digresión, discontinuidad. **Ant.** Conexión, unión.

Inconexo-xa, incongruente, incoherente, ilógico, inarticulado, desenlazado, inadecuado, desunido, discontinuo. **Ant.** Congruente, unido, articulado.

Inconfesable, deshonroso, vergonzoso, deshonesto, inmoral, bochornoso. **Ant.** Confesable, honroso, moral.

Inconfundible, característico, peculiar, propio, típico, distintivo, particular, inimitable. **Ant.** Impreciso, confundible, genérico.

Incongruente, incoherente (v.), incompatible, impropio, inconexo, disparatado, opuesto, disconforme. **Ant.** Congruente, conveniente, lógico.

Inconmensurable, infinito, ilimitado, inmenso, incontable, desmesurado. **Ant.** Limitado.

Inconmovible, inamovible, inalterable, estable, impasible (v.), insensible, invariable, firme, fijo, resistente, consistente. **Ant.** Movible, alterable, flojo.

Inconquistable, inexpugnable, invencible, invulnerable, íntegro, insobornable. **Ant.** Conquistable, vulnerable, débil.

Inconsciencia, desconocimiento, insensibilidad, ingenuidad, ignorancia, candidez, inadvertencia, irresponsabilidad. **Ant.** Razón, sensatez.// Desmayo, desvanecimiento, desfallecimiento, mareo. **Ant.** Conciencia.

Inconsciente, automático, involuntario, instintivo, maquinal, subconsciente, irreflexivo. **Ant.** Voluntario, reflexivo, deliberado.// Aturdido, atolondrado, ignorante, irreflexivo, alocado, desquiciado, atropellado. **Ant.** Sensato, reflexivo.// Desmayado, desvanecido, desfallecido, insensible. **Ant.** Consciente.

Inconsecuencia, incoherencia, irreflexión, ligereza, informalidad, inconstancia, aturdimiento. **Ant.** Constancia, firmeza, formalidad.

Inconsecuente, inconstante, voluble, versátil, irreflexivo, ligero, aturdido. **Ant.** Consecuente, tenaz.// Incoherente, ilógico, casual, fortuito, impensado. **Ant.** Coherente, lógico.

Inconsideración, desatención, inadvertencia, desconsideración, irreflexión, atolondramiento, precipitación, ligereza. **Ant.** Cuidado, atención, advertencia.

Inconsiderado-da, desatento, desconsiderado, inadvertido, irreflexivo, atolondrado, precipitado, aturdido. **Ant.** Atento, cortés, considerado.

Inconsistencia, fragilidad, ductilidad, blandura, flojedad, debilidad, endeblez. **Ant.** Dureza, resistencia.// Desatino, incoherencia (v.).

Inconsistente, frágil, dúctil, blando, flojo, maleable, endeble, débil. **Ant.** Duro, consistente, tupido.

Inconsolable, triste, apenado, apesadumbrado, atribulado, acongojado, abatido, afligido, desconsolado, angustiado, desesperado. **Ant.** Alegre, animado, contento.

Inconstancia, versatilidad, inestabilidad, inconsecuencia, volubilidad, ligereza, levedad, mudanza, informalidad, veleidad, flaqueza, variabilidad, mutabilidad. **Ant.** Constancia, firmeza, estabilidad.

Inconstante, inestable, inconsecuente, voluble, veleidoso, variable, incierto, infiel, vacilante, cambiable, mudable, informal. **Ant.** Constante, seguro, firme, estable.

Incontable, infinito, innumerable, inmenso, ilimitado, inconmensurable (v.). **Ant.** Finito, limitado.

Incontestable, evidente, cierto, irrefutable, indudable, incontrastable, indiscutible, incuestionable, indubitable, irrebatible, demostrado, justificado, probado, seguro, palmario, inatacable. **Ant.** Incierto, rebatible, discutible, cuestionable, inseguro.

Incontinencia, lascivia, lujuria, sensualidad, libertinaje, liviandad, desenfreno, lubricidad, vicio, concupiscencia. **Ant.** Honestidad, abstención, virtud.

Incontinente, lascivo, lujurioso, sensual, carnal, libertino, desenfrenado, lúbrico, vicioso, concupiscente. **Ant.** Honesto, puro, ordenado, sobrio.

Incontinenti, pronto, rápido, prestamente, inmediatamente, seguidamente, sin dilación, sin tardanza, al punto, sin demora. **Ant.** Después, tardíamente.

Incontrastable, irrebatible, invencible, irresistible, inconquistable, incontestable (v.), indudable. **Ant.** Discutible, rebatible, flexible.

Incontrovertible, indiscutible (v.), irreplicable, indudable, inapelable (v.), incuestionable, indisputable (v.). **Ant.** Discutible, cuestionable.

Inconveniencia, disconformidad, disonancia, incompatibilidad, incorrección, descortesía, despropósito, impertinencia, desacuerdo, discrepancia, inoportunidad, inadaptación, discordancia. **Ant.** Conveniencia, cortesía, compatibilidad, oportunidad.

Inconveniente, inapropiado, inoportuno, inurbano, incivil, inmoral, deshonesto, inadecuado, molesto, perjudicial, incompatible. **Ant.** Conveniente, adecuado, apropiado, correcto.// Obstáculo, dificultad, trastorno, perjuicio, daño, falta. **Ant.** Ventaja, facilidad.

Incordiar, molestar, fastidiar, agobiar, cansar, hartar, insistir, hostigar. **Ant.** Calmar, agradar.

incorporación, añadidura, anexión, agregación, yuxtaposición, admisión, ingreso, acrecentamiento, reincorporación, alta, afiliación. **Ant.** Separación, desunión, segregación.// Mezcla, composición.

Incorporar, agregar, añadir, anexionar, juntar, concentrar, unir. **Ant.** Separar.// Enganchar, enlistar.// **-se,** ingresar, entrar, alistarse, asociarse, adherirse, agregarse. **Ant.** Salir.// Levantarse, alzarse, erguirse. **Ant.** Acostarse, agacharse.

Incorrección, error, falta, falla, inexactitud, equivocación, falta, yerro, desliz. **Ant.** Corrección, acierto, exactitud.// Grosería, inconveniencia, descortesía, desatención, incivilidad. **Ant.** Cortesía, educación.// Barbarismo, vulgarismo.

Incorrecto-ta, inexacto, defectuoso, imperfecto, errado, equivocado, falso, erróneo. **Ant.** Correcto, acertado, exacto.// Grosero, descortés, desatento, incivil, insolente, descomedido. **Ant.** Correcto, cortés, educado.

Incorregible, terco, pertinaz, reincidente, impenitente, obstinado, recalcitrante, testarudo, rebelde, intransigente. **Ant.** Corregible, dócil, razonable.

Incorruptible, recto, justo, probo, honrado, insobornable, íntegro, casto, puro, incólume. **Ant.** Impuro, deshonesto.

Incorrupto, incorruptible (v.), decente, honrado, honesto, limpio, sano, indemne, intacto. **Ant.** Impuro, corrompido.

Incredulidad, descreencia, impiedad, irreligiosidad, ateísmo. **Ant.** Creencia, fe, piedad.// Duda, recelo, desconfianza, sospecha, suspicacia. **Ant.** Certeza, confianza.

Incrédulo-la, descreído, impío, irreligioso, ateo. **Ant.** Religioso, devoto, creyente.// Receloso, desconfiado, suspicaz, escéptico, malicioso. **Ant.** Crédulo, confiado.

Increíble, imposible, inverosímil, inaudito, sorprendente, extraordinario, absurdo, asombroso. **Ant.** Posible, verosímil, lógico.

Incrementar, aumentar, acrecentar, ampliar, agrandar, engrosar, acrecer, incorporar, adicionar, sumar, añadir, agregar. **Ant.** Disminuir, empequeñecer.

Incremento, aumento, crecimiento, desarrollo, acrecentamiento. **Ant.** Disminución, achicamiento, encogimiento.

Increpación, represión, reprimenda, amonestación, riña, sermón. **Ant.** Alabanza, elogio, encomio.

Increpar, amonestar, reprender, reñir, sermonear, corregir, regañar, insultar, censurar. **Ant.** Alabar, elogiar, encomiar, enaltecer.

Incriminar, acusar, imputar, inculpar. **Ant.** Disculpar.

Incrustar, embutir, taracear, acoplar, incluir, empotrar.// Cubrir, pegar, adherir, sedimentar. **Ant.** Extraer, sacar, arrancar.

Incubar, empollar.// Desarrollarse, incrementarse.

Incuestionable, indiscutible, incontestable, indudable, indisputable. **Ant.** Cuestionable, discutible.

Inculcar, imbuir, introducir, infundir, infiltrar, inspirar, insistir. **Ant.** Dejar, abandonar, desistir.

Inculpado-da, reo (v.), procesado, acusado, culpado.

Inculpar, acusar (v.), imputar, incriminar, atribuir. **Ant.** Disculpar.

Inculto-ta, ignorante, indocto, atrasado, ineducado, iletrado, lego, analfabeto, grosero, zafio, tosco, rudo, bruto, patán. **Ant.** Sabio, docto, culto.// Yermo, baldío, abandonado. **Ant.** Cultivado.

Incultura, ignorancia, atraso, subdesarrollo, ineducación, analfabetismo, rudeza, brutalidad, tosquedad, torpeza, inhabilidad. **Ant.** Cultura, educación, sabiduría, civilidad.// Abandono, infertilidad. **Ant.** Cultivo, fertilidad.

Incumbencia, atribución, jurisdicción, competencia, cargo, obligación, deber.

Incumbir, atañer, importar, concernir, corresponder, competer, tocar, atribuir, pertenecer, interesar. **Ant.** Desinteresar, desentenderse.

Incumplir, quebrantar, contravenir, infringir, vulnerar, violar, descuidar, desobedecer, omitir. **Ant.** Cumplir, observar, realizar.

Incurable, irremediable, insanable, desahuciado, desesperado, condenado, sentenciado. **Ant.** Curable.// Incorregible, irremediable, perdido. **Ant.** Corregible.

Incuria, descuido, abandono, negligencia, desaliño, despreocupación, dejadez, desidia, pereza, ligereza, desaplicación. **Ant.** Cuidado, interés, aliño.

Incurrir, cometer, incidir, caer, pecar, tropezar. **Ant.** Eludir, evitar, esquivar.

Incursión, correría, irrupción, conquista, batida, exploración, ocupación, penetración, aventura. **Ant.** Huida, pasada.

Indagación, investigación, pesquisa, búsqueda, busca, inquisición, averiguación, interrogación. **Ant.** Abandono.

Indagar, averiguar, inquirir, investigar, analizar, husmear. **Ant.** Desistir, abandonar.

Indagatoria, indagación (v.), pregunta, encuesta, sondeo, averiguación.

Indebido-da, vedado, prohibido, impropio, contrario, injusto, ilícito, ilegal. **Ant.** Permitido, legal, debido, justo.

Indecencia, obscenidad, indecorosidad, grosería, indignidad, procacidad, deshonestidad, desvergüenza, impudicia. **Ant.** Decoro, honestidad, vergüenza.

Indecente, obsceno, indecoroso, grosero, procaz, indigno, deshonesto, desvergonzado, impúdico, puerco, cochino, sucio. **Ant.** Decente, honesto, honrado, decoroso.

Indecible, inenarrable, inexplicable, indescriptible, inexpresable.// Maravilloso, grandioso, inefable, prodigioso.

indecisión, indeterminación, vacilación, irresolución, incertidumbre, dubitación, titubeo, duda, versatilidad. *Ant.* Decisión, certidumbre, resolución.

indeciso-sa, irresoluto, incierto, dudoso, titubeante, vacilante, dubitativo. *Ant.* Decidido, seguro, resuelto.

indecorosidad, indignidad, indecencia (v.), grosería. *Ant.* Decoro, dignidad.

indecoroso-sa, indigno, indecente (v.), insolente, grosero, vergonzoso, torpe. *Ant.* Decoroso, digno.

indefectible, necesario, indispensable, imprescindible, preciso, forzoso.// Seguro, infalible, inevitable. *Ant.* Falible, dispensable, incierto.

indefendible, insostenible, contestable, refutable, impugnable, discutible, rebatible. *Ant.* Defendible, indiscutible, irrebatible.

indefenso-sa, desvalido, desamparado, inerme, desarmado, abandonado, descubierto, desabrigado, solo, impotente. *Ant.* Amparado, defendido, apoyado.

indefinible, inexplicable, incomprensible, inexpresable, inclasificable (v.). *Ant.* Definible.

indefinido-da, ilimitado (v.), indeterminado, vago, inmenso, inagotable, impreciso, confuso. *Ant.* Definido, concreto.

indeleble, imborrable, fijo, invariable, eterno, definitivo, inalterable, indestructible, permanente, indisoluble. *Ant.* Alterable, pasajero, efímero.

indeliberado-da, irreflexivo, impensado, involuntario, impremeditado, automático, espontáneo, inconsciente, precipitado. *Ant.* Voluntario, consciente, reflexivo.

indelicadeza, grosería, suciedad, torpeza, brutalidad, rudeza, inconveniencia. *Ant.* Delicadeza, finura, educación.

indemne, inmune, invulnerable, protegido, exento, seguro, privilegiado. *Ant.* Enfermo, vulnerable, desprotegido.

indemnidad, inmunidad, garantía, invulnerabilidad, incolumidad, protección, exención, seguridad, franquicia, privilegio. *Ant.* Enfermedad, vulnerabilidad, desprotección.

indemnización, reparación, compensación, resarcimiento, satisfacción, pago, retribución, desagravio, desquite, descuento.

indemnizar, reparar, compensar, resarcir, satisfacer, pagar, retribuir, desagraviar, subsanar. *Ant.* Dañar, perjudicar, impagar.

independencia, autonomía, libertad, emancipación, integridad, soberanía, separación, autarquía, entereza, indemnidad, neutralidad. *Ant.* Esclavitud, parcialidad, sometimiento.

independiente, liberal, imparcial, neutral, autónomo, libre, íntegro, emancipado, soberano, absoluto, individualista. *Ant.* Sujeto, dependiente, sometido.

independizar-se, emancipar, liberar, libertar, separar, desligar, desvincular, manumitir. *Ant.* Sujetar, oprimir, someter.

indescifrable, enredado, embrollado, ininteligible, incomprensible, inexplicable, oscuro, insondable, impenetrable, misterioso, secreto. *Ant.* Legible, claro, fácil.

indescriptible, inenarrable, indecible (v.), inexplicable, inefable, indefinible, maravilloso, fabuloso, extraordinario, colosal. *Ant.* Explicable, corriente, vulgar.

indeseable, indigno (v.).

indestructible, inalterable, invulnerable, inmune (v.), inquebrantable, irrompible, indeleble, eterno, permanente, inconmovible. *Ant.* Alterable, pasajero, rompible, perecedero.

indeterminable, indefinible (v.).

indeterminación, indecisión (v.).

indeterminado-da, indefinido, incierto, dudoso, vago, confuso, vacilante, equívoco, desconcertante. *Ant.* Determinando, claro, cierto, definido, seguro.

indicación, señal, huella, indicio, índice, pista.// Advertencia, observación, consejo, amonestación, aclaración, explicación. *Ant.* Omisión, olvido, ausencia.// Indicador (v.).

indicador, anuncio, horario, cuadro, itinerario, cartel, inscripción.// Señal, mojón, poste, hito, guía, muestra, jalón, disco, semáforo.// **-ra**, sintomático, demostrativo.

indicar, advertir, señalar, observar, aconsejar, avisar, guiar, significar, exhortar, amonestar, orientar, encaminar, enviar, apuntar, mostrar, sugerir, insinuar, acusar. *Ant.* Omitir, olvidar.

índice, catálogo, lista, repertorio, relación, tabla, inventario, registro, guía.// Señal, muestra, indicio (v.).

indicio, signo, muestra, sospecha, atisbo, demostración, índice (v.), manifestación, seña, barrunto, vislumbre.// Pista, huella, rastro, traza, marca, pisada, estela.// Reliquia, vestigio, resto.

indiferencia, despreocupación, inercia, desinterés, desapego, desgano, apatía, insensibilidad, frialdad, displicencia, pasividad, fastidio, aburrimiento, abulia, impasibilidad. *Ant.* Interés, entusiasmo.

indiferente, apático, abúlico, impasible, displicente, desapegado, desganado, insensible, desinteresado, indolente, frío, inactivo, despreocupado, abandonado, escéptico. *Ant.* Apasionado, entusiasta, apegado.

indígena, natural, aborigen, nativo, originario, autóctono, oriundo, vernáculo. *Ant.* Extranjero, exótico.

indigencia, pobreza, escasez, necesidad, estrechez, penuria, hambre. *Ant.* Opulencia, riqueza.

indigente, pobre, miserable, mísero, necesitado, menesteroso. *Ant.* Opulento, rico, acaudalado.

indigestar-se, empachar, empalagar, hartar, hastiar, atiborrar, llenar, ahitar. *Ant.* Moderar, limitar.// Fastidiar, desagradar. *Ant.* Agradar, amenizar.

indigestión, empacho, hartura, hartazgo, saciedad, atiborramiento, asco. *Ant.* Apetito, moderación, limitación.// Fastidio, repugnancia, molestia, enfado. *Ant.* Placer, agrado.

indignación, irritación, enojo, cólera, desesperación, enfado, ira. *Ant.* Calma.

indignar-se, irritar (v.), enojar, enfadar, airar, encolerizar, enfurecer, ofender, excitar. *Ant.* Agradar, calmar.

indignidad, bajeza, vileza, indecencia, ignominia, humillación, vergüenza, deshonor, canallada, abyección, ruindad, inmoralidad. *Ant.* Honor, justicia, decoro, honra, dignidad.

indigno-na, repugnante, vil, bajo, innoble, ruin, despreciable, odioso, infame, abyecto, ultrajante, oprobioso, inicuo, injusto, inmerecido, impropio. *Ant.* Digno, noble, bueno, honrado, justo, honroso.

indirecta, reticencia, alusión, doblez, insinuación, embozo, sugerencia, rodeo, eufemismo, evasiva, circunloquio, ambigüedad. *Ant.* Exabrupto, verdad, rotundidad.

indirecto-ta, desviado, sinuoso, curvo, oblicuo, tortuoso, mediato, colateral, embozado, secreto, evasivo, ambiguo. *Ant.* Directo, recto, derecho.

indiscernible, imperceptible (v.), indistinguible. *Ant.* Discernible, distinguible.

indisciplina, desobediencia, insubordinación, indocilidad, rebeldía, insumisión, desafío, insurrección, obstinación, independencia, anarquía, desorden. *Ant.* Disciplina, orden, docilidad, sumisión.

indisciplinado-da, díscolo, desobediente, insubordinado, rebelde, ingobernable, indócil, incorregible, reacio, desordenado, anárquico. *Ant.* Disciplinado, ordenado, sumiso, dócil.

indisciplinarse, desafiar, insubordinarse, pronunciarse, alzarse, rebelarse, desobedecer, oponerse, resistir. *Ant.* Disciplinarse, obedecer, ordenarse, someterse.

indiscreción, indelicadeza, importunidad, intromisión, imprudencia, curiosidad, fisgoneo, estupidez, necedad, temeridad. *Ant.* Oportunidad, discreción, comedimiento, reserva, moderación.

indiscreto-ta, entrometido, imprudente, impertinente, charlatán, curioso, husmeador, descarado, hablador, indelicado, inoportuno, importuno, intruso. *Ant.* Discreto, comedido, oportuno, delicado.

indiscriminado-da, indistinto, confuso, oscuro, imperceptible, indistinguible. *Ant.* Discriminado, distinto, claro.

indisculpable, inexcusable (v.), culpable, injustificable. *Ant.* Disculpable.

indiscutible, incuestionable, incontrovertible, irrebatible, irrefutable, innegable, cierto, categórico, seguro, patente, evidente. *Ant.* Discutible, incierto, dudoso.

Indisoluble, fijo, estable, firme, perdurable, sólido, invariable, perenne, constante, inconmovible. *Ant.* Soluble, inestable, fugaz.

Indisponer, enemistar, malquistar, desavenir, desunir, cizañar, concitar, enojar, mortificar, irritar. *Ant.* Amigar, avenir, unir.// -se, enfermarse, sufrir, dolerse, padecer, desmejorar. *Ant.* Curarse, sanarse.

Indisposición, enemistad, desavenencia, hostilidad, rivalidad. *Ant.* Amistad, unión.// Malestar, trastorno, enfermedad, dolencia, achaque, desazón. *Ant.* Salud, remedio, curación.

Indispuesto-ta, molesto, contrariado, enfadado, disgustado, fastidiado, mortificado.// Enfermo, doliente, achacoso, sufriente. *Ant.* Sano, saludable, curado.

Indisputable, indiscutible, incontrovertible, incuestionable, incontestable, innegable, incontrastable, irrebatible. *Ant.* Incierto, discutible, dudoso.

Indistinto-ta, imperceptible, indistinguible, indiscernible, confuso, esfumado, indefinido, vago, oscuro. *Ant.* Distinto, diferente, determinado, claro.

Individual, propio, particular, peculiar, característico, privativo, específico, exclusivo, singular, personal. *Ant.* General, genérico, común, universal.

Individualidad, personalidad, carácter, característica, peculiaridad, idiosincrasia, particularidad, índole, singularidad. *Ant.* Generalidad, vulgaridad.

Individualismo, subjetivismo, egoísmo, aislamiento, independencia, desunión, autonomía. *Ant.* Colectivismo, generalización, generosidad.

Individualista, independiente, autónomo, aislado, libre, rebelde, egoísta. *Ant.* Sujeto, sometido.

Individualizar, especificar, particularizar, personificar, caracterizar. *Ant.* Generalizar.

Individuo, persona (v.), ser (v.), sujeto, tipo, espécimen, hombre.

Indivisible, individuo, individual, uno (v.), unitario, simple. *Ant.* Dividido, fraccionado.

Indócil, rebelde, desobediente, indisciplinado, díscolo, terco, tenaz, indómito, renuente. *Ant.* Dócil, sumiso, obediente.

Indocilidad, indisciplina (v.), obstinación, rebeldía (v.). *Ant.* Docilidad.

Indocto-ta, inculto (v.), iletrado, ignorante (v.).

índole, naturaleza, individualidad, genio, carácter, condición, cualidad, género, inclinación, temperamento.

Indolencia, pereza, apatía, pachorra, vagancia, flojera, descuido, negligencia, desidia, incuria, morosidad. *Ant.* Actividad, presteza, entusiasmo.

Indolente, perezoso, apático, pachorrudo, ocioso, vago, desguisado, negligente, dejado, desidioso. *Ant.* Activo, entusiasta, aplicado, trabajador.

Indoloro-ra, insensible, analgésico, calmante. *Ant.* Doloroso.

Indomable, indómito (v.).

Indomesticable, indómito (v.).

Indómito-ta, indisciplinado (v.), indomable, ingobernable, indoblegable, arisco, fiero, bravío, salvaje. *Ant.* Dócil, flexible, domesticado, obediente.

Indubitable, incuestionable, innegable, infalible, seguro, cierto, positivo. *Ant.* Dudoso, cuestionable, incierto.

Inducción, instigación, incitación, persuasión, estímulo, influjo, influencia, sugestión. *Ant.* Disuasión, alejamiento, desánimo.// Consecuencia, ilación, derivación.

Inducir, instigar, incitar, persuadir, estimular, influir, sugerir, animar, exhortar, inspirar, convencer, fomentar, empujar, excitar, soliviantar. *Ant.* Apartar, desanimar, disuadir, desalentar.// Derivar, inferir, concluir.

Indudable, indubitable, indiscutible, incuestionable, innegable, indisputable, inequívoco, preciso, exacto, cierto, seguro, evidente. *Ant.* Dudoso, incierto, discutible.

Indulgencia, misericordia, piedad, perdón, clemencia, indulto, amnistía, absolución, compasión, bondad, consuelo, tolerancia, condescendencia, paciencia, benevolencia. *Ant.* Inmisericordia, impiedad, severidad, intolerancia, rigidez.

Indulgente, misericordioso, piadoso, clemente, compasivo, bondadoso, tolerante, condescendiente, paciente, benevolente, comprensivo, transigente, contemporizador. *Ant.* Inmisericorde, inflexible, rígido, severo.

Indultar, perdonar, amnistiar, eximir, condonar, absolver, remitir, olvidar, agraciar. *Ant.* Condenar, inculpar.

Indulto, perdón, amnistía, absolución, condonación, remisión, gracia. *Ant.* Condena, inculpación.

Indumentaria, vestidura, vestido, traje, ropaje, indumento, atavío, prenda.

Industria, producción, fabricación, explotación, elaboración, construcción, manufactura, técnica, confección.// Capacidad, habilidad, destreza, pericia, maña, maestría, oficio, talento, experiencia. *Ant.* Incapacidad, inhabilidad.// Empresa, fábrica (v.).

Industrial, fabricante, técnico, empresario, constructor, creador, ejecutor.// Fabril, manufacturero, mecánico, técnico, empresarial.

Industrialización, avance, progreso, incremento, auge, expansión, prosperidad.// Fabricación, mecanización, automatización.

Industrializar, desarrollar, avanzar, progresar, organizar, prosperar, incrementar, florecer.// Fabricar, manufacturar, producir, transformar, automatizar.

Industrioso-sa, trabajador, ingenioso, ejercitado, diestro, hábil, diligente, práctico, inventivo, experto. *Ant.* Vago, torpe, inhábil, perezoso.// Astuto, ladino, sutil, disimulado, pícaro.

Inédito-ta, nuevo, fresco, desconocido, original, reciente, actual. *Ant.* Conocido, viejo.

Ineducado-da, grosero, inculto, malcriado, indocto, ignorante (v.), iletrado (v.). *Ant.* Educado.

Inefable, encantador, maravilloso, sublime, inenarrable, divino. *Ant.* Despreciable, vulgar.

Ineficacia, incapacidad, insuficiencia, incompetencia, ineptitud, nulidad, inutilidad, esterilidad. *Ant.* Eficacia, capacidad, eficiencia.

Ineficaz, incapaz, insuficiente, incompetente, inoperante, inepto, nulo, inútil, infructuoso, vano, estéril, improductivo. *Ant.* Eficaz, activo, eficiente, provechoso, útil.

Ineludible, inevitable, insoslayable, irrevocable, obligatorio, necesario, fatal, forzoso, irremediable. *Ant.* Excusable, revocable, azaroso.

Inenarrable, indescriptible (v.).

Ineptitud, inhabilidad, insuficiencia, impericia, incapacidad, desmaña, incompetencia, inexperiencia, torpeza, necedad, ignorancia. *Ant.* Habilidad, competencia, pericia.

Inepto-ta, ineficaz, incapaz, incompetente, inexperto, torpe, necio, tonto, lento. *Ant.* Experto, diestro, capacitado.

Inequívoco-ca, indudable, indiscutible, incuestionable, innegable, indubitable, seguro, cierto, evidente, verdadero, positivo, fijo. *Ant.* Incierto, dudoso, equívoco.

Inercia, inacción, pasividad, inactividad, indiferencia, desidia, pereza, apatía, negligencia, flojedad, quietismo. *Ant.* Actividad, diligencia, dinamismo.

Inerme, desarmado, indefenso, desamparado. *Ant.* Armado, defendido.

Inerte, inactivo, indiferente, desidioso, perezoso, apático, negligente, flojo, estéril, insensible. *Ant.* Activo, entusiasta.

Inescrutable, indescifrable, insondable, inescudriñable, impenetrable, incognoscible. *Ant.* Claro, comprensible, descifrable.

Inescudriñable, inescrutable (v.).

Inesperado-da, imprevisto, repentino, impensado, inopinado, insospechado, súbito, fortuito, sorprendente, raro. *Ant.* Previsto, sospechado, sabido, esperado.

Inestabilidad, inseguridad, vacilación, variabilidad, desequilibrio, cambio, fluctuación, transitoriedad. *Ant.* Estabilidad, inmutabilidad, fijeza, permanencia.

Inestable, inseguro, vacilante, variable, móvil, frágil, inconstante, precario, transitorio, cambiable, desequilibrado, cambiante. *Ant.* Inmutable, seguro, fijo, estable.

Inestimable, inapreciable (v.), precioso, perfecto, valioso. *Ant.* Inútil, baladí.

inevitable, ineludible (v.), forzoso, fatal, inminente, irremediable, obligatorio, inexcusable. **Ant.** Inseguro, remediable.

inexactitud, equivocación, error, falta, falsedad, mentira,
incorrección. **Ant.** Exactitud, precisión, verdad, fidelidad.

inexacto-ta, equivocado, erróneo, falso, imperfecto, mentiroso, tergiversado. **Ant.** Correcto, exacto, verídico, auténtico.

inexcusable, indisculpable, injustificable, imperdonable,
ininadmisible, inevitable (v.). **Ant.** Admisible, excusable.

inexistencia, irrealidad, imaginación, insubsistencia, fantasía, nulidad, falsedad, engaño, hipótesis, apariencia. **Ant.**
Realidad, autenticidad, verdad.

inexistente, ilusorio, imaginario, insubsistente, fantástico,
nulo, falso, falaz, engañoso, supuesto, hipotético, aparente. **Ant.** Real, auténtico, verdadero.

inexorable, implacable, inquebrantable, inflexible, despiadado, cruel, duro, tozudo, terco. **Ant.** Flexible, tolerante.

inexperiencia, impericia, ignorancia, ineptitud, incompetencia, torpeza. **Ant.** Experiencia, habilidad, pericia.

inexperto-ta, inexperimentado, principiante, bisoño, novicio, novato, inhábil, inepto. **Ant.** Experimentado, hábil, experto, competente.

inexplicable, incomprensible, indescifrable, indescriptible,
ininteligible, extraño, raro, misterioso, increíble, inconcebible, hermético, arcano. **Ant.** Claro, evidente, vulgar, des-
criptible, creíble.

inexplorado-da, desconocido, inhabitado, ignoto, yermo,
deshabitado, despoblado, solitario, desierto. **Ant.** Habitado, explorado.

inexpresable, inefable (v.), indescriptible (v.), inenarrable,
indecible. **Ant.** Expresable, comprensible.

inexpresivo-va, seco, alusorio, reservado, extraño, enigmático, misterioso, frío, inmutable, impávido, impertérrito,
indiferente. **Ant.** Expresivo, elocuente, comunicativo.

inexpugnable, inatacable, invulnerable, invencible, seguro, fuerte, firme, duro, sólido, obstinado, inconquistable.
Ant. Conquistable, débil, flojo.

inextinguible, inacabable (v.).// Inapagable (v.).

inextricable, intrincado (v.).

infalibilidad, certeza, seguridad, certidumbre, garantía,
evidencia, inexorabilidad, obligatoriedad, firmeza, acierto.
Ant. Falibilidad, inseguridad, equívoco.

infalible, seguro, cierto, verdadero, evidente, indefectible,
indiscutible, inequívoco, irrefutable, indudable, incontestable. **Ant.** Falible, erróneo, inseguro.

infamador-ra, detractor, denostador, calumniador, des-
honrador. **Ant.** Alabador, elogiador.

infamante, deshonroso, afrentoso, oprobioso, denigrante,
degradante, vergonzoso, ignominioso, ofensivo, insultante, calumnioso. **Ant.** Honroso, ennoblecedor.

infamar, deshonrar, afrentar, denigrar, degradar, avergonzar, ofender, desacreditar, insultar, calumniar, ultrajar, denostar, menospreciar, difamar, vituperar, mancillar, injuriar,
oprobiar. **Ant.** Acreditar, enaltecer, honrar, alabar.

infame, despreciable, corrompido, indigno, inicuo, perverso, malvado, deshonesto, ignominioso, bajo, innoble, vil,
depravado, abyecto. **Ant.** Honorable, bondadoso, honrado.

infamia, denigración, desdoro, deshonra, deshonor, indignidad, oprobio, ignominia, desprestigio, descrédito, afrenta, vilipendio, canallada, traición, ruindad, bajeza, iniquidad, vileza, perversidad, maldad, depravación, abyección.
Ant. Honradez, bondad, justicia, decencia, dignidad, honor.

infancia, niñez, puericia, pequeñez, minoría, nacimiento.
Ant. Vejez, senectud.

infanta, niña, chiquilla, pequeña, cría, mocosa. **Ant.** Ancia-
na.// Princesa, alteza.

infante, niño, chico, chiquillo, mocoso, pequeño, nene, impúber. **Ant.** Anciano.// Príncipe, alteza, delfín, señor, heredero.// Soldado, recluta.

infantil, aniñado, pueril, candoroso, inocente, ingenuo,
cándido, niño, pequeño. **Ant.** Maduro, senil, astuto, malicioso.

infarto, oclusión, obstrucción, coágulo, embolia. **Ant.** Dilatación.

infatigable, incansable (v.).

infatuación, vanidad, jactancia, engreimiento, orgullo, petulancia, envanecimiento, suficiencia, fatuidad, ensoberbecimiento. **Ant.** Sencillez, humildad, moderación.

infatuado-da, vanidoso, jactancioso, engreído, orgulloso,
petulante, envanecido, suficiente, fatuo, ensoberbecido,
afectado, hinchado. **Ant.** Sencillo, humilde, prudente.

infatuarse, ufanarse, enorgullecerse, ensoberbecerse, engreírse, envanecerse, pavonearse, inflarse. **Ant.** Humillarse.

infausto-ta, desgraciado, infeliz, infortunado, desventurado, malaventurado, aciago, fatídico, triste, doloroso, malhadado, nefasto, funesto. **Ant.** Fausto, afortunado, feliz.

infección, contaminación, epidemia, contagio, transmisión, propagación, corrupción, perversión. **Ant.** Desinfección, purificación, asepsia.

infectado-da, infecto (v.).

infectar-se, inficionar, apestar, viciar, contagiar, infestar,
transmitir, propagar, viciar, corromper, pervertir. **Ant.** Desinfectar, sanear, esterilizar, aseptizar.

infecto-ta, contagioso, infectado, inficionado, apestado,
asqueroso, putrefacto, repulsivo, sucio, podrido, envene-
nado. **Ant.** Sano, desinfectado, limpio.

infecundidad, esterilidad (v.).

infecundo-da, infértil, infructuoso, estéril, improductivo,
infructífero, árido, yermo. **Ant.** Fecundo, fértil, productivo.

infelicidad, desgracia (v.), desdicha, desventura, tristeza,
tribulación, cuita, aflicción. **Ant.** Dicha, ventura, alegría.

infeliz, infausto (v.), malaventurado, desdichado, atribulado, afligido, cuitado. **Ant.** Dichoso, fausto, feliz, venturoso.

inferior, dependiente, subalterno, subordinado, sujeto, último, servidor, siervo. **Ant.** Superior.// Ínfimo, menor, mínimo, insignificante, secundario. **Ant.** Superior, máximo,
importante.// Bajo, hundido, excavado, subterráneo.//
Malo, peor, defectuoso, irregular, menor. **Ant.** Mejor.

inferioridad, supeditación, dependencia, subordinación,
servilismo, sumisión, obediencia. **Ant.** Superioridad, mando, rebeldía.// Desventaja, minoría, defecto, mediocridad,
medianía, bajura. **Ant.** Ventaja, mayoría, perfección.

inferir, ocasionar, causar, hacer, producir.// Deducir, desprender, inducir, concluir, suponer, obtener, razonar, colegir, conjeturar, sacar, derivar.// Ofender, afrentar, agraviar,
insultar, injuriar, herir. **Ant.** Desagraviar.

infernal, demoníaco, endiablado, mefistofélico, satánico,
perjudicial, dañino, malo, maléfico. **Ant.** Angelical, celestial, beneficioso, bueno, agradable.

infértil, infecundo (v.), estéril, yermo, árido. **Ant.** Fértil, fecundo.

infertilidad, esterilidad (v.).

infestar, saquear, devastar, pillar, invadir, penetrar.// Estragar, deteriorar, dañar. **Ant.** Mejorar, beneficiar.// Infectar,
apestar, contaminar, contagiar. **Ant.** Desinfectar.

inficionar, infectar (v.).

infidelidad, deslealtad, traición, perjurio, engaño, ingratitud, felonía, vileza. **Ant.** Fidelidad, lealtad.// Adulterio.//
Impiedad, irreligiosidad, paganismo, herejía. **Ant.** Religiosidad, piedad.// Error, inexactitud. **Ant.** Exactitud.

infiel, desleal, traidor, perjuro, pérfido, engañoso, hipócrita,
indigno, vil. **Ant.** Fiel, leal, noble.// Adúltero.// Impío, irreligioso, incrédulo, pagano, hereje, ateo. **Ant.** Religioso,
piadoso.// Erróneo, inexacto, falso. **Ant.** Exacto, verdadero.

infierno, abismo, averno, tártaro, perdición, tormento,
condenación, hoguera, pira. **Ant.** Cielo, limbo, gloria,
edén.

infiltración, introducción, penetración, invasión. **Ant.** Expulsión.// Contagio, impregnación, filtración.// Influencia,
inspiración, sugestión. **Ant.** Disuasión.

infiltrar-se, introducir, penetrar, invadir, filtrar. **Ant.** Expulsar, salir.// Impregnar, instilar, empapar.// Inculcar, inducir,
inspirar, imbuir. **Ant.** Disuadir.

ínfimo-ma, malo, peor, bajo, despreciable, ruin, imperfecto, deficiente, desastroso, mínimo, último, inferior (v.). *Ant.* Alto, máximo, bueno, noble.

infinidad, inmensidad, vastedad, grandeza, infinito, absoluto.// Muchedumbre, multitud, montón, sinnúmero, cúmulo, abundancia, profusión. *Ant.* Pequeñez, escasez, miseria, estrechez.

infinitesimal, microscópico, minúsculo, diminuto, imperceptible, ínfimo. *Ant.* Grande, mayúsculo.

infinito-ta, inmenso, ilimitado, indefinido, ilimitable, eterno, inagotable, inacabable, vasto, extenso. *Ant.* Limitado, breve, agotable.

inflación, engreimiento, presunción, altivez, orgullo. *Ant.* Humildad, sencillez.// Inflamiento, hinchamiento.// Desvalorización. *Ant.* Deflación.

inflado-da, hinchado (v.), infatuado, afectado, petulante. *Ant.* Humilde.

inflamable, combustible, incendiable, explosivo. *Ant.* Incombustible.// Apasionado, vehemente, excitable. *Ant.* Desapasionado, flemático.

inflamación, hinchazón, congestión, tumefacción, bulto, turgencia, irritación, infección. *Ant.* Descongestión, desinfección.// Vehemencia, ardor, entusiasmo, pasión. *Ant.* Frialdad, desapasionamiento.

inflamado-da, hinchado, congestionado, tumefacto, abultado. *Ant.* Deshinchado, descongestionado.// Vehemente, ardiente, encendido, apasionado. *Ant.* Frío, desapasionado.

inflamar, arder, quemar, incendiar, encender, abrasar. *Ant.* Sofocar, apagar.// Irritar, excitar, apasionar, exaltar, acalorar, avivar, enardecer, entusiasmar, atizar. *Ant.* Calmar, enfriar.// **-se**, hincharse, congestionarse, infectarse, enrojecerse. *Ant.* Deshincharse.

inflar, hinchar, soplar, agrandar, ensanchar, engordar, cebar. *Ant.* Desinflar, disminuir.// Exagerar, recargar, desvirtuar. *Ant.* Disminuir, moderar.

inflexible, duro, inexorable, fuerte, firme, inconmovible, rígido, cruel, insobornable, severo. *Ant.* Blando, dúctil, débil, flexible, manejable.

inflexión, desviación, torcimiento, comba, inclinación. *Ant.* Rectitud, rigidez.// Acento, tono, modulación, deje, tonillo, entonación.// Desinencia, terminación.

infligir, aplicar, penar, imponer, condenar, castigar, inferir, causar. *Ant.* Aliviar, remitir, obviar.

influencia, poder, dominio, autoridad, potestad, influjo, ascendiente, persuasión, sugestión, preponderancia, predominio, efecto, imperio, apoyo, valía, fuerza, pujanza, empuje. *Ant.* Descrédito, desprestigio, desamparo.

influenciar, influir (v.).

influir, actuar, ejercer, intervenir, mediar, ayudar, cooperar, contribuir, respaldar, inducir, insistir, imperar, entremeterse. *Ant.* Abstenerse, desinteresarse, abandonar, desasistir.

influjo, influencia (v.), ascendiente (v.).

influyente, acreditado, poderoso, relacionado, prestigioso, importante, predominante, respetado. *Ant.* Insignificante, humilde, desprestigiado.

información, indicación, notificación, aviso, parte, noticia, advertencia, testimonio, manifestación, revelación, referencia, informe, relato, indagación, inquisición, averiguación, investigación, pesquisa, encuesta. *Ant.* Ocultación, silencio, omisión, reserva.

informal, incumplidor, moroso, inconstante, inconsecuente, irresponsable. *Ant.* Formal, serio, cumplidor.

informar, enterar, participar, avisar, notificar, advertir, instruir, comunicar, prevenir, declarar, manifestar, reseñar, detallar, testimoniar. *Ant.* Callar, omitir.// Averiguar, investigar, indagar, sondear, buscar. *Ant.* Olvidar.

informe, deforme, contrahecho, irregular, vago, confuso, indefinido, impreciso. *Ant.* Conforme, preciso, perfecto.// Exposición, discurso, referencia, noticia, información. *Ant.* Omisión.

infortunado-da, desgraciado, desafortunado, desventurado. *Ant.* Afortunado.

infortunio, desgracia, calamidad, desdicha, desventura, adversidad. *Ant.* Dicha, ventura.

infracción, transgresión, falta, vulneración, violación, omisión, olvido, culpa, desafuero, inobservancia, delito, desobediencia, atropello. *Ant.* Acatamiento, observancia, cuidado, cumplimiento.

infractor-ra, transgresor, incumplidor, malhechor, desobediente, vulnerador, violador, agresor, rebelde, desertor, conspirador. *Ant.* Cumplidor, respetuoso.

infranqueable, impracticable (v.), insuperable (v.), intrincado, inaccesible, incómodo, intransitable, abrupto, escarpado, imposible, inabordable, difícil. *Ant.* Superable, accesible, franqueable.

infrascrito-ta, firmante, suscrito.

infrecuente, insólito, desusado, raro, único, sorprendente. *Ant.* Frecuente, vulgar.

infringir, quebrantar, faltar, vulnerar, violar, contravenir, transgredir, delinquir, incurrir, atropellar, incumplir. *Ant.* Acatar, obedecer, respetar.

infructífero-ra, infecundo, improductivo, estéril, nulo, inútil. *Ant.* Fructífero, fecundo.

infructuosidad, esterilidad, improductividad, infecundidad, ineficacia (v.). *Ant.* Fecundidad, productividad.

infructuoso-sa, improductivo, estéril, infértil, ineficaz (v.), infecundo, infructífero, negativo, inútil, vano. *Ant.* Productivo, positivo, eficaz.

ínfulas, presunción, vanidad, fatuidad, engreimiento, orgullo, infatuación. *Ant.* Humildad, sencillez.

infundado-da, injustificado, arbitrario, injusto, temerario, inmerecido, improcedente, inaceptable, ilógico, absurdo, inmotivado. *Ant.* Fundado, justificado, justo, merecido.

infundir, inculcar, inspirar, impulsar, comunicar, propagar, animar, insuflar, infiltrar, suscitar, engendrar. *Ant.* Desistir, renunciar, anular.

infusión, disolución, solución, extracto.// Bebida, tisana, pócima.

ingeniar, idear, concebir, crear, discurrir, maquinar, imaginar.// **-se**, manejarse, arreglarse, componerse.

ingenio, destreza, industria, habilidad, talento, inspiración, maña, inteligencia, sensatez, discernimiento. *Ant.* Torpeza, estupidez.// Gracia, imaginación, agudeza, sal, chispa, humor, viveza. *Ant.* Sosería, insipidez.// Máquina, aparato, artificio, instrumento, utensilio, arma.

ingenioso-sa, talentoso, ocurrente, agudo, listo, hábil, industrioso, sagaz, diestro, despierto, sutil, inventivo. *Ant.* Torpe, inhábil, insípido.

ingénito-ta, connatural, innato, ínsito. *Ant.* Contraído.

ingenuidad, inocencia, candidez, naturalidad, sinceridad, candor, simplicidad, credulidad, buena fe, pureza, sencillez, puerilidad. *Ant.* Incredulidad, astucia, malicia.

ingenuo-nua, inocente, cándido, natural, sincero, franco, crédulo, candoroso, puro, simple, pueril, incauto, inexperto, infantil. *Ant.* Malicioso, pícaro, experimentado, desconfiado.

ingerir, deglutir (v.), tragar (v.), embuchar. *Ant.* Expeler, vomitar. *Par.* Injerir.

ingestión, introducción, trago, deglución, toma. *Ant.* Devolución, vómito.

ingle, entrepierna.

ingobernable, inobediente, desobediente, indisciplinado (v.), indócil, insubordinado, díscolo. *Ant.* Obediente, disciplinado, gobernable.

ingratitud, desagradecimiento, olvido, infidelidad, indiferencia, deslealtad, desprecio, desamor. *Ant.* Agradecimiento, gratitud, reconocimiento.

ingrato-ta, desagradecido, infiel, desleal, indiferente, insensible, apático, egoísta. *Ant.* Agradecido, fiel.

ingrediente, mejunje, droga, componente, integrante, sustancia, medicamento, remedio, fármaco.

ingresar, entrar, penetrar, afiliarse, inscribirse, incorporarse, introducirse. *Ant.* Salir, desunirse, renunciar.// Ganar, obtener, devengar. *Ant.* Pagar.

ingreso, entrada, recepción, acceso, admisión, inscripción, introducción, afiliación, asociación. *Ant.* Salida, despedida, expulsión, baja, renuncia.// Ganancia, devengo, cobro, recibo, pensión, sueldo, jornal, renta, retribución. *Ant.* Pérdida.

ingurgitar, engullir, embuchar, tragar, ingerir. *Ant.* Expeler, expulsar, vomitar.

inhábil, torpe, inepto, incapaz, ineficaz, inexperto, inexperimentado, inútil. *Ant.* Hábil, ducho, experto.

inhabilidad, torpeza, ineptitud, incapacidad, ineficacia, inexperiencia, impericia. *Ant.* Habilidad, aptitud, capacidad, pericia.

inhabilitar, incapacitar, imposibilitar, descalificar, prohibir, excluir. *Ant.* Habilitar.

inhabitado-da, deshabitado, despoblado, abandonado, desierto, solitario, vacío. *Ant.* Habitado, poblado.

inhalar, aspirar (v.), absorber.

inherente, correspondiente, perteneciente, concomitante, unido, relacionado, congénito, innato, consustancial. *Ant.* Separado, alejado, extraño.

inhibición, abstención, retraimiento, exención, alejamiento, apartamiento, separación. *Ant.* Unión, intromisión, presencia.

inhibir, prohibir, estorbar, privar, impedir, suprimir, restingir, vedar. *Ant.* Permitir, autorizar.// **-se**, abstenerse, apartarse, evadirse, alejarse, desinteresarse, desligarse, desistir. *Ant.* Participar.

inhospitalario-ria, inhabitable, desolado, inhóspito, agreste, desabrigado, desierto. *Ant.* Habitable, protector.// Adusto, rudo, cruel, inhumano, bárbaro, duro, frío, salvaje. *Ant.* Acogedor, humano.

inhóspito-ta, inhospitalario (v.).

inhumación, entierro (v.).

inhumano-na, duro, bárbaro, cruel, implacable, perverso, brutal, fiero, desalmado, feroz, sanguinario, despiadado, inhospitalario, violento, inclemente. *Ant.* Humano, compasivo.

inhumar, enterrar (v.), sepultar.

iniciación, comienzo, principio, inicio, aprendizaje, preparación, instrucción. *Ant.* Fin, terminación.

iniciado-da, novicio, neófito, catecúmeno, adepto, afiliado, sectario, partidario. *Ant.* Profano, ducho, experto.

iniciador-ra, innovador, creador, instaurador, inventor, fundador, promotor.

inicial, originario, original, primero, primordial, preliminar, inaugural, naciente. *Ant.* Último, final, terminal, postrero.

iniciar, empezar, comenzar, incoar, principiar, inaugurar, preludiar, promover, fundar. *Ant.* Acabar, liquidar, finalizar.// Instruir, enseñar, educar, aleccionar. *Ant.* Descuidar.

iniciativa, proposición, propuesta, idea, proyecto.// Decisión, resolución, anticipación, adelanto, acción, rapidez, invención. *Ant.* Timidez, cortedad, pereza.

inicio, principio, origen, raíz, fundamento, comienzo, iniciación, embrión. *Ant.* Final.// Proyecto, esbozo, rudimento. *Ant.* Realización.

inicuo-cua, injusto (v.), ignominioso, malvado, perverso, inmoral, vil, infame, improcedente. *Ant.* Justo, equitativo, moral.

inigualado, impar (v.).

inimaginable, raro, extraordinario, extraño, inconcebible (v.), extravagante, sorprendente.

inimitable, inconfundible, único, excepcional. *Ant.* Imitable, confundible, vulgar.

ininteligible, incomprensible (v.), ilegible, confuso, oscuro, embrollado, difícil, indescifrable, misterioso, impenetrable. *Ant.* Comprensible, claro, evidente.

inintencionado-da, involuntario (v.), impensado. *Ant.* Intencionado, voluntario.

ininterrumpido-da, incesante (v.), constante, continuo, inacabable, inagotable. *Ant.* Interrumpido, intermitente.

iniquidad, arbitrariedad, injusticia, infamia, perversidad, maldad, ignominia. *Ant.* Justicia, bondad, nobleza.

injerencia, ingerencia, intromisión, entrometimiento, indiscreción, curiosidad, fisgoneo, descaro. *Ant.* Discreción, abstención.

injerir-se, entremeterse, intervenir, mediar, inmiscuirse.// Incluir. *Ant.* Abstenerse, desentenderse. *Par.* Ingerir.

injertar, inserir, injerir, prender, introducir, agregar. *Ant.* Desarraigar, desvincular.

injerto, brote, yema, agregado, postizo, añadido, incrustación.

injuria, daño, menoscabo, perjuicio, deterioro.// Insulto, escarnio, ofensa, agravio, ultraje, afrenta, denuesto, humillación, denigración, insolencia, desaire, dicterio, vilipendio, improperio. *Ant.* Alabanza, elogio, enaltecimiento.

injuriador-ra, denostador, insultador, ultrajador, agraviador, ofensor. *Ant.* Elogiador, alabador.

injuriar, insultar, infamar, ofender, oprobiar, denostar, ultrajar, afrentar, deshonrar, denigrar, vilipendiar. *Ant.* Alabar, lisonjear.// Jurar, blasfemar, maldecir. *Ant.* Bendecir.

injurioso-sa, afrentoso, insultante, ofensivo, vejatorio, calumnioso, agravioso, humillante, ultrajante, insolente, difamante. *Ant.* Enaltecedor, beneficioso.

injusticia, iniquidad, arbitrariedad, ilegalidad, parcialidad, irregularidad, improcedencia, sinrazón, abuso, atropello. *Ant.* Justicia, equidad, legalidad.

injustificable, indisculpable, inaceptable, ilícito, inexcusable, indebido, injusto. *Ant.* Justo, lícito, disculpable, justificable.

injusto-ta, inicuo, arbitrario, parcial, ilícito, indebido, injustificable, inmoral, irrazonable, infundado, indigno, abusivo, improcedente. *Ant.* Justo, lícito, equitativo, legal.

inmaculado-da, impecable, intachable, impoluto, limpio, puro, blanco, claro. *Ant.* Maculado, sucio, impuro.

inmarcesible, inmarchitable, perenne (v.), imperecedero, inmortal. *Ant.* Marcesible, marchitable.

inmarchitable, inmarcesible, duradero, imperecedero, lozano, juvenil, durable, perpetuo, fresco. *Ant.* Perecedero, marchitable, mortal, transitorio.

inmaduro-ra, incipiente, precoz, prematuro, verde, tierno, bisoño. *Ant.* Maduro.

inmaterial, incorpóreo, impalpable, intangible, etéreo, ideal, irreal, abstracto, sutil. *Ant.* Material, corpóreo, real.

inmediaciones, alrededores, afueras, arrabales, aledaños, cercanías, proximidades. *Ant.* Lejanía.

inmediato-ta, cercano, próximo, contiguo, vecino, pegado, seguido, adjunto, directo, lindante, rayano, consecutivo. *Ant.* Lejano, distante, alejado, separado.// Rápido, inminente, urgente, presto, raudo. *Ant.* Lento.

inmejorable, bueno, perfecto, óptimo, excelente, insuperable, imponderable, notable, sin par. *Ant.* Malo, pésimo.

inmemorial, inmemorable, remoto, primitivo, antiguo, desconocido, vetusto, arcaico. *Ant.* Actual, nuevo, moderno.

inmensidad, infinitud, infinidad, multitud, muchedumbre, exorbitancia, vastedad, magnitud, grandiosidad. *Ant.* Escasez, limitación, pequeñez.

inmenso-sa, infinito, ilimitado, incontable, incalculable, inconmensurable, indefinido, extenso, vasto, grandioso, considerable, innumerable, enorme, colosal, monstruoso, ancho, desmesurado, extraordinario, gigantesco. *Ant.* Pequeño, estrecho, reducido.

inmerecido-da, injusto (v.), infundado (v.), inicuo, arbitrario, desaforado. *Ant.* Merecido, fundado, justo.

inmersión, sumersión, sumergimiento, hundimiento, baño, zambullida, chapuzón. *Ant.* Salida, ascenso, aparición.

inmerso-sa, sumergido, abismado, anegado, sumido, hundido, zambullido.

inmigración, entrada, migración, afluencia, establecimiento. *Ant.* Emigración, salida.

inmigrar, llegar, establecerse, migrar. *Ant.* Emigrar, salir.

inminente, inmediato, próximo, pronto, cercano, apremiante, imperioso, perentorio. *Ant.* Lejano, tardío, remoto.

inmiscuirse, entremeterse, interponerse, intervenir, mezclarse, entrometerse. *Ant.* Desentenderse, desinteresarse.

inmoderado-da, excesivo, exagerado, incontrolado, desorbitado, descomedido, desmedido. *Ant.* Comedido, atemperado, moderado, mesurado, templado.

inmodestia, vanidad, orgullo, engreimiento, jactancia, fatuidad, petulancia, soberbia, altanería, vanagloria, presunción. *Ant.* Sencillez, humildad.// Impudor, deshonestidad. *Ant.* Recato.

inmolación, sacrificio, hecatombe, catástrofe, matanza, voto, ofrenda, expiación. **Ant.** Perdón, condonación.

inmolar, sacrificar, degollar, matar, expiar, ofrecer, ofrendar. **Ant.** Perdonar, condonar.

inmoral, disoluto, licencioso, impúdico, deshonesto, obsceno, escabroso, pervertido, lujurioso. **Ant.** Honesto, moral, casto, decoroso, virtuoso.

inmoralidad, deshonestidad, inmundicia, indignidad, indecencia, desvergüenza, depravación, corrupción, desaprensión, impudicia, lujuria, obscenidad, prostitución, libertinaje. **Ant.** Moralidad, virtud, decencia, honestidad.

inmortal, imperecedero, perpetuo, eterno, perdurable, sempiterno, indefinido, duradero. **Ant.** Mortal, perecedero, caduco.

inmortalidad, perdurabilidad, eternidad, perennidad, perpetuidad, permanencia, continuidad. **Ant.** Caducidad, fugacidad.

inmortalizar, perpetuar, eternizar, perdurar. **Ant.** Morirse, desaparecer.

inmóvil, inmoble, inmovible, invariable, fijo, inamovible, quieto, inconmovible, estable, inactivo, inanimado, detenido, estático, pasivo. **Ant.** Movible, móvil, variable, activo.

inmovilidad, quietud, reposo, tranquilidad, inactividad, pasividad, inercia, invariabilidad, estabilidad, calma, parálisis. **Ant.** Movilidad, movimiento, acción, actividad.

inmovilizar, parar, detener, paralizar, atajar, aquietar, frenar, sujetar, asegurar. **Ant.** Mover, empujar.// Dominar, cohibir, subyugar. **Ant.** Liberar.// Tranquilizar, sosegar.// **-se**, acongojarse, aterirse, pasmarse, congelarse.

inmueble, edificio, casa, propiedad, vivienda, finca. **Ant.** Mueble, enser.

inmundicia, basura, mugre, impureza, suciedad (v.), deshonestidad, vicio, porquería, impudicia. **Ant.** Higiene, limpieza, honestidad.

inmundo-da, sucio, repugnante, nauseabundo, deshonesto, puerco, asqueroso, impuro, impúdico, astroso. **Ant.** Limpio, decente.

inmune, libre, exento, liberado, exonerado, exceptuado, invulnerable, protegido, inviolable, indemne. **Ant.** Vulnerable.// Sano, resistente. **Ant.** Débil.

inmunidad, exención, libertad, exoneración, dispensa, privilegio, prerrogativa, liberación. **Ant.** Igualdad.// Resistencia, vigor, invulnerabilidad, inviolabilidad, fortaleza. **Ant.** Debilidad.

inmunizar, prevenir, exceptuar, proteger, privilegiar, eximir, liberar, vacunar. **Ant.** Someter, infectar, igualar, debilitar.

inmutabilidad, estabilidad, permanencia, imperturbabilidad, inalterabilidad, invariabilidad, impasibilidad, serenidad, constancia, persistencia. **Ant.** Mutabilidad, inestabilidad, variabilidad.

inmutable, estable, permanente, imperturbable, inalterable, invariable, impasible, sereno, persistente, impertérrito, indestructible, indisoluble. **Ant.** Agitado, mudable, intranquilo, versátil.

inmutarse, alterarse, turbarse, conmoverse, conturbarse, desconcertarse, emocionarse, afectarse. **Ant.** Tranquilizarse, serenarse, contenerse.

innato-ta, ingénito, propio, congénito, natural, peculiar, personal, esencial. **Ant.** Adquirido, contraído, formado.

innecesario-ria, superfluo, inútil, fútil, redundante, sobrado, prescindible. **Ant.** Necesario, imprescindible.

innegable, incuestionable, indiscutible, indisputable, incontrovertible, indudable, inequívoco, evidente, cierto, real, seguro, inatacable, auténtico. **Ant.** Discutible, erróneo, dudoso.

innoble, infame, indigno, vil, bajo, rastrero, mezquino, despreciable, desleal, abyecto. **Ant.** Noble, leal, honrado.

innocuo-cua, inofensivo, inocente, inactivo. **Ant.** Nocivo.

innovación, novedad, cambio, creación, renovación, invención. **Ant.** Conservación.

innovador-ra, renovador, inventor, descubridor, iniciador, creador, reformador, introductor. **Ant.** Plagiador, copista, conservador.

innovar, renovar, inventar, reformar, descubrir, cambiar, alterar, modificar, mudar, modernizar. **Ant.** Mantener, conservar.

innumerable, incalculable, incontable, interminable, numeroso, crecido, copioso, múltiple, inmenso, sin fin. **Ant.** Finito, escaso.

inobediencia, desobediencia, indisciplina, contravención, falta, rebeldía, insubordinación, inobservancia. **Ant.** Obediencia, disciplina.

inobediente, desobediente, insubordinado, indisciplinado, indócil, ingobernable, rebelde, díscolo, reacio. **Ant.** Obediente, dócil.

inobservancia, incumplimiento, contravención, informalidad, infracción, desobediencia. **Ant.** Cumplimiento, observancia.

inocencia, candidez, simplicidad, candor, infantilismo, puerilidad, pureza, virtud, ingenuidad. **Ant.** Malicia, astucia.// Inculpabilidad, exculpación. **Ant.** Culpabilidad.

inocentada, trampa, engaño, novatada, burla (v.).

inocente, cándido, simple, candoroso, infantil, pueril, puro, ingenuo, sincero, limpio, casto. **Ant.** Astuto, malicioso.// Libre, absuelto, exculpado, inocuo. **Ant.** Culpable.

inocular, vacunar, contagiar, transmitir, comunicar, inyectar, inmunizar, infectar. **Ant.** Sanear, esterilizar.

inodoro-ra, neutro, sin olor, desodorante, limpio. **Ant.** Odorífero.

inodoro, retrete, evacuatorio.

inofensivo-va, inocuo, inocente, inerme, desarmado, pacífico, tranquilo. **Ant.** Peligroso.

inolvidable, indeleble, imborrable, imperecedero, inmemorial, inmortal, memorable, histórico, famoso, ilustre, importante. **Ant.** Olvidable, pasajero.

inope, mísero, miserable, pobre (v.).

inopia, miseria, indigencia, pobreza (v.). **Ant.** Riqueza.

inopinado-da, imprevisto, impensado, repentino, inesperado. **Ant.** Previsto, esperado.

inoportunidad, inconveniencia, indiscreción, incorrección, improcedencia, impertinencia, contrariedad, disparate. **Ant.** Oportunidad, acierto.

inoportuno-na, inconveniente, inadecuado, importuno, improcedente, incorrecto, extemporáneo, impropio, desaconsejado, intempestivo, desatinado, impertinente. **Ant.** Oportuno, adecuado, justo, atinado, pertinente.

inordenado-da, desordenado, desorganizado, desarreglado, descompuesto, trastornado, alterado, inordinado, revuelto. **Ant.** Ordenado, arreglado, compuesto.

inquebrantable, inalterable, invariable, constante, tenaz, firme, inexorable, resuelto, inexpugnable. **Ant.** Alterable, variable.

inquietante, intranquilizador, amenazador, alarmante, turbador, conmovedor, angustiante, preocupante. **Ant.** Tranquilizador.

inquietar-se, intranquilizar, desasosegar, agitar, molestar, fastidiar, alarmar, desazonar, atormentar, perturbar, excitar, enfadar, incomodar, impacientar, sobresaltar, angustiar, preocupar, conmover, conturbar, torturar, amenazar. **Ant.** Tranquilizar, calmar, despreocupar.

inquieto-ta, intranquilo, desasosegado, agitado, desazonado, alterado, alarmado, impaciente, nervioso, tenso, perturbado, preocupado. **Ant.** Tranquilo, sosegado.// Diligente, emprendedor. **Ant.** Indolente.

inquietud, intranquilidad, alarma, desasosiego, desazón, sobresalto, angustia, ansiedad, malestar, conturbación, confusión, conmoción, alboroto, nerviosidad, impaciencia, agitación, tormento, zozobra, turbación, alteración, excitación, duda, sospecha, tortura, preocupación, desvelo. **Ant.** Calma, tranquilidad, sosiego, paz.// Actividad, dinamismo, diligencia. **Ant.** Indolencia, desidia.

inquilino-na, arrendatario, ocupante, alquilador, vecino.

inquina, antipatía, odio, aversión, enemistad, tirria, malquerencia, animadversión, animosidad, ojeriza, mala voluntad, aborrecimiento, malevolencia. **Ant.** Simpatía, amor, amistad.

Inquirir, averiguar, examinar, indagar, investigar, preguntar, escrutar, escudriñar, interrogar, escarbar, pesquisar, rastrear, sondar. *Ant.* Desentenderse, inhibirse, abstenerse.

Inquisición, indagación, pesquisa, averiguación, investigación. *Ant.* Desinterés, abstención.

Inquisidor-ra, investigador, indagador, averiguador, inquiridor.

Insaciable, insatisfecho, ávido, hambriento, tragón, glotón, famélico, avaro, ambicioso. *Ant.* Satisfecho, harto, ahíto.

Insalubre, dañino, malsano, perjudicial, nocivo, enfermizo. *Ant.* Saludable, beneficioso.

Insalvable, insuperable (v.), invencible (v.). *Ant.* Salvable, superable.

Insania, locura, demencia, enajenación, desvarío, delirio, manía, chifladura. *Ant.* Cordura, sensatez.

Insano-na, demente, loco, alienado, orate. *Ant.* Cuerdo.// Insensato, tonto, necio. *Ant.* Sensato.

Insatisfecho, descontento, disgustado, insaciable, inquieto, malhumorado, ambicioso, codicioso, desavenido. *Ant.* Satisfecho, contento.

Inscribir, grabar, trazar, registrar, apuntar, anotar. *Ant.* Borrar, tachar.// Limitar, delimitar, circunscribir, ajustar, ceñir. *Ant.* Extender.// **-se**, empadronarse, alistarse, afiliarse, matricularse, enrolarse, incorporarse, asociarse, agremiarse. *Ant.* Dar de baja, renunciar.

Inscripción, escrito, leyenda, letrero, rótulo, etiqueta, cartel, nota, epitafio.// Asiento, apuntación, incorporación, afiliación, agremiación, matriculación, alta. *Ant.* Renuncia, baja, dimisión, salida.

Inscrito-ta, suscrito, anotado, apuntado, asentado, afiliado. *Ant.* Borrado, tachado.

Inseguridad, inestabilidad, incertidumbre, duda, vacilación, perplejidad, indecisión, desequilibrio, riesgo, peligro. *Ant.* Estabilidad, firmeza, seguridad.

Inseguro-ra, inestable, incierto, dudoso, vacilante, variable, mudable, precario, movedizo. *Ant.* Seguro, firme.// Irresoluto, indeciso, indeterminado. *Ant.* Decidido.// Apocado, tímido, corto, vergonzoso. *Ant.* Atrevido.

Insensatez, necedad, disparate, desatino, dislate, locura, demencia, idiotez, tontería, imbecilidad, temeridad, imprudencia. *Ant.* Sensatez, juicio, prudencia, cordura.

Insensato-ta, necio, desatinado, tonto, alocado, demente, desquiciado, insano, irreflexivo, irrazonable, imprudente, tonto, imbécil, idiota, metecato. *Ant.* Sensato, prudente, cuerdo, reflexivo.

Insensibilidad, indiferencia, impasibilidad, indolencia, apatía. *Ant.* Sensibilidad.// Dureza, rigor, crueldad, *Ant.* Ternura, piedad.

Insensibilizar, calmar, adormecer, anestesiar, entorpecer, embotar. *Ant.* Sensibilizar.// **-se**, endurecerse. *Ant.* Conmoverse, enternecerse.

Insensible, inconsciente, adormecido, inerte, desmayado, exánime, yerto, inmóvil. *Ant.* Consciente, sensible.// Duro, cruel, inconmovible, impío, inhumano, despiadado, indiferente, empedernido, riguroso, brutal. *Ant.* Tierno, piadoso.

Inseparable, inherente, adjunto, unido, ligado, indivisible. *Ant.* Separable.// Fiel, íntimo, devoto, entrañable, *Ant.* Desunido, desafecto.

Inserción, inclusión, penetración, introducción, empotramiento. *Ant.* Exclusión.// Publicación, anuncio.

Inserir, injerir, insertar, injertar (v.).

Insertar, incluir, penetrar, introducir, embutir, intercalar, inserir. *Ant.* Excluir, extraer.// Publicar, editar, imprimir, divulgar.

Inservible, inútil, deteriorado, inaprovechable, estropeado, inaplicable. *Ant.* Útil, aprovechable.

Insidia, intriga, maquinación, acechanza, trampa, engaño, celada, emboscada, estratagema, perfidia. *Ant.* Sinceridad.

Insidioso-sa, intrigante, astuto, embaucador, engañoso, cauteloso, astuto, malévolo. *Ant.* Sincero, franco.

Insigne, célebre, ilustre, notable, relevante, reputado, famoso, afamado, esclarecido, señalado, distinguido, sobresaliente, glorioso, magno, excelso, noble, ínclito, egregio. *Ant.* Vulgar, desconocido, humilde, ignorado.

Insignia, señal, emblema, marca, distintivo, enseña, símbolo, muestra, banda, bandera (v.), estandarte, medalla, divisa, cinta, pendón, lema.

Insignificancia, menudencia, pequeñez, insuficiencia, minucia, nadería, futilidad, nulidad, inutilidad, simpleza, nimiedad, baratija, pamplina, mezquindad, trivialidad. *Ant.* Importancia, utilidad, grandeza.

Insignificante, exiguo, despreciable, miserable, pequeño, trivial, leve, fútil, imperceptible, irrisorio, minúsculo, pueril, ligero, nimio, insustancial, superficial, menguado, escaso, nulo. *Ant.* Importante, trascendental, útil, necesario.

Insinuación, sugerencia, instigación, alusión, indirecta, rodeo, ambigüedad, invitación, eufemismo, reticencia, captación, aviso.

Insinuante, sugerente, alusivo, tácito, insinuativo, persuasivo. *Ant.* Desalentador, indiferente.,

Insinuar, sugerir, decir, inspirar, apuntar, señalar, deslizar, indicar, aludir, referirse, esbozar. *Ant.* Ordenar.

Insipidez, insulsez, desabrimiento, sosería, insabor, insustancialidad. *Ant.* Sabor.

Insípido-da, insulso, desabrido, soso, insustancial, frío, inexpresivo. *Ant.* Sabroso, expresivo.

Insipiencia, ignorancia (v.).// Bobería, necedad, simpleza, inepcia, insensatez. *Ant.* Sensatez, inteligencia.

Insipiente, ignorante (v.).// Necio (v.), bobo, simple, inepto, insensato. *Ant.* Inteligente, sensato. *Par.* Incipiente.

Insistencia, perseverancia, obstinación, porfía, pertinacia, terquedad, repetición, tenacidad, testarudez, tozudez. *Ant.* Negligencia, abandono.

Insistente, obstinado, perseverante, porfiado, pertinaz, terco, tenaz, testarudo, tozudo, obcecado, obsesivo, reiterado, machacón. *Ant.* Abandonado, condescendiente.

Insistir, instar, porfiar, reiterar, reclamar, perseverar, pedir, importunar, repetir, subrayar, afirmar, obsesionarse, empeñarse, machacar. *Ant.* Desistir, dejar, renunciar.

Ínsito-ta, congénito, natural, innato, propio. *Ant.* Adquirido.

Insobornable, íntegro, honrado, honesto, justo, incorruptible, firme, inflexible. *Ant.* Sobornable, deshonesto.

Insociable, insocial, intratable, huraño, arisco, áspero, hosco, misántropo, retraído, esquivo, aislado, introvertido, huidizo. *Ant.* Sociable, tratable, comunicativo.

Insolencia, atrevimiento, audacia, desfachatez, descaro, osadía, imprudencia, irreverencia, orgullo, altivez, arrogancia, temeridad, descortesía, grosería. *Ant.* Cortesía, respeto, amabilidad, humildad, reverencia.

Insolentarse, atreverse, desmandarse, desvergonzarse, desmesurarse, desbocarse, deslenguarse, osar, descomedirse, propasarse, jactarse. *Ant.* Respetar, moderarse.

Insolente, descarado, atrevido, desvergonzado, irreverente, procaz, insultante, descortés, incorrecto, desfachatado, grosero, petulante, soberbio, orgulloso, altanero, ofensivo, impertinente, descomedido, desmandado, irrespetuoso. *Ant.* Amable, cortés, respetuoso.

Insólito-ta, desacostumbrado, inusitado, inhabitual, nuevo, extraño, extraordinario, desusado, raro, extravagante, asombroso, infrecuente, anormal. *Ant.* Corriente, frecuente, normal, común.

Insoluble, irresoluble, indisoluble (v.), inconmovible, perenne, firme, resistente. *Ant.* Soluble, débil.// Incomprensible, inexplicable, indescifrable, impenetrable, misterioso, hermético, difícil, abstruso, intrincado. *Ant.* Explicable, comprensible.

Insolvencia, descrédito, irresponsabilidad, deuda, quiebra, crisis, empobrecimiento, indigencia. *Ant.* Solvencia, garantía.

Insolvente, desacreditado, inhabilitado, irresponsable, arruinado, empobrecido, fallido. *Ant.* Solvente, responsable.

Insomne, despierto, desvelado.

Insomnio, desvelo, vigilia, vela, desvelamiento, preocupación, intranquilidad. *Ant.* Sueño.

Insondable, indescifrable, incomprensible, inescrutable, impenetrable, infinito, inmenso, recóndito, oscuro, misterioso, oculto. *Ant.* Penetrable, claro, comprensible.

Insoportable, intolerable, inaguantable, insufrible, irresistible, fastidioso, pesado, incómodo, enojoso, irritante, molesto, desagradable. *Ant.* Soportable, agradable.

Insoslayable, ineludible (v.).

Insospechado-da, sorprendente (v.).

Insostenible, indefinible, inadmisible, ilógico, rebatible, refutable, impugnable, utópico. *Ant.* Admisible, irrebatible.

Inspección, investigación, fiscalización, vigilancia, reconocimiento, verificación, examen, revista, visita, registro, revisión, intervención. *Ant.* Tolerancia, descuido.

Inspeccionar, investigar, vigilar, examinar, reconocer, registrar, controlar, revistar, verificar, supervisar, fiscalizar, observar, comprobar. *Ant.* Permitir, admitir, descuidar.

Inspector-ra, verificador, vigilante, interventor, visitador, veedor, registrador, controlador.

Inspiración, iluminación, musa, vocación, arrebato, imaginación, vena, intuición, sugestión, dugerencia, idea. *Ant.* Frialdad, cerrazón.// Aspiración, inhalación, respiración. *Ant.* Espiración, exhalación.

Inspirar, iluminar, sugerir, arrebatar, intuir, infundir, influir, transmitir, insinuar, revelar.// Inhalar, aspirar, respirar, soplar. *Ant.* Exhalar, espirar.

Instalación, colocación, emplazamiento, disposición, establecimiento, alojamiento, situación, localización. *Ant.* Desbaratamiento.

Instalar, colocar, emplazar, apostar, establecer, disponer, alojar, situar, poner, acomodar, preparar, instaurar, montar. *Ant.* Desarmar, deshacer, desmontar.

Instancia, solicitación, solicitud, petición, súplica, apelación.// Impugnación, pleito, juicio, recurso, proceso.

Instantáneo-a, rápido, súbito, breve, fugaz, pasajero, efímero, inmediato. *Ant.* Lento, largo, duradero.

Instante, momento, segundo, minuto, tris, santiamén, soplo, periquete, punto. *Ant.* Eternidad, perennidad.

Instar, pedir, solicitar, demandar, reclamar, reivindicar, insistir, suplicar, urgir, apremiar. *Ant.* Renunciar.

Instauración, restauración, restablecimiento, renovación, reposición, institución, constitución, implantación, fundación, entronización. *Ant.* Destrucción, abandono, destitución.

Instaurador-ra, iniciador, pionero, adelantado, fundador, creador, organizador.

Instaurar, restablecer, reponer, reintegrar.// Establecer, inaugurar, implantar, contituir, organizar, instalar. *Ant.* Deponer, clausurar.

Instigación, inducción, incitación, provocación, persuasión, estímulo, impulso, excitación, coacción, exhortación. *Ant.* Disuasión, inhibición.

Instigador-ra, impulsor, provocador, inductor, promovedor, soliviantador, agitador, inspirador, incitador. *Ant.* Indolente, desanimador, disuasivo.

Instigar, inducir, incitar, provocar, persuadir, influir, excitar, promover, estimular, impulsar, exhortar, empujar, alentar, mover, impeler, animar. *Ant.* Disuadir, desalentar, desanimar.

Instilar, infundir, infiltrar, inspirar. *Ant.* Desalentar.// Verter, gotear, destilar, secretar, echar. *Ant.* Extraer, recoger.

Instintivo-va, involuntario, inconsciente, intuitivo, indeliberado, espontáneo, irreflexivo, maquinal. *Ant.* Voluntario, pensado.

Instinto, inconsciencia, impulso, automatismo, atavismo, naturaleza, reflejo, propensión, intuición, inspiración. *Ant.* Reflexión, meditación.

Institución, establecimiento, fundación, creación, organización, corporación, organismo.

Instituir, fundar, establecer, crear, erigir, instaurar, constituir, estatuir. *Ant.* Abolir, derrocar.

Instituto, institución (v.), constitución, centro, academia, corporación, sociedad, escuela, liceo, facultad.// Regla, ordenanza, reglamento, orden.

Institutriz, instructora, aya, maestra, preceptora, profesora, educadora, tutora, guía. *Ant.* Alumna.// Dama de compañía, acompañanta.

Instrucción, normas, reglas, advertencias, explicaciones, preceptos, pauta, orientación.// Educación, enseñanza, conocimiento, ilustración, saber, erudición, cultura, ciencia, pedagogía. *Ant.* Incultura, ignorancia, analfabetismo.

Instructivo-va, educativo, formativo, ilustrativo, edificante, docente, pedagógico, aleccionador. *Ant.* Destructivo.

Instructor-ra, institutor, profesor, pedagogo, educador, preceptor, ayo, monitor, entrenador, consejero, tutor, guía. *Ant.* Alumno, educando.

Instruido-da, ilustrado, docto, sabio, letrado, culto, científico, entendido, educado, cultivado, erudito, capacitado, preparado, versado, perito. *Ant.* Inculto, ignorante.

Instruir, ilustrar, estudiar, informar, enseñar, educar, cultivar, adiestrar, iniciar, aleccionar. *Ant.* Ignorar, descarriar, descuidar, desinteresarse.

Instrumento, útil, herramienta, utensilio, aparato, máquina, artefacto, instrumental, maquinaria, arma.

Insubordinación, rebeldía, alzamiento, levantamiento, insdisciplina, rebelión, desobediencia, sublevación. *Ant.* Subordinación, obediencia.

Insubordinado-da, rebelde, indisciplinado, desobediente, insurrecto, sublevado, sedicioso, insurgente. *Ant.* Subordinado, disciplinado, obediente.

Insubordinar-se, indisciplinar, desobedecer, desafiar, amotinar, sublevar, insurreccionar, alzar. *Ant.* Obedecer, subordinar, someter.

Insubstancial, insignificante, trivial, vacuo, vacío, ligero, insulso, insípido, soso, desabrido, vano, fútil, frívolo, vulgar. *Ant.* Importante, substancial, trascendental.

Insubstancialidad, insignificancia, trivialidad, vacuidad, ligereza, insipidez, insulsez, vanidad, futilidad, frivolidad, vulgaridad, tontería, miseria, nimiedad. *Ant.* Substancialidad, importancia, trascendencia.

Insuficiencia, incapacidad, inhabilidad, torpeza, ineptitud, incompetencia, imperfección, impericia, ignorancia. *Ant.* Capacidad, habilidad, competencia.// Escasez, pobreza, pequeñez, carencia, falta, deficiencia, penuria. *Ant.* Abundancia, exceso.

Insuficiente, torpe, incapacitado, incompetente, inepto, incapaz, tonto. *Ant.* Capaz, competente, hábil.// Imperfecto, escaso, deficiente, carente, falto, incompleto. *Ant.* Suficiente, abundante.

Insuflar, hinchar, henchir, soplar, inflar. *Ant.* Desinflar.// Inducir, influir, mover, comunicar, animar, instigar. *Ant.* Desanimar, disuadir.

Insufrible, insoportable (v.), imposible (v.), doloroso, molesto, fastidioso, irritante, enojoso, enfadoso, cargante, desagradable. *Ant.* Llevadero, tolerable.

ínsula, isla, islote.

Insular, insulano, isleño (v.).

Insulsez, insipidez, sosería, sosera, desabrimiento. *Ant.* Sabor.// Necedad, tontería, estupidez, simpleza.

Insulso-sa, insípido, soso, desabrido. *Ant.* Sabroso.// Tonto, necio, estúpido, simple, inexpresivo. *Ant.* Listo, vivaz.

Insultante, injurioso, ultrajante, ofensivo, insolente, vejatorio, irrespetuoso, agresivo, humillante, provocatrivo, afrentoso. *Ant.* Elogioso.

Insultar, injuriar, ultrajar, ofender, vilipendiar, molestar, maldecir, lastimar, deshonrar, desconsiderar, insolentar, increpar, humillar, provocar, afrentar. *Ant.* Elogiar, honrar, alabar.

Insulto, ultraje, injuria, ofensa, dicterio, agravio, vilipendio, humillación, descaro, blasfemia, improperio, palabrota, irreverencia, grosería, vituperio. *Ant.* Elogio, encomio.

Insuperable, incomparable (v.), inmejorable, óptimo, perfecto, excelente, imponderable. *Ant.* Mejorable.// Invencible (v.), imposible, impracticable, infranqueable, difícil, arduo, dificultoso, inasequible. *Ant.* Fácil, superable.

Insurgente, insurrecto (v.).

Insurrección, insubordinación, levantamiento, alzamiento, revuelta, motín, sublevación, pronunciamiento, rebelión, alboroto, tumulto, sedición. *Ant.* Sumisión, acatamiento.

Insurreccionar-se, sublevar, indisciplinar, desobedecer, levantar, alzar, amotinar, insubordinar, pronunciarse, rebelarse, conspirar. *Ant.* Acatar, obedecer, someterse.

Insurrecto-ta, sublevado, alzado, levantado, insurgente, rebelde, provocador, faccioso, desobediente, revolucionario. *Ant.* Obediente, sumiso.

Insustituible, imprescindible, irreemplazable, indispensable, necesario. *Ant.* Sustituible, secundario.

Intachable, íntegro, irreprochable (v.), probo, respetable, recto, honrado, honorable, perfecto, intacto (v.). *Ant.* Censurable, deshonrado.

Intacto-ta, indemne, ileso, incólume, sano. *Ant.* Dañado.// Flamante, nuevo, íntegro, completo. *Ant.* Incompleto.// Puro, virgen, inmaculado, inviolado. *Ant.* Impuro.

Intangible, intocable, impalpable, inviolable, invisible, incorpóreo, espiritual, sagrado. *Ant.* Palpable, material.

Integral, total, completo, cabal, entero, íntegro. *Ant.* Incompleto, parcial.

Integrante, componente, constituyente, ingrediente, parte, elemento, material, accesorio.// Integral, adicional, parcial. *Ant.* Total.

Integrar, componer, formar, constituir, participar, completar, añadir, incluir. *Ant.* Separar, faltar, excluir.

Integridad, totalidad, plenitud, indivisión, entereza, perfección. *Ant.* Parcialidad, imperfección.// Castidad, virginidad, pureza, incorrupción. *Ant.* Impureza, deshonra.// Honradez, probidad, rectitud, decencia, virtud. *Ant.* Vicio, indignidad.

Intelecto, inteligencia (v.), mente, entendimiento.

Intelectual, mental, intelectivo, espiritual, razonado, teórico, especulativo. *Ant.* Material, corporal.// Docto, erudito, sabio, entendido, estudioso, instruido, científico, ilustrado. *Ant.* Ignorante, inculto.

Inteligencia, entendimiento, intelecto, pensamiento, talento, razón, cerebro, seso, raciocinio, conocimiento, mente, razonamiento, imaginación, penetración, lucidez, clarividencia, ingenio, sagacidad. *Ant.* Torpeza, incultura, idiotez.// Acuerdo, avenencia. *Ant.* Desavenencia.

Inteligente, astuto, listo, ingenioso, esclarecido, lúcido, profundo, clarividente, comprensivo, prudente, perspicaz, sagaz, despierto, diestro, experimentado, versado, instruido. *Ant.* Ignorante, bruto, inculto, estúpido.

Inteligible, comprensible, descifrable, fácil, claro, sencillo, asequible, legible, patente. *Ant.* Incomprensible, difícil, oscuro.

Intemperancia, destemplanza, desenfreno, exceso, inmoderación, incontinencia, libertinaje, concupiscencia. *Ant.* Templanza, moderación, sobriedad.// Intolerancia, intransigencia (v.). *Ant.* Tolerancia.// Grosería, brutalidad, violencia, desconsideración. *Ant.* Cortesía, consideración.

Intemperante, desenfrenado, inmoderado, incontinente, libertino, concupiscente. *Ant.* Sobrio, moderado.// Intolerante, intransigente (v.). *Ant.* Tolerante.// Grosero, bruto, violento, desconsiderado, impertinente, tosco. *Ant.* Cortés, considerado.

Intempestivo-va, inesperado, extemporáneo, impensado, inopinado, inoportuno, imprevisto. a deshora. *Ant.* Oportuno, previsto, adecuado.

Intención, propósito, designio, fin, mira, proyecto, determinación, decisión, idea, pensamiento, deseo, intento, objetivo, propensión. *Ant.* Abstención, renuncia. *Par.* Intensión.

Intencionado-da, premeditado, deliberado, voluntario, querido, ex profeso. *Ant.* Involuntario.

Intendencia, gobierno, dirección, administración, gerencia, gestión, regencia.// Abastecimiento.

Intendente, administrador, gerente, gestor, director, jefe, supervisor.// Mayordomo, abastecedor.

Intensidad, energía, intensificación, vigor, fuerza, poder, violencia, vehemencia, ardor, importancia, apogeo, intensión, viveza, potencia, grado, rigor, acentuación, énfasis, tensión, magnitud. *Ant.* Suavidad, debilidad.

Intensificación, agravación, incremento, recrudecimiento, acentuación, aumento, subida, crecimiento, desarrollo, rapidez. *Ant.* Disminución, debilitamiento.

Intensificar, intensar, reforzar, vigorizar, fortalecer, acentuar, aumentar, desarrollar, extender, acrecentar. *Ant.* Suavizar, disminuir, debilitar.

Intensión, intensidad (v.). *Par.* Intención.

Intenso-sa, fuerte, vigoroso, vivo, agudo, grande, violento, potente, vehemente, extremado, penetrante, profundo, acentuado, doloroso, ardiente, apasionado. *Ant.* Débil, tenue, flojo, imperceptible.

Intentar, probar, procurar, tratar, ensayar, iniciar, empezar, emprender, esforzarse, tantear, proyectar, sondear, experimentar, aspirar, encaminar, trabajar, ambicionar, querer. *Ant.* Desistir, renunciar, abandonar.

Intento, tentativa, intención, proyecto, plan, propuesta, ensayo, impulso, borrador, croquis, boceto, plano, modelo, experimento, tanteo. *Ant.* Abandono, desinterés, renuncia.

Intentona, frustración, fracaso, malogro, chasco. *Ant.* Éxito, logro.// Tentativa (v.).

Intercalación, inserción, interposición, interpolación, interlínea, introducción, incrustación, combinación. *Ant.* Separación.// Paréntesis, añadido.

Intercalar, interponer, insertar, interpolar, interfoliar, introducir, unir, interlinear, combinar, ensamblar, añadir. *Ant.* Entresacar, separar, extraer.

Intercambiar, cambiar (v.).

Intercambio, cambio, trueque, permuta, canje, reciprocidad.// Negocio, compraventa.

Interceder, mediar, intermediar, interponerse, suplicar, abogar, rogar, hablar por, interesarse, intervenir, ayudar, defender. *Ant.* Desinteresarse, desentenderse.

Intercepción, interceptación, interrupción, obstrucción, detención, corte, oposición, suspensión. *Ant.* Reanudación.

Interceptar, interrumpir, impedir, detener, estorbar, entorpecer, cortar, parar, incomunicar, aislar. *Ant.* Continuar, seguir, facilitar.

Intercesión, intervención, mediación, protección, recomendación, conciliación, influencia. *Ant.* Abandono, renuncia, abstención.

Intercesor-ra, mediador, intermediario, protector, reconciliador, árbitro. *Ant.* Imparcial, enemigo.

Interdecir, proscribir, prohibir (v.), impedir, vedar, privar. *Ant.* Autorizar, permitir.

Interdicción, prohibición, veto, privación, exclusión, negación, oposición. *Ant.* Autorización, permiso.

Interés, atractivo, encanto, afecto, inclinación, hechizo, fascinación, seducción, sugestión. *Ant.* Repulsión.// Utilidad, rendimiento, provecho, ventaja, rédito, ganancia, beneficio. *Ant.* Perjuicio, pérdida.// Propensión, inclinación, apego, afán, atención, celo, vocación, disposición, curiosidad. *Ant.* Desinterés, indiferencia.

Interesado-da, solicitante, compareciente.// Avaro, codicioso, ambicioso, materialista, egoísta, usurero. *Ant.* Generoso, altruista.// Afectado, apegado, adicto, asociado, atento.// Fascinado, atraído. *Ant.* Desinteresado.

Interesante, atrayente, atractivo, cautivador, agradable, seductor, encantador, original, importante. *Ant.* Indiferente, displicente, vulgar.

Interesar, agradar, atraer, cautivar, sugestionar, impresionar, conmover, seducir, conquistar. *Ant.* Aburrir, desagradar.// Concernir, atañer, importar, incumbir. *Ant.* Abandonar.// Invertir, producir, rentar, devengar, lograr, ganar.// **- se**, preocuparse, afanarse, desvelarse, impacientarse, encariñarse. *Ant.* Desinteresarse, fastidiarse.

Intereses, riqueza, bienes, fortuna, hacienda, capital, patrimonio, caudal, posesiones, renta, ganancia.

Interferencia, intercepción, cruce, corte, obstrucción. *Ant.* Reanudación.// Entrometimiento, curiosidad. *Ant.* Discreción, desinterés.

Interferir, interceptar, cruzarse, interrumpir, obstruir, impedir, estorbar, cortar, incomunicar. *Ant.* Facilitar, reanudar.

Interfoliar, interpaginar.

Interín, intervalo, entracto, entre tanto, mientras, por el momento, provisionalmente.

Interinidad, provisionalidad, transitoriedad, eventualidad, periodicidad, intermedio. *Ant.* Permanencia.

Interino-na, provisional, provisorio, suplente, sustituto, momentáneo, accidental, pasajero, transitorio. *Ant.* Fijo, perpetuo.

interior, interno, central, céntrico, profundo, secreto, recóndito, mental, anímico. *Ant.* Externo, corporal.// Centro, núcleo, entraña. *Ant.* Exterior, periferia.// Íntimo, familiar, particular, doméstico. *Ant.* Extraño, público.

interioridad, intimidad, fondo, alma, ánimo, corazón, entrañas, conciencia, seno.// Hueco, vacío, profundidad. *Ant.* Exterioridad, superficie, apariencia.

interjección, exclamación, imprecación, grito.

interlinear, intercalar (v.), interpolar (v.).

interlocución, diálogo, coloquio, plática.

interlocutor-ra, dialogador, escucha, oyente.

interludio, intermedio (v.), entreacto.

intermediar, mediar (v.), interceder, intervenir, interponerse, promediar, abogar. *Ant.* Desentenderse, acusar.

intermediario-ria, intercesor, mediador, medianero, árbitro, componedor, negociante, negociador, traficante. *Ant.* Desinteresado.

intermedio, interludio, intervalo, entreacto.// Interrupción, tregua, espera.

interminable, inacabable, ininterrumpido, perpetuo, eterno (v.), inagotable, infinito, continuo, lento, largo. *Ant.* Limitado, breve.

intermitencia, discontinuidad, interrupción, suspensión, cesación, discontinuación, inconstancia. *Ant.* Prosecución, continuidad.

intermitente, discontinuo, periódico, irregular, esporádico, aislado, inconstante. *Ant.* Continuo, regular, constante.

internacional, universal, mundial, cosmopolita. *Ant.* Local, regional, nacional.

internar, encerrar, recluir, aislar, encarcelar, apartar. *Ant.* Liberar.// **-se**, adentrarse, penetrar, introducirse, entrar. *Ant.* Salir, evadirse, huir.

interno-na, interior, íntimo, secreto, entrañable, familiar. *Ant.* Externo, exterior.// Pensionista, becario, pupilo.

interpelación, interrogación (v.), pregunta, requerimiento, solicitación, demanda, petición. *Ant.* Respuesta, contestación.

interpelar, interrogar (v.), preguntar, apelar, instar, requerir, demandar, solicitar. *Ant.* Contestar, responder.

interplanetario-ria, interestelar, intersideral, universal, celeste, cósmico, espacil. *Ant.* Terrenal.

interpolación, interposición, mediación, entrometimiento.// Intercalación (v.), escollo.

interpolar, intercalar (v.).

interponer, intercalar (v.), interpolar, insertar, entremediar, introducir, mezclar, interlinear, entremezclar, entretejer. *Ant.* Extraer, sacar.// **-se**, mediar, intervenir, atravesarse, entrometerse, ponerse en medio, obstaculizar. *Ant.* Apartarse, abstenerse.

interposición, intercalación, interpolación, injerencia, intervención, mediación, intercesión, obstáculo, interrupción. *Ant.* Separación, abstención.

interpretación, explicación, exégesis, traducción, comprensión, significación, inteligencia, apreciación, sentido, aclaración, comentario, elucidación, análisis, definición, inferencia, deducción, conclusión, glosa, descripción. *Ant.* Confusión, desconocimiento.

interpretar, explicar, aclarar, comentar, entender, significar, expresar, traducir, descifrar, glosar, describir, deducir, elucidar, definir, inferir, concluir, asimilar. *Ant.* Confundir, complicar, oscurecer.// Actuar, representar, caracterizar.

intérprete, interpretador, comentarista, expositor, glosador.// Traductor.// Ejecutante, solista, cantante, músico, artista.

interrogación, pregunta, interrogante, duda, interpelación. *Ant.* Respuesta, contestación.// Incógnita, investigación, información, averiguación, indagación. *Ant.* Satisfacción.

interrogador-ra, juez, examinador, investigador, demandante.

interrogante, enigma, incógnita, duda, misterio, secreto.

interrogar, preguntar, inquirir, examinar, escudriñar, interpelar, informar, consultar. *Ant.* Responder.

interrogatorio, cuestionario, examen, juicio, encuesta, informe, investigación. *Ant.* Contestación, respuesta, aclaración.

interrumpir, suspender, cortar, interceptar, interferir, detener, impedir, truncar, discontinuar, atajar, estorbar. *Ant.* Continuar, ininterrumpir, permitir.

interrupción, suspensión, cesación, discontinuación, intervalo, descanso, obstáculo, separación, paralización, complicación, dificultad, prohibición. *Ant.* Continuación, prosecución, prolongación.

intersección, cruce, encuentro, corte, confluencia, empalme, sección, *Ant.* Bifurcación, separación.

intersticio, hendedura, grieta, abertura, rendija, hueco, resquicio, resquebrajadura, paso.// Intervalo, espacio, tiempo.// Juntura, ranura, surco, corte, incisión.

intervalo, pausa, tregua, intermedio, descanso.// Lapso, espacio, tiempo, distancia, medida, duración, interín, extensión, transcurso.// Paréntesis, inciso.

intervención, intromisión, interposición, mediación, injerencia. *Ant.* Abstención.// Influencia, dominación, mando.// Inspección, fiscalización, control, arbitraje. *Ant.* Desinterés, desentendimiento.// Operación.

intervenir, mediar, participar, inmiscuirse, terciar, entrometerse, interponerse, tomar parte, mezclarse, ocuparse, actuar.// Operar.// Fiscalizar, inspeccionar, controlar, supervisar, verificar, arbitrar. *Ant.* Inhibirse, desentenderse, abstenerse, desinteresarse.

interventor-ra, inspector, mediador, supervisor.

intestino-na, interno, interior, doméstico, familiar. *Ant.* Externo, exterior.

intimación, comunicación, advertencia, aviso, aclaración, requerimiento, ultimátum.

intimar, conminar, notificar, advertir, exigir, reclamar, requerir, ordenar.// Fraternizar, avenirse, congeniar, confraternizar. *Ant.* Enemistar, discordar.

intimidación, amenaza, desafío.

intimidad, confianza, familiaridad, amistad, privanza, apego, unión, adhesión, relación. *Ant.* Generalidad, desconfianza.

intimidar, asustar, aterrorizar, acobardar, arredrar, amedrentar, acoquinar. *Ant.* Envalentonar, desafiar.

íntimo-ma, privado, interior, profundo, recóndito, secreto. *Ant.* Externo.// Afecto, amigo, fraterno, familiar, adicto, entrañable, inseparable. *Ant.* Hostil, enemigo, extraño, desafecto.

intitular, titular, nombrar, señalar, llamar, designar. *Ant.* Callar, silenciar.

intocable, intangible (v.).

intolerable, inaguantable, insoportable, insufrible, fastidioso, molesto, irresistible, inadmisible, imperdonable, abusivo, excesivo. *Ant.* Tolerable, agradable, llevadero.

intolerancia, intransigencia (v.), intemperancia, fanatismo. *Ant.* Tolerancia.

intoxicación, envenenamiento, emponzoñamiento, infección, inoculación. *Ant.* Desintoxicación, antídoto.

intoxicar, envenenar, emponzoñar, infectar, atosigar, inficionar, corromper, viciar, pervertir. *Ant.* Desintoxicar, desinfectar, purificar.

intraducible, inexplicable, indecible, incomprensible, indescriptible, inexpresable. *Ant.* Comprensible, traducible.

intranquilidad, inquietud, preocupación, alarma, angustia, agitación, malestar, ansiedad, desasosiego, zozobra, turbación, conmoción. *Ant.* Tranquilidad, sosiego, calma.

intranquilizar, inquietar, preocupar, alarmar, angustiar, desasosegar, desazonar, perturbar, zozobrar, agitar, sobresaltar, impresionar, incomodar, atormentar, conmocionar. *Ant.* Tranquilizar, sosegar, calmar.

intranquilo-la, inquieto, preocupado, alarmado, nervioso, perturbado, desazonado, agitado, sobresaltado, angustiado, conmocionado. *Ant.* Tranquilo, sereno, despreocupado.

intransferible, inalienable (v.), intransmisible. *Ant.* Transferible.

intransigencia, intemperancia, obstinación, porfía, testarudez, terquedad, intolerancia (v.), resistencia, obcecación, fanatismo, dogmatismo, severidad, rigidez, inhumanidad. *Ant.* Transigencia, tolerancia, comprensión.

Intransigente, terco, pertinaz, intolerante, testarudo, intemperante (v.), obcecado, fanático, dogmático, rígido. **Ant.** Transigente, tolerante, comprensivo.

Intransitable, infranqueable, escabroso, impracticable, incaminable, fragoso, áspero, escarpado, intrincado, tortuoso, quebrado. **Ant.** Fácil, transitable, despejado.

Intransmisible, inalienable (v.), intransferible. **Ant.** Transmisible.

Intrascendencia, insignificancia (v.).

Intrascendente, insignificante (v.), trivial (v.). **Ant.** Trascendente.

Intratable, insoportable, intolerable, desagradable, huraño, descortés, insocial, retraído, esquivo, áspero, arisco, hosco, misántropo, seco, adusto. **Ant.** Amable, simpático, agradable.

Intrepidez, osadía, valentía, bravura, arrojo, valor, coraje, esfuerzo, denuedo, atrevimiento, decisión, brío, carácter, resolución, audacia. **Ant.** Timidez, cobardía, apocamiento.

Intrépido-da, osado, valiente, bravo, arrojado, valeroso, esforzado, denodado, atrevido, decidido, brioso, resuelto, audaz, lanzado, heroico. **Ant.** Tímido, cobarde, apocado.

Intriga, enredo, embrollo, ardid, trama, tramoya, manejo, complot, artimaña, maquinación, emboscada, trampa, disimulo, tejemaneje, acechanza, confabulación.// Misterio, enigma, incertidumbre, suspenso.

Intrigante, embaucador, enredador, chismoso, insidioso, conspirador, tramposo. **Ant.** Leal, discreto.// Misterioso, enigmático, interesante. **Ant.** Indiferente.

Intrigar, embaucar, enredar, maquinar, tramar, urdir, conspirar, complotar, maniobrar. **Ant.** Desbaratar, descubrir.

Intrincado-da, enredado, enrevesado, enmarañado, confuso, oscuro, difícil, complicado, indescifrable, arduo, embrollado, engorroso, enigmático, problemático, inescrutable. **Ant.** Sencillo, claro, fácil, despejado.// Intransitable, impracticable (v.), escarpado (v.). **Ant.** Accesible.

Intrincar, enmarañar, enredar, embrollar, tergiversar, embarullar, confundir, complicar. **Ant.** Desenredar, esclarecer.

Intríngulis, incógnita, dificultad, quid, nudo, duda, hito, secreto, meollo.

Intrínseco-ca, íntimo, interno, propio, peculiar, esencial, constitutivo, inherente, natural, característico. **Ant.** Extrínseco, exterior, externo, impropio.

Introducción, preludio, prólogo, principio, prefacio, comienzo, exordio, proemio. **Ant.** Epílogo.// Entrada, admisión, penetración, inserción, implantación, intromisión, infiltración. **Ant.** Salida, exclusión.

Introducir, meter, inyectar, ensartar, penetrar, insertar, infiltrar, incluir, incorporar, intercalar, encajar, ensamblar, **Ant.** Sacar, extraer.// **-se**, inmiscuirse, meterse, entrometerse, relacionarse. **Ant.** Alejarse.

Introito, introducción (v.).

Intromisión, entrometimiento, indiscreción, fisgoneo, curiosidad, impertinencia. **Ant.** Desentendimiento, discreción, desinterés.

Introspección, introversión (v.), reflexión, meditación, examen, observación. **Ant.** Irreflexión, inhibición.

Introvertido-da, adusto, insociable (v.), huraño, tímido, retraído. **Ant.** Extrovertido, sociable.

Intrusión, intromisión (v.).

Intruso-sa, indiscreto, entremetido, entrometido, inoportuno, curioso, fisgón, importuno. **Ant.** Discreto.// Extranjero, advenedizo, forastero. **Ant.** Propio, nativo.

Intuición, instinto, percepción, conocimiento, adivinación, clarividencia, presentimiento, corazonada, discernimiento, visión, penetración, perspicacia. **Ant.** Reflexión, ceguera.

Intuir, presentir, percibir, sospechar, adivinar, pronosticar, sentir, vislumbrar, entrever, distinguir.

Intuitivo-va, instintivo, automático, espontáneo, inconsciente, irreflexivo, presentido. **Ant.** Consciente, reflexivo.

Intumescencia, hinchazón, bulto, turgencia, tumefacción, tumor, inflamación.

Inundación, anegación, diluvio, torrente, aluvión, avenida, crecida, riada, corriente. **Ant.** Sequía.// Abundancia, muchedumbre, multitud. **Ant.** Escasez.

Inundar, anegar, regar, sumergir, desbordar, aguar. **Ant.** Secar.// Llenar, rebosar, colmar. **Ant.** Vaciar, faltar.

Inurbanidad, descortesía, desatención, ordinariez, rusticidad, ineducación, incivilidad, grosería, tosquedad. **Ant.** Urbanidad, cortesía, educación.

Inurbano-na, incivil, desatento, ordinario, ineducado, descortés, impolítico, grosero. **Ant.** Atento, educado, cortés.

Inusitado-da, insólito (v.), raro, inhabitual, nuevo, inusual. **Ant.** Habitual, vulgar, corriente.

Inútil, inservible, ineficaz, nulo, inepto, ocioso, vano, incapaz, infructuoso, improductivo, estéril, holgazán, tonto, torpe, inactivo. **Ant.** Útil, fructífero, eficaz, hábil, mañoso.// Inválido, imposibilitado, paralítico, impedido, lisiado, mutilado, tullido, disminuido. **Ant.** Apto.// Innecesario, superfluo. **Ant.** Necesario.

Inutilidad, ineficacia, incapacidad, desaprovechamiento, incompetencia, infructuosidad, improductividad, esterilidad, superfluidad, holgazanería, torpeza. **Ant.** Utilidad, eficacia, habilidad.// Invalidez, parálisis, tullimiento, disminución. **Ant.** Aptitud, capacidad.

Inutilizar, anular, malograr, romper, perder, estropear, desperdiciar, desarreglar, incapacitar, imposibilitar, inhabilitar. **Ant.** Utilizar, valer, arreglar.// Lisiar, impedir, baldar.

Invadir, penetrar, entrar, irrumpir, violentar, asaltar, acometer, violar, forzar, agredir, conquistar, apoderarse, usurpar. **Ant.** Abandonar, retroceder, marcharse.

Invalidar, anular (v.), abolir, inutilizar (v.), incapacitar (v.). **Ant.** Autorizar.

Invalidez, incapacidad, inutilidad, incapacitación, inhabilitación, nulidad, parálisis, atrofia, disminución, debilidad. **Ant.** Validez, capacitación, utilidad.

Inválido-da, lisiado, tullido, impedido, imposibilitado, incapacitado, mutilado, herido, paralítico, débil, inútil. **Ant.** Útil, capaz, sano.

Invariabilidad, inmutabilidad, constancia, inalterabilidad (v.), estabilidad. **Ant.** Variabilidad, inconstancia.

Invariable, inalterable (v.), inmutable, inquebrantable, firme, seguro, constante, permanente, estable, perdurable, irreversible. **Ant.** Mudable, variable, inconstante.

Invasión, intrusión, entrada, irrupción, penetración, correría, asalto, ocupación, desembarco, usurpación. **Ant.** Retirada, abandono, retroceso.

Invasor-ra, atacante, conquistador, usurpador, saqueador, agresor, devastador. **Ant.** Defensor, sitiado, cercado.

Invectiva, diatriba, ofensa, dicterio, mordacidad, injuria, apóstrofe. **Ant.** Alabanza, elogio, defensa.

Invencible, invulnerable (v.), invicto, imbatible, victorioso, indomable. **Ant.** Vulnerable, vencido, derrotado.// Irrevocable, incontrastable, insuperable, irrebatible, inequebrantable, inconquistable. **Ant.** Superable, conquistable, vencible.

Invención, invento, descubrimiento, innovación, hallazgo, creación, proyecto, iniciativa, improvisación. **Ant.** Imitación, copia, plagio.// Ficción, fantasía, engaño, artificio, mentira, embuste, cuento, superchería, leyenda, utopía, quimera, mito. **Ant.** Revelación.

Inventar, hallar, crear, innovar, ingeniar, improvisar, forjar, discurrir, imaginar, fingir, tejer, descubrir, concebir, divagar, fantasear, idear. **Ant.** Copiar, imitar, plagiar.// Mentir, falsear. **Ant.** Revelar.

Inventariar, compilar, recopilar, catalogar, clasificar, relacionar, registrar, agrupar, codificar. **Ant.** Omitir, eludir.

Inventario, catálogo, repertorio, relación, lista, registro, censo, inscripción, enumeración, nomenclador.

Inventiva, imaginación, talento, idea, fantasía, inspiración, ingenio, facultad, iniciativa, originalidad. **Ant.** Vaciedad, torpeza.

Invento, invención (v.).

Inventor-ra, descubridor, creador, fraguador, fabricador, autor, renovador, productor, pionero. **Ant.** Copista, plagiario, imitador.

Inverecundia, desvergüenza (v.), descaro.

Inverecundo-da, desvergonzado (v.), insolente, desfachatado. **Ant.** Vergonzoso.

Invernal, hibernal, frío, crudo, riguroso, helado, duro, desapacible. *Ant.* Veraniego, cálido.

Inverosímil, increíble, absurdo, imposible, incomprensible, sorprendente, inexistente, improbable, extraño, raro, asombroso, fantástico, fabuloso, inaudito. *Ant.* Normal, vulgar, probable, verosímil.

Inversión, cambio, alteración, mudanza, transformación, transposición. *Ant.* Permanencia, inmutabilidad.// Adquisición, compra, financiación.

Inverso-sa, alterado, invertido, trastornado, trastrocado. *Ant.* Ordenado.// Opuesto, contrapuesto, contradictorio.// Reverso.

Invertido, inverso (v.).// Sodomita, homosexual, pervertido. *Ant.* Viril, macho.

Invertir, colocar, emplear, poner, gastar, especular, financiar, destinar, negociar. *Ant.* Ahorrar, escatimar.// Cambiar, alterar, transformar, trocar, trastrocar, trasponer. *Ant.* Mantener, ordenar, pemanecer.

Investidura, ceremonia, recepción, solemnidad, cargo, dignidad, título. *Ant.* Dimisión, abdicación.

Investigación, averiguación, indagación, exploración, escudriñamiento, información, observación, experimento, búsqueda, encuesta, pesquisa, interrogatorio, indagatoria. *Ant.* Hallazgo, descubrimiento, encuentro.

Investigar, indagar, averiguar, preguntar, explorar, escudriñar, examinar, buscar, inquirir, interrogar, demandar, fisgar, reconocer, estudiar, supervisar, ensayar. *Ant.* Encontrar, descubrir.

Investir, conferir, proclamar, ungir, conceder, otorgar, adjudicar. *Ant.* Despedir.

Inveterado-da, arraigado, enraizado, tradicional, acostumbrado, antiguo, añejo, viejo. *Ant.* Extraño, desarraigado.

Invicto-ta, vencedor, victorioso, triunfador, invencible, campeón, glorioso. *Ant.* Vencido, derrotado.

Invidente, ciego (v.).

Inviolable, inmune, invulnerable (v.), seguro, protegido, intangible, sagrado, santo, respetable. *Ant.* Vulnerable, inseguro, abominablea

Invisible, imperceptible (v.), oculto, secreto, misterioso, intocable, inmaterial, impalpable, etéreo, incorpóreo. *Ant.* Visible, aparente.

Invitación, convite, llamamiento, convocatoria, ofrecimiento, agasajo, banquete, obsequio. *Ant.* Repulsión.// Ruego, súplica, sugerencia, insinuación, incentivo, intimación. *Ant.* Disuasión.// Entrada, billete, pase, boleto, localidad.

Invitar, convidar, agasajar, hospedar, homenajear, ofrecer, rogar. *Ant.* Despreciar, desdeñar.// Instigar, incitar, conminar, inducir, mover, requerir, recomendar. *Ant.* Disuadir.

Invocación, exhortación, imploración, deprecación, ruego, solicitud, súplica, petición, llamada, apelación, conjuro, plegaria. *Ant.* Maldición, denegación.

Invocar, exhortar, apelar, impetrar, implorar, rogar, solicitar, pedir, suplicar, peticionar, llamar, conjurar. *Ant.* Desoír, maldecir, denegar.// Alegar, exponer. *Ant.* Omitir.

Involucrar, implicar, mezclar, enredar, comprometer, complicar, envolver, comprender, incluir, introducir, insertar. *Ant.* Aclarar, desenredar.

Involuntario-ria, inconsciente, instintivo, espontáneo, automático, indeliberado, impensado, maquinal, irreflexivo, natural. *Ant.* Voluntario, meditado, estudiado, consciente.

Invulnerable, inexpugnable, invencible (v.), seguro (v.), inmune (v.), inatacable, resistente, protegido, fuerte, duro. *Ant.* Vulnerable, vencible, inseguro, débil.

Inyectar, irrigar, introducir, jeringar, insuflar, inocular. *Ant.* Extraer, exprimir.

Ipso facto, en el acto, en el momento, inmediatamente, enseguida, ahora.

Ir, moverse, dirigirse, encaminarse, marchar, trasladarse, acudir, largarse, salir, huir, recorrer. *Ant.* Venir.

Ira, cólera, furia, rabia, irritación, enojo, arrebato, enfurecimiento, furor, frenesí, rabieta. *Ant.* Moderación, serenidad, calma.

Iracundo-da, colérico, enfurecido, irritado, airado, enojado, arrebatado, frenético, encolerizado, furibundo, rabioso. *Ant.* Pacífico, tranquilo.

Irascible, irritable, enojadizo, enfadadizo, iracundo (v.), quisquilloso, susceptible.

Irisado-da, coloreado, tornasolado, nacarado, polícromo.

Irisar, tornasolar, resplandecer, colorear.

Ironía, humor, burla, sátira, sacarsmo, chanza, mordacidad, parodia, sorna, causticidad. *Ant.* Gravedad, seriedad.

Irónico-ca, burlón, sarcástico, mordaz, humorístico, burlesco, punzante, cáustico, socarrón, chancero, zumbón. *Ant.* Grave, franco, serio.

Ironizar, satirizar (v.).

Irracional, ilógico, insensato, absurdo, disparatado, incongruente, extravagante, irrazonable. *Ant.* Lógico, racional, creíble.// Animal, bestia, salvaje.

Irradiación, difusión, emisión, emanación, proyección, divergencia, radiación, resplandor. *Ant.* Concentración, absorción, convergencia.

Irradiar, emitir, despedir, radiar, proyectar, difundir, diverger, centellar, destellar, refulgir, espaciar. *Ant.* Concentrar, convergir.

Irrazonable, absurdo, irracional (v.), insensato, equivocado, ilógico (v.). *Ant.* Razonable, lógico, sensato.

Irreal, inexistente, imaginario, ilusorio, ideal, aparente, ficticio, fantástico, inconcebible, fantasmal. *Ant.* Real, auténtico, verdadero, material.

Irrealizable, imposible (v.), inejecutable, inaplicable, impracticable, quimérico, utópico. *Ant.* Realizable, posible, hacedero.

Irrebatible, indiscutible, incuestionable, incontrastable, irrefutable, incontestable, innegable, evidente. *Ant.* Rebatible, refutable, discutible, incierto, dudoso.

Irreconciliable, enemigo, adversario, contrario, dividido, antípoda, incompatible (v.). *Ant.* Acorde, compatible.

Irrecuperable, irrecobrable, perdido, abandonado, inservible, destruido, arruinado, incurable. *Ant.* Recuperable, útil.

Irrecusable, irreductible, irrechazable, irrenunciable. *Ant.* Rechazable, recusable.

Irreducible, irreductible, insumiso, rebelde, insubordinado. *Ant.* Reducible.

Irreductible, irreducible (v.).

Irreemplazable, insustituible, indispensable, imprescindible, ineludible. *Ant.* Reemplazable, sustituible, prescindible.

Irreflexión, indeliberación, impremeditación, precipitación, ligereza, inconsciencia, atolondramiento, imprevisión, irracionalidad (v.), imprudencia. *Ant.* Reflexión, meditación, recapitación, sensatez.

Irreflexivo-va, insensato, arrebatado, impensado, impetuoso, precipitado, atolondrado, imprudente, atropellado, impulsivo, alocado. *Ant.* Sensato, juicioso, prudente.// Inconsciente, impremeditado, involuntario (v.), espontáneo, automático. *Ant.* Meditado, pensado, voluntario.

Irrefrenable, incontenible, indomable. *Ant.* Contenible, dominable.

Irrefutable, incuestionable, incontestable, innegable, incontrastable, irrebatible, seguro, probado, categórico, cierto. *Ant.* Refutable, cuestionable, incierto.

Irregular, anormal, raro, anómalo, extraño, sobrenatural, monstruoso, desigual. *Ant.* Normal, natural.// Discontinuo, intermitente, desparejo, desigual. *Ant.* Continuo.// Informa, desordenado, ilícito, ilegal, arbitrario. *Ant.* Legal, formal.

Irregularidad, anormalidad, anomalía, excepcionalidad, singularidad. *Ant.* Normalidad.// Discontinuidad, desigualdad, arritmia, infrecuencia. *Ant.* Continuidad.// Arbitrariedad, ilegalidad, falta, informalidad. *Ant.* Formalidad, legalidad.

Irreligión, irreligiosidad (v.).

Irreligiosidad, irreligión, incredulidad, impiedad, ateísmo, irreverencia, infidelidad, laicismo, paganismo, herejía, sacrilegio, blasfemia. *Ant.* Religiosidad, religión, credulidad.

Irreligioso-sa, incrédulo, impío, ateo, infiel, gentil, pagano, profano, escéptico, irreverente, hereje, anticlerical. **Ant.** Religioso, creyente.

Irremediable, irreparable (v.), incurable, perdido. **Ant.** Remediable.

Irreparable, irremediable, perdido, incurable, insalvable, imposible, inexorable, indefectible, fatal. **Ant.** Reparable, posible, remediable.

Irreprensible, irreprochable (v.), intachable, justo, perfecto, inocente, virtuoso. **Ant.** Reprochable.

Irreprochable, intachable, impecable, correcto, perfecto, probo, íntegro, honrado, honorable, incorruptible. **Ant.** Reprochable, censurable, incorrecto.// Elegante, atildado, limpio. **Ant.** Desaseado.

Irresistible, incontenible, invencible, inexorable, poderoso, dominante, pujante, fuerte, violento, indomable, excesivo, arrollador (v.). **Ant.** Débil, vencible.// Intemperante, insoportable (v.). **Ant.** Suave, soportable.

Irresolución, indecisión, indeterminación, duda, perplejidad, titubeo, incertidumbre, vacilación. **Ant.** Resolución, determinación, decisión.

Irresoluto-ta, irresuelto, indeciso, dudoso, perplejo, titubeante, vacilante, inseguro. **Ant.** Resuelto, decidido, seguro.

Irrespetuosidad, irreverencia, grosería, atrevimiento, descaro, indelicadeza, ofensa. **Ant.** Reverencia, cortesía, respeto.

Irrespetuoso-sa, irreverente (v.), insolente, injurioso, desatento, grosero, inconveniente, desconsiderado, atrevido, descarado, desvergonzado. **Ant.** Respetuoso, cortés.

Irrespirable, asfixiante, opresivo, denso, cargado, impurio, enrarecido, viciado. **Ant.** Puro, respirable.

Irresponsabilidad, informalidad (v.), ineptitud (v.), incompetencia, insensatez, inconsciencia. **Ant.** Responsabilidad, formalidad, competencia.

Irresponsable, insensato, inconsciente, informal (v.). **Ant.** Responsable, formal.

Irreverencia, desconsideración, insolencia, ultraje, irrespetuosidad, indelicadeza, descortesía, grosería, impertinencia, descaro, desacato, profanación, ofensa, insulto, blasfemia, sacrilegio. **Ant.** Reverencia, acatamiento, religiosidad.

Irreverente, irrespetuoso, insolente, desconsiderado, descarado, grosero, desatento, sacrílego, profano, desvergonzado. **Ant.** Respetuoso, reverente, cortés.

Irreversible, invariable, inalterable, estático, definitivo. **Ant.** Reversible, mutable.

Irrevocable, inapelable, invariable, irreparable, inevitable, inmutable, fijo, resuelto, decidido, determinado, definitivo, concluyente. **Ant.** Revocable, cambiable, variable.

Irrigar, regar, duchar, bañar, rociar.// Inyectar, introducir (v.).

Irrisión, risa, burla, broma, mofa, sarcasmo, befa, desprecio, ridiculez. **Ant.** Respeto, seriedad, gravedad.

Irrisorio-ria, ridículo, burlón, risible, cómico, burlesco, grotesco. **Ant.** Serio.// Minúsculo, insignificante. **Ant.** Grande, importante.

Irritable, irascible, iracundo, colérico, furioso, excitable, susceptible. **Ant.** Sereno, tranquilo, calmo.

Irritación, rabia, cólera, ira, furor, furia, enojo, enfado, excitación, violencia, agitación. **Ant.** Tranquilidad, serenidad.// Inflamación, desazón, sarpullido, picor, hinchazón, escocedura. **Ant.** Mitigación.

Irritado-da, iracundo, rabioso, furioso, colérico, violento, nervioso, tempestuoso, sañudo, excitado. **Ant.** Sereno, tranquilo.

Irritante, exasperante, enervante, enojoso, desesperante, mortificante, excitante, provocador, indignante, injusto. **Ant.** Tranquilizante, calmante.// Inflamatorio, estimulante. **Ant.** Suavizante, mitigante.

Irritar, enfurecer, exasperar, enojar, encolerizar, enfadar, alterar, indignar, provocar, desesperar, enardecer, excitar, escandalizar, encolerizar, molestar, arrebatar. **Ant.** Calmar, tranquilizar, apaciguar.// Congestionar, inflamar, escocer. **Ant.** Suavizar, mitigar.

Irrogar, causar, ocasionar, producir, acarrear.

Irrompible, indestructible (v.), inquebrantable (v.).

Irrumpir, penetrar, entrar, invadir, introducirse, meterse, ocupar, presentarse, asaltar. **Ant.** Salir, expulsar, abandonar.

Irrupción, penetración, entrada, invasión, introducción, presentación, ocupación, intrusión, incursión. **Ant.** Salida, defensa, resistencia.

Isla, ínsula, islote, cayo, antilla, atolón.

Islámico-ca, mahometano, musulmán, islamita, mudéjar, morisco, mozárabe.

Isleño-ña, insular, insulano.

Israelita, israelí, judío, hebreo, semita, sefaradí.

ítem, aditamento, añadidura.// También, asimismo, igualmente, además, otrosí.

Iterar, reiterar, insistir, repetir (v.).

Iterativo-va, repetido (v.), renovado.

Itinerario, recorrido, camino, ruta, vía, dirección, trayecto, viaje, rumbo, tránsito.

Izar, elevar, alzar, levantar, subir, suspender, enarbolar. **Ant.** Arriar, bajar.

Izquierdo-da, zurdo, siniestro. **Ant.** Diestro.// Torcido, combado. **Ant.** Derecho, recto.// Babor. **Ant.** Estribor.

jaballna, lanza, venablo, flecha, pica, dardo.

jabardo, enjambre, jabardillo.

jabardillo, bandada, tropel, remolino.

jabeca, horno.

jabeque, chirlo, navajazo, herida, cuchillada, puñalada.

jabón, susto, miedo.// Sebillo.

jabonar, lavar, enjabonar (v.).

jabonoso-sa, saponáceo.// Suave, espumoso.

jaca, asturión, haca.// Trotón, caballo, potro, yegua, corcel.

jácara, romance, novela.// Parranda, zarabanda, zambra, juerga. **Ant.** Silencio, seriedad.// Molestia, molienda.// Mentira, patraña, embuste, bola, paparrucha. **Ant.** Verdad, sinceridad.// Danza, música.

jacarandoso-sa, gallardo, donairoso, alegre, desenfadado, airoso, garboso, gracioso, desenvuelto. **Ant.** Mustio, soso.

jacarear, parrandear, gritar, alborotar, rondar.// Enfadar, molestar, marear, importunar, mortificar, aburrir, fastidiar. **Ant.** Agradar, deleitar.

jacarero-ra, alegre, decidor, chancero, animado, ufano, festivo, dicharachero, bromista, jaranero, alborotador. **Ant.** Triste, mohíno.

jácaro-ra, chulo, guapo, fanfarrón, majo, bocón, perdonavidas, matasiete. **Ant.** Pusilánime, tímido, cobarde.

jacilla, huella, estampa, señal, vestigio, paso.

jaco, rocín, matalón, penco, sotreta, jamelgo.

jactancia, petulancia, fatuidad, alabanza, pedantería, vanagloria, ostentación, alardeo, fastuosidad, fanfarria, arrogancia, pavoneo, orgullo, suficiencia, vanidad, infatuación, fanfarronada, afectación, altanería, insolencia. **Ant.** Modestia, sencillez, humildad, recato.

jactancloso-sa, vanidoso, petulante, presuntuoso, pedante, fatuo. **Ant.** Modesto, sencillo, humilde, recatado.

jactarse, preciarse, alabarse, pavonearse, ufanarse, presumir, vocear, ensoberbecerse, gallardear, gloriarse, pagarse, vanagloriarse, engreírse, alardear, glorificarse, envanecerse. **Ant.** Humillarse, empequeñecerse.

jaculatoria, invocación, oración, rezo.

jadeante, cansado, sofocado, transido, fatigoso. **Ant.** Descansado, sosegado.

jadear, ahogarse, resollar, bufar, acezar, sofocarse, agotarse, extenuarse. **Ant.** Descansar, sosegarse.

jaez, índole, laya, calaña, ley, calidad, estofa, pelaje.// Aderezo, adorno, guarnición.

jalbegar, maquillar, afeitar, enjalbegar.// Encalar.

jalea, gelatina, dulce.

jaleo, bulla, bullicio, alegría, jarana, diversión, parranda, fiesta, baile, farra. **Ant.** Orden, calma, silencio.

jalón, marca, señal, mojón, límite.

jalonar, alinear, deslindar, limitar, marcar, señalar.

jamás, ninguna vez, nunca.

jamelgo, matalón, rocín, jaco, penco.

jamón, pernil, pierna.

jangada, armadía, balsa, almadía.// Impertinencia (v.).// Travesura, bribonada, trastada, pillería.

jaque, peligro, amenaza, aviso, riesgo. **Ant.** Seguridad.

jaquear, amenazar, hostigar, molestar, inquietar, atormentar, acosar, atosigar, fustigar. **Ant.** Dejar tranquilo, defender.

jáqulma, ronzal, cabestro, cabezada, cabezal.

jarabe, almíbar, arrope, dulce, emulsión, medicamento.

jarana, parranda, holgorio, macana, jolgorio, fiesta, regocijo, solaz, pasatiempo, jaleo, francachela, juerga, farra, fandango, diversión, animación, juego, alboroto. **Ant.** Orden, tranquilidad, quietud.

jaranero-ra, vividor, juerguista, parrandero, trasnochador, alborotador, bullicioso. **Ant.** Aburrido, pacífico.

jardín, vergel, edén, parque, huerto, floresta. **Ant.** Erial, yermo, páramo, baldío.

jarifo-fa, hermoso, compuesto, peripuesto, acicalado, galano, majo. **Ant.** Abandonado, dejado, descuidado.

jarra, vasija, jarro, recipiente, jarrón, cántaro, vaso, cacharro, búcaro, florero.

jarrete, corvejón, corva.

jarro, catavino, pichel, aguatocho, aguamanil, bocal, jarra (v.).

jarrón, búcaro, vaso, florero, ánfora, jarro, jarra (v.).

jaspeado-da, veteado, salpicado, moteado, irisado.

jauja, riqueza, abundancia, exuberancia, edén, paraíso, bienestar, felicidad, opulencia. **Ant.** Estrechez, pobreza.

jaula, gayola, gavia, grillera, pajarera.// Cárcel, prisión. **Ant.** Libertad.

jauría, traílla, perrería.

jayán, hombrón, hombracho, hombretón, gigante, mocetón, forzudo. **Ant.** Enano, pigmeo, cobardón.

jefatura, dirección, superintendencia, presidencia, regencia.// Gobierno, autoridad, poder, mando, dominio, superioridad. **Ant.** Subordinación.

jefe-fa, superior, principal, director, patrón, guía, conductor, cabecilla, líder. **Ant.** Subordinado, subalterno, auxiliar, servidor.

jehová, Dios (v.).

jeque, cabecilla, cabeza, capitán, guía, dueño, cacique, regente, rey, superior. **Ant.** Súbdito, subordinado.

jerarquía, grado, subordinaciónm graduación, categoría, escalafón, cargo, orden, rango, función, escala. **Ant.** Subordinación, desorganización.

jeremiada, plañido, queja, letanía, llanto, gemido, lamento, lamentación, lloriqueo, clamor. **Ant.** Alegría, contento, satisfacción.

jeremías, gemebundo, quejilloso, plañidero, suspirón, lloroso, doliente, quejoso, quejumbroso, llorón, lagrimoso. **Ant.** Risueño, alegre, contento.

jerga, germanía, jerigonza, dialecto, argot, caló.

jergón, colchón, jerga, camastro.

jerigonza, jerga (v.).

jeringar, jorobar, enfadar, mortificar, aburrir.// Inyectar (v.).

jeroglífico, secreto, enigma, misterio.// Pasatiempo, adivinanza, enigma, acertijo, rompecabezas.

jesucristo, Cristo, Jesús, Salvador, Mesías, Maestro, Buen Pastor, Redentor, Crucificado, Señor, Eccehomo, Ungido, Galileo, Hijo de Dios, Hijo del Hombre.

jícara, pocillo, tacita.

jeta, morro, hocico, boca.// Cara.

jlfero, puerco, desaliñado, sucio. **Ant.** Limpio, aseado.// Matarife, matachín, degollador.

jineta, galón, charretera.

jinete, montador, caballista, caballero, amazona, centauro, cabalgador, vaquero.

jira, excursión, paseo, viaje, ronda, vuelta.// Merienda, juerga, diversión. *Par.* Gira.

jirón, pedazo, porción, trozo, andrajo, guiñapo, harapo, desgarrón, rasgón.

jironado-da, andrajoso, roto.

jocosidad, gracia, donaire, jovialidad, regocijo, ocurrencia, diversión, humorada, comicidad, salero, festividad, broma, chiste. *Ant.* Severidad, seriedad, gravedad.

jocoso-sa, alegre, divertido, cómico, ocurrente, gracioso, chistoso, festivo, jovial. *Ant.* Adusto, serio, grave, flemático.

jofaina, palangana, aguamanil, aljofaina.

jolgorio, jarana (v.), juerga (v.).

jornada, marcha, expedición.// Trayecto, camino, caminata, excursión, ruta, viaje, expedición, tránsito, marcha, carrera, recorrido.// Día, tiempo, lapso.// Jornal (v.).

jornal, estipendio, retribución, soldada, sueldo, salario, remuneración, paga, haber, honorarios.

jornalero-ra, operario, asalariado, obrero, trabajador, bracero, labrador, peón, artesano.

joroba, molestia, impertinencia.// Giba, deformidad, corcova, chepa, gibosidad.

jorobado-da, malhecho, giboso, deforme, jorobeta, contrahecho, corcovado.

jorobar, fastidiar, irritar, cargar, molestar, gibar. *Ant.* Agradar, distraer.

joven, mozo, adolescente, mancebo, mozalbete, doncel, muchacho, muchachuelo, zagal. *Ant.* Viejo, anciano, caduco, adulto.// Principiante, novato, inexperto, bisoño. *Ant.* Experimentado, ducho, veterano.

jovial, optimista, divertido, ameno, festivo, ruidoso, alegre, jaranero, vivaracho, risueño, agradable, gracioso, contento, animado, ufano, entretenido, jocoso, bullicioso, inquieto, comunicativo, juguetón, radiante, placentero, grato, chistoso. *Ant.* Triste, mustio.

jovialidad, alegría, jocundidad, alborozo, animación, satisfacción, felicidad, optimismo, entusiasmo, regocijo, esparcimiento, dicha. *Ant.* Tristeza, aburrimiento, amargura.

joya, alhaja, joyel, gema, aderezo, adorno. *Ant.* Baratija, chuchería.

joyería, orfebrería, bisutería, pedrería.

joyero, estuche, cofrecillo, guardajoyas.// Orfebre, platero, lapidario.

jubilación, pensión, retiro, cesantía, baja, dimisión, subsidio. *Ant.* Actividad.

jubilado-da, retirado, pensionado, licenciado, pasivo, subvencionado, cesante. *Ant.* Activo.

jubilar-se, pensionar, retirar, eximir, dar de baja, cesar. *Ant.* Continuar, trsabajar.

jubileo, perdón, indulgencia, dispensa, merced. *Ant.* Inflexibilidad.// Celebración, conmemoración.// Gentío, animación, muchedumbre, concurrencia. *Ant.* Desanimación.

júbilo, regocijo, alegría, contento, gozo, alborozo, jovialidad, algazara, felicidad, entusiasmo. *Ant.* Tristeza, aflicción, melancolía.

jubiloso-sa, regocijado, contento, ufano, gozoso, alegre, alborozado, radiante, ledo. *Ant.* Triste, afligido, melancólico, apenado.

judas, hipócrita, traidor, delator, falso, desleal, alevoso. *Ant.* Leal, sincero.

judía, habichuela, frijol, alubia.

judiada, infamia, deslealtad, crueldad, villanía, bribonada. *Ant.* Lealtad, fidelidad.

judío-a, semita, hebreo, israelita, sionista.

juego, funcionamiento, movimiento, movilidad, articulación, gozne.// Diversión, entretenimiento, distracción, pasatiempo, divertimiento, descanso, broma, placer, esparcimiento, recreo, solaz, recreación, deporte, chanza. *Ant.* Tedio, aburrimiento.// Serie, combinación, colección, surtido, plan. *Ant.* Unidad.

juerga, jarana, alegría, jaleo, parranda, alboroto, diversión, francachela, bullicio, escándalo, jolgorio, orgía. *Ant.* Gravedad, moderación, formalidad.

juez, árbitro, magistrado, jurado, togado, mediador, consejero. *Ant.* Reo, acusado, criminal.

jugada, partida, tirada, lance, pasada.// Jugarreta, trastada, barrabasada, cochinada, ignominia, bajeza, granujada. *Ant.* Nobleza, lealtad.

jugador-ra, fullero, tahúr, garitero.

jugar, divertirse, retozar, juguetear, recrearse, esparcirse. *Ant.* Aburrirse, desanimarse.// Tomar parte, actuar, intervenir. *Ant.* Abstenerse.// Arriesgar, apostar, aventurar.

jugarreta, mala pasada, jugada, trastada, picardía, canallada, vileza, perrería. *Ant.* Sinceridad, lealtad.

juglar, rapsoda, bardo, coplero, poeta, trovador.

juglería, prestidigitación, destreza, juego de manos, canto, recitación.

jugo, jugosidad, esencia, extracto, zumo, substancia, néctar.// Provecho, utilidad, ventaja. *Ant.* Desventaja.

jugoso-sa, suculento, acuoso, sabroso. *Ant.* Seco, insulso.// Provechoso, ventajoso, beneficioso. *Ant.* Perjudicial, estéril.

juguetear, corretear, entretenerse, retozar, divertirse, jugar (v.). *Ant.* Aburrirse.

juguetón-na, revoltoso, retozón, bullicioso, vivaracho, enredador, inquieto, travieso, alocado, divertido.

juicio, prudencia, cordura, criterio, razón, entendimiento, seso, madurez, sensatez, inteligencia, tino, sentido común, fundamento. *Ant.* Insensatez, prejuicio, prevención, escrúpulos.// Proceso, querella, pleito, litigio, causa.// Inteligencia, razonamiento, comprensión. *Ant.* Torpeza.

juicioso-sa, recto, consecuente, cuerdo, reflexivo, prudente, grave, cabal, lógico, derecho, sentencioso, maduro, sesudo, sensato. *Ant.* Loco, imprudente, irreflexivo.

julepe, miedo, temor, susto, pavor.

jumento, asno, burro, pollino, rocín, borrico.// Ignorante, necio. *Ant.* Inteligente, talentoso.

junta, asamblea, cónclave, comité, reunión, congregación, consejo, concilio, comisión, asociación, mitin, congreso. *Ant.* Dispersión, desunión, discrepancia.// Juntura, trabazón, articulación.

juntar, unir, enlazar, reunir, acoplar, atar, agregar, asociar, unificar, ligar, fusionar, agrupar, mezclar, combinar, aglomerar. *Ant.* Separar, disgregar.

junto, cercano, vecino, inmediato, anexo, inherente, pegado, unido, adyacente, próximo, adjunto, solidario, inseparable, conexo. *Ant.* Separado, distante.// Juntamente.// -a, al lado de, cerca de.

juntura, acoplamiento, costura, articulación, atadura, unión, empalme, coyuntura, enchufe, ensambladura, ligadura. *Ant.* Desconexión, separación.

jura, promesa, compromiso, juramento (v.).

juramentar, jurar, prometer, asegurar. *Ant.* Desligarse, desentenderse.// -se, confabularse, conspirar, tramar.

juramento, jura, promesa, testimonio, compromiso, voto, palabra, confirmación, seguridad, fe. *Ant.* Deslealtad, falsedad.// Blasfemia, palabrota, maldición, insulto, denuesto, imprecación. *Ant.* Bendición.

jurar, prometer, afirmar, certificar, testimoniar, juramentar. *Ant.* Negar, denegar.// Renegar, perjurar, votar, blasfemar. *Ant.* Bendecir.

jurisconsulto, legista, jurisperito, jurista, doctor o perito en leyes, jurisprudente, letrado, abogado, legisperito.

jurisdicción, autoridad, atribuciones, dominio, gobierno, poder, competencia, fuero, mando.// Distrito, término, territorio, partido, comarca, demarcación, zona, circunscripción.

jurisperito, jurisconsulto (v.).

jurisprudencia, legislación, derecho, jurispericia.

jurisprudente, letrado, jurista, legisperito, jurisconsulto (v.).

jurista, legista, abogado, jurisprudente, jurisconsulto (v.).

justa, combate, certamen, pelea, torneo, competencia, desafío, reto, pugna. *Ant.* Paz, acuerdo.

justador-ra, rival, campeón, adversario, combatiente, luchador.

justar, pelear, rivalizar, combatir, luchar, tornear. *Ant.* Abstenerse, rendirse.

Justicia, equidad, rectitud, igualdad, imparcialidad, probidad, ecuanimidad, honradez, conciencia, severidad, austeridad, moralidad, derechura, razón, justificación. **Ant.** Injusticia, parcialidad, arbitrariedad, sinrazón.

Justiciero-ra, ecuánime, recto, equitativo, justo, honesto, íntegro, imparcial, incorruptible. **Ant.** Injusto, desigual.

Justificación, defensa, excusa, exculpación, prueba, testimonio, demostración, argumento, coartada, descargo, motivo, alegato, razón. **Ant.** Acusación, cargo.

Justificado-da, razonable, fundado, indiscutible, justo (v.).

Justificante, recibo, comprobante, resguardo, documento.

Justificar, enmendar, corregir, reformar, rectificar.// Demostrar, evidenciar, alegar, autorizar, aprobar, razonar, acreditar, aducir, documentar.// Defender, exculpar, excusar, vindicar, sincerar, subsanar, explicar. **Ant.** Inculpar, acusar.

Justipreciar, preciar, apreciar, evaluar, valorar, tasar, estimar, tener en cuenta. **Ant.** Menospreciar, deseśtimar, rechazar.

Justo-ta, equitativo, recto, imparcial, neutral, objetivo, ecuánime, íntegro, decente, insobornable, honesto. **Ant.** Injusto, inicuo, arbitrario.// Justificado (v.), razonable, fundado, motivado, legal, lícito, legítimo. **Ant.** Injustificado, ilegítimo.// Apretado, estrecho.

Juvenil, joven, adolescente, lozano, fresco, rozagante. **Ant.** Viejo, senil, caduco.// Jovial (v.), alegre.

Juventud, mocedad, pubertad, adolescencia, lozanía, verdor. **Ant.** Adultez, senectud, ancianidad.

Juzgado, judicatura, tribunal, magistratura, audiencia, sala, corte.

Juzgar, enjuiciar, valorar, conceptuar, apreciar, calificar, estimar, discernir, considerar, opinar, pensar, sentir, reputar, conjeturar, creer.// Sentenciar, deliberar, estatuir, decretar, condenar, dictaminar, arbitrar, fallar. **Ant.** Abstenerse.

kálser, emperador (v.).
kan, soberano, jefe, príncipe, caudillo, adalid. *Par.* Can.
kermes, fiesta, verbena, feria, tómbola, beneficio.

kilométrico-ca, interminable (v.), inacabable, enorme, extenso, larguísimo. *Ant.* Corto, breve.
kiosco, (v. quiosco).

lábaro, estandarte, insignia, pendón, bandera, enseña, guión.// Crismón, cruz.
laberíntico-ca, complicado, enredado, intrincado, tortuoso, difícil, confuso, enmarañado. *Ant.* Sencillo, claro, evidente.
laberinto, complicación, enredo, maraña, confusión, lío, embrollo, encrucijada, vericueto, dificultad, enigma. *Ant.* Sencillez, simplicidad.
labia, locuacidad, elocuencia, verbosidad, facundia, oratoria, parla. *Ant.* Silencio, mutismo.
lábil, frágil, débil, delicado, flojo, precario, caduco. *Ant.* Fuerte, resistente.
labio, belfo, boca, labro, befo, jeta, hocico.// Borde, orilla, extremo, canto, ribete, reborde, resalte.
labor, trabajo, tarea, faena, ocupación, quehacer, obra, oficio, empresa, función, actividad, trajín. *Ant.* Ocio.// Costura, bordado, calado, encaje, cosido, adorno, artesanía.// Labranza, cultivo.
laborable, hábil, lectivo, no festivo.
laborar, trabajar, ocuparse, obrar, operar, esforzarse, bregar. *Ant.* Holgar, holgazanear.// Labrar.
laborioso-sa, trabajador, activo, afanoso, hacendoso, diligente, aplicado, esforzado *Ant.* Vago, holgazán.// Complicado, arduo, ingrato, pesado, trabajoso (v.). *Ant.* Fácil, grato.
labrado, talla, grabado, repujado.// **-da,** adornado, bordado. *Ant.* Sencillo, desnudo.// Cultivado, laborado.
labrador-ra, labriego, cultivador, agricultor, campesino.
labrantío, sembradío. *Ant.* Secano.
labrantío-a, fértil, cultivable. *Ant.* Estéril, incultivable.
labranza, labor, cultura, cultivo, agricultura (v.).
labrar, laborar, sembrar, cultivar, arar, plantar, faenar, cavar, barbechar, roturar.// Grabar, esculpir, tallar, cincelar, adornar.// Bordar, coser.// Forjar, preparar, edificar, construir.
labriego-ga, labrador (v.), campesino (v.).
laca, goma, gomorresina, barniz, resina.

lacayo, siervo, servidor, sirviente, criado, doméstico, mozo, ayudante. *Ant.* Amo, señor.
lacear, atar, ligar, amarrar. *Ant.* Desatar, soltar.// Adornar.
laceración, herida, daño, golpe.// Desdicha (v.), pena, desventura. *Ant.* Ventura, contento.
lacerado-da, desventurado, desdichado (v.), mísero, infeliz. *Ant.* Dichoso.// Leproso.
lacerante, punzante, hiriente, doloroso, penoso, profundo.
lacerar, lastimar, herir, golpear, desgarrar, magullar, despedazar. *Ant.* Sanar, curar.// Desacreditar, dañar, perjudicar.
lacería, pobreza, miseria, estrechez, indigencia, penuria. *Ant.* Riqueza, opulencia.// Trabajo, padecimiento, pena, sufrimiento, fatiga, molestia. *Ant.* Desahogo.// Lepra.
lacio-cia, fláccido, flojo, lánguido, descaecido, mustio, blando, débil, decaído, marchito. *Ant.* Fuerte, lozano, fresco, duro.
lacónico-ca, conciso, breve, corto, preciso, abreviado, compendiado, sucinto, sumario, reducido. *Ant.* Redundante, detallado.// Callado, silencioso, taciturno. *Ant.* Locuaz.
laconismo, concisión, brevedad, precisión, exactitud, sobriedad, sequedad. *Ant.* Exuberancia.// Silencio, reserva. *Ant.* Verbosidad, locuacidad.
lacra, señal, marca, cicatriz, huella, sutura.// Vicio, defecto, achaque, flaqueza. *Ant.* Virtud, perfección, vigor.// Perjuicio, contagio, daño. *Ant.* Beneficio.
lacrar, perjudicar, dañar, contagiar. *Ant.* Beneficiar. desinfectar, sanar.// Sellar, pegar, engomar, certificar.
lacrimógeno-na, lacrimoso (v.), irritante, congestivo.
lacrimoso-sa, lloroso, lastimero, triste, lastimoso, compungido, afligido, quejoso, angustioso. *Ant.* Alegre, contento, risueño.
lactar, amamantar, mamar, alimentar (v.), nutrir.
lácteo-a, lechoso, láctico, lactífero.
ladear, inclinar, torcer, doblar, sesgar, oblicuar, desplazar, cambiar. *Ant.* Enderezar.

ladera, pendiente, declinación, declive, falda, vertiente, bajada, talud, rampa, desnivel. *Ant.* Llano, cumbre, llanura.

ladino-na, pillo, taimado, astuto, hábil, pícaro, bellaco, zorro, sátrapa. *Ant.* Incauto, inocente, ingenuo.

lado, canto, costado, orilla, borde, flanco, ala, perfil, extremidad, banda, margen, extremo, arista, cara, mano.// Sitio, paraje, lugar, parte.

ladrar, latir, aullar, gruñir, gritar, chillar, gañir.// Vociferar, amenazar, azuzar. *Ant.* Enmudecer, callar.

ladrido, aullido, gruñido, aúllo, gañido, latido, grito.// Censura, crítica, calumnia, murmuración.

ladrillo, adobe, baldosa, baldosilla, baldosín, azulejo.

ladrón-na, atracador, caco, bandolero, carterista, bandido, despojador, estafador, cuatrero, ratero, timador, desfalcador, pirata, salteador, chantajista, cleptómano, usurpador, rapaz, maleante, contrabandista, desvalijador, expoliador, saqueador, delincuente. *Ant.* Policía, bienhechor, honrado.

lagar, tino, trujal, trullo, lagareta, legarejo, bóveda, cava.

lago, laguna, balsa, estanque, pantano, embalse, charca, marisma, charco, albufera, estero. *Ant.* Isla, ínsula, banco, arrecife.

lágrima, sollozo, lloro, lamento, pena, lloriqueo, gimoteo, queja. *Ant.* Contento, alegría.// Secreción, gota.// Pizca, insignificancia, partícula.

lagrimear, gimotear, sollozar, llorar, lamentarse, lloriquear, plañir, gemir. *Ant.* Alegrarse, contentarse, alborozarse.

lagrimoso-sa, lloroso, llorón, quejumbroso, lloriqueador, gimiente, desazonado, mustio, apesadumbrado. *Ant.* Alegre, contento.

laguna, lago (v.).// Vacío, espacio, supresión, hueco, falta, defecto, omisión, olvido, fallo, claro. *Ant.* Presencia, perfección, continuidad.

laico-ca, lego, secular, seglar, profano, secularizado, civil, mundano, temporal, mundanal. *Ant.* Clerical, religioso, espiritual, eclesiástico.

laja, piedra, lasca, lámina, loseta, lastra, lancha.

lama, lodo, cieno, fango, barro.

lamentable, lastimoso, lamentoso, doloroso, atroz, desgarrador, desolador, deplorable, triste, aflictivo, penoso, calamitoso. *Ant.* Gozoso, alegre.

lamentación, lloro, queja, lamento, plañido, gemido, clamor, quejido, sollozo, suspiro, gimoteo, súplica, condolencia, pesar, pena, aflicción. *Ant.* Júbilo, alborozo, risa.

lamentar, llorar, deplorar, dolerse, sentir. *Ant.* Alegrarse.// **-se**, llorar, gemir, sollozar, plañir, gimotear, implorar, quejarse. *Ant.* Alborozarse, alegrarse, contentarse.

lamento, queja, lástima, lamentación (v.).

lamer, lengüetear, chupar, relamer, lamiscar.// Rozar, tocar, acariciar.

lámina, plancha, hoja, chapa, placa, tabla, rodaja, película, membrana.// Estampa, litografía, ilustración, dibujo, figura, pintura, grabado, cromo.

laminar, aplanar, exfoliar, chapar, blindar, afinar, cilindrar, adelgazar.

lámpara, candil, bombilla, lamparilla, foco, farol, fanal, linterna, quinqué, araña, candelero, velador, velón, faro, reflector, mechero, mecha.// Mancha, lamparón.

lamparilla, mariposa, farolillo, mechero.

lamparón, mancha, lámpara.

lampiño, imberbe (v.), barbilampiño, carilampiño, calvo. *Ant.* Velludo, peludo.// Adolescente, impúber. *Ant.* Adulto.

lana, vellón, mechón, pelusa, pelo, hebra.// Borra (v.), estambre.

lance, peripecia, trance, acontecimiento, accidente, ocurrencia, suceso, incidente, percance, caso, asunto, situación, episodio.// Riña, redada, contienda, querella, encuentro. *Ant.* Paz, reconciliación.

lancear, alancear, rejonar, asaetear, apuñalar, acuchillar, tajar.

lancha, embarcación, bote, barca, chalana, chalupa, barcaza, piragua, góndola, canoa, chinchorro, falúa, esquife.

landa, páramo, llanura, meseta, pampa, estepa, sabana.

languidecer, debilitarse, deprimirse, desanimarse, extenuarse, desmayarse, desalentarse, postrarse, enflaquecer. *Ant.* Animarse, vigorizarse, robustecerse.

languidez, desmayo, abatimiento, debilidad, desánimo, extenuación, decaimiento, desaliento, postración, enflaquecimiento, flojedad, inacción, indolencia, tristeza, melancolía. *Ant.* Vivacidad, vigor, energía, actividad, fortaleza.

lánguido-da, abatido, débil, flojo, desanimado, descorazonado, indolente, perezoso, desalentado, postrado, endeble, melancólico. *Ant.* Vigoroso, fuerte, animoso, activo.

lanoso-sa, lanudo, velludo, peludo. *Ant.* Pelado.

lanudo-da, lanoso (v.).

lanza, alabarda, pértiga, vara, pica, lanceta, asta, venablo, rejón, chuzo.

lanzamiento, expulsión, proyección, botadura, tiro, tirada, impulsión, salida. *Ant.* Atracción, retención, devolución.

lanzar, emitir, despedir, proyectar, botar, arrojar, tirar, expulsar, echar, disparar, empujar, impeler. *Ant.* Atraer, retener.// Difundir, divulgar, propalar.// Vomitar.// Expulsar, desalojar. *Ant.* Ofrecer.// **-se**, emprender, decidirse, arriesgarse.

lápida, losa, estela, mausoleo, epitafio, tumba, mármol.

lapidación, apedreamiento, laceración, linchamiento, aniquilación, ejecución.

lapidar, apedrear, descalabrar, aniquilar.

lapidario-ria, sobrio, conciso, mesurado, sucinto. *Ant.* Amplio, dilatado.// Joyero, platero, bisutero.// Tallista, marmolista, escultor, cincelador.

lápiz, lapicero, pizarrín, grafito, bolígrafo, pastel, carboncillo,.

lapso, espacio, intervalo, período, etapa, tracto.// Irregularidad, error, equivocación, falta, deliz. *Ant.* Acierto, corrección.

laqueado-da, pulido, brillante, barnizado. *Ant.* .Mate.

laquear, pulir, barnizar.

lardear, pringar, untar, engrasar. *Ant.* Desengrasar.

lardoso-sa, seboso, untoso, grasiento, mugroso.

largar, soltar, aflojar, librar, desatar. *Ant.* Retener.// **-se**, irse, marcharse, desaparecer, partir. *Ant.* Volver.

largo, longitud, extensión, amplitud, largura, envergadura. *Ant.* Ancho, espesor.

largo-ga, prolongado, extenso, amplio, dilatado, interminable, espacioso, continuo, abundante. *Ant.* Corto, pequeño, breve, reducido.// Copioso, abundante, excesivo, pródigo. *Ant.* Mezquino.// Astuto, inteligente, listo. *Ant.* Ingenuo.// Lento, tardío, interminable, inacabable, eterno, infinito, aburrido, fastidioso. *Ant.* Breve, entretenido.

largor, longitud, largura, largo (v.). *Ant.* Ancho, espesor.

larguero, travesaño, barrote, tabla, palo, viga.// Almohada, cabezal.

largueza, esplendidez, generosidad, prodigalidad, munificencia, liberalidad, desprendimiento, dadivosidad. *Ant.* Mezquindad, ruindad, egoísmo.// Largo (v.).

largura, largo, longitud (v.).

lascivia, lujuria, sensualidad, obscenidad, incontinencia, impudicia, liviandad, concupiscencia, erotismo. *Ant.* Pureza, continencia, templanza, castidad.

lascivo-va, lujurioso, sensual, lúbrico, libidinoso, liviano, obsceno, incontinente, concupiscente, vicioso, libertino, impúdico. *Ant.* Puro, casto, honesto.

lasitud, cansancio, fatiga, languidez, agobio, agotamiento, postración, flojedad. *Ant.* Vigor, lozanía, euforia, energía.

laso-sa, abatido, desfallecido, cansado, fatigado, exhausto, deprimido, débil, agotado. *Ant.* Vigoroso, entusiasta, eufórico, fuerte. *Par.* Lazo.

lástima, compasión, piedad, conmiseración, misericordia, pena, dolor. *Ant.* Impiedad, dureza.// Queja, lamento, quejido.

lastimar, herir, dañar, lesionar, ofender, golpear, tullir, magullar. *Ant.* Curar, sanar, mitigar.// Ofender, agraviar, injuriar. *Ant.* Beneficiar, favorecer.// **-se**, quejarse, lamentarse, dolerse.

lastimero-ra, triste, quejumbroso, lastimoso, lúgubre, plañidero. **Ant.** Alegre, placentero.

lastimoso-sa, lamentable (v.), desgarrador, deplorable, maltrecho, doloroso. **Ant.** Gozoso, satisfactorio, consolador.

lastrar, aplomar, gastar, cargar, sobrecargar. **Ant.** Descargar, aligerar.// Afirmar, equilibrar. **Ant.** Desequilibrar.

lastre, peso, contrapeso, sobrecarga.// Estorbo, rémora, impedimento, freno, obstáculo. **Ant.** Facilidad.

lata, pesadez, aburrimiento, hastío, fastidio, disgusto. **Ant.** Diversión, entretenimiento.// Envase, bidón, hojalata, bote, tarro.

latente, oculto, escondido, potencial, reservado, disfrazado, recóndito, secreto. **Ant.** Manifiesto, claro, evidente.

lateral, contiguo, adyacente, adjunto, limítrofe, ladero, pegado, vecino, colateral, lindante. **Ant.** Opuesto, separado, central, medio.

latido, pulsación (v.), palpitación (v.), pulso.

latifundio, heredad, finca, extensión, hacienda, propiedad, feudo, dominio. **Ant.** Minifundio.

latigazo, azote, trallazo, vergajazo, golpe. **Ant.** Caricia.// Castigo, reprensión, censura, corrección, sermón. **Ant.** Elogio, alabanza.

látigo, fusta, rebenque, fuete, tralla, vergajo, vara, azote, correa, cuerda, disciplina.

latinoamericano-na, hispanoamericano, sudamericano, iberoamericano.

latir, pulsar, palpitar (v.), percutir, golpear.// Ladrar.

latitud, clima, zona, región, comarca.// Ancho, anchura, amplitud, extensión, distancia. **Ant.** Longitud.

lato-ta, amplio, extenso, extendido, dilatado, vasto. **Ant.** Estrecho, limitado, reducido.

latoso-sa, molesto, pesado, fastidioso, cargante. **Ant.** Agradable, ameno.

latrocinio, robo (v.).

laudable, loable, pausible, encomiable, admirable, digno, ejemplar, meritorio. **Ant.** Censurable, criticable.

laudatorio-ria, encomiástico, lisonjero, alabador, halagador, elogioso, apologético, panegírico, aprobador. **Ant.** Censurador, despreciativo.

laudo, sentencia, dictamen, fallo, decisión, veredicto, decreto.

laureado-da, premiado, honrado, coronado, condecorado, triunfante. **Ant.** Despreciado, denigrado.

laurear, premiar, honrar, condecorar, coronar, enaltecer, glorificar. **Ant.** Ignorar, despreciar.

laurel, gloria, éxito, corona, honra, palma, lauro, triunfo, honor, premio, alabanza. **Ant.** Humillación, castigo, olvido.

lavabo, palangana, aguamanil, jofaina, lavatorio.// Retrete, excusado, baño, servicio.

lavadero, baño, fregadero, artesa, ducha, tina, pilón.

lavado, baño, limpieza, ducha, jabonadura, limpiadura, enjuague, purificación. **Ant.** Suciedad, polución.

lavar, limpiar, bañar, purificar, duchar, higienizar, enjuagar, aclarar, baldear, mojar, regar, humedecer, empapar. **Ant.** Ensuciar, manchar, secar.

lavativa, lavamiento, irrigación, jeringa, enema, ayuda.

lavatorio, lavabo, lavamanos.// Ablución, gargarismo, colirio, loción.

laxante, purgante, laxativo, lenitivo, relajante, emoliente. **Ant.** Constipante, astringente.

laxar, ablandar, aflojar, relajar, suavizar. **Ant.** Tensar.// Purgar. **Ant.** Constipar.

laxitud, dejadez, relajamiento, distensión, abulia, atonía, descanso. **Ant.** Tensión, energía, dinamismo.

laxo-xa, distendido, relajado, flojo, aflojado, suelto, desmayado, desvanecido. **Ant.** Tenso, rígido, tieso.

laya, clase, especie, género, linaje, ralea, condición, calidad.

lazar, cazar, apresar, sujetar, atar. **Ant.** Soltar.

lazo, cuerda, cordón, lazada, vuelta, nudo, ligadura, traílla, nexo, traba, liga, presilla.// Vínculo, conexión, afinidad, parentesco. **Ant.** Alejamiento, desunión.// Trampa, emboscada, ardid, celada, estratagema. **Par.** Laso.

leal, fiel, noble, sincero, franco, honrado, devoto, afecto, confiable, fidedigno, verdadero, legal, constante. **Ant.** Desleal, innoble, traidor.

lealtad, fidelidad, sinceridad, adhesión, acatamiento, franqueza, nobleza, confianza, honradez, rectitud, amistad, devoción, legalidad, verdad. **Ant.** Deslealtad, traición, infidelidad, perfidia.

lección, lectura, comprensión, entendimiento, explicación, enseñanza, adiestramiento, instrucción, clase, conferencia, estudio, cátedra. **Ant.** Ignorancia, desconocimiento.// Asignatura.// Amonestación, advertencia, ejemplo, aviso, escarmiento.

lecho, cama, camilla, camastrio, litera, catre, tálamo, jergón, yacija, cuna.// Cauce, madre, álveo, cuenca.

lechón, marrano, cochinillo.// Puerco, sucio, desaliñado, desastrado, desaseado. **Ant.** Limpio, aseado.

lechoso-sa, lácteo.// Blanco, blanquecino.

lechuza, búho, mochuelo, autillo, ave rapaz.

lectivo-va, escolar, hábil, oficial. **Ant.** Vacacional, inhábil.

lector-ra, leyente, leedor.// Catedrático, conferenciante, profesor, maestro. **Ant.** Alumno, discípulo.

lectura, leída, lección, leyenda, estudio, interpretación, explicación, recital, deletreo. **Ant.** Ignorancia, incultura, analfabetismo.

leer, estudiar, descifrar, releer, repasar, hojear, ojear, interpretrar, deletrear, recitar, explicar.// Percibir, adivinar, comprender, profundizar, instruir, observar, penetrar. **Ant.** Ignorar, confundir, desconocer.

legación, embajada, representación (v.), legacía.

legado, enviado, representante, comisionado, embajador, emisario, nuncio, delegado, mensajero, diplomático.// Herencia, manda, donación, dejación.

legajo, expediente, protocolo, atado, lío, registro, documentación.

legal, lícito, legalizado, reglamentario, regular, prescrito, vigente, oficial, estatutario, permitido, promulgado. **Ant.** Ilegal, ilegítimo.// Justo, verídico, puntual, válido, equitativo, razonable, formal, autorizado, jurídico. **Ant.** Injusto.

legalidad, derecho, legitimidad, vigencia, justicia, rectitud, fidelidad, sanción, validez, ley. **Ant.** Ilegalidad, injusticia, infidelidad.

legalización, legitimación, certificación, autorización, reglamentación, formalización, testimonio, sanción, promulgación. **Ant.** Derogación, invalidación, prohibición, desautorización.

legalizar, legitimar, certificar, autorizar, reglamentar, formalizar, permitir, testimoniar, sancionar, promulgar. **Ant.** Derogar, invalidar, prohibir, desautorizar.

légamo, barro, cieno, limo, lodo, fango.

legar, dejar, transmitir, transferir, traspasar, testar, donar. **Ant.** Heredar, recibir.

legatario-ria, heredero, beneficiario, usufructuario.

legendario-ria, fabuloso, mítico, imaginario, utópico, imposible. **Ant.** Real, factible, posible.// Tradicional, vetusto, antiguo, proverbial. **Ant.** Moderno, actual.

legible, descifrable, inteligible (v.), claro.

legión, ejército, tropa, falange, tercio, hueste, milicia, batallón, cohorte.// Multitud, masa, muchedumbre, cantidad, tropel, bandada, cuadrilla, caterva, cáfila, profusión. **Ant.** Falta, escasez, carencia.

legislación, ley, código, régimen, reglamento, cuerpo, estatuto.

legislador-ra, legista, codificador, procurador, diputado, senador, parlamentario.

legislar, codificar, legalizar, dictar, regular, promulgar, estatuir, establecer, decretar, sancionar, disponer, reglamentar.

legitimar, legalizar (v.).

legítimo-ma, legal, justo, lícito, reglamentario, verdadero, auténtico, reconocido, fidedigno, evidente, propio, natural, permitido. **Ant.** Ilegítimo, ilegal, injusto, bastardo.

lego-ga, laico, seglar, secular, civil. **Ant.** Clerical, regular.// Ignorante, profano, iletrado, indocto, inculto, incompetente. **Ant.** Culto, competente.

leído-da, docto, sabio, instruido, culto, erudito, letrado, versado, ilustrado. **Ant.** Inculto, analfabeto.

lejanía, separación, distancia, confín, lontananza, apartamiento, retiro, lejos. **Ant.** Cercanía, proximidad.// Antigüedad, pasado, porvenir, ausencia. **Ant.** Actualidad, presente.

lejano-na, distante, apartado, remoto, retirado, luengo, lejos, extremo. **Ant.** Cercano, vecino, próximo.// Antiguo, pasado, venidero, futuro. **Ant.** Actual, presente.

lejos, lejano.// Lejanamente, allá, a distancia, apartadamente, remotamente, allí. **Ant.** Aquí, cerca, acá.

lelo-la, bobo, tonto, pasmado, simple, lerdo, memo, idiota, mentecato, obtuso. **Ant.** Listo, sensato, inteligente.

lema, divisa, insignia, mote, leyenda, tema, marca.// Título, encabezamiento.// Contraseña.// Tema.

lene, suave, blando, leve, ligero, agradable, benévolo, apacible, grato. **Ant.** Áspero, duro, desagradable.

lengua, idioma, lenguaje, habla, dialecto, jerga, expresión, caló, germanía, argot.

lenguaje, habla, palabra, lengua (v.), expresión, conversación, discurso. **Ant.** Mutismo, mudez, silencio, mímica, pantomima.// Estilo, dialéctica.// Pronunciación, tono, voz.

lenguaraz, descarado, deslenguado, desvergonzado, desfachatado, descomedido, maldiciente, desenfadado, atreviso, insolente (v.). **Ant.** Comedido, respetuoso, discreto.

lenidad, blandura, suavidad, dulzura, benevolencia, sosiego, moderación, benignidad. **Ant.** Dureza, aspereza.

lenificar, suavizar, ablandar, dulcificar, calmar, consolar, aliviar. **Ant.** Agravar, agudizar.

lenitivo-va, calmante, emoliente, balsámico, sedante. **Ant.** Excitante, irritante.// Bálsamo, consuelo, alivio, calma, mejoría. **Ant.** Agravamiento, agudización.

lenocinio, prostitución, proxenetismo, rufianería, alcahuetería.

lente, cristal, lupa, luna, luneta, ocular, vidrio, objetivo.// -**s**, anteojos, gafas, quevedos, antiparras, impertinentes.

lentitud, calma, tranquilidad, sosiego, pausa, pereza, parsimonia, morosidad, dilación, flema, pachorra, negligencia, indolencia. **Ant.** Prisa, rapidez, diligencia.

lento-ta, tardo, espacioso, pausado, moroso, calmoso, lerdo, indolente, remiso, tardío, flemático, parsimonioso. **Ant.** Rápido, ligero, raudo, activo.

leña, tronco, leño (v.), madera.// Castigo, paliza, zurra, tunda. **Ant.** Caricia, mimo.// Encendaja, chasca, chamiza.

leño, tronco, tarugo, tizón (v.), rama, sarmiento, madera (v.).

león, valiente, bravo, héroe.

leonado-da, rubio, pardo, rosáceo, rubión, bermejo.

leonera, garito, timba, gazapo, tasca, matute, tahurería.// Cueva, bodega, desván, trastero.

leonino-na, injusto, abusivo, arbitrario, desmesurado, exagerado. **Ant.** Justo, equitativo.

lepra, lacería, malatía.

leproso-sa, lacerado, malato, lázaro.

lerdo-da, torpe (v.), tardo, lento (v.), cansino. **Ant.** Rápido, ligero.

lesión, herida, daño, golpe, magulladura, traumatismo, magullamiento, lastimadura, contusión. **Ant.** Salud, bien.// Menoscabo, perjuicio, daño, pérdida. **Ant.** Beneficio.

lesionado-da, herido, lastimado, dañado, golpeado, magullado, perjudicado. **Ant.** Ileso, intacto, indemne.

lesionar-se, herir, dañar, enfermar, magullar, lastimar, golpear, maltratar, romper, quebrar, lisiar. **Ant.** Restablecerse.// Perjudicar, descalabrar. **Ant.** Beneficiar, favorecer.

lesivo-va, dañoso, perjudicial, nocivo, peligroso. **Ant.** Beneficioso, ventajoso.

letal, mortal, mortífero, fatal, macabro, aniquilador. **Ant.** Saludable, vivificador.

letanía, rezo, súplica, invocación, plegaria.// Lista, sucesión, procesión, serie, sarta.

letargo, aletargamiento, sopor, somnolencia, modorra, aturdimiento, parálisis, entorpecimiento, insensibilidad. **Ant.** Viveza, desvelo, actividad.

letra, carácter, signo, grafía, símbolo, tipo, imprenta.// Astucia, sagacidad, picardía. **Ant.** Ingenuidad.// Pagaré, documento.

letrado-da, jurista, abogado, jurisconsulto.// Sabio, docto, instruido, erudito, culto. **Ant.** Ignorante, analfabeto.

letras, literatura, humanismo, cultura.

letrero, título, rótulo, anuncio, inscripción, etiqueta, placa, aviso, leyenda, pancarta.

letrina, retrete, excusado, baño, servicio.

leva, reclutamiento, recluta, enganche, enrolamiento, enlistamiento. **Ant.** Licencia.// Palanca, barra, alzaprima, motor, espeque.

levadura, fermento (v.).

levantado-da, sublime, excelso, encumbrado, elevado, noble, eminente, excelente, egregio. **Ant.** Insignificante, rastrero.// Orgulloso, altivo, encandilado. **Ant.** Humilde.// Subido, enhiesto, elevado. **Ant.** Bajo.

levantamiento, alzamiento, rebelión, asonada, revolución, motín, sedición, sublevación, pronunciamiento. **Ant.** Pacificación, tranquilidad.// Elevación, aumento, progreso. **Ant.** Descenso.

levantar-se, elevar, izar, subir, levar, enarbolar, enderezar, erguir, aupar, empinar. **Ant.** Descender, bajar.// Elogiar, encumbrar, magnificar, ponderar. **Ant.** Humillar, rebajar.// Edificar, erigir, construir, fabricar, fundar, asentar. **Ant.** Demoler, tirar, destruir.// Arrancar, quitar, separar, desprender, despegar. **Ant.** Adherir.// Sublevar, rebelar, amotinar, alzar, agitar, alborotar, soliviantar, perturbar, revolucionar. **Ant.** Pacificar, aplacar.// Animar, alentar, aliviar, confortar, fortalecer. **Ant.** Desalentar, abatir.

levante, este, oriente, naciente, saliente. **Ant.** Poniente, oeste.

levantisco-ca, indócil, rebelde, indómito, revoltoso, insurgente, turbulento, revolucionario, subversivo. **Ant.** Dócil, sumiso, obediente.

levar, elevar, zarpar, partir. **Ant.** Bajar, atracar.// Desaferrar, desamarrar. **Ant.** Amarrar.

leve, ligero, delgado, tenue, liviano, ingrávido, sutil, insustancial, vaporoso, etéreo. **Ant.** Pesado, tosco.// Nimio, insignificante, exiguo, minúsculo, fútil, intrascendente. **Ant.** Trascendente, importante, grave.

levedad, ligereza, liviandad, ingravidez, tenuidad, delgadez, vaporosidad, suavidad, volatilidad. **Ant.** Pesadez, tosquedad.// Nimiedad, insignificancia, futilidad, frivolidad, puerilidad. **Ant.** Importancia, gravedad, trascendencia.// Inconstancia, versatilidad, volubilidad, mudanza. **Ant.** Constancia.

léxico, vocabulario, diccionario, lexicón, enciclopedia, glosario, catálogo, tesoro.// Voces, giros, modismos.

ley, norma, regla, ordenanza, disposición, precepto, decreto, estatuto, prescripción, orden, edicto, código, mandato, fuero, sanción, pragmática.// Legislación, jurisprudencia, magistratura, legalidad, derecho, justicia, moralidad. **Ant.** Ilegalidad, anarquía, desorden.// Lealtad, fidelidad, amistad, afecto, dilección, amor, veneración. **Ant.** Deslealtad.// Clase, condición, calidad, índole, ralea, raza.

leyenda, fábula, conseja, historia, fantasía, mito, cuento, ficción, invención, tradición, epopeya, saga, gesta. **Ant.** Realidad, veracidad.// Lema, letrero, divisa, inscripción.

lía, soga, soguilla, cuerda, cordel, trailla.// Sedimento, heces, pósito.

liar, atar, ligar, asegurar, amarrar, enlazar, encordelar, trabar, sujetar. **Ant.** Desatar, desligar.// Burlar, enredar, engañar, embaucar. **Ant.** Desengañarse.// -**se**, amancebarse, juntarse.

libación, sorbo, chupada, trago, succión, degustación.

libar, sorber, beber, chupar, succionar, catar, paladear, degustar, probar. **Ant.** Escupir, expulsar.

libelo, panfleto, pasquín, folleto.// Difamación (v.).

liberación, libertad, emancipación, redención, independencia, libramiento, salvación, licencia, evasión, huida, cancelación, exención, exoneración, salvaguardia, excarcelación, franqueamiento, manumisión. **Ant.** Sumisión, dependencia, esclavitud, prisión.

liberal, desprendido, generoso, pródigo, caritativo, altruista, desinteresado, espléndido, dadivoso, manuficiente. **Ant.** Mezquino, avaro, tacaño.

liberalidad, generosidad, dadivosidad, altruismo, desinterés, manuficencia, desprendimiento, magnanimidad, prodigalidad, caridad, despego, esplendidez, abnegación, largueza. **Ant.** Mezquindad, avaricia.

liberar, librar, redimir, proteger, salvar, exonerar, relevar, eximir, dispensar, quitar, rescatar, recobrar, libertar, licenciar, emancipar, franquear, manumitir, independizar, desoprimir, exculpar, perdonar, cancelar, desencarcelar, desatar, amnistiar, indultar, soltar, desbloquear. **Ant.** Oprimir, sojuzgar, condenar, encarcelar, aprisionar, acosar, detener, culpar.

libertad, independencia, autonomía, autodeterminación, libre albedrío. **Ant.** Dependencia, sujeción.// Liberación, emancipación, rescate, manumisión, quita, licenciamiento, redención. **Ant.** Opresión, prisión.// Privilegio, licencia, inmunidad, dispensa, franquicia, permisión, poder, facultad. **Ant.** Prohibición.// Franqueza, familiaridad, soltura, confianza, naturalidad. **Ant.** Respeto.// Atrevimiento, descaro, osadía. **Ant.** Cohibición.// Libertinaje, inmoralidad, desenfreno, caos, desorden. **Ant.** Orden, arreglo.// Ocio, vacación. **Ant.** Trabajo, ocupación.

libertador-ra, liberador, salvador, redentor, emancipador, protector, campeón, paladín. **Ant.** Tirano, opresor.

libertar, soltar, rescatar, redimir, librar, liberar (v.). **Ant.** Apresar, encarcelar, prender.

libertario-ria, anarquista, ácrata, nihilista. **Ant.** Conservador, reaccionario.

libertinaje, inmoralidad, indecencia, deshonestidad, desenfreno, licencia, libertad, soltura, vicio, obscenidad, liviandad, impudicia, perversidad, lascivia, lujuria, lubricidad, inmundicia. **Ant.** Moralidad, continencia, virtud, honestidad.

libertino-na, licencioso, disoluto, desenfrenado, depravado, disipado, deshonesto, indecente, inmoral, relajado, vicioso, perdido, liviano, obsceno, inmoderado, escandaloso, lujurioso, desvergonzado, impúdico, lúbrico, lascivo, libidinoso. **Ant.** Casto, moral, honesto.

libidinoso-sa, lujurioso, lascivo (v.), liviano, sensual, obsceno. **Ant.** Casto, puro, honesto.

libranza, libramiento, pagaré, orden de pago, cheque, letra de cambio, talón, giro. **Ant.** Abono, cobro, ingreso.

librar-se, liberar (v.), libertar, eximir, salvar, redimir, licenciar. **Ant.** Prender, apresar, recluir.// Dar, entregar, confiar, fiar, ceder, depositar, abandonar.// Enviar, expedir, girar, despachar. **Ant.** Aceptar.// -se, desembarazarse, evitarse, desenredarse, olvidarse. **Ant.** Comprometerse, preocuparse.

libre, exento, dispensado. **Ant.** Sujeto, supeditado.// Independiente, emancipado, autónomo, separado, soberano, autárquico. **Ant.** Dependiente, sojuzgado.// Liberado, suelto, rescatado, evadido, excarcelado, redimido, fugado, escapado. **Ant.** Prisionero, cautivo.// Inocente, absuelto, indultado, amnistiado. **Ant.** Inculpado, castigado.// Desenfrenado, desvergonzado, disoluto, libertino (v.). **Ant.** Casto, honesto, moral.// Soltero. **Ant.** Casado.// Disponible, desocupado, vacante, vacío. **Ant.** Ocupado.

libro, obra, volumen, texto, tomo, ejemplar.

licencia, permiso, autorización, venia, aprobación, aquiescencia, asentimiento. **Ant.** Prohibición, veto.// Patente, título, documento, certificado, despacho, salvoconducto, privilegio, pase, pasaporte. **Ant.** Desautorización.// Libertinaje, desenfreno, desarreglo, relajación, deshonestidad, inmoralidad. **Ant.** Castidad, moralidad.

licenciado-da, graduado, diplomado, universitario, abogado, doctor.

licenciar, autorizar, permitir, consentir, otorgar, conceder, facultar. **Ant.** Prohibir, denegar.// Despachar, despedir, librar, excluir, echar. **Ant.** Reclutar, admitir.// -se, graduarse, diplomarse, titularse, concluir.

licenciatura, carrera, estudios, título, diploma.

licencioso-sa, pervertido, depravado, libertino (v.), liviano, obsceno. **Ant.** Casto.

liceo, instituto, gimnasio, seminario, escuela, pensionado, academia, colegio.// Sociedad, ateneo, asociación, círculo, centro.

licitación, concurso, puja, subasta (v.).

lícito-ta, legal, legítimo, autorizado, permitido. **Ant.** Ilícito, ilegal.

licor, bebida, brebaje, elixir, néctar.// Líquido.

licuar, liquidar, fundir, derretir, disolver, licuefacer, fluidificar. **Ant.** Solidificar, coagular.

licuefacer, licuar (v.).

lid, combate, lucha, pelea, contienda, liza, batalla, lidia, encuentro, justa, torneo. **Ant.** Paz.// Disputa, riña, controversia, altercado, polémica, debate, discusión. **Ant.** Reconciliación, acuerdo.

líder, jefe, guía, caudillo, dirigente, conductor, cabecilla. **Ant.** Subordinado.

lidia, lid (v.), pelea, combate, lucha, contienda. **Ant.** Paz.// Corrida, becerrada, novillada, encierro, rejoneo, faena.

lidiar, luchar, batallar, pelar, contender, pugnar, reñir. **Ant.** Pacificar.// Controvertir, disputar, altercar, polemizar, debatir, discutir, opugnar. **Ant.** Acordar.// Torear, correr, capotear.

lienzo, paño, pañuelo, trapo, tejido, sábana.// Cuadro, pintura, tela.// Pared, fachada, panel, paramento, tabique, muralla, entrepaño.

liga, ligadura, lazo (v.), cinta, ataderas, sujetador, venda, faja.// Mezcla, aleación, unión, combinación, asociación, ligazón. **Ant.** Separación.// Federación, alianza, coalición, confederación, pacto, convenio. **Ant.** Desunión.

ligadura, ligación, ligamento, atadura, liga (v.), **Ant.** Separación.// Sujeción, trabazón, lazo, unión, traba. **Ant.** Desunión.

ligar, atar, sujetar, liar, enlazar, encadenar, amarrar, anudar. **Ant.** Soltar.// Aliar, unir, enlazar. **Ant.** Separar.// Alear, soldar.// -se, confederarse, comprometerse, asociarse, aliarse. **Ant.** Separarse, librarse.

ligazón, trabazón (v.), unión (v.).

ligereza, prontitud, velocidad, presteza, rapidez, prisa. **Ant.** Lentitud, tardanza.// Agilidad, viveza, vivacidad, listeza. **Ant.** Torpeza.// Inestabilidad, versatilidad, inconstancia, informalidad, imprudencia, irreflexión. **Ant.** Constancia, prudencia.// Levedad, ingravidez, liviandad, delgadez, sutileza. **Ant.** Pesadez.// Frivolidad, trivialidad, futilidad. **Ant.** Importancia, trascendencia.

ligero-ra, rápido, raudo, veloz, expedito, célere, presto, presuroso, pronto, ágil, fugaz, instantáneo, diligente, vivo. **Ant.** Lento, pausado, tranquilo.// Inconstante, versátil, informal, inestable, imprudente, irreflexivo, voluble. **Ant.** Constante, prudente, formal.// Insignificante, trivial, frívolo, fútil, inútil. **Ant.** Importante, trascendente.// Liviano, leve, sutil, grácil, vaporoso, ingrávido. **Ant.** Pesado.

lijar, pulir (v.), limar (v.).

lima, fresa, escofina, bastarda, cantón, limatón.

limar, pulir, desgastar, lijar, rallar, desbastar, raspar, raer, alisar.// Corregir, retocar, mejorar, perfeccionar. **Ant.** Empeorar, malograr.

limbo, aureola, corona, orla, halo.// Ribete, borde, extremidad.

limitación, restricción, prohibición, coacción, obstáculo, inconveniente, coto, dificultad. **Ant.** Autorización, permiso, facilidad.// Determinación, término, límite, demarcación, distrito, linde. **Ant.** Indeterminación, ampliación.

limitado-da, restringido, circunscrito, acotado, constreñido, rodeado, condicionado. **Ant.** Abierto, ilimitado.// Reducido, escaso, pequeño, chico, menguado. **Ant.** Grande, indefinido.// Torpe, obtuso. **Ant.** Agudo, inteligente.

limitar, restringir, recortar, prohibir, impedir, obstaculizar, coaccionar. **Ant.** Autorizar, permitir.// Localizar, delimitar, determinar, ceñir, circunscribir, acotar, abreviar, rodear, cercar. **Ant.** Extender, ampliar.// Lindar.// -se, reducirse, atenerse, ajustarse.

límite, frontera, linde, raya, confín, término, coto, borde, deslinde, divisoria, separación. **Ant.** Centro.// Final, fin, término, meta, tope, culminación. **Ant.** Origen, comienzo.

limítrofe, confinante, adyacente, colindante, frontero, contiguo, rayano, aledaño, convecino. **Ant.** Apartado, distante, separado.

limo, lodo, fango, barro, cieno.

limosna, dádiva, beneficencia, caridad, providencia, mendicidad, ayuda, colecta, óbolo, beneficio, auxilio, regalo. **Ant.** Avaricia, economía, miseria, tacañería.

limosnear, mendigar, pordiosear, pedir, implorar. **Ant.** Dar.

limosnero-ra, caritativo, dadivoso, liberal, generoso, benéfico. **Ant.** Tacaño, egoísta.// Mendigo, pedigüeño, pordiosero. **Ant.** Rico, dadivoso.

limoso-sa, barroso, sucio, cenagoso, fangoso, pantanoso.

limpiar, asear, enjabonar, fregar, blanquear, barrer, baldear, bañar, lustrar, cepillar, desempolvar, enjuagar, depurar, lavar, humedecer, mojar, frotar, desinfectar, higienizar, purificar, sanear. **Ant.** Ensuciar.// Hurtar, robar, estafar, quitar.// Eliminar, suprimir, expulsar, extirpar, desterrar. **Ant.** Consentir, admitir.

limpidez, transparencia, claridad, pureza, nitidez, blancura, diafanidad. **Ant.** Opacidad, turbiedad.// Castidad, honestidad, honradez. **Ant.** Impureza, deshonestidad.

límpido-da, diáfano, transparente, claro, puro, nítido, cristalino, impoluto, aseado, translúcido. **Ant.** Sucio, embarrado, emporcado.

limpieza, higiene, aseo, pulcritud, depuración, nitidez, saneamiento, lavado, desinfección, expurgación, descontaminación, purificación, barrido, fregado, ducha, baño, riego, enjuague, jabonado. **Ant.** Suciedad, incuria, mancha, desaseo, inmundicia.// Pureza, castidad, virginidad, honradez, honestidad, inocencia, candor. **Ant.** Deshonestidad, impureza.// Exactitud, precisión, escrupulosidad, perfección, destreza, nitidez, agilidad. **Ant.** Inexactitud, imprecisión.// Refinamiento, pulimento, meticulosidad.

limpio-pia, pulcro, aseado, atildado, cristalino, higiénico, terso, lavado, barrido, bañado, duchado, regado, enjabonado, expurgado, neto, purificado. **Ant.** Sucio, pringoso.// Casto, virgen, inteacto, inmaculado. **Ant.** Impuro, maculado.// Íntegro, honesto, honrado. **Ant.** Deshonesto.// Exacto, preciso, escrupuloso, perfecto. **Ant.** Inexacto, impreciso.// Libre, despejado, vacío, solo, expedito. **Ant.** Ocupado, cubierto.

linaje, ascendencia, dinastía, estirpe, raza, casta, descendencia, sangre, alcurnia, prosapia, nobleza, abolengo, cepa. **Ant.** Plebeyez.// Especie, género, índole, clase, condición.

linajudo-da, aristocrático, noble, hidalgo, señorial, solariego. **Ant.** Servil, plebe, plebeyo.

linchar, ejecutar, ajusticiar, matar, liquidar, vengarse.

lindante, contiguo, colindante, lindero, confinante, limítrofe, adyacente. **Ant.** Apartado, lejano.

lindar, rayar, confinar, rozar, limitar, tocar, pegar. **Ant.** Distanciar, separar.

linde, borde, orilla, término, límite (v.), confín. **Ant.** Centro, origen.

lindero-ra, limítrofe (v.).

lindeza, hermosura, belleza, preciosidad, primor, encanto, donosidad, gracia, donaire, atractivo, garbo. **Ant.**, Fealdad, imperfección.// Gracia, chiste, piropo, requiebro, lisonja. **Ant.** Grosería, indelicadeza.

lindo-da, bello, hermoso, bonito, primoroso, encantador, donoso, precioso, atractivo, guapo, fino, delicado, gracioso. **Ant.** Feo, horrible, defectuoso.

línea, raya, trazo, rasgo, tilde, guión, barra, vírgula.// Renglón, hilera, fila, ristra.// Trayecto, recorrido, itinerario, vía, dirección, camino.// Límite.

lineal,

linear, rayar, tirar, subrayar.// Bosquejar (v.).

linfa, humor, serosidad, suero, plasma, acuosidad.

lingote, barra (v.).

linterna, farol, lámpara, fanal, luz, reflector, faro, foco.

lío, fardo, envoltorio, bulto, paquete, ovillo.// Enredo,

confusión, embrollo, complicación, desorden, tumulto, dificultad, caos. **Ant.** Orden, paz.// Engaño, mentira, embuste, cuento, chisme, enredo. **Ant.** Verdad, sinceridad.

liquidación, remate, abaratamiento, rebaja, finiquito, venta, saldo, quemazón. **Ant.** Alza, encarecimiento.// Muerte, aniquilación, exterminio, matanza, terminación. **Ant.** Conservación, perdón.

liquidar, saldar, vender, rebajar, ajustar, malvender, abaratar. **Ant.** Encarecer, subir.// Exterminar, matar, extinguir, aniquilar, terminar, destruir, extirpar, rematar. **Ant.** Perdonar, conservar.// Fluir, derretir, fundir, licuar. **Ant.** Solidificar.

líquido, fluido, humor, licor, zumo, jugo, néctar, bebida. **Ant.** Sólido.// Neto, deducido, saldo, residuo.// Libre, exento. **Ant.** Bruto.

lírico-ca, poético, elegíaco, bucólico, idílico, tierno, romántico. **Ant.** Prosaico, vulgar.

lirismo, inspiración, poesía, exaltación, romanticismo. **Ant.** Vulgaridad, prosaísmo.

lisiado-da, inválido, impedido, mutilado, lesionado, imposibilitado, baldado, estropeado, tullido, paralítico. **Ant.** Sano, robusto.

lisiar, mutilar, tullir, impedir, herir, lesionar, dañar, paralizar, imposibilitar, inutilizar, estropear, atrofiar. **Ant.** Rehabilitar, recuperar.

liso-sa, plano, llano, igual, nivelado, recto, horizontal, suave, terso, parejo, raso, chato, uniforme. **Ant.** Áspero, desparejo, escabroso. **Par.** Liza.

lisonja, alabanza, halago, adulación, aplauso, elogio, loa, requiebro, zalamería, obsequio, mimo, floreo. **Ant.** Desaire, crítica, vituperio, insulto.

lisonjear, alabar, halagar, adular, elogiar, requebrar, festejar, aplaudir, mimar. **Ant.** Criticar, insultar, desairar.// Agradar, gustar, deleitar, regalar, satisfacer, complacer. **Ant.** Desagradar.

lisonjero-ra, halagador, adulador (v. lisonja).// Agradable, deleitable, grato, halagüeño, favorable, satisfactorio. **Ant.** Ingrato, desagradable.

lista, inventario, nómina, repertorio, enumeración, índice, registro, catálogo, tabla, cuadro, relación, padrón, minuta, receta, factura, nomenclador, diccionario, léxico.// Tira, línea, banda, franja, veta, tabla, faja, zona, sector, ribete, cinta.

listar, inscribir, apuntar, alistar (v.), inventariar (v.).

listo-ta, rápido, vivo, activo, ligero, diligente, pronto. **Ant.** Lento, tardo, pesado.// Inteligente, despierto, astuto, sagaz, avisado, despabilado, perspicaz, agudo. **Ant.** Tonto, torpe.// Preparado, dispuesto, atento, alerta. **Ant.** Desprevenido.

listón, lista, cinta, faja.// Tabla, listel, madera, moldura.

lisura, tersura, suavidad, finura, igualdad, pulimento. **Ant.** Aspereza, rugosidad.// Dulzura, ingenuidad, afabilidad, sinceridad, franqueza, sencillez, mansedumbre. **Ant.** Malicia, fingimiento.

litera, cama, camastro, catre, yacija, hamaca.// Palanquín, angarillas, andas, silla de manos, camilla.

literal, textual, puntual, preciso, fiel, idéntico, exacto. **Ant.** Libre, impreciso.

literato-ta, escritor, autor, hombre o mujer de letras.

literatura, letras, humanidades, bellas letras.// Obras, textos, escritos, publicaciones.

litigar, debatir, pleitear, demandar, querellarse, denunciar.// Reñir, pelear, contender, altercar. **Ant.** Acordar, convenir, coincidir.

litigio, pleito, querella, juicio, proceso, demanda, actuación, causa.// Disputa, lucha, contienda, diferencia. **Ant.** Acuerdo, paz, avenencia.

litigioso-sa, pleiteante, querellante.// Contencioso, debatible, disputable, cuestionable.

litoral, costero, ribereño.// Playa, costa, orilla, ribera, margen, riba. **Ant.** Interior.

liviandad, deshonestidad, incontinencia, desenfreno, lubricidad, lascivia, impudicia, lujuria, inmoralidad, ligereza. **Ant.** Castidad, honestidad, pureza.

liviano-na, ligero, suave, frágil, sutil, vaporoso, leve, etéreo. **Ant.** Pesado.// Lascivo, libertino, lujurioso, libidinoso. **Ant.** Casto, puro, honesto.// Versátil, voluble, inconsistente, inconstante, mudable. **Ant.** Firme, constante.

lívido-da, amoratado, cárdeno, morado, violáceo.

liza, palestra, campo, plaza, ruedo, arena.// Lucha, combate, lid. **Ant.** Paz, pacificación. **Par.** Lisa.

llaga, herida, úlcera, grieta, pústula, quemadura, lesión, postilla, carnosidad, supuración.

llagar-se, ulcerar, lesionar. **Ant.** Curarse, sanarse.

llama, flama, hoguera, llamarada, lumbre, fogata, candela, fogonazo, chispazo, fulgor, luz (v.), resplandor. **Ant.** Oscuridad, frialdad.// Apasionamiento, ardor, pasión, arrebato, vehemencia, fogosidad. **Ant.** Indiferencia.

llamada, advertencia, señal, nota, signo, corrección. **Ant.** Omisión, olvido.// Llamamiento (v.), telefonazo, grito. **Ant.** Silencio.// Convocatoria, edicto, citación. **Ant.** Rechazo.// Toque, diana, orden, rebato.

llamamiento, llamada, apelación, exhortación, voz, invocación, señal, reclamo, aviso, indicación, convocación, reclamación. **Ant.** Olvido, desdén.

llamar, gritar, reclamar, exhortar, clamar, vocear, dar voces, advertir. **Ant.** Callar, silenciar.// Nombrar, designar, denominar, apellidar. **Ant.** Desdeñar, omitir.// Invitar, citar, atraer, incitar, convocar, avisar. **Ant.** Repeler, olvidar.

llamarada, llama (v.), resplandor, fogata, centelleo, chispazo, fulgor, brillo, fuego, combustión. **Ant.** Apagamiento.// Rubor. **Ant.** Palidez.// Pasión, arrebato, apasionamiento, arranque. **Ant.** Frialdad.

llamativo-va, provocativo, excitante, atractivo, sugestivo, vistoso, extravagante. **Ant.** Sencillo, vulgar, discreto.

llameante, ardiente, chispeante, brillante, rutilante, ardoroso, abrasador, ígneo, incandescente. **Ant.** Apagado.

llamear, arder, flamear, rutilar, relucir, chispear, centellar, brillar, relampaguear. **Ant.** Apagar, enfriar, extinguir.

llaneza, sencillez, naturalidad, familiaridad, simplicidad, modestia, sinceridad, afabilidad, moderación. **Ant.** Soberbia, presunción, ampulosidad, ceremonia.

llano-na, igual, plano, raso, liso, parejo, uniforme, chato. **Ant.** Escarpado, desigual, accidentado.// Accesible, asequible, sencillo, abierto, franco, tratable, campechano. **Ant.** Afectado, inaccesible, protocolario.

llano, llanura (v.).

llanto, lloro, lloriqueo, plañido, gimoteo, gemido, lágrimas, lamento, queja, rabieta, aflicción, lamentación. **Ant.** Risa, júbilo, alegría.

llanura, llano, planicie, plano, estepa, explanada, meseta, sabana, pradera, pampa, páramo, terraza, campiña, era, erial, vastedad, landa. **Ant.** Sierra, montaña, cerro, pendiente.

llave, llavero, llavín, ganzúa, punzón, cerradura.// Zancadilla, presa, traspié.// Clave, cifra, dato, información, vía, camino.// Grifo, obturador, válvula, toma, interruptor, escape, salida.// Pinzas, tenazas, alicates.// Corchete.

llegada, arribo, venida, advenimiento, acceso, aparición, afluencia, alcance, presencia, comparencia. **Ant.** Marcha, partida, ida.

llegar, arribar, venir, afluir, entrar, aparecer, comparecer, presentarse, mostrarse. **Ant.** Partir, salir, marchar.// Obtener, conseguir, lograr, triunfar, vencer. **Ant.** Perder, malograr.// Extenderse, durar, permanecer, alcanzar.

llenar, colmar, henchir, plagar, saturar, hinchar, atiborrar, atestar. **Ant.** Vaciar, derramarse.// Desempeñar, ejercer, ocupar, ejercitar.// Satisfacer, gustar, colmar.// **-se**, hartarse, irritarse.

lleno-na, repleto, colmado, pleno, completo, henchido, preñado, saturado, abarrotado, harto, nutrido, plagado, grávido. **Ant.** Vacío, falto, desprovisto.// Satisfecho, complacido, ahíto, harto. **Ant.** Hambriento.// Hastiado, enfadado, irritado.

llevar, trasladar, transportar, enviar, mandar, portar, acarrear, despachar. **Ant.** Traer.// Sufrir, aguantar, soportar, resignarse, tolerar. **Ant.** Rebelarse.// Conducir, guiar, manejar, dominar, gobernar, mandar. **Ant.** Acatar.// Traer, ponerse, usar, vestir.// **-se**, apropiarse, apoderarse, robar, hurtar, arrebatar. **Ant.** Devolver.

llorar, plañir, gemir, lloriquear, sollozar, hipar, suspirar, lagrimear. **Ant.** Reír.// Sentir, lamentar, deplorar, condolerse, arrepentirse, emocionarse, conmoverse. **Ant.** Alegrarse, olvidar.// Destilar, manar, gotear, segregar. **Ant.** Contener.

lloro, llanto, plañido, lágrimas, llorera, llantera, llantina, sollozo, berrinche, gemido. **Ant.** Risa, sonrisa, alegría, carcajada, hilaridad.

llorón-na, lloroso, plañidero, quejoso, sollozante, quejica, gemebundo. **Ant.** Risueño, alegre.

llover, gotear, lloviznar, diluviar, aguar, rociar, mojar, calar. **Ant.** Amainar, escampar, despejar.// Ensopar, duchar, bañar, regar, mojar. **Ant.** Secar.// Manar, caer, venir, plagar.

llovizna, lluvia (v.).

lloviznar, chispear, garuar, llover (v.).

lluvia, aguacero, chubasco, chaparrón, tormenta, precipitación, nubarrada, temporal, borrasca, tromba, diluvio, llovizna, rocío. **Ant.** Calma, bonanza.// Abundancia, afluencia, copia, inundación, río, raudal, profusión, exceso. **Ant.** Escasez.

lluvioso-sa, tormentoso, borrascoso, inclemente, encapotado, nublado, torrencial, tempestuoso, húmedo, gris, oscuro. **Ant.** Seco, sereno, claro, despejado.

loa, alabanza, elogio, encomio, ponderación, enaltecimiento. **Ant.** Crítica, vituperio.

loable, ensalzable, ponderable, encomiable, elogiable, meritorio, plausible. **Ant.** Denigrable, criticable.

loar, alabar, encomiar, ponderar, elogiar, enaltecer, exaltar, aclamar, celebrar, glorificar. **Ant.** Criticar, denigrar.

lobreguez, tenebrosidad, oscuridad, sombra, tiniebla. **Ant.** Claridad, iluminación.// Amargura, tristeza, melancolía. **Ant.** Alegría, contento.

lóbrego-ga, tenebroso, oscuro, sombrío, lúgubre (v.). **Ant.** Claro, iluminado.

local, lugar, sitio, espacio, punto, paraje.// Sala, recinto, tienda, oficina, habitación.// Regional, comarcal, municipal, provincial, departamental, particular, territorial. **Ant.** Nacional, general, universal.// Localizado, parcial, limitado. **Ant.** Ilimitado.

localidad, paraje, sitio, lugar, territorio, punto, ciudad, pueblo, villa, comarca, población.// Billete, entrada, asiento, butaca.

localizar, situar, ubicar, determinar, emplazar, colocar, fijar, disponer, instalar. **Ant.** Desplazar.// Limitar, circunscribir, restringir, encerrar, confinar, ceñir. **Ant.** Ampliar.// Averiguar, buscar, hallar, detectar, descubrir.

locatario-ria, arrendatario, inquilino.

loción, lavado, baño, enjuague, lavaje.// Colonia, perfume.

loco-ca, demente, alienado, insano, enajenado, delirante, chiflado, orate, lunático. **Ant.** Cuerdo, sano.// Atolondrado, aturdido, irreflexivo, insensato, absurdo, disparatado. **Ant.** Moderado, sensato.

locomoción, transporte, traslación, tracción. **Ant.** Inmovilización.

locuacidad, verbosidad, facundia, elocuencia, palabrería, charlatanería, habladuría, labia. **Ant.** Mutismo, silencio, discreción.

locuaz, charlatán, parlanchín, hablador, facundo, elocuente, verboso, parlero. **Ant.** Callado, mudo, silencioso, huraño.

locución, alocución, frase, dicho, expresión, giro.

locura, demencia, enajenación, alienación, delirio, insania, vasanía, chifladura, desvarío, frenesí, manía. **Ant.** Cordura, lucidez.// Irreflexión, insensatez, disparate. **Ant.** Sensatez, reflexión.

locutorio, confesionario, parlatorio, cabina.

lodazal, barrizal, ciénaga, cenagal, fangal. *Ant.* Páramo, sequedal.

lodo, barro, fango, cieno, légamo, limo.

lógica, razonamiento, dialéctica, razón, conocimiento. *Ant.* Absurdo, insensatez, despropósito.

lógico-ca, racional, natural, normal, sensato, justo, evidente, indiscutible, legítimo. *Ant.* Ilógico, injusto, irracional, ilegal.

logogrifo, enigma, adivinanza, acertijo, rompecabezas.

lograr, conseguir, alcanzar, obtener, recibir, sacar, ganar, poder, gozar, adjudicarse, conquistar, procurarse, triunfar, beneficiarse. *Ant.* Fracasar, perder, ceder.

logrero-ra, especulador, oportunista, usurero. *Ant.* Desinteresado, generoso.

logro, conquista, resultado, ganancia, consecución, producto, consecuencia, fruto. *Ant.* Malogro, fracaso, frustración.

loma, altura, colina, cerro, montículo, altitud. *Ant.* Llanura, planicie.

lomo, espalda, dorso, envés, espinazo, respaldo.// Canto.

longevidad, ancianidad, vejez, conservación, duración, prolongación, perennidad. *Ant.* Juventud, fugacidad, extinción.

longevo-va, viejo (v.), anciano.

longitud, largo, largura, largor, amplitud, extensión, dimensión, magnitud, profundidad, prolongación, distancia. *Ant.* Anchura.

lonja, rodaja, tajada, filete.// Atrio.// Tienda, almacén, mercado.

loor, alabanza, elogio, loa (v.).

losa, lápida, piedra, estela, placa.// Sepulcro, tumba. *Par.* Loza.

lote, división, partición, porción, parte, fracción, parcela. *Ant.* Todo, conjunto.

lotería, rifa, tómbola, juego, suerte.

loza, cerámica, porcelana, mayólica, caolín, terracota, vidrio, vidriado.// Vajilla. *Par.* Losa.

lozanía, verdor, florecimiento, frescura, ufanía, juventud, mocedad, vigor, ánimo, energía, frondosidad. *Ant.* Vejez, debilitamiento, ajamiento.

lozano-na, joven, gallardo, lustroso, robusto, ufano, saludable. *Ant.* Viejo, pasado.// Flamante, verde, fresco, frondoso. *Ant.* Marchito.// Altivo, orgulloso, arrogante. *Ant.* Mustio.

lubricar, engrasar, aceitar, lubrifricar, suavizar.

lubricidad, lascivia, lujuria, obscenidad, impudicia, carnalidad. *Ant.* Honestidad, castidad.

lúbrico-ca, lujurioso, lascivo, libidinoso, deshonesto, impuro, obsceno, concupiscente, sátiro. *Ant.* Casto, puro, honesto.

lubrifricar, lubricar (v.).

lucha, pelea, combate, contienda, batalla, conflicto, lid, justa, pugna, reyerta, pendencia, hostilidad, riña, querella, rivalidad. *Ant.* Concordia, acuerdo, paz.// Trabajo, brega, afán, perseverancia, empeño. *Ant.* Pereza, abulia.

luchador-ra, combativo, guerrero, batallador, lidiador, peleador, competidor, adversario, contendiente, contrincante, rival. *Ant.* Pacifista, componedor.// Trabajador, bregador, afanoso, perseverante. *Ant.* Perezoso, abúlico, desidioso.

luchar, pelear, combatir, guerrear, contender, lidiar, batallar, reñir, discutir, justar, competir, resistir. *Ant.* Pacificar, conciliar, convenir, acordar.// Emprender, perseverar, bregar, trabajar. *Ant.* Abandonarse, desistir, rendirse.

lucidez, claridad, clarividencia, inteligencia, perspicacia, sensatez, discernimiento. *Ant.*, Insensatez, torpeza.// Transparencia, limpidez. *Ant.* Oscuridad.

lucido-da, lozano (v.), robusto, lustroso, hermoso, sano, agradable, gracioso. *Ant.* Feo, débil.

lúcido-da, sagaz, inteligente, perspicaz, agudo penetrante, sensato, sutil. *Ant.* Torpe, negado, insensato.// Resplandeciente, luminoso, transparante. *Ant.* Oscuro, opaco.

Lucifer, diablo (v.).

lucir, exhibir, ostentar, enseñar, revelar. *Ant.* Esconder, ocultar.// Brillar, fulgurar, relucir, resplandecer, iluminar. *Ant.* Apagarse, opacarse.// **-se**, presumir, pavonear, alardear, descollar, sobresalir, aventajar, resaltar, distinguirse. *Ant.* Humillarse, esconderse.// Acicalarse, embellecerse, adornarse. *Ant.* Abandonarse, descuidarse.

lucrar, ganar, lograr, obtener, beneficiarse, rentar, enriquecerse, especular. *Ant.* Perder, desperdiciar.

lucrativo-va, útil, ventajoso, beneficioso, fructífero, provechoso. *Ant.* Perjudicial, desventajoso.

lucro, logro, ganancia, producto, beneficio, provecho, utilidad, rendimiento, ventaja, especulación. *Ant.* Pérdida, ruina, quiebra.

luctuoso-sa, fúnebre (v.), funesto, lamentable, triste (v.). *Ant.* Alegre.

lucubración, elucubración, vela, estudio. *Ant.* Abandono.// Meditación, pensamiento, reflexión. *Ant.* Desinterés, abulia.

lucubrar, elucubrar (v.), crear, planear, urdir, inventar.// Velar.

ludibrio, oprobio, befa, burla, escarnio, desprecio. *Ant.* Loor, enaltecimiento.

luego, pronto, inmediatamente, prontamente, en seguida, rápidamente.// Después. *Ant.* Antes, ahora, ya, tarde.// Por lo tanto, así que.

luengo-ga, largo, alargado, dilatado, amplio, extenso. *Ant.* Breve, reducido.

lugar, sitio, ámbito, situación, punto, parte, espacio, lado, paraje, recinto, local, comarca, localidad.// Tiempo, ocasión, momento, circunstancia.// Empleo, dignidad, cargo.

lugareño-ña, campesino, paisano, aldeano, labriego, rústico, pueblerino. *Ant.* Ciudadano.

lúgubre, lóbrego, sombrío, funesto, tétrico, tenebroso, luctuoso, aciago. *Ant.* Alegre, claro, optimista, luminoso.

lujo, riqueza, boato, ostentación, opulencia, esplendidez, fausto, suntuosidad, profusión, fasto, pompa, derroche, magnificencia. *Ant.* Pobreza, sencillez, humildad.

lujoso-sa, rico, espléndido, opulento, ostentoso, fastuoso, suntuoso, majestuoso, caro, valioso, magnífico. *Ant.* Sencillo, pobre, humilde.

lujuria, liviandad (v.), lascivia (v.), concupiscencia, carnalidad, obscenidad, lubricidad (v.), inmoralidad. *Ant.* Castidad, honestidad, pureza, moralidad, continencia.

lujurioso-sa, lascivo, incontinente, lúbrico, sensual, impúdico, indecente, concupiscente, obsceno, inmoral, vicioso. *Ant.* Casto, honesto, puro.// Exuberante, abundante, ubérrimo, pletórico. *Ant.* Escaso, estéril.

lumbre, fuego, llama, hoguera, fogata, ascua, rescoldo.// Claridad, fulgor, luz, esplendor. *Ant.* Oscuridad.

lumbrera, claraboya, escotilla, abertura, hueco, ventana.// Genio, eminencia, sabio. *Ant.* Inculto, analfabeto.

luminoso-sa, claro, resplandeciente, fulgurante, brillante, radiante, centelleante, lúcido (v.), relumbrante. *Ant.* Oscuro, apagado.// Acertado, inteligente.

lunar, peca, mancha.// Defecto, falta.// Lunario.

lunático-ca, maniático, chiflado, maníaco, loco, extraño, caprichoso. *Ant.* Cuerdo, normal, razonable.

luneta, cristal, lente.

lupanar, prostíbulo, burdel, mancebía.

lustrar, pulir, bruñir, abrillantar, restregar, limpiar, sacar brillo. *Ant.* Empañar, deslucir.

lustre, brillo, barniz, pulimento, brillantez, resplandor. *Ant.* Opacidad.// Fama, honra, gloria, distinción, nobleza, realce, prestigio. *Ant.* Descrédito, deslucimiento, desprestigio.

lustroso-sa

lustroso-sa, brillante, refulgente, terso, pulido, bruñido, liso, suave, resplandeciente, luminoso. *Ant.* Opaco, mate.

luto, duelo, dolor, pena, desconsuelo, tristeza, aflicción. *Ant.* Alegría, contento.

luz, claridad, resplandor, luminosidad, fulgor, destello, luminiscencia, incandescencia, irradiación. *Ant.* Oscuridad, tinieblas, opacidad.// Fuego, llama, candela, foco, candil, faro, lumbre (v.).// Electricidad, energía.// Genio, eminencia.

macabro-bra, fúnebre, mortal, lúgubre, sepulcral, funesto, espeluznante. *Ant.* Alegre, grato, vital.

macana, maza, porra, garrote, palo.// Hacha, machete.// Mentira, embuste.// *Ant.* Verdad, seriedad.// Inconveniente, error, barbaridad.

macanudo-da, magnífico, extraordinario, excelente, estupendo.

macarrónico-ca, defectuoso, ridículo, incorrecto, chapucero. *Ant.* Correcto, depurado, castizo.

macerar, ablandar, amasar, reblandecer, estrujar, prensar, machacar. *Ant.* Endurecer.// Sumergir, diluir. *Ant.* Solidificar.// Mortificar, maltratar, molestar, lastimar, castigar.

maceta, macetón, tiesto, macetero, florero, jarrón.// Maza, macillo.

machacar, triturar, moler, aplastar, macerar, martillar, golpear, deshacer, desmenuzar, quebrantar, desintegrar, destrozar, hacer añicos, hacer pedazos. *Ant.* Apelmazar.// Repetir, insistir, reiterar, importunar, porfiar. *Ant.* Ceder.

machacón-na, pesado, impertinente, insistente, importuno, porfiado, cargante, latoso, reiterativo. *Ant.* Prudente, discreto.

machete, cuchillo, hacha, hoz, podadera, hoja, bayoneta, tajadera, cercenadora.

macho, varón, hombre. *Ant.* Hembra.// Viril, masculino, fuerte, recio, valiente, varonil, robusto, enérgico. *Ant.* Pusilánime, cobarde, afeminado.// Mulo, acémila.// Semental.

machucar, majar, moler, machacar (v.).// Herir, golpear, magullar.

maciento-ta, demacrado, mustio, descolorido, desmejorado, débil, flaco, escuálido, enjuto, alicaído. *Ant.* Robusto, vigoroso, fuerte.

macizo-za, sólido, compacto, apretado, repleto, firme, denso, robusto, recio, duro, resistente, relleno, tenaz. *Ant.* Débil, minado, vacío.// Mata.// Sierra, cordillera, montaña.

mácula, mancha (v.), mancilla (v.), defecto, tacha. *Ant.* Limpieza, perfección.// Engaño, mentira, trampa, embuste. *Ant.* Verdad, honradez.

macular, deshonrar, ofender, calumniar, mancillar (v.).// Manchar (v.). *Ant.* Limpiar, honrar.

madeja, ovillo, rollo, carrete, bobina.

madera, leño, palo, astilla, listón, tabla, tablón, tarugo, travesía, viga, leña (v.), tronco (v.).

madero, tronco (v.), tabla, tablón, tablero, palo, plancha, tirante, poste, puntal, percha, apoyo, listón, viga, tarugo.

madre, origen, causa, raíz, principio. *Ant.* Fin, consecuencia.// Cauce, lecho, cuenca, curso.// Mamá, mama, ama, señora, matrona, hembra, dama, mujer. *Ant.* Padre.// Religiosa, superiora, hermana, sor.// Acequia, alcantarilla.

madriguera, guarida, cubil, cueva, escondrijo, covacha, huronera, ratonera, refugio, agujero.

madrina, comadre, protectora. *Ant.* Padrino.

madrugada, amanecer, alborada, aurora, alba, amanecida, mañana, primeras horas. *Ant.* Atardecer, ocaso, anochecida.

madrugador-ra, tempranero, mañanero, previsor (v.). *Ant.* Noctámbulo, trasnochador, perezoso.

madrugar, amanecer, alborear, levantarse temprano, levantarse al alba. *Ant.* Trasnochar.// Anticiparse, adelantarse, prever. *Ant.* Remolonear, dormirse, retrasarse.

madurar, sazonar, desarrollarse, florecer, fructificar, crecer. *Ant.* Verdear.// Estudiar, pensar, reflexionar, profundizar, meditar, perfeccionarse. *Ant.* Desdeñar, despreocuparse.// Envejecer, avezarse, experimentar, curtirse. *Ant.* Empeorar.

maduro-ra, sazonado, formado, desarrollado, florecido, pletórico, rico. *Ant.* Verde, inmaduro.// Juicioso, reflexivo, sensato, formal, atinado, prudente, avezado. *Ant.* Novato, insensato, alocado.

madurez, sazón, desarrollo, maduración, punto, fructificación. *Ant.* Verdor, precocidad.// Juicio, sensatez, prudencia, reflexión, seriedad, formalidad, experiencia, responsabilidad. *Ant.* Irreflexión, insensatez, inexperiencia, irresponsabilidad.

maestría, habilidad, arte, destreza, industria, pericia. *Ant.* Impericia, inhabilidad, torpeza.

maestro-tra, profesor, educador, preceptor, instructor, pedagogo, ayo, guía. *Ant.* Alumno, discípulo.// Artista, compositor, músico, intérprete, ejecutante.// Experto, ducho, perito, hábil, diestro, avezado. *Ant.* Aprendiz, neófito, principiante.

magia, hechicería, brujería, encantamiento, sortilegio, hechizo, ocultismo, adivinación, superstición. *Ant.* Exorcismo.// Encanto, atractivo, embeleso. *Ant.* Rechazo, repulsión.

mágico-ca, maravilloso, fantástico, extraordinario, seductor, atractivo, fascinador, hechicero, fascinante, impresionante, misterioso, arcano. *Ant.* Corriente, normal, natural.

magín, imaginación (v.), entendimiento, mente, memoria, mollera.

magisterio, enseñanza, instrucción, educación. *Ant.* Analfabetismo, ignorancia.

magistrado-da, juez, soberano, ministro, togado, consejero, censor, tribuno, funcionario.

magistral, perfecto, magnífico, sobresaliente, suerior, estupendo, maravilloso, clásico, ejemplar, colosal, notable. *Ant.* Pequeño, imperfecto, inferior.

magnanimidad, nobleza, generosidad, liberalidad, caridad, grandeza. *Ant.* Ruindad, tacañería, vileza.

magnánimo-ma, generoso, desinteresado, digno, espléndido, grande, noble, liberal, magnífico. *Ant.* Ruin, tacaño, miserable.

magnate, acaudalado, poderoso, importante, principal, grande, prócer, insigne, aristócrata, dignatario, egregio. *Ant.* Insignificante, pobre, humilde.

magnetismo, inducción, imantación (v.), electricidad.// Atracción, atractivo, sugestión, hechizo, fascinación. *Ant.* Repulsión, rechazo.

magnetizar, imantar, inducir, atraer. *Ant.* Desimantar, repeler.// Hipnotizar, fascinar, electrizar. *Ant.* Rechazar, desagradar.

magnificar, ampliar, aumentar, agrandar. *Ant.* Empequeñecer.// Honrar, elogiar, alabar, ensalzar, engrandecer. *Ant.* Humillar, rebajar.

magnificencia, esplendidez, munificencia, liberalidad, generosidad. *Ant.* Tacañería, miseria.// Esplendor, fausto, suntuosidad, brillo, gala, boato, derroche, pavonada, lujo, grandiosidad, majestuosidad. *Ant.* Sencillez, pobreza.

magnífico-ca

magnífico-ca, espléndido, liberal, generoso, munífico. *Ant.* Tacaño, mísero.// Brillante, lujoso, pomposo, suntuoso, majestuoso, regio, soberbio, opulento, fastuoso, magno. *Ant.* Sencillo, humilde.// Excelente, admirable, magistral, genial, grandioso, extraordinario. *Ant.* Insignificante, baladí.

magnitud, dimensión, extensión, tamaño, grandeza, volumen, intensidad, altura.// Importancia, excelencia, sublimidad, consideración. *Ant.* Insignificancia, nadería, futilidad.

magno-na, grande, extraordinario, superior, ilustre, excelso, óptimo, extenso, gigante, colosal. *Ant.* Mínimo, ínfimo, insignificante.

mago-ga, brujo, hechicero, nigromante, taumaturgo, encantador, adivino, vidente. *Ant.* Exorcizador.

magro-gra, descarnado, delgado, enjuto, seco, flaco. *Ant.* Grueso, gordo, grasiento.

magulladura, lesión, contusión, golpe, verdugón, choque, porrazo, señal, daño, moretón, cardenal, equimosis.

magullar, lesionar, maltratar, contusionar, lastimar, golpear, amoratar, marcar, moler, aporrear, zurrar, herir. *Ant.* Cuidar, curar, acariciar.

mahometano-na, musulmán, islámico, islamita, morisco, mudéjar, mozárabe, sarraceno.

majada, redil, aprisco, corral, encierro, refugio, guarida.// Bosta, estiércol.

majadería, bobada, imprudencia, idiotez, simpleza, necedad, imbecilidad, paparrucha, pazguatería, botaratada, zanganada. *Ant.* Sensatez, discreción, prudencia.

majadero-ra, necio, porfiado, sandio, mentecato, fastidioso, tonto, torpe, bolonio, badulaque, incapaz, majaganzas. *Ant.* Inteligente, listo, avispado.

majar, machacar (v.).

majestad, majestuosidad, grandeza, gravedad, soberanía, pompa, esplendor, magnificencia, señorío, realeza. *Ant.* Vulgaridad, pequeñez, ruindad, humildad.

majestuosidad, majestad (v.).

majestuoso-sa, grandioso, admirable, solemne, grave, soberano, pomposo, esplendoroso, magnífico, señorial, principesco, regio, imperial, mayestático, fastuoso, lujoso, ostentoso. *Ant.* Modesto, hmilde, sencillo, vulgar.

mal, daño, perjuicio, deterioro, pérdida, destrucción, catástrofe, calamidad. *Ant.* Beneficio.// Dolencia, enfermedad, sufrimiento, pesar, malestar, padecimiento, molestia, trastorno. *Ant.* Salud.// Maldad, malignidad, vicio, vileza, depravación, iniquidad, crueldad, perversidad, vileza. *Ant.* Bondad.// Desolación, dolor, aflicción, tristeza, amargura. *Ant.* Alegría.

malabarista, equilibrista, prestidigitador, saltimbanqui, ilusionista.// Hábil, astuto, diplomático. *Ant.* Torpe, inhábil.

malacostumbrado-da, malcriado (v.), consentido, mimado, regalado, viciado. *Ant.* Educado, correcto.

malandanza, infortunio, desgracia, desventura, desdicha, contratiempo, adversidad, mala suerte. *Ant.* Fortuna, ventura.

malandrín, maleante, malvado, bellaco, villano, ruin, despreciable, pillo, tuno, astuto, taimado, truhán. *Ant.* Bueno, honrado, sincero.

malaventura, contratiempo, infortunio, desgracia, desventura, malandanza (v.), infelicidad, desdicha. *Ant.* Ventura, felicidad, fortuna.

malaventurado-da, desgraciado, infeliz, desventurado, desdichado, infortunado. *Ant.* Afortunado, feliz.

malbaratar, dilapidar, disipar, malgastar (v.).

malcriado-da, mimado, maleducado, consentido, malacostumbrado (v.), descortés, desatento, caprichoso, grosero, incorrecto, descomedido, inurbano, soez. *Ant.* Educado, fino, correcto, cortés.

malcriar, mimar, consentir, maleducar, tolerar, viciar, enviciar, estropear, regalar, condescender. *Ant.* Educar, corregir, regañar, castigar.

maldad, mal, malicia, malevolencia, perversidad, crueldad, inhumanidad, ruindad, malignidad, vileza, perfidia, iniquidad, injusticia, falsedad, deslealtad, corrupción, pecado, vicio, traición, abyección, bajeza, depravación. *Ant.* Bondad, honradez, nobleza, lealtad, generosidad.

maldecir, blasfemar, increpar, condenar, renegar, insultar, jurar, denigrar, execrar, anatemamizar, vituperar, abominar. *Ant.* Bendecir.// Criticar, murmurar, ofender. *Ant.* Alabar, elogiar.

maldiciente, execrador, blasfemo, detractor, chismoso, murmurador, injurioso, malhablado. *Ant.* Ensalzador, elogioso.

maldición, blasfemia, insulto, anatema, imprecación, condenación, reprobación, repulsa, murmuración, calumnia. *Ant.* Alabanza, encomio, bendición.

maldito-ta, execrable, perverso, malvado, malintencionado, réprobo, condenado, endemoniado, maligno. *Ant.* Bendito, benévolo.

maleable, dúctil, moldeable, flexible, blando, plástico, elástico, manipulable. *Ant.* Rígido, inflexible.// Manejable, dócil, obediente. *Ant.* Indócil, rebelde, desobediente.

maleante, delincuente, malhechor (v.), hampón, forajido, criminal, aventurero, protervo, ruin, villano, ladrón (v.). *Ant.* Honrado, bienhechor, noble.

malecón, dique, rompeolas, tajamar, espigón, muralla, murallón, atracadero, muelle, desembarcadero.

maledicencia, murmuración, denigración, detracción, difamación, insidia, chismorreo. *Ant.* Alabanza, ensalzamiento.

maleficio, agüero, hechizo, sortilegio, magia, embrujo, hechicería, encantamiento, presagio, ensalmo, maldición, brujería, nigromancia. *Ant.* Bendición, beneficio, exorcismo.

maléfico-ca, dañino, maligno, nocivo, pernicioso, perjudicial. *Ant.* Benéfico, propicio.

malestar, molestia, inquietud, desasosiego, angustia, congoja, disgusto, fastidio, pesadumbre, irritación, intranquilidad, descontento, pesar, incomodidad, estrechez. *Ant.* Bienestar, contento, salud, satisfacción.

maleta, valija, maletín, equipaje, cofre, baúl, bolso.

malevolencia, animosidad, odio, resentimiento, enemistad, maldad (v.). *Ant.* Bondad, nobleza.

malévolo-la, malicioso, malo, malintencionado, perverso, hostil, contrario, malvado, enemigo, cruel, insidioso, resentido. *Ant.* Bueno, bondadoso, amigo.

maleza, maraña, zarzal, espesura, mata, matorral.

malgastar, dilapidar, despilfarrar, derrochar, malbaratar, disipar, desperdiciar, desaprovechar. *Ant.* Ahorrar, escatimar, administrar.

malhablado-da, descarado, impertinente, desvergonzado, deslenguado, descocado, descarado, maldiciente (v.), desbocado, soez (v.). *Ant.* Comedido, bienhablado, considerado.

malhadado-da, malaventurado, desdichado, infortunado, desventurado, desgraciado, mísero, infeliz, maldito, miserable, aciago, funesto. *Ant.* Afortunado, feliz, venturoso.

malhechor, ladrón, maleante, criminal, delincuente, forajido, bandolero, asesino, canalla, malvado, perverso, fascineroso, criminal. *Ant.* Bienhechor, bondadoso, honrado.

malhumor, enojo, enfado, descontento, tosquedad, irritación, modestia, impaciencia, hastío, disgusto, desazón, susceptibilidad. *Ant.* Buenhumor, alegría, contento, satisfacción.

malicia, maldad, malignidad, perversidad, astucia, picardía, socarronería, hipocresía.// Sagacidad, suspicacia.// Sospecha, desconfianza, recelo. *Ant.* Ingenuidad, inocencia, confianza, candor.

maliciar, desconfiar, recelar, sospechar, presumir, conjeturar, temer, dudar. *Ant.* Confiar, descubrir.// Inficionar, corromper, dañar, pervertir. *Ant.* Mejorar, beneficiar.

malicioso-sa, astuto, maligno, hipócrita, malvado, sagaz, socarrón, perspicaz, suspicaz, desconfiado, taimado, ladino, bellaco. *Ant.* Ingenuo, confiado, cándido.

malignidad, maldad (v.), perversidad, odio, malicia (v.), infamia, crueldad, vicio. *Ant.* Bondad, caridad.

maligno-na, malo, malicioso, perverso, siniestro, pernicioso, canalla, odioso, depravado, ladino, taimado. *Ant.* Bueno, ingenuo, bondadoso.

malo-la, dañino, perjudicial, nocivo, pernicioso, nefasto. **Ant.** Bueno.// Malvado, maligno, perverso, ruin, malicioso, maleante, vicioso, malévolo, depravado, pérfido, maldito, vil. **Ant.** Bondadoso.// Difícil, penoso, dificultoso, trabajoso, costoso. **Ant.** Fácil.// Deslucido, usado, estropeado, viejo, envejecido, imperfecto, inadecuado. **Ant.** Nuevo, lucido.// Inquieto, revoltoso, alocado, travieso, malcriado (v.). **Ant.** Tranquilo, educado.// Enfermo, indispuesto, aquejado, afectado, dolorido. **Ant.** Sano.

malograr, frustrar, fallar, estropear, desperdiciar, malgastar, deslucir, desairar, perder, echar a perder. **Ant.** Lograr, aprovechar, ganar.

maloliente, fétido, apestoso, hediondo, pestilente, nauseabundo, mefítico, enrarecido, repugnante.

malparado-da, estropeado, maltrecho, deteriorado, descalabrado. **Ant.** Sano, indemne.

malquerencia, hostilidad, enemistad, antipatía, aversión, inquina, repulsión, resentimiento. **Ant.** Amor, cariño, amistad, afecto.

malquistar-se, indisponer, enemistar, desunir, desavenir, engrescar, cizañar. **Ant.** Unir, amistar, acordar, avenirse.

malquisto-ta, desacreditado , desdeñado, discorde, disidente. **Ant.** Bienquisto, avenido, acreditado.

malsano-na, insalubre, dañino, perjudicial, nocivo, insano, pernicioso.// Enfermizo. **Ant.** Saludable.

maltratar, castigar, lastimar, estropear, dañar, herir, golpear, pegar, zarandear, deteriorar, derrengar, moler, romper, descalabrar. **Ant.** Curar, proteger.// Agraviar, ofender, ultrajar, injuriar, abusar, desconsiderar. **Ant.** Elogiar, alabar.

maltrato, desconsideración, ofensa, daño, injuria, menoscabo, insulto, abuso, golpe, lesión, violencia. **Ant.** Agasajo, homenaje, obsequio.

maltrecho-cha, maltratado, estropeado, dañado, perjudicado, malparado, golpeado, lesionado, atropellado, destrozado, roto. **Ant.** Indemne, sano, incólume, beneficiado.

malvado-da, malo (v.), malévolo (v.), odioso, pervertido, injusto, depravado, infame, miserable, desalmado, dañino, perverso, pérfido. **Ant.** Bueno, bondadoso, justo.

malversación, fraude (v.), depredación, desfalco, saqueamiento, desvalijamiento, estafa, robo. **Ant.** Honradez, regularidad.

malversar, defraudar (v.), desfalcar, falsificar, apoderarse, apropiarse, hurtar.

mama, teta, seno, pecho, ubre.

mamar, amamantar, lactar, dar el pecho, succionar, chupar, sorber, chupetear, lamer, ingerir, engullir. **Ant.** Devolver, vomitar.

mamarracho, ridículo, grotesco, raro, extravagante, estrafalario, espantajo, esperpento, espantapájaros, adefesio, hazmerreír. **Ant.** Galán, elegante, apuesto.

mamotreto, libraco, novelón, memorial, cuaderno.// Armatoste, trasto, cachivache.

mamporro, golpe, bofetón, bofetada, puñetazo. **Ant.** Caricia.

manada, rebaño, hato, vacada, tropa, recua, potrada, ganado, piara, tropilla, grey, cardumen, bandada.// Caterva, multitud, muchedumbre, banda.

manantial, surtidor, fuente, fontana, fontanar, pozo, venera, noria.// Origen, principio, germen, nacimiento, comienzo. **Ant.** Final, acabamiento, desembocadura.

manar, brotar, surgir, nacer, fluir, gotear, chorrear, rezumar. **Ant.** Secar, cortar, estancarse, desembocar.// Abundar, sobrar. **Ant.** Escasear.

mancebo, joven, mozo, muchacho, adolescente, chico, zagal. **Ant.** Anciano, adulto.

mancha, suciedad, lámpara, tizne, pringue, tacha, imperfección, señal, marca, huella, pinta, peca, mugre, orín. **Ant.** Limpieza, aseo.// Mancilla (v.), deshonra (v.), mácula (v.). **Ant.** Honra, honor.

manchado-da, sucio, maculado, mugriento, poluto, tiznado, teñido. **Ant.** Limpio, lavado, inmaculado, impoluto.

manchar-se, ensuciar, pringar, tiznar, marcar, emborronar, emporcar, salpicar, enlodar, macular (v.). **Ant.** Limpiarse, lavarse, asearse.// Mancillar (v.), deshonrar (v.), profanar, menoscabar, afrentar, agraviar, ofender. **Ant.** Honrar.

mancilla, mancha, afrenta, deshonra, deshonor, ultraje, agravio, menoscabo, tilde, tacha, baldón. **Ant.** Homenaje, honor, elogio.

mancillar, afrentar, deshonrar, ultrajar, agraviar, menoscabar, ofender, infamar, vejar, oprobiar, manchar (v.). **Ant.** Honrar, enaltecer, ponderar, prestigiar.

mancomunar, aunar, asociar, unir, federar. **Ant.** Desunir, desligar.

mandado, orden, precepto, mandato, mandamiento, prescripción.// Recado, comisión, misión, aviso, noticia.

mandamiento, precepto, orden, mandado, decreto, mandato, ordenanza, edicto, disposición. **Ant.** Sumisión, obediencia.

mandar, ordenar, disponer, imponer, obligar, establecer, prescribir, decretar, dictar, disponer, exigir, encomendar. **Ant.** Obedecer, acatar.// Enviar, remitir, expedir, despachar. **Ant.** Recibir.// Gobernar, presidir, conducir, administrar, guiar, encabezar, acaudillar, regir. **Ant.** Seguir, someterse.// Encargar, comisionar, encomendar. **Ant.** Desautorizar.

mandato, orden, precepto, prescripción, dictamen, pedido, obligación, imposición, decreto, ley, mandamiento (v.), edicto, ordenanza, regla. **Ant.** Obediencia.// Delegación, representación, comisión, encargo, procuración.

mandíbula,maxilar, quijada.

mando, poder, autoridad, dominio, gobierno, señorío, imperio, jefatura, caudillaje, conducción, tutela, dirección, mandato (v.), manejo, comando. **Ant.** Obediencia, acatamiento, sumisión.// Orden, razón, consigna, mandato (v.).

mandón-na, mandamás, jefe, imperioso, despótico, autoritario, dominante, abusón, desconsiderado, tirano. **Ant.** Sumiso, obediente.

manecilla, índice, aguja, manilla, saeta, minutero, segundero.

manejable, manual, transportable, portátil, manipulable, adaptable.· **Ant.** Inmanejable, ingobernable, incómodo.// Dócil, sumiso, obediente, blando. **Ant.** Desobediente, rebelde.

manejar, maniobrar, manipular, operar, emplear, empuñar, utilizar, usar, asir, blandir, esgrimir. **Ant.** Soltar.// Gobernar, conducir, tripular, mandar (v.), dominar. **Ant.** Obedecer, acatar.

manejo, maniobra, intriga, artificio, maquinación, tejemaneje, ardid, práctica, artimaña, empleo, manipulación. **Ant.** Franqueza, sinceridad.// Gobierno, dirección, administración, mando (v.). **Ant.** Acatamiento, obediencia.

manera, modo, forma, estilo, guisa, proceder, método, procedimiento, talante, costumbre, conducta, sistema, técnica, vía, rumbo, regla, medio.

maneras, modales, educación, ademán, aires, porte, modos, moda, gusto.

mango, manillar, asidero, agarradero, puño, empuñadura, manija, tirador, astil, manubrio.

manguera, manga, tubo, goma, conducto.

maní, cacahuete.

manía, capricho, extravagancia, excentricidad, obsesión, antojo, chifladura, rareza, ridiculez, obstinación. **Ant.** Cordura, normalidad.// Rabia, aversión, antipatía, odio, asco, aborrecimiento, animadversión. **Ant.** Simpatía.

maníaco-ca, maniático (v.).

maniatar, atar, sujetar, ligar, aferrar, inmovilizar, trabar, asegurar, esposar, engrillar. **Ant.** Desatar, liberar.

maniático-ca, obseso, monomaníaco, lunático, raro, caprichoso, antojadizo, extravagante, excéntrico, chiflado, ridículo, obstinado. **Ant.** Cuerdo, sensato, reflexivo.

manido-da, visto, gastado, trivial, vulgar, conocido, ajado, sobado, manoseado. **Ant.** Nuevo, original.

manifestación, demostración, exposición, expresión, declaración, ostentación, exteriorización, exhibición, aparición, mostración, seña, divulgación. **Ant.** Ocultación, silencio, inhibición, secreto.// Reunión, asonada, revuelta.

manifestar-se, aparecer, salir, notar, mostrar, publicar, revelar, expresar, exponer, declarar, divulgar, decir, afirmar, asegurar, opinar, exhibir, evidenciar, emitir, comunicar. **Ant.** Callar, esconder, ocultar, encubrir, tapar.

manifiesto

manifiesto, proclama, declaración, escrito, discurso.

manifiesto-ta, claro, evidente, patente, ostensible, sensible, notorio, público, expreso, palpable, palmario, indudable. *Ant.* Oculto, callado, encubierto.

manija, mango (v.), puño, empuñadura, manecilla, manubrio.

manilla, pulsera, abrazadera.// Manecilla, saetera, aguja.// Esposas, ligaduras, argollas, grilletes.

maniobra, operación, ejercicio, entrenamiento, ensayo, adiestramiento, táctica, práctica. *Ant.* Abandono, inoperancia.// Manipulación (v.), manejo, procedimiento, proceso, tarea, faena.// Ardid, intriga, artimaña, treta, artificio, estratagema, maquinación (v.), engaño. *Ant.* Nobleza, sinceridad.

maniobrar, operar, ejercitar, instruir, entrenar, ensayar, adiestrar. *Ant.* Abandonarse.// Manipular (v.), manejar (v.).// Intrigar, maquinar, engañar, tramar. *Ant.* Ayudar.

manipular, maniobrar (v.), manejar (v.), operar, ejecutar, ejercitar, empuñar, tocar, sobar, blandir, esgrimir. *Ant.* Abandonar.// Mandar, maniobrar (v.), entremeterse, disponer, dictar, inmiscuirse, mandonear, ordenar. *Ant.* Abstenerse.

manirroto-ta, derrochador, malgastador, desprendido, liberal, disipador. *Ant.* Ahorrativo, tacaño.

manivela, manubrio, manillar, empuñadura, manija, eje, cigüeña, palanca.

manjar, alimento, sustento, vianda, vitualla, comestible.// Exquisitez, golosina, delicadeza, delicia.

mano, miembro, extremidad, garra, pata, pie, zarpa.// Poder, mando, influencia.// Habilidad, destreza.// Lado, banda, costado, ala, orientación, sentido.// Tirada, juego, partida, lance, jugada, turno.// Capa, baño.// Ayuda, socorro, auxilio.

manojo, ramo, ramillete, fajo, atado, puñado, gavilla, hato, brazada.

manosear, sobar, palpar, tocar, tentar, amnipular (v.), ajar, deslucir, hurgar, sobajar. *Ant.* Respetar, evitar, eludir.

manoseo, manoteo, manejo (v.), toqueteo, sobo, manipulación (v.), palpamiento. *Ant.* Respeto.

manotazo, manotada, guantazo, puñetazo, bofetada, golpe. *Ant.* Caricia.

mansalva (a), sobre seguro, sin peligro, cobardemente. *Ant.* Con valentía, con riesgo.

mansedumbre, docilidad, suavidad, dulzura, benignidad, bondad, apacibilidad, afabilidad, tranquilidad, mesura, moderación, serenidad. *Ant.* Rebeldía, indocilidad.

mansión, residencia, morada, edificio, hogar, vivienda, habitación, casa, caserón. *Ant.* Choza.// Estancia, detención, parada. *Ant.* Prosecución.

manso-sa, dócil, sumiso, apacible, afable, obediente, reposado, tranquilo, dulce, bondadoso *Ant.* Rebelde, indomable.// Domesticado, domado, amansado, doméstico, amaestrado, desbravado. *Ant.* Salvaje, fiera, cerril.

manta, frazada, abrigo, colcha, edredón, mantón, cobertor, cubrecama, cobija.// Tunda, paliza, zurra. *Ant.* Caricia, mimo.

mantear, sacudir, vapulear, levantar.

manteca, grasa, mantequilla, sebo, tocino, gordo, adiposidad, gordura, unto, margarina.

mantel, tapete, lienzo, paño de mesa.

mantener-se, alimentar, nutrir, conservar, proveer, sustentar. *Ant.* Desnutrir, ayunar.// Apoyar, amparar, defender, patrocinar, sostener. *Ant.* Derribar, abandonar.// Perseverar, durar, resistir, quedar. *Ant.* Renunciar, abjurar.

mantenimiento, manutención, alimento, subsistencia, sustento, provisión. *Ant.* Ayuno, hambre.// Conservación, protección, sostenimiento, sustentación, cuidado, vigilancia, asistencia, amparo. *Ant.* Abandono, desinterés, desamparo.

mantilla, velo, rebozo, toca, mantón, manto (v.), tul.

manto, mantilla (v.), túnica, clámide, veste, toga, mantón, capa, hábito, bata, chal, rebozo, abrigo.// Yacimiento, veta, capa, estrato, franja.

mantón, chal, manta, manto, capa, pañoleta, capote.

manual, manejable, portátil. *Ant.* Inmanejable.// Casero, artesano, obrero. *Ant.* Mecánico.// Manso, dócil. *Ant.* Rebelde, indómito.// Compendio, sumario, resumen, breviario, tratado, recopilación, borrador. *Ant.* Ampliación.

manubrio, manija, puño, empuñadura, manivela, mango, asidero.

manufactura, obra, producto, confección, fabricación, producción, elaboración, montaje, hechura, ejecución.// Industria, fábrica, taller, factoría, empresa.

manufacturar, fabricar (v.).

manumisión, liberación, emancipación (v.).

manuscrito, escrito, libro, documento, códice, pergamino, original (v.), apunte. *Ant.* Impreso, copia, reproducción.

manutención, mantenimiento (v.), sostenimiento, protección, amparo, conservación.// Alimentación, proveeduría, sustento, provisión. *Ant.* Abandono, desinterés.

maña, habilidad, destreza, maestría, arte, ingenio, pericia, aptitud, práctica, experiencia. *Ant.* Inhabilidad, torpeza.// Astucia, picardía, ardid, artería, sagacidad, treta, artificio. *Ant.* Ingenuidad, candor.// Vicio, hábito, resabio.

mañana, día, madrugada (v.), alborada, amanecer, aurora, amanecida. *Ant.* Tarde.// Al día siguiente, después, más tarde, temprano, pronto. *Ant.* Hoy, ahora, ayer, antes.// Futuro, porvenir. *Ant.* Pasado.

mañoso-sa, hábil, diestro, ingenioso, habilidoso, perito, astuto, sagaz. *Ant.* Torpe, inhábil, desmañado.// Malicioso, artero, mañero (v.). *Ant.* Ingenuo, simple.// Resabiado (v.), vicioso.

mapa, plano, carta, planisferio, atlas, mapamundi.

maqueta, proyecto, reproducción, modelo, diseño, bosquejo, esbozo, muestra, prototipo, miniatura.

maquiavélico-ca, taimado, hipócrita, astuto, falso, engañoso, retorcido, falaz, solapado, tortuoso. *Ant.* Ingenuo, sincero, honrado, recto.

maquillar-se, acicalar, arreglar, pintar, retocar, embellecer. *Ant.* Lavar, afear.

máquina, aparato, artificio, mecanismo, artefacto, instrumento, herramienta, artilugio, utensilio.

maquinación, ardid, trama, intriga, confabulación, conspiración, conjura, maniobra (v.), treta. *Ant.* Sinceridad, ayuda.

maquinal, involuntario, automático, irreflexivo, reflejo, indeliberado, habitual, instantáneo, espontáneo, inconsciente, intuitivo. *Ant.* Pensado, consciente, deliberado.

maquinar, pensar, tramar, urdir, maniobrar (v.), conspirar, fraguar, forjar, intrigar, tejer. *Ant.* Abstenerse.

mar, océano, piélago, ponto.// Cantidad, infinidad, profusión, abundancia, multitud, vastedad.

maraña, maleza, espesura, hojarasca, zarzal, aspereza, broza, breña, matorral. *Ant.* Claro.// Confusión, desorden, caos, embrollo, lío, enredo. *Ant.* Orden, desenredo.// Engaño, embuste. *Ant.* Verdad.

maravilla, milagro, portento, prodigio, asombro, fenómeno, singularidad, preciosidad, utopía. *Ant.* Espanto, horror, fealdad, vulgaridad.// Entusiasmo, pasmo, sorpresa, aturdimiento. *Ant.* Desinterés, indiferencia.

maravillar-se, sorprender, admirar, asombrar, fascinar, suspender, extrañar, eslumbrar. *Ant.* Desilusionar, disgustar.

maravilloso-sa, prodigioso, admirable, espléndido, portentoso, fascinador, extraordinario, fantástico, sobrenatural, milagroso, mágico, inusitado, encantador, inesperado, inefable, sobrehumano. *Ant.* Natural, corriente, común.

marbete, etiqueta, precinto, cédula, señal.// Orilla, filete, perfil.

marca, provincia, distrito, territorio, comarca, región.// Señal, huella, vestigio, pista, rastro, cicatriz, mancha, traza, pisada, estigma.// Lema, rúbrica, etiqueta, rótulo, estampilla, insignia, distintivo, sello.// Récord, resultado.

marcar, distinguir, discriminar, diferenciar, destacar. *Ant.* Confundir, mezclar.// Sellar, imprimir, tatuar, estampillar, rotular, etiquetar, indicar, signar, estampar, denominar, señalar, remarcar. *Ant.* Borrar, olvidar.// Apuntar, puntuar.

marcha, paso, avance, tren, movimiento, camino, traslación, tránsito, jornada, viaje, recorrido. *Ant.* Inmovilidad, permanencia.// Partida, abandono, destierro, salida, éxodo, traslado, emigración, fuga. *Ant.* Venida, llegada, regreso.// Giro, rumbo, trayectoria, dirección.

marchar, caminar, moverse, andar, desplazarse, trasladarse, circular, dirigirse, transitar, recorrer, viajar, ir, avanzar. *Ant.* Detenerse, pararse.// Salir, abandonar, partir, zarpar, largarse, dejar, emigrar, fugarse. *Ant.* Venir, llegar.// Funcionar, moverse. *Ant.* Detenerse.

marchitar-se, ajar, deslucir, secar, languidecer, mustiar. *Ant.* Enlozanar, reverdecer.// Enflaquecer, debilitar, adelgazar. *Ant.* Vigorizar, robustecer.// Envejecer, arrugarse. *Ant.* Rejuvenecer.

marchito-ta, ajado, mustio, deslucido, agostado, seco, reseco, desfalleciente, arrugado, envejecido, gastado, muerto. *Ant.* Lozano, nuevo, fresco, vigoroso.

marcial, guerrero, militar, castrense, bélico, soldadesco. *Ant.* Civil.// Valiente, aguerrido, bizarro, intrépido, varonil, gallardo, arrojado. *Ant.* Cobarde, tímido, pacífico.

marco, cerco, recuadro, cuadro, guarnición, encuadre.

marea, flujo, reflujo, bajamar, pleamar, resaca, corriente.

marear, incomodar, molestar, importunar, insistir, irritar, agobiar, hostigar, abrumar, aburrir, turbar. *Ant.* Alegrar, facilitar.// -se, indisponerse, desvanecerse, desmayarse, aturdirse, afectarse, desfallecer. *Ant.* Reponerse, recuperarse.

marejada, oleaje.// Excitación, desorden, agitación, alboroto, perturbación. *Ant.* Calma, orden, tranquilidad.

maremágnum, desorden, tumulto, confusión. *Ant.* Orden, tranquilidad.// Muchedumbre, abundancia, profusión. *Ant.* Escasez, carencia.

mareo, desfallecimiento, desvanecimiento, vahído, desmayo, síncope. *Ant.* Restablecimiento, recuperación.// Importunación, molestia, ajetreo, engorro. *Ant.* Sosiego.

margen, orilla, borde, canto, lado, arista, filo, costado, extremo, ribera, límite. *Ant.* Centro.// Beneficio, ganancia, fruto, rendimiento, diferencia, dividendo. *Ant.* Pérdida.// Diferencia, aproximación, tolerancia, permiso.

marginar, alejar, postergar, arrinconar. *Ant.* Acercar.// Apostillar, anotar, apuntar.

marica, maricón (v.).

maricón, pusilánime, cobarde, apocado, afeminado. *Ant.* Viril, varonil.// Homosexual (v.), invertido (v.), sodomita.

maridaje, enlace, unión, vínculo, afinidad, conformidad, correspondencia. *Ant.* Desunión, discrepancia.// Matrimonio, casamiento, alianza. *Ant.* Divorcio, separación.

maridar, casar, enlazar, unirse, desposar. *Ant.* Divorciarse, separarse.// Anexar, juntar, unir, vincular, enlazar. *Ant.* Desunir.

marido, cónyuge, esposo, consorte, compañero, contrayente. *Ant.* Esposa, mujer.

marina, náutica, navegación.// Armada, flota, escuadra.// Litoral, costa, ribera.

marinero, navegante, tripulante, marino (v.).

marino, náutico, oceánico, marítimo, naval.// Navegante, marinero (v.), tripulante, piloto, oficial.

marioneta, títere, fantoche, muñeco, pelele, monigote.

mariposa, lamparilla, luz, vela, candil, mecha.

marisco, crustáceo, molusco.

marisma, pantano, cenagal, ciénaga, charca, laguna. *Ant.* Secano, desierto.

marítimo-ma, náutico, naval, marino (v.), marinero.// Oceánico, litoral, costero, ribereño.

marmita, olla, puchero, cacerola, cazuela, perol, pote.

maroma, soga, cable, cuerda, cordel, cabo, cable, amarra, cordón.

marquesina, pabellón, cobertizo, cubierta, resguardo, dosel.

marra, vacío, carencia, falta, ausencia. *Ant.* Presencia.// Error, defecto, yerro, equivocación. *Ant.* Acierto.

marrano-na, puerco, cochino, sucio, inmundo, mugriento, asqueroso, repugnante, deseado, roñoso. *Ant.* Limpio, aseado, noble, decente.// Cerdo, puerco, lechón, cochino.

marrar, errar, fallar, malograr, equivocarse, desviarse. *Ant.* Acertar, atinar.// Faltar, carecer.

marro, marra (v.), falta, defecto, laguna, vacío. *Ant.* Presencia.// Error, equivocación, desacierto. *Ant.* Acierto.

marrón, pardo, castaño.

marrullero-ra, tramposo, astuto, ladino, truhán, bellaco, taimado, engañador, fraudulento, pícaro, embaucador. *Ant.* Sincero, honrado, noble.

martillar, martillear, percutir, machacar (v.), golpear, batir, clavar, macear.

martillo, mazo, maza, macillo, porra, percusor.

mártir, víctima, supliciado, sacrificado, inmolado, héroe, santificado. *Ant.* Renegado, apóstata.

martirio, suplicio, tormento, tortura, sufrimiento, padecimiento, sacrificio.// Pena, angustia, dolor, amargura, aflicción, pesadumbre, penitencia, agobio. *Ant.* Placer, alegría.

martirizar, torturar, atormentar, sacrificar, inmolar, matar.// Afligir, importunar, angustiar, mortificar, molestar, inquietar. *Ant.* Agradar, contentar.

mas, pero, empero, si bien, no obstante.

masa, materia, volumen, conjunto, cuerpo, aglomeración, suma, junta, compuesto, densidad.// Pasta, mezcla, mazacote, argamasa.// Pueblo, multitud, muchedumbre. *Par.* Maza.

masacrar, aniquilar, matar, exterminar, destruir, destrozar, extinguir. *Ant.* Perdonar, salvar.

masacre, exterminio, matanza, carnicería, aniquilación, liquidación, destrucción. *Ant.* Perdón, reparación.

masaje, fricción, friega, frote, amasamiento.

mascar, masticar (v.), triturar, rumiar, ronchar, moler, roer. *Ant.* Tragar, chupar.// Mascullar (v.).

máscara, antifaz, careta, mascarón, mascarilla, velo, disfraz.// Disimulo, embozo. *Ant.* Sinceridad, franqueza.

mascota, fetiche, talismán, amuleto, ídolo.

masculinidad, virilidad, hombría, valentía, fortaleza, reciedumbre, energía, coraje. *Ant.* Feminidad, debilidad.

masculino-na, viril, varonil, hombruno, vigoroso, fuerte, macho, machote. *Ant.* Femenino, endeble, afeminado.

mascullar, mascar (v.), masticar (v.).// Balbucir, murmurar, farfullar, cuchichear, musitar, susurrar, barbotear. *Ant.* Vocear, gritar, articular.

masticar, mascar (v.), triturar, rumiar, desmenuzar, roer, moler, comer, ronchar, tascar, mordisquear, morder. *Ant.* Tragar, chupar.// Considerar, reflexionar.

mástil, palo, asta, mastelero, percha, vara, verga, poste, pértiga.// Apoyo, puntal, fuste.

masturbación, onanismo (v.).

mata, arbusto, maleza, matojo, seto, matorral, zarza.

matadero, desolladero, degolladero, macelo, sacrificadero.

matador, homicida, criminal, asesino.// Torero, espada.

matadura, herida, llaga, cicatriz, úlcera.

matalón, matalote, jamelgo, rocín, matungo, mancarrón.

matanza, mortandad, estrago, exterminio, degollina, carnicería, masacre (v.)., aniquilación.

matar, asesinar, acabar, sacrificar, suprimir, eliminar, ejecutar, fusilar, exterminar, degollar, guillotinar. *Ant.* Revivir, resucitar.// Apagar, extinguir, atenuar, despabilar. *Ant.* Reanimar.// Aniquilar, destrozar, masacrar, suprimir. *Ant.* Salvar.// Penar, castigar, violentar, obligar, atormentar. *Ant.* Perdonar.

matarife, carnicero (v.), matachín, jifero, descuartizador.

matasanos, medicastro, medicucho, mediquillo. *Ant.* Eminencia.

mate, amortiguado, opaco, apagado, atenuado, empañado, deslucido, borroso, pálido. *Ant.* Brillante, resplandeciente.

matemático-ca, exacto, riguroso, preciso, estricto, fiel, justo, cabal. *Ant.* Equivocado, impreciso, incierto.

materia, elemento, sustancia, principio, cuerpo, ingrediente, componente, constituyente, masa, cuerpo, parte. *Ant.* Espíritu, nada.// Asunto, motivo, cuestión, caso, sujeto.// Razón, motivo, origen.// Asignatura, disciplina, estudio, tratado.

material, tangible, palpable, sustancial, corpóreo, orgánico, esencial. *Ant.* Inmaterial, invisible, espiritual.// Ingrediente, materia (v.).// Instrumento, herramienta, equipo, enseres.

materialismo, utilitarismo, empirismo, pragmatismo, racionalismo. **Ant.** Idealismo, espiritualismo.// Codicia, avidez, acomodación. **Ant.** Altruismo.

materialista, utilitario, práctico, empírico, pragmático, realista, racionalista. **Ant.** Espiritual, idealista.// Ávido, codicioso, vulgar, grosero, torpe, egoísta. **Ant.** Altruista, generoso.

materializar-se, concretar, realizar, confirmar, encarnar, surgir, aparecer. **Ant.** Idealizar, simbolizar, desaparecer.

maternal, materno, solícito, cariñoso, afectuoso, cuidadoso. **Ant.** Negligente, descuidado.

materno-na, maternal (v.).

matinal, matutino, temprano, mañanero, tempranero. **Ant.** Vespertino.

matiz, tonalidad, tono, tinte, gradación, viso, tornasol, gama, escala.

matizar, colorear, graduar, difuminar, sombrear, teñir (v.), variar, diversificar, combinar. **Ant.** Uniformar, desteñir, decolorar.

matón, valentón, bravucón, pendenciero, fanfarrón, jactancioso, camorrista, perdonavidas. **Ant.** Cobardón, tímido.

matorral, maleza (v.), espesura, zarzal, maraña (v.), barzal. **Ant.** Claro.

matraca, molestia, repetición, importunación, porfía, insistencia, pesadez. **Ant.** Discreción, oportunidad.// Burla, engaño, broma, zaherimiento.

matrero, astuto, avezado, avisado, diestro.// Receloso, suspicaz, perspicaz, sagaz.// Vagabundo, bandolero.

matrícula, lista, catálogo, censo, cómputo, padrón, estadística.// Documento, permiso, licencia, patente.// Inscripción, registro, enrolamiento. **Ant.** Baja.

matricular-se, inscribir, alistar, enrolar, anotar, empadronar, registrar, apuntar, asentar, catalogar. **Ant.** Separar, dar de baja, salirse, borrarse.

matrimonial, marital, conyugal, nupcial, connubial.

matrimoniar, casarse, desposarse, enlazarse, maridar (v.).

matrimonio, casamiento, enlace, boda, desposorio, nupcias, casorio, himeneo, esponsales, alianza. **Ant.** Divorcio, separación.// Cónyuges, esposos, consortes, pareja.

matriz, molde, cuño, troquel.// Útero, claustro, seno.

matrona, madre, madraza, señora, ama, dama, mujer.// Comadrona, partera.

matutino-na, temprano, matinal (v.). **Ant.** Vespertino, nocturno.

maula, perezoso, vago, holgazán. **Ant.** Activo, diligente.// Taimado, ladino, bellaco, tunante. **Ant.** Ingenuo, inocente.// Tramposo, deudor, acreedor, moroso. **Ant.** Honrado, pagador.

maullar, miar, mayar.

mausoleo, sepulcro, túmulo, tumba, panteón, lápida, sepultura, sarcófago.

máxima, sentencia, proverbio, adagio, concepto, pensamiento, axioma, precepto, regla, apotegma, moraleja, principio, fórmula, locución, refrán, aforismo.

máxime, sobre todo, más, con más razón, mayormente, principalmente, especialmente. **Ant.** Menos aún, en segundo término.

máximo-ma, mayúsculo, supremo, culminante, inmenso, enorme, colosal, sumo. **Ant.** Mínimo, exiguo.// Extremo, límite, tope, fin, remate, cumbre, culminación, récord. **Ant.** Mínimo, principio.

mayestático-ca, majestuoso (v.), solemne, imponente, regio, señorial. **Ant.** Sencillo, humilde, sobrio.

mayólica, cerámica, loza.

mayor, grande, sumo, considerable, magno, desmesurado, descomunal, principal. **Ant.** Menor, inferior, insignificante.// Jefe, superior, cabeza. **Ant.** Subordinado, súbdito.// Viejo, anciano, añoso, veterano, maduro. **Ant.** Joven, menor.

mayoral, caporal, conductor, mozo.// Cochero.// Capataz, encargado.

mayorazgo, primogenitura.// Primogénito, heredero.

mayordomo, administrador, servidor, camarero, sirviente, encargado, intendente.

mayoría, mayor edad, emancipación. **Ant.** Minoridad.// Superioridad, ventaja. **Ant.** Inferioridad, desventaja.// Generalidad, totalidad, pluralidad, multiplicidad. **Ant.** Minoría.// Grandeza, vastedad, inmensidad. **Ant.** Pequeñez.

mayúscula, inicial, capital. **Ant.** Minúscula.

mayúsculo-la, grande, considerable, enorme, colosal, máximo (v.), intenso, fenomenal. **Ant.** Minúsculo, insignificante, pequeño.

maza, mazo, porra, martillo, cachiporra, garrote. **Par.** Masa.

mazacote, masa, pasta, bodrio, bazofia, pegote. **Ant.** Manjar, exquisitez.// Esperpento, chapucería, pesadez, tosquedad. **Ant.** Ligereza, gracia.

mazmorra, calabozo, prisión, celda, cárcel, sótano, subterráneo, cueva.

mazo, maza (v.), macillo, martinete, martillo.// Manojo, hato, atado, fajo.

mazorca, panocha, panoja, espiga, panícula, choclo.

meandro, curva, recoveco, sinuosidad. **Ant.** Recta.

mear-se, orinar, evacuar, excretar.

mecánica, marcha, funcionamiento, manejo, ingeniería (v.).// Mecanismo (v.).

mecánico, ingeniero, técnico, operario.

mecánico-ca, maquinal, instintivo, espontáneo, inconsciente, automático, involuntario. **Ant.** Premeditado, voluntario.// Dinámico, automático, móvil.

mecanismo, dispositivo, ingenio, aparato, artificio, artefacto, engranaje, estructura, utensilio, herramienta, instrumento.// Funcionamiento, organización, procedimiento, proceso.

mecanizar, motorizar, industrializar, automatizar. **Ant.** Manufacturar.

mecanografía, dactilografía, estenotipia.

mecanógrafo-fa, dactilógrafo, estenotipista, tipiador.

mecenas, protector, tutor, defensor, patrocinador, benefactor, bienhechor, filántropo. **Ant.** Enemigo.

mecer-se, oscilar, balancear, acunar, columpiar, mover, agitar. **Ant.** Parar, detener, aquietar.

mecha, filamento, pabilo, cuerda.// Espiga, eje.// Mechón (v.).

mechón, guedeja, bucle, mecha, greña, rizo, flequillo, pelambre, mata, crin, vellón.

medalla, medallón, placa, moneda, insignia, distintivo.// Condecoración (v.), premio, galardón, honor, distinción.

medallón, medalla (v.).

médano, duna, arenal, montículo, bajío.

media, calcetín, escarpín.

mediación, intervención, intervraje, intercesión, concordia, conciliación, comisión, buenos oficios. **Ant.** Ausencia, desentendimiento, desacuerdo.// Alcahuetería.

mediador-ra, árbitro, intermediario, intercesor, juez, conciliador, arreglador, pacificador, negociador, gestor. **Ant.** Desinteresado, indiferente, enemigo, intrigante.

medianero-ra, mediador (v.).// Vecino, intermedio, lindante, colindante, frontero, fronterizo. **Ant.** Alejado, distante.

medianía, mediocridad, vulgaridad, chabacanería, término medio, medianidad, pequeñez, moderación. **Ant.** Talento, excelencia, grandeza.// Mediano (v.), intermedio (v.).

mediano-na, intermedio, regular, moderado, limitado, mediocre, módico, pasable, razonable. **Ant.** Superior, excelente, destacado, inferior.

mediar, equidistar, promediar.// Arbitrar, negociar, interceder, componer, reconciliar. **Ant.** Desinteresarse, enemistar, malquistar.// Sobrevenir, ocurrir.// Transcurrir, pasar.

medicación, tratamiento, terapéutica, régimen, cura, prescripción, remedio.

medicamento, medicina (v.), medicación (v.), remedio, poción, específico, droga, pócima, brebaje.

medicina, medicamento (v.), fármaco, preparado, ingrediente, elixir.

medicinal, curativo, medicamentoso, terapéutico, beneficioso. **Ant.** Perjudicial, dañino.

medición, medida (v.), mesuración, evaluación, verificación.

médico-ca, galeno, facultativo, terapeuta, especialista.
medida, tamaño, proporción, cantidad, dimensión, talla, envergadura, longitud, anchura, grosor, volumen, calibre, capacidad, magnitud.// Orden, disposición, regla, decreto, mandato, norma. **Ant.** Abstención, abandono.// Medición.// Moderación, mesura, circunspección, prudencia, sensatez, discreción. **Ant.** Exceso, indiscreción, desmesura.
medio, mitad, centro, núcleo. **Ant.** Borde, periferia, exterior.// Manera, modo, procedimiento, vía, método, técnica, instrumento, recurso.// Auxilio, influencia, asistencia. **Ant.** Desamparo.// Ambiente, espacio, sitio, terreno, zona.// **-dia**, Mediano, mediocre, regular, neutro. **Ant.** Destacado.
medios, bienes, recursos, ingresos, renta, hacienda, caudal, patrimonio, capital. **Ant.** Carencia, pobreza, indigencia.// Armas, táctica, munciones, útiles.// Formas, métodos, procedimientos, recursos.
mediocre, mediano, vulgar, medio, común, regular, mezquino, imperfecto, ruin, inferior, sencillo, simple, limitado. **Ant.** Superior, talentoso, notable.
mediocridad, medianía (v.), vulgaridad, insignificancia, mezquindad, pequeñez, insuficiencia, inferioridad. **Ant.** Grandeza, importancia, singularidad.
medir, mesurar, calcular, calibrar, evaluar, contar, comparar, regular, apreciar, verificar, comprobar, estimar, examinar, juzgar.// **-se**, competir, rivalizar, desafiar, contender.
meditabundo-da, pensativo, meditativo, reflexivo, ensimismado, abstraído, enfrascado, cavilante, reconcentrado, absorto, preocupado. **Ant.** Distraído, despreocupado.
meditación, reflexión, cavilación, pensamiento, lucubración, atención, examen, deliberación, recogimiento, cogitación. **Ant.** Irreflexión, distracción, despreocupación.
meditar, pensar, cavilar, recapacitar, reflexionar, estudiar, discurrir, lucubrar, enfrascarse, madurar, considerar, ensimismarse. **Ant.** Desinteresarse, despreocuparse, distraerse.
mediterráneo-a, interior, interno. **Ant.** Exterior, externo.// Meridional. **Ant.** Septentrional.// Marítimo, costero, litoral.
medrar, progresar, mejorar, prosperar, crecer, florecer, enriquecerse. **Ant.** Arruinar, descender, disminuir.
medroso-sa, cobarde, miedoso, pusilánime, timorato, asustado, receloso, asustadizo. **Ant.** Valiente, osado, atrevido.
médula o **medula**, meollo, sustancia, tuétano, pulpa, centro, esencia, núcleo. **Ant.** Superficialidad, exterioridad.
medular, sustancial, esencial, fundamental. **Ant.** Secundario, auxiliar.
mefítico-ca, impuro, venenoso, dañino, tóxico, fétido, ponzoñoso, malsano, infecto, irrespirable. **Ant.** Sano, puro, beneficioso.
megáfono, altavoz, altoparlante, amplificador.
mejilla, carrillo, cachete, moflete, pómulo.
mejor, superior, perfecto, deseable, excelente, supremo, aventajado, alto, sumo, preeminente, sobresaliente, óptimo. **Ant.** Peor, inferior, malo, insignificante, imperfecto.
mejora, mejoría, progreso, adelanto, medra, aumento, perfeccionamiento, superación, acrecentamiento, expansión, incremento, prosperidad. **Ant.** Empeoramiento, retroceso, desventaja, ruina.// Oferta, puja, superación.
mejoramiento, aumento, perfección, progreso, provecho, ventaja, mejora (v.), bonificación, remedio. **Ant.** Empeoramiento, desventaja, fracaso.
mejorar, progresar, adelantar, desarrollar, prosperar, perfeccionar, florecer. **Ant.** Empeorar, desmejorar.// Arreglar, corregir, renovar, reparar, embellecer, enriquecer. **Ant.** Estropear, deteriorar.// Despejar, serenarse, aclarar, escampar. **Ant.** Nublarse, empeorar.// **-se**, curarse, sanarse, aliviarse, recuperarse, restablecerse. **Ant.** Recaer, agravarse.
mejoría, progreso, mejora (v.), adelantamiento, ventaja, perfeccionamiento. **Ant.** Desmejoramiento, empeoramiento, retroceso.// Alivio, restablecimiento, rehabilitación. **Ant.** Agravamiento, recrudecimiento.

mejunje, brebaje, bebedizo, pócima, medicamento.
melancolía, tristeza, nostalgia, añoranza, ansia, pesadumbre, desconsuelo, pena, cuita, aflicción. **Ant.** Alegría, contento, satisfacción.
melancólico-ca, triste, sombrío, afligido, nostálgico, mustio, pesaroso, cuitado. **Ant.** Alegre, optimista, contento, vivaz.
melena, cabello, cabellera, pelambre, mechas, guedejas, mata, greñas. **Ant.** Calva.
meliflua-flua, dulzón, meloso, almibarado.// Melindroso, delicado, mimoso. **Ant.** Natural, sencillo, tosco.
melindre, escrúpulo, remilgo, ridiculez, pamplina, ñoñería, afectación, cursilería. **Ant.** Sencillez, sobriedad, seriedad.// Dulce, golosina, bocadillo.
melindroso-sa, escrupuloso, melifluo (v.), remilgado, mimoso, quisquilloso. **Ant.** Sencillo, sobrio, natural.
mella, hendidura, rotura, falla, grieta, hueco, entrante, vacío.// Deterioro, desperfecto, desgaste. **Ant.** Incolumidad, integridad.// Impacto, huella, impresión. **Ant.** Indiferencia.
mellado-da, dentado, hendido, desgastado, roto, deteriorado, gastado, embotado, romo, chato, desafilado.// Menoscabado, arruinado, deteriorado. **Ant.** Entero, completo.
mellar-se, deteriorar, menoscabar, arruinar, mancillar, mermar, estropear, disminuir. **Ant.** Reparar, beneficiar.// Desafilar, embotar, gastar. **Ant.** Afilar.
melodía, armonía, musicalidad, cadencia, acorde, ritmo. **Ant.** Discordancia.
melodioso-sa, musical, armonioso, cadencioso, sonoro, rítmico, timbrado. **Ant.** Desacorde, inarmónico.// Agradable, suave, grato, delicioso. **Ant.** Desagradable, enojoso.
melodrama, tragedia, drama, tragicomedia.// Falsedad, patetismo, emoción. **Ant.** Realidad.
meloso-sa, melindroso (v.), empalagoso, remilgado, melifluo (v.), almibarado.
membrana, tejido, piel, tegumento, capa, túnica, cápsula, película, pellejo, tela.
membrete, rótulo, título, encabezamiento, nombre, epígrafe, sello, aviso, anotación, nota, lema.
membrudo-da, corpulento, fornido, forzudo, robusto, vigoroso, atlético, musculoso, fortachón. **Ant.** Esmirriado, alfeñique, escuálido.
memo-ma, tonto (v.), sandio, lelo, bobo, mentecato, necio (v.), simple (v.), fatuo, imbécil, tilingo. **Ant.** Listo, sagaz, despierto, talentoso.
memorable, evocable, recordable, inolvidable, famoso, célebre, notable, importante, famoso, glorioso, imperecedero. **Ant.** Insignificante, despreciable, oscuro.
memorándum, agenda, memorial, vademécum, libreta.// Comunicación, nota, despacho, aviso, parte, circular.
memoria, recuerdo, reminiscencia, rememoración, recordación, conmemoración, evocación. **Ant.** Olvido.// Retentiva.// Escrito, memorándum, informe, relación, memorial.
memorial, ruego, demanda, solicitud, petición, memorándum (v.), mensaje.
memorizar, recordar, retener, estudiar. **Ant.** Olvidar, borrar.
menaje, ajuar, moblaje, equipaje, enseres.// Loza, vajilla.// Material.
mención, alusión, citación, cita, referencia, indicación, recuerdo, memoria, llamada, evocación, insinuación, sugerencia. **Ant.** Olvido, omisión, silencio.
mencionar, citar, nombrar, aludir, referirse, evocar, llamar, recordar, insinuar, sugerir. **Ant.** Omitir, olvidar, silenciar.
mendaz, falso, falaz, embustero, fingido. **Ant.** Auténtico, veraz.
mendicidad, limosna, mendicación, perdioseo, petición, carencia, indigencia, necesidad. **Ant.** Riqueza, dadivosidad.
mendigar, limosnear, pedir, suplicar, solicitar, pordiosear, implorar. **Ant.** Dar, regalar.
mendigo-ga, pobre, mísero, necesitado, menesteroso, pordiosero, indigente, mendicante, limosnero, vagabundo. **Ant.** Rico, potentado, dadivoso.
mendrugo, pedazo, zoquete, trozo de pan.// Bobo, tonto, necio. **Ant.** Inteligente, listo.

menear, mover, agitar, sacudir, oscilar, blandir, balancear, manejar.// Paralizar, reposar.// Gestionar, gobernar, guiar.

meneo, oscilación, temblor, movimiento, traqueteo.// Contoneo. **Ant.** Quietud, inmovilidad.// Paliza, vapuleo, tunda. **Ant.** Caricia, mimo.// Censura, reprensión. **Ant.** Elogio.

menester, necesidad, urgencia, falta, carencia, carestía, escasez. **Ant.** Abundancia, cantidad.// Ocupación, profesión, empleo, ejercicio, tarea, ministerio, labor, desempeño, función. **Ant.** Ocio, holganza.

menestoroso-sa, necesitado, indigente, miserable, pobre, falto, mísero, desvalido. **Ant.** Rico, potentado.

mengua, merma, disminución, rebaja, falta, menoscabo. **Ant.** Aumento.// Defecto, imperfección. **Ant.** Perfección.// Pobreza, necesidad, penuria, carencia, escasez. **Ant.** Abundancia, riqueza.// Deshonra, deshonor, descrédito, afrenta, desdoro, daño, menoscabo, perjuicio. **Ant.** Honra, honor, crédito.

menguado-da, cobarde, pusilánime, apocado. **Ant.** Valiente, arrojado.// Tonto (v.), lerdo, necio (v.).

menguar, disminuir, mermar, decrecer, aminorar, achicar, empequeñecer, reducir, contraerse, decaer, encoger, acortar, bajar, descender, consumir, empobrecer. **Ant.** Aumentar, crecer, prosperar.

menor, pequeño, reducido, exiguo, mínimo, minúsculo, ínfimo, menudo, corto, escaso. **Ant.** Mayor, grande.// Niño, criatura, pequeño, párvulo. **Ant.** Adulto.

menos, excepto, salvo, fuera de, tampoco. **Ant.** Incluido, incluso.// Escasez, carencia, ausencia, falta, baja, disminución, restricción. **Ant.** Aumento, más.

menoscabar, disminuir, rebajar, reducir, mermar, empequeñecer, mellar, deteriorar, dañar, perjudicar. **Ant.** Aumentar, agrandar.// Desacreditar, deshonrar, desprestigiar, ofender, herir, envilecer. **Ant.** Honrar, prestigiar, enaltecer.

menoscabo, disminución, merma, mengua, rebaja, detrimento, pérdida, desmejora, mella. **Ant.** Aumento, mejora, beneficio.// Deshonor, deshonra, afrenta, descrédito, mancilla, ofensa, menosprecio, perjuicio. **Ant.** Enaltecimiento, honra.

menospreciar, despreciar, desestimar, desdeñar, desairar, subestimar, disminuir, rebajar, postergar, ignorar, humillar, ofender. **Ant.** Justipreciar, enaltecer, estimar.

menosprecio, desprecio, desaire, desdén, desestima, desconsideración, repulsa, deshonor, ofensa, vilipendio, humillación, ultraje. **Ant.** Consideración, aprecio, enaltecimiento.

mensaje, nota, aviso, recado, envío, encargo, comunicación, anuncio, misiva, escrito.// Legación, embajada.

mensajero, enviado, correo, recadero, comisionado, heraldo. **Ant.** Recepcionista, receptor, destinatario.

mensual, periódico, habitual, regular, fijo. **Ant.** Variable.

mensualidad, sueldo, salario, remuneración, paga, pago, haber, honorarios, estipendio, emolumento.

mensurar, medir (v.).

mental, intelectual, cerebral, imaginativo, espiritual, ilusorio, especulativo. **Ant.** Corporal, material.

mentalidad, pensamiento, concepción, mente, razón, conocimiento.

mentar, nombrar, mencionar, citar, recordar, evocar, rememorar, llamar, designar. **Ant.** Silenciar, olvidar, omitir.

mente, mentalidad (v.), inteligencia, imaginación, cerebro, intelecto, entendimiento, razón, imaginación.// Sentido, espíritu, ánimo, voluntad, alma. **Ant.** Cuerpo, materia.

mentecato-ta, necio (v.), tonto (v.), majadero (v.), simple, idiota, imbécil, memo, lerdo, bobo, pazguato, estólido, sandio. **Ant.** Inteligente, listo, agudo.

mentir, engañar, falsear, fingir, falsificar, inventar, urdir, aparentar, desvirtuar, calumniar. **Ant.** Sincerarse, revelar, confesar, decir la verdad.

mentira, engaño, embuste, falsedad, enredo, invención, patraña, disimulo, artificio, lío, bola, fábula, exageración, inexactitud, falacia, calumnia. **Ant.** Verdad, veracidad, autenticidad, sinceridad.

mentiroso-sa, embustero, falaz, falso, engañador, engañoso, infundioso, farsante, bolero, mendaz, tramposo. **Ant.** Veraz, verdadero, auténtico, fidedigno.

mentís, contradicción, denegación, desdicho, contestación, desaprobación, desmentida, negativa, repulsa, impugnación. **Ant.** Confirmación, ratificación, aprobación.

mentón, barbilla, perilla, barba.

mentor-ra, guía, maestro, consejero, preceptor, instructor, inspirador, asesor, aconsejador, tutor.

menú, lista, carta, minuta (v.).

menudear, frecuentar, acostumbrar, asistir. **Ant.** Faltar.// Puntualizar, detallar, especificar, pormenorizar. **Ant.** Generalizar.// Repetir, reiterar.

menudencia, insignificancia, bagatela, pequeñez, nimiedad, nadería, minucia. **Ant.** Importancia, enormidad.

menudo-da, chico, pequeño, minúsculo, insignificante, diminuto, baladí, despreciable. **Ant.** Grande, importante.

meollo, médula, sustancia, núcleo, centro, corazón, tuétano, base, fundamento. **Ant.** Exterior, superficie.// Inteligencia, juicio, caletre, sensatez, cacumen, razón, razonamiento, entendimiento. **Ant.** Insensatez, necedad.

mequetrefe, botarate, tarambana, mamarracho, irresponsable, despreciable, insensato. **Ant.** Serio, grave, cabal.

mercachifle, mercader (v.), comerciante, buhonero, marchante, feriante, ambulante, trujamán.

mercader, comerciante, negociante, vendedor, mercachifle (v.), traficante, especulador, exportador, importador. **Ant.** Comprador, cliente.

mercadería, mercancía, género, efecto, existencias.

mercado, feria, plaza, tienda, puesto, rastro, zoco.

mercancía, género, mercadería (v.), efectos, producto, artículo.

mercantil, mercante, comercial, traficante, mercantilista.

mercar, negociar, traficar, comerciar, comprar, vender, exportar, especular, intercambiar.

merced, dádiva, don, gracia, favor, beneficio, privilegio, regalo, donación, ayuda, socorro, remuneración. **Ant.** Injusticia, abandono.// Misericordia, piedad, perdón, indulto. **Ant.** Castigo, crueldad, dureza.// Voluntad, arbitrio.

mercenario, servidor, criado, asalariado, jornalero.// Venal, codicioso, materialista, interesado. **Ant.** Desinteresado, íntegro, idealista.

merecedor-ra, digno, acreedor, merecido, justo, estimable, razonable. **Ant.** Indigno, inmerecido, reprobable.

merecer, ganar, obtener, lograr, meritar, cosechar, beneficiarse, ser digno. **Ant.** Desmerecer, reprobar.

merecido-da, justo, meritorio, apropiado, debido, correspondiente, digno. **Ant.** Inmerecido, indebido, injusto.

merecimiento, mérito (v.), virtud, estimación, valor, justicia, premio. **Ant.** Injusticia, maldad.

meretriz, prostituta, ramera, buscona, hetaira, zorra, cortesana, puta, mujerzuela, perdida. **Ant.** Casta, virtuosa.

meridiano-na, claro, evidente, indudable, concluyente, terminante, palmario, patente, diáfano, luminoso, inobjetable. **Ant.** Oscuro, confuso, impreciso.

meridional, austral, antártico, del sur, sureño, latino. **Ant.** Norteño, septentrional, del norte, ártico.

merienda, refrigerio, tentempié, piscolabis, aperitivo.

meritar, merecer (v.).

mérito, merecimiento (v.), valor, estimación, virtud, estima, consideración, valía, precio. **Ant.** Desestimación, perjuicio.

meritorio-ria, digno, loable, estimado, alabable, plausible, encomiable. **Ant.** Criticable, indigno.

merma, pérdida, disminución, menoscabo, decrecimiento, descenso, deterioro, reducción, quebranto, rebaja. **Ant.** Aumento, incremento.// Consumo, gasto, desembolso. **Ant.** Ahorro.// Sustracción, consunción. **Ant.** Devolución.

mermar, disminuir, menguar, reducir, aminorar, decrecer, diezmar, desgastar, deteriorarse, rebajar. **Ant.** Aumentar, incrementar.// Quitar, sustraer, robar, sisar. **Ant.** Devolver.

mermelada, jalea, dulce, compota, confitura.

mero-ra, puro, simple, sencillo, sin mezcla.

merodeador-ra, vagabundo, explorador, delincuente, vago, malhechor, forajido. **Ant.** Honrado, decente.

merodear, deambular, vagar, vagabundear. **Ant.** Permanecer, quedarse.// Reconocer, explorar, observar, curiosear, fisgar, husmear, acechar. **Ant.** Desentenderse.

mes, mensualidad (v.).

mesa, tabla, mesilla, mesita, tablero, ménsula, mueble.

mesar, tirar, arrancar.

mesenterio, redaño, peritoneo.

meseta, descanso, rellano.// Planicie, altiplanicie, altiplano, llano, llanura, estepa. **Ant.** Serranía, montaña.

mesías, jesucristo, jesús, Hijo de Dios, Redentor, Nazareno.

mesnada, tropa, hueste, partida, banda, facción, falange, guardia.// Junta, congregación, compañía, reunión. **Ant.** Disolución, separación.

mesón, hostería, posada, hostal, hotel, venta, fonda, albergue, taberna, parador.

mesonero-ra, ventero, patrón, dueño, huésped, posadero.

mestizar, cruzar, mezclar. **Ant.** Purificar.

mestizo-za, cruzado, mixto, mezclado, híbrido, bastardo. **Ant.** Puro.

mesura, moderación, comedimiento, juicio, prudencia. **Ant.** Imprudencia, descomedimiento.// Compostura, dignidad, sensatez, equilibrio, circunspección, consideración, cortesía. **Ant.** Descortesía, irreverencia, desconsideración.

mesurado-da, moderado, comedido, circunspecto, prudente, juicioso, discreto, cauteloso. **Ant.** Descomedido, imprudente.// Templado, sobrio, circunspecto, considerado, equilibrado, respetuoso, serio, grave, formal, digno, austero. **Ant.** Desordenado, irreverente, informal, desconsiderado.

mesurar, medir.// **-se**, contenerse, comedirse, reprimirse, dominarse, apaciguarse, reglarse, refrenarse, morigerarse.

meta, término, final, límite, remate, culminación. **Ant.** Principio, comienzo.// Objeto, objetivo, fin, propósito, intención. **Ant.** Desinterés, despreocupación.

metafísico-ca, sutil, difícil, oscuro, abstracto, arduo. **Ant.** Claro, evidente, comprensible.

metáfora, alegoría, imagen, símbolo, representación, comparación, figura. **Ant.** Realidad.

metafórico-ca, simbólico, figurado, alegórico, comparado, imaginario. **Ant.** Real, natural.

metamorfosear, transformar, cambiar, mudar, convertir, transmutar, transfigurar. **Ant.** Continuar, permanecer.

metamorfosis, transformación, cambio, mutación, conversión, transfiguración, modificación, reforma. **Ant.** Permanencia, persistencia.

meteorito, aerolito, astrolito, bólido, estrella fugaz.

meter, introducir, insertar, incluir, encajar, embutir, ensartar, clavar, internar, empotrar, enterrar. **Ant.** Sacar.// Inducir, promover. **Ant.** Disuadir// Contrabandear, pasar, introducir.// **-se**, entrometerse, intervenir. **Ant.** Abstenerse, inhibirse.

meticuloso-sa, escrupuloso, metódico, minucioso, detallista, puntilloso, concienzudo, exacto. **Ant.** Negligente.// Pusilánime, cobarse, miedoso, temeroso. **Ant.** Valiente, decidido.

metódico-ca, minucioso, meticuloso (v.), ordenado, regular, cuidadoso, sistemático (v.), exacto, formal, justo, puntual, concienzudo. **Ant.** Desordenado, desarreglado.

metodizar, ordenar, arreglar, normalizar, regularizar, sistematizar, ajustar, poner en orden. **Ant.** Desarreglar, irregularizar, desordenar.

método, sistema, orden, forma, modo, norma, procedimiento, técnica, manera, práctica, régimen, criterio, reglamento.// Uso, costumbre, modo. **Ant.** Desorden, indisciplina, desuso.

metrópoli, ciudad, capital, urbe.

mezcla, compuesto, mezcladura, amalgama, mezcolanza, liga, aleación, composición, unión, superposición, ligazón. **Ant.** Separación, disgregación.

mezclado-da, revuelto, mixto, impuro, reunido, abigarrado, vario, unido, diverso, complejo, desordenado, confuso, surtido. **Ant.** Aislado, distinto, puro, separado.

mezclar, unir, juntar, mixturar, ligar, combinar, incorporar, amalgamar, conglomerar, revolver, complicar, juntar. **Ant.** Separar, aislar, diferenciar.// **-se**, inmiscuirse, meterse, intervenir, introducirse, interponerse. **Ant.** Abstenerse, inhibirse.

mezcolanza, mezcla (v.), revoltijo, confusión, enredo, miscelánea, amasijo, fárrago, heterogeneidad, bodrio, mazacote. **Ant.** Disgregación, separación, pureza.

mezquindad, ruindad, vileza, tacañería, bajeza, sordidez. **Ant.** Generosidad, esplendidez, derroche.// Miseria, escasez, estrechez, pobreza, penuria. **Ant.** Riqueza, abundancia.

mezquino-na, miserable, roñoso, tacaño, ruin, avaro, usurero, vil, avaricioso. **Ant.** Generoso, desprendido, dadivoso.// Mísero, pobre, indigente, necesitado. **Ant.** Rico, potentado.

miasma, emanación, efluvio, fetidez, infección, contagio.

mico, mono, simio, macaco.// Feo, mamarracho. **Ant.** Hermoso.

microbio, microorganismo, bacteria, virus, bacilo, protozoo.

microscópico-ca, diminuto, insignificante, imperceptible, invisible. **Ant.** Enorme, gigantesco.

miedo, terror, susto, pavor, temor, horror, preocupación, cuidado, alarma, aprensión, cobardía, sobrecogimiento, pusilanimidad. **Ant.** Valentía, audacia, osadía, valor.

miedoso-sa, temeroso, medroso, asustadizo, cobarde, pusilánime, timorato, receloso, aprensivo, desconfiado, cauteloso. **Ant.** Valiente, osado, audaz.

miembro, parte, órgano, extremidad, sección, componente, porción. **Ant.** Totalidad.// Socio, adepto, cofrade, afiliado, asociado. **Ant.** Extraño.// Falo, pene, verga.

mientras, en tanto, entretanto, durante.

mierda, excremento, defecación, deposición, evacuación, heces, detrito, abono, estiércol, suciedad, porquería, inmundicia, cagada.

mies, cereal, espiga, granos.

miga, pedazo, trozo, partícula, sobra, resto, menudencia, pizca. **Ant.** Hogaza.// Migaja (v.).// Sustancia, meollo, entidad, esencia. **Ant.** Superficie.

migaja, partícula, fragmento, pedazo.// **-s**, desechos, restos, residuos. **Ant.** Abundancia.

migración, emigración, inmigración, destierro, éxodo, traslado. **Ant.** Llegada, estancia, permanencia.

migraña, jaqueca (v.).

mil, milésimo.// Millar.

milagro, portento, prodigio, maravilla, fenómeno, pasmo, asombro. **Ant.** Realidad, vulgaridad.

milagroso-sa, portentoso, maravilloso, fantástico, sobrenatural, extraordinario, prodigioso, sorprendente, insólito, providencial. **Ant.** Natural, real, vulgar.

milenario-ria, antiquísimo, remoto, arcaico, antiguo, vetusto. **Ant.** Nuevo, reciente.

milicia, ejército, tropa, hueste, banda, legión, falange, facción, guardia.

militar, soldado, combatiente, guerrero, miliciano. **Ant.** Civil.// Castrense, marcial, belicoso. **Ant.** Civil, pacífico.// Afiliarse, pertenecer a, servir, engancharse, cumplir.

millonario-ria, potentado, acaudalado, rico, poderoso. **Ant.** Pobre, indigente.

mimado-da, malcriado (v.), maleducado, consentido, malacostumbrado, obsequiado, festejado, halagado, caprichoso. **Ant.** Educado, correcto, disciplinado.

mimar, consentir, malcriar (v.), transigir, agasajar, festejar, obsequiar, regalar, acariciar, abrazar, besar. **Ant.** Disciplinar, educar, maltratar.

mimetismo, imitación, adaptación, ocultación (v.). **Ant.** Invariabilidad, firmeza.

mímica, gesticulación, imitación, gesto, expresión, ademán, remedo, pantomima.

mimo, caricia, arrumaco, halago, cariño, ternura, fiesta. **Ant.** Desdén, brusquedad.// Complacencia, condescendencia, malcrianza, contemplación. **Ant.** Dureza, rigor, educación.

mimoso-sa, consentido, malcriado, regalón, zalamero, melindroso, delicado. **Ant.** Arisco, frío, indiferente.

mina, yacimiento, explotación, excavación, criadero, venero, filón, vena, veta.

minar, excavar, horadar, perforar, socavar, dragar. **Ant.** Rellenar.// Desgastar, debilitar, consumir, abatir, destruir, arruinar. **Ant.** Fortalecer.

mineral

mineral, inorgánico.

miniatura, pequeñez, reducción, menudencia. *Ant.* Enormidad.

mínimo-ma, minúsculo (v.), ínfimo, diminuto, insignificante, imperceptible, exiguo, pequeño, bajo, inferior, microscópico, nimio. *Ant.* Máximo, mayor, grande, enorme.

ministerio, gobierno, gabinete, cartera, departamento, dirección, administración.// Empleo, función, cargo, ocupación, actividad, oficio, profesión.

ministro, gobernante, consejero, funcionario.// Embajador, delegado, enviado, legado.// Representante, agente.

minorar, reducir, disminuir, atenuar, amortiguar, mitigar, amenguar, empequeñecer, restringir. *Ant.* Aumentar, agrandar.

minoría, menoría, minoridad, niñez. *Ant.* Mayoridad.// Exigüidad, inferioridad, sumisión, dependencia. *Ant.* Independencia.// Facción, oposición. *Ant.* Mayoría.

minucia, nimiedad, pequeñez, bagatela, menudencia, insignificancia, miseria, fruslería, futilidad, nadería. *Ant.* Importancia, categoría, valor, enormidad.

minucioso-sa, nimio, meticuloso, detallista, cuidadoso, riguroso, prolijo, escrupuloso, exagerado, puntilloso, perfeccionista, detallado, exacto. *Ant.* Negligente, descuidado, despreocupado.

minúsculo-la, diminuto, microscópico (v.), ínfimo, imperceptible, menudo, pequeñísimo. *Ant.* Enorme, gigante, mayúsculo.

minuta, nota, apunte.// Catálogo, inventario, lista, nómina, relación.// Resumen, extracto, borrador, modelo, manuscrito.// Cuenta, honorarios, factura.

minutero, manecilla, aguja, saeta.

mira, propósito, designio, idea, intención, fin. *Ant.* Realización, ejecución.// Reparo, cuidado, observación.

mirada, observación, ojeada, vistazo, atisbo, contemplación, visión.

mirado-da, atento, circunspecto, cuidadoso, cauto, prudente, mesurado, comedido, respetuoso, considerado, discreto. *Ant.* Imprudente, desconsiderado, abusivo.// Visto, examinado, reparado, observado, revisado. *Ant.* Omitido.

mirador, vigía, observador, oteador, espectador, atisbador.// Terrado, terraza, azotea, balcón, galería, torreón, pabellón, tribuna, observatorio.

miramiento, reparo, atención, consideración, respeto, cuidado, precaución, cautela, deferencia, circunspección, mesura. *Ant.* Descuido, desconsideración, negligencia.

mirar, observar, ver, contemplar, escrutar, vislumbrar, divisar, advertir. *Ant.* Omitir.// Juzgar, pensar, considerar, reflexionar. *Ant.* Desentenderse.// Apreciar, estimar, admirar, atender. *Ant.* Desatender, despreocuparse.// Investigar, buscar, inquirir. *Ant.* Descubrir.// Proteger, cuidar, defender. *Ant.* Descuidar.

miríada, multitud, millonada, caudal, inmensidad, cuantía. *Ant.* Pequeñez, insignificancia, menudencia.

mirón-na, curioso, fisgón, observador, chismoso. *Ant.* Discreto, recatado.

misantropía, aislamiento, intratabilidad, insociabilidad, retraimiento, introversión, tristeza, melancolía, apartamiento, reclusión. *Ant.* Filantropía, sociabilidad, cordialidad.

misántropo-pa, huraño, insociable, intratable, solitario, retraído, sombrío, hosco, pesimista, introvertido, esquivo, amargado. *Ant.* Sociable, filántropo, amable.

miscelánea, mezcla, revoltijo, mixtura, variedad, amalgama. *Ant.* Homogeneidad, separación.

miserable, pobre, mísero, indigente, menesteroso, necesitado. *Ant.* Rico, acaudalado.// Perverso, ruin, canalla, abyecto, despreciable, granuja. *Ant.* Bondadoso, honrado.// Desventurado, desgraciado, infeliz. *Ant.* Afortunado, feliz.// Avaro, tacaño, codicioso, mezquino. *Ant.* Generoso.// Desmoralizado, desalentado, derrotado, abatido. *Ant.* Animoso.

miseria, pobreza, necesidad, estrechez, escasez, indigencia. *Ant.* Riqueza, abundancia.// Ruindad, avaricia, tacañería, mezquindad. *Ant.* Generosidad.// Infortunio, desventura, desgracia, desdicha, pena. *Ant.* Felicidad, ventura.

misericordia, compasión, lástima, piedad, conmiseración, ternura, humanidad, caridad. *Ant.* Crueldad, impiedad.// Clemencia, perdón, indulgencia. *Ant.* Inclemencia, dureza.

misericordioso-sa, compasivo, piadoso, humanitario, sensible, caritativo, tierno, comprensivo. *Ant.* Cruel, inhumano.// Clemente, indulgente, transigente. *Ant.* Inclemente, inflexible.

mísero-ra, desventurado, infortunado, desdichado, desgraciado, infeliz (v.). *Ant.* Dichoso, afortunado.// Miserable (v.), pobre, necesitado, indigente. *Ant.* Rico, acaudalado.

misión, encargo, cometido, gestión, comisión, función, labor, ocupación, servicio.// Embajada, legación, delegación, envío, expedición.

misiva, carta, billete, nota, esquela, mensaje.

mismo-ma, igual, idéntico, semejante, exacto, análogo, equivalente, propio, justo, similar. *Ant.* Otro, distinto, diferente.

misterio, enigma, incógnita, secreto, arcano, reserva, interrogante, ocultación. *Ant.* Evidencia, claridad, sinceridad.

misterioso-sa, oculto, incógnito, enigmático, arcano, impenetrable, cifrado, secreto. *Ant.* Claro, evidente, patente.

místico-ca, religioso, espiritual, arrebatado, piadoso, devoto, contemplativo. *Ant.* Prosaico, escéptico, agnóstico.

mitad, medio. *Ant.* Doble, entero.// Centro, medio, promedio. *Ant.* Completo, entero.

mítico-ca, legendario, fantástico, fabuloso, mitológico, imaginario, ficticio. *Ant.* Verdadero, histórico, real.

mitigar, aplacar, moderar, paliar, atenuar, aliviar, calmar, suavizar, dulcificar, sedar, tranquilizar, atemperar. *Ant.* Exacerbar, exasperar.

mitin, reunión, concentración, asamblea, junta, sesión.

mito, leyenda, fábula, tradición, símbolo, saga, ficción, quimera, invención. *Ant.* Realidad, autenticidad.

mitológico-ca, legendario, tradicional, fabuloso, imaginario, fantástico. *Ant.* Real, histórico, auténtico.

mixtificar, adulterar, engañar, embaucar, falsificar, burlar. *Ant.* Sincerar.

mixto-ta, compuesto, mezclado, complejo, combinado, heterogéneo. *Ant.* Simple, puro.

mixtura, mezcla, composición. *Ant.* Pureza, homogeneidad.// Pócima, medicamento, poción, brebaje.

mixturar, mezclar, amalgamar, combinar, confundir. *Ant.* Separar, disgregar.

moblaje, muebles, enseres, útiles, artículos, ajuar, menaje, mobiliario (v.).

mobiliario, moblaje (v.), menaje, efectos, enseres, ajuar.

mocedad, juventud, pubertad, adolescencia. *Ant.* Adultez, vejez.

mochila, morral, zurrón, bolsa, saco.

mocho-cha, pelado, esquilado, afeitado. *Ant.* Peludo.// Romo, chato, mondado. *Ant.* Puntiagudo.

moción, proposición, sugerencia, propuesta.// Propensión, inclinación, impulso.// Movimiento (v.).

moco, mucosidad, humor, flema, secreción, esputo.

mocoso-sa, chiquillo, muchachito. *Ant.* Viejo.// Mucoso.

moda, uso, costumbre, modo, boga, novedad, hábito, estilo, actualidad. *Ant.* Desuso, antigüedad.

modales, maneras, modos, formas, ademanes, educación, conducta, acciones, gestos.

modalidad, particularidad, modo, manera, circunstancia, peculiaridad, variante, forma.

modelar, configurar, moldear, formar, crear, esculpir, plasmar, tallar, cincelar, ajustar, educar. *Ant.* Destruir, deformar.

modelo, ejemplo, patrón, tipo, prototipo, arquetipo, pauta, muestra, molde, medida, paradigma, fórmula, norma. *Ant.* Reproducción, copia, imitación.// Tipo, clase (v.).// Figurín, maniquí.// Ideal, perfecto, ejemplar, único. *Ant.* Imperfecto.

moderación, comedimiento, mesura, sobriedad, moriAgeración, temperancia, discreción, templanza, frugalidad, cordura, sensatez, honestidad, freno, virtud, moralidad, contención. *Ant.* Intemperancia, desmesura, desenfreno, inmoderación, exageración.

moderado-da, sobrio, mesurado, comedido, templado, prudente, reposado, morigerado, suave, regular, continente. **Ant.** Descomedido, abusivo, excesivo, inmoderado.

moderar, mesurar, refrenar, calmar, frenar, aplacar, suavizar, atemperar, regular, mitigar, aminorar, reducir, reprimir, contenerse. **Ant.** Exagerar, descomedirse.

modernizar, renovar, actualizar, rejuvenecer, innovar, restaurar, mejorar. **Ant.** Envejecer.

moderno-na, actual, nuevo, último, renovado, remozado, flamante, contemporáneo, actualizado, innovado, de moda, reciente. **Ant.** Antiguo, pasado, vetusto, arcaico.

modestia, sencillez, humildad, sobriedad, moderación, templanza, comedimiento, reserva. **Ant.** Inmodestia, orgullo.// Recato, pudor, honestidad, castidad, decoro. **Ant.** Deshonestidad, impudor.// Timidez. **Ant.** Petulancia.

modesto-ta, sencillo, humilde, sobrio, austero, moderado, templado, comedido. **Ant.** Altivo, arrogante, orgulloso.// Recatado, honesto, pudoroso, decente, reservado. **Ant.** Desvergonzado, deshonesto.// Pobre, insignificante. **Ant.** Poderoso.// Tímido, corto, pusilánime, apocado. **Ant.** Petulante.

módico-ca, escaso, reducido, bajo, limitado, moderado. **Ant.** Abundante, inmoderado.// Barato, rebajado, económico, asequible. **Ant.** Caro.

modificación, alteración, variación, cambio, reforma, enmienda, innovación, metamorfosis, evolución. **Ant.** Invariabilidad.

modificar, alterar, variar, cambiar, innovar, corregir, enmendar, reformar, rectificar, mudar, renovar, metamorfosear, revolucionar. **Ant.** Mantener, conservar, permanecer.

modismo, giro, expresión, locución, dicho, regionalismo.

modista, costurera, sastra, diseñadora.

modisto, creador, diseñador, sastre.

modo, forma, manera, medio, procedimiento, método, práctica, proceder, técnica, fórmula, regla, orden, sistema, táctica.// Naturaleza, carácter, clase, linaje, natural, género, ralea.

modorra, somnolencia, letargo, sopor, pesadez, flojera, aturdimiento. **Ant.** Vigilia, actividad.

modoso-sa, mesurado, educado, cortés, amable, considerado, atento, respetuoso, circunspecto. **Ant.** Grosero, descarado.

modalizar, entonar, vocalizar, afinar, cantar.

módulo, tipo, canon, medida, regla, patrón, paradigma.

mofa, burla, broma, befa, escarnio, chasco, engaño. **Ant.** Sinceridad, respeto.

mofar-se, burlarse, agraviar, escarnecer, chasquear, bromear, chancearse. **Ant.** Tomar en serio, elogiar.

moflete, carrillo, mejilla, pómulo, cachete.

mohín, mueca, gesto, ademán, visaje, gesticulación, guiño, monería.

mohíno-na, enojado, enfadado, contrariado, airado, descontento, sombrío, triste, cabizbajo. **Ant.** Alegre, contento.

moho, hongo, herrumbre, orín, verdín, cardenillo, óxido.// Desidia, pereza, ociosidad, haraganería. **Ant.** Actividad, trabajo.

mohoso-sa, herrumbroso, rancio, descompuesto, oxidado, corrompido, pútrido. **Ant.** Fresco, flamante.

mojadura, remojo, empapamiento, mojada, caladura. **Ant.** Sequedad.

mojar-se, humedecer, empapar, calar, remojar, bañar, sumergir, embeber, inundar, regar, rociar, impregnar, salpicar. **Ant.** Secar, enjugar.

mojigatería, hipocresía, puritanismo, gazmoñería, pazguatería, beatería. **Ant.** Sinceridad.

mojigato-ta, santurrón, beato, timorato, gazmoño, afectado, puritano, melindroso. **Ant.** Sincero, religioso.

mojón, hito, jalón, poste, señal, marca, indicación, indicador.// Límite (v.), linde, término (v.).

molde, matriz, troquel, horma, cuño.// Ejemplo, modelo, muestra, tipo, regla.

moldear, modelar (v.), vaciar, fundir, forjar, crear, formar, acuñar, plasmar. **Ant.** Deshacer, destruir.

mole, bulto, volumen, masa, cuerpo, magnitud, porte. **Ant.** Insignificancia, pequeñez.// Suave, blando, muelle (v.).

molécula, partícula, elemento.// Corpúsculo, residuo, vestigio, grano, triza. **Ant.** Abundancia, copia.

moler, triturar, quebrantar, desmenuzar, machacar, aplastar, pulverizar, romper, majar, desintegrar. **Ant.** Construir, comprimir.// Maltratar, molestar, fastidiar. **Ant.** Deleitar, animar.

molestar-se, fastidiar, incomodar, irritar, disgustar, hostigar, agobiar, enfadar, mortificar, maltratar, abrumar, estorbar, hartar, incordiar. **Ant.** Alegrar, divertir, entretener.

molestia, estorbo, incomodidad, fastidio, enfado, mortificación, incomodo, inconveniente, dificultad, contrariedad.// Fatiga, agobio, inquietud, preocupación, alarma. **Ant.** Comodidad, bienestar, ayuda, favor, beneficio.

molesto-ta, fastidioso, enojoso, dificultoso, incómodo, mortificante, insoportable, penoso, agobiante, embarazoso, engorroso, importuno. **Ant.** Agradable, oportuno, cómodo.

molicie, pereza (v.), blandura, abandono, incuria, flojera. **Ant.** Diligencia, dureza, resistencia.

molido-da, triturado, machacado, pulverizado, aplastado. **Ant.** Comprimido.// Cansado, rendido, fatigado, dolorido, extenuado, agotado, exhausto. **Ant.** Descansado, fresco.

molienda, trituración, machacadura, pulverización, quebrantamiento, desmenuzamiento.

molimiento, fatiga, molestia, cansancio. **Ant.** Descanso.

mollera, seso, sesera, meollo, cacumen, caletre, inteligencia, talento. Torpeza, necedad.

molusco, marisco, cefalópodo, lamelibranquio.

momentáneo-a, instantáneo, transitorio, breve, rápido, efímero, fugaz, provisorio, pasajero, súbito, circunstancial. **Ant.** Duradero, permanente.

momento, instante, tiempo, plazo, período, hora, etapa, rato, lapso, época, tris, segundo, minuto. **Ant.** Eternidad, continuidad.// Oportunidad, ocasión, circunstancia, actualidad.

momificar-se, desecar, embalsamar, disecar.

monacal, conventual, monástico, cenobial, claustral. **Ant.** Secular, mundano.

monacillo, monaguillo (v.).

monada, monería, mohín, zalamería, gracia, gesto, mimo. **Ant.** Seriedad, sobriedad, gravedad.// Encanto, primor, preciosura.

monaguillo, monacillo, ayudante, acólito.

monarca, rey, soberano, príncipe, emperador, majestad, señor. **Ant.** Súbdito.

monarquía, reino, reinado, realeza, imperio, corona, señorío, principado.

monasterio, abadía, convento, cenobio, claustro, cartuja, beaterio, priorato.

mondadientes, escarbadientes, limpiadientes, palillo.

mondar, podar, talar.// Descortezar, descascarar, pelar, despellejar, desvainar.// Limpiar, purificar.

mondo-da, pelado, rapado, pelón, limpio. **Ant.** Peludo.// Descortezado, despellejado, descascarado, podado, cortado.

mondongo, intestinos, vientre, tripas, vísceras, panza, barriga.

moneda, numerario, dinero, metálico, pecunio, caudal, efectivo.// Disco, pieza, sello.

monería, gracia, monada, zalamería, melindre, mimosería. **Ant.** Seriedad.// Nimiedad, fruslería, bagatela, nadería, insignificancia. **Ant.** Importancia.

monigote, muñeco, títere, fantoche, pelele, marioneta.// Ignorante, rudo, torpe, tosco. **Ant.** Culto, despierto.

monitor-ra, tutor, custodio, cuidador, celador, guardián, instructor, consejero, maestro. **Ant.** Alumno, pupilo.

monja, religiosa, sor, hermana, madre, novicia, profesa, superiora, priora, abadesa. **Ant.** Seglar.

monje, religioso, fraile, cenobita, eremita, ermitaño, anacoreta.

mono, simio, mico, macaco, cuadrumano, antropoide.

mono-na, bonito, lindo, primoroso, delicado, fino, bello. **Ant.** Feo.

monografía, tratado, estudio, exposición, descripción.

monólogo, soliloquio, aparte, parlamento. **Ant.** Conversación.

monomanía, manía (v.), paranoia, locura, capricho, extravagancia, obsesión, excentricidad, afición, chifladura. **Ant.** lucidez, cordura.

monomaníaco-ca, maníaco (v.), maniático, obsesivo, excéntrico. **Ant.** Razonable, sensato.

monopollo, consorcio, cartel, trust, centralización, privilegio, exclusiva, acaparamiento. **Ant.** Competencia.

monopolizar, acaparar, centralizar, copar, retener, especular. **Ant.** Competir, descentralizar.

monotonía, uniformidad, regularidad, igualdad, invariabilidad, repetición, continuidad, hastío, aburrimiento, fastidio. **Ant.** Variedad, amenidad.

monótono-na, igual, uniforme, regular, insistente, invariable, continuo, repetido, aburrido, fastidioso, enojoso, pesado. **Ant.** Variado, diverso, divertido, ameno.

monstruo, engendro, fenómeno, espantajo, quimera, prodigio, esperpento. **Ant.** Perfección, belleza, normalidad.

monstruosidad, deformidad, aberración, atrocidad, anomalía, anormalidad, horror, bestialidad, enormidad. **Ant.** Normalidad, humanidad.

monstruoso-sa, deforme, aberrante, grotesco, contrahecho, prodigioso, colosal, extraordinario, fenomenal, desproporcionado, horrible, horroroso. **Ant.** Normal, perfecto, bello.// Bestial, cruel, atroz, perverso, inhumano. **Ant.** Humano.

montaje, estructura, disposición, ensamblaje, acoplamiento, montura. **Ant.** Desmontaje.// Ajuste, unión, empalme, enlace, juntura. **Ant.** Separación, desunión.

montaña, monte, cordillera, cerro, sierra, serranía, macizo, pico, colina.// Cumbre, cima, cresta, pico. **Ant.** Llanura, llano, planicie, valle.

montañoso-sa, montuoso, montano, abrupto, rocoso, escarpado, ondulado. **Ant.** Llano.

montar, cabalgar, jinetear, enancarse. **Ant.** Descabalgar, apearse.// Armar, ajustar, ensamblar, acoplar, articular. **Ant.** Desarmar.// Empalmar, juntar, ajustar. **Ant.** Desajustar.// -se, subir, encaramarse, auparse, ascender. **Ant.** Descender, bajar.

montaraz, rústico, silvestre, rudo, salvaje, agreste, indómito, cerril, arisco, intratable, fiero, indócil, grosero. **Ant.** Fino, sociable.

monte, bosque, espesura, boscosidad, zarzal, fronda, floresta, maleza, enramada. **Ant.** Claro, desierto.// Montaña (v.). **Ant.** Planicie, llanura.// Soto, oquedal, peñasco, erial.

montepío, mutualidad, cooperativa, socorro, ayuda, auxilio.

montículo, elevación, eminencia, altura, túmulo, colina, cerro, loma, otero, altozano. **Ant.** Hoyo, llano.

montón, pila, acumulación, cúmulo, parva, aglomeración, rimero.// Multitud, muchedumbre, gentío, sinnúmero, tropel, legión, masa. **Ant.** Nada, nadie, escasez.

montura, montaje (v.).// Cabalgadura.// Arreos, arnés, aperos.

monumental, grande, enorme, grandioso, colosal, descomunal, gigantesco, ciclópeo, mayúsculo, formidable, excesivo. **Ant.** Minúsculo, insignificante, pequeño, corriente.

monumento, obra, construcción, estatua, monolito.

moño, rodete, rulo.// Bucle, lazo, adorno.// Copete, penacho.

morada, vivienda, residencia, domicilio, mansión, hogar, estancia, casa, habitación, albergue.

morado-da, violáceo, cárdeno, violado, azulado, purpúreo, amoratado, violeta, lívido, malva.

morador-ra, habitante, residente, vecino, ocupante, inquilino, domiciliado. **Ant.** Traseúnte, nómada.// Natural, aborigen, poblador. **Ant.** Extranjero.

moral, ética, moralidad, escrúpulo, obligación, decencia, decoro, dignidad, probidad, integridad, virtud, rectitud, pudor. **Ant.** Inmoralidad, indecencia.// Ético, espiritual, decente, decoroso, honorable, honesto, íntegro, recto, pú-

dico, ejemplar, insobornable, intachable. **Ant.** Inmoral, desleal, indigno.

moraleja, enseñanza, consejo, máxima, lección, moralidad, ejemplo, demostración.

moralidad, virtud, probidad, decencia, honradez, rectitud, integridad, justicia, honor, entereza, hombría de bien, espiritualidad (v.). **Ant.** Inmoralidad, deshonor.// Moraleja (v.).

moralizar, aleccionar, educar, predicar, amonestar, sermonear, reformar, edificar. **Ant.** Desmoralizar, corromper.

morar, habitar, residir, vivir, estar, ocupar, parar, permanecer, hospedarse. **Ant.** Marchar, emigrar.

moratoria, prórroga, dilación, aplazamiento, plazo, espera, mora, retraso. **Ant.** Adelanto, anticipo.

mórbido-da, delicado, blando, suave, fláccido, muelle, flojo, maleable, mullido. **Ant.** Duro, macizo, áspero.// Enfermizo, malsano, morboso (v.). **Ant.** Sano.

morbo, enfermedad, dolencia, afección. **Ant.** Salud, bienestar.

morboso-sa, insalubre, malsano, nocivo. **Ant.** Saludable.// Enfermizo, perverso, torvo. **Ant.** Sano.

mordacidad, causticidad, maledicencia, mortificación, virulencia, sacarsmo, aspereza, sátira, zaherimiento, acritud, socarronería, indirecta. **Ant.** Benevolencia, alabanza.

mordaz, acre, picante, corrosivo, punzante, áspero, cínico, incisivo, virulento, zaheridor, sarcástico, satírico, socarrón. **Ant.** Benévolo, franco, directo.

mordedura, mordisco, mordisquear, dentellear, triturar, tarascar, mascar, masticar, roer, desgarrar.

mordisquear, mordiscar, morder (v.), roer, corroer, tascar, lacerar.

moreno-na, tostado, trigueño, bronceado, quemado, atezado, bruno, cetrino, cobrizo, pardo, aceitunado, oscuro. **Ant.** Rubio, blanco, claro.

moretón, cardenal, magulladura, equimosis, moradura, contusión, verdugón, mancha.

moribundo-da, agonizante, expirante, agónico, semidifunto, desahuciado, incurable. **Ant.** Sano, resucitado, vivo.

morigeración, moderación, mesura, comedimiento, sobriedad, templanza, prudencia, continencia, circunspección, discreción. **Ant.** Descomedimiento, incontinencia.

morigerado-da, moderado, medido, prudente, templado, sobrio, mesurado, contenido, comedido, frugal, circunspecto, sensato. **Ant.** Abusivo, descomedido, insensato.

morigerar-se, moderar, templar, medir, contener, comedir, suavizar, abstenerse. **Ant.** Abusar, extralimitar. **Ant.** Nacer, vivir.

morisqueta, mueca, gesto, mohín, visaje, ademán.

moro-ra, musulmán, marroquí, mauritano, sarraceno, mahometano, islamita, berberisco, bereber, mudéjar, árabe.

morosidad, dilación, tardanza, demora, lentitud, retraso, retardo, detención, espera, prórroga, aplazamiento, atraso. **Ant.** Rapidez, celeridad, puntualidad.

moroso-sa, lento, tardo, premioso, atrasado, diferido, tardío, remiso, retrasado. **Ant.** Activo, rápido, adelantado, puntual.// Deudor, informal. **Ant.** Cumplidor, formal.

morral, bolsa, talego, mochila (v.), zurrón.

morrión, casco, yelmo, almete, casquete, capacete, celada, cimera, gorro, chacó.

morro, hocico, boca, jeta, belfo, labios, rostro, cara.// Peñasco, monte, picacho.

mortal, ser, hombre, humano, persona.// Perecedero, efímero, transitorio, fugaz, breve, temporal, caduco, precario. **Ant.** Inmortal, perdurable, eterno.// Funesto, fatal, letal, mortífero (v.), fatídico, definitivo. **Ant.** Vivificador, saludable.

mortalidad, muerte (v.), mortandad (v.), fin, destrucción, desaparición. **Ant.** Permanencia, inmortalidad.

mortandad, mortalidad (v.), matanza, carnicería, masacre, degollina, exterminio, desolación, hecatombe.

mortecino-na, apagado, lánguido, débil, desfalleciente, moribundo, caído, exangüe, amortiguado, tenue, vacilante, borroso. **Ant.** Fuerte, vigoroso, intenso.

mortífero-ra, mortal (v.), letal, fatal, aniquilador, destructor, funesto, deletéreo, nefasto, irremediable, nocivo, insalubre, perjudicial. *Ant.* Sano, saludable, ventajoso, beneficioso.

mortificación, aflicción, zaherimiento, laceración, vejación, daño, molestia, humillación, tormento. *Ant.* Deleite.

mortificante, injurioso, humillante, vergonzoso, degradante, ofensivo, denigrante, irritante. *Ant.* Elogioso, enaltecedor, inofensivo.

mortificar, atormentar, torturar, martirizar, fastidiar, molestar, zaherir, apesadumbrar, afligir, dañar, vejar, incomodar, hostilizar, ofender, ultrajar, irritar. *Ant.* Halagar, complacer.

mortuorio-ria, fúnebre, funerario, luctuoso, necrológico, tétrico, sombrío. *Ant.* Alegre, vital.

mosaico, baldosa, azulejo, mayólica, baldosín, cerámica, ladrillo.

mosquearse, picarse, ofenderse, resentirse, recelar, sospechar, irritarse, enfadarse. *Ant.* Confiar, tranquilizarse.

mosto, jugo, zumo, concentrado, extracto.

mostrar-se, exhibir, enseñar, exponer, ostentar, descubrir, presentar, asomar, manifestar, revelar, evidenciar. *Ant.* Ocultar, esconder.// Indicar, señalar, demostrar, explicar, expresar, apuntar, marcar.// Desorientar.

mota, nudillo, hilacha, granillo, pinta.// Pizca, partícula.// Defecto, mancha, tara.

mote, lema, emblema, divisa, empresa, sentencia, máxima.// Sobrenombre, apodo, alias, seudónimo.

motear, salpicar, vetear, jaspear, manchar.

motejar, calificar, señalar, tildar, apodar, tachar, censurar, criticar, desaprobar. *Ant.* Alabar, aprobar.

motín, rebelión, insurrección, sublevación, sedición, alzamiento, levantamiento, revuelta, asonada, tumulto, desorden, pronunciamiento. *Ant.* Orden, disciplina, pacificación.

motivar, originar, causar.// Formar, razonar, apoyar, influir, mover. *Ant.* Abstenerse, inhibirse.

motivo, causa, razón, móvil, fundamento, impulso, génesis, principio, objeto, finalidad. *Ant.* Consecuencia, derivación.// Asunto, tema, sujeto, cuestión, materia.

motor, mecanismo, máquina, artefacto, aparato, dispositivo.// Impulsor, propulsor.// Causa, motivo (v.), empuje, impulso. *Ant.* Consecuencia.

movedizo-za, inquieto, turbulento, intranquilo, ágil, revoltoso. *Ant.* Tranquilo, quieto.// Portátil, movible, llevadero, manual. *Ant.* Fijo, inmueble.// Voluble, versátil, inseguro, cambiante, inconstante, variable. *Ant.* Permanente, seguro.

mover, desplazar, trasladar, cambiar, mudar, apartar, correr, quitar, empujar. *Ant.* Inmovilizar, parar.// Activar, impeler, propulsar, conducir, empujar, guiar. *Ant.* Paralizar, estancar.// Incitar, inducir, estimular, animar. *Ant.* Desanimar.// -se, caminar, marchar, andar, afanarse, ajetrear. *Ant.* Detenerse.

móvil, razón, motivo, causa, origen, objetivo, impulso, estímulo, pretexto. *Ant.* Efecto, consecuencia.// Dinámico, movedizo (v.), movible, portátil. *Ant.* Fijo.

movilidad, movimiento (v.).

movilizar, reclutar, llamar, reunir, levantar, armar, militarizar.

movimiento, actividad, animación, agitación, ajetreo, bullicio, circulación, alteración, conmoción, trajín. *Ant.* Quietud, inmovilidad.// Celeridad, velocidad, evolución, marcha. *Ant.* Estancamiento, paralización.// Rebelión, levantamiento, alzamiento, revolución, sublevación, motín (v.). *Ant.* Tranquilidad, pacificación.// Corriente, tendencia, opinión, estilo.

moza, criada.

mozo, joven, muchacho, chico, chiquillo, adolescente, mancebo, zagal. *Ant.* Viejo, anciano.// Soltero, célibe. *Ant.* Casado.// Criado, camarero, servidor, doméstico, sirviente.*Ant.* Amo, patrón.// Peón, estibador, cargador.// Recluta, soldado.

mucama, criada, sirvienta, muchacha.

muchacha, chica, joven, adolescente, moza, zagala. *Ant.* Vieja.// Criada, sirvienta, doméstica, fámula. *Ant.* Ama.// Doncella, soltera, virgen. *Ant.* Casada.

muchachada, niñada, chiquillada, chiquillería. *Ant.* Seriedad, gravedad.

muchacho, niño, mozo, joven, chiquillo, zagal, doncel, rapaz, mancebo, chicuelo, jovenzuelo. *Ant.* Viejo, anciano.// Recadero, mensajero.

muchedumbre, multitud, gentío, turba, aglomeración, tropel, afluencia, montón, copia, sinnúmero, cáfila, tumulto, hervidero, horda, pandilla. *Ant.* Individuo, soledad.

mucho, demasía, profusión, montón, cúmulo, abundancia, exuberancia, afluencia, plétora, fárrago. *Ant.* Poco.// -cha, abundante, bastante, copioso, considerable, colmado, demasiado, grande, escesivo. *Ant.* Limitado, moderado, sobrio.

mucilaginoso-sa, pegajoso, viscoso, gelatinoso, pringoso, adhesivo, gomoso. *Ant.* Seco.

mucosa, membrana, revestimiento, tegumento, epitelio.

muda, cambio, renovación, transformación. *Ant.* Permanencia.// Mudanza.// Remuda, ropa.

mudable, cambiable, renovable, modificable, alterable, trasladable, convertible, transformable, reformable. *Ant.* Firme, inmutable.// Versátil, voluble, veleidoso, inconstante, inconsecuente, cambiante. *Ant.* Constante.

mudanza, cambio, traslación, traslado, muda (v.), tránsito, traspaso. *Ant.* Inmutabilidad.// Enmienda, corrección, reforma, innovación, renovación. *Ant.* Inalterabilidad.// Veleidad, inconstancia, versatilidad, volubilidad, infidelidad. *Ant.* Constancia, fidelidad.

mudar, cambiar, trocar, transformar, reformar, variar, modificar, innovar, renovar, corregir, enmendar, alterar. *Ant.* Mantener, conservar, perdurar.// -se, traladarse, moverse, irse, salir, cambiarse, partir. *Ant.* Permanecer, quedarse.

mudez, silencio, mutismo, afonía, sordomudez, afasia. *Ant.* Sonido.

mudo-da, sordomudo, afónico.// Callado, silencioso, reservado, taciturno, hosco, lacónico. *Ant.* Charlatán, hablador.

mueble, enser, trasto, prenda, utensilio, cachivache.// Mobiliario, moblaje, efectos.

mueca, gesto, ademán, visaje, mohín, monería, mimo, guiño, contorsión. *Ant.* Impasibilidad.

muelle, blando, suave, delicado, elástico, tierno, mórbido, fláccido. *Ant.* Duro, rudo, áspero, incómodo.// Espiral, resorte, fleje, suspensión.// Puerto, dársena, embarcadero, dique, espigón, escollera, malecón, rompeolas, andén.

muerte, fallecimiento, defunción, expiración, óbito, desaparición, fenecimiento, trance. *Ant.* Vida, nacimiento, resurrección.// Homicidio, asesinato, crimen, matanza, liquidación.// Ruina, estrago, exterminio, destrucción. *Ant.* Reconstrucción.

muerto-ta, difunto, finado, fallecido, extinto, cadáver, occiso, interfecto, víctima, restos, despojos. *Ant.* Vivo, resucitado, viviente, animado.

muesca, entalladura, corte, rebaje, hueco, concavidad, portillo, uña, incisión.

muestra, modelo, prototipo, ejemplar, molde, tipo, regla, pauta, patrón, original. *Ant.* Copia.// Indicio, señal, demostración, prueba, evidencia, testimonio. *Ant.* Ocultación.// Fragmento, trozo, pedazo.// Feria, exposición, exhibición.

muestrario, colección, repertorio, serie, surtido, catálogo.

mugido, bramido, brama, gruñido, berrido, bufido, aullido.

mugir, bramar, rugir, gruñir, berrear, aullar, bufar, ulular. *Ant.* Callar, silenciar.

mugre, suciedad, roña, pringue, grasa, porquería, basura, inmundicia. *Ant.* Limpieza, higiene, pulcritud.

mugriento-ta, mugroso, sucio, grasiento, roñoso, pringoso, inmundo, puerco, manchado, repugnante, asqueroso. *Ant.* Pulcro, limpio, aseado, higiénico.

mujer, hembra, señora, dama, señorita, doncella, matrona. *Ant.* Hombre, varón.// Esposa, cónyuge, consorte, pareja. *Ant.* Marido, esposo.

mujeriego, faldero, tenorio, seductor, donjuán, conquistador, putañero. *Ant.* Misógino.// Lujurioso, libidinoso, vicioso, concupiscente. *Ant.* Casto.

mujeril, afeminado, afectado, amariconado, mariquita. **Ant.** Varonil.

mulato-ta, mestizo, cruzado, mezclado. **Ant.** Puro.// Moreno, oscuro. **Ant.** Rubio, claro.

mulero, arriero, yegüero, carretero, acemilero.

muleta, apoyo, sostén, ayuda.

muletilla, estribillo, repetición.// Muleta (v.).

mullido-da, blando, mórbido, esponjoso, suave, muelle, cómodo, elástico. **Ant.** Duro, incómodo.

mullir, ablandar, esponjar, suavizar, ahuecar. **Ant.** Endurecer.

mulo, acémila, mula, caballería, bestia de carga. **Ant.** Mula.

multa, castigo, pena, sanción, penalidad, recargo, gravamen, escarmiento, imposición, correctivo. **Ant.** Indulto, gratificación, perdón.

multar, castigar, sancionar, penar, gravar, penalizar, escarmentar, corregir. **Ant.** Perdonar, gratificar.

multicolor, polícromo, coloreado, cromático, multicromo, colorido, matizado, irisado. **Ant.** Monocolor, liso.

multiforme, polimorfo, variado, diverso, heterogéneo, vario, desigual. **Ant.** Uniforme, igual, homogéneo.

multimillonario-ria, archimillonario, rico, potentado, acaudalado, poderoso, opulento, pudiente, magnate. **Ant.** Pobre.

múltiple, variado, vario, polifacético, diverso, numeroso, heterogéneo, complejo, multiforme. **Ant.** Único, solo.

multiplicación, aumento, proliferación, reproducció, repetición. **Ant.** División, reducción.

multiplicar, reproducir, proliferar, procrear, aumentar, acrecer. **Ant.** Dividir, disminuir, reducir.

multiplicidad, variedad, pluralidad, diversidad, heterogeneidad, abundancia, multitud (v.), muchedumbre. **Ant.** Uniformidad, homogeneidad, unidad.

multitud, gentío, aglomeración, muchedumbre (v.), turba, tropel, horda, gente, asistencia, enjambre, bandada. **Ant.** Individuo, unidad, soledad.// Profusión, abundancia, infinidad, exceso, cantidad, infinitud, copia. **Ant.** Escasez, poquedad.

mundanal, mundano, terrenal, humano, mortal, perecedero. **Ant.** Espiritual, celestial, eterno.

mundano-na, frívolo, experimentado, conocedor, fogueado, cosmopolita, sofisticado, galante, vano, trivial. **Ant.** Inexperto, ingenuo.// Profano, mundanal (v.). **Ant.** Espiritual.

mundial, general, internacional, universal, cosmopolita, global. **Ant.** Local, nacional.

mundo, cosmos, universo, orbe, creación, materia.// Humanidad, género humano.// Tierra, globo terráqueo.// Cortesía, educación, experiencia, sofisticación. **Ant.** Grosería.

munición, balas, proyectiles, carga, explosivo, metralla, perdigones.// Armamento, pertrechos, bastimento, provisión.

municipal, local, comunal, urbano, metropolitano, edilicio, comunitario, corporativo, vecinal.

municipalidad, municipio (v.).

municipio, ayuntamiento, municipalidad, concejo, cabildo, alcaldía, comuna, comunidad.// Ciudad, villa, vecindad.

munificencia, esplendidez, generosidad, liberalidad, magnificencia, fastuosidad. **Ant.** Tacañería, simpleza, mezquindad.

munífico-ca, generoso, liberal, espléndido, dadivoso, desprendido, pródigo. **Ant.** Mezquino, tacaño.

muñeco, muñeca, figura, figurilla, juguete, títere, maniquí, fantoche, pelele, espantajo, monigote.

muralla, muro, murallón, baluarte, defensa, paramento, parapeto, barrera, fortificacion, bastión.

murga, banda, comparsa, charanga, serenata.// Ruido, lata, molestia. **Ant.** Tranquilidad.

murmullo, susurro, bisbiseo, rumor, runrún, cuchicheo.

murmuración, rumor, bisbiseo, censura, cuchicheo, chisme, comentario, zaherimiento, detracción, maledicencia, descrédito, chascarrillo, farfullo, crítica, difamación. **Ant.** Alabanza.

murmurar, susurrar, bisbisear, balbucear, cuchichear, mascullar, musitar, farfullar.// Chismorrear, cotillar, criticar, desacreditar, difamar, calumniar, zaherir, censurar, intrigar. **Ant.** Elogiar, defender.

muro, pared, tapia, tabique, medianera, paredón, valla, muralla, murallón, barrera, vallado, defensa, dique.

musa, inspiración, numen, ingenio, soplo, estímulo, poesía.

musculoso-sa, fornido, fuerte, vigoroso, corpulento, forzudo, recio, atlético. **Ant.** Débil, enclenque.

museo, galería, exposición, sala, colección.

música, armonía, melodía, ritmo, tonalidad, polifonía, canto, cadencia, concierto.// Composición, partitura, pieza, obra.

musical, melodioso, armonioso, armónico, acordado, rítmico, sinfónico, polifónico.

músico, compositor, autor, maestro, ejecutante, intérprete, solista, artista, concertista.

muslo, anca, pata, pernil, zanca, jamón.

mustio-tia, ajado, marchito, deslucido. **Ant.** Floreciente, lozano.// Triste, melancólico, lánguido, cabizbajo, desalentado, desmayado, decaído, mohíno. **Ant.** Alegre, alborozado.

musulmán, mahometano, árabe, moro, islámico, ismaelita, sarraceno, bereber, berberisco.

mutación, transformación, alteración, conmutación, cambio, modificación, mudanza, variación, vaivén, perturbación, metamorfosis. **Ant.** Persistenica, inmutabilidad.

mutilación, ablación, corte, amputación, cercenamiento, inutilización. **Ant.** Totalidad, indemnidad.

mutilado-da, lisiado, tullido, impedido, inválido, incapacitado, incompleto, amputado, trunco, cercenado, estropeado, disminuido. **Ant.** Indemne, completo, entero, capacitado.

mutilar, lisiar, cercenar, cortar, amputar, truncar, desmembrar, castrar.// Estropear, deteriorar, romper, descalabrar, fragmentar. **Ant.** Conservar, componer.

mutis, salida, desaparición, retirada, huida.// Silencio, mutismo, pausa.

mutismo, mudez, silencio, reserva, discreción, sigilo, secreto, mutis, mudez, sequedad. **Ant.** Charlatanería, ruido.

mutualidad, cooperativa, montepío, sindicato, asociación, agrupación.

mutuo-tua, recíproco, mutual, correlativo, alternativo, solidario, equitativo, sucesivo. **Ant.** Unilateral.

muy, bastante, mucho, demasiado, superlativo, suficiente, harto, abundante, excesivo. **Ant.** Poco.

nacarado-da, irisado, pulido, terso, brillante, liso, tornasolado. **Ant.** Opaco, deslucido.

nacer, originarse, venir al mundo, brotar, surgir, aparecer. **Ant.** Morir.// Provenir, derivarse, emanar, principiar, arrancar, proceder.

nacido-da, nato, hijo.// Natural, oriundo, originario, aborigen.

naciente, principiante, incipiente, reciente, nuevo, inicial. **Ant.** Acabado, moribundo.// Este, oriente, levante. **Ant.** Poniente.

nacimiento, origen, principio, aparición, fuente, brote, creación. **Ant.** Muerte.// Descendencia, casta, linaje, extracción, prole, cuna, raza. **Ant.** Ascendencia.// Natividad, natalidad, natalicio, Navidad.

nación, país, patria, territorio, pueblo, estado, reino, terruño.// Pueblo, familia, raza, tribu, ciudadanos, gente.

nacional, patrio, regional, territorial, vernáculo.// **Ant.** Foráneo, internacional.// Nativo, oriundo, originario, compatriota. **Ant.** Extranjero.// Estatal, oficial, público, administrativo.

nacionalidad, origen, naturaleza, peculiaridad, procedencia, ciudadanía, país, raza, patria, estirpe, cuna. **Ant.** Internacionalidad.

nacionalismo, patriotismo, regionalismo, civismo, tradicionalismo. **Ant.** Internacionalismo.// Chauvinismo, xenofobia, patriotería, fantasmo. **Ant.** Xenofilia.

nacionalizar, incautarse, confiscar, estatificar, controlar, dirigir. **Ant.** Liberalizar, descentralizar.// **-se**, naturalizarse (v.).

nada, nulidad, ausencia, carencia, falta, ninguna cosa, inexistencia. **Ant.** Todo, cantidad.

nadar, flotar, bucear, sobrenadar, bañarse. **Ant.** Hundirse, sumergirse.

nadería, fruslería, baratija, pamplina, pequeñez, insignificancia, friolera, chuchería. **Ant.** Importancia, categoría.

nadie, ninguno. **Ant.** Todos.

nalpe, cartas, baraja, juego, tarjeta, mazo.

nalgas, trasero, posaderas, asentaderas, culo, glúteo, asiento.

nao, navío, nave, bajel, barco, embarcación (v.), buque, velero.

narcótico, somnífero, soporífero, estupefaciente, hipnótico, dormitivo, sedante, calmante, barbitúrico, tranquilizante, alcaloide, anestésico. **Ant.** Excitante.

narcotizar, adormecer, anestesiar, embotar, tranquilizar, hipnotizar, calmar. **Ant.** Excitar, despertar.

narigón-na, nariguado, narizota, narizón.

narigudo-da, narigón (v.).

nariz, narices, naso, napias, hocico, morro, trompa.

narración, relato, cuento, historia, exposición, relación, referencia, reseña, pormenor, crónica, leyenda, memorias, epopeya, tradición, consejo.

narrar, contar, relatar, referir, detallar, historiar, exponer, recitar, explicar.

narrativa, narración (v.).

nata, crema, película, natilla, telilla.// Excelsitud, excelencia, selección, exquisitez.

natal, nacido, nativo, oriundo, natural, aborigen, autóctono. **Ant.** Extranjero.// Nacimiento (v.).// Aniversario, natalicio (v.).

natalicio, nacimiento, aniversario, natal, cumpleaños, celebración, festejo.

nativo-va, natural, nato, nacido, natal, oriundo, originario, autóctono, patrio, indígena, aborigen, hijo. **Ant.** Extranjero, forastero.// Propio, innato. **Ant.** Adquirido.

natural, originario, nacido, nato, nativo (v.).// Índole, genio, condición, temperamento, naturaleza (v.).// Normal, corriente, lógico, habitual, común, acostumbrado, ordinario, usual. **Ant.** Extraño, desusado.// Auténtico, puro, verdadero, genuino, sincero, legítimo. **Ant.** Falsificado, falso.// Sencillo, abierto, directo, veraz, espontáneo, llano. **Ant.** Artificial.// Instinto, inclinación, propensión.

naturaleza, esencia, sustancia, natural, principio, característica, propiedad, cualidad, materia.// Índole, carácter, temperamento, condición, temple, humor, fondo, genio, modo, conducta, idiosincrasia, especie, personalidad.

naturalidad, sencillez, ingenuidad, pureza, simplicidad, sinceridad, franqueza, espontaneidad, llaneza. **Ant.** Hipocresía, afectación, estiramiento, excentricidad.

naturalizar, aclimatar, habituar, establecer, acostumbrar. **Ant.** Desarraigar, rechazar.// **-se**, nacionalizarse.

naufragar, zozobrar, hundirse, sumirse, anegarse, sumergirse. **Ant.** Flotar.// Fracasar, arruinarse, malograrse, frustrarse. **Ant.** Salvar, triunfar.

naufragio, hundimiento, inmersión. **Ant.** Flotamiento, salvamento.// Derrumbe, fracaso, frustración, siniestro, desastre, malogro. **Ant.** Triunfo, éxito.

náusea, arcada, basca, ansia, vómito, vértigo, vahído.// Asco, repugnancia, aversión, repulsión, fastidio, disgusto. **Ant.** Agrado, atracción.

nauseabundo-da, nauseoso, vomitivo, vomitorio.// Asqueroso, repugnante, inmundo, repelente, repulsivo, fétido. **Ant.** Atractivo, agradable.

náutico, marítimo, marino, marinero, oceánico.

navaja, cuchillo, faca, cortaplumas, daga, hoja, cuchilla.

navajazo, corte, tajo, cuchillada, puñalada, herida.

naval, náutico (v.).

nave, nao, buque, navío, bajel, embarcación (v.).// Tinglado, pabellón, espacio, recinto, crujía, salón.

navegación, crucero, travesía, periplo, viaje.

navegar, viajar, cruzar, atravesar, pilotar, surcar, zarpar, bogar, tripular. **Ant.** Anclar.

navío, barco, buque, embarcación (v.)., nao, bajel, carabela, galeón, lancha, barca, transatlántico.

neblina, bruma, niebla (v.).

nebuloso, nublado, neblinoso, brumoso. **Ant.** Despejado.// Impreciso, vago, confuso, borroso, incierto, incomprensible. **Ant.** Claro, comprensible.// Triste, tétrico, sombrío, oscuro, lóbrego. **Ant.** Alegre, diáfano.

necedad, tontería, idiotez, estupidez, sandez, torpeza, imbecilidad, insensatez, desatino, dislate, absurdo, mentecatez, ignorancia, bobería. **Ant.** Sensatez, razón.

necesario-ria, indispensable, preciso, forzoso, imprescindible, insustituible, imperioso, obligatorio, esencial, irreemplazable, vital, ineludible, indefectible, inevitable. **Ant.** Innecesario, prescindible.// Provechoso, útil, beneficioso, ventajoso. **Ant.** Inútil, desventajoso.

necesidad

necesidad, obligación, menester, requisito, condición. **Ant**. Licencia, libertad.// Urgencia, apuro, aprieto, angustia, escasez, pobreza, penuria, privación, carencia, indigencia, miseria, estrechez, carencia. **Ant**. Abundancia, esplendidez.

necesitado-da, pobre, menesteroso, escaso, indigente, miserable, falto, carente, mísero. **Ant**. Rico, acaudalado.

necesitar, precisar, requerir, urgir, exigir, demandar, instar.// Carecer, escasear, faltar. **Ant**. Sobrar, abundar.

necio-cia, tonto, bobo, lerdo, lelo, idiota, estúpido, majadero, mentecato, insensato, imbécil, simple, sandio, incauto, obtuso, botarate, ignorante, alcornoque, zoquete, papanatas, disparatado, alelado, atontado. **Ant**. Sensato, inteligente, despierto, sabio.

necrópolis, cementerio, camposanto, panteón.

néctar, elixir, licor, jugo, zumo, ambrosía.

nefando-da, abominable, indigno, repugnante, ignominioso, execrable, torpe, vil, odioso, infame, perverso. **Ant**. Elogiable, honorable, digno.

nefasto-ta, funesto, desgraciado, perjudicial, adverso, aciago, ominoso, desastroso, desventurado, luctuoso, fatídico, triste, sombrío, siniestro, fatal, desafortunado. **Ant**. Benéfico, afortunado, venturoso.

negación, negativa, oposición, no, refutación, objeción, impugnación. **Ant**. Confirmación, afirmación.// Carencia, falta, privación, insuficiencia. **Ant**. Demasía, exceso.

negado-da, incapaz, necio, torpe, obtuso, inepto, retrasado, incompetente. **Ant**. Preparado, capaz.

negar, impugnar, oponerse, denegar, repulsar, refutar, contradecir, objetar, rebatir, invalidar, impedir, obstaculizar, vedar, prohibir, decir no, desechar, rechazar, rehusar. **Ant**. Afirmar, permitir, aceptar, consentir.// Disimular, ocultar, esconderse, solapar, encubrir. **Ant**. Manifestar.

negativa, negación (v.), denegación, recusación, repulsa, rechazo. **Ant**. Afirmación.

negativo, película, placa, imagen.

negativo-va, contradictorio, dañino, nocivo, perjudicial, dañoso, maligno, desventajoso, pernicioso, contrario. **Ant**. Positivo, favorable.

negligencia, desidia, descuido, imprevisión, omisión, indolencia, despreocupación, distracción, olvido, abandono, desaplicación, dejadez, inadvertencia, imprudencia. **Ant**. Atención, diligencia.

negligente, desidioso, descuidado, indolente, despreocupado, distraído, dejado, imprudente, inadvertido. **Ant**. Atento, cuidadoso.// Indiferente, informal, vago, flojo, holgazán, perezoso, abandonado. **Ant**. Activo, diligente.

negociación, convenio, acuerdo, pacto, trato, negocio, tratado, compromiso, contrato, entendimiento, operación. **Ant**. Desacuerdo, diferencia.

negociar, comerciar, traficar, intercambiar, especular, tratar, mercar, comprar, vender.// Convenir, pactar, acordar, concertar, comprometerse. **Ant**. Romper.

negocio, negociación (v.), comercio (v.), trato, transacción, tráfico, ocupación, especulación, ejercicio, servicio, cargo, faena. **Ant**. Inactividad.// Utilidad, provecho, beneficio, lucro, dividendo, rendimiento, fruto. **Ant**. Pérdida.

negrero-ra, esclavista, tirano, déspota, explotador, trafiante, abusador.

negro-gra, oscuro, bruno, atezado, tostado, tinto, quemado, azabache, moreno,renegrido. **Ant**. Blanco.// Africano, moreno, indígena, nativo, mulato.// Triste, melancólico, disgustado, infausto, infeliz, sombrío. **Ant**. Alegre.

nene-na, niño (v.).

neófito-ta, novicio, novato, nuevo, inexperto, principiante, incipiente, reciente, novel, **Ant**. Experimentado.// Converso, profeso, bautizado. **Ant**. Pagano.

nervio, ánimo, vigor, energía, ímpetu, empuje, arranque, fuerza, vitalidad, resistencia, poder, potencia, brío. **Ant**. Apatía, debilidad, indolencia.

nervioso-sa, intranquilo, excitable, agitado, exaltado, irritable, inquieto, frenético, histérico, perturbado. **Ant**. Tranquilo, sereno, apático.

nervudo-da, robusto, fornido, fuerte, vigoroso, membrudo. **Ant**. Enclenque, débil.

neto-ta, limpio, puro, diáfano, claro, terso, transparente, inmaculado. **Ant**. Sucio, empañado, borroso.// Líquido, deducido, saldo, exacto. **Ant**. Bruto.

neumático, cámara, llanta, goma, rueda, cubierta.

neurastenia, neurosis, manía.// Depresión, abatimiento, perturbación, excitación, nerviosidad, ansiedad, inquietud, rareza, excentricidad, tristeza. **Ant**. Sosiego, equilibrio.

neutral, imparcial, objetivo, ecuánime, justo, equitativo, recto, neutro, indiferente. **Ant**. Parcial, apasionado, simpatizante.

neutralidad, imparcialidad, ecuanimidad, desapasionamiento, objetividad, justicia, rectitud, indiferencia. **Ant**. Parcialidad, simpatía, apasionamiento.

neutralizar, contrarrestar, debilitar, contraponer, dificultar, compensar, equilibrar, igualar. **Ant**. Facilitar, fomentar.

neutro-tra, imparcial, neutral (v), ambiguo, indefinido, indeciso, indeterminado, indistinto. **Ant**. Definido, determinado, parcial, rotundo.

nevada, nevazón, nevisca.

nevar, neviscar, caer nieve.

nexo, unión, enlace, vínculo, nudo, lazo, ligadura, conexión, relación, afinidad, parentesco, familiaridad, correspondencia. **Ant**. Desvinculación.

nicho, cavidad, hueco, concavidad, oquedad, hornacina, cripta.// Fosa, sepultura (v.).

nido, hogar, vivienda, albergue, morada, casa.// Cueva, refugio, escondrijo, guarida.

niebla, neblina, bruma, celaje, vaho, vapor, nube. **Ant**. Claro.// Confusión, sombra, oscuridad, tenebrosidad. **Ant**. Claridad, diafanidad.

nieto-ta, descendiente, sucesor. **Ant**. Abuelo.

nieve, nevisca, nevada, aguanieve.

nigromante, brujo, hechicero, mago, adivino, augur, taumaturgo, encantador.

nimbo, aureola, halo, corona, anillo, cerco, resplandor, fulgor. **Ant**. Opacidad.

nimiedad, prolijidad, detalle, minuciosidad, circunloquio, exigüidad, menudencia. **Ant**. Sencillez.// Insignificancia, pequeñez, monada, fruslería, nadería, puerilidad. **Ant**. Importancia.

nimio-mia, detallado, excesivo, minucioso, prolijo, dilatado, difuso, ampuloso. **Ant**. Conciso, extractado.// Insignificante, irrisorio, fútil, mísero, pueril, baladí, menudo, pequeño. **Ant**. Grande, importante.

ninfa, náyade, nereida, sirena, sílfide, ondina, dríada, deidad.

niña, pupila.// Niño (v.).

niñera, nodriza, ama, criada, ñaña, nana, chacha.

niñería, niñada, chiquillada, travesura, muchachada.// Insignificancia, nimiedad (v.), pequeñez.

niñez, infancia, puericia, muchachez, inocencia, pubertad. **Ant**. Vejez.

niño, pequeño, criatura, infante, párvulo, nene, crío, chiquillo, chiquitín, chicuelo, mozo, zagal, impúber. **Ant**. Viejo.// Inexperto, novato, bisoño. **Ant**. Ducho, veterano.

nitidez, pureza, tersura, limpieza, transparencia, brillantez, claridad, brillo, pulimento. **Ant**. Oscuridad, impureza.

nítido-da, limpio, puro, terso, pulido, transparente, brillante, neto, inmaculado, claro, bruñido, aseado, intacto, impoluto, resplandeciente. **Ant**. Sucio, oscuro, impreciso.

nivel, elevación, horizontalidad, plano, altitud, cota, altura, horizonte, raya, marca, señal, medida, grado, límite, nivelación. **Ant**. Desnivel.// Categoría, calidad, valor.

nivelación, horizontalidad (v.), allanamiento, aplanación.

nivelar, allanar, alisar, emparejar, explanar, rellenar. **Ant**. Desnivelar.// Igualar, equiparar, equilibrar, compensar, empatar, contrarrestar. **Ant**. Diferenciar, desequilibrar.

níveo-a, nevado, blanco, inmaculado, albo, puro, limpio. **Ant**. Oscuro, negro.

no, jamás, de ninguna manera, nones, en absoluto, ni hablar, de ningún modo, ni mucho menos. **Ant**. Sí.// Negación (v.).

noble, ilustre, insigne, estimable, superior, encumbrado. *Ant.* Indigno, despreciable.// Aristócrata, señorial, patricio, hidalgo, caballero, gentil, hombre, encopetado. *Ant.* Plebeyo, villano.// Generoso, altruista, respetable, leal, excelente, sincero, abierto, grande. *Ant.* Mezquino, perverso, despreciable.

nobleza, aristocracia, hidalguía, prosapia, señorío, dignidad, alcurnia, superioridad, distinción. *Ant.* Villanía, plebeyez.// Generosidad, altruismo, magnanimidad, grandeza, desinterés, sinceridad. *Ant.* Vileza, mezquindad.

noche, crepúsculo, anochecer, anochecida, sombras, oscuridad, tinieblas, vigilia, vela. *Ant.* Día, claridad.

noción, idea, concepto, entendimiento, fundamento, conocimiento.// -es, rudimentos, elementos, noticias, principios.

nocivo-va, dañino, dañoso, perjudicial, pernicioso, malo, malsano, insalubre, ofensivo, desfavorable, maléfico. *Ant.* Favorable, beneficioso, inofensivo.

noctámbulo-la, trasnochador, noctívago, nocherniego. *Ant.* Madrugador.

nodriza, ama, niñera (v.).

nómada, trashumante, errante, ambulante, vagabundo, trotamundos, deambulante, migratorio, peregrino. *Ant.* Sedentario, estable, asentado.

nomadismo, trashumancia, traslado, vagabundeo, desarraigo. *Ant.* Sedentarismo, asentamiento, arraigo.

nombradía, fama, renombre, crédito, celeridad, reputación, popularidad, notoriedad, nombre (v.), título, estimación, lucimiento. *Ant.* Ignorancia, anonimato, olvido.

nombramiento, designación, denominación, proclamación, nominación, elección, distinción, investidura. *Ant.* Omisión, destitución.// Documento, despacho, credencial, cédula, diploma.

nombrar, denominar, nominar, mencionar, designar, bautizar, apellidar, aludir, llamar, calificar, especificar. *Ant.* Omitir, ignorar, callar.// Elegir, designar, proclamar, seleccionar, investir, poner, ascender, escoger. *Ant.* Destituir, cesar.

nombre, denominación, apelativo, apellido, designación, patronímico, apodo, título, mote, seudónimo, alias.// Fama, nombradía (v.).

nomenclador, catálogo, lista, índice, nómina, repertorio, registro, enumeración, directorio.

nómina, lista, catálogo, relación, inventario, repertorio, registro, enumeración, detalle.

nominación, designación, elección, llamamiento, nombramiento (v.).

nominal, honorario, falso, figurado, representativo, irreal. *Ant.* Real, auténtico.

non, impar, dispar, desigual, desparejo. *Ant.* Par, parejo.// Nones, negación (v.).

nonada, insignificancia, bagatela, bicoca, menudencia, pizca, fruslería, nadería. *Ant.* Mucho, importancia.

nonato-ta, no nacido, inexistente. *Ant.* Nacido.

nórdico-ca, ártico, septentrional, boreal, hiperbóreo, escandinavo. *Ant.* Meridional.

norma, modelo, guía, pauta, regla, precepto, ejemplo, canon, principio, patrón, sistema. *Ant.* Irregularidad, anomalía.

normal, natural, usual, acostumbrado, habitual, corriente, vulgar, común, rutinario, ordinario, cotidiano, regular. *Ant.* Desusado, anormal.// Regulado, reglamentado, estatuido. *Ant.* Irregular.// Equilibrado, sensato, juicioso, cuerdo. *Ant.* Desequilibrado, insensato.

normalidad, orden, uso, regla, costumbre, legalidad, naturalidad, equilibrio, paz, calma, tranquilidad, cordura. *Ant.* Anormalidad, irregularidad.

normalizar, ordenar, regular, regularizar, encauzar, arreglar, organizar, metodizar. *Ant.* Desordenar, desorganizar.

norte, septentrión, ártico, bórea. *Ant.* Sur.// Camino, rumbo, fin, meta, dirección, finalidad, propósito.

norteño-ña, nórdico (v.), septentrional, boreal, hiperbóreo. *Ant.* Austral, meridional.

nostalgia, melancolía, añoranza, ausencia, remembranza, soledad, tristeza, evocación, pesadumbre. *Ant.* Olvido, indiferencia.

nostálgico-ca, melancólico, afligido, evocador. *Ant.* Indiferente, alegre.

nota, anotación, apunte, notación, acotación, registro, asiento, explicación, comentario, borrador, observación, apostilla, llamada, inscripción, glosa, dato. *Ant.* Omisión.// Aviso, comunicación, anuncio, advertencia, noticia, mensaje, aclaración. *Ant.* Silencio.// Reputación, fama, nombradía, crédito, prestigio.// Calificación, evaluación, puntuación, resultado, valoración, estima.

notable, importante, trascendental, admirable, considerable, sobresaliente, destacado, señalado, conspicuo, ilustre, señero, principal, famoso, extraordinario, capital. *Ant.* Insignificante, vulgar, despreciable.

notación, anotación, signo, escritura, clave.

notar, apreciar, advertir, reparar, percatarse, observar, percibir, distinguir, captar, descubrir, vislumbrar, ver, oír, fijarse. *Ant.* Ignorar, omitir.// Anotar, marcar apuntar, inscribir, registrar. *Ant.* Omitir, ocultar.

notario-ria, escribano, actuario, funcionario, secretario.

noticia, suceso, novedad, parte, aviso, informe, nueva, especie, comunicación, mensaje, publicación. *Ant.* Desconocimiento.// Rumor, chisme, habilla. *Ant.* Verdad.

noticioso-sa, sabedor, enterado, erudito, versado, instruido, docto, entendido. *Ant.* Ignorante, desconocedor.

notificación, comunicación, aviso, anuncio, participación, circular, instrucción.// Nombramiento, cédula, documento, despacho.

notificar, informar, comunicar, anunciar, reseñar, declarar, ordenar, avisar, prevenir, manifestar, imponer. *Ant.* Callar, esconder.

notoriedad, celebridad, fama, popularidad, prestigio, reputación, renombre, notabilidad, gloria, nombradía. *Ant.* Anonimato, oscuridad.

notorio-ria, manifiesto, evidente, patente, probado, claro, palpable, conocido, visible, palmario, público. *Ant.* Oscuro, dudoso, desconocido.

novatada, broma, inocentada, jugada, jugarreta, inexperiencia. *Ant.* Veteranía.

novato-ta, principiante, novicio, bisoño, nuevo, novel, inexperto, neófito, aprendiz, iniciado, primerizo. *Ant.* Experto, veterano.

novedad, noticia (v.), reseña, aviso, nueva.// Actualidad, primicia, creación, invención, modernidad, originalidad, innovación. *Ant.* Antigüedad.// Cambio, mutación, mudanza, alteración, trueque. *Ant.* Permanencia, persistencia.

novedoso-sa, nuevo, reciente, moderno, actual. *Ant.* Antiguo, conocido.

novel, novato (v.), nuevo, aprendiz, bisoño. *Ant.* Veterano.

novela, narración, relato, ficción, romance, historia, folletín.// Mentira, fábula, patraña, embuste, farsa. *Ant.* Verdad.

novelesco-ca, fabuloso, irreal, fingido, fantástico, inventado, romancesco, ficticio, sorprendente. *Ant.* Realista.

novelista, escritor, literato, creador, narrador.

noviazgo, idilio, coqueteo, amorío, devaneo, festejo, cortejo, flirteo, relaciones. *Ant.* Separación, ruptura.

novicio-cia, novato (v.), nuevo, principiante, iniciado, inexperto, novel (v.). *Ant.* Experto, veterano.// Seminarista, aspirante.

novio-via, prometido, pretendiente, festejante, cortejador, futuro, enamorado, galán, desposado, recién casado.

nube, nubosidad, nublado, nubarrón, cúmulo, nimbo, celaje, cirros, niebla. *Ant.* Claro.// Abundancia, enjambre, aglomeración. *Ant.* Escasez.

nublado, nube, nubarrón, nubarrada, nubada.// Nebuloso, cubierto, cerrado, encapotado, oscuro, velado, plomizo, gris, lluvioso, sombrío. *Ant.* Claro, despejado.

nublarse, encapotarse, cargarse, oscurecerse, cerrarse, aborrascarse. *Ant.* Despejarse, abrirse.

nubosidad, nube (v.).

nuca, cerviz, cogote, testuz, cuello, occipucio, morrillo.

núcleo, centro, meollo, foco, médula, corazón, interior, entraña, sustancia. *Ant.* Periferia.

nudo, lazo, unión, atadura, vínculo, ligadura, trabazón, yugo, eslabón, lazada. *Ant.* Separación.// Dificultad, enredo, intriga. *Ant.* Facilidad.// Origen, causa, razón, motivo. *Ant.* Consecuencia.

nueva, noticia (v.), novedad (v.), suceso.

nuevo-va, reciente, flamante, moderno, novedoso, actual, fresco, inédito, lozano, virgen, naciente. *Ant.* Antiguo, usado, pasado, ajado, viejo.// Distinto, diferente, desconocido, extraño. *Ant.* Usado, conocido, remanido, trillado.

nulidad, invalidación, anulación, destitución, derogación, rescisión, cancelación, desautorización. *Ant.* Confirmación.// Invalidez, impotencia, incapacidad, incompetencia, inepcia, torpeza, insuficiencia. *Ant.* Competencia, sensatez, habilidad.

nulo-la, inepto, torpe, ignorante, inútil, incapaz. *Ant.* Apto, competente.// Anulado, desautorizado, abolido, suprimido, cancelado, rescindido, derogado, prescrito. *Ant.* Confirmado, autorizado.

numen, deidad, musa, inspiración, genio, magín, creación, imaginación. *Ant.* Torpeza.

numeración, anotación, ordenación, número, inscripción.// Orden, alineación, sucesión, clasificación. *Ant.* Desorden.

numerar, enumerar, contar, ordenar, marcar, inscribir, clasificar, apuntar. *Ant.* Desordenar, confundir.

número, cifra, guarismo, signo, símbolo, notación, representación.// Cantidad, magnitud, conjunto, cuantía, total. *Ant.* Unidad, nada, falta.

numeroso-sa, innumerable, abundante, nutrido, profuso, copioso, considerable, populoso, cuantioso, mucho, crecido, excesivo. *Ant.* Escaso.

nunca, jamás, no, en la vida, de ningún modo.

nuncio, representante, mensajero, emisario, enviado, delegado, legado.

nupcial, matrimonial, conyugal, marital, connubial, vincular.

nupcias, casamiento, matrimonio, enlace, esponsales, desposorio, himeneo, unión, boda, connubio, maridaje, vínculo. *Ant.* Separación, divorcio.

nutrición, alimentación, sustento, mantenimiento, manutención. *Ant.* Desnutrición.

nutrido-da, abundante, copioso, colmado, profuso, atestado, abarrotado, numeroso. *Ant.* Escaso.// Alimentado. *Ant.* Desnutrido, debilitado.

nutrir-se, alimentar, mantener, sostener, sustentar, suministrar, atestar. *Ant.* Desnutrirse, escatimar.// Fortalecer, reforzar, robustecer, vigorizar. *Ant.* Debilitarse.

nutritivo-va, alimenticio, nutricio, sustancioso, vigorizante, fortificante, reconstituyente. *Ant.* Debilitante, insustancial.

ñandú, avestruz americano.

ñoñería, tontería, simpleza, timidez, cortedad, melindre, pusilanimidad, cursilería, necedad, afectación, gazmoñería, bobería. **Ant.** Decisión, viveza.

ñoñez, ñoñería (v.).

ñoño-ña, remilgado, melindroso, quejumbroso, llorón.// Necio, insustancial, simple, hueco, soso. **Ant.** Vivo.//

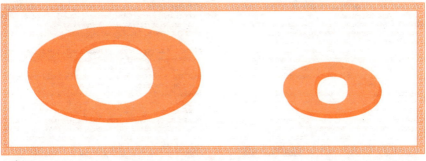

oasis, descanso, respiro, reposo, refugio, alivio, consuelo. **Ant.** Barullo, aglomeración.// Vergel, manantial. **Ant.** Desierto.

obcecación, tozudez, empecinamiento, ofuscación, testarudez, terquedad, ceguera, obnubilación. **Ant.** Comprensión.// Confusión, velo. **Ant.** Claridad.

obcecado-da, terco, testarudo, tozudo, obstinado, ofuscado, obsesionado, empecinado, emperrado.// **Ant.** Comprensivo.

obcecarse, obstinarse, ofuscarse, emperrarse, obsesionarse, cegarse, empeñarse. **Ant.** Reflexionar, comprender.

obedecer, someterse, observar, respetar, acatar, subordinarse, transigir, adherirse, disciplinarse. **Ant.** Desobedecer.

obediencia, acatamiento, sumisión, sometimiento, sujeción, observancia, subordinación, respeto, disciplina, conformidad, docilidad. **Ant.** Desobediencia, subversión.

obediente, sumiso, sometido, subordinado, disciplinado, dócil, manejable, respetuoso. **Ant.** Desobediente, insumiso, rebelde.

obertura, introducción, preludio, introito.// Final, coda.

obeso-sa, grueso, rollizo, corpulento, adiposo, carnoso, pesado, rechoncho, gordo. **Ant.** Flaco.

óbice, obstáculo, estorbo, inconveniente, entorpecimiento, dificultad. **Ant.** Facilidad.

obispo, prelado, pontífice, patriarca.

óbito, fallecimiento, muerte, defunción. **Ant.** Nacimiento, vida.

objeción, reparo, impugnación, negativa, observación, oposición, réplica, contrariedad, censura, pero, dificultad. **Ant.** Conformidad, acuerdo, aprobación.

objetar, refutar, replicar, contradecir, impugnar, oponer, rechazar, censurar, criticar. **Ant.** Aprobar.

objetividad, ecuanimidad, imparcialidad, neutralidad, justicia, honradez. **Ant.** Parcialidad, subjetividad.

objetivo, fin, meta, objeto, finalidad, mira, designio, aspiración, destino.// **-va,** neutral, imparcial, desapasionado, ecuánime, desinteresado, justo. **Ant.** Subjetivo, parcial.

objeto, asunto, cuestión, materia, tema.// Ente, sujeto, elemento, naturaleza, cosa, obra.// Propósito, intento, fin, finalidad, intención, empeño, empresa, mira, objetivo (v.), dirección, rumbo.

oblación, ofrenda, ofrecimiento, don, sacrificio.

oblicuo-cua, sesgado, diagonal, inclinado, transversal, desviado, atravesado. **Ant.** Derecho, recto, perpendicular.

obligación, compromiso, deber, imposición, carga, responsabilidad, gravamen, exigencia, necesidad, deber. **Ant.** Libertad, facultad.// Empleo, profesión, cargo.// Deuda, título, cargo.

obligado-da, comprometido, agradecido, reconocido, deudor. **Ant.** Desagradecido.// Obligatorio, forzoso, ineludible, inexcusable.// Movido, impulsado, incitado, forzado.

obligar, forzar, imponer, coaccionar, exigir, comprometer, apremiar, abrumar, violentar, mandar. **Ant.** Consentir, liberar.

obligatorio-ria, forzoso, necesario, indispensable, imperioso, ineludible, preciso, insoslayable, imprescindible, apremiante, compulsivo. **Ant.** Libre, voluntario, evitable.

obliteración, obstrucción, oclusión, obturación, cierre. **Ant.** Desatascamiento.

obliterar, obstruir, obturar, cerrar, taponar, atascar. **Ant.** Abrir, desatascar.

obnubilar, obcecarse, ofuscar.// Ensombrecer, nublar, velar.

óbolo, dádiva, donativo, limosna, contribución, ayuda. **Par.** Óvolo.

obra, manufactura, labor, faena, tarea, empresa, arte, oficio, misión, trabajo, ocupación. **Ant.** Ocio.// Producto, fruto, realización, resultado.// Edificio, construcción, edificación.// Libro, texto, volumen, tratado, escrito, tomo, ejemplar.

obrar, trabajar, actuar, ejecutar, hacer, ejercer, operar, maniobrar. *Ant.* Descansar, parar.// Fabricar, producir, construir, edificar.// Portarse, proceder.

obrero-ra, trabajador, artesano, operario, asalariado, peón, jornalero, menestral.

obscenidad, impudicia, deshonestidad, indecencia, torpeza, liviandad, lubricidad, pornografía, procacidad, escabrosidad, concupiscencia. *Ant.* Pudor, honestidad, decencia.

obsceno-na, impúdico, deshonesto, indecente, liviano, lúbrico, pornográfico, indecoroso, libidinoso, procaz, lascivo, escabroso, lujurioso, licencioso, concupiscente. *Ant.* Pudoroso, honesto, casto.

obscurecer, ensombrecer, entenebrecer, nublar, opacar, ennegrecer, sombrear, enturbiar, deslucir, ocultar.// Confundir, ofuscar. *Ant.* Aclarar, iluminar, clarificar.// Anochecer, atardecer. *Ant.* Amanecer.// -se, encapotarse, cubrirse. *Ant.* Aclarar, despejarse.

obscuridad, sombras, negrura, tinieblas, tenebrosidad, cerrazón, lobreguez, opacidad, penumbra, bruma. *Ant.* Claridad, luz.// Confusión, embrollo, incertidumbre, ambigüedad, ofuscación. *Ant.* Esclarecimiento.// Noche, crepúsculo. *Ant.* Amanecer, alba.// Ignorancia, ceguera, cerrazón, atraso. *Ant.* Iluminación.

obscuro-ra, sombrío, negro, tenebroso, cerrado, brumoso, opaco, apagado, umbroso, entenebrecido, renegrido.// Crepuscular, anochecido, nocturno. *Ant.* Claro.// Nublado, encapotado, cerrado. *Ant.* Despejado.// Confuso, ambiguo, ofuscado, ininteligible, difícil, impreciso, incomprensible, equívoco, inexplicable. *Ant.* Preciso, claro.// Modesto, sencillo, humilde, desconocido, insignificante. *Ant.* Ilustre, destacado.

obsecuencia, condescendencia, sumisión, obediencia, docilidad, rendición, cumplimiento, servilismo. *Ant.* Indocilidad, rebeldía.

obsecuente, manejable, cumplido, servil, dócil, rendido, sumiso. *Ant.* Indócil, rebelde.

obsequiar, regalar, dar, donar, ofrecer, entregar, ofrendar, gratificar, dispensar, proporcionar. *Ant.* Recibir.// Agasajar, homenajear, festejar, mimar, convidar. *Ant.* Descuidar, despreciar.

obsequio, regalo, ofrenda, donativo, dádiva, cesión, gratificación, concesión, óbolo, presente.// Agasajo, homenaje, lisonja, fiesta, festejo. *Ant.* Desprecio, omisión.

obsequioso-sa, amable, servicial, cortés, atento, lisonjero, complaciente, adulador, solícito, rendido, zalamero. *Ant.* Descortés, grosero.

observación, corrección, amonestación, reprimenda, rectificación, consejo, opinión, admonición.// Aviso, advertencia, notificación, nota.// Investigación, examen, vigilancia, inspección, análisis, estudio. *Ant.* Descuido, inadvertencia, omisión.

observador-ra, asistente, espectador, examinador, presente.// Atento, curioso, agudo. *Ant.* Despreocupado, distraído.

observancia, acatamiento, cumplimiento, disciplina, obediencia, respeto, reverencia, cuidado, escrupulosidad. *Ant.* Indisciplina, desacato.

observar, mirar, examinar, investigar, explorar, inspeccionar, reconocer. *Ant.* Desatender, descuidar.// Acatar, cumplir, obedecer, respetar, guardar, cumplimentar. *Ant.* Desobedecer, rebelarse.

obsesión, preocupación, obstinación ofuscación, prejuicio, obcecación, manía, idea fija. *Ant.* Despreocupación.

obsesionar-se, preocupar, obnubilar, obstinarse, insistir. Obsesión (v). *Ant.* Despreocuparse.

obsesivo-va, insistente, reiterativo, repetido, fijo, maníaco, obcecado. *Ant.* Despreocupado.

obseso-sa, obcecado, tozudo, tenaz, maniático, maníaco, emperrado, cegado, insistente. *Ant.* Comprensivo.

obstaculizar, dificultar, interponer, entorpecer, obstruir, oponerse, estorbar. *Ant.* Facilitar.

obstáculo, dificultad, impedimento, estorbo, embarazo, contrariedad, traba, escollo, obstrucción, molestia, complicación. *Ant.* Facilidad.

obstar, impedir, imposibilitar, dificultar, obstaculizar, ser óbice. *Ant.* Facilitar.// Oponerse, repugnar, obviar, ser contrario. *Ant.* Acordar.

obstinación, tozudez, tenacidad, porfía, contumacia, pertinacia, obcecación, insistencia, empeño, empecinamiento, tesonería, ofuscación. *Ant.* Flexibilidad, comprensión.

obstinado-da, terco, tenaz, porfiado, testarudo, contumaz, empecinado, impenitente. *Ant.* Dócil, comprensivo, condescendiente.

obstinarse, porfiar, entercarse, obcecarse, insistir, empecinarse, emperrarse. *Ant.* Condescender, transigir.

obstrucción, oclusión, atascamiento, taponamiento, atolladero, cerramiento, entorpecimiento, estancamiento, obturación. *Ant.* Facilidad.

obstruir, obturar, atorar, ocluir, atascar, trabar, atrancar, impedir, embotellar, cerrar, estancar, interceptar. *Ant.* Abrir, destapar, liberar.

obtención, alcance, logro, consecución, adquisición, conquista, cosecha, ganancia, beneficio, producto, resultado. Pérdida, fracaso.

obtener, lograr, conseguir, alcanzar, ganar, cosechar, sacar, conquistar, extraer. *Ant.* Perder, fracasar.// Producir, fabricar, preparar, realizar. *Ant.* Desperdiciar.

obturar, cerrar, tapar, ocluir, taponar, obstruir (v.). *Ant.* Abrir.

obtuso-sa, torpe, lerdo, limitado, tardo, tosco, zafio, estúpido, memo. *Ant.* Listo, inteligencia.// Chato, mocho, mellado, romo. *Ant.* Puntiagudo.

obviar, evitar, rehuir, apartar, eludir. *Ant.* Entorpecer.// Obstar, oponerse. *Ant.* Conciliar, avenirse.

obvio-via, claro, manifiesto, evidente, patente, innegable, palmario, cierto, indiscutible. *Ant.* Inexplicable, incomprensible.

ocasión, oportunidad, coyuntura, circunstancia, lance, situación, ocurrencia, suceso, vez, época.// Ventaja, provecho, ganga, negocio, oportunidad. *Ant.* Desventaja.

ocasional, casual, fortuito, eventual, accidental, contingente, incierto, inseguro. *Ant.* Casual, voluntario.

ocasionar, causar, producir, provocar, motivar, originar, determinar, suscitar. *Ant.* Impedir.

ocaso, occidente, oeste, poniente. *Ant.* Oriente, este.// Anochecer, atardecer, crepúsculo, puesta de sol. *Ant.* Amanecer.// Decadencia, declinación, acabamiento, menoscabo, postrimería, terminación. *Ant.* Esplendor.

occidental, ponentino, hespérido. *Ant.* Oriental

occidente, oeste, poniente, ocaso. *Ant.* Oriente.

océano, mar, piélago.// Extensión, vastedad, inmensidad, infinitud, infinidad.

ocio, asueto, holganza, desocupación, inactividad, inacción, descanso, vagancia, vacación. *Ant.* Actividad, trabajo.

ociosidad, ocio (v.), holgazanería, pereza, haraganería.

ocioso-sa, inactivo, desocupado, vacante, descansado. *Ant.* Activo.// Perezoso, holgazán, haragán, indolente, vago. *Ant.* Diligente, trabajador.// Vano, insustancial, inútil, estéril, vacío. *Ant.* Útil, provechoso.

ocluir, cerrar, obstruir, obturar, tapar. *Ant.* Abrir.

oclusión, obstrucción, cierre, obturación (v.). *Ant.* Desatasco, facilidad.

ocultación, encubrimiento, disimulo, emboscamiento. *Ant.* Manifestación, exhibición.// Desaparición, engaño, secreto, misterio, incógnito. *Ant.* Publicidad, ostentación.

ocultar, esconder, cubrir, tapar, encubrir, disimular, disfrazar. *Ant.* Manifestar, descubrir.// Omitir, callar, silenciar. *Ant.* Publicar.

oculto-ta, escondido, disimulado, encubierto, clandestino, disfrazado, callado, omitido, silenciado, misterioso, indescifrable, impenetrable, invisible, recóndito. *Ant.* Visible, mostrado, público, exhibido.

ocupación, actividad, labor, quehacer, trabajo, tarea, función, cargo, cometido, negocio, deber, oficio, profesión, destino, empleo, puesto. *Ant.* Desempleo, licencia, permiso, vacación.

ocupado-da, atareado, activo, abrumado, agobiado. **Ant.** Desocupado.// Completo, lleno, rebosante, conquistado, tomado, vencido. **Ant.** Abandonado, vacío.

ocupar, adueñarse, tomar, apoderarse, posesionarse, invadir, usurpar. **Ant.** Liberar, ceder, abalonar.// Habitar, llenar, vivir, instalarse. **Ant.** Deshabitar, dejar.// **-se,** ejercer, dedicarse, trabajar, consagrarse, entregarse, enfrascarse, intervenir, actuar. **Ant.** Desocuparse.

ocurrencia, agudeza, gracia, sutileza, ingenio, salida, picardía. **Ant.** Necedad.

ocurrente, agudo, ingenioso, oportuno, chistoso, jocoso. **Ant.** Torpe.

ocurrir, suceder, acontecer, producirse, sobrevenir, verificarse, acaecer, pasar. **Ant.** Faltar.// **-se,** imaginarse, pensar, antojarse.

odiar, aborrecer, detestar, abominar, repugnar, execrar. **Ant.** Amar.

odio, abominación, aversión, rencor, aborrecimiento, repugnancia, encono, ojeriza, execración, saña, desamor, malquerencia, hostilidad. **Ant.** Amor, simpatía, afecto.

odioso-sa, aborrecible, antipático, irritante, detestable, execrable, repelente, indigno. **Ant.** Adorable, amoroso, estimado.

odisea, penalidad, sufrimiento, martirio, persecución, fuga, hazaña, afanes, aventura. **Ant.** Dicha, paz.

odontólogo-ga, dentista.

odorífero-ra, aromático, oloroso, fragante, perfumado. **Ant.** Desodorante, maloliente.

odre, pellejo, cuero, bota, cantimplora.

oeste, occidente, ocaso, poniente. **Ant.** Este.

ofender, agraviar, injuriar, afrentar, ultrajar, infamar, herir, denostar, insultar, deshonrar, vilipendiar, desprestigiar, menospreciar, desacreditar, escarnecer. **Ant.** Alabar, elogiar.// **-se,** molestarse, resentirse, enfadarse, incomodarse. **Ant.** Amistarse, congraciarse.

ofendido-da, utrajado, afrentado, agraviado, insultado, injuriado, vilipendiado, despreciado, humillado, molesto, resentido. **Ant.** Alabado, elogiado, estimado.

ofensa, injuria, afrenta, agravio, insulto, herida, desaire, ultraje, ironía, insolencia, vejamen, menosprecio. **Ant.** Elogio, alabanza.

ofensiva, arremetida, ataque, asalto, acometida, irrupción, incursión, combate. **Ant.** Retirada, huida.

ofensivo-va, afrentoso, injurioso, ultrajante, humillante, ignominioso, vejatorio, insultante. **Ant.** Inofensivo, elogioso.

oferta, ofrecimiento, propuesta, proposición, sugerencia, promesa. **Ant.** Petición, demanda.// Dádiva, donativo, ofrenda, convite, regalo. Aceptación.

oficial, autorizado, gubernativo, público, estatal, gubernamental, nacional, reconocido. **Ant.** Privado.// Superior, jefe, comandante. **Ant.** Soldado.// Artesano.

oficiar, celebrar, concelebrar, decir misa.// Actuar, ejecutar, realizar, ejercer, intervenir, mediar, arbitrar. **Ant.** Abstenerse, inhibirse.

oficina, despacho, escritorio, bufete, administración, departamento, secretaría, ministerio, dirección, notaría.

oficinista, empleado, escribiente, funcionario, auxiliar, ayudante, burócrata.

oficio, ocupación, profesión, cargo, empleo, actividad, ministerio, función, quehacer, tarea, puesto, plaza, arte. **Ant.** Desocupación.// Comunicación escrito, comunicado, carta, nota, despacho, expediente.// Oración, rezo.

oficioso-sa, extraoficial, infundado. **Ant.** Oficial.// Cuidadoso, solícito, servicial, diligente, complaciente. **Ant.** Descuidado, indiferente.// Importuno, entrometido, indiscreto. **Ant.** Discreto, oportuno.// Mediador, inermediario, intercesor. **Ant.** Indiferente.

ofrecer, ofrendar, prometer, brindar, dar, entregar, proponer, sugerir, convidar. **Ant.** Pedir, aceptar.// Consagrar, sacrificar, dedicar. **Ant.** Rechazar.// **-se,** entregarse, someterse, darse, comprometerse, servir. **Ant.** Negarse.

ofrecimiento, propuesta, oferta (v.), promesa, proposición, envite. **Ant.** Negación.

ofrenda, ofrecimiento (v.), promesa, presente, regalo, dádiva, entrega, donación, homenaje. **Ant.** Petición, abstención, rechazo.// Oración, exvoto, oblación.

ofrendar, ofrecer (v.), obsequiar, regalar, sacrificar, donar. **Ant.** Pedir, denegar, rechazar.

oftalmóloga, oculista.

ofuscación, obcecación, obstinación, obnubilación, ceguera, perturbación, confusión, turbación. **Ant.** Serenidad, razón, lucidez.

ofuscado-da, obsesionado, obstinado, ciego, terco, confundido, perturbado, turbado. **Ant.** Razonable, lúcido.

ofuscar-se, obsesionar, obcecar, obstinarse, alucinar, cegar, confundir, enajenar, perturbar, turbar. **Ant.** Discernir, serenarse.

ogro, monstruo, coloso, gigante, espantajo.// Horrible, horroroso, feo, desagradable, repugnante. **Ant.** Hermoso.// Cruel, feroz, inhumano, bárbaro, salvaje, insociable. **Ant.** Humano, sociable, amable.

oído, audición, percepción, atención. **Ant.** Sordera.

oír, escuchar, percibir, atender, advertir, entender.// Acceder, conceder, admitir, otorgar. **Ant.** Desoír, ignorar.

ojeada, vistazo, mirada, atisbo, repaso. **Par.** Hojeada.

ojear, observar, atisbar, examinar, mirar. **Ant.** Descuidar, despreocuparse. **Par.** Hojear.

ojeriza, odio (v.), aborrecimiento, enemistad, antipatía, inquina, aversión, animosidad, fobia, rencor, enojo. **Ant.** Simpatía.

ojo, orificio, agujero, abertura, boca.

ola, onda, ondulación, oleada, curva.

oleada, muchedumbre, multitud, raudal, gentío, tropel, torbellino, agolpamiento.// Oleaje (v.).

oleaginoso-sa, oleoso, aceitoso, graso, grasoso. **Ant.** Seco, astringente.

oleaje, oleada, ondulación, marejada, rompiente, resaca, marea. **Ant.** Calma.

oleoso-sa, oleaginoso, aceitoso, grasoso, grasiento, graso, seboso. **Ant.** Seco.

oler, olfatear, husmear, oliscar, percibir, sentir, notar, advetir.// Perfumar, sahumar, aromatizar, odorizar.// Heder, apestar, asfixiar, atufar.

olfatear, oler (v.).

olfato, intuición, perspicacia, instinto, sagacidad, penetración. **Ant.** Insensibilidad.

olímpico-ca, solemne, grandioso, soberbio, supremo, soberano, divino, celestial, majestuoso. **Ant.** Humilde.

olimpo, paraíso, edén, campos, elíseos.

olla, cacerola, marmita, pote, recipiente, perol.// Guiso, cocido. **Par.** Hoya.

olor, aroma, fragancia, efluvio, emanación, exhalación.// Tufo, miasma, fetidez, peste, hedor, tufarada, pestilencia.

oloroso-sa, aromático, perfumado, fragante, odorífero. **Ant.** Inodoro, desodorante, hediondo.

olvidadizo-za, desmemoriado, distraído, aturdido, negligente, inadvertido, despistado, atolondrado. **Ant.** Atento, cuidadoso.

olvidado-da, omitido, postergado, relegado, desdeñado, negado, desaparecido, desatendido, abandonado. **Ant.** Presente, vigente, actual.

olvidar, omitir, descuidar, relegar, desatender, postergar, desdeñar, marginar, abandonar, perder, extraviar. **Ant.** Recordar, considerar.// **-se,** desmemoriarse, distraerse, despistarse. **Ant.** Acordarse.

olvido, abandono, extravío, descuido, distracción, amnesia, omisión, negligencia, inadvertencia, relegación, aturdimiento, atolondramiento. **Ant.** Recuerdo.// Desagradecimiento, desprecio, ingratitud, desamor. **Ant.** Agradecimiento, gratitud, recordación.

ominoso-sa, aciago, siniestro, azaroso, trágico, funesto, fatal, desastroso, calamitoso, abominable, detestable, fatídico, execrable, vergonzoso, desgraciado. **Ant.** Alegre, feliz, beneficioso.

omisión, supresión, exclusión, abstención, distracción, olvido, inadvertencia, falta, negligencia, descuido, desatención. **Ant.** Atención, advertencia, alusión.

omitir

omitir, olvidar, suprimir, excluir, prescindir, relegar, abandonar, desatender, despreocuparse, olvidar (v.). **Ant.** Atender, recordar, considerar.
ómnibus, autobús, vehículo.
omnímodo-da, absoluto, total, general, todopoderoso. **Ant.** Parcial.
omnipotencia, superioridad, absolutismo, supremacía, soberanía, dominación, potestad, poder absoluto. **Ant.** Impotencia, sumisión.
omnipotente, todopoderoso, supremo, absoluto, soberano, preponderante. **Ant.** Inferior, sometido, débil.
onanismo, masturbación, placer solitario.
onda, rizo, ondulación, bucle, sortija, tirabuzón.// Ola (v.). **Par.** Honda.
ondear, ondular, flamear, flotar, tremolar, oscilar, agitar, serpentear. **Ant.** Pender. **Par.** Hondear.
ondulación, oscilación, sinuosidad, fluctuación, serpenteo, curva, curvatura. **Ant.** Derechura.// Flameo, ondeo. **Ant.** Tiesura.
ondulado-da, ondeado, rizado, ensortijado, encrespado, crespo. **Ant.** Liso, lacio.// Sinuoso, zigzagueante, ondeante, flameante. **Ant.** Recto, tieso.
ondular, rizar, ensortijar, encrespar. **Ant.** Alisar.// Zigzaguear, flamear, serpentear, ondear, curvar. **Ant.** Enderezar.
oneroso-sa, caro, costoso, gravoso, dispendioso. **Ant.** Barato.// Molesto, enfadoso, pesado, enojoso, fastidioso, importuno, insoportable. **Ant.** Agradable.
opacidad, oscuridad, velo, deslustre, mate, turbiedad. **Ant.** Transparencia, brillo.
opaco-ca, oscuro, mate, velado, turbio, sombrío, nebuloso, tenebroso. **Ant.** Transparente, brillante.// Triste, melancólico. **Ant.** Alegre.
opción, elección, alternativa, disyuntiva, decisión, selección, preferencia.// Facultad, derecho, privilegio. **Ant.** Coacción.
operación, trabajo, actuación, ejecución, realización, obra.// Maniobra, ejercicio.// Trato, convenio, negocio, contrato, negociación.// Intervención quirúrgica, extirpación.
operar, actuar, realizar, obrar, maniobrar, manipular, efectuar, ejecutar, practicar.// Negociar, comerciar, contratar.// Intervenir, extirpar, cortar, abrir, amputar.
operario-ria, trabajador, obrero, mecánico, peón, jornalero, artesano.
operativo-va, activo, operante, ejecutivo, eficaz. **Ant.** Inoperante, ineficaz.
opilación, impedimento, obstrucción (v.).
opinar, estimar, juzgar, enjuiciar, calificar, suponer, creer, valorar, pensar, apreciar, sentir, considerar, dictaminar, suponer. **Ant.** Callar.
opinión, juicio, parecer, pensamiento, dictamen, convicción, voto, intención, conjetura, suposición, decisión, sentir, voz, idea, creencia, resolución, explicación, criterio. **Ant.** Abstención.
opíparo-ra, abundante, copioso, suculento, sustancioso, espléndido, abundoso, magnífico, deleitoso. **Ant.** Escaso, desagradable.
oponente, rival, contrincante, competidor, contendiente, adversario, antagonista, enemigo, opositor. **Ant.** Partidario, favorable, amigo.
oponerse, enfrentar, rechazar, resistir, impugnar, opugnar, disentir, repeler, rebatir, objetar, obstruir, negarse, contrariar, refutar, discrepar, obstar, pelearse, impedir, interponerse, prohibir, disputar. **Ant.** Favorecer, autorizar, consentir, acceder.
oportunidad, ocasión, circunstancia, coyuntura, casualidad, eventualidad, tiempo, azar. **Ant.** Inconveniencia.// Provecho, ventaja, ganga. **Ant.** Desventaja.
oportunista, ventajista, aprovechado, especulador, práctico, utilitario. **Ant.** Desinteresado, ingenuo.
oportuno-na, conveniente, adecuado, apropiado, exacto, propicio, pertinente, coyuntural, procedente, necesario, idóneo. **Ant.** Inoportuno, desacertado, inconveniente, impropio.// Ocurrente, gracioso, chistoso, agudo.

oposición, antagonismo, desacuerdo, contradicción, disparidad, disconformidad, competencia, antinomia, rivalidad, discordia, oposición, enemistad, pugna, negación, prohibición. **Ant.** Acuerdo, autorización, paz.// Obstáculo, impedimento, obstrucción, resistencia, traba, dificultad, embarazo, barrera. **Ant.** Facilidad.// Minoría.// Concurso, examen.
opositor-ra, contrincante, rival, contendiente, oponente, antagonista.
opresión, dominación, subyugación, tiranía, abuso, despotismo, arbitrariedad, mando, imposición, predominio, absolutismo, intolerancia, sojuzgamiento. **Ant.** Libertad.// Sujeción, sumisión, servidumbre, esclavitud, avasallamiento, vejación. **Ant.** Emancipación.// Comprensión, peso, presión, apretura.// Ahogo, sofocación, asfixia, congoja. **Ant.** Alivio.
opresivo-va, abusivo, dominante, tiránico, arbitrario, intransigente, intolerante. **Ant.** Liberador, conciliador, tolerante.// Sofocante, angustiante, asfixiante, acongojante, aplastante. **Ant.** Aliviador, suavizador.
opresor-ra, déspota, tirano, sojuzgador, subyugador, dictador, avasallador.// Despótico, intolerante, cruel, opresivo, tiránico, dominador. **Ant.** Flexible, liberal, tolerante.
oprimir, comprimir, aplastar, asfixiar, apretar, apretujar, apremiar, estrujar.// Dominar, esclavizar, tiranizar, abusar, sojuzgar, subyugar, humillar. **Ant.** Liberar, tolerar, transigir.
oprobio, deshonra, baldón, ignominia, deshonor, afrenta, vilipendio, mancilla, descrédito, estigma, vergüenza. **Ant.** Honra, enaltecimiento.
optar, elegir, preferir, seleccionar, decidir, inclinarse, escoger, adoptar. **Ant.** Rechazar, renunciar.
optativo-va, voluntario, facultativo, potestativo. **Ant.** Obligatorio, forzoso.
optimismo, esperanza, ánimo, confianza, seguridad, humor, fe, certidumbre, convicción, aliento, brío. **Ant.** Pesimismo, desesperanza.
optimista, animoso, esperanzado, confiado, brioso, ilusionado, seguro, feliz, ufano. **Ant.** Pesimista, desesperanzado.
óptimo-ma, perfecto, inmejorable, excelente, buenísimo, insuperable, excelso, estupendo, magnífico. **Ant.** Pésimo, deplorable.
opuesto-ta, adversario, contrario, oponente, divergente, antagónico, enemigo, encontrado, antípoda, rival. **Ant.** Coincidente, compatible, convergente, amistoso.
opugnar, oponerse, enfrentar, contraponer, rechazar, refutar, resistir. **Ant.** Acceder, consentir.// Dificultar, obstruir. **Ant.** Facilitar.
opulencia, exuberancia, riqueza, abundancia, copiosidad. **Ant.** Escasez.// Bienes, fortuna, caudal, hacienda, tesoro. **Ant.** Pobreza.
opulento-ta, abundante, profuso, ubérrimo, pletórico, exuberante, espléndido, lujoso, colmado, surtido, fecundo, lujuriante. **Ant.** Escaso.// Rico, adinerado, acaudalado, poderoso, afortunado, ricachón. **Ant.** Pobre, mísero.
oquedad, agujero, cavidad, orificio, hueco, depresión, hoyo, concavidad.
oración, plegaria, rezo, ruego, invocación, súplica, preces, imploración. **Ant.** Blasfemia, imprecación.// Frase, expresión, cláusula.
oráculo, profecía, adivinación, presagio, vaticinio, augurio, auspicio, agüero, predicción.
orador-ra, disertador, conferenciante, discursante, predicador, declamador, retórico, recitador.
oral, verbal, hablado, expresado, enunciado. **Ant.** Escrito.// Bucal (v.).
orar, rogar, rezar, invocar, implorar, pedir, suplicar, impetrar. **Ant.** Renegar, blasfemar.
orate, loco, (v.), chiflado, maniático, enajenado, ido, demente. **Ant.** Cuerdo, juicioso.
oratoria, retórica, elocuencia, facundia, labia, verbosidad, alocución, dialéctica, predicación, discurso. **Ant.** Silencio.

orbe, mundo, esfera, globo, planeta, tierra, universo, creación.

orbicular, esférico, redondo, circular, lenticular.

órbita, trayectoria, curva, camino, recorrido, elipse, parábola.// Espacio, ámbito, área, zona, esfera, dominio, actividad.// Cuenca, concavidad, cavidad, hueco, agujero, oquedad.

orden, formación, sucesión, colocación, ordenación, gradación, proporción, situación, alineación, serie. **Ant.** Descolocación.// Método, sistema, organización, coordinación, articulación, ordenación, reglamentación, regulación. **Ant.** Desorganización.// Autoridad, equilibrio, regularidad, normalidad, armonía, paz, seguridad, disciplina, concierto, tranquilidad. **Ant.** Desorden, indisciplina, caos.// Regla, mandato, imposición, norma, decreto, disposición, ordenanza. **Ant.** Libertad.// Cofradía, hermandad, comunidad, congregación, instituto.

ordenación, reglamentación, ordenamiento, coordinación, organización, disposición, norma, regla, disciplina, regularidad, agrupación, sistematización. **Ant.** Confusión, alteración.// Orden, decreto, mandato, precepto.

ordenado-da, organizado, dispuesto, metódico, reglado, mesurado, clasificado, cuidadoso, meticuloso. **Ant.** Desordenado, desculdado.

ordenador, computador, procesador de datos, calculadora electrónica.

ordenador-ra, organizador, regulador, concertador, coordinador. **Ant.** Desorganizador.

ordenanza, reglamento, norma, estatuto, precepto, disposición. **Ant.** Acatamiento.// Bedel, asistente, servidor.

ordenar, arreglar, coordinar, regularizar, organizar, sistematizar, reglamentar, normalizar, componer, dirigir, distribuir, reglar, catalogar, numerar. **Ant.** Desordenar, desorganizar.// Mandar, decretar, reglamentar, establecer, legislar, prescribir, decidir, disponer, disciplinar. **Ant.** Cumplir, obedecer.

ordinariez, incorrección, vulgaridad, incivilidad, grosería, bajeza, ignorancia, chabacanería. **Ant.** Finura, cortesía.

ordinario-ria, común, vulgar, corriente, normal, habitual, general, frecuente, acostumbrado, usual, familiar, simple, sencillo, trivial. **Ant.** Extraordinario.// Vulgar, grosero, bajo, soez, bruto, descortés, bárbaro, chabacano, maleducado, ramplón, zafio. **Ant.** Fino, cortés, educado.

orear, ventilar, airear, tender, refrescar, secar, ventear.

orfandad, desamparo, desprotección, desabrigo, abandono, separación. **Ant.** Familia, protección.

orfanato, orfelinato, hospicio, asilo, hogar, inclusa.

orfebre, platero, joyero, orífice, artífice.

orgánico-ca, vivo, viviente, organizado. **Ant.** Inorgánico, inanimado.// Armónico, consonante, concordante, ajustado, unido. **Ant.** Inarmónico, desorganizado.

organismo, ser, criatura, espécimen, ente, individuo.// Entidad, corporación, institución, colectividad, organización, cuerpo, instituto.

organización, disposición, ordenación, orden, sistema, estructura, distribución, colocación, constitución, estructuración. **Ant.** Desorganización, desorden.// Organismo (v.).

organizar, arreglar, coordinar, concertar, ajustar, regularizar, regular. **Ant.** Desorganizar.// Fundar, crear, establecer, estatuir, instaurar, constituir. **Ant.** Disolver.

órgano, víscera, aparato.// Portavoz, medio, instrumento, representante, vocero.

orgasmo, clímax, exaltación, culminación.

orgía, festín, desenfreno, escándalo, bacanal. **Ant.** Recato, seriedad, austeridad.

orgiástico-ca, escandaloso, libertino, lujurioso, desenfrenado, lascivo. **Ant.** Decoroso, serio, sobrio.

orgullo, soberbia, vanidad, arrogancia, presunción, jactancia, vanagloria, suficiencia, engreimiento, altivez. **Ant.** Humildad.// Honra, dignidad, honor, prez, satisfacción, contento. **Ant.** Deshonor.

orgulloso-sa, soberbio, altivo, arrogante, presuntuoso,

vanidoso, jactancioso, suficiente, engreído, altanero, ufano, infatuado, pedante. **Ant.** Humilde, modesto, sencillo.// Contento, satisfecho, ufano. **Ant.** Insatisfecho, descontento.

orientado-da, encaminado, dirigido, guiado. **Ant.** Desorientado.

orientación, situación, posición.// Dirección, enfoque, guía, encauzamiento. **Ant.** Desorientación, extravío.// Explicación, consejo, instrucción, recomendación, referencia.

orientar, situar, colocar, disponer, emplazar, acomodar, dirigir. **Ant.** Descolocar.// Guiar, dirigir, encaminar, encauzar, aconsejar, instruir, recomendar, informar, asesorar. **Ant.** Desorientar, descarriar.

oriente, este, levante, naciente, saliente. **Ant.** Poniente, occidente.

orificio, agujero, boquete, abertura, boca, ojo, resquicio, hoyo, hueco, brecha. **Ant.** Tapón, cierre.

origen, principio, causa, comienzo, raíz, nacimiento, germen, génesis, fundamento, fuente, motivo, iniciación, procedencia. **Ant.** Fin, término, desenlace.// Ascendencia, linaje, estirpe, cepa, cuna. **Ant.** Descendencia.// Patria, país, oriundez.

original, único, singular, peculiar, personal, curioso, extraño, raro, extraordinario, inédito, nuevo. **Ant.** Vulgar, corriente, trillado.// Oriundo, originario, autóctono, procedente.// Modelo, prototipo, muestra, ejemplar. **Ant.** Copia.// Inicial, primitivo, básico. **Ant.** Derivado.

originalidad, innovación, novedad, creación, singularidad, peculiaridad, rareza, inventiva, inspiración, talento. **Ant.** Imitación, plagio, rutina.

originar, producir, provocar, causar, motivar, ocasionar, crear, engendrar, determinar, suscitar, acarrear. **Ant.** Impedir.// Comenzar, iniciar, empezar, resultar, derivarse, dimanar, proceder. **Ant.** Acabar, terminar, concluir.

originario-ria, original (v.), oriundo, nativo, procedente, natural, indígena, vernáculo, aborigen. **Ant.** Forastero, extranjero.// Primero, primitivo, primario, inaugural. **Ant.** Secundario.

orilla, margen, término, extremo, borde, límite, extremidad, canto, arista, costado, banda. **Ant.** Centro.// Costa, ribera, litoral, márgenes, riba, playa, ribazo. **Ant.** Interior.

orillar, bordear, costear, marginar. **Ant.** Centrar.// Evitar, soslayar, esquivar. **Ant.** Encarar, enfrentar.

orín, herrumbre (v.), moho, roña.

orina, orín, meada, pis, necesidad, aguas menores, micción.

oriundo-da, originario, nativo, procedente, autóctono, original, indígena, natural, vernáculo, aborigen. **Ant.** Extranjero, forastero.

orla, filete, ribete, franja, faja, contorno, cenefa.// Adorno, ornamento.// Orilla, borde.

ornamentación, decoración, adorno, aderezo, ornamento, decorado, atavío, ornato, gala. **Ant.** Sobriedad, sencillez.

ornamental, decorativo, decorado, engalanado. **Ant.** Sencillo, sobrio, desnudo.

ornamentar, decorar, revestir, adornar, engalanar, ornar, aderezar, guarnecer, acicalar. **Ant.** Despojar.

ornamento, ornamentación (v.), atavío, adorno, aderezo, gala, ornato, decorado. **Ant.** Sencillez, sobriedad.// Atributos, cualidades, prendas.

ornar, ornamentar (v.).

ornato, ornamento (v.), aparato, gala, atavío.

oro, metal precioso, metal amarillo.// Dinero, caudal, bienes, capital.

orondo-da, satisfecho, ufano, presumido, engreído, orgulloso, infatuado. **Ant.** Humilde.// Hinchado, hueco, vacío, esponjado, fofo, ahuecado. **Ant.** Macizo.// Barrigudo, robusto, grueso. **Ant.** Enjuto.

oropel, baratija, bicoca, bisutería, imitación, chuchería. **Ant.** Joya.// Apariencia, vanidad, pompa, vacuidad. **Ant.** Verdad, autenticidad.

orquesta, banda, agrupación, conjunto, grupo musical. **Ant.** Solista.

orquestar

orquestar, componer, instrumentar, ejecutar, interpretar.// Organizar, dirigir, guiar.

ortodoxo-xa, dogmático, conforme, fiel, puro, obediente, escrupuloso, rígido, inflexible. *Ant.* Heterodoxo, impuro, flexible.

osadía, atrevimiento, audacia, intrepidez, arrojo, valentía, resolución, empuje, brío, coraje. *Ant.* Apocamiento, cobardía, temor.// Desvergüenza, desfachatez, temeridad, insolencia. *Ant.* Respeto, prudencia.

osado-da, arriesgado, atrevido, resuelto, valiente, animoso, arrojado, audaz, temerario, resoluto, decidido, emprendedor, intrépido. *Ant.* Timorato, cobarde, medroso.// Descarado, desfachatado, desvergonzado, insolente, imprudente, descomedido. *Ant.* Respetuoso, reverente.

osar, atreverse, arriesgarse, decidirse, animarse, aventurarse, resolverse, lanzarse, intentar, afrontar. *Ant.* Temer, vacilar, acobardarse. *Par.* Hozar.

oscilación, balanceo, bamboleo, vaivén, fluctuación, ondulación (v.), sinuosidad, oleaje, vibración, temblor. *Ant.* Inmovilidad, estabilidad.// Vacilación, indecisión, duda, irresolución. *Ant.* Obstinación, decisión, resolución.

oscilar, bambolearse, balancearse, fluctuar, mecerse, columpiarse, vibrar, titilar, temblar, zigzaguear, tremolar. *Ant.* Permanecer, fijarse, inmovilizarse.// Vacilar, dudar. *Ant.* Decidirse, obstinarse.

oscurecer, anochecer, atardecer, ensombrecer, nublar, encapotarse, ennegrecer, sombrear. *Ant.* Aclarar, despejarse.

oscuridad, (v. obscuridad)

oscuro-ra, (v. obscuro)

ostensible, palpable, manifiesto, visible, claro, patente, evidente, notorio. *Ant.* Secreto, escondido.

ostentación, fausto, boato, pompa, lujo, exhibición, lujo, alarde, gala, magnificencia, suntuosidad, apariencia. *Ant.* Humildad, sobriedad.// Jactancia, pedantería, petulancia, vanagloria, presunción, afectación, fanfarronada, fantochada. *Ant.* Recato, modestia.

ostentar, exhibir, exponer, mostrar, manifestar, revelar, presentar. *Ant.* Ocultar.// Lucir, pavonearse, alardear, blasonar, darse aires. *Ant.* Recatarse, moderarse.

ostentoso-sa, pomposo, fastuoso, aparatoso, regio, espléndido, suntuoso, grandioso, magnífico. *Ant.* Sobrio, sencillo.// Jactancioso, petulante, ufano, fanfarrón, afectado, presuntuoso. *Ant.* Humilde, discreto.

ostracismo, destierro, proscripción, alejamiento, aislamiento, exclusión, relegación. *Ant.* Reincorporación, regreso.

otear, escudriñar, mirar, observar, avizorar, vislumbrar, divisar, distinguir, fisgar, examinar. *Ant.* Abandonarse, descuidar.

otero, cerro, loma, colina, altura, collado, altozano, montículo, alcor. *Ant.* Llanura, llano.

otoñal, maduro, veterano, vetusto, añejo, tardío, decadente. *Ant.* Joven, primaveral.

otorgamiento, permiso, concesión, licencia, consentimiento, autorización, gracia. *Ant.* Denegación.

otorgar, consentir, acordar, dispensar, asentir, conceder, permitir, dispensar, dar, condescender, ofrecer. *Ant.* Prohibir, impedir, recibir.// Disponer, prometer, estipular, establecer. *Ant.* Denegar.

otro-tra, diferente, distinto, nuevo. *Ant.* Mismo, igual.

ovación, aplauso, aclamación, aprobación, homenaje, loa, vivas, vítor, alabanza. *Ant.* Abucheo, desaprobación.

ovacionar, aclamar, aplaudir, alabar, enaltecer, loar, aprobar, vitorear, vivar. *Ant.* Silbar, desaprobar, repeler.

oval, ovalado, ovoide, aovado. *Ant.* Recto.

ovalado-da, oval (v.).

ovillar, enrollar, envolver, liar, arrollar. *Ant.* Desovillar.// -se, acurrucarse, encogerse, contraerse, recogerse. *Ant.* Estirarse.

ovillo, madeja, rollo, bola, lío, bobina, pelota, carrete.// Confusión, embrollo, enredo, aglomeración, montón, complicación, revoltijo. *Ant.* Claridad, escasez.

oxidar, enmohecer, herrumbrar, aherrumbrar, estropear, inutilizar. *Ant.* Limpiar, desenmohecer.

óxido, orín, herrumbre, verdín, cardenillo, moho.

oxigenar, airear, ventilar, purificar, vivificar.

pabellón, glorieta, quiosco, templete, cobertizo, nave.// Dosel, colgadura, marquesina, tinglado, ala, local.// Cortinaje, estandarte, bandera. (v.) insignia, pendón.

pabilo, mecha, cordón, filamento, torcida, pábilo.

pábulo, alimento, fundamento, motivo, base, pie, pasto, sustento.

pacato-ta, tímido, asustadizo, timorato, moderado, tranquilo, bonachón, irresoluto, cobarde. **Ant.** Atrevido, audaz.

pacer, pastar, comer, tascar, apacentar, ramonear.

pachorra, calma, tranquilidad, cachaza, flema, abulia, indolencia. **Ant.** Actividad, diligencia.

paciencia, tolerancia, conformidad, resignación, aguante, docilidad, condescendencia, apacibilidad, mansedumbre, estoicismo, tenacidad, constancia. **Ant.** Impaciencia, ira.// Lentitud, tardanza, pachorra, espera, calma.

paciente, tolerante, sufrido, resignado, flemático, manso, sereno, tranquilo. **Ant.** Impaciente, inquieto.// Enfermo, doliente, afectado. **Ant.** Sano.

pacificación, apaciguamiento, reconciliación, componenda, paz, entendimiento, arreglo, negociación, sosiego, tranquilidad. **Ant.** Intranquilidad, desasosiego, enemistad.

pacificar, apaciguar, amistar, reconciliar, conciliar, arreglar, calmar, aquietar, tranquilizar, sosegar. **Ant.** Soliviantar, armarse, reñir.

pacífico-ca, apacible, reposado, paciente, tranquilo, sosegado, benigno, plácido, afable, manso, dulce, suave, bonachón, pausado. **Ant.** Inquieto, beligerante, irascible.

pacifismo, pacificación, (v.,) paz, condescendencia, serenidad, amistad. **Ant.** Belicismo, guerra, enemistad.

pacotilla, mercancía, mercadería.// Baratija, desecho, sobrante.

pactar, negociar, concertar, tratar, convenir, acordar, avenirse, entenderse, condescender. **Ant.** Desligarse, desentenderse, separarse.

pacto, negociación, convenio, contrato, tratado, concierto, alianza, entendimiento, componenda, compromiso, armisticio, arreglo, ajuste, transacción. **Ant.** Desacuerdo, ruptura, hostilidad.

padecer, sufrir, penar, sobrellevar, aguantar, tolerar, resignarse, sentir, afligirse, resistir. **Ant.** Rebelarse, rechazar.

padecimiento, sufrimiento, penalidad, tormento, enfermedad, angustia, daño; mal, dolencia, desgracia, infortunio, dolor, calvario, aflicción, pena, congoja. **Ant.** Dicha, felicidad, gozo, alegría.

padre, progenitor, papá, procreador, ascendiente. **Ant.** Hijo.// Inventor, autor, creador.// Sacerdote, religioso.

padrino, protector, patrocinador, tutor, mecenas, favorecedor, valedor, amparador. **Ant.** Protegido, ahijado.

padrón, modelo, patrón, muestra.// Catastro, empadronamiento, lista, nómina, censo.

paga, honorarios, salario, sueldo, retribución, estipendio, jornal, remuneración, pago, emolumento, asignación. **Ant.** Exacción.// Recompensa, agradecimiento, gratitud, correspondencia. **Ant.** Ingratitud.

pagado-da, presumido, envanecido, orgulloso, vano, presuntuoso. **Ant.** Sencillo.// Abonado, retribuido, satisfecho. **Ant.** Debido.// Asalariado, comprado, mercenario.

pagano-na, infiel, hereje, gentil, idólatra, descreído, incrédulo, fetichista, escéptico, irreligioso, réprobo. **Ant.** Creyente, fiel, religioso.

pagar, abonar, satisfacer, saldar, solventar, remunerar, retribuir, cubrir, recompensar, desembolsar, asalariar, cubrir, devolver. **Ant.** Adeudar, cobrar.// Satisfacer, expiar, sufrir, purgar, cumplir.

página, carilla, hoja, plana, folio, anverso, reverso.

pago, recompensa, satisfacción, premio.// Desembolso, abono, liquidación, retribución, mensualidad, paga. (v.)// Región, comarca, territorio.

país, pueblo, nación, territorio, comarca, provincia, región, zona, lugar, paraje, tierra, patria.

paisaje, paraje, panorama, vista, espectáculo, campiña, campo.// Pintura, dibujo.

paisano-na, coprovinciano, coterráneo, conciudadano, compatriota, connacional. **Ant.** Extranjero.// Campesino, aldeano, pueblerino, provinciano, lugareño. **Ant.** Ciudadano.// Civil. **Ant.** Militar.

paja, brizna, hierba, broza, hojarasca.// Nimiedad, inutilidad.// Tallo, pajuela.

pájaro, ave,// **-ra**, pícaro, astuto, taimado, sagaz, pillo.

palabra, vocablo, término, voz, locución, dicción.// Promesa, juramento, compromiso, pacto, obligación. **Ant.** Incumplimiento.

palabrería, locuacidad, verbosidad, charlatanería, cháchara, labia, retórica. **Ant.** Discreción, mutismo.

palabrota, grosería, juramento, insulto, maldición. **Ant.** Elogio, terneza.

palacio, mansión, castillo, residencia, casona, alcázar, palacete.// Choza, cuchitril.

paladear, saborear, gustar, catar, probar, relamerse. **Ant.** Rechazar, repugnar.

paladín, héroe, defensor, campeón, gladiador, adalid, guerrero, caballero, sostenedor. **Ant.** Cobarde, tímido, atacante.

palafrén, caballo, corcel, montura, cabalgadura.

palanca, barra, barrote, palanqueta, varilla, palo, viga.// Influencia, protección, intercesión, recurso, valimiento.

palangana, jofaina, lavabo, lavamanos, aguamanil, cubeta.

palanquín, litera, andas, silla de manos, angarillas.

palenque, cercado, valla, cerca, empalizada, estacada.// Liza, arena, palestra, plataforma, pista, plaza, tablado.

palestra, palenque (v.), arena, plaza, estadio, campo, ruedo.// Lucha, liza, desafío, combate, torneo, duelo.

paleta, pala, espátula, badil.

paliar, atemperar, aminorar, suavizar, calmar, aliviar, aquietar, atenuar, templar, dulcificar, disminuir, rebajar, apaciguar, serenar. **Ant.** Agravar, aumentar, exacerbar.// Disculpar, justificar, excusar, encubrir. **Ant.** Culpar, acusar.

paliativo-va, calmante, sedante, atenuante, balsámico, suavizante, emoliente. **Ant.** Excitante, exacerbante.

palidecer, empalidecer, emblanquecer, blanquear, desvaírse, decolorar. **Ant.** Colorar.// Demacrar, demudarse, desencajarse, turbarse. **Ant.** Sonrojarse, ruborizarse.

palidez, amarillez, blancura, decoloración, demacración, turbación. **Ant.** Color, sonrojo.

pálido-da, descolorido, blanquecino, incoloro, amarillento, maciento, exangüe, demacrado, apagado, desvaído, borroso, descaecido. **Ant.** Coloreado.

paliza, tunda, zurra, vapuleo, castigo, soba, azotaina, apaleamiento, felpa. **Ant.** Caricia.

palma, gloria, recompensa, triunfo, laurel, fama, galardón, homenaje. **Ant.** Frustración.// **-s**, aplauso, aclamación, ovación, vítores. **Ant.** Abucheo.

palmada, golpe, manotazo, bofetada, bofetón. **Ant.** Caricia.

palmario-ria, claro, evidente, notorio, palpable, ostensible, comprensible. **Ant.** Secreto.

palmear, palmotear, aplaudir, celebrar. **Ant.** Abuchear, censurar.

palmotear, palmear (v.).

palo, vara, madero, estaca, varilla, listón, cayado, pértiga, varal.// Báculo, puntero, larguero, barra.// Poste, asta, mástil, puntal.// Golpe, bastonazo, porrazo, paliza, trancazo. **Ant.** Caricia.

palote, garabato, trazo, rasgo.

palpable, tangible, táctil, real, material, concreto, perceptible, evidente, manifiesto, palmario, patente, claro. **Ant.** Impalpable, secreto, inmaterial, inasequible.

palpar, tocar, sobar, hurgar, toquetear, tentar, manosear, manipular, probar, frotar, tantear.// Demostrar, comprender, evidenciar.

palpitación, pulso, pulsación, latido, estremecimiento, contracción, dilatación.

palpitante, anhelante, jadeante.// Emocionante, conmovedor, penetrante.

palpitar, latir, contraerse, dilatarse, pulsar, estremecerse.// Conmoverse, emocionarse.

palúdico-ca, palustrre, pantanoso, lacustre, cenagoso, estancado, malsano, contagioso, dañoso. **Ant.** Seco, árido, sano, saludable.

palurdo-da, tosco, rústico, rudo, grosero, zaño, zopenco, basto, patán, pánfilo, aldeano. **Ant.** Culto, refinado, ciudadano.

pampa, llanura, llano, prado, pradera.

pamplina, insignificancia, nadería, necedad, nimiedad, futilidad, paparrucha, fruslería, remilgo, melindre, tontería. **Ant.** Importancia.

pan, hogaza, bollo, pieza, panecillo.

panacea, remedio, curalotodo, sanalotodo, bálsamo, droga, elixir.

panal, colmena, avispero.

pancarta, cartelón, cartel (v.).

pandemónium, escándalo, bulla, confusión, gritería, caos. **Ant.** Calma, silencio.

pandilla, unión, reunión, liga, asociación, junta. **Ant.** Desunión.// Gavilla, camarilla, caterva, panda, grupo, bandada, tropel.

panegírico, alabanza, apología, loa, exaltación, encomio, homenaje, glorificación, enaltecimiento. **Ant.** Reprobación, diatriba.

panfleto, libelo, folleto, cartel, impreso, escrito.

pánico, terror, pavor, horror, espanto, susto, sobrecogimiento. **Ant.** Serenidad, valor.

panoja, panícula, espiga, panocha, mazorca.

panorama, vista, paisaje, espectáculo, panorámica, perspectiva.

panorámico-ca, general, total, de conjunto. **Ant.** Parcial.

pantagruélico-ca, exuberante, descomunal, desmesurado, exorbitante, desbordante, descomedido. **Ant.** Mesurado, sobrio.

pantano, lodazal, fangal, tremendal, ciénaga, laguna, estero, marisma, marjal. **Ant.** Sequedal.// Dificultad, atolladero. **Ant.** Facilidad.

pantanoso-sa, lacustre, cenagoso, anegadizo, fangoso. **Ant.** Seco.

panteón, mausoleo, sepulcro, sepultura, cripta, túmulo.

pantomima, mímica, imitación, remedo, simulación, representación.

pantufla, chinela, zapatilla, chancleta, sandalia, babucha.

panza, barriga, abdomen, vientre, estómago, tripa.

panzudo-da, barrigón, panzón, ventrudo, abultado, barrigudo. **Ant.** Esbelto.

paño, tela, tejido, lienzo, género, fieltro.// Tapiz, colgadura.

papa, Sumo Pontífice, Santo Padre, Padre Santo, Santidad, Su Santidad, Vicario de Cristo.

papal, pontificio, pontifical.

papanatas, tonto, mentecao, bobalicón, badulaque, bobo, pazguato, pánfilo, ingenuo, necio, papamoscas, babieca. **Ant.** Listo, despierto.

paparrucha, insignificancia, necedad, tontería, sandez, desatino, estupidez, absurdo. **Ant.** Sensatez, cordura.

papel, hoja, pliego, impreso, página, cuartilla.// Documento, escrito, credencial, título, manuscrito.// Personaje, representación, actuación, labor.

papeleta, talón, cupón, comprobante, tarjeta, ficha, recibo, cédula.

papelón, ridículo, plifa, error.

paquete, bulto, atado, envoltorio, fardo, embalaje, saco, mazo.

par, yunta, dúo, pareja, dos, duplo. **Ant.** Uno.// Igual, similar, semejante, equivalente, parejo, simétrico. **Ant.** Impar, desigual.

parabién, felicitación, enhorabuena, congratulación, plácer-me, agasajo, cumplido. **Ant.** Descortesía, injuria.

parábola, fábula, alegoría, moraleja, enseñanza, apólogo, historia, narración, cuento.

parada, alto, detención, interrupción, descanso, pausa, suspensión, cese, fin, escala, etapa. **Ant.** Continuación, marcha, movimiento.// Estación, parador.// Desfile, exhibición, formación.

paradero, dirección, señas, alojamiento, domicilio, residencia, refugio, escondite, localización, destino.

paradigma, ejemplo, modelo, ejemplar, muestra, prototipo.

paradisíaco-ca, delicioso, maravilloso, perfecto, glorioso, celestial. **Ant.** Infernal, horroroso.

parado-da, detenido, quieto, inmóvil, paralizado, estancado, estático, suspendido, estacionado, interrumpido. **Ant.** Móvil, activo.// Desocupado, inactivo, desempleado, vacante, ocioso, cesante. **Ant.** Ocupado, empleado, activo.// Flojo, tímido, indeciso, corto, timorato. **Ant.** Osado, atrevido.

paradoja, contradicción, absurdo, contrasentido, rareza, singularidad. **Ant.** Lógica, compatibilidad.

paradójico-ca, contradictorio, chocante, disparatado, absurdo, extravagante. **Ant.** Lógico, normal, natural.

parador, posada, hostería, fonda, mesón, albergue.

parafrasear, glosar, comentar, ampliar, explicar, interpretar. **Ant.** Complicar.

paráfrasis, comentario, glosa, explicación, ampliación, traducción, aclaración, apostilla, exégesis.// Parodia, imitación, reproducción.

paraíso, cielo, edén, gloria, olimpo, bienaventuranza, reino de los cielos. **Ant.** Infierno.

paraje, lugar, sitio, punto, parte, terrirorio, localidad, plaza, comarca, zona, región.

paralelismo, correspondencia, equivalencia, correlación, analogía, equidistancia, conformidad, reciprocidad.

paralelo, comparación, cotejo, símil, semejanza, analogía. **Ant.** Diferencia, discrepancia.// **-la**, comparable, correspondiente, equidistante, afín, semejante. **Ant.** Diferente, discrepante.

parálisis, inmovilización, atrofia, invalidez, impedimento, tullimiento, entorpecimiento, embotamiento. **Ant.** Movimiento.

paralítico-ca, inmovilizado, inválido, tullido, impedido, atrofiado, imposibilitado, anquilosado. **Ant.** Ágil, válido, sano.

paralizar, tullir, entumecer, atrofiar, anquilosar, lisiar, inmovilizar, impedir. **Ant.** Mover, funcionar.// Suspender, detener, interrumpir, obstaculizar, entorpecer, parar, cesar. **Ant.** Continuar, favorecer, facilitar.

páramo, desierto, yermo, erial, pedregal, estepa, landa. **Ant.** Vergel.

parangón, comparación, paralelo, equiparación, cotejo, similitud, semejanza, equivalencia. **Ant.** Diferencia.

parangonar, comparar, confrontar, cotejar, equiparar, correlacionar, asimilar, parear. **Ant.** Diferenciar.

parapetarse, protegerse, atrincherarse, abroquelarse, guarecerse, resguardarse, precaverse, cubrirse, esconderse. **Ant.** Descubrirse, ofrecerse.

parapeto, defensa, trinchera, terraplén, protección, barricada, barrera, muro, resguardo.// Baranda, mampara, antepecho, brocal, pretil, balaustrada.

parar-se, detener, frenar, contener, impedir, inmovilizar, paralizar, interrumpir, suspender, atajar, obstaculizar, estorbar. **Ant.** Facilitar.// Demorar, dilatar, retrasar. **Ant.** Apresurar.// Cesar, acabar, concluir, terminar, finalizar. **Ant.** Continuar.// Estacionar, acampar, quedarse, posarse, anclar. **Ant.** Transitar, circular, moverse.// Descansar, yacer, reposar, sosegarse. **Ant.** Trabajar, cansarse.// Habitar, hospedarse, residir, alojarse, pernoctar.

parásito, inútil, vividor, aprovechador, explotador. **Ant.** Útil, trabajador.

parasol, sombrilla, quitasol.

parcela, parte, porción, lote, zona.// Terreno, solar, término.

parcelar, dividir, fraccionar, fragmentar, partir. **Ant.** Sumar, agregar.

parche, remiendo, sobrepuesto, compostura.// Emplasto, ungüento.

parcial, incompleto, fragmentario, segmentario, fraccionario, inacabado, imperfecto, truncado. **Ant.** Cabal, completo, entero, total.// Tendencioso, injusto, arbitrario, apasionado. **Ant.** Imparcial.// Partidario, seguidor, secuaz.

parcialidad, preferencia, favoritismo, desigualdad, arbitrariedad, injusticia, partidismo, privilegio. **Ant.** Imparcialidad.// Secta, partido, agrupación, bando, camarilla.

parco-ca, sobrio, moderado, frugal, templado, abstemio. **Ant.** Exagerado.// Escaso, pobre, corto, mezquino, exiguo, ahorrativo, limitado. **Ant.** Abundante.// Taciturno, circunspecto, reservado, serio. **Ant.** Parlanchín, locuaz, comunicativo.

pardo-da, oscuro, grisáceo, sombrío, ceniciento, plomizo, sucio. **Ant.** Claro.

parear, igualar, comparar, cotejar, parangonar. **Ant.** Diferenciar.// Apareár, juntar, emparejar. **Ant.** Desigualar, distinguir.

parecer, concepto, opinión, dictamen, juicio, creencia, pensamiento, consideración, entender.// Creer, considerar, intuir, pensar. **Ant.** Ignorar.// -se, igualarse, semejarse, compararse, parangonarse, equipararse.

parecido, analogía, semejanza, similitud, parentesco, relación, identidad. **Ant.** Diferencia.// -da, similar, análogo, semejante, afín, homólogo, idéntico, paralelo. **Ant.** Diferente.

pared, muro, tapia, tabique, muralla, parapeto, tapial, paredón.

pareja, par, yunta, dúo, dos, dualidad, duplo, apareamiento. **Ant.** Unidad.// Compañero, compañía, matrimonio, novios.

parejo-ja, llano (v.), liso, regular, uniforme, terso. **Ant.** Áspero.// Igual, semejante, similar, parecido. **Ant.** Desigual.// Compensado, equilibrado. **Ant.** Desparejo.

parentesco, afinidad, familiaridad, consanguinidad, atavismo, filiación, apellido.// Unión, vínculo, relación, conexión, lazo. **Ant.** Desconexión.

paréntesis, inciso, digresión, pausa, interrupción, cese, interregno. **Ant.** Reanudación.

paria, plebeyo, ruin, canalla, rufián. **Ant.** Noble.// Repudiado, excluido, desheredado. **Ant.** Estimado, considerado.// Intocable, ilota, esclavo.

paridad, igualdad, equivalencia, uniformidad. **Ant.** Disparidad.// Cotejo, equiparación, comparación. **Ant.** Desigualdad.

pariente, deudo, allegado, familiar, consanguíneo, ascendiente, descendiente, heredero, emparentado, antecesor, antepasado, sucesor. **Ant.** Ajeno, extraño.// Semejante, similar, parecido. **Ant.** Diferente, desigual.

parihuela, camilla, angarilla, andas, litera.

parir, alumbrar, dar a luz, procrear, traer al mundo.// Crear, producir, inventar.

parlamentar, tratar, conferenciar, concertar, dialogar, debatir, negociar. **Ant.** Discrepar, callar.

parlamentario, senador, diputado, legislador, representante.// Emisario, enviado, mensajero, legado, delegado, negociador.// -ria, senatorial, bicameral, legislativo.

parlamento, asamblea, cónclave, congreso, concilio, cortes, senado, diputación, convención, comisión.// Discurso, proclama, arenga, peroración, perorata, recitado. **Ant.** Silencio.

parlanchín-na, locuaz, charlatán, hablador, lenguaraz, parlero, facundo. **Ant.** Silencioso, taciturno.// Indiscreto, imprudente, inoportuno, entremetido. **Ant.** Discreto.

parlotear, conversar, charlatanear, hablar (v.). **Ant.** Callar.

parloteo, charla (v.).

paro, interrupción, suspensión, detención, atasco, freno, paralización, inacción, cesación, término, acabamiento. **Ant.** Continuación.// Huelga, desempleo, cesantía, inactividad, desocupación. **Ant.** Actividad, ocupación.

parodia, imitación, remedo, simulacro, caricatura, copia, repetición, fingimiento, pantomima. **Ant.** Originalidad.

parodiar, imitar (v.), remedar, caricaturizar (v.), copiar. **Ant.** Crear, inventar.

paroxismo, exacerbación, excitación, exaltación, irritación, arrebato, enardecimiento, acaloramiento, exasperación, frenesí. **Ant.** Suavidad, serenidad.// Acceso, ataque, síncope.

parpadear, pestañear.

parpadeo, pestañeo, guiño, caída de ojos.

parque, jardín.// Coto, vedado, vergel, arboleda, fronda, dehesa. **Ant.** Erial, yermo.

parquedad, circunspección, austeridad, mesura, frugalidad, moderación, prudencia, templanza. **Ant.** Exceso.// Economía, mezquindad, escasez, avaricia. **Ant.** Derroche, generosidad.

párrafo, parágrafo, aparte, período, división.

parranda, juerga, francachela, jolgorio, farra, diversión, bullicio, jaleo, bulla.

parrandear, divertirse, farrear, jaranear. **Ant.** Aburrirse.

párroco, sacerdote, cura. **Ant.** Seglar.

parroquia, iglesia, feligresía, templo, fieles, congregación.// Clientela, compradores, público.

parroquiano, devoto, feligrés, fiel.// Cliente, consumidor, comprador, abonado.

parsimonia, calma, lentitud, pachorra, cachaza, tranquilidad, tardanza. **Ant.** Dinamismo.// Moderación, templanza, circunspección, mesura, sobriedad. **Ant.** Exceso.

parsimonioso-sa, tranquilo, lento, cachazudo, pachorriento, calmoso. **Ant.** Dinámico.// Meticuloso, circunspecto, sobrio, mesurado. **Ant.** Exagerado.

parte, porción, fragmento, pedazo, segmento, sección, tramo, fracción, división, partícula, elemento, lote, ración, parcela, residuo, resto. **Ant.** Totalidad, todo.// Sitio, lugar, paraje, lado, zona, punto.// Participación, sociedad, asociación.// Apartado, sección, división, capítulo.// Litigante, querellante, pleiteador.// Participante.// Aviso, comunicación, cédula, orden, despacho.

partera, comadrona, matrona, obstetra.

partición, reparto, repartición, división, sección, fraccionamiento, distribución, desmembramiento, despedazamiento. **Ant.** Unificación.// Herencia.

participación, colaboración, intervención, cooperación, asociación, repartición. **Ant.** Desvinculación, ausencia.// Noticia, aviso, notificación, comunicado, invitación, despacho. **Ant.** Incomunicación, silencio.// Parte.

participar, contribuir, intervenir, colaborar, cooperar, compartir, terciar, mediar, asociarse. **Ant.** Desentenderse, desvincularse.// Notificar, avisar, informar, prevenir, anunciar, advertir. **Ant.** Callar.

partícipe, participante, parte, interesado, colaborador, condueño.

partícula, parte, pizca, brizna, ápice, migaja, grano, gota, átomo, molécula, corpúsculo. **Ant.** Totalidad.

particular, privado, personal, privativo, individual. *Ant.* General.// Característico, específico, propio, típico, original, único, distinto, diferenciado, singular. *Ant.* Común, vulgar, indistinto.// Raro, extraordinario, especial. *Ant.* Habitual.// Tema, asunto, motivo, materia, punto.

particularidad, singularidad, atributo, distintivo, característica, peculiaridad, rasgo, especialidad, propiedad, originalidad, diferencia.// Rareza, extravagancia, extrañeza. *Ant.* Vulgaridad, generalidad.

particularizar, especificar, detallar, individualizar, singularizar, pormenorizar, aislar, caracterizar, personificar. *Ant.* Generalizar.

partida, salida, marcha, ida, retirada, viaje, éxodo, traslación, destierro, alejamiento. *Ant.* Llegada, vuelta.// Pandilla, banda, cuadrilla, patrulla, facción, bando.// Expedición, remesa, envío, género, mercancía.// Certificación, documento.// Juego, mano, jugada, lance, tirada, partido, pasada.

partidario-ria, simpatizante, adicto, prosélito, seguidor, acólito, aficionado, hincha, fanático, admirador, correligionario, epígono. *Ant.* Enemigo, discrepante, rival.

partido, bando, facción, parcialidad, agrupación, asociación, secta, liga, camarilla.// Juego, competición, jugada, desafío, lucha.// Utilidad, provecho, ventaja, lucro, beneficio. *Ant.* Desventaja, pérdida.// Distrito, término, jurisdicción, zona, administración, territorio.

partir, dividir, segmentar, fragmentar, cortar, separar, quebrar, rajar, romper, hender, seccionar, tronchar. *Ant.* Unir, juntar.// Marcharse, irse, mudarse, salir, emigrar, ausentarse, alejarse, largarse. *Ant.* Volver, venir.

parto, alumbramiento, nacimiento, parición. *Ant.* Muerte, aborto.// Creación, fruto, producto.

parva, pajar, mies, trilla.

parvedad, pequeñez, levedad, exigüidad, escasez, nimiedad. *Ant.* Abundancia.

parvo-va, escaso, pequeño, mínimo, leve, exiguo, insignificante. *Ant.* Grande, aumentado.

párvulo-la, niño, chico, nene, criatura, infante. *Ant.* Adulto.

pasadizo, callejón, pasillo, pasaje, travesía, garganta, desfiladero, estrecho, angostura, cañón, paso.

pasado, antigüedad, anterioridad, ancianidad, ayer. *Ant.* Presente, futuro.// **-da**, pretérito, lejano, remoto, antiguo, caduco, anterior. *Ant.* Actual.// Marchito, rancio, podrido, ajado. *Ant.* Sano, en sazón, verde.

pasador, pestillo, aldaba, cerrojo.// Aguja, alfiler, sujetador, broche.// Filtro, colador.

pasaje, pasadizo (v.), comunicación, camino, travesía, vado, túnel, puente, entrada, salida.// Episodio, fragmento, parte, trozo, punto, texto.// Billete, impuesto, peaje.// Viajeros, pasajeros.// Callejón, callejuela.

pasajero-ra, viajero, turista, caminante, excursionista, transeúnte.// Breve, fugaz, momentáneo, efímero, caduco. *Ant.* Duradero.

pasamanería, cordonería, pasamano, galoneadura.// Galón, cordón, trencilla, cinta.

pasamano, baranda, barandilla, barandal, balaustrada, asidero, listón, andarivel.

pasaporte, salvoconducto, permiso, pase, licencia, visado, autorización.// Carnet, cédula, credencial, documentación.

pasar, conducir, llevar, trasladar, transportar, cargar. *Ant.* Dejar.// Transferir, mudar, enviar, remitir. *Ant.* Recibir.// Transitar, circular, desfilar, atravesar, viajar, cruzar, franquear. *Ant.* Detenerse.// Aventajar, vencer, exceder, superar. *Ant.* Perder.// Comunicar, propagar, contagiarse, extenderse. *Ant.* Estacionarse.// Sufrir, tolerar, soportar, padecer, sobrellevar. *Ant.* Rechazar.// Introducir, contrabandear. *Ant.* Cesar, acabar, desaparecer, expirar, fenecer.// Tragar, engullir, beber, comer. *Ant.* Atragantarse.// Ocurrir, suceder, acaecer, sobrevenir, acontecer, verificarse. *Ant.* Faltar.// **-se**, excederse, extralimitarse, descomedirse, destemplarse, exagerar. *Ant.* Comedirse, respetar.// Pudrirse, estropearse, marchitarse, ajarse.

pasarela, puente, planchada, tabla, plancha, pasadera, escala.

pasatiempo, entretenimiento, diversión, juego, esparcimiento, divertimento, solaz, recreo. *Ant.* Aburrimiento.

pase, salvoconducto, pasaporte (v.), visado.// Permiso, aprobación, autorización, licencia. *Ant.* Prohibición. *Par.* Pace.

pasear, andar, deambular, caminar, transitar, vagar, errar, callejear, rondar, recorrer. *Ant.* Detenerse, encerrarse.

paseo, caminata, salida, excursión, callejeo, viaje, vagabundeo. *Ant.* Detención.// Avenida, rambla, plaza, parque, jardín, ronda, alameda, camino. *Ant.* Callejón.

pasillo, pasaje (v.), pasadizo (v.), galería, paso, callejón.

pasión, emoción, entusiasmo, excitación, ardor, fiebre, vehemencia, frenesí, delirio, paroxismo, efervescencia, arrebato, apasionamiento. *Ant.* Indiferencia, frialdad.// Padecimiento, sufrimiento. *Ant.* Alegría, consuelo.// Amor, afecto, afición, inclinación, predilección, preferencia, propensión. *Ant.* Aversión.

pasional, entusiasta, impulsivo, ardiente, vehemente, apasionado, amoroso. *Ant.* indiferente.

pasividad, indiferencia, inacción, inmovilidad, inercia, abulia, quietud, calma, apatía, displicencia, indolencia. *Ant.* Acción, dinamismo.// Padecimiento, paciencia, sufrimiento. *Ant.* Resistencia, beligerancia.

pasivo, débito, deuda. *Ant.* Activo.

pasivo-va, indiferente, inactivo, inerte, insensible, inmóvil, parado, abúlico, impasible, neutral, indolente, quieto, estático. *Ant.* Activo, dinámico, diligente.// Jubilado, retirado.

pasmado-da, atontado, papanatas, embobado, bobo, necio, tonto, sandio. *Ant.* Listo, vivo.// Asombrado, deslumbrado, atónito, estupefacto, maravillado. *Ant.* Impasible, inmutable.

pasmar, atontar, embobar, atolondrar, maravillar, embelesar, asombrar, extasiar, suspender, alelar, encantar, turbar, trastornar. *Ant.* Repugnar, serenarse.// **-se**, helarse, congelarse, inmovilizarse, aterirse. *Ant.* Calentarse, movilizarse.

pasmo, asombro, admiración, estupefacción, aturdimiento, enajenación, embobamiento, suspensión, maravilla, arrobo, éxtasis, deslumbramiento, alelamiento, extrañeza. *Ant.* Impasibilidad.// Frío, resfriado, constipado, enfriamiento, catarro. *Ant.* Calentamiento.

pasmoso-sa, asombroso, maravilloso, prodigioso, admirable, estupendo, sorprendente, portentoso, extraordinario, formidable. *Ant.* Corriente, común.

paso, tranco, zancada, marcha, movimiento.// Pisada, huella, rastro.// Camino, travesía, senda, vereda, atajo, abra, vado, pasadizo, sendero.// Entrada, salida, acceso, comunición, abertura, puerta. *Ant.* Obstáculo, interrupción.// Progreso, avance, adelantamiento, ascenso. *Ant.* Retroceso, atraso.// Suceso, trance, aventura. *Par.* Pazo.

pasquín, libelo, folleto, difamatorio, anónimo.// Anuncio, cartel, edicto.

pasta, mezcla, masa, mazacote, plasta, crema.

pastar, pacer, apacentar, rumiar, ramonear, pastorear, rozar, tascar.

pastel, dulce, bollo, torta, tarta, golosina, empanada.

pastilla, gragea, píldora, tableta, comprimido, cápsula.

pasto, hierba, forraje, herbaje.// Pastura, pastizal, dehesa.// Alimento, sustento, fomento, incentivo.

pastor, zagal, mayoral, caporal, vaquero, cabrero, ovejero, boyero.// Sacerdote, cura, prelado.

pastoso-sa, espeso, grumoso, denso, cremoso, viscoso, blando. *Ant.* Líquido, duro, consistente.

pata, pierna, miembro, extremidad, pernil, garra, pinza, remo, mano.// Base, pie, apoyo, soporte.

patada, puntapié, coz, pateo, pateadura, coceadura. *Ant.* Caricia.

pataleo, pateo, abucheo, protesta.

patán, palurdo, aldeano, rústico, campesino, pueblerino.// Grosero, ordinario, inculto, ignorante, tosco, ineducado, soez. *Ant.* Civilizado, cortés, educado, refinado.

patatús, desmayo, rapto, desfallecimiento, síncope, soponcio, ataque. *Ant.* Recuperación.

patear, reprobar, criticar, abuchear, censurar, protestar, condenar. **Ant.** Alabar, aplaudir.// Cocear, patalear, zapatear, taconear, pisotear. **Ant.** Acariciar.

patentar, registrar, inscribir, legalizar, licenciar.

patente, manifiesto, evidente, palmario, claro, ostensible, visible, palpable, notorio, incontrovertible, indiscutible. **Ant.** Oculto, dudoso, incierto.// Licencia, registro, título, cédula, permiso, concesión, certificado, privilegio, despacho.

paternal, afectuoso, bondadoso, cariñoso, benévolo, indulgente, solícito. **Ant.** Severo, rígido.// Paterno, parental.

patético-ca, emocionante, conmovedor, enternecedor, turbador, impresionante, dramático, trágico, doloroso, emotivo. **Ant.** Alegre, gozoso, alentador.

patetismo, angustia, tristeza, emoción, tragedia, melancolía, sufrimiento. **Ant.** Alegría, consuelo, satisfacción.

patibulario-ria, siniestro, terrible, horripilante, horroroso, avieso, perverso, espantoso, feroz. **Ant.** Agradable, bueno.

patíbulo, cadalso, tablado, suplicio, horca, estrado, garrote.

pátina, lustre, brillo, barniz, pulimento, tono.

patinar, deslizarse, resbalar, esquiar, escurrirse, derrapar.// Equivocarse, errar. **Ant.** Escapar.

patio, corral, claustro, cercado, vallado, huerto, impluvio, exedra.// Platea, butacas.

patitieso-sa, extasiado, boquiabierto, admirado, sorprendido, aturdido. **Ant.** Indiferente.// Desmayado, desfallecido, inanimado. **Ant.** Recuperado.

patraña, embuste, mentira, invención, infundio, calumnia, falacia, engaño, enredo. **Ant.** Verdad.

patria, pueblo, país, nación, tierra, suelo natal, cuna, origen, procedencia. **Ant.** Extranjero.// Nacionalidad, ciudadanía.

patriarca, jefe, cabeza, anciano, sabio.// Honrado, venerable, respetable.// Obispo, prelado.

patriarcal, anciano, antiguo, añejo, rancio. **Ant.** Nuevo, moderno.// Ancestral, tradicional, familiar, primitivo.// Benévolo, solícito, afectuoso. **Ant.** Rígido, intransigente.

patricio-cia, aristócrata, noble, prócer, notable, señor, personalidad. **Ant.** Plebeyo, vulgar.

patrimonio, bienes, fortuna, riqueza, dinero, peculio, hacienda, dote.// Herencia, sucesión. **Ant.** Indigencia.

patrio-tria, nacional, autóctono, nativo, vernáculo, oriundo. **Ant.** Extranjero.

patriota, nacionalista, fiel, leal, tradicionalista. **Ant.** Réprobo, apátrida.

patriótico-ca, patrio (v.), nacional, tradicional, nacionalista. **Ant.** Antipatriótico, extranjero, xenófilo.

patriotismo, tradicionalismo, civismo, lealtad, nacionalismo. **Ant.** Antipatriotismo, xenofilia.

patrocinador-ra, protector, favorecedor, auxiliador, mecenas, defensor.

patrocinar, auspiciar, ayudar, favorecer, proteger, amparar, defender, respaldar, sostener, apadrinar, financiar. **Ant.** Desamparar, desentenderse.

patrocinio, favor, protección, socorro, amparo, defensa, auxilio, auspicio. **Ant.** Desprotección, desamparo.

patrón, santo, titular, protector.// Amo, señor, dueño, jefe, principal, director, maestro, empresario, capitán. **Ant.** Subordinado.// Modelo, molde, horma, prototipo, original, pauta. **Ant.** Reproducción.

patronato, consejo, organismo, corporación, fundación, institución, sociedad, asociación.

patrono-na, patrón (v.).

patrulla, partida, ronda, escuadra, escuadrilla, piquete, destacamento, escuadrón, grupo, pelotón, cuadrilla.

patrullar, rondar, vigilar, recorrer, guardar, custodiar, reconocer, velar. **Ant.** Descuidar.

paulatino-na, gradual, progresivo, pausado (v.), lento, despacioso, lerdo. **Ant.** Rápido.

pausa, interrupción, detención, intervalo, parada, reposo, alto, paréntesis, tregua, cese. **Ant.** Continuación.// Calma, reposo, pachorra, cachaza. **Ant.** Actividad.

pausado-da, lento, tardo, calmoso, espacioso, lerdo, flemático, paulatino (v.).

pauta, guía, modelo, norma, molde, patrón (v.), regla.

pavada, necedad, bobada, tontería, bobería. **Ant.** Agudeza, sensatez.

pavimentación, pavimento (v.).

pavimentar, empedrar, adoquinar, enlosar, asfaltar, embaldosar, enladrillar, entarugar, solar.

pavimento, piso, suelo, embaldosado, enladrillado, asfaltado, entarugado, recubrimiento, adoquinado, calzada.

pavo-va, necio, bobo, imbécil, incauto, estúpido, soso, ganso. **Ant.** Gracioso, agudo.

pavonearse, ufanarse, jactarse, presumir, alardear, ostentar, vanagloriarse, envanecerse, fanfarronear, enorgullecerse, exhibirse, preciarse, pagarse. **Ant.** Menospreciarse.

pavor, miedo, horror, pánico, pavura, espanto, terror, susto, alarma. **Ant.** Ánimo, valentía.

pavoroso-sa, terrorífico, espantoso, horrible, aterrador, horrendo, horripilante, truculento, consternador. **Ant.** Tranquilizador, agradable.

payador, coplero, cantor.

payaso, cómico, clown, bufón, mimo, gracioso, histrión, saltimbanqui, mamarracho.// Ridículo, necio, mamarracho. **Ant.** Austero, serio.

paz, tranquilidad, sosiego, quietud, serenidad, reposo, orden. **Ant.** Intranquilidad, agitación.// Concordia, amistad, unión, armisticio, conciliación, reconciliación, armonía, neutralidad, alianza, acuerdo, pacificación. **Ant.** Guerra, ruptura.

peaje, derecho, impuesto, pasaje, canon, tasa, carga. **Ant.** Gratuidad.

peana, base, pie, pedestal, plataforma, basamento, apoyo, tarima, fundamento.

peatón, transeúnte, caminante, viandante, ambulante, andante. **Ant.** Sedentario.

pebetero, sahumador, perfumador, incensador.

pecado, falta, yerro, infracción, culpa, desliz, flaqueza, vicio, defecto, caída. **Ant.** Inocencia, perfección, penitencia.

pecador-ra, culpable, infractor, violador, nefando. **Ant.** Inocente, virtuoso.

pecaminoso-sa, inmoral, indecente, nefando, impuro, deshonesto, vergonzoso, obsceno. **Ant.** Puro, virtuoso, decente.

pecar, faltar, errar, infringir, caer, corromperse, enviciarse. **Ant.** Arrepentirse, expiar, renegarse.

pecho, busto, tórax, torso, caja torácica. **Ant.** Espalda.// Seno, mama, teta.

peculiar, característico, particular (v.), distintivo, propio, especial, singular, típico, exclusivo, privativo, original, personal. **Ant.** Común, general.

peculiaridad, particularidad (v.), individualidad, especialidad, característica (v.). **Ant.** Generalidad.

peculio, capital, dinero (v.), caudal, hacienda, moneda.

pedagogía, didáctica, enseñanza, instrucción, educación, formación.

pedagógico-ca, educativo, didáctico, formativo.

pedagogo-ga, educador, maestro, profesor. **Ant.** Alumno, educando.

pedante, petulante, suficiente, presumido, afectado, estirado, vanidoso, engreído. **Ant.** Sencillo, humilde.

pedantería, afectación, jactancia, suficiencia, vanidad, inmodestia, ostentación. **Ant.** Sencillez, modestia.

pedazo, parte, trozo, parcela, pieza, pizca, porción, fragmento, sección, bocado, mordisco, añico, gota, gajo. **Ant.** Totalidad.

pedestal, peana, base, fundamento, cimiento, basamento, zócalo, apoyo, soporte, sostén, plataforma, pie.

pedestre, corriente, vulgar, chabacano, rampión, ordinario, inculto, común. **Ant.** Exquisito, singular.// A pie, caminante, peatón.

pedido, encargo, petición, comisión, solicitación, solicitud, ruego, demanda. **Ant.** Ofrecimiento.

pedigüeño-ña, mendigo, pordiosero, vividor, mangante, sablista, parásito. **Ant.** Trabajador.

pedir, rogar, suplicar, reclamar, solicitar, requerir, impetrar, insistir, rezar, exigir, ordenar, obligar, demandar, exhortar.// Mendigar, pordiosear, mangar. **Ant.** Dar, ofrecer, devolver.

pedregal, peñascal, pedrera, cantizal, cantera.
pedrusco, canto, piedra, guijarro.
pedúnculo, pedículo, pezón, rabillo, apéndice, pecíolo, cabillo, prolongación.
pegajoso-sa, viscoso, adhesivo, aglutinante, pegante, mucilaginoso, gomoso, aceitoso, grasiento, untuoso. *Ant.* Liso, limpio.// Pegadizo, sobón, empalagoso.
pegamento, adhesivo, cola, goma, engrudo.
pegar, adherir, unir, engomar, aglutinar, encolar, soldar, engrudar. *Ant.* Despegar, separar.// Castigar, maltratar, zurrar, apalear, dar, aporrear. *Ant.* Acariciar.// Unir, atar, encadenar, prender, enganchar, juntar, coser, asir, fijar, vincular, engrillar, enlazar. *Ant.* Desvincular, desunir, descoser.// Contagiar, contaminar, transmitir. *Ant.* Inmunizar.
pegote, emplasto, parche, cataplasma.// Bodrio.// Pegajoso, pesado, parásito.
peinar, alisar, cardar, desenredar, acicalar, atusar, desenmarañar. *Ant.* Despeinar.
pelado-da, calvo, pelón, liso, mondo, lampiño, despellejado, raso. *Ant.* Peludo.// Despojado, desértico, árido, yermo, liso, llano, limpio. *Ant.* Fértil, habitado.// Ajado, usado, raído, gastado. *Ant.* Nuevo.// Pobre, indigente, mísero, escaso. *Ant.* Rico.
pelagatos, pobrete, mísero, insignificante, pobretón, ruin. *Ant.* Poderoso, rico.
pelaje, pelambre.// Naturaleza, índole, calidad, disposición, ralea, cualidad, calaña.
pelar, rapar, cortar, afeitar, tonsurar, trasquilar, arrancar, rasurar.// Descortezar, mondar, descascarar.// Robar, desplumar, desvalijar, despojar.
peldaño, escalón, grada, paso.
pelea, lucha, riña, contienda, combate, disputa, batalla, liza, lid, lance, hostilidad, discordia, rivalidad, pugna, enfrentamiento, conflicto. *Ant.* Paz, concordia, coincidencia.// Enfado, disgusto, enemistad, desavenencia. *Ant.* Amistad.// Fatiga, esfuerzo, afán, actividad, ajetreo, trabajo, dinamismo. *Ant.* Descanso, sosiego.
pelele, monigote, fantoche, maniquí, muñeco, juguete, espantajo, robot, autómata.// Mequetrefe, pelagatos, simple, infeliz, torpe, incapaz, inútil. *Ant.* Despierto, hábil, importante.
pellagudo-da, difícil, complicado, intrincado, embarullado, escabroso, dificultoso, enrevesado, arduo. *Ant.* Fácil.
película, filme, cinta, negativo.// Piel, membrana, capa, hollejo, tela, túnica, lámina, cutícula, epidermis.
peligrar, amenazar, zozobrar, correr riesgo.// Arriesgarse, exponerse, aventurarse. *Ant.* Asegurarse, salvar.
peligro, amenaza, riesgo, trance, contingencia, alarma, aventura, dificultad, apuro, aprieto. *Ant.* Seguridad.
peligroso-sa, arriesgado, aventurado, comprometido, alarmante, amenazador, temible, difícil, expuesto. *Ant.* Seguro.
pellejo, piel, cuero, vellón, hollejo, cáscara, tela.
pellizcar, picar, tomar, apresar, asir, retorcer.
pellizco, torniscón, pizco. *Ant.* Caricia.// Pizca, menudencia, bocadito, trozo, insignificancia.
pelmazo, pesado, cargante, molesto, fastidioso, inoportuno. *Ant.* Discreto, oportuno.// Lento, tardo, calmoso, torpe. *Ant.* Rápido, diligente.
pelo, cabello, vello, bozo, vellosidad, pelambrera, crin, hebra, cerda, pelambre, mechón, pelaje. *Ant.* Calvicie, calva.
pelota, bola, balón, esfera, esférico, ovillo.
pelotear, disputar, contender, pelearse, reñir, discutir. *Ant.* Avordar, avenirse.
pelotera, bochinche, riña, gresca, bronca, jaleo, batifondo, camorra. *Ant.* Paz, calma, tranquilidad.
pelotón, escuadra, cuerpo, grupo, patrulla, sección, comando.
peluca, bisoñé, peluquín, pelucón, añadizo, postizo. *Ant.* Cabellera.
peludo-da, velludo, velloso, melenudo, piloso, lanudo, hirsuto, tupido, espeso. *Ant.* Calvo, lampiño.
pelusa, bozo, pelillo, vello, hebra.
pena, castigo, sanción, condena, penitencia, correctivo, penalidad. *Ant.* Perdón.// Dolor, pesar, tristeza, aflicción, sufrimiento, amargura, congoja, pesadumbre, tribulación, angustia, consternación, padecimiento. *Ant.* Alegría.// Agobio, trabajo, fatiga, molestia, dificultad. *Ant.* Alivio.
penacho, copete, plumero, cimera, pompón.
penado-da, condenado, preso, recluso, presidiario, reo, prisionero, acusado. *Ant.* Absuelto.
penalidad, aflicción, mortificación, disgusto, inconveniencia, penuria, desgracia, sufrimiento, padecimiento, contrariedad. *Ant.* Felicidad, premio.// Castigo, pena, condena, sanción. *Ant.* Perdón, absolución.// Miseria, escasez, indigencia, pobreza. *Ant.* Abundancia.
penar, padecer, sufrir, tolerar, aguantar, doler. *Ant.* Consolarse.// Entristecerse, afligirse, apesadumbrarse, acongojarse, angustiarse. *Ant.* Alegrarse.// Castigar, condenar, multar, suplicar, escarmentar. *Ant.* Premiar, perdonar.
pendencia, riña, reyerta, contienda, pelea, disputa, altercado, batalla, camorra, trifulca, alboroto, discusión. *Ant.* Acuerdo, paz.
pendenciero-ra, bravucón, provocador, matachín, belicoso, camorrista, matasiete, pleiteísta.
pender, colgar, suspender, caer, oscilar, descender. *Ant.* Subir.// Depender, esperar, diferir, atrasar. *Ant.* Resolver, anticipar.
pendiente, aplazado, suspenso, prorrogado, diferido, inconcluso, inacabado, indeciso. *Ant.* Acabado, en curso.// Péndulo, suspendido, colgante. *Ant.* Subido.// Cuesta, inclinación, subida, bajada, declive, rampa, desnivel, ladera, vertiente, caída. *Ant.* Llano.// Arete, colgante, aro, zarcillo, arracada.
pendón, bandera (v.), estandarte, insignia, enseña, guía, oriflama.
péndulo, pendiente, péndola, inclinado.
pene, falo, miembro, verga, órgano viril. *Ant.* Vulva.
penetrable, permeable, transparente, translúcido, límpido. *Ant.* Impermeable, opaco.
penetración, inserción, introducción, atravesamiento, encaje, embutimiento. *Ant.* Exclusión, salida.// Incursión, invasión, correría, acceso, avance, profundización. *Ant.* Expulsión, salida.// Sagacidad, comprensión, talento, sutileza, agudeza, perspicacia. *Ant.* Estupidez, torpeza.
penetrante, profundo, hondo. *Ant.* Superficial.// Puntiagudo, aguzado, afilado. *Ant.* Romo.// Estrepitoso, estruendoso, agudo, ensordecedor, hiriente, chillón, fuerte, subido. *Ant.* Suave.// Sagaz, sutil, ingenioso, perspicaz, inteligente, despierto, mordaz. *Ant.* Tonto, torpe, obtuso.
penetrar, introducir, irrumpir, entrar, acceder, ingresar, adentrar, filtrarse, insertarse, embutirse. *Ant.* Sacar, salir.// Meter, filtrar, infiltrar, traspasar, implantar, incluir, inyectar. *Ant.* Expulsar.// Comprender, intuir, ahondar, percatarse, entender, adivinar. *Ant.* Ignorar, desconocer.
península, istmo, cabo, punta, peñíscola. *Ant.*, Golfo, bahía, ensenada.
penitencia, disciplina, expiación, mortificación, arrepentimiento, contrición, enmienda. *Ant.* Alivio.// Mortificación, pena, castigo. *Ant.* Perdón.
penitenciaría, cárcel, presidio, penal, prisión, correccional.
penitente, disciplinante, arrepentido, mortificado, flagelante. *Ant.* Impenitente, contumaz.
penoso-sa, arduo, trabajoso, duro, difícil, laborioso, rudo, costoso, pesado, ímprobo, esforzado, oneroso, molesto. *Ant.* Grato, fácil.// Triste, doloroso, terrible, angustioso, cruel, lamentable, desconsolador. *Ant.* Alegre, jubiloso.
pensador-ra, sabio, erudito, estudioso, filósofo.
pensamiento, inteligencia, intelecto, mente, razón, raciocinio, reflexión, cogitación, meditación, elucubración, juicio, introspección, caletre. *Ant.* Ofuscación.// Idea, concepto, proyecto, plan, intención, programa, propósito, concepción, opinión.// Frase, proverbio, dicho, refrán, aforismo, adagio, sentencia.
pensar, meditar, reflexionar, cavilar, razonar, especular, cogitar, considerar, discurrir, juzgar, examinar, elucubrar. *Ant.* Ofuscarse.// Imaginar, idear, fantasear, planear, proyectar, urdir, concebir, soñar, discurrir, intentar.// Sospechar, suponer, recelar, maliciar, figurarse, creer. *Ant.* Confirmar.

pensativo-va, meditabundo, pensante, reflexivo, concentrado, ensimismado, contemplativo, absorto, preocupado. **Ant.** Distraído.

pensión, hospedaje, pupilaje, casa de huéspedes, alojamiento, residencia.// Renta, retribución, asignación, retiro, subsidio, subvención, auxilio, ayuda, jubilación.

pensionado, internado, pupilaje, colegio, instituto, seminario.

pensionar, jubilar, asignar, subvencionar, subsidiar, asignar, becar.

penumbra, oscuridad, sombra, crepúsculo, tenuidad, media luz. **Ant.** Claridad.

penuria, escasez, falta, carencia, insuficiencia, ausencia. **Ant.** Abundancia.// Indigencia, miseria, estrechez, pobreza, necesidad. **Ant.** Riqueza.

peña, peñasco, risco, peñón, escollo, pedrusco.// Tertulia, círculo, club, asociación, reunión.

peñascal, guijarral, cascajar, llera, roquedal.

peñasco, risco, promontorio, roca, escollo, morro.

peñascoso-sa, rocoso, riscoso, escabroso, abrupto.

peón, obrero, jornalero, menestral, bracero, mozo, trabajador.// Trompo, peonza.

peonza, perinola, trompo, peón.

peor, malo, ínfimo, bajo, vil, detestable, desdeñable, deficiente, pésimo. **Ant.** Mejor.

pequeñez, insignificancia, menudencia, mezquindad, minucia, nimiedad, parvedad, fruslería, trivialidad, escasez, pamplina, bagatela.

pequeño-ña, minúsculo, diminuto, escaso, corto, limitado, reducido, exiguo, insuficiente, módico, nimio, reducido, enano, pigmeo, liliputiense, insignificante. **Ant.** Grande, importante.// Chico, chiquillo, niño (v.).

percance, daño, contratiempo, perjuicio, accidente, peripecia, desgracia, contrariedad, incidente, avería. **Ant.** Solución.

percatarse, notar, observar, percibir, advertir, apreciar, penetrar, reparar, considerar. **Ant.** Ignorar, inadvertir.

percepción, sensación, sentido, aprehensión, impresión, conocimiento.// Imagen, representación, idea.// Penetración, inteligencia, comprensión, juicio, apreciación. **Ant.** Indiferencia.

perceptible, manifiesto, apreciable, inteligible, visible, ostensible, observable, notorio, palpable, patente, claro. **Ant.** Imperceptible, invisible.

percha, perchero, colgador, tendedero, gancho, varal, sostén, colgadero.

percibir, sentir, ver, apreciar, avistar, divisar, distinguir, descubrir, percatarse, notar, advertir, observar, comprobar, reparar. **Ant.** Omitir, inadvertir.// Entender, comprender, penetrar, intuir. **Ant.** Ignorar.// Recaudar, recibir, recolectar, tomar, ingresar, embolsar. **Ant.** Dar, abonar.

percusión, golpe, choque, golpeteo, tableteo, pulsación, tañido.

percusor, martillo, percutor, gatillo, llave, detonador, disparador.

percutir, golpear, batir, chocar, martillar, pulsar, tañir, repicar, sacudir. **Ant.** Rozar, acariciar.

percutor, percusor (v.).

perder, extraviar, olvidar, abandonar, dejar, traspapelar, omitir. **Ant.** Encontrar, recuperar.// Dilapidar, derrochar, arruinarse, desperdiciar, enajenar. **Ant.** Ganar.// -se, extraviarse, confundirse, desorientarse, desviarse, corromperse. **Ant.** Encarrilarse, enmendarse.

perdición, ruina, pérdida, caída, daño, destrucción, menoscabo, hundimiento, quiebra, bancarrota, adversidad, revés, infortunio, desgracia. **Ant.** Fortuna, triunfo.

pérdida, perjuicio, daño, quiebra, menoscabo, quebranto, carencia, merma, déficit, extravío, ruina, desgracia. **Ant.** Ganancia, provecho, beneficio.

perdido-da, olvidado, abandonado, dejado. **Ant.** Encontrado.// Despistado, desorientado, extraviado. **Ant.** Orientado.// Libertino, perdulario, vicioso, sinvergüenza, crápula, calavera. **Ant.** Moral, decente, virtuoso.

perdón, absolución, indulto, gracia, clemencia, amnistía,

indulgencia, merced, olvido, misericordia, piedad, compasión. **Ant.** Castigo, inculpación, condena.

perdonar, absolver, redimir, dispensar, amnistiar, indultar, condonar, liberar, exonerar, condescender, relevar, disculpar, tolerar. **Ant.** Castigar, condenar, acusar.

perdurable, eterno, inmortal, duradero, imperecedero, sempiterno, perenne, permanente, perpetuo, inacabable. **Ant.** Efímero, pasajero, fugaz.

perdurar, durar, permanecer, continuar, subsistir, seguir, perpetuarse, mantenerse, eternizarse, perpetuar, persistir. **Ant.** Morir, acabar.

perecedero-ra, pasajero, mortal, temporal, fugaz, breve, efímero, frágil, precario, transitorio, caduco. **Ant.** Eterno, perdurable.

perecer, morir, fallecer, fenecer, expiar, sucumbir, caducar, extinguirse, desaparecer, finalizar. **Ant.** Nacer, empezar, vivir.

peregrinación, viaje, excursión, procesión, romería, trayecto, itinerario, travesía, emigración.

peregrinar, viajar, caminar, andar, recorrer, deambular, aventurarse. **Ant.** Quedarse.

peregrino-na, romero, penitente, cruzado.// Viajero, excursionista, vagabundo, visitante.// Insólito, raro, extraño, singular, extraordinario. **Ant.** Común, corriente.

perenne, perpetuo, incesante, ininterrumpido, permanente, persistente, perdurable, imperecedero, inmortal, eterno, constante, inacabable. **Ant.** Mortal, fugitivo, transitorio.

perennidad, eternidad, perpetuidad, perdurabilidad, inmortalidad, permanencia, continuidad, indestructibilidad, ininterrupción. **Ant.** Caducidad, transitoriedad.

perentorio-ria, urgente, apremiante, imperioso, preciso, concluyente, terminante, definitivo, indispensable, ineludible, obligatorio. **Ant.** Dilatorio, aplazable, indefinido.

pereza, haraganería, holgazanería, negligencia, ociosidad, molicie, flojera, desidia, apatía, descuido, indolencia, inacción, inercia. **Ant.** Diligencia, actividad.

perezoso-sa, holgazán, indolente, haragán, ocioso, negligente, dejado, vago, descuidado, desidioso, flojo, apático, tardo, lento, inerte. **Ant.** Diligente, activo, trabajador.

perfección, excelencia, superioridad, corrección, exquisitez, pureza, sazón, cumplimiento, plenitud. **Ant.** Imperfección.// Dechado, prototipo, modelo, ideal.

perfeccionamiento, mejora, mejoría, adelanto, progreso, desarrollo, incremento, corrección. **Ant.** Empeoramiento.

perfeccionar, mejorar, corregir, desarrollar, ampliar, completar, pulir, limar, retocar, progresar, consumar, terminar. **Ant.** Estropear, perjudicar, estancar.

perfeccionista, detallista, exigente, concienzudo. **Ant.** Descuidado.

perfectible, mejorable, corregible, superable, imperfecto, reprochable, defectuoso, deficiente, falto. **Ant.** Imperfectible, perfecto, inatacable.

perfecto-ta, acabado, completo, insuperable, óptimo, excelente, cumplido, magistral, ideal, cabal, sublime, exquisito, inimitable, correcto, puro, terminado, consumado. **Ant.** Imperfecto, incompleto.

perfidia, maldad, deslealtad, traición, insidia, falsedad, alevosía, infidelidad, felonía, vileza, perjurio, engaño, mala fe. **Ant.** Nobleza, lealtad.

pérfido-da, desleal, falso, traidor, perjuro, alevoso, insidioso, renegado, vil, infame, engañoso, falaz. **Ant.** Noble, leal, sincero.

perfil, silueta, figura, contorno, lado, rasgo, línea, canto, perímetro.// Adorno, borde, vivo.

perfilar, acabar, detallar, perfeccionar, precisar, retocar.// -se, manifestarse, aparecer.

perforar, horadar, taladrar, agujerear, cavar, penetrar, traspasar, trepanar, barrenar. **Ant.** Tapar, taponar, obturar.

perfumar, aromatizar, aromar, sahumar, embalsamar. **Ant.** Heder, apestar.

perfume, fragancia, aroma, bálsamo, esencia, sahumerio, efluvio. **Ant.** Hedor.

pergamino

pergamino, documento, título, inscripción.// Piel, papiro.

pergeñar, trazar, bosquejar, disponer, confeccionar, arreglar. *Ant.* Desarreglar.

pérgola, glorieta, emparrado, galería, quiosco.

pericia, destreza, habilidad, maestría, maña, aptitud, ingenio, experiencia, capacidad, práctica, idoneidad, arte. *Ant.* Impericia, ineptitud.

periferia, alrededores, cercanías, afueras, proximidades, suburbios.// Contorno, borde, circunferencia. *Ant.* Centro, foco, interior.

perífrasis, circunloquio, giro, rodeo, digresión.

perímetro, contorno, periferia, ámbito, circunferencia, borde, exterior, derredor. *Ant.* Centro, interior.

periódico, diario, gaceta, revista, hoja, semanario, boletín, noticiero, hebdomadario, publicación, órgano.// **-ca**, Regular, recurrente, alternativo, repetido, asiduo, reiterado. *Ant.* Irregular.

periodista, reportero, redactor, cronista, corresponsal, gacetillero, articulista, informador.

período, lapso, ciclo, fase, etapa, estado, estadio, espacio, división, tiempo, época, plazo, temporada.// Párrafo, cláusula, frase, locución, enunciado.// Menstruación, menstruo, regla.

peripecia, incidente, lance, ocurrencia, suceso, trance, episodio, circunstancia, accidente, acaecimiento.

periplo, viaje, circunnavegación, itinerario, navegación.

peristilo, columnata, galería.

peritaje, evaluación, valoración, informe, estimación, cálculo, estudio, juicio, consideración.

perito-ta, experto, técnico, especialista, experimentado, idóneo, competente, versado, ducho, apto, conocedor, entendido, diestro, práctico. *Ant.* Inexperto, incompetente.

perjudicar, dañar, damnificar, menoscabar, arruinar, deteriorar, quebrantar, afectar, agraviar, hundir, castigar, desfavorecer. *Ant.* Beneficiar, favorecer.

perjudicial, dañino, nocivo, malsano, malo, pernicioso, negativo, nefasto, contraindicado, peligroso. *Ant.* Beneficioso, benigno.

perjuicio, daño, menoscabo, detrimento, lesión, quebranto, deterioro, damnificación, ofensa, hostilidad, agravio, estropicio, malogro, contratiempo. *Ant.* Ventaja, beneficio, ganancia.

perjurio, traición, incumplimiento, falsedad, apostasía, deslealtad, mentira. *Ant.* Lealtad.

perjuro-ra, traidor, apóstata, desleal, renegado, falso. *Ant.* Leal.

permanecer, perdurar, durar, persistir, seguir, continuar, conservarse, subsistir, perseverar, perpetuarse, fijarse, resistir, conservarse, sostenerse, quedarse, afincarse, mantenerse, residir, vivir, morar, establecerse. *Ant.* Abandonar, irse, cambiar.

permanencia, duración, persistencia, continuación, estabilidad, invariabilidad, perpetuidad, perduración, existencia, inmutabilidad, conservación, perseverancia. *Ant.* Fugacidad, variabilidad.

permanente, duradero, persistente, invariable, fijo, estable, constante, inalterable, incesante, continuo, perpetuo, firme, inacabable, estático. *Ant.* Pasajero, fugaz, temporal.

permeable, penetrable, traspasable, absorbente, poroso, filtrable, esponjoso. *Ant.* Impermeable, denso, impenetrable.

permiso, autorización, consentimiento, aprobación, concesión, tolerancia, licencia, venia, condescendencia, aquiescencia, salvoconducto. *Ant.* Veto, prohibición.

permitir, autorizar, acceder, asentir, aprobar, dejar, consentir, facultar, condescender, acceder, admitir. *Ant.* Prohibir, vetar, desautorizar, denegar.

permuta, cambio, trueque, canje, permutación, intercambio. *Ant.* Conservación.

permutación, permuta (v.).

permutar, cambiar, canjear, trocar, conmutar, intercambiar, alternar. *Ant.* Conservar.

pernicioso-sa, dañoso, dañino, nocivo, perjudicial (v.). *Ant.* Beneficioso, benigno.

pernil, anca, muslo, pata, nalgada, pernera, jamón.

pernoctar, pasar la noche, dormir, parar, alojarse, hospedarse, detenerse.

pero, obstáculo, objeción, dificultad. *Ant.* Facilidad.// Defecto, mancha, tacha. *Ant.* Perfección.// Mas, no obstante, sin embargo, empero, aunque, a pesar de

perogrullada, necedad, obviedad, bobada, simpleza.

peroración, conversación, discurso, oración, razonamiento, charla.

perorar, hablar, discursear, charlar, sermonear, declamar. *Ant.* Callar.// Suplicar, orar. *Ant.* Dar, otorgar.

perorata, lata, sermón, arenga, alocución, cháchara, peroración.

perpendicular, vertical, derecho, eréctil, recto, parado. *Ant.* Horizontal.

perpetrar, consumar, cometer, realizar, ejecutar. *Ant.* Abstenerse.

perpetuar, perdurar, subsistir, permanecer, mantener, continuar, durar, sobrevivir, persistir. *Ant.* Acabar.// Inmortalizar, eternizar, glorificar. *Ant.* Olvidar.

perpetuidad, eternidad, inmortalidad, perennidad, perpetuación, perdurabilidad, permanencia. *Ant.* Mortalidad, provisionalidad.

perpetuo-tua, eterno, duradero, perenne, imperecedero, sempiterno, perdurable, inagotable, interminable, permanente. *Ant.* Efímero, caduco, fugaz.

perplejidad, extrañeza, vacilación, duda, indecisión, titubeo, incertidumbre, irresolución, indeterminación, confusión, desorientación, sorpresa. *Ant.* Decisión, certeza.

perplejo-ja, asombrado, dudoso, extrañado, vacilante, indeciso, irresoluto, desorientado, estupefacto. *Ant.* Resuelto, determinado, decidido.

perro-rra, can, cuzco, chucho.

persecución, caza, busca, seguimiento, batida, hostigamiento, acoso, acechanza. *Ant.* Abandono, huida.

perseguido-da, seguido, acosado, acorralado, hostigado, buscado, amenazado, sitiado. *Ant.* Libre, eximido.

perseguir, seguir, hostigar, cazar, acosar, rastrear, acechar, acorralar, arrinconar.//Atormentar, apremiar, molestar, importunar. *Ant.* Abandonar, liberar, escapar.

perseverancia, constancia, permanencia, firmeza, obstinación, porfía, persistencia, tesón, voluntad, insistencia, tenacidad, empeño. *Ant.* Inconstancia, dejadez, veleidad.

perseverante, constante, paciente, insistente, obstinado, tenaz, porfiado, empeñoso, tesonero. *Ant.* Veleidoso, inconstante.

perseverar, persistir, insistir, reiterar, seguir, proseguir, mantener, perpetuar, obstinarse, empeñarse, continuar, resistir, permanecer. *Ant.* Abandonar, desistir.

persiana, celosía, cortina, corredera, contraventana.

persignarse, signarse, santiguarse.

persistencia, constancia, insistencia, continuidad, perseverancia, pertinacia, tenacidad. *Ant.* Dejadez, abandono, versatilidad.

persistente, insistente, obstinado, terco, constante, tenaz, testarudo, pertinaz, continuo, porfiado, paciente, resistente, incansable, firme. *Ant.* Inconstante, voluble.

persistir, seguir, continuar, proseguir, permanecer, mantenerse, durar, insistir, perdurar, perseverar, obstinarse. *Ant.* Desistir, abandonar, renunciar.

persona, ser, individuo, hombre, mujer, alguien, humano, sujeto. *Ant.* Objeto, animal.

personaje, personalidad, figura, notabilidad, eminencia, lumbrera, dignatario, héroe. *Ant.* Desconocido, vulgar.// Actor, protagonista, intérprete, papel.

personal, particular, propio, individual, original, peculiar, característico, íntimo, privado, privativo, subjetivo, exclusivo. *Ant.* General, público, objetivo.// Empleados, trabajadores, servicio.

personalidad, temperamento, carácter, identidad, idiosincrasia, individualidad, índole, sello, distintivo, particularidad, temple, genio, manera, modo, originalidad.// Notabilidad, personaje (v.). *Ant.* Vulgaridad.

personificación, individualización, representación, imagen, símbolo, figura. *Ant.* Abstracción.

personificar, personalizar, encarnar, representar, simbolizar, individualizar, figurar.

perspectiva, aspecto, apariencia, traza, faceta, circunstancia.// Contingencia, posibilidad, proyección, programa.// Lejanía, alejamiento.

perspicacia, agudeza, astucia, penetración, sagacidad, discernimiento, sutileza, entendimiento. **Ant.** Torpeza.

perspicaz, agudo, sagaz, astuto, sutil, penetrante, listo, profundo, despierto, lúcido. **Ant.** Torpe, necio, obtuso.

perspicuo-cua, claro, evidente, inteligible, diáfano, transparente, manifiesto, límpido. **Ant.** Oscuro.

persuadir, convencer, sugerir, seducir, inducir, imbuir, inclinar, incitar, tentar, atraer, sugestionar. **Ant.** Disuadir, fracasar.

persuasión, convencimiento, sugestión, incitación, sugerencia, inducción. **Ant.** Duda, ineficacia.

persuasivo-va, sugerente, convincente, subyugante, seductor, concluyente, contundente, persuasor. **Ant.** Contraproducente, ineficaz.

pertenecer, atañer, corresponder, concernir, tocar, incumbir, respetar, afectar, recaer, referirse. **Ant.** Desligarse.// Depender, subordinarse, sujetarse, supeditarse. **Ant.** Librarse, desligarse.

pertenencia, propiedad, dominio, apropiación, poder, control, posesión. **Ant.** Expropiación.// Bienes, hacienda, riqueza, capital, renta. **Ant.** Pobreza.

pértiga, palo, vara, bastón, asta, caña, cayado, garrocha, pica.

pertinacia, obstinación, contumacia, terquedad, tozudez, testarudez, porfía, empeño, tesón, persistencia, tenacidad. **Ant.** Negligencia, abandono.

pertinaz, terco, obstinado, tozudo, testarudo, empeñoso, porfiado, tenaz, persistente, tesonero, contumaz. **Ant.** Transigente, razonable.

pertinente, perteneciente, concerniente, referente, tocante, a propósito, conectado, relacionado, relativo. **Ant.** Ajeno, extraño.// Oportuno, conveniente, apropiado, adecuado, debido. **Ant.** Impertinente, inadecuado, inoportuno.

pertrechar, abastecer, proveer, dotar, equipar, aprovisionar, surtir, proporcionar, bastimentar, suministrar. **Ant.** Desatender.

pertrechos, víveres, abastos, municiones, equipo, útiles, instrumental.// Provisiones, vituallas, suministros, alimentos, aparejo, avíos.

perturbación, alteración, turbación, desorganización, desarreglo, trastorno, convulsión, desorden, alboroto, inquietud, desconcierto. **Ant.** Orden, tranquilidad.

perturbado-da, alborotado, conmovido, inquieto, soliviantado, revuelto, conturbado, trastornado. **Ant.** Sosegado, tranquilo.// Loco (v.). **Ant.** Cuerdo.

perturbador-ra, alborotador, faccioso, escandaloso, rebelde, levantisco, sedicioso, agitador, revolucionario. **Ant.** Tranquilo, pacífico.// Inquietante, alarmante, amenazador, angustioso, impresionante. **Ant.** Tranquilizador.

perturbar, inquietar, alarmar, desconcertar, desordenar, desorganizar, alterar, desarreglar, intranquilizar, alborotar, trastornar, agitar. **Ant.** Tranquilizar, pacificar.

perversidad, perversión, depravación, perfidia, maldad, malignidad, crueldad, iniquidad, amoralidad. **Ant.** Benevolencia, rectitud.

perversión, perversidad, depravación, disolución, corrupción, maldad, desenfreno, degeneración, inmoralidad, vicio, amoralidad, envilecimiento, malignidad. **Ant.** Benevolencia, virtud, rectitud.

perverso-sa, maligno, maldito, depravado, disoluto, vicioso, libertino, corrompido, pervertido, avieso, inmoral, inicuo, canalla, licencioso, pérfido, infame. **Ant.** Virtuoso, inocente, noble.

pervertido-da, perverso, vicioso, malvado, degenerado. **Ant.** Regenerado, virtuoso.

pervertir, depravar, corromper, viciar, alterar, envilecer, degenerar, contaminar, descarriar, estropear, prostituir, escandalizar, dañar. **Ant.** Perfeccionar, mejorar.

pesadez, peso, gravedad, pesantez.// Desazón, cargazón, molestia, fatiga. **Ant.** Alivio.// Impertinencia, terquedad, insistencia, tozudez, porfía, testarudez, obstinación. **Ant.** Levedad, amenidad.

pesadilla, delirio, alucinación, ensueño, desvarío, visión, espejismo.// Preocupación, contrariedad, disgusto. **Ant.** Desahogo.

pesado-da, macizo, oneroso, gravoso, bruto, denso. **Ant.** Ligero, liviano.// Lento, calmoso, cachazudo, tardo. **Ant.** Activo.// Molesto, fastidioso, latoso, cargante, insoportable. **Ant.** Ameno, agradable.

pesadumbre, disgusto, preocupación, desazón, pesar (v.), aflicción, dolor, pena, padecimiento. **Ant.** Alegría, satisfacción.// Peso, pesadez (v.).

pésame, condolencia, duelo, pesar, piedad.

pesar, dolor, pesadumbre (v.), pena, disgusto, aflicción, sentimiento, arrepentimiento, remordimiento. **Ant.** Alegría, contento.// Fatigar, cargar, enojar. **Ant.** Agradar.// Abrumar, disgustar, afligir, angustiar, inquietar. **Ant.** Alegrar.// Dolerse, apesadumbrarse, arrepentirse, remorder. **Ant.** Alegrarse.// Medir, evaluar, sopesar, comprobar, determinar, ponderar, tomar el peso.// Considerar, examinar. **Ant.** Descuidar.

pesaroso-sa, afligido, apesadumbrado, acongojado, triste, arrepentido, dolorido, disgustado, apenado, consternado, abrumado, abatido. **Ant.** Contento, despreocupado.

pescar, capturar, atrapar, apresar, extraer, sacar. **Ant.** Soltar.

pescuezo, cogote, cerviz, garganta, cuello, gollete.

pesebre, corral, caballeriza, comedero, cuadra, establo.

pesimismo, desánimo, escepticismo, abatimiento, tristeza, derrotismo, desesperación, desesperanza, consternación, desilusión. **Ant.** Optimismo.

pesimista, desanimado, abatido, desilusionado, triste, desesperanzado, melancólico, amargado. **Ant.** Optimista.

pésimo-ma, malísimo, deplorable, detestable, atroz, despreciable, lo peor. **Ant.** Óptimo, superior.

peso, pesantez, pesadez, gravedad, gravitación, ponderosidad, carga.// Lastre, tara, cargazón, contrapeso, sobrecarga. **Ant.** Ligereza, ingravidez.// Importancia, influencia, fuerza, trascendencia. **Ant.** Insignificancia.

pesquisa, investigación, indagación, inquisición, búsqueda, exploración, averiguación, rastreo. **Ant.** Abandono, desinterés.

peste, plaga, enfermedad, azote, flagelo, epidemia, contagio. **Ant.** Salubridad.// Hedor, fetidez, pestilencia, hediondez, tufo. **Ant.** Fragancia.

pestífero-ra, apestoso, pestilente, fétido, hediondo, repugnante, putrefacto. **Ant.** Aromático.// Dañino, perjudicial, nocivo, pernicioso, venenoso. **Ant.** Beneficioso.

pestilencia, peste (v.), fetidez, hedor, tufo, hediondez, emanación. **Ant.** Aroma.

pestilente, maloliente, fétido, hediondo, pestífero, nauseabundo, apestoso. **Ant.** Aromático, fragante.// Dañoso, pernicioso, perjudicial, nocivo. **Ant.** Beneficioso.

pestillo, cerrojo, pasador, aldaba, falleba, picaporte, tranca, barra.

petaca, cigarrera, estuche, tabaquera, pitillera.

petate, equipaje, bártulos, atadijo, equipo, lío.// Camastro, esterilla.

petición, pedido, demanda, exhorto.// Súplica, rogativa, solicitud, reclamación, exigencia, imploración, requerimiento, ruego. **Ant.** Ofrecimiento.

petimetre, figurín, elegante, amanerado, presumido. **Ant.** Sencillo.

petiso-sa, bajo, chico, pequeño. **Ant.** Alto.

pétreo-a, rocoso, pedregoso, peñascoso, petroso.// Duro, fuerte, inquebrantable, recio. **Ant.** Blando.

petulancia, vanidad, presunción, pedantería, engreimiento, fatuidad, jactancia, ínfulas, descaro, atrevimiento, insolencia. **Ant.** Sencillez.

petulante, insolente, creído, vanidoso, presumido, jactancioso, fatuo, engreído, atrevido, descarado. **Ant.** Sencillo, humilde.

peyorativo-va, despectivo, despreciativo, desdeñoso, humillante, insultante. **Ant.** Elogioso.

piadoso-sa

piadoso-sa, misericordioso, compasivo, caritativo, humano, bondadoso, afable. *Ant.* Cruel, inmisericordioso.// Religioso, pío, devoto, fervoroso, fiel, ferviente. *Ant.* Impío, irreligioso.

piar, gritar, chillar, clamar, pipiar. *Ant.* Silenciar.

pica, lanza, asta, garrocha, rejón, venablo, aguijada, dardo, pértiga.

picacho, pico, cima, cumbre, cúspide, cresta, aguja. *Ant.* Base, ladera, llanura.

picada, picotazo, punzada, pinchazo, picadura.

picadura, picada, pinchazo, picotazo.// Horadación, perforación, agujero.

picante, ácido, acre, cáustico, acerbo, corrosivo, agrio, penetrante, intenso, excitante, urticante. *Ant.* Suave, dulce.// Condimentado, sazonado, fuerte. *Ant.* Soso, insípido.// Agudo, irónico, mordaz, punzante, sarcástico, agudo. *Ant.* Moderado, benévolo.// Picaresco, escabroso, verde, obsceno. *Ant.* Recatado.

picaporte, falleba, aldaba, pasador, pestillo.

picar, estimular, incitar, excitar, espolear, aguijonear. *Ant.* Disuadir.// Clavar, pinchar, herir, acribillar, punzar.// Partir, cortar, desmenuzar, triturar, machacar, moler, pulverizar. *Ant.* Unir.// Rejonear, alancear.// **-se**, ofenderse, enfadarse, molestarse, disgustarse. *Ant.* Alegrarse.// Pudrirse, estropearse, avinagrarse.// Encresparse (el mar).

picardía, malicia, ruindad, vileza, astucia, engaño, bellaquería, argucia, travesura, bribonada, canallada, trastada. *Ant.* Nobleza, seriedad.

pícaro-ra, astuto, pillo, bribón, tunante, granuja, travieso.// Vil, ruin, taimado, sinvergüenza, disimulado, sagaz, malicioso, canalla, engañador, embustero, mentiroso, enredador. *Ant.* Honrado, sincero, caballero.

picazón, picor, comezón, prurito.// Disgusto, enojo, resentimiento.

pico, hocico, boca, rostro.// Cúspide, cresta, picacho, vértice, monte, montaña. *Ant.* Llanura, falda, ladera.// Zapapico, piqueta.// Labia, locuacidad. *Ant.* Silencio.// Saliente, extremo, punta, extremidad.

picor, comezón, prurito, picazón (v.), irritación, escozor, sarpullido, urticaria.

picota, columna, viga, rollo, madero, poste.// Suplicio.

picotear, picar (v.).

pie, extremidad, extremo, mano, pata.// Base, peana, fundamento, basa, apoyo.// Fundamento, origen, germen, motivo. *Ant.* Fin.

piedad, caridad, misericordia, lástima, humanidad, conmiseración, clemencia, bondad, merced, compasión, gracia, perdón. *Ant.* Dureza, crueldad, inmisericordia.// Devoción, veneración, fervor, religiosidad. *Ant.* Irreligiosidad.

piedra, roca, peñasco, peña, risco, pedrusco, guijarro, canto, grava, cascajo.

piel, epidermis, dermis, tez, cutis, cutícula, tegumento, membrana.// Cuero, pellejo, badana.

piélago, mar, océano, ponto.// Inmensidad, vastedad, abismo. *Ant.* Escasez, falta.

pienso, forraje, pasto, grano, paja, pación.

pierna, extremidad, pata, remo, zanca, muslo, pernil, anca, jamón, miembro.

pieza, sala, cuarto, habitación, aposento, alcoba, dormitorio.// Trozo, pedazo, fragmento, porción, parte, fracción, segmento, sección, división.// Moneda, ficha.// Herramienta, utensilio.

pifia, error, equivocación, fallo, torpeza, desatino, descuido, desacierto. *Ant.* Acierto.

pifiar, fallar, equivocarse, errar, marrar, desatinar, descuidarse. *Ant.* Acertar.

pigmento, colorante, tinte, color, matiz.

pigmeo-a, diminuto, bajo, pequeño, insignificante, enano (v.). *Ant.* Gigante, importante.

pignorar, prendar, hipotecar, empeñar. *Ant.* Desempeñar.

pila, montón, rimero, acumulación, cúmulo.// Fuente, pilón, lavabo, artesa, lavadero.// Acumulador, batería, generador.

pilar, columna, poste, mojón, pilastra, hito.// Base, cimiento, sostén, contrafuerte.

pilastra, columna (v.).

píldora, gragea, pastilla (v.), comprimido.

pillaje, robo, saqueo, hurto, rapiña, latrocinio, despojo, depredación. *Ant.* Restitución.

pillar, sorprender, apresar, atrapar, aprehender, capturar, descubrir. *Ant.* Soltar.// Robar, saquear, hurtar, desvalijar, rapiñar, despojar. *Ant.* Restituir.

pillería, pillada, bribonada, canallada, picardía (v.), bellaquería, trastada. *Ant.* Inocencia.// Engaño, fraude, estafa. *Ant.* Honradez.// Travesura, chiquillada.

pillo-lla, pícaro (v.), astuto, tunante, ladino, listo, taimado, granuja, canalla, desvergonzado. *Ant.* Honrado, bueno.

pilotaje, navegación, conducción, guía, mando, dirección, gobierno.

pilotar, conducir, guiar, mandar, gobernar, timonear, navegar, tripular, dirigir.

piloto, conductor, guía.

piltrafa, residuo, despojo, desecho, pellejo, restos, desperdicios.

pimpollo, brote, vástago, retoño, cogollo, capullo, botón.

pináculo, cima, altura, pico, cumbre, cresta. *Ant.* Llanura.// Apogeo, auge, ápice, colmo, término, máximo. *Ant.* Mínimo, inferioridad.

pincelada, toque, brochazo.// Rasgo, trazo, carácter.// Descripción, explicación.

pinchar, herir, punzar, agujerear, aguijar, clavar, lancear.// Incitar, mover, excitar, hostigar, atosigar, zaherir. *Ant.* Agradar, consolar.

pinchazo, pinchadura, punzada, picadura, aguijonazo, incisión, corte, punción, estocada.

pinche, ayudante, aprendiz, auxiliar, asistente.

pincho, aguijón, punta, pico, aguja, púa, punzón, aguijada, estilete, piqueta, alfiler, clavo, espina, garfio, pica, lezna.

pingo, caballo, cabalgadura, corcel.

pingüe, abundante, cuantioso, considerable, provechoso, ventajoso. *Ant.* Escaso, inconveniente.

pinta, señal, mancha, mota, lunar, peca, marca, gota, mácula.// Aspecto, presencia, traza, catadura, facha.

pintar, colorear, teñir, pinterrajear, dibujar, trazar, representar. *Ant.* Borrar.// Describir, detallar, explicar. *Ant.* Callar.

pintoresco-ca, atractivo, curioso, típico, atrayente, vivo, animado, característico. *Ant.* Desagradable, monótono.

pintura, cuadro, lienzo, tela, tabla, lámina, representación, mural, reproducción.// Color, tinte, tono, matiz.// Descripción.

pío-a, devoto, religioso, piadoso (v.), fervoroso. *Ant.* Irreligioso, impío.// Misericordioso, bondadoso, bueno, compasivo, virtuoso, piadoso (v.). *Ant.* Cruel.

piojoso-sa, avaro, mezquino, tacaño, miserable. *Ant.* Generoso.// Sucio, astroso, asqueroso. *Ant.* Pulcro.

pionero-ra, precursor (v.), adelantado, explorador, fundador, colonizador.

pipa, boquilla, cachimba.// Semilla, pepita, simiente, grano.// Tonel, barrica, cuba, tina, barril.

pique, desazón, enojo, disgusto, resentimiento, resquemor, enfado, desagrado, molestia. *Ant.* Agrado.

piquete, patrulla, grupo, conjunto.

pira, fogata, hoguera, fuego.

piragua, bote, lancha, canoa, chalupa, esquife, chinchorro, falúa, barca, junco, batel.

pirata, corsario, bucanero, filibustero, bandido, corso, forajido, contrabandista.

piratear, robar, asaltar, saquear, capturar.

piratería, pillaje (v.), robo, saqueo, incursión, despojo, contrabando.

piropear, requebrar, halagar, galantear, florear. *Ant.* Ofender.

piropo, requiebro, lisonja, alabanza, halago, fineza, galantería, cortejo, terneza, adulación. *Ant.* Ofensa, vituperio.

pirueta, voletereta, cabriola, volantín, brinco, salto, contorsión, bote, rebote, vuelta, giro, quiebro.

pisada, huella, señal, rastro, pista, marca, paso, holladura, patada, taconazo.

plenipotenciario

pisar, hollar, pisotear, taconear, apisonar.// Atropellar, abatir, despreciar, infringir, quebrantar. *Ant.* Respetar.

piscina, estanque, pileta, alberca.

piscolabis, refrigerio, tentempié, aperitivo, colación, bocadillo.

piso, suelo, pavimento, empedrado, embaldosado, enladrillado, asfalto, asfaltado.

pisotear, pisar (v.).// Atropellar, escarnecer, humillar, maltratar, despreciar, aplastar, conculcar. *Ant.* Respetar.

pista, huella, señal, indicio, vestigio, pisada (v.), traza, marca.// Vía, carretera, explanada.// Circo, hipódromo.// Surco, banda.

pistolero-ra, bandido, asaltante, atracador, malhechor, delincuente, forajido. *Ant.* Policía.

pitanza, comida, alimento, vitualla, nutrición. *Ant.* Ayuno.

pitar, silbar, rechiflar, soplar.

pitido, silbo, silbido, soplido, chiflido. *Ant.* Silencio.

pito, silbato, silbo, chifle, sirena.

pitonisa, sacerdotisa, profetisa, sibila, adivinadora, hechicera.

pitorreo, burla, guasa, chacota, chanza, chasco, befa.

pituco-ca, amanerado, afectado, presumido.

pivote, eje, apoyo, extremo, punta.

pizca, pellizco, partícula, menudencia, parte, porción, migaja, pequeñez, fragmento. *Ant.* Mucho.

placa, lámina, película, plancha, chapa, hoja, estrato, capa.// Insignia, condecoración, distintivo.

pláceme, elogio, felicitación, parabién, enhorabuena, congratulación.

placentero-ra, agradable, grato, ameno, atractivo, afable, amable, deleitoso, encantador, apacible, delicioso, confortante, satisfactorio, cómodo, plácido. *Ant.* Desagradable, molesto.

placer, agrado, deleite, solaz, goce, dicha, regocijo, felicidad, gloria, delicia, júbilo, regalo, gusto, distracción, contentamiento. *Ant.* Desagrado, disgusto.// Sensualidad, voluptuosidad, erotismo. *Ant.* Sobriedad.// Gustar, agradar, satisfacer, deleitar, contentar, halagar. *Ant.* Desagradar.

placidez, tranquilidad, serenidad, calma, dulzura, mansedumbre, paz. *Ant.* Agresividad, agitación.

plácido-da, tranquilo, sosegado, quieto, calmo, sereno, pacífico, manso, reposado, apacible. *Ant.* Inquieto, agitado.// Placentero (v.), deleitoso, agradable, ameno. *Ant.* Desagradable.

plaga, peste (v.), epidemia, calamidad, azote, daño, desgracia, desastre, infortunio, catástrofe, estrago. *Ant.* Bienestar, salud.// Abundancia, copia, profusión, multitud, caudal, raudal. *Ant.* Escasez, carencia.

plagiar, copiar, imitar, falsificar, apropiarse, reproducir. *Ant.* Inventar, crear.

plagiario-ria, imitador, falsificador, falseador, pirata. *Ant.* Innovador, creador.

plan, proyecto, idea, programa, intención, propósito, empresa, esquema, esbozo, diseño, conjura, maquinación. *Ant.* Realización.

plana, hoja, página, folio, cara, carilla, anverso, reverso.

plancha, placa (v.), lámina, placa, chapa, ciubierta, hoja.

planchar, alisar, allanar, desarrugar, estirar, aplastar, prensar, aplanar, laminar, plisar, plisar. *Ant.* Desplanchar, arrugar.

planear, urdir, proyectar, fraguar, preparar, idear, concebir, esbozar, diseñar. *Ant.* Realizar, efectuar.

planeta, astro, satélite, cuerpo celeste.

planicie, llano, llanura, meseta, sabana, estepa, explanada. *Ant.* Cordillera, serranía.

planificar, planear (v.).

plano, mapa, carta, croquis, trazado, dibujo, boceto.// Superficie, cara, lado, área, extensión, explanada.// **-na**, liso, chato, romo, raso, llano, uniforme, aplastado. *Ant.* Desigual, montañoso, abrupto.

planta, vegetal, arbusto, mata, árbol, hortaliza, verdura, hierba.// Piso.// Plan (v.), diseño.// Cimiento.

plantación, plantel, criadero, vivero, plantío, cultivo, sembrado, sembradío.

plantar, hincar, enterrar, encajar, colocar, fijar. *Ant.* Sacar, extraer.// Sembrar, cultivar. *Ant.* Recolectar, arrancar.// Dejar, abandonar, desairar, burlar, chasquear. *Ant.* Acudir, acompañar.// **-se**, pararse, encararse, detenerse, rebelarse. *Ant.* Soportar.

plantear, exponer, sugerir, proponer, suscitar, explicar, demostrar. *Ant.* Reservarse.// Planear (v.), idear, concebir, trazar, diseñar, proyectar, esbozar, bosquejar. *Ant.* Realizar.

plantel, plantío, semillero, criadero, vivero, jardín.// Formación (v.).

plantilla, suela, recubrimiento, forro.// Patrón, guía, regla.

plantío, plantación (v.).

plañidero-ra, lloroso, lastimero, lacrimoso, quejumbroso, llorón. *Ant.* Risueño.

plañido, lloro, sollozo, queja, lamento, gemido, lamentación, gimoteo. *Ant.* Risa.

plañir, llorar, sollozar, gimotear, lloriquear, lamentarse, quejarse, clamar. *Ant.* Reír.

plasmar, formar, forjar, modelar, hacer, crear, esculpir. *Ant.* Destruir, deshacer.

plasticidad, flexibilidad, maleabilidad, ductilidad, docilidad. *Ant.* Inflexibilidad, dureza.

plástico-ca, dúctil maleable, blando, muelle, flexible, amasable. *Ant.* Duro, rígido.

plata, dinero, fortuna, metal, capital.

plataforma, tablado, tarima, tribuna, entarimado, estrado, púlpito, peana, pedestal.

plátano, banana, banano, cambur.

platea, patio, palco, butacas.

plateado-da, argentino, reluciente, bruñido, brillante, blanco. *Ant.* Opaco.

platear, platinar, argentar.

platería, orfebrería, joyería.

plática, conversación, charla, coloquio, diálogo.// Conferencia, exposición, discurso, disertación, sermón.

platicar, conversar, hablar, dialogar.

plato, platillo, bandeja, fuente, escudilla, patena.// Vianda, manjar, comida.

platónico-ca, ideal, espiritual, desinteresado, sentimental, honesto, puro, virtuoso. *Ant.* Material.

plausible, laudable, alabable, meritorio, recomendable. *Ant.* Censurable, criticable.// Aceptable, admisible, recomendable. *Ant.* Inadmisible, inaceptable.

playa, arenal, ribera, litoral, costa, orilla, borde, margen, riba. *Ant.* Interior, rompiente.

plaza, plazoleta, plazuela, glorieta, explanada.// Feria, mercado, zoco.// Fortaleza, ciudadela, fuerte.// Sitio, espacio, terreno, lugar, asiento.// Población, ciudad, villa, pueblo.// Empleo, oficio, cargo, dignidad, destino, ministerio.

plazo, período, tiempo, lapso, término, vencimiento, caducidad.// Moratoria, aplazamiento, dilación, prórroga.// Pago, cuota, mensualidad, parte. *Ant.* Contado.

plebe, pueblo, populacho, vulgo, chusma, gentuza, proletariado. *Ant.* Nobleza, aristocracia.

plebeyo-ya, vasallo, villano, advenedizo. *Ant.* Noble, aristócrata.// Vulgar, soez, grosero, innoble, oridinario, burdo, inculto. *Ant.* Aristocrático, distinguido.

plebiscito, sufragio, votación, elección, consulta popular.

plegable, muelle, maleable, blando, flexible, enrollable, desmontable. *Ant.* Rígido, duro.

plegar, doblar, plisar, fruncir, tablear. *Ant.* Estirar.// **-se**, inclinarse, adherir, someterse. *Ant.* Resistir.

plegaria, oración, ruego, súplica, invocación, rezo, preces. *Ant.* Imprecación, maldición.

pleitear, litigar, disputar, querellar, procesar, debatir. *Ant.* Avenirse.

pleitesía, acatamiento, reverencia, sumisión, sometimiento. *Ant.* Rebeldía, desobediencia.

pleito, litigio, proceso, demanda, juicio, causa, debate, querella, causa, disputa. *Ant.* Acuerdo, avenencia.

plenario-ria, entero, lleno, completo, cabal, íntegro.

plenipotenciario, ministro, embajador, representante, diplomático, enviado, legado.

plenitud, totalidad, integridad. *Ant.* Parcialidad.// Exceso, abundancia, henchimiento, hartura, saciedad. *Ant.* Escasez.

pleno-na, lleno, completo, colmado, henchido, atiborrado, atestado, ocupado, plenario (v.). *Ant.* Parcial, escaso.

plétora, plenitud, abundancia, exceso, pluralidad, hartura, profusión, afluencia, exuberancia, demasía. *Ant.* Escasez.

pletórico-ca, lleno, pleno, exuberante, colmado, henchido, cuajado, saturado, repleto, cargado. *Ant.* Escaso, carente, vacío.

pliego, carta, oficio, documento.// Cuadernillo, hoja, cartapacio.

pliegue, doblez, repliegue, pinza, plisado, plegado, frunce, arruga, alforza, ondulado. *Ant.* Estiramiento.

plisar, plegar (v.), fruncir (v.).

plomada, pesa, peso, vertical, plomo.

plomizo-za, gris, grisáceo, nublado, plúmbeo, oscuro. *Ant.* Abierto, despejado.// Pesado, cargante.

pluma, cálamo, estilográfica, portaplumas, bolígrafo, estilete, lapicera.

plumazo, trazo, rasgo, tachadura, raya.

plúmbeo-a, pesado, cargante, plomizo, fastidioso.

plural, múltiple, diverso, vario, numeroso. *Ant.* Singular.

pluralidad, multiplicidad, numerosidad, diversidad, abundancia, muchedumbre. *Ant.* Unidad, escasez.

pluralizar, diversificar, generalizar. *Ant.* Singularizar.

plus, añadido, aditamento, sobresueldo, gratificación, propina, regalía, sobrepaga, extra, viático. *Ant.* Descuento, deducción.

plusvalía, sobreprecio, incremento, aumento, encarecimiento. *Ant.* Depreciación.

población, ciudad, localidad, pueblo, urbe, villa, aldea, municipio, poblado. *Ant.* Campo.// Residentes, vecinos, ciudadanos, habitantes, vecindario.

poblado, pueblo (v.), ciudad, villa, aldea, población (v.).

poblador-ra, habitante, morador, vecino, ciudadano.

poblar, habitar, morar, colonizar, asentarse, establecerse, urbanizar, fundar. *Ant.* Emigrar, despoblar.// Crecer, ocupar, aumentar, incrementar, procrear. *Ant.* Decrecer, disminuir.

pobre, necesitado, menesteroso, indigente, desvalido, mendigo, arruinado, mísero, miserable, proletario, desacomodado, pordiosero, insolvente, arruinado. *Ant.* Rico, adinerado, acomodado.// Mezquino, pequeño, falto, escaso, subdesarrollado, carente, insignificante. *Ant.* Abundante.

pobreza, miseria, indigencia, estrechez, penuria, carestía, necesidad, carencia, ruina, privación, lacería, inopia, infortunio, desgracia. *Ant.* Riqueza, caudal, patrimonio.// Escasez, ausencia, insuficiencia, mediocridad, falta, decadencia. *Ant.* Abundancia.

pocilga, chiquero, establo, porqueriza, cuchitril, corral. *Ant.* Palacio.// Suciedad. *Ant.* Limpieza.

pócima, brebaje, cocimiento, mejunje, cocción, bebida, poción.

poción, pócima, brebaje, infusión (v.).

poco-ca, limitado, escaso, corto, exiguo, falto, reducido, insuficiente, mínimo, módico, breve, ralo, pobre, minúsculo, menguado. *Ant.* Mucho, copioso, abundante, excesivo.

poda, tala, corta, desmoche, podadura.

podar, cortar, recortar, cercenar, talar, limpiar.

poder, poderío, dominio, mando, autoridad, supremacía, potestad, arbitrio, imperio, señorío. *Ant.* Obediencia, sumisión.// Fuerza, potencia, empuje, energía, virtud, influencia, vigor. *Ant.* Debilidad.// Autorización, licencia, prerrogativa, salvoconducto, delegación, permiso, privilegio, pase. *Ant.* Prohibición.// Lograr, obtener, disfrutar, conseguir. *Ant.* Fallar.

poderío, poder, dominio, mando, jurisdicción, imperio, potestad, señorío. *Ant.* Subordinación, impotencia.// Fuerza, eficacia, influencia. *Ant.* Debilidad.

poderoso-sa, opulento, pudiente, acaudalado, potentado, rico, adinerado. *Ant.* Pobre, miserable.// Excelente, magnífico, enérgico, valeroso, pujante, vigoroso, potente, recio. *Ant.* Débil.

podio, basa, pedestal, base, plataforma, basamento.

podredumbre, putrefacción, podre, corrupción, infección, impureza. *Ant.* Pureza.// Vicio, inmoralidad, corruptela, relajamiento. *Ant.* Moralidad.

podrido-da, pútrido, putrefacto, infecto, corrompido, descompuesto, fétido, infectado, viciado. *Ant.* Sano, puro, fresco.

poesía, poema, verso, copla, estrofa, composición poética. *Ant.* Prosa.// Musa, inspiración, numen.// Atractivo, encanto, dulzura, suavidad.

poeta, vate, bardo, juglar, rapsoda, trovador, rimador, trovero, lírico. *Ant.* Prosista.

polarizar, reflejar, refractar.// Concentrar, reunir, captar, absorber. *Ant.* Dispersar.

polémica, controversia, debate, discusión, disputa, querella, porfía, rivalidad, discordia, litigio. *Ant.* Acuerdo.

polémico-ca, controvertible, discutible, debatible, dialéctico. *Ant.* Indiscutible, definitivo.

polemizar, discutir, controvertir, debatir, litigar, replicar, rivalizar, disputar. *Ant.* Acordar.

policía, agente, vigilante, guardia, investigador, detective. *Ant.* Delincuente.// Orden, regla, seguridad, vigilancia, guardia, fuerza pública. *Ant.* Desorden, inseguridad, caos.

policromo-ma, coloreado, irizado, matizado, multicolor, variado, vistoso. *Ant.* Apagado, monótono.

polifacético-ca, variado, heterogéneo, múltiple. *Ant.* Único.

politeísmo, paganismo, idolatría, gentilidad, fetichismo. *Ant.* Monoteísmo.

política, gobierno, autoridad, administración, régimen, instituciones, legalidad.// Urbanidad, cortesía, corrección, educación, finura. *Ant.* Grosería.

político-ca, estatal, gubernamental, ministerial, administrativo, oficial, público. *Ant.* Privado.// Estadista, gobernante, mandatario, hombre de Estado, hombre público, legislador. *Ant.* Apolítico.// Cortés, urbano, culto, cumplido, diplomático, educado. *Ant.* Grosero.

póliza, documento, libranza, contrato.// Impuesto, tributo, sello, reintegro.

pollera, falda, refajo, saya.

pollino, asno, burro, borrico.

polo, centro, base, fundamento.// Extremo, borne.

polución, derrame, efusión, salida, flujo. *Ant.* Retención.// Contaminación, mancha, suciedad, impureza. *Ant.* Limpieza.

pomada, ungüento, unto, crema, bálsamo, mixtura.

pompa, lujo, esplendor, ostentación, fausto, solemnidad, boato, aparato, alarde, fastuosidad, magnificencia, gala, exhibición, grandeza, suntuosidad, pomposidad, soberbia. *Ant.* Humildad, modestia, discreción.

pomposidad, lujo, derroche, fastuosidad, alarde, ostentación, ampulosidad, presuntuosidad, afectación, altisonancia. *Ant.* Humildad, sencillez, naturalidad.

pomposo-sa, fastuoso, ostentoso, majestuoso, lujoso, suntuoso, magnífico, aparatoso, esplendoroso, solemne.// Presumido, vanidoso, inflado, afectado, presuntuoso, ampuloso.// Recargado, adornado, enfático, exagerado, altisonante. *Ant.* Sencillo, pobre.

poncho, manta, capa, capote, abrigo.

ponderación, alabanza, elogio, encomio, enaltecimiento, aplauso, loa. *Ant.* Crítica.// Equilibrio, prudencia, sensatez, circunspección. *Ant.* Desequilibrio.

ponderado-da, sobrio, mesurado, equilibrado, sensato, ordenado, prudente, cuidadoso. *Ant.* Desenfrenado.// Elogiado, alabado, enaltecido, encarecido. *Ant.* Criticado.

ponderar, medir, considerar, pesar, reflexionar, examinar. *Ant.* Descuidar.// Alabar, encomiar, loar, elogiar. *Ant.* Denigrar, criticar.

poner, situar, colocar, ubicar, depositar, instalar, fijar, asentar, dejar. *Ant.* Quitar.// **-se**, ataviarse, vestirse, enfundarse, colocarse, componerse. *Ant.* Quitarse.// Ocultarse (los astros).

poniente, occidente, ocaso, oeste. *Ant.* Oriente, este.

pontífice, obispo, prelado, arzobispo.// **-Sumo**, papa (v.).

ponto, mar, piélago, océano.

ponzoña, veneno, tósigo, tóxico, toxina.

ponzoñoso-sa, venenoso, virulento, nocivo, tóxico, deletéreo, tosigoso, mortífero. **Ant.** Beneficioso, saludable.

populacho, plebe (v.), chusma, vulgo (v.), turba. **Ant.** Aristocracia, nobleza.

popular, público, general, vulgar, común, habitual, difundido, extendido. **Ant.** Individual, restringido.// Estimado, afamado, querido, aplaudido, conocido, nombrado, acreditado, famoso. **Ant.** Impopular, desconocido.

popularidad, fama, renombre, aplauso, estima, predicamento, estimación, boga, notoriedad. **Ant.** Impopularidad.

popularizar, afamar, aplaudir, glorificar, encomiar, alabar, ponderar, generalizar, divulgar, publicar, difundir. **Ant.** Denigrar, desacreditar.

poquedad, timidez, cortedad, apocamiento, cobardía, pusilanimidad. **Ant.** Arrojo, atrevimiento.// Exigüidad, nimiedad, miseria, escasez. **Ant.** Abundancia.

porcentaje, proporción, ración, tanto por ciento, promedio.

porche, soportal, atrio, zaguán, vestíbulo, portal, pórtico, cobertizo, arcada, galería.

porción, trozo, parte, fragmento, segmento, pedazo, fracción, puñado, bocado, tajada, resto, residuo. **Ant.** Totalidad.// Dosis, cuota, ración, cantidad. **Ant.** Total.

pordiosero-ra, mendigo, mendicante, indigente, menesteroso, falto, desvalido, mísero, pobre (v.). **Ant.** Rico, potentado.

porfía, obstinación, testarudez, terquedad, pertinacia, insistencia, contumacia, tenacidad. **Ant.** Abandono, contemporización.// Disputa, riña, controversia, debate, discusión, diferencia, polémica, lucha. **Ant.** Acuerdo, paz, condescendencia.

porfiado-da, testarudo, obstinado, terco, contumaz, insistente, tozudo, pesado, importuno, empecinado, emperrado, ofuscado. **Ant.** Razonable.

porfiar, obstinarse, insistir, entercarse, repetir, encapricharse, emperrarse. **Ant.** Condescender, ceder.// Discutir, reñir, disputar, polemizar, altercar. **Ant.** Acordar, pacificar.

pormenor, detalle, particularidad, nimiedad, menudencia, circunstancia, relación, descripción, especificación, puntualización. **Ant.** Ampliación, generalización.

pormenorizar, detallar, describir, enumerar, especificar, puntualizar, particularizar. **Ant.** Generalizar.

pornografía, obscenidad, inmoralidad, impudicia, lujuria, indecencia, concupiscencia, deshonestidad, liviandad, escabrosidad, desvergüenza. **Ant.** Pureza, castidad, decencia.

pornográfico-ca, impúdico, inmoral, obsceno, escabroso, deshonesto, libertino, desvergonzado, amoral. **Ant.** Puro, casto, decente.

poro, intersticio, agujero, hueco, orificio.

porosidad, permeabilidad, esponjosidad, filtrabilidad. **Ant.** Impermeabilidad, densidad.

poroso-sa, esponjoso, permeable, agujereado, filtrable, absorbente. **Ant.** Denso, impermeable.

porque, ya que, dado que, puesto que, visto que, debido a que, pues que.

porqué, razón, causa, explicación motivo, móvil, fundamento, objeto, finalidad. **Ant.** Sinrazón, absurdo.

porquería, suciedad, inmundicia, mugre, basura, cochambre, cochinada, desechos, desperdicios, excrementos. **Ant.** Limpieza.// Indecencia, inmoralidad, vileza, trastada, bribonada, villanía. **Ant.** Moralidad, favor, atención.

porra, maza, cachiporra, palo, garrote, estaca, bastón.

porrazo, golpe, mazazo, garrotazo, bastonazo, porrada, trompazo, topetazo, caída, batacazo.

portada, frontispicio, fachada, frente, cara, primera página.

portafolio, cartera, carpeta, vademécum.

portal, atrio, acceso, entrada, soportal, vestíbulo, pórtico, zaguán, porche.

portarse, comportarse, conducirse, actuar, obrar, proceder, gobernarse, manejarse.

portátil, manejable, trasladable, móvil, tranportable, ligero, cómodo, desarmable, manual. **Ant.** Inmóvil, fijo.

portavoz, vocero, representante, delegado, emisario, enviado. **Ant.** Representado.// Cabecilla, jefe, líder, caudillo. **Ant.** Subordinado.

porte, compostura, aspecto, apariencia, presencia, postura, continente, actitud, ademán, exterior, modales, traza, aire, facha.// Calidad, nobleza, lustre, prestancia, gallardía. **Ant.** Inelegancia.// Acarreo, transporte, conducción.

portento, prodigio, maravilla, milagro, fenómeno, asombro, admiración, pasmo, esplendor. **Ant.** Vulgaridad, insignificancia.

portero-ra, conserje, cuidador, guardián, ordenanza, bedel, mayordomo.

pórtico, soportal, atrio, vestíbulo, pérgola, porche, portal, zaguán, entrada, acceso, claustro, peristilo.

portillo, postigo, puerta, portal, abertura, traspuerta, cancel.

porvenir, futuro, mañana, posterioridad, suerte, azar, fortuna. **Ant.** Pasado, ayer, presente.// Venidero, ulterior, futuro. **Ant.** Pasado, presente.

posada, mesón, parador, hostería, hostal, pensión, albergue, venta, taberna, hotel.// Hospedaje, alojamiento.

posaderas, nalgas, asentaderas, trasero, culo.

posar, depositar, dejar, colocar, soltar. **Ant.** Remover.// -se, descansar, apoyarse, reposar, descender, detenerse. **Ant.** Remontarse, marcharse.// Sedimentarse, decantarse, depositarse.

pose, postura, actitud, apariencia, ademán, aire, continente, porte, gesto.// Afectación, empaque, amaneramiento, fingimiento. **Ant.** Naturalidad, sencillez.

poseedor-ra, dueño, propietario, amo, titular, tenedor. **Ant.** Desprovisto, necesitado.

poseer, tener, disfrutar, obtener, lograr, conseguir, contar con, dominar, disponer de. **Ant.** Carecer, necesitar.// Saber, conocer.// Abusar, forzar, yacer, copular, fornicar. **Ant.** Respetar.

poseído-da, endemoniado, poseso, hechizado, embrujado. **Ant.** Exorcizado.

posesión, heredad, finca, hacienda, predio.// Propiedad, dominio, usufructo, tenencia, adquisición, pertenencia. **Ant.** Carencia.// Colonia, feudo, dominio.

poseso-sa, poseído (v.).

posibilidad, probabilidad, contingencia, eventualidad, facultad, potencia, aptitud, poder. **Ant.** Imposibilidad.

posible, probable, eventual, virtual, verosímil, practicable, admisible, factible, realizable, asequible, concebible, hacedero. **Ant.** Imposible, utópico.

posición, postura, actitud, disposición, estado.// Colocación, ubicación, emplazamiento, sitio, lugar, punto.// Nivel, categoría, clase, esfera, condición.// Reducto, trinchera, fortificación.

positivo-va, cierto, seguro, afirmativo, concreto, verdadero, efectivo, real, auténtico, indudable, innegable. **Ant.** Incierto, irreal, inseguro.

poso, sedimento, remanente, sarro, asiento, residuo, turbiedad. **Ant.** Suspensión. **Par.** Pozo.

posponer, aplazar, retrasar, diferir, retardar. **Ant.** Adelantar.// Menospreciar, relegar, postergar, preterir. **Ant.** Exaltar, anteponer.

poste, sostén, palo, madero, columna, estaca, mástil, pilar, tronco, asta, soporte, mojón, hito, señal, aviso.

postergación, posposición, preterición, relegamiento, olvido, menosprecio, desconsideración. **Ant.** Recuerdo, vigencia.// Aplazamiento, prórroga, retardo, moratoria, demora. **Ant.** Adelanto, anticipación.

postergar, preterir, humillar, omitir, posponer, menospreciar. **Ant.** Ensalzar, anteponer.// Aplazar, prorrogar, diferir, retardar, retrasar. **Ant.** Adelantar, anticipar.

posteridad, mañana, porvenir, futuro, suerte, hado. **Ant.** Pasado, anterioridad.// Sucesión, descendencia, progenie, herencia, familia. **Ant.** Ascendencia.

posterior, ulterior, postrero, siguiente, zaguero, sucesivo, seguido, detrás, último, trasero. **Ant.** Anterior, vanguardia.

posterioridad, posteridad (v.), sucesión, continuación. **Ant.** Comienzo, anterioridad.

postigo, contrapuerta, contraventana, portillo, traspuerta.

postizo, falso, artificial, añadido, sobrepuesto, fingido, supuesto, ficticio.// Peluca, peluquín.

postor-ra, licitador, pujador, licitante, concursante.

postración, decaimiento, debilidad, abatimiento, desánimo, aflicción, languidez, desfallecimiento, extenuación. **Ant.** Vigor, ánimo.

postrar, abatir, rendir, humillar, inclinar.// **-se**, desfallecer, debilitarse, abatirse, acobardarse, desanimarse, languidecer. **Ant.** Animarse, vigorizarse.// Arrodillarse, hincarse, prosternarse, humillarse, venerar, adorar. **Ant.** Erguirse.

postrero-ra, posterior, último, zaguero, ulterior, póstumo, extremo. **Ant.** Anterior, primero.

postrimería, ocaso, fin, final, muerte, decadencia, acabamiento, consumación, desenlace. **Ant.** Principio.

postulación, petición, solicitud, demanda, súplica, petitorio. **Ant.** Entrega.

postulante, pretendiente, solicitante, candidato, aspirante, demandante. **Ant.** Dador.

postular, solicitar, pedir, demandar, pretender, reclamar. **Ant.** Ofrecer, dar.

póstumo-ma, último, postrero, posterior, final, postrimero. **Ant.** Primero, anterior.

postura, posición, actitud, pose (v.), colocación, situación.

potable, puro, bebible, saludable. **Ant.** Impotable.

pote, vasija, bote, tarro, recipiente, frasco, envase, vaso, tiesto, maceta.

potencia, fuerza, vigor, fortaleza, poder, pujanza, capacidad, energía, brío. **Ant.** Impotencia, debilidad.

potencial, probable, eventual, latente, posible. **Ant.** Improbable, imposible.// Capacidad, posibilidad, energía, potencia, poder. **Ant.** Impotencia, debilidad.

potenciar, favorecer, incrementar, desarrollar, aumentar, fortificar, fortalecer. **Ant.** Debilitar, atenuar, disminuir.

potentado-da, millonario, acaudalado, poderoso, pudiente, magnate, opulento. **Ant.** Humilde, pobre.

potente, vigoroso, fuerte, enérgico, robusto, recio, brioso, pujante, poderoso, fornido, indómito, rollizo, corpulento, majestuoso, soberano. **Ant.** Impotente, débil.

potestad, facultad, dominio, poder, jurisdicción, mando, autoridad. **Ant.** Debilidad.// Privilegio, prerrogativa, atribución, virtud. **Ant.** Prohibición.

potro, caballo, corcel.

poyo, banco, estrado, sitial, asiento. **Par.** Pollo.

poza, charca, alberca, balsa, charco, hoya, estanque, cenagal, pozuela. **Par.** Posa.

pozo, hoyo, foso, excavación, depresión, hueco, agujero, perforación, túnel, sima, sumidero. **Par.** Poso.

práctica, experiencia, costumbre, rutina, uso, hábito, ejercicio, aplicación, trabajo, ejercitación, acción, usanza, pericia, destreza, praxis, adiestramiento, habilidad. **Ant.** Inexperiencia, ineptitud.

practicar, ejecutar, ejercer, ejercitar, obrar, trabajar, usar, manejar, maniobrar, acostumbrarse, adiestrarse, instruirse. **Ant.** Abandonar.

práctico-ca, experto, diestro, preparado, avezado, experimentado, perito, ducho, versado, hábil, fogueado. **Ant.** Inexperto.// Útil, provechoso, cómodo, beneficioso, funcional, conveniente, aprovechable. **Ant.** Inútil.

pradera, prado, campiña, pastizal, terreno, pasto. **Ant.** Yermo, erial, desierto.

prado, pradera, dehesa, pastos, césped, campiña, llano, llanura. **Ant.** Montaña, yermo, desierto.

preámbulo, prólogo, exordio, prefacio, introito, introducción, preludio, presentación, preparación, comienzo, exposición. **Ant.** Epílogo, desenlace.

prebenda, beneficio, renta, dote, beca, canonjía.// Provecho, ventaja.// Empleo, cargo, destino, ocupación. **Ant.** Desventaja, pérdida.

precario-ria, efímero, frágil, transitorio, inseguro, inestable, incierto, perecedero. **Ant.** Estable, firme, duradero.

precaución, cautela, prudencia, recaudo, previsión, prevención, moderación, reserva, sensatez, tacto. **Ant.** Imprevisión, imprudencia.

precaver, prever, prevenir.// Rehuir, sortear, conjurar, preservar. **Ant.** Aventurar, confiar.

precavido-da, previsor, prevenido, cauto, cauteloso. **Ant.** Imprevisor, confiado, desprevenido.

precedencia, anterioridad, anteposición. **Ant.** Posterioridad.// Preferencia, superioridad, preeminencia, predominio. **Ant.** Subordinación.

precedente, precitado, antedicho,// Antecedente, previo, antepuesto, preliminar, anterior. **Ant.** Consecuente, siguiente.

preceder, anticipar, anteceder, adelantar, anteponer, encabezar, conducir, guiar. **Ant.** Seguir.// Descollar, aventajar, sobresalir, predominar, superar, destacarse. **Ant.** Subordinarse, someterse.

precepto, mandamiento, norma, regla, reglamento, mandato, prescripción, principio, ordenanza, disposición, decreto, ley, obligación. **Ant.** Irregularidad, desorden.// Disciplina, régimen, normalidad, ortodoxia. **Ant.** Desgobierno, irregularidad.

preceptor-ra, maestro, ayo, tutor, monitor, instructor, guía, auxiliar, consejero. **Ant.** Alumno, discípulo.

preces, oraciones, rezos, ruegos, súplicas, plegarias, imploraciones, votos.

preciado-da, apreciado, estimado, valioso, querido, estimable, amado. **Ant.** Despreciado, despreciable.

preciar, estimar, considerar, valorar, apreciar, evaluar, tasar. **Ant.** Despreciar.// **-se**, jactarse, presumir, alabarse.

precintar, sellar, lacrar, asegurar, garantizar. **Ant.** Abrir.

precinto, sello, lacre, cierre, fleje, ligadura, marbete, sujetador.

precio, valor, cotización, tasación, valía, estimación, evaluación, tasa, costo, importe.// Consideración, estimación, significación. **Ant.** Desconsideración, desprecio.

preciosidad, hermosura, belleza, lindeza, beldad, primor, encanto, ricura, graciosidad. **Ant.** Fealdad.

precioso-sa, primoroso, hermoso, bello, bonito, delicioso, exquisito, gracioso, atractivo, perfecto. **Ant.** Feo, repugnante.// Valioso, preciado, estimado, importante, raro, costoso, caro. **Ant.** Despreciable.

precipicio, despeñadero, barranco, vertiente, abismo, talud, quebrada, desfiladero, sima, fosa. **Ant.** Llano, planicie.

precipitación, apremio, prisa, apresuramiento, premura, atropello, aceleración, prontitud, celeridad, atolondramiento, brusquedad, arrebato. **Ant.** Pausa, serenidad.

precipitado-da, atropellado, alocado, impulsivo, impetuoso, violento, atolondrado, arrebatado, inconsciente, desenfrenado. **Ant.** Calmo, sereno, templado.// Caído, arrojado, despeñado, tirado.

precipitar, arrojar, lanzar, despeñar, tirar, empujar, derribar, derrumbar. **Ant.** Sujetar, retener.// **-se**, apresurarse, atolondrarse, adelantarse, abalanzarse, arrojarse, impacientarse, atropellarse. **Ant.** Calmarse, contenerse, tranquilizarse.

precisar, delimitar, concretar, determinar, puntualizar, especificar, fijar, señalar, establecer, detallar, deslindar. **Ant.** Indeterminar, esbozar.// Exigir, obligar, constreñir, compeler, coaccionar. **Ant.** Permitir.// Necesitar, urgir, requerir, demandar, exigir, carecer. **Ant.** Sobrar, abundar.

precisión, necesidad, obligación menester, requisito, carencia, apremio.// Exactitud, puntualidad, rigor, fidelidad, regularidad. **Ant.** Inexactitud.// Rigurosidad, concisión, delimitación, brevedad. **Ant.** Imprecisión, incertidumbre.

preciso-sa, obligatorio, necesario, indispensable, forzoso, imperioso, esencial, útil, inexcusable, irreemplazable. **Ant.** Innecesario.// Determinado, puntual, justo, fiel, definido, certero, riguroso, conciso, exacto, categórico, estricto. **Ant.** Inexacto, impreciso, difuso.

preclaro-ra, ilustre, esclarecido, afamado, insigne, conspicuo, notable, egregio, célebre, principal, admirado, glorioso. **Ant.** Anónimo, desconocido.

precocidad, anticipación, prontitud, prematuridad, inexperiencia. **Ant.** Atraso, experiencia.

preconcebir, madurar, pensar, meditar, planear, proyectar, premeditar, anticipar, estudiar. **Ant.** Desconsiderar.

preconizar, encomiar, ensalzar, alabar, celebrar, ponderar, elogiar, exaltar. **Ant.** Vituperar, rebajar.

precoz, anticipado, temprano, prematuro, adelantado, aventajado, avanzado. **Ant.** Retrasado, tardo, maduro.

precursor-ra, avanzado, primero, profeta, anticipador, pionero, iniciador, adelantado, anunciador. **Ant.** Continuador.// Progenitor, antecesor, antepasado. **Ant.** Descendiente.

predecesor-ra, precursor (v.), antepasado, antecesor, ascendiente, progenitor. **Ant.** Descendiente.

predecir, adivinar, anunciar, presagiar, profetizar, vaticinar, adelantarse, augurar, prever, pronosticar. **Ant.** Desconocer, equivocarse.

predestinación, fatalidad, hado, sino, destino, suerte, determinación, estrella. **Ant.** Albedrío, incertidumbre.

predestinado-da, destinado, señalado, escogido, elegido, consagrado.

predestinar, elegir, anunciar, destinar, consagrar, señalar, sentenciar, reservar.

prédica, sermón, arenga, perorata, exhortación, predicación, homilía.

predicamento, autoridad, estima, consideración, reputación, notoriedad, crédito. **Ant.** Descrédito.

predicar, misionar, evangelizar, sermonear, catequizar, adiestrar, instruir. **Ant.** Descarriar.// Amonestar, reprender, regañar, exhortar, recomendar. **Ant.** Alabar, ensalzar.

predicción, profecía, pronóstico, presagio, vaticinio, adivinación, anuncio, augurio, oráculo, señal, agüero, sospecha, previsión. **Ant.** Yerro, equivocación.

predilección, preferencia, inclinación, predisposición, protección, distinción. **Ant.** Aversión, repulsión.// Ventaja, primacía, valimiento, favoritismo. **Ant.** Objetividad, imparcialidad.

predilecto-ta, favorito, preferido, dilecto, elegido. **Ant.** Rechazado, menospreciado.

predio, feudo, posesión, dominio, finca, heredad, hacienda, propiedad, solar.

predisponer, disponer, inclinar, influir, preparar, aprestar.

predisposición, propensión, inclinación, tendencia, preferencia, vocación, atracción, cariño, interés. **Ant.** Aborrecimiento, aversión.

predominante, preponderante, dominante, sobresaliente, preeminente, prestigioso, aventajado. **Ant.** Oscuro, inadvertido.

predominar, preponderar, prevalecer, dominar, descollar, sobresalir, superar, aventajar, influir, imperar. **Ant.** Depender, someterse.

predominio, dominio, señorío, poder, autoridad, superioridad, influjo, supremacía, imperio, ascendiente, dominación, potestad. **Ant.** Sometimiento.

preeminencia, preponderancia, supremacía, privilegio, prerrogativa, preferencia, ventaja, superioridad. **Ant.** Inferioridad.

preeminente, preponderante, descollante, sobresaliente, destacado, insigne, sumo, supremo, superior, eminente. **Ant.** Insignificante, bajo.

preexistencia, anterioridad, precedencia, prelación. **Ant.** Posterioridad.

preexisitir, preceder, anteceder, anticipar, anteponer. **Ant.** Seguir, sobrevivir.

prefacio, introito, preámbulo (v.), introducción, prólogo, exordio. **Ant.** Epílogo.

preferencia, predilección, propensión, inclinación, primacía, favor, distinción, parcialidad, tendencia, ventaja. **Ant.** Hostilidad, repulsión.

preferente, predominante, preponderante, predilecto, prevaleciente, distinguido, aventajado. **Ant.** Inferior, relegado.

preferible, preferente (v.), deseable, mejor, superior, primero, envidiable. **Ant.** Relegado.

preferido-da, predilecto, favorito, distinguido, dilecto, escogido, elegido, mimado, querido. **Ant.** Rechazado, malquisto.

preferir, proteger, anteponer, elegir, distinguir, seleccionar, favorecer. **Ant.** Postergar.// Desear, optar, querer, ansiar. **Ant.** Odiar.

prefijar, determinar, predefinir, precisar, predeterminar, anteponer, establecer, estipular, preestablecer. **Ant.** Indeterminar, descuidar, posponer.

prefigurar, adivinar, predecir (v.), vaticinar, barruntar. **Ant.** Equivocarse, desconocer.

pregón, proclama, anuncio, notificación, aviso, divulgación, promulgación, información, edicto, mandato. **Ant.** Silencio.

pregonar, publicar, proclamar, divulgar, vocear, anunciar, avisar, propagar, informar, enterar, notificar, advertir. **Ant.** Callar, silenciar.

pregunta, interrogación, interpelación, cuestión, interrogatorio, cuestionario, consulta, pesquisa. **Ant.** Respuesta, contestación.

preguntar, interrogar, interpelar, inquirir, consultar, investigar, examinar, averiguar. **Ant.** Contestar, responder.

preguntón-na, inquisidor, inquiridor, interrogador, indiscreto, inoportuno, entremetido. **Ant.** Contestón.

prejuicio, aprensión, escrúpulo, prevención, parcialidad, obcecación, recelo. **Ant.** Imparcialidad, objetividad.

prejuzgar, preconcebir, figurarse, presumir, desconfiar, prevenir, predecir, recelar. **Ant.** Reflexionar, confiar.

prelación, anticipación, prioridad, primacía, preferencia (v.), antelación. **Ant.** Posterioridad, preteritación.

prelado, pontífice, papa, obispo, cardenal, clérigo, pastor, párroco, nuncio, jerarca, legado.

preliminar, inicial, anterior, preparatorio, antecedente, primordial. **Ant.** Posterior, final.// Prólogo, preámbulo, principio, introito, prefacio, proemio. **Ant.** Epílogo.

preludiar, probar, ensayar.// Iniciar, introducir, anunciar, preparar, empezar, dar el tono. **Ant.** Terminar, finalizar.

preludio, ensayo, prueba, acorde, arpegio.// Prólogo, preámbulo, introducción, principio, introito. **Ant.** Final, coda.

prematuro-ra, precoz (v.), anticipado. **Ant.** Maduro.

premeditación, deliberación, preparación, reflexión, previsión, recapacitación, proyecto. **Ant.** Impremeditación, irreflexión.

premeditado-da, deliberado, planeado, proyectado, preparado, madurado, urdido, pensado, reflexionado. **Ant.** Impremeditado, improvisado.

premeditar, reflexionar, deliberar, meditar, proyectar, planear, preparar, pensar. **Ant.** Despreocuparse.

premiar, galardonar, laurear, recompensar, retribuir, remunerar, gratificar, homenajear, coronar, condecorar, glorificar. **Ant.** Denigrar, condenar, humillar, castigar.

premio, recompensa, gratificación, lauro, galardón, distinción, honor, honra, enaltecimiento, remuneración, retribución, pago, distinción, concesión. **Ant.** Castigo.

premioso-sa, lento, tardo, pausado, retardado, moroso, parsimonioso, remiso. **Ant.** Rápido, ligero.// Molesto, gravoso. **Ant.** Ameno, agradable.// Perentorio, apremiante, acucioso, urgente. **Ant.** Aplazable.

premisa, indicio, señal, vestigio, signo, síntoma.// Proposición, antecedente, supuesto.

premonición, presentimiento, corazonada, sospecha, conjetura, presagio, anuncio, anticipación.

premura, apuro, prisa, urgencia, prontitud, perentoriedad, apremio, precipitación. **Ant.** Lentitud, calma.

prenda, ropa, atavío, vestido, traje.// Mueble, alhaja, útil, enseres, utensilios, ajuar.// Cualidad, virtud, facultad, dote, capacidad, atributo. **Ant.** Defecto.// Garantía, resguardo, fianza, caución, aval, hipoteca, rehén, crédito, vale.

prendarse, enamorarse, encariñarse, aficionarse. **Ant.** Aborrecer.

prender, sujetar, agarrar, asir, tomar, aferrar, aprehender, trabar. **Ant.** Soltar.// Encarcelar, apresar, detener. **Ant.** Liberar.// Arraigar, prosperar, echar raíces. **Ant.** Decaer.// Encender, quemar, inflamar, abrasar, arder. **Ant.** Apagar.

prensa, compresora, estampadora, impresora, troquel, apelmazador, troqueladora, imprenta.// Periódicos, revistas, publicaciones, periodismo.

prensar, comprimir, estrujar, aplastar, apretujar, apretar, imprimir. **Ant.** Aflojar, expandir.

preñada, encinta, embarazada, grávida, gestante, gruesa.

preñado-da, cargado, colmado, lleno, copioso, exuberante, abundante, fecundo. **Ant.** Estéril, vacío.

preñar, fecundar, fertilizar, embarazar. **Ant.** Esterilizar.

preñez, embarazo, gestación, gravidez. **Ant.** Esterilidad.

preocupación, intranquilidad, inquietud, desasosiego, ansiedad, desazón, malestar, pesadumbre, angustia, mortificación, aflicción, turbación, tribulación. **Ant.** Despreocupación, tranquilidad.

preocupado-da, intranquilo, inquieto, ensimismado, abstraído, pensativo, cabizbajo, meditabundo, turbado, obsesionado, desvelado, mortificado, angustiado, afligido. **Ant.** Despreocupado, tranquilo, sosegado, confiado.

preocupar, intranquilizar, desasosegar, turbar, agitar, inquietar, alarmar, obsesionar, atribular, angustiar, perturbar, excitar, mortificar, agitar, afligir, acongojar. **Ant.** Despreocupar, sosegar, alegrar.// **-se**, interesarse, dedicarse, encargarse, cuidar. **Ant.** Despreocuparse, desinteresarse.

preparación, disposición, prevención, previsión, apresto, organización, aprontamiento, acondicionamiento, aparejamiento. **Ant.** Improvisación, impremeditación.// Introducción, preámbulo, preliminares, prólogo, gestación. **Ant.** Epílogo, final.// Instrucción, estudio, cultura, sabiduría. **Ant.** Incultura.

preparado-da, listo, dispuesto, prevenido, aparejado, presto, practicado. **Ant.** Desprevenido, improvisado.// Capacitado, educado, instruido, culto, conocedor. **Ant.** Inculto, ignorante.

preparar, aprestar, prevenir, disponer, arreglar, aparejar, organizar, urdir, ordenar, elaborar, proyectar, ensayar, comenzar, hacer. **Ant.** Improvisar, desorganizar, omitir.// Instruir, capacitar, enseñar, informar, ilustrar. **Ant.** Abandonar.

preparativos, proyectos, preliminares, disposiciones, previsiones, ensayos, comienzos, arreglos, trámites. **Ant.** Improvisaciones.

preparatorio-ria, preparativo, inicial, básico.

preponderancia, predominio, superioridad, preeminencia, hegemonía, prestigio, primacía, supremacía, autoridad, influencia. **Ant.** Inferioridad, dependencia.

preponderante, sobresaliente, aventajado, elevado, superior, prevaleciente, influyente, predominante, prestigioso, hegemónico, supremo. **Ant.** Inferior, subordinado.

preponderar, aventajar, pasar, exceder, superar, predominar, prevalecer, sobresalir, dominar, descollar, influir, destacar, imperar. **Ant.** Depender.

prepotencia, poderío, dominio, fuerza. **Ant.** Inferioridad, servidumbre.

prepotente, dominador, poderoso, dominante, enérgico, subyugador, opresor. **Ant.** Dependiente, débil.

prerrogativa, gracia, privilegio, exención, merced, ventaja, dispensa, inmunidad, facultad, preferencia, atributo, derecho, franquicia, distinción, poder, preeminencia, valimiento. **Ant.** Desventaja, igualdad, imparcialidad.

presa, botín trofeo, captura, despojo, rapiña, rehén. **Ant.** Devolución.// Dique, embalse, represa, muro, reparo.

presagiar, pronosticar, vaticinar, augurar, predecir, presentir, prever, anunciar, adivinar. **Ant.** Errar, equivocarse.

presagio, vaticinio, augurio, predicción, anuncio, presentimiento, adivinación, pronóstico, agüero, prefiguración, auspicio, premonición, conjetura. **Ant.** Error, equivocación.

presbítero, sacerdote, párroco, cura, clérigo.

prescindir, desentenderse, excluir, dejar, eliminar, retirar, expulsar, relegar, desechar, desembarazarse, repudiar, renunciar, posponer, privarse, despreciar. **Ant.** Considerar, contar con, incluir.

prescribir, terminarse, caducar, vencer, concluir, extinguirse, finalizar, anularse. **Ant.** Comenzar, convalidar.// Ordenar, disponer, dictar, determinar, preceptuar, fijar, establecer, recetar. **Ant.** Obedecer.

prescripción, orden, mandato, disposición, precepto, ordenanza, acuerdo, constitución. **Ant.** Acatamiento.// Conclusión, extinción, caducidad, vencimiento. **Ant.** Prórroga, vigencia.

prescrito-ta, caduco, anulado, tardío, cesado, terminado, acabado, extinguido, vencido. **Ant.** Vigente, actual.

presea, alhaja, prenda, gala, adorno, aderezo.

presencia, aspecto, apariencia, aire, traza, figura, planta, porte.// Asistencia, comparencia, existencia, aparición, estancia, permanencia, estado. **Ant.** Ausencia.

presenciar, asistir, observar, ver, testimoniar, contemplar, concurrir, estar presente, ser testigo. **Ant.** Ignorar, ausentarse.

presentable, correcto, limpio, aseado, digno, conveniente, decente. **Ant.** Impresentable, indigno.

presentación, exhibición, manifestación, muestra, demostración, exteriorización, ostentación. **Ant.** Ocultación.// Introducción, ceremonia, saludo.// Prólogo (v.), proemio, preámbulo (v.). **Ant.** Epílogo.

presentar, mostrar, exhibir, exteriorizar, ostentar, exponer, enseñar, lucir, descubrir. **Ant.** Ocultar, esconder.// Introducir, exponer, explicar, anunciar.// **-se**, comparecer, asistir, acudir, llegar. **Ant.** Ausentarse.// Saludar, conocer, vincularse. **Ant.** Desvincularse.

presente, asistente, concurrente, testigo, espectador, circunstante. **Ant.** Ausente.//Regalo, obsequio, dádiva, ofrenda, don, cumplido, donativo. **Ant.** Exacción.// Actual, reciente, vigente, contemporáneo, moderno. **Ant.** Antiguo, pasado.// Actualidad, vigencia, hoy, ahora. **Ant.** Pasado.

presentimiento, presagio, premonición, sospecha, corazonada, augurio, agüero, adivinación, intuición, revelación, prenuncio, anuncio, aviso, conjetura, pálpito. **Ant.** Equivocación.

presentir, adivinar, sospechar, presagiar, preconocer, pronosticar, conjeturar, intuir, prever. **Ant.** Equivocarse.

preservación, mantenimiento, conservación, protección, amparo, resguardo, defensa, salvaguardia, custodia. **Ant.** Descuido, negligencia, desamparo.

preservar, proteger, defender, amparar, salvaguardar, conservar, mantener, resguardar, garantizar. **Ant.** Desproteger.

preservativo, condón, profiláctico, protección.

presidencia, jefatura, superioridad, directiva.

presidente, gobernador, jefe, guía, gobernante, superior, cabeza, administrador, principal. **Ant.** Subordinado, gobernado.

presidiario-ria, recluso, preso, penado, prisionero, condenado, cautivo. **Ant.** Libre.

presidio, reclusión, prisión, cárcel, penitenciaría, penal.

presidir, gobernar, regir, mandar, encabezar, guiar, dirigir, ordenar. **Ant.** Obedecer.

presión, tensión, compresión, opresión, apretón, estrujamiento, aplastamiento, fuerza. **Ant.** Relajación.// Apremio, coacción, imposición, conminación. **Ant.** Sugerencia.

presionar, apretar, comprimir, estrujar, aplastar, prensar, exprimir. **Ant.** Soltar, aflojar.// Coaccionar, obligar, violentar, conminar, influir, forzar, imponer. **Ant.** Sugerir.

preso-sa, recluso, presidiario, penado, cautivo, prisionero, condenado. **Ant.** Libre.

prestación, servicio, asistencia, auxilio, ayuda. **Ant.** Desasistencia.// Préstamo (v.).// Renta, impuesto.

prestamista, especulador, usurero (v.). **Ant.** Prestatario, deudor.

préstamo, empréstito, adelanto, anticipo, crédito, cesión, prestación, financiación, garantía. **Ant.** Deuda.

prestancia, distinción, excelencia, porte, gallardía, donaire, garbo, gracia, figura, estilo. **Ant.** Vulgaridad.

prestar, anticipar, adelantar, empeñar, fiar, ofrecer, entregar. **Ant.** Devolver.// Facilitar, favorecer, auxiliar, socorrer, suministrar, asistir, beneficiar, servir. **Ant.** Abandonar.// **-se**, ofrecerse, avenirse, resignarse. **Ant.** Negarse.

presteza, prontitud, rapidez, ligereza, diligencia, prisa, agilidad, actividad, aceleración, resolución. **Ant.** Lentitud, irresolución.

prestidigitación, habilidad, destreza, truco, juego de manos.

prestigiar, honrar, acreditar, estimar, reputar, afamar. **Ant.** Desprestigiar, desacreditar.

prestigio, crédito, fama, reputación, renombre, celeridad, honra, importancia, predicamento, autoridad. **Ant.** Desprestigio, descrédito.

prestigioso-sa, acreditado, famoso, reputado, renombrado, afamado, célebre, influyente, popular, valido. **Ant.** Desacreditado, desprestigiado.

presto-ta, pronto, veloz, rápido, raudo, ligero, ágil, expeditivo. **Ant.** Lento.// Listo, preparado, aparejado, dispuesto. **Ant.** Desprevenido.// Diligente, activo, resuelto, eficaz. **Ant.** Indolente, tardo.

presumible, previsible, factible, probable, presunto, posible, conjeturable. **Ant.** Imprevisible, improbable.

presumido-da, vanidoso, presuntuoso, orgulloso, petulante, ostentoso, ufano, pretencioso, creído, ensoberbecido, jactancioso. **Ant.** Sencillo, modesto.

presumir, sospechar, conjeturar, suponer, barruntar, maliciar, prever, husmear. **Ant.** Ignorar, desconocer.// Vanagloriarse, envanecerse, enorgullecerse, engreírse, alardear, pavonearse, fanfarronear. **Ant.** Humillarse, menospreciar.

presunción, sospecha, suposición, conjetura, asomo, barrunto. **Ant.** Ignorancia, desconocimiento.// Vanidad, alarde, pavoneo, ostentación, orgullo, soberbia, petulancia, engreimiento, impertinencia, pedantería, fanfarronería. **Ant.** Humildad, sencillez.

presuntuoso-sa, engreído, fatuo, presumido (v.), petulante, insolente, vanidoso. **Ant.** Humilde.

presuponer, suponer, conjeturar, sospechar, figurarse, presumir, estimar, barruntar, deducir, entrever. **Ant.** Desestimar.

presupuesto, evaluación, cálculo, cómputo, importe, supuesto, hipótesis, presuposición, postulado.// Causa, pretexto, motivo.

presuroso-sa, apresurado, rápido, raudo, veloz, activo, vertiginoso. **Ant.** Lento, calmoso.

pretencioso-sa, presumido, jactancioso, presuntuoso (v.), engreído, vanidoso. **Ant.** Humilde, sencillo.

pretender, ambicionar, anhelar, procurar, solicitar, reclamar, codiciar, perseguir. **Ant.** Desistir.

pretendiente, aspirante, solicitante, candidato, suplicante. **Ant.** Titular.// Galanteador, enamorado. **Ant.** Desdeñoso.

pretensión, reclamación, petición, demanda, aspiración, ambición, empeño. **Ant.** Renuncia.// **-es**, deseos, anhelos, ganas, ínfulas, vanagloria, impertinencias. **Ant.** Modestia, humildad.

preterir, relegar, excluir, postergar, posponer, omitir, olvidar. **Ant.** Incluir, recordar.

pretérito-ta, pasado, ido, distante, retrospectivo, caduco, vencido, antiguo, remoto. **Ant.** Actual, próximo, futuro.// Ayer. **Ant.** Hoy.

pretextar, alegar, excusarse, justificar, disculparse, defenderse, achacar. **Ant.** Admitir.

pretexto, excusa, disculpa, alegato, argumento, coartada, razón, motivo, causa, subterfugio, argucia, evasiva. **Ant.** Sinceridad, verdad, realidad.

pretil, valla, antepecho, baranda, pasamano, cercado.

pretina, correa, cinturón, cincha, tira, banda.

prevalecer, sobresalir, superar, aventajar, descollar, preponderar, predominar, imperar, reinar, señorear, imponerse, valer, brillar, dominar. **Ant.** Someterse, humillarse.

prevaricación, transgresión, infracción, violación, contravención, falta, delito. **Ant.** Observancia.

prevaricar, delinquir, transgredir, faltar, incumplir, quebrantar, infringir, violar. **Ant.** Cumplir, respetar.

prevención, aviso, cautela, recelo, aprensión, desconfianza, suspicacia, prejuicio, duda. **Ant.** Seguridad, confianza.// Preparación, precaución, preparativos, disposición, organización, providencia. **Ant.** Imprevisión.

prevenir, avisar, advertir, informar, participar, notificar, comunicar. **Ant.** Silenciar, callar.// Preparar, aparejar, disponer, aprestar, aprontar, apercibir. **Ant.** Desprevenir, inadvertir.// Evitar, impedir, eludir, estorbar, obstaculizar. **Ant.** Facilitar, favorecer.

prever, adivinar, vaticinar, preconocer, presumir, sospechar, presentir, presagiar, profetizar, pronosticar, anticipar. **Ant.** Errar, equivocarse.

previo-via, anterior, anticipado, antecedente, preliminar, precursor. **Ant.** Posterior.

previsible, presumible, predecible, probable, pronosticable, forzoso, fatal. **Ant.** Imprevisible, improbable, inimaginable.

previsión, precaución, prudencia, cautela, cuidado, atención, desconfianza. **Ant.** Imprevisión, imprudencia.// Presentimiento, sospecha, pronóstico, suposición, anuncio. **Ant.** Ignorancia, desconocimiento.

previsor-ra, cauto, precavido, prudente, apercibido, prevenido, avisado, cauteloso, advertido. **Ant.** Imprevisor, incauto, confiado.

previsto-ta, sabido, conocido, anticipado, predicho. **Ant.** Ignorado.

prez, estimación, distinción, consideración, estima, fama, honra, gloria, nobleza. **Ant.** Desconsideración, deshonor.

prima, recompensa, regalo, premio (v.), indemnización, sobreprecio, estímulo, comisión, cuota.

primacía, superioridad, supremacía, preponderancia, preeminencia, preferencia, ventaja, prioridad, predominio. **Ant.** Inferioridad, desventaja.

primado, superior, prelado.

primario-ria, primero, primordial, fundamental, principal. **Ant.** Secundario, auxiliar.// Primitivo, inicial, elemental, rudimentario, antiguo, anticuado. **Ant.** Nuevo, reciente.

primaveral, juvenil, fresco, flamante, renacido, lozano, vigoroso, alegre. **Ant.** Invernal, otoñal, viejo.

primerizo-za, novato, principiante, bisoño, neófito, inexperto, novicio.// Primípara. **Ant.** Experto, veterano.

primero, primitivo, inicial, primario (v.), preliminar, originario, inaugural. **Ant.** Final, postrero.// Principal, precursor, delantero, superior, primordial, fundamental. **Ant.** Secundario.// Antes, al comienzo, al principio, anteriormente, antiguamente. **Ant.** Después.

primicia, principio, comienzo, inicio. **Ant.** Final.// Privilegio, exclusividad. **Ant.** Desventaja.

primitivo-va, antiguo, viejo, originario, autóctono, oriundo, original. **Ant.** Actual, derivado.// Rudo, salvaje, sencillo, rudimentario, tosco. **Ant.** Perfeccionado.// Primero (v.), primario (v.), inicial. **Ant.** Posterior, postrero.

primogénito-ta, primero, mayorazgo, heredero, hijo mayor. **Ant.** Segundogénito.

primor, cuidado, perfección, finura, exquisitez, delicadeza, gracia, destreza, habilidad, maestría, pulcritud, belleza. **Ant.** Imperfección.

primordial, fundamental, originario, principal, primitivo (v.), esencial, primario (v.), sustancial, original. **Ant.** Secundario, accidental, eventual.

primoroso-sa, delicado, fino, pulido, exquisito, bello, bonito, gracioso, grácil, atarctivo, excelente, perfecto. **Ant.** Imperfecto.// Diestro, hábil, habilidoso. **Ant.** Inhábil.

principal, fundamental, importante, esencial, primordial (v.), preferente, sustancial, trascendental, señalado. **Ant.** Secundario, incidental.// Notable, distinguido, respetable, famoso, esclarecido, ilustre. **Ant.** Insignificante, humilde.

principiante, novicio, neófito, bisoño, novel, aprendiz, debutante, incipiente, primerizo (v.), novato, inexperto, practicante. **Ant.** Experto, ducho, veterano.

principiar, comenzar, empezar, iniciar, encabezar, inaugurar, fundar, preludiar, abordar. **Ant.** Rematar, concluir.// Surgir, nacer, brotar. **Ant.** Extinguir, acabar, morir.

principio, inicio, comienzo, origen, génesis, causa, inauguración, estreno, introducción, partida, iniciación, arranque, entrada. **Ant.** Final.// Base, fundamento, cimiento. **Ant.** Consumación.// Precepto, norma, regla, máxima.

pringar, engrasar, untar, manchar, tiznar, emporcar. **Ant.** Limpiar.// Mancillar, deshonrar, denigrar. **Ant.** Honrar, enaltecer.

pringoso-sa, grasiento, sucio, seboso, untoso, manchado, cochino. **Ant.** Limpio.

pringue, grasa, unto, tocino, sebo, manteca.// Suciedad (v.). **Ant.** Limpieza, aseo.

prior, superior, abad, rector, director, prelado, primado.

prioridad, preferencia, preeminencia, prerrogativa, preponderancia. *Ant.* Desventaja.// Anterioridad, precedencia, primacía, antelación. *Ant.* Posterioridad.

prisa, rapidez, urgencia, celeridad, premura, presteza, perentoriedad, aceleración, apremio. *Ant.* Parsimonia, lentitud.

prisión, cárcel, mazmorra, presidio, penal, reformatorio, penitenciaría, celda. *Ant.* Libertad.// Reclusión, encarcelamiento, arresto, captura, pena, condena, cautiverio, cautividad. *Ant.* Liberación.

prisionero-ra, preso, cautivo, detenido, recluido, encarcelado, arrestado, recluso, presidiario, penado, rehén, galeote. *Ant.* Libre.

prismáticos, binoculares, anteojos, largavistas, gemelos.

prístino-na, originario, primero (v.), antiguo, primitivo, original, primigenio. *Ant.* Moderno.

privación, carencia, falta, ausencia, necesidad, escasez, penuria, miseria. *Ant.* Abundancia, riqueza.// Despojo, desposeimiento, usurpación, prohibición. *Ant.* Restitución.

privado-da, particular, personal, íntimo, familiar, reservado, exclusivo. *Ant.* Público.// Favorito, predilecto, preferido. *Ant.* Detestado.// Destituido, despojado, desposeído, desprovisto, desvalijado. *Ant.* Restituido.

privanza, favoritismo, preferencia, favor, valimiento. *Ant.* Desconfianza.// Intimidad, exclusividad. *Ant.* Generalidad.

privar, quitar, despojar, desheredar, usurpar, expoliar, robar, tomar, hurtar, expropiar, sustraer. *Ant.* Restituir, devolver.// Prohibir, vedar. *Ant.* Permitir.

privativo-va, propio, exclusivo, particular, privado, individual. *Ant.* Común, general.

privilegiado-da, favorito, elegido, aventajado, predilecto, especial, superior, excelente. *Ant.* Desafortunado, inferior.

privilegio, exclusividad, ventaja, favor, prerrogativa, concesión, dispensa, gracia, exclusiva, derecho, inmunidad, fuero, distinción, preferencia, franquicia, regalía. *Ant.* Desventaja, prohibición, postergación.

pro, favor, provecho, utilidad, gracia, progreso. *Ant.* Contra, perjuicio.

probabilidad, posibilidad (v.), eventualidad, contingencia, hipótesis, verosimilitud. *Ant.* Improbabilidad, imposibilidad.

probable, posible, contingente, verosímil, viable, factible, presumible, asequible, admisible, hipotético, eventual, previsible, potencial. *Ant.* Improbable, imposible, difícil.

probar, demostrar, certificar, verificar, evidenciar, testimoniar, justificar, testificar. *Ant.* Abstenerse, inhibirse.// Intentar, experimentar, ensayar, comprobar. *Ant.* Fallar.// Gustar, catar, paladear, degustar, saborear.

probidad, rectitud, integridad, virtud, honradez, honorabilidad, lealtad, decencia, seriedad, moralidad, escrupulosidad, ecuanimidad. *Ant.* Deshonestidad.

problema, cuestión, dificultad, duda, enigma, incógnita, conflicto, rompecabezas. *Ant.* Solución, facilidad, certeza.

problemático-ca, enigmático, dudoso, incierto, inseguro, ambiguo, disputable, discutible, difícil, insoluble, incomprensible, confuso, nebuloso. *Ant.* Cierto, soluble.

probo-ba, honrado, íntegro, honesto, recto, justo, escrupuloso, moral, irreprochable. *Ant.* Deshonesto.

procacidad, insolencia, indecencia, atrevimiento, desvergüenza, impudicia, desfachatez, grosería, osadía, descaro. *Ant.* Comedimiento, decencia.

procaz, grosero, insolente, desvergonzado, descarado, atrevido, deslenguado, cínico, zafado. *Ant.* Discreto, decente, honrado.

procedencia, origen, fuente, filiación, nacimiento, principio, ascendencia, extracción, cuna, antecedente, fundamento. *Ant.* Fin, destino.

procedente, oriundo, originario, proveniente, derivado, precursor.// Oportuno, arreglado, razonable, apropiado, adecuado. *Ant.* Improcedente, inoportuno.

proceder, provenir, dimanar, derivar, remontarse, originarse, salir, arrancar, venir, comenzar, iniciarse. *Ant.* Destinarse, concluirse.// Comportarse, actuar, conducirse. *Ant.* Abstenerse.// Conducta, comportamiento, maneras, modos, actuación. *Ant.* Abstención.

procedimiento, forma, método, sistema, manera, actuación, técnica, práctica, conducto, fórmula. *Ant.* Abstención, inoperancia.

proceloso-sa, tempestuoso, tormentoso, borrascoso, riguroso, inclemente, turbulento, agitado. *Ant.* Calmo, sereno, tranquilo.

prócer, ilustre, distinguido, noble, magnate, eminente, prohombre, dignatario. *Ant.* Insignificante, humilde.

procesar, inculpar, acusar, enjuiciar, incriminar, encausar. *Ant.* Absolver, sobreseer.

procesión, sucesión, desfile, serie, marcha, manifestación, acompañamiento, comitiva, séquito, peregrinación.

proceso, juicio, pleito, procedimiento, causa, sumario, enjuiciamiento, demanda. *Ant.* Avenencia.// Desarrollo, evolución,progreso, transcurso, marcha, paso. *Ant.* Estancamiento, paréntesis, cesación.

proclama, pregón, aviso, publicación, notificación, divulgación, arenga, bando, anuncio, manifiesto, edicto, exhortación, declaración. *Ant.* Reserva, silencio.

proclamación, anuncio, publicación, declaración. *Ant.* Silencio, secreto.// Nombramiento, coronación, investidura. *Ant.* Anonimato.

proclamar, anunciar, publicar, declarar, pregonar, divulgar, revelar. *Ant.* Callar, omitir.// Ungir, aclamar, nombrar, elegir, coronar, destacar. *Ant.* Rechazar, deponer.

proclive, propenso (v.), inclinado.

proclividad, tendencia, propensión. *Ant.* Aversión.

procreación, reproducción, propagación, fecundación, engendramiento. *Ant.* Limitación, esterilización.

procrear, engendrar, reproducirse, multiplicar, producir, propagar, generar. *Ant.* Limitar, esterilizar.

procurar, intentar, pretender, proponer, probar, ensayar, afanarse, tratar. *Ant.* Abstenerse.// Gestionar, diligenciar, agenciar, trabajar, negociar. *Ant.* Obstaculizar, impedir.// **-se**, proporcionarse, agenciarse. *Ant.* Privarse.

prodigar, despilfarrar, disipar, gastar, dilapidar, derrochar, dispensar, distribuir. *Ant.* Ahorrar, escatimar.// **-se**, brindarse, darse, multiplicarse, esforzarse. *Ant.* Contenerse.

prodigio, maravilla, portento, milagro, asombro, pasmo, fenómeno, primor, prodigiosidad. *Ant.* Vulgaridad.

prodigioso-sa, maravilloso, portentoso, milagroso, asombroso, fenomenal, sensacional, sorprendente, sobrenatural, extraordinario. *Ant.* Vulgar, corriente.

pródigo-ga, generoso, espléndido, dadivoso, liberal, derrochador, despilfarrador, disipador. *Ant.* Avaro, ahorrativo.// Abundante, exuberante, profuso, copioso, rico. *Ant.* Escaso.

producción, elaboración, fabricación, creación, realización, industria, productividad, manufactura, acción, resultado. *Ant.* Consumo, improductividad.

producir, fabricar, hacer, elaborar, manufacturar, crear, trabajar. *Ant.* Deshacer, evitar.// Rentar, reportar, obtener, rendir. *Ant.* Perder.// **-se**, originarse, resultar, suceder, provocar, ocasionar.

productividad, producto, logro, rendimiento, obtención, provecho, beneficio, resultado, utilidad, realización. *Ant.* Pérdida, ineficacia.

productivo-va, fructífero, fecundo, fértil, feraz. *Ant.* Estéril.// Provechoso, lucrativo, beneficioso, remunerativo. *Ant.* Infructuoso, desventajoso.

producto, resultado, obtención, provecho, beneficio, renta, lucro, rédito, ganancia, interés, utilidad. *Ant.* Pérdida, desventaja.// Artículo, género, obra, especie, fruto, elaboración, producción, manufactura.

proemio, prólogo, prefacio, preludio, preámbulo, exordio, introito, prolegómenos, introducción, entrada. *Ant.* Epílogo, final.

proeza, hazaña, heroicidad, osadía, valentía, empresa, temeridad, gallardía, guapeza. *Ant.* Cobardía, pusilanimidad.

profanación, sacrilegio, violación, blasfemia, degradación, deshonra, envilecimiento, irreverencia, escarnio, perjurio. *Ant.* Respeto, veneración.

profanar, deshonrar, violar, degradar, envilecer, escarnecer, prostituir, insultar, blasfemar. **Ant.** Respetar, venerar, honrar.

profano-na, sacrílego, irreverente, deshonesto, impiadoso, impío. **Ant.** Respetuoso, reverente.// Libertino, deshonesto, licencioso. **Ant.** Honesto.// Laico, seglar, mundano, temporal, secular, terrenal. **Ant.** Religioso, espiritual.// Indocto, desautorizado. **Ant.** Docto, autorizado.

profecía, predicción, augurio, pronóstico, agüero, auspicio, previsión, adivinación, anuncio, vaticinio, presagio. **Ant.** Error, equivocación.

proferir, pronunciar, prorrumpir, decir, articular, exclamar, hablar, emitir. **Ant.** Callar.

profesar, ejercer, desempeñar, practicar, ocuparse, actuar. **Ant.** Abstenerse.// Confesar, creer, reconocer, declarar. **Ant.** Renegar.

profesión, ocupación, oficio, puesto, trabajo, carrera, cargo, función, empleo, menester, labor, actividad, quehacer. **Ant.** Desocupación.// Vocación, inclinación, afición, creencia, idea. **Ant.** Abstención.

profesional, experto, titular, competente, perito, ducho, entendido, idóneo, capacitado. **Ant.** Aficionado.

profeso-sa, iniciado, adepto, ingresado, neófito.

profesor-ra, maestro, catedrático, educador, pedagogo, instructor, erudito, letrado. **Ant.** Alumno.

profeta, adivino, vaticinador, clarividente, inspirado, enviado, agorero, vidente.

profético-ca, augural, adivinatorio, présago, sibilino, fatídico, aciago.

profetisa, pitonisa, adivinadora, hechicera, sibila. **Par.** Profetiza.

profetizar, presagiar, vaticinar, augurar, adivinar, predecir, presumir, prever, anunciar, pronosticar, conjeturar. **Ant.** Equivocarse.

profiláctico-ca, preservativo, higiénico, preventivo.

profilaxis, desinfección, prevención, depuración. **Ant.** Infección.

prófugo-ga, fugitivo, evadido, desertor, fugado, huido, tránsfuga. **Ant.** Perseguidor.

profundidad, hondura, cavidad, sima, abismo, depresión, concavidad, hondonada, precipicio, pozo, barranco. **Ant.** Cúspide, superficialidad.

profundizar, ahondar, perforar, penetrar, hundir, adentrar, calar, agujerear. **Ant.** Surgir, elevar.// Analizar, investigar, examinar, escrutar, indagar.

profundo-da, hondo, cóncavo, perforado, cavado. **Ant.** Elevado.// Interior, íntimo, insondable, impenetrable. **Ant.** Superficial.// Penetrante, agudo, inteligente, sagaz. **Ant.** Torpe.// Intenso, acentuado, fuerte, vivo. **Ant.** Débil.

profusión, abundancia, exuberancia, copia, exceso, raudal, exageración, colmo, plétora. **Ant.** Escasez, carencia.

progenie, linaje, tronco, casta, abolengo, antecesores, antepasados.

progenitor-ra, antepasado, ascendiente, procreador, engendrador.

programa, plan, proyecto, planteamiento, esquema, boceto. **Ant.** Imprevisión.// Doctrina, declaración.

programar, proyectar, preparar, planear, sistematizar. **Ant.** Indeterminar, imprecisar.

progresar, mejorar, adelantar, prosperar, evolucionar, florecer, ascender, aumentar, ampliar, expandir, renovar. **Ant.** Retroceder, empeorar, arruinarse.

progresión, serie, proporción, graduación.// Evolución, progreso, adelanto, mejoramiento. **Ant.** Disminución, descenso, empeoramiento.

progresivo-va, avanzado, creciente, próspero, adelantado, evolucionado, florecionte. **Ant.** Retrasado, regresivo.// Gradual (v.).

progreso, adelanto, mejoramiento, evolución, florecimiento, mejora, prosperidad, perfección, avance, desarrollo, auge, incremento, acrecentamiento, ascenso, perfeccionamiento. **Ant.** Retroceso.

prohibición, impedimento, veda, anulación, negativa, veto, limitación, interdicción, proscripción, inhabilitación, privación, oposición. **Ant.** Autorización, permiso.

prohibir, vedar, impedir, negar, denegar, limitar, evitar, privar, restringir, invalidar, oponerse, proscribir, anular, excluir, suprimir. **Ant.** Autorizar, permitir, conceder, acceder.

prohibitivo-va, excesivo, desmedido, exorbitante, exagerado, caro. **Ant.** Asequible, barato.

prohombre, ilustre, grande, prócer (v.).

prójimo, semejante, próximo, hermano, camarada, vecino.// Pariente, allegado.

prole, descendencia, sucesión, progenie, familia, hijos, cría, generación, retoños. **Ant.** Ascendencia.

proletario-ria, plebeyo, vulgar, popular. **Ant.** Aristócrata.// Pobre, indigente. **Ant.** Rico, acaudalado.// Obrero, trabajador, jornalero, asalariado. **Ant.** Amo, patrón.

proliferación, abundancia, multiplicación, reproducción, desarrollo, generación, producción, difusión, incremento, crecimiento, dispersión, irradiación. **Ant.** Disminución, escasez, estancamiento.

proliferar, abundar, pulular, extenderse, difundirse, crecer, aumentar, reproducirse, desarrollarse, divulgarse, multiplicarse, dispersarse, generarse. **Ant.** Limitarse, disminuir, restringirse.

prolífico-ca, fértil, fecundo, prolífero. **Ant.** Estéril.

prolijo-ja, minucioso, esmerado, escrupuloso. **Ant.** Desprolijo, descuidado.// Ampuloso, difuso, extenso, dilatado, farragoso, detallado. **Ant.** Conciso, somero.

prologar, introducir, preludiar, comenzar, iniciar, encabezar. **Ant.** Epilogar, concluir.

prólogo, preludio, preámbulo (v.), comienzo, inicio, introducción, prefacio (v.), proemio. **Ant.** Epílogo, conclusión.

prolongación, alargamiento, extensión, continuación, ampliación, estiramiento, dilatación. **Ant.** Reducción.// Apéndice, agregado, suplemento.// Prórroga, aplazamiento, retardamiento. **Ant.** Anticipación.

prolongar, alargar, extender, dilatar, estirar, ampliar, desarrollar, ensanchar, expandir, amplificar, tirar. **Ant.** Acortar, estrechar.// Retrasar, diferir, demorar, prorrogar, postergar. **Ant.** Anticipar, continuar.

promedio, término medio, media, cociente, proporción. **Ant.** Total.

promesa, oferta, ofrecimiento, esperanza, promisión, invitación, compromiso. **Ant.** Olvido, incumplimiento.// Voto, ofrenda.// Juramento, convenio, palabra.

prometer, ofrecer, proponer, comprometerse, obligarse, pactar, jurar, convenir, apalabrar, consentir. **Ant.** Negar, eludir.

prometido-da, novio, desposado, pretendiente (v.), futuro.

prominencia, saliente, elevación, bulto, eminencia, protuberancia, relieve, abultamiento, resalto. **Ant.** Concavidad.// Relevancia, preponderancia (v.). **Ant.** Insignificancia.

prominente, saliente, elevado, sobresaliente, abultado, convexo, protuberante, abombado. **Ant.** Cóncavo, deprimido, profundo.// Ilustre, destacado, preponderante, eminente. **Ant.** Insignificante.

promiscuidad, mezcla, confusión, heterogeneidad, reunión.

promiscuo-cua, mezclado, heterogéneo, mixturado.

promoción, desarrollo, impulso, empuje. **Ant.** Desidia.// Ascenso. **Ant.** Degradación.// Serie, hornada, curso.

promocionar, desarrollar, fomentar, respaldar.

promontorio, altura, elevación, peñasco.

promotor-ra, impulsor, animador, promovedor, organizador, iniciador. **Ant.** Desidioso, desdeñoso.

promover, fomentar, iniciar, organizar, inspirar, suscitar. **Ant.** Desistir, desanimar.// Ascender, elevar, levantar. **Ant.** Degradar, rebajar.

promulgación, divulgación, publicación, difusión, revelación, propagación. **Ant.** Reserva.

promulgar, proclamar, divulgar, publicar, difundir, propagar, revelar. **Ant.** Callar, silenciar.// Dictar, sancionar, aprobar, decretar. **Ant.** Revocar.

pronosticar, anunciar, presagiar, vaticinar, predecir, augurar, prever.

pronóstico, predicción, augurio, anuncio, profecía, presagio, vaticinio.

prontitud, presteza, celeridad, brevedad, aceleración, rapidez, urgencia, diligencia, prisa. **Ant.** Lentitud, retardo.

pronto, velozmente, en seguida, rápidamente. **Ant.** Tarde, lentamente.

pronto-ta, rápido, acelerado, veloz, ligero, ágil, diligente, expeditivo. **Ant.** Lento.// Listo, alerta, dispuesto, preparado. **Ant.** Desprevenido.

prontuario, síntesis, compendio, resumen, breviario, esquema, sinopsis, repertorio, colección. **Ant.** Ampliación.

pronunciación, vocalización, entonación, articulación, dicción, modulación, fonación.

pronunciado-da, agudo, marcado, acentuado, acusado, señalado, prominente. **Ant.** Imperceptible.

pronunciamiento, asonada, rebelión, sublevación, alzamiento, motín, levantamiento, insurrección, sedición, revolución. **Ant.** Disciplina, acatamiento.

pronunciar, articular, emitir, decir, modular, proferir, hablar, enunciar. **Ant.** Callar.// Determinar, resolver, sentenciar, declarar, juzgar, decretar.// **-se**, sublevarse, alzarse, rebelarse, levantarse. **Ant.** Acatar, obedecer.

propagación, difusión, reproducción, diseminación, generación, dispersión, extensión, divulgación. **Ant.** Reserva, restricción.

propaganda, publicidad, difusión, publicación, irradiación, divulgación, información, predicación, comunicación. **Ant.** Silencio, limitación.

propagar, difundir, anunciar, divulgar, esparcir, publicar, transmitir, pasar, expandir, comunicar, extender, generalizar. **Ant.** Callar, ocultar.// **-se**, reproducirse, multiplicarse, acrecentarse, contagiarse, desarrollarse. **Ant.** Exterminarse.

propalar, divulgar, propagar (v.), difundir, pregonar, vocear, transmitir, anunciar, proclamar (v.). **Ant.** Callar, silenciar, restringir.

propasarse, excederse, exagerar, desmedirse, abusar, extralimitarse, descomedirse. **Ant.** Frenarse, contenerse.

propender, inclinarse, tender, preferir, simpatizar, aficionarse. **Ant.** Rechazar, repeler.

propensión, tendencia, predisposición, afición, simpatía, inclinación, vocación, interés, apego, adhesión. **Ant.** Aborrecimiento, aversión.

propenso-sa, predispuesto, propicio, inclinado, aficionado, adicto, apegado, partidario, proclive. **Ant.** Contrario.

propiciar, favorecer, inclinar, respaldar, predisponer. **Ant.** Oponerse.// Suavizar, calmar, pacificar, serenar, aplacar. **Ant.** Irritar.

propicio-cia, favorable, benévolo, complaciente, conforme, dispuesto, inclinado, oportuno, predispuesto. **Ant.** Contrario, inadecuado.

propiedad, pertenencia, dominio, posesión, bienes, usufructo, renta, capital, patrimonio. **Ant.** Pobreza.// Hacienda, predio, inmueble, feudo, terreno, heredad, herencia, tierra, finca, edificio.// Característica, atributo, virtud, cualidad, natural, carácter, disposición.// Exactitud, rigor, ajuste, rigurosidad, conveniencia, oportunidad, claridad. **Ant.** Impropiedad.

propietario-ria, dueño, señor, amo, titular, poseedor, hacendado, potentado, patrón. **Ant.** Inquilino, trabajador.

propina, regalo, extra, plus, gratificación, recompensa, óbolo, premio, compensación.

propinar, suministrar, proporcionar, dar, administrar.// Golpear, azotar, pegar, maltratar, asestar, descargar. **Ant.** Acariciar.

propio-pia, perteneciente, correspondiente, inherente, particular. **Ant.** Ajeno.// Peculiar, característico, privativo, específico, exclusivo, personal, individual. **Ant.** General.// Conveniente, adecuado, oportuno, justo, apto, conforme. **Ant.** Impropio, inadecuado.

proponer, sugerir, plantear, proyectar, insinuar, ofrecer, exponer. **Ant.** Callar, desentenderse.// **-se**, intentar, acometer, aventurarse, aspirar, ensayar, procurar. **Ant.** Abandonar, abstenerse.

proporción, armonía, relación, correspondencia, equilibrio, simetría, conformidad, consonancia. **Ant.** Desproporción.// Dimensión, medida, tamaño, escala.

proporcionado-da, equilibrado, armonioso, proporcional, simétrico, conveniente, mesurado. **Ant.** Desproporcionado, desmesurado.

proporcional, equitativo, equilibrado, conforme, ajustado, conveniente, proporcionado. **Ant.** Desigual, injusto.

proporcionar, suministrar, proveer, facilitar, abastecer, dar, deparar. **Ant.** Quitar.// Equilibrar, ajustar, adecuar. **Ant.** Desequilibrar.

proposición, oferta, propuesta, ofrecimiento, invitación, insinuación, sugerencia, indicación. **Ant.** Negativa.// Enunciación, frase, oración.

propósito, intención, idea, voluntad, mira, proyecto, objetivo, fin, finalidad, empresa, aspiración. **Ant.** Abandono, pasividad.

propuesta, proposición (v.), ofrecimiento, promesa, invitación, proyecto (v.), oferta. **Ant.** Negativa.

propugnar, proteger, amparar, ayudar, auxiliar, apoyar, propulsar. **Ant.** Abandonar, abstenerse.

propulsar, promover, impulsar, propugnar, mover, empujar. impeler. **Ant.** Contener, detener.

prorratear, repartir, distribuir, ratear, compartir.

prorrateo, reparto, distribución, repartición, división, partición. **Ant.** Totalidad.

prórroga, aplazamiento, retardo, dilación, prorrogación. **Ant.** Cumplimiento.// Continuación, consecución, prolongación. **Ant.** Abreviación.

prorrogar, aplazar, demorar, retrasar, retardar, dilatar, extender, diferir, prolongar. **Ant.** Terminar, continuar, suspender.

prorrumpir, surgir, brotar, salir, saltar. **Ant.** Desaparecer.// Exclamar, gritar, decir, proferir (v.). **Ant.** Callar.

prosaico-ca, vulgar, tosco, chabacano, pedestre, grosero, banal, trivial, material. **Ant.** Espiritual, elegante.

prosapia, estirpe, linaje, abolengo, alcurnia, casta, sangre, cuna, ralea, ascendencia. **Ant.** Plebeyez.

proscribir, desterrar, expulsar, deportar. **Ant.** Repatriar.// Prohibir, vedar, restringir. **Ant.** Autorizar.

proscrito-ta, desterrado, expatriado, expulsado.// Bandido, delincuente, bandolero, condenado.

prosecución, continuación, prolongación, insistencia, proseguimiento. **Ant.**. Interrupción.

proseguir, continuar, seguir, prolongar, insistir, reanudar, repetir, persistir, avanzar. **Ant.** Interrumpir, detener.

proselitismo, propaganda, partidismo, publicidad.

prosélito-ta, partidario, seguidor, secuaz, adicto, adepto, afiliado, simpatizante. **Ant.** Enemigo, imparcial.

prosopopeya, afectación, presunción, pompa. **Ant.** Sencillez.

prosperar, mejorar, progresar, medrar, ascender, enriquecerse, florecer, adelantar, triunfar. **Ant.** Fracasar, arruinarse.

prosperidad, progreso, adelanto, florecimiento, mejora, bonanza, ventura, auge, éxito, felicidad, apogeo, esplendor. **Ant.** Decadencia, desmejoramiento, desdicha.

próspero-ra, progresivo, floreciente, adelantado, desarrollado, fértil, fecundo, propicio, venturoso, rico, feliz, esplendoroso. **Ant.** Infeliz, pobre, arruinado.

prosternarse, arrodillarse, postrarse, hincarse, humillarse. **Ant.** Levantarse.

prostíbulo, burdel, lupanar, lenocinio, mancebía, casa pública.

prostitución, ramería, amancebamiento, mancebía, putería, trata, alcahuetería, corrupción, envilecimiento, relajación, degeneración, deshonra, degradación. **Ant.** Honradez, rectitud, virtud.

prostituir, corromper, degradar, envilecer, deshonrar, degenerar, humillar, manchar, mancillar. **Ant.** Ennoblecer, honrar.

prostituta, meretriz, ramera, cortesana, hetera, hetaira, puta, zorra, buscona, perdida. **Ant.** Honesta, casta, virtuosa.

protagonista, héroe, estrella, personaje principal. **Ant.** Secundario, extra.

protagonizar, interpretar, desempeñar, representar, actuar.

protección, amparo, custodia, defensa, seguridad, tutela, refugio, cobijo, abrigo, favor, asilo, ayuda, auxilio, influencia. *Ant.* Desamparo, inseguridad.

protector-ra, amparador, defensor, patrocinador, bienhechor, guardián, campeón, padrino, mecenas. *Ant.* Enemigo, opresor.

proteger, amparar, defender, patrocinar, favorecer, socorrer, resguardar, abrigar, ayudar, auxiliar, asegurar, garantizar, preservar, acoger, apoyar, cobijar. *Ant.* Desamparar, perseguir, abandonar.

protegido-da, favorito, preferido, recomendado. *Ant.* Abandonado, desvalido.

protervo-va, rebelde, perverso, pertinaz, impenitente, malvado, cruel. *Ant.* Benevolente.

protesta, desacuerdo, desaprobación, crítica, queja, reprobación, reclamación, reproche, lamentación. *Ant.* Aprobación.

protestar, quejarse, reclamar, rebelarse, replicar, oponerse, reprochar, refutar, contestar, reprobar, condenar. *Ant.* Aprobar, consentir, aclamar.// Confesar, declarar, sostener, negar. *Ant.* Aceptar.

protocolo, formalidad, etiqueta, ritual, cortesía, solemnidad, formulismo, rito. *Ant.* Naturalidad, sencillez.// Documento, testimonio, pruebas, actas.

prototipo, ejemplo, modelo, dechado, muestra, ejemplar, patrón, arquetipo, ideal.

protuberancia, saliente, abultamiento, prominencia, bulto, promontorio, hinchazón. *Ant.* Concavidad, lisura.

provecho, ganancia, utilidad, beneficio, ventaja, fruto, producto, rendimiento, dividendo, interés, obtención, conveniencia, lucro, renta, usufructo. *Ant.* Desventaja, pérdida, perjuicio.

provechoso-sa, beneficioso, lucrativo, rentable, ventajoso, útil, redituable, remunerativo, fructífero, productivo. *Ant.* Desventajoso, ineficaz.

provecto-ta, viejo, anciano, caduco, senil, decrépito, maduro. *Ant.* Joven.

proveedor-ra, abastecedor, suministrador, aprovisionador, consignatario, agente.

proveer, suministrar, abastecer, aprovisionar, dotar, avituallar, facilitar, surtir, proporcionar. *Ant.* Quitar, privar, negar.

provenir, proceder, venir de, dimanar, brotar, descender, derivar, surgir, resultar, nacer. *Ant.* Llegar.

proverbial, notorio, tradicional, conocido, sabido, habitual. *Ant.* Ignorado, desconocido.// Axiomático, dogmático, sentencioso. *Ant.* Falso, dudoso.

proverbio, máxima, aforismo, sentencia, refrán, adagio, dicho, moraleja, axioma.

providencia, disposición, resolución, remedio, previsión, medida, orden, mandato, mandamiento.// Suerte, hado, destino, azar, fatalidad, albur, ventura, estrella, sino, acaso, fortuna.

providencial, oportuno, propicio, beneficioso, salvador. *Ant.* Fatal, desgraciado.

próvido-da, avisado, prevenido, prudente, cauto, diestro, sagaz, hábil, mañoso. *Ant.* Desprevenido, incauto.// Benigno, propicio, favorable, beneficioso. *Ant.* Nocivo, desfavorable.

provincia, territorio, departamento, comarca, distrito, jurisdicción, demarcación, localidad, región.

provisión, abastecimiento, acopio, reserva, almacenamiento, avituallamiento, depósito, suministro, abasto, existencias, equipo, víveres, pertrechos. *Ant.* Escasez.

provisional, provisorio, transitorio, temporal, circunstancial, interino, momentáneo, pasajero, accidental. *Ant.* Definitivo, duradero.

provocación, desafío, incitación, reto, ofensa, instigación, bravata. *Ant.* Calma, amistad.

provocador-ra, incitador, alborotador, bravucón, pendenciero, fanfarrón, belicoso, instigador, revoltoso. *Ant.* Sensato, pacificador, manso.

provocar, azuzar, excitar, inducir, instigar, irritar, estimular, exacerbar, aguijar, apremiar, enfurecer. *Ant.* Apaciguar.//

Causar, promover, suscitar, ocasionar, producir, motivar, crear, originar. *Ant.* Impedir.// Retar, desafiar, hostigar, enfrentarse. *Ant.* Calmar, sosegar, pacificar.

provocativo-va, provocador (v.), excitante, incitante, estimulante, instigador, sugerente, descarado, insinuante. *Ant.* Inofensivo.

proximidad, cercanía, inmediación, contigüidad, adyacencia, vecindad, inminencia, víspera, actualidad. *Ant.* Lejanía, antigüedad.

próximo-ma, cercano, vecino, inmediato, contiguo, lindante, adyacente, junto, inminente, limítrofe, fronterizo, adjunto, colindante. *Ant.* Lejano, remoto.// Futuro, venidero.

proyección, impulso, lanzamiento, disparo, propulsión, fuerza, envión.// Perspectiva, representación, esquema.

proyectar, idear, trazar, planear, bosquejar, esbozar, urdir, programar, inventar. *Ant.* Impedir.// Lanzar, arrojar, tirar, despedir. *Ant.* Atraer, retener.

proyectil, bala, cohete, tiro, munición, metralla, granada, dardo, flecha, venablo, torpedo, obús.

proyecto, idea, propósito, plan, designio, concepción, objetivo, finalidad, programa, tentativa, presupuesto. *Ant.* Obra, realización, resultado, ejecución.// Croquis, borrador, bosquejo, esquema, diseño.

prudencia, cordura, mesura, sensatez, acierto, tino, tiento, tacto, discernimiento, prevención, juicio, comedimiento, previsión, precaución, cautela, reflexión, medida, equilibrio, ecuanimidad, discreción, moderación, templanza, buen juicio. *Ant.* Insensatez, temeridad, imprudencia.

prudente, cuerdo, sensato, comedido, juicioso, moderado, mesurado, equilibrado, discreto, formal, templado, circunspecto. *Ant.* Imprudente, temerario, alocado.

prueba, ensayo, experimento, análisis, experiencia, tentativa, examen, comprobación, verificación, investigación. *Ant.* Abstención.// Argumento, razón, justificación, testimonio, indicio, muestra, confirmación, corroboración, fundamento, evidencia. *Ant.* Duda.

prurito, comezón, escozor, picazón.// Deseo, anhelo, ansia, afán, apetencia. *Ant.* Moderación.

psicológico-ca, psíquico, anímico, espiritual, mental.

psíquico-ca, espiritual, psicológico, mental.

púa, punta, pincho, aguja, espina, aguijón.// Pelo, cerda.

pubertad, adolescencia, mocedad, juventud, nubilidad. *Ant.* Madurez, vejez.

publicación, edición, impresión, difusión, divulgación, propagación, vociferación. *Ant.* Silencio, secreto.// Libro, periódico, revista, diario, prensa, pregón, gaceta.

publicar, difundir, promulgar, divulgar, revelar, pregonar, proclamar, propalar, transmitir, notificar, avisar. *Ant.* Callar, ocultar.// Imprimir, editar, lanzar.

publicidad, información, anuncio, propaganda, divulgación, aviso, difusión, informe, comunicación. *Ant.* Desconocimiento, silencio.

público, gente, concurrencia, muchedumbre, asistencia, espectadores, auditorio, presentes, concurrentes, asistentes.// -ca, conocido, notorio, difundido, manifiesto, popular, divulgado, sabido. *Ant.* Secreto, ignorado.// Oficial, estatal, administrativo, gubernamental, nacional. *Ant.* Privado.// Vulgar, normal, común, corriente, ordinario. *Ant.* Especial, extraordinario.

puchero, olla, marmita, pote, cacerola, perol, cazuela, vasija.// Cocido.// -s, sollozos, lloros, gemidos.

pudibundo-da, pudoroso (v.).

púdico-ca, honesto, casto, pudoroso (v.).

pudiente, rico, opulento, acomodado, acaudalado, próspero. *Ant.* Pobre, necesitado.

pudor, honestidad, castidad, recato, decoro, pudicia, decencia, vergüenza. *Ant.* Desvergüenza, indecencia.

pudoroso-sa, púdico, casto, recatado, decoroso, honesto, vergonzoso, decente, moderado, respetable, afectado. *Ant.* Impúdico, desvergonzado, indecente.

pudrir, corromper, descomponer, alterar, deteriorar, estropear, contaminar, picar. *Ant.* Conservar.// -se, impacientarse, exasperarse, disgustarse.

pueblerino-na, aldeano, provinciano, tosco, rústico, palurdo, campesino.

pueblo, población, poblado, villa, villorrio, aldea, lugar. *Ant.* Ciudad, urbe.// Nación, país, patria, estado.// Raza, tribu, clan, familia, linaje, población, habitantes, ciudadanos, vecinos.// Plebe, vulgo. *Ant.* Corte.

puente, pasarela, paso, pontón, viaducto, plataforma, pasadera. *Ant.* Vado.

puerco, cerdo, cochino, lechón, marrano.// **-ca**, sucio, roñoso, mugriento, desaseado, asqueroso, desaliñado. *Ant.* Limpio, aseado.// Grosero, descortés, ordinario. *Ant.* Fino, delicado.

pueril, infantil, aniñado, inocente, tierno, cándido, ingenuo, candoroso. *Ant.* Maduro, malicioso.// Trivial, vano, fútil, nimio. *Ant.* Importante.

puerilidad, candidez, inocencia, ingenuidad, candor. *Ant.* Malicia.// Nimiedad, trivialidad, futesa, fruslería, bagatela, simpleza, bobería, nadería. *Ant.* Importancia.

puerta, abertura, portón, paso, pórtico, portada, entrada, acceso, ingreso, postigo, portal.

puerto, desembarcadero, fondeadero, dársena, embarcadero, dique, muelle, ensenada, estuario, rada, bahía, abra.

pues, puesto que, luego, por lo tanto, ya que, por consiguiente, en vista de que.

puesta, apuesta, postura, jugada.// Ocaso, crepúsculo, atardecer, anochecer, oscurecer. *Ant.* Amanecida, amanecer.

puesto, sitio, posición, situación, lugar, punto, paraje, emplazamiento, parte, terreno.// Tienda, quiosco, caseta, stand.// Oficio, cargo, empleo, ocupación, destino, colocación, dignidad. *Ant.* Desempleo, desocupación.

púgil, boxeador, pugilista, luchador, combatiente, gladiador.

pugilato, pugna, contienda, lucha, boxeo, combate, riña, pelea, batalla.

pugilismo, boxeo, lucha, combate, pugilato (v.).

pugna, lucha, combate, pelea, reto, desafío, batalla, rivalidad, antagonismo. *Ant.* Acuerdo, concordia.// Obstinación, porfía, oposición, esfuerzo, insistencia. *Ant.* Abandono.

pugnar, pelear, batallar, contender, combatir, competir, rivalizar, reñir. *Ant.* Pacificar.// Porfiar, esforzarse, obstinarse, procurar, instar, insistir. *Ant.* Abandonar.

puja, impulso, esfuerzo.// Mejora, aumento, oferta, alzamiento. *Ant.* Rebaja.

pujante, fuerte, poderoso, vigoroso, potente, floreciente, robusto, brioso. *Ant.* Impotente, débil.

pujanza, fuerza, vigor, potencia, impulso, poder, fortaleza, reciedumbre, energía, robustez, brío, desarrollo, florecimiento. *Ant.* Debilidad, decaimiento, impotencia.

pujar, licitar, aumentar, subastar, sobrepujar, mejorar, subir. *Ant.* Rebajar.// Empujar (v.). *Ant.* Abandonar.

pulcritud, aseo, cuidado, esmero, limpieza, escrupulosidad, atildamiento, prolijidad. *Ant.* Suciedad.

pulcro-cra, aseado, limpio, atildado, prolijo, esmerado, cuidadoso, acicalado, pulido. *Ant.* Sucio, desaseado.// Delicado, bello, exquisito, fino. *Ant.* Grosero.

pulido-da, bruñido, lustroso, brillante, liso, alisado, lijado, barnizado. *Ant.* Áspero.// Educado, fino, cortés, delicado, amable, atento. *Ant.* Descortés, grosero.// Pulcro (v.), acicalado, aseado. *Ant.* Descuidado.

pulir, abrillantar, pulimentar, alisar, lustrar, bruñir, laquear, lijar, limar, suavizar. *Ant.* Empañar.// **-se**, instruirse, perfeccionarse, refinarse, componerse.

pulla, broma, befa, chacota, chanza, mofa, afrenta, escarnio, burla. *Ant.* Seriedad, respeto. *Par.* Puya.

pulpa, médula, tuétano.// Carne, carnosidad, masa, pasta, papilla.

púlpito, plataforma, tribuna, balconcillo, antepecho.

pulsación, palpitación, latido, contracción, dilatación.

pulsar, latir, palpitar, percutir, contraerse, dilatarse.// Apretar, oprimir, tocar, presionar.

pulsera, brazalete, argolla, aro, anillo, manilla, esclava, ajorca.

pulso, pulsación, palpitación, latido, movimiento.

pulular, bullir, proliferar, hormiguear, abundar, multiplicarse, agitarse, diseminarse, reproducirse. *Ant.* Escasear.

pulverizar, moler, triturar, rallar, vaporizar, atomizar, desmenuzar, desintegrar. *Ant.* Concentrar.// Rociar, esparcir, diseminar. *Ant.* Solidificar.// Aniquilar, destruir. *Ant.* Construir.

punción, pinchadura, punzada, incisión.

pundonor, dignidad, honor, honra, decoro, fama, honradez, crédito, honorabilidad, respeto, vergüenza, orgullo. *Ant.* Desvergüenza, deshonor.

pundonoroso-sa, decente, honrado, decoroso, honorable, orgulloso, caballeroso. *Ant.* Desvergonzado.

punitivo-va, sancionador, correctivo, disciplinario, ejemplar.

punta, extremo, extremidad, remate, vértice, pico, arista.// Púa, pincho, pico, aguijón, espolón, uña, espina, diente, clavo.// Pico, cima, cabo, eminencia, cumbre, promontorio. *Ant.* Falda, ladera.

puntal, sostén, apoyo, soporte, cimiento, base, fundamento. *Ant.* Desamparo.// Madero, contrafuerte, mástil, pilar, pilote, columna, estribo.

puntapié, patada, coz, golpe, cocedura, porrazo, pataleo.

puntería, tino, vista, pulso, destreza, acierto, habilidad, ojo, mano. *Ant.* Torpeza, desacierto.

puntero, palo, punzón, vara.// **-ra**, primero, cabeza, destacado, sobresaliente.

puntiagudo-da, afilado, agudo, puntiagudo, penetrante, punzante, fino, delgado. *Ant.* Romo, liso.

punto, sitio, lugar, parte, paraje, localidad, puesto, situación, emplazamiento, zona, localización, término, territorio.// Señal, marca, trazo.// Puntada, nudo, costura.// Cuestión, asunto, tema, materia.

puntuación, calificación, nota, valoración, estima.

puntual, exacto, preciso, formal, cumplidor, escrupuloso, regular, estricto, metódico. *Ant.* Impuntual, informal.

puntualidad, precisión, exactitud, regularidad, escrupulosidad, formalidad, cumplimiento, rigurosidad. *Ant.* Impuntualidad, informalidad.

puntualizar, detallar, delimitar, pormenorizar, precisar, fijar, recalcar, especificar. *Ant.* Generalizar.

punzada, pinchazo, aguijonazo, pinchadura, herida, incisión.

punzante, lacerante, doloroso, agudo, hondo, intenso, penetrante, picante. *Ant.* Suave.// Mordaz (v.).

punzar, pinchar, picar, herir.

punzón, buril, pincho, clavo, punta, lezna, aguja, sacabocados, estilete.

puñado, manojo, porción, cantidad, conjunto. *Ant.* Pizca.

puñal, daga, navaja, cuchillo, estilete, machete, faca.

puñalada, cuchillada, navajazo, machetazo, herida.

puñetazo, golpe, puñada, moquete, bofetada, mojicón, mamporro, trompada, bofetón, torta. *Ant.* Caricia.

puño, empuñadura, pomo.// Mango, asidero, manubrio, guarnición, cacha.

pupilo-la, interno, huésped, pensionista, residente. *Ant.* Externo.// Huérfano (v.).

pupitre, escritorio, buró, bufete.

pureza, pudor, castidad, integridad, honestidad, virginidad, virtud, decoro. *Ant.* Deshonestidad.// Limpieza, salud, corrección, simpleza, sencillez. *Ant.* Impureza.

purga, laxante, depurativo, purgante.// Depuración, purificación, eliminación. *Ant.* Suciedad.

purgante, laxante, depurativo, purgatorio, purga (v.).

purgar, laxar, depurar, evacuar, expulsar, expeler.// Limpiar, purificar, depurar. *Ant.* Ensuciar.// Expiar, pagar, padecer, satisfacer. *Ant.* Gozar, premiar.// Destituir, eliminar, exonerar. *Ant.* Nombrar.

purgatorio, dolor, penitencia, sufrimiento, expiación, penalidad. *Ant.* Cielo.// **-ria**, purgante (v.).

purificación, depuración, saneamiento, descontaminación, purgación, limpieza, clarificación. *Ant.* Suciedad, corrupción.

purificar, limpiar, expurgar, purgar, sanear, higienizar, desinfectar. *Ant.* Ensuciar, infectar.// Filtrar, clarificar, refinar, destilar, cribar. *Ant.* Mezclar.

puritano-na, austero, rígido, severo, ascético, estricto, riguroso, penitente, inflexible, intransigente. *Ant.* Flexible, comprensivo, transigente.// Mojigato, ñoño, hipócrita.

puro-ra, casto, incorrupto, íntegro, inocente, decoroso, virtuoso, pudoroso, virgen. *Ant.* Depravado, deshonesto.// Limpio, sano, natural, genuino, exento, perfecto. *Ant.* Impuro.// Legítimo, depurado, correcto. *Ant.* Falseado.// Cigarro, habano.

púrpura, granate, escarlata, encarnado, rojo, violado, rubí, carmesí, colorado.

pus, podre, purulencia, supuración, humor.

pusilánime, cobarde, corto, apocado, medroso, tímido, timorato. *Ant.* Valiente, enérgico.

pústula, vejiga, úlcera, postilla.

puta, prostituta (v.).

putrefacción, corrupción, descomposición, podredumbre, podre, desintegración, alteración, fermentación, carroña, pudrición.

putrefacto-ta, podrido, pútrido, descompuesto, corrompido, infecto, purulento, fermentado, corrupto, alterado, desintegrado. *Ant.* Sano.

quebrada, paso, garganta, angostura, desfiladero, cañón, cañada, despeñadero, barranco.

quebradero, cavilación, inquietud, preocupación, problema.

quebradizo-za, frágil endeble, delicado, débil, rompible, rajable. *Ant.* Resistente.

quebrado-da, abrupto, escabroso, áspero, montañoso, desigual, barrancoso, accidentado. *Ant.* Llano.// Roto, partido. *Ant.* Entero.// En quiebra, en bancarrota. *Ant.* Floreciente.

quebradura, fractura, rotura, grieta, hendidura, rendija.// Quiebra, quebrantamiento.

quebrantamiento, incumplimiento, transgresión, omisión, culpa, infracción, vulneración. *Ant.* Cumplimiento.

quebrantar, vulnerar, violar, infringir, incumplir, transgredir, profanar. *Ant.* Cumplir, respetar.// Romper, tronchar, despedazar, fracturar, partir, quebrar, fragmentar, rajar, hender, dividir, destruir. *Ant.* Reparar, componer, unir.

quebranto, perjuicio, deterioro, daño, pérdida, menoscabo, menosprecio, merma, ruina, déficit. *Ant.* Ganancia, beneficio.// Dolor, pena, aflicción, padecimiento, tormento. *Ant.* Contento, bienestar.

quebrar, romper, quebrantar, tronchar, rajar, cascar, fragmentar, dividir, hender, romper, destruir. *Ant.* Reparar, unir.// Arruinarse, fracasar, hundirse, frustrarse. *Ant.* Prosperar.

quedar, acordar, convenir, decidir, pactar, avenirse. *Ant.* Discrepar.// Ubicarse, situarse, estar.// Faltar, restar.// **-se**, permanecer, persistir, mantenerse, continuar. *Ant.* Irse.// Residir, establecerse, arraigar, morar. *Ant.* Mudarse.// Abandonar, retrasarse, detenerse. *Ant.* Adelantar, progresar.// Apropiarse, apoderarse, guardarse, retener. *Ant.* Devolver, restituir.

quedo-da, lento, paso, quieto, suave, callado, despacio. *Ant.* Apresurado, ruidoso.

quehacer, trabajo, ocupación, faena, tarea, negocio.

queja, lamentación, lamento, gemido, llanto, plañido, suspiro, clamor. *Ant.* Risa, contento.// Reclamación, querella, demanda, protesta, reproche. *Ant.* Satisfacción, elogio.

quejarse, lamentarse, dolerse, gemir, llorar, gimotear, sollozar, plañir, rezongar, clamar, refunfuñar. *Ant.* Reírse.// Protestar, reclamar, querellarse, demandar, reprochar. *Ant.* Contentarse, elogiar.

quejido, lamento, queja, plañido, sollozo, lamentación, quejumbre. *Ant.* Risa, júbilo.

quejoso-sa, quejumbroso, lacrimoso, lastimero, lloroso. *Ant.* Risueño, alegre.// Disgustado, resentido, agraviado, descontento, ofendido. *Ant.* Contento.

quema, incendio, combustión, quemazón, cremación, ignición, hoguera. *Ant.* Apagamiento.

quemar, abrasar, incendiar, chamuscar, calcinar, incinerar, inflamar, carbonizar, achicharrar, encender, consumir. *Ant.* Apagar.

quemazón, quema (v.).// Resentimiento, resquemor, rencilla, queja (v.). *Ant.* Amistad, benevolencia.// Picazón, picor, irritación, ardor.

querella, litigio, pleito, queja, juicio, demanda, denuncia,

acusación, protesta, recurso, procedimiento. *Ant.* Reconciliación, acuerdo.// Riña, reyerta, pelea, disputa, altercado, debate, discusión, contienda, rencilla, pendencia, cuestión, discordia. *Ant.* Paz, avenencia.

querellar, litigar, demandar, quejarse (v.), acusar, reclamar. *Ant.* Acordar.// Reñir, altercar, pelear, contender, disputar, discutir, cuestionar. *Ant.* Apaciguar.

querencia, afecto, atracción, inclinación, afinidad. *Ant.* Desapego.

querer, amor, afecto, cariño, afección, estimación. *Ant.* Odio, desdén.// Desear, anhelar, apetecer, codiciar, ambicionar, aspirar. *Ant.* Abandonar, rechazar.// Estimar, apreciar, amar, venerar, idolatrar, adorar, enamorarse. *Ant.* Aborrecer, odiar, despreciar.// Aceptar, acceder, consentir, dignarse, avenirse. *Ant.* Negar, rechazar.// Decidir, proponerse, empeñarse. *Ant.* Abandonar.// Pedir, exigir, requerir. *Ant.* Renunciar.

querido-da, estimado, respetado, apreciado. *Ant.* Despreciado, odiado.

querubín, querube, serafín, ángel.// Hermoso, bello, gracioso. *Ant.* Feo, horrible.

quid, esencia, motivo, clave.

quiebra, rotura, grieta, fractura, hendidura, abertura, fisura, hendedura. *Ant.* Arreglo, compostura.// Ruina, bancarrota, hundimiento, pérdida, fracaso, menoscabo. *Ant.* Florecimiento, prosperidad.

quieto-ta, inmóvil, detenido, firme, inerte, parado, estático, paralizado, inactivo, fijo, tieso, inanimado, muerto. *Ant.* Móvil, animado.// Apacible, sosegado, tranquilo, calmado, silencioso. *Ant.* Bullicioso.

quietud, paz, sosiego, tranquilidad, reposo, descanso, calma, placidez, silencio. *Ant.* Bullicio.// Estabilidad, inacción, inmovilidad, permanencia, firmeza, estacionamiento, pasividad. *Ant.* Actividad.

quilo, humor, linfa. *Par.* Kilo.

quimera, ensueño, delirio, fantasía, utopía, ficción, imaginación, visión, alucinación, sueño. *Ant.* Verdad, realidad.

quimérico-ca, ilusorio, fabuloso, imaginario, fantástico, utópico, mitológico, imposible, irreal, improbable, ficticio. *Ant.* Verdadero, posible, real.

quincalla, bagatelas, fruslerías, baratijas.// Mercería.

quinta, finca, inmueble, propiedad, villa, chalé.

quintaesencia, pureza, refinamiento, extracto, sumo. *Ant.* Vulgaridad.

quiosco, templete, tenderete, puesto, glorieta, pabellón.

quisquilloso-sa, melindroso, delicado, puntilloso, meticuloso, susceptible, detallista, cascarrabias. *Ant.* Descuidado.

quiste, tumor, bulto, protuberancia, dureza, nódulo.

quitar, eliminar, suprimir, excluir, extraer, separar, retirar, sacar, cortar, apartar, cercenar, anular. *Ant.* Poner.// Despojar, privar, robar, usurpar, arrebatar, hurtar. *Ant.* Devolver, restituir.// Derrocar, destituir, eliminar, deponer. *Ant.* Entronizar.// Derogar, eximir, anular. *Ant.* Instituir.

quizá, acaso, probablemente, posiblemente, quizás, tal vez, pudiera ser, a lo mejor, quien sabe. *Ant.* Ciertamente, seguramente.

rabia, hidrofobia.// Ira, enfado, furia, enojo, irritación, cólera, furor, indignación. *Ant.* Calma, serenidad.

rabiar, irritarse, enfurecerse, encolerizarse, enojarse, impacientarse, desesperarse, exasperarse, trinar, enfadarse. *Ant.* Apaciguarse, calmarse.

rabieta, disgusto, enfado, enojo, berrinche, pataleo. *Ant.* Se-renidad.

rabioso-sa, hidrófobo.// Furioso, colérico, enfadado, iracundo, enojado, frenético, enfurecido, violento. *Ant.* Tranquilo, pacífico.

rabo, cola.// Pedúnculo, rabillo, cabo, extremo.

racha, época, lapso, etapa, momento, período, serie.

racimo, manojo, conjunto, ramillete, ristra, grupo, colgajo. *Ant.* Unidad, dispersión.// Inflorescencia, infrutescencia.

raciocinio, razón, entendimiento, criterio, lógica, juicio, deducción, razonamiento, cavilación. *Ant.* Absurdo, disparate.

ración, porción, parte, distribución, medida, asignación, cuota, cupo. *Ant.* Totalidad.

racional, razonable, lógico, justo, equitativo, ecuánime, coherente, sensato. *Ant.* Irracional, ilógico, absurdo.

racionalidad, lógica, coherencia, sensatez, cordura. *Ant.* Irracionalidad.

racionamiento, reparto, distribución, proporción, cupo, tasa, restricción, asignación, limitación. *Ant.* Derroche.

racionar, repartir, partir, limitar, asignar, tasar, distribuir, proveer, suministrar. *Ant.* Derrochar.

racismo, discriminación, segregación.

racista, segregacionista, intolerante.

rada, bahía, ensenada, golfo, puerto, fondeadero, caleta, abra, cala.

radiación, propagación, irradiación, luminiscencia, fulgor, reverberación.

radiante, luminoso, brillante, claro, refulgente, resplandeciente, rutilante, fulgurante. *Ant.* Oscuro, empañado.// Alegre, feliz, contento, satisfecho, jubiloso, complacido, entusiasmado. *Ant.* Triste.

radiar, difundir, comunicar, transmitir, notificar, divulgar. *Ant.* Silenciar, callar.

radicación, establecimiento, permanencia, afincamiento, estancia, arraigo, asentamiento. *Ant.* Desarraigo.

radical, fundamental, esencial, básico, primordial, sustancial. *Ant.* Superficial.// Completo, absoluto, definitivo, drástico, concluyente, tajante, enérgico, contundente, violento, aplastante. *Ant.* Relativo, suave, transitorio.

radicar, estar, hallarse, encontrarse.// **-se**, establecerse, afincarse, asentarse, permanecer. *Ant.* Desarraigarse.

radio, receptor, radiorreceptor.

radiodifusión, transmisión, emisión.

radiorreceptor, radio, receptor, transmisor.

raer, raspar, pulir, rasar, arañar, rapar, frotar.

ráfaga, vendaval, torbellino, ramalazo, oleada, soplo, ventolera.// Abundancia, afluencia.// Andanada, salva, descarga, disparos, tiros.

raído-da, ajado, gastado, estropeado, desgastado, viejo, deslucido, usado, deteriorado, marchito. *Ant.* Nuevo, reluciente.// Raspado, rallado, lijado, limado, raso.

raigambre, arraigo, permanencia, establecimiento, afincamiento. *Ant.* Desarraigo.// Estabilidad, firmeza, consolidación, fundamento, base, consistencia. *Ant.* Inconsistencia.

raíz, radícula, raigón, cepa, rizoma, bulbo. *Ant.* Tallo.// Origen, fundamento, cimiento, principio, causa, motivo, fuente, comienzo. *Ant.* Consecuencia, fin.

raja, grieta, abertura, resquicio, resquebrajadura, quebradura, fisura, rendija, ranura, falla. *Ant.* Integridad, unión, soldadura.

rajar, agrietar, hender, cascar, partir, quebrar, romper, abrir. *Ant.* Unir, soldar.

rajatabla (a), rigurosamente, inflexiblemente, estrictamente.

ralea, especie, género, clase, calidad, jaez, estofa, pelaje, calaña, casta, nivel, condición, alcurnia, raza.

ralladura, raedura, raspadura, limadura.

rallar, desmenuzar, limar, triturar, pulir, picar, lijar, pulverizar. *Par.* Rayar.

ralo-la, raído, sobado, deteriorado, gastado. *Ant.* Nuevo.// Espaciado, disperso, distanciado. *Ant.* Apretado, tupido.

rama, brote, ramo, vara, vástago, tallo, sarmiento.// Bifurcación, ramal, desviación, derivación.

ramaje, enramada, follaje, fronda, frondosidad, hojarasca, espesura, boscaje, broza. *Ant.* Erial.

ramal, ramificación, derivación, subdivisión, rama (v.).

ramalazo, ráfaga (v.).// Dolor, pinchazo, punzadura, punzada, acometida.

ramera, prostituta (v.).

ramificación, bifurcación, rama (v.), división, desviación, cruce. *Ant.* Unificación.// Vástago, retoño, hijuelo.// Consecuencia, derivación. *Ant.* Antecedente.

ramificarse, bifurcarse, dividirse, subdividirse, separarse. *Ant.* Unificarse, reunirse.// Propagarse, proliferar, extenderse, propalarse, incrementarse. *Ant.* Limitarse, restringirse.

ramillete, rama (v.).

ramo, ramillete, manojo, conjunto, brazada, atado.// Rama (v.).// Sección, división, sector, grupo, actividad.

rampa, pendiente, desnivel, cuesta, repecho, inclinación, talud, escarpa. *Ant.* Llano.

ramplón-na, vulgar, ordinario, tosco, basto, zafio, chabacano, rudo, pedestre. *Ant.* Refinado, selecto, distinguido.

rancho, choza, cabaña, albergue.// Guisado, menestra.// Granja, hacienda, propiedad.

rancio-cia, antiguo, añejo, provecto, vetusto, arcaico. *Ant.* Nuevo, reciente.// Pasado, podrido. *Ant.* Fresco.

rango, clase, nivel, categoría, condición, casta, situación, jerarquía, índole.

ranura, estría, hendedura, surco, raja, canal, hendidura, corredera, abertura, acanaladura, rendija, incisión. *Ant.* Juntura, unión.

rapacidad, avaricia, codicia, apetencia, ambición, avidez, usura. *Ant.* Generosidad.// Latrocinio, hurto, expoliación, saqueo. *Ant.* Honradez.

rapaz, codicioso, avariento, avaro, ávido, usurero. *Ant.* Generoso.// Saqueador, rapilador, expoliador. *Ant.* Honrado, honesto.,

rapidez, ligereza, prontitud, velocidad, premura, diligencia, celeridad, presteza, actividad, vertiginosidad, precipitación. **Ant.** Lentitud, calma.

rápido, corriente, torrente, torrentera// **-da**, ligero, presuroso, veloz, precipitado, vertiginoso, presto, ágil, raudo, acelerado, pronto, apresurado, diligente, listo. **Ant.** Lento.

rapiña, despojo, expoliación, saqueo, robo, hurto, latrocinio, pillaje, usurpación. **Ant.** Restitución.

rapiñar, hurtar, saquear, despojar, robar, expoliar, pillar, usurpar. **Ant.** Restituir.

rapsoda, poeta, vate, juglar, trovador, cantor.

raptar, secuestrar, retener, recluir, encerrar, robar. **Ant.** Liberar.

rapto, impulso, arranque, arrebato. **Ant.** Serenidad, calma.// Éxtasis, arrobo, ensimismamiento, arrobamiento, embeleso, enajenamiento. **Ant.** Imperturbabilidad.// Secuestro, robo, encierro, reclusión. **Ant.** Liberación.

raquítico-ca, débil, endeble, anémico, esmirriado, enclenque, escaso, mezquino, exiguo, desmedrado, alfeñique. **Ant.** Robusto, fuerte, sano.

rarefacción, enrarecimiento (v.).

rarefacer, enrarecer (v.), rarificar, contaminar.

rareza, extravagancia, originalidad, curiosidad, anomalía, extrañeza, peculiaridad, excepcionalidad. **Ant.** Vulgaridad.

raro-ra, extraño, extravagante, excéntrico, anómalo, anormal,. extraordinario, excepcional, sobresaliente, notorio, singular, sorprendente, curioso, inusitado, especial, original, inaudito, exótico, desacostumbrado, exclusivo, infrecuente. **Ant.** Vulgar, normal, habitual.// Escaso (v.). **Ant.** Abundante.

ras, igualdad, nivelación, llaneza. **Ant.** Desigualdad.

rasar, rozar, tocar, lamer, besar.// Nivelar, igualar.

rascar, frotar, fregar, refregar, arañar, restregar, limar, lijar, raspar, cepillar. **Ant.** Acariciar.

rasgar, romper, desgarrar, rasguñar, despedazar, destrozar, hender, tronzar. **Ant.** Unir, componer.

rasgo, trazo, perfil, raya, línea, marca.// Cualidad, carácter, nota, atributo, distinción, personalidad, propiedad, característica, distintivo.// **-s**, facciones, fisonomía, aire, semblanza.

rasguear, tañer, tocar, pulsar, puntear.

rasgueo, toque, tañimiento, pulsación.

rasguñar, rascar, arañar, herir, señalar, rasgar, escarbar.

rasguño, arañazo, rasgadura, erosión, rasguñadura, uñada, marca, zarpazo, señal, herida.

raso-sa, liso, plano, despejado, claro, pelado, suave, descubierto, libre. **Ant.** Accidentado, cubierto, áspero. **Par.** Raza.

raspadura, arañazo, rasguño, ralladura.

raspar, frotar, raer, restregar, limar, lijar, roer, desgastar, rozar.

rasposo-sa, mísero, raído, estropeado, ajado, deslucido. **Ant.** Nuevo, reluciente.// Avaro, tacaño. **Ant.** Generoso.

rastrear, batir, buscar, explorar, reconocer, escudriñar, averiguar, perseguir, preguntar. **Ant.** Abandonar, extraviar.

rastreo, búsqueda, indagación, exploración, batida.

rastrero-ra, bajo, vil, indigno, innoble, abyecto, mezquino. **Ant.** Digno.

rastrillo, rastra, trailla, horquilla, recogedor.

rastro, señal, huella, indicio, pista, marca, estela, signo, traza, pisada.

rasurar, afeitar, pelar, rapar.

ratear, distribuir, prorratear, repartir, escotar.// Disminuir, rebajar. **Ant.** Aumentar.

ratería, robo, hurto, latrocinio, desfalco, estafa, timo. **Ant.** Honradez.

ratero-ra, hurtador, ladrón, descuidero, carterista. **Ant.** Honesto.

ratificación, confirmación, revalidación, validación, corroboración, aprobación, legalización. **Ant.** Anulación.

ratificar, confirmar, reafirmar, corroborar, convalidar, aprobar, legalizar, certificar, sancionar. **Ant.** Rechazar, anular.

rato, instante, momento, pausa, lapso, santiamén, periquete, período, etapa.

ratonera, cepo, trampa, lazo.// Madriguera, escondrijo, agujero.// Engaño, artificio, ardid, celada.

raudal, abundancia, afluencia, exceso, torrente, plétora, aluvión, torbellino, diluvio, copia., **Ant.** Escasez.

raudo-da, rápido (v.).

raya, línea, trazo, rasgo, tilde, surco, estría, guión, marca.// Límite, linde, frontera, confín, extremo, término, demarcación.

rayado-da, estriado, listado, surcado.

rayano-na, contiguo, limítrofe, confinante, lindante, próximo, cercano. **Ant.** Alejado.

rayar, vetear, listar, trazar, marcar, señalar, surcar, delinear, subrayar, pautar.// Superar, distinguirse, sobresalir.// Amanecer. **Par.** Rallar.

rayo, relámpago, destello, centella, fulguración, chispa, exhalación, fulgor, meteoro.// Radio, línea, varilla, barra.

raza, linaje, origen, dinastía, ascendencia, casta, clase, género, ralea, especie, estirpe, grey, pueblo, patria, nación, clan, progenie, prosapia. **Par.** Rasa.

razón, raciocinio, entendimiento, mente, discernimiento, juicio, lógica, pensamiento, inteligencia, reflexión, comprensión, intelecto, sensatez. **Ant.** Torpeza, irreflexión.// Demostración, explicación, argumento, prueba, justificación, testimonio.// Causa, motivo, fundamento, motivación, principio, nudo, raíz, móvil.// Justicia, equidad, rectitud, derecho, prudencia, moderación, cordura, tacto, acierto. **Ant.** Sinrazón, injusticia.

razonable, moderado, equitativo, regular, conveniente, suficiente, mediano, bastante. **Ant.** Insuficiente.// Sensato, prudente, lógico, justo, comprensible, racional, procedente. **Ant.** Insensato, injusto.// Benévolo, tolerante, comprensivo. **Ant.** Rígido, severo, intolerante.

razonamiento, razón (v.), raciocinio (v.).

razonar, discurrir, dilucidar, reflexionar, argüir, argumentar, pensar, analizar, comprender, inferir, deducir, distinguir, exponer, alegar, plantear. **Ant.** Disparatar, empecinarse.

razzia, incursión, irrupción, invasión, correría.

reacción, oposición, resistencia, rechazo, contraataque, repulsión, reflejo, choque, rebeldía, intransigencia, contraposición, contrarresto, recuperación. **Ant.** Sometimiento, pasividad.// Progreso, evolución, cambio, modificación. **Ant.** Retroceso, detención.

reaccionar, oponerse, rebelarse, rechazar.// contrarrestar, contraponer, contraatacar. **Ant.** Someterse.// Responder, reanimarse, transformarse, evolucionar, progresar. **Ant.** Retroceder, pararse.

reaccionario-ria, retrógrado, tradicionalista, conservador. **Ant.** Avanzado, revolucionario.

reacio-cia, opuesto, contrario, remiso, refractario, resistente, adverso, rebelde, terco. **Ant.** Sumiso, disciplinado, dócil.

reactivación, renovación, reacción (v.), regeneración. **Ant.** Abandono, inhibición.

reafirmar, ratificar (v.).// Asegurar, afianzar, consolidar. **Ant.** Descuidar.

reajustar, rectificar, reorganizar, renovar, modificar, cambiar, actualizar. **Ant.** Dejar, abandonar.

reajuste, reorganización, reforma, renovación, rectificación, modificación, cambio, ajuste, actualización. **Ant.** Abandono, abstención.

real, soberano, regio, noble, realista, principesco. **Ant.** Plebeyo.// Excelente, espléndido, magnífico, suntuoso. **Ant.** Insignificante, pobre.// Verdadero, existente, auténtico, verídico, cierto, positivo, innegable, efectivo. **Ant.** Irreal, abstracto.

realce, brillo, esplendor, lustre, grandeza, estimación, importancia. **Ant.** Oscuridad, insignificancia.

realeza, majestad, nobleza, monarquía, dinastía. **Ant.** Plebe.// Dignidad, majestuosidad, boato, magnificencia, grandiosidad. **Ant.** Sencillez, humildad.

realidad, existencia, verdad, efectividad, materialidad, objetividad, certeza, autenticidad. **Ant.** Irrealidad, abstracción.

realista, monárquico, tradicionalista. *Ant.* Republicano.// Práctico, pragmático, positivo, objetivo, efectivo. *Ant.* Iluso, teórico.

realización, ejecución, elaboración, producción, fabricación. *Ant.* Abstención, destrucción.

realizar, hacer, ejecutar, efectuar, desarrollar, producir, elaborar, confeccionar, fabricar, construir, formar, crear. *Ant.* Abstenerse, destruir.

realzar, acentuar, subrayar, engrandecer, encumbrar, elogiar, alabar, levantar, aclamar, glorificar. *Ant.* Humillar, ensombrecer, degradar.

reanimar, reavivar, reconfortar, fortalecer, estimular, rehabilitar, animar, alentar, tonificar, vigorizar. *Ant.* Debilitar, desalentar.

reanudar, continuar, seguir, recomenzar, restablecer, proseguir, repetir, mantener, renovar. *Ant.* Detenerse, acabar, interrumpir.

reaparecer, volver, regresar, retornar, reanudar, renacer, resurgir, presentarse, exhibirse. *Ant.* Desaparecer, quedarse.

reata, hilera, recua, fila, columna.// Correa, cuerda, traílla.

reavivar, revivificar, vivificar, vigorizar, reanimar (v.), resucitar (v.).

rebaja, disminución, descuento, abaratamiento, deducción, desgravación, baja. *Ant.* Aumento, encarecimiento.

rebajar, disminuir, descontar, abaratar, reducir, descender, decrecer, desvalorizar. *Ant.* Aumentar, encarecer.// Menospreciar, humillar, abatir, degradar, subestimar, avergonzar. *Ant.* Elogiar, enaltecer.

rebalsar, estancar, embalsar (v.).

rebanada, rodaja, lonja, tajada, loncha, pedazo, rueda, porción, trozo. *Ant.* Totalidad.

rabanar, cortar, seccionar, tajar, cercenar, amputar.

rebaño, tropel, tropilla, manada, jauría, recua, hato, bandada.// Grupo, grey, congregación, reunión.

rebasar, exceder, colmar, extralimitarse, desbordarse, sobrepasar, superar, derramarse, salirse. *Ant.* Limitarse, contenerse.

rebatir, resistir, rechazar, contrarrestar, impugnar, refutar, contradecir, contrariar, repeler. *Ant.* Confirmar, admitir.

rebato, aviso, convocación, alarma. *Ant.* Tranquilidad.

rebelar-se, insubordinar, sublevar, resistir, provocar, conspirar, insurreccionar, alborotar, indisciplinar, amotinar, alzarse, revolucionar. *Ant.* Someterse, acatar. *Par.* Revelar.

rebelde, insurrecto, insurgente, amotinado, subversivo, sublevado, faccioso, levantisco, revolucionario, conspirador. *Ant.* Disciplinado.// Desobediente, insumiso, indócil, insubordinado, reacio, contumaz, indómito, tozudo, terco, refractario, obstinado. *Ant.* Dócil, subordinado, obediente.

rebeldía, sublevación, insurrección, levantamiento, amotinamiento, conspiración. *Ant.* Acatamiento.// Indisciplina, desobediencia, insubordinación, indocilidad, porfía, obstinación. *Ant.* Disciplina, acatamiento, sumisión.

rebelión, sublevación, conjura, subversión, rebeldía, pronunciamiento, alzamiento, motín, levantamiento, insubordinación. *Ant.* Obediencia, acatamiento, sumisión.

reblandecer, ablandar, enternecer, suavizar, debilitar, lenificar. *Ant.* Endurecer.

reblandecido-da, blando, maduro, muelle, fofo. *Ant.* Duro, resistente.// Afeminado, débil, degenerado.

reborde, borde, saliente, resalte, orillo, filete, ala, moldura, relieve, remate, margen. *Ant.* Centro, vértice.

rebosar, rebasar, salirse, verterse, derramarse, desbordarse. *Ant.* Contener.// Abundar, exceder, sobrar. *Ant.* Faltar. *Par.* Rebozar.

rebotar, saltar, botar, rechazar, repercutir, brincar.

rebote, brinco, bote, consecuencia, efecto, rechazo.

rebozar, arrebozar, enharinar, empanar.// Cubrir, embozar, tapar. *Ant.* Descubrir. *Par.* Rebosar.

rebozo, embozo, envoltura, rebujo, ocultamiento, encubrimiento.// Mantilla, toca, chal. *Par.* Reboso.

rebujar, arrebujar, taparse, envolverse.

rebuscado-da, amanerado, afectado, artificioso, ficticio, falso, melifluo. *Ant.* Natural.

rebuscamiento, amaneramiento, afectación, falsedad, fingimiento. *Ant.* Naturalidad.

rebuscar, investigar, escudriñar, inquirir, escrutar, sondear, examinar, indagar, husmear, fisgonear. *Ant.* Encontrar, abandonar.

recabar, demandar, pedir, exigir, reclamar. *Par.* Recavar.

recado, mensaje, encargo, comisión, aviso, misión, comunicación, misiva, cometido.

recaer, empeorar, agravarse, desmejorar, recrudecer. *Ant.* Mejorar, recuperarse.// Incurrir, reincidir, repetir, insistir, reaparecer. *Ant.* Corregirse.

recaída, reincidencia, repetición, reiteración.// Empeoramiento, desmejoramiento, agravación, reagudización, retroceso. *Ant.* Mejoría, restablecimiento.

recalar, llegar, fondear, anclar, arribar, penetrar.

recalcar, repetir, machacar, reiterar, acentuar, insistir, subrayar. *Ant.* Desistir.

recalcitrante, obstinado, pertinaz, contumaz, porfiado, terco, reacio, empedernido, rebelde, impenitente, incorregible. *Ant.* Razonable, flexible.

recámara, habitación, cuarto, sala, estancia.

recambio, repuesto, reserva, accesorio.

recapacitar, pensar, meditar, reflexionar, recapitular, sosegarse, arrepentirse, dominarse.

recapitulación, compendio, resumen, síntesis, revisión, sumario, inventario, revista, minuta, extracto.

recapitular, sintetizar, resumir, revisar, rememorar, repasar, reducir, recordar, inventariar. *Ant.* Ampliar, olvidar.

recargado-da, profuso, abigarrado, complicado, exuberante, pomposo, sobrecargado, exagerado, excesivo. *Ant.* Sencillo, elegante.

recargar, aumentar, sobrecargar, abarrotar, abrumar, acumular, llenar, elevar, encarecer. *Ant.* Rebajar, aligerar, disminuir.// Abigarrar, emperifollar, complicar.

recargo, aumento, incremento, sobreprecio, encarecimiento, gravamen, multa. *Ant.* Rebaja.

recatado-da, discreto, reservado, circunspecto, modoso, prudente. *Ant.* Indiscreto.// Honesto, pudoroso, decente, decoroso, modesto, casto, púdico. *Ant.* Impúdico, indecoroso.

recato, discreción, reserva, prudencia, comedimiento. *Ant.* Indiscreción, imprudencia.// Honestidad, decoro, vergüenza, modestia, castidad, pudibundez, humildad. *Ant.* Impudicia, descaro.

recaudación, cobranza, percepción, reembolso, ingreso, recaudo. *Ant.* Pago, abono.

recaudar, cobrar, percibir, recibir, ingresar, recolectar, recoger, embolsar. *Ant.* Pagar, abonar.

recelar, temer, desconfiar, maliciar, sospechar, dudar, barruntar, preocuparse. *Ant.* Confiar.

recelo, sospecha, temor, malicia, barrunto, suspicacia, desconfianza, susceptibilidad, escrúpulo, suposición, conjetura. *Ant.* Confianza, seguridad.

receloso-sa, desconfiado, malicioso, temeroso, suspicaz. *Ant.* Confiado.

recepción, admisión, ingreso, entrada, recibo, aceptación. *Ant.* Expulsión.// Recibimiento, bienvenida, acogida, saludo. *Ant.* Despedida.// Fiesta, ceremonia.

receptáculo, recipiente, vasija, saco, funda, vaso, bolso, cavidad, cápsula.

receso, descanso, suspensión, intervalo, vacación, cese de actividades.

receta, fórmula, prescripción, composición, mezcla.

recetar, prescribir, ordenar, aconsejar, formular, disponer.

rechazar, negar, repeler, expulsar, rehusar, rehuir, ahuyentar, apartar, alejar, despedir, repudiar, oponerse, refutar, repugnar. *Ant.* Atraer, aprobar, aceptar.

rechazo, repudio, repulsa, expulsión, despido. *Ant.* Atracción, aceptación.

rechifla, protesta, desaprobación, abucheo, burla, mofa. *Ant.* Aplauso.

rechinar, chirriar, crujir, gruñir, crepitar, resonar.

rechoncho-cha, gordo, barrigudo, regordete, rollizo, gordinflón, obeso, grueso, robusto.

rechupete

rechupete (de), bueno, exquisito, agradable, excelente, soberbio.

recibidor, recibimiento, vestíbulo, antecámara, entrada, antesala, estancia.

recibir, aceptar, acoger, percibir, admitir, adoptar, tomar. *Ant.* Ofrecer.// Cobrar, percibir, obtener. *Ant.* Rechazar.

recibo, resguardo, vale, documento, cupón, bono, talón, comprobante.

recidumbre, fortaleza, vigor, energía, fuerza, firmeza, robustez, vitalidad, ánimo, empuje, potencia, poder. *Ant.* Debilidad.

reciente, nuevo, flamante, moderno, actual, estrenado, naciente, fresco, tierno, contemporáneo. *Ant.* Viejo, estropeado. *Par.* Resiente.

recinto, espacio, perímetro, lugar, aposento, estancia, habitación, ambiente, cámara.

recio-cia, vigoroso, fuerte, potente, fornido, forzudo, robusto, animoso, enérgico, firme, corpulento, vital, poderoso. *Ant.* Débil, endeble.// Riguroso, desapacible, extremado. *Ant.* Apacible, suave.

recipiente, envase, vasija, receptáculo, vaso, pote, olla, cacharro.

reciprocidad, correspondencia, correlatividad, correlación, relación, mutualidad, intercambio, alternación. *Ant.* Unilateralidad.

recíproco-ca, correlativo, correspondiente, relacionado, mutuo, bilateral, relativo, equitativo, alternativo. *Ant.* Unilateral.

recitación, declamación, recitado, discurso, narración. *Ant.* Silencio.

recitado, recitación (v.).

recitar, decir, pronunciar, declamar, narrar, entonar, hablar, leer.// Narrar, contar, referir, explicar, relatar. *Ant.* Callar.

reclamación, solicitud, demanda, exigencia, petición, ruego, protesta, súplica, reproche, queja. *Ant.* Concesión.

reclamar, pedir, solicitar, exigir, demandar, requerir, recabar, protestar, quejarse, reivindicar, reprochar, suplicar, querellarse. *Ant.* Conceder.

reclamo, llamada, voz, canto, atracción, sugestión, señuelo. *Ant.* Silencio.// Publicidad, propaganda, pregón. *Ant.* Secreto.

reclinarse, apoyarse, inclinarse, recostarse, ladearse, descansar. *Ant.* Erguirse.

recluir, confinar, encerrar, encarcelar, aprisionar, arrestar, aislar, enclaustrar, internar, enrejar. *Ant.* Libertar, rescatar.

reclusión, encerramiento, internamiento, aislamiento, prisión, encierro, enclaustramiento, presidio, encarcelamiento. *Ant.* Liberación.

recluso-sa, presidiario, preso, prisionero, encerrado, aislado, confinado, incomunicado, convicto, cautivo, penado, reo. *Ant.* Libre.

recluta, conscripto, enrolado, enganchado, soldado, bisoño. *Ant.* Licenciado.

reclutar, alistar, enganchar, levar, enrolar, incorporar, inscribir, movilizar. *Ant.* Licenciar, despedir.

recobrar, recuperar, rescatar, resarcir, reintegrar, reconquistar, reembolsar, rehabilitar. *Ant.* Perder.// -se, mejorarse, reponerse, restablecerse, convalecer. *Ant.* Empeorarse.

recodo, esquina, rincón, vuelta, recoveco, revuelta, ángulo, curva. *Ant.* Recta.

recoger, reunir, tomar, congregar, recolectar, acopiar, acumular. *Ant.* Tirar, desparramar.// Encerrar, guardar, asilar, internar, albergar. *Ant.* Echar.// -se, encerrarse, retirarse, aislarse, enclaustrarse. *Ant.* Salir.

recogido-da, retirado, aislado, apartado, recluido, retraído, solitario, alejado. *Ant.* Comunicado.

recogimiento, reflexión, meditación, reconcentración, devoción, unción. *Ant.* Dispersión.// Aislamiento, apartamiento, abstracción, retraimiento, retiro, reclusión. *Ant.* Comunicación, entretenimiento, libertad.

recolección, cosecha, siega. *Ant.* Siembra.// Recaudación, cobranza.// Compendio, resumen, recopilación. *Ant.* Ampliación.// Reunión, acopio, acumulación, almacenamiento. *Ant.* Dispersión.

recolectar, cosechar, segar, coger. *Ant.* Sembrar, arar.// Recopilar, resumir, compendiar. *Ant.* Ampliar.// Reunir, acopiar, almacenar, acumular. *Ant.* Dispersar.

recoleto-ta, austero, sobrio, recatado, retirado, alejado. *Ant.* Mundano.

recomendación, advertencia, consejo, aviso, sugerencia, admonición, exhortación. *Ant.* Omisión.// Influencia, intercesión, protección, favoritismo. *Ant.* Desamparo.// Alabanza, elogio, ensalzamiento. *Ant.* Crítica.

recomendado-da, favorecido, protegido, beneficiado, privilegiado. *Ant.* Desamparado.

recomendar, aconsejar, avisar, advertir, exhortar, sugerir, pedir, invitar, insinuar. *Ant.* Omitir.// Influir, interceder, favorecer, proteger, amparar, apadrinar, mediar. *Ant.* Desamparar.// Elogiar, alabar, ensalzar, *Ant.* Criticar.

recompensa, retribución, premio, propina, pago, remuneración, compensación, gratificación, galardón, merced. *Ant.* Castigo.

recompensar, remunerar, satisfacer, premiar, galardonar, retribuir, compensar, gratificar, resarcir, indemnizar, homenajear. *Ant.* Castigar, sancionar.

recomponer, reparar, enmendar, rehacer, arreglar, componer, reformar. *Ant.* Descomponer, desarreglar.

reconcentración, ensimismamiento, aislamiento, abstracción, reserva.

reconcentrar, concentrar, reunir, agrupar. *Ant.* Dispersar.// Aislarse, abstraerse, ensimismarse.

reconciliación, avenencia, acuerdo, arreglo, componenda, entendimiento, apaciguamiento, pacificación. *Ant.* Separación, hostilidad.

reconciliar, interceder, apaciguar, mediar, reunir, aproximar. *Ant.* Enemistar, alejar.// -se, amigarse, unirse, olvidar, hacer las paces. *Ant.* Enemistarse, separarse.

recóndito-ta, apartado, oculto, profundo, íntimo, secreto, arcano, encubierto, furtivo, disimulado. *Ant.* Conocido, superficial.

reconfortar, reanimar, vivificar, fortalecer, consolar, alentar, animar. *Ant.* Desalentar, desanimar.

reconocer, investigar, examinar, sondear, registrar, inspeccionar, observar, escrutar, verificar, revisar, fiscalizar, vigilar. *Ant.* Obviar, omitir.// Aceptar, admitir, acatar, conceder. *Ant.* Negar.// Acordarse, evocar, identificar, distinguir. *Ant.* Olvidar.// Considerar, reputar, advertir. *Ant.* Desentenderse.

reconocido-da, agradecido, obligado, deudor. *Ant.* Desagradecido, ingrato.// Identificado, comprobado, observado, examinado. *Ant.* Omitido.

reconocimiento, examen, exploración, inspección, registro, estudio, investigación, observación, revista. *Ant.* Omisión.// Agradecimiento (v.). *Ant.* Ingratitud.// Aceptación, acatamiento. *Ant.* Desentendimiento.// Recuerdo, evocación, reminiscencia. *Ant.* Olvido.

reconquista, recuperación, reivindicación, rescate, restauración, restablecimiento, desquite. *Ant.* Pérdida.

reconquistar, recobrar, recuperar, redimir, reivindicar, rescatar, libertar, restaurar, reparar, restablecer. *Ant.* Perder.

reconstituir, curar, fortalecer, regenerar, recobrar. *Ant.* Debilitar.// Reorganizar, reconstruir (v.), rehacer. *Ant.* Destruir.

reconstituyente, confortante, vigorizante, reconfortante, fortalecedor. *Ant.* Debilitante.

reconstrucción, restauración, reconstitución, reparación, reedificación, reanudación, arreglo, recuperación, restablecimiento. *Ant.* Demolición, destrucción.

reconstruir, reedificar, reparar, rehacer, restablecer, arreglar, reconstituir (v.). *Ant.* Demoler, derribar.

reconvención, reproche, reprensión, amonestación, admonición. *Ant.* Aprobación, alabanza.

reconvenir, reprochar, recriminar, reprender, regañar, amonestar, increpar, reñir. *Ant.* Aprobar, alabar.

recopilación, compendio, selección, antología, colección, resumen, extracto. *Ant.* Dispersión.

recopilar, resumir, coleccionar, compendiar, reunir, recolectar. *Ant.* Dispersar.

recordar, rememorar, evocar, remembrar, acordarse, memorar, conmemorar, invocar, recapitular, revivir. **Ant.** Olvidar.

recordatorio, aviso, memorándum, comunicación, nota, advertencia.// Celebración, conmemoración.

recorrer, transitar, deambular, venir, ir, atravesar, andar, cruzar, viajar, peregrinar. **Ant.** Detenerse.

recorrido, viaje, trayecto, ruta, itinerario, trecho, trayectoria, marcha, tránsito, jornada. **Ant.** Detención, parada.

recortado-da, cercenado, cortado, mutilado, irregular, desigual, desparejo. **Ant.** Entero, regular.

recortar, cortar, cercenar, pelar, talar, mondar, podar, truncar, segar, partir, atusar, tusar, amputar, esquilar.// Limitar, disminuir, empequeñecer. **Ant.** Aumentar.

recorte, corte, poda, cercenamiento, sección, truncamiento.// Retazo, sobrante, residuo. **Ant.** Totalidad.

recostar-se, reclinar, inclinar, descansar, ladear, apoyar. **Ant.** Enderezar.

recoveco, vuelta, recodo (v.), revuelta, sinuosidad, rincón, curva, esquina, meandro, ángulo. **Ant.** Recta.// Artilugio, artificio, ardid, evasiva, trampa. **Ant.** Descubierta.

recreación, recreo (v.), diversión, esparcimiento, entretenimiento, solaz, pasatiempo, distracción, juego. **Ant.** Aburrimiento.

recrear, rehacer, regenerar. **Ant.** Destruir.// -se, distraerse, divertirse, refocilarse, complacerse, gozar, regocijarse, deleitarse. **Ant.** Aburrirse.

recreativo-va, entretenido, divertido, ameno, agradable, placentero, regocijante, alegre. **Ant.** Aburrido.

recreo, recreación (v.), distracción, fiesta, placer, asueto, solaz, vacación, holganza, entretenimiento, regodeo, juego, esparcimiento. **Ant.** Aburrimiento, trabajo.

recriminación, reproche, reprimenda, reprobación, observación, amonestación, admonición, acusación, regaño, sermón, filípica. **Ant.** Aprobación, elogio.

recriminar, reprochar, amonestar, reconvenir, aconsejar, censurar, advertir, regañar, reprender, sermonear. **Ant.** Aprobar, alabar.

recrudecer, agravar, intensificar, aumentar, redoblar, recaer. **Ant.** Disminuir.

recrudecimiento, aumento, incremento, intensificación, agravamiento, redoblamiento, empeoramiento. **Ant.** Disminución, mejoría.

rectangular, cuadrilongo, cuadrangular.

rectificación, corrección, reparación, modificación, enmienda, cambio, transformación.// Retractación, rebatimiento, desdecimiento. **Ant.** Corroboración, ratificación.

rectificar, corregir, enmendar, reformar, modificar, mejorar, perfeccionar, reajustar. **Ant.** Estropear.// Abjurar, arrepentirse. **Ant.** Ratificar.

rectitud, derechura, horizontalidad, verticalidad. **Ant.** Sinuosidad.// Honradez, integridad, probidad, moralidad, justicia, honestidad, legalidad, equidad. **Ant.** Injusticia, deshonestidad.

recto-ta, íntegro, justo, probo, honrado, honesto, ecuánime, imparcial. **Ant.** Injusto, deshonesto.// Derecho, vertical, horizontal, rectilíneo, seguido, alineado, erguido. **Ant.** Curvo, sinuoso.

recua, arria, reata, tropa, traílla, manada.

recubierto-ta, envuelto, protegido, revestido. **Ant.** Descubierto.

recubrir, cubrir, revestir, forrar, tapizar, abrigar, resguardar, vestir. **Ant.** Descubrir, desvestir.

recuento, arqueo, inventario, repaso, escrutinio, balance, cómputo.

recuerdo, memoria, recordación, reminiscencia, remembranza, evocación, rememoración, huella, vestigio. **Ant.** Olvido.

recular, retroceder (v.).// Ceder, transigir, claudicar, renunciar, flaquear. **Ant.** Insistir, permanecer.

recuperación, reivindicación, rescate, restauración, reembolso, resarcimiento. **Ant.** Pérdida.// Mejora, restablecimiento, cura, convalescencia. **Ant.** Agravamiento, empeoramiento.

recuperar, rescatar, recobrar, resarcirse, redimir, reivindicar, reconquistar, restaurar. **Ant.** Perder.// -se, recobrarse, restablecerse, mejorarse, convalecer, aliviarse, sanarse. **Ant.** Desmejorarse, agravarse.

recurrir, apelar, acudir, pedir, solicitar, buscar, acogerse, requerir, llamar, invocar. **Ant.** Abandonar.// Litigar, demandar, pleitear.// Repetirse, reiterarse, reincidir.

recurso, medio, procedimiento, modo, táctica, manera.// Apelación, demanda, requerimiento, informe, exhorto, requisitoria, pleito, instancia.// -s, bienes, fortuna, medios, capital, fondos, caudales, patrimonio. **Ant.** Indigencia, pobreza.

recusación, objeción, reprobación, repulsa, inadmisión. **Ant.** Admisión, aceptación.

recusar, denegar, rechazar, repeler, negar. **Ant.** Aceptar, aprobar.

red, trampa, ardid, treta, astucia, engaño, lazo, asechanza, celada.// Malla, redecilla, urdimbre, enrejado, retículo, trama, tejido.// Aparejo, esparvel, traína.// Sistema, organización, servicio, distribución.

redacción, escrito, composición, escritura, expresión.

redactar, escribir, componer, idear, concebir, expresar, representar.

redada, batida, incursión, arresto, apresamiento, detención. **Ant.** Liberación.

redaño, mesenterio, peritoneo, epiplón.

redargüir, rebatir, contradecir, objetar, impugnar, rechazar, replicar, refutar. **Ant.** Aceptar.

rededor, contorno, periferia, marco. **Ant.** Lejanía.

redención, liberación, rescate, emancipación, salvación, independencia, manumisión, libertad, sufragio, reconquista. **Ant.** Esclavitud, sometimiento.

redentor-ra, salvador, liberador, protector, emancipador, defensor.

redil, apero, aprisco, encerradero.

redimir, liberar, rescatar, emancipar, manumitir, salvar, libertar, librar, eximir, reconquistar, perdonar, exonerar. **Ant.** Oprimir, esclavizar.

rédito, renta, beneficio, producto, rendimiento, provecho, ganancia, utilidad, interés. **Ant.** Pérdida, quebranto.

redituar, producir, rendir, rentar.

redivivo-va, resucitado, reaparecido, resurgido. **Ant.** Muerto.

redoblar, intensificar, aumentar, duplicar, doblar. **Ant.** Disminuir.// Tocar, percutir, golpear, tamborilear.

redoma, damajuana, frasco, botija, garrafa, botellón, porrón, matraz.

redomado-da, astuto, taimado, cauteloso, sagaz, ladino. **Ant.** Inocente, ingenuo.

redondear, curvar, combar, ovalar.// Completar, perfeccionar.

redondo-da, esférico, circular, combado, cilíndrico, curvo, globular, anular. **Ant.** Cuadrado, recto.// Claro, evidente, rotundo, comprensible, completo, perfecto. **Ant.** Imperfecto, inacabado.

reducción, rebaja, deducción, disminución, merma, baja, descuento, aminoramiento, decrecimiento, retracción. **Ant.** Aumento, desarrollo.// Resumen, compendio, condensación. **Ant.** Ampliación.

reducido-da, exiguo, escaso, restringido, ceñido, limitado, breve, corto. **Ant.** Amplio, grande.

reducir, disminuir, aminorar, mermar, menguar, rebajar, menoscabar, estrechar, restringir, achicar, atenuar, limitar, circunscribir, abreviar. **Ant.** Aumentar.// Condensar, resumir, compendiar. **Ant.** Ampliar.

reducto, fortificación, defensa, refugio, posición.

redundancia, exceso, abundancia, demasía, sobra, ampulosidad, repetición (v.). **Ant.** Concisión.

redundante, ampuloso, enfático, hinchado, pomposo. **Ant.** Conciso.// Repetido, reiterativo, insistente. **Ant.** Parco.

redundar, resultar, acarrear, causar, provocar, obrar.// Salirse, rebosar, derramarse.

reedificar, rehacer, reconstruir (v.).

reembolsar, devolver, reintegrar, pagar, compensar, indemnizar, restituir. *Ant.* Recibir, retener.

reembolso, reintegro, devolución, indemnización.

reemplazante, suplente, sustituto, sucesor.

reemplazar, sustituir, suceder, suplir, relevar, representar. *Ant.* Mantenerse, continuar.

reemplazo, relevo, sustitución, cambio, suplencia. *Ant.* Permanencia.

referencia, relación, relato, narración.// Alusión, nota, mención, comentario, reseña, observación.// **-s**, recomendación, informaciones, calificación, datos.

referéndum, consulta, votación, sufragio, comicio, elección.

referente, relativo, pertinente, concerniente, atinente, relacionado, referido.

referir, relatar, narrar, contar, exponer, explicar, detallar. *Ant.* Omitir, callar.// Relacionar, vincular, encadenar, atribuir. *Ant.* Separar, desvincular.// **-se**, aludir, mencionar, citar. *Ant.* Silenciar.

refinación, purificación, depuración, limpieza, expurgación. *Ant.* Impurificación.

refinado-da, delicado, exquisito, fino, distinguido, elegante, primoroso. *Ant.* Tosco, vulgar.// Depurado, clarificado, purificado. *Ant.* Impuro.

refinamiento, delicadeza, elegancia, exquisitez, perfección, finura, distinción. *Ant.* Vulgaridad, imperfección.

refinar, clarificar, purificar, perfeccionar, depurar, limpiar, pulir, filtrar, tamizar. *Ant.* Impurificar, descuidar.// **-se**, mejorarse, esmerarse. *Ant.* Empeorar.

refirmar, confirmar, corroborar, afirmar, ratificar, aseverar, revalidar, mantener. *Ant.* Negar.

reflejar, reflectar, rebotar, reverberar, devolver, fulgurar, emitir, espejar.// Mostrar, expresar, manifestar. *Ant.* Retener.

reflejo, reverberación, destello, irradiación, espejeo, reacción, rebote, irradiación, fulgor, vislumbre, brillo.// Automático, inconsciente, involuntario, maquinal, irreflexivo. *Ant.* Deliberado, consciente.

reflexión, consideración, cavilación, meditación, introspección, recapacitación, abstracción, especulación, pensamiento, estudio, examen. *Ant.* Despreocupación, precipitación.

reflexionar, pensar, meditar, cavilar, considerar, deliberar, pensar, atender, especular, capacitar, reconcentrarse, ensimismarse, examinar, rumiar, discernir, discurrir, analizar. *Ant.* Descuidar, precipitarse.

reflexivo-va, pensativo, considerado, concienzudo, meditabundo, juicioso, sensato. *Ant.* Irreflexivo.

refocilar-se, solazar, recrear, divertir, alegrar, entretener, deleitar. *Ant.* Aburrir.

reforma, renovación, reparación, modificación, transformación, mudanza, cambio, restauración, mejoramiento, corrección, enmienda, rectificación, perfección. *Ant.* Conservación.

reformar, arreglar, reparar, renovar, modificar, transformar, cambiar, reorganizar, corregir, enmendar, perfeccionar, rectificar, restaurar, mejorar. *Ant.* Conservar, mantener.

reformatorio, correccional, internado, asilo, encierro.

reforzado-da, fortalecido, fortificado, robustecido, vigorizado.

reforzar, fortalecer, fortificar, robustecer, vigorizar, consolidar, afianzar, apoyar. *Ant.* Debilitar.// Intensificar, aumentar, añadir, engrosar. *Ant.* Disminuir.

refractario-ria, reacio, opuesto, remiso, contrario, rebelde, irreductible, contumaz. *Ant.* Dócil.// Ignífugo, ininflamable, incombustible. *Ant.* Inflamable.

refrán, proverbio, adagio, dicho, aforismo, sentencia, máxima, moraleja.

refregar, frotar, estregar.

refrenar, contener, moderar, frenar, detener, sujetar, sofrenar. *Ant.* Reprimir, domar, limitar, corregir, cohibir. *Ant.* Descomedir, desbocarse.

refrendar, avalar, autorizar, respaldar, garantizar, aprobar, legalizar. *Ant.* Desautorizar, desaprobar.

refrescante, refrigerante, enfriante, mitigante, calmante, sedante. *Ant.* Abrasador, calorífero.

refrescar, refrigerar, helar. *Ant.* Calentar.// Mitigar, atemperar, moderar, calmar, disminuir. *Ant.* Calentar, acalorar.// Recordar, evocar, revivir. *Ant.* Olvidar.// Renovar, rejuvenecer, reverdecer. *Ant.* Conservar, envejecer.

refresco, bebida, limonada, naranjada, gaseosa.

refriega, combate, batalla, pelea, encuentro, riña, contienda, disputa, escaramuza, reyerta, pendencia. *Ant.* Armonía, paz.

refrigerar, enfriar, refrescar, helar, atemperar, congelar, aterir. *Ant.* Calentar.

refrigerio, refresco, colación, tentempié, piscolabis, aperitivo.

refrito, copia, refundición, recopilación, imitación, repetición, pastiche. *Ant.* Original.

refuerzo, ayuda, socorro, protección, auxilio, colaboración, amparo, asistencia. *Ant.* Desamparo.// Apoyo, sostén, soporte, puntal, contrafuerte.

refugiado-da, asilado, exiliado, desterrado, expatriado. *Ant.* Repatriado.

refugiar, acoger, amparar, auxiliar, proteger, cobijar, asistir, salvaguardar. *Ant.* Desamparar, perseguir.// **-se**, esconderse, ocultarse, guarecerse, cobijarse, albergarse, resguardarse. *Ant.* Exponerse.

refugio, asilo, amparo, ayuda, protección, cobijo, acogida. *Ant.* Desamparo.// Albergue, alojamiento, hospicio.

refulgente, resplandeciente, brillante, radiante, luminoso, esplendoroso, rutilante, espléndido. *Ant.* Opaco.

refulgir, resplandecer, fulgurar, brillar, lucir, esplender, relumbrar, arder, irradiar. *Ant.* Oscurecer.

refundir, rehacer, reformar, modificar.// Fusionar, recopilar, unir.

refunfuñar, renegar, murmurar, gruñir, rezongar, mascullar, quejarse, protestar, reprochar. *Ant.* Alabar.

refutable, indefinible, impugnable, insostenible, rebatible, discutible, rechazable, controvertible, inconsistente. *Ant.* Aceptable, admisible, irrefutable.

refutar, contradecir, rebatir, objetar, impugnar, replicar, resistir, repeler, rechazar, oponer, controvertir, combatir. *Ant.* Admitir, aprobar.

regadío, fértil (v.), regadizo. *Ant.* Yermo.// Cultivo, sembradío, sembrado, terreno, parcela, huerta. *Ant.* Secano.

regalado-da, barato, gratis, gratuito.// Placentero, deleitoso, cómodo, agradable, sabroso. *Ant.* Desagradable, incómodo.

regalar, obsequiar, dar, entregar, ofrendar, ofrecer, dispensar, gratificar, halagar, agasajar, lisonjear, festejar. *Ant.* Recibir, vender.// **-se**, recrearse, alegrarse, deleitarse, regocijarse. *Ant.* Aburrirse, molestarse.

regalía, franquicia, privilegio, prerrogativa, excepción, concesión, preeminencia, ventaja. *Ant.* Desventaja, igualdad.// Sobresueldo, gratificación, plus.

regalo, obsequio, presente, ofrenda, don, gratificación, donativo, óbolo, propina, agasajo, dádiva. *Ant.* Venta, préstamo.// Comodidad, bienestar, placer, regocijo. *Ant.* Malestar.

regañar, refunfuñar (v.), reprender, amonestar, recriminar, reprochar, increpar, reconvenir, sermonear. *Ant.* Elogiar, alabar.// Disputar, pelear, contender, lidiar, enemistarse, enfadarse. *Ant.* Amigarse, apaciguarse.

regaño, reproche, reconvención, represión, amonestación, admonición, sermón. *Ant.* Elogio.

regar, mojar, rociar, bañar, irrigar, salpicar, impregnar, humedecer, inundar. *Ant.* Secar.

regata, carrera, competición, prueba, competencia, certamen.

regatear, discutir, cicatear, debatir.

regazo, falda, enfaldo.// Amparo, cobijo, refugio, consuelo. *Ant.* Desamparo.

regencia, administración, dirección, gobierno, jefatura, tutela.

regeneración, restauración, renovación, restablecimiento, innovación, reforma, reconstitución, renacimiento, perfeccionamiento. *Ant.* Vicio, corrupción.

regenerar-se, renovar, reconstituir, mejorar, reformar, restaurar, rehabilitar, recuperar, salvar, redimir, corregir, enmendar. *Ant.* Enviciar, descarriar.

regentar, regir, administrar, gobernar, presidir, dirigir. *Ant.* Obedecer, servir.

regidor-ra, concejal, edil, gobernante, consejero.

régimen, dirección, gobierno, administración, reglamentación.// Sistema, método, modo, procedimiento, política, regla, orden. *Ant.* Desorden.// Dieta, moderación, abstinencia, tratamiento, medicación.

regio-gia, soberbio, suntuoso, magnífico, majestuoso, espléndido, grandioso, ostentoso, fastuoso, imponente. *Ant.* Humilde.// Real, imperial, palaciego, soberano. *Ant.* Plebeyo.

región, área, zona, territorio, comarca, término, demarcación, provincia, país, nación.

regional, territorial, provincial, comarcal.// Particular, local, típico. *Ant.* Nacional.

regir, reinar, regentar, gobernar, mandar, dirigir. *Ant.* Obedecer.// Reglamentar, reglar, establecer, determinar. *Ant.* Desorientar.// Estar vigente, funcionar, actuar.

registrar, examinar, inspeccionar, mirar, reconocer, investigar, cachear. *Ant.* Desinteresarse.// Anotar, inventariar, copiar, asentar, inscribir, apuntar, matricular, empadronar. *Ant.* Anular.// Grabar, imprimir.

registro, padrón, inventario, catálogo, protocolo, archivo, anales, catastro.// Libro, cuaderno, diario, lista.// Inscripción, patente, anotación, asiento, matriculación, apunte.// Búsqueda, examen, investigación, rastreo, exploración, inspección, palpación, cacheo, incursión, batida.// Grabación.

regla, precepto, mandato, norma, estatuto, reglamento, regulación, guía, ordenanza, pauta, fórmula, modelo. *Ant.* Desorden, indisciplina.// Templanza, moderación, morigeración. *Ant.* Exceso.// Menstruación.

reglamentación, regulación, codificación, ordenación, estatuto, disciplina. *Ant.* Irregularidad, anarquía.

reglamentar, ordenar, arreglar, regular, preceptuar, regir, regularizar, estatuir, codificar, reglar. *Ant.* Desorganizar, desordenar.

reglamentario-ria, legal, lícito, establecido, reglado, preceptuado, ordenado, admitido. *Ant.* Irregular, antirreglamentario.

reglamento, orden, estatuto, ley, ordenanza, código, norma, precepto, regla (v.).

reglar, regular, ajustar, rectificar, corregir. *Ant.* Desajustar.// Reglamentar (v.).

regocijado-da, divertido, contento, alegre, gozoso, jubiloso, exultante, ufano, satisfecho, placentero, animado, alborozado. *Ant.* Triste, desanimado.

recocijar-se, alegrar, divertir, alborozar, entretener, solazar, recrear, deleitar, contentar, satisfacer, entusiasmar. *Ant.* Entristecer, sufrir.

regocijo, alegría, diversión, contento, júbilo, fiesta, jolgorio, entusiasmo, algazara, placer, regodeo, alborozo, hilaridad, bulla, animación. *Ant.* Tristeza, lamentación, fastidio.

regodearse, complacerse, regalarse, deleitarse, regocijarse, recrearse, alegrarse. *Ant.* Aburrirse, entristecerse.

regodeo, solaz, diversión, alborozo, algazara, regocijo (v.), alegría, contento. *Ant.* Tristeza, fastidio, aburrimiento.

regresar, volver, retornar, tornar, reingresar, retroceder, reanudar, repatriar. *Ant.* Alejarse, salir, marcharse.

regresión, retroceso, involución, retracción, retrogradación, retirada, huida. *Ant.* Avance.

regreso, retorno, vuelta, reingreso, reaparición. *Ant.* Ida, marcha.

regulación, reglamento, normalización, orden, regla, estatuto, código, ley, sistema.

regular, regulado, metódico, uniforme, medido, reglamentado, normal, común, usual, habitual, repetido. *Ant.* Irregular, desusado.// Mediano, mediocre, vulgar, razonable, intermedio. *Ant.* Malo, bueno.// Reglamentar, reglar, ordenar, ajustar, regularizar, organizar, legalizar, medir, sistematizar, preceptuar, estatuir. *Ant.* Desordenar.

regularidad, uniformidad, orden, periodicidad, método, precisión, regulación, puntualidad, normalidad, disciplina, observancia, obediencia. *Ant.* Irregularidad, desorden, anormalidad.

regularizar, ordenar, ajustar, regular (v.), metodizar, normalizar. *Ant.* Irregularizar.

regurgitar, eructar, vomitar, expeler, devolver, expulsar, lanzar. *Ant.* Retener.

rehabilitación, reivindicación, desagravio, reparación, restablecimiento, readmisión, restitución, recuperación. *Ant.* Destitución.

rehabilitar, reivindicar, restituir, restablecer, reponer, redimir, salvar, rescatar, recuperar. *Ant.* Descarriar, destituir.

rehacer, reconstruir, reformar, recomponer, reparar, refundir, restablecer, reedificar, rehabilitar, renovar. *Ant.* Destruir.// -se, sobreponerse, recobrarse, reanimarse.

rehén, prenda, fianza, garantía, seguro, recaudo.// Prisionero, detenido, secuestrado, retenido.

rehuir, eludir, soslayar, rehusar, sortear, esquivar, evitar. *Ant.* Afrontar.// Aislarse, retraerse, apartarse. *Ant.* Encararse.

rehusar, rechazar, esquivar, rehuir, negar, repudiar, desdeñar, objetar, desestimar, despreciar, denegar, menospreciar. *Ant.* Aceptar, estimar.

reinado, dominio, predominio, mando, imperio, autoridad, potestad, regencia, dominación. *Ant.* Inferioridad, sometimiento.

reinante, actual, dominante, imperante, presente, existente, gobernante. *Ant.* Pasado.

reinar, gobernar, regir, mandar, dominar, imperar, dirigir, regentar. *Ant.* Abdicar, obedecer.

reincidencia, reiteración, repetición, contumacia, obstinación, terquedad, recurrencia, porfía. *Ant.* Enmienda, reparación.

reincidente, insistente, contumaz, recalcitrante, terco, rebelde. *Ant.* Dócil.

reincidir, reiterar, repetir, insistir, recaer, incurrir, rebelarse, insubordinarse, obstinarse, reanudar. *Ant.* Escarmentar, desistir.

reincorporación, reintegro, regreso, reingreso, rehabilitación, restablecimiento. *Ant.* Retención, denegación.

reincorporar, devolver, restituir, reponer, reingresar, restablecer, reintegrar. *Ant.* Retener, negar.

reino, dominio, imperio, reinado, soberanía, feudo, monarquía, territorio, nación, país, dinastía.// Dominio, ámbito, campo, especialidad.

reintegración, devolución, reposición, restitución, reintegro, resarcimiento, reincorporación. *Ant.* Retención, negación.

reintegrar, devolver, restituir, reponer, resarcir, recuperar, restablecer, reconstruir, regresar, reingresar. *Ant.* Conservar, retener.

reintegro, devolución, reembolso, entrega, pago. *Ant.* Retención.// Póliza, documento.

reír-se, gozar, carcajear, desternillarse, celebrar, estallar. *Ant.* Llorar.// Burlarse, chancearse, humillar, ridiculizar, embromar, mofarse. *Ant.* Tomar en serio, respetar.

reiteración, repetición (v.).

reiterar, repetir, insistir, redoblar, machacar, redundar, renovar, porfiar, reafirmar, ratificar. *Ant.* Desistir, abandonar.

reivindicación, reclamación, demanda, exigencia, queja, protesta, solicitud.// Recuperación, irredentismo, restitución, rescate, desagravio, reparación, resarcimiento. *Ant.* Abandono, renuncia.

reivindicar, exigir, pedir, solicitar, pretender, reclamar, protestar.// Vindicar, redimir, recuperar, resarcir, rehabilitar, restituir, reparar. *Ant.* Desistir, abandonar.

reja, cancela, verja, barrote, enrejado, celosía.

rejilla, celosía, enrejado, rejuela, mirilla.

rejo, punta, aguijón, rejón, púa, pincho.

rejonear, picar, torear, lidiar, herir.

rejuvenecer, remozar, refrescar, renovar, vigorizar, reverdecer, modernizar, robustecer, fortalecer, restablecerse, tonificar, revivir. *Ant.* Envejecer, debilitar.

relación, descripción, narración, relato, referencia, informe, memoria, explicación.// Correspondencia, dependencia, unión, ilación, vínculo, enlace, correlatividad, conexión, correlación, asociación, articulación, entendimiento, lazo, nexo, parentesco. **Ant.** Desconexión, desvinculación.// **-es**, amigos, trato, conocimiento, influencias. **Ant.** Enemistad.

relacionar-se, enlazar, conectar, vincular, coordinar, emparentar, combinar, reunir, unir, eslabonar, entrelazar, asociar, juntar. **Ant.** Desvincular, desconectar.// Competer, atañer, concernir, afectar, incumbir, corresponder, importar.

relajación, laxitud, flojedad, relajamiento, aflojamiento, debilitamiento, relajo. **Ant.** Tensión.// Alivio, disminución, atenuación, desahogo. **Ant.** Preocupación.// Depravación, inmoralidad, descarrío, desenfreno, disolución, corrupción. **Ant.** Moralidad, virtud.

relajar, laxar, aflojar, enervar, distender, desahogar, calmar, aliviar, tranquilizar. **Ant.** Tensar.// Corromper, viciar, desenfrenar, envilecer, descarriar, depravar. **Ant.** Conservar, regenerar.

relajo, desorden, desenfreno, inmoralidad, vicio, corrupción. **Ant.** Virtud, moralidad.

relamerse, jactarse, gloriarse, deleitarse, regodearse, disfrutar, gozar.

relamido-da, acicalado, afectado, atildado, compuesto, remilgado, almidonado, presumido. **Ant.** Natural, abandonado.

relámpago, fulgor, resplandor, centella, relampagueo, chispazo, descarga, rayo.

relampaguear, fucilar, fulgurar, resplandecer, brillar, centellear, deslumbrar.

relatar, contar, narrar, referir, decir, notificar. **Ant.** Callar, silenciar.

relativo-va, relacionado, referente, tocante, perteneciente, correspondiente. **Ant.** Ajeno.// Limitado, condicional, incidental, subordinado, condicionado, restringido, indefinido, indeterminado, contingente. **Ant.** Absoluto.

relato, narración, crónica, exposición, explicación, referencia, detalle, pormenor, cuento, informe, reseña, historia. **Ant.** Omisión, silencio.

releer, repasar, estudiar, repetir, profundizar.

relegar, postergar, apartar, posponer, olvidar, rechazar, excluir, arrinconar. **Ant.** Considerar, ensalzar.// Desterrar, deportar, expatriar, aislar. **Ant.** Repatriar.

relente, sereno, humedad, rocío, vaho.

relevante, notable, sobresaliente, superior, descollante, excelente, eximio, selecto, inmejorable, magnífico, inestimable, extraordinario. **Ant.** Corriente, vulgar, insignificante.

relevar, reemplazar, sustituir, suplir, suplantar.// Exonerar, eximir, liberar, absolver, perdonar. **Ant.** Castigar, acusar.

relevo, sustitución, reemplazo, cambio, permuta.

relieve, realce, saliente, resalte, bulto, perfil, prominencia, protuberancia, abultamiento. **Ant.** Hendidura, concavidad.// Importancia, grandeza, esplendor, mérito, magnificencia, valía, renombre. **Ant.** Insignificancia.

religión, creencia, fe, dogma, credo, culto, doctrina, confesión, convicción, piedad, fervor, devoción. **Ant.** Impiedad, irreligión, ateísmo.

religiosidad, devoción, piedad, creencia, fervor, fe, dogma, celo, cumplimiento. **Ant.** Impiedad, ateísmo, irreligiosidad.// Puntualidad, exactitud. **Ant.** Impuntualidad.

religioso-sa, devoto, piadoso, místico, fervoroso, pío, fiel, creyente. **Ant.** Impío, ateo.// Ordenado, profeso. **Ant.** Seglar.

reliquia, vestigio, traza, señal, fragmento, resto.// Antigualla. **Ant.** Novedad.

rellano, tramo, plataforma, descansillo.

rellenar, atiborrar, atestar, henchir, llenar, colmar, inundar, atracar, embotar, completar, hartar. **Ant.** Vaciar.// Refundir, allanar, nivelar, tapar, alisar.

relleno-na, saturado, sobrecargado, repleto, atiborrado, colmado, atestado, harto, abarrotado. **Ant.** Vacío.

reloj, cronómetro, cronógrafo, horario, metrónomo.

reluciente, brillante, relumbrante, resplandeciente, fulgurante, esplendoroso, esplendente, centellante. **Ant.** Opaco, deslustrado.

relucir, lucir, brillar, resplandecer, centellar, deslumbrar, refulgir. **Ant.** Oscurecerse, deslucir.// Sobresalir, resaltar, destacar. **Ant.** Empequeñecerse.

relumbrante, resplandeciente (v.), brillante, reluciente, fulgurante. **Ant.** Opaco.

relumbrar, brillar, resplandecer, deslumbrar, rutilar, relucir (v.). **Ant.** Oscurecer, apagarse.

remachado-da, clavado, sujeto, atornillado, machacado, fijo.

remachar, machacar, clavar, aplastar, doblar. **Ant.** Desclavar.// Afianzar, insistir, recalcar, asegurar. **Ant.** Desistir.

remache, roblón, clavo, perno, clavija, sujetador.

remanente, residuo, sobrante, restyo, restante, desecho, sobras, escoria. **Ant.** Totalidad.// Saldo, liquidación.

remanso, balsa, recodo, meandro, revuelta, vado, hoya, recoveco. **Ant.** Rápido, corriente.

remar, bogar, impulsar, avanzar, paletear, sirgar.

remarcar, subrayar, destacar, señalar, recalcar, acentuar, marcar. **Ant.** Omitir, olvidar.

rematar, suprimir, eliminar, aniquilar, matar, exterminar, destruir, finiquitar, liquidar. **Ant.** Perdonar.// Finalizar, concluir, perfeccionar, completar, coronar, consumar. **Ant.** Empezar, comenzar.// Subastar, adjudicar, licitar, pujar, vender. **Ant.** Comprar.

remate, fin, término, conclusión, coronamiento, acabamiento. **Ant.** Inicio, comienzo.// Subasta, adjudicación, venta, licitación, liquidación, puja. **Ant.** Compra.

remedar, imitar, plagiar, fingir, parodiar, falsificar, emular, burlarse. **Ant.** Honrar, innovar.

remediar, reparar, subsanar, corregir, remendar, solucionar, restaurar. **Ant.** Estropear, deteriorar.// Auxiliar, socorrer, ayudar, aliviar, proteger. **Ant.** Abandonar.

remedio, medicina, medicamento, panacea, cura, tratamiento, fármaco, recurso.// Auxilio, ayuda, socorro, beneficio, favor, refugio. **Ant.** Abandono.

remedo, imitación, copia, simulacro, parodia, calco, refrito, burla, caricatura. **Ant.** Originalidad, creación.

remembranza, memoria, reminiscencia, evocación, recuerdo. **Ant.** Olvido, amnesia.

rememorar, recordar, evocar, acordarse, revivir, remembrar. **Ant.** Olvidar.

remendar, arreglar, zurcir, recoser, reparar, restaurar, recomponer. **Ant.** Romper, estropear.// Corregir, enmendar, rectificar. **Ant.** Reincidir, empeorar.

remesa, envío, encargo, partida, expedición, remisión. **Ant.** Recibo, recepción.

remiendo, parche, recosido, arreglo, compostura, zurcido, reparación, añadido.

remilgado-da, mojigato, melindroso, lamido, afectado, amanerado, relamido, rebuscado, ñoño, cursi. **Ant.** Natural.

remilgo, melindre, amaneramiento, afectación, cursilería, mojigatería, presuntuosidad, rebuscamiento. **Ant.** Naturalidad.

reminiscencia, evocación, recuerdo, memoria, remembranza, recordación. **Ant.** Olvido.

remirar-se, preocuparse, cuidar, esmerarse, reflexionar. **Ant.** Descuidar.

remisión, remesa (v.), envío. **Ant.** Recibo.// Perdón, absolución, indulto, dispensa, gracia. **Ant.** Castigo.

remiso-sa, reacio, refractario, renuente, tardo, lento, perezoso, recalcitrante. **Ant.** Decidido, resuelto, activo.

remitir, enviar, expedir, mandar, despachar, cursar, dirigir. **Ant.** Recibir.// Perdonar, eximir. **Ant.** Acusar.// Aplazar, diferir, retrasar, dilatar, suspender.

remojar, humedecer, empapar, ensopar, irrigar, regar (v.). **Ant.** Secar.

remojón, chapuzón, mojadura, zambullida, baño, empapamiento.

remolcar, arrastrar, tirar, atraer, acarrear, llevar, halar, empujar. **Ant.** Detener.

remolino, torbellino, vorágine, tromba, tolvanera, vórtice, turbulencia, ciclón, tornado, manga. **Ant.** Calma.

remolón-na, haragán, vago, indolente, perezoso, remiso, flojo, reacio, gandul, descuidado, tranquilo, renuente, refractario. **Ant.** Activo, dinámico, vivo.

remolonear, holgazanear, haraganear, holgar, rezagarse. **Ant.** Trabajar.

remolque, arrastre, acarreo, transporte, sirga.

remontar, subir, ascender, elevarse, despegar, escalar, volar, encumbrarse. **Ant.** Bajar.// Superar, progresar, adelantar, aventajar, vencer. **Ant.** Fracasar.

rémora, obstáculo, impedimento, dificultad, traba, lastre, contratiempo, estorbo, molestia, atasco, atranco. **Ant.** Facilidad, ayuda.

remorder, doler, pesar, atormentar, desasosegar, punzar, corroer, desazonar. **Ant.** Tranquilizarse.

remordimiento, arrepentimiento, pesar, sentimiento, dolor, pesadumbre, tormento, desazón, aflicción, pena, compunción, contrición, inquietud. **Ant.** Consuelo, paz.

remoto-ta, distante, lejano, apartato, retirado. **Ant.** Cercano.// Viejo, antiguo, arcaico, pasado, legendario, inmemorial, milenario. **Ant.** Actual, presente.// Incierto, improbable. **Ant.** Probable.

remover, mover, menear, sacudir, agitar, hurgar, escarbar, revolver. **Ant.** Parar, inmovilizar.

remozar, rejuvenecer, renovar, reformar, vivificar, rehabilitar, restaurar, reparar, arreglar, lozanear. **Ant.** Envejecer.

remuneración, retribución, gratificación, compensación, recompensa, sueldo, pago, salario, jornal, estipendio, haberes, honorarios. **Ant.** Exacción, descuento.

remunerar, retribuir, pagar, gratificar, indemnizar, premiar, recompensar. **Ant.** Deber.

renacer, revivir, reaparecer, renovarse, resurgir, retoñar, reverdecer, resucitar. **Ant.** Desaparecer, morir.

renacimiento, resurgimiento, renovación, reaparición, retorno, regeneración, resurrección. **Ant.** Muerte, desaparición.

rencilla, riña, trifulca, discordia, conflicto, altercado, disputa, cuestión, querella, encono, agarrada. **Ant.** Paz, concordia.

rencor, resentimiento, encono, inquina, odio, animadversión, antipatía, ojeriza, aversión, enemistad. **Ant.** Simpatía, afecto.

rencoroso-sa, hostil, malintencionado, odioso, resentido, vengativo, sañudo, cruel. **Ant.** Afectuoso, indulgente.

rendición, entrega, capitulación, rendimiento, derrota, sumisión, acatamiento, resignación. **Ant.** Resistencia, rebeldía.

rendido-da, obsequioso, galante, sumiso, atento. **Ant.** Indiferente, distante.// Fatigado, cansado, extenuado, molido, agotado. **Ant.** Descansado.

rendija, hendidura, raja, hendedura, abertura, grieta, resquicio, fisura.

rendimiento, beneficio, utilidad, producto, renta, rédito, ganancia. **Ant.** Pérdida.

rendir, producir, beneficiar, redituar, rentar, fructificar, aprovechar, lucrar, compensar. **Ant.** Perjudicar.// -se, claudicar, capitular, entregarse, doblegarse, acatar, pactar, someter, ceder. **Ant.** Resistir, rebelarse.// Fatigarse, extenuarse, agotarse, desfallecer, abatirse. **Ant.** Descansar.

renegado-da, perjuro, desleal, traidor, infiel, desertor. **Ant.** Fiel, leal.

renegar, desertar, renunciar, traicionar, abandonar, repudiar. **Ant.** Permanecer.// Perjurar, blasfemar, maldecir, vituperar, insultar. **Ant.** Alabar.

renombrado-da, reconocido, afamado, reputado, famoso, célebre, acreditado, prestigioso, insigne, ínclito. **Ant.** Desconocido, humilde.

renombre, celebridad, fama, popularidad, notoriedad, prestigio, estima, crédito, honor, gloria. **Ant.** Descrédito, anonimato.

renovación, reforma, restauración, regeneración, rejuvenecimiento, remozamiento, modernización, transformación, rehabilitación, reconstrucción. **Ant.** Conservación.

renovar, modernizar, reformar, regenerar, rejuvenecer, restablecer, reconstruir, restaurar, remozar, rehabilitar, innovar, reemplazar. **Ant.** Conservar.

renta, beneficio, utilidad, rendimiento, producto, provecho, ganancia, rentabilidad, lucro. **Ant.** Pérdida.// Pensión, retiro, rédito, remuneración, jubilación, interés.

rentable, productivo, beneficioso, útil, provechoso, conveniente. **Ant.** Desventajoso.

rentar, producir, rendir, fructificar, lucrar, redituar. **Ant.** Perder.

renuencia, resistencia, indocilidad, rebeldía. **Ant.** Docilidad.

renuente, reacio, contrario, remiso. **Ant.** Dócil.

renuncia, abandono, cesación, resignación, dimisión, cese. **Ant.** Permanencia.// Sacrificio, abnegación, claudicación.

renunciar, dimitir, desistir, abandonar, abdicar, declinar, resignar, abjurar, retirarse, cesar, dejar. **Ant.** Permanecer.// Sacrificarse, privarse, abnegarse.

reñido-da, enemistado, indispuesto, hostil, contrario, peleado. **Ant.** Amistoso.// Encarnizado, feroz, sañudo, sangriento, duro. **Ant.** Tranquilo, pacífico.

reñir, pelear, disputar, pugnar, luchar, altercar, pleitear, combatir, batallar, contender. **Ant.** Pacificar, avenirse.// Amonestar, reprender, regañar, increpar, reconvenir. **Ant.** Elogiar, alabar.// Enemistarse, enfadarse, indisponerse, disgustarse. **Ant.** Amigarse.

reo-a, culpable, convicto, condenado, inculpado, acusado. **Ant.** Inocente.// Malvado, bribón, vago, malandrín. **Ant.** Virtuoso, bueno.

reorganizar, restaurar, renovar, restablecer, reajustar, regularizar, cambiar, modificar. **Ant.** Desorganizar, empeorar.

repantigarse, arrellanarse, acomodarse, retreparse. **Ant.** Erguirse.

reparación, arreglo, compostura, restauración, reforma, saneamiento, renovación. **Ant.** Desarreglo, abandono.// Desagravio, resarcimiento, compensación, satisfacción, indemnización. **Ant.** Agravio.

reparar, arreglar, componer, restaurar, reformar, remendar, rehacer, recomponer, renovar. **Ant.** Desarreglar, estropear, abandonar.// Resarcir, remediar, compensar, satisfacer, desagraviar, rehabilitar, indemnizar. **Ant.** Agraviar.// Mirar, advertir, observar, percatarse, fijarse, atender, considerar, notar. **Ant.** Omitir.

reparo, defensa, resguardo, abrigo, protección, parapeto. **Ant.** Desprotección, abandono.// Objeción, advertencia, censura, crítica, pero. **Ant.** Facilidad.// Miramiento, aprensión, timidez, vergüenza. **Ant.** Atrevimiento.

repartición, división, partición, prorrateo, reparto.

repartir, dividir, distribuir, proporcionar, adjudicar, asignar, prorratear, racionar, dosificar, separar, esparcir, donar. **Ant.** Acaparar.

reparto, distribución, división, adjudicación, prorrateo, dosificación,a signación, proporción, ración, entrega. **Ant.** Monopolio, acaparamiento.

repasar, examinar, verificar, corregir, enmendar, retocar, mejorar, perfeccionar. **Ant.** Estropear.// Releer, estudiar, revisar.

repaso, verificación, inspección, examen, reconocimiento. **Ant.** Desinterés, abandono,.// Estudio, repetición, leída, ojeada.// Remate, culminación, rectificación, retoque. **Ant.** Descuido.

repatriar, restituir, devolver, reintegrar, regresar a la patria. **Ant.** Expatriar, desterrar.

repecho, cuesta, rampa, pendiente, escarpa, subida.

repelente, repulsivo, desagradable, repugnante, asqueroso, recusable, inadmisible. **Ant.** Agradable, atractivo.

repeler, rechazar, repudiar, desechar, rehusar, despreciar, despachar, arrojar. **Ant.** Atraer.// Impugnar, oponerse, denegar, refutar, contradecir. **Ant.** Admitir.

repente (de), inesperadamente, de improviso, de pronto, súbitamente, repentinamente, impensadamente. **Ant.** Lentamente.

repentino-na, inesperado, imprevisto, rápido, súbito, instantáneo, inopinado, insospechado, pronto. **Ant.** Premeditado, lento.

repercusión, efecto, alcance, consecuencia, secuela, trascendencia, derivación, resultado. *Ant.* Causa, intrascendencia.

repercutir, trascender, causar, implicar, resultar, derivar, influir, obrar. *Ant.* Eludir.

repertorio, inventario, colección, compilación, catálogo, recopilación, lista, muestra.

repetición, insistencia, reproducción, reanudación, reiteración, imitación, reincidencia, asiduidad, porfía, contumacia, pertinacia. *Ant.* Variación.

repetido-da, insistente, recurrente, periódico, reiterado, frecuente, redundante, habitual. *Ant.* Variado.// Copiado, reproducido, imitado. *Ant.* Original, único.

repetir, reiterar, reincidir, insistir, recurrir, reanudar, porfiar, machacar, reproducir, imitar, duplicar, reeditar. *Ant.* Desistir.

replcar, doblar, repiquetear, resonar, tañer.

replque, tañido, repiqueteo, sonido, redoble. *Ant.* Silencio.

replsa, estante, ménsula, soporte, anaquel, rinconera, estantería.

replegar-se, retroceder, retirarse, ceder, alejarse, irse, recular. *Ant.* Avanzar.

repleto-ta, lleno, colmado, atestado, pleno, henchido, atiborrado, pletórico. *Ant.* Vacío.// Harto, saciado, satisfecho, ahíto. *Ant.* Falto.

réplica, respuesta, contestación, alegato, objeción, protesta, contraposición, negación. *Ant.* Conformidad.// Copia, reproducción, calco, duplicado, facsímil.

replicar, contestar, contradecir, responder, oponer, argumentar, argüir, rebatir, impugnar, alegar, objetar, protestar, rechazar. *Ant.* Asentir, callar.

repliegue, retirada, retroceso, alejamiento, huida, desvío. *Ant.* Avance, resistencia.// Pliegue, doblez.

repoblar, colonizar, desarrollar, instalarse, fomentar. *Ant.* Descolonizar, despoblar, abandonar.// Cultivar, replantar, sembrar. *Ant.* Abandonar.

reponer, restituir, restablecer, reintegrar, reformar, reemplazar, restaurar, rehabilitar, reparar, reanudar. *Ant.* Apropiarse, conservar.// **-se**, restablecerse, recobrarse, sanar, mejorarse. *Ant.* Empeorarse.

reportaje, información, crónica, noticia, artículo, reseña.

reportar, lograr, producir, obtener, crear. *Ant.* Perder.// Informar, reseñar, denunciar, notificar.// **-se**, contenerse, refrenarse, moderarse, apaciguarse, calmarse. *Ant.* Excitarse, desenfrenarse.

reposado-da, apacible, quieto, tranquilo, sosegado, pacífico, moderado, manso, sereno, plácido, juicioso, reflexivo. *Ant.* Intranquilo, irreflexivo.

reposar, descansar, dormir, sosegarse, desahogarse, holgar, parar. *Ant.* Agitarse, trabajar.

reposición, reconstitución, reforma, restablecimiento, renovación, reinstalación, reconstrucción, reintegración, rehabilitación, retorno, repuesto. *Ant.* Destrucción.

reposo, descanso, quietud, tranquilidad, sosiego, calma, inmovilidad, ocio, placidez, siesta, sueño. *Ant.* Inquietud, movimiento, actividad.

reprender, reconvenir, increpar, reprochar, amonestar, reñir, corregir, regañar, censurar, sermonear, reprobar, acusar. *Ant.* Alabar, elogiar.

reprensión, reconvención, amonestación, increpación, reprobación, regaño, sermón, reprimenda, riña, reproche. *Ant.* Elogio, alabanza, encomio.

represa, embalse, estanque, presa.

represalia, venganza, desquite, revancha, resarcimiento, reparación, castigo, vindicación, satisfacción, desagravio. *Ant.* Perdón.

represar, estancar, detener, embalsar, estacionar.

representación, imagen símbolo, idea, figura, alegoría, personificación.// Delegación, embajada, encargo, misión.// Función, espectáculo, velada.

representante, delegado, emisario, agente, suplente, portavoz, nuncio, comisionado, embajador.// Cónsul, diplomático, dignatario.

representar, encarnar, personificar, simbolizar, figurar, ejemplificar.// Aparentar, simular, parecer.// Sustituir,

reemplazar, relevar, delegar, apoderar.// Interpretar, actuar, desempeñar, protagonizar.

represión, freno, contención, prohibición, limitación, coacción, restricción. *Ant.* Autorización, libertad.

reprimenda, amonestación, represión, regaño, reproche, recriminación, reconvención, sermón, riña, desaprobación, censura. *Ant.* Elogio, encomio.

reprimir, contener, frenar, medir, dominar, limitar, sofrenar, coercer, aplacar, apaciguar, moderar. *Ant.* Estimular, estallar.

reprobación, reprensión, desaprobación, censura, crítica, condena, vituperación, desautorización. *Ant.* Aprobación.

reprobar, condenar, desaprobar, censurar, vituperar, reprochar, reconvenir, denigrar. *Ant.* Aprobar, elogiar.

réprobo-ba, maldito, condenado, execrable, hereje. *Ant.* Bendito.

reprochar, recriminar, reprender, regañar, reprobar, desaprobar, reconvenir, condenar, acusar, censurar, vituperar. *Ant.* Aprobar, alabar.

reproche, recriminación, censura, regaño, reconvención, desaprobación, queja, represión, desautorización, vituperio. *Ant.* Elogio, aprobación.

reproducción, multiplicación, proliferación, difusión, generación, repetición. *Ant.* Extinción.// Copia, imitación, duplicación, calco, repetición, plagio, remedo. *Ant.* Original.

reproducir, imitar, calcar, copiar, repetir, duplicar. *Ant.* Inventar, crear.// **-se**, propagarse, difundirse, desarrollarse, multiplicarse, proliferar, pulular, generarse. *Ant.* Extinguirse.

reptar, arrastrarse, zigzaguear, serpentear, deslizarse.

repudiar, rechazar, despreciar, apartar, expulsar, desconocer, desechar, rehusar, negar, aborrecer, repeler. *Ant.* Aceptar.

repudio, rechazo, repulsión, expulsión, repugnancia, aborrecimiento, exclusión, abandono, separación. *Ant.* Aceptación.

repuesto, recambio, accesorio, provisión, reserva, suplemento.// **-ta**, mejorado, aliviado, restablecido, recuperado, convaleciente. *Ant.* Agravado, recaído.

repugnancia, náusea, asco, basca.// Aversión, aborrecimiento, repulsión, odio, antipatía. *Ant.* Atracción.

repugnante, repulsivo, repelente, asqueroso, desagradable, sucio, nauseabundo, inmundo, infecto. *Ant.* Agradable, bonito.

repugnar, asquear, repeler, rechazar, desagradar, disgustar, resistir, rehusar. *Ant.* Atraer, aceptar.

repulsa, repulsión (v.).

repulsión, adversión, rechazo, repugnancia (v.), antipatía. *Ant.* Atracción.

repulsivo-va, asqueroso, desagradable, repelente, repugnante (v.). *Ant.* Atractivo, agradable.

reputación, renombre, prestigio, crédito, nombradía, celebridad, fama, notoriedad, nota, consideración, merecimiento, popularidad, gloria, honra, prez. *Ant.* Descrédito, impopularidad.

reputar, juzgar, estimar, considerar, valorar, conceptuar, calificar, preciar. *Ant.* Descalificar.

requemar, quemar, tostar, calcinar. *Ant.* Enfriar, apagar.

requerimiento, demanda, solicitación, exigencia, requisitoria, petición, exhorto. *Ant.* Contestación.

requerir, intimar, advertir, avisar, notificar.// Solicitar, pedir, pretender, demandar, invitar. *Ant.* Contestar.

requiebro, lisonja, piropo, halago, galanteo, cortejo. *Ant.* Vituperio.

requisa, confiscación, incautación, requisición, comiso, embargo, expropiación. *Ant.* Devolución.// Inspección, revista, registro, cateo.

requisar, incautarse, apoderarse, confiscar, embargar, decomisar. *Ant.* Devolver.

requisito, condición, requerimiento, formalidad, obligación, limitación. *Ant.* Informalidad, facilidad.

requisitoria, requerimiento (v.), interrogación, interpelación. *Ant.* Respuesta.

res, rumiante, vacuno, bovino.

resabio, vicio, defecto, lacra, achaque. *Ant.* Virtud.// Desazón, amargura, disgusto.

resaltar, destacar, distinguirse, sobresalir, aventajar, descollar, predominar, diferenciarse, señalarse, relevar. *Ant.* Confundirse, rebajar.

resalto, saliente, prominencia, relieve, resalte, reborde, remate, punta, filo. *Ant.* Hendidura, concavidad.

resarcimiento, indemnización, compensación, reparación, desquite, desagravio, restitución. *Ant.* Daño.

resarcir, indemnizar, compensar, reintegrar, reparar, recompensar, devolver, enmendar, restituir, recuperar. *Ant.* Quitar, retener.

resbalar, deslizarse, escurrirse, rodar, patinar.// Errar, fallar, equivocarse. *Ant.* Acertar.

resbalón, deslizamiento, desplazamiento, traspié, tropiezo.// Desacierto, yerro, equivocación, pifia. *Ant.* Acierto.

rescatar, recobrar, redimir, recuperar, salvar, liberar, reconquistar. *Ant.* Retener, perder.

rescate, restitución, recuperación, reivindicación, salvación, salvamento, reconquista, resarcimiento, redención. *Ant.* Pérdida.// Pago, reembolso, entrega. *Ant.* Retención.

rescindir, anular, invalidar, cancelar, abolir, abjurar, deshacer, revocar, derogar. *Ant.* Confirmar.

rescisión, anulación, cancelación, abolición, derogación. *Ant.* Convalidación.

resentido-da, ofendido, enfadado, disgustado, molesto, agraviado, contrariado. *Ant.* Conforme, desagraviado.

resentimiento, ofensa, disgusto, animosidad, enfado, rencor, enojo, agravio, inquina, descontento, indignación, envidia. *Ant.* Alegría, conformidad.

resentirse, ofenderse, molestarse, enfadarse, disgustarse, mosquearse, agraviarse. *Ant.* Contentarse.// Aflojar, flaquear, debilitarse, languidecer, desmayar, dolerse. *Ant.* Fortalecerse.

reseña, resumen, detalle, descripción, narración. *Ant.* Omisión.

reseñar, describir, referir, narrar, contar, resumir (v.). *Ant.* Omitir, callar.

reserva, repuesto, previsión, recambio, almacenamiento, stock. *Ant.* Imprevisión.// Discreción, recato, sigilo, comedimiento, prudencia, moderación, silencio, precaución, circunspección, secreto. *Ant.* Imprudencia, indiscreción.// -s, ahorros, base, fondos.

reservado-da, discreto, disimulado, cauteloso, silencioso, reticente, circunspecto, cauto, prudente, receloso, retraído. *Ant.* Abierto, expansivo.// Secreto, privado, confidencial. *Ant.* Divulgado, evidente.

reservar, guardar, separar, retener, apartar, conservar. *Ant.* Usar.// Ahorrar, economizar, aprovisionar, almacenar. *Ant.* Gastar, despilfarrar.// -se, callar, omitir, ocultar, esconder, encubrir. *Ant.* Hablar.

resfriado, resfrío (v.).

resfrío, resfriado, catarro, constipado, enfriamiento.

resfriarse, acatarrarse, constiparse.

resguardar, preservar, proteger, defender, abrigar, salvaguardar, amparar, auxiliar, guarecer. *Ant.* Exponer.

resguardo, amparo, seguridad, protección, auxilio, abrigo, cobijo, defensa, refugio, apoyo, reparo. *Ant.* Desamparo.

residencia, morada, hogar, estancia, mansión, sede, habitación.// Dirección, paradero, refugio.

residente, morador, habitante, poblador, vecino, inquilino, colono.

residir, vivir, habitar, morar, radicar, domiciliarse, afincarse, asentarse, arrendar, alquilar, albergarse.

residuo, resto, desecho, vestigio, sobras, remanente, desperdicio, sobrante.

resignación, conformidad, sometimiento, paciencia, mansedumbre, docilidad, aguante, acatamiento, rendición. *Ant.* Inconformismo, rebeldía.

resignar-se, someterse, doblegarse, avenirse, aguantar, acatar, conformarse, condescender, consentir. *Ant.* Rebelarse.

resistencia, fuerza, solidez, vigor, consistencia, entereza, fortaleza, potencia, robustez, dureza, aguante. *Ant.* Debilidad.// Rebeldía, oposición, renuencia, intransigencia, reacción. *Ant.* Docilidad, aceptación.// Dificultad, obstrucción. *Ant.* Facilidad.

resistente, fuerte, duro, firme, robusto, vigoroso, consistente, poderoso, potente, tenaz, incansable, invulnerable, vital. *Ant.* Débil, frágil, blando.

resistir, soportar, aguantar, tolerar, sufrir, sostener, transigir. *Ant.* Rebelarse.// Rechazar, reaccionar, oponer, rebatir, pugnar, pelear, desafiar, enfrentarse, desobedecer. *Ant.* Desistir, someterse.

resolución, audacia, osadía, atrevimiento, valor, intrepidez, ánimo, arresto. *Ant.* Indecisión, cobardía.// Decisión, disposición, sentencia, providencia, conclusión, dictamen, determinación, decreto.// Diligencia, rapidez, presteza, prontitud. *Ant.* Lentitud, irresolución.

resolver, determinar, solucionar, arreglar, remediar, despachar, expedir, dirimir, terminar. *Ant.* Complicar.// Decidir, decretar, disponer, dictaminar.

resonante, sonoro, rimbombante, ruidoso, estrepitoso, ensordecedor. *Ant.* Silencioso, sordo.

resonar, repercutir, retumbar, tronar, atronar, bramar, rugir. *Ant.* Acallar, silenciar.

resorte, muelle, fuelle, elástico, espiral, fleje, tensor, ballesta, suspensión.

respaldar, apoyar, defender, favorecer, amparar, sostener, soportar, patrocinar, auxiliar, secundar. *Ant.* Abandonar, desamparar.

respaldo, espaldar, descanso, respaldar, espalda.// Apoyo, protección, amparo, defensa, soporte, favor. *Ant.* Desamparo, abandono.

respectivo-va, recíproco, mutuo.// Correspondiente, relativo, concerniente, referente. *Ant.* Ajeno, extraño.

respetable, venerable, serio, digno, honorable, admirable, noble, grave, notable, honrado, íntegro. *Ant.* Insignificante, indecente, indigno.// Importante, considerable, grande, vasto, extenso, amplio. *Ant.* Limitado, pequeño.

respetar, obedecer, honrar, considerar, estimar, venerar, admirar, reverenciar, enaltecer, acatar, rendirse. *Ant.* Despreciar, insolentarse, deshonrar.

respetuoso-sa, considerado, atento, complaciente, cumplido, reverente, amable, cortés, deferente, educado. *Ant.* Irrespetuoso, grosero, descortés.

respiración, espiración, inspiración, aspiración, ventilación.// Vaho, aliento, hálito, resoplido, resuello.

respirar, inspirar, espirar, aspirar, exhalar, expulsar, resoplar, resollar, alentar, acezar, jadear, suspirar. *Ant.* Asfixiarse.

respiro, alivio, reposo, descanso, sosiego, paz, tranquilidad, calma. *Ant.* Preocupación, trabajo.// Prórroga, pausa, tregua. *Ant.* Prosecución, reanudación.

resplandecer, relucir, relumbrar, brillar, fulgurar, alumbrar, centellear, deslumbrar, relampaguear. *Ant.* Oscurecerse, apagarse.

resplandeciente, reluciente, brillante, deslumbrante, fulgurante, relumbrante, radiante, luminoso, chispeante, centelleante, esplendente, relampagueante. *Ant.* Oscuro, apagado.

resplandor, brillo, fulgor, luminosidad, claridad, esplendor, centelleo, destello, relampagueo. *Ant.* Opacidad, oscuridad.

responder, replicar, contestar, alegar, argüir, argumentar, objetar, retrucar. *Ant.* Preguntar.// Avalar, garantizar, certificar, fiar, respaldar. *Ant.* Desconfiar, abandonar.

responsabilidad, compromiso, obligación, deber, carga, peso, exigencia.// Madurez, sensatez, juicio, formalidad, seriedad, solvencia. *Ant.* Irresponsabilidad.// Garantía, fianza, solidaridad, deuda, contrato, empeño.

responsable, solidario, garante, comprometido, avalista.// Sensato, conciente, maduro, juicioso, cumplidor, fiel, recto. *Ant.* Irresponsable.// Culpable, reo. *Ant.* Inocente.// Encargado, administrador, delegado, ejecutor, principal.

respuesta, réplica, contestación, satisfacción, solución. *Ant.* Pregunta, interrogación.

resquebrajadura, grieta, fractura, abertura, intersticio, raja, hendedura.

resquebrajar, rajar, hender, agrietar, abrir, quebrar, cuartear. *Ant.* Unir, cerrar.

resquemor, remordimiento, molestia, desazón, disgusto, pesadumbre, pena, tormento. *Ant.* Olvido, agrado.

resquicio, grieta, intersticio, hendidura, ranura, hendedura, abertura, hueco, espacio, rendija. *Ant.* Juntura.// Posibilidad, oportunidad, coyuntura, ocasión.

resta, sustracción, diferencia, disminución, descuento. *Ant.* Suma, aumento.

restablecer, reintegrar, reponer, restituir, reinstalar, restaurar, renovar, reanudar, reconstruir. *Ant.* Destituir, quitar.// **- se**, mejorar, sanar, recuperarse, curarse, convalecer, recobrarse, aliviarse. *Ant.* Empeorar.

restablecimiento, reparación, reposición, restitución, reintegración, reedificación, restauración, reconstitución. *Ant.* Destrucción, abandono.// Recuperación, convalecencia, mejoría, curación. *Ant.* Empeoramiento.

restallar, chasquear, estallar, chocar, crujir, crepitar, repercutir, resonar. *Ant.* Silenciar.

restañar, detener, parar, estancar, contener, atajar, obstruir. *Ant.* Soltar.

restar, sustraer, descontar, disminuir, rebajar, deducir, quitar, excluir, mermar, sacar. *Ant.* Sumar, añadir.

restauración, reparación, reconstrucción, restablecimiento, rehabilitación, reconstitución, regeneración. *Ant.* Destrucción, empeoramiento.

restaurar, reponer, restablecer, recobrar, recuperar, reparar, reintegrar, reconstruir, arreglar, componer. *Ant.* Destruir, deponer.

restitución, reintegración, restablecimiento, reposición, devolución, reintegro, restauración, renovación. *Ant.* Usurpación, retención.

restituir, devolver, reintegrar, reponer, restablecer, reembolsar, reincorporar. *Ant.* Quitar, retener.

resto, resta, resultado, diferencia, residuo, vestigio, fracción, parte, remanente, saldo. *Ant.* Total.// **-s**, sobras, desperdicios, basura, detrito, sedimentos.// Cadáver, despojos, muerto, cuerpo.

restregar, fregar, frotar, estregar, rozar, raer, raspar, rascar, limar, lijar, pulir, bruñir, limpiar. *Ant.* Acariciar, suavizar.

restricción, limitación, impedimento, obstáculo, reserva, prohibición. *Ant.* Licencia.

restringido-da, limitado, circunscrito, reducido, condicionado, acotado. *Ant.* Autorizado, permitido, extendido, amplio.

restringir, limitar, condicionar, ceñir, deslindar, reducir, coartar, prohibir, circunscribir, obstaculizar. *Ant.* Autorizar, permitir, liberar, extender.

resucitado-da, aparecido, redivivo. *Ant.* Muerto.

resucitar, renacer, revivir, reanimar, reencarnar, reaparecer, resurgir, restablecer, regenerar, restaurar. *Ant.* Morir, desaparecer.

resuello, jadeo, exhalación, respiración, aliento, resoplido, hálito.

resuelto-ta, decidido, determinado, osado, audaz, intrépido, denodado, arriesgado, temerario, atrevido, valiente. *Ant.* Indeciso, cobarde, timorato.// Rápido, ágil, expedito, diligente. *Ant.* Lento.

resultado, producto, efecto, consecuencia, derivación, alcance, fruto, desenlace, fin, conclusión. *Ant.* Causa, antecedente.

resultar, aparecer, manifestarse, comprobarse, suceder, ocurrir, evidenciarse.// Derivarse, deducirse, proceder, inferirse, implicar. *Ant.* Originarse.// Producir, rendir, beneficiar, fructificar, favorecer. *Ant.* Perder.

resumen, compendio, reducción, recapitulación, suma, recopilación, extracto, condensación, sumario, breviario. *Ant.* Ampliación. *Par.* Rezumen.

resumir, abreviar, extractar, recapitular, condensar, reducir, sintetizar, compendiar. *Ant.* Ampliar, detallar.

resurgir, reaparecer, renacer, resucitar, reanimarse, revivir, retornar, reencarnar. *Ant.* Desaparecer.

resurrección, renacimiento, resurgimiento, reaparición, regeneración, revivificación. *Ant.* Desaparición, muerte, agonía.

retaguardia, zaga, posterioridad, detrás, cola, extremidad. *Ant.* Vanguardia.

retahíla, serie, sarta, sucesión, hilera, fila, rosario.

retar, provocar, desafiar, incitar, encararse, amenazar. *Ant.* Apaciguar, aplacar.

retardar, atrasar, aplazar, diferir, retrasar, posponer, postergar, demorar, preterir, detener, prorrogar. *Ant.* Adelantar, acelerar.

retardo, atraso, demora, aplazamiento, dilación, prórroga, tardanza. *Ant.* Adelantamiento, urgencia.

retén, provisión, repuesto, prevención, reserva, acopio. *Ant.* Negligencia, escasez.

retención, reserva, detención, suspensión, obstrucción, retraso, dilación, detenimiento. *Ant.* Continuación.// Secuestro, arresto. *Ant.* Liberación.

retener, detener, paralizar, conservar, guardar, reservar, preservar, impedir, dificultar, retardar, estancar, inmovilizar. *Ant.* Soltar.// Monopolizar, concentrar, acaparar, confiscar. *Ant.* Distribuir.

reticencia, restricción, omisión, evasiva, rodeo, indirecta, tapujo. *Ant.* Franqueza.

retículo, red, malla, trama, urdimbre.

retirada, retroceso, repliegue, huida, desbandada, escapada, alejamiento, vuelta, retorno. *Ant.* Avance, progresión, resistencia.

retirado-da, apartado, lejano, solitario, separado, oculto. *Ant.* Cercano.// Insociable, huraño, incomunicado, enclaustrado. *Ant.* Sociable, comunicativo.// Jubilado, licenciado. *Ant.* Activo.

retirar, alejar, apartar, separar, distanciar, echar, restar, incomunicar, encerrar, aislar. *Ant.* Acercar.// **-se**, huir, retroceder, replegarse, escaparse, recular. *Ant.* Avanzar, resistir,// Jubilarse, licenciarse, renunciar. *Ant.* Ejercer, trabajar.

retiro, apartamiento, destierro, encierro, retraimiento, alejamiento, clausura, soledad, incomunicación, exclusión, recogimiento. *Ant.* Comunicación, sociabilidad, relación.// Jubilación, licenciamiento, pensión, licencia. *Ant.* Actividad.// Refugio, amparo, abrigo. *Ant.* Desamparo.

reto, provocación, amenaza, desafío, bravata. *Ant.* Acuerdo.// Advertencia, sermón, amonestación. *Ant.* Elogio.

retocar, arreglar, corregir, perfeccionar, modificar, restaurar, mejorar, componer. *Ant.* Dejar, abandonar.

retoñar, reverdecer, brotar, renovar, florecer. *Ant.* Secarse.

retoño, brote, vástago, renuevo, rebrote, pimpollo, botón, tallo, cogollo.// Hijo, descendiente, vástago, heredero, sucesor. *Ant.* Antecesor.

retoque, corrección, modificación, mejora, restauración, transformación. *Ant.* Empeoramiento.

retorcer, torcer, enroscar, arquear, curvar, combar, contorsionar, rizar. *Ant.* Enderezar, alisar, extender.

retorcido-da, curvo, rizado, ensortijado, arqueado, ondulado, enroscado. *Ant.* Enderezado, liso.// Complicado, intrincado, complejo. *Ant.* Simple, sencillo.// Tergiversador, maquiavélico, tortuoso, avieso, astuto, maligno, sinuoso. *Ant.* Derecho, leal.

retorcimiento, torcedura, retorcedura, ondulación, sinuosidad, curvatura, retorsión, contorsión, retortijón. *Ant.* Derechura.

retórica, oratoria, elocuencia, persuasión, convicción, argumentación, conceptuosidad, rebuscamiento. *Ant.* Sencillez, sobriedad.

retornar, regresar, volver, retroceder, replegarse, retirarse. *Ant.* Alejarse, salir.// Devolver, restituir, reintegrar. *Ant.* Apropiarse.

retorno, vuelta, regreso, retroceso, regresión. *Ant.* Ida, marcha.// Devolución, restitución, reintegro. *Ant.* Retención, usurpación.

retortijón, retorcimiento, contracción, contorsión, espasmo, torción, crispamiento, convulsión.

retozar, juguetear, travesear, corretear, brincar, saltar, jugar. *Ant.* Apaciguarse.

retractar-se, arrepentirse, desdecirse, rectificar, revocar, retroceder, abjurar, retirar. **Ant.** Ratificar, confirmar, sostener.

retraer-se, aislar, retirar, esquivar, rehuir, alejar, arrinconar, huir. **Ant.** Relacionar, frecuentar.

retraído-da, apartado, solitario, hosco, reservado, huraño, misántropo, insociable, introvertido, esquivo. **Ant.** Sociable.

retraimiento, retiro, inhibición, incomunicación, soledad, destierro, reserva, clausura, aislamiento. **Ant.** Comunicación.// Timidez, insociabilidad, introversión, cortedad. **Ant.** Sociabilidad, atrevimiento.

retrasar, atrasar, diferir, demorar, aplazar, retardar, dilatar, prorrogar, preterir, postergar, relegar. **Ant.** Avanzar, adelantar.

retraso, demora, aplazamiento, dilación, retardo, detención, diferimiento, suspensión, prórroga. **Ant.** Adelanto.// Atraso, ignorancia, incultura, decaimiento, miseria. **Ant.** Progreso.

retratar, fotografiar, copiar, pintar, dibujar, representar.// Detallar, describir, delinear.

retrato, reproducción, copia, representación, imagen, cuadro, pintura, fotografía, impresión.// Descripción, detalle, semblanza.

retrete, letrina, excusado, servicio, baño, urinario, inodoro.

retribución, remuneración, gratificación, pago, recompensa, asignación, estipendio, premio, indemnización, subvención, compensación. **Ant.** Deuda.

retribuir, pagar, remunerar, gratificar, subvencionar, recompensar, asignar, compensar, devolver, premiar, indemnizar. **Ant.** Deber, adeudar, percibir, cobrar.

retroceder, retirarse, recular, remontar, desandar, replegarse, escapar, abandonar, dar marcha atrás, huir. **Ant.** Avanzar, progresar.

retroceso, regresión, repliegue, retirada, retorno, vuelta, marcha atrás, abandono, regreso, contramarcha, huida. **Ant.** Avance, progreso.

retrógrado-da, reaccionario (v.), conservador, retardatario. **Ant.** Progresista.// Atrasado, salvaje, inculto. **Ant.** Adelantado.

retrospectivo-va, recapitulador, evocador. **Ant.** Presente, actual.

retruécano, conmutación, inversión, cambio.// Chiste, agudeza, ocurrencia, juego de palabras.

retumbante, atronador, estridente, resonante, ruidoso, escandaloso. **Ant.** Silencioso.

retumbar, resonar, sonar, estallar, restallar, atronar, escandalizar, ensordecer. **Ant.** Silenciar.

reunión, unión, fusión, agrupación, aglomeración, concentración, acumulación, convocatoria, conjunto, agrupamiento, grupo, sociedad. **Ant.** Desunión, separación, dispersión.// Velada, fiesta, tertulia, festejo, celebración.

reunir, juntar, unir, congregar, aglomerar, agrupar, concentrar, compilar, colectar, acumular. **Ant.** Separar, dispersar.// **-se**, encontrarse, concurrir, festejar.

reválida, revalidación, confirmación, corroboración, convalidación, aprobación. **Ant.** Rectificación, desaprobación, rechazo.

revalidar, ratificar, corroborar, confirmar, convalidar. **Ant.** Rectificar, desaprobar.

revancha, desquite, represalia, desagravio, resarcimiento, venganza, reparación, satisfacción. **Ant.** Olvido, perdón.

revelación, divulgación, manifestación, descubrimiento, publicación, difusión, declaración, exhibición. **Ant.** Ocultación.

revelar, descubrir, manifestar, declarar, divulgar, publicar, denunciar, pregonar, confesar, explicar, difundir. **Ant.** Ocultar, callar. **Par.** Rebelar.

reventar, resquebrajarse, abrirse, romperse. **Ant.** Cerrarse.// Estallar, detonar, deflagrar, volar, explotar, desintegrarse.// Salir, nacer, brotar.// **-se**, extenuarse, fatigarse, agobiarse, agotarse. **Ant.** Descansar.

reverberación, reflejo, destello, luminosidad, brillo, refracción, resol. **Ant.** Opacidad, oscuridad.

reverberar, reflejar, brillar, destellar, irradiar, refractar. **Ant.** Oscurecer.

reverdecer, renovar, regenerar, rejuvenecer, renacer, revivir, remozarse. **Ant.** Envejecer.

reverencia, respeto, veneración, homenaje, cumplido, acatamiento, pleitesía, sumisión.// Inclinación, venia, genuflexión, saludo. **Ant.** Irreverencia, desacato, insulto.

reverenciar, respetar, considerar, venerar, acatar, obedecer, inclinarse, servir, obedecer. **Ant.** Desobedecer.// Honrar, adorar, idolatrar, rendir honores. **Ant.** Ofender.

reverente, piadoso, respetuoso, devoto, obediente, sumiso. **Ant.** Irreverente.

reverso, dorso, vuelta, revés (v.).

revertir, volver, reintegrar, devolver, restituir

revés, vuelta, dorso, reverso, espalda, zaga, envés, contrario, trasero. **Ant.** Cara, anverso.// Bofetada, golpe, cachetada, sopapo. **Ant.** Caricia.// Contratiempo, desgracia, accidente, infortunio, percance, desastre, fracaso. **Ant.** Éxito, triunfo.

revestimiento, recubrimiento, capa, cubierta, envoltura, encofrado.

revestir, recubrir, vestir, forrar, cubrir, tapar, tapizar, guarnecer, bañar, encalar, encofrar, revocar. **Ant.** Descubrir, desnudar.

revisar, examinar, inspeccionar, reconocer, investigar, estudiar, vigilar, comprobar, verificar, fiscalizar. **Ant.** Descuidar.

revisión, examen, repaso, control, estudio, inspección, observación, exploración, verificación, comprobación, fiscalización. **Ant.** Descuido.

revista, examen, control, inspección, verificación, revisión, observación. **Ant.** Descuido.// Publicación, semanario, periódico, hebdomadario, boletín.

revivir, resucitar, renacer, vivificar, rejuvenecer, renovar, remozar, resurgir. **Ant.** Morir, acabar.// Rememorar, recordar, recapitular. **Ant.** Olvidar.

revocar, anular, cancelar, abolir, derogar, invalidar, rescindir, retractar, desdecir. **Ant.** Confirmar, aprobar.

revolcar, derribar, tirar, revolver, maltratar. **Ant.** Levantar, cuidar.// **-se**, estregarse, echarse, frotarse, tirarse, tumbarse, retorcerse. **Ant.** Levantarse.

revolotear, volar, aletear.

revoloteo, vuelo, revuelo, aleteo, agitación.

revoltijo, confusión, enredo, mezcla, embrollo, maraña, mezcolanza, fárrago, desorden. **Ant.** Orden.

revoltoso-sa, rebelde, insurrecto, sedicioso, alborotador, perturbador, sublevado, amotinado, revolucionario, turbulento, faccioso, agitador. **Ant.** Pacífico, sumiso.// Inquieto, travieso, vivaracho, juguetón, vivaz, alegre, indisciplinado, enredador. **Ant.** Sosegado.

revolución, sedición, sublevación, revuelta, levantamiento, insurrección, subversión, motín, agitación. **Ant.** Orden, disciplina.// Vuelta, giro, rotación.// Conmoción, renovación, transformación, modificación, innovación. **Ant.** Contrarrevolución.

revolucionar, sublevar, levantar, insurreccionar, subvertir, amotinar, agitar, excitar, conspirar, rebelarse, convulsionar, perturbar. **Ant.** Pacificar, obedecer.// Transformar, modificar, innovar, renovar, reformar, progresar. **Ant.** Mantener, conservar.

revolucionario-ria, rebelde, insurrecto, sedicioso, subversivo, agitador, amotinado, alborotador, conspirador, revoltoso, turbulento. **Ant.** Pacífico, obediente, disciplinado.// Innovador, renovador, reformador, creador, inventor, avanzado. **Ant.** Conservador.

revolver, mover, agitar, batir, remover, menear, hurgar, mezclar. **Ant.** Aquietar.// Escarbar, investigar, husmear, buscar, registrar. **Ant.** Ignorar.// Desordenar, embrollar, enredar, trastornar, desarreglar. **Ant.** Ordenar.// Meditar, reflexionar, discurrir (v.).

revuelo, agitación, conmoción, inquietud, tumulto, alboroto, confusión. **Ant.** Orden, calma.// Revoloteo, vuelo, aleteo.

revuelta, alboroto, revolución (v.).// Disputa, riña. **Ant.** Paz, calma.// Desvío, cambio, recodo, recoveco.

revuelto-ta, turbio, mezclado, mixturado. **Ant.** Claro, puro.// Agitado, trastornado. **Ant.** Sereno.// Inquieto, turbulento, revoltoso, tumultuoso. **Ant.** Calmo, apacible.

rey, monarca, soberano, señor, emperador, majestad. **Ant.** Vasallo, súbdito.

reyerta, disputa, pelea, rencilla, altercado, riña, pendencia, trifulca, escaramuza. **Ant.** Concordia, paz.

rezagado-da, atrasado, lento, tardo, negligente. **Ant.** Adelantado, rápido.

rezagar-se, retrasar, atrasar, demorar, tardar, suspender, diferir. **Ant.** Adelantar, avanzar.

rezar, orar, invocar, suplicar, pedir, impetrar. **Ant.** Blasfemar.

rezo, plegaria, oración, petición, adoración, ruego, súplica, impetración. **Ant.** Blasfemia.

rezongar, protestar, gruñir, refunfuñar, mascullar, renegar. **Ant.** Alegrarse.

rezumar, exudar, transpirar, sudar, filtrarse, gotear, escurrir, calar. **Ant.** Secarse, estancarse.

ría, desembocadura, estuario, embocadura, entrada. **Ant.** Nacimiento.

riachuelo, río, arroyuelo, riacho.

riada, avenida, crecida, diluvio, aluvión, aguada, inundación, desbordamiento, torrente, anegamiento. **Ant.** Sequía.

riba, orilla (v.), ribera (v.), ribazo.

ribazo, declive, talud, terraplén, pendiente. **Ant.** Llano.

ribera, orilla, margen, borde, costa, playa, litoral, riba, ribazo. **Par.** Rivera.

ribereño-ña, costero, litoral, costanero.

ribete, galón, cinta, borde, orla, filete, fleco, festón, orilla, orillo, reborde.

ribetear, orlar, festonear, galonear, rematar, adornar.

rico-ca, acaudalado, adinerado, opulento, pudiente, acomodado, millonario, potentado. **Ant.** Pobre.// Fecundo, abundante, copioso, fértil, floreciente, exuberante, próspero, feraz. **Ant.** Desértico, escaso, pobre.// Sabroso, apetitoso, gustoso, exquisito, delicioso, suculento. **Ant.** Insípido, repugnante.

ridiculez, extravagancia, excentricidad, disparate, irrisión, mamarrachada, burla, payasada. **Ant.** Seriedad.// Pequeñez, nimiedad, mezquindad. **Ant.** Importancia.

ridiculizar, burlarse, remedar, mofarse, avergonzar, zaherir, satirizar, escarnecer, caricaturizar. **Ant.** Alabar.

ridículo-la, grotesco, risible, extravagante, excéntrico, extraño, peculiar, irrisorio, caricaturesco, cómico, estrafalario, absurdo. **Ant.** Serio, grave.// Escaso, insignificante, trivial, pequeño. **Ant.** Importante, grande.// Melindroso, meticuloso, delicado, quisquilloso, puntilloso. **Ant.** Natural, sencillo.

riego, irrigación, regadío, mojadura, remojo, impregnación, humedecimiento, rociamiento, empapadura. **Ant.** Secado, sequía.

riel, vía, carril, raíl, entrevía.

rielar, lucir, destellar, resplandecer, rutilar, brillar, titilar, reflejar. **Ant.** Apagarse.

rienda, correa, brida, cincha, cabo, correaje, ronzal, freno, cabestro.// Contención, freno, moderación. **Ant.** Inmoderación.// Dirección, gobierno, conducción, guía, autoridad.

riesgo, peligro, inseguridad, exposición, albur, aventura, ocasión, apuro, azar, suerte, trance, dificultad, lance, escollo, eventualidad. **Ant.** Seguridad, certeza.

rifa, sorteo, lotería, tómbola, juego, azar, suerte, fortuna.

rifar, sortear, jugar.

rigidez, dureza, tensión, tiesura, tirantez, firmeza, resistencia, consistencia. **Ant.** Blandura, flexibilidad.// Rigurosidad, severidad, intransigencia, intolerancia. **Ant.** Flexibilidad, tolerancia.

rígido-da, duro, tenso, tirante, tieso, yerto, firme, erguido, consistente. **Ant.** Blando, flexible.// Estricto, riguroso, intransigente, inflexible, austero. **Ant.** Flexible, tolerante.

rigor, dureza, aspereza, intolerancia, severidad, rigidez, austeridad, rigurosidad, brusquedad. **Ant.** Blandura, benevolencia.// Inclemencia, crudeza, intensidad. **Ant.** Bonanza.// Precisión, exactitud, puntualidad, minuciosidad, escrupulosidad. **Ant.** Imprecisión, negligencia.// Rigidez, tiesura, endurecimiento, anquilosamiento, inflexibilidad. **Ant.** Blandura, flexibilidad.

rigurosidad, rigor (v.).

riguroso-sa, severo, inflexible, austero, estricto, duro, recio, implacable, firme, rígido. **Ant.** Blando, tolerante.// Exacto, preciso, minucioso, justo. **Ant.** Impreciso.// Inclemente, crudo, desapacible, brusco, extremado. **Ant.** Apacible.

rima, asonancia, consonancia.

rimar, asonantar, aconsonantar.// Versificar.

rimbombante, resonante, estruendoso, estrepitoso, atronador, altisonante. **Ant.** Callado, silencioso.// Pomposo, ostentoso, afectado, exagerado, grandilocuente, ampuloso. **Ant.** Discreto, sencillo.

rimero, montón, pila, cúmulo.

rincón, recodo, esquina, ángulo, entrante, recoveco, vuelta, canto.// Escondite, guarida, escondrijo, refugio.

riña, pelea, lucha, disputa, escaramuza, pugna, batalla, disgusto, conflicto, discusión, lid, contienda, altercado, gresca, trifulca, pendencia, camorra, encuentro, liza, forcejeo, refriega, hostilidad. **Ant.** Paz, entendimiento, concordia.// Regaño, reprensión, reconvención, amonestación. **Ant.** Elogio.

río, corriente, torrente, afluente.// Profusión, abundancia, caudal, afluencia, raudal. **Ant.** Escasez.

ripio, cascajo, residuo, escombro, desperdicio.// Superfluidad, palabrería. **Ant.** Esencia.

riqueza, abundancia, prosperidad, profusión, copia, opulencia, exuberancia, fertilidad, fecundidad. **Ant.** Escasez.// Hacienda, caudal, dinero, tesoro, medios. **Ant.** Pobreza, miseria.

risa, carcajada, sonrisa, risotada.// Regocijo, alegría, jolgorio, hilaridad. **Ant.** Seriedad, gravedad. **Par.** Riza.

risco, peña, peñasco, roca, piedra, peñón, acantilado, despeñadero, escarpadura.

ristra, hilera, fila, sarta, serie, cadena, ringlera, rosario, sucesión.

risueño-ña, sonriente, riente, alegre, contento, satisfecho, festivo, divertido, jocoso, placentero. **Ant.** Triste.// Halagüeño, próspero, favorable, prometedor. **Ant.** Infeliz, ruinoso.

rítmico-ca, armonioso, acompasado, cadencioso, periódico, constante, sincopado, mesurado. **Ant.** Desacompasado, disonante.

ritmo, cadencia, compás, regularidad, medida, armonía. **Ant.** Arritmia, irregularidad, disonancia.

rito, ceremonia, ritual, culto, protocolo, costumbre, solemnidad, regla.

ritual, rito (v.).

rival, competidor, adversario, contrario, enemigo, contrincante, antagonista, oponente, contendiente. **Ant.** Aliado.

rivalidad, oposición, contienda, antagonismo, competencia, hostilidad, enemistad, desavenencia, odio, lucha. **Ant.** Amistad, concordia.

rivalizar, luchar, pugnar, contender, oponerse, competir, desafiar. **Ant.** Ceder, desistir, acordar.

rivera, río (v.), arroyo. **Par.** Ribera.

rizado-da, ensortijado, crespo, ondulado, rizoso, retorcido, ondeado. **Ant.** Liso, lacio.

rizar, ensortijar, ondular, encrespar, retorcer. **Ant.** Alisar.

rizo, bucle, sortija, onda, tirabuzón.

robar, hurtar, sustraer, quitar, despojar, desvalijar, expoliar, timar, usurpar, apoderarse, asaltar, pillar, sacar, depredar, desplumar. **Ant.** Devolver, restituir.

robo, hurto, timo, fraude, engaño, saqueo, malversación, pillaje, ratería, latrocinio, expoliación, rapiña, depredación. **Ant.** Devolución, restitución.

robustecer-se, fortalecer, vigorizar, fortificar, reforzar, tonificar, endurecer, reanimar, consolidar, nutrir. **Ant.** Debilitar, adelgazar.

robustez, fuerza, vigor, firmeza, fortaleza, reciedumbre, pujanza, lozanía, poderío, ánimo, energía, brío. **Ant.** Debilidad, endeblez.

robusto-ta, fuerte, vigoroso, duro, fornido, recio, potente, endurecido, corpulento, pujante, fortachón, musculoso. **Ant**. Débil, endeble.

roca, peña, peñasco, peñón, risco, piedra, escollo.

roce, frote, fricción, rozamiento, frotamiento.// Relación, trato, frecuentación, comunicación.// Disgusto, desavenencia, discusión. **Ant**. Avenencia.

rociar, mojar, duchar, salpicar, bañar, regar, asperjar, espolvorear.

rocín, rocino, jamelgo, matalón, penco.

rocío, escarcha, sereno, helada, relente.

rocoso-sa, pedregoso, guijarroso, peñascoso, roqueño, escarpado, áspero, desigual. **Ant**. Liso, llano.

rodaja, rebanada, lonja, tajada, filete, rueda.

rodar, girar, rolar, voltear, rodear, virar, circular, deslizarse, contonear.// Vagar, desplazarse, vagabundear, deambular, viajar, errar, recorrer. **Ant**. Detenerse, pararse.// Filmar.

rodeado-da, cercado, sitiado, encerrado, asediado, acorralado, circundado. **Ant**. Liberado.

rodear, cercar, circundar, envolver, circunvalar, cerrar, acotar, circunscribir, asediar, aislar, limitar, ceñir. **Ant**. Liberar.// Esquivar, evitar, eludir, desviarse, rehuir, ladear, orillar. **Ant**. Atravesar.

rodeo, desvío, desviación, virada, vuelta, circunvalación. **Ant**. Acortamiento, través.// Ambigüedad, circunloquio, reticencia, tapujo, digresión, evasiva, vaguedad, ambages. **Ant**. Exabrupto.

roer, mordisquear, carcomer, corroer, desgastar, dentellar.// Atormentar, molestar, perturbar, desazonar, afligir. **Ant**. Tranquilizar.

rogar, orar, suplicar, invocar, implorar, impetrar, solicitar, pedir. **Ant**. Ofrecer, conceder.

rogativa, ruego, invocación, petición, súplica, plegaria, imploración. **Ant**. Exigencia.

roído-da, mordido, desgastado, carcomido, mordisqueado. **Ant**. Completo, íntegro.

rojo-ja, colorado, encarnado, carmesí, bermejo, bermellón, escarlata, granate, grana, cárdeno.

roldana, rueda, polea, rodaja.

rollizo-za, gordo, grueso, corpulento, regordete, gordinflón, robusto (v.). **Ant**. Delgado, flaco.

rollo, cilindro, rulo, rodillo, tambor, eje.// Ovillo, madeja, carrete.// Lata, pesadez. **Ant**. Agrado.

romance, amorío, idilio, noviazgo, galanteo, coqueteo, flirteo.

romántico-ca, sentimental, apasionado, tierno, idealista, fantasioso. **Ant**. Realista.

romería, peregrinación, procesión, viaje, marcha. **Ant**. Regreso.// Multitud, afluencia, concurrencia, muchedumbre. **Ant**. Soledad.

romo-ma, chato, mocho, embotado, despuntado, mellado, aplastado. **Ant**. Afilado.

rompecabezas, enigma, acertijo, problema, jeroglífico, adivinanza. **Ant**. Solución.

rompeolas, espigón, escollera, malecón, dique, muelle, tajamar, rompiente.

romper, destrozar, quebrar, partir, quebrantar, cascar, agrietar, tronchar, rajar, destruir, fragmentar, triturar, deshacer, despedazar, desbaratar, estropear. **Ant**. Componer, arreglar.// Salir, irrumpir, empezar, brotar, reventar. **Ant**. Acabar, terminar.// Anular, desligarse, desdecirse.

rompiente, bajío, escollo, escollera, arrecife, banco, peñasco, farallón, atolón.

roncar, resollar, jadear, silbar.// Bramar, ulular, aullar, rugir.

ronco-ca, bronco, afónico, enronquecido, áspero, cascado, profundo. **Ant**. Suave, agudo.

ronda, guardia, vigilancia, custodia, centinela, vigía, patrulla, escolta, pelotón, destacamento, piquete.// Invitación, agasajo, convite.// Tanda, vuelta, vez, turno.

rondar, vigilar, guardar, custodiar, patrullar, escoltar. **Ant**. Descuidar.// Deambular, pasear, merodear.

ronquera, afonía, carraspera, enronquecimiento.

ronquido, resuello, jadeo, estertor, respiración, gruñido, mugido, gañido.

ronronear, ronquear, gruñir, cuchichear, susurrar, marrullar.

ronroneo, gruñido, cuchicheo, rumor, susurro, murmullo.

roña, mugre, suciedad, porquería, cochambre, inmundicia, asquerosidad, pringue. **Ant**. Limpieza, pulcritud.

roñoso-sa, sucio, cochino, puerco, inmundo, asqueroso, mugriento, pringoso. **Ant**. Limpio, pulcro.// Tacaño, miserable, avaro, mezquino, mísero. **Ant**. Generoso, dadivoso, espléndido.

ropa, vestido, vestimenta, ropaje, vestidura, prenda, indumentaria, vestuario, traje, atuendo, atavío.

ropaje, vestido (v.), ropa (v.).

ropero, armario, aparador, guardarropa.

roquedal, peñascal, riscal, roquedo, cascajar.

rosario, sarta, ristra, cadena, serie, ringlera, sucesión, retahíla. **Ant**. Corte, interrupción.

rosca, bollo, rosquilla.// Rollo, espiral, resalto, hélice, tuerca, vuelta.

rostro, cara, semblante, faz, facciones, fisonomía, aspecto, visaje, rasgos, expresión.

rotación, vuelta, giro, revolución. **Ant**. Quietud.

rótulo, título, inscripción, epígrafe, letrero, anuncio, cartel, encabezamiento, etiqueta.

rotundo-da, preciso, claro, terminante, definitivo, concluyente. **Ant**. Impreciso.// Redondo, circular, esférico. **Ant**. Recto.// Sonoro, vibrante, lleno.

rotura, fractura, rompimiento, ruptura, rasgadura, desgarrón, quiebra, quebranto, destrozo. **Ant**. Compostura, arreglo.

rozadura, arañazo, escoriación, lesión, erosión, herida.

rozagante, vistoso, ufano, satisfecho, brillante, arrogante, presumido, llamativo. **Ant**. Abatido, deslucido.// Saludable, sano, lozano, fresco, flamante. **Ant**. Enfermizo.

rozar, tocar, lamer, acariciar, besar. **Ant**. Maltratar.// Raer, restregar, estregar, rascar, desgastar, arañar, magullar, fregar, manosear, frotar.

rubicundo-da, rubio, rojizo, pelirrojo, colorado, sanguíneo.

rubio-bia, blondo, rubicundo, rúbeo, bermejo, dorado. **Ant**. Moreno, oscuro.

rubor, sonrojo, soflama, rubicundez, sofoco, encendimiento. **Ant**. Palidez.// Vergüenza, turbación, timidez, candor, confusión, bochorno. **Ant**. Desvergüenza, desfachatez.

ruborizar-se, enrojecer, sonrojarse, sofocarse **Ant**. Palidecer.// Avergonzarse, turbarse, abochornarse. **Ant**. Serenarse.

rúbrica, firma, marca, rasgo, señal.

rubricar, firmar, sellar, trazar, signar.// Autorizar, ratificar, refrendar, legalizar, suscribir.

rudeza, brusquedad, tosquedad, torpeza, aspereza, grosería, descortesía, brutalidad, dureza, incultura, ignorancia, violencia. **Ant**. Delicadeza, finura, cortesía, cultura.

rudimentario-ria, elemental, primario, primitivo, tosco. **Ant**. Perfecto, acabado.

rudimento, germen, embrión, fundamento, comienzo, esbozo, principio. **Ant**. Fin.// **-s**, principios, fundamentos, elementos, nociones. **Ant**. Ampliación.

rudo-da, tosco, áspero, ordinario, basto, bruto, burdo. **Ant**. Delicado, fino.// Brutal, violento, brusco, riguroso. **Ant**. Suave.// Grosero, descortés, torpe, duro. **Ant**. Delicado, cortés.

rueda, círculo, disco, corona, arandela, aro, anillo, circunferencia.// Grupo, corrillo, corro, redondel.// Tanda, vez, turno.// Neumático, llanta.

ruedo, redondel, círculo, circunferencia.// Plaza, arena.// Borde, límite, contorno.

ruego, súplica, petición, exhortación, solicitud. **Ant**. Concesión, exigencia.// Oración, plegaria, rezo, invocación, preces. **Ant**. Blasfemia.

rufián, alcahuete, mediador, traficante.// Infame, granuja, canalla, bribón, hampón, bellaco, malandrín, truhán, ruin, miserable. **Ant**. Noble, digno, caballero.,

rugido, bramido, berrido, gruñido.

rugir, bramar, bufar, gruñir, mugir, aullar, chillar, berrear, ulular.

rugoso-sa, áspero, arrugado, desigual, desnivelado, escabroso, nudoso, imperfecto. *Ant.* Liso, llano, igual.

ruido, sonido, fragor, chirrido, estrépito, estruendo, chasquido, rechino, rumor, murmullo, estampido. *Ant.* Silencio.// Escándalo, batahola, alboroto, bullicio, griterío, algarabía, juerga. *Ant.* Tranquilidad.

ruidoso-sa, ensordecedor, estridente, fragoroso, atronador, sonoro, estruendoso. *Ant.* Silencioso.// Escandaloso, bullicioso. *Ant.* Tranquilo.

ruin, vil, bajo, despreciable, indigno, miserable, rufián, malandrín, malvado, innoble, rastrero, sinvergüenza, infame, canalla, pillo, bellaco, abyecto. *Ant.* Noble, digno.// Avaro, mísero, mezquino, roñoso, tacaño. *Ant.* Generoso, espléndido.

ruina, quiebra, quebranto, bancarrota, pérdida, hundimiento, fracaso, desastre, catástrofe, decadencia, daño, perdición, destrucción. *Ant.* Prosperidad.// **-s**, restos, vestigios, reliquias, escombros.

ruindad, maldad, vileza, indignidad, bajeza, canallada, abyección, ignominia. *Ant.* Dignidad, nobleza.// Tacañería, mezquindad, miseria, avaricia, sordidez. *Ant.* Generosdidad, esplendidez.

ruinoso-sa, arruinado, viejo, estropeado, devastado, deshecho, asolado. *Ant.* Floreciente.

rulo, rizo, bucle, onda.

rumbo, dirección, ruta, camino, derrotero, orientación, senda, trayectoria, sentido. *Ant.* Desorientación.// Boato, pompa, ostentación, lujo, suntuosidad, esplendidez. *Ant.* Sencillez.

rumiar, mascar, tascar, triturar, desmenuzar, mordisquear.// Meditar, reflexionar, considerar, madurar, urdir.

rumor, murmullo, susurro, bisbiseo, runrún, zumbido, son.// Fama, chisme, murmuración, hablilla, cotilleo, cuento. *Ant.* Discreción.// Noticia, resonancia, difusión, eco. *Ant.* Silencio.

rumorear-se, murmurar, susurrar, cuchichear, secretear, comentar, divulgar, correr, sonar. *Ant.* Callar, silenciar.

rumoroso-sa, susurrante, murmurante, sonoro, cantarín. *Ant.* Callado.

ruptura, disolución, rompimiento, desavenencia, separación, discordia, riña, disgusto. *Ant.* Avenencia.// Rotura, quiebra, quebradura, fractura. *Ant.* Arreglo.

rural, aldeano, campesino, agreste, agrario, pastoril, rústico, campestre. *Ant.* Urbano.

rústico-ca, tosco, rudo, burdo, ordinario, basto, inculto. *Ant.* Refinado.// Aldeano, paleto, palurdo, patán, pueblerino, lugareño, campesino, paisano. *Ant.* Ciudadano.// Campestre, agreste, rural, pastoril, montaraz, bucólico. *Ant.* Urbano.

ruta, rumbo, camino, recorrido, itinerario, trayecto, trayectoria, dirección, derrotero, periplo, vía.// Carretera, autopista.

rutilante, brillante, refulgente, esplendoroso, fulgurante, resplandeciente, centelleante, luminoso, deslumbrante. *Ant.* Opaco, apagado.

rutilar, refulgir, brillar, centellear, fulgurar, resplandecer, relucir, deslumbrar, encender. *Ant.* Apagarse, opacarse, oscurecerse.

rutina, hábito, costumbre, repetición, frecuencia, usanza, práctica, moda. *Ant.* Novedad.

rutinario-ria, acostumbrado, habitual, usual, mecánico, repetido, frecuente. *Ant.* Original, insólito.

sabana, llanura, planicie, llano, pradera, llanada, estepa, pampa. *Ant.* Altura, montaña.

sabandija, alimaña, insecto, bicho.// Granuja, rufián, despreciable. *Ant.* Honrado.

saber, ciencia, conocimiento, erudición, sapiencia, ilustración, cognición, información, idea. *Ant.* Ignorancia, desconocimiento.// Conocer, entender, dominar, suponer, discernir, interpretar, pensar, juzgar, percibir, concebir, comprender, advertir, observar.

sabido-da, notorio, público, conocido, proverbial, consabido, corriente.

sabiduría, ciencia, conocimiento, erudición, saber, ilustración, sapiencia, instrucción, penetración, dominio, pericia, juicio, tino, cordura, educación. *Ant.* Ignorancia, necedad, desconocimiento, impericia.

sabihondo-da, sabelotodo, presumido, pedante. *Ant.* Humilde.

sabio-bia, docto, culto, ilustrado, conocedor, instruido, erudito, perito, sesudo, juicioso, científico, lumbrera, versado, sapiente. *Ant.* Inculto, analfabeto, ignorante. *Par.* Savia.

sabor, gusto, paladeo, dejo, sensación, impresión, degustación. *Ant.* Insipidez.

saborear, gustar, paladear, catar, probar, degustar, deleitarse. *Ant.* Repugnar, asquear.

sabotaje, daño, perjuicio, avería, menoscabo, inutilización, deterioro, desperfecto, entorpecimiento, paralización. *Ant.* Beneficio.

sabotear, entorpecer, obstaculizar, averiar, perjudicar, arruinar, dañar, estropear. *Ant.* facilitar, beneficiar, cooperar.

sabroso-sa, gustoso, apetitoso, grato, sustancioso, suculento, sazonado. *Ant.* Insípido.

sabueso, investigador, inquisidor, rastreador, indagador, detective, policía.

saca, saco (v.), talego, costal.

sacar, extraer, quitar, arrancar, abrir, vaciar, separar, descubrir, privar, arrebatar, exhumar, usurpar, desplumar, desposeer, desenvainar, desenfundar, desenterrar, alejar, retirar. *Ant.* Meter, incluir, poner, devolver.// Lograr, obtener, conseguir, ganar. *Ant.* Perder.// Revelar, exponer, mostrar, exhibir, lucir, enseñar. *Ant.* Ocultar.// Deducir, inferir, descifrar, solucionar. *Ant.* Abstenerse.// Inventar, crear, producir, concebir. *Ant.* Destruir.

sacerdote, cura, clérigo, eclesiástico, párroco, religioso, padre, confesor, capellán, predicador, presbítero, canónigo, prelado, ordenado. *Ant.* Lego, seglar.

saciar, aplacar, calmar, hartar, llenar, satisfacer, atiborrar, atracar, ahitar, empachar, cebar. *Ant.* Hambrear.

saciedad, satisfacción, hartura, atiborramiento, empalago, hartazgo, atracón, exceso. *Ant.* Hambre.

saco, saca, valija, talego, costal, bolsa, bolso, fardo, zurrón, mochila.

sacramentar, consagrar, ungir, convertir.

sacrificar, ofrendar, inmolar, consagrar, ofrecer, propiciar.// Matar, degollar, extinguir, ajusticiar, decapitar, guillotinar. *Ant.* Perdonar.// **-se**, renunciar, privarse, sufrir, arriesgarse. *Ant.* Disfrutar.

sacrificio, ofrenda, martirio, inmolación, expiación, ofreci-

miento, propiciación, tributo, pago, holocausto, muerte.// Matanza, hecatombe, muerte, degollina.// Abnegación, desinterés, renunciamiento, privación, mortificación, entrega. *Ant.* Beneficio.

sacrilegio, blasfemia, profanación, violación, irreverencia, perjurio, impiedad, herejía, abominación. *Ant.* Respeto, devoción.

sacrílego-ga, blasfemo, irreverente, hereje, perjuro, profanador, apóstata, violador, renegado. *Ant.* Devoto.

sacro-cra, sagrado (v.).

sacudida, convulsión, conmoción, estremecimiento, temblor, vibración, zarandeo, agitación. *Ant.* Quietud.

sacudir, mover, menear, estremecer, temblar, convulsionar, agitar, chocar, golpear, trepidar, percutir, palpitar, latir, batir. *Ant.* Aquietar.// Apalear, zurrar, vapulear, zamarrear, pegar. *Ant.* Mimar, acariciar.// **-se**, quitarse, esquivar, librarse, desembarazarse, eludir. *Ant.* Dejar.

saeta, flecha, dardo, venablo, sagita, ballesta.// Aguja, manecilla, minutero, segundero.

saga, leyenda, fábula, historia, tradición. *Par.* Zaga.

sagacidad, astucia, perspicacia, agudeza, malicia, sutileza, viveza, lucidez, clarividencia. *Ant.* Ingenuidad, torpeza.

sagaz, perspicaz, agudo, astuto, penetrante, lúcido, sutil, clarividente, vivo. *Ant.* Torpe, ingenuo.

sagrado-da, santo, divino, consagrado, beatificado, venerable, bienaventurado. *Ant.* Profano.// Intangible, inviolable, improfanable. *Ant.* Vulnerable, profanable.

sahumar, incensar, perfumar, aromar.

sahumerio, perfume, incienso, aroma.

sala, estancia, aposento, habitación, recinto, pieza, cuarto, local, aula.

salario, sueldo, mensualidad, retribución, jornal, remuneración, gratificación, honorarios, haberes, estipendio.

saldar, liquidar, pagar, satisfacer, finiquitar, abonar. *Ant.* Deber.

saldo, liquidación, pago, finiquito, abono, remate. *Ant.* Deuda.// Resto, resultado, remanente. *Ant.* Carestía.// Ocasión, ganga.

salida, marcha, ida, partida, huida, alejamiento, evasión, fuga, éxodo, emigración, escape, paseo, excursión, viaje. *Ant.* Llegada, arribo.// Abertura, desembocadura, puerta, paso, boca, agujero, comunicación, desagüe, evacuación. *Ant.* Entrada.// Escapatoria, justificación, pretexto, recurso, subterfugio.// Gracia, ocurrencia, ingeniosidad.// Derrame, desbordamiento, efusión. *Ant.* Penetración.

saliente, borde, resalte, relieve, elevación, prominencia, eminencia, protuberancia, abultamiento. *Ant.* Concavidad, entrante, llano.

salir, marchar, ir, partir, huir, escapar, evadirse, ausentarse, emigrar, alejarse. *Ant.* Llegar, regresar.// Desembocar, evacuar, derramarse, desbordarse, rebosar, fluir. *Ant.* Entrar.// Surgir, aparecer, brotar, nacer, emerger, manar, asomar. *Ant.* Hundirse, desaparecer.// Proceder, venir de, originarse. *Ant.* Concluir, terminar.// Publicarse, aparecer, editarse.

salivar, escupir, babear, gragajear.

salivazo, gargajo, esputo, flema, escupitajo.

salmo, cántico, salmodia, alabanza, rezo, canto.

salmodia

salmodia, melopea, canturreo, cántico, repetición, monserga.

salón, sala (v.).// Exposición, feria, exhibición, muestra.

salpicadura, rociadura, irrigación, lluvia, chorro.

salpicar, asperjar, mojar, rociar, duchar, irrigar, bañar, humedecer, esparcir, pulverizar. **Ant.** Secar.

salsa, caldo, condimento, adobo, aderezo, jugo, unto.

saltar, brincar, botar, rebotar, retozar. **Ant.** Aquietarse.// Lanzarse, arrojarse, precipitarse, tirarse. **Ant.** Detenerse.// Estallar, explotar, reventar, volar.

salteador-ra, bandolero, atracador, asaltante, saqueador, ladrón. **Ant.** Honrado.

salto, brinco, bote, cabriola, tranco, rebote, retozo, pirueta.// Cambio, mutación, transformación, variación.// Cascada, torrente, catarata, caída, precipicio, despeñadero.// Omisión, olvido, laguna, descuido, falta. **Ant.** Corrección.

salud, vitalidad, energía, lozanía, fuerza, vigor, robustez, brío, resistencia. **Ant.** Enfermedad.

saludable, vital, sano, fuerte, vigoroso, robusto, lozano, higiénico. **Ant.** Enfermo.// Provechoso, beneficioso, ventajoso, propicio. **Ant.** Nocivo.

saludar, reverenciar, congratular, cumplimentar, felicitar, festejar. **Ant.** Despedirse.

saludo, cumplido, cortesía, tratamiento, ceremonia, reverencia, presentación, bienvenida, inclinación, recepción, congratulación, atención. **Ant.** Descortesía, desatención, grosería.

salva, aclamación, saludo (v.).// Descarga, andanada, disparos, cañonazo.

salvación, rescate, liberación, manumisión, emancipación, huida, fuga, libertad. **Ant.** Condenación, sujeción.// Salvamento, protección, amparo, seguridad, abrigo, ayuda, asilo, garantía, defensa, inmunidad. **Ant.** Desprotección, abandono.

salvador-ra, protector, libertador, defensor, liberador, guardián, bienhechor. **Ant.** Enemigo.

salvaguardar, salvar (v.).

salvaguardia, salvoconducto, pasaporte, pase.// Amparo, seguridad, defensa, protección, garantía, custodia, asilo. **Ant.** Desamparo.

salvajada, barbaridad, brutalidad, bestialidad, atrocidad, incultura, incivilidad. **Ant.** Cultura, civilidad.

salvaje, brutal, bárbaro, bestial, atroz, cruel, feroz, incivil. **Ant.** Culto, civilizado.// Antropófago, irracional, caníbal, primitivo. **Ant.** Civilizado.// Montaraz, insociable, intratable, indomable, arisco, incivil, inculto, inhospitalario, agreste, bravío. **Ant.** .Manso, tratable.

salvajismo, salvajada, vandalismo, barbarie, bestialidad, brutalidad, violencia, irracionalidad, canibalismo. **Ant.** Humanidad.// Incultura, incivilidad, descortesía, grosería, insociabilidad. **Ant.** Civilidad, cultura, finura.

salvamento, rescate, socorro, ayuda, salvación, recuperación. **Ant.** Desamparo.

salvar, atravesar, pasar, franquear, traspasar, vencer, cruzar, vadear, escalar.// Proteger, librar, amparar, salvaguardar, socorrer, ayudar, defender, guardar, liberar, refugiar, favorecer, escapar. **Ant.** Desamparar.// -se, sanar, mejorar, recuperarse, reponerse. **Ant.** Empeorar.

salvedad, limitación, excepción, justificación, reserva, restricción, excusa, descargo, explicación, especificación. **Ant.** Generalidad, facilidad.

salvo-va, ileso, indemne, seguro. **Ant.** Perjudicado.// Excluido, omitido, exceptuado.

salvoconducto, pase, permiso, autorización, pasaporte, licencia, venia, credencial, aval.

sanar, curar, restablecerse, reponerse, convalecer, mejorar, recobrarse, aliviarse. **Ant.** Enfermarse, empeorar, agravarse.

sanatorio, clínica, nosocomio, policlínico, hospital.

sanción, ley, norma, estatuto, precepto, reglamento, ordenanza.// Pena, castigo, condena, prohibición. **Ant.** Premio.// Aprobación, autorización, confirmación, anuencia, permiso. **Ant.** Prohibición.

sancionar, promulgar, convalidar, confirmar, autorizar, aprobar, ratificar, decretar, legitimar. **Ant.** Desautorizar.// Castigar, penar, condenar, punir. **Ant.** Premiar, perdonar.

sandez, necedad, bobería, imbecilidad, idiotez, estupidez, tontería, insensatez, desatino, disparate, dislate, despropósito, memez. **Ant.** Sensatez.

sandio-dia, tonto, bobo, idiota, imbécil, necio (v.), insensato, disparatado, desatinado. **Ant.** Inteligente, agudo, sensato.

saneamiento, higiene, limpieza, purificación, salubridad, sanidad (v.). **Ant.** Insalubridad, suciedad.

sanear, limpiar, higienizar, purificar, asear, desinfectar. **Ant.** Ensuciar, infectar.// Arreglar, componer, remediar, reparar, restaurar. **Ant.** Estropear, descomponer.

sangrar, abrir, desaguar, desangrar, sajar. **Ant.** Cerrar, taponar.

sangre, humor, líquido, flujo, linfa.// Casta, familia, linaje, estirpe, raza, abolengo, parentesco, vínculo, lazo.

sangriento, sanguinolento, sangrante.// Cruento, brutal, feroz, sanguinario, salvaje, inhumano, encarnizado, atroz. **Ant.** Incruento, piadoso, bondadoso.

sanguinario-ria, cruel, feroz, brutal, inexorable, bestial, despiadado, vengativo, inhumano, carnicero. **Ant.** Humano, bondadoso.

sanidad, higiene, salubridad, salud, limpieza. **Ant.** Insalubridad.

sano-na, saludable, higiénico, limpio, salubre, bueno. **Ant.** Insalubre, antihigiénico.// Robusto, fuerte, lozano, íntegro, intacto, incólume, vigoroso, resistente, fresco. **Ant.** Enfermo.

santidad, virtud, bondad, pureza, gracia, integridad. **Ant.** Pecado, condenación.

santificar, beatificar, honrar, venerar, glorificar, bendecir, consagrar, loar. **Ant.** Profanar.

santiguarse, signarse, persignarse.// Asombrarse, maravillarse, escandalizarse.

santo-ta, sagrado, puro, divino, perfecto, virtuoso, ejemplar, beato, consagrado, venerable, bienaventurado, bendito, inmaculado. **Ant.** Profano, pecador, condenado.

santuario, templo, oratorio, capilla, ermita, cenobio.

saña, furor, crueldad, ensañamiento, encono, vesania, fiereza, furia, ojeriza, antipatía, encarnizamiento. **Ant.** Suavidad, dulzura, afecto.

sapiencia, sabiduría (v.).

saque, tirada, tiro, lanzamiento.

saquear, robar, desvalijar, pillar, rapiñar, asaltar, despojar, atracar, depredar, expoliar, capturar. **Ant.** Restituir, respetar.

saqueo, robo, pillaje, rapiña, asalto, despojo, expoliación, usurpación, latrocinio, atraco. **Ant.** Devolución, restitución.

sarcasmo, mordacidad, burla, ironía, causticidad, zaherimiento, chanza, befa, sutileza, escarnio, mofa. **Ant.** Cumplimiento, amabilidad.

sarcástico-ca, mordaz, irónico, satírico, punzante, burlón, virulento, zaheridor, cáustico. **Ant.** Amable, adulador.

sarcófago, féretro, catafalco, sepultura, ataúd, cajón, tumba, sepulcro.

sarpullido, erupción, irritación, eritema.

sarraceno-na, musulmán, árabe, moro, islámico, islamita, beréber, berberisco, agareno.

sarro, costra, sedimento, borra, asiento.

sarta, serie, sucesión, hilera, fila, retahíla, cadena, ringlera, recua.

sastre, costurero, modisto.

satanás, demonio, diablo, Lucifer, Mefistófeles, Belcebú.

satánico-ca, demoníaco, diabólico, endiablado, endemoniado, perverso, maligno. **Ant.** Angelical, bueno.

satinado-da, lustroso, terso, brillante, bruñido, sedoso, pulido, laqueado, abrillantado. **Ant.** Opaco, empañado.

satinar, abrillantar, bruñir, pulir, laquear, pulimentar, lustrar. **Ant.** Deslucir.

sátira, sarcasmo, ironía, mordacidad, burla, zaherimiento, causticidad, diatriba. **Ant.** Alabanza, elogio.

satírico-ca, mordaz, sarcástico, cáustico, burlón, punzante, virulento, hiriente, incisivo. **Ant.** Elogioso.

satirizar, criticar, burlarse, ridiculizar, escarnecer, ironizar, chancear, caricaturizar, zaherir. *Ant.* Alabar, elogiar.

sátiro, lúbrico (v.), lascivo (v.), licencioso (v.). *Ant.* Casto.// Fauno.

satisfacción, retribución, recompensa, pago, reparación, indemnización, resarcimiento, disculpa, compensación. *Ant.* Deuda, agravio.// Contento, gusto, placer, alegría, agrado, tranquilidad, deleite, alborozo. *Ant.* Desagrado.// Respuesta, réplica, contestación, solución. *Ant.* Incumplimiento.

satisfacer, pagar, devolver, abonar, retribuir, cancelar, saldar, reparar, indemnizar. *Ant.* Deber.// Alegrar, agradar, gustar, contentar, complacer. *Ant.* Desagradar.// Hartar, llenar, saciar.// Desagraviar, subsanar, resarcir, expiar.

satisfactorio-ria, favorable, conveniente, grato, agradable, cómodo, próspero, ameno. *Ant.* Insatisfactorio, desfavorable.

satisfecho-cha, complacido, ufano, contento, conforme. *Ant.* Insatisfecho.// Saciado, harto, lleno, colmado. *Ant.* Ansioso.

saturar, saciar, colmar, llenar, hartar, ahitar, rebosar, atiborrar, repletar. *Ant.* Carecer, faltar.

savia, jugo, zumo, líquido.// Energía, fuerza, vigor. *Par.* Sabia.

saya, falda.

sazón, madurez, punto, perfección, desarrollo. *Ant.* Inmadurez.// Oportunidad, ocasión, conveniencia, coyuntura, circunstancia. *Ant.* Inoportunidad.

sazonar, madurar, granar, florecer, fructificar.// Perfeccionar, culminar, concluir.// Aderezar, condimentar, adobar, salar, salpimentar.

sebo, grasa, gordura, unto, pringue, manteca, tocino, adiposidad. *Ant.* Magrez.

secano, sequedal, desierto, sequero. *Ant.* Regadío.

secar, escurrir, enjugar, desecar, deshumedecer, evaporar, orear, airear, ventilar, deshidratar. *Ant.* Mojar.// -se, enflaquecer, arrugarse. *Ant.* Engordar.// Marchitarse, languidecer, amustiarse, ajarse, apergaminarse. *Ant.* Reverdecer, rejuvenecer.

sección, división, fracción, sector, grupo, agrupación, apartado, departamento. *Ant.* Conjunto.// Corte, separación, incisión, división, tajo, cisura, cercenamiento, amputación, mutilación. *Ant.* Unión, costura.

seccionar, dividir, cortar, fragmentar, cercenar, tajar, amputar, hender, extirpar. *Ant.* Unir, juntar.

secesión, segregación, separación, desmembración, disgregación, desunión, división, cisma. *Ant.* Unión.

seco-ca, desecado, escurrido, enjugado, aireado, evaporado, ventilado, deshidratado. *Ant.* Mojado, húmedo.// Marchito, enflaquecido, magro, delgado, flaco, consumido, arrugado. *Ant.* Rejuvenecido.// Áspero, rígido, austero, riguroso, adusto, inexpresivo, antipático. *Ant.* Amable, simpático.// Árido, estéril, agostado. *Ant.* Fértil.

secreción, segregación, exudado, excreción, exudación. *Ant.* Absorción.

secretar, segregar, destilar, evacuar, filtrar. *Ant.* Absorber.

secretaría, oficina, dependencia, despacho, ayudantía, ministerio.

secreto, enigma, incógnita, interrogante, misterio, arcano, sigilo, clave, cifra. *Ant.* Divulgación, aclaración.// -ta, oculto, reservado, escondido, misterioso, clandestino, desconocido, ignorado, recóndito, íntimo, furtivo, enigmático, indescifrable, confidencial. *Ant.* Evidente, claro, divulgado.// Callado, silencioso, reservado, discreto. *Ant.* Conocido, indiscreto.

secta, liga, doctrina, grupo, confesión, clan, camarilla.

sectario-ria, partidario, secuaz, adepto.// Fanático, intransigente. *Ant.* Comprensivo, tolerante.

sector, parte, porción, fragmento, división, nivel, esfera, grado. *Ant.* Conjunto, todo.// Zona, situación, punto, sitio, lugar, región, emplazamiento.

secuaz, partidario, adepto, seguidor, fanático, esbirro, sicario, gregario.

secuela, consecuencia, resultado, derivación, efecto, alcance, desenlace, fruto. *Ant.* Antecedente, origen.

secuencia, serie, sucesión, encadenamiento, continuidad, proceso, fase. *Ant.* Discontinuidad, unidad.

secuestrar, raptar, retener, aislar, detener, recluir, arrebatar, robar, forzar. *Ant.* Devolver, liberar.// Decomisar, requisar, embargar, incautar. *Ant.* Liberar.

secuestro, rapto, encierro, detención, reclusión, aislamiento. *Ant.* Liberación.// Embargo, requisa, retención, incautación, decomiso. *Ant.* Devolución.

secular, seglar, temporal, laico, civil, lego. *Ant.* Religioso.// Centenario.

secundar, cooperar, ayudar, apoyar, favorecer, auxiliar, socorrer, complementar, conllevar. *Ant.* Desentenderse, abandonar.

secundario-ria, subordinado, subalterno, complementario, accesorio, subsidiario, adjunto, dependiente. *Ant.* Principal.// Trivial, insignificante, fútil, despreciable. *Ant.* Importante.

sed, ansia, deseo, apetito, avidez, ambición, afán, necesidad. *Ant.* Conformidad, saciedad.// Sequedad, deshidratación, desecación, sequía, aridez.

sedante, calmante, tranquilizante, paliativo, sedativo, consolador. *Ant.* Excitante.

sede, residencia, domicilio, centro, asiento, base, central. *Par.* Cede.

sedentario-ria, quieto, fijo, inmóvil, estático, invariable, inactivo, inmutable. *Ant.* Nómada.

sedición, sublevación, revolución, alzamiento, levantamiento, insurrección, motín, alboroto, agitación, asonada, rebelión. *Ant.* Pacificación, orden, disciplina.

sedicioso-sa, rebelde, insurrecto, sublevado, amotinado, faccioso, revoltoso, turbulento, amotinador, tumultuoso. *Ant.* Obediente, sumiso, pacífico.

sediento-ta, anhelante, ávido, deseoso, ansioso, afanoso, vehemente, apasionado. *Ant.* Saciado.// Sitibundo, reseco, seco.

sedimentar, depositar, posarse, acumularse, precipitar, asentar, decantar. *Ant.* Flotar.

sedimento, borra, poso, sarro, lodo, asiento, depósito, residuo, cieno, fango, limo.

sedoso-sa, suave, liso, fino, terso, muelle, delicado. *Ant.* Áspero.

seducción, atracción, fascinación, sugestión, embelesamiento, atractivo, encanto, persuasión. *Ant.* Repulsión.// Señuelo, engaño, soborno.

seducir, atraer, fascinar, persuadir, sugestionar, cautivar, arrebatar, prendar, embelesar, hechizar, ilusionar. *Ant.* Repugnar, repeler.// Engañar, sobornar, corromper, abusar.

segar, cortar, seccionar, cercenar, talar, guadañar, troncar, decapitar, tronchar. *Ant.* Sembrar. *Par.* Cegar.

segmento, parte, fragmento, fracción, trozo, pedazo, división, sector, parcela. *Ant.* Totalidad, conjunto.

segregación., discriminación, diferenciación, separación, secesión, desunión, desmembración. *Ant.* Igualación.// Secreción (v.), evacuación. *Ant.* Absorción.

segregar, discriminar, separar, apartar, dividir, cortar, despreciar, expulsar, diferenciar. *Ant.* Retener, igualar.// Secretar, evacuar, destilar, sudar, eliminar, excretar. *Ant.* Absorber.

seguido-da, continuo, incesante, consecutivo, ininterrumpido, sucesivo, repetido. *Ant.* Interrumpido, discontinuo.// Acompañado, escoltado.

seguimiento, persecución, búsqueda, acorralamiento, acoso. *Ant.* Abandono.

seguir, perseguir, acosar, acorralar, rastrear, acechar, hostigar. *Ant.* Dejar, abandonar.// Continuar, proseguir, insistir, reanudar, prorrogar, persistir. *Ant.* Interrumpir.// Apoyar, secundar, respaldar, simpatizar, imitar. *Ant.* Oponerse.// Derivarse, dimanarse, inferirse, deducirse, proceder. *Ant.* Preceder.

según, conforme, de acuerdo con, como, a menos que.

segundero, aguja, saetilla, manecilla, indicador.

seguridad, certidumbre, certeza, firmeza, convicción, confianza, fe, infalibilidad. *Ant.* Inseguridad, incertidumbre.// Confianza, equilibrio, aplomo, tino. *Ant.* Vacilación.// Garantía, inmunidad, estabilidad, salvaguardia, fianza, aval. *Ant.* Inseguridad.

seguro-ra, cierto, indudable, claro, infalible, irrebatible, indiscutible, innegable. *Ant.* Incierto, inseguro, rebatible.// Resguardado, abrigado, protegido, defendido, garantido. *Ant.* Desprotegido, indefenso.// Invulnerable, sólido, fijo, firme, salvo, inamovible, inexpugnable, indemne. *Ant.* Endeble, peligroso.// Inevitable, forzoso, insoslayable, irremediable. *Ant.* Evitable, excusable.// Garantía, contrato, fianza, compromiso.

selección, elección, distinción, preferencia, clasificación, separación. *Ant.* Confusión, mezcla.// Colección, conjunto, compendio, repertorio, extracto.

sellar, lacrar, cerrar, precintar. *Ant.* Abrir.// Estampillar, imprimir, estampar, grabar. *Ant.* Borrar.// Terminar, concluir. *Ant.* Empezar.

sello, estampilla, timbre, precinto, lacre, grabado, impresión.// Gragea, pastilla, comprimido.

selva, bosque, jungla, espesura, floresta. *Ant.* Desierto, sabana.

selvático-ca, boscoso, espeso, frondoso. *Ant.* Claro, desierto.// Agreste, rústico, salvaje. *Ant.* Culto.

semanario, periódico, revista, hebdomadario.

semblante, cara, rostro, fisonomía, facciones, faz, aspecto, rasgos.

semblanza, descripción, retrato, biografía, bosquejo.

sembrado, huerto, cultivo, plantío, labrantía, sembradío, criadero, vivero. *Ant.* Erial.// **-da**, diseminado, lleno, cubierto.

sembrar, plantar, sementar, labrar, cultivar, diseminar. *Ant.* Cosechar.// Esparcir, derramar, publicar, propagar, divulgar. *Ant.* Callar.

semejante, prójimo, próximo, hermano, pariente, congénere.// Similar, igualado, parecido, análogo, homólogo, equivalente, idéntico, sinónimo, afín, copiado. *Ant.* Distinto.

semejanza, parecido, analogía, igualdad, similitud, identidad, equivalencia, copia. *Ant.* Diferencia, disparidad, desigualdad.

semejar, parecerse, equivaler, asemejarse, igualarse, equipararse, remedar. *Ant.* Diferenciarse, variar.

semen, esperma.

semilla, simiente, germen, grano, pepita, pipa, almendra.// Origen, principio, causa, fundamento. *Ant.* Consecuencia, fruto.

semita, hebreo, judío (v.).

sempiterno-na, eterno, perenne, perdurable, infinito, perpetuo, imperecedero, inmortal, duradero. *Ant.* Efímero, transitorio.

senado, congreso, asamblea, cámara.

senador-ra, congresista, parlamentario.

sencillez, simplicidad, naturalidad, ingenuidad, candidez, humildad, llaneza, franqueza, sinceridad. *Ant.* Complicación, dificultad, altanería.

sencillo-lla, simple, natural, llano, normal, común, espontáneo, abierto, sincero, inocente, ingenuo, claro, fácil. *Ant.* Complicado, afectado.

senda, camino, sendero, vereda, trocha, ramal, travesía, atajo.

sendero, senda (v.).

sendos, ambos, respectivos, correspondientes, mutuos.

senectud, vejez, senilidad, ancianidad, vetustez, decrepitud. *Ant.* Juventud.

senil, anciano, viejo, longevo, caduco, decrépito, provecto, vetusto, vejestorio. *Ant.* Niño, joven.

seno, pecho, mama, busto, ubre, teta.// Amparo, refugio, protección.// Ensenada, golfo, entrante, hueco, concavidad, depresión. *Par.* Ceno.

sensación, impresión, percepción, emoción, excitación, sensibilidad, representación, sentimiento. *Ant.* Insensibilidad.// Asombro, maravilla, sorpresa, conmoción. *Ant.* Indiferencia.

sensacional, impresionante, asombroso, fantástico, emocionante, portentoso, insólito, extraordinario. *Ant.* Corriente, común.

sensacionalista, escandaloso, efectista, populachero. *Ant.* Mesurado, discreto.

sensatez, prudencia, discreción, cordura, moderación, juicio, cautela, seriedad, mesura, tino, lógica, formalidad. *Ant.* Insensatez, necedad.

sensato-ta, prudente, mesurado, moderado, discreto, juicioso, serio, atinado, precavido, cauteloso, sesudo, equilibrado, formal. *Ant.* Insensato, irreflexivo.

sensibilidad, sensación, sentimiento, sentido, impresión, afectividad, emotividad, susceptibilidad, excitabilidad, impresionabilidad. *Ant.* Insensibilidad.

sensible, sensitivo, impresionable, sentimental, tierno, emotivo, delicado. *Ant.* Insensible.// Visible, manifiesto, evidente, palpable, apreciable.// Penoso, lastimoso, lamentable, doloroso, desgraciado. *Ant.* Gozoso.

sensual, sensitivo, sibarita, refinado, profano, mundano.// Lujurioso, voluptuoso, lascivo, apasionado, concupiscente, libidinoso, lúbrico. *Ant.* Casto, sobrio. *Par.* Censual.

sensualidad, erotismo, sensualismo, voluptuosidad, lujuria, libidinosidad, lascivia. *Ant.* Frialdad, continencia.

sentado-da, asentado, sedentario, sedente. *Ant.* Levantado.// Sensato, prudente, juicioso, pacífico, tranquilo. *Ant.* Alocado.// Determinado, fijado, establecido.

sentar, asentar, asegurar, afirmar.// Allanar, igualar, aplanar.// Establecer, estipular, determinar, fundamentar, fijar.// **-se**, arrellanarse, repantigarse, apoltronarse, acomodarse. *Ant.* Levantarse.

sentencia, dictamen, decisión, veredicto, fallo, resolución, sanción, decreto, condena, castigo. *Ant.* Exculpación.// Refrán, proverbio, máxima, aforismo, dicho.

sentenciar, sancionar, condenar, penar, fallar, dictaminar, decidir, juzgar, disponer, decretar. *Ant.* Absolver, indultar.

sentido, juicio, sensatez, discernimiento, entendimiento, comprensión. *Ant.* Desatino, insensatez.// Significado, acepción, significación, alcance, interpretación, valor.// Sensación, sensibilidad, perceptibilidad, percepción. *Ant.* Insensibilidad.// Dirección, curso, orientación, rumbo, derrotero, trayectoria.// **-da**, emotivo, afectivo, profundo, cariñoso. *Ant.* Indiferente.

sentimental, emotivo, sensible, tierno, afectivo, delicado. *Ant.* Frío, indiferente.

sentimiento, dolor, pena, compasión, afecto, piedad, lástima, aflicción, conmiseración. *Ant.* Indiferencia.// Emoción, sensación, sensibilidad, instinto. *Ant.* Insensibilidad.

sentir, lamentar, deplorar, afectarse, conmoverse, padecer, condolerse. *Ant.* Alegrarse.// Percibir, experimentar, notar, apreciar, advertir, percatarse.// **-se**, encontrarse, hallarse, notarse, verse.

seña, signo, gesto, manifestación, además, expresión, indicación, característica.// Señal (v.), marca.// **-s**, descripción, filiación, identidad.// Domicilio, residencia, dirección.

señal, marca, huella, vestigio, resto, indicio, cicatriz, estigma, reliquia, impresión, pista.// Síntoma, sospecha, anuncio, manifestación.// Poste, mojón, guía, jalón, hito, señalización, indicador.

señalado-da, ilustre, famoso, destacado, insigne, distinguido, glorioso, notable. *Ant.* Ignorado.// Indicado, signado, marcado, apuntado.

señalar, marcar, imprimir, sellar, registrar, anotar, rotular.// Indicar, mostrar, denotar, determinar, avisar, tildar, apuntar, designar. *Ant.* Indeterminar, omitir.// Delimitar, señalizar, cercar, jalonar.// Criticar, apuntar, censurar.

señalizar, señalar (v.).

señero-ra, único, solo, aislado, solitario. *Ant.* Vario.// Preclaro, insigne, señalado, sobresaliente. *Ant.* Vulgar.

señor, noble, aristócrata, caballero, hidalgo, patricio. *Ant.* Plebeyo.// Dueño, amo, propietario, patrón, jefe, patriarca, titular, cabecilla, hacendado, terrateniente. *Ant.* Subordinado, vasallo.

señora, dama, matrona, dueña, ama. *Ant.* Mujerzuela.// Esposa, consorte, mujer, compañera, pareja.

señorear, someter, sujetar, apoderarse, sojuzgar, subyugar. *Ant.* Rebelarse, liberar.// Mandar, dominar, disponer. *Ant.* Rebelarse.

señorial, majestuoso, aristocrático, elegante, distinguido, pomposo, noble. *Ant.* Plebeyo, vulgar.

señorío, dominio, mando, poder, potestad, imperio, dominación. *Ant.* Servidumbre.// Distinción, gravedad, nobleza, mesura, elegancia, aristocracia, hidalguía. *Ant.* Plebeyez.// Territorio, dominio, posesión, feudo.

señorita, doncella, muchacha, moza, ama. *Ant.* Señora.

señuelo, carnada, cebo, añagaza, engaño, trampa, incentivo, lazo., *Ant.* Sinceridad.

separación, segregación, cisma, escisión, independencia, manumisión. *Ant.* Unidad.// Alejamiento, destierro, expulsión, despido, exilio. *Ant.* Unión.// Clasificación, división.// Ruptura, divorcio.

separado-da, aislado, distante, distanciado, apartado. *Ant.* Comunicado, unido.// Independizado, emancipado, libre. *Ant.* Sujeto.// Expulsado, rechazado, destituido. *Ant.* Admitido.// Divorciado.

separar, alejar, apartar, distanciar, segregar, desprender, dividir, desviar, desunir, dispersar, despedir, destituir, eliminar. *Ant.* Vincular, juntar, admitir.// Desunir, disociar, disgregar, desligar, desatar, desenganchar, desconectar, interrumpir. *Ant.* Unir.// Cortar, amputar, hender, dividir. *Ant.* Juntar.// Clasificar, seleccionar, repartir.// Delimitar, demarcar, distanciar.// -se, divorciarse, romper, desligarse. *Ant.* Unirse.// Emanciparse, independizarse, liberarse, desunirse. *Ant.* Someterse.

separatismo, secesión, autonomía, desunión. *Ant.* Unidad.

sepelio, entierro, inhumación, enterramiento.

septentrional, boreal, nórdico, ártico, glacial, hiperbóreo. *Ant.* Austral, meridional.

séptico-ca, infeccioso, contagioso, putrefacto.

sepulcral, lúgubre, fúnebre, funesto. *Ant.* Alegre.

sepulcro, sepultura, tumba, hoyo, sarcófago, fosa, cripta, nicho, mausoleo, panteón.

sepultar, enterrar, inhumar, dar sepultura. *Ant.* Exhumar.// Soterrar, esconder, sumergir, ocultar, enterrar. *Ant.* Desenterrar, descubrir.

sepultura, sepulcro (v.).

sequedad, sed, sequía, deshidratación, aridez, desecación. *Ant.* Humedad.// Aspereza, dureza, descortesía, adustez, desabrimiento. *Ant.* Amabilidad, cortesía.

sequía, aridez, sed, agostamiento, resecación. *Ant.* Humedad, inundación.

séquito, corte, acompañamiento, comitiva, cohorte, escolta, compañía, cortejo.

ser, esencia, sustancia, naturaleza, existencia. *Ant.* Nada, inexistencia.// Ente, criatura, individuo, sujeto, organismo, cosa.// Existir, estar, hallarse, permanecer, durar. *Ant.* Desaparecer, morir.// Suceder, ocurrir, acontecer, acaecer, pasar. *Ant.* Faltar.// Pertenecer, consistir, correponder.

serafín, ángel, querubín. *Ant.* Demonio.// Hermoso, bello, divino, sublime. *Ant.* Feo.

serenar-se, aplacar, sosegar, tranquilizar, apaciguar, aquietar, pacificar. *Ant.* Intranquilizar, exaltar.

serenidad, tranquilidad, sosiego, calma, imperturbabilidad, inmutabilidad, impavidez, quietud, reposo, placidez. *Ant.* Inquietud, excitación.

sereno-na, tranquilo, sosegado, apacible, plácido, impávido, impasible, inmutable, quieto, imperturbable. *Ant.* Inquieto, nervioso, excitado.// Claro, despejado, diáfano, bonancible. *Ant.* Tormentoso, borrascoso.

serie, sucesión, encadenamiento, secuencia, orden, progresión, hilera, lista, fila, grupo, colección, tirada. *Ant.* Unidad, discontinuidad.

seriedad, circunspección, formalidad, cumplimiento, escrupulosidad, puntualidad. *Ant.* Informalidad.// Gravedad, austeridad, severidad, sequedad, adustez. *Ant.* Alegría.// Gravedad, importancia, trascendencia. *Ant.* Insignificancia.

serio-ria, formal, cumplidor, puntual, minucioso, escrupuloso, juicioso, sensato, reservado. *Ant.* Informal.// Adusto, hosco, taciturno, seco, severo, grave, austero. *Ant.* Alegre.// Trascendental, grave, importante, delicado. *Ant.* Insignificante. *Par.* Cerio.

sermón, prédica, homilía, arenga, alocución.// Represión, regaño, amonestación. *Ant.* Elogio, alabanza.

sermonear, predicar, arengar.// Reprender, amonestar, censurar, reconvenir, reprochar. *Ant.* Elogiar, alabar.

serpentear, culebrear, reptar, zigzaguear, ondular.

serpiente, ofidio, sierpe, víbora.

serranía, sierra (v.). *Ant.* Llanura.

serrar, aserrar, cortar, partir, talar. *Par.* Cerrar.

servicial, atento, solícito, complaciente, amable, cortés, cumplido, considerado, esmerado. *Ant.* Descortés, desatento.

servicio, ayuda, asistencia, auxilio, favor, solicitud, beneficio. *Ant.* Desamparo.// Prestación, asistencia, destino, oficio, función, misión, empleo, ocupación, encargo.// Utilidad, provecho, rendimiento, ganancia, usufructo. *Ant.* Pérdida, inutilidad.// Servidumbre, personal, empleados, criados.// Retrete (v.).// Vajilla.// Organización, corporación, entidad.

servidor-ra, doméstico, criado, mucamo, camarero, sirviente (v.). *Ant.* Amo, patrón.

servidumbre, servicio (v.), criados, personal, séquito.// Obligación, esclavitud, sujeción, sumisión. *Ant.* Derecho, poder.

servil, indigno, abyecto, rastrero, adulador, sumiso, esclavo, bajo, vil. *Ant.* Altanero.

servilismo, vasallaje, sometimiento, sumisión, acatamiento, adulación, indignidad, vileza, abyección, bajeza. *Ant.* Soberbia, dignidad, altanería.

servir, aprovechar, utilizar, valer, ser útil, ser adecuado, usar. *Ant.* Desaprovechar.// Ayudar, auxiliar, asistir. *Ant.* Desamparar.// Ocuparse, emplearse, trabajar. *Ant.* Holgar.// Distribuir, repartir, partir, ofrecer, proporcionar, suministrar, asignar, dosificar, dispensar.// -se, aprovecharse, utilizar, beneficiarse. *Ant.* Desaprovechar.// Dignarse, acceder, aceptar, permitir. *Ant.* Negarse.

sesgado-da, oblicuo, transversal, inclinado, torcido, desviado. *Ant.* Recto, derecho.

sesgar, atravesar, inclinar, torcer, cruzar. *Ant.* Enderezar.

sesión, reunión, asamblea, conferencia, congreso, deliberación, consejo, junta, concilio.

seso, cerebro (v.), inteligencia, sentido, juicio, caletre, prudencia, madurez. *Ant.* Tontería.

sesudo-da, sensato, juicioso, prudente, reflexivo, maduro, cuerdo, reposado, inteligente, profundo. *Ant.* Irreflexivo, insensato, alocado.

seto, valla, vallado, cercado, cerco, cerca, estaca, alambrada.

seudónimo, alias, sobrenombre, apodo, mote.

severidad, rigurosidad, rigor, intolerancia, seriedad, austeridad, adustez, dureza, rigidez, crudeza, estrictez, inexorabilidad, inflexibilidad, disciplina. *Ant.* Tolerancia, transigencia, benevolencia.

severo-ra, grave, serio, riguroso, exigente, austero, intolerante, intransigente, rígido, estricto, duro. *Ant.* Flexible, benevolente, tolerante.

sibarita, refinado, delicado, voluptuoso, regalado, sensual. *Ant.* Tosco.

sibila, adivina, hechicera, sacerdotisa, pitonisa, vidente.

sibilino-na, profético, misterioso, enigmático, esotérico, hermético, confuso, indescifrable. *Ant.* Claro, evidente.

sicario-ria, esbirro, secuaz, mercenario, sayón.

sideral, astronómico, estelar, espacial, cósmico, celeste, universal, astral.

siega, cosecha, recolección, segada. *Ant.* Siembra.

siembra, sembrado, sementera, labranza, plantación, laboreo. *Ant.* Siega, cosecha.

siempre, eternamente, perennemente, permanentemente, continuamente. *Ant.* Nunca, jamás.

sierra, cordillera, serranía, montaña. *Ant.* Valle, llanura. *Par.* Cierra.

siervo-va, sirviente, esclavo, servidor, subalterno. *Ant.* Amo. *Par.* Ciervoa.

siesta, reposo, descanso, pausa, modorra. *Ant.* Insomnio, actividad.

sigilo, secreto, ocultación, silencio, disimulo, reserva, discreción, sordina, cautela, hipocresía. *Ant.* Franqueza, indiscreción.

sigiloso-sa, silencioso, reservado, callado, discreto, secreto, disimulado, encubierto, solapado. *Ant.* Indiscreto, franco.

signar, sellar, firmar, suscribir, marcar, rubricar.// -se, persignarse, santiguarse.

significación, significado (v.).// Trascendencia, importancia, valor, posición. *Ant.* Insignificancia.

significado, sentido, significación, acepción, alcance, valor, extensión.

significar, representar, denotar, decir, expresar, simbolizar, implicar, indicar, entrañar. *Ant.* Omitir.

significativo-va, elocuente, representativo, expresivo, revelador, característico. *Ant.* Inexpresivo.

signo, marca, trazo, nota, rasgo, carácter, símbolo.// Síntoma, señal, indicio, pista, huella, vestigio, dato.// Ademán, gesto, seña.// Suerte, destino, hado, sino.

siguiente, consecuente, sucesivo, posterior, ulterior, correlativo, consecutivo. *Ant.* Anterior, antecesor.

silabear, deletrear (v.).

silba, silbido, rechifla, pitada, abucheo, reprobación. *Ant.* Aplauso.

silbar, pitar, chiflar, rechiflar, abuchear, protestar, reprobar. *Ant.* Aplaudir, aclamar.

silbato, pito, silbo, chifle, chiflo.

silbido, soplido, silbo, silba, chiflido, pitido.

silenciar, callar, enmudecer, omitir, ocultar, reservar, encubrir. *Ant.* Hablar.

silencio, mudez, mutismo, enmudecimiento. *Ant.* Ruido.// Calma, paz, tranquilidad, quietud, sosiego, reposo. *Ant.* Estridencia, ruido.// Sigilo, secreto, discreción, reserva, disimulo, prudencia, cautela.

silencioso-sa, mudo, insonoro. *Ant.* Sonoro.// Tranquilo, calmo, sosegado, pacífico. *Ant.* Ruidoso.// Reservado, discreto, taciturno, hermético, disimulado, prudente, cauteloso. *Ant.* Indiscreto.

silla, asiento, butaca, banqueta, sillón. *Par.* Cilla.

sillón, butaca, butacón, poltrona, escaño, asiento.

silo, granero, depósito, almacén, troj, bodega.

silueta, perfil, contorno, sombra, trazo, bosquejo, esbozo, borde, marco, forma.

silvestre, salvaje, agreste, montaraz, selvático; inculto, rudo, bárbaro, campestre, rústico. *Ant.* Domesticado, urbano.

sima, profundidad, depresión, precipicio, despeñadero, abismo, fosa, barranco. *Ant.* Elevación, altura.

simbólico-ca, alegórico, figurado, alusivo, representativo, metafórico. *Ant.* Real, auténtico.

simbolizar, representar, alegorizar, significar, figurar, parecer, encarnar.

símbolo, signo, emblema, figura, personificación, insignia, efigie, apariencia.// Alegoría, imagen, representación.

simetría, proporción, armonía, correspondencia, concordancia, semejanza, equilibrio. *Ant.* Desproporción, desequilibrio.

simétrico-ca, proporcionado, armonioso, equilibrado, análogo. *Ant.* Desequilibrado, desproporcionado.

simiente, semilla, pepita, germen, embrión, semen.

símil, semejanza, analogía, comparación, homología. *Ant.* Diferencia, desemejanza.

similar, parecido, equivalente, análogo, homólogo, próximo, igual, afín. *Ant.* Diferente.

similitud, analogía, parecido, equivalencia, semejanza, igualdad, identidad. *Ant.* Diferencia.

simpatía, encanto, atractivo, gracia, donaire, cordialidad. *Ant.* Repulsión.// Inclinación, apego, cariño, afinidad, coincidencia. *Ant.* Antipatía.

simpático-ca, agradable, atractivo, gracioso, amable, encantador, expansivo, extrovertido, tratable, jovial. *Ant.* Antipático, intratable, repulsivo.

simpatizante, adicto, partidario, adepto, prosélito, seguidor. *Ant.* Hostil, contrario.

simpatizar, congeniar, avenirse, congraciarse, entenderse, compenetrarse, concordar, atraerse, agradar. *Ant.* Antipatizar, repugnar, desavenirse.

simple, sencillo, elemental, natural, fácil, llano, único, solo. *Ant.* Complejo, compuesto.// Necio, bobo, tonto, estúpido, zonzo. *Ant.* Sagaz, astuto.// Inocente, cándido, incauto, ingenuo, crédulo. *Ant.* Malicioso.

simpleza, bobería, necedad (v.), majadería, estupidez, imbecilidad. *Ant.* Inteligencia, sagacidad.

simplicidad, sencillez, naturalidad, espontaneidad, facilidad, sinceridad. *Ant.* Complejidad.// Candor, ingenuidad, inocencia, candidez. *Ant.* Malicia.

simplificar, facilitar, abreviar, sintetizar, reducir, resumir, allanar, compendiar, descomponer. *Ant.* Complicar.

simposio, asamblea, congreso, junta, reunión.

simulación, disimulo, fingimiento, apariencia, fraude, engaño, ficción, encubrimiento, farsa. *Ant.* Sinceridad, verdad.

simulacro, simulación (v.), apariencia, representación, engaño, imitación, copia. *Ant.* Veracidad, autenticidad.// Maniobra, ejercicio, práctica.

simulado-da, fingido, aparente, falso, artificial, apócrifo, engañoso. *Ant.* Auténtico, verdadero.

simular, fingir, imitar, aparentar, falsificar, disimular, encubrir, engañar. *Ant.* Revelar, descubrir.

simultaneidad, coincidencia, contemporaneidad, coexistencia, sincronía. *Ant.* Discrepancia.

simultáneo-a, coincidente, coetáneo, coexistente, sincrónico, concurrente. *Ant.* Anacrónico, sucesivo.

sincerar-se, franquearse, confesar, revelar, descubrir, reconocer, declarar. *Ant.* Mentir, ocultar.

sinceridad, franqueza, veracidad, lealtad, honradez, sencillez, naturalidad, rectitud, nobleza. *Ant.* Fingimiento.

sincero-ra, franco, leal, abierto, veraz, claro, llano, espontáneo, honrado, honesto. *Ant.* Hipócrita, desleal.

síncope, desmayo, vahído, vértigo, mareo, colapso, ataque, desfallecimiento. *Ant.* Recuperación.

sincronía, coincidencia, concordancia, simultaneidad. *Ant.* Diacronía.

sincronizar, coincidir, concordar. *Ant.* Discordar.

sindicar, asociar, agrupar, agremiar, integrar, unir, reunir, afiliar.// Acusar, sospechar, delatar, censurar.

sindicato, gremio, confederación, asociación, organismo, liga.

síndrome, síntoma, signo, indicio, manifestación, revelación.

sinfín, sinnúmero, infinidad, inmensidad, abundancia, pluralidad, exceso. *Ant.* Limitación, escasez.

singular, único, solo, impar. *Ant.* Plural.// Especial, notable, raro, excepcional, original, anormal, fenomenal. *Ant.* Común, corriente.

singularidad, particularidad, distingo, propiedad, originalidad, excentricidad, extrañeza, anomalía.

singularizar, destacar, distinguir, diferenciar, particularizar. *Ant.* Generalizar, confundir.

siniestro, catástrofe, desastre, accidente, hecatombe, calamidad. *Ant.* Bonanza, suerte.// -tra, funesto, desgraciado, aterrador, espantoso, horrible, lúgubre, trágico, espeluznante, tétrico. *Ant.* Bueno, simpático.// Izquierdo, zurdo. *Ant.* Derecho.

sinnúmero, sinfín (v.).

sino, hado, destino, fortuna, fatalidad, suerte, predestinación, providencia, azar, ventura, estrella, albur.

sinónimo-ma, equivalente, semejante, análogo, idéntico, parecido. *Ant.* Antónimo, opuesto.

sinopsis, compendio, resumen, síntesis, abreviación, extracto. *Ant.* Ampliación.

sinóptico-ca, resumido, compendiado, claro, breve, sintético. *Ant.* Ampliado, confuso.

sinrazón, arbitrariedad, injusticia, iniquidad, atropello, contrasentido. *Ant.* Justicia, imparcialidad.

sinsabor, disgusto, pena, desazón, dolor, amargura. *Ant.* Alegría.

síntesis, resumen, compendio, extracto, sinopsis, simplificación, compilación, condensación, reducción. *Ant.* Ampliación.

sintético-ca, abreviado, resumido, compendiado, simplificado, condensado. *Ant.* Ampliado.// Artificial, elaborado, adulterado, químico. *Ant.* Natural.

sintetizar, resumir, abreviar, simplificar, reducir, extractar, compilar, condensar. *Ant.* Ampliar.// Componer, constituir, producir.

síntoma, síndrome, signo, señal, indicio, evidencia, manifestación, revelación.

sinuosidad, ondulación, recodo, vuelta, zigzag.

sinuoso-sa, ondulante, zigzagueante, tortuoso, torcido, ondulado, reptante. *Ant.* Recto, derecho.

sinvergüenza, desvergonzado, desfachatado, bribón, tunante, pícaro, granuja, canalla, ladino. *Ant.* Honrado, decente.

sirena, náyade, nereida, ninfa, ondina.// Silbato, pito, alarma.

sirviente-ta, criado, servidor, doméstico, camarero, lacayo. *Ant.* Amo.

sisar, rapiñar, hurtar, robar, extraer, sangrar, ratear, estafar. *Ant.* Devolver.

sistema, procedimiento, método, plan, regla, organización, modalidad, régimen, coordinación, disposición, ordenación, conjunto, ordenanza, gobierno. *Ant.* Desorganización.

sistemático-ca, metódico, regular, ordenado, reglamentado, dispuesto, condicionado. *Ant.* Anárquico, irregular.

sistematizar, regular, reglamentar, ordenar, normalizar, organizar, metodizar. *Ant.* Desorganizar.

sitiar, cercar, asediar, rodear, bloquear, aislar, acorralar. *Ant.* Liberar.

sitio, lugar, punto, parte, región, zona, comarca, rincón, territorio.// Asedio, cerco, rodeo, acorralamiento, bloqueo. *Ant.* Liberación.

sito-ta, situado, ubicado, fundado. *Par.* Citota.

situación, posición, postura, colocación, disposición, ubicación, dirección.// Actitud, condición, circunstancia, aspecto, constitución, curso.// Lugar, sitio (v.), emplazamiento, localización.

situar, poner, ubicar, instalar, localizar, asentar, disponer, acomodar, orientar. *Ant.* Desplazar.

sobar, manosear, palpar, toquetear, fregar, restregar.// Estropear, desgastar, ajar, deteriorar.

soberanía, autonomía, emancipación, independencia, dominio, imperio, mando, poder. *Ant.* Dependencia.

soberano, emperador, rey, majestad, monarca, señor. *Ant.* Vasallo, súbdito.// **-na**, excelente, grande, espléndido, majestuoso, soberbio, magnífico, elevado, imperial, regio. *Ant.* Humilde.// Independiente, autónomo, libre, liberado, emancipado. *Ant.* Dependiente.

soberbia, altanería, altivez, petulancia, orgullo, presunción, vanidad, jactancia, arrogancia, insolencia, ínfulas, inmodestia. *Ant.* Humildad, sencillez.

soberbio-bia, orgulloso, altivo, arrogante, altanero, engreído, ufano, presumido, insolente, petulante, vanidoso. *Ant.* Modesto, humilde.// Magnífico, espléndido, grandioso, maravilloso, estupendo, admirable, regio, suntuoso, lujoso. *Ant.* Sencillo, humilde.

sobornar, corromper, cohechar, comprar, untar, pagar, seducir, conquistar.

soborno, cohecho, dádiva, compra, unto, corrupción.

sobra, exceso, demasía, excedente, sobrante, exuberancia, superabundancia. *Ant.* Escasez, falta.// **-s**, desperdicios, desechos, restos, residuos, despojos, migajas, piltrafas, saldos.

sobrante, residuo, remanente, excedente, resto, saldo.// **-s**, sobras (v.).

sobrar, abundar, exceder, superar, rebasar, colmar, rebasar, desbordar, quedar, restar, sobrepasar, sobreabundar. *Ant.* Escasear, faltar.

sobre, encima, arriba. *Ant.* Abajo, debajo de.// Acerca de, referente a, relativo a, concerniente a, respecto de, relacionado con.

sobreabundante, excesivo, superabundante. *Ant.* Escaso.

sobrecarga, exceso, recarga, demasía, añadidura. *Ant.* Falta, escasez.// Sobreprecio, gravamen, impuesto.

sobrecargar, recargar, abusar, incrementar, gravar, abrumar, exceder. *Ant.* Aliviar.// Molestar, fastidiar.

sobrecogedor-ra, conmovedor, estremecedor, espeluznante, terrible, pavoroso, espantoso, escalofriante, patético, imponente. *Ant.* Agradable, tranquilizador, alentador.

sobrecoger, sorprender, alarmar, espantar, impresionar, intimidar, emocionar, horrorizar, asombrar, amedrentar. *Ant.* Animar, sosegar, calmar.

sobrecogimiento, horror, terror, espanto, susto, pasmo, intimidación, impresión, sorpresa, asombro. *Ant.* Alivio, sosiego, tranquilidad.

sobreexcitar, inquietar, agitar, excitar (v.), irritar. *Ant.* Calmar, tranquilizar.

sobreexcitación, inquietud, conmoción, agitación, irritación, nerviosidad, angustia. *Ant.* Tranquilidad, calma.

sobrehumano-na, heroico, sobrenatural, prodigioso, extraordinario, maravilloso, ultraterreno, mágico. *Ant.* Vulgar, normal.// Agobiante, ímprobo, agotador. *Ant.* Fácil.

sobrellevar, sufrir, soportar, tolerar, resistir, aguantar, conformarse. *Ant.* Lamentarse.

sobrenadar, flotar, emerger, nadar. *Ant.* Hundirse, sumergirse.

sobrenatural, milagroso, inexplicable, fabuloso, asombroso, sobrehumano (v.). *Ant.* Vulgar, normal.

sobrenombre, seudónimo, mote, apodo, alias, apelativo, calificativo.

sobrepasar, exceder, superar, rebasar, aventajar, vencer. *Ant.* Retrasarse.

sobreponerse, dominarse, animarse, refrenarse, recuperarse, reponerse, superar, reprimirse. *Ant.* Abandonarse.

sobreprecio, aumento, recargo, impuesto, sobrecarga, alza, gravamen. *Ant.* Descuento.

sobresaliente, descollante, destacado, superior, principal, aventajado, notable, excelente, preponderante, distinguido, brillante. *Ant.* Vulgar, corriente, malo.

sobresalir, resaltar, descollar, destacar, exceder, prevalecer, distinguirse, preceder, aventajar, señalarse. *Ant.* Empequeñecerse.

sobresaltar, intranquilizar, asustar, amedrentar, alarmar, atemorizar, estremecer, conmover, impresionar, alterar, inquietar. *Ant.* Tranquilizar.

sobresalto, susto, alteración, inquietud, sorpresa, alarma, pánico, angustia. *Ant.* Tranquilidad.

sobreseer, suspender, aplazar, detener, desistir, abolir, suprimir, cancelar. *Ant.* Proseguir, ejecutar, pronunciarse.

sobreseimiento, suspensión, aplazamiento, cancelación, desistimiento, cese, interrupción, abstención. *Ant.* Prosecución, resolución, sentencia.

sobrevenir, venir, suceder, producirse, pasar, acaecer, acontecer, ocurrir, verificarse. *Ant.* Desaparecer, cesar.

sobrevivir, permanecer, pervivir, perdurar, mantenerse, perpetuarse, prolongarse. *Ant.* Morir.

sobriedad, moderación, templanza, mesura, frugalidad, continencia, morigeración, temperancia, freno, cautela, moralidad. *Ant.* Abuso, exageración, exceso, desmesura.// Elegancia, sencillez, naturalidad, refinamiento. *Ant.* Grosería, descompostura, sofisticación.

sobrio-bria, mesurado, moderado, circunspecto, frugal, parco, medido, virtuoso, prudente, parsimonioso, templado, discreto. *Ant.* Exagerado, inmoderado, descomedido.// Elegante, sencillo, refinado, natural. *Ant.* Sofisticado, grosero.

socarrón-na, taimado, malicioso, astuto, bellaco, solapado, disimulado, cínico, irónico. *Ant.* Serio.

socavar, minar, profundizar, excavar, cavar, ahondar. *Ant.* Tapar.// Debilitar, quebrantar, minar, atacar. *Ant.* Defender, fortalecer.

socavón, hoyo, hundimiento, zanja, agujero, hueco, oquedad, mina. *Ant.* Prominencia.

sociabilidad, trato, cordialidad, comunicación, civilidad, cortesía. *Ant.* Insociabilidad, adustez.

sociable, comunicativo, tratable, expansivo, abierto, cordial, amable, efusivo, accesible, simpático. *Ant.* Insociable, intratable, huraño.

sociedad, colectividad, comunidad, clase, grupo, familia, población, estado. **Ant.** Individuo.// Empresa, compañía, corporación, asociación, entidad.// Centro, club, reunión, agrupación, ateneo.

socio-cia, aliado, asociado, participante, afiliado, adepto, cofrade.

socorrer, auxiliar, salvar, amparar, asistir, remediar, proteger, sufragar. **Ant.** Abandonar.

socorro, auxilio, amparo, ayuda, protección, defensa, salvamento, asistencia, remedio. **Ant.** Abandono, desamparo.

soez, grosero, bajo, ruin, infame, indigno, vil, ordinario, insultante, indecente, abyecto. **Ant.** Cortés, culto.

sofá, diván, sillón, canapé.

sofisticado-da, artificial, falso, falsificado. **Ant.** Natural.// Experimentado, mundano, refinado. **Ant.** Humilde.

sofocación, extinción, contención, aplastamiento, dominación. **Ant.** Levantamiento.// Sofoco, asfixia, ahogo, opresión.

sofocante, abrasador, bochornoso, abrumador, asfixiante, ardiente, cálido, tórrido. **Ant.** Refrescante.// Opresivo, angustiante, avasallante, irritante. **Ant.** Suavizante.

sofocar, extinguir, apagar, reprimir, aplastar, dominar, controlar, neutralizar. **Ant.** Avivar.// **-se**, asfixiarse, acalorarse, jadear, resollar, arrebatarse. **Ant.** Aliviarse.// Avergonzarse, abochornarse, turbarse, enrojecer.

sofoco, sofocación (v.).

sofocón, disgusto, vergüenza, bochorno.

sofrenar, dominar, atajar, moderar, contener, sujetar. **Ant.** Soltar.

soga, cuerda, trailla, maroma, cabo, amarra, cable.

sojuzgar, someter, dominar, subyugar, oprimir, avasallar, tiranizar, esclavizar. **Ant.** Liberar, emancipar.

solapado-da, taimado, ladino, astuto, malicioso, disimulado, falso, hipócrita. **Ant.** Sincero.

solar, terreno, parcela, asiento, suelo, tierra, propiedad.// Linaje, raíz, casta, casa, cuna, familia, alcurnia.

solariego-ga, antiguo, ancestral, linajudo, noble, aristocrático// Familiar, originario, patrimonial, **Ant.** Advenedizo, reciente.

solaz, recreo, diversión, distracción, esparcimiento, expansión, pasatiempo, entretenimiento. **Ant.** Aburrimiento.

solazar, divertir, entretener, distraer, recrear, regodear. **Ant.** Aburrir.

soldado, militar, guerrero, recluta. **Ant.** Civil.

soldar, pegar, unir, ligar, adherir, amalgamar, engarzar, estañar, empiomar. **Ant.** Despegar, desunir.

soledad, aislamiento, incomunicación, retiro, alejamiento, separación, desamparo, orfandad. **Ant.** Compañía, sociabilidad.// Melancolía, nostalgia, pesar, tristeza, pena, añoranza. **Ant.** Alegría.

solemne, ceremonioso, grave, formal, protocolar, ritual.// Fastuoso, pomposo, majestuoso, suntuoso, sublime, grandioso, augusto. **Ant.** Sencillo, simple, común.

solemnidad, ceremonia, celebración, rito, función, fasto, acto, fiesta, protocolo, ceremonial. **Ant.** Sencillez, humildad.

solicitación, solicitud, pedido, petición, reclamación, demanda, pretensión. **Ant.** Ofrecimiento.

solicitar, pedir, suplicar, demandar, exigir, buscar, requerir, gestionar. **Ant.** Conceder, denegar.

solícito-ta, servicial, atento, considerado, amable, cuidadoso, escrupuloso, esmerado, diligente. **Ant.** Desatento, descuidado.

solicitud, petición, solicitación, súplica, ruego. **Ant.** Rechazo, ofrecimiento.// Diligencia, aplicación, esmero, cuidado, amabilidad, escrupulosidad. **Ant.** Desinterés, despreocupación.

solidaridad, ayuda, devoción, adhesión, apoyo, fraternidad, hermandad, respaldo. **Ant.** Insolidaridad, repulsa.

solidario-ria, fraternal, identificado, leal, fiel, devoto, copartícipe, protector. **Ant.** Desentendido, hostil, indiferente.

solidarizar-se, unirse, hermanarse, respaldar, apoyar, secundar, fraternizar. **Ant.** Desamparar, desentenderse.

solidez, fortaleza, dureza, robustez, firmeza, resistencia, entereza, tenacidad. **Ant.** Debilidad, inestabilidad.

solidificar, endurecer, consolidar, cuajar, coagular, robustecer, petrificar, cristalizar. **Ant.** Licuar, derretir, disolver.

sólido-da, firme, macizo, duro, resistente, pétreo, compacto, denso, recio. **Ant.** Débil, endeble.// Consolidado, seguro, estable, arraigado, asentado, inconmovible. **Ant.** Inseguro, inestable.

solitario-ria, retraído, insociable, intratable, huraño, huidizo, esquivo. **Ant.** Sociable, acompañado.// Deshabitado, abandonado, despoblado, vacío, desolado. **Ant.** Poblado, concurrido.

soliviantar, excitar, incitar, inducir, alborotar, sublevar, amotinar, insubordinar. **Ant.** Calmar.

sollozar, llorar, gimotear, gemir, lloriquear, quejarse, lamentarse. **Ant.** Reír.

sollozo, llanto, quejido, plañido, gimoteo, lloriqueo, convulsión, estremecimiento. **Ant.** Risa.

solo-la, uno, único, singular, impar, exclusivo, sin par.// Solitario (v.).

soltar, liberar, excarcelar, librar, indultar, manumitir, redimir. **Ant.** Encarcelar.// Desatar, desligar, despegar, separar, desprender, arrancar, desasir, desencadenar.

soltero-ra, célibe, doncel, libre. **Ant.** Casado.

soltura, desenvoltura, agilidad, destreza, rapidez, facilidad, agilidad, prontitud, maña. **Ant.** Torpeza, lentitud.

solución, resolución, remedio, explicación, hallazgo, respuesta, desenlace, remate, procedimiento, clave. **Ant.** Problema.

solucionar, resolver, remediar, descubrir, reparar, enderezar, arreglar. **Ant.** Desarreglar.

solvencia, seguridad, garantía, crédito, responsabilidad. **Ant.** Insolvencia.// Seriedad, honradez, dignidad, honorabilidad. **Ant.** Informalidad.

sombra, oscuridad, penumbra, tinieblas, negrura, lobreguez, tenebrosidad. **Ant.** Claridad.// Figura, contorno, imagen, silueta, perfil.

sombrilla, quitasol, parasol.

sombrío-a, umbrío, tenebroso, lúgubre, tétrico, oscuro, nebuloso, opaco, lóbrego, crepuscular. **Ant.** Claro, soleado.// Apenado, amargado, triste, disgustado, melancólico, mustio. **Ant.** Alegre, contento.

somero-ra, rápido, ligero, sucinto, superficial. **Ant.** Profundo.

someter, dominar, sojuzgar, subyugar, sujetar, subordinar, esclavizar, forzar, tiranizar. **Ant.** Liberar.// **-se**, rendirse, entregarse, obedecer, resignarse, capitular, claudicar, doblegarse. **Ant.** Desobedecer, resistir.

sometimiento, sumisión, acatamiento, rendición, subordinación, dependencia, capitulación, vasallaje, entrega, esclavitud. **Ant.** Liberación, insubordinación, libertad.

somnífero, narcótico, hipnótico, sedante, calmante, tranquilizante, soporífero. **Ant.** Excitante.// **-ra**, pesado, aburrido, cargante, fastidioso,. **Ant.** Divertido.

somnolencia, adormecimiento, aletargamiento, amodorramiento, letargo, modorra, sopor. **Ant.** Actividad, desvelo.

somnoliento-ta, amodorrado, aletargado, adormilado. **Ant.** Despierto, activo.

sonar, vibrar, resonar, retumbar, atronar, tronar, gemir, gritar, vocear, murmurar, vociferar, clamar, crujir, repicar. **Ant.** Callar, enmudecer.// Tocar, tañer, pulsar.

sondear, averiguar, buscar, explorar, inquirir, investigar, indagar. **Ant.** Desinteresarse, revelar, descubrir.

sondeo, medición, verificación, exploración.// Indagación, averiguación, búsqueda, tanteo, investigación.

sonido, son, ruido, voz, estruendo, fragor, tañido, repique, griterío, crujido, alboroto. **Ant.** Silencio.

sonoro-ra, vibrante, rumoroso, ruidoso, tonante, retumbante, estruendoso, estrepitoso, fragoroso, altisonante, resonante. **Ant.** Silencioso, callado.

sonrisa, risita, gesto, mohín. **Ant.** Llanto.

sonrojar, ruborizar, avergonzar, enrojecer, abochornar, encenderse. **Ant.** Palidecer.

sonrojo, vergüenza, rubor, bochorno, calor, encendimiento, turbación, arrebol. **Ant.** Palidez.

sonrosado-da, colorado, encendido, rosado, saludable, fresco, sano, lozano. **Ant.** Pálido.

sonsacar, averiguar, inquirir, explorar, escudriñar, sondear, buscar, tantear. **Ant.** Revelar, ocultar.

soñador-ra, idealista, iluso, fantasioso, utópico, imaginativo. **Ant.** Realista.

soñar, fantasear, imaginar, divagar, ilusionarse, anhelar, vislumbrar, idear, discurrir. **Ant.** Despertar.

soñoliento-ta, somnoliento (v.).

sopa, caldo, consomé, gachas.

sopapo, bofetón, moquete, tortazo, revés, mamporro, bofetada.

sopesar, tantear, calcular, apreciar.

soplar, exhalar, espirar, expulsar, insuflar, inflar, aventar. **Ant.** Inspirar, aspirar.// Robar, hurtar, sonsacar, despojar, defraudar. **Ant.** Devolver.

soplo, exhalación, aliento, soplido.// Delación, acusación, denuncia.

soplón-na, delator, denunciante, confidente, acusador, chismoso. **Ant.** Leal.

soponcio, desmayo, vahído, síncope, patatús, pataleta, desvanecimiento, convulsión.

sopor, letargo, somnolencia (v.), modorra, pesadez, adormecimiento, embotamiento. **Ant.** Insomnio.// Aburrimiento, fastidio, molestia.

soporífero-ra, somnífero (v.).

soportar, aguantar, resistir, sostener, llevar, sustentar, tener. **Ant.** Soltar.// Sufrir, aguantar, sobrellevar, resignarse, tolerar. **Ant.** Rebelarse.

soporte, apoyo, sostén, puntal, respaldo, parapeto, apoyadura, base, fundamento, cimiento, sustento, trípode, viga, pilar, poste, pata, atril.

sorber, tragar, absorber, chupar, succionar, mamar, libar, beber, aspirar, abrevar. **Ant.** Expeler, escupir.

sorbo, trago, chupada, bocanada, mamada, succión, libación, absorción, aspiración.

sórdido-da, vil, ruin, miserable, mezquino, avaro, usurero. **Ant.** Generoso.// Indecente, sucio, vil, inmundo, indecoroso, deshonesto. **Ant.** Noble, virtuoso.

sordidez, suciedad, miseria, inmundicia, basura. **Ant.** Limpieza.// Ruindad, mezquindad, avaricia, tacañería. **Ant.** Generosidad.// Indecencia, impudicia, deshonestidad, obscenidad. **Ant.** Decencia.

sordo-da, privado de oído, impedido, disminuido.// Silencioso, apagado, ahogado, amortiguado. **Ant.** Estruendoso.// Inconmovible, impasible, insensible, indiferente. **Ant.** Sensible.

sorna, disimulo, tapujo, socarronería, doblez.// Burla, ironía, mofa, befa.

sorprendente, asombroso, portentoso, admirable, maravilloso, fantástico, inaudito, sensacional, prodigioso, pasmoso. **Ant.** Corriente, vulgar.

sorprender, asombrar, maravillar, impresionar, anonadar, admirar, pasmar.// Descubrir, atrapar, pillar, cazar, prender, pescar, encontrar. **Ant.** Perder.

sorpresa, asombro, estupor, extrañeza, admiración, maravilla, pasmo. **Ant.** Indiferencia.// Sobresalto, confusión, susto, alarma, desconcierto, turbación. **Ant.** Calma.

sortear, rifar, jugar.// Esquivar, eludir, soslayar, evitar, rehuir, escabullirse. **Ant.** Enfrentar.

sorteo, rifa, suerte, juego, azar, lotería, tómbola.

sortija, anillo, aro, alianza, sello.

sortilegio, adivinación, pronóstico, profecía, augurio.// Encantamiento, magia, hechizo, brujería. **Ant.** Exorcismo.

sosegado-da, tranquilo, sereno, reposado, calmo, pacífico. **Ant.** Alterado, alocado.

sosegar, tranquilizar, pacificar, apaciguar, calmar, aplacar. **Ant.** Inquietar, alterar.

sosiego, serenidad, calma, tranquilidad, reposo, quietud, descanso, placidez, ocio. **Ant.** Agitación, movimiento, intranquilidad.

soslayar, evitar, eludir, sortear, obviar, esquivar. **Ant.** Asumir, enfrentar.

soso-sa, insulso, insípido, desabrido. **Ant.** Sabroso.// Tonto, simple, necio, ganso, inexpresivo, aburrido. **Ant.** Gracioso.

sospecha, presunción, suposición, indicio, recelo, aprensión, desconfianza, barrunto, conjetura. **Ant.** Seguridad, confianza.

sospechar, dudar, recelar, presumir, barruntar, desconfiar, presentir, atisbar, presagiar. **Ant.** Confiar, creer, asegurar.

sospechoso-sa, extraño, raro, anormal, misterioso, incierto, desusado. **Ant.** Normal.// Vagabundo, furtivo, maleante, merodeador. **Ant.** Inocente.

sostén, soporte, base, puntal, apoyo, sustento, pilar, fundamento, cimiento.// Ayuda, protección, socorro, auxilio, amparo, apoyo, defensa. **Ant.** Desamparo, abandono.// Defensor, protector, favorecedor, padrino.// Corpiño, ceñidor.

sostener, soportar, apoyar, sustentar, apuntalar, aguantar, mantener. **Ant.** Abandonar, soltar.// Defender, proteger, ayudar, auxiliar, asistir, socorrer, favorecer. **Ant.** Abandonar, desamparar.

sostenido-da, permanente, continuo, constante, uniforme, perpetuo, seguido. **Ant.** Interrumpido.

sótano, cueva, túnel, bóveda, subterráneo, catacumba. **Ant.** Ático.

soterrar, enterrar, sepultar. **Ant.** Desenterrar.// Guardar, encerrar, esconder, ocultar. **Ant.** Descubrir.

soto, arboleda, bosquecillo, matorral, floresta, monte.

suave, terso, pulido, liso, sedoso, raso, parejo, bruñido, lustroso, pulimentado. **Ant.** Áspero.// Delicado, blando, flojo, dócil, tenue, dulce. **Ant.** Fuerte, abrupto, recio.

suavidad, lisura, tersura, sedosidad, lustre, igualdad. **Ant.** Rugosidad, aspereza.// Docilidad, mansedumbre, serenidad, delicadeza, calma, tranquilidad, blandura, dulzura. **Ant.** Dureza, recledumbre.

suavizar, alisar, pulir, igualar, limar, bruñir, abrillantar, lijar, afinar.// Calmar, moderar, atenuar, aliviar, apaciguar, sosegar. **Ant.** Intranquilizar.

subalterno-na, subordinado, dependiente, seguidor, empleado, auxiliar, súbdito. **Ant.** Superior, principal.

subasta, licitación, remate, compraventa, concurso, liquidación, ocasión, oportunidad.

subastar, rematar, liquidar, vender, pujar. **Ant.** Comprar.

subdesarrollado-da, rezagado, retrasado, atrasado, pobre, primitivo. **Ant.** Adelantado, progresista.

subdesarrollo, atraso, pobreza, retraso. **Ant.** Adelanto, riqueza.

súbdito-ta, habitante, natural, ciudadano, residente. **Ant.** Extranjero.// Subordinado (v.), subalterno (v.).

subida, cuesta, pendiente, escarpa, rampa, declive, desnivel, talud, repecho, ladera, inclinación. **Ant.** Bajada.// Ascensión, monta, elevación, escalamiento. **Ant.** Descenso.// Mejora, progreso, ascenso, adelanto. **Ant.** Retroceso, descenso.

subido-da, fuerte, vivo, intenso, agudo, penetrante, acentuado. **Ant.** Débil, suave.

subir, ascender, montar, remontar, trepar, encaramarse, alzar, izar, elevar, empinar, escalar. **Ant.** Bajar, descender.// Mejorar, progresar, adelantar, desarrollar. **Ant.** Empeorar.

súbito-ta, repentino, instantáneo, imprevisto, impensado, rápido, brusco, insospechado. **Ant.** Lento.

subjetivo-va, personal, propio, individual, parcial. **Ant.** Objetivo.

sublevación, alzamiento, insurrección, rebelión, levantamiento, convulsión, disturbio, subversión, asonada, conmoción. **Ant.** Orden, disciplina, pacificación.

sublevar, excitar, provocar, incitar, insurreccionar, rebelar, revolucionar, solivlantar, levantar, alzar, desobedecer, amotinar. **Ant.** Obedecer, ordenar, someterse.// **-se**, indignarse, excitarse, enfurecerse, encolerizarse. **Ant.** Calmarse, sosegarse.

sublimación, encumbramiento, exaltación, glorificación, idealización, ensalzamiento, enaltecimiento. **Ant.** Rebajamiento.

sublimar, glorificar, exaltar, ensalzar, idealizar. *Ant.* Rebajar, humillar.

sublime, noble, excelso, magnífico, eminente, grandioso, glorioso, relevante, trascendental, divino. *Ant.* Vulgar, innoble.

sublimidad, nobleza, excelsitud, belleza, superioridad, majestad, eminencia, gloria, notabilidad, divinidad, grandeza. *Ant.* Bajeza, mediocridad, vulgaridad.

subordinación, sumisión, obediencia, sometimiento, supeditación, dependencia, inferioridad, esclavitud, acatamiento. *Ant.* Independencia, liberación.

subordinado-da, dependiente, inferior, subalterno, súbdito, ayudante, auxiliar, doméstico. *Ant.* Superior, amo.// Sometido, sumiso, obediente, disciplinado. *Ant.* Rebelde, indisciplinado.

subordinar, sujetar, someter, supeditar, humillar, esclavizar. *Ant.* Independizar, liberar.// -se, obedecer, someterse, respetar, acatar. *Ant.* Desobedecer.

subrayar, acentuar, destacar, remarcar, señalar, recalcar, insistir. *Ant.* Ignorar.// Marcar, rayar, señalar, tachar.

subrepticio-cia, encubierto, furtivo, oculto. *Ant.* Evidente, claro.

subsanar, enmendar, rehacer, rectificar, corregir, arreglar, compensar, solucionar. *Ant.* Empeorar.

subscribir, firmar, rubricar, refrendar, aprobar. *Ant.* Disentir.// -se, abonarse, inscribirse, afiliarse.

subsidiario-ria, dependiente, suplementario, secundario, adicional, anexo. *Ant.* Principal.

subsidio, subvención, asistencia, ayuda, amparo, contribución, protección, pensión. *Ant.* Desamparo, abandono.

subsistencia, persistencia, perduración, conservación, mantenimiento, resistencia, permanencia. *Ant.* Acabamiento.

subsistir, permanecer, durar, perdurar, mantenerse, resistir, persistir, conservarse. *Ant.* Perecer, acabarse.

substancia, materia, elemento, principio, compuesto.// Esencia, ser, naturaleza.// Jugo, zumo, extracto, concentrado.// Juicio, talento, sensatez.// Médula, fondo, meollo, alma, núcleo, contenido, trascendencia.

substancial, esencial, importante, trascendente, principal, básico, medular. *Ant.* Trivial, intrascendente.// Intrínseco, propio, inmanente, natural, inherente, innato. *Ant.* Adquirido.

substancioso-sa, nutritivo, alimenticio, suculento, jugoso, delicioso, exquisito, sabroso. *Ant.* Insípido, seco, desabrido.// Trascendente, valioso, importante, interesante. *Ant.* Insignificante.

substitución, reemplazo, relevo, suplantación, conmutación, permuta, representación. *Ant.* Permanencia.

substituir, reemplazar, suplantar, relevar, rerpresentar, suceder, suplir. *Ant.* Permanecer, quedarse.

substituto-ta, relevo, suplente, representante, reemplazante. *Ant.* Titular, permanente.

substracción, resta, diferencia, disminución, descuento, merma. *Ant.* Aumento, suma, incremento.// Robo, hurto, sisa, usurpación.

substraer, restar, deducir, mermar, disminuir, descontar.// Robar, hurtar, sisar, despojar, quitar, usurpar. *Ant.* Devolver.// -se, evitar, eludir, evadir, salvar, sortear. *Ant.* Encarar, asumir.

substancia, esencia, fundamento, meollo, base, substancia. *Ant.* Superficie.

subsuelo, subterráneo, hondura, profundidad, interior. *Ant.* Superficie.

subterfugio, pretexto, excusa, evasiva, salida, escapatoria, simulación, disculpa. *Ant.* Franqueza, verdad.

subterráneo, caverna, sótano, catacumba, subsuelo, cueva, bóveda, cripta, socavón, túnel, mina. *Ant.* Superficie, exterior, cima.// -a, profundo, secreto, oculto, hondo, furtivo. *Ant.* Claro, superficial.

suburbano-na, periférico, lindante, circundante, limítrofe. *Ant.* Céntrico.

suburbio, arrabal, afueras, barrio, aledaños, contornos, alrededores, periferia, extramuros. *Ant.* Centro.

subvención, pensión, subsidio (v.), asistencia, financiación, donativo, auxilio, apoyo. *Ant.* Desamparo, abandono.

subvencionar, sufragar, costear, financiar, contribuir, pensionar, becar, favorecer, auxiliar, proteger.

subversión, revolución, levantamiento, alzamiento, insurrección, conmoción, disturbio, revuelta, motín, perturbación, sedición, insubordinación (v.). *Ant.* Orden, obediencia, acatamiento.

subversivo-va, revolucionario, insurrecto, sedicioso, alzado, faccioso, provocador, revoltoso, perturbador. *Ant.* Obediente, sumiso, disciplinado.

subyugar, conquistar, dominar, sujetar, someter, oprimir, sojuzgar, vencer, humillar, tiranizar. *Ant.* Liberar, rebelar.// Atraer, fascinar, seducir, cautivar, hechizar. *Ant.* Asquear.

succión, absorción, libación, sorbo, trago, mamada.

succionar, absorber, sorber, chupar, libar, tragar, beber. *Ant.* Escupir, expulsar.

suceder, acontecer, producirse, ocurrir, sobrevenir, pasar, acaecer, resultar, registrarse, efectuarse, cumplirse, verificarse, desencadenarse, desarrollarse.// Reemplazar, sustituir, suplir, suplantar. *Ant.* Permanecer.

sucesión, serie, secuencia, orden, proceso, línea, cadena, lista, curso, hilera, continuación. *Ant.* Interrupción.// Herencia, testamento, legado.// Herederos, descendencia, prole, linaje.

sucesivo-va, continuo, incesante, progresivo, seguido, continuado, gradual, encadenado. *Ant.* Discontinuo.// Posterior, siguiente. *Ant.* Anterior.

suceso, acontecimiento, hecho, acaecimiento, evento, caso, accidente, circunstancia, incidente, episodio, peripecia, lance, vicisitud, andanza, trance, experiencia.

sucesor-ra, heredero, descendiente, substituto, legatario. *Ant.* Antecesor.

suciedad, inmundicia, porquería, basura, mugre, pringue, mancha, roña, cochinada, impureza, polución. *Ant.* Limpieza, aseo, higiene.

sucinto-ta, breve, escueto, somero, compendiado, conciso, lacónico. *Ant.* Dilatado, largo.

sucio-cia, desaseado, manchado, pringoso, cochino, mugriento, cochambroso, grasiento, inmundo, asqueroso. *Ant.* Limpio, aseado, pulcro.// Impuro, obsceno, indecente, pornográfico, deshonesto. *Ant.* Honesto, puro.// Traicionero, tramposo, ruin, desleal, artero. *Ant.* Leal, sincero.

suculento-ta, sabroso, gustoso, delicioso, jugoso, substancioso, nutritivo, apetitoso, alimenticio. *Ant.* Insulso.

sucumbir, morir, perecer, fallecer, fenecer, acabar. *Ant.* Sobrevivir.// Ceder, someterse, entregarse, rendirse, claudicar, abandonar. *Ant.* Resistir.

sucursal, dependencia, filial, agencia, delegación, anexo, representación, sección. *Ant.* Central.

sudar, transpirar, rezumar, exudar, destilar, expeler, exhalar, segregar.// Afanarse, agotarse, fatigarse. *Ant.* Holgar.

sudor, transpiración, segregación, resudación, secreción.// Cansancio, afán, fatiga. *Ant.* Descanso.

sudoroso-sa, transpirado, mojado, húmedo. *Ant.* Seco.// Fatigado, agotado, exhausto. *Ant.* Fresco, descansado.

sueldo, retribución, estipendio, paga, salario, mensualidad, asignación, honorarios, remuneración, jornal.

suelo, terreno, superficie, tierra, pavimento, piso.// Territorio, solar, país, tierra.

suelto, cambio.// -ta, desprendido, libre, desanudado, desligado, desatado. *Ant.* Atado.// Disgregado, disperso, esparcido, diseminado. *Ant.* Junto.// Libre, liberado, emancipado, excarcelado, manumitido. *Ant.* Preso, encarcelado.

sueño, letargo, sopor, modorra, somnolencia, adormecimiento. *Ant.* Insomnio, desvelo.// Deseo, ilusión, ensueño, ideal, fantasía, alucinación. *Ant.* Desilusión, desengaño.

suerte, destino, azar, hado, sino, ventura, providencia, fatalidad, estrella, albur. *Ant.* Previsión.// Éxito, felicidad, fortuna, dicha. *Ant.* Desgracia, infortunio.

suficiencia, engreimiento, petulancia, orgullo, soberbia, pedantería, presunción. **Ant.** Humildad.

suficiente, bastante, adecuado, justo, sobrado. **Ant.** Escaso, insuficiente.// Hábil, idóneo, apto, competente, habilidoso, capaz. **Ant.** Incapaz, inepto.// Petulante, pedante, engreído, orgulloso. **Ant.** Humilde, modesto.

sufragar, ayudar, favorecer, sostener, socorrer, subvencionar, mantener, costear, contribuir. **Ant.** Desatender, desamparar.

sufragio, voto, votación, comicios, elección, plebiscito, referéndum.// Ayuda, socorro, favor, protección, auxilio. **Ant.** Abandono, desinterés.// Redención, salvación, expiación.

sufrido-da, resistente, duro, impasible, entero, paciente, estoico. **Ant.** Blando, endeble.// Manso, sumiso, resignado. **Ant.** Intolerante, rebelde.

sufrimiento, padecimiento, pena, dolor, tormento, angustia, pesadumbre, mal, suplicio. **Ant.** Deleite, alegría.// Paciencia, resignación, estoicismo, conformidad, mansedumbre. **Ant.** Rebeldía, impaciencia.

sufrir, padecer, aguantar, soportar, sobrellevar, resistir, tolerar. **Ant.** Rebelarse.// Afligirse, angustiarse, atormentarse, penar. **Ant.** Deleitarse, alegrarse, recrearse.

sugerencia, insinuación, consejo, propuesta, indicación.

sugerir, insinuar, aconsejar, indicar, proponer, inspirar, aludir. **Ant.** Ordenar.

sugestión, sugerencia (v.).// Hechizo, fascinación, magnetismo, atractivo, sortilegio, influencia, persuasión, convencimiento. **Ant.** Rechazo, repulsa.

sugestionar, influir, fascinar, cautivar, magnetizar, embrujar, hechizar, inspirar, captar, convencer. **Ant.** Rechazar.// **-se**, obstinarse, obcecarse, cegarse, alucinarse. **Ant.** Transigir, razonar.

sugestivo-va, encantador, atractivo, seductor, cautivante, atrayente, fascinante, llamativo, tentador. **Ant.** Desagradable, repelente.

suicidarse, matarse, eliminarse, inmolarse, quitarse la vida.

suicidio, muerte, inmolación, sacrificio, autodestrucción, autoeliminación.

sujeción, atadura, ligadura, vínculo, unión, fijación, asimiento, amarre, enganche. **Ant.** Separación, desatadura.// Dependencia, supeditación, subordinación, dominio, opresión, coacción, yugo. **Ant.** Insubordinación, emancipación, rebelión.

sujetar, retener, asir, fijar, atar, agarrar, contener, prender, trabar, asegurar, pegar, juntar. **Ant.** Soltar, desprender.// Someter, dominar, oprimir, subyugar, sojuzgar, subordinar, esclavizar. **Ant.** Liberar, emancipar.

sujeto, individuo, persona, ser.// Asunto, tema, materia, motivo, cuestión.// **-ta**, atado, trabado, firme, retenido, asido, encadenado. **Ant.** Suelto, desasido.// Dependiente, dominado, subyugado, subordinado, supeditado, sumiso, sometido. **Ant.** Libre, emancipado.

suma, adición, monto, total, aumento, incremento, acrecentamiento. **Ant.** Resta, disminución.// Conjunto, totalidad. **Ant.** Unidad.

sumar, adicionar, añadir, adjuntar, agregar, incluir, unir, superponer, acrecentar, aumentar, aunar, incorporar. **Ant.** Restar, disminuir.// **-se**, apoyar, agregarse, juntarse, adherir. **Ant.** Abandonar.

sumario, índice, resumen, compendio, síntesis, recopilación, recapitulación, extracto, sinopsis. **Ant.** Ampliación.// Expediente, antecedentes, causa, proceso.// **-ria**, breve, conciso, resumido, abreviado, lacónico. **Ant.** Extenso, ampliado.

sumergir-se, hundir, sumir, abismar, naufragar, anegar, zozobrar.// Sumirse, preocuparse, abismarse, abstraerse.

sumidero, desagüe, alcantarilla, escurridero, cloaca, coladero, tragadero, conducto.

suministrar, repartir, proveer, proporcionar, surtir, entregar, abastecer, racionar, procurar. **Ant.** Desmantelar, negar.

suministro, entrega, abastecimiento, provisión, equipo, víveres, dotación, abasto, acopio, reserva, distribución. **Ant.** Consumo.

sumir-se, sumergirse (v.).

sumisión, sometimiento, acatamiento, rendición, entrega, capitulación, subordinación (v.). **Ant.** Libertad, emancipación.// Obediencia, mansedumbre, docilidad, respeto, humildad, reverencia. **Ant.** Desacato, irreverencia, desobediencia.

sumiso-sa, sometido, sujeto, subordinado (v.). **Ant.** Libre, emancipado.// Dócil, manso, manejable, reverente, obediente. **Ant.** Desobediente, rebelde.

sumo-ma, máximo, supremo, superior. **Ant.** Bajo, inferior. **Par.** Zumo.

suntuario-ria, lujoso, suntuoso (v.). **Ant.** Humilde, sencillo.

suntuosidad, lujo, esplendidez, esplendor, boato, fausto, magnificencia, riqueza, fastuosidad, pompa, aparato, alarde, sublimidad. **Ant.** Sencillez, humildad, pobreza.

suntuoso-sa, magnífico, lujoso, fastuoso, opulento, ostentoso, regio, señorial, solemne, rico, costoso, esplendoroso, imponente. **Ant.** Humilde, mezquino, pobre.

supeditación, dependencia, sumisión, sujeción, acatamiento, subordinación (v.). **Ant.** Independencia, liberación.

supeditar, subordinar, someter, sujetar, depender, condicionar, postergar, relegar, posponer. **Ant.** Liberar, independizar.

superabundancia, exceso, demasía, copiosidad, exuberancia, derroche, prodigalidad, profusión. **Ant.** Escasez, falta.

superación, ventaja, superioridad, preeminencia, progreso, dominio, mejora. **Ant.** Retroceso, inferioridad.

superar, aventajar, vencer, ganar, rebasar, exceder, prevalecer, adelantar, sobreexceder, progresar. **Ant.** Retrasarse, fracasar, perder.

superávit, exceso, beneficio, ganancia, sobra, provecho, dividendo. **Ant.** Déficit.

superchería, engaño, invención, falsedad, fraude, estafa, simulación, embuste, ardid, trampa, triquiñuela. **Ant.** Verdad, autenticidad.

superficial, externo, visible, exterior, saliente, manifiesto. **Ant.** Profundo, interior.// Trivial, frívolo, ligero, insignificante, insubstancial, pueril, vano, voluble, anodino. **Ant.** Fundamental, esencial, substancial.

superficialidad, trivialidad, insubstancialidad, ligereza, bagatela, futilidad, simpleza. **Ant.** Importancia, profundidad.

superficie, espacio, extensión, término, perímetro, cara, faz, plano, cubierta, exterior, suelo. **Ant.** Interior.

superfluo-flua, trivial, inútil, innecesario, redundante, excedente. **Ant.** Necesario.

superhombre, héroe, gigante, titán, semidiós, campeón, deidad.

superior, supremo, sobresaliente, eminente, preeminente, sublime, destacado, conspicuo, excelente, descollante, predominante, magnífico. **Ant.** Inferior, vulgar.// **-ra**, jefe, dirigente, director, abad, primado, prior, amo, patrón, líder.

superioridad, ventaja, supremacía, preeminencia, predominio, preponderancia, hegemonía, elevación, eminencia, dominio. **Ant.** Inferioridad, insignificancia.// jefatura, dirección, gerencia, autoridad, administración.

superponer, sobreponer, añadir, incorporar, recargar. **Ant.** Retirar, quitar.

superstición, credulidad, hechicería, fetichismo, brujería, paganismo, idolatría. **Ant.** Religiosidad, ortodoxia.

supervisar, revisar, inspeccionar, controlar, verificar, fiscalizar, vigilar, observar. **Ant.** Descuidar, abandonar.

supervivencia, persistencia, conservación, longevidad, vitalidad, duración. **Ant.** Muerte, extinción.

superviviente, sobreviviente, longevo, perenne. **Ant.** Fallecido.

suplantar, sustituir, suplir, reemplazar, suceder.// Engañar, estafar, falsear, simular.

suplementario-ria, complementario, adicional, accesorio, adjunto, anexo. **Ant.** Principal.

suplemento, complemento, aditamento, agregado, añadido, adición, añadidura. *Ant.* Fundamento, esencia.// Reemplazo, substitución (v.).

suplencia, substitución, reemplazo, relevo, suplantación, cambio. *Ant.* Titularidad.

suplente, substituto, reemplazante, interino, sucesor, representante, relevo. *Ant.* Titular, principal.

supletorio-ria, accesorio, suplente, suplementario (v.). *Ant.* Titular, principal.

súplica, ruego, petición, imprecación, solicitud, exhortación, reclamación, queja, pedido, voto, demanda. *Ant.* Exigencia.// Rezo, plegaria, oración, rogativa.

suplicar, demandar, implorar, exhortar, impetrar, invocar, solicitar, clamar, requerir, demandar. *Ant.* Exigir, denegar.

suplicio, martirio, tormento, tortura, sacrificio, inmolación, padecimiento, dolor, daño, perjuicio, desgracia, castigo. *Ant.* Caricia, placer.

suplir, reemplazar, relevar, suplantar, substituir (v.).

suponer, imaginar, sospechar, conjeturar, presuponer, figurarse, creer, entender, considerar, estimar, barruntar, calcular. *Ant.* Desestimar, rechazar.

suposición, presunción, conjetura, deducción, barrunto, atribución, sospecha, creencia, inducción, consideración. *Ant.* Comprobación, realidad, prueba.

supremacía, superioridad, predominio, preponderancia, hegemonía, dominio, preeminencia, ventaja, imperio. *Ant.* Inferioridad.

supremo-ma, superior, sumo, máximo, dominante, destacado, poderoso, preeminente, sobresaliente. *Ant.* Inferior, ínfimo.

supresión, omisión, abolición, eliminación, destrucción, desaparición. *Ant.* Añadidura.

suprimir, abolir, omitir, eliminar, aniquilar, destruir, excluir, exterminar, anular, liquidar, callar. *Ant.* Incluir, añadir.

supuesto, suposición, presunción, creencia, postulado. *Ant.* Seguridad.// **-ta**, pretendido, figurado, presumible, atribuido, aparente, imaginado, teórico. *Ant.* Verdadero, auténtico, real.

supurar, segregar, excretar.

sur, mediodía, austro. *Ant.* Norte, ártico, septentrión.

surcar, hender, cortar, atravesar, cruzar, navegar. *Ant.* Unir, juntar.// Arar, roturar, labrar.

surco, corte, estría, cisura, ranura, hendedura.// Estela, rastro, huella, rodada, senda.// Cauce, zanja, canal, excavación, conducto.

surgir, brotar, emerger, aparecer, manar, nacer, manifestarse, asomar, retoñar, florecer. *Ant.* Desaparecer, hundirse.

surtido, variedad, colección, repertorio, conjunto, muestrario, juego.// **-da**, variado, diverso, diferente. *Ant.* Uniforme.

surtidor, manantial, chorro, surtidero, fuente, ducha.

surtir, abastecer, proveer, aprovisionar, suministrar, equipar, racionar, proporcionar. *Ant.* Retirar, negar.

susceptibilidad, suspicacia, recelo, desconfianza, escrúpulo, malicia. *Ant.* Seguridad, confianza.

susceptible, delicado, impresionable, quisquilloso, desconfiado, receloso, malicioso, suspicaz. *Ant.* Sereno, despreocupado.// Apto, apropiado, adecuado, idóneo.

suscitar, provocar, causar, promover, excitar, producir, motivar, ocasionar, originar, influir. *Ant.* Eludir, evitar.

suscribir, subscribir (v.).

susodicho-cha, antedicho, citado, mencionado, nombrado, señalado, indicado.

suspender, interrumpir, detener, diferir, retardar, aplazar, cancelar, retrasar, demorar, frenar, entorpecer, limitar, obstaculizar. *Ant.* Reanudar, continuar.// Colgar, izar, pender, enarbolar, levantar. *Ant.* Descolgar.// Admirar, maravillar, pasmar, embelesar, sorprender, arrobar.// Descalificar, reprobar, desaprobar. *Ant.* Aprobar.// Separar, privar, disciplinar, penar. *Ant.* Perdonar.

suspensión, interrupción, paralización, detención, cancelación, contención, retraso, cesación, privación. *Ant.* Continuación.// Enganche, colgamiento.// Arrobo, admiración, sorpresa, aturdimiento.

suspicacia, desconfianza, malicia, barrunto, sospecha, prevención, duda, recelo, susceptibilidad. *Ant.* Credulidad, confianza.

suspicaz, receloso, malicioso, desconfiado, susceptible. *Ant.* Confiado.

suspirar, exhalar, respirar, soplar, espirar. *Ant.* Aspirar.// Afligirse, lamentarse, apenarse, quejarse. *Ant.* Alegrarse.// Desear, anhelar, ansiar, ambicionar, codiciar.

suspiro, exhalación, espiración, respiración. *Ant.* Aspiración.

sustancia, substancia (v.).

sustancial, substancial (v.).

sustancioso-sa, substancioso (v.).

sustentar, soportar, sostener, mantener, apoyar, sujetar, apuntalar, aguantar, contener, respaldar. *Ant.* Ceder, abandonar.// **-se**, alimentarse, nutrirse.

sustento, alimento, nutrición, comida, comestibles, sostén, manutención. *Ant.* Ayuno.

sustitución, substitución (v.).

sustituir, substituir (v.).

sustituto-ta, substituto (v.).

susto, sobresalto, temor, alarma, sobrecogimiento, miedo, estremecimiento, pavura, espanto, zozobra, agitación, pavor, aprensión. *Ant.* Valor, serenidad, osadía.

sustracción, substracción (v.).

sustraer, substraer (v.).

susurrar, murmurar, mascullar, cuchichear, balbucear, musitar, ronronear, rumorear. *Ant.* Gritar.

susurro, murmullo, cuchicheo, bisbiseo, balbuceo, rumor, ronroneo. *Ant.* Grito.

sutil, agudo, sagaz, astuto, perspicaz, ocurrente, ingenioso. *Ant.* Torpe.// Fino, delicado, tenue, suave, incorpóreo, ligero, vaporoso, etéreo. *Ant.* Tosco, burdo.

sutileza, agudeza, ingeniosidad, astucia, ingenio, perspicacia, argucia, fineza, exquisitez, ocurrencia, vivacidad. *Ant.* Torpeza, tosquedad.

sutura, costura, juntura, unión, soldadura, puntada. *Ant.* Separación.

T t

taba, astrágalo.

tabaquera, cigarrera, petaca.

taberna, bodegón, bodega, cantina, fonda, tasca, bar.

tabernáculo, trono, altar, sagrario.

tabique, muro, pared, parapeto, tapia, tapial.

tabla, tablón, madera, lámina, chapa, tablero, listón, plancha.// Lista, índice, catálogo.// Pliegue.

tablado, tarima, tribuna, entarimado, tinglado, plataforma, estrado.

tableta, píldora, pastilla, gragea, comprimido, cápsula.

tablón, tabla (v.).

tabú, prohibición, obstáculo, veto, impedimento.

taburete, banquillo, banqueta, escabel, escaño, asiento, silla.

tacañería, mezquindad, avaricia, codicia, roñosería, ruindad. **Ant.** Generosidad, dadivosidad.

tacaño-ña, avaro, roñoso, miserable, ruin, mezquino. **Ant.** Generoso, dadivoso, pródigo.

tacha, falta, defecto, mancha, descrédito, tara, mancilla, mácula. **Ant.** Perfección.

tachar, anular, corregir, suprimir, borrar, enmendar. **Ant.** Subrayar, añadir.// Calificar, motejar, incriminar, tildar, culpar. **Ant.** Elogiar, respetar.

tácito-ta, implícito, virtual, sobreentendido, supuesto, omiso.

taciturno-na, callado, silencioso, huraño, retraído, reservado, hosco, melancólico. **Ant.** Expresivo, comunicativo.

taco, tarugo, tapón.

táctica, método, procedimiento, estrategia, plan, sistema, maniobra.

tacto, sentido, sensación, percepción, impresión.// Diplomacia, delicadeza, habilidad, destreza, tiento, tino, discreción. **Ant.** Incapacidad, rudeza, grosería.

tahúr, jugador, fullero, garitero.

talmado-da, sagaz, astuto, tunante, ladino, disimulado, hipócrita, tuno. **Ant.** Inocente, ingenuo.

tajada, rebanada, corte, lonja, pedazo, rueda, raja, parte.

tajante, categórico, firme, seco, autoritario, rudo, cortante, incisivo. **Ant.** Flexible, condescendiente.

tajar, cortar, partir, rebanar, rajar, seccionar. **Ant.** Unir.

tajo, corte, sección, cortadura, incisión, herida, hendidura, sajadura.// Precipicio, sima, despeñadero. **Ant.** Llanura, planicie.

tala, corte, poda, podadura, cercenamiento.

taladrar, agujerear, perforar, barrenar, atravesar, punzar, horadar, trepanar, fresar. **Ant.** Cerrar.

tálamo, cama, lecho.

talante, humor, ánimo, índole, temperamento, disposición, aspecto, carácter, modo, cariz.

talar, cortar, podar, serrar, segar, truncar, tajar. **Ant.** Unir.

talento, inteligencia, entendimiento, intelecto, ingenio, capacidad, cacumen, perspicacia, agudeza, lucidez, habilidad. **Ant.** Tontería, imbecilidad, torpeza.

talentoso-sa, inteligente, ingenioso, agudo, sagaz, capaz, hábil, listo. **Ant.** Inhábil, imbécil, tonto.

talismán, amuleto, fetiche, mascota, tótem, ídolo.

talla, entalladura, talladura.// Escultura, estatua, figura, efigie.// Estatura, medida, alzada, altura.

tallar, esculpir, cincelar, repujar, trabajar, labrar, modelar, cortar.

talle, cintura.// Cuerpo, figura, traza, proporción, aspecto.

taller, obrador, fábrica, factoría, oficina, manufactura, tienda, despacho.

tallo, tronco, rama, retoño, vástago.

talud, pendiente, desnivel, rampa, declive, repecho, cuesta, vertiente, escarpa, ribazo. **Ant.** Llanura.

tamaño, dimensión, magnitud, medida, extensión, volumen, proporción.

tambalear, vacilar, oscilar, bambolear, trastabillar, inclinarse, titubear, fluctuar. **Ant.** Sostener, asegurar.

también, asimismo, además, igualmente, incluso, de igual modo, así. **Ant.** Tampoco.

tamiz, cedazo, criba, zaranda, cernedor, colador.

tamizar, colar, cribar, zarandear, cerner.

tanda, turno, vez, vuelta, ciclo, sucesión.// Grupo, cantidad, conjunto.

tangente, adyacente, lindante, contiguo, rayano, tocante, colindante. **Ant.** Separado.

tangible, palpable, perceptible, evidente, cierto, patente, material. **Ant.** Intangible.

tanque, depósito, cisterna, cuba, recipiente.

tantear, calcular, evaluar, tasar, estimar. **Ant.** Desestimar.// Ensayar, examinar, sondear, explorar, averiguar, investigar. **Ant.** Descuidar.// Reflexionar, considerar, recapacitar, conjeturar.

tanteo, sondeo, cálculo, ensayo, exploración, tentativa, evaluación.

tanto, cantidad, punto, puntuación.// **-ta**, bastante, mucho, excesivo.

tañer, tocar, pulsar, rasguear, sonar.// Repicar, doblar, voltear.

tañido, repique, sonido, toque, repiqueteo, campaneo.

tapa, cubierta, tapón, obturador, cierre, funda, cobertera.

tapado-da, escondido, cubierto, oculto, revestido, envuelto, forrado. **Ant.** Destapado, descubierto.// Atascado, obstruido, taponado, obturado. **Ant.** Abierto, desatascado.

tapar, cerrar, obstruir, atascar, taplar, atorar, tabicar, recubrir, atrancar. **Ant.** Abrir, destapar, descubrir.// Abrigar, envolver, arropar, cubrir, vestir, forrar, recubrir. **Ant.** Desvestir.// Ocultar, embozar, esconder. **Ant.** Descubrir.

tapia, muro, pared, tabique, tapial, muralla, parapeto, valla, cerca.

tapiar, encerrar, emparedar, empalizar, vallar, tabicar, obstruir. **Ant.** Descubrir, abrir.

tapizar, recubrir, forrar, revestir, enfundar. **Ant.** Descubrir.

tapón, taco, cierre, tarugo, tapa (v.).

taponar, cerrar, tapar, obturar, obstruir, interceptar, ocluir, sellar, atascar. **Ant.** Desatascar, abrir.

tapujo, disimulo, reserva, pretexto, engaño.

tara, envase, embalaje.// Defecto, estigma, lacra, vicio, anomalía, falla, mácula. **Ant.** Perfección.

tarambana, imprudente, alocado, calavera, aturdido, ligero, irreflexivo. **Ant.** Serio, sensato.

tararear, canturrear, entonar.

tardanza, calma, pereza, lentitud, demora, dilación, retardo, morosidad. **Ant.** Ligereza, rapidez.

tardar, demorar, retrasar, dilatar, alargar, prorrogar, diferir, rezagarse, remolonear, atrasar. **Ant.** Apresurar, adelantar.

tardío-a, retrasado, atrasado, demorado, inoportuno. **Ant.** Adelantado.// Torpe, cachazudo, lento, pausado, pachorriento, remiso, tardo, perezoso. **Ant.** Diligente, rápido, pronto.

tardo-da, tardío (v.), moroso.// Lento, pesado, torpe, obtuso. **Ant.** Rápido, hábil.

tarea, trabajo, faena, obra, quehacer, labor, ocupación. **Ant.** Inactividad, desocupación.

tarifa, precio, valor, costo, tasa, honorarios.

tarima, tablado, estrado, plataforma, tribuna.

tarro, pote, vasija, cacharro, envase, recipiente, frasco.

tartamudear, tartajear, farfullar, balbucear, mascullar. **Ant.** Articular.

tartamudeo, balbuceo, tartajeo, chapurreo. **Ant.** Articulación.

tasa, precio, tasación, tarifa, evaluación.// Medida, pauta, norma, regla. **Par.** Taza.

tasación, tasa, evaluación, apreciación, justiprecio, tarifa, arancel, derechos. **Ant.** Exención.

tasar, valorar, apreciar, estimar, evaluar, graduar, justipreciar.// Repartir, distribuir, ahorrar, economizar, racionar, restringir. **Ant.** Extralimitarse, derrochar. **Par.** Tazar.

taumatúrgico-ca, milagroso, maravilloso, sobrenatural, prodigioso, extraordinario.

taxativo-va, restringido, limitado, preciso, concluyente, estricto, categórico. **Ant.** Amplio.

taza, jícara, escudilla, pocillo, cacharro, vasija, cuenco, jarra, recipiente.// Retrete. **Par.** Tasa.

tea, antorcha, candela, hacha, astilla, cirio.

teatral, dramático, histriónico, melodramático, cómico, trágico.// Exagerado, aparatoso, conmovedor, fantástico. **Ant.** Moderado, espontáneo.

teatro, representación, dramatismo, histrionismo.// Espectáculo, tragedia, comedia, melodrama.// Coliseo, sala de espectáculos, anfiteatro, escena, sala.// Simulación, fingimiento, afectación, aparatosidad. **Ant.** Naturalidad.

techar, cubrir, revestir, tapar, tejar, abovedar.

techo, tejado, cobertizo, techumbre, cubierta, techado, cielo raso, artesonado. **Ant.** Suelo, pavimento.// Hogar, morada, amparo, cobijo.

techumbre, techo (v.).

técnica, método, procedimiento, sistema, práctica.// Habilidad, pericia, industria, maña. **Ant.** Torpeza.

técnico-ca, experto, especialista, diestro, práctico, competente, profesional, perito. **Ant.** Incompetente, inhábil.

tedio, hastío, cansancio, aburrimiento, fastidio, molestia, desagrado, monotonía, rutina. **Ant.** Diversión, distracción.

tedioso-sa, aburrido, fastidioso, molesto, enfadoso, fatigoso, importuno, monótono, rutinario. **Ant.** Divertido, ameno.

tegumento, tejido, membrana, revestimiento, túnica, película.

tejado, techo (v.).

tejemaneje, destreza, habilidad, diligencia, actividad. **Ant.** Inacción.// Engaño, intriga, maquinación, manejo, trampa, fraude. **Ant.** Verdad, sinceridad.

tejer, urdir, tramar, hilar, entrelazar, trenzar. **Ant.** Destejer.

tejido, lienzo, paño, tela, trama, género.// Tegumento.

tela, tejido (v.).// Película, tegumento, membrana, revestimiento.

telegráfico-ca, breve, sucinto, escueto, rápido, veloz.

telespectador-ra, televidente.

telón, cortina, bastidor, cortinaje, lienzo, decorado.

tema, motivo, argumento, asunto, sujeto.

temblar, estremecerse, agitarse, trepidar, titilar, tiritar, centellear, latir, vibrar, sacudirse, oscilar. **Ant.** Calmarse, tranquilizarse.// Temer, asustarse, atemorizarse, amedentrarse. **Ant.** Desafiar.

temblor, estremecimiento, trepidación, palpitación, titilación, tremor, vibración. **Ant.** Calma, quietud.// Sacudida, terremoto, sismo, maremoto.

tembloroso-sa, trémulo, vibrante, tremante, trepidante, tembloso, convulso, palpitante, estremecido. **Ant.** Quieto,

tranquilo.// Asustado, sobresaltado, amedrentado, atemorizado. **Ant.** Osado, arrojado.

temer, asustarse, amedrentarse, intimidarse, aterrarse, recelar, atemorizarse, sobrecogerse, recelar, sospechar. **Ant.** Confiar, calmarse, envalentonarse.

temerario-ria, atrevido, valiente, arrojado, audaz, resuelto, imprudente, osado, precipitado. **Ant.** Cauto, cobarde.

temeridad, atrevimiento, arrojo, valentía, audacia, osadía, denuedo, decisión, intrepidez, irreflexión. **Ant.** Cobarde, cauto.

temeroso-sa, miedoso, asustadizo, cobarde, timorato, apocado, medroso, pusilánime. **Ant.** Osado, arrojado.

temible, espantoso, terrible, horrible, horrendo, tremendo, alarmante, inquietante, atemorizador. **Ant.** Tranquilizante, inofensivo.

temor, miedo, pavor, pánico, horror, aprensión, susto, espanto, amedrentamiento. **Ant.** Valentía, arrojo.// Duda, desconfianza, preocupación, recelo, intranquilidad, sospecha. **Ant.** Confianza.

temperamental, apasionado, vehemente, impulsivo, efusivo, arrojado, exaltado. **Ant.** Frío, flemático.

temperamento, temple, carácter, índole, tipo, personalidad, idiosincrasia.// Apasionamiento, vehemencia, exaltación, efusividad. **Ant.** Sosiego, reflexión.

tempestad, tormenta, borrasca, temporal, huracán, turbión, tromba. **Ant.** Calma, tranquilidad.

tempestuoso-sa, borrascoso, tormentoso, torrencial, inclemente. **Ant.** Sereno, calmo.// Violento, agitado, impetuoso, iracundo, furioso. **Ant.** Tranquilo, calmo.

templado-da, tibio, suave, cálido, tenue, moderado. **Ant.** Extremado, frío, caliente.// Sereno, audaz, animoso, valiente, intrépido, aplomado. **Ant.** Temeroso, miedoso.

templanza, moderación, prudencia, morigeración, frugalidad, sobriedad, temple. **Ant.** Imprudencia, exageración.

templar, suavizar, moderar, sosegar, atenuar, apaciguar, amainar, calmar. **Ant.** Excitar, enardecer.// Entibiar, calentar, encender, caldear. **Ant.** Enfriar.

temple, arrojo, valentía, audacia, entereza, temeridad, bravura. **Ant.** Temor, debilidad.// Carácter, ánimo, humor, índole, disposición.// Dureza, elasticidad, flexibilidad, resistencia.

templete, quiosco, glorieta, pabellón, pérgola.

templo, iglesia, oratorio, santuario, ermita, capilla, abadía, cartuja, tabernáculo, basílica, catedral.

temporada, época, período, etapa, lapso, fase, ciclo.

temporal, borrasca, tempestad (v.).// Transitorio, provisional, precario, fugaz, efímero, pasajero. **Ant.** Duradero, permanente.// Profano, secular, laico, terrenal. **Ant.** Espiritual.

temprano, pronto, tempranamente.// **-na**, adelantado, precoz, prematuro, anticipado, avanzado. **Ant.** Tardío, retrasado.

tenacidad, perseverancia, constancia, persistencia, insistencia, obstinación, pertinacia, testarudez, resistencia, terquedad. **Ant.** Abandono, renuncia.

tenaz, perseverante, constante, tesonero, terco, tozudo, testarudo, persistente, obstinado. **Ant.** Inconstante.

tendencia, predisposición, inclinación, propensión, disposición, vocación, proclividad, preferencia, afecto, gusto, simpatía.

tendencioso-sa, injusto, arbitrario, parcial, partidario, apasionado, inclinado, sectario. **Ant.** Neutral, ecuánime.

tender, extender, desplegar, expandir. **Ant.** Recoger.// Colgar, suspender, airear, orear.// Propender, inclinarse, simpatizar, tirar. **Ant.** Rechazar.// **-se**, extenderse, echarse, acostarse, tumbarse, yacer, descansar, relajarse. **Ant.** Levantarse.

tendido-da, extendido, echado, tumbado, yacente, acostado. **Ant.** Levantado, erguido.

tenebroso-sa, lóbrego, lúgubre, tétrico, sombrío, oscuro, triste. **Ant.** Claro, alegre.

tenencia, posesión, propiedad.

tener, poseer, haber, disfrutar, detentar, dominar. **Ant.** Carecer.// Asir, sujetar, agarrar, sostener. **Ant.** Dejar, soltar.// Juzgar, considerar, estimar, extender.

tenor, suerte, disposición, estilo.

tenorio, donjuán, mujeriego, galán, conquistador, galanteador.

tensar, estirar, atirantar, atiesar. **Ant.** Aflojar.

tensión, tirantez, rigidez, fuerza, tiesura, resistencia. **Ant.** Flojedad.// Voltaje.// Intranquilidad, zozobra, incertidumbre, angustia, nerviosidad. **Ant.** Tranquilidad, quietud.

tenso-sa, tirante, estirado, rígido, duro, tieso. **Ant.** Flojo.// Ner-vioso, intranquilo, angustiado, inquieto, preocupado. **Ant.** Relajado, calmo, tranquilo.

tentación, atracción, seducción, fascinación, incentivo, incitación, inducción, instigación. **Ant.** Rechazo.

tentar, instigar, inducir, provocar, estimular, incitar, fascinar. **Ant.** Repugnar, repeler.// Intentar, procurar, emprender. **Ant.** Abandonar, desistir.// Tocar, palpar, tantear, reconocer.

tentativa, intento, proyecto, empeño, esfuerzo, intención, propósito. **Ant.** Abandono, indiferencia.

tenue, frágil, ingrávido, delicado, sutil, vaporoso, etéreo, fino, suave, grácil, ligero. **Ant.** Grueso, denso, recio.

tenuidad, sutileza, finura, delicadeza, fragilidad, gracia, ingravidez. **Ant.** Densidad, rudeza.

teñir, colorear, pintar, tintar. **Ant.** Desteñir, decolorar.

teoría, suposición, hipótesis, proposición, conjetura, especulación. **Ant.** Realidad, pragmatismo.

teórico-ca, hipotético, supuesto, presunto, especulativo. **Ant.** Real, pragmático.

teorizar, concebir, imaginar, suponer, especular, discurrir, reflexionar. **Ant.** Probar, experimentar.

terapéutico-ca, curativo, beneficioso, higiénico.

terciar, intervenir, mediar, interponerse, tomar parte. **Ant.** Abstenerse.

terco-ca, testarudo, obstinado, obcecado, contumaz, intransigente, porfiado, caprichoso, tozudo, empecinado. **Ant.** Flexible, razonable, blando.

tergiversación, falseamiento, elusión, desfiguración, embrollo, deformación, retorcimiento, ambigüedad. **Ant.** Autenticidad, franqueza.

tergiversar, torcer, deformar, alterar, cambiar, falsear, desfigurar, trocar, confundir, enredar. **Ant.** Rectificar, traducir.

terminación, conclusión, final, término, desenlace, cierre, fin, liquidación, epílogo, cesación, remate. **Ant.** Comienzo, prólogo.// Límite, extremo, frontera, borde.

terminal, final, postrero, último, extremo. **Ant.** Primero, delantero.

terminante, concluyente, decisivo, rotundo, irrefutable, preciso, tajante, definitivo, perentorio. **Ant.** Dudoso, indeciso.

terminar, acabar, concluir, finalizar, rematar, finiquitar, extinguir, suprimir, cesar, agotar, liquidar. **Ant.** Empezar, comenzar.// **-se**, morir, fenecer, fallecer, perecer. **Ant.** Nacer.

término, límite, confín, frontera, tope, extremo, jalón.// Final, terminación, fin, conclusión, desenlace. **Ant.** Comienzo, principio.// Jurisdicción, zona, partido, territorio, circunscripción.// Plazo, tiempo, período, curso.// Palabra, vocablo, expresión, voz, giro.

terna, trío, terceto.

terneza, mimo, caricia, requiebro. **Ant.** Aspereza, insulto.

ternura, cariño, afecto, dulzura, afección, terneza, estima, apego. **Ant.** Antipatía, animosidad.

terquedad, obstinación, testarudez, porfía, tozudez, ofuscación, pertinacia, tenacidad, contumacia. **Ant.** Flexibilidad, docilidad, transigencia.

terraplén, pendiente, talud, desnivel, parapeto, defensa, reparo, resguardo.

terraza, azotea, terrado, mirador, tejado, solana.

terremoto, sismo, temblor, sacudida, cataclismo.

terrenal, terreno, terrestre, terráqueo. **Ant.** Espiritual, celestial.// Temporal.// Material, concreto, carnal, real.

terreno, suelo, tierra, campo, espacio, piso, solar.// Ámbito, esfera, espacio, condición.// **-na**, terrestre, terrenal (v.).

terrestre, terreno, terrenal (v.), terrícola.

terrible, atroz, espantoso, aterrador, pavoroso, tremebundo, horripilante, temible, impresionante, terrorífico, truculento, horroroso, espantable. **Ant.** Grato, agradable.// Cruel, duro, inhumano, repelente, monstruoso, fiero, torvo, desagradable, repugnante. **Ant.** Bello, tierno.

territorio, jurisdicción, circunscripción, distrito, región, zona, lugar, estado, nación, país.

terror, susto, espanto, miedo, pánico, temor, horror, pavor, sobrecogimiento. **Ant.** Valentía, arrojo.

terruño, patria, cuna, suelo, tierra natal, hogar.

terso-sa, bruñido, pulido, brillante, suave, liso, resplandeciente, lustroso. **Ant.** Áspero, opaco.

tersura, lisura, suavidad, brillantez, resplandor, nitidez. **Ant.** Aspereza, opacidad.

tertulia, reunión, peña, cenáculo, sociedad, junta, velada, centro.// Charla, discusión, coloquio, disertación.

tesis, argumento, proposición, razonamiento, razón.

tesón, perseverancia, pertinacia, constancia, insistencia, persistencia, terquedad, tozudez, testarudez, firmeza, tenacidad. **Ant.** Abandono, inconstancia.

tesoro, caudal, bienes, valores, fondos, fortuna, riquezas, oro.

testar, legar, ceder, adjudicar, ofrecer, transmitir.

testarudez, obstinación, pertinacia, terquedad, obcecación, porfía, intransigencia, empecinamiento. **Ant.** Flexibilidad.

testarudo-da, obstinado, pertinaz, obcecado, terco, empecinado, porfiado, tozudo, emperrado. **Ant.** Transigente, flexible.

testificar, testimoniar, declarar, atestiguar, afirmar, alegar, demostrar.

testigo, declarante, atestante, deponente.

testimonial, documental, verídico, legítimo, cierto.

testimoniar, testificar, declarar, atestiguar, expresar, atestar.

testimonio, certificación, demostración, evidencia, alegato, declaración, prueba, información, testificación.

teta, ubre, mama, seno, busto, pecho.

tétrico-ca, lóbrego, lúgubre, fúnebre, tenebroso, funesto, sombrío, luctuoso, macabro. **Ant.** Optimista, alegre.

texto, obra, libro, manual, ejemplar, volumen, tomo./ Contenido, escrito.

textual, literal, exacto, fiel, idéntico. **Ant.** Inexacto, tergiversado.

tez, piel, cutis, dermis, color. **Par.** Tes.

tibio-bia, cálido, templado, atemperado, suave. **Ant.** Helado, ardiente.

tic, contracción, crispación, convulsión, espasmo.

tiempo, período, espacio, plazo, era, etapa, época, temporada, estación, momento, duración, intervalo.// Clima, temperatura, estado atmosférico.

tienda, establecimiento, negocio, comercio, local, despacho, almacén, bodega, depósito.

tiento, consideración, cautela, cuidado, miramiento, prudencia, moderación.

tierno-na, blando, delicado, suave, débil, dócil, flexible. **Ant.** Duro.// Cariñoso, afectuoso, dulce, amoroso. **Ant.** Insensible, cruel.// Joven, nuevo, reciente, inexperto, novato. **Ant.** Experimentado, maduro.

tierra, globo, mundo, orbe, planeta.// País, territorio, región, comarca, terruño, pueblo, patria.// Piso, suelo, pavimento, terreno.// Hacienda, heredad, dominio, predio.

tieso-sa, tirante, estirado, rígido, duro, tenso, erecto, firme, yerto, empinado. **Ant.** Flojo, relajado.// Orgulloso, petulante, vanidoso. **Ant.** Humilde.// Grave, serio, circunspecto.

tiesto, maceta, recipiente, pote.

tifón, huracán, tornado, tromba, torbellino, temporal.

tildar, acusar, injuriar, tachar, censurar, criticar, apodar, motejar. **Ant.** Elogiar.

tilde, señal, marca, rasgo, trazo, vírgula.// Tacha, nota, mancha, difamación, estigma, mancilla.

timar, estafar, engañar, defraudar, embaucar, chantajear, despojar, robar. **Ant.** Devolver, reintegrar.

timbrar, sellar, precintar, estampillar.

timbre, señal, estampilla, precinto.// Llamador, chicharra, campanilla.// Sonoridad, resonancia, tono.

timidez, apocamiento, cohibimiento, vergüenza, irresolución, indecisión, introversión, cortedad. **Ant.** Intrepidez, descaro, audacia.

tímido-da, cohibido, apocado, corto, turbado, indeciso, temeroso, vergonzoso, introvertido, miedoso, timorato. **Ant.** Audaz, osado, resuelto.

timo, fraude, estafa engaño, trampa, embaucamiento. **Ant.** Honestidad, honradez.

timón, dirección, mando, gobierno, autoridad, guía.

timorato-ta, apocado, corto, asustadizo, temeroso, tímido (v.). **Ant.** Audaz, arrojado.

tina, tinaja, cuba, vasija, artesa, cubeta, recipiente.

tinaja, tina, vasija, cántaro.

tinglado, cobertizo, tablado, armazón.

tinieblas, oscuridad, sombra, lobreguez, tenebrosidad, negrura, opacidad, nebulosidad, noche. **Ant.** Claridad, luminosidad, día.// Ignorancia, oscurantismo, incultura, atraso. **Ant.** Cultura, conocimiento.

tino, puntería, acierto, destreza, ojo, tiento, pulso, seguridad, habilidad. **Ant.** Desacierto, inseguridad.// Discreción, prudencia, moderación, equilibrio, tiento. **Ant.** Imprudencia, desequilibrio.

tinta, color, pintura, matiz, coloración.

tinte, colorante, tinta (v.), tintura, barniz, matiz, tonalidad.

tintinear, sonar, resonar.

tinto-ta, teñido, coloreado.

tintura, barniz, tinte (v.), coloración.

tiña, mezquindad, avaricia, miseria, roña, escasez, tacañería. **Ant.** Abundancia, generosidad.

típico-ca, original, peculiar, característico, personal, representativo, pintoresco. **Ant.** Atípico.// Tradicional, popular, costumbrista.

tipo, modelo, muestra, arquetipo, ejemplar, representación, patrón, paradigma.// Apostura, figura, aspecto, aire, traza.// Índole, clase, naturaleza, condición.// **-pa**, persona, sujeto, individuo.

tira, banda, cinta, lista, venda, faja.// Pedazo, trozo.// Ribete, borde, franja, filete.// Correa, ceñidor.

tirabuzón, bucle, rizo, caracol, sortija.

tirada, serie, sarta, retahíla, ristra, rosario. **Ant.** Interrupción, paréntesis.// Trecho, distancia, tramo, trayecto.// Edición, impresión, tiraje.

tirado-da, caído, abatido, postrado. **Ant.** Erguido, levantado.// Regalado, barato. **Ant.** Caro.

tiranía, absolutismo, despotismo, dictadura, opresión, autocracia, totalitarismo, abuso, yugo, esclavitud. **Ant.** Democracia, libertad, tolerancia.

tiránico-ca, despótico, abusivo, injusto, avasallador, dictatorial, dominante, opresivo, totalitario, sojuzgador, autocrático. **Ant.** Democrático, liberal, justo.

tiranizar, dominar, sojuzgar, someter, oprimir, subyugar, despotizar, esclavizar, avasallar, abusar, dominar. **Ant.** Liberar, democratizar.

tirano, déspota, injusto, arbitrario, opresor, dictador, dominador. **Ant.** Demócrata.

tirante, rígido, tieso, tenso, duro, estirado, firme. **Ant.** Flojo.// Enojoso, dificultoso, delicado, espinoso. **Ant.** Amable, fácil.// Madero, viga, soporte, barra, puntal.// Sostén, sujetador, tira, correa.

tirantez, tensión, rigidez, dureza, tiesura, turgencia. **Ant.** Flojedad, blandura.// Hostilidad, violencia, enemistad, disgusto. **Ant.** Entendimiento.

tirar, echar, arrojar, lanzar, proyectar, emitir, impulsar, verter, expeler. **Ant.** Retener.// Derrumbar, derribar, abatir, desmoronar, derruir, devastar, arrasar, destruir. **Ant.** Erigir, levantar.// Disparar, descargar, hacer fuego.// Derrochar, dilapidar, malgastar, despilfarrar. **Ant.** Ahorrar.// Llevar, arrastrar, remolcar.// **-se**, tenderse, tumbarse, acostarse, yacer, descansar.

tiritar, temblar, estremecerse, vibrar.

tiro, disparo, estallido, detonación, balazo, descarga, salva,

cañonazo, explosión, andanada.// Ventilación.// Tronco, yunta.// Conducto, tubo.

tirón, estirón, empujón, sacudida, zarandeo, empellón, arrastre.

tirotear, disparar, hacer fuego, tirar, descargar, lanzar.

tiroteo, disparos, balazos, refriega, enfrentamiento, descarga.

tirria, antipatía, repulsión, odio, repugnancia, aborrecimiento, rabia. **Ant.** Agrado, afecto, simpatía.

tisana, infusión, brebaje.

titán, gigante, cíclope, coloso, superhombre. **Ant.** Enclenque.

titánico-ca, colosal, ciclópeo, descomunal, gigantesco, hercúleo. **Ant.** Mezquino, pequeño.

títere, muñeco, fantoche, polichinela, marioneta, monigote.// Pelele, mamarracho, mequetrefe.

titilación, temblor, fulgor, centelleo, estremecimiento, temblequeo, palpitación.

titilar, brillar, refulgir, chispear, centellear.// Temblar (v.).

titubeante, vacilante, indeciso, irresoluto, incierto, inseguro, inestable. **Ant.** Seguro, decidido.

titubear, vacilar, dudar, fluctuar, oscilar, trastabillar, flaquear, tambalearse. **Ant.** Decidirse, confiar.

titubeo, vacilación, irresolución, incertidumbre, hesitación, duda, perplejidad, azoramiento. **Ant.** Decisión, seguridad.

titular, nombrar, denominar, mencionar, llamar, rotular, designar, indicar, señalar.// Nombre, designación, título, denominación, etiqueta, cartel.// Efectivo, nominativo, nominal.

título, rótulo, designación, lema, inscripción, letrero, encabezamiento.// Licencia, autorización, nombramiento, diploma, credencial, certificado.// Linaje, prosapia, abolengo, jerarquía.

tiznar, manchar, ensuciar, ahumar, pringar, ennegrecer.

tizón, rescoldo, leño, brasa.

tobera, abertura, tubo, conducto.

tobillo, maléolo.

tocar, palpar, tentar, tantear, acariciar, manipular, sobar.// Pulsar, ejecutar, sonar, rasguear, tañer, teclear, interpretar.// Rozar, tropezar.// Lindar, limitar, confinar, rayar.// Concernir, corresponder, pertenecer, afectar.

tocayo-ya, homónimo, del mismo nombre.

todavía, aún.

todo, total, conjunto, integridad, totalidad, suma. **Ant.** Nada.// Completamente, íntegramente, enteramente.// **-da**, íntegro, completo, entero, total global. **Ant.** Parte.

todopoderoso-sa, omnipotente, omnímodo, absoluto, sumo. **Ant.** Impotente, inferior.

toldo, techo, cubierta, entoldado, dosel, palio, lona.

tolerable, admisible, soportable, aceptable, permisible. **Ant.** Intolerable.

tolerancia, indulgencia, condescendencia, anuencia, conformidad, consideración, transigencia, contemporización, benevolencia, comprensión. **Ant.** Intolerancia, intransigencia, incomprensión.

tolerante, indulgente, condescendiente, transigente, paciente, comprensivo, flexible, blando, considerado. **Ant.** Intransigente, intolerante.

tolerar, soportar, sufrir, aguantar, transigir, resistir, condescender, admitir, comprender, contemporizar, aceptar, sobrellevar. **Ant.** Rechazar, rebelarse.

toma, conquista, ocupación, apropiación, asalto, incautación, usurpación, expolio. **Ant.** Devolución.// Dosis (v.).// Orificio, abertura.

tomar, asir, agarrar, aferrar, coger, capturar, apresar. **Ant.** Soltar.// Arrebatar, despojar, apresar, ocupar, conquistar.// Asaltar, apoderarse, apropiarse, usurpar. **Ant.** Libertar.// Be-ber, ingerir, libar, tragar. **Ant.** Arrojar.

tomo, volumen, ejemplar.

tonalidad, tono, matiz, gradación, coloración.

tonel, barril, barrica, cuba, casco, tina, vasija, pipa, recipiente.

tónico-ca, reconstituyente, reconfortante, estimulante, vigorizante, tonificante. **Ant.** Debilitante.

tonificar, fortificar, vigorizar, fortalecer, robustecer, reanimar, estimular, animar, reconfortar. *Ant.* Debilitar.

tonina, delfín.

tono, voz, sonido, tonalidad, inflexión, elevación, dejo, tonillo, modulación, entonación.

tonsurar, rapar (v.).

tontería, bobada, idiotez, imbecilidad, estupidez, sandez, necedad, tontera, insensatez, torpeza, disparate. *Ant.* Agudeza, ingenio, sagacidad, talento, juicio.// Nimiedad, insignificancia (v.). *Ant.* Importancia.

tonto-ta, necio, bobo, idiota, imbécil, estúpido, sandio, zafio, mentecato, majadero, torpe, zopenco, palurdo, zonzo, memo. *Ant.* Inteligente, agudo, sagaz, ingenioso.

topar, tropezar, chocar, dar, pegar, golpear.// Encontrar, hallar. *Ant.* Evitar, eludir.

tope, extremo, límite, término, remate, final, fin.// Impedimento, obstáculo, estorbo.

topetazo, encontronazo, choque, golpe, colisión.

tópico, clisé, frase hecha, trivialidad, lugar común, repetición, vulgaridad.// Apósito, ungüento, vendaje.

toque, señal, aviso, llamada, advertencia.// Roce, contacto, fricción.

toquetear, manosear, tocar (v.).

torbellino, vorágine, remolino, rápido, revuelta, espiral, ciclón.// Muchedumbre, aglomeración, multitud, turba, revuelo, tumulto, confusión, revolución, turbulencia, bulla. *Ant.* Calma, tranquilidad, sosiego.

torcer, retorcer, doblar, curvar, enroscar, rizar, arquear, combar, flexionar, cimbrear. *Ant.* Enderezar.// Desviarse, virar, girar, separarse, cambiar. *Ant.* Seguir, continuar.// Desviar, descarriar, corromper. *Ant.* Enmendar.// -se, luxarse, dislocarse, retorcerse.

toreo, lidia, corrida, faena.

torero, lidiador, matador, espada, rejoneador.

tormenta, temporal, tempestad, borrasca, aguacero, vendaval, huracán, turbión, ciclón. *Ant.* Calma, serenidad, bonanza.

tormento, tortura, padecimiento, suplicio, sufrimiento, martirio, sacrificio, holocausto. *Ant.* Placer, felicidad.// Molestia, angustia, congoja, aflicción. *Ant.* Alegría.

tormentoso-sa, borrascoso, tempestuoso, proceloso, inclemente, agitado. *Ant.* Sereno, bonancible.

tornar, regresar (v.).

tornasol, irisación, fulgor, reflejo.

tornasolado-da, irisado, brillante, refulgente, matizado.

tornear, alisar, labrar, pulir, conformar, redondear.

torneo, justa, competición, combate, pugna, liza, desafío.

torniquete, ligadura, vendaje, atadura.

torpe, inhábil, incapaz, tonto, lento, pesado, inútil, incompetente, inexperto, inepto, desmañado, nulo. *Ant.* Hábil, competente.// Obsceno, lúbrico, licencioso, indecoroso, deshonesto. *Ant.* Honesto, virtuoso.

torpeza, inhabilidad, ineptitud, necedad, impericia, rudeza, lentitud, pesadez, incompetencia, incapacidad. *Ant.* Habilidad, competencia.

torrefacción, torrado, tostado, calcinación. *Ant.* Refrigeración.

torrencial, caudaloso, tempestuoso, violento, impetuoso, furioso. *Ant.* Suave, escaso.

torrente, corriente, rápidos, catarata, avenida.// Multitud, muchedumbre.

tórrido-da, abrasador, caluroso, quemante, canicular, bochornoso, ardiente, sofocante. *Ant.* Frío, helado.

torta, pastel, bizcocho, bollo, tarta, pasta.// Bofetada, cachetazo, tortazo, bofetón.

tortazo, sopapo, cachetazo, bofetada (v.).

tortuoso-sa, torcido, sinuoso, retorcido, ondulante, serpenteante, zigzagueante. *Ant.* Derecho, recto.// Disimulado, solapado, hipócrita, cauteloso, artero, avieso, astuto. *Ant.* Sincero, directo.

tortura, martirio, suplicio, tormento (v.). *Ant.* Placer, satisfacción.// Incertidumbre, inseguridad, angustia, zozobra, desazón. *Ant.* Certidumbre.

torturador-ra, mortificador, torturante, mortificante, martirizador, doloroso, angustioso. *Ant.* Deleitoso, placentero.

torturar, martirizar, atormentar, supliciar, sacrificar. *Ant.* Contentar, consolar.// -se, mortificarse, padecer, sufrir, afligirse. *Ant.* Alegrarse, consolarse.

torvo-va, hosco, fiero, malvado, amenazador, avieso, terrible, horripilante. *Ant.* Agradable, benévolo.

tosco-ca, rudo, grosero, ordinario, vulgar, rústico, inculto, palurdo, chabacano, torpe. *Ant.* Refinado, pulido, educado.// Basto, áspero, desigual. *Ant.* Fino, liso.

tósigo, ponzoña, veneno, tóxico.

tosquedad, grosería, brutalidad, ordinariez, incivilidad, incultura, rudeza, chabacanería, vulgaridad. *Ant.* Refinamiento, educación.// Bastedad, aspereza. *Ant.* Suavidad, lisura.

tostado-da, moreno, bronceado, asoleado, atezado, curtido. *Ant.* Pálido.// Asado, dorado, cocido, torrado, quemado. *Ant.* Crudo.

tostar, asar, quemar, calentar, dorar, cocer, torrar, cocinar, calcinar.// Broncear, asolear, atezar, ennegrecer.

total, todo, conjunto, totalidad, integridad, generalidad. *Ant.* Parte.// Suma, adición, agregación. *Ant.* Resta.// Absoluto, universal, general, entero, cabal. *Ant.* Parcial.

totalidad, todo (v.), total (v.).

totalitario-ria, absolutista, dictatorial, arbitrario, tiránico. *Ant.* Democrático.

tótem, ídolo, talismán, deidad.

tóxico, veneno, ponzoña, tósigo, toxina. *Ant.* Antídoto.// -ca, Ponzoñoso, venenoso, intoxicante, nocivo, dañino, perjudicial, deletéreo. *Ant.* Sano, beneficioso.

toxicómano-na, drogadicto.

tozudez, porfía, obcecación, obstinación, ofuscación, capricho, terquedad, contumacia. *Ant.* Flexibilidad, contemporización.

tozudo-da, porfiado, obstinado, obcecado, intransigente, empecinado, obsesionado, caprichoso, terco, contumaz, testarudo. *Ant.* Flexible, comprensivo, transigente.

traba, obstáculo, dificultad, estorbo, engorro, embarazo, inconveniente. *Ant.* Facilidad.

trabado-da, ligado, sujeto, atado, asegurado. *Ant.* Desligado, libre.

trabajador-ra, laborioso, diligente, emprendedor, afanoso, aplicado, solícito, activo, voluntarioso, cumplidor, dinámico, hacendoso. *Ant.* Vago, haragán, holgazán.// Obrero, artesano, operario, asalariado, peón.

trabajar, laborar, elaborar, obrar, hacer, producir, bregar, esforzarse, ocuparse, atarearse, ejercer, ganarse la vida. *Ant.* Holgar, descansar.

trabajo, labor, faena, tarea, actividad, ocupación, quehacer, obra, operación, ejercicio, elaboración, producción, fabricación, confección. *Ant.* Holganza, descanso.// Empleo, oficio, profesión, función.// Investigación, estudio, examen, análisis, tratado, ensayo, tesis, monografía.// Esfuerzo, dolor, penalidad, molestia, brega, lucha, padecimiento. *Ant.* Reposo, inactividad, vacación.

trabajoso-sa, pesado, costoso, penoso, molesto, abrumador, oneroso, fatigoso, ingrato, agotador. *Ant.* Fácil, descansado.

trabar, unir, sujetar, enlazar, ligar, asir, inmovilizar. *Ant.* Soltar.// Dificultar, obstaculizar, impedir. *Ant.* Facilitar.

trabazón, ligazón, enlace, juntura, unión, sujeción, lazo. *Ant.* Desunión, separación.

trabucar, enredar, trastornar, desordenar, confundir, turbar, alterar. *Ant.* Ordenar, enderezar.

tracción, arrastre, remolque, tirón, empuje, tiro. *Ant.* Parada.

tracto, trecho, trozo, porción.

tradición, leyenda, creencia, fábula, mito, gesta, rito.// Uso, costumbre, hábito, práctica, herencia.

tradicional, ancestral, legendario, proverbial, acostumbrado, consagrado, usual. *Ant.* Nuevo, actual.

traducción, traslación, transposición, transcripción, versión, interpretación. *Ant.* Original.

traducir, trasladar, transcribir, interpretar, verter, descifrar, explicar.

traer, atraer, acercar, aproximar. *Ant.* Alejar.// Transportar, trasladar, acarrear, conducir, portar. *Ant.* Llevar.

traficante, tratante, comerciante, negociante.

traficar, negociar, comerciar, tratar, especular, vender, comprar.

tráfico, comercio, negocio, transacción, especulación, compraventa, intercambio, trato.// Circulación, tránsito, movimiento, tráfago, transporte.

tragaluz, claraboya, lumbrera, ventanal, cristalera, lucerna.

tragar, ingerir, deglutir, engullir, embuchar, ingurgitar, pasar, comer, zampar. *Ant.* Expeler.// Absorber, chupar, hundir, abismar, devorar.// Soportar, admitir, sufrir, resistir. *Ant.* Repeler.

tragedia, infortunio, desgracia, desastre, desdicha, calamidad. *Ant.* Fortuna, felicidad.

trágico-ca, desastroso, infausto, fatal, infortunado, desgraciado, aciago, penoso, desventurado, catastrófico, fatídico, funesto. *Ant.* Alegre, afortunado.

trago, sorbo, deglución, bocado. *Ant.* Expulsión.

traición, infidelidad, deslealtad, engaño, perfidia, falsía, perjurio, falsedad, infamia, delación, insidia, felonía. *Ant.* Lealtad, fidelidad, honestidad.

traicionar, engañar, delatar, entregar, abandonar, falsear, estafar, conspirar. renegar. *Ant.* Proteger.

traidor-ra, infiel, perjuro, felón, falso, desleal, delator, artero, tránsfuga, alevoso, infame, ingrato, vil. *Ant.* Fiel, leal, noble.

traílla, cadena, correa, atadura, correaje.// Jauría, perrería.

traje, vestido, atavío, vestimenta, indumentaria, ropa, ropaje, prenda.

trajín, ajetreo, traqueteo, actividad, movimiento. *Ant.* Calma, quietud.// Quehacer, ocupación, esfuerzo. *Ant.* Descanso, reposo.// Tránsito, tráfico, circulación. *Ant.* Quietud.

trama, intriga, confabulación, maquinación, componenda, enredo, artificio.// Red, tejido, urdimbre, malla.// Tema, asunto, argumeto, materia.

tramar, urdir, tejer.// Maquinar, planear, fraguar, confabular, preparar, intrigar, complotar, maniobrar, conspirar.

tramitación, trámite (v.).

tramitar, gestionar, diligenciar, expedir, despachar, substanciar. *Ant.* Demorar, obstaculizar.

trámite, gestión, tramitación, diligencia, despacho, expediente, substanciación, procedimiento, proceso, recurso, formalidad.

tramo, parte, trecho, trayecto, distancia, espacio, recorrido.

tramoya, artificio, ingenio, artilugio, ingenio.// Intriga, enredo, engaño, disimulo, trampa, engañifa, embuste. *Ant.* Autenticidad.

trampa, ardid, engaño, embuste, artificio, celada, fraude, emboscada, intriga, argucia, asechanza, insidia, estratagema, confabulación. *Ant.* Ayuda, verdad, honradez.// Red, cepo, lazo.

tramposo-sa, estafador, embustero, farsante, embaucador, timador, bribón, mentiroso, defraudador, tahúr, fullero. *Ant.* Honrado, noble, sincero.

tranca, palo, vara, estaca, garrote, porra.

trance, apuro, aprieto, brete, dificultad, dilema, lance, riesgo, compromiso. *Ant.* Seguridad, garantía.

tranquilidad, quietud, serenidad, reposo, paz, placidez, moderación, mansedumbre, sosiego, calma, silencio, suavidad. *Ant.* Agitación, intranquilidad.// Despreocupación, indiferencia, pachorra, cachaza, imperturbabilidd. *Ant.* Sobresalto, actividad.

tranquilizar, calmar, apaciguar, serenar, aplacar, moderar, suavizar, sosegar, pacificar, mitigar, aquietar, sedar. *Ant.* Inquietar, irritar, agitar.

tranquilo-la, sosegado, calmo, sereno, suave, reposado, silencioso, manso, plácido, pacífico, calmado, apacible. *Ant.* Intranquilo, nervioso, excitado.// Indolente, indiferente, impávido, impasible, pachorriento, cachazudo. *Ant.* Desasosegado, irritado.

transacción, negociación, trato, acuerdo, convenio, arreglo, componenda, pacto, compromiso. *Ant.* Desavenencia, desacuerdo, ruptura.

transatlántico, buque, embarcación, nave, barco, navío, vapor, paquebote.// **-ca**, transoceánico, ultramarino, transmarino.

transcribir, trasladar, reproducir, copiar.

transcripción, reproducción, traducción, traslación, copia.

transcurrir, pasar, correr, sucederse, verificarse, acontecer, marchar. *Ant.* Retroceder, detenerse.

transcurso, paso, sucesión, trecho, marcha, duración, intervalo, plazo, curso. *Ant.* Detención.

transeúnte, peatón, viandante, caminante, paseante, ambulante.

transferencia, traspaso, traslado, cesión, transmisión. *Ant.* Retención.

transferir, pasar, traspasar, trasladar, transmitir. *Ant.* Retener.// Dilatar, aplazar, diferir.

transfigurar, transformar, transmutar, alterar, metamorfosear, modificar, cambiar, variar. *Ant.* Quedar, permanecer.

transformación, modificación, cambio, reforma, mutación, variación, transfiguración, metamorfosis. *Ant.* Permanencia, inalterabilidad.

transformar, mudar, modificar, cambiar, trocar, transmutar, metamorfosear, convertir, conmutar, reformar, innovar, corregir. *Ant.* Conservar, permanecer, continuar.

tránsfuga, desertor, prófugo, traidor (v.). *Ant.* Leal.

transgredir, infringir, violar, quebrantar, traspasar, vulnerar, contravenir. *Ant.* Respetar, obedecer, cumplir.

transgresión, infracción, violación, contravención, desobediencia, vulneración, falta, atropello, delito, desobediencia. *Ant.* Obediencia, respeto, cumplimiento.

transgresor-ra, contraventor, vulnerador, violador, infractor, desobediente, quebrantador, rebelde, *Ant.* Obediente, cumplidor, respetuoso.

transición, paso, cambio, mutación, evolución, mudanza, transformación (v.). *Ant.* Permanencia.

transido-da, acongojado, abrumado, consumido, fatigado, angustiado, aterido. *Ant.* Animoso.

transigir, tolerar, ceder, condescender, contemporizar, acceder, convenir, tratar, aceptar, consentir, otorgar. *Ant.* Negarse, exigir.

transitable, accesible, practicable, franqueable, vadeable, libre. *Ant.* Intransitable, infranqueable.

transitar, circular, pasar, viajar, andar, recorrer, marchar, deambular, atravesar, franquear. *Ant.* Quedarse, detenerse.

tránsito, transporte, tráfico, circulación, traslación, tráfago, movimiento. *Ant.* Inactividad, detención.// Comunicación, paso, cruce, recorrido, trayecto.// Muerte, óbito, fallecimiento, defunción, desaparición.

transitorio-ria, momentáneo, pasajero, perecedero, efímero, accidental, temporal, fugaz, precario, breve, corto. *Ant.* Eterno, duradero.

translúcido-da, transparente, límpido, nítido, diáfano. *Ant.* Opaco.

transmisión, traspaso, transferencia, traslado, cesión, entrega, traslación. *Ant.* Retención.// Contaminación, propagación, contagio, infección.// Comunicación, difusión, emisión.

transmitir, trasladar, comunicar, transferir, ceder, traspasar, entregar. *Ant.* Retener.// Propagar, contagiar, contaminar.// Comunicar, difundir, emitir, propalar, radiar.

transmutar, mudar, trocar, transformar, convertir, cambiar. *Ant.* Permanecer.

transoceánico-ca, transatlántico.

transparencia, claridad, lucidez, nitidez, tersura, diafanidad, limpieza, luminosidad. *Ant.* Opacidad, oscuridad.

transparentarse, traslucirse, clarearse, entrelucirse. *Ant.* Oscurecerse.// Adivinarse, descubrirse. *Ant.* Velarse.

transparente, traslúcido, nítido, claro, límpido, diáfano, terso, luminoso. *Ant.* Opaco, oscuro, empañado.

transpiración, sudor, secreción, excreción, trasudor.

transpirar, sudar, rezumar, secretar, segregar, humedecerse, trasudar, excretar, exudar. *Ant.* Secar, retener.

transponer, atravesar, traspasar, cruzar.

transportar, trasladar, acarrear, conducir, llevar, cargar, enviar, traer, pasar, arrastrar. *Ant*. Dejar, permanecer.// **-se**, embelesarse, enajenarse, suspenderse, pasmarse, arrobarse. *Ant*. Desilusionarse, sobreponerse.

transporte, traslado, conducción, carga, traslación, acarreo. *Ant*. Permanencia.// Arrobamiento, rapto, embeleso, éxtasis, delirio.

transposición, traslación, traducción.// Intercalación, inversión, superposición.

transversal, atravesado, sesgado, oblicuo, cruzado, torcido. *Ant*. Derecho, recto.

trapero-ra, ropavejero, quincallero, botellero, basurero.

trapisonda, lío, embrollo, enredo, embuste, fraude, estafa.

trapo, tela, paño, género.// Harapo, guiñapo, retazo.

traquetear, mover, zarandear, sacudir, golpear, agitar.

traqueteo, zarandeo, meneo, sacudimiento, golpeteo, zangoloteo, ajetreo. *Ant*. Quietud.

trascendencia, importancia, gravedad, sustancia. *Ant*. Insignificancia.// Consecuencia, resultado, efecto, secuela, derivación, repercusión. *Ant*. Causa, antecedente.// Perspicacia, penetración, sagacidad. *Ant*. Ingenuidad.

trascendental, esencial, importante, notable, vital, principal, significativo, imprescindible, básico. *Ant*. Intrascendente, insignificante.

trascendente, trascendental (v.).

trascender, penetrar, comprender.// Difundirse, propagarse, manifestarse, comunicarse, extenderse, traslucirse. *Ant*. Ocultarse, circunscribirse.

trascripción, transcripción.

trasegar, trasvasar (v.).

trasero, posaderas, nalgas, asentaderas, culo.// **-ra**, posterior, final, postrero, último, zaguero. *Ant*. Delantero.

trasferir, transferir (v.).

trasgo, duende, engendro, fantasma, espectro, aparición, visión, espíritu.

trasgredir, transgredir (v.).

trasgresión, transgresión (v.).

trasgresor, transgresor (v.).

trashumante, errante, nómada, vagabundo, viajero, ambulante. *Ant*. Sedentario, estable.

traslación, traslado (v.).

trasladar, transportar, mudar, cambiar, desplazar, remover, llevar, acarrear, viajar. *Ant*. Quedarse, asentarse.// Traducir, reproducir, calcar, copiar, verter,

traslado, traslación, transferencia, remoción, cambio, mudanza, tránsito. *Ant*. Permanencia.// Transporte, migración, traspaso. *Ant*. Asentamiento.

traslúcido-da, translúcido (v.).

trasnochado-da, anacrónico, extemporáneo, antiguo. *Ant*. Moderno, actual.

trasnochador-ra, noctámbulo, nocturno, noctívago, calavera, juerguista. *Ant*. Madrugador.

traspapelar, confundir, extraviar, perder, mezclar, embrollar, embarullar, enredar. *Ant*. Encontrar, ordenar.

traspasar, perforar, atravesar, horadar, taladrar, pasar, penetrar.// Transferir, ceder, trasladar, endosar, transmitir.// Cruzar, atravesar, trasponer, franquear. *Ant*. Detenerse.// Violar, quebrantar, infringir, vulnerar. *Ant*. Cumplir, respetar.

traspaso, transferencia, traslado, cesión, transmisión, legado.

traspié, resbalón, tropezón (v.).// Confusión, error, yerro, equivocación, pifia, desliz, desacierto. *Ant*. Acierto.

trasplantar, replantar, mudar, remover, trasladar. *Ant*. Permanecer, quedar.

trasplante, cambio, mudanza, traspaso.

trasponer, atravesar, cruzar, salvar, franquear, traspasar (v.).

trastabillar, tropezar.// Vacilar, tambalear.

trastada, canallada, fechoría, picardía, barrabasada, bellaquería, truhanería, jugarreta. *Ant*. Ayuda.// Diablura, travesura, broma. *Ant*. Seriedad.

trasto, cachivache, armatoste, bártulo, artefacto, cacharro, chirimbolo.

trastornado-da, revuelto, alterado, embarullado, perturbado, desordenado, desarreglado. *Ant*. Ordenado.// Confuso, perturbado, desconcertado, enloquecido, enajenado, desquiciado. *Ant*. Juicioso.

trastornar, revolver, desarreglar, embrollar, enredar, perturbar, desordenar, embarullar. *Ant*. Ordenar.// Angustiar, inquietar, apenar, impresionar. *Ant*. Tranquilizar, calmar.// **-se**, enloquecer, chiflarse, perturbarse, desvariar.

trastorno, complicación, dificultad, perturbación, desorden, molestia, fastidio, inconveniente. *Ant*. Orden.// Locura, chifladura, perturbación, demencia. *Ant*. Cordura.

trastrocar, invertir, cambiar, revolver, trocar, confundir. *Ant*. Ordenar.

trasunto, copia, imitación, reproducción, remedo, transcripción. *Ant*. Original.// Compendio, resumen, síntesis, extracto, esquema. *Ant*. Ampliación.

trasvasar, trasegar, trasfundir, trasladar. *Ant*. Retener.

trata, tráfico, negociación, comercio, trato.

tratable, sociable, amable, cordial, afable, atento, cumplido, considerado, accesible, franco. *Ant*. Intratable, insociable.

tratado, acuerdo, pacto, convenio, negociación, compromiso, alianza. *Ant*. Desacuerdo, ruptura.// Escrito, ensayo, monografía, manual.

tratamiento, régimen, cura, medicación, procedimiento.// Método, sistema.// Dignidad, título, honores, trato.

tratar, asistir, cuidar, atender.// Acordar, comerciar, negociar, convenir. *Ant*. Romper.// Discutir, debatir, estudiar, examinar, considerar, versar.// Relacionarse, comunicarse, alternar, frecuentar. *Ant*. Aislarse.// Procurar, intentar. *Ant*. Abandonar.

trato, pacto, acuerdo, convenio, arreglo, negociación. *Ant*. Desacuerdo.// Relación, confianza, intimidad, frecuentación, comunicación, familiaridad. *Ant*. Enemistad, insociabilidad.// Tratamiento, título.

trauma, traumatismo (v.).

traumatismo, contusión, golpe, lesión, herida. *Ant*. Indemnidad.

traumatizar, lesionar, golpear, herir.

travesaño, listón, madero, tabla, viga, barra, travesero, larguero, refuerzo.

travesía, viaje, recorrido, trayecto, crucero.

travesura, diablura, juego, pillería, chiquilinada, trastada. *Ant*. Seriedad, formalidad.

travieso-sa, juguetón, revoltoso, inquieto, bullicioso, pícaro, enredador, diablillo. *Ant*. Serio, formal.

trayecto, tramo, trecho, etapa, recorrido.// Travesía, itinerario, camino, trayectoria.

trayectoria, trayecto, itinerario, dirección, camino.

traza, apariencia, aspecto, figura, porte, pinta, aire.

trazar, diseñar, perfilar, bosquejar, delinear, esbozar, marcar.// Planear, proyectar, imaginar. *Ant*. Desechar.

trazo, línea, rasgo, trazado, delineación, perfil, marca, raya, tachadura.

trecho, recorrido, tramo, distancia, espacio.

tregua, armisticio, aplazamiento, suspensión, espera, alto el fuego, conciliación, descanso, respiro, intervalo, reposo. *Ant*. Acitividad, prosecución, reanudación.

tremebundo-da, horrible, horroroso, tremendo, terrible, horripilante, espantoso, aterrador. *Ant*. Agradable, grato.

tremendo-da, tremebundo (v.).// Enorme, gigante, formidable, fenomenal, monumental, imponente. *Ant*. Insignificante, pequeño.

tremolar, ondular, fluctuar, flamear, ondear, flotar, mecer, enarbolar. *Ant*. Inmovilizarse.

tremolina, escándalo, confusión, alboroto, bullicio, tumulto, riña, pelea (v.). *Ant*. Calma, paz, quietud.

trémulo-la, tembloroso, trepidante, temblequeante, estremecido, tremulante. *Ant*. Firme.// Asustado, temeroso, palpitante, vacilante, agitado. *Ant*. Valeroso.

trenzar, tramar, entretejer, entrelazar, urdir, tejer. *Ant*. Deshacer.

trepanación, perforación, taladramiento, horadamiento.

trepanar, taladrar, perforar, horadar. *Ant*. Cerrar, obturar.

trepar, ascender, subir, encaramarse, escalar. *Ant*. Bajar.

trepidación, temblor, convulsión, agitación, vibración, sacudimiento, estremecimiento. **Ant.** Quietud, firmeza.

trepidar, temblar, estremecerse, palpitar, vibrar, retemblar, sacudirse, agitarse. **Ant.** Aquietarse, serenarse.

treta, ardid, truco, engaño, artimaña, estratagema, trampa, fraude, astucia. **Ant.** Honradez.

tribu, clan, familia, grupo, raza, pueblo, estirpe, linaje.

tribulación, desgracia, amargura, aflicción, congoja, angustia, dolor, sufrimiento, pesadumbre. **Ant.** Dicha, alegría, ventura.

tribuna, estrado, plataforma, tablado, grada, podio.

tribunal, juzgado, jurado, foro, judicatura, fuero, corte.

tributar, pagar, contribuir, subsidiar. **Ant.** Adeudar, retener.// Consagrar, dedicar, profesar. **Ant.** Omitir.

tributo, contribución, gravamen, impuesto, subsidio, tasa, obligación, derecho, exacción. **Ant.** Exención, desgravamiento.// Homenaje, ofrenda, consagración, dedicación. **Ant.** Ingratitud.

trifulca, riña, pendencia, pelea, batahola, camorra, altercado, gresca, escaramuza, refriega, disputa, revuelta. **Ant.** Paz, calma.

trigueño-ña, moreno, tostado, castaño.

trillado-da, conocido, corriente, sabido, visto. **Ant.** Nuevo, original.

trinar, cantar, gorjear, piar.// Enfurecerse, enojarse, rabiar (v.).

trinchera, defensa, resguardo, parapeto, baluarte, muralla.

trino, canto, gorjeo.

tripa, vientre, panza, barriga, abdomen.// -s, vísceras, intestinos.

trípode, sostén, soporte, base, armazón, pedestal.

tripulación, dotación, equipo, personal.

tripular, manejar, conducir, dirigir, comandar.

triquiñuela, argucia, ardid, treta, subterfugio, simulación, engaño, enredo, truco. **Ant.** Autenticidad, franqueza.

triste, apesadumbrado, afligido, acongojado, apenado, amargado, abatido, desdichado, melancólico, nostálgico. **Ant.** Alegre, regocijado, feliz.// Desgraciado, funesto, lamentable, deplorable, luctuoso, aciago, penoso, desventurado. **Ant.** Venturoso.

tristeza, desolación, pena, amargura, angustia, desánimo, desconsuelo, aflicción, congoja, abatimiento, melancolía, nostalgia, desánimo. **Ant.** Alegría, optimismo, contento.

triturar, desmenuzar, moler, majar, machacar, pulverizar, picar, desintegrar. **Ant.** Rehacer.

triunfador-ra, victorioso, glorioso, invencible, triunfante, invicto, vencedor. **Ant.** Vencido, derrotado.

triunfal, triunfador, triunfante, glorioso, exitoso, invicto, apoteótico. **Ant.** Vencido, despreciable.

triunfar, superar, vencer, derrotar, conquistar, prevalecer, ganar, dominar, aniquilar, imponerse, aventajar, arrollar, aplastar. **Ant.** Perder, fracasar.

triunfo, éxito, victoria, gloria, dominio, ganancia, lauro, palma, premio, prosperidad, superación, consagración, predominio, gloria. **Ant.** Pérdida, derrota, inferioridad.

trivial, ligero, insignificante, superficial, nimio, pueril, baladí, fútil, anodino. **Ant.** Trascendente, extraordinario.

trivialidad, insignificancia, nimiedad, frivolidad, fruslería, bagatela, necedad, bobada, puerilidad, banalidad, futilidad, ligereza, intrascendencia. **Ant.** Importancia, trascendencia.

triza, pizca, trozo, migaja, menudencia, porción, parte, fragmento, partícula. **Ant.** Totalidad, integridad.

trocar, cambiar, permutar, canjear, intercambiar. **Ant.** Permanecer, mantener.// Equivocar, desfigurar, tergiversar.// Transformar, convertir, mudar, cambiar. **Ant.** Mantener, conservar.

trocha, camino, vereda, sendero.

trochemoche (a), disparatadamente, desatinadamente, absurdamente. **Ant.** Sensatamente.

trofeo, premio, galardón, recompensa, laurel, triunfo.// Botín, despojo.

troj, granero, silo, depósito.

troje, troj (v.).

tromba, tifón, torbellino, manga, remolino, tornado, vorágine, ciclón, tempestad, huracán. **Ant.** Bonanza.

trompada, puñetazo, sopapo, trompis, trompazo, bofetada, mojicón, bofetón, moquete. **Ant.** Caricia.

trompazo, golpe, porrazo, caída.// Trompada (v.).

trompo, peón, peonza, perinola.

tronar, resonar, atronar, estallar, detonar, retumbar. **Ant.** Silenciar.// Enojarse, encolerizarse, jurar, apostrofar, maldecir, rugir. **Ant.** Calmarse.

tronchar, segar, truncar, partir, quebrantar, talar, dividir, romper, doblar. **Ant.** Enderezar, componer.

tronco, vía, conducto, canal.// Tórax, torso, pecho, busto.// Origen, genealogía, linaje, ascendencia, casta, raza, cepa. **Ant.** Descendientes.

trono, sitial, solio, escaño, sede.

tropa, hueste, milicia, falange, partida, grupo, ejército, legión, patrulla, piquete, brigada, ronda, regimiento, guarnición, comando, pelotón, vanguardia, retaguardia.

tropel, turba, muchedumbre, gentío, horda, caterva, chusma, camarilla, banda.// Atropellamiento, prisa, agitación, precipitación, desorden. **Ant.** Orden, tranquilidad.

tropelía, atropello, abuso, injusticia, arbitrariedad, desmán, desafuero. **Ant.** Respeto, justicia.

tropezar, chocar, topar, rozar, trastabillar.// Encontrarse, toparse.

tropezón, tropiezo, traspié, choque, encontronazo, tumbo, resbalón.

tropical, caluroso, ardiente, tórrido, caliente, sofocante, bochornoso. **Ant.** Helado, frío.

tropiezo, desliz, error, equivocación, desacierto, mal paso. **Ant.** Acierto.// Tropezón (v.).

tropo, figura.

troquel, molde, cuño, matriz.

troquelar, moldear, recortar, estampar.

trotamundos, vagabundo, andarín, viajero. **Ant.** Sedentario.

trotar, correr, andar, apresurarse, fatigarse. **Ant.** Detenerse.

trote, actividad, esfuerzo, brega, cansancio, fatiga. **Ant.** Detención, holganza.

trovador, juglar, bardo, rapsoda, vate, poeta, trovero.

trozo, pedazo, fragmento, parte, porción, sección, resto, residuo, pizca, partícula, segmento, tramo. **Ant.** Totalidad, conjunto.

trucar, engañar, trampear, inventar.

truco, engaño, ardid, trampa, artimaña, treta, señuelo, engañifa. **Ant.** Honradez.// Juego de manos, prestidigitación, ilusionismo, maniobra, suerte.

truculencia, atrocidad, ferocidad, violencia, crueldad, espanto, horror, sadismo, brutalidad. **Ant.** Bondad.

truculento-ta, terrorífico, atroz, espantoso, brutal, siniestro, feroz, macabro, tremebundo. **Ant.** Agradable, bondadoso.

trueno, estrépito, estampido, estruendo, detonación, estallido, fragor, retumbo. **Ant.** Silencio.

trueque, intercambio, permuta, canje, cambio, conmutación, alteración, modificación, sustitución. **Ant.** Conservación, mantenimiento.

truhán, bribón, pícaro, pillo, granuja, bellaco, tramposo, estafador, vago. **Ant.** Formal, honrado.

truncar, cortar, cercenar, mutilar, seccionar, amputar, tronchar, segar, separar, podar, decapitar. **Ant.** Unir.

tubo, caño, conducto, cilindro, cánula, cañón, manga. **Par.** Tuvo.

tuétano, meollo, médula, sustancia.

tufo, emanación, efluvio, exhalación.// Fetidez, hediondez, hedor, pestilencia, mal olor. **Ant.** Perfume.

tugurio, cuartucho, cuchitril, desván, antro, pocilga, covacha. **Ant.** Palacio.

tullido-da, mutilado, inválido, paralítico, impedido, imposibilitado, baldado, contrahecho, estropeado. **Ant.** Sano, válido, apto.

tullir-se, baldar, lisiar, paralizar, atrofiar, mutilar, deformar, incapacitar. **Ant.** Recuperarse, valerse.

tumba, sepultura, sepulcro, sarcófago, mausoleo, panteón, fosa, cripta, nicho, túmulo.

tumbado-da, caído, echado, acostado, derribado, derrumbado, tendido. **Ant.** Levantado.

tumbar, acostar, derribar, tirar, abatir, derrumbar, demoler, volcar, voltear. **Ant.** Levantar.// **-se**, echarse, tenderse, acostarse, descansar, yacer. **Ant.** Levantarse, incorporarse.

tumbo, sacudida, traqueteo, vaivén, zarandeo. **Ant.** Inmovilidad.

tumefacción, hinchazón, abultamiento, inflamación, congestión, bulto.

tumefacto-ta, hinchado, abultado, turgente, edematoso, inflamado, congestionado. **Ant.** Deshinchado, desinflamado.

tumor, quiste, absceso, bulto, excrecencia.

túmulo, sepultura (v.), tumba (v.).// Monumento, catafalco.// Montón, montículo.

tumulto, alboroto, confusión, desorden, escándalo, estrépito, revuelta, bullicio, trifulca, riña, pelea. **Ant.** Tranquilidad, calma.

tumultuoso-sa, revuelto, desordenado, alborotado, confuso, turbulento, estrepitoso, escandaloso. **Ant.** Pacífico, tranquilo.

tunante, pillo, sinvergüenza, taimado, sagaz, descarado, embustero, canalla. **Ant.** Honrado.

tunda, paliza, zurra, felpa, vapuleo, castigo. **Ant.** Caricia.

túnel, paso, conducto, galería, pasadizo, subterráneo, pasaje, corredor.// Gruta, cueva, caverna.

túnica, manto, toga, casulla, hábito, sotana.// Membrana, película, capa, piel.

tupé, descaro, atrevimiento, desfachatez, desvergüenza, frescura, insolencia. **Ant.** Prudencia, consideración.

tupido-da, denso, espeso, prieto, poblado, compacto, cerrado. **Ant.** Ralo.

turba, tumulto, muchedumbre, multitud, tropel, agolpamiento.// Banda, chusma, pandilla, gentuza.

turbación, confusión, desorientación, desconcierto, azoramiento, aturdimiento, consternacion, perplejidad, perturbación. **Ant.** Serenidad, tranquilidad.

turbador-ra, inquietante, perturbante, emocionante, sorprendente, impresionante, estremecedor, desconcertante. **Ant.** Calmante, tranquilizante.

turbar, desconcertar, sorprender, desorientar, aturdir, azorar, conturbar, emocionar, perturbar, intranquilizar, agitar. **Ant.** Calmar, serenar.

turbio-bia, velado, opaco, oscuro, empañado, confuso, sucio, borroso. **Ant.** Transparente, claro, limpio.// Dudoso, sospechoso, embrollado, enrevesado, enredado, vago, ilícito, deshonesto. **Ant.** Honrado, seguro.

turbulencia, disturbio, alboroto, desorden, agitación, revuelta, intranquilidad, escándalo, levantamiento. **Ant.** Orden.// Torbellino, remolino, vorágine, perturbación. **Ant.** Tranquilidad.

turbulento-ta, alborotador, escandaloso, perturbador, revoltoso, agitador, tumultuoso, ruidoso, levantisco. **Ant.** Sereno, pacífico.

turgencia, hinchazón, abultamiento, levantamiento, tensión, redondez, carnosidad. **Ant.** Flaccidez.

turgente, hinchado, tirante, levantado, erecto, rígido, empinado, abultado, redondo, carnoso. **Ant.** Flácido, blando.

turismo, viaje, excursión, visita, paseo, recorrido, gira.

turista, visitante, excursionista, viajero, veraneante, paseante, peregrino.

turnar-se, alternar, relevarse, suplantar, permutar, mudar, sustituir, repartir. **Ant.** Continuar.

turno, vuelta, alternativas, vez, tanda, ciclo, rueda, período, sucesión, sustitución.

tutela, protección, apoyo, guía, sostén, patrocinio, guarda, defensa. **Ant.** Desamparo.

tutelar, proteger, dirigir, sostener, patrocinar, guiar, defender, prohijar. **Ant.** Abandonar, descuidar, desamparar.

tutor-ra, defensor, protector, guardián, guía, supervisor.

tutoría, tutela (v.).

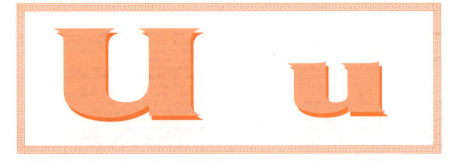

ubérrimo-ma, exuberante, pletórico, abundante, fértil, prolífico, productivo, rico, colmado. **Ant.** Estéril, pobre, exiguo.

ubicación, situación, sitio, posición, lugar, emplazamiento.

ubicar-se, estar, hallar, encontrar, situar, colocar, poner, disponer, asentar. **Ant.** Quitar, ausentarse.

ubicuidad, omnipresencia, simultaneidad.

ubicuo-cua, omnipresente.

ubre, teta, mama.

ufanarse, envanecerse, vanagloriarse, jactarse, engreírse, pavonearse, alardear, presumir. **Ant.** Humillarse, rebajarse.

ufano-na, soberbio, presumido, jactancioso, arrogante, engreído, envanecido, vanidoso, fanfarrón. **Ant.** Humilde.// Alegre, gozoso, contento, jovial, optimista, jubiloso. **Ant.** Triste, mustio.

úlcera, llaga, herida, lesión, fístula, pústula.

ulterior, posterior, subsiguiente, sucesivo, venidero, consecutivo. **Ant.** Anterior.

ultimar, acabar, terminar, concluir, consumar, finiquitar, completar, liquidar. **Ant.** Comenzar, empezar.// Matar, asesinar, eliminar.

ultimátum, exigencia, intimación, conminación. **Ant.** Condescendencia.

último-ma, postrero, póstumo, posterior, final, zaguero, ulterior, extremo. **Ant.** Anterior, primero.// Nuevo, actual, moderno. **Ant.** Viejo, antiguo.// Definitivo, terminante, concluyente.

ultrajante, vejatorio, ofensivo, insolente, afrentoso, humillante, agraviante, infamante, difamador, insultante. **Ant.** Halagador, elogioso.

ultrajar, injuriar, humillar, vejar, afrentar, agraviar, deshonrar, mancillar, ofender, despreciar, escarnecer, calumniar, insultar. **Ant.** Elogiar, alabar, ensalzar.

ultraje, deshonra, agravio, injuria, afrenta, insulto, ofensa, humillación, vejamen, infamia, violación, escarnio, desprecio, insolencia, atropello. **Ant.** Elogio, encomio, enaltecimiento, alabanza.

ultramarino-na, transatlántico, transoceánico, transmarino.

ultranza (a), resueltamente, a todo trance, decisivamente.

ulular, aullar, clamar, vociferar, bramar, rugir, gañir. **Ant.** Callar.

umbral, acceso, escalón, paso, entrada. **Ant.** Dintel.// Origen, comienzo, principio. **Ant.** Final, término.

umbroso-sa, sombrío, umbrío, sombreado, tenebroso, brumoso, crepuscular, oscuro.

unánime, acorde, concorde, conforme, coincidente, general, unísono, avenido. **Ant.** Contrario, restringido, parcial.

unanimidad, acuerdo, conformidad, unidad, avenencia, adhesión, correspondencia, reciprocidad. **Ant.** Discrepancia, desavenencia, desacuerdo.

unción, veneración, piedad, fervor, reverencia, recogimiento. **Ant.** Frialdad, irreverencia.

uncir, atar, unir, amarrar, juntar, enganchar, enyugar, aparear, acoplar, enyuntar. **Ant.** Desatar, desuncir.

undoso-sa, sinuoso, ondulante, ondulado.

ungido-da, consagrado, señalado, proclamado, investido.

ungir, proclamar, consagrar, investir, entronizar, honrar, conferir.// Sacramentar.

ungüento, unto, bálsamo, untura, pomada.

único-ca, solo, uno, singular, simple, aislado, indivisible, característico, peculiar, raro, distintivo, impar. **Ant.** plural.// Extraordinario, magnífico, valioso, insuperable, inimitable. **Ant.** Vulgar, corriente.

unidad, uno, cifra, cantidad.// Unión, conformidad, acuerdo.// Ente, ser, sujeto, individuo.

unido-da, junto, incorporado, fusionado, soldado, pegado. **Ant.** Desunido.// Asociado, ligado, aliado. **Ant.** Desavenido.

unificar, juntar, unir, agrupar, reunir, aunar. **Ant.** Desunir, separar.// Uniformar (v.).

uniformar, igualar, nivelar, unificar, equiparar. **Ant.** Desnivelar, diferenciar.

uniforme, traje, vestido, atuendo.// Igual, análogo, idéntico, parejo, similar. **Ant.** Desparejo, desigual.// Monótono, aburrido, invariable, regular, sistemático. **Ant.** Irregular, diverso.// Suave, fino, llano, liso. **Ant.** Áspero, quebrado.

uniformidad, igualdad, semejanza, identidad, similitud, analogía, homogeneidad, conformidad. **Ant.** Desigualdad, varie-dad.// Monotonía, aburrimiento, regularidad, invariabilidad. **Ant.** Diversidad.

unión, enlace, nexo, ligazón, trabazón, lazo, conexión, vínculo, ligadura. **Ant.** Desunión.// Mezcla, fusión, cohesión, amalgama, unificación. **Ant.** Disgregación.// Conformidad, amistad, unidad, correspondencia, fraternidad, adhesión, identificación, integración, concordancia, afinidad, solidaridad. **Ant.** Separación, divergencia.// Alianza, federación, coalición, pacto, convenio, concordato, hermandad. **Ant.** Desvinculación.// Matrimonio, casamiento, enlace. **Ant.** Separación, divorcio.

unir, juntar, reunir, mezclar, aunar, asociar, fundir, fusionar, ligar, trabar, combinar, incorporar, atar, vincular, relacionar, ensamblar, anexar. **Ant.** Desunir, separar.// -se, asociarse, aliarse, coaligarse, conformar, federarse, unificarse. **Ant.** Disociarse, desligarse.// Casarse, desposarse. **Ant.** Divorciarse, separarse.

unísono-na, unánime, acorde.

unitario-ria, uno, indiviso, indisoluble, inseparable, indivisible. **Ant.** Vario.

universal, general, total, absoluto, global, completo. **Ant.** Local, limitado.// Mundial, internacional. **Ant.** Nacional, local.

universo, mundo, cosmos, orbe, infinito, creación.

uno, unidad, individuo.// -na, alguno.// Solo, único, indiviso. **Ant.** Varios.

untar, embadurnar, pringar, engrasar, manchar, ensuciar, aceitar.// Sobornar, cohechar.

unto, ungüento (v.).// Grasa, gordura, pringue.// Soborno, cohecho, gratificación, propina.

urbanidad, educación, cortesía, amabilidad, cultura, corrección, diplomacia, respeto, sociabilidad, modales. **Ant.** Grosería, incorrección.

urbano-na, civil, ciudadano, cívico, metropolitano. **Ant.** Rústico, rural.// Educado, cortés, atento, correcto, amable. **Ant.** Descortés, grosero.

urbe, ciudad, metrópoli, capital, centro. **Ant.** Aldea, pueblo.

urdimbre, tejido, trama, red, textura.// Intriga, maquinación, enredo, conjura, conspiracion.

urdir, tejer, tramar, hilar, trenzar.// Confabularse, intrigar, conspirar, tramar, fraguar.

urente, ardiente, urticante, abrasante, quemante. **Ant.** Refrescante.

urgencia, apremio, exigencia, perentoriedad, prisa, necesidad, premura. **Ant.** Parsimonia, lentitud.

urgente, apremiante, perentorio, indispensable, necesario, acuciante, apresurado, precipitado. **Ant.** Postergable, lento, aplazable.

urgir, apremiar, acuciar, atosigar, solicitar, precisar, incitar, instar. **Ant.** Aplazar, diferir.

urna, arca, estuche, caja, receptáculo.

urticante, picante, irritante, quemante, urente. **Ant.** Refrescante.

usado-da, gastado, ajado, desgastado, dereriorado, viejo, raído, estropeado. **Ant.** Nuevo, flamante.

usanza, costumbre, uso, práctica, hábito, moda, estilo. **Ant.** Desuso, prescripción.

usar, utilizar, servirse, aprovechar, emplear, aplicar, disfrutar, practicar, recurrir, usufructuar, disponer. **Ant.** Desaprovechar, desechar.// Acostumbrar, soler.

uso, empleo, provecho, utilización, ocupación, utilidad, servicio, beneficio, destino, aplicación, función. **Ant.** Desuso.// Desgaste, deterioro, ajamiento, envejecimiento, gasto, daño, deslucimiento. **Ant.** Conservación.// Costumbre, hábito, práctica, manera, moda, usanza. **Ant.** Olvido, prescripción.

usual, habitual, vulgar, tradicional, frecuente, corriente, familiar, ordinario. **Ant.** Desusado, infrecuente.

usuario-ria, beneficiario, usufructuario, cliente, consumidor.

usufructo, uso, utilización, empleo. **Ant.** Desuso.// Beneficio, provecho, rendimiento, lucro, interés. **Ant.** Perjuicio, pérdida.

usufructuar, usar, utilizar, emplear, ganar, lucrar, explotar.

usura, lucro, ganancia, abuso, rapiña, ventaja, provecho, rapacidad, cicatería. **Ant.** Generosidad.

usurero-ra, prestamista, avaro, rapaz, explotador. **Ant.** Generoso.

usurpación, ocupación, incautación, apropiación, expolio, confiscación, retención, arrebatamiento. **Ant.** Devolución, restitución.

usurpador-ra, invasor, atropellador, expoliador, depredador, despojador. **Ant.** Respetuoso, digno.

usurpar, apoderarse, apropiarse, expoliar, detentar, robar, explotar, incautarse, despojar. **Ant.** Restituir, reintegrar, respetar.

utensilio, herramienta, útil, instrumento, artefacto, aparato, adminículo, elemento.

útil, provechoso, ventajoso, adecuado, conveniente, beneficioso, lucrativo, valioso, favorable, práctico, rentable, estimable, apto. **Ant.** Inútil, inconveniente, ineficaz.// **-es**, herramientas, utensilios (v.).

utilidad, provecho, ventaja, beneficio, rendimiento, lucro, conveniencia, ganancia, dividendo, fruto, interés. **Ant.** Desventaja, perjuicio, pérdida.// Uso, empleo, aplicación, finalidad, función, valor. **Ant.** Inutilidad, inconveniencia.

utilitario-ria, aprovechado, interesado, egoísta. **Ant.** Desinteresado.// Económico, útil (v.), ventajoso.

utilizar, usar, emplear, aprovechar, servirse, usufructuar, aplicar, disponer. **Ant.** Desechar, desaprovechar, prescindir.

utopía, quimera, ilusión, fantasía, ficción, ideal, sueño, anhelo, imposible. **Ant.** Realidad.

utópico-ca, irrealizable, fantástico, quimérico, ficticio, soñado, imposible, ideal, ilusorio. **Ant.** Real.

vaca, res, mamífero, ternera. *Par.* Baca.

vacación, ocio, descanso, licencia, reposo, inacción, asueto, recreo, diversión, alto, pausa, receso, paro. *Ant.* Actividad, trabajo.

vacante, vacío, desierto, disponible, libre, solo, solitario, desocupado, expedito, abandonado.// Disponibilidad, cargo, ocupación, puesto. *Par.* Bacante.

vacar, cesar, desocupar, descansar, holgazanear, haraganear. *Ant.* Trabajar.

vaciado, moldeado.// -da, agotado, desagotado, descargado. *Ant.* Lleno.

vaciar, ahuecar, esculpir, moldear, modelar, desocupar, evacuar, desagotar, desaguar. *Ant.* Ocupar, llenar.

vaciedad, necedad, simpleza, sandez, tontería. *Ant.* Sagacidad, inteligencia.

vacilación, perplejidad, duda, irresolución, incertidumbre, titubeo, indecisión, indeterminación, confusión, fluctuación, turbación, inseguridad. *Ant.* Seguridad, certidumbre, certeza.

vacilante, dudoso, fluctuante, perplejo, irresoluto, irresuelto, indeciso, indeterminado, remiso. *Ant.* Seguro, constante.// Oscilante.

vacilar, titubear, dudar, fluctuar, balancear. *Ant.* Afirmarse, asegurarse.// Oscilar, balancearse, tambalearse, pender, bascular, *Ant.* Afirmarse, detenerse, inmovilizarse. *Par.* Bacilar.

vacío, cavidad, hueco, vano, depresión, hendidura, capacidad, laguna, intervalo, blanco.// -a, hueco, deshabitado, desocupado, desierto, desagotado, evacuado, expedito.// Superficial, presuntuoso, vano, necio. *Ant.* Sensato, profundo, serio. *Par.* Bacía.

vacuidad, necedad, insensatez, vaciedad, futilidad, frivolidad, trivialidad. *Ant.* Profundidad, sensatez, inteligencia.

vacuna, inyección.

vacunación, inmunización, inoculación, preservación, prevención. *Ant.* Contaminación.

vacunar, inocular, inmunizar, preservar, proteger, prevenir. *Ant.* Desproteger, contaminar, contagiar, infectar.

vacuno, res, mamífero, vaca, bovino, bóvido.

vacuo-cua, vacío, necio, superficial, trivial, tonto, estúpido. *Ant.* Inteligente, profundo, sensato.

vadear, atravesar, pasar, cruzar, franquear.

vademécum, agenda, cartapacio, carpeta, portafolio.// Manual, compendio, índice, catálogo.

vado, paso, cruce, remanso.

vagabundear, callejear, vagar, holgazanear, haraganear, deambular, corretear, errar, vacar. *Ant.* Ocuparse, trabajar, asentarse, detenerse.

vagabundo-da, vago, holgazán, ocioso, atorrante, andador, callejero, trotamundo. *Ant.* Dinámico, activo, trabajador.

vagancia, holgazanería, haraganería, inacción, pereza, ocio, inactividad, flojedad. *Ant.* Dinamismo, actividad, laboriosidad.

vagar, errar, vagabundear, deambular, holgazanear.

vagido, quejido, llanto, gemido, gimoteo, lloro, lamento. *Ant.* Risa.

vagina, vulva, conducto.

vago-ga, indeciso, equívoco, indeterminado, inseguro, confuso, desdibujado, aproximado, incierto. *Ant.* Seguro, definido, perfilado, determinado.// Holgazán, haragán, perezoso, ocioso, zángano, apático, indolente. *Ant.* Activo, dinámico, trabajador.

vagón, coche, compartimiento, vehículo.

vaguada, cañada, hondonada, desfiladero, barranco.

vaguedad, indeterminación, indecisión, imprecisión, ambigüedad, generalidad. *Ant.* Seguridad, precisión, claridad.

vaharada, vaho.

vahído, desmayo, desvanecimiento, vértigo, mareo, síncope, colapso, lipotimia, desfallecimiento.

vaho, exhalación, aliento, emanación, efluvio, hálito, vaharada.// Vapor, neblina.

vaina, funda, estuche, envoltura, protección, forro.// Cáscara, valva, túnica. *Ant.* Contenido, semilla.

vaivén, balanceo, bamboleo, traqueteo, cabeceo, inestabilidad. *Ant.* Quietud, estabilidad.// Volubilidad, inconstancia, veleidad, capricho. *Ant.* Constancia, firmeza.

vajilla, loza, servicio, enseres, platos.

vale, bono, papeleta, cupón, boleta, resguardo. *Par.* Bale.

valedero-ra, vigente, válido, legal, conveniente, reglamentario, irrevocable. *Ant.* Ilegal, caduco.

valentía, valor, coraje, arrojo, temeridad, bravura, intrepidez, hombría, entereza, ánimo, decisión. *Ant.* Temor, cobardía.

valentón, fanfarrón, guapo, compadrito, matasiete, perdonavidas, bravo, matón, terne, gallito, jactancioso. *Ant.* Tímido, apocado, corto.

valer, costar, importar, representar, ascender, sumar, totalizar.// \ utilizar, servirse, emplear.

valeroso-sa, valiente, esforzado, animoso, arrojado, denodado, resuelto, varonil, heroico, bravo, fuerte, atrevido, osado. *Ant.* Temeroso, cobarde.

valía, valor, estimación, aprecio.

valido, favorito, privado, predilecto, protegido. *Ant.* Despreciado. *Par.* Balido.

válido-da, sano, útil, robusto, fuerte. *Ant.* Débil, enfermo.// Auténtico, vigente, actual, eficaz.// Legal, legítimo, reglamentario, constitucional. *Ant.* Ilegal.

valiente, valeroso, esforzado, animoso, arrojado, resuelto, varonil, entero, heroico, guapo, corajudo, atrevido, osado. *Ant.* Cobarde, temeroso, pusilánime.

valija, maleta, maletín.

valimiento, ayuda, amparo, protección.// Influencia, ascendiente, favoritismo, privanza, favor, valía, poder. *Ant.* Desprecio, abandono, arrinconamiento.

valioso-sa, apreciable, insustituible, ventajoso, conveniente, positivo, interesante, meritorio, importante. *Ant.* Despreciable.// Costoso, caro, exorbitante, prohibitivo. *Ant.* Barato, acomodado.

valla, vallado, cercado, cerca, seto, empalizada, estacada, cerramiento, circunvalación, tabla, obstáculo, foso, trinchera. *Par.* Vaya, baya.

valladar, obstáculo, impedimento, dificultad, contrariedad, engorro, tropiezo, inconveniente, barrera, freno, escollo. *Ant.* Ventaja, posibilidad.

vallar, cercar, tapiar, rodear, empalizar, incomunicar, cerrar, limitar, aislar, acotar. *Ant.* Abrir.

valle, llanura, hoya, paso, profundidad, vaguada, abertura, cañada, cajón, abra, cuenca. *Ant.* Altura, eminencia, cumbre.

valor, valentía, coraje, arrojo, temeridad, ánimo, aliento, esfuerzo, resolución, audacia, heroísmo, atrevimiento, acometividad, entereza, impavidez. *Ant.* Temor, cobardía, apocamiento.// Conveniencia, utilidad, uso, empleo, beneficio, estimación, valía.// Precio, costo, plusvalía, remuneración, renta, monto.// Atrevimiento, descaro, desvergüenza. *Ant.* Timidez, vergüenza.// Actualidad, vigencia, validez, legalidad. *Ant.* Ilegalidad, anacronismo.

valorar, valuar, tasar, apreciar, estimar, cotizar, calcular, evaluar, tantear. *Ant.* Despreciar, rebajar.

valorizar, encarecer, especular, aumentar, alzar, subir.// Mejorar, progresar, desarrollar, engrandecer. *Ant.* Achicar, estancar, perjudicar.

valquiria, deidad.

valva, concha, caparazón, cubierta.

válvula, grifo, obturador.// Escape, salida.

vampiresa, seductora, coqueta, frívola.

vampiro, murciélago.// Monstruo, aparecido, resucitado, espectro.// Codicioso, usurero, explotador, avaro, negrero. *Ant.* Solidario, generoso, pródigo.

vanagloria, jactancia, engreimiento, presunción, vanidad. *Ant.* Humildad.

vanagloriarse, jactarse, presumir, enorgullecerse, preciarse, alabarse, enaltecerse, envanecerse, gloriarse, endiosarse, hincharse. *Ant.* Empequeñecerse, rebajarse.

vandálico-ca, bárbaro, salvaje, destructor, devastador, destructivo, cruel, sanguinario, impío, despiadado, inhumano, depredador, encarnizado, implacable, expoliador. *Ant.* Civilizado, humano, perdonador, benévolo.

vandalismo, barbarie, salvajismo, expoliación, bandidaje, asolación, ruina, destrucción, devastación, fiereza, crueldad, pillaje, atropello. *Ant.* Civilización, cultura, respeto, bondad.

vándalo, bárbaro, salvaje, sanguinario, expoliador, saqueador, depredador, violento. *Ant.* Civilizado, culto, pacífico, humanitario, benévolo.

vanguardia, avanzada, delantera, frente. *Ant.* Retaguardia.// Progreso, evolución, adelanto, desarrollo. *Ant.* Retraso.

vanguardista, progresista, adelantado, iniciador, atrevido, moderno. *Ant.* Desactualizado, anacrónico, atrasado.

vanidad, presunción, vanagloria, engreimiento, envanecimiento, soberbia, fatuidad, jactancia, arrogancia, pedantería, petulancia, ostentación, altivez, altanería. *Ant.* Humildad, sencillez.

vanidoso-sa, orgulloso, altivo, altanero, fatuo, arrogante, presumido, presuntuoso, pretencioso, frívolo, hueco, vacío, vano, soberbio, pedante, petulante. *Ant.* Humilde, modesto, sencillo, natural.

vano-na, hueco, vacío, vanidoso, presuntuoso, presumido, soberbio, trivial, fútil, superficial, necio, tonto, vacuo. *Ant.* Profundo, substancial.// Irreal, infundado, inexistente, absurdo, ilusorio.// Inútil, estéril, ineficaz, incapaz. *Ant.* Fecundo, útil, provechoso.

vano, hueco, arcada, abertura, luz, arco, galería.

vapor, exhalación, emanación, gas, vaho, vaharada, humo.// Barco, buque.

vaporizador, rociador, pulverizador.

vaporizar, rociar, humedecer, pulverizar, perfumar, salpicar, difundir, dispersar.

vaporoso-sa, volátil, gaseoso, aeriforme, evaporable, aerostático.// Sutil, etéreo, ligero, tenue, aéreo, impalpable, fluido. *Ant.* Concreto, denso, espeso, pesado.

vapulear, golpear, zurrar, sacudir, apalear, azotar, flagelar, mantear, castigar. *Ant.* Mimar, acariciar.// Censurar, criticar, reprender, reprochar. *Ant.* Elogiar, alabar, aprobar.

vapuleo, zurra, paliza, castigo, azotaina, sacudimiento, apaleo, flagelación, apaleamiento. *Ant.* Cuidado, mimo, caricia.// Crítica, censura, reproche, reprimenda. *Ant.* Alabanza, elogio.

vaquería, rancho, granja, establecimiento, tambo, lechería.// Manada, grey, rebaño.

vaquero, gaucho, cowboy, ganadero, mayoral, pastor.

vara, pértiga, palo, garrote, bastón, verga, madero, pica, percha.

varadero, muelle, atracadero, dique.

varar, botar.// Encallar, embancar, detenerse, inmovilizarse, atascarse. *Ant.* Desatascarse.

varear, golpear, derribar, sacudir, zarandear.// Rejonear, picar.

variabilidad, inconstancia, volubilidad, fugacidad, fluctuación, alternativa, variación, mudanza, cambio, informalidad, ductilidad, flexibilidad, maleabilidad, frivolidad. *Ant.* Permanencia, constancia.

variable, inconstante, voluble, mudable, tornadizo, versátil, inestable, veleidoso, frívolo, flexible, elástico, errático. *Ant.* Constante, tenaz, permanente, invariable.

variación, cambio, transformación, mudanza, alteración, modificación, vicisitud, reforma. *Ant.* Continuación, inalterabilidad, estabilidad.

variado-da, distinto, diverso, diferente, vario, multiforme, heterogéneo, entretenido, divertido, animado. *Ant.* Homogéneo, constante, igual.

variar, cambiar, mudar, alterar, transformar, desfigurar, metamorfosear, renovar, evolucionar, diversificar. *Ant.* Fijar, mantener, conservar.

várice, hinchazón, dilatación.

variedad, diversidad, disparidad, heterogeneidad, multiplicidad, pluralismo. *Ant.* Homogeneidad, simpleza.// Inconstancia, inestabilidad, volubilidad. *Ant.* Estabilidad, constancia, firmeza.// -es, espectáculo.

varilla, varita, barra, caña, rama, listón, palo, batuta, pincho.

vario-ria, diverso, distinto, diferente, desigual, heterogéneo, variado, dispar, polifacético. *Ant.* Constante, homogéneo.// -s, Algunos, ciertos, unos cuantos, muchos. *Ant.* Pocos, ninguno.

varón, macho, hombre, señor, caballero. *Ant.* Mujer, hembra. *Par.* Barón.

varonil, viril, masculino, hombruno, fuerte, vigoroso, recio. *Ant.* Femenino, afeminado, débil.

vasallaje, feudalismo, sumisión, subordinación, dependencia, esclavitud, servidumbre, servilismo, sometimiento, lealtad. *Ant.* Liberación, rebeldía.// Tributo.

vasallo, súbdito, servidor, siervo, esclavo, tributario, feudatario. *Ant.* Señor, amo, rebelde.

vasija, recipiente, cacharro, búcaro, vaso, olla, cántaro, tiesto.

vaso, pote, copa, copón, cacharro, cáliz, crátera.// Tubo, conducto.// Uña, casco. *Par.* Bazo.

vástago, tallo, brote, retoño, renuevo, cogollo, rama.// Descendiente, hijo. *Ant.* Ascendiente, progenitor, padre.

vastedad, extensión, dilatación, inmensidad, infinidad, vacío. *Ant.* Estrechez. *Par.* Bastedad.

vasto-ta, dilatado, amplio, grande, extenso, espacioso, capaz, infinito, incalculable, inmenso, enorme, ilimitado, gigantesco. *Ant.* Pequeño, estrecho, limitado. *Par.* Basto.

vate, rapsoda, poeta, cantor, recitador, bardo. *Par.* Bate.

vaticano-na, papal, pontifical, pontificio, apostólico.

vaticinar, augurar, predecir, anticipar, pronosticar, profetizar, presagiar, presentir, anunciar. *Ant.* Errar, ignorar.

vaticinio, augurio, predicción, pronóstico, presagio, anticipo, profecía, premonición, previsión, adivinación, agorería, suposición, sospecha. *Ant.* Error.

veces, (hacer las), representar, substituir, reemplazar. *Par.* Beses.

vecinal, público, comunal, común, general. *Ant.* Privado, particular.

vecindad, cercanía, proximidad, inmediación, contornos, alrededores.// Vecindario, población, ciudadanía, pueblo.// Inmediaciones, contornos, alrededores, arrabales, suburbios. **Ant.** Centro.

vecindario, población, pueblo, vecinos, habitantes.

vecino-na, residente, habitante, poblador, morador, ciudadano.// Inmediato, próximo, cercano, colindante. **Ant.** Lejano, alejado.// Parecido, análogo, semejante, afín. **Ant.** Dispar, distinto.

vector, segmento, línea, recta.

veda, prohibición, impedimento.

vedar, prohibir, impedir, privar. **Ant.** Autorizar, permitir.

vedado, -da, coto, sector.// -da, prohibido, acotado, privado, impedido. **Ant.** Permitido, autorizado.

vega, vergel, terreno, huerta, plantación, plantío, sembrado. **Ant.** Desierto.

vegetación, flora, espesura, follaje, bosque, selva, plantaciones.

vegetal, planta, árbol, arbusto.// Fitográfico, fitológico.

vegetar, brotar, germinar, nutrirse, crecer, desarrollarse, reventar, verdear, aumentar.// Sobrevivir, subsistir, estancarse, anquilosarse.

vegetariano-na, naturista.

vehemencia, ímpetu, impetuosidad, violencia, fuego, ardor, pasión, entusiasmo, impulsividad, intensidad, frenesí, energía, apasionamiento. **Ant.** Frialdad, indiferencia, desinterés.

vehemente, impetuoso, violento, ardoroso, fogoso, intenso, ardiente, apasionado, entusiasta, enérgico, exaltado, excitado, efervescente, inflamado, irrefrenable. **Ant.** Frío, desinteresado, indiferente, apático, racional, moderado, abúlico.

vehículo, carruaje, carro, coche, automóvil.

vejación, molestia, maltrato, agravio, ofensa, mortificación, menosprecio, calumnia, difamación. **Ant.** Ensalzamiento, consideración, alabanza.

vejar, maltratar, agraviar, ofender, oprimir, molestar, ultrajar, humillar, injuriar, despreciar. **Ant.** Enaltecer, alabar, elogiar.

vejamen, vejación.

vejatorio-ria, ultrajante, humillante, agraviante, mortificante, hiriente, degradante, enojoso, denigrante, despreciativo, irritante. **Ant.** Enaltecedor, elogioso.

vejestorio, viejo, anciano, carcamal, matusalén. **Ant.** Joven, adolescente, niño.

vejez, senectud, ancianidad, decrepitud, caducidad, vetustez, chochez, decadencia, declinación, senilidad, derrumbamiento. **Ant.** Juventud, lozanía, adolescencia, rejuvenecimiento.

vejiga, ampolla, bolsa.

vela, custodia, vigilancia, cuidado, insomnio, trasnochada.// Paño, lino, trapo.// Velón, hachón, candela, cirio, cera.

velada, reunión, fiesta, sarao, tertulia, trasnochada, festejo.

velado-da, turbio, oculto, escondido, disimulado, encubierto, tapado, enmascarado, nublado, celado. **Ant.** Descubierto, destapado.

velador, cuidador, centinela.// Candelero, lámpara, lamparita.

velamen, trapío, aparejo, velaje.

velar, cuidar, vigilar, atender, amparar, guardar. **Ant.** Descuidar, desproteger.// Pernoctar, trasnochar, desvelarse. **Ant.** Dormir.// Tapar, disimular, cubrir, esconder, enmascarar, disfrazar, atenuar. **Ant.** Destapar, descubrir.

velatorio, velorio, reunión, vigilia, acompañamiento, compañía.

veleidad, inconstancia, volubilidad, ligereza, versatilidad, capricho, antojo, frivolidad, inestabilidad, variabilidad, devaneo, mudanza, variación. **Ant.** Constancia, firmeza, inmutabilidad, permanencia, lealtad, fijeza.

veleidoso-sa, inconstante, ligero, voluble, versátil, mudable, variable, tornadizo, caprichoso, antojadizo, infiel, desleal, frívolo, inestable, desigual, lunático, frágil. **Ant.** Constante, firme, leal, fiel, seguro, permanente.

velero, yate, embarcación.

veleta, giralda.

vello, pelusa, bozo, pelo. **Par.** Bello.

vellocino, cuero, piel, vellón.

vellón, mecha, mechón, lana.

vellosidad, pelusa, pilosidad, hirsutismo.

velludo-da, hirsuto, piloso, peludo, lanoso, barbudo, afelpado, espeso, tupido. **Ant.** Lampiño, pelado, calvo.

velo, lino, trapo, tul, manto, pañuelo, gasa.// Ocultamiento, disimulo, encubrimiento. **Ant.** Claridad, sinceridad, franqueza.

velocidad, prontitud, rapidez, ligereza, celeridad, presteza, prisa, vertiginosidad, aceleración, vértigo, premura, viveza, apresuramiento, agilidad, urgencia. **Ant.** Lentitud, tardanza, parsimonia, cachaza.

veloz, rápido, ligero, pronto, presto, presuroso, raudo, apresurado, ágil, acelerado, vertiginoso, súbito, diligente, resuelto, repentino, vivo, violento. **Ant.** Lento, lerdo, calmo, perezoso, abúlico, cachazudo.

velódromo, pista, autódromo.

velón, mecha, cirio, vela, lámpara.

vena, conducto, vaso, capilar, tubo.// Franja, filón, veta.// Manía, impulso, humor.// Aptitud, inspiración, iluminación, intuición.

venablo, arma, jabalina, arpón.

venado, cérvido, ciervo.

venal, interesado, comercial, vendible, sobornable, vendido, inmoral, desleal. **Ant.** Honrado, leal, insobornable, idealista.

venalidad, interés, corrupción, inmoralidad, deshonestidad. **Ant.** Honradez, honestidad, idealismo.

vencedor-ra, triunfador, ganador, dominador, triunfante, victorioso, aniquilador, finalista, campeón. **Ant.** Derrotado, vencido, dominado.

vencer, dominar, derrotar, aniquilar, someter, subordinar, rendir, batir, destrozar, subyugar, conquistar, quebrar, desconcertar, anonadar. **Ant.** Perder, ceder.// Triunfar, ganar, superar.// Zanjar, allanar, vadear. **Ant.** Quedarse, detenerse.

vencimiento, plazo, término, cumplimiento, prescripción, final.

venda, faja, gasa, banda, cinta.

vendaje, venda, cura, ligazón, apósito, atadura, compresa.

vendar, ligar, curar, atar, inmovilizar, comprimir.

vendaval, ventarrón, tormenta, huracán, viento, ventolera, tornado, torbellino, ciclón. **Ant.** Bonanza, calma.

vendedor-ra, expendedor, despachante, comerciante, mercader, mayorista, minorista, negociante, corredor, representante, proveedor, dependiente, empleado. **Ant.** Comprador, adquiriente, cliente, consumidor.

vender, expender, despachar, comerciar, negociar, traficar, mercar, proveer, suministrar, subastar. **Ant.** Adquirir, comprar, consumir.// Traicionar, delatar, entregar.// -se, ofrecerse.// Descubrirse.

vendimia, recolección, cosecha, colecta.

veneno, ponzoña, tóxico, toxina, tósigo.

venenoso-sa, tóxico, tósigo, ponzoñoso, dañino, nocivo, contaminado, infectado. **Ant.** Antitóxico.

venerable, respetable, digno, honorable, noble, virtuoso. **Ant.** Despreciable.// Respetado, calificado. **Ant.** Desconocido, ignorado, desestimado, desacreditado.// Sabio, anciano.

venerar, respetar, considerar, honrar, reverenciar, admirar, postrarse, someterse, acatar. **Ant.** Deshonrar, rebelarse.

veneración, respeto, acatamiento, reverencia, devoción, sumisión, homenaje, adoración, respetuosidad, cariño, amor. **Ant.** Desprecio, desacato, desconsideración.

venéreo-a, sexual, erótico, carnal, amatorio.

venero, fuente, manantial, pozo, alfaguara, hontanar.// Origen, nacimiento, raíz, comienzo, iniciación. **Ant.** Final.// Abundancia, riqueza, copia. **Ant.** Pobreza, escasez.

vengador-ra, vindicador, vengativo, reparador, justiciero. *Ant.* Magnánimo, perdonador.

venganza, vindicta, represalia, represión, vindicación, satisfacción, desquite, reparación, desagravio, expiación, compensación, castigo. *Ant.* Perdón, reconciliación, olvido, magnanimidad.

vengar, vindicar, desagraviar, satisfacer, reparar, reprimir, linchar, penar, reivindicar.// **-se**, desquitarse, satisfacerse. *Ant.* Perdonar, olvidar.

vengativo-va, rencoroso, vindicativo, amenazador, irreconciliable, feroz, cruel, sanguinario, inhumano, encarnizado, enconado, despiadado. *Ant.* Humanitario, indulgente, magnánimo, misericordioso, piadoso.

venia, permiso, licencia, autorización, consentimiento, anuencia. *Ant.* Prohibición, denegación.// Disculpa, perdón, indulgencia, olvido. *Ant.* Acusación, castigo, venganza.// Inclinación, saludo, reverencia.

venial, superficial, leve, ligero.

venida, llegada, regreso, retorno, vuelta, entrada, acceso, advenimiento, acercamiento, aproximación, repatriación, afluencia, inmigración. *Ant.* Partida, ida, marcha.

venidero-ra, próximo, cercano, futuro, pendiente, eventual. *Ant.* Pasado, pretérito.

venir, llegar, regresar, volver, arribar, tornar, ingresar, inmigrar, retornar, repatriarse, aparecer, presentarse, asistir, comparecer. *Ant.* Irse, marcharse, alejarse, partir.// Nacer, originarse, provenir, proceder.// Ajustarse, convenir.

venta, transacción, salida, entrega, cesión, liquidación, negocio, trato, especulación, provisión, suministro, negociación, operación. *Ant.* Compra, adquisición.// Posada, mesón, albergue, merendero, hostería, taberna, parador.

ventaja, superioridad, utilidad, ganancia, aventajamiento, comodidad, ocasión, ganga, logro, prebenda, oportunidad, negocio.// Superioridad, preeminencia, valor, virtud, mérito, importancia. *Ant.* Desventaja, inferioridad, insignificancia.

ventajista, aprovechador, ventajero, oportunista, utilitario, pragmático, estafador, inmoral. *Ant.* Honrado, leal, idealista.

ventajoso-sa, conveniente, útil, beneficioso, fructuoso, barato, económico, gratis, acomodado, gratuito, rentable, remunerativo, superior, excelente, favorable. *Ant.* Incómodo, inútil, desventajoso, caro, costoso, difícil, desfavorable.

ventana, abertura, vano, lucerna, claraboya, mirador.

ventero-ra, hotelero, posadero, mesonero. *Ant.* Parroquiano, cliente.

ventilación, aireamiento, aireación, purificación. *Ant.* Enrarecimiento.// Ventana, abertura.

ventilador, aparato, abanico, molinete.

ventilar, airear, refrescar, orear, purificar, oxigenar.// Propagar, propalar, difundir, esparcir. *Ant.* Ocultar, esconder.

ventisca, nevada, tempestad.

ventisquero, glaciar, helero.

ventolera, huracán, viento, tormenta, borrasca, torbellino, ráfaga, tromba, remolino.

ventosidad, flatulencia, meteorismo.

ventoso-sa, tempestuoso, borrascoso, inclemente, riguroso, turbulento, huracanado. *Ant.* Estable, apacible.

ventral, intestinal, abdominal.

ventregada, camada, prole, cría.

ventrículo, cavidad.

ventrílocuo-cua, imitador.

ventrudo-da, grueso, barrigón, panzón, gordo, voluminoso. *Ant.* Delgado, flaco, esbelto.

ventura, dicha, felicidad, fortuna, contento, alegría, placer, seguridad, prosperidad, bienestar, satisfacción, gozo, gloria, contento. *Ant.* Desgracia, adversidad.// Suerte, acaso, casualidad, azar, hado, destino, sino, eventualidad.

venturoso-sa, feliz, dichoso, agraciado, contento, alegre, afortunado, ufano, optimista, jubiloso, radiante, placentero. *Ant.* Infeliz, desgraciado, desafortunado, nefasto.

venus, belleza, hermosura, beldad.

ver, percibir, notar, captar, mirar, ojear, observar, catar, examinar, vigilar, atender, otear, vislumbrar.// Considerar, juzgar, reflexionar.// Comprender, entender.// **-se**, reunirse, encontrarse.

vera, costado, lado, borde, orilla.

veracidad, sinceridad, realidad, autenticidad, fidelidad, honradez, verdad. *Ant.* Falsedad, engaño, hipocresía, mentira.

veranear, descansar, reposar, pasear, viajar, holgar, recuperarse, divertirse. *Ant.* Trabajar.

veraneo, vacación, asueto, licencia, holganza, reposo, distracción, ocio, sosiego, inactividad. *Ant.* Actividad, trabajo.

veraniego-ga, estival, caluroso, canicular. *Ant.* Invernal.// Leve, ligero, fresco, liviano. *Ant.* Grueso, pesado.

veras (de), en realidad, ciertamente, seguramente.

veraz, auténtico, sincero, verdadero, exacto, fiel, fidedigno, incontrastable, leal, franco, puro, honrado, probo, espontáneo. *Ant.* Hipócrita, doble, falso, desleal, mentiroso, inexacto. *Par.* Verás.

verbal, oral, articulado, hablado. *Ant.* Escrito.

verbena, fiesta, diversión, feria, festividad, festejo.

verbo, palabra, vocablo.// Conjugación, paradigma.

verbosidad, elocuencia, locuacidad, verborragia, verborrea, facundia, charlatanería, labia, cháchara, desparpajo, soltura, pico. *Ant.* Laconismo, concisión, parquedad, sequedad.

verboso-sa, locuaz, elocuente, hablador, parlanchín, charlatán, verborrágico, divagador, redundante, vocinglero. *Ant.* Lacónico, silencioso, parco.

verdad, sinceridad, certeza, exactitud, veracidad, certidumbre, autenticidad, realidad, lealtad, franqueza, legitimidad, ortodoxia, infalibilidad, verosimilitud, naturalidad. *Ant.* Falsedad, engaño, mentira.

verdadero-ra, real, auténtico, verídico, cierto, efectivo, serio, fundado, indudable, legítimo, genuino, natural, positivo, ortodoxo, probado, puro, intachable, infalible, verosímil. *Ant.* Falso, engañoso, adulterado, incierto, irreal.

verde, esmeralda, aceitunado, verduzco, oliváceo, cetrino.// Lozano, fresco, sano, nuevo, crudo. *Ant.* Sazonado, maduro.// Joven, novato, inexperto. *Ant.* Adulto, maduro, experto, experimentado.// Follaje, hojarasca, vegetación, fronda, espesura.// Procaz, obsceno, deshonesto, inmoral, torpe, licencioso, pornográfico. *Ant.* Decente, moral, honesto.

verdín, herrumbre, óxido, cardenillo, orín.

verdor, lozanía, juventud, vigor, fortaleza, energía. *Ant.* Ancianidad, senilidad, decrepitud, decadencia.// Hierba, vegetación, verdura, pasto.// Primicia, precocidad. *Ant.* Fin.

verdugo, ejecutor, martirizador, torturador, sayón. *Ant.* Ajusticiado, víctima.// Cruel, sanguinario, sádico, criminal, inhumano. *Ant.* Humano, compasivo, benévolo.

verdura, verdor, follaje, ramaje, vegetación, espesura.

vereda, senda, sendero, atajo, camino, desvío.// Acera.

veredicto, dictamen, sentencia, decisión, arbitrio, fallo, resolución, parecer.

verga, palo, vara, percha.// Pene.

vergajazo, galope, garrotazo, latigazo.

vergajo, látigo, flagelo, vara.

vergel, huerta, jardín, vega. parque.

vergonzoso-sa, apocado, tímido, corto, embarazado, abochornado, confundido, cabizbajo, avergonzado, azorado. *Ant.* Despreocupado, desvergonzado, fresco, insolente, descarado.// Deleznable, despreciable, abyecto, deshonesto, inmoral, inconfesable, impúdico, infame, indecoroso, ignominioso. *Ant.* Honesto, honrado, decoroso, digno.

vergüenza, turbación, cortedad, aturdimiento, cortedad, encogimiento, confusión, rubor, empacho.// Honor, dignidad, pundonor, decoro, honra, decencia. **Ant.** Deshonra.// Castigo, picota.

vericueto, vuelta, rodeo, desvío, aspereza, sendero, andurrial.

verídico-ca, verdadero, auténtico, real, positivo, serio.

verificación, comprobación, certeza, confirmación, examen, control, revisión.

verificar, comprobar, examinar, observar, demostrar, justificar, confirmar, ejemplificar. **Ant.** Abandonar, descuidar.// Ejecutar, realizar, efectuar.// **-se**, suceder, acaecer.

verja, enrejado, reja, cerca, valla, tapia, enverjado, alambrada.

verme, gusano, lombriz, parásito.

vermiforme, vermicular, alargado, alombrizado, agusanado.

vermífugo, antiparasitario, vermicida, insecticida.

vermut, aperitivo.

vernáculo-la, regional, local, nativo, indígena, aborigen. **Ant.** Extranjero, foráneo.

verosímil, posible, probable, factible, creíble, posible, admisible, verdadero. **Ant.** Irreal, imposible, inverosímil, inadmisible, improbable.

verosimilitud, posibilidad, probabilidad, credibilidad, certeza, practicabilidad, conjetura, suposición. **Ant.** Imposibilidad, inverosimilitud.

verraco, marrano, cochino, cerdo, puerco.

verruga, carnosidad, excrecencia.

versado-da, instruido, preparado, ejercitado, experto, experimentado, perito, práctico, diestro, conocedor, entendido, fogueado, erudito, leído, ilustrado, ducho, competente. **Ant.** Inexperto, desconocedor, indocumentado, novato.

versar, tratar, referirse, discurrir, relacionar, ocuparse.// Foguearse, documentarse, ilustrarse, adiestrarse.

versátil, voluble, tornadizo, cambiante, veleidoso, caprichoso, inconstante, ligero, antojadizo, mudable, variable, vacío, vacilante. **Ant.** Constante, fiel, invariable.

versatilidad, volubilidad, inconstancia, capricho, indecisión, inestabilidad, liviandad, frivolidad, disipación, diversidad, elasticidad, flexibilidad. **Ant.** Constancia, firmeza, estabilidad.

versículo, verso.// Fragmento, parte.

versificar, rimar, poetizar, metrificar.

verso, renglón, línea.// Poesía, composición, copla, estrofa. **Ant.** Prosa.

vértebra, hueso.

vertebrado, mamífero. **Ant.** Invertebrado.

vertebral, espinal, raquídeo.

vertedero, albañal, basurero.

verter, rebosar, esparcir, derramar, vaciar, volcar.// Traducir.// **-se**, derramarse, volcarse.

vertical, erguido, derecho, recto, tieso, enhiesto, empinado, perpendicular, rígido. **Ant.** Horizontal, inclinado, sinuoso, torcido, tumbado, echado.

verticalidad, perpendicular, tiesura, rigidez, empinadura, erectilidad. **Ant.** Horizontalidad, inclinación.

vértice, punto, culminación, cúspide, extremo, remate.

vertiente, costado, ladera, falda, cuesta, rampa, inclinación, despeñadero.

vertiginoso-sa, rápido, acelerado, pronto, presto, veloz, presuroso, activo, ligero, desenfrenado, apresurado, dinámico, vehemente, violento, apasionado. **Ant.** Lento, calmo, sereno, pausado, cachazudo.

vértigo, vahído, desvanecimiento, desmayo, mareo, desfallecimiento, descompostura, atontamiento. **Ant.** Recuperación.// Actividad, dinamismo, celeridad.// Ímpetu, furia. **Ant.** Calma, tranquilidad, serenidad, moderación, sosiego.

vesícula, ampolla, bolsa, hinchazón.

vespertino-na, crepuscular.

vestal, sacerdotisa, virgen.

vestíbulo, entrada, atrio, pórtico, galería, zaguán, porche, lobby, hall, antesala, recepción, conserjería, portería.

vestido, traje, vestimenta, vestidura, atuendo, ropa, atavío, indumentaria.

vestidura, vestido.

vestigio, huella, señal, marca, impresión, indicio, recuerdo, noticia.//Restos, residuos, partícula.

vestir, cubrir, engalanar, tapar, acicalar, emperifollar, trajear, envolver, recargar.// **-se**, ponerse, calzarse, encajarse, endomingarse, llevar, traer. **Ant.** Desnudar, quitar, desarroparse, descubrirse.

vestuario, guardarropa, equipo, vestiduras, atuendos.

veta, filón, yacimiento, mina, vena.// Franja, línea, banda, faja, lista. **Par.** Beta.

vetar, prohibir, impedir, denegar, oponerse.

vetear, listar, rayar, estriar.

veteranía, madurez, competencia, experiencia, baquía, conocimiento, entrenamiento, experimentación, preparación. **Ant.** Inexperiencia, incompetencia, ignorancia, inmadurez.

veterano-na, experimentado, experto, conocedor, aguerrido, avezado, ejercitado, ducho, preparado, acostumbrado, diestro, curtido, maduro, entrenado. **Ant.** Inexperto, novato, novicio.// Añejo, anciano, viejo. **Ant.** Chico, adolescente, joven.

veterinaria, zootecnia.

veto, impedimento, prohibición, oposición, desacuerdo, censura, disentimiento. **Ant.** Aprobación, autorización.

vetustez, ancianidad, vejez, arcaísmo, decrepitud, antigüedad. **Ant.** Modernidad, actualidad.

vetusto-ta, antiguo, arcaico, viejo, decrépito, decadente, arruinado, destruido, ruinoso, añejo, inmemorial. **Ant.** Moderno, actual, reciente, nuevo, lozano, flamante.

vez, momento, ocasión, oportunidad, coyuntura, situación.// Turno, vuelta, mano, tanda, repetición, serie, frecuencia, ritmo. **Par.** Ves.

vía, camino, senda, carretera, vereda, acceso, calle, avenida, paseo.// Carril.

viable, posible, factible, probable, realizable, hacedero, practicable, alcanzable, apto, cómodo. **Ant.** Inviable, imposible, improbable.

vía crucis, martirio, calvario, sufrimiento, castigo, tormento, dolor, pena, aflicción, padecimiento, carga. **Ant.** Contento, satisfacción, alegría, felicidad.// Recorrido, camino.

viaducto, acueducto, puente.

viajante, comisionista, representante, vendedor, agente, corredor.

viajar, andar, pasear, marchar, trasladarse, transportarse, peregrinar, recorrer, explorar, rodar. **Ant.** Permanecer, quedarse.

viaje, caminata, camino, excursión, expedición, travesía, traslado, paseo, correría, jornada, itinerario, trayecto, traslación, peregrinación, peregrinaje, periplo, odisea, exploración, crucero.

viajero-ra, pasajero, paseante, turista, excursionista, explorador, peregrino, expedicionario, trotamundos.

vianda, alimento, comida, ración, manjar, plato.

viandante, pasajero, paseante, caminante.

viático, dinero, gastos, reserva, prevención, subsidio, subvención, ayuda.// Sacramento, eucaristía.

víbora, culebra, serpiente, reptil, áspid, ofidio.

vibración, agitación, temblor, ondulación, cimbreo, oscilación, ondeo, onda, tembleque, trepidación, meneo, estremecimiento, palpitación, conmoción, convulsión. **Ant.** Quietud.

vibrar, temblar, estremecerse, agitar, ondular, moverse, menearse, cimbrear, oscilar, palpitar, sacudirse. **Ant.** Inmovilizarse, pararse.// Conmoverse, entusiasmarse. **Ant.** Enfriarse, apaciguarse, calmarse.

vibratorio-ria, trepidante, ondulante, oscilante. **Ant.** Fijo, inmóvil.

vicaría, parroquia, territorio.

vicario, sacerdote, cura, párroco, eclesiástico.// Delegado, substituto, representante.

viceversa, recíprocamente, al revés.

viciar, corromper, pervertir, enviciar, prostituir, perjudicar, dañar, degenerar.// Cambiar, falsificar, adulterar, tergiversar. **Ant.** Mantener, conservar, preservar.// Contaminar, contagiar, infectar.// **-se**, enviciarse, torcerse, extraviarse, recaer, abandonarse, relajarse, perderse. **Ant.** Rehabilitarse.

vicio, defecto, imperfección, falta, enviciamiento, estragamiento, desvío, lacra, perdición, depravación, enfermedad, degeneración, incontinencia. **Ant.** Virtud, honestidad, moralidad.

vicioso-sa, depravado, licencioso, perdulario, crapuloso, calavera, tronera, corrompido, disipado, lujurioso, disoluto, desenfrenado, desviado, deshonesto. **Ant.** Moral, virtuoso, honesto, honrado.

vicisitud, alternativa, incidencia, vuelta, contingencia, albur, eventualidad, casualidad, altibajo, accidente. **Ant.** Fijeza, monotonía.

víctima, mártir, sacrificado, inmolado. **Ant.** Verdugo, victimario.// Damnificado, perjudicado, perdedor, dañado, accidentado. **Ant.** Beneficiario.

victoria, triunfo, logro, superación, dominio, consecución, conquista, ganancia, laurel, trofeo, coronación, aclamación. **Ant.** Derrota, fracaso, frustración.

victorioso-sa, vencedor, triunfante, ganador, campeón, premiado. **Ant.** Perdedor, derrotado, fracasado.

vid, cepa.

vida, existencia, subsistencia, supervivencia, persistencia, duración, vivir. **Ant.** Muerte, deceso.// Aliento, energía, vitalidad, fortaleza. **Ant.** Debilidad.// Conducta, comportamiento.// Biografía, memorias, confesiones.

vidente, pronosticador, clarividente, adivinador, profeta. **Par.** Bidente.

vidriar, vitrificar, biselar, esmerilar, bañar, recubrir, revestir.

vidriera, ventanal, escaparate.

vidrio, cristal.

vidrioso-sa, quebradizo, frágil, rompible, delicado. **Ant.** Duro, fuerte.// Cristalino, vitrificado, transparente. **Ant.** Opaco.// Resbaladizo.// Susceptible, quisquilloso.

viejo-ja, anciano, mayor, matusalén, patriarcal, decano, provecto, senil, veterano, vejestorio. **Ant.** Joven, adolescente, chico.// Consumido, apergaminado, envejecido. **Ant.** Juvenil, lozano.// Añejo, arcaico, histórico, prehistórico, antiguo, inmemorial, primitivo, tradicional. **Ant.** Actual, moderno, vigente.// Deslucido, estropeado, usado, ajado, gastado, desgastado. **Ant.** Nuevo, flamante.

viento, soplo, hálito, brisa, aire, aura, céfiro, corriente, ventolín, chiflón, tifón, huracán.

vientre, panza, barriga, abdomen, tripa.// Estómago.// Intestino.

viga, madero, crucero, poste, tarugo, puntal, traviesa, durmiente, tirante.// Barra, hierro. **Par.** Biga.

vigencia, actualidad, permanencia, validez, efectividad, supervivencia, legalidad. **Ant.** Prescripción.

vigente, válido, actual, legal, presente, obligatorio. **Ant.** Abolido, acabado, muerto, prescrito.

vigía, guardia, centinela, guardián, escucha, espía, vigilante, sereno.

vigilancia, guardia, inspección, cuidado, atención, celo, supervisión, custodia, resguardo, control. **Ant.** Descuido, negligencia.

vigilante, guardián, policía, vigía, sereno, inspector, encargado, centinela, supervisor.// Atento, cuidadoso, concienzudo, cauteloso, diligente, presto, listo. **Ant.** Descuidado, desatento.

vigilar, cuidar, atender, preocuparse, observar, avizorar, controlar, velar, espiar, acechar, inspeccionar, celar, custodiar. **Ant.** Descuidar, desatender, desinteresarse, despreocuparse.

vigilia, vela, desvelo, insomnio. **Ant.** Sueño, somnolencia.// Abstinencia, privación, abstención, ayuno. **Ant.** Exceso, abuso, inmoderación.// Proximidad.

vigor, brío, fuerza, energía, eficacia, robustez, fortaleza, potencia, pujanza, vitalidad, auge, lozanía, esfuerzo. **Ant.** Debilidad, impotencia.// Vigencia. **Ant.** Desuso, prescripción.

vigorizar, fortalecer, fortificar, robustecer, avivar, tonificar, animar, rejuvenecer, activar, intensificar. **Ant.** Debilitar, desanimar.

vigoroso-sa, fuerte, robusto, potente, poderoso, enérgico, eficaz, forzudo, saludable, ardoroso. **Ant.** Débil, desanimado, decaído, endeble, impotente.

vihuela, guitarra.

vil, bajo, torpe, indigno, traidor, infiel, desleal, alevoso, villano, despreciable, grosero, abyecto, vituperable, canalla, ignominioso, mezquino, miserable. **Ant.** Digno, honroso, loable, elevado, exquisito.

vileza, bejeza, indignidad, maldad, deshonestidad, villanía, traición, deslealtad, infamia, ruindad, abyección, mezquindad, ignominia, oprobio, deshonra, grosería, bribonada, falsedad. **Ant.** Lealtad, dignidad, grandeza, honestidad, honradez, elevación.

vilipendiar, despreciar, desprestigiar, rebajar, denigrar, vituperar, difamar, envilecer. **Ant.** Ensalzar, enaltecer, honrar.

vilipendio, desprestigio, deshonra, desprecio, desmerecimiento, escarnio, difamación, calumnia, insulto, deshonor. **Ant.** Elevación, enaltecimiento, elogio, loa.

vilipendioso-sa, denigrante, calumniador, humillante, desprestigiante, injurioso.

villa, pueblo, localidad, población.// Casa, quinta.

villancico, canción, copla, poesía, tonada, cantar, cántico.

villanía, vileza, bajeza, indignidad, ignominia, ruindad, maldad, deslealtad, infidelidad, traición, alevosía, infamia. **Ant.** Lealtad, honradez, honor, dignidad, nobleza.// Ignorancia, atraso. **Ant.** Progreso, adelanto, civilización.// Grosería, obscenidad, torpeza. **Ant.** Decencia, corrección.

villano-na, campesina, rústico, labriego, aldeano, lugareño. **Ant.** Ciudadano, noble, cortesano.// Basto, grosero, ordinario, torpe. **Ant.** Elegante, distinguido, refinado, cortés.// Bajo, abyecto, indigno, ruin, infame, vergonzoso. **Ant.** Digno, elevado, honesto.

villorrio, caserío, aldea, lugar, pueblito.

vilo (en), suspendido, colgado, pendiente. **Ant.** Apoyado, asentado, firme.// Alarmado, intranquilo, inseguro, angustiado, inquieto, impaciente. **Ant.** Calmo, tranquilo, sereno.

vinagre, acetato, ácido.// Condimento.// Malhumorado, irritable. **Ant.** Amable, dulce, suave.

vinagrera, vinajera, vasija.

vinculación, unión, vínculo, lazo.

vincular, atar, ligar, enlazar, juntar, reunir, fusionar. **Ant.** Separar, desunir, desligar.// Sujetar, subordinar, someter.// **-se**, conocer, relacionarse, entroncar, emparentar.

vínculo, enlace, vinculación, ligazón, unión, atadura, reunión, amistad, relación, parentesco. **Ant.** Separación.// Sometimiento, sujeción. **Ant.** Liberación, rebelión.

vindicación, venganza, rehabilitación, defensa, reivindicación. **Ant.** Olvido, perdón.

vindicar, vengar, reivindicar, rehabilitar.

vindicativo-va, vengativo, rencoroso, resentido, enconado, irreconciliable. **Ant.** Magnánimo, generoso.

vinicultura, vitivinicultura, enología, enotecnia.

vino, bebida, alcohol, mosto, arrope.

viña, parral viñedo, plantación.

viñeta, dibujo, estampa, figura, croquis, adorno.

violáceo-a, violado, morado, violeta, amoratado.

violación, abuso, violencia, profanación, delito, fuerza, deshonra.// Transgresión, infracción, desobediencia, contravención. **Ant.** Respeto, obediencia.

violado-da

violado-da, morado, violáceo, amoratado, violeta.// Profanado, deshonrado, quebrantado, transgredido.

violador-ra, forzador, ofensor, delincuente, infractor, profanador, raptor, transgresor. **Ant.** Respetuoso, cumplidor, obediente.

violar, quebrantar, vulnerar, infringir, transgredir, atropellar, incumplir. **Ant.** Acatar, respetar, obedecer.// Forzar, deshonrar, violentar, raptar, atropellar, profanar.

violencia, fuerza, impetuosidad, intensidad, ira, ímpetu, furor, furia, frenesí, arrebato, virulencia, vehemencia, fogosidad, ardimiento, efusión, excitación, pasión, fanatismo, ceguedad, ceguera, brusquedad, brutalidad, salvajismo, irracionalidad. **Ant.** Comprensión, razonamiento, consideración, persuasión, circunspección.// Violación.// Malestar, tensión, tirantez.

violentar, coaccionar, quebrantar, obligar, amenazar. **Ant.** Persuadir, convencer.// Violar, romper, quebrantar, transgredir. **Ant.** Acatar, respetar.// **-se**, irritarse, desenfrenarse, enfurecerse. **Ant.** Dominarse, contenerse.

violento-ta, impetuoso, vehemente, arrebatado, iracundo, salvaje, furioso, impulsivo, apasionado, bravo, enardecido, ardiente, efusivo, extremista, irracional, rabioso, irritado, virulento. **Ant.** Tranquilo, sereno, apaciguado, frío, desinteresado, racional.// Retorcido, rebuscado.

violeta, violado, violáceo, morado, amoratadb, lila, color.

viperino-na, peligroso, dañino, venenoso, ponzoñoso. **Ant.** Magnánimo, benévolo.

virar, cambiar, girar, desviar. **Ant.** Mantener, fijar.

virgen, vestal, sacerdotisa, adolescente, muchacha, doncella, soltera.// Casto, puro, virginal, entero, inmaculado, intacto, virtuoso, íntegro, incorrupto. **Ant.** Impuro, corrupto.// Desconocido, inexplorado, impenetrable. **Ant.** Conocido, explorado, transitado.

virginal, virgen, entero, casto, puro, incorrupto, íntegro.

virginidad, castidad, pureza, entereza, integridad, doncellez, soltería, honestidad.

virgo, himen, membrana, virginidad.

vírgula, rayita, trazo, coma, tilde.

viril, masculino, varonil, fuerte, hombruno. **Ant.** Femenino, afeminado, suave, débil.

virilidad, masculinidad, hombría, reciedumbre, fortaleza, potencia. **Ant.** Femineidad, debilidad.

virtual, implícito, tácito, supuesto, posible, probable. **Ant.** Improbable, imposible.

virtud, excelencia, cualidad, capacidad, fuerza, poder, eficacia, particularidad, atributo, potestad, condición.// Bondad, generosidad, magnanimidad, excelencia, altruismo, austeridad, moderación. **Ant.** Corrupción, vileza, bajeza, ruindad.

virtuosismo, habilidad, destreza, técnica, arte. **Ant.** Torpeza.

virtuoso-sa, honesto, íntegro, honrado, justo, ejemplar, venerable, incorruptible, moralizante, moral.// Artista, intérprete, ejecutante, experto, técnico, conocedor. **Ant.** Inexperto.

viruela, enfermedad, contagio, peste, epidemia, infección.

virulencia, malignidad, infección.// Violencia, furia, acrimonia, mordacidad, encono, aspereza, causticidad. **Ant.** Benevolencia, benignidad.

virulento-ta, ponzoñoso, maligno, dañino, tóxico, venenoso. **Ant.** Antídoto.// Sañudo, mordaz, insidioso, cáustico, crítico. **Ant.** Elogioso, bondadoso.

viruta, cepilladuras, limaduras.

visado, autorización, permiso, documento.

visaje, gesto, mueca, gesticulación, expresión, seña.

visar, examinar, comprobar, reconocer, conceder, autorizar, permitir, firmar, aceptar. **Ant.** Prohibir, rechazar.// Encarar, encuadrar. **Ant.** Desajustar, descentrar. **Par.** Bisar.

víscera, órgano.// **-s**, entrañas, despojos, tripas.

viscosidad, apelmazamiento, densidad, adherencia.

viscoso-sa, pegajoso, adherente, gelatinoso, espeso.

visera, anteojera.

visibilidad, visión, perceptibilidad, diafanidad, luminosidad, evidencia. **Ant.** Invisibilidad, opacidad.

visible, claro, patente, palpable, manifiesto, perceptible, sensible, observable, columbrable. **Ant.** Invisible, imperceptible.// Cierto, evidente, indudable, palmario, notorio, manifiesto, patente. **Ant.** Dudoso.// Sobresaliente, conocido, popular. **Ant.** Ignorado, desconocido.

visillo, cortina, cortinita.

visión, sentido, percepción, contemplación, visibilidad, visual, atisbo.// Paisaje, perspectiva, panorama.// Agudeza, intuición, perspicacia.// Aparición, alucinación, ilusión, espejismo, quimera, fantasía.

visionario-ria, idealista, imaginativo, creador, fantaseador, alucinado. **Ant.** Realista.

visita, invitado, visitante, convidado.// Cita, invitación, encuentro, reunión, audiencia, entrevista.// Inspección, examen.

visitador-ra, inspector, controlador.

visitante, visita, invitado, convidado, agasajado.// Viajero, forastero.

visitar, entrevistar, conferenciar, encontrarse, cumplimentar, frecuentar.// Revisar, inspeccionar, examinar.

vislumbrar, sospechar, conjeturar, adivinar, apreciar.// Atisbar, entrever, reconocer, percibir, distinguir.

vislumbre, sospecha, conjetura, indicio, presunción.// Resplandor, visión, atisbo, reflejo.// Traza, semejanza, apariencia.

viso, apariencia, aspecto, traza, aire, figuración, estampa.

visón, mamífero.// Piel, cuero.

visor, lente, objetivo, mira.

víspera, inmediación, cercanía, antedía.

vista, visibilidad, visión, claridad.// Mirada, ojeada, vistazo.// Apariencia, aspecto, traza.// Sagacidad, intuición, perspicacia.// Espectáculo, panorama, paisaje.// Causa, sumario, proceso.

vistazo, mirada, ojeada.

visto-ta, conocido, observado, examinado, contemplado, mirado, registrado. **Ant.** Desconocido, ignorado.

vistosidad, brillo, espectacularidad, brillantez, atractivo, encanto, sugestión, lucimiento. **Ant.** Deslucimiento, pobreza.

vistoso-sa, lucido, brillante, aparatoso, espectacular, llamativo, impresionante, fascinante. **Ant.** Deslucido, pobre, humilde.

visual, ocular, óptico.// Mirada, visión.

vital, vivificante, tonificante, tónico, estimulante.// Importante, indispensable, imprescindible, preponderante, valioso, neurálgico, fundamental. **Ant.** Secundario, accesorio.

vitalicio-cia, permanente, perpetuo, definitivo, duradero. **Ant.** Pasajero, transitorio.

vitalidad, dinamismo, viveza, vigor, actividad, resistencia, vehemencia, entusiasmo, empuje, nervio, ánimo. **Ant.** Decaimiento, debilidad.

vitalizar, vivificar, fortalecer, robustecer, animar, entusiasmar. **Ant.** Debilitar, desanimar, enervar.

vitorear, vivar, aclamar, aplaudir, homenajear, honrar, glorificar, encumbrar, encomiar. **Ant.** Criticar, censurar, denigrar, vituperar.

vítreo-a, transparente, cristalino, translúcido. **Ant.** Opaco.// Quebradizo, rompible, frágil. **Ant.** Duro.

vitrificar, cubrir, vidriar, recubrir.

vitrina, aparador, armario.

vituperar, censurar, reprochar, criticar, afear, acusar, condenar, injuriar, humillar, infamar, difamar, desacreditar, desprestigiar, denigrar, menospreciar. **Ant.** Elogiar, alabar, ensalzar, enaltecer.

vituperio, censura, reproche, crítica, insulto, ofensa, deshonra, infamia, difamación, humillación. **Ant.** Elogio, alabanza, encomio.

viudedad, viudez, pensión, subvención, renta.

viudez, viudedad.// Soledad, luto, pena, tristeza.

viudo-da, desamparado, solo, enlutado, triste, apenado.

vivac, cuartel, campamento, alojamiento, acuartelamiento.

vivacidad, viveza, alegría, vitalidad, energía, vigor, fuerza, agilidad, animación, dinamismo, celeridad, prontitud, rapidez.// Brillantez, colorido. **Ant.** Languidez, tristeza.

vivaquear, acampar, alojarse.

vivaracho-cha, animado, vivo, rápido, listo, alegre, activo, vivaz, dinámico. **Ant.** Triste, lánguido.// Avispado, perspicaz, listo, despierto. **Ant.** Tonto, lento.

vivaz, vigoroso, enérgico, eficaz, vívido. **Ant.** Débil, desanimado.// Agudo, brillante, perspicaz, vivaracho. **Ant.** Lento, tonto.

vivencia, experiencia, conocimiento, costumbre, moraleja, lección, ejemplo, escarmiento, enseñanza.

víveres, alimentos, provisiones, comestibles, vitualla, rancho.

vivero, invernadero, criadero, semillero.

viveza, prontitud, celeridad, rapidez, resolución, ligereza, dinamismo. **Ant.** Lentitud.// Energía, ardimiento, ardor, vitalidad, ánimo, impetuosidad. **Ant.** Decaimiento.// Agudeza, perspicacia, chispa, sagacidad, imaginación, penetración.// Brillantez, brillo, esplendor, vivacidad.

vívido-da, neto, distinto, claro.

vividor-ra, enérgico, trabajador, activo.// Parásito, aprovechador, sablista.

vivienda, morada, casa, habitación, alojamiento, domicilio, hogar, residencia.

vivificante, tonificante, tónico, reconfortante, estimulante. **Ant.** Calmante, sedante, enervante.

vivificar, reanimar, confortar, alentar, animar, estimular, fortificar, vigorizar, robustecer. **Ant.** Debilitar, desanimar, desalentar.

vivir, ser, existir, subsistir, sobrevivir, perdurar, durar, vegetar. **Ant.** Morir, acabar.// Morar, residir, habitar, domiciliarse, anidar, establecerse, arraigarse. **Ant.** Mudarse, marcharse.

vivisección, disección, corte.

vivo-va, biológico, orgánico, superviviente, sobreviviente, existente, persistente. **Ant.** Muerto, fallecido, inorgánico.// Enérgico, fuerte, agudo, penetrante, intenso, profundo. **Ant.** Débil.// Actual, vigente. **Ant.** Viejo, anacrónico.// Expresivo, elocuente.// Listo, ingenioso, sagaz, astuto. **Ant.** Tonto, torpe.// Activo, listo, diligente, dinámico. **Ant.** Apático, abúlico.

vocablo, palabra, voz, término, expresión, locución, verbo.

vocabulario, léxico, glosario, terminología, repertorio, nomenclatura, catálogo, diccionario.

vocación, disposición, preferencia, inclinación, afición, propensión, tendencia, don. **Ant.** Repulsión, indiferencia.

vocal, letra, sonido.// Componente, constituyente, consultor, consejero.

vocalizar, entonar, modular, pronunciar, deletrear.

vocear, vociferar, gritar, chillar.// Propalar, difundir, pregonar.// Vitorear, aclamar. **Ant.** Callar, silenciar.

vocerío, gritería, algarabía, algazara, clamor, vociferación, rumor, alboroto. **Ant.** Calma, silencio.

vocero-ra, representante, portavoz, delegado, emisario.

vociferación, vocerío, clamor, gritería, escándalo.

vociferar, gritar, aullar, chillar, bramar.

vocinglero-ra, barullero, ruidoso, gritón, voceador, alborotador, escandaloso, chillón, aullador, estridente. **Ant.** Callado, silencioso.// Canoro, cantarín.

vodevil, espectáculo, obra, representación.

voladizo-za, saliente, saledizo.

volador-ra, volante, volátil.

voladura, explosión, estallido, descarga, detonación.// Demolición, derrumbamiento, hundimiento. **Ant.** Construcción, reconstrucción, erección.

volandas (en), rápidamente, velozmente, en el aire.

volandero-ra, voladior.// Inestable, inconstante, caprichoso, voluble. **Ant.** Constante, firme.

volante, vagabundo, inestable, ambulante. **Ant.** Fijo.// Comunicación, comunicado, nota, impreso, escrito, aviso, hoja.// Pliegue, adorno, fruncido.

volar, saltar, remontarse, elevarse, desplazarse, alzarse, deslizarse, evolucionar, aletear.// Huir, escaparse, desaparecer.// Divulgarse, trascender.// Saltar, estallar, desintegrarse, detonar, reventar.

volátil, volador, volante.// Ligero, sutil, aéreo, etéreo. **Ant.** Denso, pesado.// Mudable, versátil, tornadizo, inconstante, variable, caprichoso, antojadizo. **Ant.** Constante, firme, seguro, fiel.

volatilizar, gasificar, evaporar, vaporizar. **Ant.** Solidificar.// -se, disparse, desaparecer, elevarse.

volatín, voltereta, cabriola, pirueta, salto, contorsión.

volatinero-ra, contorsionista, saltimbanqui, equilibrista, acróbata, gimnasta.

volcán, boca, cráter, pico, montaña.// Violencia, pasión.

volcánico-ca, ígneo, crateriforme.// Violento, apasionado, fogoso, vehemente. **Ant.** Desapasioando, frío, indiferente, desinteresado.

volcar, abatir, tumbar, inclinar, desnivelar, torcer. **Ant.** Levantar, enderezar.// Verter, derramar, esparcir, dispersar. **Ant.** Contener, llenar.// -se, aplicarse, dedicarse, consagrarse, ayudar, favorecer.

volea, golpe, sacudida, impulso. **Par.** Bolea.

volquete, carretilla, carro, vehículo.

voltear, cambiar, mudar, volver, invertir.

voltereta, cabriola, salto, pirueta, volatín, vuelta, contorsión, brinco.

volubilidad, veleidad, inconstancia, vacilación, inestabilidad, mudanza, inconsecuencia, infidelidad, deslealtad. **Ant.** Constancia, estabilidad, firmeza, lealtad, fidelidad.

voluble, inconstante, mudable, tornadizo, caprichoso, desleal, infiel, versátil, variable, inestable, fantasioso, volátil, superficial, trivial, liviano, casquivano. **Ant.** Constante, consecuente, firme, seguro, estable, leal, fiel, inconmovible.

volumen, ejemplar, tomo, libro, obra.// Espacio, bulto, cuerpo, dimensión, amplitud, corpulencia.// Capacidad, cabida.

voluminoso-sa, grueso, abultado, grande, corpulento, enorme, gordo, robusto, desmesurado, ancho. **Ant.** Chico, estrecho, pequeño, angosto.

voluntad, deseo, afán, ansia, anhelo, apetencia, ganas, arbitrio, interés. **Ant.** Indiferencia, desinterés.// Cariño, amor, afecto, afición. **Ant.** Odio, desamor.// Tenacidad, voluntariedad, perseverancia, persistencia, constancia. **Ant.** Inconstancia.

voluntario-ria, deliberado, premeditado, conciente, volitivo, libre, espontáneo, intencionado, potestativo, facultativo, intencional. **Ant.** Obligatorio, involuntario.

voluntarioso-sa, caprichoso, terco, testarudo, obstinado, perseverante, tozudo, porfiado, obcecado. **Ant.** Abandonado, apático.

voluptuosidad, hedonismo, placer, complacencia, deleite, sensualidad, erotismo, lujuria. **Ant.** Templanza, sobriedad.

voluptuoso-sa, sensible, placentero, deleitoso, gozoso, complaciente, sensual, erótico, apasionado, delicado, exquisito, hedonista, liviano, licencioso, desenfrenado. **Ant.** Moderado, sobrio, espiritual.

voluta, adorno, espiral, vuelta, curva.

volver, regresar, tornar, retornar, llegar, reaparecer, aparecer, repatriarse, retroceder. **Ant.** Irse, partir.// Devolver, restituir, pagar, retribuir.// Reincidir, insistir, reanudar.// Cambiar, invertir, torcer, trastrocar, remover.// -se, transformarse, tornarse, convertirse, alterarse, mudarse. **Ant.** Permanecer, mantenerse.

vomitar, devolver, lanzar, arrojar, echar, expulsar. **Ant.** Retener, deglutir, tragar.// Declarar, decir, proferir, prorrumpir.

vomitivo-va, nauseabundo, emético, nauseoso.

vómito, arcada, náusea, asco, lanzada, vomitona, repugnancia. **Ant.** Deglución, retención.

voracidad

voracidad, hambre, avidez, ansia, insaciabilidad, gula, glotonería, desenfreno, apetito. *Ant.* Moderación, sobriedad.// Codicia, avaricia.

vorágine, torbellino, remolino.// Desorden, caos. *Ant.* Orden, calma, tranquilidad.

voraz, glotón, engullidor, tragón, comilón, hambriento, insaciable, devorador. *Ant.* Anoréxico, inapetente, moderado, sobrio.// Colérico, desenfrenado, violento, agresivo. *Ant.* Sereno, calmo, tranquilo.// Codicioso, avaro, ansioso, egoísta, ambicioso. *Ant.* Generoso, desinteresado.

vórtice, torbellino, vorágine, remolino.

votación, elección, sufragio, comicios.

votante, elector, sufragante, participante, concurrente.

votar, sufragar, elegir, emitir, seleccionar, opinar, depositar.// Jurar, renegar, blasfemar, perjurar, maldecir. *Par.* Botar.

votivo-va, ofrecido, expiatorio, sacrificado.

voto, promesa, compromiso, ofrecimiento.// Juramento, deseo, súplica.// Sufragio, elección, parecer, dictamen, juicio, opinión, voz.// Papeleta, boleta.// Maldición, palabrota, blasfemia. *Par.* Boto.

voz, fonación, sonido, emisión, pronunciación, acento, palabra, término, verbo, vocablo.// Canto, grito.// Voto, opinión, juicio.// Chisme, rumor, murmullo. *Par.* Vos.

vozarrón, bramido, rugido.

vuelco, tumbo, vuelta; voltereta, caída.// Cambio, transformación.// Hundimiento, ruina.

vuelo, revuelo, revoloteo, planeo, desplazamiento, deslizamiento.// Anchura, holgura, amplitud.// Fantasía, humos, imaginación.

vuelta, regreso, retorno, venida, llegada. *Ant.* Ida, partida.// Rodeo, circunvalación, revolución, rotación.// Inversión, voltereta, desvío.// Vez, mano, ronda.// Curva, recodo, esquina.// Reintegro, restitución.// Reverso, dorso, revés, envés, espalda, retaguardia. *Ant.* Cara, frente.

vulgar, común, frecuente, corriente, usual, general, ordinario, tosco, rústico, grosero, trivial, trillado. *Ant.* Raro, exquisito, elegante, exótico, extraordinario.

vulgaridad, ordinariez, chabacanería, inelegancia, grosería, banalidad, ramplonería, mediocridad, monotonía, simpleza. *Ant.* Elegancia, distinción, exquisitez, rareza, singularidad.

vulgarismo, incorrección, barbarismo, vulgaridad. *Ant.* Cultismo.

vulgarizar, generalizar, banalizar, popularizar.// Divulgar, propagar, propalar. *Ant.* Preservar, reservar.

vulgo, plebe, muchedumbre, chusma, populacho, masa, turba. *Ant.* Aristocracia.

vulnerable, indefenso, débil, frágil, inseguro, desprotegido, desvalido, desamparado, sensible, lastimable, enclenque. *Ant.* Invulnerable, seguro, defendido, protegido, insensible.

vulnerar, herir, llagar, lastimar, lacerar, lesionar, lisiar, maltratar, dañar. *Ant.* Cuidar, proteger, curar.// Quebrantar, transgredir, quebrantar, violar, infringir, desobedecer. *Ant.* Acatar, obedecer, respetar.

vulva, órgano, vagina, conducto, abertura.

walkie-talkie, radio, receptor, emisor, aparato.
water-closet, retrete, inodoro, letrina, excusado, servicio.

weekend, fin de semana, descanso.
western, filme, película, filme del oeste.
whisky, alcohol, bebida, trago.

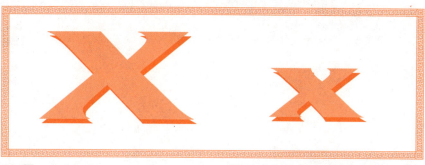

xenofilia, extranjerismo.
xenófilo-la, extranjerista.
xenofobia, nacionalismo, patriotería, chauvinismo. **Ant.** Xenofilia.

xenófobo-ba, nacionalista, patriotero, fanático, separatista, segregacionista, racista, chauvinista. **Ant.** Xenófilo.
xerografía, reproducción, imagen, fotografía.
xilografía, grabado, copia, imagen, figura.

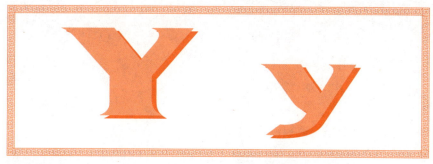

ya, ahora, en este momento, en esta oportunidad.
yacente, acostado, tumbado, tendido, horizontal. **Ant.** Vertical, parado, erguido, levantado.
yacer, reposar, descansar, tenderse, tumbarse, echarse, dormir, acostarse. **Ant.** Pararse, levantarse, erguirse.// Estar, existir.// Hallarse, encontrarse.
yacija, lecho, cama, catre, camastro, jergón.// Sepultura, tumba, sepulcro.
yacimiento, venero, filón, veta, vena, cantera, depósito, banco.
yantar, vianda, comida, manjar, sustento. **Ant.** Ayuno.// Comer, alimentarse, nutrirse. **Ant.** Ayunar.

yate, embarcación, velero, barco.
yegua, potra, potranca, madrina, jaca.
yeguada, caballada, tropa, recua.
yelmo, casquete, casco, celada, armadura.
yema, brote, retoño, pimpollo, vástago, tallo.// Centro, núcleo, medio, corazón.
yerba, hierba.// Planta.
yermo-ma, despoblado, desierto, desértico, deshabitado, inhabitado, solitario, desolado, inhóspito. **Ant.** Habitado, concurrido, populoso.// Estéril, infecundo. **Ant.** Fértil, fecundo, cultivado.
yerno, hijo político, pariente, familiar.

yerro, equivocación, error, descuido, falta, desliz, ofuscación. **Ant.** Acierto. **Par.** Hierro.

yerto-ta, rígido, tieso.// Frío, helado, muerto, exangüe, entumecido, agarrotado. **Ant.** Flexible, cálido, caliente.

yeso, cal, tiza.// Estuco, estuque, lechada, enyesadura, escayola.

yesca, lumbre, pedernal.

yo, ego, egocentrismo, egolatría.

yogur, cuajada.

yugo, coyunda, cornal, cincha, guarnición.// Sometimiento, esclavitud, servidumbre, sometimiento, dominación, opresión, vasallaje, dominio. **Ant.** Libertad, liberación, rebelión, emancipación.

yunque, forja.

yunta, pareja, par.

yuxtaponer, acercar, aproximar, juntar, adosar, enfrentar, arrimar. **Ant.** Alejar.

yuxtaposición, acercamiento, juntura, aproximación, enfrentamiento. **Ant.** Separación, distanciamiento, alejamiento.

zafar, embellecer, engalanar, adornar.

zafarrancho, preparativos, limpieza.// Alarma, toque.// Pelea, riña, refriega, desorden, alboroto.

zafarse, librarse, esquivar, desembarazarse, huir, escaparse. **Ant.** Afrontar, resistir.

zafiedad, ordinariez, tosquedad, incultura, grosería, chabacanería. **Ant.** Distinción, cultura, urbanidad, exquisitez.

zafio-fia, grosero, tosco, rústico, inculto, torpe, chabacano. **Ant.** Culto, educado.

zafra, restos, desechos, residuos.// Recolección, cosecha, cultivo.

zaga, retaguardia, posterior, talón, dorso, revés, reverso, cola, espalda.// **(a la)**, a la espalda. **Par.** Saga.

zagal, muchacho, mozo, adolescente, chico.// Pastor.

zaguán, entrada, vestíbulo, pórtico, atrio.

zaguero, defensa.// **-ra**, posterior, último, rezagado.

zaheridor-ra, mortificador, mordaz, satírico.

zaherimiento, mortificación, humillación, vejamen, detracción, sátira, crítica, escarnio, mordacidad. **Ant.** Elogio, alabanza.

zaherir, mortificar, molestar, agraviar, ofender, afrentar, maltratar, despreciar.// Censurar, reprender. **Ant.** Elogiar.

zahurda, zaquizamí, cuchitril, tugurio, pocilga.

zaino-na, desleal, falso, infiel, traidor. **Ant.** Leal, fiel.// Pardo, marrón, castaño.

zalamería, halago, fiesta, arrumaco, embeleco, monería, lisonja, adulación, piropo, elogio. **Ant.** Insulto, hostilidad, desprecio.

zalamero-ra, lisonjero, halagador, adulador, piropeador, adulón, embaucador. **Ant.** Hostil, crítico.

zalema, saludo, reverencia, inclinación.

zamarra, chaqueta, cazadora, chaquetón.

zamarrear, menear, sacudir, agitar, maltratar, golpear. **Ant.** Acariciar, mimar.// Humillar.

zamarreo, sacudida, meneo, zarandeo, maltrato. **Ant.** Caricia.// Humillación.

zambo-ba, torcido, patizambo, deforme. **Ant.** Derecho. **Par.** Samba.

zambomba, instrumento.

zambombazo, explosión, detonación, estallido, estruendo.

zambra, algazara, bulla, alboroto, jaleo, fiesta, jarana, barullo, escándalo, gresca, pelea.

zambullida, inmersión, chapuzón. **Ant.** Salida, ascenso.

zambullirse, sumergirse, meterse, hundirse, arrojarse, largarse. **Ant.** Flotar, salir, emerger.

zamparse, comer, tragar, devorar, engullir, atiborrarse. **Ant.** Ayunar.

zampatortas, zampabollos, comilón, tragón, glotón, voraz, devorador. **Ant.** Sobrio, frugal.

zampoña, instrumento, flauta.

zanca, pierna, extremidad, miembro, muslo.// Soporte, viga.

zancada, tranco, paso.

zancadilla, contrapié.// Estratagema, ardid, trampa, engaño.

zanco, palo, madero.

zancudo-da, zanquilargo, larguirucho, alto, patilargo, patudo.

zanganear, holgazanear, haraganear, vagar, deambular, callejear, **Ant.** Trabajar.

zángano, abejorro.// **-na**, vago, holgazán, indolente, negligente, inactivo, perezoso, abúlico, apático. **Ant.** Activo, trabajador, dinámico.// Inútil, torpe.

zanguango-ga, indolente, vago, holgazán, remolón. **Ant.** Trabajador, laborioso, activo.

zanja, trinchera, cuneta, surco, hoyo, fosa.// Canal, conducto, acequia.

zanjar, allanar, vencer, solucionar, obviar, arreglar, resolver, terminar. **Ant.** Entorpecer, dificultar.

zanquilargo-ga, alto, zancudo, largo, larguirucho, patilargo, alto. **Ant.** Bajo, retacón.// Espigado, delgado.

zapa, pellejo, cuero, piel.// Herramienta, pala.// Perforación, excavación.

zapador, perforador, excavador, soldado, palero.

zapar, cavar, profundizar, excavar, penetrar, perforar, abrir. **Ant.** Tapar, rellenar.

zapatear, taconear, bailar.

zapateo, zapateado, danza, taconeo.

zapatero-ra, remendón, artesano.

zapateta, pirueta, cabriola, salto.

zapatilla, alpargata, chinela, chancleta.

zapato, calzado, botín, tamango.

zaquizamí, desván, buhardilla, cuartucho, tugurio, cuchitril, leonera.

zar-rina, emperador.

zarabanda, baile, música, danza.// Diversión, fiesta, jaleo, algazara.

zarandear, ajetrear, traquetear, menear, zamarrear, revolver.// **-se**, contonearse.

zarandeo, meneo, sacudida, agitación, sacudimiento.// Actividad.

zarcillo, pendiente, arete, arracada, colgante.

zarpa, garra, uña, mano.

zarpada, partida.

zarpar, partir, desatracar, desanclar, largarse, marcharse. **Ant.** Atracar.

zarpazo, arañazo, manotón, herida.// Batacazo, golpe.

zarrapastroso-sa, andrajoso, sucio, desaseado, desaliñado, roto, harapiento, desastrado, abandonado, descuidado. **Ant.** Pulcro, prolijo, aseado, elegante.

zarria, harapo, pingajo, andrajo, guiñapo, trapo.

zarza, arbusto, espino, zarzamora.

zarzal, matorral.

zarzuela, obra, comedia.

zascandil, aturdido, botarate, mequetrefe, informal, tarambana. **Ant.** Formal, serio, prudente.

zigzag, ondulación, serpenteo.

zigzaguear, caracolear, ondular, serpentear, culebrear.// Evitar, eludir.

zipizape, riña, alboroto, trifulca, pendencia, contienda, vocerío, discusión. **Ant.** Calma, tranquilidad.

zócalo, friso.// Soporte, pie.// Base, basamento.

zoco, mercado, feria, plaza.

zodiacal, cardinal.

zodíaco, cuadrante, eclíptica.

zollo-la, murmurador, censor, crítico.
zona, franja, banda, faja, círculo.// Sector, región, terreno, área, territorio, circunscripción, distrito.
zoncería, zoncera, tontería, bobada.
zonzo-za, tonto, bobo.
zoo, zoológico.
zoológico, zoo, colección, parque.// **~ca**, animal.
zoospermo, espermatozoo, espermatocito.
zootecnia, cría, cruce, cruzamiento, hibridismo, selección, reproducción.
zopenco-ca, tonto, bobo, necio, zoquete, idiota, memo, lerdo, bruto. **Ant.** Inteligente.
zoquete, tonto, lelo, necio, bobo, tosco, ignorante, lerdo. **Ant.** Inteligente, capaz.

zorra, vulpeja, raposa.
zorro-rra, astuto, sagaz, taimado. **Ant.** Ingenuo, inocente.
zorrería, astucia.
zote, ignorante, rudo, rústico, zafio. **Ant.** Hábil, capaz.
zozobra, inquietud, intranquilidad, congoja, angustia, desasosiego. **Ant.** Calma, serenidad.
zozobrar, naufragar, anegarse, perderse.
zueco, calzado, zapato. **Par.** Sueco.
zumbón-na, burlón, mofador, escarnecedor, bromista.
zumo, jugo, leche, baba, caldo, humedad, sudor, viscosidad, secreción. **Par.** Sumo.
zurcir, recoser, coser, remendar.
zurdo-da, izquierdista.// Izquierdo, siniestro.
zurra, tunda, paliza, golpe, felpa, soba.